CHINA REAL ESTATE YEARBOOK

中国房地产年鉴

2023

中国房地产业协会 编著

中国经济出版社
CHINA ECONOMIC PUBLISHING HOUSE

·北京·

图书在版编目（CIP）数据

2023 中国房地产年鉴／中国房地产业协会编著．--北京：中国经济出版社，2023.6
ISBN 978-7-5136-7322-8

Ⅰ.①2… Ⅱ.①中… Ⅲ.①房地产业—中国—2023—年鉴 Ⅳ.①F299.233-54

中国国家版本馆 CIP 数据核字（2023）第 085361 号

策划编辑　姜　静
责任编辑　李玄璇　郑　潇
责任印制　马小宾

出版发行	中国经济出版社
印刷者	北京市青云兴业印刷有限公司
经销者	各地新华书店
开　本	889mm×1194mm　1/16
印　张	47.25
字　数	1400 千字
版　次	2023 年 6 月第 1 版
印　次	2023 年 6 月第 1 次
定　价	598.00 元

广告经营许可证　京西工商广字第 8179 号

中国经济出版社 网址 www.economyph.com 社址 北京市东城区安定门外大街 58 号 邮编 100011
本版图书如存在印装质量问题，请与本社销售中心联系调换（联系电话：010-57512564）

版权所有　盗版必究（举报电话：010-57512600）
国家版权局反盗版举报中心（举报电话：12390）　　服务热线：010-57512564

《2023中国房地产年鉴》编辑委员会

编 著 单 位：中国房地产业协会
责 编 单 位：克而瑞集团
　　　　　　　北京中房研协技术服务有限公司

编委会主任：冯　俊
编委会副主任：陈宜明　周　忻　张永岳
编委会委员（按姓氏笔画排列）：

丁祖昱	王　兵	王洪辉	王惠敏	冯　俊	左臣华	齐　界	孙　英	孙　茵
李从瑞	李　欣	李　俊	吴仕岩	吴振山	宋广菊	宋　垚	迟　峰	沈月祥
杨　剑	张玉良	张永岳	张亚东	杨卫江	陈宜明	陈锦石	林　中	罗玉平
周　忻	荆　宏	胡　端	姜修文	祝九胜	凌　克	唐　芬	黄仙枝	咸金兴
龚保民	康　庄	梁志诚	程光煜	傅林江	阚乃桂	颜建国	潘利群

主　　　编：陈宜明　丁祖昱　张永岳
副 主 编：沈月祥　孙斌艺　回建强

特 约 撰 稿（排名不分先后）：

骆　彬	王铮嵘	李国彦	刘　琳	王德强	倪　娜	张　举	罗欣蟾	许小乐
刘丽杰	王　伟	李见林	钟武贞	徐明玥	王　芳	傅　强	吴　政	盛　婷
郭　华	邱　丽	颜木森	石海均	曲俊义	李明波	王玉凤	井　坤	李　刚
孙晓珊	姜鹏飞	熊丹丹	李　锋	郑友才	张娟锋	宋　泷	冯智敏	李　婷
贺　茳	强宏芬	冯雪霞	刘广杰	崔　琦	孔德东	李景新	梁楚梦	姚奖辉
张坤昱	潘　盼	刘寅坤	吴一帆	于璐源	程敏敏	陈胜棋	刘　朵	李　波
张兆娟	李　琛	崔　霁	夏　文	黄炜炜	屈雁翎	李晓姝	张克胜	曲　涛
范晓娟	朱平平	孟　音	林　波	朱一鸣	房　玲	沈晓玲	贡显扬	易天宇
汪　慧	羊代红	洪宇桁	陈家凤	张少贤

编 撰 说 明

2022年，受新冠疫情影响，房地产市场投资、销售规模大幅回调。开发企业融资受限，到位资金明显下降，部分房企出现债务违约。政府及时出台"三支箭"，从银行信贷、债券融资、股权融资等方面给予优质房企融资便利。"保交楼、保民生、保稳定"成为政策主线。由于政策及时调整，房地产市场整体企稳，房企投资信心的恢复还需时日。

为客观记录中国房地产的年度发展，更好地为政府科学决策服务、为行业健康发展服务、为企业稳健经营服务，中国房地产业协会在连续十二年编纂房地产年鉴的基础上，精心谋篇布局，收录权威成果，推进内容创新，全新编撰《2023中国房地产年鉴》。

《2023中国房地产年鉴》共有八个篇章，分别为"政策篇""宏观篇""产业篇""市场篇""省市篇""企业篇""发展篇"和"大事记"。

"政策篇"对党的十八大以来历届党代会关于房地产发展的表述、近五年"两会"政府工作报告及中央经济工作会议关于房地产发展的表述进行专门归纳总结。收录国务院及各部委发布的直接与房地产相关的核心政策文件。

"宏观篇"主要是数据表格，收录国民经济主要数据，金融数据，财政数据及人口和就业数据等。

"产业篇"主要是数据表格，收录我国境内各地区及重点城市的房地产建设及交易数据，90座城市存量商品房交易数据；房地产公积金缴存及贷款情况；港澳台地区的房地产相关数据。

"市场篇"主要是文字及图表综述，由"全国房地产市场""存量住房市场""住房租赁市场"和"城市住房价格指数"四部分构成。

"省市篇"涵盖华北、华东、华南、西南、西北和东北主要省份或核心城市的市场分析稿件，内容覆盖面更加合理均衡。

"企业篇"收录由中国房地产业协会、上海易居房地产研究院等权威机构发布的房地产开发企业部分测评成果，"广厦奖"名单以及开发企业信用状况白皮书相关内容等。中国房地产企业整体运营数据和部分重点房地产企业运营数据作为"企业篇"的第三、第四部分内容进行展示。

"发展篇"新增"养老地产"板块，体现新形势下地产发展的未来趋势。

《2023中国房地产年鉴》内容涉及面广、专业性强，加上编辑时间短和编者水平有限，难免存在一定的局限和不足。我们愿意听取广大读者的意见，继续进行改进和完善。

《2023中国房地产年鉴》在编写过程中，得到住房和城乡建设部相关司局、中国宏观经济研究院、北京市城建研究中心、辽宁省房地产研究中心等官方研究机构，上海市、苏州市等地方统计局，广东省、重庆市等省级市级房地产业协会（开发协会），长春工程学院、浙江工业大学房地产研究所等高校研究机构，上海易居房地产研究院、克而瑞集团、贝壳研究院、中原地产、信义房产等市场研究机构，中国物业管理协会、中国房地产估价师与房地产经纪人学会、中国民生银行地产金融事业部等几十家研究单位的稿件支持，限于篇幅不一一列举。中国房地产业协会相关专委会、协会副会长单位在年鉴内容编辑和推广方面给予了宝贵的支持，在此一并表示感谢！

《2023中国房地产年鉴》编委会

2023年5月

目 录

I. 政策篇

一、中共中央、全国人大和国务院重要会议 ·· 3

二、中华人民共和国国务院 ·· 7
    关于印发要素市场化配置综合改革试点总体方案的通知 ··· 7
    印发《关于推进以县城为重要载体的城镇化建设的意见》 ·· 11
    关于进一步盘活存量资产扩大有效投资的意见 ·· 16

三、中华人民共和国国家发展和改革委员会 ··· 20
    关于印发《2022年新型城镇化和城乡融合发展重点任务》的通知 ··································· 20
    关于印发"十四五"新型城镇化实施方案的通知 ·· 24

四、中华人民共和国住房和城乡建设部 ·· 34
    关于规范商品房预售资金监管的意见 ·· 34
    关于修改《房地产开发企业资质管理规定》的决定 ·· 36
    关于印发部2022年信用体系建设工作要点的通知 ·· 37
    关于实施住房公积金阶段性支持政策的通知 ··· 39
    关于开展完整社区建设试点工作的通知 ··· 39

五、中华人民共和国自然资源部 ··· 40
    关于2022年土地利用计划管理的通知 ··· 40
    关于积极做好用地用海要素保障的通知 ··· 41
    关于进一步加强国土空间规划编制和实施管理的通知 ··· 44
    关于完善工业用地供应政策支持实体经济发展的通知 ··· 45

六、中华人民共和国财政部、国家税务总局 ··· 47
    关于印发《中央财政城镇保障性安居工程补助资金管理办法》的通知 ···························· 47
    关于支持实施县域商业建设行动的通知 ··· 50
    关于完善建设工程价款结算有关办法的通知 ··· 53
    关于支持居民换购住房有关个人所得税政策的公告 ·· 53
    关于扩大政府采购支持绿色建材促进建筑品质提升政策实施范围的通知 ························ 54

七、中国人民银行、中国银行保险监督管理委员会 ·· 55
    关于保障性租赁住房有关贷款不纳入房地产贷款集中度管理的通知 ······························· 55

  关于银行保险机构支持保障性租赁住房发展的指导意见 ································· 56
  关于加强新市民金融服务工作的通知 ································· 58
  关于做好疫情防控和经济社会发展金融服务的通知（节选） ································· 62
  关于银行业保险业支持城市建设和治理的指导意见 ································· 64
  关于调整差别化住房信贷政策有关问题的通知 ································· 68
  关于阶段性调整差别化住房信贷政策的通知 ································· 68
  中国人民银行决定下调首套个人住房公积金贷款利率 ································· 68
  关于做好当前金融支持房地产市场平稳健康发展工作的通知 ································· 68
  关于商业银行出具保函置换预售监管资金有关工作的通知 ································· 71

八、中华人民共和国最高人民法院 ································· 72
  关于规范人民法院保全执行措施确保商品房预售资金用于项目建设的通知 ································· 72

九、中华人民共和国科学技术部 ································· 73
  关于印发《"十四五"城镇化与城市发展科技创新专项规划》的通知 ································· 73

十、中华人民共和国民政部 ································· 79
  印发《关于深入推进智慧社区建设的意见》的通知 ································· 79

十一、中华人民共和国国家卫生健康委员会 ································· 82
  关于进一步完善和落实积极生育支持措施的指导意见 ································· 82

十二、中国证券监督管理委员会 ································· 85
  关于进一步支持上市公司健康发展的通知 ································· 85
  证监会就资本市场支持房地产市场平稳健康发展答记者问 ································· 86

十三、中国共产主义青年团中央委员会 ································· 87
  关于开展青年发展型城市建设试点的意见 ································· 87

十四、中国房地产业协会 ································· 91
  关于当前开展合作建房工作的建议 ································· 91
  中国房地产业"保交楼"行动倡议书 ································· 92

Ⅱ. 宏观篇

一、国民经济主要数据 ································· 95
二、金融数据 ································· 103
三、财政数据 ································· 108
四、人口、就业及收支情况数据 ································· 121

Ⅲ. 产业篇

一、全国房地产建设和交易数据 ································· 137
  （一）房地产业数据概览 ································· 137

(二) 各地区房地产开发投资数据 ··· 141
(三) 各地区房地产建设数据 ··· 145
(四) 各地区房地产销售数据 ··· 169
(五) 各地区成套住宅竣工与销售数据 ··· 181
(六) 各地区房地产待售数据 ··· 183
(七) 各地区房地产开发企业房屋出租面积 ··· 189

二、重点城市房地产建设和交易数据 ··· 194
(一) 40座重点城市商品房投资、建设、销售数据 ··· 194
(二) 35座重点城市商品房待售数据 ··· 208
(三) 35座重点城市房地产开发企业房屋出租面积 ··· 213
(四) 90座城市存量商品房交易面积 ··· 218

三、港澳台地区房地产数据 ··· 219
(一) 香港 ··· 219
(二) 澳门 ··· 223
(三) 台湾 ··· 224

四、房地产信贷数据 ··· 227
(一) 全国住房公积金 ··· 227
(二) 房地产贷款 ··· 232

五、城乡建设发展情况 ··· 232
(一) 城市建设及用地情况 ··· 232
(二) 城市市政公用设施投资及建设情况 ··· 278
(三) 农村住户固定资产投资和建房数据 ··· 296

Ⅳ. 市场篇

一、全国房地产市场 ··· 301
(一) 房地产开发企业购置土地意愿降至历史最低 ··· 301
(二) 房地产市场量价齐跌 ··· 303
(三) 政策应对房地产风险上升 ··· 306

二、存量住房市场 ··· 308
(一) 存量房交易情况 ··· 309
(二) 成交结构特征 ··· 312
(三) 存量住房交易金融环境 ··· 313

三、住房租赁市场 ··· 317
(一) 政策动向 ··· 317
(二) 行业发展 ··· 318
(三) 租赁行业发展小结 ··· 326

四、城市住房价格指数 ··· 326
 （一）70 座大中城市住房价格指数 ··· 326
 （二）中国城市住房（一手房）价格 288 指数 ··· 339
 （三）中国城市住房（二手房）价格 60 指数 ··· 347
 （四）35 座城市住房租赁价格指数 ··· 349

Ⅴ. 省市篇

一、北京市房地产市场 ··· 353
二、上海市房地产市场 ··· 355
三、广东省房地产市场 ··· 360
四、广州市房地产市场 ··· 373
五、深圳市房地产市场 ··· 383
六、重庆市房地产市场 ··· 389
七、河北省房地产市场 ··· 396
八、济南市房地产市场 ··· 398
九、青岛市房地产市场 ··· 403
十、郑州市房地产市场 ··· 407
十一、合肥市房地产市场 ··· 408
十二、苏州市房地产市场 ··· 411
十三、浙江省土地市场 ··· 415
十四、武汉市房地产市场 ··· 424
十五、湖南省房地产市场 ··· 429
十六、江西省房地产市场 ··· 431
十七、四川省房地产市场 ··· 435
十八、广西壮族自治区房地产市场 ··· 440
十九、福建省房地产市场 ··· 447
二十、厦门市房地产市场 ··· 448
二十一、银川市房地产市场 ··· 450
二十二、辽宁省房地产市场 ··· 456
二十三、长春市房地产市场 ··· 468

Ⅵ. 企业篇

一、2022—2023 年度房地产开发企业测评榜及分析 ··· 477
 （一）2023 年房地产开发企业综合实力测评 ··· 477
 （二）2022 年房地产上市公司综合实力百强测评 ··· 512

（三）2022年房地产企业品牌价值测评 ······ 543
　　（四）第十届（2021—2022年度）"广厦奖"第二批评奖 ······ 575
二、2022年中国房地产开发企业信用状况白皮书 ······ 578
　　（一）房地产开发企业总体情况 ······ 578
　　（二）行业不良信用信息情况 ······ 579
　　（三）涉及不良信用信息的开发企业情况 ······ 584
　　（四）房地产开发企业债务违约情况 ······ 585
　　（五）社会责任 ······ 599
三、中国房地产企业整体运营数据 ······ 606
　　（一）企业及从业人员规模 ······ 606
　　（二）企业整体经营情况 ······ 609
　　（三）开发企业销售排行情况 ······ 611
　　（四）上市房地产经营开发和物业服务企业股价情况 ······ 623
四、中国部分重点房地产企业运营数据 ······ 637
　　（一）中国海外发展有限公司 ······ 637
　　（二）万科企业股份有限公司 ······ 638
　　（三）碧桂园控股有限公司 ······ 639
　　（四）保利发展控股集团股份有限公司 ······ 640
　　（五）绿城中国控股有限公司 ······ 641
　　（六）龙湖集团控股有限公司 ······ 642
　　（七）中国金茂控股集团有限公司 ······ 643
　　（八）珠海华发实业股份有限公司 ······ 644
　　（九）新城控股集团股份有限公司 ······ 645
　　（十）绿城管理控股有限公司 ······ 646
　　（十一）美的置业集团有限公司 ······ 646
　　（十二）仁恒置地有限公司 ······ 647
　　（十三）中梁控股集团有限公司 ······ 648
　　（十四）雅居乐集团控股有限公司 ······ 649
　　（十五）中骏集团控股有限公司 ······ 649
　　（十六）深圳华侨城股份有限公司 ······ 650
　　（十七）保利置业集团有限公司 ······ 651
　　（十八）龙光集团有限公司 ······ 652
　　（十九）金辉集团股份有限公司 ······ 653
　　（二十）建业地产股份有限公司 ······ 653
　　（二十一）朗诗绿色管理有限公司 ······ 654
　　（二十二）河南中原建业城市发展有限公司 ······ 655
　　（二十三）众安集团有限公司 ······ 656
　　（二十四）中建信和地产有限公司 ······ 657
　　（二十五）新希望中国地产有限公司 ······ 658
　　（二十六）华润置地有限公司 ······ 659

（二十七）招商局蛇口工业区控股股份有限公司 ……660
（二十八）建发房地产集团有限公司 ……661
（二十九）越秀地产股份有限公司 ……662
（三十）远洋集团控股有限公司 ……663
（三十一）江苏中南建设集团股份有限公司 ……664
（三十二）中交地产股份有限公司 ……665
（三十三）弘阳地产集团有限公司 ……666
（三十四）港龙（中国）地产集团有限公司 ……666
（三十五）信达地产股份有限公司 ……667
（三十六）金地（集团）股份有限公司 ……668
（三十七）杭州滨江房产集团股份有限公司 ……669
（三十八）绿地控股集团股份有限公司 ……670
（三十九）旭辉集团股份有限公司 ……671
（四十）北京首都开发控股（集团）有限公司 ……672
（四十一）大悦城控股集团股份有限公司 ……673
（四十二）荣安地产股份有限公司 ……674
（四十三）五矿地产控股有限公司 ……674

Ⅶ. 发展篇

一、住房保障 ……679
　（一）加快完善住房保障体系 ……679
　（二）扩大保障性租赁住房供给 ……679
　（三）进一步规范发展公租房 ……679
　（四）稳步推进棚户区改造 ……680
　（五）因地制宜发展共有产权房 ……680
　（六）加强保障性住房质量管理 ……680

二、养老地产 ……680
　（一）养老地产供需规模与价格 ……680
　（二）养老地产土地情况与特点 ……682
　（三）养老地产典型企业与项目 ……683

三、房地产估价 ……684
　（一）2022年房地产估价行业基本情况 ……685
　（二）行业发展政策及重要事件 ……689
　（三）2022年房地产估价行业发展特点 ……690

四、房地产金融 ……691
　（一）货币供需及价格 ……691
　（二）房地产信贷 ……694
　（三）房地产信托 ……695
　（四）房地产公募基金 ……696

（五）房地产私募基金 ………………………………………………………………… 697
（六）境内证券市场融资与偿还 ……………………………………………………… 698
（七）不动产资产证券化 ……………………………………………………………… 707
（八）境外证券市场融资 ……………………………………………………………… 709
五、城市轨道交通场站综合开发 ………………………………………………………… 710
（一）建设运营情况 …………………………………………………………………… 710
（二）政策年度新变化 ………………………………………………………………… 714
（三）行业年度新进展 ………………………………………………………………… 716
（四）土地出让情况 …………………………………………………………………… 716
六、不动产数字化发展 …………………………………………………………………… 717
（一）2022年不动产数字化转型发展总览 …………………………………………… 717
（二）2022年不动产开发数字化 ……………………………………………………… 718
（三）2022年不动产运营数字化 ……………………………………………………… 722
七、物业管理 ……………………………………………………………………………… 725
（一）行业发展的总体情况 …………………………………………………………… 725
（二）行业发展的新环境 ……………………………………………………………… 727

Ⅷ. 大事记

2022年中国房地产大事记 ………………………………………………………………… 735

2023 中国房地产年鉴

I. 政策篇

导　读

　　本篇收录中共中央、全国人大及国务院重要会议公报中关于房地产发展的表述内容；国务院及主要部委、最高人民法院、共青团中央等机构发布的房地产政策文件或内容节选；中国房地产业协会发布的政策建议等。

一、中共中央、全国人大和国务院重要会议

党的十八大以来历届党的全国代表大会关于房地产发展的表述

会议名称	日期	主要内容
中国共产党第十八次全国代表大会	2012年11月8日	推进经济结构战略性调整。要牢牢把握扩大内需这一战略基点，加快建立扩大消费需求长效机制，释放居民消费潜力，保持投资合理增长，扩大国内市场规模。继续实施区域发展总体战略，充分发挥各地区比较优势，优先推进西部大开发，全面振兴东北地区等老工业基地，大力促进中部地区崛起，积极支持东部地区率先发展。采取对口支援等多种形式，加大对革命老区、民族地区、边疆地区、贫困地区扶持力度。科学规划城市群规模和布局，增强中小城市和小城镇产业发展、公共服务、吸纳就业、人口集聚功能。加快改革户籍制度，有序推进农业转移人口市民化，努力实现城镇基本公共服务常住人口全覆盖。 推动城乡发展一体化。要加大统筹城乡发展力度，增强农村发展活力，逐步缩小城乡差距，促进城乡共同繁荣。坚持和完善农村基本经营制度，依法维护农民土地承包经营权、宅基地使用权、集体收益分配权，壮大集体经济实力，发展农民专业合作和股份合作，培育新型经营主体，发展多种形式规模经营，构建集约化、专业化、组织化、社会化相结合的新型农业经营体系。改革征地制度，提高农民在土地增值收益中的分配比例。加快完善城乡发展一体化体制机制，着力在城乡规划、基础设施、公共服务等方面推进一体化，促进城乡要素平等交换和公共资源均衡配置，形成以工促农、以城带乡、工农互惠、城乡一体的新型工农、城乡关系。 统筹推进城乡社会保障体系建设。建立市场配置和政府保障相结合的住房制度，加强保障性住房建设和管理，满足困难家庭基本需求。
中国共产党第十九次全国代表大会	2017年10月18日	实施乡村振兴战略。巩固和完善农村基本经营制度，深化农村土地制度改革，完善承包地"三权"分置制度。保持土地承包关系稳定并长久不变，第二轮土地承包到期后再延长三十年。深化农村集体产权制度改革，保障农民财产权益，壮大集体经济。 实施区域协调发展战略。加大力度支持革命老区、民族地区、边疆地区、贫困地区加快发展，强化举措推进西部大开发形成新格局，深化改革加快东北等老工业基地振兴，发挥优势推动中部地区崛起，创新引领率先实现东部地区优化发展，建立更加有效的区域协调发展新机制。以城市群为主体构建大中小城市和小城镇协调发展的城镇格局，加快农业转移人口市民化。以疏解北京非首都功能为"牛鼻子"推动京津冀协同发展，高起点规划、高标准建设雄安新区。以共抓大保护、不搞大开发为导向推动长江经济带发展。支持资源型地区经济转型发展。加快边疆发展，确保边疆巩固、边境安全。坚持陆海统筹，加快建设海洋强国。 加强社会保障体系建设。坚持房子是用来住的、不是用来炒的定位，加快建立多主体供给、多渠道保障、租购并举的住房制度，让全体人民住有所居。
中国共产党第二十次全国代表大会	2022年10月16日	全面推进乡村振兴。深化农村土地制度改革，赋予农民更加充分的财产权益。保障进城落户农民合法土地权益，鼓励依法自愿有偿转让。完善农业支持保护制度，健全农村金融服务体系。 促进区域协调发展。深入实施区域协调发展战略、区域重大战略、主体功能区战略、新型城镇化战略，优化重大生产力布局，构建优势互补、高质量发展的区域经济布局和国土空间体系。推动西部大开发形成新格局，推动东北全面振兴取得新突破，促进中部地区加快崛起，鼓励东部地区加快推进现代化。支持革命老区、民族地区加快发展，加强边疆地区建设，推进兴边富民、稳边固边。推进京津冀协同发展、长江经济带发展、长三角一体化发展，推动黄河流域生态保护和高质量发展。高标准、高质量建设雄安新区，推动成渝地区双城经济圈建设。健全主体功能区制度，优化国土空间发展格局。推进以人为核心的新

会议名称	日期	主要内容
中国共产党第二十次全国代表大会	2022年10月16日	型城镇化，加快农业转移人口市民化。以城市群、都市圈为依托构建大中小城市协调发展格局，推进以县城为重要载体的城镇化建设。坚持人民城市人民建、人民城市为人民，提高城市规划、建设、治理水平，加快转变超大特大城市发展方式，实施城市更新行动，加强城市基础设施建设，打造宜居、韧性、智慧城市。发展海洋经济，保护海洋生态环境，加快建设海洋强国。 健全社会保障体系。坚持房子是用来住的、不是用来炒的定位，加快建立多主体供给、多渠道保障、租购并举的住房制度。

2019—2023年政府工作报告关于房地产发展的表述

日期	主要内容
2019年	深入推进新型城镇化。坚持以中心城市引领城市群发展。抓好农业转移人口落户，推动城镇基本公共服务覆盖常住人口。更好解决群众住房问题，落实城市主体责任，改革完善住房市场体系和保障体系，促进房地产市场平稳健康发展。继续推进保障性住房建设和城镇棚户区改造，保障困难群体基本居住需求。继续推进地下综合管廊建设。城镇老旧小区量大面广，要大力进行改造提升，更新水电路气等配套设施，支持加装电梯和无障碍环境建设，健全便民市场、便利店、步行街、停车场等生活服务设施。新型城镇化要处处体现以人为核心，提高柔性化治理、精细化服务水平，让城市更加宜居，更具包容和人文关怀。 健全地方税体系，稳步推进房地产税立法。
2020年	深入推进新型城镇化。发挥中心城市和城市群综合带动作用，培育产业、增加就业。坚持"房子是用来住的、不是用来炒的"定位，因城施策，促进房地产市场平稳健康发展。完善便民、无障碍设施，让城市更宜业宜居。
2021年	保障好群众住房需求。坚持"房子是用来住的、不是用来炒的"定位，稳地价、稳房价、稳预期。解决好大城市住房突出问题，通过增加土地供应、安排专项资金、集中建设等办法，切实增加保障性租赁住房和共有产权住房供给，规范发展长租房市场，降低租赁住房税费负担，尽最大努力帮助新市民、青年人等缓解住房困难。
2022年	着力保障和改善民生，加快发展社会事业。加快发展保障性租赁住房。 继续保障好群众住房需求。坚持房子是用来住的、不是用来炒的定位，探索新的发展模式，坚持租购并举，加快发展长租房市场，推进保障性住房建设，支持商品房市场更好满足购房者的合理住房需求，稳地价、稳房价、稳预期，因城施策促进房地产业良性循环和健康发展。
2023年	有效防范化解优质头部房企风险，改善资产负债状况，防止无序扩张，促进房地产业平稳发展。 加强住房保障体系建设，支持刚性和改善性住房需求，解决好新市民、青年人等住房问题。

2018—2022年中央经济工作会议关于房地产发展的表述

日期	主要内容
2018年12月19—21日	要构建房地产市场健康发展长效机制，坚持房子是用来住的、不是用来炒的定位，因城施策、分类指导，夯实城市政府主体责任，完善住房市场体系和住房保障体系。
2019年12月10—12日	要加大城市困难群众住房保障工作，加强城市更新和存量住房改造提升，做好城镇老旧小区改造，大力发展租赁住房；要坚持房子是用来住的、不是用来炒的定位，全面落实因城施策，稳地价、稳房价、稳预期的长效管理调控机制，促进房地产市场平稳健康发展。
2020年12月16—18日	解决好大城市住房突出问题。住房问题关系民生福祉。要坚持房子是用来住的、不是用来炒的定位，因地制宜、多措并举，促进房地产市场平稳健康发展。要高度重视保障性租赁住房建设，加快完善长租房政策，逐步使租购住房在享受公共服务上具有同等权利，规范发展长租房市场。土地供应要向租赁住房建设倾斜，单列租赁住房用地计划，探索利用集体建设用地和企事业单位自有闲置土地建设租赁住房，国有和民营企业都要发挥功能作用。要降低租赁住房税费负担，整顿租赁市场秩序，规范市场行为，对租金水平进行合理调控。

续表

日期	主要内容
2021年 12月8—10日	要坚持房子是用来住的、不是用来炒的定位，加强预期引导，探索新的发展模式，坚持租购并举，加快发展长租房市场，推进保障性住房建设，支持商品房市场更好满足购房者的合理住房需求，因城施策促进房地产业良性循环和健康发展。
2022年 12月15—16日	着力扩大国内需求。要把恢复和扩大消费摆在优先位置。增强消费能力，改善消费条件，创新消费场景。多渠道增加城乡居民收入，支持住房改善、新能源汽车、养老服务等消费。 有效防范化解重大经济金融风险。要确保房地产市场平稳发展，扎实做好保交楼、保民生、保稳定各项工作，满足行业合理融资需求，推动行业重组并购，有效防范化解优质头部房企风险，改善资产负债状况，同时要坚决依法打击违法犯罪行为。要因城施策，支持刚性和改善性住房需求，解决好新市民、青年人等住房问题，探索长租房市场建设。要坚持房子是用来住的、不是用来炒的定位，推动房地产业向新发展模式平稳过渡。要防范化解金融风险，压实各方责任，防止形成区域性、系统性金融风险。加强党中央对金融工作集中统一领导。要防范化解地方政府债务风险，坚决遏制增量、化解存量。

2022年其他重要会议关于房地产发展的表述

会议名称	日期	主要内容
第十九届中共中央政治局会议	2月25日	要加大宏观政策实施力度，稳定经济大盘。坚定不移深化改革，激发市场主体活力。深入实施创新驱动发展战略。坚定实施扩大内需战略，推进区域协调发展和新型城镇化。大力抓好农业生产，促进乡村全面振兴。扩大高水平对外开放，推动外贸外资平稳发展。持续改善生态环境，推动绿色低碳发展。防范化解金融风险，守住不发生系统性风险的底线。
	4月25日	要有效管控重点风险，守住不发生系统性风险底线。要坚持房子是用来住的、不是用来炒的定位，支持各地从当地实际出发完善房地产政策，支持刚性和改善性住房需求，优化商品房预售资金监管，促进房地产市场平稳健康发展。要及时回应市场关切，稳步推进股票发行注册制改革，积极引入长期投资者，保持资本市场平稳运行。要促进平台经济健康发展，完成平台经济专项整改，实施常态化监管，出台支持平台经济规范健康发展的具体措施。
	7月28日	要全方位守住安全底线。要强化粮食安全保障，提升能源资源供应保障能力，加大力度规划建设新能源供消纳体系。要稳定房地产市场，坚持房子是用来住的、不是用来炒的定位，因城施策用足用好政策工具箱，支持刚性和改善性住房需求，压实地方政府责任，保交楼、稳民生。要保持金融市场总体稳定，妥善化解一些地方村镇银行风险，严厉打击金融犯罪。
国务院常务会议	1月19日	延续执行涉及科技、就业创业、医疗、教育等11项税费优惠政策至2023年底。一是免征符合条件的科技企业孵化器、大学科技园和众创空间孵化服务增值税，对其自用及提供给在孵对象使用的房产、土地免征房产税和城镇土地使用税。继续放宽初创科技型企业认定标准，凡符合条件的创投企业和天使投资个人对其投资的，按投资额一定比例抵扣应纳税所得额。对企业招用自主就业退役士兵和退役士兵从事个体经营的，继续按一定限额依次扣减税收和相关附加。二是免征农产品批发市场、农贸市场房产税和城镇土地使用税。免征城市公交站场等运营用地城镇土地使用税。三是继续授权省级政府自主决定免征、停征或减征地方水库移民扶持基金。四是免征医护人员和防疫工作者临时性补助、奖金及单位发给个人的预防药品等实物的个人所得税。免征相关防疫产品的药品和医疗器械注册费。五是免征高校学生公寓房产税和相关租赁合同印花税。对承担商品储备政策性业务的企业自用房产、土地免征房产税和城镇土地使用税。减按15%征收污染防治第三方企业所得税。
	4月6日	研究采取金融支持消费和有效投资的举措，提升对新市民的金融服务水平，优化保障性住房金融服务，保障重点项目建设融资需求，推动制造业中长期贷款较快增长。

续表

会议名称	日期	主要内容
国务院常务会议	5月11日	对当前有困难的企业和职工，给予住房公积金政策支持。2022年底前企业申请即可缓缴，职工正常提取公积金和申请公积金贷款不受影响，预计减缓企业负担900多亿元。职工未正常偿还公积金贷款，不作逾期处理。各地可合理提高公积金租房提取额度。
	5月23日	促消费和有效投资。因城施策支持刚性和改善性住房需求。优化审批，新开工一批水利特别是大型引水灌溉、交通、老旧小区改造、地下综合管廊等项目，引导银行提供规模性长期贷款。启动新一轮农村公路建设改造。
	7月22日	要支持金融机构对受疫情影响的个人消费贷款采取更加灵活的安排。因城施策促进房地产市场平稳健康发展，保障住房刚性需求，合理支持改善性需求。出台支持平台经济规范健康发展的具体措施，引导平台企业依法合规开展普惠金融业务，发挥好平台经济创造就业、促进消费作用。加大金融对进出口的支持，积极为企业提供汇率避险等服务。
	7月29日	推动消费继续成为经济主拉动力。除个别地区外，限购地区要逐步增加汽车增量指标数量、放宽购车人员资格限制。打通二手车流通堵点。延续免征新能源汽车购置税政策。支持刚性和改善性住房需求。鼓励地方对绿色智能家电、绿色建材等予以适度补贴或贷款贴息。加快线上线下消费融合，积极发展数字消费。深入落实餐饮、零售、旅游、交通运输等困难行业扶持政策，全面延续服务业增值税加计抵减，确保应享尽享，帮扶服务业市场主体渡过难关、支撑消费。
	8月24日	核准开工一批条件成熟的基础设施等项目，项目要有效益、保证质量，防止资金挪用。出台措施支持民营企业发展和投资，促进平台经济健康持续发展。允许地方"一城一策"灵活运用信贷等政策，合理支持刚性和改善性住房需求。
	8月31日	支持刚性和改善性住房需求，地方要"一城一策"用好政策工具箱，灵活运用阶段性信贷政策和保交楼专项借款。促进汽车等大宗消费。
	10月26日	要针对有效需求不足的矛盾，推动扩投资促消费政策加快见效。一是财政金融政策工具支持重大项目建设、设备更新改造，要在四季度形成更多实物工作量。相关协调机制要持续高效运转，推动项目加快开工建设，确保工程质量。对未按时开工的，调整资金用于新项目。支持民间投资参与重大项目。加快设备更新改造贷款投放，同等支持采购国内外设备，扩大制造业需求并引导预期。二是促进消费恢复成为经济主拉动力。重大项目建设、设备更新改造要注意与扩消费结合，扩大以工代赈以促就业增收入带消费，将中小微企业和消费类设备更新改造纳入专项再贷款和财政贴息支持范围。落实支持汽车等大宗消费和生活服务业的政策。因城施策支持刚性和改善性住房需求。
	11月22日	稳定和扩大消费。实施好生活服务业纾困政策。支持平台经济持续健康发展，保障电商、快递网络畅通。落实因城施策支持刚性和改善性住房需求的政策，指导地方加强政策宣传解读。推进保交楼专项借款尽快全面落实到项目，激励商业银行新发放保交楼贷款，加快项目建设和交付。努力改善房地产行业资产负债状况，促进房地产市场健康发展。
	12月20日	一是对落实稳经济一揽子政策措施，抓好填平补齐，确保全面落地。二是推动重大项目建设和设备更新改造形成更多实物工作量，符合冬季施工条件的项目不得停工。三是坚持"两个毫不动摇"，支持民营企业提振信心、更好发展。支持平台经济健康持续发展。结合实际促进服务消费有序恢复。落实支持刚性和改善性住房需求、保交楼和房企融资等16条金融政策。

二、中华人民共和国国务院

关于印发要素市场化配置综合改革试点总体方案的通知

国办发〔2021〕51号　2022年1月6日

要素市场化配置综合改革试点总体方案

一、总体要求

（一）指导思想。以习近平新时代中国特色社会主义思想为指导，全面贯彻落实党的十九大和十九届历次全会精神，弘扬伟大建党精神，坚持稳中求进工作总基调，完整、准确、全面贯彻新发展理念，加快构建新发展格局，充分发挥市场在资源配置中的决定性作用，更好发挥政府作用，着力破除阻碍要素自主有序流动的体制机制障碍，全面提高要素协同配置效率，以综合改革试点为牵引，更好统筹发展和安全，为完善要素市场制度、建设高标准市场体系积极探索新路径，为推动经济社会高质量发展提供强劲动力。

（二）基本原则。

——顶层设计、基层探索。按照党中央、国务院统一部署，在维护全国统一大市场前提下，支持具备条件的地区结合实际大胆改革探索，尊重基层首创精神，注重总结经验，及时规范提升，为全国提供可复制可推广的路径模式。

——系统集成、协同高效。突出改革的系统性、整体性、协同性，推动各领域要素市场化配置改革举措相互配合、相互促进，提高不同要素资源的组合配置效率。

——问题导向、因地制宜。牢牢把握正确的改革方向，聚焦要素市场建设的重点领域、关键环节和市场主体反映最强烈的问题，鼓励地方结合自身特点开展差别化试点探索。

——稳中求进、守住底线。从实际出发，坚持以安全可控为前提，尊重客观规律，科学把握工作时序、节奏和步骤，做到放活与管好有机结合，切实防范风险，稳步有序推进试点。

（三）试点布局。围绕推动国家重大战略实施，根据不同改革任务优先考虑选择改革需求迫切、工作基础较好、发展潜力较大的城市群、都市圈或中心城市等，开展要素市场化配置综合改革试点，严控试点数量和试点范围。党中央、国务院授权实施以及有关方面组织实施的涉及要素市场化配置的改革探索任务，原则上优先在试点地区开展。试点期限为2021—2025年。

（四）工作目标。2021年，启动要素市场化配置综合改革试点工作。2022年上半年，完成试点地区布局、实施方案编制报批工作。到2023年，试点工作取得阶段性成效，力争在土地、劳动力、资本、技术等要素市场化配置关键环节上实现重要突破，在数据要素市场化配置基础制度建设探索上取得积极进展。到2025年，基本完成试点任务，要素市场化配置改革取得标志性成果，为完善全国要素市场制度作出重要示范。

二、进一步提高土地要素配置效率

（五）支持探索土地管理制度改革。合理划分土地管理事权，在严格保护耕地、节约集约用地的前提下，探索赋予试点地区更大土地配置自主权。允许符合条件的地区探索城乡建设用地增减挂钩节余指标跨省域调剂使用机制。探索建立补充耕地质量评价转换机制，在严格实行耕地占补平衡、确保占一补一的前提下，严格管控补充耕地国家统筹规模，严把补充耕地质量验收关，实现占优补优。支持开展全域土地综合整治，优化生产、生活、生态空间布局，加强耕地数量、质量、生态"三位一体"保护和建设。

（六）鼓励优化产业用地供应方式。鼓励采用长期租赁、先租后让、弹性年期供应等方式供应产业用地。优化工业用地出让年期，完善弹性出让年期制度。支持产业用地实行"标准地"出让，提高配置效率。支持不同产业用地类型合理转换，完善土地用途变更、整合、置换等政策。探索增加混合产业用地供给。支持建立工业企业产出效益评价机制，加强土地精细化管理和节约集约利用。

（七）推动以市场化方式盘活存量用地。鼓励试点地区探索通过建设用地节约集约利用状况详细评价等方式，细化完善城镇低效用地认定标准，鼓励通过依法协商收回、协议置换、费用奖惩等措施，推动城镇低效用地腾退出清。推进国有企事业单位存量用地盘活利用，鼓励市场主体通过建设用地整理等方式促进城镇低效用地再开发。规范和完善土地二级市场，完善建设用地使用权转让、出租、抵押制度，支持通过土地预告登记实现建设用地使用权转让。探索地上地下空间综合利用的创新举措。

（八）建立健全城乡统一的建设用地市场。在坚决守住土地公有制性质不改变、耕地红线不突破、农民利益不受损三条底线的前提下，支持试点地区结合新一轮农村宅基地制度改革试点，探索宅基地所有权、资格权、使用权分置实现形式。在依法自愿有偿的前提下，允许将存量集体建设用地依据规划改变用途入市交易。在企业上市合规性审核标准中，对集体经营性建设用地与国有建设用地给予同权对待。支持建立健全农村产权流转市场体系。

（九）推进合理有序用海。探索建立沿海、海域、流域协同一体的海洋生态环境综合治理体系。统筹陆海资源管理，支持完善海域和无居民海岛有偿使用制度，加强海岸线动态监测。在严格落实国土空间用途管制和海洋生态环境保护要求、严管严控围填海活动的前提下，探索推进海域一级市场开发和二级市场流转，探索海域使用权立体分层设权。

三、推动劳动力要素合理畅通有序流动

（十）进一步深化户籍制度改革。支持具备条件的试点地区在城市群或都市圈内开展户籍准入年限同城化累计互认、居住证互通互认，试行以经常居住地登记户口制度，实现基本公共服务常住地提供。支持建立以身份证为标识的人口管理服务制度，扩大身份证信息容量，丰富应用场景。建设人口发展监测分析系统，为重大政策制定、公共资源配置、城市运行管理等提供支撑。建立健全与地区常住人口规模相适应的财政转移支付、住房供应、教师医生编制等保障机制。

（十一）加快畅通劳动力和人才社会性流动渠道。指导用人单位坚持需求导向，采取符合实际的引才措施，在不以人才称号和学术头衔等人才"帽子"引才、不抢挖中西部和东北地区合同期内高层次人才的前提下，促进党政机关、国有企事业单位、社会团体管理人才合理有序流动。完善事业单位编制管理制度，统筹使用编制资源。支持事业单位通过特设岗位引进急需高层次专业化人才。支持探索灵活就业人员权益保障政策。探索建立职业资格证书、职业技能等级证书与学历证书有效衔接机制。加快发展人力资源服务业，把服务就业的规模和质量等作为衡量行业发展成效的首要标准。

（十二）激发人才创新创业活力。支持事业单位科研人员按照国家有关规定离岗创新创业。推进职称评

审权下放，赋予具备条件的企事业单位和社会组织中高级职称评审权限。加强创新型、技能型人才培养，壮大高水平工程师和高技能人才队伍。加强技术转移专业人才队伍建设，探索建立健全对科技成果转化人才、知识产权管理运营人员等的评价与激励办法，完善技术转移转化类职称评价标准。

四、推动资本要素服务实体经济发展

（十三）增加有效金融服务供给。依托全国信用信息共享平台，加大公共信用信息共享整合力度。充分发挥征信平台和征信机构作用，建立公共信用信息同金融信息共享整合机制。推广"信易贷"模式，用好供应链票据平台、动产融资统一登记公示系统、应收账款融资服务平台，鼓励金融机构开发与中小微企业需求相匹配的信用产品。探索建立中小企业坏账快速核销制度。探索银行机构与外部股权投资机构深化合作，开发多样化的科技金融产品。支持在零售交易、生活缴费、政务服务等场景试点使用数字人民币。支持完善中小银行和农村信用社治理结构，增强金融普惠性。

（十四）发展多层次股权市场。创新新三板市场股债结合型产品，丰富中小企业投融资工具。选择运行安全规范、风险管理能力较强的区域性股权市场，开展制度和业务创新试点。探索加强区域性股权市场和全国性证券市场板块间合作衔接的机制。

（十五）完善地方金融监管和风险管理体制。支持具备条件的试点地区创新金融监管方式和工具，对各类地方金融组织实施标准化的准入设立审批、事中事后监管。按照属地原则压实省级人民政府的监管职责和风险处置责任。

五、大力促进技术要素向现实生产力转化

（十六）健全职务科技成果产权制度。支持开展赋予科研人员职务科技成果所有权或长期使用权试点，探索将试点经验推广到更多高校、科研院所和科技型企业。支持相关高校和科研院所探索创新职务科技成果转化管理方式。支持将职务科技成果通过许可方式授权中小微企业使用。完善技术要素交易与监管体系，推进科技成果进场交易。完善职务科技成果转移转化容错纠错机制。

（十七）完善科技创新资源配置方式。探索对重大战略项目、重点产业链和创新链实施创新资源协同配置，构建项目、平台、人才、资金等全要素一体化配置的创新服务体系。强化企业创新主体地位，改革科技项目征集、立项、管理和评价机制，支持行业领军企业牵头组建创新联合体，探索实施首席专家负责制。支持行业领军企业通过产品定制化研发等方式，为关键核心技术提供早期应用场景和适用环境。

（十八）推进技术和资本要素融合发展。支持金融机构设立专业化科技金融分支机构，加大对科研成果转化和创新创业人才的金融支持力度。完善创业投资监管体制和发展政策。支持优质科技型企业上市或挂牌融资。完善知识产权融资机制，扩大知识产权质押融资规模。鼓励保险公司积极开展科技保险业务，依法合规开发知识产权保险、产品研发责任保险等产品。

六、探索建立数据要素流通规则

（十九）完善公共数据开放共享机制。建立健全高效的公共数据共享协调机制，支持打造公共数据基础支撑平台，推进公共数据归集整合、有序流通和共享。探索完善公共数据共享、开放、运营服务、安全保障的管理体制。优先推进企业登记监管、卫生健康、交通运输、气象等高价值数据集向社会开放。探索开展政府数据授权运营。

（二十）建立健全数据流通交易规则。探索"原始数据不出域、数据可用不可见"的交易范式，在保护个人隐私和确保数据安全的前提下，分级分类、分步有序推动部分领域数据流通应用。探索建立数据用途和用

量控制制度，实现数据使用"可控可计量"。规范培育数据交易市场主体，发展数据资产评估、登记结算、交易撮合、争议仲裁等市场运营体系，稳妥探索开展数据资产化服务。

（二十一）拓展规范化数据开发利用场景。发挥领军企业和行业组织作用，推动人工智能、区块链、车联网、物联网等领域数据采集标准化。深入推进人工智能社会实验，开展区块链创新应用试点。在金融、卫生健康、电力、物流等重点领域，探索以数据为核心的产品和服务创新，支持打造统一的技术标准和开放的创新生态，促进商业数据流通、跨区域数据互联、政企数据融合应用。

（二十二）加强数据安全保护。强化网络安全等级保护要求，推动完善数据分级分类安全保护制度，运用技术手段构建数据安全风险防控体系。探索完善个人信息授权使用制度。探索建立数据安全使用承诺制度，探索制定大数据分析和交易禁止清单，强化事中事后监管。探索数据跨境流动管控方式，完善重要数据出境安全管理制度。

七、加强资源环境市场制度建设

（二十三）支持完善资源市场化交易机制。支持试点地区完善电力市场化交易机制，提高电力中长期交易签约履约质量，开展电力现货交易试点，完善电力辅助服务市场。按照股权多元化原则，加快电力交易机构股份制改造，推动电力交易机构独立规范运行，实现电力交易组织与调度规范化。深化天然气市场化改革，逐步构建储气辅助服务市场机制。完善矿业权竞争出让制度，建立健全严格的勘查区块退出机制，探索储量交易。

（二十四）支持构建绿色要素交易机制。在明确生态保护红线、环境质量底线、资源利用上线等基础上，支持试点地区进一步健全碳排放权、排污权、用能权、用水权等交易机制，探索促进绿色要素交易与能源环境目标指标更好衔接。探索建立碳排放配额、用能权指标有偿取得机制，丰富交易品种和交易方式。探索开展资源环境权益融资。探索建立绿色核算体系、生态产品价值实现机制以及政府、企业和个人绿色责任账户。

八、健全要素市场治理

（二十五）完善要素市场化交易平台。持续推进公共资源交易平台整合共享，拓展公共资源交易平台功能，逐步覆盖适合以市场化方式配置的自然资源、资产股权等公共资源。规范发展大数据交易平台。支持企业参与要素交易平台建设，规范要素交易平台运行。支持要素交易平台与金融机构、中介机构合作，形成涵盖产权界定、价格评估、流转交易、担保、保险等业务的综合服务体系。

（二十六）加强要素交易市场监管。创新要素交易规则和服务，探索加强要素价格管理和监督的有效方式。健全要素交易信息披露制度。深化"放管服"改革，加强要素市场信用体系建设，打造市场化法治化国际化营商环境。强化反垄断和反不正当竞争执法，规范交易行为，将交易主体违法违规行为纳入信用记录管理，对严重失信行为实行追责和惩戒。开展要素市场交易大数据分析，建立健全要素交易风险分析、预警防范和分类处置机制。推进破产制度改革，建立健全自然人破产制度。

九、进一步发挥要素协同配置效应

（二十七）提高全球先进要素集聚能力。支持探索制定外国高端人才认定标准，为境外人才执业出入境、停居留等提供便利。支持符合条件的境内外投资者在试点地区依法依规设立证券、期货、基金、保险等金融机构。探索国际科技创新合作新模式，支持具备条件的试点地区围绕全球性议题在世界范围内吸引具有顶尖创新能力的科学家团队"揭榜挂帅"。支持行业领军企业牵头组建国际性产业与标准组织，积极参与国际规则制定。

（二十八）完善按要素分配机制。提高劳动报酬在初次分配中的比重，强化工资收入分配的技能价值激励导向。构建充分体现知识、技术、管理等创新要素价值的收益分配机制。创新宅基地收益取得和使用方式，探索让农民长期分享土地增值收益的有效途径。合理分配集体经营性建设用地入市增值收益，兼顾国家、农村集体经济组织和农村居民权益。探索增加居民财产性收入，鼓励和引导上市公司现金分红，完善投资者权益保护制度。

十、强化组织实施

（二十九）加强党的全面领导。坚持和加强党对要素市场化配置综合改革试点的领导，增强"四个意识"、坚定"四个自信"、做到"两个维护"，充分发挥党总揽全局、协调各方的领导核心作用，把党的领导始终贯穿试点工作推进全过程。

（三十）落实地方主体责任。各试点地区要把要素市场化配置综合改革试点摆在全局重要位置，增强使命感和责任感，强化组织领导，完善推进落实机制，在风险总体可控前提下，科学把握时序、节奏和步骤，积极稳妥推进改革试点任务实施。试点过程中要加强动态跟踪分析，开展试点效果评估，重要政策和重大改革举措按程序报批。

（三十一）建立组织协调机制。建立由国家发展改革委牵头、有关部门作为成员单位的推进要素市场化配置综合改革试点部际协调机制，负责统筹推进试点工作，确定试点地区，协调解决重大问题，加强督促检查。国家发展改革委要会同有关方面指导试点地区编制实施方案及授权事项清单，按程序报批后组织实施；在地方自评估基础上，定期开展第三方评估。对取得明显成效的试点地区，要予以表扬激励，及时总结推广经验；对动力不足、执行不力、成效不明显的试点地区，要限期整改，整改不到位的按程序调整退出试点。重要情况及时向党中央、国务院报告。

（三十二）强化试点法治保障。建立健全与要素市场化配置综合改革试点相配套的法律法规与政策调整机制，统筹涉及的法律法规事项，做好与相关法律法规立改废释的衔接。试点地区拟实行的各项改革举措和授权事项，凡涉及调整现行法律或行政法规的，经全国人大及其常委会或国务院依法授权后实施；其他涉及调整部门规章和规范性文件规定的，有关方面要按照本方案要求和经批准的授权事项清单，依法依规一次性对相关试点地区给予改革授权。

印发《关于推进以县城为重要载体的城镇化建设的意见》

2022 年 5 月 6 日

关于推进以县城为重要载体的城镇化建设的意见

一、总体要求

（一）指导思想。以习近平新时代中国特色社会主义思想为指导，坚持以人为核心推进新型城镇化，尊重县城发展规律，统筹县城生产、生活、生态、安全需要，因地制宜补齐县城短板弱项，促进县城产业配套设施提质增效、市政公用设施提档升级、公共服务设施提标扩面、环境基础设施提级扩能，增强县城综合承载能力，提升县城发展质量，更好满足农民到县城就业安家需求和县城居民生产生活需要，为实施扩大内需战略、协同推进新型城镇化和乡村振兴提供有力支撑。

（二）工作要求。顺应县城人口流动变化趋势，立足资源环境承载能力、区位条件、产业基础、功能定位，选择一批条件好的县城作为示范地区重点发展，防止人口流失县城盲目建设。充分发挥市场在资源配置中的决定性作用，引导支持各类市场主体参与县城建设；更好发挥政府作用，切实履行制定规划政策、提供公共服务、营造制度环境等方面职责。以县域为基本单元推进城乡融合发展，发挥县城连接城市、服务乡村作用，增强对乡村的辐射带动能力，促进县城基础设施和公共服务向乡村延伸覆盖，强化县城与邻近城市发展的衔接配合。统筹发展和安全，严格落实耕地和永久基本农田、生态保护红线、城镇开发边界，守住历史文化根脉，防止大拆大建、贪大求洋，严格控制撤县建市设区，防控灾害事故风险，防范地方政府债务风险。

（三）发展目标。到2025年，以县城为重要载体的城镇化建设取得重要进展，县城短板弱项进一步补齐补强，一批具有良好区位优势和产业基础、资源环境承载能力较强、集聚人口经济条件较好的县城建设取得明显成效，公共资源配置与常住人口规模基本匹配，特色优势产业发展壮大，市政设施基本完备，公共服务全面提升，人居环境有效改善，综合承载能力明显增强，农民到县城就业安家规模不断扩大，县城居民生活品质明显改善。再经过一个时期的努力，在全国范围内基本建成各具特色、富有活力、宜居宜业的现代化县城，与邻近大中城市的发展差距显著缩小，促进城镇体系完善、支撑城乡融合发展作用进一步彰显。

二、科学把握功能定位，分类引导县城发展方向

（四）加快发展大城市周边县城。支持位于城市群和都市圈范围内的县城融入邻近大城市建设发展，主动承接人口、产业、功能特别是一般性制造业、区域性物流基地、专业市场、过度集中的公共服务资源疏解转移，强化快速交通连接，发展成为与邻近大城市通勤便捷、功能互补、产业配套的卫星县城。

（五）积极培育专业功能县城。支持具有资源、交通等优势的县城发挥专业特长，培育发展特色经济和支柱产业，强化产业平台支撑，提高就业吸纳能力，发展成为先进制造、商贸流通、文化旅游等专业功能县城。支持边境县城完善基础设施，强化公共服务和边境贸易等功能，提升人口集聚能力和守边固边能力。

（六）合理发展农产品主产区县城。推动位于农产品主产区内的县城集聚发展农村二三产业，延长农业产业链条，做优做强农产品加工业和农业生产性服务业，更多吸纳县域内农业转移人口，为有效服务"三农"、保障粮食安全提供支撑。

（七）有序发展重点生态功能区县城。推动位于重点生态功能区内的县城逐步有序承接生态地区超载人口转移，完善财政转移支付制度，增强公共服务供给能力，发展适宜产业和清洁能源，为保护修复生态环境、筑牢生态安全屏障提供支撑。

（八）引导人口流失县城转型发展。结合城镇发展变化态势，推动人口流失县城严控城镇建设用地增量、盘活存量，促进人口和公共服务资源适度集中，加强民生保障和救助扶助，有序引导人口向邻近的经济发展优势区域转移，支持有条件的资源枯竭县城培育接续替代产业。

三、培育发展特色优势产业，稳定扩大县城就业岗位

（九）增强县城产业支撑能力。重点发展比较优势明显、带动农业农村能力强、就业容量大的产业，统筹培育本地产业和承接外部产业转移，促进产业转型升级。突出特色、错位发展，因地制宜发展一般性制造业。以"粮头食尾"、"农头工尾"为抓手，培育农产品加工业集群，发展农资供应、技术集成、仓储物流、农产品营销等农业生产性服务业。根据文化旅游资源禀赋，培育文化体验、休闲度假、特色民宿、养生养老等产业。

（十）提升产业平台功能。依托各类开发区、产业集聚区、农民工返乡创业园等平台，引导县域产业集中集聚发展。支持符合条件的县城建设产业转型升级示范园区。根据需要配置公共配套设施，健全标准厂房、

通用基础制造装备、共性技术研发仪器设备、质量基础设施、仓储集散回收设施。鼓励农民工集中的产业园区及企业建设集体宿舍。

（十一）健全商贸流通网络。发展物流中心和专业市场，打造工业品和农产品分拨中转地。根据需要建设铁路专用线，依托交通场站建设物流设施。建设具备运输仓储、集散分拨等功能的物流配送中心，发展物流共同配送，鼓励社会力量布设智能快件箱。改善农贸市场交易棚厅等经营条件，完善冷链物流设施，建设面向城市消费的生鲜食品低温加工处理中心。

（十二）完善消费基础设施。围绕产业转型升级和居民消费升级需求，改善县城消费环境。改造提升百货商场、大型卖场、特色商业街，发展新型消费集聚区。完善消费服务中心、公共交通站点、智能引导系统、安全保障设施，配置电子商务硬件设施及软件系统，建设展示交易公用空间。完善游客服务中心、旅游道路、旅游厕所等配套设施。

（十三）强化职业技能培训。大规模开展面向农民工特别是困难农民工的职业技能培训，提高其技能素质和稳定就业能力。统筹发挥企业、职业学校、技工学校作用，聚焦新职业新工种和紧缺岗位加强职业技能培训，提高与市场需求契合度。推动公共实训基地共建共享，建设职业技能培训线上平台。落实好培训补贴政策，畅通培训补贴直达企业和培训者渠道。

四、完善市政设施体系，夯实县城运行基础支撑

（十四）完善市政交通设施。完善机动车道、非机动车道、人行道，健全配套交通管理设施和交通安全设施。建设以配建停车场为主、路外公共停车场为辅、路内停车为补充的停车系统。优化公共充换电设施建设布局，加快建设充电桩。完善公路客运站服务功能，加强公路客运站土地综合开发利用。建设公共交通场站，优化公交站点布设。

（十五）畅通对外连接通道。提高县城与周边大中城市互联互通水平，扩大干线铁路、高速公路、国省干线公路等覆盖面。推进县城市政道路与干线公路高效衔接，有序开展干线公路过境段、进出城瓶颈路段升级改造。支持有需要的县城开通与周边城市的城际公交，开展客运班线公交化改造。引导有条件的大城市轨道交通适当向周边县城延伸。

（十六）健全防洪排涝设施。坚持防御外洪与治理内涝并重，逐步消除严重易涝积水区段。实施排水管网和泵站建设改造，修复破损和功能失效设施。建设排涝通道，整治河道、湖塘、排洪沟、道路边沟，确保与管网排水能力相匹配。推进雨水源头减排，增强地面渗水能力。完善堤线布置和河流护岸工程，合理建设截洪沟等设施，降低外洪入城风险。

（十七）增强防灾减灾能力。健全灾害监测体系，提高预警预报水平。采取搬迁避让和工程治理等手段，防治泥石流、崩塌、滑坡、地面塌陷等地质灾害。提高建筑抗灾能力，开展重要建筑抗震鉴定及加固改造。推进公共建筑消防设施达标建设，规划布局消火栓、蓄水池、微型消防站等配套设施。合理布局应急避难场所，强化体育场馆等公共建筑应急避难功能。完善供水、供电、通信等城市生命线备用设施，加强应急救灾和抢险救援能力建设。

（十八）加强老化管网改造。全面推进老化燃气管道更新改造，重点改造不符合标准规范、存在安全隐患的燃气管道、燃气场站、居民户内设施及监测设施。改造水质不能稳定达标水厂及老旧破损供水管网。推进老化供热管道更新改造，提高北方地区县城集中供暖比例。开展电网升级改造，推动必要的路面电网及通信网架空线入地。

（十九）推动老旧小区改造。加快改造建成年代较早、失养失修失管、配套设施不完善、居民改造意愿强烈的住宅小区，改善居民基本居住条件。完善老旧小区及周边水电路气热信等配套设施，加强无障碍设施建设改造。科学布局社区综合服务设施，推进养老托育等基本公共服务便捷供给。结合老旧小区改造，统筹推动老旧厂区、老旧街区、城中村改造。

（二十）推进数字化改造。建设新型基础设施，发展智慧县城。推动第五代移动通信网络规模化部署，建设高速光纤宽带网络。推行县城运行一网统管，促进市政公用设施及建筑等物联网应用、智能化改造，部署智能电表和智能水表等感知终端。推行政务服务一网通办，提供工商、税务、证照证明、行政许可等办事便利。推行公共服务一网通享，促进学校、医院、图书馆等资源数字化。

五、强化公共服务供给，增进县城民生福祉

（二十一）完善医疗卫生体系。推进县级医院（含中医院）提标改造，提高传染病检测诊治和重症监护救治能力，依托县级医院建设县级急救中心。支持县域人口达到一定规模的县完善县级医院，推动达到三级医院设施条件和服务能力。推进县级疾控中心建设，配齐疾病监测预警、实验室检测、现场处置等设备。完善县级妇幼保健机构设施设备。建立省（自治区、直辖市）和地级及以上城市三甲医院对薄弱县级医院的帮扶机制。

（二十二）扩大教育资源供给。推进义务教育学校扩容增位，按照办学标准改善教学和生活设施。鼓励高中阶段学校多样化发展，全面改善县域普通高中办学条件，基本消除普通高中"大班额"现象。鼓励发展职业学校，深入推进产教融合。完善幼儿园布局，大力发展公办幼儿园，引导扶持民办幼儿园提供普惠性服务。落实农民工随迁子女入学和转学政策，保障学龄前儿童和义务教育阶段学生入学。

（二十三）发展养老托育服务。提升公办养老机构服务能力，完善公建民营管理机制，提供基本养老和长期照护服务。扩大普惠养老床位供给，扶持护理型民办养老机构发展，鼓励社会力量建设完善社区居家养老服务网络，提供失能护理、日间照料及助餐助浴助洁助医助行等服务。推进公共设施适老化改造。发展普惠性托育服务，支持社会力量发展综合托育服务机构和社区托育服务设施，支持有条件的用人单位为职工提供托育服务，支持有条件的幼儿园开设托班招收2—3岁幼儿。

（二十四）优化文化体育设施。根据需要完善公共图书馆、文化馆、博物馆等场馆功能，发展智慧广电平台和融媒体中心，完善应急广播体系。建设全民健身中心、公共体育场、健身步道、社会足球场地、户外运动公共服务设施，加快推进学校场馆开放共享。有序建设体育公园，打造绿色便捷的居民健身新载体。

（二十五）完善社会福利设施。建设专业化残疾人康复、托养、综合服务设施。完善儿童福利机构及残疾儿童康复救助定点机构，建设未成年人救助保护机构和保护工作站。依托现有社会福利设施建设流浪乞讨人员救助管理设施。建设公益性殡葬设施，改造老旧殡仪馆。

六、加强历史文化和生态保护，提升县城人居环境质量

（二十六）加强历史文化保护传承。传承延续历史文脉，厚植传统文化底蕴。保护历史文化名城名镇和历史文化街区，保留历史肌理、空间尺度、景观环境。加强革命文物、红色遗址、文化遗产保护，活化利用历史建筑和工业遗产。推动非物质文化遗产融入县城建设。鼓励建筑设计传承创新。禁止拆真建假、以假乱真，严禁随意拆除老建筑、大规模迁移砍伐老树，严禁侵占风景名胜区内土地。

（二十七）打造蓝绿生态空间。完善生态绿地系统，依托山水林田湖草等自然基底建设生态绿色廊道，利用周边荒山坡地和污染土地开展国土绿化，建设街心绿地、绿色游憩空间、郊野公园。加强河道、湖泊、滨海地带等湿地生态和水环境修复，合理保持水网密度和水体自然连通。加强黑臭水体治理，对河湖岸线进行生态化改造，恢复和增强水体自净能力。

（二十八）推进生产生活低碳化。推动能源清洁低碳安全高效利用，引导非化石能源消费和分布式能源发展，在有条件的地区推进屋顶分布式光伏发电。坚决遏制"两高"项目盲目发展，深入推进产业园区循环化

改造。大力发展绿色建筑，推广装配式建筑、节能门窗、绿色建材、绿色照明，全面推行绿色施工。推动公共交通工具和物流配送、市政环卫等车辆电动化。推广节能低碳节水用品和环保再生产品，减少一次性消费品和包装用材消耗。

（二十九）完善垃圾收集处理体系。因地制宜建设生活垃圾分类处理系统，配备满足分类清运需求、密封性好、压缩式的收运车辆，改造垃圾房和转运站，建设与清运量相适应的垃圾焚烧设施，做好全流程恶臭防治。合理布局危险废弃物收集和集中利用处置设施。健全县域医疗废弃物收集转运处置体系。推进大宗固体废弃物综合利用。

（三十）增强污水收集处理能力。完善老城区及城中村等重点区域污水收集管网，更新修复混错接、漏接、老旧破损管网，推进雨污分流改造。开展污水处理差别化精准提标，对现有污水处理厂进行扩容改造及恶臭治理。在缺水地区和水环境敏感地区推进污水资源化利用。推进污泥无害化资源化处置，逐步压减污泥填埋规模。

七、提高县城辐射带动乡村能力，促进县乡村功能衔接互补

（三十一）推进县城基础设施向乡村延伸。推动市政供水供气供热管网向城郊乡村及规模较大镇延伸，在有条件的地区推进城乡供水一体化。推进县乡村（户）道路连通、城乡客运一体化。以需求为导向逐步推进第五代移动通信网络和千兆光网向乡村延伸。建设以城带乡的污水垃圾收集处理系统。建设联结城乡的冷链物流、电商平台、农贸市场网络，带动农产品进城和工业品入乡。建立城乡统一的基础设施管护运行机制，落实管护责任。

（三十二）推进县城公共服务向乡村覆盖。鼓励县级医院与乡镇卫生院建立紧密型县域医疗卫生共同体，推行派驻、巡诊、轮岗等方式，鼓励发展远程医疗，提升非县级政府驻地特大镇卫生院医疗服务能力。发展城乡教育联合体，深化义务教育教师"县管校聘"管理改革，推进县域内校长教师交流轮岗。健全县乡村衔接的三级养老服务网络，发展乡村普惠型养老服务和互助性养老。

（三十三）推进巩固拓展脱贫攻坚成果同乡村振兴有效衔接。以国家乡村振兴重点帮扶县和易地扶贫搬迁大中型集中安置区为重点，强化政策支持，守住不发生规模性返贫底线。推动国家乡村振兴重点帮扶县增强巩固脱贫成果及内生发展能力。推进大中型集中安置区新型城镇化建设，加强就业和产业扶持，完善产业配套设施、基础设施、公共服务设施，提升社区治理能力。

八、深化体制机制创新，为县城建设提供政策保障

（三十四）健全农业转移人口市民化机制。全面落实取消县城落户限制政策，确保稳定就业生活的外来人口与本地农业转移人口落户一视同仁。确保新落户人口与县城居民享有同等公共服务，保障农民工等非户籍常住人口均等享有教育、医疗、住房保障等基本公共服务。以新生代农民工为重点推动社会保险参保扩面，全面落实企业为农民工缴纳职工养老、医疗、工伤、失业、生育等社会保险费的责任，合理引导灵活就业农民工按规定参加职工基本医疗保险和城镇职工基本养老保险。依法保障进城落户农民的农村土地承包权、宅基地使用权、集体收益分配权，支持其依法自愿有偿转让上述权益。建立健全省以下财政转移支付与农业转移人口市民化挂钩机制，重点支持吸纳农业转移人口落户多的县城。建立健全省以下城镇建设用地增加规模与吸纳农业转移人口落户数量挂钩机制，专项安排与进城落户人口数量相适应的新增建设用地计划指标。

（三十五）建立多元可持续的投融资机制。根据项目属性和收益，合理谋划投融资方案。对公益性项目，加强地方财政资金投入，其中符合条件项目可通过中央预算内投资和地方政府专项债券予以支持。对准公益性项目和经营性项目，提升县域综合金融服务水平，鼓励银行业金融机构特别是开发性政策性金融机构增加中长

期贷款投放，支持符合条件的企业发行县城新型城镇化建设专项企业债券。有效防范化解地方政府债务风险，促进县区财政平稳运行。引导社会资金参与县城建设，盘活国有存量优质资产，规范推广政府和社会资本合作模式，稳妥推进基础设施领域不动产投资信托基金试点，鼓励中央企业等参与县城建设，引导有条件的地区整合利用好既有平台公司。完善公用事业定价机制，合理确定价格水平，鼓励结合管网改造降低漏损率和运行成本。

（三十六）建立集约高效的建设用地利用机制。加强存量低效建设用地再开发，合理安排新增建设用地计划指标，保障县城建设正常用地需求。推广节地型、紧凑式高效开发模式，规范建设用地二级市场。鼓励采用长期租赁、先租后让、弹性年期供应等方式供应工业用地，提升现有工业用地容积率和单位用地面积产出率。稳妥开发低丘缓坡地，合理确定开发用途、规模、布局和项目用地准入门槛。按照国家统一部署，稳妥有序推进农村集体经营性建设用地入市。

九、组织实施

（三十七）加强组织领导。坚持和加强党的全面领导，发挥各级党组织作用，建立中央指导、省负总责、市县抓落实的工作机制，为推进以县城为重要载体的城镇化建设提供根本保证。发挥城镇化工作暨城乡融合发展工作部际联席会议制度作用，国家发展改革委要会同各成员单位，强化统筹协调和政策保障，扎实推进示范等工作。各省（自治区、直辖市）要明确具体任务举措，做好组织协调和指导督促。各市县要强化主体责任，切实推动目标任务落地见效。

（三十八）强化规划引领。坚持"一县一策"，以县城为主，兼顾县级市城区和非县级政府驻地特大镇，科学编制和完善建设方案，按照"缺什么补什么"原则，明确建设重点、保障措施、组织实施方式，精准补齐短板弱项，防止盲目重复建设。坚持项目跟着规划走，科学谋划储备建设项目，切实做好项目前期工作。

（三十九）推动试点先行。合理把握县城建设的时序、节奏、步骤。率先在示范地区推动县城补短板强弱项，细化实化建设任务，创新政策支撑机制和项目投资运营模式，增强县城综合承载能力，及早取得实质性进展。在示范工作基础上，及时总结推广典型经验和有效做法，稳步有序推动其他县城建设，形成以县城为重要载体的城镇化建设有效路径。

（文件来源：国务院公报2022年第14号）

关于进一步盘活存量资产扩大有效投资的意见

国办发〔2022〕19号　2022年5月19日

一、聚焦盘活存量资产重点方向

（一）重点领域。一是重点盘活存量规模较大、当前收益较好或增长潜力较大的基础设施项目资产，包括交通、水利、清洁能源、保障性租赁住房、水电气热等市政设施、生态环保、产业园区、仓储物流、旅游、新型基础设施等。二是统筹盘活存量和改扩建有机结合的项目资产，包括综合交通枢纽改造、工业企业退城进园等。三是有序盘活长期闲置但具有较大开发利用价值的项目资产，包括老旧厂房、文化体育场馆和闲置土地等，以及国有企业开办的酒店、餐饮、疗养院等非主业资产。

（二）重点区域。一是推动建设任务重、投资需求强、存量规模大、资产质量好的地区，积极盘活存量资产，筹集建设资金，支持新项目建设，牢牢守住风险底线。二是推动地方政府债务率较高、财政收支平衡压力较大的地区，加快盘活存量资产，稳妥化解地方政府债务风险，提升财政可持续能力，合理支持新项目建设。三是围绕落实京津冀协同发展、长江经济带发展、粤港澳大湾区建设、长三角一体化发展、黄河流域生态保护和高质量发展等区域重大战略以及推动海南自由贸易港建设等，鼓励相关地区率先加大存量资产盘活力度，充分发挥示范带动作用。

（三）重点企业。盘活存量资产对参与的各类市场主体一视同仁。引导支持基础设施存量资产多、建设任务重、负债率较高的国有企业，把盘活存量资产作为国有资产保值增值以及防范债务风险、筹集建设资金、优化资产结构的重要手段，选择适合的存量资产，采取多种方式予以盘活。鼓励民营企业根据实际情况，参与盘活国有存量资产，积极盘活自身存量资产，将回收资金用于再投资，降低企业经营风险，促进持续健康发展。

二、优化完善存量资产盘活方式

（四）推动基础设施领域不动产投资信托基金（REITs）健康发展。进一步提高推荐、审核效率，鼓励更多符合条件的基础设施 REITs 项目发行上市。对于在维护产业链供应链稳定、强化民生保障等方面具有重要作用的项目，在满足发行要求、符合市场预期、确保风险可控等前提下，可进一步灵活合理确定运营年限、收益集中度等要求。建立健全扩募机制，探索建立多层次基础设施 REITs 市场。国有企业发行基础设施 REITs 涉及国有产权非公开协议转让的，按规定报同级国有资产监督管理机构批准。研究推进 REITs 相关立法工作。

（五）规范有序推进政府和社会资本合作（PPP）。鼓励具备长期稳定经营性收益的存量项目采用 PPP 模式盘活存量资产，提升运营效率和服务水平。社会资本方通过创新运营模式、引入先进技术、提升运营效率等方式，有效盘活存量资产并减少政府补助额度的，地方人民政府可采取适当方式通过现有资金渠道予以奖励。

（六）积极推进产权规范交易。充分发挥产权交易所的价值发现和投资者发现功能，创新交易产品和交易方式，加强全流程精细化服务，协助开展咨询顾问、尽职调查、方案优化、信息披露、技术支撑、融资服务等，为存量资产的合理流动和优化配置开辟绿色通道，推动存量资产盘活交易更加规范、高效、便捷。采取多种方式加大宣传引导力度，吸引更多买方参与交易竞价。

（七）发挥国有资本投资、运营公司功能作用。鼓励国有企业依托国有资本投资、运营公司，按规定通过进场交易、协议转让、无偿划转、资产置换、联合整合等方式，盘活长期闲置的存量资产，整合非主业资产。通过发行债券等方式，为符合条件的国有资本投资、运营公司盘活存量资产提供中长期资金支持。

（八）探索促进盘活存量和改扩建有机结合。吸引社会资本参与盘活城市老旧资产资源特别是老旧小区改造等，通过精准定位、提升品质、完善用途等进一步丰富存量资产功能、提升资产效益。因地制宜积极探索污水处理厂下沉、地铁上盖物业、交通枢纽地上地下空间综合开发、保障性租赁住房小区经营性公共服务空间开发等模式，有效盘活既有铁路场站及周边可开发土地等资产，提升项目收益水平。在各级国土空间规划、相关专项规划中充分考虑老港区搬迁或功能改造提升，支持优化港口客运场站规划用途，实施综合开发利用。

（九）挖掘闲置低效资产价值。推动闲置低效资产改造与转型，依法依规合理调整规划用途和开发强度，开发用于创新研发、卫生健康、养老托育、体育健身、休闲旅游、社区服务或作为保障性租赁住房等新功能。支持金融资产管理公司、金融资产投资公司以及国有资本投资、运营公司通过不良资产收购处置、实质性重组、市场化债转股等方式盘活闲置低效资产。

（十）支持兼并重组等其他盘活方式。积极探索通过资产证券化等市场化方式盘活存量资产。在符合反垄断等法律法规前提下，鼓励行业龙头企业通过兼并重组、产权转让等方式加强存量资产优化整合，提升资产质量和规模效益。通过混合所有制改革、引入战略投资方和专业运营管理机构等，提升存量资产项目的运营管理能力。

三、加大盘活存量资产政策支持

（十一）积极落实项目盘活条件。针对存量资产项目具体情况，分类落实各项盘活条件。对产权不明晰的项目，依法依规理顺产权关系，完成产权界定，加快办理相关产权登记。对项目前期工作手续不齐全的项目，按照有关规定补办相关手续，加快履行竣工验收、收费标准核定等程序。对项目盘活过程中遇到的难点问题，探索制定合理解决方案并积极推动落实。

（十二）有效提高项目收益水平。完善公共服务和公共产品价格动态调整机制，依法依规按程序合理调整污水处理收费标准，推动县级以上地方人民政府建立完善生活垃圾处理收费制度。建立健全与投融资体制相适应的水利工程水价形成机制，促进水资源节约利用和水利工程良性运行。对整体收益水平较低的存量资产项目，完善市场化运营机制，提高项目收益水平，支持开展资产重组，为盘活存量资产创造条件。研究通过资产合理组合等方式，将准公益性、经营性项目打包，提升资产吸引力。

（十三）完善规划和用地用海政策。依法依规指导拟盘活的存量项目完善规划、用地用海、产权登记、土地分宗等手续，积极协助妥善解决土地和海域使用相关问题，涉及手续办理或开具证明的积极予以支持。坚持先规划后建设，对盘活存量资产过程中确需调整相关规划或土地、海域用途的，应充分开展规划实施评估，依法依规履行相关程序，确保土地、海域使用符合相关法律法规和国土空间用途管制要求。

（十四）落实财税金融政策。落实落细支持基础设施 REITs 有关税收政策。对符合存量资产盘活条件、纳税金额较大的重点项目，各级税务机关做好服务和宣传工作，指导企业依法依规纳税，在现行税收政策框架下助力盘活存量资产。支持银行、信托、保险、金融资产管理、股权投资基金等机构，充分发挥各自优势，按照市场化原则积极参与盘活存量资产。鼓励符合条件的金融资产管理公司、金融资产投资公司通过发行债券融资，解决负债久期与资产久期错配等问题。加强投融资合作对接，积极向有关金融机构推介盘活存量资产项目。

四、用好回收资金增加有效投资

（十五）引导做好回收资金使用。加强对盘活存量资产回收资金的管理，除按规定用于本项目职工安置、税费缴纳、债务偿还等支出外，应确保主要用于项目建设，形成优质资产。鼓励以资本金注入方式将回收资金用于具有收益的项目建设，充分发挥回收资金对扩大投资的撬动作用。对地方政府债务率较高、财政收支平衡压力较大的地区，盘活存量公共资产回收的资金可适当用于"三保"支出及债务还本付息。回收资金使用应符合预算管理、国有资产监督管理等有关政策要求。

（十六）精准有效支持新项目建设。盘活存量资产回收资金拟投入新项目建设的，优先支持综合交通和物流枢纽、大型清洁能源基地、环境基础设施、"一老一小"等重点领域项目，重点支持"十四五"规划102项重大工程，优先投入在建项目或符合相关规划和生态环保要求、前期工作成熟的项目。有关部门应加快相关项目审批核准备案、规划选址、用地用海、环境影响评价、施工许可等前期工作手续办理，促进项目尽快落地实施、形成实物工作量。

（十七）加强配套资金支持。在安排中央预算内投资等资金时，对盘活存量资产回收资金投入的新项目，可在同等条件下给予优先支持；发挥中央预算内投资相关专项示范引导作用，鼓励社会资本通过多种方式参与盘活国有存量资产。对回收资金投入的新项目，地方政府专项债券可按规定予以支持。鼓励银行等金融机构按照市场化原则提供配套融资支持。

五、严格落实各类风险防控举措

（十八）依法依规稳妥有序推进存量资产盘活。严格落实防范化解地方政府隐性债务风险的要求，严禁在盘活存量资产过程中新增地方政府隐性债务。坚持市场化法治化原则，严格落实国有资产监督管理规定，做好财务审计、资产评估、决策审批等工作，除相关政策规定的情形外，应主要通过公共资源交易平台、证券交易所、产权交易所等公开透明渠道合理确定交易价格，严防国有资产流失。充分保障债权人的合法权益，避免在存量资产转让过程中出现债权悬空。多措并举做好职工安置，为盘活存量资产创造良好条件和氛围。所有拟发行基础设施 REITs 的项目均应符合国家重大战略、发展规划、产业政策、投资管理法规等相关要求，保障项目质量，防范市场风险。

（十九）提升专业机构合规履职能力。严格落实相关中介机构自律规则、执业标准和业务规范，推动中介机构等履职尽责，依法依规为盘活存量资产提供尽职调查、项目评估、财务和法律咨询等专业服务。积极培育为盘活存量资产服务的专业机构，提高专业化服务水平。对违反相关法律法规的中介机构依法追责。

（二十）保障基础设施稳健运营。对公共属性较强的基础设施项目，在盘活存量资产时应处理好项目公益性与经营性的关系，确保投资方在接手后引入或组建具备较强能力和丰富经验的基础设施运营管理机构，保持基础设施稳健运营，切实保障公共利益，防范化解潜在风险。推动基础设施 REITs 基金管理人与运营管理机构健全运营机制，更好发挥原始权益人在项目运营管理中的专业作用，保障基金存续期间项目持续稳定运营。

六、建立工作台账强化组织保障

（二十一）实行台账式管理。全面梳理各地区基础设施等领域存量资产情况，筛选出具备一定盘活条件的项目，建立盘活存量资产台账，实行动态管理。针对纳入台账项目的类型和基本情况，逐一明确盘活方案，落实责任单位和责任人。地方各级人民政府要加强指导协调，定期开展项目调度，梳理掌握项目进展情况、及时解决存在问题，调动民间投资参与积极性。

（二十二）建立健全协调机制。由国家发展改革委牵头，会同财政部、自然资源部、住房城乡建设部、人民银行、国务院国资委、税务总局、银保监会、证监会等部门，加强盘活存量资产工作信息沟通和政策衔接，建立完善工作机制，明确任务分工，做好指导督促，协调解决共性问题，形成工作合力，重大事项及时向党中央、国务院报告。各地区建立相关协调机制，切实抓好盘活存量资产、回收资金用于新项目建设等工作。

（二十三）加强督促激励引导。对盘活存量资产、扩大有效投资工作成效突出的地区或单位，以适当方式积极给予激励；对资产长期闲置、盘活工作不力的，采取约谈、问责等方式，加大督促力度。适时将盘活存量资产、扩大有效投资有关工作开展情况作为国务院大督查的重点督查内容。研究将鼓励盘活存量资产纳入国有企业考核评价体系。对地方政府债务率较高的地区，重点督促其通过盘活存量资产降低债务率、提高再投资能力。当年盘活国有存量资产相关情况，纳入地方各级政府年度国有资产报告。

（二十四）积极开展试点探索。根据实际工作需要，在全国范围内选择不少于 30 个有吸引力、代表性强的重点项目，并确定一批可以为盘活存量资产、扩大有效投资提供有力支撑的相关机构，开展试点示范，形成可复制、可推广的经验做法。引导各地区积极学习借鉴先进经验，因地制宜研究制定盘活存量资产的有力有效措施，防止"一哄而上"。

三、中华人民共和国国家发展和改革委员会

关于印发《2022年新型城镇化和城乡融合发展重点任务》的通知

发改规划〔2022〕371号　2022年3月10日

2022年新型城镇化和城乡融合发展重点任务

一、提高农业转移人口市民化质量

坚持把推进农业转移人口市民化作为新型城镇化首要任务，重点针对存量未落户人口深化户籍制度改革，健全常住地提供基本公共服务制度，提高农业转移人口融入城市水平。

（一）持续深化户籍制度改革。各类城市要根据资源环境承载能力和经济社会发展实际需求，畅通在本地稳定就业生活的农业转移人口举家进城落户渠道。城区常住人口300万以下城市落实全面取消落户限制政策。实行积分落户政策的城市确保社保缴纳年限和居住年限分数占主要比例。鼓励人口集中流入城市区分中心城区和新区郊区等区域，制定差异化落户政策。推动具备条件的都市圈和城市群内户籍准入年限同城化累计互认。（公安部、发展改革委、各省级有关部门等负责。以下任务均需各省级有关部门落实，不再列出）

（二）推进城镇基本公共服务均等化。积极扩大公办学位资源，以流入地政府为主、公办学校为主，保障农民工随迁子女平等接受义务教育，落实以居住证为主要依据的随迁子女入学政策，优先将随迁子女占比较高的民办义务教育学校纳入政府购买学位范围。以新生代农民工为重点推动参保扩面，推动企业为农民工缴纳职工养老、医疗、工伤、失业、生育等社会保险费，合理引导灵活就业农民工按规定参加基本医疗保险和基本养老保险。推进异地就医跨省直接结算扩面，实现每县开通至少一家联网定点医疗机构开展门诊费用跨省直接结算。推进落实新就业形态就业人员职业伤害保障试点。有条件的地区要落实外埠老年人同等享受本地优待项目。完善基本公共服务标准体系。探索推行电子居住证。（发展改革委、教育部、财政部、人力资源社会保障部、公安部、卫生健康委、医保局等负责）

（三）加强农民工就业服务和技能培训。稳定和扩大农民工就业岗位，拓宽灵活就业渠道，规范平台企业用工，建设一批规范化零工市场。推进劳务品牌建设，健全劳务品牌质量体系和评价标准。清理整顿人力资源市场和劳务派遣等领域秩序，严厉打击就业歧视和非法职介等侵权行为。大力开展适合农民工就业的技能培训和新职业新业态培训，深入实施"技能中国"行动，以实用性、针对性为导向，开展农民工补贴性培训600万人次以上。（人力资源社会保障部等负责）

（四）健全配套政策体系。加大中央财政农业转移人口市民化奖励资金支持力度，进一步发挥中央财政市民化奖励资金激励作用。推动省级财政建立健全农业转移人口市民化奖励机制，重点支持吸纳跨市域农业转移人口落户多的城市。健全城镇建设用地增加规模与吸纳农业转移人口落户数量挂钩机制。依法保障进城落户农民的农村土地承包权、宅基地使用权、集体收益分配权，健全市场化退出机制。发布"七普""六普"各城市城区常住人口和市域常住人口数据，做好各级行政区户籍人口城镇化率统计工作。（财政部、公安部、发展改革委、自然资源部、农业农村部、统计局等负责）

二、持续优化城镇化空间布局和形态

促进大中小城市和小城镇协调发展，推动形成疏密有致、分工协作、功能完善的城镇化空间格局。

（五）健全城市群一体化发展机制。积极推进京津冀协同发展，有序推进粤港澳大湾区建设，提升长三角一体化发展水平。制定出台成渝地区双城经济圈建设年度工作要点，推进一批重大项目和重大平台建设，开展经济区和行政区适度分离改革。印发实施长江中游、北部湾、关中平原城市群发展"十四五"实施方案，推动建立城市群多层次、常态化协商协调机制。有序引导其他城市群发展，深化基础设施、产业科技、生态环境、公共服务等领域合作。（发展改革委等负责）

（六）培育发展现代化都市圈。健全省级统筹、中心城市牵头、周边城市协同的都市圈同城化推进机制。支持有条件的都市圈科学规划多层次轨道交通，统筹利用既有线与新线发展城际铁路和市域（郊）铁路，摸排打通国家公路和省级公路"瓶颈路"，打造1小时通勤圈。支持合作共建产业园区，促进教育医疗资源共享，健全重大突发事件联防联控机制。支持有条件的都市圈探索建立税收分享和经济统计分成机制。（发展改革委、交通运输部、自然资源部、住房城乡建设部、教育部、卫生健康委、国铁集团等负责）

（七）促进超大特大城市优化发展。疏解非核心功能，提高健康宜居安全水平。系统运用资源环境承载能力、国土空间开发适宜性评价、城市体检结果，开展城市风险评估。中心城区人口密度高且人口持续流入的超大特大城市要有序实施功能疏解。高质量高标准推进国家级新区建设，完善郊区新城功能，推动组团式发展。（发展改革委、自然资源部、住房城乡建设部等负责）

（八）推进以县城为重要载体的城镇化建设。支持一批具有良好区位优势和产业基础、资源环境承载能力较强、集聚人口经济条件较好的县城发展。推进县城产业配套设施提质增效、市政公用设施提档升级、公共服务设施提标扩面、环境基础设施提级扩能，促进县乡村功能衔接互补。统筹运用中央预算内投资、地方政府专项债券、县城新型城镇化建设专项企业债券、开发性政策性及商业性金融机构信贷等资金，在不新增隐性债务前提下支持符合条件项目。加强存量低效建设用地再开发，合理安排新增建设用地计划指标。支持120个县城建设示范地区率先推动县城补短板强弱项，支持20个县城产业转型升级示范园区建设。（发展改革委、财政部、人民银行、国资委、自然资源部、住房城乡建设部、农业农村部、工业和信息化部、开发银行、农业发展银行等负责）

（九）完善边境地区城镇功能。推动边境城市加快发展，支持丹东、黑河、防城港等东北地区和西南地区边境地级市吸引集聚人口。开展兴边富民行动中心城镇建设试点，提高城镇综合承载能力。依托沿边公路、边民互市贸易点等，规划建设抵边新村。完善边境地区公路网络。增强边境口岸和城市的重大疫情防控救治能力，规范发热门诊建设管理。（发展改革委、交通运输部、自然资源部、住房城乡建设部、卫生健康委等负责）

（十）促进特色小镇规范健康发展。推动落实《关于促进特色小镇规范健康发展意见的通知》及《关于印发全国特色小镇规范健康发展导则的通知》。健全各省份特色小镇清单管理制度，加强监测监督监管，防范处置违规行为，通报负面警示案例。（发展改革委、自然资源部、生态环境部、市场监管总局等负责）

三、加快推进新型城市建设

坚持人民城市人民建、人民城市为人民，建设宜居、韧性、创新、智慧、绿色、人文城市。

（十一）有序推进城市更新。加快改造城镇老旧小区，推进水电路气信等配套设施建设及小区内建筑物屋面、外墙、楼梯等公共部位维修，有条件的加装电梯，力争改善840万户居民基本居住条件。更多采用市场化方式推进大城市老旧厂区改造，培育新产业、发展新功能。因地制宜改造一批大型老旧街区和城中村。注重修缮改造既有建筑，防止大拆大建。（住房城乡建设部、发展改革委、自然资源部、商务部、农业农村部、开

发银行等负责）

（十二）加强住房供应保障。以人口净流入的大城市为重点，扩大保障性租赁住房供给，着力解决符合条件的新市民、青年人等群体住房困难问题。保障性租赁住房主要利用农村集体经营性建设用地、企事业单位自有闲置土地、产业园区配套用地和存量闲置房屋建设，适当利用新供应国有建设用地建设。提高住宅用地中保障性租赁住房用地比例，单列租赁住房用地供应计划，主要安排在产业园区及周边、轨道交通站点附近、城市重点建设片区等区域。（住房城乡建设部、自然资源部、发展改革委等负责）

（十三）健全便民服务设施。探索社区综合服务设施"一点多用"，统筹设立托育服务设施、养老服务站、家政服务网点、体育健身设施、微型消防站、维修点、食堂、公共阅读空间，补齐养老服务设施短板，建设智能快件箱（信包箱）。发展社区商业，发挥个体工商户贴近社区优势，加大低成本场地安排和物流配送等配套政策帮扶力度。推动社区和易地扶贫搬迁集中安置区配套建设与人口规模相适应的幼儿园。建设以配建停车场为主、路外公共停车场为辅、路内停车为补充的城市停车系统，在人流密集的公共场所增加非机动车停放设施。加快建设充电桩，优化公共充换电设施建设布局。推动体育公园绿色空间与健身设施有机融合，打造绿色便捷的全民健身新载体。（发展改革委、住房城乡建设部、教育部、卫生健康委、民政部、商务部、自然资源部、能源局等负责）

（十四）开展燃气管道等老化更新改造。重点改造材质落后、使用年限较长、运行环境存在安全隐患、不符合相关标准规范规定的燃气、供水、排水、供热等老化管道及设施。开展公共供水管网漏损治理。开展电网升级改造，推动必要的路面电网及通信网架空线入地。（住房城乡建设部、发展改革委、开发银行、农业发展银行等负责）

（十五）健全防洪排涝设施。统筹防洪与排涝，整体提升城市洪涝灾害防御能力。推动河湖水系和生态空间治理修复，增加雨水调蓄空间。推动排水管网及泵站改造与建设，提高排水防涝能力。建设排涝通道，提高雨洪行泄能力。实施雨水源头减排工程，提高地面蓄水、渗水能力。实施防洪提升工程，降低外洪入城风险。（住房城乡建设部、自然资源部、发展改革委、水利部、应急部等负责）

（十六）增强抵御冲击能力。系统排查灾害风险隐患，健全灾害监测体系，提高预警预报水平，建立健全灾害预警与应急响应联动机制。完善公立医院传染病救治设施和疾控中心，推动地级及以上城市建设传染病医院或相对独立的综合性医院传染病区。采取搬迁避让和工程治理等手段，防治泥石流和滑坡等地质灾害。开展重要建筑抗震鉴定及加固改造。加强城市高层建筑、大型商业综合体等重点场所消防安全管理。开展国家城市安全风险综合监测预警工作体系建设试点。（自然资源部、应急部、住房城乡建设部、卫生健康委、发展改革委等负责）

（十七）提升智慧化水平。完善国土空间基础信息平台，构建全国国土空间规划"一张图"。探索建设"城市数据大脑"，加快构建城市级大数据综合应用平台，打通城市数据感知、分析、决策、执行环节。推进市政公用设施及建筑等物联网应用、智能化改造，促进学校、医院、养老院、图书馆等资源数字化。推进政务服务智慧化，提供商事登记、办税缴费、证照证明、行政许可等线上办事便利。实施中西部地区中小城市基础网络完善工程。（发展改革委、中央网信办、工业和信息化部、住房城乡建设部、自然资源部等负责）

（十八）推进绿色低碳发展。健全危险废弃物和医疗废弃物集中处理设施、大宗固体废弃物综合利用体系，积极稳妥推进生活垃圾分类工作。加快补齐城镇污水处理能力缺口，开展老旧破损和易造成积水内涝问题的污水管网、雨污合流制管网诊断修复更新。开展绿色生活创建行动，倡导绿色出行和绿色家庭、绿色社区建设。（住房城乡建设部、生态环境部、交通运输部、发展改革委、卫生健康委等负责）

（十九）加强历史文化保护传承。保护历史文化名城名镇和历史文化街区、历史建筑、历史地段，保留历史肌理、空间尺度、景观环境。加强革命文物、红色遗址、文化遗产保护，推进大遗址、石窟寺、重点文物古迹等保护利用，统筹做好整体保护、研究传承、展示利用。推动非物质文化遗产融入城市建设，鼓励建筑设计传承创新。禁止拆真建假、以假乱真，严禁随意拆除老建筑、大规模迁移砍伐老树，严禁侵占风景名胜区内土地。（住房城乡建设部、文化和旅游部、自然资源部、文物局、林草局等负责）

四、提升城市治理水平

树立全周期管理理念，提高城市治理科学化精细化智能化水平，推进城市治理体系和治理能力现代化。

（二十）强化空间治理。稳步推进市县国土空间规划编制工作，按照耕地和永久基本农田、生态保护红线、城镇开发边界的顺序，统筹划定落实三条控制线。制定报国务院审批城市国土空间总体规划审查工作规则，明确城市规模、开发强度、"三区三线"划定等要求。合理控制老城区开发强度，增加口袋公园、街心绿地、慢行系统等公共空间。严格限制新建建筑高度，治理"贪大、媚洋、求怪"等建筑乱象。（自然资源部、住房城乡建设部、统计局等负责）

（二十一）加强基层社会治理。坚持党对基层治理的全面领导，强化和巩固党建引领基层治理作用。推动社区居民委员会设立环境和物业管理委员会、公共卫生委员会，促进提高物业管理覆盖率和群众满意度。健全社区工作者职业体系，实施大学生社工计划，引导高校毕业生到社区就业创业。创新社区与社会组织、社会工作者、社区志愿者、社会慈善资源的联动机制。开展综合网络和全科网格建设，健全"社区发令、部门执行"等机制。建设一站式矛盾纠纷调处平台。（中央政法委、民政部、住房城乡建设部、教育部、卫生健康委、人力资源社会保障部等负责）

（二十二）优化行政区划设置。慎重从严把握撤县（市）改区，严控省会城市规模扩张，确需调整的要严格程序、充分论证。稳慎优化城市市辖区规模结构。（民政部、发展改革委等负责）

五、促进城乡融合发展

以县域为基本单元推动城乡融合发展，推进城镇基础设施向乡村延伸、公共服务和社会事业向乡村覆盖。

（二十三）推进城镇公共服务向乡村覆盖。积极建设城乡学校共同体，深化"县管校聘"改革，推进县域内义务教育优质均衡发展。发展普惠托育服务，构建多元化、多样化、覆盖城乡的婴幼儿照护服务体系，办好乡镇公办幼儿园。建设紧密型县域医共体，实行医保基金总额付费、结余留用，建立柔性人员上下流动机制，推动"县聘乡用、乡聘村用"。增强县级医院综合能力，通过对口帮扶、远程医疗、专科联盟等方式，推动城市优质医疗资源向县域下沉。健全县乡村衔接的养老服务网络，发展乡村互助式养老服务。（发展改革委、教育部、卫生健康委、民政部等负责）

（二十四）推进城镇基础设施向乡村延伸。因地制宜推动供水供气供热管网向城郊乡村和规模较大中心镇延伸，农村自来水普及率达到85%。推动县乡村（户）道路连通，促进城乡道路客运一体化。建设联结城乡的冷链物流、电商平台、农贸市场网络，建设重要农产品仓储设施和城乡冷链物流设施。推动城乡基础设施管护一体化。（住房城乡建设部、水利部、交通运输部、农业农村部、乡村振兴局、发展改革委、商务部等负责）

（二十五）稳步推进改革试验。稳妥扩大第二轮土地承包到期后再延长30年试点范围。积极探索实施农村集体经营性建设用地入市制度。深化农村宅基地制度改革试点，研究制定农村宅基地管理暂行办法。鼓励建立农村产权流转交易市场，推动全国联网、上下贯通。支持11个国家城乡融合发展试验区、农村改革试验区加快改革探索，总结推广典型经验。（农业农村部、自然资源部、发展改革委等负责）

（二十六）推进巩固拓展脱贫攻坚成果同乡村振兴有效衔接。推动乡村振兴重点帮扶县增强巩固脱贫成果及内生发展能力，逐步实现由集中资源支持脱贫攻坚向全面推进乡村振兴平稳过渡。推进易地扶贫搬迁大中型集中安置区新型城镇化建设。（乡村振兴局、发展改革委、农业农村部等负责）

六、组织实施

（二十七）强化部际协同。依托城镇化工作暨城乡融合发展工作部际联席会议制度，国家发展改革委会同有关部门加强统筹协调和指导督促。有关部门要细化制定政策措施，组织调动本系统力量扎实推进。

（二十八）压实地方责任。各省级发展改革委要牵头会同省级有关部门，做好组织调度和任务分解，加大资金和用地等要素保障力度。市县级政府要切实推动任务落实、政策落地、项目见效，加快取得实质性进展。

关于印发"十四五"新型城镇化实施方案的通知

发改规划〔2022〕960号　2022年6月21日

"十四五"新型城镇化实施方案

一、发展基础

（一）主要进展。"十三五"以来，新型城镇化取得重大进展，城镇化水平和质量大幅提升，2020年末全国常住人口城镇化率达到63.89%，户籍人口城镇化率提高到45.4%。农业转移人口市民化成效显著，户籍制度改革取得历史性突破，1亿农业转移人口和其他常住人口在城镇落户目标顺利实现，居住证制度全面实施，基本公共服务覆盖范围和均等化水平显著提高。城镇化空间格局持续优化，"两横三纵"城镇化战略格局基本形成，中心城市和城市群成为带动全国高质量发展的动力源，京津冀、长三角、珠三角等城市群国际竞争力显著增强，城市规模结构进一步优化，2020年末城市数量增至685个。城市可持续发展能力持续增强，城市发展方式加快转变，基础设施和公共服务明显改善，生态环境质量不断提升，城镇棚户区住房改造开工超过2300万套，城市轨道交通运营里程超过7000公里，新型城市建设步伐加快。城乡融合发展体制机制和政策体系基本确立，城乡要素自由流动、平等交换和公共资源合理配置稳步推进，城乡居民收入比不断缩小。

（二）发展形势。"十四五"时期，城镇化发展面临的问题挑战和机遇动力并存。一方面，城镇化质量有待进一步提升，户籍制度改革及其配套政策尚未全面落实，城镇基本公共服务尚未覆盖全部常住人口，城市群一体化发展体制机制尚不健全，大中小城市发展协调性不足，超大城市规模扩张过快，部分中小城市及小城镇面临经济和人口规模减少，城市发展韧性和抗风险能力不强，城市治理能力亟待增强，城乡融合发展任重道远。另一方面，我国仍处在城镇化快速发展期，城镇化动力依然较强；京津冀协同发展、长三角一体化发展、粤港澳大湾区建设等区域重大战略深入实施，城市群和都市圈持续发展壮大；城市物质技术基础不断强化，满足城市居民对优质公共服务和生态环境、健康安全等需求的能力日益增强，城市可持续发展的客观条件更为坚实。要破解问题、应对挑战、紧抓机遇、释放动力，推进新型城镇化不断向纵深发展。

二、总体要求

（三）指导思想。以习近平新时代中国特色社会主义思想为指导，全面贯彻党的十九大和十九届历次全会精神，坚持稳中求进工作总基调，完整、准确、全面贯彻新发展理念，加快构建新发展格局，以推动城镇化高质量发展为主题，以转变城市发展方式为主线，以体制机制改革创新为根本动力，以满足人民日益增长的美好生活需要为根本目的，统筹发展和安全，深入推进以人为核心的新型城镇化战略，持续促进农业转移人口市民化，完善以城市群为主体形态、大中小城市和小城镇协调发展的城镇化格局，推动城市健康宜居安全发展，推进城市治理体系和治理能力现代化，促进城乡融合发展，为全面建设社会主义现代化国家提供强劲动力和坚实支撑。

（四）工作原则。坚持党的全面领导、坚持以人民为中心、坚持新发展理念、坚持改革创新、坚持系统观念，注重把握以下工作原则。

——统筹谋划、协同推进。坚持全国一盘棋，强化顶层设计和规划引领，注重全局性谋划、战略性布局、整体性推进，增强制度衔接、任务协同和政策配套，更好发挥中央和地方两个积极性，凝聚各方力量、形成工作合力。

——因地制宜、分类施策。根据各地资源禀赋、要素条件和经济社会发展基础，考虑城镇化发展阶段的差异性，找准城市群和大中小城市各自发展定位，实施有针对性的任务举措，形成符合实际、各具特色的城镇化发展模式。

——积极探索、重点突破。尊重基层首创精神，加大改革探索力度，抓住主要矛盾和矛盾的主要方面，着眼农业转移人口市民化、城市群一体化、城市治理、城乡融合发展等重点领域和关键环节，不断完善体制机制和政策体系。

——稳妥有序、守住底线。循序渐进、久久为功，尽力而为、量力而行，合理确定时序和步骤，划定落实耕地和永久基本农田、生态保护红线和城镇开发边界，保护延续历史文脉，严控地方政府债务风险，防止资本无序扩张，加强公共安全保障，优化应急管理体系，防范化解重大风险隐患。

（五）主要目标。到2025年，全国常住人口城镇化率稳步提高，户籍人口城镇化率明显提高，户籍人口城镇化率与常住人口城镇化率差距明显缩小。农业转移人口市民化质量显著提升，城镇基本公共服务覆盖全部未落户常住人口。"两横三纵"城镇化战略格局全面形成，城市群承载人口和经济的能力明显增强，重点都市圈建设取得明显进展，轨道上的京津冀、长三角、粤港澳大湾区基本建成。超大特大城市中心城区非核心功能有序疏解，大中城市功能品质进一步提升，小城市发展活力不断增强，以县城为重要载体的城镇化建设取得重要进展。城市可持续发展能力明显增强，城镇开发边界全面划定，新增建设用地规模控制在2950万亩以内，城市内涝治理取得明显成效，城市燃气等管道老化更新改造深入推进，能源资源利用效率大幅提升，城市黑臭水体基本消除，地级及以上城市空气质量优良天数比率提高到87.5%，城市建成区绿化覆盖率超过43%。系统完备、科学规范、运行有效的城市治理体系基本建立，治理能力明显增强。

三、加快农业转移人口市民化

坚持把推进农业转移人口市民化作为新型城镇化的首要任务，存量优先、带动增量，稳妥有序推进户籍制度改革，推动城镇基本公共服务均等化，健全配套政策体系，提高农业转移人口市民化质量。

（六）深化户籍制度改革。放开放宽除个别超大城市外的落户限制，试行以经常居住地登记户口制度。全面取消城区常住人口300万以下的城市落户限制，确保外地与本地农业转移人口进城落户标准一视同仁。全面放宽城区常住人口300万至500万的Ⅰ型大城市落户条件。完善城区常住人口500万以上的超大特大城市积分落户政策，精简积分项目，确保社会保险缴纳年限和居住年限分数占主要比例，鼓励取消年度落户名额限制。各城市因地制宜制定具体落户办法，促进在城镇稳定就业和生活的农业转移人口举家进城落户，并与城镇居民享有同等权利、履行同等义务。完善全国公开统一的户籍管理政务服务平台，提高户籍登记和迁移便利度。依法保障进城落户农民的农村土地承包权、宅基地使用权、集体收益分配权，健全农户"三权"市场化退出机制和配套政策。

（七）完善城镇基本公共服务提供机制。建立基本公共服务同常住人口挂钩、由常住地供给的机制，稳步提高非户籍常住人口在流入地享有的基本公共服务项目数量和水平，推动城镇基本公共服务常住人口全覆盖。省级政府依照国家基本公共服务标准，细化完善并定期调整本地区基本公共服务标准，按照常住人口规模和服务半径统筹基本公共服务设施布局。提高居住证持有人义务教育和住房保障等的实际享有水平，探索实施电子居住证改革。

（八）提高农业转移人口劳动技能素质。聚焦智能制造、信息技术、医疗照护、家政、养老托育等用工矛盾突出的行业和网约配送、直播销售等新业态，持续大规模开展面向新生代农民工等的职业技能培训。推动公共实训基地共建共享，支持职业技能培训线上平台建设。探索通过社保卡为符合条件的农民工发放电子培训券。扩大职业院校面向农业转移人口的招生规模，探索通过技能水平测试等对农民工进行学历教育学分认定。提高职业院校课程设置与市场需求的契合度，加快培育"双师型"教师队伍。

（九）强化随迁子女基本公共教育保障。保障随迁子女在流入地受教育权利，以公办学校为主将随迁子女纳入流入地义务教育保障范围。根据人口流动实际调整人口流入流出地区教师编制定额，加大人口集中流入城市义务教育阶段学位供给。逐步将农业转移人口纳入流入地中等职业教育、普通高中教育、普惠性学前教育保障范围。

（十）巩固提高社会保险统筹层次和参保覆盖率。推进全民参保计划，实现社会保险法定人群全覆盖。稳步推进基本养老保险全国统筹。做实基本医疗保险市级统筹，推动省级统筹。推进实现失业保险省级统筹，巩固完善工伤保险省级统筹，实施新就业形态就业人员职业伤害保障办法。逐步放开放宽居民在常住地或就业地参加社会保险的户籍限制。加强社会保险、基本医疗保险关系转移接续，完善全国统一的社会保险和医疗保障信息服务平台。加强执法监督，全面落实企业为农民工缴纳职工养老、医疗、工伤、失业、生育等社会保险费用的责任。支持有条件的地区有序推进居住证持有人在常住地申办最低生活保障。

（十一）强化农民工劳动权益保障。建立劳动者平等参与市场竞争的就业机制，逐步消除性别、户籍、身份等各类影响平等就业的不合理限制或就业歧视，增强劳动力市场包容性。强化劳务派遣用工监管，加强对劳动密集型企业和中小微企业的劳动用工指导，建立新就业形态劳动者劳动权益保障机制。完善欠薪治理长效机制，持续推进根治拖欠农民工工资工作。引导法律援助机构为农民工提供支付劳动报酬、给予社保待遇、工伤赔偿等法律援助服务。在城市管理和综合执法过程中对外来人口、本地人口一视同仁。引导农民工参加群团组织，开展工会、共青团、妇联关爱帮扶农民工及随迁家属活动。

（十二）完善农业转移人口市民化配套政策。健全中央和省级财政农业转移人口市民化奖励机制，建立财政、发改、公安等部门工作协同机制，中央财政和省级财政分别对吸纳跨省域、跨市域农业转移人口落户多的地区给予支持。加大中央财政均衡性转移支付中非户籍常住人口因素权重。推动中央预算内投资安排向吸纳农业转移人口落户多的城市倾斜，中央财政在安排城市基础设施建设、保障性住房等资金时，对吸纳农业转移人口多的地区给予适当支持，省级政府制定实施相应配套政策。各级国土空间规划编制修订充分考虑人口规模因素特别是进城落户人口数量，科学测算和合理安排城镇新增建设用地规模，在人口集中流入地区优先保障义务教育校舍建设和保障性住房建设用地需求。

四、优化城镇化空间布局和形态

提升城市群一体化发展和都市圈同城化发展水平，促进大中小城市和小城镇协调发展，形成疏密有致、分工协作、功能完善的城镇化空间格局。

（十三）分类推动城市群发展。增强城市群人口经济承载能力，建立健全多层次常态化协调推进机制，打造高质量发展的动力源和增长极。深入实施京津冀协同发展、长三角一体化发展、粤港澳大湾区建设等区域重大战略，加快打造世界一流城市群。积极推进成渝地区双城经济圈建设，显著提升经济实力和国际影响力。实施长江中游、北部湾等城市群发展"十四五"实施方案，推动山东半岛、粤闽浙沿海、中原、关中平原等城市群发展。引导哈长、辽中南、山西中部、黔中、滇中、呼包鄂榆、兰州—西宁、宁夏沿黄、天山北坡等城市群稳步发展。构筑城市间生态和安全屏障，构建布局合理、功能完备的城镇体系，形成多中心、多层级、多节点的网络型城市群结构。加强城市群对周边欠发达地区、革命老区、边境地区、生态退化地区、资源型地区、老工业城市等特殊类型地区发展的辐射带动。

（十四）有序培育现代化都市圈。依托超大特大城市及辐射带动能力强的Ⅰ型大城市，以促进中心城市与周边城市（镇）同城化发展为导向，以1小时通勤圈为基本范围，培育发展都市圈。编制实施都市圈发展规划及重点领域专项规划，建立健全省级统筹、中心城市牵头、周边城市协同的同城化推进机制。提高都市圈交通运输连通性便利性，统筹利用既有线与新线因地制宜发展城际铁路和市域（郊）铁路，有序发展城市轨道交通，构建高速公路环线系统，打通各类未贯通公路和"瓶颈路"，推动市内市外交通有效衔接和轨道交通"四网融合"，有序推进城际道路客运公交化运营。引导都市圈产业从中心至外围梯次分布、合理分工、链式配套，推动产业园区和创新基地合作共建。鼓励都市圈社保和落户积分互认，统筹布局新建大型公共服务设施，促进教育医疗资源共享。

（十五）健全城市群和都市圈协同发展机制。在城市群和都市圈内探索经济管理权限与行政区范围适度分离，建立跨行政区利益共享和成本共担机制。鼓励机场港口等运营企业以资本为纽带，采取共同出资、互相持股等市场化方式，提高资源利用效率和管理服务水平。支持在跨行政区合作园区联合成立管委会、整合平台公司，协作开展开发建设运营，允许合作园区内企业自由选择注册地。建立市场监管协调机制，统一监管标准，推动执法协作及信息共享。建立完善横向生态保护补偿机制，推动大气、水等污染联防联治。探索跨行政区开展能源、通信、应急救援等服务，建立健全自然灾害、公共卫生等重大突发事件和重要输电通道安全风险联防联控机制。探索经济统计分算方式。率先在都市圈推动规划统一编制实施，探索土地、人口等统一管理。

（十六）推动超大特大城市转变发展方式。统筹兼顾经济、生活、生态、安全等多元需要，转变超大特大城市开发建设方式，积极破解"大城市病"，推动超大特大城市瘦身健体。科学确定城市规模和开发强度，合理控制人口密度。有序疏解中心城区一般性制造业、区域性物流基地、专业市场等功能和设施，以及过度集中的医疗和高等教育等公共服务资源。优化提升中心城区功能，增强全球资源配置、科技创新策源、高端产业引领功能，率先形成以现代服务业为主体、先进制造业为支撑的产业结构，提高综合能级与国际竞争力。高质量高标准推进国家级新区规划建设，充分发挥引领示范作用。完善郊区新城功能，引入优质资源、促进产城融合，强化与中心城区快速交通连接，实现组团式发展。加强超大特大城市治理中的风险防控，增强能源安全保障能力，结合实际加大粮油肉菜等生活必需品和疫情防控、抗灾救灾应急物资及生产供应配送等相关设施保障投入。

（十七）提升大中城市功能品质。充分发挥资源和产业优势，承接符合自身功能定位、发展方向的超大特大城市产业转移和功能疏解，推动制造业差异化定位、规模化集群化发展，因地制宜建设先进制造业基地、商贸物流中心和区域专业服务中心，夯实实体经济发展基础。完善对外交通通道及设施，增强区域交通枢纽或节点功能。优化公共设施布局和功能，支持三级医院和高等学校在大中城市布局，增加文化体育资源供给，积极拓展绿化空间，营造现代时尚的消费场景，提升城市生活品质。支持中西部有条件的地区培育发展省域副中心城市，引导人口经济合理分布。

（十八）增强小城市发展活力。依托资源禀赋和区位条件，推动要素条件良好、产业基础扎实、发展潜力较大的小城市加快发展，培育发展特色优势产业，持续优化公共服务供给，增强要素集聚能力、产业承接能力和人口吸引力。顺应城市兴衰规律，顺势而为、因势利导，引导人口流失城市严控增量、盘活存量，促进人口和公共服务资源向城区集中。支持资源枯竭城市因地制宜发展接续替代产业，加强民生保障和救助扶助。

（十九）推进以县城为重要载体的城镇化建设。顺应县城人口流动趋势，选择一批条件好的县城重点发展，因地制宜补齐短板弱项，增强综合承载能力，满足农民到县城就业安家需要。推进县城产业配套设施提质增效，完善产业平台、商贸流通、消费平台等配套设施。推进市政公用设施提档升级，健全市政交通、市政管网、防洪排涝、防灾减灾设施，加强数字化改造，实施老旧小区改造。推进公共服务设施提标扩面，健全医疗卫生、教育、养老托育、文化体育、社会福利设施。推进环境基础设施提级扩能，建设垃圾、污水收集处理设施，加强低碳化改造，打造蓝绿公共空间。推进县乡村功能衔接互补，促进县城基础设施和公共服务向乡村延伸覆盖，增强县城对乡村的辐射带动能力。更好发挥财政性资金作用，引导金融机构和央企等大型企业加大投入力度。高质量完成120个县城建设示范地区示范任务。

（二十）分类引导小城镇发展。坚持规模适度、突出特色、强化功能，因地制宜发展小城镇。支持大城市周边小城镇充分对接城市需求，加强规划统筹、功能衔接和设施配套，发展成为卫星镇。支持具有区位优势或独特资源的小城镇强化要素资源配置，发展成为先进制造、交通枢纽、商贸流通、文化旅游等专业功能镇。支持远离城市的小城镇完善基础设施和公共服务，增强服务乡村、带动周边功能，发展成为综合性小城镇。推进大型易地扶贫搬迁安置区新型城镇化建设。

（二十一）优化边境地区城镇布局。构建以边境地级市为带动、边境县城和口岸为依托、抵边村镇为支点的边境城镇体系。重点支持满洲里、宽甸、珲春、绥芬河、东兴、腾冲、米林、塔城、可克达拉等边境城镇提升承载能力。建设里孜、黑河、同江、黑瞎子岛口岸，改造提升吉隆、樟木、磨憨、霍尔果斯、阿拉山口、满洲里、二连浩特、瑞丽、友谊关、红其拉甫、甘其毛都、策克、吐尔尕特、伊尔克什坦口岸，持续优化口岸服务能力。推进沿边重点开发开放试验区建设。强化疫情防控和公共卫生重大突发事件应对处置，严格实施边境地区防疫措施，筑牢外防输入防线。

（二十二）强化综合交通运输网络支撑。基本贯通综合运输大通道，提高铁路和高速公路城市覆盖率。建设城市群一体化交通网，加快推进京津冀、长三角、粤港澳大湾区城际铁路和市域（郊）铁路建设，有序推进成渝地区双城经济圈和其他重点城市群多层次轨道交通建设，到2025年新增城际铁路和市域（郊）铁路运营里程3000公里，基本实现主要城市间2小时通达。系统布局和优化完善枢纽机场、支线机场、通用机场和货运机场，实现市地级行政中心60分钟到运输机场覆盖率达到80%。建设综合交通枢纽集群，优化综合交通枢纽城市功能，打造一体化综合客运枢纽系统，推动新建枢纽布局立体换乘设施，鼓励同台换乘，实施既有枢纽换乘设施便捷化改造。发展旅客联程运输和货物多式联运，推广全程"一站式"、"一单制"服务，降低物流成本、提高物流效率。

五、推进新型城市建设

坚持人民城市人民建、人民城市为人民，顺应城市发展新趋势，加快转变城市发展方式，建设宜居、韧性、创新、智慧、绿色、人文城市。

（二十三）增加普惠便捷公共服务供给。科学布局义务教育学校，推进优质教育资源均衡配置，提高公办义务教育规模占比，鼓励建设九年一贯制学校，加强普通高中建设。逐步提升公立医院医疗水平，增强基层医疗卫生机构诊疗能力，组建紧密型城市医疗集团。提高公办养老机构服务水平，推动党政机关和国有企事业单位的培训疗养机构转型发展养老服务，支持民办养老机构健康发展，推进医养结合，扩大护理型床位供给。扩大3岁以下婴幼儿托位供给，支持社会力量发展托育服务设施。严格落实城镇小区配套园政策，大力发展公办幼儿园，扶持民办幼儿园提供普惠性服务，增加普惠性幼儿园学位数量。推进公共设施适老化适幼化改造，完善无障碍环境建设。按照每百户居民拥有不低于 30 平方米建筑面积标准，优化社区综合服务设施。统筹发展生活性服务业，开展高品质生活城市建设行动，打造城市一刻钟便民生活圈。

（二十四）健全市政公用设施。优化公交地铁站点线网布局，完善"最后一公里"公共交通网络。按照窄马路、密路网、微循环方式，构建级配合理的城市路网体系，完善机动车道、非机动车道、人行道"三行系统"，改善行人过街设施。完善以配建停车场为主、路外公共停车场为辅、路内停车为补充的停车设施体系，推进居住小区和机构停车位错时共享，在人流密集的公共场所增加非机动车停放设施。优化公共充换电设施建设布局，完善居住小区和公共停车场充电设施，新建居住小区固定车位全部建设充电设施或预留安装条件。推进水电气热信等地下管网建设，因地制宜在新城新区和开发区推行地下综合管廊模式，推动有条件城市路面电网和通信网架空线入廊入地。加强城市景观照明节约用电管理和用能清洁化。

（二十五）完善城市住房体系。坚持房子是用来住的、不是用来炒的定位，建立多主体供给、多渠道保障、租购并举的住房制度，夯实城市政府主体责任，稳地价、稳房价、稳预期。建立住房和土地联动机制，实施房地产金融审慎管理制度，支持合理自住需求，遏制投资投机性需求。培育发展住房租赁市场，盘活存量住房资源，扩大租赁住房供给，完善长租房政策，逐步使租购住房在享受公共服务上具有同等权利。加快住房租赁法规建设，加强租赁市场监管，保障承租人和出租人合法权益。完善住房保障基础性制度和支持政策，有效增加保障性住房供给。以人口流入多的大城市为重点，扩大保障性租赁住房供给，着力解决符合条件的新市民、青年人等群体住房困难问题。单列租赁住房用地供应计划，主要利用集体经营性建设用地、企事业单位自有闲置土地、产业园区配套用地和存量闲置房屋建设，适当利用新供应国有建设用地建设。改革完善住房公积金制度，健全缴存、使用、管理和运行机制。

（二十六）有序推进城市更新改造。重点在老城区推进以老旧小区、老旧厂区、老旧街区、城中村等"三区一村"改造为主要内容的城市更新改造，探索政府引导、市场运作、公众参与模式。开展老旧小区改造，推进水电路气信等配套设施建设及小区内建筑物屋面、外墙、楼梯等公共部位维修，促进公共设施和建筑节能改造，有条件的加装电梯，打通消防通道，统筹建设电动自行车充电设施，改善居民基本居住条件。基本完成大城市老旧厂区改造，推动一批大型老旧街区发展成为新型文旅商业消费集聚区，因地制宜将一批城中村改造为城市社区或其他空间。注重改造活化既有建筑，防止大拆大建，防止随意拆除老建筑、搬迁居民、砍伐老树。

（二十七）增强防灾减灾能力。系统排查灾害风险隐患，健全灾害监测体系，提高预警预报水平。采取搬迁避让和工程治理等手段，防治山洪、泥石流、崩塌、滑坡、地面塌陷等地质灾害。开展既有重要建筑抗震鉴定及加固改造，新建建筑要符合抗震设防强制性标准。同步规划布局高层建筑、大型商业综合体等人员密集场所火灾防控设施，在森林、草原与城镇接驳区域建设防火阻隔带。合理布局应急避难场所，改进体育场馆等公共建筑和设施应急避难功能。完善供水、供电、通信等生命线备用设施，加强应急救灾和抢险救援能力建设。建设一批综合性国家储备基地，建立地方和企业储备仓储资源信息库，优化重要民生商品、防疫物资及应急物资等末端配送网络，重点加强突发公共卫生事件应对处置有关应急物资储备。开展自建房安全专项整治，完善自建房安全体检制度，严厉打击危及建筑安全的违法违规行为。完善和落实安全生产责任制，建立公共安全隐患排查和安全预防控制体系。

（二十八）构建公共卫生防控救治体系。加强疾病预防控制机构能力建设，地级市至少建成 1 个生物安全二级水平实验室，县级疾控中心重点提升疫情发现和现场处置能力，基层医疗卫生机构配备从事公共卫生工作的人员。增强救治能力，地级及以上城市建成传染病医院或相对独立的综合性医院传染病区，县级医院提高传染病监测和诊治能力，重点加强感染性疾病科和相对独立的传染病病区建设。建立疾控机构和医疗机构协同监测机制，提高早期识别和快速报告能力。提升平疫结合能力，预留应急空间，确保新建改建大型公共设施具备快速转化为救治与隔离场所的条件。

（二十九）加大内涝治理力度。坚持防御外洪与治理内涝并重、工程措施与生态措施并举，因地制宜基本形成源头减排、管网排放、蓄排并举、超标应急的排水防涝工程体系。老城区改造更新按有关标准补齐防洪排涝基础设施短板，全面消除历史上严重影响生产生活秩序的易涝积水点；高标准规划、建设新城区，不再出现"城市看海"现象。治理修复河湖水系，增加雨水调蓄空间。实施排水管网和泵站建设与改造，修复破损失效设施。建设排涝通道，整治河道、湖塘、排洪沟和道路边沟，确保与管网系统排水能力相匹配。推进雨水源头减排，因地制宜配套建设雨水集蓄利用设施，增强地面蓄水渗水能力。加强洪水监测预报和调度预演能力建设，完善堤线布置和河流护岸，在山洪易发地区合理建设截洪沟等设施，降低外洪入城风险。

（三十）推进管网更新改造和地下管廊建设。全面推进燃气管道老化更新改造，重点改造城市及县城不符合标准规范、存在安全隐患的燃气管道、燃气场站、居民户内设施及监测设施。统筹推进城市及县城供排水、供热等其他管道老化更新改造。指导各地在城市老旧管网更新改造等工作中因地制宜协同推进管廊建设，在城市新区根据功能需求积极发展干、支线管廊，合理布局管廊系统，统筹各类管线敷设。加快明确入廊收费政策，多措并举解决投融资受阻问题。做好统筹协调，优化项目空间布局，合理安排建设时序，避免反复开挖。健全市政公用设施常态化管护机制，确保设施运行稳定安全。

（三十一）增强创新创业能力。强化国家自主创新示范区、高新技术产业开发区、经济技术开发区等创新功能。推动科研平台和数据向企业开放，鼓励大企业向中小企业开放资源、场景和需求。建设成本低、要素全、便利化、开放式的孵化器等众创空间，支持创新型中小微企业成长。促进特色小镇规范健康发展。强化对企业研发的政策支持和奖励。促进创新型应用型技能型人才成长、集聚和发挥作用，完善外籍人才停居留政策。加强公共就业创业服务，为劳动者和企业提供政策咨询、职业介绍、用工指导等便捷化服务。优化营商环境，全面推行"证照分离"、"照后减证"，简化企业生产经营审批条件。提高监管效能，实现事前事中事后全链条全领域监管。

（三十二）推进智慧化改造。推进第五代移动通信（5G）网络规模化部署和基站建设，确保覆盖所有城市及县城，显著提高用户普及率，扩大千兆光网覆盖范围。推行城市数据一网通用，建设国土空间基础信息平台，因地制宜部署"城市数据大脑"建设，促进行业部门间数据共享、构建数据资源体系，增强城市运行管理、决策辅助和应急处置能力。推行城市运行一网统管，探索建设"数字孪生城市"，推进市政公用设施及建筑等物联网应用、智能化改造，部署智能交通、智能电网、智能水务等感知终端。依托全国一体化政务服务平台，推进政务服务一网通办，提供市场监管、税务、证照证明、行政许可等线上办事便利。推行公共服务一网通享，促进学校、医院、养老院、图书馆等公共服务机构资源数字化，提供全方位即时性的线上公共服务。丰富数字技术应用场景，发展远程办公、远程教育、远程医疗、智慧出行、智慧街区、智慧社区、智慧楼宇、智慧商圈、智慧安防和智慧应急。

（三十三）加强生态修复和环境保护。坚持山水林田湖草沙一体化保护和系统治理，落实生态保护红线、环境质量底线、资源利用上线和生态环境准入清单要求，提升生态系统质量和稳定性。建设生态缓冲带，保留生态安全距离。持续开展国土绿化，因地制宜建设城市绿色廊道，打造街心绿地、湿地和郊野公园，提高城市生态系统服务功能和自维持能力。加强河道、湖泊、滨海地带等城市湿地生态和水环境修护，强化河流互济、促进水系连通、提高水网密度，加强城镇饮用水水源地保护和地下水超采综合治理。大力推进城市节水，提高用水效率和效益。基本消除劣Ⅴ类国控断面和城市黑臭水体。推进生活污水治理厂网配套、泥水并重，推广污泥集中焚烧无害化处理，推进污水污泥资源化利用。地级及以上城市因地制宜基本建立分类投放、收集、运输、处理的生活垃圾分类和处理系统，到2025年城镇生活垃圾焚烧处理能力达到80万吨/日左右。健全危险废弃物和医疗废弃物集中处理设施、大宗固体废弃物综合利用体系。加强城市大气质量达标管理，推进细颗粒物（$PM_{2.5}$）和臭氧（O_3）协同控制。加强塑料污染、环境噪声污染和扬尘污染治理。

（三十四）推进生产生活低碳化。锚定碳达峰碳中和目标，推动能源清洁低碳安全高效利用，有序引导非化石能源消费和以电代煤、以气代煤，发展屋顶光伏等分布式能源，因地制宜推广热电联产、余热供暖、热泵等多种清洁供暖方式，推行合同能源管理等节能管理模式。促进工业、建筑、交通等领域绿色低碳转型，推进产业园区循环化改造，鼓励建设超低能耗和近零能耗建筑，推动公共服务车辆电动化替代，到2025年城市新能源公交车辆占比提高到72%。开展绿色生活创建行动，倡导绿色出行和绿色家庭、绿色社区建设，推广节能产品和新建住宅全装修交付，建立居民绿色消费奖励机制。推进统一的绿色产品认证和标识体系建设，建立绿色能源消费认证机制。在60个左右大中城市率先建设完善的废旧物资循环利用体系。

（三十五）推动历史文化传承和人文城市建设。保护延续城市历史文脉，保护历史文化名城名镇和历史文化街区的历史肌理、空间尺度、景观环境，严禁侵占风景名胜区内土地。推进长城、大运河、长征、黄河等国家文化公园建设，加强革命文物、红色遗址、世界文化遗产、文物保护单位、考古遗址公园保护。推动非物质文化遗产融入城市规划建设，鼓励城市建筑设计传承创新。推动文化旅游融合发展，发展红色旅游、文化遗产旅游和旅游演艺。根据需要完善公共图书馆等文化场馆功能，建设智慧广电平台和融媒体中心，完善应急广播体系。加强全民健身场地设施建设，有序建设体育公园，促进学校体育场馆开放。

六、提升城市治理水平

树立全周期管理理念，聚焦空间治理、社会治理、行政管理、投融资等领域，提高城市治理科学化精细化智能化水平，推进城市治理体系和治理能力现代化。

（三十六）优化城市空间格局和建筑风貌。发挥发展规划引领作用，全面完成城市国土空间规划编制，划定落实耕地和永久基本农田、生态保护红线和城镇开发边界。坚持以水定城、以水定地、以水定人、以水定产，根据水资源承载能力优化城市空间布局、产业结构和人口规模。优化居住、工业、商业、交通、生态等功能空间布局，适当提高居住用地比例。合理控制老城区开发强度，推动新城新区高质量高标准建设，统筹布局各类市政公用设施和公共服务设施，促进产城融合、职住平衡。建立地下空间开发与运营管理机制，推行分层开发和立体开发。推动开展城市设计，加强城市风貌塑造和管控，促进新老建筑体量、风格、色彩相协调。落实适用、经济、绿色、美观的新时期建筑方针，治理"贪大、媚洋、求怪"等建筑乱象。严格限制新建超高层建筑，不得新建500米以上建筑，严格限制新建250米以上建筑。

（三十七）提高建设用地利用效率。促进城镇建设用地集约高效利用，实行增量安排与消化存量挂钩，严格控制新增建设用地规模，推动低效用地再开发。鼓励地方结合实际划设工业用地控制线，推进"标准地"出让改革，健全长期租赁、先租后让、弹性年期等市场供应体系。提高低效工业用地容积率和单位用地面积产出率，建设城镇建设用地使用权二级市场。推动不同产业用地类型合理转换，探索增加混合产业、复合功能用地供给。鼓励地方完善老旧厂区和城中村存量建设用地用途转变规则，探索建设用地地表、地下、地上分设使用权。推广以公共交通为导向的开发（TOD）模式，打造站城融合综合体，鼓励轨道交通地上地下空间综合开发利用。

（三十八）提高街道社区治理服务水平。健全党组织领导、社区居委会主导、人民群众为主体，各类组织积极参与，自治、法治、德治相结合的城市基层社会治理体系。坚持党对基层治理的全面领导，强化和巩固党建引领基层治理作用。完善网格化管理服务，依托社区统一划分综合网格。推进社区服务标准化，开发协商议事、政务办理等线上应用，完善社区应急组织体系和工作预案，加强防灾减灾知识宣传和应急演练。加强社会工作专业人才队伍建设，健全社区工作者职业体系，到2025年每万城镇常住人口基本实现拥有社区工作者18人。提高物业服务覆盖率，开展物业服务标准化试点，改进物业服务管理。推动人文关怀进家庭，发展家庭养老床位，加强邻里互助交流，针对困难群体和特殊人群建立"一对一"帮扶机制。

（三十九）健全社会矛盾综合治理机制。坚持和发展新时代"枫桥经验"，构建源头防控、排查梳理、纠纷化解、应急处置的社会矛盾综合治理机制。畅通和规范群众诉求表达、利益协调、权益保障通道，完善人民调解、行政调解、司法调解联动工作体系。健全矛盾风险防控协同、矛盾纠纷多元化解机制，充分发挥调解、仲裁、行政裁决、行政复议、诉讼等作用，建设一站式矛盾纠纷调处平台。健全社会心理服务体系和危机干预机制，针对重点人群加强帮扶救助、法律援助、心理疏导、社会融入、社区康复等服务。加强基层人民调解组织和队伍建设，推进警官、检察官、法官、律师进社区。推进社会治安防控体系建设，强化重点地区排查整治，健全协调联动机制。

（四十）优化行政资源配置和区划设置。科学配备、动态调整人员编制，优先满足贴近群众生产生活的社会管理、公共服务等领域用编需求。完善街道经费保障机制，推动编制资源向街道倾斜，将更多直面群众的服务事项依法下放至街道。健全城市管理综合执法机制，提升执法人员文明执法、规范执法水平。深化街道管理体制改革，依法赋予街道综合管理权、统筹协调权和应急处置权，并结合本地实际依法赋予街道行政执法权。严格控制撤县建市设区，推进市辖区结构优化和规模适度调整。促进具备条件的开发区向城市综合功能区转型。完善镇和街道设置标准。

（四十一）健全投融资机制。夯实企业投资主体地位，放宽放活社会投资。发挥政府投资引导作用和放大效应，推动政府投资聚焦市场不能有效配置资源、需要政府支持引导的公共领域，主要投向公益性项目。优化财政资金支出结构，发行地方政府专项债券支持符合条件的公益性城镇基础设施建设项目。创新城市投资运营模式，推进公共设施建设和土地潜在价值挖掘相统筹，提高收支平衡水平。引导社会资金参与城市开发建设运营，规范推广政府和社会资本合作（PPP）模式，稳妥推进基础设施领域不动产投资信托基金（REITs）试点。持续深化投资审批制度改革，加强与用地、环评、报建等制度的协同衔接，全面改善投资环境。合理确定城市公用事业价格，拓宽多元化融资渠道，鼓励银行业金融机构按市场化原则增加中长期贷款投放。防范化解城市债务风险，强化政府预算约束和绩效管理，合理处置和分类化解存量债务，严控增量债务。

七、推进城乡融合发展

坚持以工补农、以城带乡，以县域为基本单元、以国家城乡融合发展试验区为突破口，促进城乡要素自由流动和公共资源合理配置，逐步健全城乡融合发展体制机制和政策体系。

（四十二）稳步推进农村土地制度改革。落实第二轮土地承包到期后再延长30年政策，完善农村承包地所有权、承包权、经营权分置制度，进一步放活经营权，稳妥推进集体林权制度创新。稳慎推进农村宅基地制度改革，加快推进房地一体的宅基地使用权确权登记颁证，探索宅基地所有权、资格权、使用权分置有效实现形式。在充分保障农民宅基地合法权益的前提下，探索农村集体经济组织及其成员采取自营、出租、入股、合作等方式，依法依规盘活闲置宅基地和闲置住宅。建立土地征收公共利益认定机制，缩小土地征收范围。坚决守住土地公有制性质不改变、耕地红线不突破、农民利益不受损三条底线，实现好、维护好、发展好农民权益。

（四十三）开拓乡村建设多元化融资渠道。鼓励各级财政支持城乡融合发展。逐步提高地方土地出让收益用于农业农村比例。按照市场化原则，在依法合规、风险可控前提下，推动农村信用社、农商行和村镇银行扩大信贷投放，创新中小银行和地方银行金融产品，引导大型商业银行下沉服务重心、加强信贷支持，鼓励增加首贷和信用贷。运用支农支小再贷款、再贴现等政策工具，实施最优惠的存款准备金率，支持机构法人在县域、业务在县域的金融机构。扩大农村资产抵押担保融资范围，依法合规开展农村集体经营性建设用地使用权、承包地经营权、集体林权等抵质押融资，鼓励有条件的地区结合财力实际设立市化运作的担保机构。

（四十四）引导城市人才入乡发展。深入推行科技特派员制度，推动规划设计师、建筑师、工程师"三师入乡"，建立科研人员入乡兼职兼薪和离岗创业制度，为乡村建设行动提供技术支撑。推进城市教文卫体等工作人员定期服务乡村，促进职称评定和工资待遇等向乡村教师、医生倾斜，优化乡村教师、医生中高级岗位结构比例。支持有技能有管理经验的农民工等人员返乡入乡创业，加强场地安排等政策支持。允许入乡就业创业人员在原籍地或就业创业地落户并依法享有相关权益。

（四十五）推进城乡一体规划设计。统筹县域城镇和村庄规划建设，通盘考虑土地利用、产业发展、居民点建设、人居环境整治、生态保护、防灾减灾和历史文化传承，实现县乡村功能衔接互补。全面完成县级国土空间规划编制，结合实际编制乡镇国土空间规划。科学编制县域村庄布局规划，鼓励有条件的地区编制实用性村庄规划。规范开展全域土地综合整治，合理推进农用地和建设用地整理，坚决遏制耕地"非农化"、严格管控"非粮化"，严禁随意撤并村庄搞大社区、违背农民意愿大拆大建。

（四十六）推进城镇公共服务向乡村覆盖。强化基本公共服务供给县乡村统筹，增加乡村教育、医疗、养老等服务供给。推进城乡义务教育学校标准化建设，发展城乡教育联合体，深化义务教育教师"县管校聘"管理改革，促进县域内校长教师交流轮岗。在县城和规模较大中心镇建设一批高中和中等职业学校。办好乡镇公办中心幼儿园，完善农村学前教育公共服务网络。完善县级医院、乡镇卫生院和村卫生室诊疗条件，发展紧密型县域医疗卫生共同体，推行派驻、巡诊、轮岗等方式。健全县乡村衔接的三级养老服务网络，建设村级幸福院和日间照料中心，发展乡村普惠型养老服务和互助性养老。建设农村公益性殡葬设施，推动殡仪馆尚未覆盖的火葬区的县补齐短板。加强对农村留守儿童、妇女、老年人及困境儿童的关爱服务。

（四十七）推进城镇基础设施向乡村延伸。推动城乡基础设施统一规划、统一建设、统一管护，促进向村覆盖、往户延伸。统筹规划各类市政公用设施，推动供水供气供热管网向城郊乡村和规模较大中心镇延伸。推进人口规模较大的自然村（组）通硬化路，建设村内主干道和资源路、产业路、旅游路。促进城乡道路客运一体化，拓展公路客运站综合服务功能。到2025年农村自来水普及率提高到88%，在有条件的地区推进城乡供水一体化。推进燃气入乡，建设安全可靠的乡村储气罐站和微管网供气系统。建设数字乡村，以需求为导向逐步推进5G网络和千兆光网向乡村延伸。建设以城带乡的垃圾收集处理系统。发展联结城乡的冷链物流、配送投递、电商平台和农贸市场网络。加强乡村消防基础设施建设，改善消防安全条件。推进城镇基础设施建设运营单位开展统一管护，鼓励引入市场化管护企业。支持国家乡村振兴重点帮扶县加快补齐短板。

（四十八）促进城乡产业协同发展。发展县域经济，构建以现代农业为基础、乡村新产业新业态为补充的多元化乡村经济。健全现代农业产业体系、生产体系、经营体系，推进粮经饲统筹、农林牧渔协调，以粮食生产功能区和重要农产品生产保护区为重点，到2025年建成10.75亿亩集中连片高标准农田，农作物耕种收综合机械化率提高到75%，发展多种形式适度规模经营，加强绿色食品、有机农产品和地理标志农产品认证管理。促进农村一二三产业融合发展，壮大农产品加工业和农业生产性服务业，培育休闲农业、乡村旅游、民宿经济和森林康养等新业态，建立生态产品价值实现机制和优秀农耕文化遗产保护利用机制，盘活用好乡村资源资产。建设现代农业产业园区，健全智能标准厂房和仓储保鲜等设施，完善检验检测、商贸流通、农村产权交易等平台。

（四十九）多渠道增加农民收入。统筹推进农村劳动力转移就业和就地就近就业创业，促进农民收入持续稳定增长，逐步缩小城乡居民收入差距。健全农民工输出输入地劳务对接机制，加强劳务品牌建设。大规模开展高素质农民培训，建立农产品优质优价正向激励机制，发展农民合作社和家庭农场，引导龙头企业与农民共建农业产业化联合体，让农民分享加工销售环节收益。培育专业化社会化服务组织，帮助小农户节本增收。深化农村集体产权制度改革，创新农村集体经济运行机制，推动"资源变资产、资金变股金、农民变股东"，增加农民财产性收入。结合深化粮食收储制度改革,健全农民直接补贴政策,保障农民种粮收益。

八、保障措施

(五十)加强党的全面领导。坚持和加强党的全面领导,把党的领导贯穿新型城镇化全过程、各领域、各环节。充分发挥各级党组织作用,为推动新型城镇化提供根本保证。以正确用人导向引领党员干部干事创业、担当作为。推动全面从严治党向纵深发展,营造风清气正的良好政治生态。

(五十一)强化组织协调。发挥城镇化工作暨城乡融合发展工作部际联席会议制度作用,依据《国家新型城镇化规划(2021—2035年)》和本方案,研究部署新型城镇化年度重点任务,协调解决重点难点问题。各有关部门按照职责分工,出台配套政策举措、推进体制机制改革、布局安排重大项目,加大财政、土地、金融、编制等方面对新型城镇化的支持保障力度。各地区要全面落实主体责任,结合实际抓好方案贯彻落实。方案实施中涉及的重要政策、重大工程、重点项目要按规定程序报批。

(五十二)加强监测评估。加强对各地区新型城镇化工作的指导和督促,完善新型城镇化数据库,开展方案实施情况动态监测和总结评估。定期总结提炼试点试验示范的改革探索成效,及时推广典型经验和制度成果。

四、中华人民共和国住房和城乡建设部

关于规范商品房预售资金监管的意见

建房〔2022〕16号　2022年2月16日

一、招标确定监管银行

市、县住房和城乡建设部门应当会同人民银行分支机构、银保监部门通过公开招标方式,综合商业银行资信状况、监管能力、服务水平等因素,确定能够承接商品房预售资金监管业务的商业银行。中标的商业银行,应当通过省、市、县住房和城乡建设部门门户网站予以公示。违反本意见相关规定的商业银行,不能继续作为监管银行。

二、按预售许可设立监管账户

房地产开发企业按照一次预售许可申请对应一个账户的原则开设预售资金监管账户(以下简称监管账户)。市、县住房和城乡建设部门,房地产开发企业和商业银行应当签订预售资金三方监管协议、明确预售资金收存和使用方式、监管额度、违约责任等内容,协议主要内容要在预售方案中予以明确,并通过附件方式在《商品房买卖合同》中予以体现。监管账户应当在《商品房预售许可证》《商品房买卖合同》上载明,并在商品房销售现场显著位置,以及市、县住房和城乡建设部门门户网站进行公示。

三、合理确定监管额度

监管额度是监管账户中确保项目竣工交付所需的资金额度,由市、县住房和城乡建设部门根据商品房项目建设工程造价、施工合同金额以及项目交付使用条件等因素确定。购房人缴交的定金、首付款、商业银行发放的按揭贷款和其他形式的购房款等商品房预售资金，应当全部直接存入监管账户。监管账户内的资金达到监管额度后，超出监管额度的资金可由房地产开发企业提取使用。

四、保障资金专款专用

监管账户中监管额度内的资金不同于房地产开发企业自有资金，应当专款专用，必须用于有关的工程建设，包括项目建设必需的建筑材料、设备和施工进度款等相关支出。监管额度内的资金，在商品房项目完成房屋所有权首次登记前，商业银行不得擅自扣划；设立子公司的房地产开发企业，集团公司不得抽调。

五、按工程进度及时拨付资金

监管额度内的资金应按照工程建设进度予以拨付。首次拨付节点不得早于地下结构完成，最后拨付节点为房屋所有权首次登记，具体拨付节点由市、县住房和城乡建设部门确定。按照预售资金三方监管协议，房地产开发企业提出资金使用申请，经所在市、县住房和城乡建设部门核实同意，商业银行应及时拨付。商业银行违反预售资金三方监管协议，未经所在市、县住房和城乡建设部门核实同意，擅自拨付监管额度内资金的，应当负责追回资金，无法追回的依法承担相应赔偿责任。

六、商业银行依约履行账户管理责任

商业银行要严格按照预售资金三方监管协议做好监管账户监控，定期与地方住房和城乡建设部门进行对账，发现房地产开发企业存在违规挪用监管额度内资金问题的，应当停止拨付，并立即告知市、县住房和城乡建设部门。市、县住房和城乡建设部门要及时作出处理。

七、实行资金全过程监管

市、县住房和城乡建设部门要健全房屋网签备案系统，办理房屋交易合同网签备案时，商品房预售资金应当按要求同步存入监管账户。商品房项目完成房屋所有权首次登记后，按照预售资金三方监管协议，房地产开发企业申请解除商品房预售资金监管的，经所在市、县住房和城乡建设部门核实同意可解除预售资金监管。

八、提高资金管理服务水平

市、县住房和城乡建设部门要会同金融监管部门推动房屋网签备案系统和商业银行业务管理系统对接，加强房屋网签备案、监管账户资金、银行按揭贷款等数据信息共享。要简化资金申请材料，推行资金申请、审核、拨付"全程网办"，提高资金拨付效率。

九、完善工作机制

市、县住房和城乡建设部门要切实履行商品房预售资金监管职责，制定商品房预售资金监管实施细则和三方监管协议文本，督促检查商品房预售资金监管实施情况。人民银行分支机构负责指导商业银行做好监管账户管理工作。银保监部门负责对商业银行预售资金监管的操作风险和合规性进行监督检查。市、县住房和城乡建设部门以及人民银行分支机构、银保监部门发现违法违规行为的，要及时进行处罚。人民法院保全、执行商品房预售资金的，按照《最高人民法院住房和城乡建设部中国人民银行关于规范人民法院保全执行措施确保商品房预售资金用于项目建设的通知》（法〔2022〕12号）执行。

关于修改《房地产开发企业资质管理规定》的决定

2022年3月2日　中华人民共和国住房和城乡建设部令第54号

为了贯彻落实《国务院关于深化"证照分离"改革进一步激发市场主体发展活力的通知》（国发〔2021〕7号）、《国务院关于进一步贯彻实施〈中华人民共和国行政处罚法〉的通知》（国发〔2021〕26号），住房和城乡建设部决定对《房地产开发企业资质管理规定》（建设部令第77号，根据住房和城乡建设部令第24号、住房和城乡建设部令第45号修改）作如下修改：

一、将第四条第一款中的"建设行政主管部门"修改为"住房和城乡建设主管部门"。将第十四条改为第十一条，将"工商行政管理部门"修改为"市场监督管理部门"。其余条款依此修改。

二、将第五条第一款修改为："房地产开发企业按照企业条件分为一、二两个资质等级。"

第二款第一项中的"持有资格证书的专职会计人员"修改为"专职会计人员"。

第二款第二、三、四项改为第二款第二项，修改为：

"（二）二级资质：

"1. 有职称的建筑、结构、财务、房地产及有关经济类的专业管理人员不少于5人，其中专职会计人员不少于2人；

"2. 工程技术负责人具有相应专业中级以上职称，财务负责人具有相应专业初级以上职称，配有统计人员；

"3. 具有完善的质量保证体系。"

三、删去第六条、第七条、第八条。

四、将第十条改为第七条，修改为："申请核定资质等级的房地产开发企业，应当提交下列材料：

"（一）一级资质：

"1. 企业资质等级申报表；

"2. 专业管理、技术人员的职称证件；

"3. 已开发经营项目的有关材料；

"4.《住宅质量保证书》、《住宅使用说明书》执行情况报告，建立质量管理制度、具有质量管理部门及相应质量管理人员等质量保证体系情况说明。

"（二）二级资质：

"1. 企业资质等级申报表；

"2. 专业管理、技术人员的职称证件；

"3. 建立质量管理制度、具有质量管理部门及相应质量管理人员等质量保证体系情况说明。"

五、将第十一条改为第八条，第三款、第四款修改为："二级资质由省、自治区、直辖市人民政府住房和城乡建设主管部门或者其确定的设区的市级人民政府房地产开发主管部门审批。

"经资质审查合格的企业，由资质审批部门发给相应等级的资质证书。资质证书有效期为3年。"

增加一款，作为第五款："申请核定资质的房地产开发企业，应当通过相应的政务服务平台提出申请。"

六、将第十七条改为第十四条，修改为："县级以上人民政府房地产开发主管部门应当开展'双随机、一公开'监管，依法查处房地产开发企业的违法违规行为。

"县级以上人民政府房地产开发主管部门应当加强对房地产开发企业信用监管，不断提升信用监管水平。"

七、将第十八条改为第十五条，第一款、第二款修改为："一级资质的房地产开发企业承担房地产项目的建筑规模不受限制。

"二级资质的房地产开发企业可以承担建筑面积25万平方米以下的开发建设项目。"

八、将第二十条改为第十七条，其中的"由原资质审批部门吊销资质证书，并提请工商行政管理部门吊销营业执照"修改为"由原资质审批部门提请市场监督管理部门吊销营业执照，并依法注销资质证书"。

九、将第二十一条改为第十八条，其中的"由原资质审批部门公告资质证书作废，收回证书"修改为"由原资质审批部门按照《中华人民共和国行政许可法》等法律法规规定予以处理"。

十、将第二十二条、第二十三条、第二十四条改为第十九条，修改为："企业开发经营活动中有违法行为的，按照《中华人民共和国行政处罚法》、《中华人民共和国城市房地产管理法》、《城市房地产开发经营管理条例》、《建设工程质量管理条例》、《建设工程安全生产管理条例》、《民用建筑节能条例》等有关法律法规规定予以处罚。"

此外，对相关条文序号作相应调整。

本决定自公布之日起施行。

关于印发部2022年信用体系建设工作要点的通知

建办厅函〔2022〕165号　2022年4月22日

住房和城乡建设部2022年信用体系建设工作要点

一、加快推进信用体系制度建设

（一）建立健全信用管理制度。在广泛听取各方面意见、充分调研论证的基础上，加快推进住房和城乡建设领域信用管理暂行规定出台。推动建立相关行业的信用管理制度，在建设工程抗震、城镇污水排入排水管网许可管理、建设工程消防设计审查验收技术服务、城乡历史文化保护等管理过程中，强化信用监管。

（二）编制公共信用信息具体条目。进一步规范界定公共信用信息纳入范围，保护信用主体合法权益。编制全国住房和城乡建设领域公共信用信息具体条目，纳入条目应逐条明确信用的内容、公开属性、归集来源和共享方式、更新频次等。

（三）推进信用管理标准体系建设。建立住房和城乡建设领域信用管理标准体系，发挥标准化在信用信息归集、共享、公开、应用中的重要作用。推动编制住房和城乡建设领域信用信息基础数据标准和信用信息系统技术标准，做好与相关规定的衔接。

二、加快信用信息管理基础设施建设

（四）推进全国信用信息共享平台建设。加快完成全国信用信息共享平台项目（二期）住房和城乡建设部建设部分竣工验收，争取三期项目立项支持，不断完善住房和城乡建设领域信用信息共享平台数据归集、共享、分析功能。

（五）逐步实现住房和城乡建设领域公共信用信息归集、共享和公开。推进信用信息共享平台与建筑市场、房地产市场、工程造价、工程质量安全等领域已有监管平台的信用数据统筹，逐步形成标准统一、互通共享的住房和城乡建设领域信用信息共享系统。完善已有平台的信用管理功能，加强信用信息的归集、公开和共享，规范信用信息的认定、修复和应用，持续提高数据质量。

三、完善信用体系建设优化营商环境

（六）加快完成信用信息共享任务。贯彻落实国务院关于加强信用信息共享应用、促进中小微企业融资的决策部署，在企业授权的前提下，逐步将住房公积金企业缴纳信息通过全国中小企业融资综合信用服务平台向金融机构共享，打破"数据壁垒"和"信息孤岛"。

（七）加强信用信息服务市场主体能力。依法依规拓展公共信用信息应用路径，研究推广惠民便企信用产品。优化信用信息服务，推进公共信用信息在金融、保险、担保等领域的应用，探索通过与信息使用方联合建模等方式实现数据"可用不可见"。

（八）支持行业协会商会建立健全行业信用自律。引导行业协会商会完善行业内部信用信息采集、共享机制，将严重失信行为记入会员信用档案。鼓励行业协会商会依法依规开展会员企业信用等级评价，督促会员企业守信合法经营、营造公平诚信市场环境。

四、建立健全基于信用的新型监管机制

（九）推进建立基于信用的分级分类监管机制。贯彻落实国务院提升监管效能的有关部署，研究分领域、分行业建立统一的市场主体信用评价指标体系和信用风险分类分级标准，探索对市场主体实施基于信用的差异化监管机制。为开展"双随机、一公开"监管提供基础条件，提升监管的精准性和有效性。在符合条件的行政许可事项中推广信用承诺制度。研究制定建筑市场失信行为分级标准，进一步明确建筑市场失信行为信息范围，完善建筑市场信用管理的政策体系，规范建筑市场信用信息的认定、归集和应用。研究探索房地产市场、工程造价咨询市场、园林绿化工程建设市场以及历史文化街区和历史建筑保护利用工程等领域基于信用的新型监管机制。在既有建筑改造利用消防设计审查验收试点工作中，探索实行消防验收备案告知承诺。

（十）利用新技术成果提高智慧监管能力。积极利用"互联网+"、大数据、区块链、人工智能等新技术提升信用信息管理全过程的自动化、智慧化，提升信用数据综合分析、动态监测的能力。

五、加强组织实施

（十一）加强组织实施，严格落实责任。各单位既要立足当前，又要着眼长远，对照本要点细化目标任务，明确责任分工，制定工作措施，推动工作有效落实。部社会信用体系建设领导小组办公室要加强统筹协调，各成员单位要切实履行责任，形成工作合力。

（十二）加强知识和人才储备，建立专业支撑队伍。建立住房和城乡建设部信用体系建设专家智库，为住房和城乡建设领域信用体系建设工作提供智力支持。加强信用体系建设重要理论问题研究。开展住房和城乡建设领域有关政策制度、标准规范、服务创新研究。推动研究机构、高等院校、行业协会开展相关研究，为住房和城乡建设领域信用体系建设提供知识和人才储备。在住房和城乡建设系统内开展信用体系建设培训，提高行政主管部门、企事业单位有关从业人员的政策法规水平与专业技术能力。

（十三）总结好经验、好做法，适时开展信用管理试点工作。鼓励指导地方主动探索总结可复制、可推广的信用管理好经验、好做法，正面引导信用体系高质量发展。适时选取部分省、市、县开展住房和城乡建设领域信用管理试点工作。

（十四）加强宣传引导和政策解读，营造良好舆论环境。支持新闻媒体开展住房和城乡建设领域诚信宣传和舆论监督，深入报道诚实守信的先进典型，推动形成崇尚诚信、践行诚信的良好氛围。征集住房和城乡建设领域信用体系建设优秀案例，强化正面引导，推广先进经验。加强信用政策解读，及时回应关切，着力为经济社会平稳健康可持续发展营造良好舆论环境。

关于实施住房公积金阶段性支持政策的通知

建金〔2022〕45号　2022年5月20日

一、受新冠肺炎疫情影响的企业，可按规定申请缓缴住房公积金，到期后进行补缴。在此期间，缴存职工正常提取和申请住房公积金贷款，不受缓缴影响。

二、受新冠肺炎疫情影响的缴存人，不能正常偿还住房公积金贷款的，不作逾期处理，不作为逾期记录报送征信部门。

三、各地根据当地房租水平和合理租住面积，可提高住房公积金租房提取额度，支持缴存人按需提取，更好地满足缴存人支付房租的实际需要。

上述支持政策实施时限暂定至2022年12月31日。各地要按照本通知要求，高度重视，周密部署，省、自治区人民政府要做好政策实施的指导监督，直辖市、设区城市（含地、州、盟）人民政府和新疆生产建设兵团可结合本地企业受疫情影响的实际，提出具体实施办法，并在支持政策到期后做好向住房公积金常规性政策的衔接过渡。各地住房公积金管理中心要通过综合服务平台等渠道，实现更多业务网上办、掌上办、指尖办，保障疫情期间住房公积金服务平稳运行。

关于开展完整社区建设试点工作的通知

建办科〔2022〕48号　2022年10月9日

一、总体要求

以习近平新时代中国特色社会主义思想为指导，坚持以人民为中心的发展思想，坚持尽力而为、量力而行，聚焦群众关切的"一老一幼"设施建设，聚焦为民、便民、安民服务，切实发挥好试点先行、示范带动的作用，打造一批安全健康、设施完善、管理有序的完整社区样板，尽快补齐社区服务设施短板，全力改善人居环境，努力做到居民有需求、社区有服务。

二、试点任务

试点工作自2022年10月开始，为期2年，重点围绕以下四方面内容探索可复制、可推广经验。

（一）完善社区服务设施。以社区居民委员会辖区为基本单元推进完整社区建设试点工作。按照《城市居住区规划设计标准》（GB 50180—2018）、《城市社区服务站建设标准》（建标167-2014）等标准规范要求，规划建设社区综合服务设施、幼儿园、托儿所、老年服务站、社区卫生服务站。每百户居民拥有综合服务设施面积不低于30平方米，60%以上建筑面积用于居民活动。适应居民日常生活需求，配建便利店、菜店、食堂、邮件和快件寄递服务设施、理发店、洗衣店、药店、维修点、家政服务网点等便民商业服务设施。新建社区要依托社区综合服务设施，集中布局、综合配建各类社区服务设施，为居民提供一站式服务。既有社区可结合实际确定设施建设标准和形式，通过补建、购置、置换、租赁、改造等方式补齐短板。统筹若干个完整社区构建活力街区，配建中小学、养老院、社区医院等设施，与15分钟生活圈相衔接，为居民提供更加完善的公共服务。

（二）打造宜居生活环境。结合城镇老旧小区改造、城市燃气管道老化更新改造等工作，加强供水、排水、供电、道路、供气、供热（集中供热地区）、安防、停车及充电、慢行系统、无障碍和环境卫生等基础设施改造建设，落实海绵城市建设理念，完善设施运行维护机制，确保设施完好、运行安全、供给稳定。鼓励具备条件的社区建设电动自行车集中停放和充电场所，并做好消防安全管理。顺应居民对美好环境的需要，建设公共活动场地和公共绿地，推进社区适老化、适儿化改造，营造全龄友好、安全健康的生活环境。鼓励在社区公园、闲置空地和楼群间布局简易的健身场地设施，开辟健身休闲运动场所。

（三）推进智能化服务。引入物联网、云计算、大数据、区块链和人工智能等技术，建设智慧物业管理服务平台，促进线上线下服务融合发展。推进智慧物业管理服务平台与城市运行管理服务平台、智能家庭终端互联互通和融合应用，提供一体化管理和服务。整合家政保洁、养老托育等社区到家服务，链接社区周边生活性服务业资源，建设便民惠民智慧生活服务圈。推进社区智能感知设施建设，提高社区治理数字化、智能化水平。

（四）健全社区治理机制。建立健全党组织领导的社区协商机制，搭建沟通议事平台，推进设计师进社区，引导居民全程参与完整社区建设。对于涉及社区规模调整优化、社区服务设施建设改造、社区综合服务设施功能配置等关系群众切身利益的重大事项，应广泛听取群众意见建议。开展城市管理进社区工作，有效对接群众需求，提高城市管理和服务水平。开展美好环境与幸福生活共同缔造活动，培育社区文化，凝聚社区共识，增强居民对社区的认同感、归属感。

三、工作要求

各省级住房和城乡建设、民政部门要会同有关部门建立协同机制，结合城镇老旧小区、老旧街区、城中村改造等工作，统筹推动完整社区建设试点，因地制宜探索建设方法、创新建设模式、完善建设标准，以点带面提升完整社区覆盖率。组织本地区每个城市（区）选取3—5个社区开展完整社区建设试点，编制试点工作方案，明确试点目标、试点内容、重点项目、实施时序和保障措施等。汇总各城市上报的试点有关情况，填写完整社区建设试点实施计划表（见附件），于2022年11月30日前报送住房和城乡建设部建筑节能与科技司、民政部基层政权建设和社区治理司。自2023年开始，每半年向住房和城乡建设部、民政部报送本地区完整社区建设试点工作情况和完整社区建设典型案例。

住房和城乡建设部、民政部将会同有关部门加强调研指导，结合城市体检评估对完整社区试点工作情况进行综合评价，遴选一批完整社区样板，在全国范围内宣传推广。

五、中华人民共和国自然资源部

关于2022年土地利用计划管理的通知

自然资发〔2022〕95号　2022年5月24日

一、对纳入重点保障的项目用地，在批准用地时直接配置计划指标。即纳入国家重大项目清单、国家军事设施重大项目清单的项目用地，以及纳入省级人民政府重大项目清单的能源、交通、水利、军事设施、产业单独选址项目用地，依法依规批准后，由部统一确认配置计划指标。

二、对未纳入重点保障的项目用地，计划指标的配置与处置存量土地挂钩。即未纳入重大项目清单的单独选址项目用地和城镇村批次用地，均使用以当年存量土地处置规模为基础核算配置计划指标。具体核算办法是：对2019年1月1日前批准的批而未供土地，按处置量的50%核算指标；对2019年1月1日以来批准的批而未供土地，按处置量的30%核算；对闲置土地，按实际处置量的50%核算。涉及违法用地补办手续，当年计划指标不足的，可结转使用以前年度节余指标。各省（区、市）配置计划指标不得突破核算数。

各省（区、市）要积极处理历史遗留问题、盘活存量空间。对2019年1月1日前批而未供土地的处置率不低于25%（含办理供地手续、批文撤销或调整，但不含国务院批文撤销）；闲置土地处置率不低于15%。未完成规定处置率的，将影响相关省（区、市）新增建设用地指标配置及土地管理水平评价。

三、支持巩固拓展脱贫攻坚成果和乡村振兴发展。继续安排每个脱贫县计划指标600亩，专项用于巩固拓展脱贫攻坚成果和乡村振兴用地需要，不得挪用。单列农村村民住宅建设用地计划，专项用于符合"一户一宅"和国土空间规划要求的农村村民住宅建设，单独组卷报批，在规划范围实施实报实销。

四、明确过渡期国土空间规划管控要求。上报的建设项目用地应与正在编制的国土空间规划及"三区三线"等空间管控要求做好衔接，并纳入国土空间规划"一张图"实施监管。

关于积极做好用地用海要素保障的通知

自然资发〔2022〕129号　2022年8月2日

一、强化国土空间规划引领约束

1. 明确建设项目用地用海审查的规划依据。在国土空间规划批复前，经依法批准的土地利用总体规划、城乡规划、海洋功能区划继续执行，作为建设项目用地用海审查的规划依据。超出土地利用总体规划、城乡规划、海洋功能区划的建设项目，应衔接"三区三线"等国土空间规划管控要求，并将项目用地用海布局及规模统筹纳入在编的国土空间规划及"一张图"（近期申报用地时由项目所在地县级以上人民政府附图承诺），可采用预支规划规模的方式保障用地；涉及报国务院批准用海的项目，应由项目所在地省级人民政府附图承诺纳入在编的国土空间规划及"一张图"。

2. 用好"三区三线"划定成果。"三区三线"划定成果经批准并纳入国土空间规划"一张图"后，作为建设项目用地用海组卷报批的依据。建设项目涉及生态保护红线，属于允许有限人为活动的，新增建设用地在农用地转用、土地征收和用海审批时附省级人民政府符合允许有限人为活动的意见；国家重大项目确需占用生态保护红线的，省级人民政府提出农用地转用、土地征收和用海审批申请时，同时附省级人民政府出具的不可避让论证意见，报国务院批准。国家重大项目新增填海造地确需在生态保护红线内实施的，省级人民政府同步编制生态保护红线调整方案并纳入国土空间规划"一张图"，调整方案随项目用海申请一并报国务院批准。

二、强化用地计划指标保障

3. 实行计划指标重点保障。对纳入国家重大项目清单、国家军事设施重大项目清单的项目用地，以及纳入省人民政府重大项目清单的能源、交通、水利、军事设施、产业单独选址项目用地，由部直接配置计划指标。

4. 继续实施增存挂钩。对未纳入重大项目清单的单独选址项目用地和城镇村批次用地，使用以当年存量土地处置规模为基础核算的计划指标。当季指标不足的，可预支使用，年底以省为单位统一核算。当年指标不足的，可结转使用前三年度节余指标。

三、简化建设项目规划用地审批

5. 缩小用地预审范围。以下情形不需申请办理用地预审，直接申请办理农用地转用和土地征收：（1）经依法批准的国土空间规划（含土地利用总体规划）确定的城市和村庄、集镇建设用地范围内的建设项目；（2）"探采合一"和"探转采"油气类及钻井配套设施建设用地；（3）具备直接出让采矿权条件、能够明确具体用地范围的采矿用地；（4）露天煤矿接续用地；（5）水利水电项目涉及的淹没区用地。

6. 简化用地预审审查。预审阶段，涉及规划土地用途调整的，重点审查是否符合允许调整的情形，但在申请办理农用地转用和土地征收时，须提交规划土地用途调整方案；涉及占用生态保护红线的，重点审查是否符合允许有限人为活动之外的国家重大项目范围。

7. 支持国家重大项目先行用地。国家重大项目中，控制工期的单体工程和因工期紧或受季节影响确需动工建设的其他工程，可申请办理先行用地。

8. 分期分段办理农用地转用和土地征收。确需分期建设的项目，可根据可行性研究报告确定的方案或可行性研究批复中明确的分期建设内容，分期申请建设用地。线性基础设施建设项目正式报批用地时，可根据用地报批组卷进度，以市（地、州、盟）分段报批用地。农用地转用和土地征收均在省级人民政府权限内的，可以县（市、区）为单位分段报批用地。

9. 规范调整用地审批。线性工程建设过程中因地质灾害、文物保护等不可抗力因素确需调整用地范围的，经批准项目的行业主管部门同意后，建设单位可申请调整农用地转用和土地征收。项目建设方案调整，调整后的项目用地总面积、耕地和永久基本农田规模均不超原批准规模，或者项目用地总面积和耕地超原规模但调整部分未超出省级人民政府土地征收批准权限的，报省级人民政府批准；调整后的项目用地涉及调增永久基本农田，或征收耕地超过35公顷、其他土地超过70公顷，应当报国务院批准。调整用地涉及新征收土地的，应当依法履行征地程序，不再使用的土地，可交由原集体经济组织使用。省级人民政府批准调整用地后，应纳入国土空间规划"一张图"实施监管，并及时报自然资源部备案。

10. 落实临时用地政策。建设周期较长的能源、交通、水利等基础设施建设项目施工使用的临时用地，期限不超过四年。直接服务于铁路工程施工的制梁场、拌合站，需临时使用土地的，其土地复垦方案通过论证，业主单位签订承诺书，明确了复垦完成时限和恢复责任，确保能恢复种植条件的，可以占用耕地，不得占用永久基本农田。

11. 简化规划许可申请材料与程序。深化"多规合一"基础上的规划用地"多审合一、多证合一"改革，核发统一的建设项目用地预审与选址意见书，简化办理建设用地规划许可、建设工程规划许可、乡村建设规划许可，不得随意增加许可条件、申请材料、中介服务、审批环节、收费、数量限制等，推进规划许可服务标准化、规范化、便利化。

12. 积极推进建设项目"多测合一"改革。按照同一标的物只测一次原则，整合优化测绘事项，后续阶段充分共享已经形成的测绘成果。鼓励公平竞争，打破市场垄断。

四、明确建设项目占用耕地和永久基本农田相关政策

13. 严格占用永久基本农田的重大建设项目范围。（1）党中央、国务院明确支持的重大建设项目；（2）按《关于梳理国家重大项目清单加大建设用地保障力度的通知》（发改投资〔2020〕688号）要求，列入需中央加大用地保障力度清单的项目；（3）中央军委及其有关部门批准的军事国防类项目；（4）纳入国家级规划的机场、铁路、公路、水运、能源、水利项目；（5）省级公路网规划的省级高速公路和连接原深度贫困地区直接为

该地区服务的省级公路项目；（6）原深度贫困地区、集中连片特困地区、国家扶贫开发工作重点县省级以下基础设施、民生发展等项目。

14. 允许国家重大项目以承诺方式落实耕地占补平衡。对党中央、国务院以及国务院推进有效投资重要项目工作协调机制确定的国家重大建设项目，允许以承诺方式落实耕地占补平衡。省级人民政府应当明确兑现承诺的期限和落实补充耕地方式。兑现承诺期限原则上不超过2年，到期未兑现承诺的，部直接从补充耕地储备库中扣减指标。上述承诺政策有效期至2023年3月底。

15. 扩大补充耕地来源。支持各地结合农业结构调整，将平原地区非耕地逐步恢复为耕地，其中"二调"不是耕地的，新增耕地可以用于占补平衡。

16. 统筹落实永久基本农田补划。建设项目经依法批准占用永久基本农田的，在永久基本农田储备区耕地中补划；储备区中难以补足的，在县域范围内其他优质耕地中补划；县域范围内无法补足的，可在市域范围内补划；市域范围内无法补足的，可在省域范围内补划。优先将完成高标准农田建设的耕地补划为永久基本农田。

五、落实节约集约用地

17. 做好项目用地节地评价。超标准、无标准项目用地要严格执行《关于规范开展建设项目节地评价工作的通知》（自然资办发〔2021〕14号）。重大项目中公路项目设置的互通立体交叉工程用地，超过《公路工程项目建设用地指标》有关间距规定的，省级自然资源主管部门应开展节地评价论证并取得省级以上交通主管部门出具的意见。

18. 鼓励低效用地再开发。建设项目使用城镇低效用地的，可以继续按照《关于深入推进城镇低效用地再开发的指导意见（试行）》（国土资发〔2016〕147号）有关规定执行。

六、优化土地供应

19. 积极推行"标准地"供应。按照供地即可开工的原则，推行产业用地"标准地"出让机制。在土地供应前，由地方政府或依法设立的开发区（园区）和新区的管理机构统一开展地质灾害、压覆矿产、环境影响、水土保持、洪水影响、文物考古等评估和普查。土地用途、规划条件和相关控制指标应通过出让公告公开发布，并纳入土地出让合同。

20. 优化重大基础设施项目划拨供地程序。在国土空间规划确定的城市和村庄、集镇建设用地范围外的能源、交通、水利等重大基础设施项目，土地征收和农用地转用经批准实施后，直接核发国有土地使用权划拨决定书。

七、优化用海用岛审批

21. 先行开展项目用海用岛论证材料技术审查。为加快审批，对暂不具备受理条件的项目，先行开展用海用岛论证和专家评审等技术审查工作。

22. 优化海底电缆管道铺设施工和项目用海审批程序。报国务院审批的海底电缆管道项目，海底电缆管道铺设施工申请，可与项目用海申请一并提交审查。路由调查勘测申请审批仍按原规定执行。

23. 项目用海与填海项目竣工海域使用验收一并审查。对利用已填成陆历史遗留围填海、无新增围填海的项目，可在提交海域使用申请材料时一并提交竣工验收测量报告，海域使用论证报告与竣工验收测量报告合并审查。在项目用海批准并全额缴纳海域使用金后，对填海竣工验收申请直接下达批复。

24. 精简技术评估报告。报国务院审批的海底电缆管道项目，海底电缆管道路由调查勘测报告与海域使用论证报告合并编制。选址位于集中连片的已填成陆历史遗留围填海区域的项目，均属于省级人民政府审批权限的，地方可结合实际，实行打捆整体论证。

25. 允许临时用海续期。因疫情、自然灾害等特殊原因导致临时用海活动无法按期开展的，经批准，允许相关临时用海活动续期一次。

26. 简化项目用岛审批。对助航导航、测量、气象观测、海洋监测和地震监测等公益设施用岛，可简化无居民海岛开发利用具体方案和项目论证报告。

关于进一步加强国土空间规划编制和实施管理的通知

自然资发〔2022〕186号　2022年10月18日

一、加快国土空间总体规划编制报批

（一）加快完成各级国土空间总体规划编制。依据《省级国土空间规划编制指南（试行）》《市级国土空间总体规划编制指南（试行）》等相关技术规定，在"三区三线"划定成果基础上，进一步落实国家战略，优化区域和城乡功能布局、用地结构和要素配置，及时形成有效支撑高质量发展和新发展格局的规划成果。要在国土空间规划"一张图"上统筹各类空间开发保护需求，确保空间布局不冲突，功能结构更合理；确保用地规模不突破，资源利用更有效。要将耕地保有量、永久基本农田保护面积、生态保护红线面积、新增建设用地规模等管控指标分解到下级规划。其中，新增建设用地规模应按照城镇建设用地、村庄建设用地、交通水利能源矿产及其他建设用地分解确定。

（二）加快规划成果报批。报国务院审批的省级、市级总体规划成果，请于11月20日前完成专家论证，并征求我部意见；于12月10日前经同级人大常委会审议后，由省级人民政府呈报国务院。本省份省级、市级总体规划可同时上报。上报成果应包括规划文本、图集、说明、专家评审和人大审议意见、国土空间规划"一张图"系统建设成果报告及矢量数据库等。其他市级、县级总体规划应于2023年6月底之前由各省（区、市）完成审批，并由省级自然资源主管部门向我部汇交规划矢量数据库，纳入全国国土空间规划"一张图"系统。

二、严格规划实施监督管理

（一）坚决落实"多规合一"改革要求。各级自然资源主管部门要坚决贯彻党中央、国务院关于"多规合一"改革的战略部署，按照"三定"规定严格履职尽责，研究制定深化改革具体措施。改革不走"回头路"，不在国土空间规划体系之外另设其他空间规划。不得擅自设置、分割或下放规划管理权限。

（二）依法严肃规划许可管理。国有土地使用权出让设置规划条件、核发建设用地规划许可证、建设工程规划许可证、低效用地再开发、落实土地征收成片开发方案、实施城市更新等应严格依据控制性详细规划；实施全域土地综合整治、核发乡村建设规划许可证应严格依据村庄规划或乡镇国土空间规划。编制或修改控制性详细规划应依据市县国土空间总体规划。市县国土空间总体规划批复后，市县自然资源主管部门应结合实际及时推进控制性详细规划的修编报批。不得以专项规划、片区策划、实施方案、城市设计等名义替代详细规划设置规划条件、核发规划许可。要防止为单一地块财务平衡擅自修改规划或变更规划条件。

（三）加强规划与用地政策的融合。国土空间规划管理要更加注重资源资产关系，将国土调查、地籍调查、不动产登记等作为规划编制和实施的工作基础，规划方案要与土地利用、产权置换、强度调节、价格机制等用地政策有机融合，有效推动存量资源资产的盘活利用。

（四）实施规划全生命周期管理。依托国土空间规划"一张图"实施监督系统和监测网络，实现各级规划编制、审批、修改、实施全过程在线管理。建立定期体检、五年评估的常态化规划实施监督机制，将国土空间规划体检评估结果作为编制、审批、修改规划和审计、执法、督察的重要参考。

（五）严格规划实施监督检查。经批准的国土空间规划是各类开发、保护、建设活动的基本依据，不符合国土空间规划的工程建设项目，不得办理用地用海审批和土地供应等手续，不予确权登记。严肃查处违法违规编制、修改和审批国土空间规划、发放规划许可、违反法定规划设置规划条件和"未批先建"等问题。国家自然资源督察机构将按照职责，适时对地方政府国土空间规划实施情况开展督察。

各级自然资源主管部门要按照本通知精神，细化工作举措，保障工作实效，并及时向属地党委、政府报告。部将适时组织优秀规划成果评选，对地方好的经验和做法予以鼓励和推广。

关于完善工业用地供应政策支持实体经济发展的通知

自然资发〔2022〕201号　2022年11月16日

一、健全工业用地多元化供应体系

健全工业用地长期租赁、先租后让、弹性年期出让等供应体系，支持工业企业选择适宜的用地方式。

（一）长期租赁，是指整宗土地在整个合同期内均以租赁方式使用，并由土地使用权人按合同约定支付年租金的供应方式。长期租赁期限一般不低于5年，不超过20年。

（二）先租后让，是指供地方供地时设定一定期限的租赁期，按照公开程序确定国有建设用地使用权人，先以租赁方式提供用地，承租方投资产业用地项目达到约定条件后再转为出让的供应方式。先租后让租赁期一般不超过5年。

（三）弹性年期出让，是指整宗土地以低于工业用地法定出让最高年限50年出让的供应方式。

二、优化土地供应程序

在确保土地市场公平公正公开的前提下，推进工业用地带条件招标拍卖挂牌出让（租赁），各地可将产业类型、生产技术、节能环保等产业准入要求纳入供地条件。

（一）采取长期租赁的，实行挂牌方式。在20天公告期结束时只有一个申请人符合竞买资格和竞得条件的，直接确定其为竞得人；申请人多于一个的，通过竞价确定竞得人。

（二）采取先租后让的，租赁和出让一并进行招标拍卖挂牌。市、县自然资源主管部门应明晰租赁期限、租赁转出让的条件，以及租赁阶段解除合同时地上建筑物和其他附着物的补偿标准，一并向社会公告。参照招标拍卖挂牌出让程序确定竞得人，签订国有建设用地租赁合同。租赁期届满符合转出让条件后，与土地使用者直接签订国有建设用地使用权出让合同。

（三）采取弹性年期出让的，按照招标拍卖挂牌出让的部门规章和操作规范实施。

国有建设用地使用权人按照合同约定依法缴纳土地租金或全部土地出让金后，可申请办理不动产首次登记。其中，采用租赁方式供应的，在办理首次、转移、变更、抵押等登记时，应审查截至登记时点土地租金是否已缴齐，并收取相关缴纳凭证。

三、明晰土地使用权权能

（一）以租赁方式供应的，承租人在按规定支付土地租金并完成开发建设后，经市、县自然资源主管部门同意或根据合同约定，可将依法登记的国有建设用地使用权转让、转租或抵押。转让的，原承租人退出，租赁合同约定的权利义务同时转让给受让人，由市、县自然资源主管部门与受让人重新签订国有土地租赁合同；转租的，承租人与第三人建立附加租赁关系，第三人应履行租赁合同约定的权利义务；地上建筑物、其他附着物抵押的，承租的国有建设用地使用权一并抵押，抵押权实现时，承租的国有建设用地使用权同时转让。在工业用地最高出让年期内，租赁期届满，在满足合同约定续租条件的情况下，国有建设用地使用权人申请续租应予以批准，续期租金应在初期合同中约定。

（二）以先租后让方式供应的，租赁期内承租的国有建设用地使用权在完成开发建设前不得转让、转租、抵押。转出让后，享有出让国有建设用地使用权权能。

（三）以出让方式供应的，除合同另有约定外，国有建设用地使用权可以依法转让、出租和抵押。出让年期届满，符合法定及合同约定续期条件的，国有建设用地使用权人申请续期，应予以批准。

四、实行地价鼓励支持政策

在不同供应方式折算到最高年期土地价格基本均衡的前提下，明确价格（租金）标底。工业用地的价格（租金）不得低于工业用地的成本价（租）。工业用地的成本价（租）可以采取片区内不同用途土地面积或土地价格占比分摊计算。

（一）采取长期租赁的，租赁期间租金不调整的，可按不低于该宗地50年工业用地出让评估价格的2%确定年租金标底；租金调整的，可按该宗地50年工业用地出让评估价格的2%确定首期年租金标底；租金调整周期不得低于5年，以后各期租金标准应依据届时土地评估价格或土地价格指数确定，但涨幅不得高于上期租金的10%。

（二）采取先租后让的，租赁期租金标准按照租赁期与最高年期的比值进行年期修正确定。转出让后，已交租金冲抵出让价款。租让年期之和不超过法定最高出让年限。鼓励在出让阶段实行弹性年期。

（三）采取弹性年期出让的，出让价格标底按不低于弹性年期与最高年期的比值进行年期修正。

已取得国有建设用地使用权的土地，在符合规划、不改变用途的前提下，提高土地利用率和增加容积率的，不再增收土地价款。

五、严格用途转换

在国土空间规划中划定工业用地控制线，明晰工业用地用途转换负面清单，稳定工业用地总量。对于工业用地内部的调整，或调整为研发设计、产业孵化、产品中试等用地的，各省级自然资源主管部门要研究制定允许、兼容、禁止布局的产业类型转换目录和转换规则，推进工业用地提质增效。

六、加强履约监管

市、县自然资源主管部门应将产业准入要求与土地用途、规划条件、节约集约要求等一并纳入供地公告，对后期监管有转让（含分割转让）、转租或股权转让限制要求的，也应一并向社会公开。土地用途、规划条件、节约集约要求等应载入土地有偿使用合同，由市、县自然资源主管部门加强履约监管；产业准入要求等应纳入监管协议，按照"谁提出、谁履责、谁监管"的原则，由相关部门进行监管。要建立监管信息共享机制，推动形成监管合力。

本通知自下发之日起执行，有效期5年。

六、中华人民共和国财政部、国家税务总局

关于印发《中央财政城镇保障性安居工程补助资金管理办法》的通知

财综〔2022〕37号　2022年2月7日

中央财政城镇保障性安居工程补助资金管理办法

第一章　总则

第一条　为规范中央财政城镇保障性安居工程补助资金（以下简称补助资金）管理，提高资金使用效益，根据国家预算管理和保障性安居工程的有关规定，制定本办法。

第二条　本办法所称补助资金，是指中央财政安排用于支持符合条件的城镇居民保障基本居住需求、改善居住条件的共同财政事权转移支付资金。

第三条　补助资金由财政部、住房城乡建设部按职责分工管理。

财政部负责编制补助资金年度预算，提出三年支出规划建议，确定补助资金分配方案、下达补助资金预算，对补助资金的使用管理情况进行监督和绩效管理。财政部各地监管局按照工作职责和财政部要求，对补助资金管理使用情况加强属地监管。

住房城乡建设部负责住房保障计划编制，提供各地保障性安居工程年度计划数据，督促指导地方开展城镇保障性安居工程工作，组织做好绩效目标制定、绩效监控和评价等。

省级财政部门、住房和城乡建设部门负责明确省级及以下各级财政部门、住房和城乡建设部门在资金分配、住房保障计划编制、绩效管理等方面的责任，切实加强资金管理。

第四条　补助资金管理遵循公平公正、公开透明、突出重点、注重绩效、强化监督的原则。

第五条　补助资金实施期限至2025年，期满后，根据法律、行政法规和国务院有关规定及城镇保障性安居工程形势需要，评估确定是否继续实施和延续期限。其中，中央财政支持住房租赁市场发展试点政策执行至2022年12月31日。

第二章　支持范围和资金分配

第六条　补助资金支持范围包括：

（一）租赁住房保障。主要用于支持公租房、保障性租赁住房等租赁住房的筹集，向符合条件的在市场租赁住房的城镇住房保障对象发放租赁补贴等相关支出。其中，中央财政支持住房租赁市场发展试点资金主要用于支持试点城市多渠道筹集租赁住房房源、建设住房租赁管理服务平台等与住房租赁市场发展相关的支出。

（二）城镇老旧小区改造。主要用于小区内水电路气等配套基础设施和公共服务设施建设改造，小区内房屋公共区域修缮、建筑节能改造，支持有条件的加装电梯等支出。

（三）城市棚户区改造。主要用于城市棚户区改造项目中的征收补偿、安置房建设（购买）和相关配套基础设施建设等支出，不得用于城市棚户区改造中安置房之外的住房开发、配套建设的商业和服务业等经营性设施建设支出。

年度租赁住房保障、城镇老旧小区改造、城市棚户区改造资金规模由财政部会同住房城乡建设部根据财政收支形势、年度城镇保障性安居工程任务状况等因素确定。

第七条 租赁住房保障资金采取因素法，按照各省（自治区、直辖市、计划单列市，含兵团，以下统称省）年度租赁住房筹集套数、租赁补贴户数等因素以及相应权重分配，并通过绩效评价结果、财政困难程度进行调节。具体计算公式如下：

分配给某省的租赁住房保障资金 ＝[（该省租赁补贴户数×该省财政困难程度系数×年度绩效评价调节系数）÷∑（各省租赁补贴户数×相应省财政困难程度系数×年度绩效评价调节系数）×相应权重＋（该省租赁住房筹集套数×该省财政困难程度系数×年度绩效评价调节系数）÷∑（各省租赁住房筹集套数×相应省财政困难程度系数×年度绩效评价调节系数）×相应权重]×年度租赁住房保障资金

租赁补贴户数、租赁住房筹集套数由住房城乡建设部根据各地申报数提供。其中，租赁住房包括公租房和保障性租赁住房。租赁补贴和租赁住房筹集的相应权重，由财政部会同住房城乡建设部根据年度租赁补贴和租赁住房筹集计划情况确定。

第八条 城镇老旧小区改造资金采取因素法，按照各省年度老旧小区改造面积、改造户数、改造楼栋数、改造小区个数等因素以及相应权重分配，并通过绩效评价结果、财政困难程度进行调节。具体计算公式如下：

分配给某省的老旧小区改造资金 ＝[（该省老旧小区改造面积×该省财政困难程度系数×年度绩效评价调节系数）÷∑（各省老旧小区改造面积×相应省财政困难程度系数×年度绩效评价调节系数）×相应权重＋（该省老旧小区改造户数×该省财政困难程度系数×年度绩效评价调节系数）÷∑（各省老旧小区改造户数×相应省财政困难程度系数×年度绩效评价调节系数）×相应权重＋（该省老旧小区改造楼栋数×该省财政困难程度系数×年度绩效评价调节系数）÷∑（各省老旧小区改造楼栋数×相应省财政困难程度系数×年度绩效评价调节系数）×相应权重＋（该省老旧小区改造个数×该省财政困难程度系数×年度绩效评价调节系数）÷∑（各省老旧小区改造个数×相应省财政困难程度系数×年度绩效评价调节系数）×相应权重]×年度老旧小区改造资金

老旧小区改造面积、改造户数、改造楼栋数、改造小区个数因素权重分别为40%、40%、10%、10%。老旧小区改造面积、改造户数、改造楼栋数、改造小区个数由住房城乡建设部根据各地申报数提供。

第九条 城市棚户区改造资金采取因素法，按照各省城市棚户区改造套数因素分配，并通过绩效评价结果、财政困难程度进行调节。具体计算公式如下：

分配给某省的城市棚户区改造资金 ＝（该省城市棚户区改造套数×该省财政困难程度系数×年度绩效评价调节系数）÷∑（各省城市棚户区改造套数×相应省财政困难程度系数×年度绩效评价调节系数）×年度城市棚户区改造资金

城市棚户区改造套数由住房城乡建设部根据各地申报数提供。

第十条 第七条、第八条、第九条中年度绩效评价调节系数，由财政部在经财政部各地监管局审核认定的绩效评价结果基础上设置。年度绩效评价审核结果在90分（含）以上的，绩效评价调节系数为1；年度绩效评价审核结果在80分（含）至90分之间的，绩效评价调节系数为0.95；年度绩效评价审核结果在60分（含）至80分之间的，绩效评价调节系数为0.9；年度绩效评价审核结果在60分以下的，绩效评价调节系数为0.85。

第十一条 财政部、住房城乡建设部根据党中央、国务院有关决策部署和城镇保障性安居工程新形势、新情况等，适时调整完善相关分配因素、权重、计算公式、调节系数等。

第十二条 对于发生重大自然灾害等特殊情况的省，以及党中央、国务院确定需要重点支持和激励的省和项目，财政部会同住房城乡建设部按程序报批后在补助资金分配时予以适当倾斜。

第三章 资金预算下达

第十三条 财政部会同住房城乡建设部在全国人大审查批准中央预算后30日内，将补助资金预算分配下达省级财政部门，并抄送财政部当地监管局。每年10月31日前，提前下达下一年度补助资金预计数。

第十四条 省级财政部门在接到补助资金预算后，应当会同同级住房和城乡建设部门在30日内，按照预算级次合理分配、及时下达本行政区域县级以上各级政府财政部门，并抄送财政部当地监管局。

市县财政部门接到补助资金预算后，应当会同同级住房和城乡建设部门及时将资金预算分解或明确到具体项目，并将分配结果报上级财政部门、住房和城乡建设部门备案。在分配补助资金时，应当结合本地区年度重点工作加大中央、省、市县财政安排相关资金的统筹力度，要做好与发展改革部门安排基本建设项目等各渠道资金的统筹和对接，防止资金、项目安排重复交叉或缺位。

第十五条 各地要切实做好项目前期准备工作，强化项目管理，市县住房和城乡建设部门应当督促项目实施单位加快项目进度，切实提高资金使用效率。结转结余的资金，按照《中华人民共和国预算法》和其他有关结转结余资金管理的相关规定处理。

第四章 资金管理和监督

第十六条 补助资金支付按照国库集中支付制度有关规定执行。属于政府采购管理范围的，按照政府采购有关规定执行。

第十七条 补助资金根据支持内容不同，可以采取投资补助、项目资本金注入、贷款贴息等方式，发挥财政资金引导作用，吸引社会资本参与城镇保障性安居工程投资建设和运营管理。

第十八条 地方各级财政部门应当对补助资金实行专项管理、分账核算，严格按照规定用途使用，严禁将补助资金用于平衡预算、偿还债务、支付利息等支出。地方各级住房和城乡建设部门及项目实施单位应当严格按照本办法规定使用补助资金，严禁挪作他用，不得从补助资金中提取工作经费或管理经费。

第十九条 各级财政部门及其工作人员、各级住房和城乡建设部门及其工作人员、申报使用补助资金的单位及个人存在违法违规行为的，依法责令改正并追究相应责任；涉嫌犯罪的，依法移送有关机关处理。

第五章 绩效管理

第二十条 各地住房和城乡建设部门、财政部门应当按照全面实施预算绩效管理的有关规定，强化绩效目标管理，严格审核绩效目标，做好绩效运行监控和绩效评价，并加强绩效评价结果应用。以预算年度为周期开展绩效评价，在年度绩效评价的基础上，适时开展中期绩效评价。绩效评价的内容包括：决策情况、资金管理和使用情况、相关管理制度办法的健全性及执行情况、实现的产出情况、取得的效益情况、其他相关内容以及评价指标体系。

省级评价指标由财政部会同住房和城乡建设部设置，市县绩效评价指标由省级财政部门会同住房和城乡建设部门参考省级绩效评价指标体系，结合实际情况设置。

第二十一条 省级住房和城乡建设部门、财政部门负责组织开展本地区绩效评价工作，指导督促市县开展绩效评价工作，加强绩效评价结果运用，按规定向财政部、住房城乡建设部报送本地区上年度绩效评价报告和自评表。市县财政部门、住房和城乡建设部门具体实施市县绩效评价工作，加强绩效评价结果应用，按规定向省级财政部门、住房和城乡建设部门报送本市县绩效评价报告。

省级以下住房和城乡建设部门、财政部门对所提供的绩效评价相关材料的真实性、完整性负责。

各地区可以根据需要，委托专家、中介机构等第三方参与绩效评价工作。

第二十二条　年度绩效评价的工作程序如下：

（一）省级财政部门会同同级住房和城乡建设部门将本地区上年度绩效评价报告、自评表（逐项说明评分理由），附带能够佐证绩效评价结果的相关材料，于每年2月28日前将评价报告及附件加盖两部门印章后报送财政部、住房城乡建设部和财政部当地监管局；对于无故不按时提交绩效评价自评表及相关证明材料的省，该省绩效评价得分按零分认定。

（二）财政部各地监管局对地方报送的上年度绩效评价报告、自评表及相关证明材料进行审核和实地抽查后，于每年3月20日之前将审核总结报告和审核意见表报送财政部，抄送住房城乡建设部和省级财政、住房和城乡建设部门。其中，实地抽查审核比例原则上不少于3个地级市（含省直管县），抽查各项数据所占资金比例原则上不低于该地区申报资金的20%。

第二十三条　各级财政部门会同住房和城乡建设部门将绩效评价结果及有关问题整改情况作为分配补助资金、制定调整相关政策以及加强保障性安居工程建设和运营管理的参考依据。

第六章　附则

第二十四条　本办法由财政部会同住房城乡建设部负责解释。

第二十五条　省级财政部门会同同级住房和城乡建设部门可以结合本地实际，制定具体实施办法，并报财政部、住房城乡建设部备案。

第二十六条　本办法自印发之日起施行。《财政部　住房城乡建设部关于印发〈中央财政城镇保障性安居工程专项资金管理办法〉的通知》（财综〔2019〕31号）、《财政部　住房城乡建设部关于印发〈城镇保障性安居工程财政资金绩效评价办法〉的通知》（财综〔2020〕19号）同时废止。

关于支持实施县域商业建设行动的通知

财办建〔2022〕18号　2022年3月29日

一、总体要求

以习近平新时代中国特色社会主义思想为指导，深入贯彻党的十九大和十九届历次全会精神，立足新发展阶段，完整、准确、全面贯彻新发展理念，构建新发展格局，以渠道下沉为主线，以县乡村商业网络体系和农村物流配送"三点一线"为重点，加快补齐农村商业设施短板，健全县乡村物流配送体系，引导商贸流通企业转型升级，推动县域商业高质量发展。

到2025年，建立完善县域统筹，以县城为中心、乡镇为重点、村为基础的县域商业体系。在具备条件的地区，基本实现县县有综合商贸服务中心和物流配送中心、乡镇有商贸中心、村村通快递。城乡生产和消费连接更加紧密，工业品下乡和农产品进城渠道更加畅通，农民收入和农村消费持续提升。

二、支持内容

通过中央财政资金引导各省（自治区、直辖市，含新疆生产建设兵团，以下统称省）统筹推进县域商业建设行动。县域商业建设要与当地经济发展水平相适应，既尽力而为又量力而行，主要聚焦县域商业体系中的市场缺位和薄弱环节，发挥县城和乡镇的枢纽、节点作用，加快补齐基础设施和公共服务短板，辐射带动县域商业整体提升。引导支持的主要方向如下：

（一）补齐县域商业基础设施短板。以人口相对聚集的乡镇为重点，支持升级改造一批商贸中心、大中型超市、集贸市场等，完善冷藏、陈列、打包、结算、食品加工等设施设备。鼓励连锁商贸流通企业、电子商务平台等下沉农村，加强数字赋能，发展连锁经营和电子商务，拓展消费新业态新场景，打造乡镇商业集聚区。

（二）完善县乡村三级物流配送体系。发挥县城和乡镇物流枢纽作用，支持建设改造一批县级物流配送中心和乡镇快递物流站点，完善仓储、分拣、包装、装卸、运输、配送等设施，增强对乡村的辐射能力。整合县域邮政、供销、快递、商贸等物流资源，发挥连锁商贸流通企业自建物流优势，开展日用消费品、农资下乡和农产品进城等物流快递共同配送服务，降低物流成本。

（三）改善优化县域消费渠道。引导大型流通企业下沉供应链，布局一批县域前置仓、物流仓储等设施，提供直供直销、集中采购、统一配送、库存管理等服务，让农民直购好产品、新产品。鼓励本地商贸流通企业组建联合采购平台，加大农村地区商品投放力度。发展购物、餐饮、亲子、娱乐、农资等多种业态，承接市民下乡和农民进城消费。

（四）增强农村产品上行动能。引导商贸、电商、快递、物流企业围绕农村产品上行，建设分拣、预冷、初加工、配送等商品化处理设施，加强标准和品牌应用，提高农村产品商品转化率。整合现有县乡村电子商务服务网点，统筹产品开发、设计、营销、品牌等服务，拓宽农村产品上行渠道，提高农村电子商务应用水平。

（五）提高生活服务供给质量。引导农村邮政、供销、电商、商贸流通企业从传统批发、零售向综合性服务转变，整合购物、订餐、家政、职介、租赁、同城配送等服务，提高社区、村镇生活服务的便捷性和服务质量。引导商贸流通、电子商务、生活服务与现代农业、乡村旅游、加工制造等特色产业跨界融合，增强服务业推动生产、促进流通、扩大消费的功能。

各省应按照上述方向，因地制宜统筹相关政策及资金，细化县域商业建设内容，并落实到具体项目。

三、组织实施

（一）编报工作方案。省级商务主管部门会同财政、乡村振兴部门（以下统称省级主管部门），组织各县（市、区、旗，以下统称县）对照本通知要求和《县域商业建设指南》，对县域商业发展现状进行摸底，于2022年4月30日前在商务部县域商业摸底系统（网址：http：//emanage.mofcom.gov.cn/loginGov.html）中完成录入。省级主管部门统筹制定省级工作方案（以下简称《工作方案》，具体要求见附件），确定到2025年总体目标、年度分解任务、重点举措、项目清单、绩效考核等内容，于2022年5月10日前报三部门。逾期未报视为不参加建设行动。

（二）审核批复方案。商务部会同财政部、国家乡村振兴局组织合规性评审，对地方上报的《工作方案》提出审核意见，有关省级主管部门据此修改完善后，于2022年6月30日前经省级人民政府报三部门备案。各省经备案的《工作方案》作为资金安排和政策实施期间监督考核的重要依据，原则上不作调整。确因有关客观情况发生较大变化需作调整的，应经省级主管部门审慎论证后，经省级人民政府报三部门按程序备案。调整后，到2025年的总体目标不得低于原《工作方案》设定的总体目标。

（三）下达补助资金。三部门通过服务业发展资金对各省开展县域商业建设工作予以适当补助。中央财政补助资金采取因素法分配，分年度下达，分配因素包括工作基础、发展指标、绩效评价以及预算执行进度、区域调节系数等。中央财政下达各省的有关补助资金由各省按照经备案的《工作方案》统筹安排使用，鼓励地方统筹用好自有财力，落实到具体项目。

（四）实施监督考核。各省级主管部门负责开展绩效自评，组织对市县开展绩效评价，并对年度任务完成情况进行评估。要督促市县通过内贸资金网络管理系统（网址：http：//emanage.mofcom.gov.cn）填报项目资金使用情况，作为绩效评价的重要依据。商务部会同财政部、国家乡村振兴局在此基础上完成年度总体绩效评价。各省年度绩效评价结果与后续资金安排挂钩。对于绩效评价、抽查中发现问题的，由省级商务主管部门会同财政部门、乡村振兴部门组织整改。未按要求完成整改的，不再予以资金支持。各省应于2025年政策收尾阶段，组织第三方专业机构对政策实施情况进行全面评估，总结成效、纠正问题，并将相关情况报告三部门。商务部牵头进行政策总结评估。财政部牵头适时开展重点绩效评价。

四、工作要求

（一）注重统筹协调。省级主管部门对本省县域商业建设行动负总责，要推动建立与其他相关部门的协调机制，明确各部门职责并形成工作合力，其中，省级乡村振兴部门要积极推动将县域商业建设行动纳入乡村振兴考核体系。发挥市级主管部门承上启下作用，履行好项目申报、指导培训、监督检查等属地管理责任，压实县级人民政府对资金使用、项目管理等的直接责任。各地在申请及安排使用中央财政对县域商业建设行动的补助资金（以下简称县域商业补助资金）时，应与国家发展改革委具体安排的中央基建投资事项、农业农村部具体安排的产地冷链设施、中央财政农产品供应链体系建设等相关资金加强衔接，避免重复投入；对于已获其他中央财政资金支持的项目，不得重复申请或安排支持。此外，应充分利用万村千乡市场工程、电子商务进农村综合示范等购建的设施设备，增强工作的延续性。有关统筹协调工作考虑，应在各省工作方案中体现。

（二）完善项目管理。省级商务部门要牵头制定工作方案和储备项目库，会同有关部门按职责分工完善项目管理机制，细化项目验收办法，建立健全省市县三级日常监督机制，强化项目遴选、企业招标、项目验收等过程监督，形成本省工作的闭环管理。可引入审计、监理咨询等独立第三方，参与决策监督，加强资金和项目审核，及时防范和化解风险。常态化跟踪项目完成情况，对未按时完成的项目要强化追责问效，督促及时整改。健全"建管用"相结合的长效机制，确保项目长期稳定发挥效用。发挥邮政、供销以及龙头流通企业作用，统筹推进县乡村商业网点、快递物流等项目建设和运营，增强可持续性，避免分散投入。按照相关规定，切实做好有关项目等信息公开，强化信息共享，充分利用国家相关信息平台，建立企业"黑名单"制度。

（三）加强资金管理。充分发挥县域商业补助资金引导作用，鼓励有条件的地方通过贷款贴息、购买服务、以奖代补等方式撬动社会资本，共同推动县域商业高质量发展。各省县域商业补助资金最终安排使用到县（市、区、旗）的比例不低于90%，优先支持有条件的脱贫县和乡村振兴重点帮扶县，鼓励西藏整区推进。县域商业补助资金不得用于征地拆迁，不得用于支付罚款、捐款、赞助、投资、偿还债务以及财政补助单位人员经费和工作经费。

（四）做好宣传推广。各省要开展多种形式的工作培训，加强政策解读，并指导市县加强师资建设，完善案例教材，创新培训方法，扩大县域商业建设行动的社会知名度和参与度。及时总结宣传推广典型经验，促进相互交流与借鉴，增强示范带动作用。

各地要把县域商业建设行动作为全面推进乡村振兴、加快农业农村现代化的重要任务，加强工作指导，密切跟踪进展，有关重要情况及时按程序报告三部门。

关于完善建设工程价款结算有关办法的通知

财建〔2022〕183号　2022年6月14日

一、提高建设工程进度款支付比例。政府机关、事业单位、国有企业建设工程进度款支付应不低于已完成工程价款的80%；同时，在确保不超出工程总概（预）算以及工程决（结）算工作顺利开展的前提下，除按合同约定保留不超过工程价款总额3%的质量保证金外，进度款支付比例可由发承包双方根据项目实际情况自行确定。在结算过程中，若发生进度款支付超出实际已完成工程价款的情况，承包单位应按规定在结算后30日内向发包单位返还多收到的工程进度款。

二、当年开工、当年不能竣工的新开工项目可以推行过程结算。发承包双方通过合同约定，将施工过程按时间或进度节点划分施工周期，对周期内已完成且无争议的工程量（含变更、签证、索赔等）进行价款计算、确认和支付，支付金额不得超出已完工部分对应的批复概（预）算。经双方确认的过程结算文件作为竣工结算文件的组成部分，竣工后原则上不再重复审核。

三、本通知自2022年8月1日起施行。自此日期起签订的工程合同应按照本通知执行。除本通知所规范事项外，其他有关事项继续按照《建设工程价款结算暂行办法》（财建〔2004〕369号）执行。

关于支持居民换购住房有关个人所得税政策的公告

财政部　税务总局公告2022年第30号　2022年9月30日

为支持居民改善住房条件，现就有关个人所得税政策公告如下：

一、自2022年10月1日至2023年12月31日，对出售自有住房并在现住房出售后1年内在市场重新购买住房的纳税人，对其出售现住房已缴纳的个人所得税予以退税优惠。其中，新购住房金额大于或等于现住房转让金额的，全部退还已缴纳的个人所得税；新购住房金额小于现住房转让金额的，按新购住房金额占现住房转让金额的比例退还出售现住房已缴纳的个人所得税。

二、本公告所称现住房转让金额为该房屋转让的市场成交价格。新购住房为新房的，购房金额为纳税人在住房城乡建设部门网签备案的购房合同中注明的成交价格；新购住房为二手房的，购房金额为房屋的成交价格。

三、享受本公告规定优惠政策的纳税人须同时满足以下条件：

1. 纳税人出售和重新购买的住房应在同一城市范围内。同一城市范围是指同一直辖市、副省级城市、地级市（地区、州、盟）所辖全部行政区划范围。

2. 出售自有住房的纳税人与新购住房之间须直接相关，应为新购住房产权人或产权人之一。

四、符合退税优惠政策条件的纳税人应向主管税务机关提供合法、有效的售房、购房合同和主管税务机关要求提供的其他有关材料，经主管税务机关审核后办理退税。

五、各级住房城乡建设部门应与税务部门建立信息共享机制，将本地区房屋交易合同网签备案等信息（含撤销备案信息）实时共享至当地税务部门；暂未实现信息实时共享的地区，要建立健全工作机制，确保税务部门及时获取审核退税所需的房屋交易合同备案信息。

六、本公告执行期限为2022年10月1日至2023年12月31日。

关于扩大政府采购支持绿色建材促进建筑品质提升政策实施范围的通知

财库〔2022〕35号　2022年10月12日

一、实施范围

自2022年11月起,在北京市朝阳区等48个市(市辖区)实施政府采购支持绿色建材促进建筑品质提升政策(含此前6个试点城市,具体城市名单见附件1)。纳入政策实施范围的项目包括医院、学校、办公楼、综合体、展览馆、会展中心、体育馆、保障房等政府采购工程项目,含适用招标投标法的政府采购工程项目。各有关城市可选择部分项目先行实施,在总结经验的基础上逐步扩大范围,到2025年实现政府采购工程项目政策实施的全覆盖。鼓励将其他政府投资项目纳入实施范围。

二、主要任务

各有关城市要深入贯彻习近平生态文明思想,运用政府采购政策积极推广应用绿色建筑和绿色建材,大力发展装配式、智能化等新型建筑工业化建造方式,全面建设二星级以上绿色建筑,形成支持建筑领域绿色低碳转型的长效机制,引领建材和建筑产业高质量发展,着力打造宜居、绿色、低碳城市。

(一)落实政府采购政策要求。各有关城市要严格执行财政部、住房城乡建设部、工业和信息化部制定的《绿色建筑和绿色建材政府采购需求标准》(以下简称《需求标准》,见附件2)。项目立项阶段,要将《需求标准》有关要求嵌入项目建议书和可行性研究报告中;招标采购阶段,要将《需求标准》有关要求作为工程招标文件或采购文件以及合同文本的实质性要求,要求承包单位按合同约定进行设计、施工,并采购或使用符合要求的绿色建材;施工阶段,要强化施工现场监管,确保施工单位落实绿色建筑要求,使用符合《需求标准》的绿色建材;履约验收阶段,要根据《需求标准》制定相应的履约验收标准,并与现行验收程序有效融合。鼓励通过验收的项目申报绿色建筑标识,充分发挥政府采购工程项目的示范作用。

(二)加强绿色建材采购管理。纳入政策实施范围的政府采购工程涉及使用《需求标准》中的绿色建材的,应当全部采购和使用符合相关标准的建材。各有关城市要探索实施对通用类绿色建材的批量集中采购,由政府集中采购机构或部门集中采购机构定期归集采购人的绿色建材采购计划,开展集中带量采购。要积极推进绿色建材电子化采购交易,所有符合条件的绿色建材产品均可进入电子平台交易,提高绿色建材采购效率和透明度。绿色建材供应商在供货时应当出具所提供建材产品符合需求标准的证明性文件,包括国家统一推行的绿色建材产品认证证书,或符合需求标准的有效检测报告等。

(三)完善绿色建筑和绿色建材政府采购需求标准。各有关城市可结合本地区特点和实际需求,提出优化完善《需求标准》有关内容的建议,包括调整《需求标准》中已包含的建材产品指标要求,增加未包含的建材产品需求标准,或者细化不同建筑类型如学校、医院等的需求标准等,报财政部、住房城乡建设部、工业和信息化部。财政部、住房城乡建设部、工业和信息化部将根据有关城市建议和政策执行情况,动态调整《需求标准》。

(四)优先开展工程价款结算。纳入政策实施范围的工程,要提高工程价款结算比例,工程进度款支付比例不低于已完工程价款的80%。推行施工过程结算,发承包双方通过合同约定,将施工过程按时间或进度节点划分施工周期,对周期内已完成且无争议的工程进行价款计算、确认和支付。经双方确认的过程结算文件作为竣工结算文件的组成部分,竣工后原则上不再重复审核。

三、工作要求

（一）明确部门职责。有关城市财政、住房和城乡建设、工业和信息化部门要各司其职，加强协调配合，形成政策合力。财政部门要组织采购人落实《需求标准》，指导集中采购机构开展绿色建材批量集中采购工作，加强对采购活动的监督管理。住房和城乡建设部门要加强对纳入政策实施范围的工程项目的监管，培育绿色建材应用示范工程和高品质绿色建筑项目。工业和信息化部门要结合区域特点，因地制宜发展绿色建材产业，培育绿色建材骨干企业和重点产品。

（二）精心组织实施。有关城市所在省级财政、住房和城乡建设、工业和信息化部门收到本通知后要及时转发至纳入政策实施范围城市的财政、住房和城乡建设、工业和信息化部门，切实加强对有关城市工作开展的指导。有关城市要根据政策要求，研究制定本地区实施方案，明确各有关部门的责任分工，完善组织协调机制，对实践中出现的问题要及时研究和妥善处理，确保扩大实施范围工作顺利推进，取得扎实成效。要积极总结工作经验，提炼可复制、可推广的先进经验和典型做法。

（三）加强宣传培训。各有关地方和部门要依据各自职责加强政策解读和宣传，及时回应社会关切，营造良好的工作氛围。要加强对建设单位、设计单位、建材企业、施工单位的政策解读和培训，调动相关各方的积极性。

七、中国人民银行、中国银行保险监督管理委员会

关于保障性租赁住房有关贷款不纳入房地产贷款集中度管理的通知

银发〔2022〕30号　2022年1月30日

一、自本通知印发之日起，银行业金融机构向持有保障性租赁住房项目认定书的保障性租赁住房项目发放的有关贷款不纳入房地产贷款集中度管理。

二、银行业金融机构要加大对保障性租赁住房的支持力度，按照依法合规、风险可控、商业可持续的原则，提供金融产品和金融服务。

三、银行业金融机构要严格执行人民银行、银保监会有关统计制度，确保数据真实准确。

四、本通知适用于执行房地产贷款集中度管理制度的银行业金融机构。

请人民银行上海总部，各分行、营业管理部，各省会（首府）城市中心支行、副省级城市中心支行将本通知转发至辖区内人民银行分支机构、城市商业银行、农村商业银行、农村合作银行、农村信用社、村镇银行、民营银行。请各银保监局将本通知转发至辖内各银保监分局。

关于银行保险机构支持保障性租赁住房发展的指导意见

银保监规〔2022〕5号　2022年2月16日

一、总体要求

（一）指导思想

以习近平新时代中国特色社会主义思想为指导，全面贯彻党的十九大和十九届历次全会及中央经济工作会议精神，立足新发展阶段、贯彻新发展理念、构建新发展格局，坚持房子是用来住的、不是用来炒的定位，构建多层次、广覆盖、风险可控、业务可持续的保障性租赁住房金融服务体系，加大对保障性租赁住房建设运营的支持力度。

（二）基本原则

——以人民为中心。切实增加保障性租赁住房供给，尽最大努力帮助新市民、青年人等缓解住房困难，是党中央、国务院的重大决策部署，是"十四五"时期住房建设的重点任务。银行保险机构要切实提高政治站位，以不断增强人民群众获得感、幸福感、安全感为落脚点，将支持保障性租赁住房发展作为推进共同富裕的重要举措，做好对保障性租赁住房的金融支持。

——以市场化为导向。充分发挥市场在金融资源配置中的决定性作用，银行保险机构要在商业可持续的前提下，在科学测算收益的基础上，为保障性租赁住房发展提供多样化、有针对性的金融产品和服务。

——以风险可控为前提。银行保险机构要严格遵守各项监管规定，规范保障性租赁住房融资管理，严格尽职调查，审慎评估风险，稳妥有序推进业务发展。有效防范金融风险，不得以保障性租赁住房的名义搞变通，打"擦边球"，进行监管套利。

——以多方协同为保障。各地应加快出台发展保障性租赁住房具体办法，建立健全住房租赁管理服务平台，加强与银行保险机构信息共享等，为银行保险机构支持保障性租赁住房创造良好的条件，形成支持保障性租赁住房发展的合力。

二、发挥各类机构优势，进一步加强金融支持

（三）发挥好国家开发银行作用

国家开发银行要立足自身职能定位，在依法合规、风险可控的前提下，加大对保障性租赁住房项目的中长期信贷支持。

（四）支持商业银行提供专业化、多元化金融服务

商业银行要优化整合金融资源，积极对接保障性租赁住房开发建设、购买、装修改造、运营管理、交易结算等服务需求，提供专业化、多元化金融服务。农村中小金融机构要充分发挥与农村基层自治组织、合作社有良好合作历史的优势，优先支持利用集体经营性建设用地建设保障性租赁住房项目。

（五）引导保险机构为保障性租赁住房提供资金和保障支持

支持保险资金通过直接投资或认购债权投资计划、股权投资计划、保险私募基金等方式，为保障性租赁住房项目提供长期资金支持。支持保险机构为保障性租赁住房建设运营等环节提供财产损失、民事责任、人身意外伤害等风险保障。

（六）支持非银机构依法合规参与

支持信托公司等发挥自身优势，依法合规参与保障性租赁住房建设运营。

三、把握保障性租赁住房融资需求特点，提供针对性金融产品和服务

（七）以市场化方式向保障性租赁住房自持主体提供长期贷款

对利用集体经营性建设用地、企事业单位自有闲置土地、产业园区配套用地、新供应国有建设用地等新建自持保障性租赁住房项目或存量盘活项目，银行保险机构在综合考虑企业项目建设或购置，以及后续运营需求的基础上，以市场化方式提供适配其融资需求的产品。

（八）稳妥做好对非自有产权保障性租赁住房租赁企业的金融支持

鼓励银行业金融机构按照依法合规、风险可控、商业可持续原则，向改建、改造存量房屋形成非自有产权保障性租赁住房的住房租赁企业提供贷款，为企业盘活、改建、装修、运营保障性租赁住房提供支持。

（九）探索符合保障性租赁住房特点的担保方式

支持银行业金融机构针对保障性租赁住房项目特点，稳妥有序开展应收租金、集体经营性建设用地使用权等抵质押贷款业务，增强贷款保障能力。加强与融资担保机构在保障性租赁住房领域的合作，发挥政府性融资担保机构增信支持作用。鼓励保障性租赁住房项目业主在项目建设期为在建工程投保工程保险，在项目经营期为租赁经营的财产投保企业财产保险。

（十）提供多样化金融服务

鼓励银行业金融机构运用银团贷款加大对保障性租赁住房项目的融资支持。鼓励银行保险机构在依法合规、风险可控的前提下，参与基础设施领域不动产投资信托基金（REITs）。鼓励银行保险机构为用于保障性租赁住房项目的公司债券、非金融企业债务融资工具等债券融资提供发行便利，加大债券投资力度。

四、建立完善支持保障性租赁住房发展的内部机制

（十一）加强组织领导

各银行保险机构要切实加强对支持保障性租赁住房业务的组织领导，结合自身发展战略，建立健全工作机制，强化统筹安排，明确职责分工，确保各项工作落到实处、取得实效。

（十二）优化金融服务组织架构

鼓励有条件的银行保险机构通过成立专门服务部门、组建专营团队、成立特色分支机构等多种形式，创新保障性租赁住房金融服务组织架构，提升保障性租赁住房金融服务专业化能力和水平。

（十三）完善激励约束机制

银行保险机构要完善内部绩效考核，提高保障性租赁住房业务在房地产各项业务中的考核比重，积极推行保障性租赁住房融资内部资金转移定价优惠措施，提升业务条线和分支机构积极性。

五、坚持支持与规范并重，坚守风险底线

（十四）推动保障性租赁住房相关配套措施尽快落地

各地应尽快出台发展保障性租赁住房的具体办法，明确本地区利用集体经营性建设用地、企事业单位自有闲置土地、产业园区配套用地和非居住存量房屋建设保障性租赁住房的申请条件、流程及工作要求等。

(十五) 加强保障性租赁住房项目监督管理

各地要加快建立健全住房租赁管理服务平台，加强对保障性租赁住房建设、出租和运营管理的全过程监督。严厉打击以保障性租赁住房为名骗取银行保险机构优惠政策行为。

(十六) 做好融资主体准入管理

各地要明确保障性租赁住房项目认定书制度，及时与银行保险机构共享本地区保障性租赁住房项目信息，定期向银行保险机构公布合格住房租赁企业名单和企业经营信息，为银行保险机构开展业务提供支持。银行保险机构要遵循审慎稳健和安全性原则，对取得保障性租赁住房项目认定书的，方可适用保障性租赁住房相关支持政策。不得介入已被有关部门列入违建或安全隐患管控的项目，不得向违规采取"高收低租""长收短付"等高风险经营模式快速扩张的企业提供融资。

(十七) 把控好项目风险

银行保险机构要密切关注当地保障性租赁住房市场发展情况，科学合理测算保障性租赁住房项目的投入、收益和现金流，合规适度提供融资，严防过度授信、盲目放贷。要在负债控制、款项支付、工程进展、租金回款、资产抵押等方面采取有效的风控措施，有效防范金融风险。针对商品房开发项目配建的保障性租赁住房，应确保保障性租赁住房部分独立公允核算，实现专款专用。

(十八) 加强项目后续跟踪管理

银行业金融机构要落实贷款支付和用途管理，切实防范信贷资金违规挪用于其他用途。要持续加强企业财务和运营状况监测评估，加强租金回款监控，切实保障信贷资金安全。

六、加强支持保障性租赁住房发展的监管引领

(十九) 拓宽资金来源

支持银行业金融机构发行金融债券，募集资金用于保障性租赁住房贷款发放。

(二十) 完善保障性租赁住房监管统计

银行业金融机构向持有保障性租赁住房项目认定书的保障性租赁住房项目发放的有关贷款，不纳入房地产贷款集中度管理。银行业金融机构在计算"房地产贷款占比"指标时，将"保障性租赁住房开发贷款""保障性租赁住房经营贷款""保障性租赁住房购买贷款"从"房地产贷款余额"中予以扣除。

(二十一) 加强风险管控

各级监管机构要加强业务指导和风险监测，建立健全保障性租赁住房金融风险监测和防控体系，定期监测辖内银行保险机构支持保障性租赁住房发展情况，做到风险早发现、早预警、早处置。

关于加强新市民金融服务工作的通知

银保监发〔2022〕4号　2022年3月4日

一、坚持市场化运作和政府引导相结合的原则

(一) 坚持市场化运作。银行保险机构要坚持以人民为中心的发展思想，针对新市民在创业、就业、住

房、教育、医疗、养老等重点领域的金融需求，按照市场化法治化原则，加强产品和服务创新，完善金融服务，高质量扩大金融供给，提升金融服务的均等性和便利度。

（二）充分发挥政府引导作用。银保监会派出机构、人民银行分支机构要加强与地方政府的沟通协调，支持配合地方政府有效发挥引导作用，结合当地实际情况出台具体政策，细化支持措施，解决"瓶颈"制约，促进银行保险机构不断提高金融服务新市民水平。

二、明确新市民范围，加强对重点区域和行业的金融支持

（三）明确新市民范围。新市民主要是指因本人创业就业、子女上学、投靠子女等原因来到城镇常住，未获得当地户籍或获得当地户籍不满三年的各类群体，包括但不限于进城务工人员、新就业大中专毕业生等，目前约有三亿人。由于新市民在各省市县区分布很不均衡，具体可结合当地实际情况和地方政府政策，明确服务新市民的范围。

（四）加强对吸纳新市民较多区域和行业的金融支持。主动与新市民较为集中的城市、城镇、创新创业基地、产业工业园区等重点区域对接，为新市民提供专业化、多元化的金融服务。聚焦制造业，建筑业，批发和零售业，交通运输、仓储和邮政业，居民服务、修理和其他服务业，信息传输、软件和信息技术服务业等行业，加大金融支持力度。

三、扩大金融产品和服务供给，促进新市民创业就业

（五）加强对新市民创业的信贷支持。支持地方优化创业担保贷款政策，将新市民纳入创业担保贷款扶持范围，落实担保、贴息等政策，简化创业担保贷款办理流程，按规定免除反担保相关要求。鼓励商业银行加强对新市民创业形态、收入特点、资金需求等因素的分析，充分运用信息技术，精准评估新市民信用状况，优化新市民创业信贷产品。鼓励商业银行按市场化原则对符合条件的小微企业通过降低贷款利率、减免服务收费、灵活设置还款期限等方式，降低新市民创业融资成本。

（六）加大对吸纳新市民就业较多小微企业的金融支持力度。推动商业银行加强小微企业"首贷户"拓展和信用贷款投放，支持吸纳较多新市民就业的小微企业和个体工商户获得信贷资金。鼓励开发银行、政策性银行健全完善与商业银行合作的转贷款业务模式，立足职能定位，加大对相关小微企业的支持力度。鼓励商业银行根据企业吸纳新市民就业情况加大金融支持力度，助力企业更好发挥就业带动作用。

（七）提高新市民创业就业的保险保障水平。对新市民较为集中的行业开展保险产品创新，加强与工伤保险政策相衔接，发展适合新市民职业特点的雇主责任险、意外险等业务，提高新市民创业就业保险保障水平。聚焦建筑工人、快递骑手、网约车司机等职业风险较为突出的新市民群体，扩大保险保障覆盖面。

四、优化住房金融服务，满足新市民安居需求

（八）助力增加保障性住房供给。鼓励银行机构在依法合规、风险可控的前提下，加大对公租房、保障性租赁住房、共有产权住房等保障性住房和城镇老旧小区改造工程的支持力度。支持商业银行在保障性住房开发建设、购买、存量盘活、装修改造、运营管理、配套市政基础设施建设等环节，依法合规提供专业化、多元化金融服务。引导信托公司发挥自身优势，依法合规支持保障性住房建设运营。鼓励发展工程质量保证保险。

（九）支持住房租赁市场健康发展。支持银行保险机构通过参与保障性租赁住房试点、助力政府部门搭建住房租赁综合服务平台等方式，推动增加长租房源供给，完善住房租赁市场供应体系。支持商业银行依法合

规为专业化、规模化的住房租赁企业提供信贷支持，降低住房租赁企业资金成本，助力缓解新市民住房压力。鼓励保险机构开展出租人责任险、承租人责任险等保险业务，支持长租市场发展。

（十）满足新市民合理购房信贷需求。支持商业银行认真贯彻国家有关政策，紧紧围绕"稳地价、稳房价、稳预期"目标，因城施策执行好差别化住房信贷政策，合理确定符合购房条件新市民首套住房按揭贷款的标准，提升借款和还款便利度。鼓励商业银行充分运用信息技术手段，多维度科学审慎评估新市民信用水平，对符合购房政策要求且具备购房能力、收入相对稳定的新市民，合理满足其购房信贷需求。

（十一）提升新市民住房公积金服务水平。鼓励商业银行加强与地方政府协作，加强住房公积金服务渠道建设，助力住房公积金管理部门丰富住房公积金手机客户端（App）、小程序个人自愿缴存功能，畅通新市民住房公积金缴存渠道。

（十二）优化新市民安居金融服务。针对新市民在进城、落户过渡阶段的差异化金融需求，为其购买家具、家电等合理提供消费信贷产品。推广家庭财产保险，增强新市民家庭抵御财产损失风险能力。

五、落实相关政策要求，助力新市民培训及子女教育

（十三）支持新市民更好获得职业技能培训。鼓励商业银行加强与政府合作，按照《"十四五"职业技能培训规划》等政策要求，优化产品和服务，探索通过地方政府补贴贷款利息等方式，依法合规对新市民职业技术教育、技能培训等提供金融支持，促进新市民提高技术技能，增强创业就业能力。

（十四）优化新市民子女教育金融服务。鼓励相关银行机构落实好国家助学贷款政策，服务家庭经济困难的新市民子女就学。鼓励保险机构积极发展学幼险、子女升学补助金保险、实习责任险、教育机构责任险等保险业务。

（十五）支持托育和学前教育发展。鼓励银行保险机构按照《中共中央 国务院关于优化生育政策促进人口长期均衡发展的决定》《国务院办公厅关于促进3岁以下婴幼儿照护服务发展的指导意见》《国务院办公厅关于促进养老托育服务健康发展的意见》等政策要求，做好对新市民聚集区域托育机构的金融服务。发展普惠性学前教育责任险和意外险业务，为新市民家庭学龄前儿童教育抚养解决后顾之忧。

六、加强与政府部门合作，提高健康保险服务水平

（十六）充分发挥商业健康保险的补充作用。鼓励保险机构加强与医保部门合作，推动商业健康保险与基本医疗保险有效衔接，开发不与户籍挂钩的普惠型商业健康保险产品，满足新市民多层次、多样化的健康保障需求，防止因病致贫返贫。

（十七）提升商业健康保险覆盖面。支持保险机构针对新市民群体中短期工、临时工较多的情况，加强保险产品创新，为新市民提供更加灵活的健康保险产品。鼓励保险机构主动对接新市民所在企业，提供灵活、实惠、便利的团体健康保险产品。加强商业健康保险品牌建设，提高新市民对商业健康保险的接受度。

（十八）助力异地就医直接结算。发挥渠道和科技优势，助力医保部门深入推进异地就医直接结算，进一步便利新市民就近就地就医。

七、丰富养老金融服务产品，加大新市民养老保障力度

（十九）合理满足养老服务机构的融资需求。加强对养老行业的支持，助力培养一批发展可持续、运营规范、市场口碑良好的养老服务机构，推动增加养老服务供给，支持新市民在常住地就地养老。

（二十）完善新市民养老保障金融服务。配合地方政府推广新市民长期护理保险，支持有条件的地区探

索异地投保和快速理赔，满足新市民差异化养老需求。

（二十一）积极参与养老保险第三支柱建设。引导理财公司研发符合长期养老需求和生命周期特点的养老理财产品，拓宽新市民养老资金来源。支持保险机构针对新市民养老需求和特点，探索开发安全性高、保障性强、投保简便、交费灵活、收益稳健的商业养老保险产品。支持商业银行研究养老储蓄产品，探索开展养老储蓄业务试点。

八、优化基础金融服务，增强新市民获得感

（二十二）提升基础金融服务的便利性和可得性。鼓励商业银行针对新市民流动性强的特点，优化账户开立、工资发放等金融服务。支持商业银行合理减免新市民个人借记卡工本费、年费、小额账户管理费、短信服务费等费用。推动银行保险机构不断完善服务设施，优化产品设计，更好满足新市民金融需求。为新市民提供更多样、更便捷的征信查询服务。

（二十三）助力保障新市民合法权益。鼓励商业银行充分发挥信息技术、数据和渠道优势，配合政府部门完善农民工工资支付监控预警平台。支持银行保险机构探索开发农民工工资银行保函等金融产品，保障农民工工资及时足额发放。依法依规落实对民办教育机构、养老机构和住房租赁企业等机构的资金监管要求，助力维护新市民合法权益。畅通消费投诉渠道，完善纠纷化解机制，维护新市民金融消费者权益。

（二十四）加强金融知识普及和宣传。推动银行保险机构根据新市民特点，在官方网站、手机客户端（App）、营业场所设立公益性金融知识普及和教育专区，宣传讲解金融知识，提高金融消费者金融素养，提升风险防范意识。开展防骗反诈、防范非法集资等宣传教育，增强新市民金融反诈能力。

九、加强组织保障，推动工作措施落地实施

（二十五）因地制宜，做好组织推动。银保监会派出机构、人民银行分支机构应结合总体工作要求，加强与政府部门对接，组织引导银行保险机构根据地方实际优化产品和服务，提升新市民金融服务水平。银行保险机构要细化工作方案，压实工作责任，完善激励约束机制，提高分支机构和工作人员服务新市民的积极性，推动相关工作尽快落地。

（二十六）加强协同，发挥政策合力。推动金融政策与财政、就业、住房、社保等新市民支持政策的有效衔接，引导银行保险机构加强与政府部门合作，在新市民社保缴存和发放、住房公积金缴存和使用、农民工工资发放、医疗保险缴存和结算等方面建立合作机制，用好普惠小微贷款支持工具以及普惠性再贷款、再贴现等政策，有效满足新市民金融需求。

（二十七）完善风险分担机制，提高金融机构积极性。支持有条件的地方政府发挥财政资金引导作用，结合实际研究建立风险补偿基金，用于新市民创业以及吸纳新市民就业的企业融资风险补偿。加强银保合作，发挥保证保险等险种为吸纳新市民就业的小微企业提供融资增信的支持作用。研究创新担保方式，鼓励政府性融资担保公司提供担保支持，加大增信力度。

（二十八）完善配套设施，推动信息共享。加强与政府部门的合作，推动建立公共信用信息同金融信息共享整合机制，加快新市民相关政务信息的开放共享，减少信息不对称，营造良好融资环境。鼓励银行保险机构在依法有效保护个人信息权益的基础上，积极探索大数据技术应用，综合运用新市民社保、税务、住房公积金等数据，优化机构内部新市民信用评价体系，提高金融服务效率。

关于做好疫情防控和经济社会发展金融服务的通知（节选）

银发〔2022〕92号　2022年4月18日

一、发挥货币政策总量和结构双重功能，加大对受疫情影响行业、企业、人群等金融支持

（一）保持流动性合理充裕。通过公开市场操作、常备借贷便利、再贷款、再贴现等多种货币政策工具，提供充足流动性，引导金融机构扩大贷款投放，增强信贷总量增长的稳定性。充分发挥贷款市场报价利率改革效能，促进企业综合融资成本稳中有降，推动金融机构向实体经济合理让利。人民银行分支机构对受到疫情实质影响的金融机构，可根据实际情况适当提高存款准备金考核的容忍度。

（二）为受疫情影响较大的行业提供差异化的金融服务。用好支农支小再贷款、再贴现政策，适时增加支农支小再贷款额度，引导地方法人金融机构加大对受疫情影响较大的住宿餐饮、批发零售、文化旅游等接触型服务业及其他有前景但受疫情影响暂遇困难行业的支持力度。

加强与商务、文化旅游、交通运输等行业主管部门的信息共享，组织开展多种形式的政银企对接活动，帮助银行提升客户获取、风险评价和管控能力，针对企业特点开发动产抵质押和信用贷款产品。

（三）加大对小微企业等受困市场主体的金融支持力度。发挥好普惠小微贷款支持工具作用，2022年1月1日至2023年6月末，按照地方法人金融机构普惠小微贷款余额增量的1%提供激励资金，鼓励金融机构稳定普惠小微贷款存量，扩大增量。将普惠小微企业信用贷款支持计划并入支农支小再贷款管理，自2022年起，原用于支持普惠小微信用贷款的4000亿元再贷款额度继续滚动使用，必要时可再进一步增加，引导金融机构提升信用贷款和首贷户比重。

金融机构要推广主动授信、随借随还贷款模式，更好满足小微企业用款需求。要细化实化内部资金转移定价、不良容忍度、尽职免责、绩效考核等要求，优化信贷资源配置，强化金融科技赋能，加快提升小微企业金融服务能力。要按市场化原则，通过提供中长期贷款、降低利率、展期或续贷支持等方式，积极支持受困企业抵御疫情影响，不得盲目限贷、抽贷、断贷。要积极主动对接征信平台有关的金融、政务、公用事业、商务等不同领域的涉企信用信息，缓解银企信息不对称，提高融资效率。

（四）提高对重点地区和受困人群的金融服务质效。金融机构要通过调整区域融资政策、内部资金转移定价、实施差异化的绩效考核办法等措施，提升受疫情影响严重地区的金融供给水平。

对因感染新冠肺炎住院治疗或隔离人员、疫情防控需要隔离观察人员以及受疫情影响暂时失去收入来源的人群，金融机构要及时优化信贷政策，区分还款能力和还款意愿，区分受疫情影响的短期还款能力和中长期还款能力，对其存续个人住房等贷款，灵活采取合理延后还款时间、延长贷款期限、延迟还本等方式调整还款计划予以支持。对出租车司机、网店店主、货车司机等灵活就业主体，金融机构可比照个体工商户和小微企业主，加大对其经营性贷款支持力度。

（五）提供便捷金融市场服务。金融市场基础设施要进一步优化发行、交易、清算、结算等服务，提供多种服务渠道，调整部分业务开展方式，强化服务保障。中国银行间市场交易商协会、银行间市场清算所股份有限公司等要利用前期已建立的"绿色通道"，对受疫情影响较大的发债企业，简化业务流程，适度放宽信息披露制式要求，加大支持力度。

（六）保障基础金融服务畅通。加强现金管理，确保现金供应和现金安全卫生。确保支付清算通畅运行，按需放开小额支付系统业务限额，延长大额支付系统、中央银行会计核算数据集中系统运行时间，加大电子支

付服务保障力度。

金融机构在必要时要采取就近网点办公、召开视频会议等方式，为企业办理审批放款等业务。要切实保障公众征信相关权益，继续落实好受疫情影响相关逾期贷款可以不作逾期记录报送的有关规定。畅通金融消费者线上咨询、投诉处理通道。

要建立财政-税务-国库-银行协同工作机制，确保资金汇划渠道畅通，保障疫情防控资金及时拨付到位。各级国库要落实好助企纾困的增值税留抵退税政策。畅通退税资金拨付、退付通道，有效保障退税资金及时、准确、安全直达市场主体，促进市场主体尽早享受到政策红利。

二、发挥金融畅通国民经济循环作用，抓好金融支持实体经济政策落地

（七）全力做好粮食安全和重要农产品产销的金融保障。用好支农再贷款、再贴现工具，适时增加再贷款额度，引导地方法人金融机构加大对涉农主体的支持力度。围绕春耕备耕、粮食流通收储加工等全产业链，制定差异化信贷支持措施。发挥政策性银行作用，及时保障中央储备粮信贷资金供给。鼓励金融机构参与粮食市场化收购，主动对接收购加工金融需求。金融机构要加大对大豆、油料等重要农产品生产、购销、加工等环节信贷投放力度，加强对种源等农业关键核心技术攻关金融保障。

（八）做好煤炭等能源供应的金融服务。优化支持煤炭清洁高效利用专项再贷款，合理满足煤炭安全生产建设、发电企业购买煤炭、煤炭储备等领域需求，保障电力、煤炭等能源稳定供应。抓实碳减排支持工具落地，加大对大型风电光伏基地及周边煤电改造升级的支持力度，在确保能源供应安全的同时，支持经济向绿色低碳转型。

（九）加大对物流航运循环畅通的金融支持力度。金融机构要主动跟进和有效满足运输企业融资需求。对承担疫情防控和应急运输任务较重的运输物流企业开辟"绿色通道"，优化信贷审批流程，提供灵活便捷金融服务。对于因疫情影响偿还贷款暂时困难的运输物流企业和货车司机，支持金融机构科学合理给予贷款展期和续贷安排。要用好用足民航应急贷款等工具，多措并举加大对航空公司和机场的信贷支持力度。

（十）强化产业链供应链核心企业金融支持。设立科技创新再贷款，对符合条件的科技创新贷款提供再贷款支持，引导金融机构加大对企业科技开发和技术改造的支持力度。建立信贷、债券融资对接机制，引导金融机构快速响应产业链核心及配套企业融资需求。规范发展供应链金融业务，发挥供应链票据等金融工具和应收账款融资服务平台作用，支持供应链企业融资。

（十一）加大对有效投资等金融支持力度。开发性、政策性银行要结合自身业务范围，加大对重点投资项目的资金支持力度。金融机构要主动对接重大项目，加大对水利、交通、管网、市政基础设施等领域惠民生、补短板项目和第五代移动通信（5G）、工业互联网、数据中心等新型基础设施建设的支持，推动新开工项目尽快开工，实现实物工作量。要合理购买地方政府债券，支持地方政府适度超前开展基础设施投资。要在风险可控、依法合规的前提下，按市场化原则保障融资平台公司合理融资需求，不得盲目抽贷、压贷或停贷，保障在建项目顺利实施。做好民间投资、政府和社会资本合作的金融支持工作。金融机构对信贷增长缓慢的省（区）新增贷款占比要稳中有升。

（十二）积极支持民营企业健康发展。坚持"两个毫不动摇"，对国有经济和民营经济在贷款、债券融资政策等金融政策上一视同仁。鼓励金融机构与民营企业构建中长期合作关系，制定民营企业年度服务目标，充分满足民营经济合理金融需求，进一步提高新发放企业贷款中民营企业贷款占比。

发挥国家融资担保基金引领作用，鼓励有条件的地方设立民营企业贷款风险补偿专项资金或信用保证基金，重点为首贷、转贷、续贷等提供增信服务。完善民营企业债券融资支持机制，鼓励金融机构加大民营企业债券投资力度。

（十三）完善住房领域金融服务。要坚持"房子是用来住的、不是用来炒的"定位，围绕"稳地价、稳房价、稳预期"目标，因城施策实施好差别化住房信贷政策，合理确定辖区内商业性个人住房贷款的最低首付款比例、最低贷款利率要求，更好满足购房者合理住房需求，促进当地房地产市场平稳健康发展。

金融机构要区分项目风险与企业集团风险，加大对优质项目的支持力度，不盲目抽贷、断贷、压贷，不搞"一刀切"，保持房地产开发贷款平稳有序投放。商业银行、金融资产管理公司等要做好重点房地产企业风险处置项目并购金融服务，稳妥有序开展并购贷款业务，加大并购债券融资支持力度，积极提供兼并收购财务顾问服务。

金融机构要在风险可控基础上，适度加大流动性贷款等支持力度，满足建筑企业合理融资需求，不盲目抽贷、断贷、压贷，保持建筑企业融资连续稳定。

（十四）引导平台企业依法合规开展普惠金融业务。在推动平台企业网络金融业务规范健康发展的基础上，发挥平台企业金融服务的积极作用。支持平台企业运用互联网技术，优化场景化线上融资产品，向平台商户和消费者提供非接触式金融服务。鼓励平台企业充分发挥获客、数据、风控和技术优势，加大对"三农"、小微领域的首贷、信用贷支持力度。引导平台企业稳步降低利息和收费水平，为受疫情影响的贷款客户提供延期还本付息服务，最大化惠企利民。督促平台企业规范开展与金融机构业务合作，赋能金融机构加快数字化转型，提升金融服务效率和覆盖面。

（十五）加强对重点消费领域和新市民群体的金融服务。设立普惠养老专项再贷款，对符合条件的普惠养老贷款提供再贷款支持，加大对普惠养老机构等的金融支持力度。引导金融机构规范发展消费信贷产品和服务，加大对医疗健康、养老托育、文化旅游、新型消费、绿色消费、县域农村消费等领域的支持力度。鼓励金融机构丰富汽车等大宗消费金融产品，满足合理消费资金需求。

金融机构要用好创业担保贷款政策，围绕新市民创业形态、收入特点、资金需求，丰富信贷产品供给，降低新市民融资成本，激发新市民创业就业活力。积极创新针对新市民消费、职业技能培训、子女教育、健康保险、养老保障、住房等领域的金融产品和服务，提升基础金融服务的均等性和便利性。

三、优化外汇和跨境人民币业务办理，促进外贸出口平稳发展（略）

四、加强党的领导，提升政策长期可持续性和政策宣传落地效果（略）

关于银行业保险业支持城市建设和治理的指导意见

银保监发〔2022〕10号　2022年5月6日

一、指导思想

以习近平新时代中国特色社会主义思想为指导，坚持以人民为中心的发展思想，围绕建设宜居、创新、智慧、绿色、人文、韧性城市要求，深化改革，锐意进取，把金融资源更高效地配置到人民城市发展的重点领域和薄弱环节，更好满足人民群众对美好生活的需求，推动建设人民满意的社会主义现代化城市。

二、基本原则

（一）服务国家战略，推动协调发展。以京津冀协同发展、长江经济带发展、粤港澳大湾区建设、长三角一体化发展、黄河流域生态保护和高质量发展等区域重大战略为引领，以西部、东北、中部、东部板块为基础，促进区域间融合互动、融通互补，助力形成统筹有力、竞争有序、绿色协调、共享共赢的区域协调发展新机制。

（二）顺应发展规律，坚持因城施策。认识、尊重、兼顾不同城市的区域特征、人口发展、资源禀赋、产业结构、功能定位、文化特色等，参考城市体检评估结果和人口变动趋势，采取差异化举措，科学选择支持重点，合理配置金融资源，以城市群、都市圈为依托，促进大中小城市和小城镇协调联动、特色化发展。

（三）坚持服务人民，促进绿色发展。把提升人民群众获得感、幸福感、安全感作为金融服务的出发点和落脚点，满足群众多样化、多层次、高品质金融需求，促进人民共享城市发展成果。推动城市发展全面向绿色生态转型，建设人与自然和谐共生的现代化城市。

（四）发挥市场作用，深化改革创新。遵循金融发展规律，充分发挥市场在金融资源配置中的决定性作用，充分发挥保险保障作用，深化银行业保险业改革创新，激发市场主体活力，促进金融与城市实体经济良性互动、共生发展。

（五）严守风险底线，确保安全高效。督促银行保险机构增强全面风险管理能力，严格做好风险评估和项目尽职调查，避免城市低水平盲目发展和重复建设，坚持"房住不炒"定位，坚决遏制地方政府隐性债务，推动银行业保险业支持城市高质量发展。

三、以人民为中心，提高群众获得感、幸福感和安全感

（一）聚焦人民物质文化需求，提高城市生活品质。鼓励银行保险机构增加对养老、托育、家政、餐饮、住宿、零售、文化、旅游、体育等领域的有效金融供给，支持公共文化设施建设、文化产品制作、历史文化街区和历史建筑保护利用等，促进中华优秀传统文化传承与发展，更好满足城市居民日益增长的物质文化需求。规范发展消费金融，顺应消费升级和线上线下消费融合趋势，依法合规满足城市居民合理融资需求。鼓励银行保险机构为农产品仓储、冷链物流及质量保障提升等提供金融服务，助力完善农产品和食品安全保障体系，支持绿色食品企业、中华老字号、优质创新品牌等食品加工和餐饮服务企业发展，更好满足城市居民健康饮食需求。探索房地产发展新模式，坚持租购并举，加快发展长租房市场，推进保障性住房建设，支持商品房市场更好满足购房者的合理住房需求。

（二）支持公共医疗卫生和养老服务，助力城市居民健康生活。鼓励银行保险机构依法依规助力完善公共卫生服务体系，提升突发疫情应急防控能力。鼓励保险机构在风险可控前提下，加强与各级政府合作，发展符合城市实际的定制型商业医疗保险业务；探索面向老年人、残疾人、罕见病和慢性病患者、有辅助生殖需求人群、有既往症人群等的保险服务，积极参与长期护理保险试点，有针对性地满足不同人群健康保障需求；探索保险行业依法依规与医疗机构、社保部门等加强数据共享，为保险产品设计和理赔提供精准数据支持。鼓励银行保险机构依法依规加强对专业化失能照护养老服务机构的融资支持和保险保障，并积极为家庭适老化改造、居家社区养老服务网络、依托基层和社区卫生服务网络开展的老年养护服务项目等养老服务体系发展提供助力。继续规范发展第三支柱养老保险，鼓励开发具备较强养老功能的金融产品，满足差异化养老需求。

（三）加强金融消费者合法权益保护，促进城市和谐发展。督促银行保险机构严格落实城市金融消费者权益保护方面的主体责任，引导银行保险机构强化消费者权益保护体制机制建设，充分披露金融产品和服务信息，持续优化消费投诉处理，积极参与金融纠纷多元化解工作。加大银行和保险产品知识教育宣传力度，提升消费者特别是学生和老年群体的金融素养和风险意识，引导其理性购买金融产品，自觉防范、远离和抵制非法

集资及金融诈骗等非法金融活动。切实解决老年人在金融领域运用智能技术的困难。持续强化行为监管，保护好金融消费者合法权益。

（四）充分发挥保险保障作用，促进城市安全发展。支持发展安全生产、食药安全、校园安全、医疗纠纷、建筑质量等与公众利益密切相关的保险业务，推动构建城市安全防护网。鼓励发展安全生产责任保险。因地制宜开展城市巨灾保险，支持保险机构在重特大自然灾害、突发公共安全事故、突发公共卫生事件等领域充分发挥保险保障作用。鼓励保险机构结合机动车辆保险、承运人责任保险、交通意外伤害保险等产品，积极为城市交通运输提供保险保障。

四、围绕绿色、智慧，提高城市建设和治理水平

（一）支持基础设施建设，助推城市功能提升。引导银行保险机构依法依规支持城市更新项目，鼓励试点先行，顺应城市发展规律，尊重人民群众意愿，以内涵集约、绿色低碳发展为路径，坚持"留改拆"并举，以保留利用提升为主，加强修缮改造，补齐城市短板，注重功能提升。鼓励银行保险机构为城镇老旧小区改造等民生工程以及现代化物流体系、便民生活圈网点、步行街改造提升、城市停车设施等提供金融支持，保障优化生产、生活、生态空间。

（二）有序推进碳达峰、碳中和工作，推动城市绿色低碳循环发展。鼓励银行保险机构加大支持城市发展的节能、清洁能源、绿色交通、绿色商场、绿色建筑、超低能耗建筑、近零能耗建筑、零碳建筑、装配式建筑以及既有建筑绿色化改造、绿色建造示范工程、废旧物资循环利用体系建设等领域，大力支持气候韧性城市建设和气候投融资试点。鼓励银行机构在依法合规、风险可控前提下，积极发展能效信贷、零售类绿色信贷资产证券化，投资绿色债券，妥善开展环境权益抵质押融资。鼓励银行保险机构积极稳妥参与碳市场建设，加强前瞻性研究和碳金融业务模式研究，防止"一刀切"和"运动式"减碳。

（三）支持生态修复，改善城市人居环境。鼓励银行保险机构结合生态环境保护和治理，开拓创新，加大对城镇污水垃圾处理、固体废弃物处理、建筑垃圾治理和资源化利用、大气污染防治、噪声污染防治、土壤污染风险管控和修复、循环经济、清洁取暖、新能源汽车和机械推广、铁路专用线建设、岸电建设、工业企业搬迁与升级改造等环保领域的支持力度。鼓励保险机构积极开展绿色保险，探索针对渐进性污染和生态环境损害方面的保险产品和服务。

（四）加快数字化转型，提高城市智慧化水平。鼓励银行保险机构合理应用人工智能、大数据、云计算、区块链等新兴技术，提升城市金融服务能力和风险管控水平，并充分发挥资金、技术、渠道、人员等方面优势，拓展线下网点和线上渠道的多元化城市服务功能。鼓励银行保险机构在业务范围内积极参与城市新型基础设施建设，依法依规加强对国土空间基础信息平台、人口基础信息资源及其他领域信息运用，在智慧规划、智慧交通、智慧能源、智慧医疗、智慧教育、智慧养老等城市治理网络体系构建中，加大与政府在数据信息等方面的合作力度，助力政府决策和精细化管理。鼓励保险机构合理运用数字化手段提升承保理赔风险管理能力，简化理赔手续，提高理赔时效，针对适合险种研发和完善智能理赔服务，加强智能网联汽车等新兴领域保险需求研究。强化与公安、交通管理等部门协同配合，进一步促进机动车辆交通事故处理和保险赔付智能化、便捷化，提升城市居民满意度。

五、服务实体经济，强化城市发展动能

（一）支持小微企业，激发城市发展活力。引导商业银行通过单列信贷计划、实施内部转移定价优惠、提高普惠金融绩效考核权重、落实不良容忍度和尽职免责规定等方式，进一步完善城市小微企业金融服务专业化机制。引导各级融资信用服务平台积极发挥作用，加大城市小微企业信用信息共享力度，实现城市小微企业

与银行保险机构精准对接。深入推进科技赋能，提升对城市小微企业的金融服务能力。

（二）支持特色产业，增强城市比较优势。鼓励银行保险机构加强支持符合城市发展实际的主导产业和特色产业，大力支持重点生态功能区、农产品主产区发展绿色产业，鼓励发展战略性新兴产业，支持前瞻布局未来产业，助力不同城市产业错位竞争、协同发展。鼓励银行保险机构结合各地实际，强化对国家级经济技术开发区、国家高新技术产业开发区，边境（跨境）经济合作区、国家自主创新示范区、国家可持续发展议程创新示范区、新型工业化产业示范基地、绿色产业示范基地、先进制造业集群等的金融支持，助力先进制造业、战略性新兴产业、地方特色优势产业集群发展。鼓励银行机构优化制造业贷款结构，重点支持先进制造业、高端装备制造业等。规范发展供应链金融，支持产业链、供应链安全畅通。

（三）支持城乡融合，提升新市民服务质效。鼓励银行保险机构加强对吸纳新市民较多区域和行业的支持，扩大金融产品和服务供给，促进新市民创业就业，助力新市民培训及子女教育。鼓励保险机构加快开发适合新产业、新业态从业人员以及从事家政、外卖、运输等各种灵活就业人员的补充医疗、养老保险产品和各类意外伤害保险产品，提升农业转移人口保障覆盖水平，持续促进农业转移人口市民化。鼓励银行保险机构在风险可控、商业可持续前提下支持县城建设补短板、强弱项，推进城乡公共服务设施、环境基础设施、市政公用设施、便民生活圈设施、产业配套设施、县城商业网点设施建设，以国家城乡融合发展试验区为重点，支持城市基础设施向乡村延伸，推动城乡水电路气热、污水垃圾处理、客运服务、物流配送一体化发展，促进城乡教育、医疗、养老等公共服务普惠共享。

（四）支持科技创新，增强城市发展动力。鼓励银行保险机构协同政府部门、创投机构、科研院校等，大力发展科技金融，为实现重大技术突破和成果转化提供金融支撑。鼓励银行机构在依法合规、风险可控前提下加强与外部投资机构合作，积极探索多样化科技金融服务模式。支持符合条件的保险机构参与首台（套）重大技术装备保险、新材料首批次应用保险补偿机制试点，探索发展首版次软件保险，积极发展知识产权相关保险产品。支持保险资金、符合条件的保险资产管理产品依法依规投资面向科技企业的创业投资基金、股权投资基金。

六、强化协同合作，有效推动工作开展

（一）加强监管指导。统筹安全和发展，结合城市特征，因城施策，围绕重点领域和薄弱环节，有针对性、有侧重地推动开展各项工作。引导银行保险机构根据比较优势和经营战略，找准自身定位，加大产品和服务创新力度，形成错位竞争、优势互补的金融服务体系，为城市高质量发展提供有效支撑。

（二）严守风险底线。督促银行保险机构持续加强风险管理，坚持审慎合规经营，按照风险可控、商业可持续原则，支持与当地经济发展水平相适应、经过科学规划论证的项目。坚决遏制新增地方政府隐性债务，严禁银行保险机构配合地方政府通过新增隐性债务上新项目、铺新摊子。坚持"房住不炒"定位，稳地价、稳房价、稳预期，因城施策促进房地产业良性循环和健康发展。引导银行保险机构及时跟踪掌握支持城市建设和治理的有关举措，密切关注相关业务发展及风险，适时调整完善工作措施。对银行保险机构经营中的不审慎和违法违规行为，及时采取有力监管措施。

（三）加大合作交流力度。按照政府引导、规划先行、共建共享、服务人民的整体思路，配合各级政府和有关部门采用多种形式促进多方信息共享，畅通供需双方对接。支持地方政府加强社会信用体系建设和信用信息共享开放，依法依规对失信行为实施惩戒，为银行业保险业支持城市高质量发展创造良好环境。联动银行业保险业自律组织及时解读相关举措要求，积极推动行业交流，加强典型经验互鉴。

关于调整差别化住房信贷政策有关问题的通知

银发〔2022〕115号　2022年5月15日

一、对于贷款购买普通自住房的居民家庭，首套住房商业性个人住房贷款利率下限调整为不低于相应期限贷款市场报价利率减20个基点，二套住房商业性个人住房贷款利率政策下限按现行规定执行。

二、在全国统一的贷款利率下限基础上，人民银行、银保监会各派出机构按照"因城施策"的原则，指导各省级市场利率定价自律机制，根据辖区内各城市房地产市场形势变化及城市政府调控要求，自主确定辖区内各城市首套和二套住房商业性个人住房贷款利率加点下限。

关于阶段性调整差别化住房信贷政策的通知

2022年9月29日

一、对于2022年6—8月份新建商品住宅销售价格环比、同比均连续下降的城市，在2022年底前，阶段性放宽首套住房商业性个人住房贷款利率下限。二套住房商业性个人住房贷款利率政策下限按现行规定执行。

二、按照"因城施策"原则，符合上述条件的城市政府可根据当地房地产市场形势变化及调控要求，自主决定阶段性维持、下调或取消当地首套住房商业性个人住房贷款利率下限，人民银行、银保监会派出机构指导省级市场利率定价自律机制配合实施。

中国人民银行决定下调首套个人住房公积金贷款利率

2022年9月30日

中国人民银行决定，自2022年10月1日起，下调首套个人住房公积金贷款利率0.15个百分点，5年以下（含5年）和5年以上利率分别调整为2.6%和3.1%。第二套个人住房公积金贷款利率政策保持不变，即5年以下（含5年）和5年以上利率分别不低于3.025%和3.575%。

关于做好当前金融支持房地产市场平稳健康发展工作的通知

银发〔2022〕254号　2022年11月11日

一、保持房地产融资平稳有序

（一）稳定房地产开发贷款投放。坚持"两个毫不动摇"，对国有、民营等各类房地产企业一视同仁。鼓励金融机构重点支持治理完善、聚焦主业、资质良好的房地产企业稳健发展。金融机构要合理区分项目子公司风险与集团控股公司风险，在保证债权安全、资金封闭运作的前提下，按照市场化原则满足房地产项目合理融资需求。支持项目主办行和银团贷款模式，强化贷款审批、发放、收回全流程管理，切实保障资金安全。

（二）支持个人住房贷款合理需求。支持各地在全国政策基础上，因城施策实施好差别化住房信贷政策，合理确定当地个人住房贷款首付比例和贷款利率政策下限，支持刚性和改善性住房需求。鼓励金融机构结合自身经营情况、客户风险状况和信贷条件等，在城市政策下限基础上，合理确定个人住房贷款具体首付比例和利率水平。支持金融机构优化新市民住房金融服务，合理确定符合购房条件新市民首套住房个人住房贷款的标准，多维度科学审慎评估新市民信用水平，提升借款和还款便利度。

（三）稳定建筑企业信贷投放。鼓励金融机构在风险可控、商业可持续基础上，优化建筑企业信贷服务，提供必要的贷款支持，保持建筑企业融资连续稳定。

（四）支持开发贷款、信托贷款等存量融资合理展期。对于房地产企业开发贷款、信托贷款等存量融资，在保证债权安全的前提下，鼓励金融机构与房地产企业基于商业性原则自主协商，积极通过存量贷款展期、调整还款安排等方式予以支持，促进项目完工交付。自本通知印发之日起，未来半年内到期的，可以允许超出原规定多展期1年，可不调整贷款分类，报送征信系统的贷款分类与之保持一致。

（五）保持债券融资基本稳定。支持优质房地产企业发行债券融资。推动专业信用增进机构为财务总体健康、面临短期困难的房地产企业债券发行提供增信支持。鼓励债券发行人与持有人提前沟通，做好债券兑付资金安排。按期兑付确有困难的，通过协商做出合理展期、置换等安排，主动化解风险。支持债券发行人在境内外市场回购债券。

（六）保持信托等资管产品融资稳定。鼓励信托等资管产品支持房地产合理融资需求。鼓励信托公司等金融机构加快业务转型，在严格落实资管产品监管要求、做好风险防控的基础上，按市场化、法治化原则支持房地产企业和项目的合理融资需求，依法合规为房地产企业项目并购、商业养老地产、租赁住房建设等提供金融支持。

二、积极做好"保交楼"金融服务

（七）支持开发性政策性银行提供"保交楼"专项借款。支持国家开发银行、农业发展银行按照有关政策安排和要求，依法合规、高效有序地向经复核备案的借款主体发放"保交楼"专项借款，封闭运行、专款专用，专项用于支持已售逾期难交付住宅项目加快建设交付。

（八）鼓励金融机构提供配套融资支持。在专项借款支持项目明确债权债务安排、专项借款和新增配套融资司法保障后，鼓励金融机构特别是项目个人住房贷款的主融资商业银行或其牵头组建的银团，按照市场化、法治化原则，为专项借款支持项目提供新增配套融资支持，推动化解未交楼个人住房贷款风险。

对于剩余货值的销售回款可同时覆盖专项借款和新增配套融资的项目，以及剩余货值的销售回款不能同时覆盖专项借款和新增配套融资，但已明确新增配套融资和专项借款配套机制安排并落实还款来源的项目，鼓励金融机构在商业自愿前提下积极提供新增配套融资支持。

新增配套融资的承贷主体应与专项借款支持项目的实施主体保持一致，项目存量资产负债应经地方政府组织有资质机构进行审计评估确认并已制定"一楼一策"实施方案。商业银行可在房地产开发贷款项下新设"专项借款配套融资"子科目用于统计和管理。配套融资原则上不应超过对应专项借款的期限，最长不超过3年。项目销售回款应当划入在主融资商业银行或其他商业银行开立的项目专用账户，项目专用账户由提供新增配套融资的商业银行参与共同管理。明确按照"后进先出"原则，项目剩余货值的销售回款要优先偿还新增配套融资和专项借款。

对于商业银行按照本通知要求，自本通知印发之日起半年内，向专项借款支持项目发放的配套融资，在贷款期限内不下调风险分类；对债务新老划断后的承贷主体按照合格借款主体管理。对于新发放的配套融资形成不良的，相关机构和人员已尽职的，可予免责。

三、积极配合做好受困房地产企业风险处置

（九）做好房地产项目并购金融支持。鼓励商业银行稳妥有序开展房地产项目并购贷款业务，重点支持优质房地产企业兼并收购受困房地产企业项目。鼓励金融资产管理公司、地方资产管理公司（以下统称资产管理公司）发挥在不良资产处置、风险管理等方面的经验和能力，与地方政府、商业银行、房地产企业等共同协商风险化解模式，推动加快资产处置。鼓励资产管理公司与律师事务所、会计师事务所等第三方机构开展合作，提高资产处置效率。支持符合条件的商业银行、金融资产管理公司发行房地产项目并购主题金融债券。

（十）积极探索市场化支持方式。对于部分已进入司法重整的项目，金融机构可按自主决策、自担风险、自负盈亏原则，一企一策协助推进项目复工交付。鼓励资产管理公司通过担任破产管理人、重整投资人等方式参与项目处置。支持有条件的金融机构稳妥探索通过设立基金等方式，依法依规市场化化解受困房地产企业风险，支持项目完工交付。

四、依法保障住房金融消费者合法权益

（十一）鼓励依法自主协商延期还本付息。对于因疫情住院治疗或隔离，或因疫情停业失业而失去收入来源的个人，以及因购房合同发生改变或解除的个人住房贷款，金融机构可按市场化、法治化原则与购房人自主开展协商，进行延期展期等调整，相关方都要依法依规、信守合同、践行承诺。在此过程中，金融机构要做好客户服务工作，加强沟通，依法保障金融消费者合法权益，同时按相关规定做好资产分类。对于恶意逃废金融债务的行为，依法依规予以处理，维护良好市场秩序。

（十二）切实保护延期贷款的个人征信权益。个人住房贷款已调整还款安排的，金融机构按新的还款安排报送信用记录；经人民法院判决、裁定认定应予调整的，金融机构根据人民法院生效判决、裁定等调整信用记录报送，已报送的予以调整。金融机构应妥善处置相关征信异议，依法保护信息主体征信权益。

五、阶段性调整部分金融管理政策

（十三）延长房地产贷款集中度管理政策过渡期安排。对于受疫情等客观原因影响不能如期满足房地产贷款集中度管理要求的银行业金融机构，人民银行、银保监会或人民银行分支机构、银保监会派出机构根据房地产贷款集中度管理有关规定，基于实际情况并经客观评估，合理延长其过渡期。

（十四）阶段性优化房地产项目并购融资政策。相关金融机构要用好人民银行、银保监会已出台的适用于主要商业银行、全国性金融资产管理公司的阶段性房地产金融管理政策，加快推动房地产风险市场化出清。

六、加大住房租赁金融支持力度

（十五）优化住房租赁信贷服务。引导金融机构重点加大对独立法人运营、业务边界清晰、具备房地产专业投资和管理能力的自持物业型住房租赁企业的信贷支持，合理设计贷款期限、利率和还款方式，积极满足企业中长期资金需求。鼓励金融机构按照市场化、法治化原则，为各类主体收购、改建房地产项目用于住房租赁提供资金支持。商业银行向持有保障性住房租赁项目认定书的保障性租赁住房项目发放的有关贷款，不纳入房地产贷款集中度管理。商业地产改造为保障性租赁住房，取得保障性租赁住房认定书后，银行发放贷款期限、利率适用保障性租赁贷款相关政策。

（十六）拓宽住房租赁市场多元化融资渠道。支持住房租赁企业发行信用债券和担保债券等直接融资产

品，专项用于租赁住房建设和经营。鼓励商业银行发行支持住房租赁金融债券，筹集资金用于增加住房租赁开发建设贷款和经营性贷款投放。稳步推进房地产投资信托基金（REITs）试点。

关于商业银行出具保函置换预售监管资金有关工作的通知

银保监办发〔2022〕104号 2022年11月12日

一、允许商业银行按市场化、法治化原则，在充分评估房地产企业信用风险、财务状况、声誉风险等的基础上进行自主决策，与优质房地产企业开展保函置换预售监管资金业务。

二、保函仅可用于置换依法合规设立的预售资金监管账户的监管额度内资金。房地产企业要按照《关于规范商品房预售资金监管的意见》（建房〔2022〕16号）规定开设预售资金监管账户，购房人缴纳的定金和首付款、商业银行发放的按揭贷款以及其他形式的购房款等商品房预售资金，应当全部直接存入监管账户。监管账户内资金达到住房和城乡建设部门规定的监管额度后，房地产企业可向商业银行申请出具保函置换监管额度内资金，保函置换金额不得超过监管账户中确保项目竣工交付所需的资金额度的30%，置换后的监管资金不得低于监管账户中确保项目竣工交付所需的资金额度的70%。

三、监管额度内资金拨付使用时，预售资金监管账户开立行（以下简称监管账户行）应在3个工作日内将相关信息通知出具保函的银行，出函银行要督促房地产企业向监管账户内补足差额资金（拨付资金×保函置换预售监管资金的比例），保函金额相应下调，确保监管账户内资金始终不低于项目竣工交付所需的资金额度的70%。如房地产企业未向监管账户内补足差额资金，保函金额不得调整。

四、商业银行要合理确定保函期限，确保与项目建设周期相匹配。项目竣工交付或商品房项目完成房屋所有权首次登记预售资金协议解除后，保函相应失效。

五、监管评级4级及以下或资产规模低于5000亿元的商业银行不得开展保函置换预售监管资金业务。商业银行不得向作为本银行主要股东、控股股东或关联方的房地产企业出具保函置换预售监管资金。企业集团财务公司等非银行金融机构不得出具保函置换预售监管资金。

六、商业银行在出具保函置换预售监管资金时，要参照开发贷款授信标准，充分评估房地产企业信用风险、财务状况、声誉风险、项目销售前景和剩余货值等，与经营稳健、财务状况良好的优质房地产企业开展保函置换预售监管资金业务。对债权债务关系复杂、涉案涉诉纠纷较多、对外担保额度过大、施工进度明显低于预期的项目，应审慎出具保函。对于项目主体与总承包方存在关联关系的，要充分评估项目风险。保函额度全额计入对房地产企业及其所属集团的统一授信额度。

七、商业银行要通过保证金、房地产企业反担保以及其他增信措施，防范保函业务风险，按要求计提风险资本，提取风险准备。

八、房地产企业提供商业银行出具的保函，向住房和城乡建设部门请求释放预售资金监管账户相应额度资金的，监管账户行应配合住房和城乡建设部门做好必要的审核工作。住房和城乡建设部门研究同意后向监管账户行发出拨付指令。监管账户行根据住房和城乡建设部门拨付指令做好资金拨付，并等额减少账户管理额度。

九、在保函有效期内，如监管账户内剩余资金不足以支付项目工程款，出函银行应立即履约垫付，在保函额度内支付扣除账户内剩余资金后的差额部分。一旦出现垫付，出函银行要及时向房地产企业采取追索措施，保全债权安全。垫付资金应足额计提拨备、真实分类，不得隐藏风险。

十、各地不得强制商业银行出具保函，不得将出具保函与当地预售资金监管资格挂钩。住房和城乡建设部门、金融管理部门应为商业银行开展保函置换预售监管资金业务提供必要支持。

十一、房地产企业要按规定使用保函置换的预售监管资金，优先用于项目工程建设、偿还项目到期债务等，不得用于购置土地、新增其他投资、偿还股东借款等。房地产企业要按约定承担监管账户内的资金补足义务，确保项目建设资金充足。

十二、各地要加强房地产企业管理，对房地产企业违规使用资金的行为进行严肃查处。监管账户行、出函银行发现房地产企业违规使用资金，或在预售资金拨付后未及时补足差额资金，应及时报告有关部门。住房和城乡建设部门、金融管理部门可采取联合约谈、行政处罚等措施，督促房地产企业纠正违规行为。

八、中华人民共和国最高人民法院

关于规范人民法院保全执行措施确保商品房预售资金用于项目建设的通知

法〔2022〕12号　2022年1月11日

一、商品房预售资金监管是商品房预售制度的重要内容，是保障房地产项目建设、维护购房者权益的重要举措。人民法院冻结预售资金监管账户的，应当及时通知当地住房和城乡建设主管部门。

人民法院对预售资金监管账户采取保全、执行措施时要强化善意文明执行理念，坚持比例原则，切实避免因人民法院保全、执行预售资金监管账户内的款项导致施工单位工程进度款无法拨付到位，商品房项目建设停止，影响项目竣工交付，损害广大购房人合法权益。

除当事人申请执行因建设该商品房项目而产生的工程建设进度款、材料款、设备款等债权案件之外，在商品房项目完成房屋所有权首次登记前，对于预售资金监管账户中监管额度内的款项，人民法院不得采取扣划措施。

二、商品房预售资金监管账户被人民法院冻结后，房地产开发企业、商品房建设工程款债权人、材料款债权人、租赁设备款债权人等请求以预售资金监管账户资金支付工程建设进度款、材料款、设备款等项目建设所需资金，或者购房人因购房合同解除申请退还购房款，经项目所在地住房和城乡建设主管部门审核同意的，商业银行应当及时支付，并将付款情况及时向人民法院报告。

住房和城乡建设主管部门应当依法妥善处理房地产开发企业等主体的资金使用申请，未尽监督审查义务违规批准用款申请，导致资金挪作他用，损害保全申请人或者执行申请人权利的，依法承担相应责任。

三、开设监管账户的商业银行接到人民法院冻结预售资金监管账户指令时，应当立即办理冻结手续。

商业银行对于不符合资金使用要求和审批手续的资金使用申请，不予办理支付、转账手续。商业银行违反法律规定或合同约定支付、转账的，依法承担相应责任。

四、房地产开发企业提供商业银行等金融机构出具的保函，请求释放预售资金监管账户相应额度资金的，住房和城乡建设主管部门可以予以准许。

预售资金监管账户被人民法院冻结，房地产开发企业直接向人民法院申请解除冻结并提供担保的，人民法院应当根据《中华人民共和国民事诉讼法》第一百零四条、《最高人民法院关于适用〈中华人民共和国民事诉讼法〉的解释》第一百六十七条的规定审查处理。

五、人民法院工作人员在预售资金监管账户的保全、执行过程中，存在枉法裁判执行、违法查封随意解封、利用刑事手段插手民事经济纠纷等违法违纪问题的，要严肃予以查处。

住房和城乡建设主管部门、商业银行等相关单位工作人员在预售资金监管账户款项监管、划拨过程中，滥用职权、玩忽职守、徇私舞弊的，依法追究法律责任。

九、中华人民共和国科学技术部

关于印发《"十四五"城镇化与城市发展科技创新专项规划》的通知

国科发社〔2022〕320号　2022年11月18日

"十四五"城镇化与城市发展科技创新专项规划

一、形势与需求

（一）我国城镇化与城市发展科技创新现状。

党的十八大以来，我国在城镇区域规划、绿色建筑、城市基础设施和生命线工程、城市功能提升、生态居住环境改善、城市信息化管理、城市文化遗产保护与价值挖掘等方面的科技创新取得了长足进展。超高层建筑、大跨度空间结构、跨江跨海超长桥隧等特种结构工程建造技术居于世界领先水平，建筑节能技术达到世界先进水平，新型建筑结构突破技术瓶颈，工程设计实现自主研发。但是与世界领先水平相比，我国城镇化领域大部分技术仍处在跟跑或并跑阶段，城镇基础设施建设相关材料、装备及工程专业软件等领域的应用基础研究仍然不足。同时，城市信息化水平尚不能满足现代化治理的需求，实现城乡建设领域碳减排目标还需要更多绿色低碳技术支撑。

（二）国际城镇化与城市发展科技创新发展趋势。

近10年来，以城市群和都市圈为代表的巨型城市区域成为国际研究热点，在巨型城市区域落实《巴黎气候协定》《生物多样性公约》等逐渐成为焦点，包括基于自然的规划措施、资源优化配置和动态调整、完善公共交通和城市基础设施等。一些城镇化率较高的国家在城镇化与城市发展领域科技部署时，更加关注绿色建筑、低碳城区、适老化社会建设和既有城区建筑改造升级，更加注重信息技术在国土空间优化和城市（群）建设规划、城市基础设施运维、城市功能和空间效率提升等方面的研究和应用。

（三）我国城镇化与城市发展科技创新战略需求。

"十四五"期间，我国城市发展将从经济主导更多转向生产生活生态多元导向，城市建设方式将由增量扩张转向存量挖潜，城市生产生活方式将加快绿色低碳转型。城镇化与城市发展科技创新要紧密结合我国城镇化进程需求，以满足人民日益增长的美好生活需要为根本目的，提高城镇规划建设科学化水平与城市运行智慧化水平，引领住房城乡建设低碳转型，促进城镇可持续发展，全面支撑建设宜居、创新、智慧、绿色、人文、韧性城市。

二、指导思想和基本原则

（一）指导思想。

坚持以习近平新时代中国特色社会主义思想为指导，深入贯彻党的二十大精神，完整、准确、全面贯彻新发展理念，坚持创新驱动发展，推动高质量发展，面向世界科技前沿、面向经济主战场、面向国家重大需求、面向人民生命健康，以体系设计为总领、以目标导向为主线、以技术突破为重点、以场景应用为驱动，进一步整合科技资源、加强统筹协调，着力提升城镇化与城市发展领域的科技支撑能力，破解城镇化发展难题，构建中国特色新型城镇化范式，开创城镇化与城市发展领域科技创新工作新局面。

（二）基本原则。

坚持以人民为中心。以保障民生、增进人民福祉为出发点，解决城镇化进程中人民群众最关心、最直接、最迫切的问题，不断满足人民群众对城市和建筑舒适性、健康性、功能性需求，提升建筑宜居水平，丰富城市文化内涵。

坚持绿色低碳可持续发展。面向碳达峰碳中和目标，狠抓城镇化领域绿色低碳技术攻关，全方位全过程推行绿色规划、绿色建造、绿色运维、绿色消纳，有效降低能源消耗与温室气体排放。

坚持系统思维与创新引领。围绕城市建设全生命周期，统筹规划、设计、建设和运维各环节创新主体，推动政产学研用深度融合，加强关键核心技术与装备研发攻关，加快新技术在城镇化领域的典型场景应用，以科技创新驱动城镇可持续发展。

三、发展目标

到2025年，城镇化与城市发展领域科技创新体系更趋完善，基础理论水平与创新能力显著提高，为新型城镇化提供更高质量的技术解决方案，有力支撑城镇低碳可持续发展，推动城市建设与文化旅游等相关产业发展壮大，科技成果更多更好地惠及民生。

应用基础研究水平显著提升。构建国际领先、中国特色的国土空间、城市（群）建设规划理论和方法。在建筑结构体系与工程建造材料应用基础研究方向取得新突破，形成以健康、低碳和高品质为目标的数字设计、建造和运维的新方法和新工具。

关键核心技术装备研发能力显著增强。在城市更新、建筑低碳节能、韧性城市和全龄友好城市建设、智能建造软硬件平台、文旅资源保护利用等方面突破一批关键技术装备。实现建筑与基础设施功能提升、智能建造和智慧运维、公共文旅服务等领域关键核心技术的国际并跑与局部领跑。

领域创新能力体系建设取得新进展。培养一批城镇化领域高端人才和创新团队，推动建设一批国家级科技创新基地和产业技术创新战略联盟，培育一批城镇化领域科技创新骨干企业，进一步优化政产学研用深度融合的创新体系。

科技创新示范引领作用加快凸显。在国家可持续发展议程创新示范区、雄安新区以及京津冀、长三角、粤港澳大湾区、成渝地区等重点区域，完成一批城市生态修复与功能完善、城乡历史文化遗产保护、城镇老旧小区改造创新示范工程，建设一批高品质绿色健康建筑和低碳宜居示范城市。

四、重点任务

（一）加强城市发展规律与城镇空间布局研究。

深入推进以人民为中心的城镇化发展战略，加强城市发展规律与城市体系布局研究，提升规划调控能力，支撑服务国家城市与城市群战略性布局。推进以县城为重要载体的新型城镇化，推动城乡建设高质量发展，构建具有中国特色的城镇空间优化开发、城市（群）及都市圈建设规划设计、城市体检评估等新型城镇化创新理论方法、关键技术体系与应用示范平台。

> **专栏 1　城市发展规律与城镇空间布局**
>
> 　　1. 城市群和区域可持续发展指标与智能监测技术。研究基于生态本底网络结构的城市群和区域绿色发展的方法论；研究城市群和区域可持续发展的指标与评价体系；研究基于碳中和目标的低碳城市综合评价方法、碳排放核算技术和全生命周期碳代谢模拟技术；研发城市群和区域建成区的实时监测与感知技术；研发基于生态优先的城市群人-地-产耦合评估技术；研究城镇复杂场景的多模态融合感知与场景智能认知技术；开展京津冀、长三角、粤港澳大湾区的试点工作。
>
> 　　2. 城市体检评估技术。研究城市体检评估方法、标准与指标体系；研究面向常态化监测的城市体检体制与机制；研究城市体检多源数据的自动化采集、综合分析处理及标准化诊断技术；依托城市信息模型基础平台，搭建国家-省-市联动的仿真、模拟与智能决策的城市体检信息平台与数据库。
>
> 　　3. 数字化规划设计。研究基于多维空间传输的城市空间数字规划设计方法；研发具有自主知识产权的图形引擎技术；研发城市设计方案智能生成与仿真技术；研究人的环境行为演变及多尺度空间演变模式识别技术，建立中国超大城市中人的环境行为演变模式识别成果库；研究基于实景三维的多尺度时空地理信息数据生产、建模、管理及服务技术，搭建国家-省-市多层级分布式时空地理信息数据库与平台。

（二）加强城市更新与品质提升系统技术研究。

面向城市大规模增量建设转为存量提质改造和增量结构调整并重发展的阶段，针对我国城市功能宜居、绿色低碳、智慧人文的发展需求，以城市全生命周期管理和市政设施运维安全高效、智慧智能、集约节约为目标进行关键核心技术研究，全面提升城市品质，提高以人为核心的城市建设水平，支撑完整社区、城镇老旧街区（小区）改造、历史文化街区更新保护、既有建筑和工业园区再利用、地下空间高效利用等新时期城市更新工作，开展规模化工程示范。

> **专栏 2　城市更新与品质提升**
>
> 　　1. 既有建筑和市政基础设施诊治更新。研究既有工业厂区、历史文化街区、城区人文保护、改造与功能提升技术；研究既有建筑、社区一体化绿色改造、健康改造、适老改造、消防安全改造、垃圾分类投放设施等宜居改造与性能提升技术与装备；研发建筑与基础设施的智能检测、监测技术与装备；研发建筑与基础设施全生命周期性态演变评估与控制技术；研发建筑与基础设施高效修复、加固技术与装备。
>
> 　　2. 地下空间开发与地上空间高效利用。研究地下空间高效开发利用规划、建设和运维基础理论；研究地下空间资源开发适宜性评价与三维规划管控原理；研发地上地下环境约束下的地下空间容积率控制原理、调查规划方法与高效利用技术；研究地下空间防灾规划技术；研发地下空间开发建造技术与设备，包括地下大空间开发装备、深层地下空间开发技术与装备、受限空间增容开发技术与装备、地下空间开发可持续发展技术、智能化地下空间开发及工程建造技术。
>
> 　　3. 全龄友好城市、活力街区和完整社区。研究城区各类建设场景的智慧建造技术，城市无障碍环境建设技术体系，城市噪声控制与城市热岛效应优化技术，智慧停车管理与慢行交通系统建造技术，基于公共交通导向（TOD）的多功能综合体建造技术，全龄友好型城市公共设施、公共环境、居家环境、信息环境评价与建造技术体系，社区居家养老服务技术体系、普惠托育与适婴适童主动健康服务设施建设技术体系，多场景、多业态全龄社区服务设施建设技术。

（三）加强智能建造和智慧运维核心技术装备研发。

面向存量巨大的建筑与基础设施高效运维及街道社区精细化运维等城镇社会可持续发展的公共服务需求，

以数字化、智能化技术为基础，开展智能建造与智慧运维基础共性技术和关键核心技术研发与转化应用，促进建筑业与信息产业等业态融合，显著提高建筑工业化、数字化、智能化水平，推进市政公用设施的物联网应用和智能化改造，提升建筑与市政公用设施系统协同管控能力、保障设施供给安全，提升城市运维效率。

> **专栏3　智能建造与智慧运维**
>
> 1. 工业化建造与智能建造软件装备。研究非线性几何特征建模与BIM图形引擎，建立具有自主知识产权的BIM三维图形平台并发展相应软件生态；研发部品部件智能生产线；开发面向典型工程、极端工程建造场景的嵌入式智能融合感知终端；研究大型工地施工现场全要素感知自适应组网技术与多模态异构数据的智能融合技术；研究基于工程供应链、产业链和价值链的建筑产业互联网关键技术；研发智能化工程机械、建筑机器人装备以及人机协同作业系统；研究贯通数字设计、智能生产、智能施工等全产业链的技术标准体系。
>
> 2. 高性能土木工程材料与结构体系。研究可持续及环境友好型先进土木工程材料，包括先进水泥基材料、金属材料、复合材料、智能材料、可再生与低碳排放材料等；构建基于材料结构一体化的适应复杂需求和严苛环境的新型结构体系；研发基于工业化建造的城市桥梁新体系及其安全运营和韧性提升关键技术；研发适应工业化与智能建造的新型建筑结构体系与关键技术。
>
> 3. 智慧运维。研究公共服务数据治理与数字孪生技术；研究基于三维空间单元的城市信息模型（CIM）理论和平台构建关键技术与应用；研究城镇智能体理论、数据与运行安全等技术标准体系；研究建筑、大型交通枢纽与市政公用设施智慧运维关键技术装备，研究城市数据大脑及数字孪生城市建设理论与技术，构建全场景智能监测预警和智慧综合运维服务平台；研发城市道路系统协同运行平台；研究融合智慧社区与智慧家庭构建方法和技术体系，开展智慧城镇综合示范。

（四）加强绿色健康韧性建筑与基础设施研究。

为推进绿色建筑与基础设施建设，提升人居环境，提高居民满意度和获得感，通过整合信息化、新能源和新材料技术，在基础理论和设计方法、工程技术标准、新型绿色建材、围护结构系统和部品、高效机电设备、高性能绿色建筑、健康社区与健康建筑、韧性城市等方面实现全链条技术产品创新并进行集成示范。

> **专栏4　绿色建筑与基础设施**
>
> 1. 高性能绿色建筑。研究基于人工智能与人因工程学的绿色建筑设计新理论新方法，研究多主体、全专业、高效能的绿色建筑设计建造全过程协同平台，编制高质量发展背景下新一代绿色建筑工程技术标准体系；研发性能可调建材与多功能复合、结构功能一体化的新型智能围护结构产品，开发高效能机电设备与系统；研发低增量成本、高性能绿色建筑和超低能耗建筑、近零/零能耗绿色建筑关键技术体系。
>
> 2. 健康社区与健康建筑。研究空气、声音等环境要素对人健康的定量影响（包括增强性影响）与相关机理，建立包括多尺度室内外环境参数等在内的数据收集平台；开发社区-建筑室内外环境健康保障和优化提升关键技术，非视觉健康照明和健康睡眠保障技术，健康建筑与健康社区规划设计和性能保障技术体系；研究未来社区规划设计和功能体系，开展健康社区和健康建筑技术集成和示范。
>
> 3. 韧性城市。研究面向不同类型灾害风险的韧性城市理论及设计、分类评价技术，城市综合防灾规划理论，韧性城市区域致灾动态模型与多灾害韧性动态评估技术，城市生态空间韧性功能提升技术，建筑抗震、抗风、防火抗爆韧性系统提升技术及韧性结构新体系，城市应急广播技术体系、城市综合风险评估技术体系，城市应急避难场所、防洪排涝等基础设施建设、评价和运维技术，城市群、都市圈空间韧性功能协同提升技术。

（五）加强城镇发展低碳转型系统研究。

以建筑领域积极落实碳达峰碳中和目标为导向，面向城镇能源系统发展目标，从单纯追求能源消费侧的节能减量转变为以低碳发展为导向的能源消费侧革命，积极开展城镇低碳发展表征评价方法与监测系统、城市低碳能源系统、光储直柔新型配电系统、市政基础设施低碳减排与提质增效、城市生态修复与功能完善、零碳建筑、绿色消纳等关键技术与装备研究，推进零碳零排放城市示范。

专栏 5　城镇低碳支撑系统

1. 城镇新型低碳清洁能源系统。研发热水联供、热电协同、烟气余热利用与减排一体化、大温差跨季节水热联储等系列技术；研究光储直柔新型供配电系统基础理论、安全保护方法及相关标准，研发新型光伏一体化技术体系，直流供配电关键设备与技术；开展北方城镇地区低品位余热清洁供暖工程示范，以及源网荷储用协同的区域能源系统试点示范。

2. 市政基础设施低碳减排与提质增效。研究供排水设施低碳排放与提质增效协同优化技术，污水收集处理过程温室气体控制与碳捕集技术，生态型水体全要素全生命周期低碳建设与运维技术，降雨径流污染低碳净化技术，可再生能源为核心的多能互补燃气供应、能源梯级利用和运行优化技术，生活垃圾处理设施低碳排放技术与装备，城市园林绿化碳汇增效技术。

3. 生态修复与功能完善。研究城市生态修复与生境重建相关的城市生态基础设施建设关键技术，基于遥感技术的城市河湖岸线生态系统恢复及调控技术，城市水循环体系智慧管控技术，城镇近自然生态环境营建与运维技术，公园城市背景下都市空间绿化关键技术，研究城市光热环境耦合调控治理技术、竖向城市构建与宜居环境营造技术。

4. 绿色消纳。研究建筑与基础设施低环境影响拆解技术，建（构）筑物三维形态及拆解受力特征的快速测绘分析技术，自动化、智能化建（构）筑物拆解专用装备，适用于城市复杂环境的拆解专用器具与防护作业工具，拆解过程有害效应的生成传播机制与精细控制技术，各类工业建（构）筑物高效拆解技术，拆除垃圾与城市垃圾低碳处理可再生综合利用技术。

（六）加强文物科技创新与城市历史文化遗产保护研究。

面向包括历史文化名城名镇名村街区、文物史迹、古建筑、古遗址等在内的文化遗产保护和传承利用的重大需求，加强文物保护与认知基础研究和共性关键技术攻关，创新文物知识挖掘和展示传播技术，构建中国特色、中国风格、中国气派的考古学，建立完善文化遗产全周期保护修复和风险预控理论与技术体系，保护和共享城乡历史文化资源，全面支撑基于历史文化遗产的学习、教育和国际交流等。

专栏 6　文物保护和传承利用

1. 文物保护与认知基础研究。研究夏商时期文明传承、统一多民族国家形成进程，中华文明起源与早期发展的整体脉络和历史规律；研究文物劣化机理与环境作用机制，研究文物典型劣化过程（病害）的等效模拟或实验验证方法；研究文物建筑火灾蔓延机理；研究文物保护材料作用机理、失效机制、环境影响和服役周期预测方法；研究古代工艺逆向重建与文物产地溯源理论与方法，建立主要产地的示踪指标基础数据库。

2. 文物保护与认知共性关键技术。研发文物表层病害无损检测和智能诊断关键技术与装备；研发文物本体稳定化处理关键技术和装备；研发文物保护新型功能性材料；研究基于历史数据和多维特征的文物建筑动态风险智能评估方法、监测预警模型及防控技术装备，研发针对文物建筑火灾早期探测、快速救援处置技

续表

专栏6　文物保护和传承利用
术和专用装备，研究古建筑区域防雷、生物风险监测和出土文物应急保护环境控制成套技术和专用装备；研发考古探测、发掘与研究关键技术和装备。 　　3. 文物知识挖掘与展示传播技术。研究博物馆文物知识智能化深度展示方法与技术，研发馆藏文物数字物纹提取关键技术与智能监管系统；研发面向特殊场景的虚实融合的文物知识展示与传播技术；研发数字空间文物知识展示与传播技术，研发文物超高清数字化与超高真实感绘制、珍贵文物动态历史信息呈现与多模态交互、在线数字孪生博物馆关键技术。

（七）加强文化旅游融合与公共文化服务科技创新。

针对我国文化服务领域智能技术应用、信息化技术融合不足，以及在提供安全、便利的旅游服务和精准智能旅游监管等方面的不足，研究文化和旅游科技的基础理论、关键核心技术以及系统集成技术，提升文化和旅游融合发展的科技支撑能力，实现文化和旅游资源保护与管理服务共性关键技术突破，推动中国文化和旅游高端装备形成国际竞争力，以智能服务平台促进文旅行业监管模式变革。

专栏7　文化与旅游融合
1. 文旅资源保护利用。研发文化资源保护与复原复现关键技术，优化文化数据提取、存储、利用技术；研究传统文化素材数字化挖掘与素材化基础理论方法，研发文化资源数字化与内容挖掘集成技术；研究语言及视听认知表达、跨媒体内容识别与分析、情感分析等智能创作基础理论与方法，研发文化资源内容创作技术与装备；研究新型全感知、自然交互、虚拟现实、全息影像等视听技术，全媒体内容智能认知和生产处理技术；研发旅游资源保护开发技术与装备，开发旅游资源数据服务平台。 　　2. 公共文旅服务。研发公共文化服务共性关键技术与装备；研发公共文化服务效能大数据分析集成技术；研发物理形态和数字形态文化资源的备灾存储关键技术与系统装备；研究景区和博物馆等智慧文化场馆构建技术，开发国家文化公园、基础文化设施等智能化监测服务等技术和装备，研发具备智慧媒体功能的公共文化信息视听服务装备；研发旅游智慧发展与旅游公共服务集成技术与系统；研发文旅演艺和文旅展演空间共性关键技术与专用装备；研发文化场馆和文化资源旅游应用专用技术与装备。 　　3. 文化和旅游行业治理能力提升。研究文旅"智慧大脑"，研发文化行业治理与安全保障关键技术与装备，研究文化场所和设施安全保障基础理论与关键技术，制定文化领域安全技术标准，开发文化行业大数据统计与分析集成技术和系统；研究旅游统计调查和征信服务基础理论；研究国家旅游大数据体系理论与关键技术，研发旅游行业治理与安全保障技术与装备，开发旅游区域安全检验检测、大密度人流安全风险监控及处置等技术装备。

五、保障措施

（一）完善体制机制，激励自主创新。

完善科研经费管理机制和科研评价体制，坚持分类评价与政策激励相结合，使科研项目和资金配置更好满足城镇化与城市发展领域重大需求。充分发挥科研人员的积极性和创造性，切实提升自主创新能力。注重科研成果的创新性和系统性，坚持科研工作源于工程、服务工程、引领工程，坚持绩效评价导向，完善同行评议和考评机制，简化项目申请程序，优化完善过程管理。

（二）加强政策扶持，创新投入机制，推动产业发展。

充分运用现有政策和资金渠道，着力支持关键技术研发、应用示范、成果产业化、创新能力建设等。鼓励各级地方政府加大财政扶持力度，强化对新型城镇化相关产业投入的引导和带动作用，建立以政府扶持为引导、企业投入为主体、多元社会资金参与的创新投入机制，推动建筑业等相关产业高质量发展。

（三）统筹基地平台建设，促进产学研用深度融合。

面向城镇绿色低碳可持续发展需求，强化国家战略科技力量，统筹推进全国重点实验室、国家技术创新中心、国家野外科学观测研究站的建设，对符合"十四五"国家重点科研平台建设领域和建设方向的行业重点研究平台，加大支持力度，力争培育进入国家重点科研平台序列，不断提升行业重点科研平台的发展水平。

（四）加强人才培养支持力度。

通过各类人才计划，加快培养领域科技领军人才和创新团队。完善人才激励机制和评价体系，以国家科技计划项目为纽带，重点培养中青年科研骨干。重点支持青年科技人才持续发展，建设行业专家智库。支持青年科技人才承担重大科研项目，开展独立性和原创性研究。

（五）推动科技成果示范应用与试点推广。

结合国家可持续发展议程创新示范区建设，在城镇化基础条件好和可持续发展需求迫切的重点领域，围绕智能建造装备、低碳技术集成应用等方面，开展新模式、新技术、新产品试点示范，形成有效的经验和模式，选择标杆企业和产品进行推广。

（六）积极开展国际交流与合作。

在标准制定、知识产权等方面广泛开展国际交流与合作，不断拓展合作领域。支持国内外科研机构、企业及行业组织间开展技术交流与合作，促进人才、资本、技术等科技创新要素的自由流动。鼓励跨国公司、国外机构等在华设立相关领域研发机构。实行更高水平对外开放，推动"一带一路"高质量发展，提升科技支撑能力和国际竞争力。

十、中华人民共和国民政部

印发《关于深入推进智慧社区建设的意见》的通知

民发〔2022〕29号　2022年5月10日

关于深入推进智慧社区建设的意见

一、总体要求

（一）指导思想。以习近平新时代中国特色社会主义思想为指导，深入学习贯彻习近平总书记关于网络强国的重要思想和基层治理的重要论述精神，贯彻落实党的十九大和十九届历次全会精神，立足新发展阶段，完整、准确、全面贯彻新发展理念，服务加快构建新发展格局，深化物联网、大数据、云计算和人工智能等信息技术应用，按照智慧城市和现代社区的发展要求，依托社区数字化平台和线下社区服务机构，集约建设便民惠民智慧服务圈，提供线上线下相融合的社区生活服务、社区治理及公共服务、智能小区等服务，让社区更加和谐有序、服务更有温度，不断增强居民获得感、幸福感、安全感。

（二）基本原则。

——坚持党的全面领导。把坚持和加强党的全面领导贯穿于智慧社区建设的全过程和各方面，确保智慧社区建设的正确方向。

——坚持以人民为中心。始终把满足人民对美好生活的向往作为出发点和落脚点，拓展应用服务场景，让数据多跑路、群众少跑腿。

——坚持统筹规划。强化系统观念，整合现有资源，推动系统集成、数据共享和业务协同，打破信息壁垒，为基层赋能减负。

——坚持需求导向。立足社区资源禀赋和居民需求，强化系统建设的实用性、前瞻性和可扩展性，突出以城带乡、急用先行、梯次推进、迭代更新。

——坚持安全发展。加强智慧社区网络和数据安全管理，强化关键信息基础设施防护，依法保护居民信息安全和个人隐私。

（三）建设目标。到2025年，基本构建起网格化管理、精细化服务、信息化支撑、开放共享的智慧社区服务平台，初步打造成智慧共享、和睦共治的新型数字社区，社区治理和服务智能化水平显著提高，更好感知社会态势、畅通沟通渠道、辅助决策施政、方便群众办事。

二、重点任务

（一）集约建设智慧社区平台。充分依托已有平台，因地制宜推进智慧社区综合信息平台建设，推动部署在不同层级、不同部门的各类社区信息系统与智慧社区综合信息平台联网对接或向其迁移集成。依法向社区下放政务服务审批受理权限，扩大社区政务服务事项网上受理、办理数量和种类，拓展政务事项查询、办理、反馈功能。完善电子政务服务流程，实行"前台一口受理、后台分工协同"运行模式，推动跨部门业务协同、信息实时共享。以设区的市为单位，大幅度优化精简部署在社区的业务应用系统，整合功能相对单一、相近或重复的办公类、管理类、学习类等App，整治"指尖上的形式主义"。推进智慧社区综合信息平台与城市运行管理服务平台、智慧物业管理服务平台、智能家庭终端互联互通和融合应用，提供一体化管理和服务。

（二）拓展智慧社区治理场景。依托智慧社区综合信息平台建立健全民情反馈、风险研判、应急响应、舆情应对机制，提升社区全周期管理水平。全面推进"互联网+社区党建"，推动社区党建工作和党员管理服务信息化，做好网上群众工作。优化社区网格管理平台，推行"社区输入+网上推送+部门响应"工作模式，健全即时响应机制及时回应群众诉求。搭建社区灾害风险预警模型，发展实时监测、智能预警、应急管理和疫情防控智能应用，全面提升社区预警和应急处置能力。加强网络文明建设，更好满足人民群众日益增长的精神文化需求，增进居民对社区生活共同体的归属感。探索推进村（居）民委员会换届网上选民登记、社区协商、村（居）务公开、民主监督等，畅通群众参与渠道。促进智慧小区建设，拓展智能门禁、车辆管理、视频监控等物联网和云服务。

（三）构筑社区数字生活新图景。依托智慧社区综合信息平台，创新政务服务、公共服务提供方式，推动就业、健康、卫生、医疗、救助、养老、助残、托育、未成年人保护等服务"指尖办"、"网上办"、"就近办"。聚合社区周边商超、物业、维修、家政、养老、餐饮、零售、美容美发、体育等生活性服务业资源，链接社区周边商户，建设便民惠民智慧生活服务圈。大力发展电子商务，探索建立无人物流配送进社区，优先开发符合"三农"需要的技术应用。推动社区购物消费、居家生活、公共文化生活、休闲娱乐、交通出行等各类生活场景数字化,支持村(社区)史馆、智慧家庭、智能体育场地等建设,打造多端互联、多方互动、智慧共享的数字社区生活。强化数字技能教育培训服务,助力未成年人、老年人、残疾人共享智慧生活,消除数字鸿沟。

(四)推进大数据在社区应用。充分依托自然资源和地理空间基础信息库,加强地名地址信息管理,完善社区重点场所、常住居民、流动人口、失能老年人、未成年人和精神障碍患者等重点人群基础数据,深化大数据挖掘应用,提高基于高频大数据精准动态监测预测预警水平。加快构建数字技术辅助决策机制,科学配置社区服务资源、优化社区综合服务设施功能布局。

(五)精简归并社区数据录入。制定社区信息共享清单,完善统一采集、统一制表、统一报送机制,加快建立标准统一、动态管理的社区数据资源体系,大幅减少工作台账报表。完善乡镇(街道)与部门政务信息系统数据资源共享交换机制,根据服务群众需要向社区开放数据资源。加强社区数据安全管理和保障,重点加强对小区物业服务企业数据管理使用情况的监管,依法保护居民个人信息和隐私。

(六)加强智慧社区基础设施建设改造。实施城乡社区综合服务设施智慧化改造工程,加快部署政务通用自助服务一体机,完善社区政务、便利店、智能快递柜等自助便民服务网络布局。合理布建社区公共安全视频监控点位,推进"雪亮+"智能化应用。加强社区信息交流无障碍建设,充分考虑未成年人、老年人、残疾人等群体的基本需求和使用习惯,提供适老化和无障碍服务。优化社区智慧电网、水网、气网和热网布局,推进小区智能感知设施建设,扩大智能感知设施和技术在安全管理、群防群治、机动车(自行车)管理、生活垃圾处理等领域应用。在维护公共安全等领域,依照相关法律法规稳妥慎重使用人脸识别技术。

三、保障措施

(一)加强组织领导。民政、政法、网络安全和信息化、发展改革、工业和信息化、公安、财政、住房城乡建设(城市管理)、农业农村等部门要加强对智慧社区建设的组织领导,强化统筹协调,明确部门分工,完善协作机制,形成整体合力。加强完善智慧社区规划、政策和标准体系建设,搭建共享开放的数字底座,统筹推进智慧社区应用场景建设,推动部门业务协同和数据共享,加强数据管理和挖掘。乡镇(街道)、村(社区)可因地制宜探索开发符合本地实际的特色应用,做好数据采集整理工作,引导群众参与智慧社区建设和应用。

(二)加强规划引领。以设区的市为单位,统一编制智慧社区建设规划,重点规划社区治理、社区服务基础设施运营、公共事业管理(安防管理、物业管理、停车管理)等领域智慧化建设(改造),根据需要拓展其他建设(改造)项目。省级民政、政法、网络安全和信息化、发展改革、工业和信息化、公安、财政、住房和城乡建设(城市管理)、农业农村等部门要加强对市、县(市、区、旗)的指导和项目支持,根据信息化基础条件,区分新建社区、老旧社区等不同类型,分类规划智慧社区建设策略和重点,提前规划新建社区智慧化建设基础设施,推动智慧社区建设与城镇老旧小区改造、完整社区建设、农村人居环境建设、老年友好型社区建设等有效衔接。

(三)加强保障支持。健全完善政府指导、多方参与的智慧社区建设资金投入机制,鼓励社会力量参与"互联网+社区服务",创新提供服务模式和产品。探索智慧社区建设市场化运营模式,创新智慧社区建设投融资机制,通过政府购买服务或合作开发等方式,支持各类市场主体承接智慧社区建设项目运营,推进创新迭代。加强对社区工作者信息化技能培训,引导高等院校信息化相关专业毕业生在智慧社区建设相关领域就业创业。开展知识普及和教育培训,提高智慧社区应用水平。医疗、社保、民政、生活缴费等高频服务事项,应保留线下办理渠道,推广"一站式"服务,为老年人、残疾人提供便捷服务。积极扩展数字化支撑下的线下服务功能,支持社会组织、社会工作者、志愿者等提供专业化、特色化、个性化服务。

（四）加强试点示范。以县（市、区、旗）为单位，开展智慧社区建设试点工作。制定完善智慧社区建设标准、统计和评价指标体系等，加强对试点单位的政策指导和支持。及时总结推广成功经验和典型做法，推动智慧社区建设水平全面提升。

十一、中华人民共和国国家卫生健康委员会

关于进一步完善和落实积极生育支持措施的指导意见

国卫人口发〔2022〕26号　2022年7月25日

一、总体要求

坚持以习近平新时代中国特色社会主义思想为指导，认真贯彻落实党中央、国务院决策部署，深入实施一对夫妻可以生育三个子女政策及配套支持措施，将婚嫁、生育、养育、教育一体考虑，尽力而为、量力而行，综合施策、精准发力，完善和落实财政、税收、保险、教育、住房、就业等积极生育支持措施，落实政府、用人单位、个人等多方责任，持续优化服务供给，不断提升服务水平，积极营造婚育友好社会氛围，加快建立积极生育支持政策体系，健全服务管理制度，为推动实现适度生育水平、促进人口长期均衡发展提供有力支撑。

二、提高优生优育服务水平

（一）改善优生优育全程服务。实施母婴安全行动提升计划，全面落实母婴安全五项制度。推进妇幼保健机构能力建设，各省、市、县级均应设置1所政府举办、标准化的妇幼保健机构。加强高质量产科建设，全面改善住院分娩条件。推动落实出生缺陷三级防治策略，健全"县级筛查、市级诊断、省级指导、区域辐射"的出生缺陷防治网络，提升婚前保健、孕前保健、产前筛查和产前诊断服务水平，针对重点疾病推动围孕期、产前产后一体化管理服务和多学科诊疗协作，强化新生儿遗传代谢病、听力障碍和先天性心脏病筛查和诊断。

（二）提高儿童健康服务质量。实施健康儿童行动提升计划。加强0—6岁儿童和孕产妇健康管理服务，提高服务质量和资金使用效率。加强基层儿童保健服务网络建设。推进基层医疗机构儿童保健门诊（儿童保健室）标准化建设，提高乡镇卫生院、社区卫生服务中心专业从事儿童保健和基本医疗服务的医生配备水平。"十四五"期间，中央预算内投资支持开展10个左右儿科类国家区域医疗中心建设项目，推进儿科医疗联合体建设，促进优质儿科医疗资源下沉和均衡布局。开展母婴友好医院和儿童友好医院建设。做好新生儿参加居民医保服务管理工作。

（三）加强生殖健康服务。扩大分娩镇痛试点，规范相关诊疗行为，提升分娩镇痛水平。指导推动医疗机构通过健康教育、心理辅导、中医药服务、药物治疗、手术治疗、辅助生殖技术等手段，向群众提供有针对性的服务，提高不孕不育防治水平。推进辅助生殖技术制度建设，健全质量控制网络，加强服务监测与信息化管理。开展生殖健康促进行动，增强群众保健意识和能力。加强生殖健康宣传教育和服务，预防非意愿妊娠，减少非医学需要的人工流产。

（四）提高家庭婴幼儿照护能力。建立完善健康科普专家库和资源库，通过广播、电视、报刊、网络、新媒体等多种渠道，普及科学育儿知识与技能。鼓励地方采取积极措施，支持隔代照料、家庭互助等照护模

式。扩大家政企业上门居家婴幼儿照护服务供给。鼓励有条件的托育机构与家政企业等合作，提供上门居家婴幼儿照护服务。鼓励有资质的服务机构、行业协会和专业人员，依托村（居）委会等基层力量，通过家长课堂、养育照护小组活动、入户指导等方式，提高婴幼儿照护能力。充分发挥公益慈善类社会组织等社会力量积极作用，加大对农村和欠发达地区婴幼儿照护服务的支持。

三、发展普惠托育服务体系

（五）增加普惠托育服务供给。2022年，全国所有地市要印发实施"一老一小"整体解决方案。通过中央预算内投资支持和引导，实施公办托育服务能力建设项目和普惠托育服务专项行动，带动地方政府基建投资和社会投资。公办托育机构收费标准由地方政府制定，加强对普惠托育机构收费的监管。拓展社区托育服务功能，完善婴幼儿照护设施等基本公共服务设施。支持有条件的用人单位为职工提供福利性托育服务。加快制定出台家庭托育点管理办法。在满足学前教育普及的基础上，鼓励和支持有条件的幼儿园招收2—3岁幼儿。

（六）降低托育机构运营成本。"十四五"时期，拓宽托育建设项目申报范围，中央预算内投资加大支持力度给予建设补贴。科学布局社区综合服务设施，落实社区托育服务发展税费优惠政策。完善土地、住房、财政、金融、人才等政策，鼓励地方对普惠托育机构予以支持。托育机构用水用电用气用热按照居民生活类价格执行。鼓励社会资本设立托育服务事业发展基金，向托育行业提供增信支持。各地要建立托育机构关停等特殊情况应急处置机制，落实疫情期间托育企业纾困政策。

（七）提升托育服务质量。深入开展全国婴幼儿照护服务示范城市创建活动，形成一批可复制、可推广的典型经验。研究制定托育服务相关制度规范，大力发展多种形式的托育服务。鼓励有条件的普通高等学校和职业院校开设托育服务相关专业，加快培养专业人才。依法逐步实行托育从业人员职业资格准入制度。深入实施康养职业技能培训计划，加强托育岗位人员技能培训。各级医疗卫生机构、疾病预防控制机构等要加强对托育机构卫生保健工作的业务指导、咨询服务和监督检查，预防控制传染病，降低常见病的发病率，保障婴幼儿的身心健康。严格落实托育机构消防安全指南等一系列规范性文件，加强部门综合监管，严防安全事故发生。加强社会监督，促进行业自律。

四、完善生育休假和待遇保障机制

（八）优化生育休假制度。各地要完善生育休假政策，从保障职工生育权益和保护生育职工健康权的功能定位出发，体现保护生育和养育过程，帮助职工平衡工作和家庭关系，促进公平就业和职业发展。要结合实际完善假期用工成本合理分担机制，明确相关各方责任，采取切实有效措施保障职工假期待遇。

（九）完善生育保险等相关社会保险制度。国家统一规范并制定完善生育保险生育津贴支付政策，强化生育保险对参保女职工生育医疗费用、生育津贴待遇等保障作用，保障生育保险基金安全。有条件的地方可探索参加职工基本医疗保险的灵活就业人员同步参加生育保险。未就业妇女通过参加城乡居民基本医疗保险享受生育医疗待遇。为领取失业保险金人员缴纳职工基本医疗保险费（含生育保险费），保障其生育权益，所需资金从失业保险基金列支。指导地方综合考虑医保（含生育保险）基金可承受能力、相关技术规范性等因素，逐步将适宜的分娩镇痛和辅助生殖技术项目按程序纳入基金支付范围。

五、强化住房、税收等支持措施

（十）加快完善住房保障体系。加快发展保障性租赁住房，促进解决新市民、青年人等群体住房困难。进一步完善公租房保障对促进积极生育的支持措施，各地在配租公租房时，对符合条件且有未成年子女的家庭，可根据其未成年子女数量，在户型选择方面给予适当照顾；优化公租房轮候与配租规则，将家庭人数及构成等纳入轮候排序或综合评分的因素，对符合条件且子女数量较多的家庭可直接组织选房；完善公租房调换政策，对因家庭人口增加、就业、子女就学等原因需要调换公租房的，根据房源情况及时调换。

（十一）精准实施购房租房倾斜政策。住房政策向多子女家庭倾斜，在缴存城市无自有住房且租赁住房的多子女家庭，可按照实际房租支出提取住房公积金；对购买首套自住住房的多子女家庭，有条件的城市可给予适当提高住房公积金贷款额度等相关支持政策。加快发展长租房市场，多渠道增加长租房供应，推进租购权利均等。各地可结合实际，进一步研究制定根据养育未成年子女负担情况实施差异化租赁和购买房屋的优惠政策。

（十二）发挥好税收、金融等支持作用。实施好3岁以下婴幼儿照护费用个人所得税专项附加扣除政策。建立对依法保障职工生育权益用人单位激励机制。向提供母婴护理、托育服务以及相关职业培训、消费品生产的企业加大金融支持力度。

六、加强优质教育资源供给

（十三）提高学前教育普及普惠水平。继续实施"十四五"学前教育发展提升行动计划，着力补齐农村地区和城市新增人口集中地区普惠性资源短板。切实落实各级政府发展学前教育责任，健全政府投入为主、家庭合理分担、其他多渠道筹措经费的机制。优化完善财政补助政策，逐步提高学前教育财政投入水平，保障普惠性学前教育有质量可持续发展。健全学前教育资助制度，切实保障家庭经济困难儿童接受普惠性学前教育。

（十四）提高义务教育均衡发展水平。依法落实政府举办义务教育的主体责任，优化义务教育结构，确保义务教育学位主要由公办学校提供和政府购买学位方式提供。继续落实"两免一补"政策，降低学生就学成本。进一步减轻义务教育阶段学生作业负担和校外培训负担，发挥学校教育主阵地作用，提升课后服务质量，按规定保障课后服务经费。严格落实义务教育阶段学科类校外培训收费实行政府指导价管理政策。加强非学科类校外培训监管，规范培训机构收费行为。加强对家长的家庭教育指导，树立科学育儿观念。

（十五）加强生理卫生等健康教育。针对在校学生的心理生理特点，通过定期举办专题讲座、开设公共选修课程等方式，开展生理卫生教育、青春期教育或者性健康教育，加强婚恋观、家庭观正向引导。

七、构建生育友好的就业环境

（十六）鼓励实行灵活的工作方式。用人单位可结合生产和工作实际，通过与职工协商，采取弹性上下班、居家办公等工作方式，为有接送子女上下学、照顾生病或居家子女等需求的职工提供工作便利，帮助职工解决育儿困难。

（十七）推动创建家庭友好型工作场所。推动用人单位将帮助职工平衡工作和家庭关系相关措施纳入集体合同和女职工权益保护专项集体合同条款。实施母乳喂养促进行动。女职工比较多的用人单位应当建立孕妇休息室、哺乳室，配备必要母婴服务设施，更好满足孕产期、哺乳期女职工的需求。鼓励有条件的用人单位、学校、社区、群团组织等开展寒暑假托管服务。

（十八）切实维护劳动就业合法权益。推动完善促进妇女就业的制度机制，加强对女性劳动者特别是生育再就业女性相关职业技能培训。持续开展就业性别歧视约谈工作，依法查处侵权行为。督促用人单位依法依规落实对孕产期、哺乳期女职工关于工作时间、工资待遇、劳动强度等方面的特殊劳动保护。加强监管执法，健全司法救济机制，探索开展妇女平等就业权益保护检察公益诉讼，维护妇女劳动和社会保障权益。强化工会劳动法律监督，推动职工权益保护法律法规贯彻落实。

八、加强宣传引导和服务管理

（十九）积极营造生育友好社会氛围。充分发挥各类媒体作用和群团组织优势，积极开展人口基本国情宣传教育，弘扬中华民族传统美德，提倡适龄婚育、优生优育，倡导尊重生育的社会价值、尊重父母、儿童优先、夫妻共担育儿责任。推进婚俗改革和移风易俗，破除婚嫁大操大办、高价彩礼等陈规陋习，倡导积极婚育观念。组织创作一批积极向上的文艺作品，讲好新时代美好爱情、和谐家庭、幸福生活的中国故事。推进儿童友好城市建设。开展全国生育友好工作先进单位表彰活动，评选一批工作扎实、成效明显、群众满意的先进典型，鼓励和带动基层积极创新，营造生育友好的社会环境。

（二十）建立健全人口服务体系。以"一老一小"为重点，建立健全覆盖全生命周期的人口服务体系。加强政府和社会协同治理，强化乡镇（街道）、村（社区）等基层人口管理体系和服务能力建设。完善生育登记制度，全面落实出生医学证明、儿童预防接种、户口登记、医保参保、社保卡申领等"出生一件事"集成化办理。强化基层人口信息管理职责，促进入户、入学、婚姻登记、卫生健康等基础信息融合共享，科学研判生育形势和人口变动趋势。维护计划生育家庭合法权益，建立健全政府主导、社会组织参与的计划生育特殊家庭扶助关怀工作机制，建立健全生活、养老、医疗、精神慰藉等全方位帮扶保障制度，动员各级计划生育协会深入开展"暖心行动"。

各地各有关部门要深刻认识完善和落实积极生育支持措施的重要性和紧迫性，切实提高政治站位，把人口工作摆上重要议事日程，密切协同配合，加快完善积极生育支持措施。各地要坚持"一把手"亲自抓、负总责，加强统筹规划、政策协调和工作落实，结合实际及时完善具体政策措施，周密组织实施，确保责任到位、措施到位、投入到位、落实到位。各有关部门要加强对地方的指导，总结推广好的经验做法，及时细化配套措施，推动解决工作中面临的问题，不断完善服务管理制度。立足国情，加强评估论证，促进生育政策和相关经济社会政策配套衔接。完善跨部门协调机制，强化重要政策统筹研究和督促落实。完善优化生育政策目标管理责任制，研究建立指标体系，监测评估积极生育支持措施的成效。加强政策宣传解读，及时妥善回应社会关切，营造良好氛围。重要情况及时报告。

十二、中国证券监督管理委员会

关于进一步支持上市公司健康发展的通知

证监发〔2022〕36号　2022年4月11日

一、营造良好发展环境，稳定企业预期

1. 坚持"两个毫不动摇"，对各类市场主体一视同仁，不设置任何附加条件和隐形门槛，营造公平竞争的市场环境。支持民营企业依法上市融资、并购重组，完善民营企业债券融资支持机制，激发民营企业的活力和创造力，充分发挥民营上市公司在稳定增长、促进创新、增加就业、改善民生方面的重要作用。

2. 坚持"房住不炒"，依法依规支持上市房企积极向新发展模式转型，加强自身风险管理，密切关注市场形势和行业变化，严格防范、妥善化解各类风险，促进房地产行业良性循环和健康发展。

3. 落实好疫情影响严重地区企业、疫情防控领域企业通过资本市场融资、并购重组等支持性政策安排。免除上市公司2022年上市初费和年费、网络投票服务费等费用，减轻企业负担。

4. 完善有利于长期机构投资者参与资本市场的制度机制，鼓励和支持社保、养老金、信托、保险和理财机

构将更多资金配置于权益类资产，增加资本市场投资，特别是优质上市公司的股票投资。

二、增进价值回归，稳定投资者预期

5. 鼓励上市公司回购股份用于股权激励及员工持股计划。支持符合条件的上市公司为稳定股价进行回购。依法支持上市公司通过发行优先股、债券等多种渠道筹集资金实施股份回购。

6. 鼓励大股东、董监高长期持有上市公司股份，在本公司股票出现大幅下跌时积极通过增持股票的方式稳定股价。审慎制订减持计划，严格遵守关于减持的披露、数量、价格、时间要求，规范、有序减持。

7. 支持上市公司结合本公司所处行业特点、发展阶段和盈利水平，增加现金分红在利润分配中的比重，与投资者分享发展红利，增强广大投资者的获得感。

8. 鼓励上市公司积极召开年报业绩说明会，充分利用数字化手段创新交流方式，直观展示公司经营及业绩情况，提升互动效果，增进投资者对企业价值及经营理念的认同感。引导上市公司积极做好投资者关系管理，通过媒体采访、网站新闻稿、官方公众号等多渠道对外主动发声，正面回应市场热点和投资者关切，提振投资者信心。

9. 上市公司大股东要审慎增加股票质押，金融机构要稳妥把握新增股票质押业务，对于触及平仓线或发生违约的股票质押融资，督促金融机构与上市公司股东积极沟通、协商，通过补充质押品、担保品以及采取其他增信措施、展期等方式，稳妥处置股票被强制平仓风险。

三、各部门积极履职，共同促进市场稳定

10. 证监会及派出机构坚持监管与服务并举，密切跟踪上市公司情况，加强与地方政府及有关方面的沟通协调，及时了解疫情对上市公司经营和市场运行的影响，在依法合规做好监管工作的同时，提高对上市公司的服务供给质量。证券交易所建立公开、透明、规范的上市公司服务机制，持续提升监管服务效能。中国上市公司协会履行自律规范职责，积极引导上市公司稳定预期。

11. 国资委按照便利企业的原则，对于国有控股上市公司股份回购、现金分红给予积极指导支持，引导国有控股上市公司成为推动资本市场稳定发展的表率。上市公司的国有股东要做积极的、负责任的股东，积极增持价值低估的上市公司股票，支持上市公司实施股份回购、现金分红。

12. 各级工商联充分发挥引导服务民营上市公司的作用，加强对民营上市公司的调研培训，引导民营上市公司坚持依法合规经营，广泛听取意见建议，及时反映企业诉求，强化与有关部门的沟通协作，共同推动优化政策环境，促进民营上市公司高质量发展。

证监会就资本市场支持房地产市场平稳健康发展答记者问

2022 年 11 月 28 日

问：证监会易会满主席在不久前召开的金融街论坛年会上表达了资本市场支持房地产市场平稳健康发展的政策态度，在支持房地产企业股权融资方面，具体有哪些政策措施？

答：房地产市场平稳健康发展事关金融市场稳定和经济社会发展全局。证监会坚决贯彻落实党中央、国务院决策部署，积极发挥资本市场功能，支持实施改善优质房企资产负债表计划，加大权益补充力度，促进房地产市场盘活存量、防范风险、转型发展，更好服务稳定宏观经济大盘。证监会决定在股权融资方面调整优化 5

项措施，并自即日起施行。

一、恢复涉房上市公司并购重组及配套融资。允许符合条件的房地产企业实施重组上市，重组对象须为房地产行业上市公司。允许房地产行业上市公司发行股份或支付现金购买涉房资产；发行股份购买资产时，可以募集配套资金；募集资金用于存量涉房项目和支付交易对价、补充流动资金、偿还债务等，不能用于拿地拍地、开发新楼盘等。建筑等与房地产紧密相关行业的上市公司，参照房地产行业上市公司政策执行，支持"同行业、上下游"整合。

二、恢复上市房企和涉房上市公司再融资。允许上市房企非公开方式再融资，引导募集资金用于政策支持的房地产业务，包括与"保交楼、保民生"相关的房地产项目，经济适用房、棚户区改造或旧城改造拆迁安置住房建设，以及符合上市公司再融资政策要求的补充流动资金、偿还债务等。允许其他涉房上市公司再融资，要求再融资募集资金投向主业。

三、调整完善房地产企业境外市场上市政策。与境内A股政策保持一致，允许以房地产为主业的H股上市公司再融资；允许主业非房地产业务的其他涉房H股上市公司再融资。

四、进一步发挥REITs盘活房企存量资产作用。会同有关方面加大工作力度，推动保障性租赁住房REITs常态化发行，努力打造REITs市场的"保租房板块"。鼓励优质房地产企业依托符合条件的仓储物流、产业园区等资产发行基础设施REITs，或作为已上市基础设施REITs的扩募资产。

五、积极发挥私募股权投资基金作用。开展不动产私募投资基金试点，允许符合条件的私募股权基金管理人设立不动产私募投资基金，引入机构资金，投资存量住宅地产、商业地产、在建未完成项目、基础设施，促进房地产企业盘活经营性不动产并探索新的发展模式。

十三、中国共产主义青年团中央委员会

关于开展青年发展型城市建设试点的意见

中青联发〔2022〕1号 2022年4月11日

一、总体要求

（一）指导思想

以习近平新时代中国特色社会主义思想为指导，深入贯彻党的十九大和十九届历次全会精神，学习贯彻习近平总书记关于青年工作的重要思想，更好发挥《中华人民共和国国民经济和社会发展第十四个五年规划和2035年远景目标纲要》的引领作用，坚持以人民为中心的发展思想，立足新发展阶段、贯彻新发展理念、构建新发展格局、推动高质量发展，面向城市建设发展，加强前瞻研究规划，丰富青年友好政策，搭建青春建功平台，不断提升党中央、国务院关于青年全面发展战略部署的政策转化效能，不断提升青年在城市生活的获得感、幸福感、安全感，激励青年为实现第二个百年奋斗目标、实现中华民族伟大复兴的中国梦而不懈奋斗。

（二）基本原则

——坚持党管青年原则。把坚持党的领导贯穿青年发展型城市建设全过程，充分发挥各级党委领导的青年工作联席会议机制作用，健全和完善党委领导、政府负责、各部门齐抓共管、全社会广泛参与的工作格局，坚持系统观念，统筹发展与安全，把促进青年全面发展摆在城市工作全局中更加重要的战略位置来抓。

——倡导青年优先发展。深入贯彻落实"党和国家事业要发展，青年首先要发展"的理念，深刻把握青年发展与城市发展之间的辩证关系，充分关注我国青年人口规模与结构的历史性变化，尊重青年成长规律，照顾青年时代特点，优先解决影响青年健康成长、分散青年干事精力的"急难愁盼"问题，促进青年高质量发展。

——激发青年担当作为。把提供发展服务与鼓励成才建功紧密结合，充分激发广大青年参与建设青年发展型城市的主动性、积极性、创造性，为青年提供筑梦圆梦空间，为城市集聚青年人力资源，最大限度地发挥出青年在城市高质量发展中的生力军作用。

——注重普惠均等导向。更好发挥政策牵引作用，从青年视角补齐基本公共服务均等化短板，帮助青年解决好他们在毕业求职、创新创业、社会融入、婚恋交友、老人赡养、子女教育等方面的操心事、烦心事，努力为青年创造良好发展条件，让他们感受到关爱就在身边、关怀就在眼前，让他们不断增强获得感、幸福感、安全感。

（三）适用范围

1. 直辖市；
2. 国务院批准的计划单列市；
3. 行政级别为副省级的城市；
4. 行政级别为地级的城市。

直辖市的市辖区或国家级新区可参照执行。

（四）建设目标

通过试点探索经验，到 2025 年，城市青年发展规划工作机制比较健全，青年优先发展理念得到社会广泛认同，青年发展型城市评价体系逐步建立并完善，城市青年发展政策更具体系化、更有普惠性，青年投身城市发展的主动性和贡献度明显提升。到 2035 年，城市青年发展规划工作机制更加健全完善，建设青年发展型城市成为各地转变发展方式、提升城市品质的自觉行动，青年优先发展理念成为社会普遍共识，城市青年发展政策体系更加成熟定型，青年在推动城市发展中的生力军作用更加凸显。

二、围绕促进青年高质量发展，让城市对青年更友好

（一）着力优化青年优先发展的青年发展型城市规划环境。推动将青年优先发展理念融入城市发展战略，在城市规划、建设、管理全过程体现青春元素、照顾青年特点，打造富有青年特色的城市名片。青年发展纳入本地区国民经济和社会发展规划，加强与各专项规划衔接协同。建立健全青年工作联席会议机制，充分发挥在青年发展领域的战略研究、政策协调、项目实施、督导落实作用。鼓励有条件的城市制定本地区青年发展专项规划。

（二）着力优化公平且有质量的青年发展型城市教育环境。加大基础教育投入力度，完善免试就近入学制度，巩固控辍保学成果，逐步实现进城务工青年随迁子女入学待遇同城化，让义务教育阶段青少年获得公平的受教育机会。提高高中阶段教育普及水平，增强高等教育育人实效，增强职业教育适应性，完善特殊教育和专门教育保障机制，促进民办教育规范发展，让青年获得更高质量的教育和成长。坚持教育公益属性，落实政府主体责任，强化学校主阵地作用，持续规范校外培训行为，进一步减轻义务教育阶段学生作业负担和校外培训负担，有效缓解青年家长的负担和焦虑。

（三）着力优化激励青年施展才华的青年发展型城市就业环境。健全青年就业公共服务体系，聚焦高校毕业生、新生代农民工、失业青年等群体，扩大就业容量，加强就业指导和职业技能培训，帮助青年实现知识更新、技能提升，为青年提供更多的高质量就业机会。完善劳动合同制度、劳动关系协调机制、劳动争议调解仲裁制度，健全新业态从业人员劳动权益保障机制，切实维护青年合法劳动权益。健全工资合理增长机制，促

进更多高校毕业生、技能型人才等青年群体迈入中等收入群体行列。

（四）着力优化保障青年基本住房需求的青年发展型城市居住环境。坚持房子是用来住的、不是用来炒的定位，加快完善以公租房、保障性租赁住房和共有产权住房为主体的住房保障体系，做好公租房保障，加大保障性租赁住房供给力度，主要利用集体经营性建设用地、企事业单位自有闲置土地、产业园区配套用地和存量闲置房屋建设，适当利用新供应国有建设用地建设保障性租赁住房，强化政府在土地、财政、金融等方面的政策支持，充分发挥市场机制作用，积极解决新市民、青年人等群体的住房困难问题。因地制宜发展共有产权住房。完善长租房政策，加强轻资产住房租赁企业监管，支持重资产住房租赁企业发展，规范住房租赁中介服务，切实保护承租人合法权益，逐步使租购住房在享受公共服务上具有同等权利。鼓励居民家庭和企事业单位将闲置住房用于出租，有效盘活存量住房资源。推广"青年驿站"等短期居住服务。加强完整社区建设。

（五）着力优化缓解青年婚恋生育养育难题的青年发展型城市生活环境。加强青年婚育观、家庭观教育和引导，倡导优生优育，多措并举做好未婚青年婚恋交友、婚前保健服务。建立结婚率、离婚率和生育率动态监测分析机制，实施积极的婚育政策。围绕提高出生人口质量需要，增加妇产、新生儿、儿科、儿童保健医疗资源供给，加强母乳喂养咨询指导，推进母婴设施广泛覆盖，增强出生缺陷综合防治和产前筛查、产前诊断能力，改善优生优育全程服务。发展成本可负担、方便可及的普惠托育和婴幼儿照护服务，完善普惠性学前教育保障机制，针对婴幼儿家庭开展科学育儿指导，缓解青年育幼后顾之忧。健全基本养老服务体系，鼓励开展养老志愿服务，减轻青年赡养老人压力。

（六）着力优化促进青少年身心成长发展的青年发展型城市健康环境。实施全民健身战略，推进体育公园建设，推动公共体育设施向包括青少年在内的各类人群免费或低收费开放，发展青少年体育俱乐部和专项赛事，帮助青少年培养体育爱好、发展运动技能、养成锻炼习惯。引导青年投身健康中国建设，积极参与爱国卫生运动和健康中国行动，践行文明健康生活方式，清理学校和少年宫等青少年聚集场所周边的烟草（含电子烟）销售点，营造无烟成长氛围。加大儿童青少年近视和肥胖预防控制力度，完善青少年体质健康监测体系，引导青少年练就强壮健康的筋骨体魄。加强青少年心理健康教育和服务，提高心理卫生知晓率，支持专业心理辅导机构和社会组织发展，培养青少年心理健康领域专业人才，更好发挥家庭在心理健康教育方面的基础性作用。

（七）着力优化有效保护青少年权益免受意外伤害和非法侵害的青年发展型城市安全环境。加强青少年法治宣传教育，切实预防青少年违法犯罪，依法推进未成年人保护工作，及时处置相关典型案件，切实保护青少年合法权益。将安全防范标准纳入城市基础设施建设规划，加强青少年生命教育、性与生殖健康教育、安全教育，增强青少年自我保护意识和防灾避险能力，引导青少年珍视生命、热爱生活。重视网络安全，加强网络空间治理，遏止违法不良信息对青少年的渗透影响，治理青少年沉迷网络游戏问题，治理电信网络诈骗犯罪乱象，严厉打击网上侵害青少年权益的案件。

三、围绕建功城市高质量发展，让青年在城市更有为

（一）组织动员青年引领城市文明风尚。深入开展习近平新时代中国特色社会主义思想学习教育，加强党史、新中国史、改革开放史、社会主义发展史教育，加强爱国主义、集体主义、社会主义教育，完善青少年理想信念教育齐抓共管机制。持续开展社会主义核心价值观教育，发挥国家勋章和国家荣誉称号获得者、道德模范、时代楷模、劳动模范、最美人物、青年五四奖章获得者等群体的榜样作用，倡导诚信文化，弘扬劳动精神，引导青少年做社会主义核心价值观的积极践行者。加强网络文明建设，引导青年争当中国好网民，带头营造清朗网络空间。激发青年开风气之先作用，引导青年热心支持慈善事业、机制化普遍性参与志愿服务，在服务社会中获取精神力量，成为城市文化软实力的贡献者和传播者。

（二）组织动员青年投身创新创业热潮。完善青年人才发现培养、评价使用、流动配置、激励保障机制，

营造引才、留才、用才、聚才的城市氛围。弘扬科学家精神和企业家精神，倡导敬业、精益、专注、宽容失败的创新创业文化，强化企业创新主体地位，激励更多青年投身大众创业、万众创新。发挥共性技术平台、创业孵化园区、创新创业赛事、协会等载体的人才凝聚和资源对接作用。深化"放管服"改革，健全与新兴产业相适应的包容审慎监管方式，打造近悦远来的青年创业营商环境。

（三）组织动员青年立足岗位建功立业。围绕国家重大战略实施和城市发展总体规划落实，组织青年在重大工程建设中、"急难险重新"任务前挺身而出、攻坚克难。围绕深化供给侧结构性改革和推动产业转型升级，大力弘扬工匠精神，培养更多高技能青年人才，健全完善积分落户等激励政策，动员青年立足本职岗位提高工作质量、创新创效创优。选树青年奋斗典型、宣传青春奋斗故事、激发青年活力潜能，动员各领域青年特别是新兴领域青年投身城市建设、助力城市发展。

（四）组织动员青年有序参与社会治理。发挥群团组织在社会治理中的作用，畅通青年参与社会治理的途径，培育基层治理青年人才队伍。依托"共青团与人大代表、政协委员面对面"活动载体和青联、学联等组织枢纽，创造更多的青年直接向城市管理者建言献策机会，增强青年在城市经济社会发展中的主人翁意识。规范青年社会组织发展，壮大青少年事务社工队伍。探索青年发展型社区建设，引导青年根据兴趣爱好积极参与社区社会组织，运用微博、微信等新媒体密切日常交往、参加社区志愿服务、参与社区公共事务，充分发挥青年在社区治理和服务中的积极作用。

（五）组织动员青年助推生活品质提升。教育青年树立"绿水青山就是金山银山"理念，动员青年从我做起、从小事做起，倡导绿色出行、垃圾分类、"光盘行动"、节水节电等绿色生活方式，增强节约意识，践行绿色消费。适应青年消费心理和特点变化，合理引导青年消费需求，发展以青年为主要生产者和消费者的青年经济，拓展青年喜闻乐见的消费新模式新业态，精心打造品质消费体验场景，发挥青年在提振消费水平与提升生活品质良性互动中的独特作用。实施城市更新行动，优化城市布局，完善城市功能，充分考虑青年学习、生活、工作需求，探索建立与青年发展相适应的城市公共服务空间与设施建设标准，有效提升青年在城市建设中的参与感和贡献度。

四、组织实施

（一）加强组织领导。中长期青年发展规划实施工作部际联席会议办公室统筹协调青年发展型城市建设试点工作，遴选确定试点单位，推动建立标准规范和评估机制，相关成员单位按职能支持配合意见落实。各省级青年工作联席会议加强对本地区青年发展型城市建设试点的指导，充分调动基层能动性。试点城市依托本级青年工作联席会议制定具体实施方案。

（二）有序有力推进。建设青年发展型城市不搞"一刀切"，充分考虑基层现实，采取试点先行、分批推进的策略，鼓励非试点城市或部分城区因城施策、探索经验，让青年优先发展理念在与城市建设运营理念探索融合过程中逐步深入人心。

（三）完善监测评价。鼓励试点城市参照中长期青年发展规划统计监测机制，完善青年发展统计，建立健全青年发展监测数据库，探索和丰富青年发展数字化应用场景。加快构建客观科学、层次分明的青年发展型城市评价体系，增强指标的政策倡导和社会倡导功能，适时开展成效评估。

（四）加强政策支持。部际联席会议各成员单位和规划任务分工各参加单位要结合自身职能，对青年发展型城市建设试点予以积极支持。开展青年发展型城市建设试点的地方政府要完善政策、补齐短板，统筹中央相关转移支付资金和自有财力，探索以政府购买服务等方式开展普惠性青年民生实事项目，让青年对政策有感知、对城市有归属。

（五）营造良好氛围。大力宣传习近平总书记关于青年工作的重要思想、党和国家关于青年发展的战略部署，宣传关心支持青年发展就是增强城市发展活力、积蓄城市发展后劲的理念。鼓励地方结合城市特色提炼有标识度的青年发展型城市理念表述，营造城市氛围，打造城市品牌。借助专家智库推动青年发展型城市理论研究。

十四、中国房地产业协会

关于当前开展合作建房工作的建议

中国房协〔2022〕67号 2022年6月2日

一、建议目的

坚持"房子是用来住的、不是用来炒的"定位，加快建立多主体供给、多渠道保障、租购并举的住房制度，通过盘活农村闲置宅基地和集体经营性建设用地，优化农村土地资源配置、提高土地利用效率，积极探索和推动集体建设用地上发展合作建房的新模式。

二、合作建房范围

城乡居民合作建房，是指在符合村庄规划的前提下，利用宅基地或者其他存量集体建设用地，联合新建、改建、扩建或者装修装饰房屋，用于居住或者发展休闲农业、康体养老、旅游开发、民宿客栈等产业。

三、合作建房应遵循的原则

（一）严格遵守法律法规。按照《中华人民共和国土地管理法》、《中华人民共和国土地管理法实施条例》以及《中华人民共和国城乡规划法》的相关规定，坚守"土地公有制性质不改变，耕地红线不突破，生态保护红线不侵占，农民利益不受损"四条底线。

（二）严格参照村庄规划。坚持在规划范围内的农村集中居住点选址布局，积极开展全域土地整治，优化集体建设用地空间布局，引导农村居民向集中居住点集聚。

四、工作建议

（一）发挥政策引导，推进项目落地。

按照各地的相关政策，积极与相关主管部门沟通，制定政策实施细则。针对参与企业、单位、合作建房参与人做好政策解读工作。正确选择合作建房项目，并推动项目落地，做好项目的经验总结。

（二）整合行业资源，培育多元参与主体。

发挥各地房协的资源整合作用，推动房地产市场主体转型升级和多元发展，引导有业务转型意愿的企业参与合作建房相关方面的研究与实施工作，并为转型企业做好政策引导、资源对接、研究、项目落地等服务。

（三）加强行业自律，维护参与人的合法权益。

为保障城乡居民合作建房各方参与主体的合法权益，中国房协拟与各地房协共同搭建合作建房项目服务平台，在中房网开设合作建房专区，提供合作建房项目信息服务。

（四）推动交流合作，凝聚行业发展共识。

中国房协注重与各地房协及合作建房专业机构广泛开展交流合作。

一是逐步建立合作建房从业人员课程标准和培训体系，为行业发展提供专业人才。

二是举办合作建房政策、市场等专题研讨活动，协助地方政府培育专业市场。

三是组织典型优秀合作建房案例调研考察活动，采取"走出去、请进来"的方式，互动合作建房健康发展的经验。

（五）严守质量底线，提倡低碳节能。

在城乡居民合作建房的建设阶段，需严格参照国家相应法律法规执行，同时优先发展节能低碳建筑、装配式建筑，走新型建筑产业化道路，为系统推进绿色建造、智慧建造、工业化建造提供技术支持和可选择方案。

（六）开展课题研究，发挥典型引领作用。

配合住建部软科学课题项目《房地产市场主体转型升级和多元发展过程中建立合作建房体系的必要性和可行性研究》，征集城乡居民合作建房项目案例，研究课题将筛选优秀项目入选课题报告。

中国房地产业"保交楼"行动倡议书

中国房协〔2023〕19号　2023年2月22日

为促进房地产市场平稳健康发展，提振住房消费信心，让想买房的老百姓敢买房，中国房地产业协会（以下简称中国房协）向全行业发起"保交楼"行动倡议。倡议房地产开发企业及楼盘项目公司自觉履行企业责任，切实提供房地产交付保障措施，做好保交楼、保民生、保稳定的各项工作。具体倡议如下：

一、坚持贯彻落实"房子是用来住的、不是用来炒的"定位。

二、严格遵守国家、地方及行业法律法规，确保开发经营的合法合规。

三、建立并畅通与购房消费者的沟通渠道，及时发布项目开发进展情况，及时反馈消费者的咨询。

四、如出现不可抗力导致项目不能履约交付情况，在不可抗力事件发生后及时以书面等方式告知相关消费者，并积极采取行动提供应对方案。

五、严控工程施工质量及安全，确保楼盘交付质量。

六、在营销过程中，切实做到信息公开、诚实守信、尊重消费者权益。

为切实做好"保交楼"工作，楼盘项目信息将在倡议联合平台乐居和天猫好房上进行公示。中国房协将联合主流媒体对于"保交楼"行动给予重点报道，对参与倡议行动的房地产项目的营销及交付情况，开展客观的媒体监督。中国房协联合乐居和天猫好房设立"保交楼"法律援助热线（4006066969/4000160569），解答消费者关于楼盘项目交付的问题，并推荐专业法律服务及仲裁机构。

中国房协建议各地房地产业协会从本地市场情况出发，配合政府精准施策，积极响应倡议，作出"保交楼"行动部署。

中国房协郑重提示，房产各类营销活动及线上线下传播均应充分遵守住建、工商等部门关于房源信息发布的相关规定，切实履行承诺。

希望各地房地产业协会及有关会员单位积极响应行动倡议，让广大人民群众安心购房、舒心住房，为提振市场信心、激发消费活力、促进房地产业高质量发展作出应有的贡献。

II. 宏观篇

导 读

本篇收录 2022 年（部分指标为最新公布的 2021 年数据）宏观经济发展指标，包括国内生产总值、投资、贸易、消费、物价、交通、教育、医疗卫生、主要产业、重要产品、货币金融、财政收支、人口、居民收支、就业等方面的宏观数据。数据来源于国家统计局、中国人民银行、财政部及各地方统计局等。本篇所列全国数据，指中国大陆地区，不包括港澳台地区的数据。

一、国民经济主要数据

表 2-1 2022 年全国宏观经济数据（单月）

类　别	1月	2月	3月	4月	5月	6月	7月	8月	9月	10月	11月	12月
工业增加值同比增幅（%）	—	—	5.0	-2.9	0.7	3.9	3.8	4.2	6.3	5.0	2.2	1.3
固定资产投资额（亿元）	—	50763	54109	48672	52420	65466	48382	47294	54306	50047	48584	52095
同比增幅（%）	—	12.2	6.6	1.8	4.6	5.6	3.8	6.6	6.7	4.3	0.7	3.2
进口总额（亿美元）	2419	1868	2287	2225	2295	2333	2317	2355	2380	2132	2263	2281
同比增幅（%）	19.8	10.4	-0.1	0	4.1	1.0	2.3	0.3	0.3	-0.7	-10.6	-7.5
出口总额（亿美元）	3273	2174	2761	2736	3082	3313	3330	3149	3228	2984	2955	3061
同比增幅（%）	24.1	6.2	14.7	3.9	16.9	17.9	18.0	7.1	5.7	-0.3	-8.7	-9.9
社会消费品零售总额（亿元）	—	74426	34233	29483	33547	38743	35870	36258	37745	40271	38615	40542
同比增幅（%）	—	6.7	-3.5	-11.1	-6.7	3.1	2.7	5.4	2.5	-0.5	-5.9	-1.8
生产者出厂价格指数（PPI）同比增幅（%）	9.1	8.8	8.3	8.0	6.4	6.1	4.2	2.3	0.9	-1.3	-1.3	-0.7
居民消费价格指数（CPI）同比增幅（%）	0.9	0.9	1.5	2.1	2.1	2.5	2.7	2.5	2.8	2.1	1.6	1.8
制造业采购经理指数（PMI）（%）	50.1	50.2	49.5	47.4	49.6	50.2	49.0	49.4	50.1	49.2	48.0	47.0
城镇调查失业率（%）	5.3	5.5	5.8	6.1	5.9	5.5	5.4	5.3	5.5	5.5	5.7	5.5

数据来源：国家统计局。

注：2月固定资产投资总额、社会消费品零售总额为1—2月累计值。

表 2-2 2022 年全国宏观经济数据（月度累计）

类　别	1—2月	1—3月	1—4月	1—5月	1—6月	1—7月	1—8月	1—9月	1—10月	1—11月	1—12月
工业增加值累计增幅（%）	7.5	6.5	4.0	3.3	3.4	3.5	3.6	3.9	4.0	3.8	3.6
固定资产投资额（亿元）	50763	104872	153544	205964	271430	319812	367106	421412	471459	520043	572138
同比增幅（%）	12.2	9.3	6.8	6.2	6.1	5.7	5.8	5.9	5.8	5.3	5.1
进口总额累计（亿美元）	4287	6580	8814	11121	13468	15804	18154	20534	22646	24893	27160
同比增幅（%）	15.5	9.6	7.1	6.6	5.7	5.3	4.6	4.1	3.5	2.0	1.1
出口总额累计（亿美元）	5447	8209	10944	14026	17323	20627	23760	26986	29922	32882	35936
同比增幅（%）	16.3	15.8	12.5	13.5	14.2	14.6	13.5	12.5	11.1	9.0	7.0
社会消费品零售总额（亿元）	74426	108659	138142	171689	210432	246302	282560	320305	360575	399190	439733
同比增幅（%）	6.7	3.3	-0.2	-1.5	-0.7	-0.2	0.5	0.7	0.6	-0.1	-0.2

数据来源：国家统计局。

表 2-3　2022 年国内生产总值及同比增幅数据（单季度）

类　别	绝对值（亿元）				同比增幅（%）			
	第一季度	第二季度	第三季度	第四季度	第一季度	第二季度	第三季度	第四季度
国内生产总值	271509	293920	309271	335508	4.8	0.4	3.9	2.9
第一产业	10950	18215	25683	33497	6.0	4.4	3.4	4.0
第二产业	106283	122638	121642	132601	5.8	0.9	5.2	3.4
第三产业	154276	153066	161945	169411	4.0	-0.4	3.2	2.3
农林牧渔业	11582	19126	26818	35057	6.1	4.5	3.6	4.1
工业	93855	100899	100044	106845	6.4	0.4	4.6	2.5
制造业	78800	84942	82576	88897	6.1	-0.3	4.0	2.3
建筑业	12807	22153	22058	26365	1.4	3.6	7.8	7.0
批发和零售业	25841	27351	29420	31905	3.9	-1.8	1.6	0.3
交通运输、仓储和邮政业	10823	12527	13533	12792	2.1	-3.5	2.6	-3.9
住宿和餐饮业	3898	3843	4884	5231	-0.3	-5.3	2.8	-5.8
金融业	24458	24003	24576	23775	5.1	5.9	5.5	5.9
房地产业	18853	18529	17974	18466	-2.0	-7.0	-4.2	-7.2
信息传输、软件和信息技术服务业	12249	12518	11059	12108	10.8	7.6	7.9	10.0
租赁和商务服务业	9074	8192	10004	11883	5.1	-3.3	5.4	5.6
其他行业	48069	44780	48900	51082	4.9	-0.2	4.4	5.7

数据来源：国家统计局。

表 2-4　2022 年国内生产总值及同比增幅数据（季度累计）

类　别	绝对值（亿元）				同比增幅（%）			
	第一季度	上半年	前三季度	全年	第一季度	上半年	前三季度	全年
国内生产总值	271509	565429	874699	1210207	4.8	2.5	3.0	3.0
第一产业	10950	29165	54849	88345	6.0	5.0	4.2	4.1
第二产业	106283	228922	350564	483165	5.8	3.2	3.9	3.8
第三产业	154276	307342	469287	638698	4.0	1.8	2.3	2.3
农林牧渔业	11582	30708	57526	92582	6.1	5.1	4.4	4.3
工业	93855	194755	294799	401644	6.4	3.3	3.7	3.4
制造业	78800	163742	246318	335215	6.1	2.8	3.2	2.9
建筑业	12807	34960	57018	83383	1.4	2.8	4.8	5.5
批发和零售业	25841	53193	82612	114518	3.9	0.9	1.2	0.9
交通运输、仓储和邮政业	10823	23350	36882	49674	2.1	-0.8	0.3	-0.8
住宿和餐饮业	3898	7741	12625	17855	-0.3	-2.8	-0.7	-2.3
金融业	24458	48460	73036	96811	5.1	5.5	5.5	5.6
房地产业	18853	37381	55356	73821	-2.0	-4.6	-4.4	-5.1
信息传输、软件和信息技术服务业	12249	24767	35826	47934	10.8	9.2	8.8	9.1
租赁和商务服务业	9074	17266	27270	39153	5.1	0.9	2.5	3.4
其他行业	48069	92849	141750	192831	4.9	2.4	3.1	3.8

数据来源：国家统计局。

表2-5 2021年GDP最终核实数与初步核算数对比

行　业	现价总量（亿元）			不变价增速			产业结构		
	最终核实数	初步核算数	差距	最终核实数（%）	初步核算数（%）	差距（百分点）	最终核实数（%）	初步核算数（%）	差距（百分点）
国内生产总值	1149237	1143670	5567	8.4	8.1	0.3	100.0	100.0	0.0
第一产业	83216	83086	130	7.1	7.1	0.0	7.2	7.3	−0.1
第二产业	451544	450904	640	8.7	8.2	0.5	39.3	39.4	−0.1
第三产业	614476	609680	4796	8.5	8.2	0.3	53.5	53.3	0.2
农林牧渔业	86995	86775	220	7.1	7.1	0.0	7.6	7.6	0.0
工业	374546	372575	1971	10.4	9.6	0.8	32.6	32.6	0.0
制造业	316581	313797	2784	11.3	9.8	1.5	27.5	27.4	0.1
建筑业	78741	80138	−1397	1.1	2.1	−1.0	6.9	7.0	−0.1
批发和零售业	110147	110493	−346	11.0	11.3	−0.3	9.6	9.7	−0.1
交通运输、仓储和邮政业	48424	47061	1363	15.1	12.1	3.0	4.2	4.1	0.1
住宿和餐饮业	18027	17853	174	15.6	14.5	1.1	1.6	1.6	0.0
金融业	90309	91206	−897	4.0	4.8	−0.8	7.9	8.0	−0.1
房地产业	77216	77561	−345	3.5	5.2	−1.7	6.7	6.8	−0.1
信息传输、软件和信息技术服务业	44510	43956	554	17.4	17.2	0.2	3.9	3.8	0.1
租赁和商务服务业	37484	35350	2134	11.2	6.2	5.0	3.3	3.1	0.2
其他行业	182838	180701	2137	6.8	6.3	0.5	15.9	15.8	0.1

数据来源：国家统计局。

注：本表中GDP总量、构成等数据中，有的不等于各产业（行业）之和，是由于数值修约误差所致，未作机械调整。

表2-6 2018—2022年国内（地区）生产总值

单位：亿元

地　区	2018年	2019年	2020年	2021年	2022年
全　国	**919281**	**986515**	**1013567**	**1149237**	**1210207**
北　京	33106	35445	35943	41046	41611
天　津	13363	14056	14008	15685	16311
河　北	32495	34979	36014	40397	42370
上　海	36012	37988	38963	43653	44653
江　苏	93208	98657	102808	117392	122876
浙　江	58003	62462	64689	74041	77715
福　建	38688	42327	43609	49566	53110
山　东	66649	70541	72798	82875	87435
广　东	99945	107987	111152	124720	129119
海　南	4911	5331	5566	6504	6818
山　西	15958	16962	17836	22870	25643

续表

地 区	2018 年	2019 年	2020 年	2021 年	2022 年
安 徽	34011	36846	38062	42565	45045
江 西	22717	24667	25782	29828	32075
河 南	49936	53718	54259	58071	61345
湖 北	42022	45429	43005	50091	53735
湖 南	36330	39894	41543	45714	48670
内蒙古	16141	17213	17258	21166	23159
广 西	19628	21237	22121	25209	26301
重 庆	21589	23606	25041	28077	29129
四 川	42902	46364	48502	54088	56750
贵 州	15353	16769	17860	19459	20165
云 南	20881	23224	24556	27162	28954
西 藏	1548	1698	1903	2080	2133
陕 西	23942	25793	26014	30122	32773
甘 肃	8104	8718	8980	10226	11202
青 海	2748	2941	3010	3385	3610
宁 夏	3510	3749	3956	4588	5070
新 疆	12809	13597	13801	16312	17741
辽 宁	23511	24855	25011	27570	28975
吉 林	11254	11727	12256	13164	13070
黑龙江	12847	13544	13633	14858	15901

数据来源：国家统计局。

表 2-7 2021 年东、中、西部及东北地区国民经济和社会发展主要指标

类 别	全国总计	东部地区		中部地区		西部地区		东北地区	
		绝对数	占全国比重（%）	绝对数	占全国比重（%）	绝对数	占全国比重（%）	绝对数	占全国比重（%）
总人口（年末）（万人）	141260	56605	40.1	36445	25.8	38281	27.1	9729	6.9
国内（地区）生产总值（亿元）	1143669.7	592201.8	52.1	250132.4	22.0	239710.1	21.1	55698.8	4.9
第一产业（亿元）	83085.5	26583.4	32.0	21587.2	26.0	27437.1	33.0	7478.6	9.0
第二产业（亿元）	450904.5	231411.8	51.8	103420.2	23.1	92570.4	20.7	19618.8	4.4
第三产业（亿元）	609679.7	334206.5	55.0	125125.1	20.6	119702.6	19.7	28601.4	4.7
居民人均可支配收入（元）	35128.1	44980.3	—	29650.0		27798.4	—	30517.7	

续表

类别	全国总计	东部地区		中部地区		西部地区		东北地区	
		绝对数	占全国比重（%）	绝对数	占全国比重（%）	绝对数	占全国比重（%）	绝对数	占全国比重（%）
城镇居民人均可支配收入（元）	47411.9	56378.3	—	40706.8	—	40582.6	—	38224.6	—
农村居民人均可支配收入（元）	18930.9	23556.1	—	17857.5	—	15608.1	—	18280.4	—
地方一般公共预算收入（亿元）	111084.2	63984.6	57.6	20032.8	18.0	21856.7	19.7	5210.1	4.7
地方一般公共预算支出（亿元）	210623.0	90372.8	42.9	45460.0	21.6	60109.3	28.5	14680.9	7.0
社会消费品零售总额（亿元）	440823.2	222912.8	50.6	105965.0	24.1	92301.3	20.9	19543.5	4.4
货物进出口总额（亿元）	390921.7	310451.8	79.4	33661.9	8.6	35587.1	9.1	11220.9	2.9
出口（亿元）	217287.4	170610.7	78.5	21869.9	10.1	20693.4	9.5	4113.4	1.9
进口（亿元）	173634.3	139841.1	80.5	11792.0	6.8	14893.7	8.6	7107.4	4.1
主要农产品产量									
谷物（万吨）	63275.7	15280.1	24.1	19297.1	30.5	15157.1	24.0	13541.4	21.4
棉花（万吨）	573.1	31.7	5.5	25.1	4.4	516.3	90.1	—	—
油料（万吨）	3613.2	683.1	18.9	1587.9	43.9	1126.6	31.2	215.5	6.0
主要工业产品产量									
原煤（亿吨）	41.3	1.5	3.6	14.2	34.4	24.5	59.4	1.0	2.4
天然气（亿立方米）	2075.8	213.5	10.3	129.9	6.3	1652.6	79.6	79.8	3.8
水泥（万吨）	237724.5	87462.0	36.8	64824.0	27.3	76192.7	32.1	9245.8	3.9
粗钢（万吨）	103524.3	52642.4	50.9	22928.2	22.1	17951.7	17.3	10001.9	9.7
钢材（万吨）	133666.8	76609.0	57.3	24642.9	18.4	21913.9	16.4	10501.1	7.9
汽车（万辆）	2625.7	1258.4	47.9	494.2	18.8	555.8	21.2	317.4	12.1
发电量（亿千瓦小时）	85342.5	31838.7	37.3	16646.1	19.5	32373.7	37.9	4483.9	5.3
铁路营业里程（千米）	150739.3	36545.7	24.2	34513.5	22.9	60642.0	40.2	19038.2	12.6
公路里程（千米）	5280708.1	1203006.8	22.8	1403560.0	26.6	2265507.6	42.9	408633.6	7.7
高速公路（千米）	169070.6	47254.3	27.9	38868.9	23.0	69764.2	41.3	13183.2	7.8
客运量（万人）	830256.6	300973.7	36.3	198094.7	23.9	232774.8	28.0	54357.7	6.5
货运量（万吨）	5298499.1	2041952.1	38.5	1512502.3	28.5	1372685.2	25.9	287941.8	5.4
邮政业务总量（亿元）	13698.3	10015.5	73.1	1942.7	14.2	1278.2	9.3	461.9	3.4
电信业务总量（亿元）	17197.5	8100.9	47.1	3565.2	20.7	4483.5	26.1	905.0	5.3

续表

类别	全国总计	东部地区		中部地区		西部地区		东北地区	
		绝对数	占全国比重（%）	绝对数	占全国比重（%）	绝对数	占全国比重（%）	绝对数	占全国比重（%）
普通、职业高等学校数（个）	2756	1034	37.5	723	26.2	739	26.8	260	9.4
普通、职业本专科在校生数（万人）	3496.1	1301.3	37.2	972.7	27.8	940.9	26.9	281.3	8.0
医院数（个）	36570	12808	35.0	8997	24.6	11309	30.9	3456	9.5
执业（助理）医师（万人）	428.8	181.1	42.2	105.7	24.6	110.4	25.7	31.6	7.4
医院床位数（万张）	741.4	267.2	36.0	197.0	26.6	212.2	28.6	65.1	8.8

数据来源：国家统计局。

注：1. 占全国比重以各地区合计数为100计算。2. 全国总计人口包括了中国人民解放军现役军人。3. 货运量分地区数据不包括民航、管道和部分水路运输数据，客运量分地区数据不包括民航和部分水路运输数据，各地区合计数小于全国总计。

表2-8 2021年京津冀及长江经济带国民经济和社会发展主要指标

类别	全国总计	京津冀地区		长江经济带		长江三角洲	
		绝对数	占全国比重（%）	绝对数	占全国比重（%）	绝对数	占全国比重（%）
总人口（年末）（万人）	141260	11010	7.8	60742	43.0	23647	16.7
国内（地区）生产总值（亿元）	1143669.7	96355.9	8.5	530227.7	46.6	276054.0	24.3
第一产业（亿元）	83085.5	4367.1	5.3	35895.9	43.2	10392.1	12.5
第二产业（亿元）	450904.5	29487.1	6.6	209949.1	47.0	112026.5	25.1
第三产业（亿元）	609679.7	62501.7	10.3	284382.7	46.8	153635.4	25.3
地方一般公共预算收入（亿元）	111084.2	12241.0	11.0	50200.3	45.2	29547.8	26.6
地方一般公共预算支出（亿元）	210623.0	19205.9	9.1	92934.9	44.1	41621.8	19.8
社会消费品零售总额（亿元）	440823.2	32147.4	7.3	221565.5	50.3	111463.6	25.3
货物进出口总额（亿元）	390921.7	44421.3	11.4	178676.5	45.7	141041.9	36.1
出口（亿元）	217287.4	13028.0	6.0	106971.9	49.2	82454.2	37.9
进口（亿元）	173634.3	31393.3	18.1	71704.6	41.3	58587.7	33.7
主要农产品产量							
谷物（万吨）	63275.7	3949.6	6.2	21911.3	34.6	8264.3	13.1
棉花（万吨）	573.1	16.4	2.9	25.2	4.4	4.3	0.7
油料（万吨）	3613.2	119.2	3.3	1689.0	46.7	297.1	8.2
主要工业产品产量							
原煤（亿吨）	41.3	0.5	1.2	3.4	8.2	1.2	2.9
天然气（亿立方米）	2075.8	48.6	2.3	636.4	30.7	20.5	1.0
水泥（万吨）	237724.5	12244.7	5.2	118471.2	49.8	44485.1	18.7

续表

类 别	全国总计	京津冀地区		长江经济带		长江三角洲	
		绝对数	占全国比重（%）	绝对数	占全国比重（%）	绝对数	占全国比重（%）
粗钢（万吨）	103524.3	24321.7	23.5	34339.2	33.2	18849.2	18.2
钢材（万吨）	133666.8	35754.5	26.7	43492.5	32.5	24915.5	18.6
汽车（万辆）	2625.7	319.5	12.2	1168.3	44.5	609.2	23.2
发电量（亿千瓦·时）	85342.5	4785.7	5.6	32535.7	38.1	14277.8	16.7
铁路营业里程（千米）	150739.3	10813.9	7.2	46553.7	30.9	13643.9	9.1
公路里程（千米）	5280708.1	244797.3	4.6	2373461.4	44.9	532414.3	10.1
高速公路（千米）	169070.6	10585.8	6.3	67395.3	39.9	16220.6	9.6
客运量（万人）	830256.6	64066.3	7.7	399822.0	48.2	152339.0	18.3
货运量（万吨）	5298499.1	341068.6	6.4	2377741.4	44.9	1178926.9	22.3
邮政业务总量（亿元）	13698.3	949.8	6.9	6913.0	50.5	5289.6	38.6
电信业务总量（亿元）	17197.5	1477.3	8.6	7487.4	43.5	3611.2	21.0
普通高等学校数（个）	2756	271	9.8	1185	43.0	461	16.7
本专科在校学生数（万人）	3496.1	290.5	8.3	1486.9	42.5	537.5	15.4
医院数（个）	36570	3471	9.5	15294	41.8	5279	14.4
执业（助理）医师（万人）	428.8	41.9	9.8	180.9	42.2	76.2	17.8
医院床位数（万张）	741.4	54.5	7.3	331.1	44.7	121.8	16.4

数据来源：国家统计局。

注：1. 长江经济带包括上海、江苏、浙江、安徽、江西、湖北、湖南、重庆、四川、贵州、云南。2. 长江三角洲包括上海、江苏、浙江和安徽4个省市。3. 全国总计人口包括中国人民解放军现役军人。

表2-9　2022年40座重点城市经济数据

城 市	GDP（亿元）	同比增长（%）	进出口总额（亿元）	同比增长（%）	固定资产投资同比增长（%）	社会消费品零售总额（亿元）	同比增长（%）
北 京	41610.9	0.7	36445.5	19.7	3.6	13794.2	-7.2
天 津	16311.3	1.0	8448.5	-1.4	-9.9	—	-5.2
石家庄	7100.6	6.4	1235.1	-16.3	10.1	2436.1	1.8
太 原	5571.2	3.3	1467.1	-20.2	0.2	1761.4	-6.0
呼和浩特	3329.1	2.6	182.7	14.4	12.6	1059.8	-4.1
沈 阳	7695.8	3.5	1406.6	-0.7	6.1	3864.5	-3.0
大 连	8430.9	4.0	4792.1	12.8	6.5	1846.9	-3.3
长 春	6744.6	-4.5	1107.6	-6.2	-11.8	—	-14.0
哈尔滨	5490.1	2.5	387.0	12.5	-7.6	2195.9	-7.7
上 海	44652.8	-0.2	41902.8	3.2	-1.0	16442.1	-9.1

续表

城　市	GDP （亿元）	同比增长 （%）	进出口总额 （亿元）	同比增长 （%）	固定资产投资 同比增长 （%）	社会消费品 零售总额 （亿元）	同比增长 （%）
南　京	16907.9	2.1	6292.1	0.3	3.5	7832.4	-0.8
无　锡	14850.8	3.0	7373.1	8.0	2.2	3337.6	1.0
苏　州	23958.3	2.0	25721.1	1.6	1.5	9010.7	-0.2
杭　州	18753.0	1.5	7565.0	2.7	6.0	7294.0	5.8
宁　波	15704.3	3.5	12671.3	6.3	10.4	4896.7	5.3
温　州	8029.8	3.7	2949.6	22.4	7.8	3944.1	3.6
合　肥	12013.1	3.5	3611.0	8.6	9.1	5021.6	-1.8
福　州	12308.2	4.4	3656.9	10.2	5.9	4679.5	2.9
厦　门	7802.7	4.4	9225.6	4.0	10.2	2665.4	3.1
南　昌	7203.5	4.1	1345.6	4.3	7.6	3012.0	4.6
济　南	12027.5	3.1	2208.9	13.9	3.8	4878.1	-4.8
青　岛	14920.8	3.9	9117.2	7.4	4.5	5891.8	-1.4
郑　州	12934.7	1.0	6069.7	3.1	-8.5	5223.1	-3.3
武　汉	18866.4	4.0	3532.2	5.3	10.8	6936.2	2.1
长　沙	13966.1	4.5	3313.9	21.0	5.1	5235.6	2.4
广　州	28839.0	1.0	10948.4	1.1	-2.1	10298.2	1.7
深　圳	32387.7	3.3	36737.5	3.7	8.4	9708.3	2.2
南　宁	5218.3	1.4	1510.1	22.9	-17.8	2358.8	-0.2
北　海	1674.2	3.5	344.1	14.4	-4.6	345.4	-1.3
海　口	2134.8	1.3	605.6	28.6	-12.7	1003.1	-5.1
三　亚	847.1	-4.5	214.8	0.0	-19.7	432.3	-20.7
重　庆	29129.0	2.6	8158.4	2.0	0.7	13926.1	-0.3
成　都	20817.5	2.8	8346.4	1.6	5.0	9096.5	-1.7
贵　阳	4921.2	2.0	593.3	15.2	-4.2	2402.1	-5.7
昆　明	7541.4	3.0	1997.4	16.4	-3.1	3385.3	0.0
西　安	11486.5	4.4	4474.1	0.8	10.5	4642.1	-5.2
兰　州	3343.5	0.8	168.8	19.0	-3.5	1598.2	-9.1
西　宁	1644.4	2.1	32.4	41.5	-18.3	531.7	-14.4
银　川	2535.6	4.0	156.6	24.3	3.7	791.6	0.4
乌鲁木齐	3893.2	0.3	513.6	33.2	0.3	1033.0	-11.8

数据来源：各地方统计局。

二、金融数据

表2-10 2022年新增贷款

单位：亿元

月份	各项贷款	境内贷款	住户贷款	短期贷款			中长期贷款		
					消费贷款	经营贷款		消费贷款	经营贷款
1	39618.36	40319.64	8384.90	993.76	-908.75	1902.51	7391.14	5560.50	1830.64
2	12335.86	10857.67	-3369.14	-2910.62	-2872.95	-37.67	-458.52	-625.63	167.11
3	31253.52	31881.14	7538.44	3847.52	868.04	2979.48	3690.92	1681.80	2009.12
4	6453.77	4993.23	-2169.59	-1855.87	-948.28	-907.59	-313.72	-700.91	387.20
5	18884.13	18697.17	2887.92	1840.44	872.84	967.60	1047.48	-85.27	1132.74
6	28063.36	28895.01	8522.74	4282.17	1712.69	2569.48	4240.57	1903.02	2337.55
7	6789.82	5570.16	1216.95	-268.66	153.73	-422.39	1485.61	467.51	1018.10
8	12541.89	12904.74	4579.60	1922.10	881.68	1040.42	2657.50	993.83	1663.67
9	24738.40	24753.14	6507.95	3036.76	760.54	2276.21	3471.19	1304.16	2167.03
10	6151.78	5585.22	-180.26	-512.41	-211.50	-300.90	332.16	-183.09	515.24
11	12135.93	11365.55	2627.32	524.74	195.40	329.34	2102.57	749.80	1352.79
12	13983.04	14382.80	1733.48	-113.98	-588.28	474.30	1847.45	530.70	1316.74

数据来源：中国人民银行。

表2-11 2022年货币供应量

单位：亿元

月份	货币和准货币（M_2）	货币（M_1）	流通中货币（M_0）
1	2431023	613859	106189
2	2441489	621612	97228
3	2497688	645064	95142
4	2499711	636139	95626
5	2527026	645108	95547
6	2581451	674375	96011
7	2578079	661832	96509
8	2595068	664605	97231
9	2626601	664535	98672
10	2612915	662141	98417
11	2647008	667043	99740
12	2664321	671675	104706

数据来源：中国人民银行。

注：自2022年12月起，"流通中货币（M_0）"含流通中数字人民币。12月末流通中数字人民币余额为136.1亿元。

表 2-12　2022 年社会融资规模增量

单位：亿元

月份	社会融资规模增量	其中									
		人民币贷款	外币贷款（折合人民币）	委托贷款	信托贷款	未贴现银行承兑汇票	企业债券	政府债券	非金融企业境内股票融资	存款类金融机构资产支持证券	贷款核销
1	61759	41988	1031	428	−680	4733	5838	6026	1439	−215	204
2	12170	9084	480	−74	−751	−4228	3610	2722	585	−53	257
3	46565	32291	239	107	−259	287	3750	7074	958	−102	1584
4	9327	3616	−760	−2	−615	−2557	3652	3912	1166	−216	484
5	28415	18230	−240	−132	−619	−1068	366	10582	292	−191	487
6	51926	30540	−291	−380	−828	1066	2346	16216	589	−23	1760
7	7785	4088	−1137	89	−398	−2744	960	3998	1437	−357	1021
8	24712	13344	−826	1755	−472	3486	1512	3045	1251	4	625
9	35411	25686	−713	1508	−191	132	345	5533	1022	−192	1512
10	9134	4431	−724	470	−61	−2156	2413	2791	788	−132	326
11	19837	11448	−648	−88	−365	191	604	6520	788	−233	625
12	13058	14401	−1665	−101	−764	−554	−4887	2809	1443	−152	1384

数据来源：中国人民银行。

表 2-13　2022 年各地区社会融资规模增量

单位：亿元

地区	第一季度	上半年	前三季度	全年
北　京	7618	11728	10351	11440
天　津	1090	2390	2674	3429
河　北	4272	8108	10600	12255
上　海	4903	5929	9020	8842
江　苏	16774	24223	30242	33754
浙　江	14094	22886	30321	34921
福　建	5078	8526	10693	11480
山　东	9137	14936	18544	21241
广　东	13879	24805	30553	35104
海　南	376	543	704	1212
山　西	2220	3186	3851	3853
安　徽	4684	8900	10925	11803
江　西	3493	6151	7830	8624
河　南	4022	6648	9585	9894
湖　北	4020	7212	9708	11049
湖　南	3650	6386	8551	9832

续表

地 区	第一季度	上半年	前三季度	全年
内蒙古	780	1560	1740	1914
广 西	2573	4432	5981	6952
重 庆	2124	3558	4926	5288
四 川	6811	11963	14952	17599
贵 州	1686	2552	3601	4631
云 南	1712	2930	3877	4562
西 藏	45	218	196	151
陕 西	2368	4623	6014	6839
甘 肃	1495	1943	2282	1923
青 海	50	-49	-266	-395
宁 夏	327	437	672	746
新 疆	1368	2920	3675	4087
辽 宁	124	986	1429	835
吉 林	606	1060	2038	2537
黑龙江	910	1619	1626	1569

数据来源：中国人民银行。

表2-14 2022年官方储备资产

月 份	单位	外汇储备	基金组织储备头寸	特别提款权	黄金	其他储备资产
1	亿美元	32216.32	106.29	535.09	1124.61	0.10
	亿SDR	23147.52	76.37	384.46	808.04	0.07
2	亿美元	32138.27	106.47	536.31	1196.40	-3.51
	亿SDR	23040.44	76.33	384.49	857.72	-2.52
3	亿美元	31879.94	104.71	531.60	1216.63	-1.30
	亿SDR	23061.31	75.75	384.55	880.09	-0.94
4	亿美元	31197.20	100.48	522.71	1197.31	-5.74
	亿SDR	23206.97	74.75	388.83	890.65	-4.27
5	亿美元	31277.80	101.26	524.98	1151.83	-1.69
	亿SDR	23173.88	75.02	388.96	853.40	-1.25
6	亿美元	30712.72	99.62	519.54	1138.23	-4.17
	亿SDR	23130.86	75.03	391.28	857.24	-3.14
7	亿美元	31040.71	101.12	518.11	1098.39	-3.43
	亿SDR	23451.75	76.40	391.44	829.85	-2.59
8	亿美元	30548.81	101.69	512.93	1074.90	-0.71
	亿SDR	23474.81	78.14	394.15	825.99	-0.55
9	亿美元	30289.55	99.56	504.54	1047.24	-5.11
	亿SDR	23665.93	77.79	394.21	818.24	-4.00

续表

月 份	单位	外汇储备	基金组织储备头寸	特别提款权	黄金	其他储备资产
10	亿美元	30524.27	104.51	503.40	1026.73	-4.76
	亿SDR	23785.88	81.44	392.27	800.07	-3.71
11	亿美元	31174.88	107.08	505.13	1116.50	-4.27
	亿SDR	23709.99	81.44	384.17	849.15	-3.24
12	亿美元	31276.91	108.39	511.59	1172.35	-3.95
	亿SDR	23501.56	81.44	384.41	880.91	-2.97

数据来源：中国人民银行。

注：自2016年4月1日起，除按美元公布官方储备资产外，增加以国际货币基金组织特别提款权（SDR）公布相关数据，折算汇率来源于国际货币基金组织网站，其中2022年1月USD/SDR＝0.718503，2022年2月USD/SDR＝0.716916，2022年3月USD/SDR＝0.723380，2022年4月USD/SDR＝0.743880，2022年5月USD/SDR＝0.740905，2022年6月USD/SDR＝0.753136，2022年7月USD/SDR＝0.755516，2022年8月USD/SDR＝0.768436，2022年9月USD/SDR＝0.781323，2022年10月USD/SDR＝0.779245，2022年11月USD/SDR＝0.760548，2022年12月USD/SDR＝0.751403。

表2-15　2022年主要外币兑人民币汇率（期末值）

类别	1月	2月	3月	4月	5月	6月	7月	8月	9月	10月	11月	12月
一特别提款权单位折合人民币元	8.8509	8.8028	8.7682	8.8544	8.9906	8.8892	8.906	8.9707	9.0817	9.3589	9.3904	9.2973
一美元折合人民币	6.3746	6.3222	6.3482	6.6177	6.6607	6.7114	6.7437	6.8906	7.0998	7.1768	7.1769	6.9646
一欧元折合人民币	7.1030	7.0659	7.0847	6.9531	7.1747	7.0084	6.8739	6.9224	6.9892	7.1703	7.4129	7.4229
一英镑折合人民币	9.0505	9.0305	8.7597	8.7996	8.7860	8.7144	9.1590	9.1522	7.8577	8.6905	8.7702	8.8903
一百日元折合人民币	5.5247	5.4663	5.1965	5.0616	5.2102	4.9136	5.0154	4.9800	4.9276	4.8750	5.1723	5.2358
一澳大利亚元折合人民币	4.4859	4.5397	4.7646	4.7065	4.8001	4.6145	4.7196	4.7382	4.6296	4.6147	4.7908	4.7138
一加拿大元折合人民币	5.0050	4.9554	5.0849	5.1707	5.2618	5.2058	5.2662	5.2788	5.2084	5.2975	5.2805	5.1385

数据来源：中国人民银行。

表2-16　2022年全国银行间同业拆借中心受权公布贷款市场报价利率（LPR）（％）

报价日期	1—5年（含）	5年以上	报价日期	1—5年（含）	5年以上
1月20日	3.70	4.60	7月20日	3.70	4.45
2月21日	3.70	4.60	8月22日	3.65	4.30
3月21日	3.70	4.60	9月20日	3.65	4.30
4月20日	3.70	4.60	10月20日	3.65	4.30
5月20日	3.70	4.45	11月21日	3.65	4.30
6月20日	3.70	4.45	12月20日	3.65	4.30

数据来源：中国人民银行。

表2-17 2022年新发放贷款加权平均利率（%）

类　别	3月	6月	9月	12月
新发放贷款加权平均利率	4.65	4.41	4.34	4.14
一般贷款加权平均利率	4.98	4.76	4.65	4.57
企业贷款加权平均利率	4.36	4.16	4.00	3.97
票据融资加权平均利率	2.40	1.86	1.92	1.60
个人住房贷款加权平均利率	5.49	4.62	4.34	4.26

数据来源：中国人民银行。

表2-18 2018—2022年末40座重点城市住户储蓄余额

单位：亿元

城　市	2018年末	2019年末	2020年末	2021年末	2022年末
北　京	34019.0	37309.7	42888.8	47184.3	56915.8
天　津	10746.2	12639.6	14865.7	16244.1	19225.8
石家庄	6473.3	7630.0	8774.6	9858.0	11671.1
太　原	4767.5	5252.1	5896.9	6566.4	7761.9
呼和浩特	2174.1	2391.6	2623.8	2893.1	3372.5
沈　阳	7288.1	8337.6	10330.0	11057.3	—
大　连	6040.0	6842.3	7843.8	8686.1	8921.1
长　春	4993.2	5889.1	6896.3	8257.5	8894.3
哈尔滨	5394.3	6291.8	7311.4	8187.2	—
上　海	27071.7	31727.7	36734.0	41150.4	50903.0
南　京	6914.8	8299.6	9499.2	10636.8	13078.1
无　锡	5599.9	6316.1	7283.7	8218.4	10023.5
苏　州	9168.4	10466.7	12052.0	13555.8	16723.7
杭　州	9981.2	11677.3	14193.6	15623.0	19814.4
宁　波	6561.3	7475.5	8522.1	9387.3	11841.6
温　州	6620.9	7601.8	8550.4	9214.4	11199.9
合　肥	4003.4	4667.2	5589.4	6394.1	7958.0
福　州	5053.3	6027.1	6951.5	7493.0	9155.7
厦　门	2610.2	3062.0	3684.4	4197.8	5213.4
南　昌	3132.1	3618.1	4278.7	4738.0	5790.4
济　南	5008.1	6438.1	7584.1	8558.4	9148.6
青　岛	5913.7	6755.2	8030.9	9028.2	10948.2
郑　州	7157.3	7957.0	8961.8	9829.9	11393.5
武　汉	7728.5	8993.0	10213.2	11498.2	14064.6

续表

城　市	2018 年末	2019 年末	2020 年末	2021 年末	2022 年末
长　沙	5692.1	6530.5	7501.6	8245.9	9771.9
广　州	16042.1	17980.6	20774.1	22768.5	26479.9
深　圳	13478.9	16010.8	18674.4	20532.3	24544.9
南　宁	3542.8	3960.3	4415.3	4878.8	5521.8
北　海	653.75	730.1	789.5	868.1	—
海　口	1706.5	1838.7	2034.6	2222.0	2566.1
三　亚	640.92	685.82	756.5	827.3	935.5
重　庆	15907.2	17860.4	20209.8	22239.9	25458.9
成　都	13141.5	14900.6	17085.0	19020.5	22403.0
贵　阳	2835.7	3164.1	3634.6	4008.8	4646.5
昆　明	4882.5	5355.5	5962.8	6495.4	7391.2
西　安	8360.3	9553.9	10913.1	11996.5	—
兰　州	3244.1	3571.2	3859.6	4083.0	—
西　宁	1436.8	1548.9	1723.9	1895.2	2204.3
银　川	1664.8	1867.0	2137.5	2323.5	2693.9
乌鲁木齐	2871.1	3171.7	3680.3	4027.9	4647.5

数据来源：国家统计局及各地方统计局网站。

注：部分城市 2021 年数据有调整。

三、财政数据

表 2-19　2018—2022 年全国财政收入情况

单位：亿元

类　别	2018 年	2019 年	2020 年	2021 年	2022 年
全国一般公共财政收入	183360	190390	182914	202555	203703
中央一般公共财政收入	85456	89309	82771	91470	94885
地方一般公共财政收入（本级）	97903	101081	100143	111084	108818
税收收入	156403	158000	154312	172736	166614
全国政府性基金收入	75479	84518	93491	98024	77879
中央政府性基金收入	4035	4040	3562	4088	4124
地方政府性基金收入（本级）	71444	80478	89930	93936	73755
国有土地使用权出让收入	65168	72580	84139	87052	66854

数据来源：财政部。

注：2021 年数据根据当年财政决算数据有调整。

表2-20　2018—2022年全国财政支出情况

单位：亿元

类别	2018年	2019年	2020年	2021年	2022年
全国一般公共财政支出	220904	238858	245679	245673	260609
中央一般公共财政支出	32708	35115	35096	35050	35570
地方一般公共财政支出	188196	203743	210583	210623	225039
全国政府性基金支出	80602	91648	118058	113390	110583
中央政府性基金支出	3089	3113	2715	3201	5544
地方政府性基金支出	77512	88534	115343	110189	105039
国有土地使用权出让收入相关支出	69925	75754	75552	77520	63736

数据来源：财政部。

注：2021年数据根据当年财政决算数据有调整。

表2-21　2017—2021年全国住房保障支出情况

单位：亿元

类别	2017年	2018年	2019年	2020年	2021年
住房保障支出	**6552.49**	**6806.37**	**6401.19**	**7106.08**	**7096.44**
保障性安居工程支出	**3791.56**	**3697.45**	**2941.16**	**3129.33**	**2793.68**
廉租住房	46.01	38.95	33.29	27.38	20.53
沉陷区治理	4.28	5.78	12.01	7.09	12.54
棚户区改造	1684.84	1667.78	1086.24	922.57	889.54
少数民族地区游牧民定居工程	6.42	1.14	4.84	1.38	0.25
农村危房改造	419.33	456.93	393.6	249.37	131.33
公共租赁住房	390.71	329.63	285.57	297.85	232.59
保障性住房租金补贴	59.94	53.21	50.07	45.01	50.14
老旧小区改造	—	—	—	669.89	814.20
住房租赁市场发展	—	—	—	140.24	200.55
其他保障性安居工程支出	1180.04	1144.03	1075.53	768.56	442.00
住房改革支出	**2494.98**	**2852.8**	**3166.08**	**3731.21**	**4029.71**
住房公积金	1772.26	1989.43	2244.29	2651.81	2813.23
提租补贴	168.65	215.5	274.05	351.78	420.76
购房补贴	554.07	647.87	647.74	727.62	795.73
城乡社区住宅	**265.95**	**256.12**	**293.95**	**245.54**	**273.05**
公有住房建设和维修改造支出	39.25	44.54	51.18	30.86	28.88
住房公积金管理	71.95	76.78	82.9	85.16	81.44
其他城乡社区住宅支出	154.75	134.8	159.87	129.53	162.73

数据来源：财政部。

表2-22 2017—2021年地方住房保障支出情况

单位：亿元

类　别	2017年	2018年	2019年	2020年	2021年
住房保障支出	**6131.82**	**6299.92**	**5839.35**	**6499.50**	**6463.02**
保障性安居工程支出	**3776.60**	**3674.92**	**2930.02**	**3121.93**	**2778.75**
廉租住房	46.01	38.94	33.29	27.38	20.53
沉陷区治理	4.28	5.78	12.01	7.09	12.54
棚户区改造	1683.40	1664.40	1085.49	921.61	888.43
少数民族地区游牧民定居工程	6.42	1.14	4.84	1.38	0.25
农村危房改造	418.88	455.37	392.10	247.87	130.63
公共租赁住房	389.04	322.56	285.57	297.85	225.39
保障性住房租金补贴	58.44	53.07	50.07	45.01	50.12
老旧小区改造	—	—	—	664.95	808.72
住房租赁市场发展	—	—	—	140.24	200.55
其他保障性安居工程支出	1170.14	1133.66	1066.64	768.56	441.58
住房改革支出	**2089.27**	**2368.96**	**2620.12**	**3132.66**	**3411.92**
住房公积金	1582.32	1784.97	1980.51	2376.41	2538.00
提租补贴	162.09	208.82	267.43	345.08	414.05
购房补贴	344.86	375.17	372.18	411.17	459.88
城乡社区住宅	**265.95**	**256.04**	**289.21**	**244.91**	**272.35**
公有住房建设和维修改造支出	39.25	44.54	46.64	30.40	28.88
住房公积金管理	71.95	76.78	82.76	85.01	81.23
其他城乡社区住宅支出	154.75	134.72	159.81	129.51	162.24

数据来源：财政部。

表2-23 2018—2022年地方财政收入和土地出让金比较

年　份	地方财政收入（亿元）	增幅（％）	土地出让金（亿元）	增幅（％）	出让金收入占地方财政收入比重（％）
2018	97903	7.0	65168	25.0	66.6
2019	101081	3.2	72580	11.4	71.8
2020	100143	-0.9	84139	15.9	84.0
2021	111084	10.9	87052	3.5	78.4
2022	108818	-2.1	66854	-23.3	61.4

数据来源：财政部。

注：2021年数据根据当年财政决算数据有调整。

表 2-24　2018—2022 年各地区公共财政收入情况

单位：亿元

地　区	2018 年	2019 年	2020 年	2021 年	2022 年
合　计	97903.38	101080.61	100143.16	111084.23	108817.96
北　京	5785.92	5817.10	5483.89	5932.31	5714.30
天　津	2106.24	2410.41	1923.11	2141.06	1846.60
河　北	3513.86	3738.99	3826.46	4167.62	4084.00
上　海	7108.15	7165.10	7046.30	7771.80	7608.20
江　苏	8630.16	8802.36	9058.99	10015.16	9258.88
浙　江	6598.21	7048.58	7248.24	8262.64	8039.38
福　建	3007.41	3052.93	3079.04	3383.40	3339.06
山　东	6485.40	6526.71	6559.93	7284.46	7104.04
广　东	12105.26	12654.53	12923.85	14105.04	13279.73
海　南	752.67	814.14	816.06	921.16	832.40
山　西	2292.70	2347.75	2296.57	2834.47	3453.89
安　徽	3048.67	3182.71	3216.01	3498.19	3589.00
江　西	2373.01	2487.39	2507.54	2812.23	2948.30
河　南	3766.02	4041.89	4168.84	4353.92	4261.60
湖　北	3307.08	3388.57	2511.54	3283.32	3280.73
湖　南	2860.84	3007.15	3008.66	3250.69	3101.80
内蒙古	1857.65	2059.69	2051.20	2349.95	2824.40
广　西	1681.45	1811.89	1716.94	1800.15	1687.72
重　庆	2265.54	2134.93	2094.85	2285.45	2103.00
四　川	3910.90	4070.83	4260.89	4773.15	4882.20
贵　州	1726.85	1767.47	1786.80	1969.39	1886.36
云　南	1994.35	2073.56	2116.69	2278.29	1949.30
西　藏	230.35	221.99	220.99	215.62	179.60
陕　西	2243.14	2287.90	2257.31	2775.42	3311.60
甘　肃	871.05	850.49	874.55	1001.86	907.60
青　海	272.89	282.25	297.99	328.76	329.10
宁　夏	436.52	423.58	419.44	460.01	460.10
新　疆	1531.42	1577.63	1477.22	1618.61	1889.17
辽　宁	2616.08	2652.40	2655.75	2765.59	2524.30
吉　林	1240.89	1116.95	1085.02	1143.98	851.00
黑龙江	1282.60	1262.76	1152.51	1300.51	1290.60

数据来源：国家统计局、财政部及地方财政厅/局。

注：2021 年根据最新数据有调整。

表 2-25 2018—2022 年各地区公共财政支出情况

单位：亿元

地 区	2018 年	2019 年	2020 年	2021 年	2022 年
合 计	188196.32	203743.22	210583.46	210623.04	223919.74
北 京	7471.43	7408.19	7116.18	7205.12	7469.20
天 津	3103.16	3555.71	3151.35	3152.55	2751.52
河 北	7726.21	8309.04	9022.79	8848.21	9336.50
上 海	8351.54	8179.28	8102.11	8430.86	9393.16
江 苏	11657.35	12573.55	13681.55	14585.26	14903.20
浙 江	8629.53	10053.03	10082.01	11014.59	12017.70
福 建	4832.69	5077.93	5216.10	5204.72	5702.93
山 东	10100.96	10739.76	11233.52	11713.16	12131.50
广 东	15729.26	17297.85	17430.79	18247.01	18509.93
海 南	1691.30	1858.60	1972.46	1971.37	2095.52
山 西	4283.91	4710.76	5110.87	5046.62	5872.60
安 徽	6572.15	7392.22	7473.59	7591.05	8378.90
江 西	5667.52	6386.80	6674.08	6778.87	7288.30
河 南	9217.73	10163.93	10372.67	9784.29	10644.64
湖 北	7258.27	7970.21	8442.88	7933.67	8626.03
湖 南	7479.61	8034.42	8403.13	8325.50	9005.30
内蒙古	4831.46	5100.91	5270.16	5239.57	5885.10
广 西	5310.74	5850.96	6179.47	5806.54	5893.89
重 庆	4540.95	4847.68	4893.95	4835.06	4893.00
四 川	9707.50	10348.17	11198.54	11215.69	11914.70
贵 州	5029.68	5948.74	5739.50	5590.01	5849.17
云 南	6075.03	6770.09	6974.02	6634.36	6699.70
西 藏	1970.68	2187.75	2210.92	2027.01	2593.80
陕 西	5302.44	5718.52	5930.32	6069.22	6766.30
甘 肃	3772.23	3951.60	4163.40	4032.56	4263.50
青 海	1647.43	1863.67	1932.84	1854.52	1975.07
宁 夏	1419.06	1438.29	1480.36	1427.89	1583.50
新 疆	5012.45	5315.49	5533.16	5376.91	5726.08
辽 宁	5337.72	5745.09	6014.17	5879.21	6253.00
吉 林	3789.59	3933.42	4127.17	3696.84	4044.00
黑龙江	4676.75	5011.56	5449.41	5104.81	5452.00

数据来源：国家统计局、财政部及地方财政厅/局。

注：2021 年根据最新数据有调整。

表 2-26　2018—2022 年房地产五项税收收入情况

单位：亿元

类　别	2018 年	2019 年	2020 年	2021 年	2022 年
房产税	2889	2988	2842	3278	3590
契税	5730	6213	7061	7428	5794
土地增值税	5642	6465	6469	6896	6349
耕地占用税	1319	1390	1258	1065	1257
城镇土地使用税	2388	2195	2058	2126	2226

数据来源：财政部。

表 2-27　2017—2021 年各地区房产税收入情况

单位：亿元

地　区	2017 年	2018 年	2019 年	2020 年	2021 年
合　计	2604.33	2888.56	2988.43	2841.76	3277.64
北　京	273.11	299.52	354.43	308.47	342.86
天　津	76.45	76.20	77.44	72.51	81.88
河　北	62.21	71.28	75.24	79.28	89.57
上　海	203.69	213.84	216.83	198.75	221.98
江　苏	291.19	310.82	322.91	321.75	373.39
浙　江	195.35	233.29	207.25	234.12	249.82
福　建	79.01	87.20	87.47	81.74	93.64
山　东	157.81	168.25	166.73	165.57	188.96
广　东	299.46	361.21	356.76	315.94	374.14
海　南	19.45	22.98	21.61	16.98	24.31
山　西	34.39	41.11	43.13	45.71	45.51
安　徽	59.33	65.10	68.99	72.57	89.07
江　西	40.24	39.82	41.38	34.23	40.47
河　南	65.12	71.52	76.17	82.25	87.01
湖　北	82.67	89.31	100.67	68.65	98.83
湖　南	58.04	63.55	70.31	69.48	89.49
内蒙古	51.64	59.05	51.32	51.37	46.75
广　西	32.67	33.17	50.06	35.91	47.96
重　庆	64.90	67.33	73.15	71.74	86.11
四　川	88.66	106.78	111.86	112.48	143.29
贵　州	38.61	35.36	36.88	37.38	38.90
云　南	41.96	46.96	47.49	50.55	57.38
西　藏	—	—	—	—	—

续表

地 区	2017年	2018年	2019年	2020年	2021年
陕 西	44.72	59.57	65.80	64.97	81.29
甘 肃	21.04	23.87	23.67	24.92	28.43
青 海	6.53	7.35	7.46	7.74	9.18
宁 夏	12.15	12.59	13.68	11.34	14.22
新 疆	37.12	42.93	46.00	42.56	48.41
辽 宁	95.22	101.83	97.17	95.12	104.88
吉 林	33.33	35.63	34.40	29.02	35.04
黑龙江	38.27	41.14	42.18	38.67	44.86

数据来源：国家统计局。

表2-28 2017—2021年各地区契税收入情况

单位：亿元

地 区	2017年	2018年	2019年	2020年	2021年
合 计	4910.42	5729.94	6212.86	7061.02	7427.49
北 京	197.46	245.30	225.19	231.20	245.09
天 津	151.00	105.61	112.96	92.98	98.85
河 北	181.08	220.66	234.51	255.79	267.08
上 海	271.55	284.95	315.18	380.10	410.45
江 苏	488.20	635.10	717.13	918.64	848.29
浙 江	381.59	459.45	571.34	838.16	767.28
福 建	167.57	190.28	193.31	219.72	246.15
山 东	312.52	428.58	455.52	502.83	588.66
广 东	578.75	601.70	640.89	783.82	809.80
海 南	36.95	44.52	52.53	45.22	59.75
山 西	38.68	47.91	75.07	79.02	102.43
安 徽	244.30	237.65	231.90	226.24	262.05
江 西	168.18	177.89	192.69	204.88	222.37
河 南	208.54	246.79	274.94	316.86	320.69
湖 北	204.87	230.54	257.24	198.45	271.48
湖 南	220.42	264.52	289.57	321.15	333.17
内蒙古	34.83	41.42	52.03	62.38	76.45
广 西	101.35	122.92	91.84	101.67	117.86
重 庆	178.57	200.69	190.64	182.67	186.09
四 川	209.95	280.99	289.24	308.80	358.42

续表

地 区	2017 年	2018 年	2019 年	2020 年	2021 年
贵 州	89.29	96.11	103.66	94.26	98.30
云 南	63.36	90.57	118.66	120.74	120.33
西 藏	—	—	—	—	0.26
陕 西	72.56	90.67	97.32	113.55	143.33
甘 肃	22.55	27.47	36.23	38.94	49.03
青 海	4.60	8.87	10.51	11.86	14.51
宁 夏	13.50	17.57	18.80	21.95	23.13
新 疆	33.89	42.45	48.87	53.20	58.54
辽 宁	105.42	130.56	153.60	163.64	161.37
吉 林	70.62	89.14	88.25	107.30	103.66
黑龙江	58.23	69.07	73.26	65.01	62.61

数据来源：国家统计局。

表 2-29 2017—2021 年各地区土地增值税收入情况

单位：亿元

地 区	2017 年	2018 年	2019 年	2020 年	2021 年
合 计	4911.28	5641.38	6465.14	6468.51	6896.02
北 京	288.99	209.13	225.37	259.30	247.43
天 津	126.60	99.92	102.82	90.58	106.06
河 北	168.70	247.65	270.11	269.72	286.93
上 海	387.73	421.84	412.76	497.68	464.16
江 苏	458.93	494.48	558.86	584.00	655.95
浙 江	288.90	342.20	467.69	515.59	698.78
福 建	274.25	262.37	254.53	229.67	256.81
山 东	367.18	390.79	404.28	433.38	487.11
广 东	839.11	1056.11	1402.89	1375.09	1392.05
海 南	98.66	133.81	172.37	134.65	165.92
山 西	43.63	57.52	60.84	52.85	57.37
安 徽	120.85	147.88	146.84	147.64	142.97
江 西	118.05	133.90	138.86	142.12	118.29
河 南	192.24	237.40	295.81	268.61	216.66
湖 北	215.80	236.79	255.41	159.57	281.44
湖 南	129.44	169.19	221.76	256.05	277.61
内蒙古	22.42	30.93	61.74	75.52	60.06

续表

地 区	2017年	2018年	2019年	2020年	2021年
广 西	72.79	84.65	95.06	94.87	75.35
重 庆	83.95	121.06	129.03	104.44	70.86
四 川	172.19	215.52	244.10	244.38	283.59
贵 州	108.66	98.34	89.23	62.89	54.21
云 南	50.53	71.93	86.92	103.57	128.88
西 藏	1.41	3.18	4.13	5.78	4.64
陕 西	44.82	87.82	80.50	70.76	80.64
甘 肃	28.84	34.76	30.62	34.11	34.10
青 海	4.60	9.26	8.18	8.12	8.37
宁 夏	8.59	9.50	9.23	12.53	11.93
新 疆	33.26	33.85	40.35	37.85	50.07
辽 宁	65.74	76.39	90.11	92.14	91.35
吉 林	31.03	43.41	37.79	38.90	29.14
黑龙江	63.41	79.81	66.93	66.18	57.29

数据来源：国家统计局。

表2-30　2017—2021年各地区耕地占用税收入情况

单位：亿元

地 区	2017年	2018年	2019年	2020年	2021年
合 计	1651.89	1318.85	1389.84	1257.57	1065.36
北 京	2.72	2.82	3.23	2.88	4.52
天 津	10.82	9.11	4.60	2.38	4.05
河 北	58.50	63.40	80.86	119.79	103.11
上 海	5.89	5.71	13.29	8.29	2.89
江 苏	53.00	54.17	72.53	61.90	41.18
浙 江	64.97	45.63	121.85	93.32	72.93
福 建	15.96	15.30	15.03	12.42	11.13
山 东	163.24	119.29	97.25	97.67	97.46
广 东	66.26	53.78	58.34	58.71	50.96
海 南	0.95	2.55	14.46	2.98	1.24
山 西	12.08	11.62	10.60	19.70	18.56
安 徽	52.12	52.99	46.81	22.77	22.71
江 西	78.01	44.12	36.58	28.49	21.12
河 南	189.15	175.73	166.87	176.38	162.07

续表

地 区	2017年	2018年	2019年	2020年	2021年
湖 北	106.37	105.47	98.71	29.51	55.53
湖 南	60.96	49.63	66.32	72.26	64.75
内蒙古	88.81	49.78	69.09	73.80	49.53
广 西	90.43	41.16	38.44	37.18	33.37
重 庆	43.41	36.18	30.87	34.79	22.69
四 川	105.12	89.11	90.67	91.19	71.54
贵 州	153.10	93.14	44.71	28.13	11.89
云 南	52.99	35.72	33.32	25.19	20.09
西 藏	1.09	1.62	0.73	1.48	3.04
陕 西	51.15	34.19	45.04	39.28	25.41
甘 肃	6.81	4.89	4.60	4.14	6.82
青 海	5.03	5.89	4.93	2.68	6.44
宁 夏	10.63	8.07	6.96	5.97	6.97
新 疆	48.28	63.32	63.18	48.07	22.20
辽 宁	13.27	10.14	14.62	15.45	17.22
吉 林	19.83	18.34	12.39	20.81	19.88
黑龙江	20.92	16.00	22.96	19.95	14.03

数据来源：国家统计局。

表2-31　2017—2021年各地区城镇土地使用税收入情况

单位：亿元

地 区	2017年	2018年	2019年	2020年	2021年
合 计	**2360.55**	**2387.60**	**2195.41**	**2058.22**	**2126.28**
北 京	19.92	19.65	20.03	18.51	18.93
天 津	18.59	16.88	15.95	14.19	15.01
河 北	112.14	122.98	139.06	145.90	155.59
上 海	47.58	43.99	22.89	18.10	18.64
江 苏	202.72	199.22	180.44	172.08	170.28
浙 江	116.29	127.65	92.44	110.54	99.52
福 建	44.41	44.53	34.87	31.60	36.83
山 东	398.18	396.84	337.27	299.89	302.53
广 东	111.98	158.52	120.70	93.59	94.41
海 南	28.20	28.57	24.50	17.53	22.00
山 西	35.59	39.49	34.91	28.57	29.12

续表

地　区	2017 年	2018 年	2019 年	2020 年	2021 年
安　徽	143.62	122.52	102.72	102.30	112.92
江　西	55.48	48.93	50.65	41.19	44.83
河　南	116.22	126.84	153.83	155.12	135.61
湖　北	67.66	63.10	60.10	40.37	59.14
湖　南	73.62	70.23	75.25	68.99	77.95
内蒙古	81.19	89.28	76.24	82.44	64.67
广　西	31.11	26.61	25.16	19.12	22.09
重　庆	147.00	110.32	99.13	81.66	85.42
四　川	72.05	81.66	79.18	78.08	92.82
贵　州	37.90	36.49	31.75	29.42	33.32
云　南	37.11	38.82	39.80	42.83	42.01
西　藏	0.21	0.21	0.18	0.18	0.16
陕　西	36.71	40.79	45.12	46.58	56.16
甘　肃	19.40	22.25	21.65	21.65	22.20
青　海	4.58	4.17	3.62	3.61	4.49
宁　夏	12.34	12.53	12.92	10.76	12.19
新　疆	43.39	48.64	54.87	52.63	50.76
辽　宁	139.10	142.60	132.86	135.66	145.06
吉　林	31.03	30.54	26.47	22.46	25.84
黑龙江	75.21	72.76	80.83	72.66	75.78

数据来源：国家统计局。

表 2-32　2018—2022 年 40 座重点城市公共财政收入情况

单位：亿元

地　区	2018 年	2019 年	2020 年	2021 年	2022 年
北　京	5785.9	5817.1	5483.9	5932.3	5714.4
天　津	2106.2	2410.3	1923.1	2141.0	1846.6
石家庄	519.7	569.1	632.2	681.4	689.8
太　原	373.2	386.6	378.4	423.4	437.5
呼和浩特	204.7	203.1	217.1	228.9	230.9
沈　阳	720.6	730.3	736.1	773.0	713.7
大　连	704.0	692.8	702.7	737.6	669.7
长　春	478.0	420.0	440.4	617.1	459.7
哈尔滨	384.4	370.9	339.6	365.8	262.2

续表

地区	2018年	2019年	2020年	2021年	2022年
上　海	7108.2	7165.1	7046.3	7771.8	7608.2
南　京	1470.0	1580.0	1637.7	1729.5	1558.2
无　锡	1012.3	1036.3	1075.7	1200.5	1133.4
苏　州	2120.0	2221.8	2303.0	2510.0	2329.2
杭　州	1825.1	1966.0	2093.4	2386.6	2451.0
宁　波	1379.7	1468.5	1510.8	1723.1	1680.2
温　州	547.6	579.0	602.0	657.6	573.9
合　肥	712.5	746.0	762.9	844.2	909.3
福　州	680.4	668.1	675.6	749.9	698.5
厦　门	754.5	768.3	783.9	881.0	883.8
南　昌	461.8	476.1	483.9	484.8	457.7
济　南	752.8	874.2	906.1	1007.6	1001.1
青　岛	1231.9	1241.7	1253.8	1368.3	1273.2
郑　州	1152.1	1222.5	1259.2	1223.6	1130.8
武　汉	1528.7	1564.1	1230.3	1578.7	1504.7
长　沙	879.7	950.2	1100.1	1188.3	1202.0
广　州	1632.3	1697.2	1721.6	1883.2	1854.7
深　圳	3538.4	3773.2	3857.4	4257.8	4012.3
南　宁	359.0	370.9	372.3	391.8	392.7
北　海	71.6	78.1	79.4	72.1	67.6
海　口	169.9	185.3	186.1	208.3	204.8
三　亚	100.4	109.1	110.4	117.1	98.0
重　庆	2265.5	2134.9	2094.8	2285.4	2103.4
成　都	1424.2	1483.0	1520.4	1697.9	1722.4
贵　阳	411.3	417.3	398.1	403.7	402.2
昆　明	595.6	630.0	650.5	689.1	505.3
西　安	684.7	702.6	724.1	856.0	834.1
兰　州	253.3	233.2	247.1	276.7	221.0
西　宁	92.9	101.8	133.5	153.9	131.7
银　川	181.2	154.7	157.3	171.2	168.9
乌鲁木齐	458.3	472.5	392.6	377.9	314.8

资料来源：各地方财政局网站。

注：部分城市2021年数据有调整。

表 2-33 2018—2022 年 40 座重点城市公共财政支出情况

单位：亿元

城 市	2018 年	2019 年	2020 年	2021 年	2022 年
北　京	7471.4	7408.2	7116.2	7205.1	7469.2
天　津	3103.2	3555.7	3151.4	3152.6	2751.5
石家庄	991.6	1051.4	1142.2	1152.7	1215.2
太　原	542.5	610.6	647.4	629.0	715.9
呼和浩特	356.7	417.9	438.6	420.8	420.8
沈　阳	965.4	1047.7	1074.1	1032.5	1048.9
大　连	1001.5	1016.3	1002.0	980.1	991.1
长　春	894.3	896.0	1084.1	966.5	976.7
哈尔滨	962.2	1101.1	1162.2	992.1	1065.5
上　海	8351.5	8179.3	8102.1	8430.9	9393.2
南　京	1532.7	1658.1	1754.6	1817.7	1828.7
无　锡	1056.0	1117.6	1214.9	1357.9	1365.8
苏　州	1952.8	2141.5	2263.6	2583.7	2588.5
杭　州	1717.1	1952.9	2069.7	2392.0	2542.0
宁　波	1594.1	1767.9	1767.9	1944.4	2187.8
温　州	874.1	1084.1	1027.2	1066.8	1137.7
合　肥	1004.9	1122.7	1164.8	1223.7	1380.2
福　州	924.8	949.8	951.4	925.3	999.9
厦　门	892.5	913.0	976.9	1060.0	1088.7
南　昌	752.4	834.1	838.1	870.0	939.0
济　南	1018.3	1197.3	1288.4	1292.7	1225.6
青　岛	1559.8	1576.0	1584.7	1705.7	1696.2
郑　州	1763.3	1910.7	1721.3	1624.4	1456.4
武　汉	1929.3	2237.1	2407.2	2216.0	2227.2
长　沙	1300.8	1426.0	1501.2	1541.6	1566.3
广　州	2506.2	2865.3	2953.0	3021.2	3014.2
深　圳	4282.5	4552.7	4177.7	4570.2	4997.2
南　宁	698.0	789.2	819.9	778.0	838.9
北　海	175.6	200.5	212.7	179.2	190.3
海　口	238.3	265.9	307.1	274.3	332.3
三　亚	178.8	215.4	199.7	202.4	229.0
重　庆	4541.0	4847.7	4893.9	4835.1	4892.8
成　都	1837.4	2007.0	2158.0	2237.6	2435.0

续表

城　市	2018 年	2019 年	2020 年	2021 年	2022 年
贵　阳	624.2	718.8	676.4	633.4	726.4
昆　明	756.8	820.9	875.1	928.2	863.3
西　安	1151.9	1247.0	1347.6	1474.6	1573.1
兰　州	465.6	456.7	486.2	484.6	498.8
西　宁	297.5	328.0	329.5	343.8	339.0
银　川	363.3	346.5	332.4	291.7	352.3
乌鲁木齐	659.8	620.3	536.9	419.6	455.8

资料来源：各地方财政局网站。

注：部分城市 2021 年数据有调整。

四、人口、就业及收支情况数据

1. 人口数据

表 2-34　2018—2022 年全国人口情况

类　别	2018 年	2019 年	2020 年	2021 年	2022 年
总人口（万人）	140541	141008	141212	141260	141175
男（万人）	71864	72039	72357	72311	72206
比重（%）	51.13	51.09	51.24	51.19	51.15
女（万人）	68677	68969	68855	68949	68969
比重（%）	48.87	48.91	48.76	48.81	48.85
城镇（万人）	86433	88426	90220	91425	92071
比重（%）	61.50	62.71	63.89	64.72	65.22
乡村（万人）	54108	52582	50992	49835	49104
比重（%）	38.50	37.29	36.11	35.28	34.78
0—14 岁（万人）	23751	23689	25277	24678	25615
比重（%）	16.90	16.80	17.90	17.47	18.14
15—64 岁（万人）	100065	99552	96871	96526	94582
比重（%）	71.20	70.60	68.60	68.33	67.00
65 岁及以上（万人）	16724	17767	19064	20056	20978
比重（%）	11.90	12.60	13.50	14.20	14.86
出生率（‰）	10.86	10.41	8.52	7.52	6.77
死亡率（‰）	7.08	7.09	7.07	7.18	7.37
自然增长率（‰）	3.78	3.32	1.45	0.34	-0.6

数据来源：国家统计局。

表 2-35　2017—2021 年各地区年末常住人口数

单位：万人

地区	2017 年	2018 年	2019 年	2020 年	2021 年
北　京	2194	2192	2190	2189	2189
天　津	1410	1383	1385	1387	1373
河　北	7409	7426	7447	7464	7448
上　海	2466	2475	2481	2488	2489
江　苏	8423	8446	8469	8477	8505
浙　江	6170	6273	6375	6468	6540
福　建	4065	4104	4137	4161	4187
山　东	10033	10077	10106	10165	10170
广　东	12141	12348	12489	12624	12684
海　南	972	982	995	1012	1020
山　西	3510	3502	3497	3490	3480
安　徽	6057	6076	6092	6105	6113
江　西	4511	4513	4516	4519	4517
河　南	9829	9864	9901	9941	9883
湖　北	5904	5917	5927	5745	5830
湖　南	6633	6635	6640	6645	6622
内蒙古	2433	2422	2415	2403	2400
广　西	4907	4947	4982	5019	5037
重　庆	3144	3163	3188	3209	3212
四　川	8289	8321	8351	8371	8372
贵　州	3803	3822	3848	3858	3852
云　南	4693	4703	4714	4722	4690
西　藏	349	354	361	366	366
陕　西	3904	3931	3944	3955	3954
甘　肃	2522	2515	2509	2501	2490
青　海	586	587	590	593	594
宁　夏	705	710	717	721	725
新　疆	2480	2520	2559	2590	2589
辽　宁	4312	4291	4277	4255	4229
吉　林	2526	2484	2448	2399	2375
黑龙江	3399	3327	3255	3171	3125

数据来源：国家统计局。

表2-36 2021年各地区年末城乡常住人口数及比重

地 区	城镇		乡村	
	人口数（万人）	比重（%）	人口数（万人）	比重（%）
北 京	1916	87.53	273	12.47
天 津	1165	84.85	208	15.15
河 北	4554	61.14	2894	38.86
上 海	2223	89.31	266	10.69
江 苏	6289	73.94	2216	26.06
浙 江	4752	72.66	1788	27.34
福 建	2918	69.69	1269	30.31
山 东	6503	63.94	3667	36.06
广 东	9466	74.63	3218	25.37
海 南	622	60.98	398	39.02
山 西	2207	63.42	1273	36.58
安 徽	3631	59.40	2482	40.60
江 西	2776	61.46	1741	38.54
河 南	5579	56.45	4304	43.55
湖 北	3736	64.08	2094	35.92
湖 南	3954	59.71	2668	40.29
内蒙古	1637	68.21	763	31.79
广 西	2774	55.07	2263	44.93
重 庆	2259	70.33	953	29.67
四 川	4841	57.82	3531	42.18
贵 州	2093	54.34	1759	45.66
云 南	2394	51.04	2296	48.96
西 藏	134	36.61	232	63.39
陕 西	2516	63.63	1438	36.37
甘 肃	1328	53.33	1162	46.67
青 海	362	60.94	232	39.06
宁 夏	479	66.07	246	33.93
新 疆	1482	57.24	1107	42.76
辽 宁	3079	72.81	1150	27.19
吉 林	1505	63.37	870	36.63
黑龙江	2053	65.70	1072	34.30

数据来源：国家统计局。

表 2-37 2021 年各地区年末城乡户数及规模

地 区	户数（户）	家庭户（户）	集体户（户）	平均家庭户规模（人/户）
全 国	528365	510132	18233	2.77
北 京	9315	8750	564	2.43
天 津	5801	5614	187	2.44
河 北	27241	26518	723	2.84
上 海	10904	10359	544	2.37
江 苏	32381	31028	1352	2.73
浙 江	27164	25997	1167	2.51
福 建	15223	14614	610	2.87
山 东	39683	38468	1216	2.67
广 东	46113	43730	2384	2.86
海 南	3143	3036	107	3.40
山 西	13668	13275	393	2.65
安 徽	23798	23083	715	2.67
江 西	15118	14733	384	3.12
河 南	34278	33193	1085	2.99
湖 北	19966	18918	1048	3.00
湖 南	23038	22272	767	2.95
内蒙古	10002	9783	219	2.49
广 西	16606	16179	427	3.12
重 庆	12663	12192	471	2.63
四 川	31621	30828	794	2.73
贵 州	13092	12653	438	3.03
云 南	15669	15001	668	3.09
西 藏	1182	1136	46	3.27
陕 西	15381	15101	281	2.69
甘 肃	8648	8408	239	3.00
青 海	2068	2013	56	3.00
宁 夏	2733	2649	84	2.78
新 疆	9032	8666	365	2.97
辽 宁	18620	18309	311	2.37
吉 林	10251	9963	289	2.41
黑龙江	13964	13662	302	2.32

数据来源：国家统计局。

注：本表是 2021 年全国人口变动情况抽样调查样本数据，抽样比为 1.058‰。

2. 居民收支数据

表 2-38　2018—2022 年全国城镇居民人均可支配收入及构成

类　别	2018 年	2019 年	2020 年	2021 年	2022 年
可支配收入（元）	39251	42359	43834	47412	49283
工资性收入（元）	23792	25565	26381	28481	29578
经营净收入（元）	4443	4840	4711	5382	5584
财产净收入（元）	4028	4391	4627	5052	5238
转移净收入（元）	6988	7563	8116	8497	8882
可支配收入构成（%）	100.0	100.0	100.0	100.0	100.0
工资性收入（%）	60.6	60.4	60.2	60.1	60.0
经营净收入（%）	11.3	11.4	10.7	11.4	11.3
财产净收入（%）	10.3	10.4	10.6	10.7	10.6
转移净收入（%）	17.8	17.9	18.5	17.9	18.0

数据来源：国家统计局。

表 2-39　2018—2022 年各地区城镇居民人均可支配收入

单位：元

地　区	2018 年	2019 年	2020 年	2021 年	2022 年
北　京	67990	73849	75602	81518	84023
天　津	42976	46119	47659	51486	53003
河　北	32997	35738	37286	39791	41278
上　海	68034	73615	76437	82429	84034
江　苏	47200	51056	53102	57743	60178
浙　江	55574	60182	62699	68487	71268
福　建	42121	45620	47160	51140	53817
山　东	39549	42329	43726	47066	49050
广　东	44341	48118	50257	54854	56905
海　南	33349	36017	37097	40213	40118
山　西	31035	33262	34793	37433	39532
安　徽	34393	37540	39442	43009	45133
江　西	33819	36546	38556	41684	43697
河　南	31874	34201	34750	37095	38484
湖　北	34455	37601	36706	40278	42626
湖　南	36698	39842	41698	44866	47301
内蒙古	38305	40782	41353	44377	46295
广　西	32436	34745	35859	38530	39703
重　庆	34889	37939	40006	43502	45509

续表

地 区	2018年	2019年	2020年	2021年	2022年
四 川	33216	36154	38253	41444	43233
贵 州	31592	34404	36096	39211	41086
云 南	33488	36238	37500	40905	42168
西 藏	33797	37410	41156	46503	48753
陕 西	33319	36098	37868	40713	42431
甘 肃	29957	32323	33822	36187	37572
青 海	31515	33830	35506	37745	38736
宁 夏	31895	34328	35720	38291	40194
新 疆	32764	34664	34838	37642	38410
辽 宁	37342	39777	40376	43051	44003
吉 林	30172	32299	33396	35646	35471
黑龙江	29191	30945	31115	33646	35042

数据来源：国家及各地统计局。

表2-40 2018—2022年全国城镇居民人均消费支出及构成

类 别	2018年	2019年	2020年	2021年	2022年
消费支出（元）	26112	28063	27007	30307	30391
食品烟酒（元）	7239	7733	7881	8678	8958
衣着（元）	1808	1832	1645	1843	1735
居住（元）	6255	6780	6958	7405	7644
生活用品及服务（元）	1629	1689	1640	1820	1800
交通通信（元）	3473	3671	3474	3932	3909
教育文化娱乐（元）	2974	3328	2592	3322	3050
医疗保健（元）	2046	2283	2172	2521	2481
其他用品及服务（元）	687	747	646	786	814
消费支出构成（%）	100.0	100.0	100.0	100.0	100.0
食品烟酒（%）	27.7	27.6	29.2	28.6	29.5
衣着（%）	6.9	6.5	6.1	6.1	5.7
居住（%）	24.0	24.2	25.8	24.4	25.2
生活用品及服务（%）	6.2	6.0	6.1	6.0	5.9
交通通信（%）	13.3	13.1	12.9	13.0	12.9
教育文化娱乐（%）	11.4	11.9	9.6	11.0	10.0
医疗保健（%）	7.8	8.1	8.0	8.3	8.2
其他用品及服务（%）	2.6	2.7	2.4	2.6	2.7

数据来源：国家统计局。

表2-41 2018—2022年各地区城镇居民人均消费支出

单位：元

地 区	2018年	2019年	2020年	2021年	2022年
北　京	42926	46358	41726	46776	45617
天　津	32655	34811	30895	36067	33824
河　北	22127	23483	23167	24192	25071
上　海	46015	48272	44839	51295	48111
江　苏	29462	31329	30882	36558	37796
浙　江	34598	37508	36197	42193	44511
福　建	28145	30946	30487	33942	35692
山　东	24798	26731	27291	29314	28555
广　东	30924	34424	33511	36621	36936
海　南	22971	25317	23560	27565	26418
山　西	19790	21159	20332	21965	21923
安　徽	21523	23782	22683	26495	26832
江　西	20760	22714	22134	24587	25976
河　南	20989	21972	20645	23178	23539
湖　北	23996	26422	22885	28506	29121
湖　南	25064	26924	26796	28294	29580
内蒙古	24437	25383	23888	27194	26667
广　西	20159	21591	20907	22555	22438
重　庆	24154	25785	26464	29850	30574
四　川	23484	25367	25133	26971	27637
贵　州	20788	21402	20587	25333	24230
云　南	21626	23455	24569	27441	26240
西　藏	23029	25637	24927	28159	28265
陕　西	21966	23514	22866	24784	24766
甘　肃	22606	24454	24615	25757	25207
青　海	22998	23799	24315	24513	21700
宁　夏	21977	24161	22379	25386	24213
新　疆	24191	25594	22952	25724	24142
辽　宁	26448	27355	24849	28438	26652
吉　林	22394	23394	21623	24421	21835
黑龙江	21036	22165	20397	24422	24011

数据来源：国家及各地统计局。

表 2-42　2022 年 40 座重点城市城镇居民人均可支配收入和人均消费支出情况

城　市	人均可支配收入（元）	同比增长（%）	人均消费支出（元）	同比增长（%）
北　京	84023	3.1	45617	-2.5
天　津	53003	2.9	33824	-6.2
石家庄	44745	4.0	—	—
太　原	43694	5.6	24948	5.1
呼和浩特	54616	3.0	31172	-3.9
沈　阳	51702	2.2	36541	-0.8
大　连	51904	2.7	33023	-4.8
长　春	—	—	—	—
哈尔滨	—	—	—	—
上　海	84034	1.9	48111	-6.2
南　京	76643	4.1	43629	2.7
无　锡	73332	4.0	45298	3.2
苏　州	79537	3.4	47451	1.9
杭　州	77043	3.1	50336	3.5
宁　波	76690	3.8	47916	5.6
温　州	73326	5.2	49176	6.6
合　肥	56177	5.6	32964	1.6
福　州	55638	4.1	37181	4.3
厦　门	70467	4.9	45165	5.0
南　昌	52622	4.3	32515	4.8
济　南	59459	3.5	—	—
青　岛	62584	3.9	37592	-2.5
郑　州	46287	2.3	28936	0.8
武　汉	58449	5.7	37418	2.0
长　沙	65190	4.9	42936	3.9
广　州	76849	3.3	46825	-0.7
深　圳	72718	2.6	44793	-3.2
南　宁	42636	3.0	—	—
北　海	41704	2.4	—	—
海　口	43535	-0.2	28648	-3.6
三　亚	43403	-1.8	—	—
重　庆	45509	4.6	30574	2.4

续表

城 市	人均可支配收入（元）	同比增长（%）	人均消费支出（元）	同比增长（%）
成 都	54897	4.3	32171	1.9
贵 阳	46242	5.4	—	—
昆 明	53832	2.5	39231	-5.3
西 安	48418	3.2	27431	-4.8
兰 州	45277	4.7	29465	3.8
西 宁	40197	2.4	21962	-14.5
银 川	44392	4.7	28686	-1.3
乌鲁木齐	46276	0.3	33456	-4.6

数据来源：各地方统计局。

3. 就业数据

表2-43　2017—2021年全国就业基本情况

类 别	2017年	2018年	2019年	2020年	2021年
劳动力（万人）	**79042**	**78653**	**78985**	**78392**	**78024**
就业人员（万人）	**76058**	**75782**	**75447**	**75064**	**74652**
第一产业（万人）	20295	19515	18652	17715	17072
第二产业（万人）	21762	21356	21234	21543	21712
第三产业（万人）	34001	34911	35561	35806	35868
按城乡分就业人员（万人）					
城镇就业人员（万人）	43208	44292	45249	46271	46773
乡村就业人员（万人）	32850	31490	30198	28793	27879
按登记注册类型分城镇非私营单位就业人员（万人）					
国有单位（万人）	6064	5740	5473	5563	5633
城镇集体单位（万人）	406	347	296	271	262
股份合作单位（万人）	77	66	60	69	62
联营单位（万人）	13	12	12	25	22
有限责任公司（万人）	6367	6555	6608	6542	6526
股份有限公司（万人）	1846	1875	1879	1837	1789
港澳台商投资单位（万人）	1290	1153	1157	1159	1175
外商投资单位（万人）	1291	1212	1203	1216	1220
城镇登记失业人员（万人）	**972**	**974**	**945**	**1160**	**1040**
城镇登记失业率（%）	3.90	3.80	3.62	4.24	3.96
城镇调查失业率（%）	—	4.9	5.2	5.2	5.1

数据来源：国家统计局。

表2-44 2017—2021年分行业城镇非私营单位就业人员年末人数

单位：万人

类别	2017年	2018年	2019年	2020年	2021年
合　计	17643.8	17258.2	17161.8	17039.1	17014.5
农、林、牧、渔业	255.4	192.6	134.1	85.7	86.8
采矿业	455.4	414.4	367.7	352.1	344.8
制造业	4635.5	4178.3	3832.0	3805.5	3828.0
电力、热力、燃气及水生产和供应业	377.0	369.2	373.1	379.7	382.0
建筑业	2643.2	2710.9	2270.5	2153.3	1971.9
批发和零售业	842.8	823.3	830.0	786.9	797.5
交通运输、仓储和邮政业	843.9	819.0	815.5	812.2	798.1
住宿和餐饮业	265.9	269.8	265.2	256.6	265.3
信息传输、软件和信息技术服务业	395.4	424.3	455.3	487.1	519.2
金融业	688.8	699.3	826.1	859.0	818.5
房地产业	444.8	466.0	510.3	525.4	529.3
租赁和商务服务业	522.6	529.5	660.4	643.6	680.3
科学研究和技术服务业	420.4	411.5	434.3	431.2	450.1
水利、环境和公共设施管理业	268.5	260.6	244.5	245.6	252.6
居民服务、修理和其他服务业	78.2	77.4	86.3	82.8	85.9
教育	1730.4	1735.6	1909.3	1958.9	1971.9
卫生和社会工作	897.9	912.4	1006.2	1051.9	1094.7
文化、体育和娱乐业	152.2	146.6	151.2	149.5	151.7
公共管理、社会保障和社会组织	1725.6	1817.5	1989.8	1972.2	1985.8

数据来源：国家统计局。

表2-45 2017—2021年分行业城镇非私营单位就业人员平均工资

单位：元

类　别	2017年	2018年	2019年	2020年	2021年
平均工资	74318	82413	90501	97379	106837
农、林、牧、渔业	36504	36466	39340	48540	53819
采矿业	69500	81429	91068	96674	108467
制造业	64452	72088	78147	82783	92459
电力、热力、燃气及水生产和供应业	90348	100162	107733	116728	125332
建筑业	55568	60501	65580	69986	75762
批发和零售业	71201	80551	89047	96521	107735
交通运输、仓储和邮政业	80225	88508	97050	100642	109851

续表

类　别	2017年	2018年	2019年	2020年	2021年
住宿和餐饮业	45751	48260	50346	48833	53631
信息传输、软件和信息技术服务业	133150	147678	161352	177544	201506
金融业	122851	129837	131405	133390	150843
房地产业	69277	75281	80157	83807	91143
租赁和商务服务业	81393	85147	88190	92924	102537
科学研究和技术服务业	107815	123343	133459	139851	151776
水利、环境和公共设施管理业	52229	56670	61158	63914	65802
居民服务、修理和其他服务业	50552	55343	60232	60722	65193
教育	83412	92383	97681	106474	111392
卫生和社会工作	89648	98118	108903	115449	126828
文化、体育和娱乐业	87803	98621	107708	112081	117329
公共管理、社会保障和社会组织	80372	87932	94369	104487	111361

数据来源：国家统计局。

表2-46　2017—2021年各地区城镇非私营单位就业人员平均工资

单位：元

地　区	2017年	2018年	2019年	2020年	2021年
北　京	131700	145766	166803	178178	194651
天　津	94534	100731	108002	114682	123528
河　北	63036	68717	72956	77323	82526
上　海	129795	140400	149377	171884	191844
江　苏	78267	84688	96527	103621	115133
浙　江	80750	88883	99654	108645	122309
福　建	67420	74316	81814	88149	98071
山　东	68081	73593	81446	87749	94768
广　东	79183	88636	98889	108045	118133
海　南	67727	75885	82227	86609	97471
山　西	60061	65917	69551	74739	82413
安　徽	65150	74378	79037	85854	93861
江　西	61429	68573	73725	78182	83766
河　南	55495	63174	67268	70239	74872
湖　北	65912	73777	79303	85052	96994
湖　南	63690	70221	74316	79122	85438
内蒙古	66679	73835	80563	85310	90426
广　西	63821	70606	76479	82751	88170
重　庆	70889	78928	86559	93816	101670

续表

地　区	2017 年	2018 年	2019 年	2020 年	2021 年
四　川	69419	77686	83367	88559	96741
贵　州	71795	78316	83298	89228	94487
云　南	69106	75701	86585	93133	98730
西　藏	108817	116015	118118	121005	140355
陕　西	65181	71983	78361	83520	90996
甘　肃	63374	70695	73607	79730	84500
青　海	75701	85379	90929	101401	109346
宁　夏	70298	78384	83947	97438	105266
新　疆	67932	75457	79421	86343	94281
辽　宁	61153	67324	72891	79472	86062
吉　林	61451	68533	73813	77995	83028
黑龙江	56067	60780	68416	74554	80369

数据来源：国家统计局。

表 2-47　2017—2021 年分行业城镇私营单位就业人员平均工资

单位：元

类　别	2017 年	2018 年	2019 年	2020 年	2021 年
平均工资	**45761**	**49575**	**53604**	**57727**	**62884**
农、林、牧、渔业	34272	36375	37760	38956	41442
采矿业	41236	44096	49675	54563	62665
制造业	44991	49275	52858	57910	63946
电力、热力、燃气及水生产和供应业	41510	44239	49633	54268	59271
建筑业	46944	50879	54167	57309	60430
批发和零售业	42359	45177	48722	53018	58071
交通运输、仓储和邮政业	45852	50547	54006	57313	62411
住宿和餐饮业	36886	39632	42424	42258	46817
信息传输、软件和信息技术服务业	70415	76326	85301	101281	114618
金融业	52289	62943	76107	82930	95416
房地产业	48025	51393	54416	55759	58288
租赁和商务服务业	51394	53382	57248	58155	64490
科学研究和技术服务业	58102	61876	67642	72233	77708
水利、环境和公共设施管理业	41061	42409	44444	43287	43366
居民服务、修理和其他服务业	38417	41058	43926	44536	47193
教育	43263	46228	50761	48443	52579
卫生和社会工作	47296	52343	57140	60689	67750
文化、体育和娱乐业	41201	44592	49289	51300	56171

数据来源：国家统计局。

表2-48 2017—2021年各地区城镇私营单位就业人员平均工资

单位：元

地 区	2017年	2018年	2019年	2020年	2021年
北 京	70738	76908	85262	90603	100011
天 津	59740	62316	64542	59862	65272
河 北	38136	39512	42919	44942	48185
上 海	52038	57056	64226	80134	96011
江 苏	49345	54161	58322	63830	68868
浙 江	48289	52564	56383	60521	69228
福 建	48830	52930	57141	58631	62433
山 东	51992	55350	55479	55542	56521
广 东	53347	58258	62521	67302	73231
海 南	45640	49541	53442	51388	62284
山 西	31745	34535	37501	42905	45748
安 徽	41199	44964	48461	52582	56154
江 西	40310	43733	46341	48864	52667
河 南	36730	40209	43194	46733	48117
湖 北	37142	40126	43536	48295	56429
湖 南	36978	40175	42012	51157	54469
内蒙古	36626	40018	43491	47566	51270
广 西	38227	39948	42949	45238	48494
重 庆	50450	52558	54845	55678	59307
四 川	40087	43352	46974	53338	57399
贵 州	41796	43582	45526	47381	51557
云 南	40656	43588	46830	45897	48940
西 藏	—	—	—	60360	66311
陕 西	37472	40783	43477	47724	52331
甘 肃	37704	39834	41715	43771	47212
青 海	36588	38451	39727	46309	50068
宁 夏	38982	40586	43892	49928	55327
新 疆	39958	41777	45859	52590	56123
辽 宁	35654	38269	41821	46011	50169
吉 林	33209	35026	37627	42119	47886
黑龙江	32422	34801	36674	38685	42071

数据来源：国家统计局。

Ⅲ. 产业篇

导 读

　　本篇收录的房地产投资、建设、交易、信贷数据为2022年年度统计数据,并按省、直辖市、自治区分别披露。收录的重点城市行业数据、全国住房公积金数据、城乡建设发展数据为2021年年度统计数据。数据主要来源于国家统计局、住房和城乡建设部以及中国人民银行。港澳台房地产业数据,来自当地官方机构或企业组织。

一、全国房地产建设和交易数据

(一) 房地产业数据概览

表 3-1　2022 年全国房地产开发投资情况（月度累计）

类　别	1—2月	1—3月	1—4月	1—5月	1—6月	1—7月	1—8月	1—9月	1—10月	1—11月	1—12月
房地产投资（亿元）	14499	27765	39154	52134	68314	79462	90809	103559	113945	123863	132895
累计增长（%）	3.7	0.7	-2.7	-4.0	-5.4	-6.4	-7.4	-8.0	-8.8	-9.8	-10.0
一、按工程用途分											
住宅投资（亿元）	10769	20761	29527	39521	51805	60238	68878	78556	86520	94016	100646
累计增长（%）	3.7	0.7	-2.1	-3.0	-4.5	-5.8	-6.9	-7.5	-8.3	-9.2	-9.5
90平方米及以下（亿元）	2138	3884	5401	7141	9328	10854	12419	14148	15527	16862	18147
累计增长（%）	9.1	1.1	-4.1	-5.8	-8.4	-9.5	-9.6	-10.0	-10.8	-11.9	-11.8
144平方米以上（亿元）	1564	3077	4329	5849	7708	8991	10305	11838	13060	14286	15254
累计增长（%）	-6.5	-5.9	-7.6	-8.1	-8.2	-8.8	-9.9	-9.9	-10.6	-11.2	-11.9
办公楼投资（亿元）	665	1172	1554	2000	2616	3035	3496	4006	4403	4826	5291
累计增长（%）	-1.5	-1.6	-8.2	-9.4	-10.1	-10.3	-10.1	-9.9	-10.3	-11.3	-11.4
商业营业用房投资（亿元）	1242	2347	3259	4270	5528	6408	7268	8276	9079	9845	10647
累计增长（%）	-0.7	-2.1	-5.3	-7.0	-8.7	-10.2	-11.6	-12.2	-13.5	-14.5	-14.4
其他房地产投资（亿元）	1823	3485	4813	6342	8365	9781	11167	12720	13944	15176	16311
累计增长（%）	9.1	3.6	-2.6	-6.3	-6.8	-5.9	-6.7	-7.8	-8.3	-9.5	-9.4
二、按构成分											
建筑工程投资（亿元）	9675	17198	23565	31035	40298	46700	53316	60771	66905	73053	79311
累计增长（%）	2.0	1.6	-1.5	-2.4	-5.1	-6.6	-7.9	-8.5	-9.3	-10.3	-10.8
安装工程投资（亿元）	539	984	1368	1765	2304	2683	3087	3519	3891	4246	4610
累计增长（%）	-12.2	-10.1	-9.0	-9.7	-10.0	-11.1	-11.3	-11.3	-11.5	-12.7	-13.6
设备工器具购置投资（亿元）	134	247	341	443	596	694	807	948	1020	1097	1182
累计增长（%）	-4.3	-2.8	-2.2	1.2	4.6	0.0	0.3	0.5	-3.7	-8.4	-11.2
其他费用投资（亿元）	4151	9336	13880	18890	25117	29386	33598	38322	42130	45467	47792
累计增长（%）	10.9	0.5	-4.1	-6.2	-5.5	-5.7	-6.4	-7.1	-7.8	-8.7	-8.1
土地购置费（亿元）	3417	7853	11892	16390	21721	25556	29315	33312	36653	39552	41030
累计增长（%）	11.3	0.6	-3.8	-6.3	-4.6	-4.0	-4.5	-5.0	-5.7	-6.3	-5.7
计划总投资（亿元）	900608	926430	940633	954757	969090	978918	988039	997218	1006366	1016016	1025462
累计增长（%）	7.5	7.2	6.2	5.4	3.2	2.4	2.0	1.1	0.7	-0.2	-0.8
新增固定资产投资（亿元）	6730	9026	10615	12425	15115	16719	19181	21701	24494	28624	43303
累计增长（%）	-5.6	-10.6	-9.3	-11.6	-18.8	-21.1	-18.0	-14.1	-12.9	-15.2	-13.6

数据来源：国家统计局。

表 3-2 2022 年全国房地产开发投资实际到位资金情况（月度累计）

类别	1—2月	1—3月	1—4月	1—5月	1—6月	1—7月	1—8月	1—9月	1—10月	1—11月	1—12月
一、2022年实际到位资金合计（亿元）	87474	101810	113791	126750	145209	158459	171495	186084	197661	209095	222140
累计增长（%）	-4.9	-7.2	-11.1	-14.2	-15.5	-16.3	-16.7	-16.9	-17.6	-18.8	-19.3
1. 上年末结余资金（亿元）	62331	63651	65268	66346	68362	69689	70677	71786	72181	72782	73160
累计增长（%）	1.5	2.2	1.3	-0.1	-0.8	-0.8	-1.1	-1.0	-1.4	-1.9	-1.3
2. 本年实际到位资金（亿元）	25143	38159	48522	60404	76847	88770	100817	114298	125480	136313	148979
累计增长（%）	-17.7	-19.6	-23.6	-25.8	-25.4	-25.3	-25.0	-24.5	-24.7	-25.7	-25.9
国内贷款（亿元）	4105	5525	6837	8045	9806	11030	12280	13661	14786	15823	17388
累计增长（%）	-21.1	-23.5	-24.4	-26.0	-27.2	-28.4	-27.4	-27.2	-26.6	-26.9	-25.4
利用外资（亿元）	7.44	10.43	38.09	50.55	54.69	53.45	59.17	60.73	62.18	65.73	77.97
累计增长（%）	-27.4	-7.8	129.4	101.0	30.7	20.7	11.6	2.7	-13.5	-26.6	-27.4
自筹资金（亿元）	7757	12395	16271	21061	27224	31495	35771	40568	44856	48994	52940
累计增长（%）	-6.2	-4.8	-5.2	-7.2	-9.7	-11.4	-12.3	-14.1	-14.8	-17.5	-19.1
其他到位资金（亿元）	1122	1607	1981	2322	3004	3448	3745	4264	4585	4960	5470
累计增长（%）	0.5	-0.5	-10.6	-12.6	-7.8	-5.3	-9.4	-8.0	-9.1	-9.3	-8.3
二、2022年各项应付款合计（亿元）	16685	19948	22487	25898	29898	32537	35218	38368	40751	43267	46653
累计增长（%）	0.4	-0.4	-2.5	-3.1	-5.9	-6.5	-7.3	-8.1	-8.5	-9.8	-9.8
工程款（亿元）	9593	11610	13063	15093	17226	18695	20196	21822	23226	24562	26306
累计增长（%）	1.4	0.3	-0.5	-1.1	-3.7	-5.3	-6.6	-7.8	-7.7	-8.6	-9.1

数据来源：国家统计局。

表 3-3 2022 年全国房地产土地购置与建设情况（月度累计）

类别	1—2月	1—3月	1—4月	1—5月	1—6月	1—7月	1—8月	1—9月	1—10月	1—11月	1—12月
土地购置面积（万平方米）	838	1339	1766	2389	3628	4546	5400	6449	7432	8455	10052
累计增长（%）	-42.3	-41.8	-46.5	-45.7	-48.3	-48.1	-49.7	-53.0	-53.0	-53.8	-53.4
土地成交价款（亿元）	369	672	955	1389	2043	2918	3819	5024	6061	7591	9166
累计增长（%）	-26.7	-16.9	-20.6	-28.1	-46.3	-43.0	-42.5	-46.2	-46.9	-47.7	-48.4
施工面积（万平方米）	784459	806259	818588	831525	848812	859194	868649	878919	888894	896857	904999
累计增长（%）	1.8	1.0	0.0	-1.0	-2.8	-3.7	-4.5	-5.3	-5.7	-6.5	-7.2
新开工面积（万平方米）	14967	29838	39739	51628	66423	76067	85062	94767	103722	111632	120587
累计增长（%）	-12.2	-17.5	-26.3	-30.6	-34.4	-36.1	-37.2	-38.0	-37.8	-38.9	-39.4
竣工面积（万平方米）	12200	16929	20030	23362	28636	32028	36861	40879	46565	55709	86222
累计增长（%）	-9.8	-11.5	-11.9	-15.3	-21.5	-23.3	-21.1	-19.9	-18.7	-19.0	-15.0

数据来源：国家统计局。

表 3-4 2022年全国商品房销售情况（月度累计）

类别	1—2月	1—3月	1—4月	1—5月	1—6月	1—7月	1—8月	1—9月	1—10月	1—11月	1—12月
商品房销售面积（万平方米）	15703	31046	39768	50738	68923	78178	87890	101422	111179	121250	135837
累计增长（%）	-9.6	-13.8	-20.9	-23.6	-22.2	-23.1	-23.0	-22.2	-22.3	-23.3	-24.3
现房（万平方米）	2598	5094	6567	8486	11904	13433	15109	17371	18962	20551	23509
累计增长（%）	23.0	21.3	13.6	13.2	16.3	13.5	13.2	11.3	9.4	4.6	0.8
期房（万平方米）	13104	25952	33201	42252	57019	64745	72781	84051	92217	100699	112328
累计增长（%）	-14.1	-18.4	-25.4	-28.2	-27.3	-27.9	-27.8	-26.7	-26.6	-27.3	-28.1
商品房销售额（亿元）	15459	29655	37789	48337	66072	75763	85870	99380	108832	118648	133308
累计增长（%）	-19.3	-22.7	-29.5	-31.5	-28.9	-28.8	-27.9	-26.3	-26.1	-26.6	-26.7
现房（亿元）	2315	4237	5363	6933	9528	10824	12273	14121	15388	16605	18968
累计增长（%）	2.5	0.1	-7.4	-5.8	-1.5	-3.2	-1.7	-1.1	-2.8	-6.0	-8.0
期房（亿元）	13144	25418	32427	41404	56545	64939	73596	85259	93445	102042	114340
累计增长（%）	-22.2	-25.6	-32.2	-34.5	-32.1	-31.8	-30.9	-29.3	-28.9	-29.1	-29.1
商品住宅房销售面积（万平方米）	13462	26305	33722	42903	58057	66087	74403	85758	94129	102727	114631
累计增长（%）	-13.8	-18.6	-25.4	-28.1	-26.6	-27.1	-26.8	-25.7	-25.5	-26.2	-26.8
现房（万平方米）	1812	3447	4439	5700	8083	9158	10285	11818	12917	14010	15974
累计增长（%）	17.1	13.3	5.3	4.0	7.7	6.0	6.1	4.9	3.7	0.2	-2.3
期房（万平方米）	11650	22858	29282	37203	49974	56929	64118	73940	81213	88716	98656
累计增长（%）	-17.2	-22.0	-28.6	-31.4	-30.2	-30.5	-30.2	-29.0	-28.7	-29.1	-29.6
商品住宅房销售额（亿元）	13652	26073	33248	42317	57683	66328	75288	87054	95447	104188	116747
累计增长（%）	-22.1	-25.6	-32.2	-34.5	-31.8	-31.4	-30.3	-28.6	-28.2	-28.4	-28.3
现房（亿元）	1671	2995	3810	4810	6648	7571	8605	9934	10850	11720	13301
累计增长（%）	-4.8	-7.3	-14.4	-15.3	-10.4	-11.0	-9.2	-7.5	-8.0	-10.6	-11.9
期房（亿元）	11981	23078	29439	37507	51034	58757	66683	77120	84597	92468	103446
累计增长（%）	-24.0	-27.5	-33.9	-36.3	-33.9	-33.4	-32.4	-30.7	-30.1	-30.2	-29.9
办公楼销售面积（万平方米）	351	718	887	1161	1643	1838	2026	2383	2608	2820	3264
累计增长（%）	35.6	24.8	15.1	14.6	15.8	9.7	6.6	5.6	4.0	-0.3	-3.3
现房（万平方米）	125	225	277	367	524	590	653	774	847	905	1086
累计增长（%）	35.9	18.3	15.3	16.8	25.5	16.0	13.7	14.4	12.1	5.7	9.5
期房（万平方米）	227	494	611	794	1118	1248	1373	1609	1761	1915	2177
累计增长（%）	35.4	28.0	14.9	13.7	11.8	6.9	3.5	1.8	0.5	-2.8	-8.6
办公楼销售额（亿元）	475	910	1104	1534	2185	2480	2792	3293	3601	3843	4528
累计增长（%）	18.5	4.1	-5.2	3.3	10.4	3.1	1.9	3.6	2.1	-2.7	-3.7
现房（亿元）	208	337	410	582	804	920	1040	1190	1293	1359	1622
累计增长（%）	45.5	9.5	5.1	18.7	29.2	18.5	21.3	21.1	14.2	6.9	10.0
期房（亿元）	267	573	694	953	1380	1560	1751	2103	2308	2484	2906

续表

类别	1—2月	1—3月	1—4月	1—5月	1—6月	1—7月	1—8月	1—9月	1—10月	1—11月	1—12月
累计增长（%）	3.5	1.1	-10.4	-4.2	1.7	-4.3	-6.9	-4.3	-3.6	-7.3	-10.0
商业营业用房销售面积（万平方米）	851	1860	2389	3078	4210	4750	5299	6107	6626	7234	8239
累计增长（%）	12.9	22.0	12.4	10.4	8.9	6.2	4.8	2.3	-0.4	-3.9	-8.9
现房（万平方米）	300	650	833	1094	1475	1673	1893	2164	2345	2565	2935
累计增长（%）	16.8	32.2	23.2	28.4	29.2	26.7	25.5	21.2	18.5	13.6	5.9
期房（万平方米）	550	1210	1557	1984	2735	3076	3406	3944	4281	4668	5305
累计增长（%）	10.8	17.1	7.3	2.4	0.3	-2.4	-4.1	-5.8	-8.4	-11.4	-15.5
商业营业用房销售额（亿元）	836	1812	2334	3056	4228	4772	5325	6164	6681	7257	8127
累计增长（%）	0.6	11.3	1.0	1.0	0.3	-2.0	-3.4	-4.2	-6.7	-10.1	-16.1
现房（亿元）	274	578	729	1012	1352	1535	1736	1971	2143	2342	2663
累计增长（%）	8.0	20.8	11.5	23.0	21.6	19.0	19.0	14.7	11.5	8.1	-0.9
期房（亿元）	562	1233	1605	2044	2876	3236	3589	4193	4538	4915	5464
累计增长（%）	-2.7	7.3	-3.1	-7.2	-7.4	-9.6	-11.4	-11.2	-13.4	-16.8	-22.0

数据来源：国家统计局。

表3-5　2022年全国房地产数据（单月）

类别	1—2月	3月	4月	5月	6月	7月	8月	9月	10月	11月	12月
房地产开发投资额（亿元）	14499	13266	11389	12979	16181	11148	11346	12750	10387	9918	9032
住宅开发投资额（亿元）	10769	9992	8766	9994	12283	8433	8640	9678	7964	7496	6631
开发企业到位资金（亿元）	25143	13016	10364	11882	16443	11923	12047	13481	11182	10833	12666
土地购置面积（万平方米）	838	501	427	623	1239	918	854	1049	984	1023	1597
土地成交价款（亿元）	369	303	283	434	655	875	901	1205	1037	1530	1575
房屋新开工面积（万平方米）	14967	14871	9901	11889	14795	9643	8995	9705	8954	7910	8955
住宅新开工面积（万平方米）	10836	10723	7318	8906	11018	7118	6495	7069	6451	5800	6401
房屋竣工面积（万平方米）	12200	4730	3101	3332	5274	3392	4834	4018	5686	9144	30513
住宅竣工面积（万平方米）	8915	3408	2339	2388	3809	2421	3458	2858	4176	6670	22098
全国商品房销售面积（万平方米）	15703	15343	8722	10970	18185	9255	9712	13531	9758	10071	14587
住宅销售面积（万平方米）	13462	12842	7417	9181	15154	8030	8316	11356	8371	8597	11904
全国商品房销售额（亿元）	15459	14196	8135	10547	17736	9691	10107	13510	9453	9815	14660
住宅销售额（亿元）	13652	12420	7176	9069	15365	8646	8959	11766	8394	8740	12559
国房景气指数	96.89	96.62	95.85	95.56	95.36	95.24	95.05	94.84	94.69	94.43	94.36

数据来源：国家统计局。

(二) 各地区房地产开发投资数据

表3-6　2018—2022年全国及各地区房地产开发投资

单位：亿元

地 区	2018年	2019年	2020年	2021年	2022年
全　国	120263.51	132194.26	141442.97	147602.08	132895.42
东部地区	64355.24	69313.31	74563.76	77695.45	72478.01
北　京	3873.35	3838.38	3938.71	4139.03	4178.46
天　津	2424.49	2727.82	2608.54	2769.98	2127.94
河　北	4476.40	4347.05	4601.13	5023.87	4982.97
上　海	4033.18	4231.38	4698.75	5035.18	4979.54
江　苏	10982.34	12009.35	13171.27	13477.45	12406.88
浙　江	9944.93	10682.97	11413.66	12389.11	12939.52
福　建	4940.34	5673.13	6026.80	6195.61	5515.45
山　东	7552.97	8614.89	9450.49	9819.75	9225.91
广　东	14412.19	15852.16	17312.74	17465.85	14962.97
海　南	1715.04	1336.18	1341.67	1379.62	1158.37
中部地区	25180.17	27587.87	28802.33	31161.39	28930.86
山　西	1376.59	1656.50	1830.36	1945.23	1764.20
安　徽	5974.11	6670.48	7042.29	7263.22	6811.72
江　西	2174.93	2239.11	2378.08	2528.83	2209.27
河　南	7015.47	7464.59	7782.29	7874.35	6793.36
湖　北	4693.12	5111.73	4888.87	6121.93	6172.01
湖　南	3945.95	4445.47	4880.44	5427.83	5180.30
西部地区	26008.55	30185.61	32654.32	33367.63	27481.07
内蒙古	882.85	1041.95	1176.48	1234.13	978.28
广　西	3004.13	3814.41	3845.62	3733.93	2307.38
重　庆	4248.76	4439.30	4351.96	4354.96	3467.60
四　川	5697.87	6573.24	7315.31	7831.88	7500.01
贵　州	2349.23	2990.81	3418.75	3383.06	2403.69
云　南	3247.23	4151.41	4505.19	4309.93	3152.02
西　藏	92.60	129.56	165.47	141.97	60.68
陕　西	3534.67	3903.65	4404.39	4441.00	4254.79
甘　肃	1116.39	1257.85	1355.64	1525.88	1481.66
青　海	351.82	406.29	421.35	442.51	296.15
宁　夏	449.57	403.09	433.27	466.95	419.95
新　疆	1033.44	1074.04	1260.89	1501.43	1158.86
东北地区	4719.56	5107.48	5422.56	5377.61	4005.48
辽　宁	2599.27	2833.95	2978.86	2900.72	2362.00
吉　林	1175.88	1315.52	1460.78	1540.92	1014.84
黑龙江	944.40	958.01	982.92	935.97	628.64

数据来源：国家统计局。

表3-7 2022年全国及各地区房地产开发投资（月度累计）

单位：亿元

地区	1—2月	1—3月	1—4月	1—5月	1—6月	1—7月	1—8月	1—9月	1—10月	1—11月	1—12月
全国	14499.38	27764.95	39154.30	52133.59	68314.21	79462.40	90808.88	103558.53	113945.30	123863.03	132895.42
东部地区	8664.54	15750.55	21711.11	28513.12	36819.19	42904.94	49002.02	55921.85	61748.20	67485.14	72478.01
北京	424.15	841.74	1171.65	1500.21	2063.09	2497.88	2932.53	3375.48	3636.62	3929.64	4178.46
天津	237.30	516.77	654.01	914.87	1196.08	1344.50	1550.60	1800.34	1896.51	1995.60	2127.94
河北	213.56	708.64	1119.50	1611.54	2470.59	2945.92	3454.02	3987.34	4383.89	4720.64	4982.97
上海	818.96	1100.44	1286.94	1495.01	1861.13	2328.77	2770.24	3264.77	3791.33	4349.33	4979.54
江苏	1798.18	3121.94	4262.06	5546.52	6809.74	7825.37	8765.33	9862.62	10845.13	11741.21	12406.88
浙江	1526.64	2653.04	3697.41	4850.12	6363.39	7460.36	8610.37	9900.27	11006.17	12118.75	12939.52
福建	767.20	1506.89	2020.87	2527.83	3147.54	3590.34	3976.20	4480.49	4864.37	5243.91	5515.45
山东	964.72	1894.00	2703.56	3633.09	4806.13	5567.95	6326.25	7199.10	7996.98	8735.69	9225.91
广东	1770.11	3121.91	4433.29	5966.81	7509.81	8652.56	9860.59	11222.47	12414.48	13614.38	14962.97
海南	143.72	285.18	361.82	467.12	591.69	691.40	755.89	828.97	912.72	1035.99	1158.37
中部地区	2789.71	5732.56	8501.77	11439.62	14980.76	17294.15	19878.37	22661.05	24849.81	26865.53	28930.86
山西	87.21	274.11	420.25	551.01	844.48	1021.82	1169.47	1392.17	1526.20	1650.54	1764.20
安徽	806.54	1524.18	2184.03	2941.28	3706.64	4273.66	4911.40	5528.31	5993.06	6410.89	6811.72
江西	278.20	508.07	728.04	927.23	1127.02	1333.84	1545.21	1766.53	1931.16	2073.76	2209.27
河南	609.03	1393.32	2121.99	2933.87	3713.36	4211.70	4751.47	5375.75	5849.73	6305.75	6793.36
湖北	539.13	1132.04	1664.61	2257.22	3155.96	3663.29	4276.45	4866.62	5345.94	5747.16	6172.01
湖南	469.60	900.84	1382.85	1829.01	2433.30	2789.84	3224.37	3731.67	4203.72	4677.43	5180.30
西部地区	2871.88	5824.79	8219.77	10966.37	14603.58	16906.30	19109.10	21625.10	23709.51	25654.75	27481.07
内蒙古	29.87	95.81	155.90	260.29	431.71	550.62	679.88	818.88	890.33	946.08	978.28
广西	314.33	665.29	854.99	1103.74	1458.16	1619.29	1718.15	1847.50	1979.88	2117.50	2307.38
重庆	422.28	882.84	1268.42	1602.71	2079.22	2320.02	2535.75	2880.38	3087.73	3223.16	3467.60
四川	987.48	1751.26	2379.83	3051.39	3774.67	4423.07	5074.93	5743.25	6393.02	6980.04	7500.01
贵州	356.98	679.12	933.12	1164.64	1404.29	1492.61	1618.16	1769.94	1985.87	2222.70	2403.69
云南	391.69	774.99	1041.81	1326.66	1694.96	1928.55	2172.02	2440.28	2662.33	2891.00	3152.02
西藏	1.24	5.68	11.59	23.17	38.84	46.43	46.78	47.21	50.46	56.74	60.68
陕西	292.52	674.03	1004.47	1463.70	2114.81	2477.66	2850.59	3249.19	3615.66	3979.71	4254.79
甘肃	43.45	147.74	263.82	426.55	667.04	817.97	986.66	1175.62	1304.63	1417.82	1481.66
青海	0.39	28.95	51.87	77.41	158.96	195.03	236.57	281.18	291.09	295.36	296.15
宁夏	14.19	54.01	88.74	141.09	217.76	255.81	292.23	341.30	365.20	399.23	419.95
新疆	17.46	65.07	165.21	325.02	563.16	779.24	897.37	1030.37	1083.31	1125.44	1158.86
东北地区	173.25	457.05	721.65	1214.48	1910.68	2357.01	2819.39	3350.53	3637.78	3857.61	4005.48
辽宁	149.55	382.74	577.74	831.49	1246.91	1451.19	1678.13	1980.49	2141.74	2274.12	2362.00
吉林	21.09	42.20	76.24	245.49	395.72	565.90	723.41	879.72	951.37	989.27	1014.84
黑龙江	2.61	32.11	67.67	137.50	268.05	339.92	417.85	490.32	544.67	594.22	628.64

数据来源：国家统计局。

表 3-8　2018—2022 年全国及各地区住宅开发投资

单位：亿元

地　区	2018 年	2019 年	2020 年	2021 年	2022 年
全　国	85192.25	97070.74	104445.72	111173.01	100646.38
东部地区	45351.97	49838.88	53598.35	56635.53	53066.15
北　京	2026.06	2039.76	2317.08	2522.18	2667.30
天　津	1863.50	2200.01	2084.80	2168.35	1682.49
河　北	3471.11	3455.74	3746.74	4092.68	4116.86
上　海	2225.92	2318.13	2418.79	2673.95	2771.80
江　苏	8366.18	9461.98	10416.03	10786.21	9923.81
浙　江	7156.45	7727.11	8089.57	8801.51	9086.55
福　建	3456.86	4076.31	4372.10	4560.71	4112.37
山　东	5717.52	6672.22	7296.40	7694.50	7211.64
广　东	9757.86	10852.77	11910.43	12438.31	10700.28
海　南	1310.51	1034.86	946.41	897.13	793.05
中部地区	18804.50	21439.16	22660.83	25247.84	23461.54
山　西	1033.76	1296.48	1431.80	1556.08	1395.42
安　徽	4563.41	5248.06	5636.78	5976.82	5595.64
江　西	1590.64	1687.18	1808.76	1994.94	1763.34
河　南	5387.62	6055.37	6453.00	6696.09	5802.16
湖　北	3464.59	3954.72	3715.43	4859.30	4852.00
湖　南	2764.48	3197.35	3615.06	4164.61	4052.98
西部地区	17602.53	21945.53	24133.35	25149.75	20911.29
内蒙古	641.99	782.13	907.23	971.36	771.00
广　西	2217.50	2924.18	2983.51	2902.89	1815.85
重　庆	3012.65	3246.77	3189.05	3288.11	2608.98
四　川	3764.71	4665.31	5330.14	5767.25	5577.70
贵　州	1557.85	2078.37	2572.34	2624.94	1936.03
云　南	2115.17	3028.96	3317.55	3175.11	2371.40
西　藏	49.99	96.87	118.47	87.46	45.31
陕　西	2411.55	2957.08	3225.45	3411.03	3249.75
甘　肃	672.35	865.93	1010.28	1159.12	1160.79
青　海	215.89	294.08	292.32	350.57	230.00
宁　夏	300.41	281.74	308.59	344.24	316.17
新　疆	642.48	724.13	878.42	1067.67	828.31
东北地区	3433.25	3847.17	4053.19	4139.89	3207.40
辽　宁	1944.46	2188.35	2303.23	2321.00	1905.87
吉　林	841.02	970.99	1047.87	1094.84	804.34
黑龙江	647.77	687.83	702.09	724.05	497.19

数据来源：国家统计局。

表 3-9　2022 年全国及各地区住宅开发投资（月度累计）

单位：亿元

地区	1—2月	1—3月	1—4月	1—5月	1—6月	1—7月	1—8月	1—9月	1—10月	1—11月	1—12月
全　国	10768.89	20761.28	29527.27	39521.24	51804.51	60237.71	68877.80	78556.07	86519.62	94015.90	100646.38
东部地区	6237.64	11398.11	15864.96	20992.34	27100.51	31557.80	36051.96	41135.22	45438.55	49611.92	53066.15
北　京	267.45	522.85	719.75	939.55	1297.44	1585.50	1871.83	2157.27	2323.33	2515.24	2667.30
天　津	185.96	405.32	516.01	719.92	954.35	1067.26	1234.49	1423.13	1502.66	1580.79	1682.49
河　北	176.62	586.39	922.76	1331.99	2045.92	2436.94	2852.11	3287.61	3614.21	3894.98	4116.86
上　海	435.69	591.28	685.25	807.56	1021.75	1269.24	1528.25	1808.12	2116.56	2439.34	2771.80
江　苏	1423.08	2465.71	3382.13	4417.09	5436.35	6257.98	7015.81	7896.30	8685.28	9403.93	9923.81
浙　江	1060.62	1821.59	2566.52	3389.36	4444.65	5231.39	6047.36	6978.85	7778.09	8550.56	9086.55
福　建	557.82	1097.89	1497.22	1871.70	2340.06	2673.24	2966.15	3343.53	3622.30	3906.61	4112.37
山　东	765.50	1480.73	2128.05	2859.45	3761.01	4352.56	4944.61	5618.87	6256.71	6833.72	7211.64
广　东	1269.60	2239.71	3208.60	4343.68	5399.84	6213.03	7077.89	8056.14	8914.87	9774.50	10700.28
海　南	95.30	186.64	238.57	312.04	399.14	470.66	513.53	565.40	624.54	712.25	793.05
中部地区	2234.31	4606.16	6853.24	9241.42	12100.82	13994.61	16087.95	18347.13	20139.94	21778.27	23461.54
山　西	69.65	215.97	330.37	435.17	665.38	802.60	918.91	1099.01	1205.73	1304.09	1395.42
安　徽	657.09	1241.35	1788.29	2415.69	3052.77	3521.13	4045.27	4547.26	4933.05	5274.38	5595.64
江　西	218.81	399.58	578.01	738.92	899.96	1069.93	1241.66	1420.03	1549.44	1658.58	1763.34
河　南	512.80	1170.27	1782.22	2466.20	3128.33	3560.45	4021.67	4558.17	4972.22	5377.16	5802.16
湖　北	422.20	891.60	1315.57	1776.45	2482.30	2885.48	3369.67	3828.10	4209.18	4514.21	4852.00
湖　南	353.76	687.39	1058.78	1408.99	1872.08	2155.02	2490.77	2894.56	3270.32	3649.85	4052.98
西部地区	2160.27	4395.33	6239.82	8334.82	11078.19	12805.29	14486.02	16392.26	18030.01	19534.95	20911.29
内蒙古	23.71	76.74	123.36	209.88	341.10	438.72	537.36	646.99	700.12	744.24	771.00
广　西	249.17	514.84	670.09	852.54	1124.74	1251.54	1333.79	1454.61	1562.86	1671.75	1815.85
重　庆	319.67	666.61	969.22	1218.11	1577.93	1756.72	1919.34	2175.52	2329.06	2438.20	2608.98
四　川	722.97	1288.77	1756.49	2256.49	2796.49	3269.49	3755.22	4240.35	4753.40	5189.16	5577.70
贵　州	274.29	536.35	737.52	933.08	1123.54	1195.27	1300.50	1422.10	1600.07	1791.37	1936.03
云　南	292.79	580.29	783.98	999.46	1271.10	1445.97	1634.50	1831.01	2003.02	2179.44	2371.40
西　藏	0.67	3.70	7.68	17.09	27.85	33.36	33.63	33.98	36.81	41.43	45.31
陕　西	219.61	506.26	764.81	1116.64	1601.79	1871.42	2155.63	2457.37	2746.33	3031.31	3249.75
甘　肃	33.29	110.58	198.67	326.57	519.37	636.74	769.33	921.74	1022.78	1113.99	1160.79
青　海	0.31	22.79	40.70	62.17	125.54	152.38	183.81	217.81	226.22	229.57	230.00
宁　夏	10.37	39.76	66.35	105.44	161.36	190.78	219.04	255.78	274.49	299.64	316.17
新　疆	13.42	48.64	121.23	237.65	407.65	562.40	643.87	735.00	775.11	804.85	828.31
东北地区	136.67	361.68	569.25	952.66	1524.99	1880.01	2251.87	2681.46	2911.12	3090.76	3207.40
辽　宁	118.06	302.77	457.26	662.91	1008.05	1169.00	1354.08	1598.79	1727.63	1837.61	1905.87
吉　林	16.67	32.62	59.78	183.05	305.43	440.87	565.29	692.10	750.10	783.18	804.34
黑龙江	1.94	26.29	52.21	106.70	211.51	270.14	332.50	390.57	433.39	469.97	497.19

数据来源：国家统计局。

(三) 各地区房地产建设数据

1. 各地区房屋施工面积

表 3-10　2018—2022 年全国及各地区房屋施工面积

单位：万平方米

地　区	2018 年	2019 年	2020 年	2021 年	2022 年
全　国	**822300.24**	**893820.89**	**926759.21**	**975386.52**	**904999.28**
东部地区	**364740.59**	**389869.74**	**412296.43**	**426915.84**	**398468.36**
北　京	12962.61	12514.99	13918.64	14055.32	13333.15
天　津	10324.37	11453.43	12034.51	12627.78	11085.10
河　北	28172.06	29852.97	31408.39	35681.38	33651.79
上　海	14672.37	14802.97	15740.34	16627.90	16678.19
江　苏	62673.47	65686.75	67889.46	68479.63	62511.57
浙　江	44537.06	49604.61	56725.08	58818.94	55955.15
福　建	32825.97	34140.18	34556.77	34667.18	31734.98
山　东	69063.06	75767.42	79791.89	82771.67	75798.58
广　东	79935.06	86824.87	91642.42	94247.53	88662.69
海　南	9574.56	9221.56	8588.93	8938.51	9057.16
中部地区	**200599.23**	**218133.96**	**225108.25**	**240053.26**	**219904.00**
山　西	16949.56	19548.55	21937.83	24930.37	25350.51
安　徽	41128.34	43591.15	44974.60	46812.59	40841.84
江　西	20738.65	23556.98	23580.80	25219.87	22714.76
河　南	54685.56	57567.10	58438.21	62688.17	57696.54
湖　北	31315.60	33825.07	35419.40	37741.37	34933.35
湖　南	35781.53	40045.12	40757.41	42660.89	38367.00
西部地区	**210075.83**	**238184.78**	**241749.20**	**259191.31**	**242105.46**
内蒙古	15053.71	15889.08	15310.96	16394.65	15311.89
广　西	25399.02	29807.03	32184.05	34175.70	32203.25
重　庆	27226.56	27986.64	27368.16	26893.17	22699.34
四　川	44065.92	49113.75	50755.54	54248.70	52210.78
贵　州	21953.33	27775.07	26922.73	28749.89	26256.24
云　南	21800.41	26314.05	25801.30	29148.14	27403.46
西　藏	358.61	764.16	945.33	945.37	697.56
陕　西	24618.05	27728.39	28358.31	29978.08	28711.61
甘　肃	9428.51	10977.33	11328.26	13197.55	12268.44
青　海	2549.21	2922.38	2943.51	3398.79	3348.78
宁　夏	6047.78	5936.59	5562.65	5606.88	4918.44
新　疆	11574.72	12970.30	14268.40	16454.39	16075.67
东北地区	**46884.60**	**47632.41**	**47605.33**	**49226.11**	**44521.46**
辽　宁	24216.83	23787.49	24002.81	25423.54	22973.60
吉　林	12079.52	12403.73	12340.61	13061.62	11579.54
黑龙江	10588.25	11441.20	11261.91	10740.95	9968.32

数据来源：国家统计局。

表 3-11 2022 年全国及各地区房屋施工面积（月度累计）

单位：万平方米

地 区	1—2月	1—3月	1—4月	1—5月	1—6月	1—7月	1—8月	1—9月	1—10月	1—11月	1—12月
全 国	784459.23	806259.46	818587.77	831525.08	848811.98	859194.15	868648.52	878919.42	888893.80	896856.54	904999.28
东部地区	345165.11	353791.77	358813.53	365421.11	372855.95	376531.81	380918.75	385562.16	390945.01	394734.51	398468.36
北 京	11627.90	11771.22	11997.86	12033.91	12299.96	12496.77	12709.58	12823.49	12849.66	12942.64	13333.15
天 津	10250.85	10360.32	10501.35	10547.36	10592.23	10690.97	10734.13	10924.70	10943.21	10975.30	11085.10
河 北	27038.29	28630.30	29077.62	29680.19	30482.27	31196.13	31747.67	32560.81	33075.19	33355.77	33651.79
上 海	12971.16	12689.47	13558.43	14320.58	14351.09	14745.37	15158.41	15365.27	15874.24	16168.20	16678.19
江 苏	54110.57	55146.66	56017.62	57237.78	58364.68	59008.94	59636.39	60324.50	61350.40	61901.22	62511.57
浙 江	45848.11	48337.54	48108.58	49279.37	50916.24	50903.42	52171.34	53297.99	54303.72	55272.10	55955.15
福 建	27988.52	28821.50	29134.05	29549.48	29835.59	30164.68	30459.96	30827.31	31262.45	31533.49	31734.98
山 东	66221.35	67540.90	68637.56	69783.98	71733.15	72408.82	73194.51	73988.19	74659.56	75465.46	75798.58
广 东	81032.26	82196.38	83429.45	84527.27	85703.70	86267.03	86410.28	86705.59	87777.67	88160.73	88662.69
海 南	8076.10	8297.48	8351.01	8461.19	8577.04	8649.68	8696.48	8744.31	8848.91	8959.60	9057.16
中部地区	187378.21	194096.73	198127.16	201129.08	205421.69	208041.74	210271.22	212669.29	215102.87	217302.78	219904.00
山 西	20080.80	21291.48	22185.83	22576.50	23183.82	23577.59	23834.48	24240.16	24583.04	24820.30	25350.51
安 徽	34738.69	35700.27	36337.19	37018.72	37877.46	38432.73	38821.57	39405.39	40001.11	40473.83	40841.84
江 西	19682.90	20188.83	20642.53	20967.32	21347.68	21577.28	21757.95	22011.52	22221.22	22412.69	22714.76
河 南	49608.95	51189.79	52125.97	53020.52	54322.86	55075.30	55598.39	56118.23	56609.78	57132.67	57696.54
湖 北	29918.65	31866.22	32378.70	32705.83	33068.87	33319.38	33636.14	33884.03	34146.54	34464.32	34933.35
湖 南	33348.22	33860.14	34456.94	34840.19	35621.00	36059.46	36622.69	37009.96	37541.18	37998.97	38367.00
西部地区	211961.46	217306.20	220268.88	222921.48	227957.30	231405.97	233903.71	236629.94	238547.02	240358.32	242105.46
内蒙古	11864.53	13719.96	13892.61	14105.98	14384.62	14779.52	15128.28	15264.22	15347.17	15433.17	15311.89
广 西	29687.62	30244.97	30444.26	30705.91	31043.04	31352.06	31543.11	31775.33	31927.05	32116.37	32203.25
重 庆	21037.33	21310.65	21424.18	21467.62	21808.07	22010.92	22078.82	22286.20	22461.17	22510.79	22699.34
四 川	44693.45	46050.71	46889.11	47522.69	48526.09	49168.92	49854.71	50540.79	51058.92	51487.25	52210.78
贵 州	23990.90	24367.57	24552.87	24862.86	25164.35	25271.93	25412.22	25573.78	25814.71	26008.90	26256.24
云 南	24863.68	25173.05	25476.47	25691.87	25943.18	26226.45	26453.83	26766.91	26941.98	27201.08	27403.46
西 藏	771.15	610.94	622.75	621.57	667.88	675.22	675.26	675.66	682.45	686.16	697.56
陕 西	24639.03	25141.21	25464.86	26099.26	26800.31	27263.70	27605.80	27916.67	28163.14	28457.07	28711.61
甘 肃	9930.36	10073.19	10221.66	10645.87	11065.59	11410.45	11638.33	11960.51	12063.47	12172.02	12268.44
青 海	2876.35	3021.37	3049.10	3153.99	3278.08	3273.43	3291.92	3324.64	3335.26	3346.00	3348.78
宁 夏	4239.11	4309.69	4397.52	4445.17	4593.15	4691.11	4766.64	4861.92	4894.26	4924.58	4918.44
新 疆	13367.95	13282.89	13833.48	13598.69	14682.74	15282.61	15454.79	15683.31	15857.44	16014.93	16075.67
东北地区	39954.45	41064.76	41378.20	42053.41	42577.04	43214.63	43554.84	44058.03	44298.90	44460.93	44521.46
辽 宁	20887.27	21292.50	21484.81	21877.37	22297.09	22459.62	22626.15	22848.71	22919.09	22995.76	22973.60
吉 林	10093.29	10751.59	10828.42	10997.13	10914.78	11245.93	11329.42	11409.76	11529.38	11570.95	11579.54
黑龙江	8973.89	9020.67	9064.97	9178.91	9365.17	9509.08	9599.27	9799.56	9850.43	9894.22	9968.32

数据来源：国家统计局。

表 3-12　2018—2022 年全国及各地区住宅施工面积

单位：万平方米

地　区	2018 年	2019 年	2020 年	2021 年	2022 年
全　国	569986.66	627673.42	655557.72	690319.37	639695.93
东部地区	249438.55	269203.48	284746.55	292810.60	271478.79
北　京	5877.06	5640.11	6715.26	6895.64	6713.60
天　津	7151.20	8156.94	8518.17	8781.75	7733.55
河　北	21452.64	23023.40	24276.14	27646.06	26140.77
上　海	7520.39	7446.43	7712.25	7603.14	7759.31
江　苏	46328.92	49010.85	51020.11	51068.75	46154.98
浙　江	27437.16	31175.94	36070.35	36911.51	34773.39
福　建	21031.59	22456.97	22929.82	23458.10	21402.88
山　东	50789.55	55941.98	58913.61	60712.62	55318.78
广　东	54791.17	59664.36	62695.09	63828.96	59483.86
海　南	7058.88	6686.50	5895.75	5904.07	5997.67
中部地区	147485.69	162703.71	169556.01	181870.46	167394.78
山　西	12314.82	14323.76	16419.90	18600.48	19068.62
安　徽	29191.11	31953.75	33686.67	35151.05	30610.18
江　西	15246.86	17661.43	17891.22	19284.34	17604.24
河　南	41349.89	43971.26	44943.22	48580.05	45097.08
湖　北	23397.47	25540.84	26598.05	28451.25	26076.54
湖　南	25985.55	29252.68	30016.95	31803.29	28938.12
西部地区	139238.04	161506.24	166798.13	179826.13	168306.43
内蒙古	9925.98	10808.28	10780.02	11693.85	10988.27
广　西	18522.84	22061.19	23779.14	25219.48	23818.31
重　庆	17859.42	18466.12	18241.78	17709.78	15033.09
四　川	28540.40	32151.96	33706.21	36153.61	34778.90
贵　州	13985.42	18426.52	18390.09	20033.09	18369.63
云　南	14243.51	17531.69	17482.38	19720.94	18509.16
西　藏	225.04	549.81	684.04	658.42	483.08
陕　西	17479.71	20154.62	20702.43	21923.15	20656.45
甘　肃	6167.60	7473.29	7824.44	9337.42	8953.59
青　海	1582.56	1931.17	2021.89	2418.69	2377.54
宁　夏	3821.19	3789.29	3633.11	3760.32	3402.57
新　疆	6884.37	8162.30	9552.60	11197.38	10935.84
东北地区	33824.38	34259.99	34457.03	35812.18	32515.93
辽　宁	17742.31	17429.59	17800.29	18823.30	17043.82
吉　林	8398.11	8614.03	8524.10	9157.73	8172.35
黑龙江	7683.95	8216.36	8132.64	7831.15	7299.76

数据来源：国家统计局。

表 3-13　2022 年全国及各地区住宅施工面积（月度累计）

单位：万平方米

地区	1—2月	1—3月	1—4月	1—5月	1—6月	1—7月	1—8月	1—9月	1—10月	1—11月	1—12月
全国	553513.51	569044.86	577691.55	586918.35	599429.44	607028.95	613604.38	621201.23	628277.69	633915.73	639695.93
东部地区	235303.35	241328.00	244741.98	249146.85	254363.83	257008.85	259833.94	263145.73	266579.88	268981.64	271478.79
北京	5706.32	5778.60	5897.73	5920.92	6073.95	6189.76	6324.87	6390.61	6404.67	6463.60	6713.60
天津	7098.45	7276.63	7370.50	7401.12	7450.17	7498.96	7528.50	7639.99	7647.00	7662.06	7733.55
河北	20855.81	22134.81	22485.70	22987.95	23644.02	24227.46	24682.67	25317.98	25726.73	25943.69	26140.77
上海	5882.65	5712.44	6089.09	6458.75	6488.34	6713.45	6856.28	7026.14	7283.94	7427.92	7759.31
江苏	40051.60	40754.03	41440.03	42410.06	43178.77	43644.92	44083.31	44591.52	45300.52	45687.11	46154.98
浙江	28632.85	30102.65	30014.84	30631.51	31664.24	31741.13	32449.46	33239.08	33844.89	34346.01	34773.39
福建	18951.15	19521.09	19748.83	20000.45	20189.82	20383.70	20565.67	20802.22	21091.76	21276.89	21402.88
山东	48290.84	49303.77	50074.89	50920.98	52369.97	52882.89	53456.58	53990.43	54491.61	55106.87	55318.78
广东	54504.14	55251.36	56079.75	56783.89	57585.09	57958.96	58103.97	58334.89	58922.26	59115.69	59483.86
海南	5329.54	5492.62	5540.62	5631.22	5719.46	5767.62	5782.63	5812.87	5866.50	5951.80	5997.67
中部地区	142203.68	147171.89	150069.72	152455.23	155874.78	157961.75	159726.52	161658.30	163623.96	165405.70	167394.78
山西	14934.09	15914.83	16555.61	16855.66	17352.69	17644.05	17844.93	18170.78	18445.59	18642.97	19068.62
安徽	26084.70	26763.69	27256.89	27767.88	28397.76	28808.70	29085.99	29564.08	30023.78	30357.83	30610.18
江西	15139.03	15571.73	15931.26	16185.21	16497.23	16671.35	16829.07	17039.02	17209.36	17365.73	17604.24
河南	38475.04	39745.71	40428.78	41145.51	42250.25	42870.75	43311.92	43744.58	44165.46	44615.73	45097.08
湖北	22723.48	23860.66	24210.31	24448.04	24721.07	24887.17	25154.22	25322.36	25525.22	25777.49	26076.54
湖南	24847.34	25315.27	25686.87	26052.93	26655.78	27079.73	27500.39	27817.48	28254.55	28645.95	28938.12
西部地区	146968.30	150741.56	152830.99	154740.50	158217.40	160602.46	162311.98	164274.69	165758.16	167074.29	168306.43
内蒙古	8527.51	9906.36	10020.18	10197.42	10381.69	10645.13	10876.81	10968.45	11014.72	11078.29	10988.27
广西	21872.05	22288.13	22424.02	22626.33	22863.79	23127.69	23252.68	23424.26	23565.12	23716.07	23818.31
重庆	13895.43	14118.38	14222.95	14232.59	14449.04	14591.42	14634.50	14770.89	14885.68	14930.65	15033.09
四川	29635.83	30566.45	31151.45	31628.78	32270.71	32664.95	33105.00	33571.44	33968.27	34258.29	34778.90
贵州	16737.04	16967.20	17099.87	17342.61	17529.30	17609.82	17723.23	17861.82	18058.93	18199.67	18369.63
云南	16807.49	17036.04	17228.41	17345.69	17514.26	17723.30	17888.50	18092.25	18229.01	18406.18	18509.16
西藏	552.14	425.55	435.62	431.96	464.57	469.19	469.19	469.59	472.85	475.13	483.08
陕西	17913.57	18201.38	18414.32	18846.98	19306.23	19590.66	19808.59	20042.65	20250.74	20465.03	20656.45
甘肃	7129.45	7233.61	7344.27	7677.22	8006.60	8289.14	8474.40	8714.58	8800.02	8875.62	8953.59
青海	2051.24	2134.77	2142.31	2227.48	2307.90	2314.95	2328.67	2356.60	2363.68	2373.84	2377.54
宁夏	2869.35	2922.71	2996.82	3033.68	3134.64	3215.25	3270.42	3348.72	3381.57	3408.25	3402.57
新疆	8977.20	8940.98	9350.77	9149.76	9988.67	10362.02	10479.89	10653.44	10767.57	10887.27	10935.84
东北地区	29038.18	29803.41	30048.86	30575.77	30973.43	31455.89	31731.94	32122.51	32315.69	32454.10	32515.93
辽宁	15446.74	15767.54	15911.67	16217.45	16537.32	16637.48	16762.12	16928.29	16980.38	17060.14	17043.82
吉林	7089.50	7493.99	7563.51	7701.79	7633.52	7893.45	7965.53	8026.55	8131.98	8163.36	8172.35
黑龙江	6501.94	6541.88	6573.68	6656.53	6802.59	6924.96	7004.29	7167.67	7203.33	7230.60	7299.76

数据来源：国家统计局。

表 3-14　2018—2022 年全国及各地区办公楼施工面积

单位：万平方米

地　区	2018 年	2019 年	2020 年	2021 年	2022 年
全　国	**35842.23**	**37251.82**	**37083.57**	**37729.60**	**34917.11**
东部地区	**20571.16**	**21118.05**	**21250.52**	**21564.79**	**20313.78**
北　京	2220.52	1951.02	1654.23	1461.39	1307.26
天　津	623.55	562.40	586.48	516.61	403.38
河　北	690.06	684.94	657.22	685.35	615.79
上　海	2139.02	2130.54	2282.65	2615.02	2494.76
江　苏	2466.10	2456.54	2384.36	2327.19	2223.62
浙　江	2817.41	2864.84	2841.13	2895.91	2805.55
福　建	2227.70	2030.75	1848.05	1525.72	1372.54
山　东	2681.25	3018.86	2891.17	2959.61	2811.00
广　东	4480.20	5159.27	5737.68	6103.22	5751.13
海　南	225.35	258.89	367.55	474.77	528.75
中部地区	**6104.93**	**6487.74**	**6546.89**	**6854.94**	**6209.67**
山　西	495.84	554.04	501.44	575.70	526.99
安　徽	1232.57	1268.31	1211.92	1236.31	1046.85
江　西	582.35	598.24	622.77	654.26	493.30
河　南	1791.97	1856.95	1755.06	1856.89	1704.94
湖　北	1154.29	1173.24	1436.88	1576.18	1635.23
湖　南	847.92	1036.96	1018.82	955.60	802.36
西部地区	**7884.68**	**8355.91**	**8020.43**	**7956.92**	**7157.89**
内蒙古	463.74	387.59	243.01	209.62	178.85
广　西	764.06	835.57	864.93	813.58	710.21
重　庆	809.16	727.73	701.86	738.76	538.01
四　川	1689.40	2029.80	2173.66	2162.03	2037.67
贵　州	747.85	824.39	627.19	568.14	507.01
云　南	781.72	929.18	855.66	1007.27	919.11
西　藏	6.51	20.05	30.22	47.28	29.17
陕　西	1301.74	1420.03	1470.57	1373.08	1358.33
甘　肃	303.83	278.90	327.07	316.00	262.88
青　海	103.96	87.56	67.47	73.32	81.38
宁　夏	299.90	264.58	187.98	151.13	114.83
新　疆	612.79	550.53	470.81	496.71	420.44
东北地区	**1281.46**	**1290.11**	**1265.73**	**1352.95**	**1235.77**
辽　宁	518.23	526.03	468.59	516.54	480.30
吉　林	532.30	549.75	581.81	625.87	553.16
黑龙江	230.94	214.33	215.33	210.54	202.31

数据来源：国家统计局。

表3-15　2022年全国及各地区办公楼施工面积（月度累计）

单位：万平方米

地区	1—2月	1—3月	1—4月	1—5月	1—6月	1—7月	1—8月	1—9月	1—10月	1—11月	1—12月
全　国	31436.82	32067.06	32438.23	32801.35	33403.66	33663.58	33956.49	34145.37	34413.09	34638.13	34917.11
东部地区	18174.48	18450.99	18663.31	18976.30	19306.51	19431.25	19579.25	19692.46	19925.80	20104.05	20313.78
北　京	1260.04	1260.41	1265.41	1265.46	1261.14	1271.52	1300.33	1303.03	1303.42	1299.30	1307.26
天　津	423.74	377.51	399.73	399.85	400.13	400.13	400.02	402.67	402.67	402.67	403.38
河　北	535.46	548.07	548.73	558.71	565.48	566.40	564.68	580.97	581.97	582.86	615.79
上　海	2032.88	2041.58	2213.63	2288.36	2296.63	2321.98	2409.73	2414.33	2455.29	2466.48	2494.76
江　苏	1958.22	1992.82	1997.31	2020.00	2090.53	2109.19	2133.52	2126.53	2183.27	2201.77	2223.62
浙　江	2338.78	2465.79	2404.97	2488.43	2575.70	2542.83	2574.63	2612.39	2653.03	2749.33	2805.55
福　建	1224.03	1232.77	1235.73	1277.81	1287.25	1304.71	1307.60	1309.19	1318.21	1339.07	1372.54
山　东	2562.07	2591.22	2600.92	2632.55	2700.89	2716.84	2730.04	2772.48	2786.94	2798.03	2811.00
广　东	5383.26	5483.02	5539.17	5576.76	5656.06	5717.79	5677.87	5688.14	5733.49	5756.54	5751.13
海　南	456.00	457.80	457.71	468.37	472.70	479.86	480.83	482.73	507.51	508.00	528.75
中部地区	5567.74	5737.00	5877.80	5906.50	6009.88	6033.87	6077.81	6114.26	6129.09	6146.64	6209.67
山　西	486.14	472.95	495.48	498.84	501.90	518.13	518.60	521.87	524.35	523.95	526.99
安　徽	968.54	981.04	988.52	996.75	1016.38	1019.23	1027.54	1037.24	1039.86	1045.61	1046.85
江　西	467.70	475.07	476.75	480.10	483.32	486.38	487.12	484.29	487.17	487.66	493.30
河　南	1567.87	1604.68	1636.47	1651.88	1682.45	1683.64	1695.43	1702.77	1703.87	1704.51	1704.94
湖　北	1306.08	1458.92	1510.67	1525.38	1546.48	1558.71	1566.66	1582.07	1581.88	1587.45	1635.23
湖　南	771.41	744.34	769.91	753.55	779.35	767.78	782.46	786.02	791.96	797.46	802.36
西部地区	6552.98	6675.04	6685.77	6709.73	6863.92	6962.76	7060.84	7094.32	7112.70	7141.89	7157.89
内蒙古	130.27	153.93	155.44	155.99	166.67	169.11	177.63	177.63	178.33	178.78	178.85
广　西	695.04	699.57	703.64	703.94	711.67	712.62	722.07	724.41	724.65	725.00	710.21
重　庆	510.79	503.85	503.15	504.54	511.59	512.15	518.65	528.69	535.48	535.54	538.01
四　川	1832.70	1853.97	1851.33	1864.26	1898.06	1938.43	1990.44	2006.68	2016.01	2031.19	2037.67
贵　州	480.18	479.75	479.21	485.16	496.25	497.54	492.98	495.32	498.71	499.09	507.01
云　南	866.31	879.72	883.55	890.52	898.45	907.87	901.83	905.16	903.64	914.47	919.11
西　藏	40.71	28.26	28.36	28.33	29.03	29.17	29.17	29.17	29.17	29.17	29.17
陕　西	1186.43	1215.25	1221.86	1237.12	1286.50	1316.28	1345.20	1351.21	1352.49	1354.65	1358.33
甘　肃	223.50	255.35	253.29	259.37	260.00	262.53	262.72	263.19	263.21	262.88	262.88
青　海	59.89	80.00	80.15	80.21	80.00	80.88	81.10	81.21	81.48	81.48	81.38
宁　夏	118.94	119.25	118.10	117.32	117.34	122.61	124.43	112.26	112.40	112.44	114.83
新　疆	408.22	405.99	407.68	382.97	407.48	413.57	414.62	419.39	417.13	417.20	420.44
东北地区	1141.62	1204.03	1211.35	1208.82	1223.35	1235.70	1238.59	1244.33	1245.50	1245.55	1235.77
辽　宁	448.13	463.72	464.21	468.54	485.34	486.81	488.13	490.03	490.08	490.08	480.30
吉　林	489.79	536.61	538.97	539.30	535.90	547.11	548.65	551.99	553.16	553.16	553.16
黑龙江	203.70	203.70	208.17	200.98	202.11	201.78	201.81	202.31	202.26	202.31	202.31

数据来源：国家统计局。

表 3-16　2018—2022 年全国及各地区商业营业用房施工面积

单位：万平方米

地　区	2018 年	2019 年	2020 年	2021 年	2022 年
全　国	102629.22	100389.49	93197.67	90676.77	79966.12
东部地区	38246.35	36854.17	36102.23	35018.92	31533.57
北　京	1160.15	1051.99	1092.06	1006.65	832.96
天　津	929.56	1057.83	1127.65	1171.01	1039.69
河　北	2974.65	2528.83	2407.74	2376.69	2150.56
上　海	1876.24	1775.50	1820.52	1866.67	1698.50
江　苏	6847.07	6401.33	6082.26	5490.81	4822.00
浙　江	4819.35	4693.46	4846.71	4799.69	4450.93
福　建	3484.18	3253.89	2997.92	2746.59	2378.14
山　东	7335.83	7095.24	6611.86	6458.29	5824.48
广　东	7680.99	7846.26	7937.75	7828.19	7185.81
海　南	1138.34	1149.84	1177.76	1274.33	1150.50
中部地区	25177.72	24944.94	22898.01	22090.01	18650.68
山　西	1856.51	1993.94	1825.93	1972.27	1836.01
安　徽	6132.90	5516.10	4899.12	4477.86	3544.15
江　西	2921.66	3029.94	2741.61	2757.86	2364.30
河　南	6224.08	6130.07	5549.57	5260.70	4349.42
湖　北	3448.72	3323.36	3205.14	3057.72	2744.03
湖　南	4593.84	4951.54	4676.64	4563.60	3812.77
西部地区	31957.15	31525.81	27611.53	27276.64	24400.95
内蒙古	2862.89	2647.65	2247.27	2241.08	1912.08
广　西	2733.66	2831.24	2742.82	2745.10	2473.50
重　庆	3836.44	3474.74	3041.00	2900.18	2446.77
四　川	5882.13	5704.08	5010.34	4918.26	4576.75
贵　州	3922.74	4253.08	3533.80	3370.84	2957.85
云　南	3433.26	3611.36	2959.76	2894.32	2706.77
西　藏	71.08	106.40	129.07	126.10	88.30
陕　西	3167.74	3112.35	2784.71	2737.62	2477.13
甘　肃	1631.91	1563.49	1322.63	1363.32	1027.12
青　海	524.55	500.32	420.14	412.04	387.10
宁　夏	1099.12	972.72	833.19	762.70	591.41
新　疆	2791.64	2748.38	2586.80	2805.08	2756.17
东北地区	7248.00	7064.57	6585.90	6291.20	5380.92
辽　宁	3779.17	3568.52	3342.00	3239.17	2699.28
吉　林	1860.68	1767.04	1646.84	1585.46	1373.15
黑龙江	1608.16	1729.01	1597.06	1466.57	1308.49

数据来源：国家统计局。

表3-17　2022年全国及各地区商业营业用房施工面积（月度累计）

单位：万平方米

地区	1—2月	1—3月	1—4月	1—5月	1—6月	1—7月	1—8月	1—9月	1—10月	1—11月	1—12月
全国	71652.56	73279.64	74169.01	75116.09	76328.50	77015.10	77765.34	78381.27	79045.36	79570.82	79966.12
东部地区	28183.55	28754.13	29039.25	29527.84	30021.81	30195.93	30551.75	30794.04	31166.25	31405.66	31533.57
北京	783.32	790.55	797.24	788.06	813.89	819.76	811.89	817.64	819.23	833.88	832.96
天津	1007.17	983.12	969.35	977.10	971.53	988.71	994.47	1041.57	1044.56	1045.01	1039.69
河北	1844.95	1918.32	1943.06	1962.11	1991.41	2027.37	2055.60	2094.49	2127.26	2133.88	2150.56
上海	1448.36	1392.48	1475.15	1593.84	1594.94	1638.75	1686.37	1672.17	1674.64	1686.47	1698.50
江苏	4240.68	4333.46	4375.89	4455.17	4541.11	4578.14	4626.25	4681.47	4761.53	4800.96	4822.00
浙江	3732.50	3948.90	3898.54	4026.08	4159.76	4144.31	4268.43	4313.31	4381.12	4438.97	4450.93
福建	2226.82	2255.11	2265.76	2275.69	2294.75	2296.72	2318.26	2327.29	2357.35	2366.05	2378.14
山东	5189.36	5296.65	5369.17	5418.69	5534.07	5569.58	5615.74	5692.53	5724.39	5787.78	5824.48
广东	6634.48	6745.84	6855.97	6942.64	7023.12	7029.30	7043.18	7012.53	7136.82	7169.68	7185.81
海南	1075.91	1089.70	1089.12	1088.46	1097.23	1103.29	1131.86	1141.04	1139.35	1142.98	1150.50
中部地区	16372.27	16926.68	17257.77	17457.46	17764.22	17895.50	18047.73	18187.44	18327.24	18481.67	18650.68
山西	1556.40	1622.01	1670.33	1710.38	1735.73	1750.20	1777.37	1798.50	1816.57	1824.00	1836.01
安徽	3175.89	3239.03	3286.02	3312.13	3366.37	3404.33	3427.31	3437.22	3469.81	3507.35	3544.15
江西	2156.93	2183.73	2200.24	2242.18	2270.13	2285.91	2294.91	2309.57	2318.82	2339.38	2364.30
河南	3852.06	3929.47	4013.78	4081.38	4164.41	4197.26	4215.88	4250.20	4273.39	4315.55	4349.42
湖北	2176.25	2488.83	2525.10	2551.25	2592.74	2621.66	2631.94	2667.75	2694.52	2715.08	2744.03
湖南	3454.74	3463.61	3562.30	3560.14	3634.84	3636.14	3700.32	3724.20	3754.13	3780.31	3812.77
西部地区	22049.72	22469.08	22719.30	22919.69	23287.43	23611.54	23835.13	24034.19	24169.31	24302.71	24400.95
内蒙古	1594.87	1773.96	1802.48	1812.42	1834.33	1865.38	1892.01	1915.20	1924.60	1931.21	1912.08
广西	2346.75	2372.09	2386.60	2403.96	2418.52	2433.86	2452.38	2466.25	2475.65	2478.25	2473.50
重庆	2338.93	2370.98	2365.06	2360.87	2385.63	2402.68	2412.28	2432.09	2448.77	2445.17	2446.77
四川	4079.38	4166.06	4228.81	4250.14	4317.63	4373.66	4421.96	4453.39	4483.66	4519.98	4576.75
贵州	2771.20	2824.91	2838.12	2856.60	2889.47	2900.55	2912.00	2914.76	2924.52	2940.48	2957.85
云南	2486.51	2504.29	2519.15	2541.60	2558.98	2581.95	2609.71	2650.09	2661.12	2678.42	2706.77
西藏	89.96	72.80	73.37	75.08	80.00	80.89	80.91	80.91	84.42	85.85	88.30
陕西	2193.82	2256.52	2268.78	2325.17	2365.29	2385.74	2409.92	2423.05	2431.27	2456.55	2477.13
甘肃	906.66	905.53	922.60	949.85	967.93	976.59	990.61	1007.78	1011.81	1025.39	1027.12
青海	336.06	356.86	371.99	376.17	385.17	386.42	388.13	388.92	389.53	390.06	387.10
宁夏	540.71	546.08	548.95	552.15	566.32	568.50	575.06	590.37	590.16	590.68	591.41
新疆	2364.87	2319.00	2393.39	2415.68	2518.43	2655.32	2690.16	2711.38	2743.80	2760.67	2756.17
东北地区	5047.02	5129.75	5152.69	5211.10	5255.04	5312.13	5330.73	5365.60	5382.56	5380.78	5380.92
辽宁	2584.28	2584.97	2597.02	2629.23	2656.13	2677.32	2683.66	2701.96	2709.24	2701.57	2699.28
吉林	1242.54	1322.52	1327.83	1337.56	1334.09	1357.65	1363.85	1370.64	1373.99	1374.35	1373.15
黑龙江	1220.20	1222.26	1227.84	1244.31	1264.82	1277.16	1283.22	1293.00	1299.33	1304.86	1308.49

数据来源：国家统计局。

2. 各地区房屋新开工面积

表3-18 2018—2022年全国及各地区房屋新开工面积

单位：万平方米

地 区	2018年	2019年	2020年	2021年	2022年
全 国	209341.79	227153.58	224433.15	198895.05	120587.08
东部地区	92604.55	94806.76	98704.39	86324.75	52928.87
北 京	2321.11	2073.21	3006.62	1895.93	1774.41
天 津	2479.34	2544.84	2161.86	1885.36	667.20
河 北	8390.07	9452.68	10232.19	9069.19	5395.28
上 海	2687.17	3063.44	3440.62	3845.97	2939.74
江 苏	16821.27	16227.47	17672.82	16873.29	9907.30
浙 江	12879.28	12730.92	15875.49	12305.31	7988.56
福 建	7205.35	6398.36	6637.99	6439.20	4142.36
山 东	18732.25	22658.90	20204.08	16572.10	10520.58
广 东	19144.08	18437.38	18407.77	16097.26	8535.40
海 南	1944.64	1219.56	1064.95	1341.14	1058.04
中部地区	54824.26	58337.72	56366.03	51729.46	32672.31
山 西	3872.55	4879.09	5795.65	4347.74	3453.91
安 徽	10849.59	11117.46	11785.64	10434.89	6843.01
江 西	5801.49	5862.57	5301.79	5282.04	3629.35
河 南	14677.65	15836.53	14114.24	13652.89	8948.68
湖 北	8495.32	8708.85	8452.55	7843.69	4274.82
湖 南	11127.65	11933.23	10916.16	10168.21	5522.54
西部地区	52978.58	64473.48	60074.23	51383.47	30746.66
内蒙古	3024.31	3706.06	3287.84	2911.77	1629.07
广 西	6059.30	8218.52	7877.62	5329.29	3033.98
重 庆	7386.16	6725.40	5947.70	4873.36	2224.17
四 川	14094.44	15325.50	13939.74	11493.57	8313.94
贵 州	5689.20	7239.89	5441.06	4528.09	2211.46
云 南	4738.28	8018.51	7538.09	6462.21	2922.93
西 藏	193.06	416.89	222.83	222.34	80.60
陕 西	5451.76	6431.21	5796.94	5970.37	4413.39
甘 肃	2443.03	3307.26	3534.11	3369.78	2105.32
青 海	513.83	865.90	923.17	790.89	422.52
宁 夏	994.55	1185.67	1039.16	1396.73	766.18
新 疆	2390.67	3032.66	4525.97	4035.07	2623.10
东北地区	8934.40	9535.63	9288.50	9457.37	4239.24
辽 宁	3961.71	4142.51	4404.14	4598.19	2378.60
吉 林	2477.96	2947.01	2662.39	3120.87	869.50
黑龙江	2494.74	2446.11	2221.97	1738.31	991.14

数据来源：国家统计局。

表3-19　2022年全国及各地区房屋新开工面积（月度累计）

单位：万平方米

地　区	1—2月	1—3月	1—4月	1—5月	1—6月	1—7月	1—8月	1—9月	1—10月	1—11月	1—12月
全　国	14966.71	29837.58	39738.99	51628.08	66423.47	76066.77	85061.85	94767.27	103721.71	111632.03	120587.08
东部地区	6811.57	13230.48	17403.70	22651.95	28577.87	32213.26	36435.05	40607.43	44952.04	48655.59	52928.87
北　京	172.03	250.69	510.00	582.27	803.04	940.37	1146.69	1242.48	1268.34	1366.50	1774.41
天　津	49.57	169.74	321.34	374.18	438.77	486.66	479.49	555.44	573.38	596.59	667.20
河　北	270.86	780.77	1129.67	1683.36	2471.13	3156.63	3695.01	4368.48	4841.16	5071.47	5395.28
上　海	181.05	374.62	426.56	476.93	634.55	938.07	1459.66	1663.20	2163.48	2516.32	2939.74
江　苏	1743.69	3039.15	3900.65	5109.82	6074.67	6612.01	7168.29	7856.26	8618.60	9268.38	9907.30
浙　江	969.93	1960.31	2660.76	3335.42	3991.80	4335.27	5238.41	6141.17	6818.96	7369.32	7988.56
福　建	553.26	1236.91	1495.73	1874.96	2172.18	2541.05	2828.11	3108.73	3483.13	3822.62	4142.36
山　东	1407.68	2591.40	3426.28	4547.75	6258.06	6900.57	7669.79	8430.98	9066.30	9854.60	10520.58
广　东	1316.92	2459.69	3104.67	4168.42	5123.07	5630.96	6031.90	6471.81	7266.05	7826.45	8535.40
海　南	146.58	367.20	428.04	498.84	610.60	671.28	717.70	768.88	852.64	963.34	1058.04
中部地区	4686.59	8836.55	11840.97	14732.62	18790.99	21321.86	23442.57	25818.55	28184.46	30307.36	32672.31
山　西	177.07	627.53	898.65	1263.57	1825.80	2064.89	2330.14	2585.80	2897.54	3134.00	3453.91
安　徽	1130.06	2021.29	2480.71	3047.94	3862.73	4406.02	4812.66	5479.02	6031.51	6457.74	6843.01
江　西	756.43	1164.33	1610.04	1933.92	2301.92	2542.75	2723.41	2995.42	3196.75	3387.39	3629.35
河　南	1195.55	2694.65	3569.46	4447.98	5725.69	6454.30	6920.94	7440.78	7930.94	8419.84	8948.68
湖　北	776.15	1239.08	1764.33	2077.20	2422.58	2667.04	3000.93	3243.43	3515.38	3825.64	4274.82
湖　南	651.33	1089.67	1517.78	1962.01	2652.27	3186.86	3654.49	4074.10	4612.34	5082.75	5522.54
西部地区	3289.15	7182.16	9620.76	12751.95	16929.25	19917.32	22221.56	24860.76	26787.85	28668.33	30746.66
内蒙古	6.83	74.59	187.02	405.54	708.34	986.03	1276.47	1398.10	1494.62	1598.96	1629.07
广　西	494.11	986.76	1170.98	1421.07	1697.79	1969.67	2153.10	2384.56	2546.00	2754.25	3033.98
重　庆	351.42	720.11	855.18	1026.86	1367.30	1536.06	1606.96	1814.34	1985.33	2039.62	2224.17
四　川	1131.14	2433.55	3195.41	3875.24	4805.30	5434.78	6024.16	6707.67	7224.80	7789.59	8313.94
贵　州	282.10	544.35	738.61	986.99	1233.88	1324.97	1397.53	1532.67	1745.31	1922.05	2211.46
云　南	513.31	883.11	1112.55	1309.50	1551.48	1807.96	2013.10	2283.15	2453.05	2644.78	2922.93
西　藏	1.68	10.89	21.88	24.29	52.21	59.27	59.31	59.71	66.50	70.21	80.60
陕　西	457.83	936.73	1234.83	1852.10	2518.35	2965.98	3298.03	3603.97	3841.24	4135.17	4413.39
甘　肃	34.37	230.91	402.40	616.11	981.31	1272.63	1495.74	1800.14	1925.58	2034.13	2105.32
青　海	—	124.41	157.33	234.30	310.28	338.43	356.92	389.01	399.62	410.36	422.52
宁　夏	16.26	121.86	217.84	273.68	417.75	487.86	570.02	662.64	711.76	737.73	766.18
新　疆	0.10	114.89	326.73	726.27	1285.26	1733.68	1970.22	2224.80	2394.04	2531.48	2623.10
东北地区	179.40	588.39	873.56	1491.56	2125.36	2614.33	2962.67	3480.53	3797.36	4000.75	4239.24
辽　宁	159.24	434.49	628.51	1006.18	1389.73	1592.44	1768.92	2007.92	2132.28	2240.04	2378.60
吉　林	20.16	73.49	132.54	278.79	369.76	522.99	605.16	685.50	812.72	852.12	869.50
黑龙江	—	80.41	112.51	206.59	365.87	498.90	588.59	787.11	852.36	908.59	991.14

数据来源：国家统计局。

表 3-20 2018—2022 年全国及各地区住宅新开工面积

单位：万平方米

地　区	2018 年	2019 年	2020 年	2021 年	2022 年
全　国	153352.57	167463.43	164328.53	146378.54	88135.09
东部地区	66809.34	68224.43	69864.21	60929.58	36682.89
北　京	1233.58	1003.72	1716.36	1025.91	978.36
天　津	1862.93	1973.81	1566.72	1324.17	501.12
河　北	6443.62	7404.40	7979.05	7146.19	4300.12
上　海	1473.17	1572.90	1756.37	1682.49	1602.02
江　苏	12902.27	12478.43	13538.15	12794.45	7298.02
浙　江	8765.56	8345.91	10443.67	7663.61	4988.31
福　建	5073.73	4615.00	4549.05	4587.40	2822.50
山　东	13940.76	17096.90	15063.71	12500.82	7765.74
广　东	13593.10	12904.92	12573.97	11392.51	5688.99
海　南	1520.62	828.44	677.16	812.03	737.71
中部地区	42417.05	45652.70	44074.58	41134.36	26000.30
山　西	2957.24	3771.70	4468.38	3392.09	2734.91
安　徽	8454.68	8704.45	9243.72	8140.41	5237.57
江　西	4454.65	4666.64	4170.08	4196.73	2946.66
河　南	11431.06	12607.65	11371.00	11297.67	7367.47
湖　北	6698.65	6849.43	6514.21	6115.22	3168.39
湖　南	8420.77	9052.83	8307.19	7992.24	4545.30
西部地区	37397.71	46449.92	43412.80	37087.32	22152.13
内蒙古	2154.03	2783.87	2485.53	2261.80	1137.06
广　西	4672.08	6533.95	5912.31	4016.51	2347.79
重　庆	5145.20	4593.17	4106.57	3231.19	1540.96
四　川	9734.54	10294.70	9631.06	7959.91	5818.96
贵　州	3983.80	5235.85	4009.19	3311.51	1636.82
云　南	3386.83	5695.45	5286.82	4578.33	2076.48
西　藏	128.55	333.99	145.72	147.23	55.96
陕　西	3979.58	4873.52	4488.42	4484.90	3075.58
甘　肃	1611.52	2406.64	2620.69	2553.45	1660.79
青　海	331.84	640.42	652.29	630.65	310.68
宁　夏	681.57	883.85	784.84	1015.07	598.19
新　疆	1588.18	2174.49	3289.36	2896.77	1892.86
东北地区	6728.46	7136.38	6976.94	7227.28	3299.77
辽　宁	3118.63	3190.97	3396.87	3457.72	1799.40
吉　林	1752.84	2169.83	1906.76	2409.22	699.99
黑龙江	1857.00	1775.59	1673.31	1360.34	800.38

数据来源：国家统计局。

表3-21 2022年全国及各地区住宅新开工面积（月度累计）

单位：万平方米

地区	1—2月	1—3月	1—4月	1—5月	1—6月	1—7月	1—8月	1—9月	1—10月	1—11月	1—12月
全　国	10835.67	21558.39	28876.58	37782.32	48800.47	55918.77	62413.67	69482.78	75934.15	81734.35	88135.09
东部地区	4648.59	9048.39	12093.08	15870.84	20202.99	22783.10	25623.67	28499.75	31296.23	33819.94	36682.89
北　京	91.44	119.44	253.80	306.62	415.63	496.04	613.86	676.08	690.56	748.15	978.36
天　津	23.15	119.53	244.84	287.01	337.48	351.10	349.39	413.33	427.69	442.60	501.12
河　北	188.43	607.04	882.47	1350.03	1992.12	2547.84	2988.63	3502.00	3864.55	4048.01	4300.12
上　海	83.53	202.01	227.45	248.72	345.16	530.42	782.22	935.48	1165.06	1356.97	1602.02
江　苏	1243.54	2153.17	2851.26	3814.22	4535.69	4924.00	5319.91	5810.35	6325.24	6820.28	7298.02
浙　江	610.62	1179.97	1671.10	2059.65	2505.96	2747.80	3299.74	3854.37	4263.23	4592.58	4988.31
福　建	369.65	850.61	1046.99	1314.63	1515.48	1741.38	1924.87	2117.24	2368.35	2613.68	2822.50
山　东	1030.27	1905.67	2533.32	3381.49	4661.54	5153.29	5733.49	6248.04	6724.45	7319.52	7765.74
广　东	912.48	1651.20	2077.76	2752.61	3450.35	3797.34	4102.38	4400.34	4872.32	5198.06	5688.99
海　南	95.48	259.75	304.09	355.86	443.58	493.89	509.18	542.52	594.78	680.09	737.71
中部地区	3677.47	6960.25	9217.98	11534.84	14814.03	16844.58	18576.79	20492.02	22402.04	24138.59	26000.30
山　西	138.46	499.04	691.14	972.70	1417.40	1617.96	1825.35	2033.29	2287.68	2484.27	2734.91
安　徽	872.56	1557.07	1919.49	2378.64	2996.65	3402.98	3699.60	4230.31	4653.00	4962.78	5237.57
江　西	585.10	946.02	1299.67	1551.58	1855.27	2039.74	2195.20	2425.24	2589.57	2747.77	2946.66
河　南	1001.16	2195.15	2838.85	3550.22	4628.48	5227.19	5636.31	6068.97	6488.46	6908.31	7367.47
湖　北	576.46	900.89	1267.52	1506.36	1769.63	1945.58	2224.08	2391.95	2604.17	2854.75	3168.39
湖　南	503.73	862.08	1201.31	1575.34	2146.60	2611.13	2996.25	3342.00	3779.16	4180.71	4545.30
西部地区	2384.09	5111.20	6904.35	9228.55	12144.41	14265.10	15900.38	17788.90	19278.63	20663.48	22152.13
内蒙古	5.69	56.52	126.72	308.62	519.56	691.55	890.63	968.09	1038.60	1110.41	1137.06
广　西	388.29	765.11	900.45	1096.11	1299.87	1536.42	1667.21	1837.63	1972.64	2138.51	2347.79
重　庆	245.83	514.70	632.35	743.15	951.10	1079.34	1125.03	1263.50	1375.96	1420.93	1540.96
四　川	784.23	1666.95	2220.82	2721.64	3319.44	3745.54	4162.75	4641.87	5030.85	5438.97	5818.96
贵　州	209.04	389.16	538.21	732.71	907.11	977.28	1032.98	1140.36	1312.53	1442.67	1636.82
云　南	374.82	648.10	811.22	944.87	1114.81	1303.59	1443.85	1619.00	1753.39	1884.58	2076.48
西　藏	1.68	5.72	15.29	16.54	37.88	42.50	42.50	42.90	45.73	48.01	55.96
陕　西	333.64	618.86	829.57	1261.83	1704.54	1986.50	2209.02	2438.15	2646.32	2861.96	3075.58
甘　肃	29.13	186.47	323.09	492.63	780.06	1016.33	1197.09	1426.72	1528.04	1604.50	1660.79
青　海	—	78.29	90.80	158.68	216.69	243.91	258.45	285.80	292.87	303.03	310.68
宁　夏	11.64	95.78	174.62	218.08	331.94	387.99	447.67	514.86	556.56	578.81	598.19
新　疆	0.10	85.54	241.21	533.69	961.41	1254.15	1423.20	1610.02	1725.14	1831.10	1892.86
东北地区	125.52	438.55	661.17	1148.09	1639.04	2025.99	2312.83	2702.11	2957.25	3112.34	3299.77
辽　宁	117.27	316.41	461.26	756.48	1047.52	1206.39	1346.06	1514.45	1612.21	1699.19	1799.40
吉　林	8.25	54.42	103.59	232.41	304.32	420.03	488.03	548.71	655.66	685.14	699.99
黑龙江	—	67.72	96.32	159.20	287.20	399.57	478.74	638.95	689.38	728.01	800.38

数据来源：国家统计局。

表 3-22　2018—2022 年全国及各地区办公楼新开工面积

单位：万平方米

地　区	2018 年	2019 年	2020 年	2021 年	2022 年
全　国	6049.04	7083.59	6603.73	5223.90	3180.14
东部地区	3387.00	3800.64	3877.87	3098.57	2034.86
北　京	221.31	170.50	130.53	74.58	64.47
天　津	19.64	44.00	57.02	30.15	11.88
河　北	157.75	209.36	207.19	140.78	64.13
上　海	310.84	388.87	421.09	629.45	314.01
江　苏	441.55	397.26	453.81	413.57	292.45
浙　江	484.66	506.87	506.53	548.53	332.52
福　建	236.26	201.67	277.49	126.36	127.79
山　东	613.77	765.91	598.03	429.17	307.80
广　东	863.77	1063.16	1133.75	584.57	465.10
海　南	37.44	53.04	92.43	121.41	54.71
中部地区	1131.92	1388.26	1145.38	916.55	511.32
山　西	52.91	73.87	83.24	68.61	29.58
安　徽	230.38	265.68	181.56	219.04	89.05
江　西	77.40	104.11	111.31	131.99	30.61
河　南	361.30	428.14	199.63	148.62	132.12
湖　北	260.69	203.42	358.50	201.69	176.46
湖　南	149.24	313.04	211.14	146.60	53.50
西部地区	1343.07	1660.75	1431.64	1027.98	563.84
内蒙古	29.76	36.75	13.60	10.89	23.09
广　西	96.03	81.07	146.73	86.96	28.87
重　庆	132.72	126.42	110.69	104.52	35.07
四　川	513.74	657.40	477.06	290.90	147.10
贵　州	97.78	122.33	51.27	29.49	44.28
云　南	91.52	258.56	224.29	161.84	48.57
西　藏	1.21	14.21	12.53	17.18	0.75
陕　西	223.48	268.85	203.52	189.98	191.16
甘　肃	53.39	31.86	94.45	45.40	5.09
青　海	7.48	7.99	30.00	6.93	14.54
宁　夏	10.56	5.18	5.79	8.15	11.35
新　疆	85.39	50.14	61.71	75.74	13.97
东北地区	187.05	233.93	148.84	180.80	70.12
辽　宁	32.74	80.70	39.18	64.31	50.70
吉　林	100.54	115.44	79.20	95.15	16.90
黑龙江	53.77	37.79	30.46	21.34	2.52

数据来源：国家统计局。

表3-23 2022年全国及各地区办公楼新开工面积（月度累计）

单位：万平方米

地区	1—2月	1—3月	1—4月	1—5月	1—6月	1—7月	1—8月	1—9月	1—10月	1—11月	1—12月
全国	341.29	827.11	1022.49	1305.89	1701.11	1903.83	2182.53	2437.69	2682.48	2869.51	3180.14
东部地区	247.40	524.60	599.41	796.79	1004.61	1112.66	1292.35	1459.12	1656.89	1806.40	2034.86
北京	9.99	22.72	27.78	27.83	28.06	28.06	56.87	59.57	59.96	60.91	64.47
天津	6.91	7.01	10.93	11.20	11.20	11.20	11.20	11.20	11.20	11.20	11.88
河北	3.33	1.06	7.25	19.18	30.80	31.72	36.97	53.26	58.08	59.16	64.13
上海	17.65	32.11	39.72	53.13	83.17	110.13	179.07	178.30	244.52	253.25	314.01
江苏	42.96	101.03	105.48	120.51	161.89	177.98	201.24	215.87	258.40	271.35	292.45
浙江	28.22	84.89	70.84	103.44	121.08	127.12	149.56	208.82	249.80	299.70	332.52
福建	30.44	37.92	34.79	41.18	50.62	56.99	60.78	62.36	71.41	92.22	127.79
山东	54.65	78.41	100.93	122.57	180.02	190.78	213.01	257.42	271.44	281.56	307.80
广东	35.24	138.88	178.50	264.60	300.29	339.53	344.45	369.91	387.50	431.98	465.10
海南	18.01	20.57	23.19	33.15	37.48	39.04	39.20	42.41	44.58	45.07	54.71
中部地区	43.11	147.92	236.38	275.04	338.17	367.54	384.99	423.35	449.24	465.53	511.32
山西	0.04	4.90	5.58	8.94	14.01	19.13	21.37	24.76	26.98	26.58	29.58
安徽	15.76	29.71	34.62	43.90	55.38	62.60	70.74	80.44	82.39	87.80	89.05
江西	3.08	10.07	11.74	15.09	18.19	21.26	21.99	22.29	25.17	25.66	30.61
河南	3.45	40.12	71.91	87.32	117.89	119.08	122.75	130.09	131.20	131.68	132.12
湖北	15.35	47.72	95.65	101.49	105.73	116.57	118.06	133.99	138.30	142.90	176.46
湖南	5.43	15.40	16.88	18.30	26.97	28.90	30.08	31.78	45.20	50.91	53.50
西部地区	41.98	131.09	160.36	202.39	308.20	364.60	442.26	486.40	506.28	527.46	563.84
内蒙古	—	0.01	0.29	0.83	11.45	15.95	22.70	22.70	23.34	23.02	23.09
广西	3.71	6.47	10.55	10.85	18.57	19.03	25.48	27.81	28.06	28.42	28.87
重庆	0.75	1.86	2.16	4.40	9.44	9.89	16.39	26.42	33.21	33.28	35.07
四川	9.21	28.88	36.38	48.77	64.18	84.44	109.95	123.98	133.31	140.88	147.10
贵州	2.97	7.25	7.30	10.61	21.70	21.79	22.45	24.79	28.18	28.56	44.28
云南	3.04	16.13	19.51	26.72	27.13	27.41	29.87	33.20	33.36	44.19	48.57
西藏	—	—	0.10	0.10	0.75	0.75	0.75	0.75	0.75	0.75	0.75
陕西	22.30	54.58	65.00	77.34	129.29	152.62	178.57	184.57	185.86	188.01	191.16
甘肃	—	0.52	3.29	3.98	4.50	4.54	4.72	5.06	5.08	5.09	5.09
青海	—	13.56	13.56	13.62	13.92	13.92	14.14	14.25	14.52	14.52	14.54
宁夏	—	0.31	0.33	0.33	0.35	5.59	7.41	7.42	7.42	7.55	11.35
新疆	—	1.52	1.89	4.84	6.92	8.67	9.83	15.45	13.19	13.19	13.97
东北地区	8.80	23.50	26.34	31.67	50.13	59.03	62.93	68.82	70.07	70.12	70.12
辽宁	8.80	23.50	23.99	28.31	45.15	46.62	48.61	50.65	50.70	50.70	50.70
吉林	—	—	2.35	2.69	3.17	10.50	12.38	15.73	16.90	16.90	16.90
黑龙江	—	—	—	0.67	1.81	1.91	1.94	2.44	2.47	2.52	2.52

数据来源：国家统计局。

表 3-24　2018—2022 年全国及各地区商业营业用房新开工面积

单位：万平方米

地　区	2018 年	2019 年	2020 年	2021 年	2022 年
全　国	20065.69	18936.28	18012.31	14105.48	8194.55
东部地区	7176.68	6782.06	7206.24	5595.36	3337.26
北　京	108.32	139.55	124.56	107.63	71.80
天　津	187.29	215.14	238.76	145.18	38.32
河　北	805.20	602.31	726.80	428.55	263.44
上　海	206.93	286.83	331.70	347.73	162.29
江　苏	1418.72	1237.21	1407.88	1039.60	659.10
浙　江	856.27	911.42	1059.94	890.25	569.00
福　建	557.08	331.54	446.88	382.51	220.70
山　东	1488.74	1603.25	1346.74	1027.85	644.91
广　东	1403.85	1283.32	1388.11	1009.17	601.35
海　南	144.29	171.50	134.87	216.89	106.35
中部地区	5558.44	5035.20	4563.00	3513.26	2140.32
山　西	318.84	360.38	353.39	246.28	170.40
安　徽	955.27	903.23	964.66	651.98	430.36
江　西	711.53	581.76	507.92	414.40	259.84
河　南	1643.45	1298.68	1051.15	895.23	558.52
湖　北	678.24	690.78	619.59	453.92	335.65
湖　南	1251.10	1200.38	1066.29	851.45	385.55
西部地区	6115.20	6092.76	5306.69	4176.27	2383.14
内蒙古	462.19	324.00	296.77	199.86	149.59
广　西	523.36	566.65	516.37	315.69	174.34
重　庆	725.19	579.82	453.36	470.78	167.39
四　川	1366.53	1534.99	1221.75	868.07	587.01
贵　州	712.73	774.32	541.58	402.68	143.59
云　南	569.56	754.86	686.57	439.61	229.88
西　藏	38.90	37.63	29.24	31.02	11.92
陕　西	633.69	553.06	414.27	391.29	279.76
甘　肃	393.88	314.31	300.46	246.14	119.60
青　海	91.96	109.18	118.36	56.08	42.02
宁　夏	149.36	109.08	77.84	106.79	44.40
新　疆	447.85	434.87	650.12	648.26	433.64
东北地区	1215.37	1026.26	936.38	820.59	333.83
辽　宁	464.06	404.58	447.77	423.27	189.30
吉　林	364.46	280.84	266.98	221.96	55.26
黑龙江	386.84	340.85	221.63	175.36	89.27

数据来源：国家统计局。

表 3-25　2022 年全国及各地区商业营业用房新开工面积（月度累计）

单位：万平方米

地 区	1—2月	1—3月	1—4月	1—5月	1—6月	1—7月	1—8月	1—9月	1—10月	1—11月	1—12月
全　国	1069.12	2148.71	2751.28	3572.00	4535.07	5201.78	5849.10	6507.23	7068.38	7607.66	8194.55
东部地区	447.86	937.11	1123.94	1446.96	1794.30	2023.54	2313.29	2568.63	2841.06	3090.12	3337.26
北　京	6.39	17.71	22.59	22.82	46.17	46.93	47.69	47.87	49.59	64.06	71.80
天　津	3.00	8.35	10.90	11.90	15.04	31.24	31.27	36.78	36.78	36.87	38.32
河　北	15.76	45.13	66.61	84.94	109.85	144.79	167.43	207.09	239.30	246.00	263.44
上　海	24.01	33.80	40.31	44.64	45.05	67.93	113.01	113.93	128.87	144.85	162.29
江　苏	108.30	203.63	248.13	324.27	382.28	421.15	464.36	522.65	578.95	619.19	659.10
浙　江	65.87	160.93	187.38	269.99	314.82	351.43	408.01	474.07	501.33	542.52	569.00
福　建	34.59	58.47	74.39	88.81	109.10	124.68	143.10	154.09	182.04	193.50	220.70
山　东	91.78	215.99	210.09	259.35	375.89	416.65	455.93	506.79	539.31	595.12	644.91
广　东	85.02	167.10	230.82	304.92	352.07	370.96	405.53	419.30	494.22	553.71	601.35
海　南	13.14	26.00	32.72	35.32	44.03	47.78	76.96	86.06	90.67	94.30	106.35
中部地区	388.86	638.67	843.24	1052.72	1300.19	1438.43	1561.64	1718.03	1847.50	1974.88	2140.32
山　西	10.95	27.62	39.35	75.58	98.45	108.15	125.51	139.74	155.32	162.43	170.40
安　徽	79.90	147.05	168.24	192.41	240.12	276.76	298.39	338.85	365.75	393.50	430.36
江　西	80.67	92.69	108.95	149.77	177.42	194.04	202.82	215.55	225.48	241.14	259.84
河　南	80.17	156.76	239.37	302.94	385.46	416.66	432.11	466.43	489.62	523.94	558.52
湖　北	70.63	113.04	148.88	170.26	194.42	209.93	227.02	257.62	280.19	299.88	335.65
湖　南	66.54	101.51	138.45	161.76	204.32	232.89	275.79	299.84	331.14	353.99	385.55
西部地区	213.31	533.38	721.59	960.14	1277.35	1538.22	1745.77	1943.55	2081.66	2225.39	2383.14
内蒙古	0.73	7.24	30.29	40.30	61.88	85.69	109.73	132.22	141.33	148.01	149.59
广　西	21.83	44.90	53.44	69.52	79.24	90.82	109.25	122.91	133.30	145.55	174.34
重　庆	23.91	78.01	73.71	84.62	106.59	121.79	130.10	149.23	165.77	165.13	167.39
四　川	75.84	174.37	227.59	265.90	336.76	391.93	441.22	472.87	502.87	542.71	587.01
贵　州	12.63	38.32	51.98	68.94	85.50	92.45	94.39	100.54	109.20	124.93	143.59
云　南	48.08	69.17	78.11	93.76	111.11	129.32	152.81	179.15	190.04	202.69	229.88
西　藏	—	0.21	0.46	0.93	4.21	5.10	5.12	5.12	9.06	10.48	11.92
陕　西	27.32	72.27	89.33	137.74	174.36	194.37	213.47	227.77	237.04	260.66	279.76
甘　肃	0.93	14.75	31.21	45.87	62.57	70.34	84.04	99.80	105.56	119.08	119.60
青　海	—	10.21	25.56	28.98	35.42	38.21	39.93	40.66	41.26	41.80	42.02
宁　夏	2.04	6.29	10.26	12.56	16.34	16.76	24.05	38.45	40.92	41.62	44.40
新　疆	—	17.64	49.65	111.02	203.37	301.44	341.66	374.83	405.31	422.73	433.64
东北地区	19.09	39.55	62.51	112.18	163.23	201.59	228.40	277.02	298.16	317.27	333.83
辽　宁	18.54	31.08	46.08	77.01	103.43	113.81	128.21	158.62	167.67	179.03	189.30
吉　林	0.55	3.48	9.08	14.16	19.95	33.49	39.17	45.88	52.57	53.52	55.26
黑龙江	—	4.99	7.35	21.01	39.85	54.29	61.02	72.52	77.92	84.72	89.27

数据来源：国家统计局。

3. 各地区房屋竣工面积

表 3-26　2018—2022 年全国及各地区房屋竣工面积

单位：万平方米

地　区	2018 年	2019 年	2020 年	2021 年	2022 年
全　国	93550.11	95941.53	91218.22	101411.95	86222.22
东部地区	45935.88	47775.65	47850.01	48600.13	41325.07
北　京	1557.90	1343.28	1545.72	1983.86	1938.48
天　津	2092.22	1655.50	1634.47	1892.82	1503.65
河　北	2390.41	2679.96	2367.17	2522.55	2522.65
上　海	3115.76	2669.67	2877.78	2739.55	1676.40
江　苏	8536.27	9369.08	11151.04	9140.70	7892.16
浙　江	5189.67	5738.82	6692.70	6387.14	6130.27
福　建	3739.02	2882.29	3804.07	4041.68	4063.38
山　东	10512.57	10179.25	9325.86	11373.68	6686.02
广　东	7615.25	9955.54	7763.75	8043.47	8161.12
海　南	1186.81	1302.26	687.45	474.68	750.94
中部地区	21518.31	23748.92	20844.08	27014.12	22703.47
山　西	1407.95	2739.22	1481.18	2639.30	2126.82
安　徽	4488.40	5673.90	5100.86	7012.89	5945.19
江　西	2031.76	2230.76	2238.50	2517.44	1462.76
河　南	6655.23	6571.21	5412.77	6841.90	6451.78
湖　北	2773.99	2558.60	2646.83	3398.36	3281.21
湖　南	4160.98	3975.24	3963.94	4604.23	3435.71
西部地区	21098.64	20173.08	18273.03	21645.07	18791.85
内蒙古	1415.72	950.56	841.28	1052.25	1100.98
广　西	2192.94	2037.85	2129.16	2433.25	2345.43
重　庆	4083.45	5069.17	3774.33	4196.21	2795.66
四　川	5635.30	4580.04	4545.86	4379.25	4071.88
贵　州	1279.64	954.85	862.28	916.35	966.78
云　南	1447.28	1844.49	1637.76	2540.97	2565.30
西　藏	49.94	18.87	28.00	87.97	35.79
陕　西	1524.66	1782.13	1745.62	1769.88	1976.20
甘　肃	752.34	674.14	881.36	1463.07	917.80
青　海	319.91	133.27	153.60	159.71	247.88
宁　夏	1213.98	1011.05	772.25	1144.42	627.13
新　疆	1183.49	1116.66	901.53	1501.74	1141.02
东北地区	4997.28	4243.88	4251.10	4152.63	3401.83
辽　宁	2273.85	1817.63	1848.18	2339.06	1946.07
吉　林	1519.96	1222.17	964.94	845.45	724.10
黑龙江	1203.46	1204.08	1437.98	968.12	731.66

数据来源：国家统计局。

表 3-27　2022 年全国及各地区房屋竣工面积（月度累计）

单位：万平方米

地区	1—2月	1—3月	1—4月	1—5月	1—6月	1—7月	1—8月	1—9月	1—10月	1—11月	1—12月
全国	12199.53	16929.23	20030.05	23361.63	28635.82	32027.58	36861.12	40878.96	46564.59	55708.85	86222.22
东部地区	6247.34	8587.93	9883.29	11337.80	13914.65	15366.59	17742.31	20129.26	22760.04	26463.86	41325.07
北京	80.26	158.11	218.19	248.41	427.44	583.48	669.86	835.01	946.17	1043.22	1938.48
天津	169.85	260.52	352.45	403.14	480.20	601.37	734.20	866.23	969.24	1151.41	1503.65
河北	138.23	223.22	311.04	411.17	488.25	526.67	643.30	764.72	872.22	1148.38	2522.65
上海	290.95	341.86	381.40	451.14	548.26	591.11	851.90	907.59	1011.45	1175.10	1676.40
江苏	1668.68	2207.03	2434.06	2716.23	3126.62	3343.21	3681.53	4121.50	4599.38	5551.16	7892.16
浙江	617.12	979.46	1111.80	1372.44	1965.00	2152.11	2466.67	2992.66	3366.37	3991.17	6130.27
福建	782.00	1027.40	1107.11	1207.48	1370.20	1550.66	1890.24	2000.41	2262.39	2474.36	4063.38
山东	960.84	1420.75	1681.67	1859.49	2310.42	2571.87	2934.67	3263.47	3684.97	4241.62	6686.02
广东	1443.99	1826.15	2143.14	2510.99	3009.43	3220.18	3629.96	4119.77	4708.04	5296.90	8161.12
海南	95.42	143.43	142.43	157.31	188.83	225.93	239.98	257.90	339.81	390.54	750.94
中部地区	3156.87	4203.40	5004.54	5863.61	7154.39	7978.70	9095.53	9814.14	11293.08	14551.91	22703.47
山西	92.84	221.04	259.23	334.97	409.02	457.37	548.13	626.58	667.17	920.71	2126.82
安徽	844.37	1060.70	1174.62	1444.96	1728.01	1947.87	2325.65	2447.66	3011.89	3809.46	5945.19
江西	328.47	395.60	430.66	468.06	598.60	654.77	710.37	769.68	839.33	910.47	1462.76
河南	632.50	924.66	1222.39	1404.96	1740.33	1942.62	2175.50	2293.96	2613.55	4065.74	6451.78
湖北	448.88	640.55	845.06	965.77	1172.72	1322.77	1468.58	1614.09	1859.85	2189.53	3281.21
湖南	809.81	960.85	1072.58	1244.89	1505.71	1653.30	1867.30	2062.17	2301.29	2656.00	3435.71
西部地区	2473.73	3699.10	4543.09	5415.14	6511.56	7474.20	8587.93	9311.18	10561.47	12294.48	18791.85
内蒙古	23.95	55.32	97.90	196.96	254.13	357.22	448.45	492.96	507.84	696.70	1100.98
广西	440.13	716.26	766.81	837.63	957.87	988.51	1067.48	1170.18	1474.77	1641.15	2345.43
重庆	430.83	571.59	666.50	784.19	1084.31	1309.34	1465.51	1652.11	1832.87	2016.47	2795.66
四川	542.04	1010.25	1413.37	1582.92	1752.19	2016.61	2318.69	2414.46	2673.67	2918.99	4071.88
贵州	76.89	126.42	132.63	170.73	216.15	259.55	304.49	340.25	383.54	441.45	966.78
云南	440.14	508.77	590.57	646.70	764.81	839.30	956.49	1029.34	1227.73	1385.71	2565.30
西藏	7.80	1.55	1.55	27.27	30.28	29.63	30.41	30.41	35.79	35.79	35.79
陕西	304.14	388.52	497.49	595.61	685.68	765.48	887.20	953.42	1114.57	1305.64	1976.20
甘肃	16.10	57.01	96.66	146.79	198.76	217.35	291.01	315.09	347.70	488.95	917.80
青海	15.95	11.62	11.62	12.84	70.22	71.04	70.03	73.46	87.93	127.05	247.88
宁夏	55.47	60.16	71.97	95.21	115.13	139.63	202.29	265.78	281.29	492.11	627.13
新疆	120.29	191.63	195.76	318.29	382.03	480.54	545.88	573.72	593.77	744.47	1141.02
东北地区	321.59	438.80	599.13	745.08	1055.22	1208.09	1435.35	1624.38	1950.00	2398.60	3401.83
辽宁	166.17	271.59	363.66	437.88	622.81	689.92	781.73	926.71	1078.16	1248.52	1946.07
吉林	155.42	134.44	159.25	175.27	205.05	263.02	341.07	367.96	465.14	555.47	724.10
黑龙江	—	32.77	76.22	131.93	227.36	255.15	312.55	329.71	406.70	594.61	731.66

数据来源：国家统计局。

表 3-28　2018—2022 年全国及各地区住宅竣工面积

单位：万平方米

地　区	2018 年	2019 年	2020 年	2021 年	2022 年
全　国	66015.75	68011.11	65910.03	73016.20	62539.23
东部地区	31916.69	33012.49	33719.05	33700.08	28985.42
北　京	731.20	583.20	728.48	981.05	1096.22
天　津	1522.27	1186.69	1256.43	1445.60	1086.13
河　北	1917.23	2042.67	1871.19	1950.42	1901.95
上　海	1730.27	1453.28	1627.61	1421.43	934.69
江　苏	6360.00	6968.89	8272.63	6693.68	5901.62
浙　江	3047.84	3551.11	4266.78	4015.48	4064.23
福　建	2347.24	1813.90	2403.09	2699.13	2848.15
山　东	8057.09	7734.65	7172.55	8596.69	4909.83
广　东	5216.15	6578.17	5573.29	5587.55	5641.97
海　南	987.39	1099.94	547.00	309.05	600.63
中部地区	16029.96	18057.61	16156.75	20921.06	17391.45
山　西	1094.50	1985.29	1131.67	2020.82	1636.59
安　徽	3184.19	4250.81	3874.40	5349.76	4315.37
江　西	1510.51	1670.19	1744.48	1926.35	1114.71
河　南	5074.09	5162.69	4278.13	5374.78	5235.26
湖　北	2091.69	2019.29	2166.11	2712.36	2516.63
湖　南	3074.98	2969.35	2961.96	3536.99	2572.89
西部地区	14331.76	13732.54	12780.18	15118.56	13525.52
内蒙古	1013.97	689.74	614.19	789.82	838.16
广　西	1654.54	1515.99	1561.89	1887.69	1847.65
重　庆	2784.64	3400.08	2585.26	2724.39	1920.10
四　川	3707.61	2940.11	3073.73	2965.13	2725.07
贵　州	841.59	634.50	568.12	626.36	689.59
云　南	1047.65	1225.40	1163.01	1681.30	1758.45
西　藏	38.74	8.12	15.52	44.97	24.58
陕　西	1036.15	1281.67	1301.25	1344.00	1545.82
甘　肃	498.67	470.51	654.99	1074.64	727.86
青　海	187.38	86.28	99.46	118.54	186.92
宁　夏	843.82	718.11	513.53	762.80	483.13
新　疆	677.01	762.03	629.23	1098.92	778.19
东北地区	3737.34	3208.46	3254.05	3276.50	2636.84
辽　宁	1711.44	1374.26	1440.82	1909.42	1567.01
吉　林	1105.37	893.27	697.29	635.44	516.97
黑龙江	920.53	940.93	1115.94	731.64	552.86

数据来源：国家统计局。

表 3-29 2022 年全国及各地区住宅竣工面积（月度累计）

单位：万平方米

地区	1—2月	1—3月	1—4月	1—5月	1—6月	1—7月	1—8月	1—9月	1—10月	1—11月	1—12月
全国	8914.79	12322.66	14661.73	17049.73	20858.28	23279.50	26737.46	29595.37	33771.44	40441.54	62539.23
东部地区	4434.10	6002.95	6998.68	7984.02	9776.35	10792.60	12374.56	14010.06	15852.00	18412.94	28985.42
北京	24.41	63.66	119.30	127.41	214.01	296.28	360.12	466.20	525.81	573.65	1096.22
天津	125.89	199.84	262.06	293.42	349.59	442.34	543.62	630.66	707.42	828.53	1086.13
河北	76.66	137.69	208.26	287.55	354.65	380.41	468.38	566.50	648.79	881.23	1901.95
上海	190.80	206.99	249.48	265.89	344.60	371.46	459.94	483.24	546.50	648.39	934.69
江苏	1270.75	1682.72	1850.65	2066.40	2350.26	2503.52	2773.47	3099.00	3447.22	4111.67	5901.62
浙江	400.66	605.30	722.42	880.57	1282.86	1410.75	1609.53	1952.19	2185.73	2578.29	4064.23
福建	566.65	729.07	783.97	849.33	969.66	1098.79	1335.55	1402.68	1588.35	1733.11	2848.15
山东	709.27	1047.13	1235.88	1369.98	1729.07	1903.18	2145.11	2406.73	2727.94	3145.55	4909.83
广东	989.94	1220.19	1454.86	1717.35	2033.93	2201.48	2484.95	2801.22	3232.78	3626.73	5641.97
海南	79.07	110.36	111.80	126.12	147.72	184.39	193.89	201.64	241.46	285.79	600.63
中部地区	2450.30	3293.97	3903.95	4561.56	5573.16	6196.74	7103.06	7654.35	8770.70	11208.55	17391.45
山西	63.75	168.24	190.19	255.00	316.67	345.78	426.47	487.82	518.14	713.97	1636.59
安徽	594.71	774.27	839.36	1014.51	1217.21	1379.79	1687.64	1767.18	2156.42	2752.02	4315.37
江西	268.97	326.75	353.82	381.85	479.46	528.10	570.72	617.32	672.08	727.80	1114.71
河南	528.86	779.52	1021.16	1184.71	1467.45	1626.34	1810.00	1904.98	2165.80	3303.07	5235.26
湖北	362.45	506.77	677.23	761.17	930.80	1059.22	1179.88	1316.72	1511.11	1721.25	2516.63
湖南	631.56	738.42	822.19	964.32	1161.57	1257.51	1428.35	1560.33	1747.15	1990.44	2572.89
西部地区	1777.03	2675.85	3263.85	3898.49	4642.66	5330.63	6133.83	6644.19	7596.61	8916.97	13525.52
内蒙古	20.52	44.11	80.43	169.94	213.12	287.25	330.45	360.42	374.78	529.28	838.16
广西	305.17	549.36	594.24	651.87	747.65	768.69	836.86	921.27	1156.81	1294.83	1847.65
重庆	291.46	384.56	454.47	541.82	718.53	880.85	988.79	1103.05	1233.39	1358.52	1920.10
四川	378.89	671.79	930.04	1056.09	1142.20	1318.40	1542.08	1608.60	1778.10	1938.95	2725.07
贵州	56.16	99.25	104.81	129.94	161.79	198.01	233.64	255.63	284.65	325.86	689.59
云南	314.39	366.25	416.18	456.21	539.99	591.87	663.35	719.34	870.26	984.35	1758.45
西藏	6.34	0.94	0.94	18.74	20.92	20.92	21.18	21.18	24.58	24.58	24.58
陕西	236.76	305.78	390.59	459.48	528.00	596.49	696.39	745.84	892.34	1054.28	1545.82
甘肃	12.94	51.40	82.63	116.63	165.00	178.63	235.61	256.55	285.71	397.03	727.86
青海	12.05	6.58	6.58	7.55	51.92	50.50	49.64	51.93	66.40	100.18	186.92
宁夏	47.53	52.05	60.97	79.27	93.89	116.21	162.81	207.34	222.55	382.33	483.13
新疆	94.82	143.78	141.97	210.95	259.65	322.66	373.03	393.04	407.04	526.78	778.19
东北地区	253.36	349.89	495.25	605.66	866.11	959.53	1126.01	1286.77	1552.13	1903.08	2636.84
辽宁	136.39	219.64	303.21	361.36	515.49	567.07	643.88	765.05	890.35	1020.20	1567.01
吉林	116.97	100.13	120.87	130.64	160.57	180.21	244.66	268.18	344.74	414.11	516.97
黑龙江	—	30.12	71.17	113.66	190.05	212.25	237.47	253.54	317.04	468.77	552.86

数据来源：国家统计局。

表 3-30　2018—2022 年全国及各地区办公楼竣工面积

单位：万平方米

地　区	2018 年	2019 年	2020 年	2021 年	2022 年
全　国	3884.04	3923.39	3041.59	3375.74	2611.80
东部地区	2457.10	2565.34	2049.23	2115.20	1627.45
北　京	249.87	290.28	242.21	142.91	177.79
天　津	113.42	41.99	32.44	29.79	24.14
河　北	42.11	76.54	24.98	37.74	61.63
上　海	413.46	259.36	259.14	342.11	197.82
江　苏	275.49	357.66	351.65	322.68	281.74
浙　江	383.68	332.85	348.75	326.11	190.51
福　建	261.45	177.59	226.57	199.47	120.31
山　东	354.35	381.42	219.51	268.08	162.58
广　东	349.31	640.10	326.47	419.80	378.22
海　南	13.94	7.54	17.51	26.51	32.71
中部地区	611.41	692.93	418.97	625.31	568.93
山　西	16.04	83.51	19.49	72.73	29.79
安　徽	190.95	160.05	146.44	178.64	225.67
江　西	50.56	54.60	66.20	69.02	27.10
河　南	187.97	240.06	88.47	171.65	105.98
湖　北	91.76	70.04	45.73	54.26	73.40
湖　南	74.14	84.67	52.64	79.01	106.99
西部地区	660.52	572.55	473.68	567.26	364.21
内蒙古	25.48	21.46	8.90	11.17	14.25
广　西	36.92	59.21	129.60	31.15	86.55
重　庆	129.04	99.11	62.17	141.53	44.09
四　川	165.89	131.98	109.89	158.91	75.55
贵　州	34.84	26.61	45.18	26.86	24.31
云　南	16.37	53.89	29.16	96.04	68.01
西　藏	—	—	—	3.96	0.50
陕　西	69.20	89.51	43.45	30.98	15.59
甘　肃	32.70	12.49	3.40	20.03	18.25
青　海	15.15	10.02	3.42	—	0.77
宁　夏	40.58	31.35	18.77	17.00	3.56
新　疆	94.36	36.92	19.74	29.63	12.78
东北地区	155.01	92.58	99.71	67.97	51.21
辽　宁	30.59	39.60	31.68	20.05	16.28
吉　林	73.55	35.82	45.02	44.03	17.48
黑龙江	50.86	17.15	23.01	3.89	17.45

数据来源：国家统计局。

表 3-31 2022年全国及各地区办公楼竣工面积（月度累计）

单位：万平方米

地区	1—2月	1—3月	1—4月	1—5月	1—6月	1—7月	1—8月	1—9月	1—10月	1—11月	1—12月
全　国	398.51	518.92	589.41	671.88	872.10	952.33	1102.44	1270.65	1419.38	1710.61	2611.80
东部地区	218.98	305.47	329.91	389.29	537.28	572.49	690.18	819.11	910.43	1076.67	1627.45
北　京	31.19	42.49	46.54	55.76	101.58	114.68	114.68	121.20	132.51	151.65	177.79
天　津	6.61	13.93	11.83	15.59	21.06	21.06	21.06	21.06	21.06	23.87	24.14
河　北	0.23	0.27	0.71	4.17	4.32	4.33	4.56	5.85	5.91	6.25	61.63
上　海	18.91	35.42	35.42	43.82	43.82	43.82	94.91	110.04	118.05	126.85	197.82
江　苏	42.32	53.56	68.42	76.10	120.65	125.77	129.18	160.36	178.80	207.33	281.74
浙　江	24.60	47.16	53.52	69.86	93.29	100.70	111.49	125.60	136.36	149.25	190.51
福　建	4.63	10.87	10.87	10.93	13.85	14.46	17.28	27.34	27.46	36.18	120.31
山　东	39.69	39.82	37.28	31.11	41.31	43.31	66.53	77.10	80.97	102.75	162.58
广　东	50.80	61.95	65.32	81.95	97.14	104.10	130.23	162.41	178.56	240.29	378.22
海　南	—	—	—	—	0.26	0.26	0.26	8.15	30.75	32.25	32.71
中部地区	76.00	93.16	123.40	133.59	158.74	185.56	192.77	211.38	262.34	344.14	568.93
山　西	2.22	3.22	8.72	8.72	8.72	8.72	8.83	8.83	8.85	8.85	29.79
安　徽	42.72	46.88	67.45	72.12	73.90	84.03	87.34	90.72	126.94	165.86	225.67
江　西	2.69	3.31	3.71	4.01	12.79	13.47	15.80	16.44	18.85	21.40	27.10
河　南	13.07	13.07	13.25	13.25	13.25	19.27	19.30	20.63	20.99	41.95	105.98
湖　北	6.25	14.94	18.33	18.33	18.33	19.77	19.77	19.77	23.67	29.53	73.40
湖　南	9.05	11.74	11.94	17.16	31.75	40.30	41.73	54.99	63.04	76.55	106.99
西部地区	103.07	117.00	131.03	143.64	167.23	176.51	184.32	202.78	208.71	248.99	364.21
内蒙古	0.26	2.68	2.68	2.70	2.70	2.97	4.83	8.92	8.98	11.61	14.25
广　西	72.05	75.89	75.89	75.89	80.63	80.65	80.70	80.70	80.81	80.81	86.55
重　庆	2.02	2.57	2.57	2.57	2.67	4.83	7.78	16.19	21.57	41.03	44.09
四　川	9.41	14.51	30.42	30.99	46.24	50.11	50.13	52.74	54.07	66.05	75.55
贵　州	0.66	0.66	0.66	0.66	0.66	0.66	1.06	2.04	2.06	2.06	24.31
云　南	4.51	6.48	5.34	5.36	8.14	8.17	10.71	11.06	11.99	16.88	68.01
西　藏	—	—	—	—	0.50	0.50	0.50	0.50	0.50	0.50	0.50
陕　西	9.15	9.15	9.15	11.20	11.20	11.26	11.25	13.16	11.25	12.40	15.59
甘　肃	0.05	0.05	0.03	9.09	9.12	9.13	9.13	9.13	9.14	9.14	18.25
青　海	—	—	—	—	0.10	0.10	0.10	0.10	0.10	0.10	0.77
宁　夏	—	0.02	0.02	0.87	0.87	0.87	0.87	0.87	0.87	1.04	3.56
新　疆	4.96	4.99	4.27	4.31	4.40	7.26	7.26	7.37	7.37	7.37	12.78
东北地区	0.46	3.29	5.07	5.36	8.85	17.77	35.17	37.38	37.90	40.81	51.21
辽　宁	0.39	3.22	3.26	3.41	6.90	11.30	11.37	13.42	13.94	15.00	16.28
吉　林	0.07	0.07	1.81	1.81	1.81	6.31	8.31	8.40	8.40	8.40	17.48
黑龙江	—	—	—	0.14	0.14	0.16	15.49	15.56	15.56	17.41	17.45

数据来源：国家统计局。

表 3-32　2018—2022 年全国及各地区商业营业用房竣工面积

单位：万平方米

地　区	2018 年	2019 年	2020 年	2021 年	2022 年
全　国	11258.68	10814.18	8620.62	8717.91	6799.55
东部地区	4749.03	4773.74	4065.71	3823.51	3021.60
北　京	162.83	98.60	95.08	191.61	106.66
天　津	119.33	147.51	135.70	65.00	86.01
河　北	253.79	275.30	191.95	178.67	209.49
上　海	341.05	324.55	286.38	294.05	153.26
江　苏	989.85	937.56	1059.52	763.27	618.70
浙　江	629.84	576.56	541.59	551.85	370.77
福　建	374.56	367.91	391.51	299.16	231.31
山　东	1088.91	1022.04	706.32	779.55	540.32
广　东	701.16	939.51	593.35	627.82	668.40
海　南	87.72	84.19	64.31	72.53	36.68
中部地区	2687.09	2732.76	2057.74	2372.49	1764.50
山　西	127.41	358.07	85.44	196.98	141.06
安　徽	631.50	628.09	484.55	592.19	404.91
江　西	303.69	358.71	207.52	242.04	160.48
河　南	792.40	694.09	603.47	593.83	453.99
湖　北	352.46	247.42	192.80	270.97	275.39
湖　南	479.63	446.39	483.96	476.48	328.67
西部地区	3138.44	2780.54	1998.39	2103.96	1646.96
内蒙古	220.41	125.25	91.24	109.58	95.28
广　西	270.24	198.02	158.22	174.40	124.72
重　庆	509.48	613.18	366.37	398.93	240.35
四　川	814.77	612.25	445.98	321.76	382.63
贵　州	242.10	164.00	104.25	94.58	114.11
云　南	192.10	296.86	185.67	258.26	208.60
西　藏	4.60	7.16	12.48	31.30	4.47
陕　西	184.06	257.73	184.14	152.57	154.21
甘　肃	137.11	124.22	113.44	163.95	51.81
青　海	87.64	20.63	23.57	17.20	26.81
宁　夏	196.32	152.69	113.80	181.58	37.59
新　疆	279.61	208.56	199.23	199.85	206.38
东北地区	684.12	527.13	498.78	417.95	366.49
辽　宁	351.05	254.61	216.87	192.47	167.03
吉　林	186.26	143.71	121.53	81.20	106.05
黑龙江	146.81	128.81	160.38	144.28	93.41

数据来源：国家统计局。

表3-33 2022年全国及各地区商业营业用房竣工面积（月度累计）

单位：万平方米

地区	1—2月	1—3月	1—4月	1—5月	1—6月	1—7月	1—8月	1—9月	1—10月	1—11月	1—12月
全国	995.16	1449.90	1741.64	2015.23	2369.41	2673.85	3054.77	3374.18	3795.71	4544.27	6799.55
东部地区	535.16	789.94	887.41	1009.84	1138.68	1244.25	1405.57	1566.00	1753.27	2061.78	3021.60
北京	9.09	14.18	14.59	15.82	24.17	27.76	20.31	28.14	35.53	39.63	106.66
天津	3.30	6.65	9.16	11.19	17.08	20.51	23.61	34.53	35.22	46.82	86.01
河北	41.62	56.52	61.47	66.76	69.66	75.93	82.69	89.05	97.32	112.93	209.49
上海	14.69	25.45	21.80	42.24	30.81	35.29	94.98	99.54	110.29	126.18	153.26
江苏	166.14	202.73	220.25	234.26	254.28	268.03	287.61	313.66	370.57	491.44	618.70
浙江	42.12	68.42	82.42	103.65	145.49	168.55	177.14	203.72	223.29	280.94	370.77
福建	49.68	73.36	79.94	91.94	104.79	110.81	135.67	139.98	153.30	159.75	231.31
山东	80.04	142.04	184.09	194.10	212.11	247.83	273.47	287.80	314.62	353.75	540.32
广东	117.78	188.84	201.94	237.58	262.39	271.64	290.07	349.02	383.77	420.52	668.40
海南	10.70	11.75	11.75	12.30	17.90	17.90	20.02	20.56	29.36	29.82	36.68
中部地区	248.11	330.68	414.72	466.76	583.79	660.38	740.79	814.28	926.53	1240.16	1764.50
山西	6.49	11.82	18.01	22.41	25.58	31.28	37.61	43.13	47.75	58.83	141.06
安徽	82.11	100.89	118.55	134.39	181.90	190.18	209.29	223.19	265.84	310.07	404.91
江西	34.59	36.75	42.77	48.01	59.58	64.12	71.44	76.45	82.32	87.05	160.48
河南	30.85	58.64	73.19	81.28	106.56	127.64	153.79	165.03	186.83	316.88	453.99
湖北	43.64	53.79	71.00	79.90	92.17	101.94	107.08	109.55	127.49	214.65	275.39
湖南	50.43	68.79	91.20	100.77	118.00	145.22	161.58	196.93	216.30	252.68	328.67
西部地区	179.87	284.13	386.81	470.40	560.41	651.78	773.00	842.37	937.91	1029.40	1646.96
内蒙古	1.64	4.26	7.42	12.54	18.70	27.42	63.87	72.25	72.42	79.07	95.28
广西	17.84	25.99	30.07	32.74	40.65	44.23	49.38	54.67	76.98	91.22	124.72
重庆	53.29	65.25	70.65	77.76	104.96	115.07	134.26	149.05	157.52	161.29	240.35
四川	32.01	75.38	129.10	134.47	143.88	171.37	191.98	204.40	229.26	246.29	382.63
贵州	4.41	8.99	9.83	10.91	18.48	21.84	25.93	32.13	41.89	51.85	114.11
云南	29.87	38.47	55.98	63.04	72.19	77.65	89.13	91.88	104.70	107.58	208.60
西藏	1.46	0.62	0.62	3.45	3.45	3.45	3.96	3.96	4.47	4.47	4.47
陕西	23.56	29.39	37.29	46.98	51.74	55.00	58.54	66.24	74.15	78.19	154.21
甘肃	0.93	2.49	4.66	10.57	13.00	13.77	19.18	19.67	22.99	30.04	51.81
青海	2.26	5.04	5.04	5.18	7.42	7.84	7.84	8.26	8.26	11.05	26.81
宁夏	3.01	3.14	3.66	5.90	7.94	8.99	15.47	19.98	20.25	28.70	37.59
新疆	9.59	25.11	32.49	66.86	78.00	104.48	113.46	119.88	125.02	139.65	206.38
东北地区	32.02	45.15	52.70	68.23	86.53	117.44	135.41	151.53	178.00	212.93	366.49
辽宁	14.22	25.68	31.01	36.24	48.59	54.70	65.44	79.88	95.81	109.77	167.03
吉林	17.80	17.08	17.77	23.80	24.62	46.84	49.73	51.01	55.42	60.41	106.05
黑龙江	—	2.39	3.92	8.19	13.32	15.90	20.24	20.64	26.77	42.75	93.41

数据来源：国家统计局。

（四）各地区房地产销售数据

1. 各地区商品房销售面积

表3-34　2018—2022年全国及各地区商品房销售面积

单位：万平方米

地　区	2018年	2019年	2020年	2021年	2022年
全　国	171654.36	171557.87	176086.20	179433.43	135836.86
东部地区	67641.39	66607.01	71311.41	73248.03	56387.84
北　京	696.19	938.86	970.88	1107.07	1039.98
天　津	1249.87	1478.68	1306.96	1435.42	973.77
河　北	5251.93	5282.70	6028.41	6133.15	4615.74
上　海	1767.01	1696.34	1789.16	1880.45	1852.88
江　苏	13484.21	13972.85	15426.99	16551.82	12115.15
浙　江	9755.49	9378.31	10250.30	9990.65	6815.33
福　建	6213.40	6456.13	6607.18	6976.44	6054.33
山　东	13454.73	12727.25	13271.74	14272.85	11685.56
广　东	14336.31	13846.54	14908.25	14011.26	10591.11
海　南	1432.25	829.34	751.54	888.92	643.99
中部地区	50695.07	50037.45	49078.06	51748.28	40749.59
山　西	2360.90	2366.11	2685.29	3204.41	2256.71
安　徽	10038.43	9229.38	9534.13	10460.90	7471.29
江　西	6200.71	6458.86	6732.71	7676.21	6702.65
河　南	13990.50	14277.55	14100.66	13277.19	11141.00
湖　北	8865.38	8602.04	6587.83	7940.78	6385.07
湖　南	9239.15	9103.50	9437.44	9188.79	6792.87
西部地区	45395.63	47410.31	48627.99	47818.84	34590.31
内蒙古	2007.67	2008.19	2045.89	1858.95	1380.53
广　西	6212.90	6711.77	6729.02	6178.26	4370.89
重　庆	6536.25	6104.68	6143.47	6197.71	4438.98
四　川	12210.73	12978.61	13257.75	13692.91	10339.54
贵　州	5181.96	5323.31	5552.51	5585.99	3847.01
云　南	4531.88	4835.41	4857.26	3880.84	2938.37
西　藏	73.35	127.71	93.26	140.81	59.59
陕　西	4118.56	4401.06	4452.07	4260.06	3308.72
甘　肃	1595.65	1705.31	1967.92	2224.09	1470.42
青　海	447.93	480.52	469.66	386.16	204.42
宁　夏	1026.50	1009.55	1095.49	1014.45	715.60
新　疆	1452.23	1724.18	1963.69	2398.61	1516.24
东北地区	7922.28	7503.10	7068.74	6618.28	4109.12
辽　宁	3934.57	3696.27	3743.16	3433.87	2182.47
吉　林	2074.46	2122.34	1831.22	1836.32	1001.14
黑龙江	1913.25	1684.50	1494.36	1348.09	925.51

数据来源：国家统计局。

表 3-35　2022 年全国及各地区商品房销售面积（月度累计）

单位：万平方米

地区	1—2月	1—3月	1—4月	1—5月	1—6月	1—7月	1—8月	1—9月	1—10月	1—11月	1—12月
全　国	15702.62	31045.97	39768.15	50738.39	68923.03	78177.97	87890.40	101421.72	111179.28	121250.09	135836.86
东部地区	6218.83	12146.89	15501.68	19926.41	27134.01	31103.07	35593.36	41798.09	45968.50	50212.64	56387.84
北　京	91.97	192.64	252.93	315.67	446.11	533.91	618.14	737.76	835.24	897.34	1039.98
天　津	90.70	178.37	249.91	313.56	447.81	527.38	604.88	707.31	790.27	864.17	973.77
河　北	340.90	795.71	1056.63	1420.05	2057.60	2405.59	2861.63	3395.40	3722.98	4075.87	4615.74
上　海	269.07	412.17	425.94	461.66	637.91	819.93	982.77	1201.07	1383.05	1525.89	1852.88
江　苏	1294.06	2433.82	3035.39	3922.49	5428.69	6261.19	7168.50	8544.37	9493.72	10543.63	12115.15
浙　江	822.14	1626.95	2004.60	2445.86	3333.90	3786.96	4423.65	5246.27	5722.15	6221.37	6815.33
福　建	777.97	1589.80	2006.63	2555.54	3280.22	3640.38	4094.28	4650.80	5050.56	5520.69	6054.33
山　东	1092.11	2359.32	3115.60	4160.75	5878.41	6706.58	7588.66	9031.15	9796.95	10613.48	11685.56
广　东	1339.69	2389.79	3130.17	4055.71	5289.03	6040.21	6844.32	7844.43	8690.25	9406.38	10591.11
海　南	100.22	168.32	223.88	275.12	334.33	380.94	406.53	439.53	483.33	543.82	643.99
中部地区	4274.95	9061.19	11786.55	14989.12	20867.44	23692.88	26278.86	30151.80	33166.46	36235.25	40749.59
山　西	140.19	366.41	527.29	712.05	1001.73	1205.90	1397.30	1662.52	1817.29	1984.79	2256.71
安　徽	1112.29	2049.01	2536.06	3136.26	4269.32	4823.39	5309.65	5947.25	6440.29	6929.72	7471.29
江　西	638.18	1425.25	1845.03	2372.87	3255.45	3689.61	4100.25	4814.92	5346.83	5899.55	6702.65
河　南	974.43	2269.08	3038.18	3990.16	5670.65	6535.67	7309.11	8355.79	9133.46	9940.12	11141.00
湖　北	686.24	1366.17	1793.18	2214.85	3016.56	3462.70	3846.43	4389.68	4945.66	5491.72	6385.07
湖　南	723.62	1585.27	2046.81	2562.93	3653.73	3975.61	4316.12	4981.64	5482.93	5989.35	6792.87
西部地区	4840.24	9139.41	11615.99	14625.89	19052.77	21130.52	23387.85	26371.38	28628.83	31054.02	34590.31
内蒙古	107.31	276.78	374.38	512.60	655.71	789.23	973.84	1100.48	1185.76	1253.97	1380.53
广　西	607.05	1144.01	1464.46	1953.35	2699.29	2880.13	3058.31	3449.44	3714.37	3944.04	4370.89
重　庆	564.14	1303.64	1718.96	2120.53	2822.76	3090.24	3364.66	3789.72	4027.15	4132.02	4438.98
四　川	1699.35	3000.94	3678.10	4451.43	5450.48	5944.58	6540.41	7392.98	8157.41	9070.10	10339.54
贵　州	685.76	1134.07	1415.18	1741.61	2181.31	2383.53	2609.48	2837.98	3125.14	3499.56	3847.01
云　南	372.82	692.84	895.38	1133.44	1436.63	1671.07	1912.53	2160.58	2372.16	2613.35	2938.37
西　藏	1.92	7.43	12.31	25.45	41.20	48.22	49.02	49.78	51.30	52.51	59.59
陕　西	338.89	689.33	857.95	1096.21	1518.94	1739.51	2011.30	2358.97	2622.11	2946.03	3308.72
甘　肃	157.26	313.73	400.82	543.33	788.24	872.91	982.59	1159.08	1256.06	1340.66	1470.42
青　海	32.07	45.51	57.46	83.20	126.02	148.43	166.55	178.44	185.15	187.75	204.42
宁　夏	85.40	151.44	197.54	266.55	359.84	411.30	488.19	565.58	585.80	645.41	715.60
新　疆	188.27	379.69	543.45	698.19	972.35	1151.09	1230.97	1328.35	1346.32	1368.62	1516.24
东北地区	368.60	698.48	863.93	1196.97	1868.81	2251.50	2630.33	3100.45	3415.49	3748.18	4109.12
辽　宁	219.09	437.65	543.13	704.11	1129.41	1293.00	1463.44	1691.49	1863.30	2022.50	2182.47
吉　林	94.53	122.43	137.84	231.17	379.04	507.74	620.60	764.68	844.78	936.24	1001.14
黑龙江	54.98	138.40	182.96	261.69	360.36	450.76	546.29	644.28	707.41	789.44	925.51

数据来源：国家统计局。

表3-36 2018—2022年全国及各地区商品房现房销售面积

单位：万平方米

地 区	2018年	2019年	2020年	2021年	2022年
全 国	31044.09	24893.74	22386.51	23312.67	23509.14
东部地区	12648.97	10152.28	10080.77	10475.91	11039.03
北 京	313.80	319.18	267.04	299.10	362.52
天 津	190.40	204.80	201.12	388.96	359.30
河 北	998.17	700.52	520.24	423.69	393.03
上 海	771.86	731.23	743.60	715.52	537.49
江 苏	2811.16	2524.60	2862.65	2942.82	2702.09
浙 江	1440.65	903.57	821.11	915.13	1073.59
福 建	874.70	804.31	862.63	782.65	1156.65
山 东	2380.72	1421.62	1148.19	1438.99	1797.64
广 东	2521.75	2337.81	2506.43	2363.05	2402.44
海 南	345.76	204.65	147.76	206.00	254.28
中部地区	8799.89	7447.03	5807.57	6048.55	5917.13
山 西	472.12	488.43	243.11	278.54	240.12
安 徽	1100.45	888.34	927.67	1077.65	1192.32
江 西	914.10	878.87	640.54	912.62	923.54
河 南	3294.61	2895.42	2333.78	2046.73	1753.20
湖 北	1679.77	1171.47	728.95	849.69	1113.06
湖 南	1338.84	1123.49	933.52	883.32	694.89
西部地区	7107.88	5314.41	4937.35	5206.65	5420.72
内蒙古	770.73	467.59	471.81	302.73	257.89
广 西	672.98	607.86	577.07	628.48	749.71
重 庆	890.96	782.85	1060.66	1223.60	1267.23
四 川	1427.57	1061.31	983.93	982.35	1111.50
贵 州	566.37	471.80	345.27	454.55	430.54
云 南	943.16	570.57	414.98	472.71	600.19
西 藏	34.11	14.38	10.90	21.83	15.85
陕 西	593.57	434.58	396.57	296.85	366.05
甘 肃	425.70	336.11	198.60	313.41	228.23
青 海	58.05	44.20	41.78	40.41	11.50
宁 夏	359.05	247.15	194.65	210.66	126.63
新 疆	365.62	276.02	241.13	259.07	255.40
东北地区	2487.34	1980.02	1560.82	1581.56	1132.26
辽 宁	1189.13	920.42	676.75	698.62	486.59
吉 林	554.02	469.66	430.92	416.56	276.74
黑龙江	744.18	589.94	453.15	466.38	368.93

数据来源：国家统计局。

表 3-37 2022 年全国及各地区商品房现房销售面积（月度累计）

单位：万平方米

地区	1—2月	1—3月	1—4月	1—5月	1—6月	1—7月	1—8月	1—9月	1—10月	1—11月	1—12月
全国	2598.28	5094.42	6566.88	8486.04	11904.34	13432.98	15108.95	17371.14	18962.15	20550.96	23509.14
东部地区	1241.13	2288.11	2920.10	3796.74	5282.76	6028.25	6915.51	8028.74	8850.64	9609.84	11039.03
北京	37.17	61.40	80.43	102.69	146.40	168.56	201.65	252.23	285.47	299.61	362.52
天津	37.99	65.93	90.11	108.19	162.92	188.33	215.58	267.07	294.63	316.78	359.30
河北	27.99	59.07	78.70	110.67	165.71	189.76	231.59	289.43	317.46	339.04	393.03
上海	103.76	145.04	145.54	163.53	228.32	261.35	328.06	383.06	445.68	459.51	537.49
江苏	276.76	540.60	680.63	943.10	1301.42	1507.68	1700.16	1906.00	2143.38	2353.64	2702.09
浙江	124.09	230.78	286.34	332.37	468.24	533.06	639.52	759.14	837.07	910.88	1073.59
福建	170.38	319.81	385.63	511.27	653.26	714.26	797.43	903.26	971.22	1047.76	1156.65
山东	151.03	321.29	441.97	614.72	918.04	1059.27	1186.31	1403.78	1495.42	1612.36	1797.64
广东	279.75	488.86	658.24	824.10	1120.82	1267.19	1467.24	1700.53	1879.81	2064.12	2402.44
海南	32.21	55.33	72.51	86.10	117.63	138.79	147.97	164.24	180.50	206.14	254.28
中部地区	616.65	1332.36	1750.97	2175.12	3082.97	3464.24	3788.46	4355.59	4748.95	5158.83	5917.13
山西	12.67	38.48	56.88	76.68	93.89	122.83	142.96	172.40	184.42	199.51	240.12
安徽	187.55	362.09	470.12	558.20	758.98	825.74	882.77	989.22	1051.28	1108.73	1192.32
江西	101.32	211.94	261.10	320.46	464.42	521.40	577.48	680.83	742.76	815.61	923.54
河南	121.15	335.26	454.06	578.08	855.52	977.89	1079.76	1260.03	1376.30	1479.73	1753.20
湖北	106.62	206.46	289.50	377.96	525.67	599.16	655.72	744.43	840.14	947.61	1113.06
湖南	87.34	178.13	219.31	263.74	384.49	417.22	449.77	508.68	554.05	607.64	694.89
西部地区	640.30	1295.20	1665.11	2187.43	3032.49	3330.45	3684.41	4143.35	4437.29	4756.52	5420.72
内蒙古	18.04	57.10	79.39	102.97	130.05	153.05	182.84	208.31	219.05	220.65	257.89
广西	76.32	156.15	220.90	306.38	501.99	527.30	555.01	616.95	644.75	661.10	749.71
重庆	129.57	326.01	420.71	554.23	794.42	881.67	969.82	1094.21	1168.63	1203.09	1267.23
四川	152.84	284.88	367.34	468.32	555.44	593.98	645.62	741.26	823.47	937.14	1111.50
贵州	74.64	128.04	145.43	176.88	216.74	235.08	280.16	310.35	326.84	374.45	430.54
云南	74.82	129.04	160.34	209.64	279.96	320.00	359.97	406.40	449.61	495.98	600.19
西藏	0.40	2.19	3.17	4.25	11.19	13.84	13.88	14.40	15.13	15.64	15.85
陕西	39.11	65.14	80.93	108.91	169.14	185.61	219.77	242.29	264.01	296.08	366.05
甘肃	23.60	54.76	62.20	83.34	126.31	140.58	155.49	175.73	190.39	204.55	228.23
青海	2.77	4.10	4.87	6.10	7.71	9.40	10.10	10.41	10.95	11.08	11.50
宁夏	17.31	29.46	41.03	58.58	75.76	78.32	87.16	97.85	100.80	107.30	126.63
新疆	30.88	58.33	78.80	107.83	163.78	191.62	204.59	225.19	223.66	229.46	255.40
东北地区	100.20	178.75	230.70	326.75	506.12	610.04	720.57	843.46	925.27	1025.77	1132.26
辽宁	49.81	88.00	114.95	150.10	251.98	292.79	333.62	384.78	414.21	455.70	486.59
吉林	30.34	36.36	44.91	72.81	113.88	144.94	175.16	213.91	237.86	260.33	276.74
黑龙江	20.05	54.39	70.84	103.84	140.26	172.31	211.79	244.77	273.20	309.74	368.93

数据来源：国家统计局。

表 3-38 2018—2022 年全国及各地区住宅销售面积

单位：万平方米

地　区	2018 年	2019 年	2020 年	2021 年	2022 年
全　国	147929.42	150144.32	154878.45	156532.19	114630.64
东部地区	**57602.91**	**57741.68**	**62320.37**	**62993.86**	**46428.72**
北　京	526.76	789.02	733.59	877.10	741.93
天　津	1140.73	1382.63	1220.74	1333.97	895.54
河　北	4714.42	4770.38	5572.25	5779.60	4317.51
上　海	1333.29	1353.70	1434.07	1489.95	1561.51
江　苏	12040.68	12545.04	13855.72	14361.50	10165.13
浙　江	7936.17	7803.99	8832.38	8423.68	5466.95
福　建	4781.58	5073.73	5210.03	5597.61	4359.25
山　东	11755.37	11429.01	11904.74	12632.05	9821.68
广　东	12075.10	11872.61	12930.66	11826.26	8568.72
海　南	1298.82	721.57	626.19	672.14	530.50
中部地区	**45088.37**	**45194.16**	**44395.80**	**47131.00**	**36368.90**
山　西	2215.59	2169.33	2549.49	3034.92	2152.16
安　徽	8901.25	8323.89	8695.35	9507.67	6448.06
江　西	5389.00	5678.98	5853.05	6681.26	5663.06
河　南	12482.88	12981.63	12831.18	12258.83	10310.29
湖　北	8101.71	7967.09	5960.08	7331.61	5709.92
湖　南	7997.94	8073.25	8506.65	8316.71	6085.41
西部地区	**38203.93**	**40460.85**	**41711.52**	**40381.38**	**28104.91**
内蒙古	1702.39	1803.55	1867.46	1713.36	1289.04
广　西	5589.89	6076.88	6007.45	5281.50	3322.88
重　庆	5424.76	5149.08	4814.49	4945.42	2968.97
四　川	9895.35	10451.05	10902.37	10912.14	8060.89
贵　州	4441.44	4612.13	4929.93	4825.53	3391.34
云　南	3643.93	4064.52	4175.88	3208.60	2469.58
西　藏	62.10	110.49	81.62	115.50	53.52
陕　西	3545.60	3818.25	3902.39	3886.63	2954.14
甘　肃	1437.95	1569.16	1863.81	2118.38	1388.16
青　海	377.41	406.66	420.64	329.06	177.76
宁　夏	887.97	887.35	971.87	845.77	650.74
新　疆	1195.14	1511.75	1773.61	2199.49	1377.89
东北地区	**7034.21**	**6747.64**	**6450.76**	**6025.95**	**3728.11**
辽　宁	3554.81	3412.52	3447.26	3148.63	1983.20
吉　林	1813.82	1873.99	1653.64	1672.77	905.36
黑龙江	1665.58	1461.12	1349.86	1204.55	839.55

数据来源：国家统计局。

表 3-39 2022年全国及各地区住宅销售面积（月度累计）

单位：万平方米

地 区	1—2月	1—3月	1—4月	1—5月	1—6月	1—7月	1—8月	1—9月	1—10月	1—11月	1—12月
全 国	13462.27	26304.58	33721.72	42902.61	58056.89	66087.02	74402.57	85758.16	94129.39	102726.83	114630.64
东部地区	5175.69	9996.17	12792.32	16419.64	22352.96	25695.20	29436.21	34464.94	37972.47	41510.69	46428.72
北 京	69.62	137.56	185.36	232.22	329.88	400.68	449.95	540.12	603.71	650.93	741.93
天 津	84.05	149.50	212.61	271.76	400.77	474.58	547.80	642.03	720.45	789.88	895.54
河 北	317.91	755.55	996.42	1337.65	1911.82	2242.58	2680.89	3180.58	3490.91	3816.38	4317.51
上 海	232.08	348.14	361.00	377.15	535.80	697.58	823.78	1014.71	1162.37	1281.66	1561.51
江 苏	1093.23	2029.61	2544.10	3286.25	4591.58	5298.47	6051.89	7184.55	7979.48	8901.72	10165.13
浙 江	629.74	1222.81	1526.70	1887.64	2610.27	2978.36	3510.16	4167.57	4574.51	4986.44	5466.95
福 建	571.16	1218.00	1528.44	1924.32	2429.67	2676.56	2980.76	3364.52	3662.95	3986.67	4359.25
山 东	964.06	2037.89	2677.38	3540.72	4947.18	5665.57	6454.06	7603.95	8261.12	8959.36	9821.68
广 东	1135.04	1961.55	2578.40	3338.57	4321.53	4946.53	5602.84	6407.89	7119.12	7685.69	8568.72
海 南	78.80	135.56	181.91	223.36	274.46	314.29	334.08	359.02	397.85	451.96	530.50
中部地区	3881.82	8149.80	10577.76	13433.39	18585.94	21151.13	23496.61	26985.19	29659.16	32387.82	36368.90
山 西	132.32	350.62	501.88	677.59	954.77	1152.60	1336.01	1589.26	1737.48	1895.16	2152.16
安 徽	989.69	1788.27	2192.01	2718.38	3643.33	4150.36	4577.11	5133.65	5568.43	5999.69	6448.06
江 西	563.03	1235.67	1596.91	2052.57	2797.60	3168.80	3520.63	4134.56	4555.15	5008.25	5663.06
河 南	905.15	2095.15	2798.41	3659.70	5230.25	6035.75	6756.03	7728.66	8444.91	9193.06	10310.29
湖 北	642.74	1258.95	1648.08	2020.63	2695.78	3100.23	3455.48	3942.04	4434.51	4916.01	5709.92
湖 南	648.89	1421.14	1840.47	2304.52	3264.21	3543.20	3851.35	4457.02	4918.68	5375.65	6085.41
西部地区	4066.70	7512.42	9554.89	11948.97	15416.58	17189.47	19076.75	21483.55	23387.50	25423.47	28104.91
内蒙古	103.41	261.57	353.68	484.04	619.89	743.65	915.93	1035.76	1114.38	1174.36	1289.04
广 西	530.42	951.85	1194.44	1531.72	2013.11	2171.20	2328.02	2611.35	2844.55	3047.80	3322.88
重 庆	420.99	917.73	1230.26	1511.65	1911.72	2078.37	2244.97	2514.78	2681.51	2758.92	2968.97
四 川	1354.78	2372.23	2922.28	3512.60	4317.75	4725.62	5204.00	5884.26	6486.82	7173.24	8060.89
贵 州	588.31	983.00	1222.45	1506.20	1893.94	2076.55	2275.65	2470.32	2732.35	3082.75	3391.34
云 南	326.81	596.51	768.07	957.40	1205.30	1404.80	1614.48	1814.23	1992.68	2187.25	2469.58
西 藏	1.65	6.83	11.23	23.93	38.53	43.48	44.21	44.81	46.07	46.81	53.52
陕 西	313.56	602.37	754.40	967.60	1356.36	1560.42	1799.49	2125.20	2372.76	2678.51	2954.14
甘 肃	151.21	299.66	383.96	518.81	750.17	828.71	932.37	1098.45	1190.88	1269.12	1388.16
青 海	28.48	39.02	46.80	70.67	109.90	130.19	146.26	156.62	163.58	165.92	177.76
宁 夏	75.08	131.93	169.70	227.98	308.35	368.68	442.09	515.52	533.42	589.71	650.74
新 疆	172.00	349.72	497.62	636.37	891.56	1057.38	1129.66	1212.25	1228.50	1249.08	1377.89
东北地区	338.06	646.19	796.75	1100.61	1701.41	2051.22	2393.00	2824.48	3110.26	3404.85	3728.11
辽 宁	200.66	407.28	502.13	650.27	1028.15	1178.17	1331.88	1537.39	1691.84	1837.54	1983.20
吉 林	87.83	112.40	126.66	211.77	345.11	460.18	562.63	699.09	774.86	850.55	905.36
黑龙江	49.57	126.51	167.96	238.57	328.15	412.87	498.49	588.00	643.56	716.76	839.55

数据来源：国家统计局。

表 3-40　2018—2022 年全国及各地区住宅现房销售面积

单位：万平方米

地　区	2018 年	2019 年	2020 年	2021 年	2022 年
全　国	23204.71	18215.21	15736.49	16356.75	15974.37
东部地区	9093.84	7167.54	6981.46	7094.89	7294.30
北　京	202.45	226.53	154.07	183.02	167.45
天　津	126.29	172.09	163.44	325.33	308.26
河　北	860.56	622.46	443.72	361.78	337.48
上　海	491.06	493.40	484.03	391.75	310.95
江　苏	2279.25	1920.72	2175.88	2054.00	1942.32
浙　江	842.16	490.90	480.88	569.31	616.61
福　建	420.45	453.92	413.37	433.28	577.71
山　东	1824.96	1087.51	918.05	1116.44	1322.09
广　东	1740.26	1533.19	1625.64	1496.09	1502.56
海　南	306.42	166.82	122.38	163.89	208.87
中部地区	7060.68	6064.84	4501.96	4792.81	4655.40
山　西	422.30	420.42	215.54	247.67	213.78
安　徽	788.39	645.53	664.05	773.41	834.59
江　西	719.66	680.94	486.37	686.77	651.56
河　南	2753.21	2476.79	1900.50	1746.45	1555.22
湖　北	1425.43	986.22	537.73	661.30	874.47
湖　南	951.69	854.93	697.77	677.21	525.78
西部地区	4935.50	3359.49	2966.16	3117.48	3047.57
内蒙古	603.85	392.92	388.17	254.02	214.91
广　西	554.27	487.95	437.46	434.40	418.43
重　庆	431.66	316.32	363.82	525.50	394.97
四　川	813.86	446.36	468.08	447.44	496.49
贵　州	392.32	292.77	205.37	299.24	307.74
云　南	676.79	386.10	285.15	301.61	424.69
西　藏	26.23	11.48	8.24	10.67	12.63
陕　西	447.02	312.37	297.13	233.10	276.53
甘　肃	378.62	284.92	169.37	281.08	206.05
青　海	44.88	34.63	35.94	24.44	7.78
宁　夏	288.95	177.25	129.78	111.99	80.73
新　疆	277.05	216.43	177.65	193.99	206.62
东北地区	2114.69	1623.34	1286.91	1351.57	977.10
辽　宁	1043.16	783.26	551.10	588.06	412.78
吉　林	465.06	362.56	356.83	358.94	238.28
黑龙江	606.48	477.52	378.98	404.57	326.04

数据来源：国家统计局。

表3-41 2022年全国及各地区住宅现房销售面积（月度累计）

单位：万平方米

地区	1—2月	1—3月	1—4月	1—5月	1—6月	1—7月	1—8月	1—9月	1—10月	1—11月	1—12月
全国	1812.25	3446.65	4439.28	5699.68	8083.34	9157.68	10284.71	11818.09	12916.76	14010.41	15974.37
东部地区	816.97	1453.78	1874.91	2423.76	3503.76	3994.61	4575.76	5308.72	5879.63	6381.12	7294.30
北京	21.44	30.63	41.88	52.41	74.91	86.24	99.18	128.01	140.37	149.15	167.45
天津	33.53	49.43	67.38	82.44	135.30	157.00	181.27	225.17	250.11	270.14	308.26
河北	22.01	49.09	65.66	94.37	137.47	158.19	196.87	248.98	274.40	293.26	337.48
上海	72.32	91.70	91.89	92.58	143.15	159.98	194.56	230.82	273.06	266.57	310.95
江苏	201.13	367.04	463.67	645.92	942.71	1093.01	1220.10	1370.30	1547.15	1703.16	1942.32
浙江	55.45	104.55	131.70	152.75	243.10	278.80	342.31	405.15	460.98	505.56	616.61
福建	93.08	180.21	212.48	273.00	343.12	367.44	418.67	465.36	500.82	532.43	577.71
山东	115.77	242.04	329.52	451.70	675.57	780.68	879.43	1039.24	1104.80	1191.34	1322.09
广东	176.29	290.83	407.61	503.92	705.87	791.77	914.10	1054.57	1174.29	1293.36	1502.56
海南	25.95	48.26	63.12	74.67	102.56	121.50	129.27	141.12	153.65	176.15	208.87
中部地区	486.25	1049.67	1377.48	1723.98	2418.90	2733.88	2983.88	3442.27	3731.21	4052.18	4655.40
山西	11.60	35.63	52.74	70.87	85.02	111.67	129.34	154.18	164.09	178.30	213.78
安徽	134.91	263.68	336.17	415.20	542.74	593.43	623.51	701.47	742.14	780.28	834.59
江西	77.39	153.75	188.25	231.81	340.28	381.31	423.67	497.18	534.16	579.19	651.56
河南	104.00	293.98	397.74	497.27	751.75	862.44	949.62	1116.58	1214.30	1303.67	1555.22
湖北	90.23	166.00	233.61	304.25	407.45	470.70	519.68	588.11	657.20	749.05	874.47
湖南	68.12	136.63	168.97	204.58	291.66	314.33	338.06	384.75	419.32	461.69	525.78
西部地区	420.44	784.48	981.83	1260.41	1719.26	1895.91	2096.10	2332.54	2501.17	2691.27	3047.57
内蒙古	16.28	49.54	70.38	91.03	116.26	134.85	158.86	181.34	188.97	185.90	214.91
广西	58.11	105.45	134.89	170.23	261.54	279.10	297.41	330.60	352.21	375.41	418.43
重庆	50.78	107.61	143.93	191.76	267.80	294.78	314.99	345.50	376.45	379.75	394.97
四川	89.96	156.31	193.81	242.63	285.58	302.79	321.80	371.39	407.70	449.18	496.49
贵州	56.80	95.64	105.74	128.88	151.86	163.64	192.15	206.83	218.60	261.93	307.74
云南	61.48	101.19	122.97	148.95	190.70	219.62	248.87	275.67	305.05	336.80	424.69
西藏	0.29	1.98	2.91	3.87	10.43	11.35	11.36	11.77	12.40	12.59	12.63
陕西	27.95	48.77	60.40	82.40	135.06	148.39	177.63	196.06	211.69	238.80	276.53
甘肃	21.93	49.25	55.79	75.87	112.60	126.00	140.40	159.13	173.35	186.80	206.05
青海	0.59	1.57	2.08	3.39	4.73	5.98	6.58	6.73	7.26	7.39	7.78
宁夏	10.37	17.22	23.21	33.25	44.01	49.88	55.02	62.92	64.74	69.23	80.73
新疆	25.90	49.95	65.72	88.15	138.69	160.12	171.03	184.60	182.75	187.49	206.62
东北地区	88.59	158.72	205.06	291.53	441.42	533.28	628.97	734.56	804.75	885.84	977.10
辽宁	43.44	77.33	101.18	133.15	215.11	249.87	285.97	327.29	351.25	386.62	412.78
吉林	27.23	32.23	40.07	65.93	100.87	128.80	153.53	190.07	212.09	227.26	238.28
黑龙江	17.92	49.16	63.81	92.45	125.44	154.61	189.47	217.20	241.41	271.96	326.04

数据来源：国家统计局。

2. 各地区商品房销售金额

表 3-42　2018—2022 年全国及各地区商品房销售金额

单位：亿元

地　区	2018 年	2019 年	2020 年	2021 年	2022 年
全　国	149972.74	159725.12	173612.66	181929.96	133307.83
东部地区	79257.80	83833.15	95689.66	103316.81	77413.27
北　京	2377.00	3370.98	3656.85	4486.47	3976.92
天　津	2006.62	2274.14	2113.61	2322.76	1516.37
河　北	4034.96	4138.57	4950.38	5052.90	3702.12
上　海	4751.50	5203.82	6046.97	6788.73	7467.53
江　苏	14527.27	16259.61	19408.89	21361.32	14811.63
浙　江	14089.85	14352.11	17145.01	19052.24	12660.14
福　建	6579.49	6938.79	7497.74	8217.26	6502.37
山　东	10065.70	10271.15	11065.62	12155.62	9807.70
广　东	18742.12	19748.21	22572.51	22320.27	15870.47
海　南	2083.29	1275.76	1232.08	1559.24	1098.02
中部地区	33848.12	35505.46	35854.19	38156.71	28358.35
山　西	1610.61	1631.76	1885.94	2170.91	1514.98
安　徽	7076.95	6823.52	7346.15	8143.19	5487.88
江　西	4219.89	4710.42	5222.78	5894.13	4905.16
河　南	8055.30	9009.98	9364.36	8657.71	6724.82
湖　北	7531.38	7751.79	6087.90	7250.26	5413.25
湖　南	5353.99	5577.99	5947.06	6040.51	4312.26
西部地区	31126.77	34487.80	36256.78	35240.99	24455.83
内蒙古	1113.94	1243.91	1365.48	1214.77	868.02
广　西	3826.50	4366.24	4251.47	3672.49	2390.11
重　庆	5272.70	5129.42	5071.34	5391.26	3101.59
四　川	8532.35	9666.73	10394.25	10796.73	8215.92
贵　州	2920.95	3183.57	3224.23	3243.93	2193.59
云　南	3406.84	3846.19	3969.91	2962.52	1999.37
西　藏	52.82	96.78	83.93	121.73	50.72
陕　西	3407.45	3960.21	4375.33	4146.26	3270.48
甘　肃	922.34	1019.28	1293.41	1344.89	835.48
青　海	289.89	367.28	383.25	294.37	144.99
宁　夏	517.73	573.90	698.39	675.13	502.07
新　疆	863.26	1034.30	1145.79	1376.91	883.49
东北地区	5740.05	5898.71	5812.03	5215.45	3080.38
辽　宁	2967.31	3049.06	3366.28	3066.38	1814.74
吉　林	1452.43	1581.47	1381.55	1290.99	696.27
黑龙江	1320.31	1268.18	1064.20	858.08	569.37

数据来源：国家统计局。

表 3-43 2022 年全国及各地区商品房销售金额（月度累计）

单位：亿元

地区	1—2月	1—3月	1—4月	1—5月	1—6月	1—7月	1—8月	1—9月	1—10月	1—11月	1—12月
全国	15458.70	29654.62	37789.39	48336.57	66072.37	75762.99	85869.51	99379.68	108832.24	118647.59	133307.83
东部地区	8877.98	16486.62	20898.53	26905.29	36812.10	42714.90	49111.42	57531.00	63021.08	68721.99	77413.27
北京	377.84	735.84	1005.04	1295.62	1844.32	2098.37	2421.06	2842.39	3174.30	3412.20	3976.92
天津	129.42	267.86	390.24	494.95	706.87	820.53	943.99	1093.53	1222.54	1343.03	1516.37
河北	254.75	603.87	806.23	1094.75	1663.41	1931.49	2315.31	2724.52	2991.18	3270.90	3702.12
上海	1133.24	1648.46	1733.99	1932.27	2750.32	3614.44	4423.62	5110.50	5686.08	6265.96	7467.53
江苏	1628.22	2963.64	3754.19	4938.61	6824.02	7915.44	9055.81	10822.89	11895.20	13152.16	14811.63
浙江	1535.48	2903.34	3639.81	4523.87	6183.41	7104.65	8287.63	9712.19	10595.14	11572.51	12660.14
福建	844.87	1747.72	2182.17	2764.59	3491.10	3885.13	4335.51	4890.98	5324.11	5818.54	6502.37
山东	889.78	1946.44	2569.73	3471.42	4889.56	5605.47	6339.56	7556.32	8194.67	8886.01	9807.70
广东	1909.89	3383.53	4436.27	5914.72	7876.09	9075.95	10287.79	12024.99	13108.73	14075.91	15870.47
海南	174.49	285.92	380.86	474.49	583.00	663.43	701.14	752.69	829.13	924.77	1098.02
中部地区	3016.04	6419.67	8295.24	10525.34	14581.67	16567.24	18394.30	21064.10	23128.67	25230.50	28358.35
山西	96.44	250.17	354.58	473.06	671.00	810.63	938.71	1112.79	1225.37	1330.63	1514.98
安徽	822.49	1523.92	1874.66	2321.33	3061.58	3469.75	3826.42	4282.25	4661.11	5078.23	5487.88
江西	460.06	1028.56	1337.10	1716.16	2350.76	2668.53	2976.09	3489.00	3893.78	4312.08	4905.16
河南	612.25	1371.62	1846.45	2424.39	3484.71	4009.01	4482.05	5118.89	5553.57	6016.21	6724.82
湖北	559.12	1236.17	1593.92	1960.70	2706.48	3084.25	3415.07	3871.97	4293.07	4662.96	5413.25
湖南	465.68	1009.23	1288.53	1629.70	2307.14	2525.07	2755.96	3189.20	3501.77	3830.39	4312.26
西部地区	3280.73	6199.22	7922.92	9979.95	13206.25	14720.98	16337.34	18429.88	20097.05	21874.90	24455.83
内蒙古	63.53	167.61	225.85	313.87	408.15	499.41	618.28	699.14	748.75	786.70	868.02
广西	342.13	627.15	795.45	1074.67	1478.42	1590.30	1687.91	1897.87	2046.77	2177.05	2390.11
重庆	390.59	911.02	1233.50	1486.20	1962.88	2133.90	2307.19	2637.81	2816.61	2882.66	3101.59
四川	1251.59	2179.95	2704.39	3352.04	4289.73	4742.16	5208.30	5827.86	6436.34	7182.32	8215.92
贵州	361.46	610.69	774.48	951.64	1199.05	1305.25	1429.88	1540.46	1728.34	1954.59	2193.59
云南	268.78	488.58	631.85	784.62	992.71	1156.85	1325.17	1493.95	1637.29	1794.90	1999.37
西藏	1.89	6.84	11.28	20.41	36.88	43.00	43.58	44.17	45.43	46.47	50.72
陕西	323.40	666.78	815.68	1036.39	1460.19	1660.12	1953.95	2315.99	2582.88	2901.68	3270.48
甘肃	96.06	182.72	232.51	323.45	461.11	507.75	569.82	668.88	721.51	763.40	835.48
青海	17.52	29.41	36.98	54.42	88.32	101.36	114.43	124.14	130.95	132.42	144.99
宁夏	55.02	101.23	133.74	178.84	247.10	287.67	342.81	393.62	409.15	449.52	502.07
新疆	108.76	227.24	327.21	403.40	581.76	693.27	736.02	785.99	793.03	803.19	883.49
东北地区	283.95	549.11	672.70	925.99	1472.35	1759.87	2026.45	2354.70	2585.44	2820.20	3080.38
辽宁	180.75	377.98	466.91	618.09	997.77	1124.42	1253.47	1426.72	1564.52	1684.94	1814.74
吉林	63.74	80.09	91.41	149.59	256.45	355.54	430.98	526.30	582.28	648.50	696.27
黑龙江	39.46	91.04	114.38	158.31	218.13	279.91	342.00	401.68	438.64	486.76	569.37

数据来源：国家统计局。

表 3-44　2018—2022 年全国及各地区住宅销售金额

单位：亿元

地　区	2018 年	2019 年	2020 年	2021 年	2022 年
全　国	126392.60	139439.97	154566.93	162729.90	116746.96
东部地区	67193.73	73775.42	85942.64	92783.07	67750.62
北　京	1971.15	3032.40	3131.31	4117.23	3545.26
天　津	1816.53	2132.48	2000.98	2183.74	1421.55
河　北	3567.27	3714.57	4597.91	4814.32	3488.78
上　海	3864.03	4457.16	5268.85	6104.95	6937.77
江　苏	12693.86	14894.77	18027.33	19626.09	13176.99
浙　江	12096.31	12723.10	15584.82	17172.79	11061.36
福　建	5074.52	5685.25	6343.34	7082.59	5284.26
山　东	8682.81	9287.11	10109.55	11044.14	8481.28
广　东	15595.29	16758.01	19829.63	19457.63	13428.51
海　南	1831.95	1090.56	1048.92	1179.59	924.86
中部地区	29044.87	31259.18	32012.82	34609.09	25295.36
山　西	1473.17	1452.40	1753.36	2030.10	1418.42
安　徽	6174.85	6126.69	6760.86	7514.62	4964.26
江　西	3524.32	4038.02	4425.19	5109.97	4138.59
河　南	6903.79	8016.93	8402.53	7892.03	6152.32
湖　北	6591.36	6903.70	5447.32	6671.93	4821.65
湖　南	4377.39	4721.43	5223.56	5390.44	3800.12
西部地区	25192.47	29147.01	31312.98	30557.28	20903.53
内蒙古	909.04	1104.10	1242.58	1116.38	808.70
广　西	3330.75	3913.40	3803.55	3164.41	1907.99
重　庆	4442.87	4457.78	4293.18	4786.06	2448.75
四　川	6621.21	7869.04	8766.96	9061.34	6966.69
贵　州	2278.10	2527.41	2760.73	2713.37	1909.02
云　南	2690.84	3255.84	3452.00	2524.74	1736.07
西　藏	42.94	81.21	72.03	97.51	43.66
陕　西	2808.78	3359.17	3755.77	3762.14	2958.75
甘　肃	774.63	907.07	1205.42	1267.78	780.54
青　海	224.05	295.59	343.42	258.35	127.73
宁　夏	420.63	498.51	626.26	584.93	450.95
新　疆	648.64	877.89	991.08	1220.27	764.68
东北地区	4961.54	5258.36	5298.49	4780.46	2797.45
辽　宁	2615.75	2814.86	3114.11	2849.28	1659.71
吉　林	1233.50	1373.54	1238.23	1179.29	631.05
黑龙江	1112.28	1069.97	946.15	751.89	506.69

数据来源：国家统计局。

表 3-45　2022 年全国及各地区住宅销售金额（月度累计）

单位：亿元

地 区	1—2月	1—3月	1—4月	1—5月	1—6月	1—7月	1—8月	1—9月	1—10月	1—11月	1—12月
全 国	13652.36	26072.59	33248.47	42317.27	57682.71	66328.47	75287.82	87053.64	95447.34	104187.59	116746.96
东部地区	7857.88	14481.26	18392.13	23530.57	32139.88	37401.63	43049.60	50309.12	55195.63	60288.32	67750.62
北 京	350.86	653.00	904.95	1170.18	1671.59	1906.51	2183.31	2566.10	2830.57	3052.22	3545.26
天 津	121.57	237.34	349.12	448.85	655.09	763.02	878.73	1016.98	1140.38	1255.19	1421.55
河 北	241.61	579.70	770.08	1045.85	1546.26	1803.66	2175.78	2560.87	2817.32	3080.83	3488.78
上 海	1070.85	1529.57	1614.60	1719.41	2512.68	3349.61	4073.73	4734.35	5262.61	5814.42	6937.77
江 苏	1456.70	2628.67	3351.07	4355.37	6043.55	7028.21	8034.01	9616.75	10593.21	11745.84	13176.99
浙 江	1322.44	2494.38	3131.09	3909.94	5347.12	6147.52	7201.37	8421.35	9219.76	10103.22	11061.36
福 建	700.10	1469.40	1823.22	2296.27	2880.21	3193.05	3534.83	3974.68	4336.22	4723.73	5284.26
山 东	803.86	1720.67	2261.44	3028.10	4218.69	4850.69	5524.24	6512.51	7080.37	7699.07	8481.28
广 东	1647.96	2927.66	3864.89	5157.54	6772.74	7797.08	8851.16	10270.54	11212.52	12024.69	13428.51
海 南	141.93	240.87	321.67	399.06	491.95	562.28	592.44	634.99	702.67	789.11	924.86
中部地区	2740.95	5773.51	7447.19	9425.93	12991.82	14792.91	16455.22	18867.81	20690.31	22560.31	25295.36
山 西	89.08	234.64	330.84	441.80	626.36	759.89	881.90	1044.43	1150.93	1250.84	1418.42
安 徽	753.18	1392.05	1700.01	2103.89	2747.82	3128.49	3455.38	3874.06	4222.03	4607.35	4964.26
江 西	405.62	890.44	1154.26	1483.13	2017.23	2290.77	2556.92	3006.00	3317.73	3662.31	4138.59
河 南	562.65	1237.63	1663.75	2178.22	3165.50	3652.59	4086.39	4671.79	5069.86	5494.87	6152.32
湖 北	518.17	1133.26	1462.38	1779.69	2412.86	2755.12	3061.26	3466.23	3842.39	4165.90	4821.65
湖 南	412.25	885.49	1135.95	1439.20	2022.05	2206.05	2413.37	2805.30	3087.37	3379.04	3800.12
西部地区	2793.24	5308.75	6787.32	8507.55	11200.34	12523.22	13932.23	15726.65	17201.48	18771.38	20903.53
内蒙古	60.98	157.85	212.71	295.14	384.04	469.69	581.99	658.36	703.90	734.88	808.70
广 西	298.07	532.44	670.08	868.64	1137.89	1230.69	1322.40	1490.18	1624.46	1744.43	1907.99
重 庆	331.37	743.43	1015.81	1224.93	1566.37	1692.83	1826.76	2080.84	2228.91	2276.17	2448.75
四 川	1003.54	1842.33	2292.11	2834.99	3657.41	4053.56	4455.00	4985.46	5502.96	6134.89	6966.69
贵 州	302.48	516.41	650.04	801.22	1019.01	1112.77	1223.52	1319.21	1490.08	1700.23	1909.02
云 南	239.94	427.19	550.30	680.25	851.89	997.74	1146.66	1288.44	1416.57	1554.11	1736.07
西 藏	1.63	6.19	10.00	18.52	33.60	37.51	38.02	38.39	39.27	39.92	43.66
陕 西	301.72	591.08	726.60	920.03	1304.98	1490.62	1744.52	2082.69	2336.38	2641.33	2958.75
甘 肃	92.06	172.93	220.51	306.19	436.82	478.38	535.10	628.27	678.52	717.14	780.54
青 海	16.15	26.70	33.15	49.02	80.12	92.08	103.66	112.14	118.48	119.84	127.73
宁 夏	49.50	90.48	118.62	158.00	218.22	259.44	310.15	358.30	371.93	409.62	450.95
新 疆	95.80	201.72	287.39	350.62	509.99	607.91	644.45	684.37	690.02	698.82	764.68
东北地区	260.29	509.07	621.83	853.22	1350.67	1610.71	1850.77	2150.06	2359.92	2567.58	2797.45
辽 宁	166.76	354.47	435.23	574.67	920.59	1036.41	1153.24	1307.18	1432.26	1541.98	1659.71
吉 林	58.36	73.08	83.64	136.63	235.02	321.56	389.77	480.90	534.38	590.24	631.05
黑龙江	35.17	81.52	102.96	141.92	195.06	252.74	307.76	361.98	393.28	435.36	506.69

数据来源：国家统计局。

(五) 各地区成套住宅竣工与销售数据

表 3-46　2017—2021 年全国及各地区住宅竣工套数

单位：套

地　区	2017 年	2018 年	2019 年	2020 年	2021 年
全　国	6770598	6182425	6452838	5976595	6468266
北　京	62796	79744	62367	76869	97830
天　津	149400	177624	131137	117031	134435
河　北	259478	187153	186404	173246	177856
上　海	180347	171688	142001	175500	155789
江　苏	618260	580531	592808	794618	560241
浙　江	375051	256252	292944	376975	332493
福　建	272532	218227	164317	217966	247572
山　东	563453	682920	634381	587809	709801
广　东	512495	463752	586849	492470	587425
海　南	119210	116842	143822	56629	32701
山　西	129811	101379	173581	97800	171508
安　徽	320280	290667	707369	336749	467192
江　西	123554	131329	149213	153272	162992
河　南	411871	460503	451982	362425	468147
湖　北	218337	181886	174301	187178	230773
湖　南	260069	263374	238493	240398	281294
内蒙古	126256	100722	62638	50106	64966
广　西	142705	155423	130016	137514	164119
重　庆	385456	312512	322022	237523	254762
四　川	374735	369022	296444	290046	271925
贵　州	72255	76801	56685	45370	49867
云　南	132794	80653	95110	81256	127515
西　藏	2950	3892	328	1561	4233
陕　西	187120	100087	115123	159772	111025
甘　肃	59780	45003	43568	54533	92097
青　海	22568	17094	7644	8052	9377
宁　夏	80390	82663	63710	42470	59794
新　疆	107754	63885	86342	53242	92659
辽　宁	253544	199740	140321	161513	212279
吉　林	111715	111814	98228	81777	61845
黑龙江	133632	99243	102690	124925	73754

数据来源：国家统计局。

表 3-47 2017—2021 年全国及各地区住宅销售套数

单位：套

地区	2017 年	2018 年	2019 年	2020 年	2021 年
全 国	13361411	13298420	13216466	13555925	13690713
北 京	57950	49412	75557	68943	78423
天 津	125150	107316	129196	113545	126656
河 北	513767	449855	436573	503193	514668
上 海	139628	143725	138412	145572	149010
江 苏	1077200	1014809	1064427	1159388	1211487
浙 江	634063	664046	661470	762918	726441
福 建	417153	446805	471476	489468	525671
山 东	979142	987777	930841	963273	1019878
广 东	1212690	1093652	1106045	1180557	1085027
海 南	268435	162803	77954	61228	62992
山 西	196486	191333	182563	213622	255450
安 徽	735435	828007	733434	760693	840451
江 西	442196	471058	482939	498752	578776
河 南	1039431	1114669	1130247	1106544	1040934
湖 北	682464	704013	678139	512012	631742
湖 南	639220	658427	654565	687391	662990
内蒙古	158195	157230	153962	157453	142302
广 西	494930	504148	542579	530605	474525
重 庆	582851	523030	484681	451736	469809
四 川	884861	957882	979682	1028190	1049442
贵 州	347650	381021	395143	425432	406454
云 南	286841	290014	323079	337296	257765
西 藏	4143	5542	9173	6985	9616
陕 西	306586	312177	323359	333128	320167
甘 肃	126937	131212	139465	162380	185193
青 海	34938	34428	34908	35088	28361
宁 夏	76202	75795	71521	77373	67459
新 疆	121761	105058	128599	148283	187460
辽 宁	410420	378186	345715	341764	302092
吉 林	164319	180868	181291	156928	161515
黑龙江	200367	174122	149471	136185	117957

数据来源：国家统计局。

（六）各地区房地产待售数据

表 3-48　2018—2022 年全国商品房待售面积

单位：万平方米

类　别	2018 年	2019 年	2020 年	2021 年	2022 年
商品房待售面积	**52909**	**49821**	**49850**	**51023**	**56366**
住宅	25328	22473	22379	22761	26947
办公楼	3703	3800	3796	3795	4073
商业营业用房	13906	13282	12934	12767	12558

数据来源：国家统计局。

表 3-49　2022 年全国商品房待售面积（月度累计）

单位：万平方米

类　别	1—2月	1—3月	1—4月	1—5月	1—6月	1—7月	1—8月	1—9月	1—10月	1—11月	1—12月
商品房待售面积	57026	56113	55735	55433	54784	54655	54605	54333	54734	55203	56366
住宅	28313	27565	27226	26815	26254	26092	26015	25919	26093	26294	26947
办公楼	3900	3846	3815	3889	3881	3905	3924	3895	3961	4034	4073
商业营业用房	12432	12376	12419	12415	12365	12352	12342	12264	12293	12344	12558

数据来源：国家统计局。

表 3-50　2017—2021 年全国及各地区商品房待售面积

单位：万平方米

地　区	2017 年	2018 年	2019 年	2020 年	2021 年
全　国	**58923.14**	**52909.29**	**49820.70**	**49849.82**	**51023.02**
北　京	2080.18	2226.38	2489.52	2454.16	2396.29
天　津	617.26	671.40	657.80	823.60	922.08
河　北	1056.46	967.30	996.14	905.17	768.77
上　海	2026.05	2211.12	2360.46	2535.73	2683.78
江　苏	5590.51	5015.74	4612.13	4285.86	3893.67
浙　江	3437.37	2592.88	2266.06	2214.85	1899.75
福　建	2079.59	1890.39	1862.04	1807.37	1958.37
山　东	3257.31	2690.65	2433.80	2533.38	2765.26
广　东	4988.58	5029.82	5716.44	5978.54	6696.98
海　南	852.75	649.74	589.65	570.57	527.41
山　西	1225.73	984.85	966.25	785.40	861.54
安　徽	2021.26	1685.13	1531.69	1541.72	1713.44

续表

地区	2017年	2018年	2019年	2020年	2021年
江西	1129.94	950.68	818.32	803.45	737.49
河南	2846.55	2808.17	2529.37	2628.52	2766.98
湖北	1848.01	1769.39	1417.88	1198.17	1258.27
湖南	2015.46	1727.63	1410.73	1333.79	1146.31
内蒙古	1265.60	1244.21	1068.72	970.38	944.14
广西	1598.85	1408.74	1268.96	1281.21	1461.10
重庆	2051.69	1787.95	1959.11	2082.10	2343.06
四川	2678.67	2428.82	2021.21	2093.46	2038.50
贵州	1031.20	783.67	571.63	557.43	564.70
云南	1505.73	1159.30	1089.50	1159.47	1393.16
西藏	36.56	27.52	38.51	31.70	69.79
陕西	936.86	726.95	650.28	592.81	579.58
甘肃	822.57	796.42	704.08	598.91	619.89
青海	178.86	141.35	120.23	134.12	141.14
宁夏	1036.68	945.36	957.57	993.05	1027.40
新疆	1468.73	1315.88	1219.94	1342.10	1447.42
辽宁	3558.56	3260.80	2909.27	2902.00	2764.23
吉林	1584.36	1258.16	1077.59	1112.72	1036.82
黑龙江	2095.21	1752.87	1505.83	1598.07	1595.74

数据来源：国家统计局。

表3-51　2017—2021年全国及各地区住宅待售面积

单位：万平方米

地区	2017年	2018年	2019年	2020年	2021年
全国	30162.96	25327.64	22472.83	22379.22	22760.56
北京	803.85	847.96	893.12	881.89	830.81
天津	264.71	315.53	313.56	437.69	517.14
河北	703.02	648.24	648.93	599.84	499.11
上海	635.68	664.30	734.87	688.94	720.19
江苏	3021.18	2507.63	2131.29	1987.30	1723.27
浙江	1390.58	849.86	706.04	680.64	540.98
福建	643.78	531.56	532.54	479.44	569.13

续表

地区	2017年	2018年	2019年	2020年	2021年
山 东	1945.03	1468.54	1284.28	1435.21	1630.93
广 东	2414.75	2384.29	2666.41	2625.38	2894.08
海 南	634.28	448.15	415.65	411.54	396.09
山 西	811.33	639.32	571.15	464.46	517.37
安 徽	885.17	779.55	650.26	666.09	704.90
江 西	599.72	498.10	397.60	408.92	324.63
河 南	1995.61	1914.38	1694.00	1721.68	1837.27
湖 北	1025.65	962.69	724.34	617.58	677.34
湖 南	992.72	810.28	654.79	641.24	578.29
内蒙古	739.90	738.04	599.15	552.08	586.73
广 西	989.74	798.41	702.44	668.82	730.03
重 庆	578.08	394.06	356.63	390.37	433.80
四 川	781.85	596.11	360.98	478.38	504.40
贵 州	464.13	300.14	178.75	186.26	175.01
云 南	796.93	501.81	422.12	470.76	529.94
西 藏	17.23	11.91	14.76	7.08	31.64
陕 西	513.31	336.70	280.66	262.43	263.72
甘 肃	541.76	467.76	375.66	312.28	327.76
青 海	90.68	65.35	53.71	53.25	62.02
宁 夏	482.25	387.64	344.51	330.83	309.98
新 疆	701.84	569.68	458.93	526.22	575.47
辽 宁	2481.75	2192.33	1877.08	1863.90	1718.51
吉 林	949.14	690.03	587.05	608.76	624.49
黑龙江	1267.33	1007.28	841.56	919.96	925.54

数据来源：国家统计局。

表3-52　2017—2021年全国及各地区办公楼待售面积

单位：万平方米

地区	2017年	2018年	2019年	2020年	2021年
全 国	3664.24	3702.76	3800.01	3795.64	3795.43
北 京	336.03	414.54	569.01	530.49	555.51
天 津	115.86	125.80	112.49	104.94	104.32
河 北	34.69	34.40	55.33	46.88	29.98

续表

地 区	2017 年	2018 年	2019 年	2020 年	2021 年
上 海	327.79	400.69	406.03	450.25	485.30
江 苏	442.04	430.34	442.45	416.27	389.15
浙 江	467.18	402.47	347.81	386.05	335.17
福 建	148.18	157.63	145.52	155.19	143.59
山 东	198.39	204.65	198.88	177.53	162.02
广 东	272.89	266.10	337.64	430.87	532.10
海 南	8.15	12.32	9.49	10.62	14.61
山 西	29.00	22.31	33.07	24.16	21.20
安 徽	108.24	76.38	95.40	114.33	99.21
江 西	52.02	39.91	32.28	19.38	36.37
河 南	98.87	129.11	128.42	120.38	124.59
湖 北	65.24	88.75	85.76	75.09	66.30
湖 南	89.31	85.26	67.38	70.29	33.38
内蒙古	57.12	59.30	54.03	43.20	26.32
广 西	22.10	23.42	17.90	28.69	45.01
重 庆	130.21	106.90	103.22	76.04	97.59
四 川	112.93	92.02	69.63	81.32	88.72
贵 州	72.68	47.70	36.82	29.92	20.76
云 南	69.04	52.43	49.41	41.53	58.34
西 藏	1.57	0.00	0.41	2.23	4.20
陕 西	32.94	40.84	34.19	26.74	34.04
甘 肃	20.54	30.03	30.96	12.53	8.61
青 海	14.80	3.57	3.57	11.81	2.09
宁 夏	71.38	67.01	77.04	75.14	65.97
新 疆	61.29	71.81	53.33	48.37	52.61
辽 宁	61.71	86.46	86.27	81.55	82.48
吉 林	82.27	87.02	73.29	61.06	44.80
黑龙江	59.77	43.62	42.97	42.83	31.09

数据来源：国家统计局。

表 3-53　2017—2021 年全国及各地区商业营业用房待售面积

单位：万平方米

地 区	2017 年	2018 年	2019 年	2020 年	2021 年
全 国	15203.80	13905.82	13281.95	12934.28	12766.71
北 京	428.57	394.10	369.91	383.55	402.04
天 津	153.23	143.68	139.72	163.54	174.15
河 北	207.39	158.08	148.02	132.94	117.23
上 海	410.46	433.64	430.68	436.43	433.23
江 苏	1594.21	1468.52	1413.89	1324.32	1163.75
浙 江	980.87	851.78	794.86	734.63	655.08
福 建	567.82	514.66	482.23	463.01	479.08
山 东	843.24	738.12	694.68	616.62	589.18
广 东	1073.72	1052.07	1119.54	1156.13	1301.76
海 南	117.95	98.06	92.22	86.82	73.34
山 西	235.34	189.91	216.52	167.93	187.45
安 徽	813.44	615.21	554.27	533.49	594.77
江 西	388.12	344.40	317.15	280.65	285.01
河 南	564.58	550.43	492.36	534.09	478.36
湖 北	562.31	513.80	435.24	363.73	344.30
湖 南	590.34	511.88	457.92	434.63	361.67
内蒙古	315.45	308.00	302.40	263.12	214.52
广 西	360.98	368.76	322.75	345.52	378.10
重 庆	561.96	515.10	535.70	548.21	535.56
四 川	744.43	679.86	602.00	534.78	456.63
贵 州	349.46	299.56	236.23	183.36	187.77
云 南	368.13	345.37	337.38	369.34	388.86
西 藏	13.24	12.86	13.90	16.65	27.20
陕 西	266.33	223.21	230.13	199.68	174.10
甘 肃	194.18	218.66	219.46	199.75	194.48
青 海	65.85	64.11	57.65	59.42	64.47
宁 夏	345.40	343.78	382.17	395.53	458.99
新 疆	500.99	481.78	512.56	593.38	624.92
辽 宁	726.40	698.58	704.28	715.96	732.02
吉 林	396.22	331.29	287.64	295.90	271.53
黑龙江	463.21	436.57	378.52	401.18	417.15

数据来源：国家统计局。

表3-54 2017—2021年全国及各地区其他房屋待售面积

单位：万平方米

地 区	2017年	2018年	2019年	2020年	2021年
全 国	9892.14	9973.07	10265.92	10740.69	11700.32
北 京	511.73	569.78	657.48	658.23	607.93
天 津	83.47	86.39	92.02	117.43	126.47
河 北	111.36	126.58	143.85	125.50	122.45
上 海	652.12	712.49	788.89	960.12	1045.07
江 苏	533.08	609.25	624.50	557.98	617.50
浙 江	598.74	488.78	417.34	413.53	368.52
福 建	719.82	686.54	701.75	709.72	766.56
山 东	270.65	279.34	255.96	304.03	383.13
广 东	1227.22	1327.36	1592.85	1766.16	1969.04
海 南	92.37	91.21	72.28	61.59	43.37
山 西	150.05	133.31	145.52	128.84	135.52
安 徽	214.42	214.00	231.76	227.81	314.57
江 西	90.08	68.27	71.30	94.51	91.49
河 南	187.49	214.26	214.59	252.38	326.75
湖 北	194.82	204.15	172.54	141.78	170.33
湖 南	343.09	320.20	230.63	187.63	172.97
内蒙古	153.12	138.87	113.14	111.98	116.57
广 西	226.03	218.15	225.86	238.18	307.95
重 庆	781.45	771.90	963.56	1067.49	1276.10
四 川	1039.46	1060.84	988.60	998.98	988.76
贵 州	144.93	136.28	119.83	157.89	181.15
云 南	271.63	259.69	280.60	277.84	416.01
西 藏	4.52	2.75	9.45	5.74	6.75
陕 西	124.29	126.20	105.30	103.96	107.71
甘 肃	66.09	79.97	78.00	74.35	89.04
青 海	7.53	8.33	5.31	9.64	12.56
宁 夏	137.65	146.92	153.86	191.55	192.46
新 疆	204.61	192.61	195.13	174.13	194.42
辽 宁	288.71	283.43	241.64	240.59	231.22
吉 林	156.73	149.82	129.61	147.01	95.99
黑龙江	304.90	265.40	242.78	234.11	221.96

数据来源：国家统计局。

（七）各地区房地产开发企业房屋出租面积

表 3-55 2017—2021 年全国及各地区房地产开发企业房屋出租面积

单位：万平方米

地 区	2017年	2018年	2019年	2020年	2021年
全 国	3579.15	3519.57	3617.82	3498.33	3574.80
北 京	350.29	265.78	265.14	300.84	285.91
天 津	12.12	77.52	35.98	46.71	59.21
河 北	7.46	4.49	11.88	3.98	4.66
上 海	1646.30	1868.23	2035.94	2053.33	2074.37
江 苏	166.28	169.56	134.54	138.43	140.40
浙 江	138.75	127.10	118.89	107.22	93.52
福 建	91.28	103.13	113.89	99.60	68.14
山 东	95.20	96.38	132.27	104.41	99.63
广 东	275.41	206.66	197.12	190.40	269.79
海 南	39.70	13.25	15.64	3.64	13.91
山 西	55.08	10.34	7.03	9.20	12.97
安 徽	66.34	20.21	29.75	26.10	48.82
江 西	8.77	16.82	1.21	4.11	1.87
河 南	29.60	1.53	2.29	14.14	29.34
湖 北	41.52	14.11	37.21	10.70	13.93
湖 南	39.10	41.73	27.85	36.65	37.11
内蒙古	19.19	8.21	3.78	3.48	3.46
广 西	9.05	28.48	26.41	17.46	15.83
重 庆	55.29	68.59	30.90	40.91	64.02
四 川	81.03	64.36	20.94	38.21	16.85
贵 州	20.05	12.02	8.43	5.28	1.43
云 南	80.07	53.20	112.22	55.14	60.61
西 藏	—	0.19	0.48	0.48	3.79
陕 西	63.32	61.24	61.00	52.69	5.87
甘 肃	22.27	9.29	9.63	5.89	4.78
青 海	0.05	—	—	1.22	—
宁 夏	57.00	36.41	44.80	38.88	38.38
新 疆	44.31	70.90	29.09	41.20	67.75
辽 宁	20.27	12.74	15.01	23.78	26.58
吉 林	28.98	48.63	50.76	1.91	0.92
黑龙江	15.06	8.47	37.74	22.33	10.93

数据来源：国家统计局。

表 3-56 2017—2021 年全国及各地区房地产开发企业住宅出租面积

单位：万平方米

地 区	2017 年	2018 年	2019 年	2020 年	2021 年
全 国	302.72	244.74	248.15	272.85	274.67
北 京	14.58	8.22	6.81	7.66	9.92
天 津	1.72	0.35	0.25	1.76	0.19
河 北	0.07	—	—	—	0.04
上 海	110.15	128.60	129.62	134.27	141.95
江 苏	10.25	4.11	2.56	0.63	0.59
浙 江	6.95	0.00	11.72	—	8.26
福 建	5.38	6.73	11.52	0.50	0.08
山 东	3.08	3.78	2.58	3.29	2.11
广 东	24.62	8.81	10.86	24.31	13.72
海 南	0.78	0.73	1.38	1.43	0.96
山 西	1.43	—	—	7.64	8.63
安 徽	18.99	0.94	0.10	0.51	4.31
江 西	—	0.30	—	—	0.60
河 南	7.65	—	—	5.15	15.81
湖 北	0.33	0.59	1.03	0.55	1.28
湖 南	1.58	0.71	0.80	0.55	2.18
内蒙古	—	3.83	—	—	0.33
广 西	3.17	2.16	11.92	6.76	5.54
重 庆	0.78	—	0.57	21.11	—
四 川	0.01	0.38	0.04	1.14	—
贵 州	—	—	1.02	0.93	—
云 南	65.19	42.85	40.75	41.07	53.70
西 藏	—	—	—	—	0.12
陕 西	—	2.37	—	—	0.58
甘 肃	—	—	—	—	1.45
青 海	—	—	—	—	—
宁 夏	11.13	2.24	2.09	1.72	2.17
新 疆	1.10	23.38	—	—	—
辽 宁	13.78	3.63	0.05	11.36	0.14
吉 林	—	—	—	—	—
黑龙江	—	—	12.48	0.51	—

数据来源：国家统计局。

表3-57 2017—2021年全国及各地区房地产开发企业办公楼出租面积

单位：万平方米

地 区	2017年	2018年	2019年	2020年	2021年
全 国	1051.87	1094.84	1155.03	1170.84	1225.97
北 京	129.14	96.74	102.68	161.47	123.39
天 津	7.48	54.80	14.20	19.09	37.44
河 北	0.02	—	—	0.38	—
上 海	692.42	753.52	809.85	775.87	774.63
江 苏	32.33	18.74	23.73	32.38	23.78
浙 江	44.19	42.98	45.67	33.85	9.24
福 建	2.57	7.96	14.16	14.34	9.16
山 东	10.79	16.98	28.11	16.59	45.06
广 东	52.40	47.57	50.78	61.31	134.62
海 南	4.69	0.05	1.69	—	0.24
山 西	7.27	0.07	—	0.38	3.18
安 徽	1.74	6.82	8.96	6.21	14.58
江 西	—	—	—	—	—
河 南	1.27	—	1.02	8.99	4.96
湖 北	2.79	4.89	—	6.85	6.03
湖 南	1.92	11.19	6.74	0.67	17.97
内蒙古	11.50	—	0.35	—	—
广 西	0.14	0.65	4.27	0.68	3.06
重 庆	20.41	1.90	—	1.42	1.62
四 川	5.78	6.59	2.95	4.62	2.80
贵 州	5.46	3.18	1.00	—	—
云 南	0.17	0.79	22.51	1.49	1.36
西 藏	—	—	—	—	—
陕 西	4.38	9.99	3.03	3.02	1.18
甘 肃	1.15	1.13	—	—	0.51
青 海	—	—	—	0.27	—
宁 夏	3.57	2.07	2.71	6.05	4.14
新 疆	3.38	1.48	3.07	5.92	3.29
辽 宁	2.71	2.59	4.64	2.79	3.71
吉 林	2.22	2.17	2.17	—	—
黑龙江	—	—	0.75	6.20	0.04

数据来源：国家统计局。

表 3-58　　2017—2021 年全国及各地区房地产开发企业商业营业用房出租面积

单位：万平方米

地区	2017 年	2018 年	2019 年	2020 年	2021 年
全　国	1650.70	1615.11	1624.81	1459.65	1443.68
北　京	133.90	113.51	118.15	82.03	107.85
天　津	—	14.51	16.32	22.00	16.81
河　北	4.46	4.22	6.44	3.20	4.61
上　海	542.09	630.83	707.89	751.08	734.76
江　苏	106.12	135.35	97.80	84.79	94.50
浙　江	70.99	73.96	55.40	62.55	47.21
福　建	67.71	64.71	62.80	58.61	41.15
山　东	67.22	67.58	81.33	67.99	42.92
广　东	143.61	129.94	117.62	94.08	98.63
海　南	33.15	8.66	10.37	2.13	11.84
山　西	38.65	7.55	5.70	0.72	0.63
安　徽	28.72	4.74	6.92	11.05	15.26
江　西	8.66	16.52	0.30	3.72	1.21
河　南	15.39	0.53	1.27	—	6.47
湖　北	27.93	6.40	34.19	3.28	3.35
湖　南	25.79	22.10	13.93	32.50	16.81
内蒙古	6.19	3.66	3.43	2.87	2.49
广　西	5.26	24.98	10.07	7.45	6.37
重　庆	32.21	45.25	25.25	16.66	44.03
四　川	66.56	41.83	15.04	25.93	12.82
贵　州	12.00	5.70	5.62	4.03	1.24
云　南	13.88	9.56	42.35	6.28	5.55
西　藏	—	0.19	—	—	3.19
陕　西	57.92	44.86	48.83	49.04	3.95
甘　肃	18.90	8.09	9.43	5.02	2.82
青　海	0.05	—	—	0.95	—
宁　夏	40.75	31.95	38.37	25.09	29.40
新　疆	38.33	40.21	24.29	18.80	53.29
辽　宁	3.40	6.51	10.32	9.05	22.74
吉　林	26.77	46.47	36.36	1.25	0.92
黑龙江	14.10	4.74	19.02	7.51	10.89

数据来源：国家统计局。

表3-59 2017—2021年全国及各地区房地产开发企业其他房屋出租面积

单位：万平方米

地 区	2017年	2018年	2019年	2020年	2021年
全 国	573.85	564.89	589.83	594.99	630.47
北 京	72.68	47.32	37.50	49.68	44.76
天 津	2.92	7.85	5.21	3.86	4.78
河 北	2.90	0.27	5.44	0.40	—
上 海	301.63	355.28	388.57	392.10	423.04
江 苏	17.57	11.35	10.45	20.62	21.52
浙 江	16.62	10.16	6.12	10.82	28.81
福 建	15.61	23.73	25.40	26.16	17.76
山 东	14.12	8.03	20.25	16.53	9.53
广 东	54.77	20.35	17.86	10.71	22.82
海 南	1.08	3.81	2.21	0.08	0.87
山 西	7.74	2.72	1.33	0.46	0.53
安 徽	16.90	7.71	13.77	8.33	14.68
江 西	0.11	—	0.90	0.39	0.06
河 南	5.29	1.00	—	—	2.11
湖 北	10.47	2.22	1.98	0.03	3.27
湖 南	9.82	7.73	6.38	2.93	0.15
内蒙古	1.50	0.72	—	0.62	0.64
广 西	0.48	0.68	0.15	2.57	0.86
重 庆	1.90	21.43	5.09	1.73	18.37
四 川	8.68	15.56	2.91	6.52	1.23
贵 州	2.58	3.14	0.80	0.32	0.19
云 南	0.83	—	6.61	6.30	—
西 藏	—	—	0.48	0.48	0.48
陕 西	1.02	4.01	9.14	0.62	0.16
甘 肃	2.22	0.07	0.20	0.87	—
青 海	—	—	—	—	—
宁 夏	1.55	0.16	1.64	6.03	2.66
新 疆	1.49	5.83	1.73	16.48	11.17
辽 宁	0.39	0.01	—	0.57	—
吉 林	—	—	12.23	0.66	—
黑龙江	0.97	3.73	5.49	8.12	—

数据来源：国家统计局。

二、重点城市房地产建设和交易数据

(一) 40座重点城市商品房投资、建设、销售数据

表3-60　2017—2021年40座重点城市房地产开发投资额

单位：亿元

城　市	2017年	2018年	2019年	2020年	2021年
北　京	3692.54	3873.35	3838.38	3938.71	4139.03
天　津	2233.39	2424.49	2727.82	2608.54	2769.98
石家庄	1212.27	1010.71	887.64	926.49	951.32
太　原	470.63	529.41	696.54	714.82	665.47
呼和浩特	238.40	174.25	175.22	246.89	270.72
沈　阳	814.24	996.72	1174.80	1235.89	1222.61
大　连	566.64	688.51	711.06	753.06	728.95
长　春	573.78	778.63	876.79	996.07	1052.34
哈尔滨	498.59	584.99	620.45	622.05	531.37
上　海	3856.53	4033.18	4231.38	4698.75	5035.18
南　京	2170.21	2354.17	2501.26	2631.40	2719.80
无　锡	1197.92	1311.53	1355.32	1350.02	1568.06
苏　州	2305.82	2557.91	2686.47	2673.66	2869.78
杭　州	2734.20	3068.90	3396.75	3575.33	3628.33
宁　波	1374.47	1587.47	1703.59	1818.88	2075.59
温　州	1023.96	1176.57	1199.85	1218.16	1441.23
合　肥	1557.41	1527.17	1556.08	1546.99	1466.42
福　州	1694.18	1439.68	1812.77	2070.23	2248.81
厦　门	879.86	884.58	899.53	1055.76	1069.66
南　昌	790.69	890.43	913.04	971.57	975.84
济　南	1232.63	1370.43	1489.38	1707.63	1928.00
青　岛	1330.54	1485.21	1803.81	2045.12	1982.34
郑　州	3358.84	3258.41	3349.86	3428.78	3088.88
武　汉	2686.34	2780.01	2966.21	2777.15	3254.62
长　沙	1493.44	1508.72	1672.96	1869.88	2236.88
广　州	2702.89	2701.93	3102.26	3293.95	3626.44

续表

城　市	2017 年	2018 年	2019 年	2020 年	2021 年
深　圳	2130.86	2640.71	3041.65	3537.84	2979.08
南　宁	958.09	1106.36	1461.08	1378.20	1359.95
北　海	168.28	202.28	203.88	166.93	144.84
海　口	603.25	609.42	480.73	443.67	452.45
三　亚	549.76	403.14	299.93	339.89	382.90
重　庆	3980.08	4248.76	4439.30	4351.96	4354.96
成　都	2492.65	2273.16	2611.71	2847.64	3142.38
贵　阳	1024.09	985.26	1175.37	1291.37	1120.05
昆　明	1683.33	1839.79	2096.25	2263.71	2149.06
西　安	2234.84	2213.68	2008.30	2064.63	1975.28
兰　州	418.26	575.22	550.67	553.77	602.76
西　宁	351.33	292.25	290.99	270.40	265.78
银　川	402.82	295.25	275.35	311.43	325.79
乌鲁木齐	422.74	659.15	544.13	550.40	537.77

数据来源：国家统计局。

表 3-61　2017—2021 年 40 座重点城市住宅开发投资额

单位：亿元

城　市	2017 年	2018 年	2019 年	2020 年	2021 年
北　京	1694.67	2026.06	2039.76	2317.08	2522.18
天　津	1559.70	1863.50	2200.01	2084.80	2168.35
石家庄	867.67	731.67	672.02	751.31	762.62
太　原	329.21	397.34	536.58	564.25	525.44
呼和浩特	179.85	120.29	129.47	178.45	201.93
沈　阳	620.45	775.06	956.16	989.83	999.85
大　连	404.45	514.46	513.86	563.44	547.28
长　春	376.60	529.53	631.32	691.27	735.75
哈尔滨	315.08	372.10	442.61	446.85	401.43
上　海	2152.40	2225.92	2318.13	2418.79	2673.95
南　京	1569.52	1574.64	1735.85	1862.72	1932.13
无　锡	934.96	1001.34	1112.21	1117.72	1327.41

续表

城　市	2017 年	2018 年	2019 年	2020 年	2021 年
苏　州	1839.59	2111.60	2209.27	2171.62	2379.89
杭　州	1713.13	1953.30	2198.70	2215.60	2300.16
宁　波	932.47	1101.06	1201.35	1204.01	1399.66
温　州	773.98	919.22	937.75	940.99	1114.01
合　肥	1095.45	1165.86	1242.88	1237.37	1193.17
福　州	1176.99	966.43	1288.84	1493.95	1637.84
厦　门	550.36	536.32	559.24	687.85	709.89
南　昌	486.38	612.79	656.38	683.19	721.24
济　南	822.84	929.59	1065.99	1204.31	1351.39
青　岛	925.51	1034.84	1239.07	1479.17	1481.18
郑　州	2418.66	2345.82	2555.02	2700.29	2544.96
武　汉	1840.31	1957.17	2183.31	1959.01	2417.55
长　沙	809.32	908.77	1021.43	1205.91	1575.16
广　州	1769.49	1733.76	2087.07	2155.21	2538.80
深　圳	1009.65	1303.33	1504.35	1916.09	1602.60
南　宁	679.13	772.04	1034.06	988.63	975.17
北　海	133.85	163.68	162.48	147.49	121.32
海　口	412.59	419.31	352.68	286.48	243.20
三　亚	329.52	297.17	217.74	—	—
重　庆	2632.88	3012.65	3246.77	3189.05	3288.11
成　都	1300.46	1245.90	1575.49	1870.91	2108.89
贵　阳	595.06	639.74	745.80	934.14	864.13
昆　明	1058.90	1161.24	1498.32	1648.96	1545.86
西　安	1505.03	1446.51	1414.19	1342.97	1426.60
兰　州	264.71	300.07	345.00	395.19	444.31
西　宁	171.17	175.33	200.24	176.18	210.92
银　川	240.25	198.20	191.88	220.99	234.13
乌鲁木齐	242.82	411.24	377.45	366.95	380.72

数据来源：国家统计局。

表3-62 2017—2021年40座重点城市土地购置面积

单位：万平方米

城 市	2017年	2018年	2019年	2020年	2021年
北　京	413.30	218.19	144.03	147.07	230.60
天　津	225.99	226.32	548.94	267.06	389.32
石家庄	124.14	146.45	168.57	143.37	68.16
太　原	98.70	44.35	215.98	177.87	71.42
呼和浩特	16.03	5.17	80.36	30.41	51.98
沈　阳	113.20	217.24	267.03	280.32	297.64
大　连	61.68	111.56	127.04	58.29	113.14
长　春	480.98	543.32	274.10	302.10	655.35
哈尔滨	133.72	119.06	181.44	239.28	125.88
上　海	179.73	144.58	144.81	270.74	376.51
南　京	288.62	186.36	94.65	223.09	209.16
无　锡	220.53	394.61	110.65	164.71	—
苏　州	435.38	351.05	373.30	326.25	359.34
杭　州	147.17	212.38	110.19	280.17	223.62
宁　波	278.64	569.60	243.12	288.69	209.43
温　州	250.21	320.50	215.01	306.77	253.57
合　肥	684.87	385.43	466.74	539.47	325.37
福　州	158.69	339.43	252.27	83.87	32.56
厦　门	82.44	74.08	71.57	25.62	55.84
南　昌	148.46	102.62	124.63	228.54	58.64
济　南	144.77	265.91	266.71	106.04	189.99
青　岛	187.63	384.01	564.95	394.68	219.71
郑　州	442.47	301.58	323.26	294.38	215.61
武　汉	104.80	77.05	179.34	203.44	222.68
长　沙	205.85	354.13	232.52	244.92	286.92
广　州	162.77	186.92	148.32	380.87	267.93
深　圳	152.61	132.61	83.33	171.78	105.35
南　宁	165.95	121.36	289.82	491.75	156.48
北　海	24.74	10.05	50.30	—	—
海　口	33.68	86.10	6.52	2.94	32.69
三　亚	46.17	4.08	11.43	—	—
重　庆	1112.22	1260.92	641.58	812.95	694.50
成　都	162.28	307.41	170.67	358.67	146.86
贵　阳	221.71	120.63	169.44	169.14	166.25
昆　明	408.90	209.21	265.38	280.09	89.00
西　安	328.07	221.19	53.07	94.57	52.56
兰　州	58.71	86.51	46.51	45.52	36.83
西　宁	42.71	37.28	21.71	12.26	75.45
银　川	74.42	95.69	85.18	102.88	162.64
乌鲁木齐	151.00	436.64	81.97	430.46	134.29

数据来源：国家统计局。

表 3-63　2017—2021 年 40 座重点城市房屋施工面积

单位：万平方米

城　市	2017 年	2018 年	2019 年	2020 年	2021 年
北　京	12412.74	12962.61	12514.99	13918.64	14055.32
天　津	8795.82	10324.37	11453.43	12034.51	12627.78
石家庄	4242.72	3713.92	3891.35	3702.60	4543.16
太　原	5565.06	6033.42	7063.71	7659.31	8473.83
呼和浩特	4170.59	3504.62	3464.82	3152.40	3318.21
沈　阳	6967.08	6525.79	6626.56	7111.84	8120.52
大　连	4477.89	4219.82	3855.62	3711.92	4099.94
长　春	6687.31	7216.32	7551.80	7614.30	8496.34
哈尔滨	4482.15	4673.76	5509.27	5490.29	5406.34
上　海	15362.25	14672.37	14802.97	15740.34	16627.90
南　京	8163.04	8656.96	9001.67	8663.99	8597.29
无　锡	5726.74	5981.74	6323.97	6363.12	6076.26
苏　州	11891.86	11658.52	12148.01	12385.55	11921.28
杭　州	11527.37	11755.16	12000.92	13315.09	13291.26
宁　波	6833.12	7472.48	8347.74	10575.61	10778.64
温　州	4715.70	4861.93	5404.70	5871.42	6724.33
合　肥	8283.56	8233.22	7874.20	7998.95	8284.96
福　州	7947.59	7921.37	8480.51	8662.60	8427.23
厦　门	4287.70	4343.24	4089.16	3616.04	3661.02
南　昌	5948.81	6093.95	6611.93	6068.95	5927.10
济　南	8014.94	9117.03	9431.52	10353.04	10156.54
青　岛	9532.69	10390.38	11579.57	12528.40	13022.24
郑　州	16394.83	18643.11	19583.60	19444.77	20503.04
武　汉	11912.98	11759.79	13556.46	15565.89	16251.62
长　沙	9814.09	10702.85	11878.61	12746.11	12958.76
广　州	10658.49	10999.01	11985.91	11878.29	12750.78
深　圳	5676.07	6747.69	7907.85	9537.94	10319.29
南　宁	7171.62	8129.81	9704.05	10712.49	11246.52
北　海	1328.19	1228.79	1651.70	1610.54	1637.06
海　口	3336.61	3337.73	3439.31	3370.64	3369.06
三　亚	1907.73	1490.48	1227.42	1345.43	1460.04
重　庆	25960.99	27226.56	27986.64	27368.16	26893.17
成　都	19396.65	19514.56	20619.90	19122.23	19544.10
贵　阳	5790.77	6058.28	7961.95	7875.40	8178.96
昆　明	10090.20	10293.44	12236.93	11359.07	12826.85
西　安	15408.82	15238.05	15870.82	14472.23	14452.47
兰　州	4140.20	4314.16	5137.89	5058.56	5576.37
西　宁	2235.27	1875.88	2084.14	1824.51	2036.39
银　川	4144.19	3795.57	3799.45	3756.64	3704.85
乌鲁木齐	4156.16	4605.11	4862.05	5230.52	6056.27

数据来源：国家统计局。

表 3-64 2017—2021 年 40 座重点城市商品房新开工面积

单位：万平方米

城　市	2017 年	2018 年	2019 年	2020 年	2021 年
北　京	2361.51	2321.11	2073.21	3006.62	1895.93
天　津	2334.62	2479.34	2544.84	2161.86	1885.36
石家庄	1524.44	1142.79	1560.86	1475.91	1242.35
太　原	1011.67	1254.29	1750.63	1360.13	906.92
呼和浩特	364.98	308.89	638.28	599.53	546.42
沈　阳	1334.90	1416.16	1309.50	1630.20	1577.32
大　连	512.20	580.83	668.96	818.93	995.88
长　春	947.83	1429.65	1565.50	1534.81	2133.84
哈尔滨	1194.27	1095.87	1399.54	1265.11	634.68
上　海	2618.00	2687.17	3063.44	3440.62	3845.97
南　京	2026.37	1942.31	1989.30	2114.90	1957.63
无　锡	1105.74	1503.02	1435.56	1634.81	1494.95
苏　州	2565.14	2800.76	2761.18	2398.65	2728.26
杭　州	2176.52	2708.53	2434.89	3542.84	2446.79
宁　波	1772.63	2202.89	2101.59	3254.17	2150.63
温　州	1104.39	1414.55	1503.06	1683.55	1521.67
合　肥	2041.56	1789.83	1619.72	1732.18	1825.13
福　州	1212.44	1830.94	1743.02	1941.02	1512.73
厦　门	605.41	414.56	505.22	405.68	566.33
南　昌	1639.14	1277.60	1425.79	1087.85	1241.53
济　南	1726.08	2604.43	2163.38	2131.09	1745.62
青　岛	2030.78	2803.11	3473.49	3312.41	2190.96
郑　州	5449.61	4363.47	4669.30	3289.84	3169.03
武　汉	3020.10	3106.92	3430.84	3668.79	2599.74
长　沙	2113.09	2931.94	3478.86	3068.35	2698.10
广　州	1853.88	1775.45	2220.51	2620.61	2164.81
深　圳	970.83	1529.57	1447.19	1818.51	1539.93
南　宁	1486.21	1709.74	2156.19	2079.58	1363.67
北　海	337.01	356.10	536.77	345.93	167.70
海　口	569.81	628.33	510.16	325.71	310.65
三　亚	296.47	170.57	125.69	249.90	217.54
重　庆	5680.04	7386.16	6725.40	5947.70	4873.36
成　都	4239.29	4722.45	4602.29	3844.19	3103.74
贵　阳	894.93	1366.64	1974.44	1787.56	1375.12
昆　明	1598.73	1705.43	3163.27	2814.65	2382.31
西　安	2490.33	2433.41	2363.65	1863.69	2041.32
兰　州	755.74	814.92	1435.77	1184.54	1106.92
西　宁	551.57	332.39	556.40	520.42	397.98
银　川	614.13	628.60	748.52	741.81	944.69
乌鲁木齐	926.87	1125.09	832.50	1731.86	1094.51

数据来源：国家统计局。

表 3-65　2017—2021 年 40 座重点城市商品房竣工面积

单位：万平方米

城　市	2017 年	2018 年	2019 年	2020 年	2021 年
北　京	1466.67	1557.90	1343.28	1545.72	1983.86
天　津	2023.41	2092.22	1655.50	1634.47	1892.82
石家庄	376.05	141.30	266.93	244.25	348.29
太　原	393.68	357.58	457.12	348.48	607.99
呼和浩特	379.83	354.10	85.59	158.76	45.28
沈　阳	823.03	660.64	666.40	649.45	1137.25
大　连	294.10	326.03	292.91	167.25	406.03
长　春	905.66	1087.51	924.41	658.15	479.24
哈尔滨	678.24	448.97	682.37	469.23	308.82
上　海	3387.56	3115.76	2669.67	2877.78	2739.55
南　京	1077.49	1176.85	1587.06	1448.42	1171.18
无　锡	1129.90	758.84	1317.77	1517.30	1037.35
苏　州	2145.62	1507.34	1283.75	1545.69	1238.95
杭　州	2085.61	1636.93	1727.56	1799.08	1732.56
宁　波	1032.62	688.87	712.14	1706.92	1499.99
温　州	680.85	478.06	604.01	434.34	568.72
合　肥	1179.34	1419.79	1481.60	1613.70	1896.80
福　州	1155.74	722.66	389.85	1092.27	899.62
厦　门	426.36	639.73	370.73	348.79	385.85
南　昌	558.97	634.51	830.49	846.27	628.37
济　南	631.29	1203.81	1043.40	1272.97	1115.66
青　岛	1486.53	1624.77	1602.01	1153.89	1656.88
郑　州	1537.06	1946.07	2107.40	1462.93	2193.13
武　汉	776.30	458.63	697.50	777.86	771.17
长　沙	1159.87	1441.27	1280.87	1259.09	1246.32
广　州	1320.66	1523.98	2899.19	1389.79	1093.13
深　圳	285.06	261.56	572.11	640.88	664.38
南　宁	578.22	792.21	710.77	799.91	986.97
北　海	190.27	51.81	91.58	90.39	69.57
海　口	548.10	279.74	190.18	190.29	189.45
三　亚	117.71	201.74	141.18	88.52	88.97
重　庆	5055.73	4083.45	5069.17	3774.33	4196.21
成　都	1857.47	1724.77	1823.13	1430.24	1460.76
贵　阳	313.63	208.07	308.59	359.33	348.67
昆　明	680.33	324.26	485.88	293.04	710.27
西　安	1571.73	969.69	1020.25	651.31	370.01
兰　州	192.98	137.70	131.10	179.35	423.60
西　宁	342.82	231.93	102.59	93.33	43.68
银　川	859.64	762.23	545.70	498.97	666.23
乌鲁木齐	471.90	569.82	480.68	99.94	518.87

数据来源：国家统计局。

表3-66 2017—2021年40座重点城市住宅竣工面积

单位：万平方米

城 市	2017年	2018年	2019年	2020年	2021年
北 京	604.04	731.20	583.20	728.48	981.05
天 津	1433.24	1522.27	1186.69	1256.43	1445.60
石家庄	319.64	117.51	212.37	204.34	249.34
太 原	249.13	278.41	317.28	263.25	448.80
呼和浩特	240.14	237.66	65.10	89.57	31.49
沈 阳	688.26	495.71	533.53	514.37	945.79
大 连	236.56	218.08	203.19	122.63	320.27
长 春	592.77	751.67	648.15	459.09	341.47
哈尔滨	474.68	301.68	519.56	340.48	205.39
上 海	1862.74	1730.27	1453.28	1627.61	1421.43
南 京	805.85	845.34	1091.73	1004.90	706.24
无 锡	862.31	546.18	982.70	1175.27	752.93
苏 州	1472.03	1007.20	1002.31	1191.53	904.86
杭 州	1170.81	842.02	963.88	933.73	897.43
宁 波	622.09	364.44	421.34	1075.19	939.39
温 州	457.07	336.16	392.97	300.02	430.94
合 肥	779.88	909.21	1044.20	1130.21	1337.93
福 州	765.17	441.12	246.61	658.31	557.08
厦 门	228.78	347.87	153.28	107.43	171.82
南 昌	389.41	462.35	634.94	622.90	407.89
济 南	491.10	897.37	747.11	913.57	787.62
青 岛	968.60	1079.25	1063.15	782.71	1110.74
郑 州	1025.56	1357.10	1478.08	1032.04	1520.31
武 汉	597.82	305.71	479.16	611.73	591.23
长 沙	805.06	976.82	896.98	846.59	883.15
广 州	831.83	867.63	1645.77	923.91	656.77
深 圳	183.79	124.91	303.76	341.00	377.45
南 宁	440.47	584.23	466.90	500.85	712.26
北 海	174.94	30.27	72.70	—	53.16
海 口	316.94	190.96	142.48	126.89	80.81
三 亚	96.90	165.99	112.66	51.80	72.92
重 庆	3316.37	2784.64	3400.08	2585.26	2724.39
成 都	1075.10	1036.27	1003.00	851.87	897.52
贵 阳	201.92	121.25	185.60	221.15	223.86
昆 明	394.52	209.92	262.42	195.04	401.01
西 安	1231.43	621.07	729.22	478.15	292.72
兰 州	135.18	67.11	88.06	147.09	313.01
西 宁	177.97	123.61	61.79	53.52	32.99
银 川	526.89	547.99	385.66	319.18	445.06
乌鲁木齐	334.08	304.45	324.25	57.69	387.63

数据来源：国家统计局。

表 3-67　2017—2021 年 40 座重点城市商品房销售面积

单位：万平方米

城　市	2017 年	2018 年	2019 年	2020 年	2021 年
北　京	869.95	696.19	938.86	970.88	1107.07
天　津	1482.12	1249.87	1478.68	1306.96	1435.42
石家庄	1027.34	844.69	782.28	656.26	720.29
太　原	786.41	839.42	741.10	781.36	821.78
呼和浩特	316.51	396.05	326.00	413.76	309.66
沈　阳	1300.24	1354.82	1453.53	1381.32	1092.70
大　连	839.84	775.95	658.87	714.84	687.71
长　春	1147.19	1288.44	1342.37	1054.41	1027.25
哈尔滨	1269.54	1050.58	964.78	768.50	609.45
上　海	1691.60	1767.01	1696.34	1789.16	1880.45
南　京	1429.61	1220.73	1320.65	1324.67	1510.95
无　锡	1168.02	1367.85	1366.48	1550.56	1550.86
苏　州	1936.66	1994.13	2178.22	2192.17	2275.42
杭　州	2054.11	1675.98	1513.62	1699.34	2236.25
宁　波	1543.64	1624.38	1714.64	1858.20	1606.23
温　州	1069.91	1165.27	1139.87	1204.71	886.31
合　肥	1283.40	1389.58	1321.87	1486.11	1836.59
福　州	1685.46	1711.05	1708.19	1888.10	2138.49
厦　门	527.88	529.42	540.77	621.82	593.04
南　昌	1610.43	1846.31	1906.13	1770.83	2019.49
济　南	1216.27	1236.30	1151.00	1335.75	1548.20
青　岛	1900.74	1808.02	1651.83	1653.59	1644.52
郑　州	3097.81	3712.11	3593.27	3426.06	2699.38
武　汉	3532.61	3646.94	3332.34	2646.37	2759.39
长　沙	2260.79	2386.74	2335.15	2377.43	2606.17
广　州	1757.75	1550.28	1464.64	1539.40	1736.31
深　圳	671.03	722.01	806.56	908.80	799.59
南　宁	1544.13	1745.19	1805.23	1837.59	1494.08
北　海	376.61	409.63	403.25	313.55	315.22
海　口	549.59	393.32	440.56	463.74	484.60
三　亚	213.79	244.79	121.15	77.05	127.18
重　庆	6711.00	6536.25	6104.68	6143.47	6197.71
成　都	3925.91	3682.52	3543.28	3680.30	3644.11
贵　阳	1068.67	1114.56	1099.27	1235.75	1407.55
昆　明	1827.25	1909.72	1916.23	1878.80	1297.56
西　安	2459.35	2621.72	2375.41	2081.48	1492.92
兰　州	697.93	642.42	718.44	846.48	799.58
西　宁	388.22	332.22	321.24	298.97	226.64
银　川	595.22	612.83	679.38	751.75	641.57
乌鲁木齐	606.94	605.30	657.42	716.09	764.16

数据来源：国家统计局。

表 3-68 2017—2021 年 40 座重点城市住宅销售面积

单位：万平方米

城 市	2017 年	2018 年	2019 年	2020 年	2021 年
北 京	608.78	526.76	789.02	733.59	877.10
天 津	1342.87	1140.73	1382.63	1220.74	1333.97
石家庄	816.94	723.90	673.94	618.00	677.52
太 原	722.10	771.21	645.48	701.24	728.26
呼和浩特	249.97	342.43	296.28	382.27	264.05
沈 阳	1191.25	1202.67	1361.13	1285.50	985.08
大 连	758.17	702.09	602.74	629.08	627.24
长 春	951.83	1116.08	1156.13	936.39	930.21
哈尔滨	1089.16	920.00	824.78	679.32	517.07
上 海	1341.62	1333.29	1353.70	1434.07	1489.95
南 京	1208.98	982.65	1137.19	1213.81	1371.39
无 锡	1023.11	1246.02	1239.56	1364.33	1344.94
苏 州	1687.88	1788.30	1983.56	1993.90	2088.27
杭 州	1520.17	1329.40	1284.27	1471.62	1954.30
宁 波	1283.72	1299.17	1438.89	1571.44	1280.80
温 州	802.27	975.70	917.69	1045.04	768.28
合 肥	960.46	1103.88	1155.72	1297.40	1562.76
福 州	1276.80	1255.68	1330.07	1519.17	1686.26
厦 门	237.28	170.68	274.70	379.13	413.24
南 昌	1289.79	1536.52	1580.89	1367.24	1562.29
济 南	974.72	965.29	934.00	1145.24	1300.20
青 岛	1633.84	1578.31	1475.58	1430.37	1419.63
郑 州	2735.37	3330.57	3241.97	3025.68	2480.01
武 汉	3085.78	3229.75	2981.79	2252.39	2470.53
长 沙	1823.81	1973.34	2005.91	2046.55	2304.86
广 州	1367.48	1138.20	1106.58	1223.21	1371.01
深 圳	520.97	572.99	638.42	752.27	623.30
南 宁	1307.68	1438.25	1550.33	1486.19	1125.51
北 海	360.63	397.53	380.43	290.00	287.22
海 口	487.37	331.44	373.49	371.52	349.09
三 亚	194.73	212.95	102.28	65.06	78.74
重 庆	5452.65	5424.76	5149.08	4814.49	4945.42
成 都	2976.47	2660.02	2564.86	2826.74	2614.48
贵 阳	868.98	943.29	869.40	1105.76	1185.52
昆 明	1387.77	1430.17	1484.84	1527.10	965.17
西 安	2105.94	2141.12	1903.90	1635.78	1238.56
兰 州	609.40	565.93	673.48	796.79	761.54
西 宁	305.11	274.02	259.58	259.05	176.85
银 川	519.99	529.20	606.16	674.20	528.20
乌鲁木齐	525.97	509.28	566.85	636.84	703.06

数据来源：国家统计局。

表 3-69　2017—2021 年 40 座重点城市商品房销售金额

单位：亿元

城　市	2017 年	2018 年	2019 年	2020 年	2021 年
北　京	2796.03	2377.00	3370.98	3656.85	4486.47
天　津	2272.30	2006.62	2274.14	2113.61	2322.76
石家庄	1044.85	882.91	728.19	647.69	739.70
太　原	709.09	928.28	828.58	840.68	841.84
呼和浩特	206.05	330.52	327.37	455.18	334.35
沈　阳	1048.30	1204.72	1481.46	1571.42	1266.57
大　连	866.29	895.93	788.79	950.91	945.32
长　春	805.01	1062.34	1178.19	957.51	865.59
哈尔滨	1058.66	967.40	957.10	727.56	533.88
上　海	4026.67	4751.50	5203.82	6046.97	6788.73
南　京	2237.74	2731.98	2510.15	3269.50	4063.84
无　锡	1247.26	1575.70	1919.55	2361.75	2658.96
苏　州	2893.63	3117.83	3728.98	3918.08	4210.93
杭　州	4180.99	4008.49	3923.64	4595.49	6589.11
宁　波	2056.77	2459.64	2583.12	3049.52	3016.89
温　州	1316.42	1560.25	1625.13	1905.53	1658.77
合　肥	1379.75	1687.91	1766.62	2128.29	2457.72
福　州	1863.55	2315.10	2332.72	2552.74	3025.84
厦　门	1192.98	1106.85	1223.32	1521.39	1482.84
南　昌	1373.16	1580.58	1817.33	1943.94	2076.27
济　南	1172.91	1474.91	1316.56	1571.95	1956.97
青　岛	1999.20	2282.46	2247.00	2216.85	2267.30
郑　州	2673.82	3134.00	3403.56	3369.17	2608.58
武　汉	4148.65	4780.50	4751.24	3769.49	4157.55
长　沙	1738.73	1958.67	2021.46	2196.25	2620.58
广　州	3099.52	3102.66	3275.35	3857.08	4867.54
深　圳	3216.65	3908.42	4500.34	5164.58	4685.00
南　宁	1200.77	1358.14	1517.49	1581.21	1240.28
北　海	212.92	275.09	287.05	—	—
海　口	658.86	520.49	677.82	734.42	766.87
三　亚	551.46	601.37	306.77	212.73	397.40
重　庆	4557.85	5272.70	5129.42	5071.34	5391.26
成　都	3428.37	3633.40	3850.62	4470.71	4685.76
贵　阳	776.84	1043.31	1148.85	1151.14	1274.05
昆　明	1463.59	1999.90	2145.60	2127.82	1408.13
西　安	2093.73	2666.55	2726.98	2780.44	2188.24
兰　州	532.81	509.05	547.91	711.16	634.97
西　宁	257.85	242.97	288.77	287.84	207.90
银　川	308.16	360.03	437.51	544.14	490.67
乌鲁木齐	404.72	505.88	571.28	578.65	620.19

数据来源：国家统计局。

表 3-70　2017—2021 年 40 座重点城市住宅销售金额

单位：亿元

城　市	2017 年	2018 年	2019 年	2020 年	2021 年
北　京	2077.01	1971.15	3032.40	3131.31	4117.23
天　津	2032.93	1816.53	2132.48	2000.98	2183.74
石家庄	795.51	752.78	622.29	611.41	712.57
太　原	637.42	836.03	718.81	758.35	757.02
呼和浩特	141.52	282.55	297.13	423.03	298.74
沈　阳	946.36	1043.93	1395.32	1493.39	1181.84
大　连	759.61	802.66	725.76	849.30	883.13
长　春	648.26	903.12	1009.44	854.71	791.21
哈尔滨	856.18	821.74	806.61	642.67	453.87
上　海	3336.09	3864.03	4457.16	5268.85	6104.95
南　京	1844.73	1936.64	2209.35	3055.72	3831.39
无　锡	1082.43	1456.27	1776.22	2180.65	2459.12
苏　州	2601.81	2899.19	3491.97	3692.41	4024.17
杭　州	3226.63	3238.45	3406.10	4039.27	5820.01
宁　波	1815.78	2104.86	2295.92	2774.66	2709.13
温　州	1121.62	1404.38	1447.75	1784.94	1546.33
合　肥	1098.95	1442.62	1628.00	1980.43	2257.01
福　州	1346.66	1805.82	1886.82	2184.01	2577.54
厦　门	665.62	575.46	929.31	1280.67	1298.59
南　昌	1045.56	1271.60	1478.88	1485.60	1652.28
济　南	946.63	1173.94	1115.81	1406.53	1721.65
青　岛	1642.28	1952.91	2017.72	2010.82	2039.24
郑　州	2276.69	2716.39	3025.45	2978.81	2397.02
武　汉	3534.29	4094.84	4125.07	3304.62	3830.38
长　沙	1328.92	1538.46	1650.21	1864.76	2332.31
广　州	2418.36	2456.44	2657.47	3316.33	4192.57
深　圳	2533.04	3176.71	3560.43	4276.22	3839.57
南　宁	1006.96	1107.06	1329.23	1367.28	1008.43
北　海	198.90	264.31	267.75	—	—
海　口	569.94	419.09	581.23	612.79	572.50
三　亚	455.87	495.04	243.08	177.09	244.05
重　庆	3601.56	4442.87	4457.78	4293.18	4786.06
成　都	2558.33	2602.34	3008.44	3740.10	3846.65
贵　阳	569.32	834.14	851.97	1012.58	1068.69
昆　明	1137.59	1585.41	1800.07	1864.95	1192.23
西　安	1719.72	2137.81	2213.71	2248.10	1885.16
兰　州	434.95	409.27	493.80	659.86	593.64
西　宁	179.71	184.51	226.64	255.09	177.30
银　川	254.39	295.80	390.37	495.75	430.11
乌鲁木齐	325.46	395.05	494.73	506.84	563.37

数据来源：国家统计局。

表 3-71　2017—2021 年 40 座重点城市商品房销售均价

单位：元/平方米

城　市	2017 年	2018 年	2019 年	2020 年	2021 年
北　京	32140	34143	35905	37665	40526
天　津	15331	16055	15380	16172	16182
石家庄	10170	10452	9309	9869	10269
太　原	9017	11059	11180	10759	10244
呼和浩特	6510	8345	10042	11001	10797
沈　阳	8062	8892	10192	11376	11591
大　连	10315	11546	11972	13302	13746
长　春	7017	8245	8777	9081	8426
哈尔滨	8339	9208	9920	9467	8760
上　海	23804	26890	30677	33798	36102
南　京	15653	22380	19007	24682	26896
无　锡	10678	11520	14047	15232	17145
苏　州	14941	15635	17119	17873	18506
杭　州	20354	23917	25922	27043	29465
宁　波	13324	15142	15065	16411	18782
温　州	12304	13390	14257	15817	18716
合　肥	10751	12147	13365	14321	13382
福　州	11057	13530	13656	13520	14149
厦　门	22599	20907	22622	24467	25004
南　昌	8527	8561	9534	10978	10281
济　南	9644	11930	11438	11768	12640
青　岛	10518	12624	13603	13406	13787
郑　州	8631	8443	9472	9834	9664
武　汉	11744	13108	14258	14244	15067
长　沙	7691	8206	8657	9238	10055
广　州	17633	20014	22363	25056	28034
深　圳	47936	54132	55797	56829	58593
南　宁	7776	7782	8406	8605	8301
北　海	5654	6716	7118	6397	—
海　口	11988	13233	15385	15837	15825
三　亚	25794	24567	25322	27609	31247
重　庆	6792	8067	8402	8255	8699
成　都	8733	9867	10867	12148	12858
贵　阳	7269	9361	10451	9315	9052
昆　明	8010	10472	11197	11325	10852
西　安	8513	10171	11480	13358	14657
兰　州	7634	7924	7626	8401	7941
西　宁	6642	7314	8989	9628	9173
银　川	5177	5875	6440	7238	7648
乌鲁木齐	6668	8358	8690	8081	8116

数据来源：国家统计局。

表 3-72　2017—2021 年 40 座重点城市住宅销售均价

单位：元/平方米

城　市	2017 年	2018 年	2019 年	2020 年	2021 年
北　京	34118	37420	38432	42684	46941
天　津	15139	15924	15423	16391	16370
石家庄	9738	10399	9234	9893	10517
太　原	8827	10840	11136	10815	10395
呼和浩特	5661	8251	10029	11066	11314
沈　阳	7944	8680	10251	11617	11997
大　连	10019	11432	12041	13501	14080
长　春	6811	8092	8731	9128	8506
哈尔滨	7861	8932	9780	9460	8778
上　海	24866	28981	32926	36741	40974
南　京	15259	19708	19428	25175	27938
无　锡	10580	11687	14329	15983	18284
苏　州	15415	16212	17605	18519	19270
杭　州	21225	24360	26522	27448	29781
宁　波	14145	16202	15956	17657	21152
温　州	13981	14394	15776	17080	20127
合　肥	11442	13069	14086	15265	14443
福　州	10547	14381	14186	14376	15286
厦　门	28052	33716	33830	33779	31425
南　昌	8106	8276	9355	10866	10576
济　南	9712	12162	11947	12282	13241
青　岛	10052	12373	13674	14058	14365
郑　州	8323	8156	9332	9845	9665
武　汉	11453	12679	13834	14672	15504
长　沙	7287	7796	8227	9112	10119
广　州	17685	21582	24015	27112	30580
深　圳	48622	55441	55769	56844	61601
南　宁	7700	7697	8574	9200	8960
北　海	5515	6649	7038	—	—
海　口	11694	12645	15562	16494	16400
三　亚	23410	23247	23766	27220	30994
重　庆	6605	8190	8657	8917	9678
成　都	8595	9783	11729	13231	14713
贵　阳	6552	8843	9800	9157	9015
昆　明	8197	11085	12123	12212	12353
西　安	8166	9985	11627	13743	15221
兰　州	7137	7232	7332	8281	7795
西　宁	5890	6733	8731	9847	10025
银　川	4892	5590	6440	7353	8143
乌鲁木齐	6188	7757	8728	7959	8013

数据来源：国家统计局。

（二）35 座重点城市商品房待售数据

表 3-73　2017—2021 年 35 座重点城市商品房待售面积

单位：万平方米

城市	2017 年	2018 年	2019 年	2020 年	2021 年
总　计	20520.40	18977.36	18725.11	19149.97	19766.66
北　京	2080.18	2226.38	2489.52	2454.16	2396.29
天　津	617.26	671.40	657.80	823.60	922.08
石家庄	115.69	97.27	76.84	121.44	111.15
太　原	135.86	97.86	98.65	81.76	83.11
呼和浩特	176.12	231.34	190.35	190.31	146.25
沈　阳	585.66	471.94	404.51	396.00	389.95
大　连	797.04	686.66	640.84	544.72	534.80
长　春	718.61	693.81	594.26	558.63	520.84
哈尔滨	1147.41	846.81	645.81	629.45	579.05
上　海	2026.05	2211.12	2360.46	2535.73	2683.78
南　京	322.18	352.66	400.16	237.27	274.39
杭　州	735.30	529.47	451.43	490.50	389.44
宁　波	646.63	471.35	417.75	409.78	395.25
合　肥	204.55	191.26	226.29	273.73	357.27
福　州	461.49	380.34	375.04	353.25	383.70
厦　门	307.37	257.39	226.92	263.52	315.70
南　昌	244.31	181.20	162.95	132.05	119.92
济　南	139.85	98.03	80.69	147.42	210.02
青　岛	469.99	433.34	459.10	509.71	576.76
郑　州	456.95	577.99	616.71	758.04	806.81
武　汉	239.07	274.80	192.29	183.85	236.35
长　沙	750.64	684.47	517.97	440.96	360.64
广　州	774.42	850.94	886.85	976.82	969.55
深　圳	261.30	276.90	396.15	352.18	406.63
南　宁	307.32	268.87	251.38	230.73	325.19
海　口	186.75	175.41	146.66	148.62	84.86
重　庆	2051.69	1787.95	1959.11	2082.10	2343.06
成　都	1103.37	1028.27	957.04	1059.45	1027.75
贵　阳	228.59	146.53	105.70	106.75	89.43
昆　明	604.63	469.49	463.82	401.87	489.67
西　安	362.30	232.09	170.88	143.62	142.52
兰　州	174.45	121.40	115.10	83.48	59.48
西　宁	72.75	29.93	16.84	40.80	15.28
银　川	655.90	591.29	600.97	636.03	649.77
乌鲁木齐	358.72	331.39	368.32	351.64	369.88

数据来源：国家统计局。

表3-74 2017—2021年35座重点城市住宅待售面积

单位：万平方米

城　市	2017年	2018年	2019年	2020年	2021年
总　计	8725.38	7298.48	6746.00	6707.75	6766.16
北　京	803.85	847.96	893.12	881.89	830.81
天　津	264.71	315.53	313.56	437.69	517.14
石家庄	86.61	72.67	34.39	64.84	69.28
太　原	89.60	61.92	63.04	60.75	60.63
呼和浩特	88.70	140.88	97.63	93.35	89.46
沈　阳	429.07	327.87	277.64	280.25	256.97
大　连	578.42	473.30	430.24	350.03	329.60
长　春	350.76	328.16	254.96	250.33	285.63
哈尔滨	668.73	436.34	302.71	297.56	263.16
上　海	635.68	664.30	734.87	688.94	720.19
南　京	208.68	197.09	229.86	145.57	117.26
杭　州	263.30	153.65	116.52	118.22	87.44
宁　波	276.23	144.04	98.45	84.21	70.73
合　肥	38.37	39.99	47.18	50.72	61.19
福　州	127.76	95.86	94.39	70.96	71.77
厦　门	62.57	45.82	37.80	35.17	66.67
南　昌	137.11	100.43	83.73	65.95	35.11
济　南	74.06	54.20	44.10	90.63	120.37
青　岛	210.15	162.17	164.10	188.73	264.23
郑　州	294.16	347.92	374.17	470.63	485.38
武　汉	99.17	126.23	70.97	71.71	106.61
长　沙	294.41	263.59	184.82	145.76	132.76
广　州	322.89	331.70	334.63	376.19	362.35
深　圳	147.20	157.91	224.42	149.95	134.47
南　宁	146.81	120.90	120.31	68.26	99.84
海　口	79.75	64.51	57.82	65.56	37.66
重　庆	578.08	394.06	356.63	390.37	433.80
成　都	209.92	153.82	107.19	136.74	154.84
贵　阳	137.56	74.45	34.68	54.40	25.18
昆　明	274.04	154.14	144.34	112.65	94.02
西　安	167.58	57.86	32.11	27.81	34.49
兰　州	99.68	35.74	37.83	30.35	24.65
西　宁	37.76	16.41	8.23	10.58	8.51
银　川	294.13	227.13	217.18	199.04	174.16
乌鲁木齐	147.91	109.92	122.38	141.95	139.82

数据来源：国家统计局。

表 3-75 2017—2021 年 35 座重点城市办公楼待售面积

单位：万平方米

城　市	2017 年	2018 年	2019 年	2020 年	2021 年
总　计	2202.67	2328.61	2394.60	2467.48	2479.69
北　京	336.03	414.54	569.01	530.49	555.51
天　津	115.86	125.80	112.49	104.94	104.32
石家庄	12.64	12.26	26.06	33.52	17.01
太　原	10.15	8.77	13.77	6.61	7.19
呼和浩特	22.95	18.92	12.84	13.94	9.31
沈　阳	9.38	17.86	14.23	11.15	12.67
大　连	28.24	46.45	42.33	36.97	33.75
长　春	77.02	75.56	63.69	50.29	37.15
哈尔滨	31.39	23.95	23.03	24.47	24.76
上　海	327.79	400.69	406.03	450.25	485.30
南　京	23.66	32.25	37.06	29.77	31.75
杭　州	178.56	139.80	116.95	153.40	122.53
宁　波	96.63	85.46	77.08	81.87	81.30
合　肥	36.37	19.73	40.89	60.86	45.76
福　州	8.21	9.39	10.25	12.29	14.72
厦　门	58.07	57.83	45.42	57.64	51.34
南　昌	35.65	27.83	20.13	11.73	21.02
济　南	11.96	5.64	5.36	4.91	4.84
青　岛	70.73	91.33	90.52	98.24	93.09
郑　州	57.48	69.71	74.93	79.00	85.08
武　汉	40.80	46.06	43.17	42.75	41.20
长　沙	68.04	72.46	58.95	53.64	24.55
广　州	55.27	73.61	63.75	100.34	91.39
深　圳	28.83	36.18	62.71	87.66	123.82
南　宁	11.57	14.20	4.34	11.85	14.91
海　口	3.56	3.66	3.66	4.65	3.73
重　庆	130.21	106.90	103.22	76.04	97.59
成　都	81.57	69.91	54.39	67.67	64.57
贵　阳	32.08	24.00	18.02	10.77	8.84
昆　明	58.04	44.35	40.71	34.72	51.18
西　安	21.27	29.96	26.67	19.23	26.68
兰　州	15.05	18.86	15.89	2.39	—
西　宁	12.81	1.09	1.09	10.18	0.85
银　川	64.37	60.37	67.64	69.29	63.81
乌鲁木齐	30.44	43.21	28.30	24.00	28.17

数据来源：国家统计局。

表 3-76 2017—2021 年 35 座重点城市商业营业用房待售面积

单位：万平方米

城 市	2017 年	2018 年	2019 年	2020 年	2021 年
总 计	4704.21	4449.89	4406.27	4358.23	4377.63
北 京	428.57	394.10	369.91	383.55	402.04
天 津	153.23	143.68	139.72	163.54	174.15
石家庄	12.20	4.31	6.37	6.08	4.99
太 原	33.45	20.30	15.81	8.99	6.76
呼和浩特	48.02	52.24	61.66	58.62	32.61
沈 阳	122.47	102.00	95.86	89.13	102.89
大 连	120.01	104.25	101.71	92.97	105.86
长 春	200.61	196.81	181.78	172.96	141.97
哈尔滨	237.84	218.97	179.76	176.96	185.92
上 海	410.46	433.64	430.68	436.43	433.23
南 京	42.21	55.89	50.06	30.77	55.83
杭 州	176.66	165.89	160.90	166.09	136.02
宁 波	157.00	141.39	142.87	130.62	128.28
合 肥	48.30	39.40	44.93	53.97	83.29
福 州	75.55	64.95	61.00	58.20	86.61
厦 门	70.01	65.44	79.92	76.04	74.50
南 昌	56.86	44.92	46.90	45.18	49.71
济 南	29.12	16.91	14.66	14.73	30.57
青 岛	155.13	152.18	166.07	169.45	152.20
郑 州	78.80	108.15	111.43	115.52	117.47
武 汉	67.62	63.56	53.49	47.90	52.26
长 沙	218.44	200.14	170.99	166.79	140.26
广 州	152.31	161.40	162.86	165.42	159.61
深 圳	72.74	65.30	79.41	74.85	98.36
南 宁	72.70	65.09	47.96	47.07	69.07
海 口	44.23	39.80	33.84	34.04	15.52
重 庆	561.96	515.10	535.70	548.21	535.56
成 都	259.05	253.73	269.65	263.35	227.86
贵 阳	36.85	30.14	33.15	21.53	40.40
昆 明	120.90	118.97	117.67	108.70	109.42
西 安	112.18	83.81	73.22	62.27	48.90
兰 州	44.18	51.14	50.38	39.64	27.12
西 宁	19.41	10.40	7.51	14.07	5.77
银 川	197.30	198.71	203.50	225.72	259.28
乌鲁木齐	67.84	67.16	104.93	88.87	83.33

数据来源：国家统计局。

表 3-77　2017—2021 年 35 座重点城市其他房屋待售面积

单位：万平方米

城　市	2017 年	2018 年	2019 年	2020 年	2021 年
总　计	4888.14	4900.37	5178.25	5616.51	6143.17
北　京	511.73	569.78	657.48	658.23	607.93
天　津	83.47	86.39	92.02	117.43	126.47
石家庄	4.25	8.02	10.03	17.01	19.88
太　原	2.65	6.86	6.02	5.41	8.53
呼和浩特	16.46	19.30	18.21	24.40	14.86
沈　阳	24.75	24.20	16.78	15.47	17.43
大　连	70.35	62.67	66.56	64.75	65.59
长　春	90.22	93.29	93.81	85.05	56.10
哈尔滨	209.45	167.55	140.30	130.46	105.21
上　海	652.12	712.49	788.89	960.12	1045.07
南　京	47.63	67.42	83.19	31.15	69.55
杭　州	116.76	70.13	57.06	52.78	43.46
宁　波	116.78	100.45	99.35	113.09	114.94
合　肥	81.52	92.14	93.29	108.18	167.03
福　州	249.98	210.14	209.40	211.80	210.60
厦　门	116.72	88.30	63.77	94.68	123.19
南　昌	14.69	8.01	12.19	9.19	14.08
济　南	24.70	21.27	16.57	37.15	54.23
青　岛	33.98	27.65	38.41	53.29	67.24
郑　州	26.51	52.21	56.18	92.89	118.89
武　汉	31.48	38.95	24.66	21.49	36.28
长　沙	169.75	148.28	103.21	74.77	63.07
广　州	243.95	284.23	325.61	334.87	356.21
深　圳	12.53	17.51	29.61	39.71	49.98
南　宁	76.24	68.68	78.77	103.55	141.37
海　口	59.21	67.43	51.34	44.36	27.96
重　庆	781.45	771.90	963.56	1067.49	1276.10
成　都	552.83	550.82	525.80	591.70	580.48
贵　阳	22.11	17.94	19.86	20.05	15.00
昆　明	151.65	152.03	161.09	145.79	235.06
西　安	61.27	60.45	38.87	34.32	32.44
兰　州	15.54	15.66	11.00	11.10	7.71
西　宁	2.77	2.02	0.00	5.98	0.15
银　川	100.11	105.08	112.65	141.98	152.52
乌鲁木齐	112.52	111.09	112.71	96.82	118.55

数据来源：国家统计局。

(三) 35座重点城市房地产开发企业房屋出租面积

表3-78　2017—2021年35座重点城市房地产开发企业房屋出租面积

单位：万平方米

城　市	2017年	2018年	2019年	2020年	2021年
总　计	2717.13	2834.90	2985.03	2919.24	3021.62
北　京	350.29	265.78	265.14	300.84	285.91
天　津	12.12	77.52	35.98	46.71	59.21
石家庄	0.07	0.27	0.26	1.57	1.24
太　原	10.50	0.66	0.09	—	0.11
呼和浩特	—	—	1.18	0.24	—
沈　阳	14.95	4.43	1.93	17.70	5.38
大　连	—	3.71	6.91	2.15	10.27
长　春	28.98	48.63	50.69	1.25	—
哈尔滨	1.31	8.47	35.59	9.71	2.82
上　海	1646.30	1868.23	2035.94	2053.33	2074.37
南　京	1.85	15.32	11.03	14.21	25.80
杭　州	62.95	48.80	35.64	36.00	31.56
宁　波	20.59	21.39	40.70	36.60	43.48
合　肥	12.13	7.69	21.02	14.36	32.57
福　州	8.58	11.40	8.58	—	0.15
厦　门	17.82	21.99	35.04	19.26	9.80
南　昌	4.35	15.81	—	2.63	—
济　南	6.61	0.18	3.91	0.24	0.12
青　岛	37.62	52.45	48.45	61.45	54.19
郑　州	3.25	—	—	12.17	21.69
武　汉	24.12	8.29	24.35	4.75	10.92
长　沙	19.07	21.03	13.35	2.26	26.72
广　州	57.98	27.61	38.22	31.11	63.81
深　圳	102.66	50.84	63.28	101.50	117.61
南　宁	1.69	1.82	16.38	13.10	3.22
海　口	35.47	6.73	13.21	1.93	11.68
重　庆	55.29	68.59	30.90	40.91	64.02
成　都	39.76	40.71	8.25	15.76	5.32
贵　阳	10.71	7.92	0.55	1.49	—
昆　明	5.86	—	54.18	6.23	2.16
西　安	57.12	51.58	26.97	10.15	2.57
兰　州	5.24	4.04	5.20	—	—
西　宁	0.05	—	—	1.22	—
银　川	38.06	24.96	34.74	27.64	32.17
乌鲁木齐	23.78	48.05	17.38	30.78	22.73

数据来源：国家统计局。

表 3-79 2017—2021 年 35 座重点城市房地产开发企业住宅出租面积

单位：万平方米

城 市	2017 年	2018 年	2019 年	2020 年	2021 年
总 计	**181.75**	**177.56**	**190.31**	**216.22**	**193.13**
北 京	14.58	8.22	6.81	7.66	9.92
天 津	1.72	0.35	0.25	1.76	0.19
石家庄	—	—	—	—	—
太 原	—	—	—	—	—
呼和浩特	—	—	—	—	—
沈 阳	12.84	1.67	—	11.36	—
大 连	—	—	0.05	—	—
长 春	—	—	—	—	—
哈尔滨	—	—	12.48	0.51	—
上 海	110.15	128.60	129.62	134.27	141.95
南 京	0.44	—	0.07	—	—
杭 州	5.38	—	9.20	—	8.14
宁 波	—	—	2.52	—	0.12
合 肥	6.99	—	—	—	—
福 州	—	—	—	—	—
厦 门	—	4.62	11.46	—	—
南 昌	—	0.30	—	—	—
济 南	—	—	—	—	—
青 岛	0.39	—	0.02	2.46	0.72
郑 州	3.25	—	—	4.78	15.81
武 汉	0.26	0.17	1.03	0.55	0.23
长 沙	0.44	—	0.70	—	—
广 州	11.22	5.44	0.86	3.84	3.50
深 圳	3.85	0.27	0.39	19.66	7.69
南 宁	0.00	—	11.73	6.75	2.84
海 口	0.78	—	0.77	—	0.24
重 庆	0.78	—	0.57	21.11	—
成 都	0.01	0.35	—	—	—
贵 阳	—	—	0.05	—	—
昆 明	—	—	—	—	—
西 安	—	2.37	—	—	0.58
兰 州	—	—	—	—	—
西 宁	—	—	—	—	—
银 川	8.67	1.81	1.74	1.53	1.22
乌鲁木齐	—	23.38	—	—	—

数据来源：国家统计局。

表3-80　2017—2021年35座重点城市房地产开发企业办公楼出租面积

单位：万平方米

城　市	2017年	2018年	2019年	2020年	2021年
总　计	958.92	1028.02	1093.59	1088.15	1143.93
北　京	129.14	96.74	102.68	161.47	123.39
天　津	7.48	54.80	14.20	19.09	37.44
石家庄	0.02	—	—	—	—
太　原	0.52	—	—	—	—
呼和浩特	—	—	0.35	—	—
沈　阳	1.38	2.59	1.93	2.14	—
大　连	—	—	2.70	0.65	3.71
长　春	2.22	2.17	2.17	—	—
哈尔滨	—	—	0.75	0.70	—
上　海	692.42	753.52	809.85	775.87	774.63
南　京	—	0.13	—	3.69	2.91
杭　州	23.07	19.90	20.77	5.82	4.87
宁　波	12.63	15.20	18.43	15.62	1.25
合　肥	—	—	8.96	6.21	14.58
福　州	—	0.95	—	—	0.15
厦　门	1.60	1.68	7.80	9.19	3.86
南　昌	—	—	—	—	—
济　南	0.62	—	1.86	—	—
青　岛	3.36	8.92	16.36	14.77	36.37
郑　州	—	—	—	7.39	4.87
武　汉	—	4.89	—	2.16	6.03
长　沙	1.92	9.32	6.74	0.67	17.43
广　州	3.79	6.09	6.63	7.22	33.12
深　圳	36.60	29.49	33.76	36.66	66.79
南　宁	—	—	3.16	0.66	—
海　口	4.69	0.05	1.69	—	0.24
重　庆	20.41	1.90	0.00	1.42	1.62
成　都	5.42	2.53	2.95	4.37	1.96
贵　阳	0.71	2.54	0.03	—	—
昆　明	—	—	22.32	1.30	1.29
西　安	3.99	9.99	2.97	2.24	—
兰　州	1.15	1.13	—	—	—
西　宁	—	—	—	0.27	—
银　川	3.44	2.07	2.44	5.22	4.14
乌鲁木齐	2.34	1.43	2.07	3.32	3.29

数据来源：国家统计局。

表 3-81　2017—2021 年 35 座重点城市房地产开发企业商业营业用房出租面积

单位：万平方米

城　市	2017 年	2018 年	2019 年	2020 年	2021 年
总　计	1104.55	1135.98	1208.03	1099.69	1109.07
北　京	133.90	113.51	118.15	82.03	107.85
天　津	—	14.51	16.32	22.00	16.81
石家庄	0.05	—	0.26	1.57	1.24
太　原	9.56	0.66	0.09	—	0.11
呼和浩特	—	—	0.83	0.24	—
沈　阳	0.74	0.16	—	4.08	5.38
大　连	—	3.71	4.15	1.26	6.56
长　春	26.77	46.47	36.36	1.25	—
哈尔滨	0.34	4.74	16.87	5.45	2.82
上　海	542.09	630.83	707.89	751.08	734.76
南　京	1.20	15.19	10.97	10.52	22.54
杭　州	25.22	24.34	5.68	22.43	10.27
宁　波	4.12	5.56	17.21	19.30	21.65
合　肥	0.09	—	4.02	0.45	3.31
福　州	8.58	9.79	8.58	—	—
厦　门	10.30	12.98	11.50	4.42	3.35
南　昌	4.35	15.52	—	2.63	—
济　南	5.99	0.18	1.55	0.24	0.12
青　岛	24.96	36.74	24.01	37.18	14.64
郑　州	—	—	—	—	0.15
武　汉	17.79	1.00	23.31	2.04	1.96
长　沙	8.90	4.06	3.86	1.58	9.29
广　州	31.26	14.92	25.60	17.43	14.66
深　圳	36.15	20.03	27.41	43.92	38.27
南　宁	1.69	1.63	1.50	3.21	0.38
海　口	28.92	3.52	8.90	1.93	10.41
重　庆	32.21	45.25	25.25	16.66	44.03
成　都	33.49	29.25	2.79	7.47	2.22
贵　阳	8.83	2.90	0.46	1.17	—
昆　明	5.86	—	31.86	2.94	0.87
西　安	52.48	37.29	24.00	7.91	1.99
兰　州	4.09	2.91	5.20	—	—
西　宁	0.05	—	—	0.95	—
银　川	24.40	20.93	29.87	14.85	24.44
乌鲁木齐	20.18	17.41	13.58	11.50	9.00

数据来源：国家统计局。

表3-82 2017—2021年35座重点城市房地产开发企业其他房屋出租面积

单位：万平方米

城　市	2017年	2018年	2019年	2020年	2021年
总　计	471.92	493.34	493.11	515.18	575.48
北　京	72.68	47.32	37.50	49.68	44.76
天　津	2.92	7.85	5.21	3.86	4.78
石家庄	—	0.27	—	—	—
太　原	0.42	—	—	—	—
呼和浩特	—	—	—	—	—
沈　阳	—	0.01	—	0.12	—
大　连	—	—	—	0.24	—
长　春	—	—	12.16	—	—
哈尔滨	0.97	3.73	5.49	3.05	—
上　海	301.63	355.28	388.57	392.10	423.04
南　京	0.22	—	—	—	0.35
杭　州	9.29	4.55	—	7.75	8.29
宁　波	3.84	0.63	2.53	1.68	20.45
合　肥	5.04	7.69	8.04	7.69	14.68
福　州	—	0.66	—	—	—
厦　门	5.92	2.71	4.29	5.66	2.60
南　昌	—	—	—	—	—
济　南	—	—	0.50	—	—
青　岛	8.90	6.79	8.06	7.04	2.46
郑　州	—	—	—	—	0.86
武　汉	6.07	2.22	—	—	2.71
长　沙	7.81	7.65	2.05	—	—
广　州	11.71	1.15	5.13	2.63	12.53
深　圳	26.06	1.06	1.71	1.25	4.86
南　宁	—	0.19	—	2.48	—
海　口	1.08	3.16	1.85	—	0.79
重　庆	1.90	21.43	5.09	1.73	18.37
成　都	0.83	8.58	2.51	3.92	1.13
贵　阳	1.18	2.48	—	0.32	—
昆　明	—	—	—	1.98	—
西　安	0.66	1.92	—	—	—
兰　州	—	—	—	—	—
西　宁	—	—	—	—	—
银　川	1.55	0.16	0.70	6.03	2.37
乌鲁木齐	1.26	5.83	1.73	15.96	10.44

数据来源：国家统计局。

（四）90 座城市存量商品房交易面积

表3-83 2022年90座城市存量商品房交易面积

单位：万平方米

城　市	存量房	存量住宅	城　市	存量房	存量住宅
北　京	1402.0	1304.0	吉　林	230.2	202.3
天　津	1014.7	953.0	哈尔滨	403.2	383.0
石家庄	466.9	415.6	齐齐哈尔	229.5	210.6
唐　山	402.9	313.2	大　庆	314.2	286.5
秦皇岛	157.7	151.2	牡丹江	—	—
沈　阳	676.8	641.3	合　肥	855.6	751.0
大　连	61.3	18.6	芜　湖	243.4	225.5
本　溪	80.8	80.2	蚌　埠	112.3	104.2
丹　东	—	—	安　庆	71.7	66.9
锦　州	41.5	38.2	宣　城	101.0	93.0
上　海	1479.8	1316.1	南　昌	289.9	270.5
南　京	822.6	747.9	九　江	26.2	24.6
无　锡	634.8	572.5	赣　州	322.3	248.8
徐　州	382.9	294.7	郑　州	586.9	556.8
常　州	383.1	335.4	洛　阳	224.5	200.1
苏　州	1558.3	1131.1	平顶山	73.3	72.7
扬　州	331.1	288.7	南　阳	136.7	127.7
杭　州	682.8	573.4	武　汉	803.5	740.1
宁　波	747.7	582.6	宜　昌	4.4	0.7
温　州	564.8	534.2	襄　阳	51.0	49.1
绍　兴	577.5	342.6	长　沙	523.6	486.3
金　华	374.7	304.5	株　洲	30.0	21.8
福　州	395.3	320.4	岳　阳	—	—
厦　门	433.2	252.0	常　德	2.4	1.5
泉　州	276.4	209.6	呼和浩特	157.7	150.3
济　南	496.7	430.3	包　头	—	—
青　岛	523.1	484.5	南　宁	208.5	198.2
淄　博	121.7	118.2	桂　林	21.0	20.2
烟　台	391.9	355.5	北　海	86.5	83.3
潍　坊	116.7	70.4	重　庆	2028.9	1729.6
泰　安	124.4	105.7	成　都	1653.1	1388.9
广　州	1041.0	934.6	泸　州	86.8	81.7
韶　关	158.1	146.6	绵　阳	213.9	185.4
深　圳	255.4	210.3	南　充	144.1	125.1
汕　头	126.2	116.4	贵　阳	255.5	246.3

续表

城　市	存量房	存量住宅	城　市	存量房	存量住宅
佛　山	672.1	549.6	遵　义	51.4	22.0
江　门	244.2	186.5	昆　明	591.2	424.7
湛　江	110.3	104.1	大理白族自治州	53.1	42.0
惠　州	355.5	263.6	西　安	629.4	580.9
中　山	433.9	315.4	宝　鸡	75.0	69.4
海　口	113.8	101.5	兰　州	166.3	133.7
三　亚	27.6	18.3	天　水	22.3	22.1
太　原	—	—	西　宁	90.4	77.5
大　同	124.3	121.5	银　川	326.7	227.0
长　春	537.7	506.0	乌鲁木齐	443.1	415.5

数据来源：中房研协研究中心。

三、港澳台地区房地产数据[①]

（一）香港

表3-84　2018—2022年香港地区新落成私人楼宇

年　份	住宅		商住两用			商业		工业	
	楼宇数目（栋）	实用楼面面积（千平方米）	楼宇数目（栋）	住宅实用楼面面积（千平方米）	非住宅实用楼面面积（千平方米）	楼宇数目（栋）	实用楼面面积（千平方米）	楼宇数目（栋）	实用楼面面积（千平方米）
2018	308	467.4	140	314.2	92.1	21	199.2	12	68.4
2019	389	380.3	23	92.7	22.0	32	369.6	16	81.5
2020	310	483.7	72	208.2	64.6	15	69.2	8	58.8
2021	116	266.4	49	183.9	17.1	17	98.4	7	34.2
2022	256	646.8	13	38.8	8.7	28	619.0	19	272.8

年　份	其他			所有种类			
	楼宇数目（栋）	住宅实用楼面面积（千平方米）	非住宅实用楼面面积（千平方米）	楼宇数目（栋）	住宅实用楼面面积（千平方米）	非住宅实用楼面面积（千平方米）	统计（千平方米）
2018	251	11.0	257.3	732	792.6	616.9	1409.5
2019	196	0.6	196.7	656	473.6	669.9	1143.5
2020	223	13.1	190.6	628	705.0	383.2	1088.2
2021	172	2.4	128.6	361	452.7	278.3	731.0
2022	174	26.0	190.4	490	711.6	1091.0	1802.7

数据来源：香港房屋署，香港房屋协会。

[①] 港澳台地区数据货币均为当地货币。

表3-85 2018—2022年香港地区获批可动工兴建私人楼宇

年 份	住宅				商住两用				
	楼宇数目（栋）		实用楼面面积（千平方米）		楼宇数目（栋）		住宅实用楼面面积（千平方米）		非住宅实用楼面面积（千平方米）	
	初次呈交图则	重大修改	初次呈交图则	重大修改	初次呈交图则	重大修改	初次呈交图则	重大修改	初次呈交图则	重大修改
2018	85	178	300.8	117.6	99	6	226.2	50.9	23.8	38.6
2019	151	108	285.2	231.1	26	18	162.2	83.8	16.4	6.8
2020	128	125	131.6	125.7	31	25	96.0	171.4	13.9	4.5
2021	47	72	260.6	181.7	39	39	173.4	178.1	21.1	8.0
2022	58	65	228.0	21.9	22	11	110.5	75.9	41.4	4.2

年 份	商业				工业			
	楼宇数目（栋）		实用楼面面积（千平方米）		楼宇数目（栋）		实用楼面面积（千平方米）	
	初次呈交图则	重大修改	初次呈交图则	重大修改	初次呈交图则	重大修改	初次呈交图则	重大修改
2018	12	3	44.9	1.9	7	3	74.6	23.8
2019	20	13	532.0	207.7	6	2	97.7	80.0
2020	8	8	37.9	172.6	3	8	85.3	97.3
2021	20	8	419.8	294.1	5	0	39.8	0.0
2022	9	1	44.0	15.9	2	6	11.1	50.1

年 份	其他					
	楼宇数目（栋）		住宅实用楼面面积（千平方米）		非住宅实用楼面面积（千平方米）	
	初次呈交图则	重大修改	初次呈交图则	重大修改	初次呈交图则	重大修改
2018	35	9	5.7	1.8	60.8	31.1
2019	44	6	1.5	1.2	155.4	79.2
2020	35	8	6.1	1.1	392.2	17.4
2021	53	29	52.5	20.2	155.4	32.1
2022	45	4	46.8	0.0	22.3	220.6

年 份	所有统计							
	楼宇数目（栋）		住宅实用楼面面积（千平方米）		非住宅实用楼面面积（千平方米）		统计实用楼面面积（千平方米）	
	初次呈交图则	重大修改	初次呈交图则	重大修改	初次呈交图则	重大修改	初次呈交图则	重大修改
2018	238	199	532.7	170.3	204.1	95.4	736.8	265.7
2019	247	147	448.9	316.1	801.6	373.7	1250.5	689.8
2020	205	174	233.7	298.2	529.3	291.7	763.0	589.9
2021	164	148	486.5	379.9	636.1	334.3	1122.5	714.2
2022	136	87	385.3	97.7	118.7	290.8	504.1	388.5

数据来源：香港房屋署，香港房屋协会。

注：2020年、2021年根据最新数据有调整。

表3-86　2018—2022年香港地区私人住宅楼宇平均售价

单位：元/平方米

年份	少于40平方米			40—69.9平方米			70—99.9平方米		
	香港	九龙	新界	香港	九龙	新界	香港	九龙	新界
2018	180411	149890	138412	176330	147161	120067	210583	177561	128256
2019	183457	157317	144665	183330	153582	125490	213796	188291	132512
2020	187016	163262	149776	182458	160379	132070	211410	187737	129358
2021	189596	165828	152765	184591	161225	136451	214633	188801	137408
2022	173001	152266	143547	173775	152416	130910	202660	172087	135002

年份	100—159.9平方米			160平方米或以上		
	香港	九龙	新界	香港	九龙	新界
2018	232023	194996	116406	286369	270109	103209
2019	247352	204379	121902	281395	245958	95646
2020	235949	196482	120542	273586	253027	101667
2021	246482	210657	126010	286286	228699	115907
2022	229316	188485	119014	250055	217737	108214

数据来源：香港房屋署，香港房屋协会。

注：2021年根据最新数据有调整。

表3-87　2018—2022年香港地区私人住宅楼宇新订租约平均租金

单位：元/（米²·月）

年份	少于40平方米			40—69.9平方米			70—99.9平方米		
	香港	九龙	新界	香港	九龙	新界	香港	九龙	新界
2018	488	391	314	428	353	267	455	376	270
2019	507	391	316	432	350	266	450	371	271
2020	445	370	299	394	330	254	409	347	256
2021	446	377	307	392	331	260	408	350	263
2022	443	376	307	381	324	255	400	340	257

年份	100—159.9平方米			160平方米或以上		
	香港	九龙	新界	香港	九龙	新界
2018	452	381	269	474	370	252
2019	458	363	268	468	382	244
2020	417	340	254	423	351	230
2021	418	349	259	422	381	241
2022	413	331	254	427	340	227

数据来源：香港房屋署，香港房屋协会。

注：2021年根据最新数据有调整。

表3-88 2018—2022年香港政府土地拍卖/投标（市区）

年 份	住宅		商业		商业/住宅	
	面积 （平方米）	已征收的地价 （百万元）	面积 （平方米）	已征收的地价 （百万元）	面积 （平方米）	已征收的地价 （百万元）
2018	65314	69299	0	0	0	0
2019	78513	78552	71022	44678	0	0
2020	40253	23110	0	0	0	0
2021	18232	19138	62769	70578	0	0
2022	24149	12843	0	0	0	0

年 份	工业/货仓		其他用途		统计	
	面积 （平方米）	已征收的地价 （百万元）	面积 （平方米）	已征收的地价 （百万元）	面积 （平方米）	已征收的地价 （百万元）
2018	0	0	0	0	65314	69299
2019	0	0	4313	2575	153848	125805
2020	0	0	1554	817	41807	23927
2021	0	0	0	0	81001	89716
2022	0	0	4090	608	28239	13451

数据来源：香港房屋署，香港房屋协会。

表3-89 2018—2022年香港政府土地拍卖/投标（新界）

年 份	住宅		商业		商业/住宅	
	面积 （平方米）	已征收的地价 （百万元）	面积 （平方米）	已征收的地价 （百万元）	面积 （平方米）	已征收的地价 （百万元）
2018	11279	1314	0	0	0	0
2019	55677	7893	0	0	0	0
2020	45947	8188	0	0	0	0
2021	59801	17500	0	0	0	0
2022	38976	6487	23545	3840	0	0

年 份	工业/货仓		其他用途		统计	
	面积 （平方米）	已征收的地价 （百万元）	面积 （平方米）	已征收的地价 （百万元）	面积 （平方米）	已征收的地价 （百万元）
2018	5738	1459	63899	9793	80916	12566
2019	0	0	1707	1678	57384	9571
2020	9178	5600	1405	1058	56530	14846
2021	4028	813	0	0	63829	18313
2022	1631	297	55245	5257	119397	15881

数据来源：香港房屋署，香港房屋协会。

表 3-90　2018—2022 年香港政府土地批租（私人协约方式批地）

单位：平方米

年份	市区					新界				
	工业/仓库	住宅	公用事业/团体用途	其他用途	总计	工业/仓库	住宅	公用事业/团体用途	其他用途	总计
2018	0	28258	0	0	28258	0	5438	2948	0	8386
2019	0	18495	7414	3507	29416	0	98371	0	3087	101458
2020	0	26518	11779	386488	424785	0	102220	54912	0	157132
2021	0	60831	20466	19877	101174	0	48306	60164	6657000	6765470
2022	0	41724	13730	30069	85523	0	49558	3658	8456	61672

数据来源：香港房屋署，香港房屋协会。

注：2021 年根据最新数据有调整。

（二）澳门

表 3-91　2018—2022 年澳门地区新动工及建成楼宇

年份	新动工楼宇			建成楼宇		
	楼宇数目（栋）	单位数目（个）	建筑面积（平方米）	楼宇数目（栋）	单位数目（个）	建筑面积（平方米）
2018	68	1674	575816	66	4268	1293667
2019	67	405	442050	58	3013	474123
2020	55	233	881296	57	2521	287170
2021	35	1407	556595	103	2545	953667
2022	31	458	66755	52	569	373226

数据来源：澳门统计暨普查局。

表 3-92　2018—2022 年澳门地区楼宇单位买卖数目

单位：个

年份	总数	住宅（总数）	商铺	办公室	工业	停车位	其他用途
2018	15073	10822	631	263	235	3084	38
2019	11022	8277	468	183	87	1989	18
2020	9002	6483	341	156	66	1928	28
2021	8802	6001	392	146	67	2176	20
2022	4544	2809	357	100	50	1215	13

数据来源：澳门统计暨普查局。

表 3-93　2018—2022 年澳门地区楼宇单位买卖价值

单位：百万元

年　份	总数	住宅（总数）	商铺	办公室	工业	停车位	其他用途
2018	89604	69426	9694	3809	1963	4104	608
2019	62237	51049	5713	1396	1130	2797	151
2020	51111	42957	3260	1186	944	2432	332
2021	49772	40800	4023	1067	989	2584	309
2022	24692	17972	3777	710	690	1363	181

数据来源：澳门统计暨普查局。

表 3-94　2018—2022 年澳门地区楼宇单位买卖实用面积

单位：平方米

年　份	住宅	商铺	办公室	工业
2018	647764	42043	24613	43757
2019	482779	28838	13430	24302
2020	417773	17495	11968	20136
2021	400521	24612	10385	18248
2022	193943	19463	8587	14902

数据来源：澳门统计暨普查局。

表 3-95　2018—2022 年澳门地区楼宇单位买卖平均成交价

单位：元/米^2

年　份	住宅（总数）	办公室	工业
2018	108427	163863	56393
2019	107522	108407	54979
2020	105064	110973	47855
2021	103859	106137	52105
2022	93795	84499	48172

数据来源：澳门统计暨普查局。

（三）台湾

表 3-96　2018—2022 年台湾地区建筑物所有权登记

年　份	第一次登记		移转登记			
	栋数（栋）	面积（千平方米）	栋数（栋）	面积（千平方米）	买卖登记	
					栋数（栋）	面积（千平方米）
2018	116589	31344	418546	51023	277967	30416
2019	119459	30214	456234	54874	300275	32271
2020	117363	29360	474579	56837	326589	34848
2021	125779	31341	501807	58875	348194	37614
2022	130922	31277	481959	56290	318101	33051

数据来源：台湾内政部统计通报。

表 3-97　2022 年台湾地区住宅交易指标

月　份	成交天数（中位数）	住宅屋龄（年）	住宅面积（坪①）
1	37.0	22.1	39.6
2	40.0	22.1	39.3
3	36.0	22.3	38.4
4	33.0	22.2	39.1
5	31.0	22.3	39.3
6	32.0	22.5	39.3
7	32.0	23.0	37.8
8	35.0	23.3	37.2
9	38.0	23.4	37.2
10	42.0	23.4	37.5
11	43.0	23.6	37.9
12	46.0	23.4	38.5

数据来源：信义不动产第四季度报告。

表 3-98　2022 年台湾地区各类产品交易占比变化（%）

月　份	公寓	大楼	店面	办公室	套房	别墅+透天
1	14.3	66.4	4.2	3.0	1.8	6.0
2	14.1	66.4	4.4	3.1	2.1	6.0
3	14.3	66.8	4.0	3.0	2.1	6.2
4	13.8	68.5	3.4	2.8	2.0	6.2
5	14.0	68.6	3.5	2.5	1.9	6.2
6	14.2	68.7	3.4	2.4	2.1	6.0
7	15.1	67.2	3.5	2.3	2.6	6.2
8	15.6	66.5	3.5	2.5	2.6	6.1
9	16.1	65.9	4.0	2.8	2.2	6.0
10	15.5	65.5	3.7	3.2	2.2	6.6
11	16.0	65.1	3.4	3.4	2.2	6.4
12	14.5	66.0	3.2	3.2	2.7	6.9

数据来源：信义不动产第四季度报告。

---

① 坪原为日本面积单位，1 日坪（台坪）= 3305785123967 平方公尺（平方米），下同。

表 3-99 2022 年台湾地区住宅产品总价分布变化（%）

月份	300 万元以下	300 万~500 万元	500 万~700 万元	700 万~1000 万元	1000 万~1500 万元	1500 万~2000 万元	2000 万~2500 万元	2500 万~3000 万元	3000 万~5000 万元	5000 万元以上
1	2.3	5.1	8.6	19.1	26.6	13.7	8.7	5.7	7.8	2.4
2	2.8	5.3	8.5	18.7	26.4	14.2	8.2	5.5	7.8	2.5
3	2.6	5.0	8.7	18.3	27.3	14.1	8.7	5.7	7.2	2.5
4	2.4	4.7	8.5	18.3	26.5	16.1	8.5	5.2	7.1	2.7
5	2.2	4.4	8.5	17.7	26.2	16.6	8.8	5.7	7.2	2.7
6	2.6	4.8	8.2	17.4	25.5	17.8	8.6	5.4	7.3	2.5
7	3.0	5.2	8.2	17.3	26.0	17.5	8.1	5.1	7.1	2.4
8	3.6	5.3	8.1	17.2	26.9	16.3	8.2	5.2	6.9	2.2
9	3.4	5.1	8.3	17.4	26.8	15.7	8.2	5.5	7.3	2.4
10	3.0	5.1	8.6	16.6	27.0	14.6	9.1	6.2	7.7	2.0
11	2.5	5.4	8.4	17.2	25.5	15.4	8.7	6.5	8.1	2.2
12	3.0	5.0	8.1	17.4	24.9	15.8	9.3	6.4	7.8	2.3

数据来源：信义不动产第四季度报告。

表 3-100 2022 年台湾地区住宅产品面积分布变化（%）

月份	15 坪以下	15~25 坪	25~35 坪	35~45 坪	45~55 坪	55 坪以上
1	7.0	15.4	26.4	20.6	14.1	16.5
2	7.8	15.5	26.2	21.0	13.3	16.2
3	7.8	15.7	27.2	21.8	12.3	15.2
4	7.7	15.8	25.3	21.8	13.5	15.9
5	7.4	15.6	25.4	21.4	13.5	16.6
6	8.2	15.2	24.7	21.0	14.5	16.3
7	10.0	15.3	26.2	20.9	13.0	14.4
8	10.2	16.0	26.2	21.1	13.8	12.7
9	9.5	16.8	27.1	21.2	13.0	12.4
10	8.7	16.7	26.3	21.1	14.1	13.1
11	8.9	16.1	26.8	20.2	13.3	14.7
12	9.2	14.7	26.4	20.5	13.7	15.6

数据来源：信义不动产第四季度报告。

表 3-101　2022 年台北市住宅成交均价表现

月份	成交天数（中位数）	住宅屋龄（年）	住宅面积（坪）	住宅总价（万元）	公寓单价（万元/坪）	大楼单价（万元/坪）	住宅单价（万元/坪）
1	42.0	27.2	36.2	2576	61.6	75.0	72.5
2	45.0	27.5	36.2	2588	62.4	75.1	72.6
3	44.0	28.0	35.0	2489	59.9	75.6	72.4
4	43.0	28.1	35.9	2555	60.4	75.2	72.3
5	41.0	27.9	35.8	2575	60.4	74.4	71.7
6	42.0	28.2	35.2	2560	61.2	74.7	71.7
7	42.0	28.8	33.3	2463	61.0	74.7	71.5
8	44.0	29.2	34.1	2535	64.1	74.7	72.3
9	41.0	29.1	35.1	2641	66.0	76.0	73.8
10	47.0	29.0	35.7	2638	63.4	76.2	73.5
11	48.0	29.4	35.4	2600	60.8	77.0	73.6
12	49.5	30.2	35.4	2622	59.6	76.0	72.4

数据来源：信义不动产第四季度报告。

四、房地产信贷数据

（一）全国住房公积金

表 3-102　2021 年末全国公积金机构情况

类　别		2021 年
机构数量	全国住房公积金管理中心（个）	341
	未纳入设区城市统一管理的分支机构（个）	115
	其中：省直分中心（个）	24
	区县分支机构（个）	27
	石油、电力、煤炭等企业分中心（个）	64
从业人员	全国总数（万人）	4.51
	在编（万人）	2.71
	非在编（万人）	2.71

数据来源：《全国住房公积金 2021 年年度报告》。

表 3-103 2021年全国及各地区住房公积金缴存情况

地 区	实缴单位（万个）	实缴职工（万人）	缴存额（亿元）	累计缴存总额（亿元）	缴存余额（亿元）
全 国	**416.09**	**16436.09**	**29156.87**	**224991.31**	**81882.14**
北 京	41.58	944.05	2749.22	20530.61	6181.49
天 津	8.61	295.00	608.98	5666.60	1782.67
河 北	7.80	551.28	751.93	6560.45	2772.28
山 西	5.19	354.91	500.85	4107.33	1662.22
内蒙古	4.78	267.11	487.23	4005.12	1694.51
辽 宁	10.55	509.69	897.53	8931.45	3022.40
吉 林	4.53	253.51	395.25	3620.56	1455.27
黑龙江	4.35	293.89	493.50	4648.88	1807.90
上 海	49.84	925.05	1943.10	14718.10	6068.64
江 苏	46.59	1542.41	2603.33	18717.14	6224.12
浙 江	36.11	1023.35	2067.02	14861.11	4424.95
安 徽	8.12	488.06	850.50	7091.03	2211.68
福 建	15.74	467.85	826.92	6357.28	2126.42
江 西	5.58	310.81	556.84	3862.75	1722.94
山 东	23.14	1083.22	1590.82	12390.70	4724.59
河 南	10.40	695.79	982.89	7225.50	3237.92
湖 北	9.55	538.42	1040.17	7617.56	3405.65
湖 南	8.20	518.48	821.71	6052.24	2786.50
广 东	53.19	2144.15	3276.16	24033.25	7674.83
广 西	6.59	340.48	597.71	4529.46	1545.75
海 南	4.16	121.36	162.11	1264.26	546.28
重 庆	4.83	298.57	526.67	3914.99	1396.86
四 川	15.62	790.14	1337.39	10043.60	4020.75
贵 州	5.93	289.95	503.73	3428.20	1440.42
云 南	6.07	301.09	627.39	5211.31	1793.60
西 藏	0.60	40.16	126.44	835.79	393.79
陕 西	7.99	453.56	666.28	5047.13	2095.41
甘 肃	3.67	204.80	352.91	2929.33	1264.39
青 海	1.16	57.70	138.21	1146.03	379.16
宁 夏	1.12	72.19	126.78	1135.50	384.43
新 疆	3.94	231.18	493.38	4109.58	1469.45
新疆兵团	0.57	27.88	53.93	398.47	164.87

数据来源：《全国住房公积金2021年年度报告》。

表 3-104　2021 年全国及各地区住房公积金提取情况

地　区	提取额（亿元）	提取率（％）	住房消费类提取额（亿元）	非住房消费类提取额（亿元）	累计提取总额（亿元）
全　国	20316.13	69.68	16703.25	3612.88	143109.17
北　京	2058.80	74.89	1813.01	245.80	14349.12
天　津	454.86	74.69	358.06	96.80	3883.93
河　北	470.09	62.52	331.35	138.74	3788.17
山　西	301.28	60.15	233.93	67.35	2445.11
内蒙古	337.25	69.22	243.49	93.76	2310.62
辽　宁	681.84	75.97	536.63	145.21	5909.06
吉　林	272.40	68.92	191.12	81.28	2165.29
黑龙江	345.27	69.96	232.23	113.05	2840.98
上　海	1236.24	63.62	1034.69	201.54	8649.45
江　苏	1858.19	71.38	1572.61	285.58	12493.02
浙　江	1569.76	75.94	1358.90	210.86	10436.15
安　徽	630.85	74.17	529.62	101.23	4879.36
福　建	614.16	74.27	508.03	106.13	4230.86
江　西	348.98	62.67	274.38	74.60	2139.81
山　东	1116.87	70.21	913.34	203.54	7666.11
河　南	587.34	59.76	424.53	162.81	3987.58
湖　北	656.69	63.13	504.99	151.70	4211.91
湖　南	480.95	58.53	362.14	118.80	3265.74
广　东	2341.37	71.47	2059.44	281.92	16358.42
广　西	409.38	68.49	333.38	76.00	2983.70
海　南	99.64	61.47	77.76	21.88	717.97
重　庆	341.09	64.76	295.20	45.89	2518.14
四　川	910.60	68.09	751.43	159.17	6022.85
贵　州	347.60	69.01	285.57	62.03	1987.78
云　南	491.04	78.27	402.95	88.09	3417.70
西　藏	75.83	59.97	62.44	13.38	441.99
陕　西	399.82	60.01	321.09	78.72	2951.72
甘　肃	234.00	66.31	184.11	49.89	1664.93
青　海	104.44	75.56	78.66	25.78	766.86
宁　夏	96.28	75.95	77.49	18.79	751.07
新　疆	401.89	81.46	321.24	80.65	2640.14
新疆兵团	41.33	76.62	29.41	11.92	233.61

数据来源：《全国住房公积金 2021 年年度报告》。

表 3-105　2021 年全国及各地区住房公积金个人住房贷款情况

地区	放贷笔数（万笔）	贷款发放额（亿元）	累计放贷笔数（万笔）	累计贷款总额（亿元）	贷款余额（亿元）	个人住房贷款率（%）
全　国	310.33	13964.22	4234.71	125302.81	68931.12	84.18
北　京	9.42	723.99	135.71	8268.02	4897.27	79.22
天　津	5.39	249.71	112.95	3690.42	1541.92	86.50
河　北	9.65	430.94	126.45	3490.09	2074.76	74.84
山　西	8.07	346.77	75.50	2102.43	1351.68	81.32
内蒙古	6.29	239.03	123.74	2683.54	1247.85	73.64
辽　宁	10.33	364.40	202.50	4917.80	2393.24	79.18
吉　林	4.10	160.23	83.88	2091.50	1140.41	78.36
黑龙江	4.58	164.28	102.54	2421.26	1128.17	62.40
上　海	16.50	1151.65	299.82	10908.78	5580.86	91.96
江　苏	26.76	1184.31	386.39	11516.91	5815.48	93.43
浙　江	19.03	888.83	230.63	8075.23	4185.73	94.59
安　徽	12.43	436.86	160.85	4002.66	2067.20	93.47
福　建	6.89	347.69	117.28	3626.56	1923.85	90.47
江　西	7.19	292.07	93.02	2493.59	1414.59	82.10
山　东	25.02	920.15	267.78	7283.67	4094.58	86.67
河　南	14.19	589.29	159.09	4235.99	2590.40	80.00
湖　北	12.87	604.23	164.22	4814.19	2798.33	82.17
湖　南	10.69	420.84	158.53	3880.36	2302.09	82.62
广　东	25.40	1331.06	250.37	9820.16	6155.81	80.21
广　西	6.79	252.79	86.91	2182.74	1379.73	89.26
海　南	1.93	122.98	21.53	742.98	497.91	91.14
重　庆	7.30	287.02	73.02	2163.70	1353.01	96.86
四　川	18.20	747.06	197.90	5529.72	3302.00	82.12
贵　州	7.05	278.46	89.29	2336.30	1414.57	98.21
云　南	6.01	230.92	138.07	3057.92	1378.88	76.88
西　藏	1.01	67.37	11.30	489.11	280.34	71.19
陕　西	8.41	386.19	95.84	2660.03	1707.75	81.50
甘　肃	5.03	199.25	88.68	1875.63	941.52	74.46
青　海	1.73	80.66	30.86	694.77	311.25	82.09
宁　夏	1.35	60.31	31.32	715.24	294.21	76.53
新　疆	9.33	348.11	110.23	2317.16	1219.71	83.00
新疆兵团	1.37	56.78	8.51	214.39	146.02	88.57

数据来源：《全国住房公积金 2021 年年度报告》。

表3-106 2021年全国及各地区住房公积金增值收益及分配情况

地区	业务收入（亿元）	业务支出（亿元）	增值收益（亿元）	增值收益率（%）	提取贷款风险准备金（亿元）	提取管理费用（亿元）	提取公租房（廉租房）建设补充资金（亿元）
全国	2588.27	1326.25	1262.02	1.63	307.47	121.49	835.83
北京	193.57	93.12	100.45	1.72	1.96	4.89	93.61
天津	52.62	29.41	23.21	1.36	2.50	3.60	17.20
河北	86.04	42.82	43.21	1.64	3.04	7.64	32.52
山西	54.98	27.41	27.57	1.77	5.32	3.27	18.97
内蒙古	51.98	25.94	26.04	1.62	10.54	3.65	11.85
辽宁	95.90	48.55	47.34	1.62	15.21	4.76	27.57
吉林	45.92	26.82	19.10	1.37	6.33	3.34	9.45
黑龙江	54.99	27.89	27.10	1.57	0.90	3.05	23.15
上海	205.54	94.92	110.63	1.93	86.97	1.66	22.00
江苏	196.75	110.24	86.51	1.48	34.67	7.53	44.38
浙江	141.34	75.96	65.38	1.57	37.15	4.60	23.63
安徽	69.45	36.46	32.99	1.57	3.73	3.57	25.23
福建	66.21	40.10	26.12	1.30	5.33	1.53	19.26
江西	54.70	26.60	28.10	1.74	2.87	2.76	22.47
山东	149.57	76.20	73.37	1.63	0.00	5.93	67.44
河南	99.35	50.58	48.77	1.61	-0.81	4.84	44.40
湖北	111.17	55.62	55.55	1.72	8.30	7.35	42.74
湖南	87.40	40.96	46.44	1.77	3.97	6.49	36.33
广东	246.34	125.62	120.73	1.67	40.61	7.41	72.71
广西	48.45	24.90	23.55	1.62	3.94	3.00	16.61
海南	18.68	8.45	10.23	1.98	6.16	0.75	3.36
重庆	42.58	24.30	18.28	1.39	1.58	3.06	13.64
四川	129.03	62.60	66.42	1.74	12.82	6.61	46.98
贵州	44.28	24.45	19.82	1.45	1.20	2.39	16.24
云南	55.03	28.39	26.64	1.54	0.31	5.34	20.99
西藏	7.89	5.83	2.05	0.56	1.23	0.08	0.74
陕西	63.66	34.06	29.60	1.51	4.09	4.51	20.97
甘肃	38.32	21.05	17.27	1.43	1.01	3.83	12.44
青海	12.39	4.96	7.43	2.06	3.41	0.62	3.40
宁夏	11.50	6.34	5.16	1.39	0.10	0.76	4.30
新疆	47.00	23.17	23.83	1.67	1.71	2.42	19.71
新疆兵团	5.65	2.53	3.12	1.97	1.34	0.26	1.53

数据来源：《全国住房公积金2021年年度报告》。

(二)房地产贷款

表 3-107　2018—2022 年各季度房地产相关贷款情况

季度	人民币房地产贷款余额		房地产开发贷款余额		保障性住房开发贷款余额		个人住房贷款余额	
	绝对值（万亿元）	同比增长（%）	绝对值（万亿元）	同比增长（%）	绝对值（万亿元）	同比增长（%）	绝对值（万亿元）	同比增长（%）
2022Q4	53.16	1.5	12.69	3.7	—	—	38.8	1.2
2022Q3	53.29	3.2	12.67	2.2	—	—	38.91	4.1
2022Q2	53.11	4.2	12.49	-0.2	4.56	-1.9	38.86	6.2
2022Q1	53.22	6.0	12.56	-0.4	—	—	38.84	8.9
2021Q4	52.17	7.9	12.01	0.9	—	—	38.32	11.3
2021Q3	51.40	7.6	12.16	0.0	4.64	-2.0	37.37	11.3
2021Q2	50.78	9.5	12.30	2.8	4.65	-1.5	36.58	13.0
2021Q1	50.03	10.9	12.42	4.4	4.72	-0.2	35.67	14.5
2020Q4	49.58	11.7	11.91	6.1	4.65	1.0	34.44	14.6
2020Q3	48.83	12.8	12.16	8.2	4.73	1.7	33.59	15.7
2020Q2	47.40	13.1	11.97	8.5	4.72	2.5	32.36	15.7
2020Q1	46.16	13.9	11.89	9.6	4.73	3.9	31.15	15.9
2019Q4	44.41	14.8	11.22	10.1	4.61	6.7	30.07	16.7
2019Q3	43.29	15.6	11.24	11.7	4.65	9.4	29.05	16.8
2019Q2	41.91	17.1	11.04	14.6	4.61	12.9	27.96	17.3
2019Q1	40.52	18.7	10.85	18.9	4.55	20.2	26.87	17.6
2018Q4	38.70	20.0	10.19	22.6	4.32	29.5	25.75	17.8
2018Q3	37.45	20.4	10.06	24.5	4.25	34.4	24.88	17.9
2018Q2	35.78	20.4	9.64	24.2	4.08	37.4	23.84	18.6
2018Q1	34.10	20.3	9.10	20.7	3.80	37.9	22.86	20.0

数据来源：中国人民银行。

注：自 2021 年起，房地产贷款统计口径不再包含证券化的房地产贷款，相关增量和增速数据已进行可比口径处理。

五、城乡建设发展情况

(一)城市建设及用地情况

表 3-108　2018—2022 年全国建设用地供应情况

单位：万公顷

类　别	2018 年	2019 年	2020 年	2021 年	2022 年
国有建设用地供应面积	64.3	62.4	65.8	69.0	76.6
房地产用地	14.4	14.2	15.5	13.6	11.0
工矿仓储用地	13.2	14.7	16.7	17.5	19.8
基础设施等用地	36.8	33.5	33.7	37.9	45.8

数据来源：自然资源部。

Ⅲ. 产业篇
五、城乡建设发展情况

表3-109　2017—2021年全国城市数量及面积情况

年份	城市数量（个）	地级	县级	城区面积（平方千米）	建成区面积	城市建设用地面积（平方千米）
2017	661	294	363	198357.2	56225.4	55155.5
2018	673	302	371	200896.5	58455.7	56075.9
2019	679	300	379	200569.5	60312.5	58307.7
2020	687	300	387	186628.9	60721.3	58355.3
2021	692	300	392	188300.5	62420.5	59424.6

数据来源：住房和城乡建设部。

注：2020年数据有调整。

表3-110　2017—2021年全国县城数量及面积情况

年份	县城数量（个）	县城面积（平方千米）	建成区面积	城市建设用地面积（平方千米）
2017	1526	71583	19854	18864
2018	1519	70357	20238	19071
2019	1516	76044	20672	19427
2020	1495	75197	20867	19632
2021	1482	72468	21026	19752

数据来源：住房和城乡建设部。

表3-111　2021年全国及各地区面积及用地情况

单位：平方千米

地区	市区面积	城区面积	建成区面积	城市建设用地面积	本年征用土地面积	耕地
全国	2368544	188300.45	62420.53	59424.59	1902.24	827.92
北京	—	—	—	—	—	—
天津	11926	2653.42	1237.33	1079.25	10.64	5.17
河北	49498	6324.00	2278.90	2229.97	47.57	31.85
上海	6341	6340.50	1242.00	1083.32	15.38	12.38
江苏	69957	15930.99	4857.64	5791.66	120.59	61.40
浙江	55801	13924.06	3366.42	3454.18	97.85	53.29
福建	48502	4138.09	1778.32	1454.02	64.03	18.41
山东	93653	23814.08	5669.85	5271.73	276.09	104.00
广东	99829	17101.29	6582.65	6036.31	106.87	24.47
海南	17072	1439.41	409.51	408.28	18.19	2.14
山西	30045	2989.29	1268.86	1325.14	40.51	14.92
安徽	46930	7125.58	2460.17	2407.11	138.95	83.50
江西	46500	3307.95	1732.66	1587.70	74.33	26.29
河南	49628	5762.62	3234.53	3077.66	54.31	29.26

续表

地　区	市区面积	城区面积	建成区面积	城市建设用地面积	本年征用土地面积	耕地
湖　北	97625	8185.62	2787.88	1874.21	143.12	63.15
湖　南	56821	4076.45	2065.56	1908.54	48.48	18.76
内蒙古	148695	4565.51	1271.48	1158.97	57.64	24.20
广　西	78641	5305.61	1679.09	1633.46	81.92	25.13
重　庆	43264	7781.33	1645.38	1493.20	91.16	44.94
四　川	92234	9313.57	3367.42	3181.76	127.79	57.89
贵　州	41809	4049.00	1187.16	1035.91	12.52	6.06
云　南	91678	3303.98	1252.31	1283.60	54.76	19.48
西　藏	48658	632.58	170.30	159.72	12.96	8.31
陕　西	56687	2618.60	1526.97	1385.32	13.24	5.51
甘　肃	89282	2021.65	927.57	941.73	34.82	10.51
青　海	203423	738.91	249.44	227.02	2.45	0.05
宁　夏	21889	955.76	495.30	453.78	7.60	2.95
新　疆	245426	1997.86	1329.54	1250.53	27.49	6.44
辽　宁	76134	12321.67	2697.80	2799.95	33.32	19.72
吉　林	109275	6272.78	1585.58	1509.72	57.81	37.09
黑龙江	220395	2591.50	1836.84	1706.29	8.02	4.00

数据来源：住房和城乡建设部。

表3-112　2021年全国及各地区城市建设用地面积

单位：平方千米

地　区	居住用地	公共管理与公共服务用地	商业服务业设施用地	工业用地	物流仓储用地	道路交通设施用地	公用设施用地	绿地与广场用地
全　国	18617.91	5248.92	4264.06	11336.75	1575.87	10060.61	1551.02	6769.45
北　京	—	—	—	—	—	—	—	—
天　津	302.25	86.52	93.27	256.54	51.90	167.64	19.61	101.52
河　北	678.12	167.27	150.64	241.12	67.55	411.92	58.03	455.32
上　海	373.49	99.84	106.79	179.68	43.07	187.64	14.31	78.50
江　苏	1668.74	473.36	393.31	1214.55	132.28	1009.19	209.37	690.86
浙　江	1078.41	322.73	242.71	782.59	57.50	613.86	68.80	287.58
福　建	459.50	132.54	99.09	270.70	31.53	244.89	40.63	175.14
山　东	1708.96	454.96	418.80	1137.45	149.24	757.98	117.47	526.87
广　东	1874.67	455.01	402.28	1590.32	97.49	1171.73	95.51	349.30
海　南	152.09	55.80	55.32	20.91	7.19	73.34	7.37	36.26
山　西	421.94	157.78	113.00	181.96	53.58	234.16	32.33	130.39

续表

地　区	居住用地	公共管理与公共服务用地	商业服务业设施用地	工业用地	物流仓储用地	道路交通设施用地	公用设施用地	绿地与广场用地
安　徽	717.00	171.62	156.64	477.19	41.63	461.83	66.31	314.89
江　西	500.72	168.39	104.16	320.81	27.76	258.49	28.77	178.60
河　南	947.78	316.78	162.78	380.56	84.19	510.64	102.53	572.40
湖　北	580.11	157.71	114.36	431.42	53.54	310.53	61.23	165.31
湖　南	722.89	215.53	138.84	295.89	43.29	246.55	71.90	173.65
内蒙古	365.59	104.27	97.26	123.66	34.58	221.57	34.16	177.88
广　西	464.80	142.31	96.78	231.42	51.79	303.87	56.75	285.74
重　庆	441.95	147.12	86.34	321.39	36.62	300.12	32.27	127.39
四　川	1018.63	287.29	247.02	530.58	85.97	529.12	72.79	410.36
贵　州	344.44	119.61	93.96	152.90	30.57	167.60	23.58	103.25
云　南	415.55	162.16	143.63	128.88	41.44	209.44	29.07	153.43
西　藏	35.50	24.68	15.88	15.56	4.35	23.56	9.60	30.59
陕　西	436.93	129.27	114.57	169.87	32.33	260.17	30.27	211.91
甘　肃	244.12	75.52	77.35	203.28	41.99	151.71	30.71	117.05
青　海	60.56	17.61	15.70	23.14	13.47	41.00	11.29	44.25
宁　夏	134.83	42.79	35.22	48.78	10.05	82.25	8.05	91.81
新　疆	372.98	110.98	104.95	187.77	55.83	189.31	50.53	178.18
辽　宁	914.08	166.93	182.27	687.54	86.37	444.30	68.65	249.81
吉　林	517.46	116.60	84.04	314.26	48.85	226.08	53.88	148.55
黑龙江	605.37	143.45	98.12	381.91	56.52	216.90	37.97	166.05

数据来源：住房和城乡建设部。

表3-113　2021年全国按城市分城市面积及用地情况

单位：平方千米

地　区	市区面积	城区面积	建成区面积	城市建设用地面积	本年征用土地面积	耕地
全国	2368544.49	188300.45	62420.53	59424.59	1902.24	827.92
北京	—	—	—	—	—	—
天津	11926.33	2653.42	1237.33	1079.25	10.64	5.17
河北	49497.97	6324.00	2278.90	2229.97	47.57	31.85
石家庄市	2194.96	518.81	334.77	331.93	3.20	2.05
晋州市	619.00	90.78	14.83	14.83	0.28	0.17
新乐市	525.00	45.92	14.80	14.26	—	—
唐山市	3874.00	293.65	249.00	240.96	—	—
滦州市	1027.21	140.80	30.25	30.25		

续表

地　区	市区面积	城区面积	建成区面积	城市建设用地面积	本年征用土地面积	耕地
遵化市	1521.00	85.80	26.70	26.11	0.38	—
迁安市	1227.00	128.10	45.10	45.10	1.07	0.61
秦皇岛市	2131.51	290.30	146.70	143.45	5.91	4.12
邯郸市	2685.72	556.00	192.20	190.25	2.74	2.16
武安市	1806.00	95.00	39.30	38.60	4.10	3.25
邢台市	994.19	205.07	157.05	151.08	1.03	0.88
南宫市	863.26	53.50	16.03	16.03	—	—
沙河市	999.00	21.97	17.96	17.72	2.41	1.22
保定市	2564.78	359.65	206.53	199.72	4.07	2.51
涿州市	751.30	181.00	37.56	37.56	1.68	1.51
安国市	485.09	31.71	14.69	14.63	0.92	0.88
高碑店市	620.01	36.80	21.08	21.08	0.45	0.24
张家口市	6963.80	411.43	101.80	97.96	4.18	3.07
承德市	1252.72	724.03	81.00	77.33	0.41	0.05
平泉市	3294.11	26.00	17.60	17.40	0.94	0.37
沧州市	320.00	320.00	89.71	85.44	2.47	1.74
泊头市	1007.00	22.00	20.15	19.94	0.12	0.08
任丘市	864.00	74.40	51.45	51.39	1.05	0.71
黄骅市	2202.00	200.00	38.20	35.38	1.00	—
河间市	1322.00	69.40	20.90	20.38	0.38	—
廊坊市	960.00	292.00	80.12	79.39	3.99	2.87
霸州市	784.00	79.00	17.60	17.51	1.78	1.21
三河市	643.00	169.00	19.31	19.31	—	—
衡水市	1509.60	401.40	76.59	76.22	2.26	1.60
深州市	1252.00	83.19	21.23	20.80	—	—
辛集市	951.00	137.10	34.49	33.76	0.75	0.55
定州市	1283.71	180.19	44.20	44.20	—	—
山西	**30045.44**	**2989.29**	**1268.86**	**1325.14**	**40.51**	**14.92**
太原市	1500.00	1000.00	340.00	338.63	8.87	2.50
古交市	1511.99	25.75	17.05	16.94	—	—
大同市	2080.00	149.68	149.68	196.74	14.54	5.54
阳泉市	651.99	59.65	59.65	74.46	0.00	—
长治市	2489.00	243.80	86.05	83.58	0.32	0.11
晋城市	142.59	102.79	49.82	49.82	4.46	2.02

续表

地 区	市区面积	城区面积	建成区面积	城市建设用地面积	本年征用土地面积	耕地
高平市	946.00	63.00	17.80	17.30	0.01	—
朔州市	4093.70	176.00	49.70	49.01	—	—
怀仁市	1232.00	80.00	28.00	27.49	—	—
晋中市	1311.00	251.52	104.51	123.30	4.74	2.46
介休市	743.70	42.00	20.03	25.00	0.09	0.06
运城市	1237.00	88.90	66.00	45.47	—	—
永济市	1208.00	30.26	25.78	25.43	—	—
河津市	593.10	107.80	27.12	26.60	—	—
忻州市	1982.00	183.00	37.04	36.83	3.94	0.00
原平市	2571.00	148.00	20.17	20.17	—	—
临汾市	1307.00	60.00	54.00	53.98	2.15	1.31
侯马市	220.07	21.34	21.34	21.34	—	—
霍州市	765.00	19.50	15.40	15.11	—	—
吕梁市	1339.00	50.20	33.32	32.33	—	—
孝义市	946.00	54.50	28.80	28.32	0.92	0.50
汾阳市	1175.30	31.60	17.60	17.29	0.47	0.42
内蒙古	**148694.54**	**4565.51**	**1271.48**	**1158.97**	**57.64**	**24.20**
呼和浩特市	2065.53	272.66	272.66	242.75	28.88	16.84
包头市	2965.00	885.00	211.62	195.79	14.69	6.66
乌海市	1754.00	67.17	62.30	55.11	0.06	0.00
赤峰市	7057.35	445.88	119.83	108.30	2.53	0.65
通辽市	3212.00	75.63	62.50	62.50	—	—
霍林郭勒市	585.00	36.04	17.10	17.10	—	—
鄂尔多斯市	2884.06	200.87	117.87	103.87	—	—
呼伦贝尔市	1401.90	135.50	31.50	31.50	—	—
满洲里市	734.56	734.56	27.06	27.00	—	—
牙克石市	27590.00	39.00	28.23	25.81	6.30	—
扎兰屯市	16800.00	385.00	19.20	18.30	1.00	—
额尔古纳市	28000.00	303.00	10.48	10.48	—	—
根河市	19659.00	350.00	8.70	8.70	—	—
巴彦淖尔市	2333.25	80.51	51.00	40.42	—	—
乌兰察布市	393.78	75.40	75.40	61.49	—	—
丰镇市	2704.00	25.00	25.00	25.00	—	—
乌兰浩特市	2353.00	256.00	45.00	39.35	0.07	0.00

续表

地　区	市区面积	城区面积	建成区面积	城市建设用地面积	本年征用土地面积	耕地
阿尔山市	7408.70	15.40	11.40	11.40	—	—
二连浩特市	4015.00	79.40	27.00	26.64	—	—
锡林浩特市	14778.41	103.49	47.63	47.46	4.11	0.05
辽宁	**76134.12**	**12321.67**	**2697.80**	**2799.95**	**33.32**	**19.72**
沈阳市	5116.00	1610.00	570.00	652.36	15.45	10.71
新民市	3318.00	22.50	22.50	—	—	—
大连市	5244.00	1523.00	444.04	442.88	2.35	0.69
瓦房店市	3793.53	167.50	35.80	38.46	0.20	0.10
庄河市	4114.00	239.00	42.80	42.00	0.69	0.45
鞍山市	792.00	625.60	177.33	177.33	0.30	0.10
海城市	2581.00	104.00	36.40	36.40	0.92	—
抚顺市	1163.61	490.14	122.55	122.55	0.13	0.08
本溪市	1518.76	1518.76	101.79	92.40	0.23	0.21
丹东市	945.45	220.00	75.03	110.17	0.31	0.19
东港市	2398.00	122.70	23.30	22.41	1.01	0.97
凤城市	5515.00	329.33	21.00	21.00	0.10	0.01
锦州市	728.00	436.00	77.10	106.60	—	—
凌海市	2585.50	136.74	19.55	19.55	—	—
北镇市	1782.00	78.80	14.90	14.90	0.00	0.00
营口市	858.64	538.25	180.07	178.42	2.89	0.82
盖州市	2955.91	150.00	29.45	23.85	1.56	0.93
大石桥市	1610.00	150.00	45.07	45.07	—	—
阜新市	490.00	448.00	76.50	76.50	—	—
辽阳市	1111.19	728.00	101.12	101.04	2.02	1.44
灯塔市	1166.00	127.00	15.02	14.26	—	—
盘锦市	1136.11	276.91	106.89	108.99	1.13	0.89
铁岭市	699.03	240.33	70.32	68.57	0.05	0.05
调兵山市	262.15	23.97	18.95	18.95	0.39	0.30
开原市	2813.29	150.39	27.99	27.37	0.21	0.18
朝阳市	1170.50	570.00	61.56	61.56	—	—
北票市	4469.00	183.00	24.27	24.27	—	—
凌源市	3263.00	462.24	26.80	26.80	—	—
葫芦岛市	10415.00	380.40	94.60	91.49	3.06	1.53
兴城市	2119.45	269.11	35.10	33.80	0.32	0.07

续表

地 区	市区面积	城区面积	建成区面积	城市建设用地面积	本年征用土地面积	耕地
吉林	109275.06	6272.78	1585.58	1509.72	57.81	37.09
长春市	7589.31	3427.42	562.42	557.25	45.96	31.24
榆树市	4712.49	109.00	23.48	20.32	0.00	0.00
德惠市	3322.24	54.00	32.29	32.29	0.62	0.57
公主岭市	4172.55	137.75	36.00	35.75	0.83	0.68
吉林市	1995.00	498.75	195.92	195.92	—	—
蛟河市	6429.00	27.50	18.50	18.50	3.25	0.07
桦甸市	6626.00	192.00	19.50	19.50	—	—
舒兰市	4559.55	179.10	9.48	9.48	0.00	—
磐石市	3960.00	25.00	23.80	23.73	0.02	0.01
四平市	1085.00	118.11	65.16	64.49	0.68	0.60
双辽市	3121.30	39.59	23.90	23.90	—	—
辽源市	432.37	56.00	50.23	50.23	0.49	0.32
通化市	893.38	111.79	65.36	45.01	1.19	0.58
集安市	3341.13	44.89	8.71	8.11	0.40	0.10
白山市	2736.00	211.89	39.53	37.31	—	—
临江市	3026.97	170.84	10.05	9.30	—	—
松原市	1327.03	81.80	54.28	51.36	0.18	0.07
扶余市	4673.00	17.20	16.50	16.02	0.36	0.31
白城市	2568.80	67.50	46.99	46.73	0.10	0.08
洮南市	5103.00	40.00	26.55	26.55	—	—
大安市	4878.58	19.50	18.52	18.51	0.04	0.03
延吉市	1748.33	71.71	62.00	53.53	0.95	0.42
图们市	1142.65	15.00	11.29	11.01	0.17	0.15
敦化市	11957.00	116.00	34.34	34.34	0.00	0.00
珲春市	5145.38	125.39	29.19	24.32	0.03	0.00
龙井市	2208.00	31.05	14.48	7.26	0.14	0.04
和龙市	5069.00	145.00	12.55	12.22	—	—
梅河口市	2174.00	80.00	37.85	28.27	1.84	1.58
长白山保护开发区管理委员会	3278.00	59.00	36.71	28.51	0.56	0.24
黑龙江	220395.23	2591.50	1836.84	1706.29	8.02	4.00
哈尔滨市	10192.82	490.70	490.70	458.84	1.77	1.28
尚志市	8824.94	152.00	21.32	21.32	0.15	0.02
五常市	7512.30	100.55	26.70	20.07	0.02	0.02

续表

地 区	市区面积	城区面积	建成区面积	城市建设用地面积	本年征用土地面积	耕地
齐齐哈尔市	4377.12	130.96	130.96	130.96	1.50	—
讷河市	6659.90	20.00	14.01	13.86	0.00	0.00
鸡西市	2300.00	80.41	80.40	80.11	0.21	0.06
虎林市	9334.00	46.22	11.14	11.14	—	—
密山市	7731.00	87.38	19.36	17.89	0.00	0.00
鹤岗市	4551.00	85.00	56.27	48.63	—	—
双鸭山市	1760.00	118.00	58.09	58.09	0.00	0.00
大庆市	5105.33	327.19	254.82	238.47	0.70	0.32
伊春市	8895.87	121.93	97.21	96.44	0.00	0.00
铁力市	3793.04	21.40	16.50	15.68	—	—
佳木斯市	1875.00	188.00	96.10	73.65	—	—
同江市	6300.00	10.80	10.80	10.69	0.44	0.41
抚远市	6262.48	12.60	5.60	5.03	—	—
富锦市	8227.00	17.90	16.20	16.18	—	—
七台河市	3646.00	67.60	67.60	67.60	1.29	0.41
牡丹江市	2697.00	92.68	70.00	61.41	0.19	0.10
海林市	8711.00	24.25	17.70	17.70	0.43	0.32
宁安市	7924.00	13.50	11.23	11.22	—	—
穆棱市	6187.00	10.44	10.44	10.06	0.01	—
绥芬河市	422.36	34.35	29.46	21.98	0.48	0.40
东宁市	7139.00	19.29	14.70	14.59	0.01	0.01
黑河市	14446.00	27.88	20.00	20.00	—	—
北安市	7194.00	57.31	23.13	22.99	0.02	0.02
五大连池市	9874.00	10.00	5.62	5.62	—	—
嫩江市	15109.00	28.50	19.53	19.47	0.12	—
绥化市	2753.61	92.77	45.00	37.46	0.65	0.60
安达市	3586.00	25.95	25.10	21.82	—	—
肇东市	3905.00	48.77	44.73	32.79	0.00	—
海伦市	4667.00	17.68	16.93	16.93	0.03	0.03
漠河市	18432.46	9.49	9.49	7.60	—	—
上海	**6340.50**	**6340.50**	**1242.00**	**1083.32**	**15.38**	**12.38**
江苏	**69956.77**	**15930.99**	**4857.64**	**5791.66**	**120.59**	**61.40**
南京市	6588.54	4226.41	868.28	1874.90	20.39	11.12
无锡市	1643.88	1261.26	356.25	312.26	1.77	1.03

续表

地 区	市区面积	城区面积	建成区面积	城市建设用地面积	本年征用土地面积	耕地
江阴市	988.00	198.00	125.00	124.98	2.44	0.19
宜兴市	1996.61	599.86	91.07	91.07	1.30	0.67
徐州市	3040.00	604.78	289.64	287.58	4.55	2.58
新沂市	1571.00	120.00	39.05	39.05	2.26	1.63
邳州市	2088.00	124.00	50.90	50.90	0.10	0.08
常州市	2837.65	941.86	278.52	278.28	12.87	5.45
溧阳市	1535.00	231.25	34.37	34.34	—	—
苏州市	4652.84	1523.88	481.33	480.05	8.62	2.60
常熟市	1276.32	349.40	99.76	99.46	—	—
张家港市	986.72	172.52	64.68	54.42	2.71	1.50
昆山市	931.51	259.23	72.00	67.64	0.27	0.01
太仓市	809.93	171.29	52.23	64.45	3.66	2.28
南通市	2854.77	458.00	300.14	287.73	12.00	7.27
海安市	1108.00	168.00	32.20	31.47	0.00	0.00
启东市	1208.00	50.00	35.80	35.74	—	—
如皋市	1477.00	108.16	42.10	39.61	3.98	2.44
连云港市	2602.00	718.50	223.00	222.88	1.35	0.46
淮安市	4531.00	309.69	216.00	210.70	7.98	5.11
盐城市	5131.00	608.76	173.11	165.10	3.28	0.70
东台市	3221.00	128.50	39.00	38.97	—	—
扬州市	2355.90	415.34	192.25	191.76	0.99	0.58
仪征市	853.00	67.70	39.28	35.44	2.66	1.75
高邮市	1922.00	135.00	28.50	27.40	—	—
镇江市	1088.00	555.43	147.29	170.21	5.39	2.47
丹阳市	1047.00	154.22	38.83	38.83	1.15	0.43
扬中市	332.00	94.75	16.34	15.92	0.83	0.42
句容市	1386.40	92.80	33.77	33.77	0.82	0.47
泰州市	1567.12	441.44	158.21	152.91	1.37	0.64
兴化市	2393.35	64.00	43.00	40.03	0.91	0.54
靖江市	655.58	143.00	33.98	33.64	0.67	0.35
泰兴市	1169.65	74.64	44.25	42.89	3.35	2.41
宿迁市	2108.00	359.32	117.51	117.28	12.92	6.22
浙江	55801.26	13924.06	3366.42	3454.18	97.85	53.29
杭州市	8318.39	2272.37	801.63	872.85	20.04	10.65

续表

地 区	市区面积	城区面积	建成区面积	城市建设用地面积	本年征用土地面积	耕地
建德市	2326.50	260.00	10.60	26.77	0.31	0.16
宁波市	3731.60	1380.80	388.93	427.55	8.81	6.91
余姚市	1527.00	355.00	54.22	49.54	1.10	0.84
慈溪市	1361.00	270.48	50.00	49.84	2.34	1.60
温州市	1347.87	977.63	283.74	204.39	12.03	5.58
瑞安市	1341.61	439.16	23.10	107.92	1.96	1.25
乐清市	1395.54	328.26	24.48	66.60	2.87	0.86
龙港市	183.99	29.32	23.86	23.52	0.60	0.51
嘉兴市	1040.76	293.00	163.42	149.87	3.16	2.21
海宁市	862.74	150.54	56.80	54.20	1.24	0.68
平湖市	500.00	152.12	47.00	50.50	0.53	0.42
桐乡市	727.45	209.43	57.16	54.11	5.25	2.25
湖州市	1565.00	640.69	131.62	126.43	—	—
绍兴市	2832.74	684.00	263.05	250.63	6.07	3.92
诸暨市	2311.00	564.47	87.20	82.82	2.57	1.51
嵊州市	1790.00	214.70	42.50	21.62	1.28	0.74
金华市	2049.39	579.69	113.00	113.00	4.45	3.16
兰溪市	1312.54	206.30	38.11	36.00	3.41	1.69
义乌市	1105.00	419.44	111.11	111.11	4.41	1.64
东阳市	1739.00	373.00	46.16	45.05	4.75	1.80
永康市	1049.00	134.80	39.65	39.65	0.77	0.23
衢州市	2354.50	200.10	80.24	91.48	2.35	1.38
江山市	2019.03	286.46	18.90	18.90	0.71	0.30
舟山市	1026.33	578.70	69.79	58.92	0.45	0.17
台州市	1668.15	822.69	159.06	141.61	2.62	1.51
玉环市	509.57	161.02	29.43	29.22	0.59	0.21
温岭市	1073.56	121.90	41.07	41.07	1.02	0.49
临海市	2171.00	360.00	50.29	50.29	0.62	0.19
丽水市	1502.00	266.13	44.70	43.48	1.17	0.39
龙泉市	3059.00	191.86	15.60	15.24	0.37	0.04
安徽	**46930.42**	**7125.58**	**2460.17**	**2407.11**	**138.95**	**83.50**
合肥市	1339.00	1280.02	506.60	453.86	44.72	27.11
巢湖市	2031.00	160.00	48.00	48.00	3.69	2.00
芜湖市	2650.96	1078.70	252.90	241.24	4.70	3.05

续表

地 区	市区面积	城区面积	建成区面积	城市建设用地面积	本年征用土地面积	耕地
无为市	2083.00	124.00	25.23	25.08	3.75	2.72
蚌埠市	956.93	365.48	155.00	154.97	9.95	6.02
淮南市	1689.96	469.02	127.69	127.69	3.00	2.05
马鞍山市	704.00	175.84	103.00	146.19	3.18	1.86
淮北市	754.00	210.00	89.79	99.01	6.02	3.28
铜陵市	1518.48	306.59	91.00	86.45	1.71	0.67
安庆市	821.20	311.50	160.70	155.24	6.07	2.68
潜山市	1686.00	107.83	21.98	20.05	2.39	1.61
桐城市	1571.04	91.56	28.50	25.80	0.58	0.34
黄山市	2376.70	461.80	71.21	60.19	0.99	0.43
滁州市	1404.31	282.60	110.59	110.59	12.60	8.04
天长市	1770.00	79.88	26.13	25.92	6.71	4.51
明光市	2350.34	40.00	30.00	28.91	2.24	1.89
阜阳市	1923.75	338.87	156.00	145.54	9.46	7.28
界首市	667.30	77.95	26.77	26.77	2.16	0.53
宿州市	2868.00	164.51	91.65	89.93	2.86	1.75
六安市	3834.00	166.12	81.38	81.38	3.51	2.34
亳州市	2226.00	86.90	75.00	75.00	0.97	—
池州市	2431.70	252.93	44.08	44.08	0.44	0.26
宣城市	2620.75	131.77	70.00	69.48	3.49	1.53
广德市	2165.00	41.01	33.33	33.33	1.20	0.18
宁国市	2487.00	320.70	33.64	32.41	2.56	1.37
福建	**48502.27**	**4138.09**	**1778.32**	**1454.02**	**64.03**	**18.41**
福州市	1684.11	539.38	354.36	47.66	3.49	2.21
福清市	2030.00	224.50	55.00	54.68	1.24	—
厦门市	1700.61	405.56	405.56	409.76	18.56	3.90
莆田市	2284.00	244.00	110.24	105.93	5.19	3.03
三明市	2986.61	370.00	70.26	66.14	1.91	0.35
永安市	2931.18	300.00	25.10	25.10	0.24	0.11
泉州市	892.00	539.00	230.00	230.00	—	—
石狮市	188.00	48.00	39.76	39.66	0.93	0.23
晋江市	649.00	111.00	38.01	38.01	0.00	0.00
南安市	2036.00	148.00	36.00	35.08	1.82	0.40
漳州市	2462.04	167.40	121.29	110.01	5.66	2.02

续表

地 区	市区面积	城区面积	建成区面积	城市建设用地面积	本年征用土地面积	耕地
南平市	6044.76	344.72	49.46	49.46	0.70	0.23
邵武市	2836.73	95.00	27.51	27.30	1.58	0.41
武夷山市	2798.00	50.00	14.74	13.50	1.55	0.55
建瓯市	4233.13	35.00	16.10	14.94	—	—
龙岩市	4901.00	200.35	77.38	75.26	11.83	1.86
漳平市	2958.00	45.00	15.00	17.68	3.01	—
宁德市	1537.00	90.51	45.80	48.76	5.81	2.85
福安市	1880.10	56.67	25.89	24.23	0.50	0.25
福鼎市	1470.00	124.00	20.86	20.86	0.01	0.01
江西	**46499.53**	**3307.95**	**1732.66**	**1587.70**	**74.33**	**26.29**
南昌市	2887.98	694.00	365.51	364.94	12.96	6.47
景德镇市	580.00	198.50	101.00	99.67	1.78	0.45
乐平市	1974.00	49.20	26.12	26.09	2.90	—
萍乡市	1065.00	128.00	52.20	52.20	3.15	0.74
九江市	1366.05	554.00	163.17	142.12	4.99	2.80
瑞昌市	1423.10	23.67	22.88	22.88	0.23	0.23
共青城市	310.00	23.12	23.12	17.28	0.78	0.52
庐山市	764.20	21.04	12.80	11.02	0.99	0.21
新余市	1789.00	230.00	84.00	84.00	0.12	0.06
鹰潭市	1077.50	101.00	57.60	54.03	0.80	0.25
贵溪市	2480.00	90.00	38.86	36.81	2.57	0.87
赣州市	5366.24	328.24	208.45	108.81	4.57	2.25
瑞金市	2449.00	52.00	31.96	28.84	0.50	0.21
龙南市	1642.00	25.72	23.72	23.72	2.90	0.22
吉安市	1381.53	230.00	66.90	66.64	10.00	2.80
井冈山市	1462.40	8.90	8.90	8.40	0.00	0.00
宜春市	2532.36	115.00	89.40	89.40	0.52	—
丰城市	2845.00	62.60	57.10	56.15	4.05	—
樟树市	1290.99	46.34	35.18	34.77	5.00	1.53
高安市	2439.00	52.00	36.50	36.34	0.52	0.07
抚州市	3428.30	138.53	108.96	105.61	8.93	3.52
上饶市	3863.88	115.09	104.44	104.10	6.01	3.07
德兴市	2082.00	21.00	13.89	13.88	0.06	0.02

续表

地 区	市区面积	城区面积	建成区面积	城市建设用地面积	本年征用土地面积	耕地
山东	**93653.03**	**23814.08**	**5669.85**	**5271.73**	**276.09**	**104.00**
济南市	8367.03	2419.15	793.65	611.12	48.32	30.40
青岛市	5190.39	3089.18	761.52	701.13	10.65	4.98
胶州市	1324.00	835.40	89.57	89.57	—	—
平度市	3176.00	719.90	71.56	69.51	—	—
莱西市	1568.00	448.09	41.74	40.93	1.94	1.61
淄博市	2989.06	771.82	295.47	287.38	4.66	2.33
枣庄市	3068.38	530.34	156.73	148.40	2.39	1.26
滕州市	1495.14	147.56	64.22	62.05	2.79	2.01
东营市	5525.41	1245.61	166.80	140.93	1.79	0.40
烟台市	4136.79	1097.39	397.70	371.72	97.63	3.73
龙口市	901.00	104.00	47.29	45.79	—	—
莱阳市	1730.08	296.07	43.41	43.41	0.95	0.70
莱州市	1928.00	368.20	54.00	49.35	—	—
招远市	1433.17	138.00	35.58	34.14	1.41	0.66
栖霞市	1793.25	30.14	17.10	16.72	—	—
海阳市	1886.84	262.00	34.44	34.42	0.39	0.08
潍坊市	2677.31	1186.54	194.76	172.47	24.97	13.05
青州市	1569.00	300.00	54.00	53.44	2.99	2.20
诸城市	2151.00	326.40	54.50	54.47	5.23	3.82
寿光市	1997.37	328.30	47.22	47.02	1.72	1.25
安丘市	1712.00	541.00	63.97	63.97	1.87	1.48
高密市	1527.00	198.00	55.61	53.06	—	—
昌邑市	1628.00	120.00	32.97	27.54	—	—
济宁市	1670.76	883.87	248.94	263.54	—	—
曲阜市	815.00	66.00	27.00	27.00	—	—
邹城市	1616.00	97.86	49.00	48.70	1.00	0.00
泰安市	2087.00	587.63	163.62	163.62	1.24	0.12
新泰市	1933.00	496.47	69.88	69.88	—	—
肥城市	1277.00	137.10	49.89	49.89	0.94	0.83
威海市	2607.28	651.05	197.39	176.76	2.33	0.91
荣成市	1527.68	491.70	59.00	59.00	1.49	0.51
乳山市	1664.88	140.60	36.63	36.31	0.09	0.03
日照市	2043.09	403.70	126.00	116.30	13.61	8.21

续表

地 区	市区面积	城区面积	建成区面积	城市建设用地面积	本年征用土地面积	耕地
临沂市	2293.33	1161.98	261.80	226.96	3.84	0.93
德州市	1751.75	601.35	168.16	155.46	0.47	0.00
乐陵市	1168.00	100.00	34.50	31.42	—	—
禹城市	990.00	60.00	38.38	37.45	3.72	2.31
聊城市	2447.37	678.69	156.11	192.57	2.31	1.58
临清市	950.00	262.00	31.40	31.40	—	—
滨州市	3525.67	799.90	151.46	146.76	3.98	1.54
邹平市	1250.00	207.00	59.00	58.90	—	—
菏泽市	2261.00	484.09	167.88	161.27	31.37	17.07
河南	**49627.60**	**5762.62**	**3234.53**	**3077.66**	**54.31**	**29.26**
郑州市	1010.30	762.41	670.00	653.34	—	—
巩义市	1041.00	56.44	35.85	35.44	0.86	0.41
荥阳市	908.00	92.39	38.48	29.84	—	—
新密市	1001.00	78.22	34.40	30.46	—	—
新郑市	887.00	34.30	34.30	34.30	—	—
登封市	1219.00	58.79	30.23	27.44	1.58	0.85
开封市	1837.00	192.25	140.85	140.07	5.27	2.31
洛阳市	2208.50	388.74	293.96	288.82	9.43	4.85
平顶山市	443.00	260.03	73.40	73.30	—	—
舞钢市	635.00	68.03	16.93	16.59	—	—
汝州市	1573.00	136.50	42.25	40.11	—	—
安阳市	759.17	180.00	91.50	90.56	1.40	0.76
林州市	2046.00	38.00	25.90	25.58	—	—
鹤壁市	679.00	130.42	65.50	65.44	—	—
新乡市	346.00	140.00	128.16	121.15	—	—
长垣市	1051.00	42.97	42.75	41.09	—	—
卫辉市	862.00	45.00	22.93	22.08	1.42	1.11
辉县市	2007.00	116.50	22.76	22.13	—	—
焦作市	543.60	140.00	117.76	113.76	—	—
沁阳市	624.00	34.00	21.00	20.32	—	—
孟州市	541.61	113.37	17.00	16.97	—	—
濮阳市	263.00	153.56	65.00	64.55	—	—
许昌市	1090.26	190.00	121.00	91.50	4.22	3.59
禹州市	1461.00	52.26	47.92	45.41	—	—

续表

地　区	市区面积	城区面积	建成区面积	城市建设用地面积	本年征用土地面积	耕地
长葛市	650.00	75.55	28.30	25.32	2.44	2.00
漯河市	1020.00	106.82	68.49	68.49	—	—
三门峡市	1948.00	73.00	61.20	57.71	4.20	1.39
义马市	112.00	112.00	18.67	18.66	0.05	0.01
灵宝市	3011.00	29.00	23.10	22.79	4.70	0.00
南阳市	2144.57	640.77	164.75	164.67	2.13	2.13
邓州市	2294.00	40.00	38.00	34.26	—	—
商丘市	1697.00	382.50	162.83	150.06	6.15	4.29
永城市	1994.49	81.29	49.60	47.98	2.51	1.81
信阳市	3604.00	259.51	107.19	104.40	—	—
周口市	1737.00	135.00	114.68	104.57	2.61	1.99
项城市	1083.00	60.00	37.46	33.34	0.61	0.57
驻马店市	1365.10	185.00	103.50	86.68	1.74	1.19
济源示范区	1931.00	78.00	56.93	48.48	2.99	—
湖北	**97625.06**	**8185.62**	**2787.88**	**1874.21**	**143.12**	**63.15**
武汉市	8569.19	1452.00	885.11	—	27.48	14.81
黄石市	233.80	233.80	85.42	85.42	—	—
大冶市	1566.00	276.68	32.45	32.45	1.44	0.51
十堰市	8916.00	410.50	116.82	116.82	2.12	0.13
丹江口市	3121.00	214.94	29.17	24.93	3.27	1.25
宜昌市	4234.26	541.00	190.95	190.95	24.47	7.32
宜都市	1357.00	193.27	28.08	23.29	2.69	0.85
当阳市	2149.71	220.30	25.36	23.94	1.71	0.82
枝江市	1374.42	95.62	29.50	28.58	4.86	1.56
襄阳市	3672.87	374.30	206.00	183.10	11.69	6.55
老河口市	1032.00	65.28	31.76	31.76	1.53	1.04
枣阳市	3277.00	460.00	51.36	50.60	3.22	2.23
宜城市	2115.00	48.00	27.80	27.75	0.15	0.11
鄂州市	1596.46	63.45	37.57	37.32	0.48	0.24
荆门市	2251.94	248.70	69.45	69.45	8.16	3.59
京山市	3537.76	34.00	31.67	31.67	1.29	—
钟祥市	4403.37	175.00	27.37	27.37	0.45	0.00
孝感市	1018.32	137.88	58.11	78.23	4.81	2.68
应城市	1095.61	183.78	20.51	20.51	2.69	1.46

续表

地 区	市区面积	城区面积	建成区面积	城市建设用地面积	本年征用土地面积	耕地
安陆市	1353.59	91.33	20.08	20.14	0.99	0.09
汉川市	1632.00	28.00	28.00	27.90	—	—
荆州市	1576.00	99.50	99.50	99.50	9.06	3.71
监利市	3200.79	86.02	26.30	34.41	0.79	—
石首市	1427.00	22.56	22.56	21.14	0.46	0.00
洪湖市	2519.00	41.40	21.18	21.18	0.00	0.00
松滋市	2176.93	96.00	21.25	21.23	2.30	1.16
黄冈市	367.05	33.23	33.02	33.02	4.39	1.96
麻城市	3604.00	251.27	41.58	40.78	5.88	3.31
武穴市	1241.69	31.00	30.30	30.28	—	—
咸宁市	1503.08	165.00	77.00	74.60	3.24	0.51
赤壁市	1723.00	51.20	33.00	31.53	0.86	0.86
随州市	1425.41	236.61	83.68	83.68	3.34	1.72
广水市	2645.51	73.85	33.50	33.12	0.90	0.49
恩施市	3967.30	120.00	43.35	43.35	1.71	0.60
利川市	4605.52	133.00	19.18	19.18	0.55	0.49
仙桃市	2519.06	240.00	64.48	64.48	5.02	2.30
潜江市	2004.00	632.75	58.21	43.30	—	—
天门市	2612.42	324.40	47.25	47.25	1.12	0.80
湖南	**56821.46**	**4076.45**	**2065.56**	**1908.54**	**48.48**	**18.76**
长沙市	1199.84	1199.84	437.90	332.04	1.85	0.85
宁乡市	2912.00	345.97	72.16	67.37	3.70	1.56
浏阳市	5008.00	145.00	30.10	29.55	—	—
株洲市	1918.29	221.07	154.05	149.28	4.96	2.09
醴陵市	2158.00	113.80	30.40	30.38	—	—
湘潭市	652.36	139.67	90.47	126.08	1.39	0.55
湘乡市	1966.57	26.60	23.88	23.88	0.30	0.00
韶山市	247.30	32.00	5.18	5.12	0.46	0.15
衡阳市	518.31	145.00	145.00	145.00	4.58	1.73
耒阳市	2648.25	65.00	34.10	33.38	4.69	1.01
常宁市	2047.90	60.60	35.20	38.82	—	—
邵阳市	436.00	83.00	78.00	77.31	0.81	0.70
武冈市	1549.00	40.00	24.20	23.24	1.02	0.30
邵东市	1768.00	42.80	35.20	23.95	0.72	—

续表

地　区	市区面积	城区面积	建成区面积	城市建设用地面积	本年征用土地面积	耕地
岳阳市	1412.58	167.00	121.00	112.89	0.63	0.00
汨罗市	1469.45	22.00	21.00	18.19	2.00	0.87
临湘市	1718.00	49.00	16.17	16.14	0.91	0.32
常德市	2762.27	232.16	130.88	114.69	4.01	2.14
津市市	556.26	64.38	16.38	16.38	0.39	0.19
张家界市	2571.29	55.20	38.89	38.09	2.98	1.25
益阳市	1853.00	121.82	93.25	87.55	2.77	1.21
沅江市	2012.50	66.43	22.34	17.24	—	—
郴州市	2158.46	103.36	80.95	80.95	2.52	0.75
资兴市	2747.00	24.63	21.82	20.42	0.05	—
永州市	3196.00	101.08	73.59	69.02	5.97	2.69
祁阳市	2538.00	100.00	30.87	30.87	0.00	0.00
怀化市	722.80	65.90	65.90	54.30	0.30	—
洪江市	2283.73	57.83	15.54	12.55	0.24	0.15
娄底市	428.00	63.50	54.00	53.95	0.88	—
冷水江市	439.00	48.81	14.08	14.05	0.30	0.23
涟源市	1830.00	25.00	15.06	15.06	—	—
吉首市	1093.30	48.00	38.00	30.80	0.05	0.02
广东	**99828.62**	**17101.29**	**6582.65**	**6036.31**	**106.87**	**24.47**
广州市	7434.40	2256.42	1350.40	722.04	18.96	4.44
韶关市	2870.70	528.63	123.50	123.50	2.51	0.76
乐昌市	2419.27	442.84	21.00	15.73	0.00	0.00
南雄市	2326.18	23.80	11.53	10.35	0.46	0.16
深圳市	1986.41	1986.41	956.10	954.79	—	—
珠海市	1725.00	761.69	152.85	410.76	1.74	0.00
汕头市	2089.44	557.42	247.05	310.32	—	—
佛山市	3799.96	612.84	163.82	189.21	1.49	0.34
江门市	1785.85	566.00	158.01	158.01	4.26	0.26
台山市	3287.80	156.77	32.31	32.30	0.92	0.22
开平市	1656.94	152.00	33.92	22.37	0.90	0.10
鹤山市	1082.73	81.40	36.29	31.66	0.30	0.14
恩平市	1693.60	162.50	42.06	37.06	0.39	0.00
湛江市	1714.16	225.79	111.65	84.53	1.58	1.21
廉江市	2835.00	67.00	39.50	39.50	2.40	—

续表

地 区	市区面积	城区面积	建成区面积	城市建设用地面积	本年征用土地面积	耕地
雷州市	3459.00	39.30	31.30	31.30	2.44	0.00
吴川市	858.50	36.90	27.74	27.74	0.10	0.00
茂名市	2757.32	171.54	134.85	104.77	1.83	0.72
高州市	3276.00	165.00	38.79	38.79	1.20	0.45
化州市	2356.52	145.46	37.00	36.72	0.27	0.09
信宜市	3101.70	64.40	28.85	13.78	1.40	0.09
肇庆市	2960.24	417.33	138.82	135.32	3.09	0.21
四会市	1166.38	52.65	31.20	29.02	2.55	0.24
惠州市	2697.56	1066.65	309.57	297.65	10.75	1.66
梅州市	3053.00	376.00	66.94	75.56	—	—
兴宁市	2104.85	57.00	28.70	28.70	0.05	0.05
汕尾市	392.91	283.16	36.60	26.26	5.17	0.87
陆丰市	1684.00	147.47	24.67	17.84	0.03	—
河源市	361.00	81.74	81.74	—	7.46	1.43
阳江市	2485.61	616.39	112.71	103.80	4.59	0.68
阳春市	4037.78	319.80	34.06	29.86	4.66	0.97
清远市	3649.39	310.80	93.65	71.60	7.08	3.13
英德市	5634.29	183.92	31.01	31.01	1.19	0.40
连州市	2667.55	80.00	17.89	17.89	0.80	0.12
东莞市	2460.08	2460.08	1194.31	1196.86	3.07	0.76
中山市	1783.67	302.83	192.01	153.44	8.03	3.81
潮州市	1216.27	241.02	117.50	106.92	3.24	0.60
揭阳市	1047.13	218.58	155.10	182.18	0.97	0.38
普宁市	1620.08	145.03	69.04	68.77	0.37	0.05
云浮市	1962.85	368.43	33.98	33.77	0.62	0.13
罗定市	2327.50	168.30	34.63	34.63	—	—
广西	78641.38	5305.61	1679.09	1633.46	81.92	25.13
南宁市	9947.00	865.08	327.51	321.13	25.81	5.47
横州市	3464.00	110.90	37.73	36.09	0.06	0.02
柳州市	3555.16	501.78	257.90	257.90	5.18	3.78
桂林市	2767.00	612.63	134.67	132.80	1.06	0.90
荔浦市	1758.62	25.00	12.45	11.82	0.05	—
梧州市	1850.20	485.01	73.36	68.86	0.33	
岑溪市	2783.00	30.00	22.93	22.44	0.07	—

续表

地 区	市区面积	城区面积	建成区面积	城市建设用地面积	本年征用土地面积	耕地
北海市	957.00	274.90	85.98	84.96	2.89	1.54
防城港市	2816.40	238.33	51.21	50.38	8.92	1.94
东兴市	548.60	130.40	13.45	12.96	0.06	0.03
钦州市	4767.20	354.38	90.53	90.16	1.71	—
贵港市	3533.00	301.50	86.09	84.14	5.84	3.85
桂平市	4074.00	73.50	37.60	37.38	1.50	0.86
玉林市	1251.30	302.04	78.00	73.57	9.51	—
北流市	2457.00	135.40	29.23	28.98	4.70	1.51
百色市	6096.00	390.98	69.09	65.01	2.67	0.90
靖西市	3331.00	35.78	20.00	18.26	2.01	2.01
平果市	2485.00	34.00	33.10	32.76	—	—
贺州市	5676.60	78.00	57.21	56.72	2.64	2.21
河池市	6209.00	124.00	46.47	43.12	2.73	0.11
来宾市	4363.00	92.00	53.50	53.36	0.93	0.00
合山市	350.00	20.00	7.56	7.39	0.01	—
崇左市	2951.00	50.00	40.40	31.79	2.10	—
凭祥市	650.30	40.00	13.12	11.48	1.14	0.00
海南	**17072.27**	**1439.41**	**409.51**	**408.28**	**18.19**	**2.14**
海口市	2296.82	562.40	213.00	178.30	4.65	1.56
三亚市	1921.51	188.00	58.03	112.16	0.00	0.00
儋州市	3400.00	194.05	36.32	33.41	11.02	—
五指山市	1127.00	60.00	16.20	10.79	—	—
琼海市	1710.14	31.83	20.68	20.26	0.29	0.15
文昌市	2459.18	84.99	22.16	16.78	1.70	0.31
万宁市	1885.00	260.00	17.72	13.06	0.40	0.12
东方市	2272.62	58.14	25.40	23.52	0.13	—
重庆	**43263.52**	**7781.33**	**1645.38**	**1493.20**	**91.16**	**44.94**
四川	**92234.06**	**9313.57**	**3367.42**	**3181.76**	**127.79**	**57.89**
成都市	4839.81	1484.57	1055.79	994.65	41.15	16.90
简阳市	1343.00	69.04	41.00	40.52	0.82	0.56
都江堰市	1208.44	102.13	39.02	39.02	0.58	0.46
彭州市	1421.36	133.80	28.87	28.87	0.54	0.13
邛崃市	1377.00	207.02	26.50	26.39	1.52	—
崇州市	1089.77	63.42	23.13	23.13	1.70	0.88

续表

地　区	市区面积	城区面积	建成区面积	城市建设用地面积	本年征用土地面积	耕地
自贡市	1438.00	778.32	132.00	128.50	2.61	2.01
攀枝花市	2046.30	433.75	83.52	82.98	1.68	0.19
泸州市	2132.00	411.38	174.13	174.13	2.79	1.40
德阳市	1096.00	193.59	98.53	98.15	4.99	2.22
广汉市	551.00	60.50	40.70	40.70	2.06	1.43
什邡市	820.30	21.00	18.40	17.64	—	—
绵竹市	1245.00	20.00	18.47	13.42	—	—
绵阳市	2751.37	603.70	181.88	181.88	5.09	3.28
江油市	2720.15	199.41	35.00	34.54	5.60	2.40
广元市	4535.00	216.70	67.67	67.28	2.19	0.96
遂宁市	1874.00	293.32	89.50	86.99	3.80	2.15
射洪市	1496.00	115.00	30.86	30.86	—	—
内江市	1569.00	278.93	103.50	103.22	7.22	5.74
隆昌市	794.00	57.00	26.00	26.00	—	—
乐山市	2506.00	477.67	75.82	75.82	—	—
峨眉山市	1181.00	90.20	24.68	24.68	—	—
南充市	2527.00	420.00	167.14	167.14	4.98	—
阆中市	1877.00	150.00	38.01	38.01	0.40	—
眉山市	2379.81	318.16	85.32	82.91	11.51	6.88
宜宾市	4775.56	205.38	180.05	160.25	16.12	5.23
广安市	1555.51	140.24	65.78	65.00	1.72	0.96
华蓥市	466.00	92.40	16.00	16.00	0.47	0.08
达州市	3146.00	219.53	144.34	90.35	1.00	0.21
万源市	4052.79	33.90	16.26	16.26	—	—
雅安市	1681.00	196.90	45.69	43.03	1.06	—
巴中市	2577.00	182.10	64.20	38.40	—	—
资阳市	1632.39	249.23	53.50	52.50	4.51	3.21
马尔康市	6639.00	369.16	5.26	4.43	0.19	0.12
康定市	11486.00	6.00	5.40	5.02	0.85	—
会理市	4521.53	19.40	13.65	13.65	0.64	0.49
西昌市	2882.97	400.72	51.85	49.44	—	—
贵州	**41808.54**	**4049.00**	**1187.16**	**1035.91**	**12.52**	**6.06**
贵阳市	2525.49	1230.00	369.00	326.12	—	—
清镇市	1386.60	99.23	50.18	35.54	1.30	0.76

续表

地 区	市区面积	城区面积	建成区面积	城市建设用地面积	本年征用土地面积	耕地
六盘水市	4078.41	558.53	80.93	75.81	1.30	0.69
盘州市	4040.90	330.60	27.20	26.91	0.56	0.43
遵义市	5382.00	532.19	158.70	148.48	—	—
赤水市	1851.98	75.40	21.50	19.05	—	—
仁怀市	1789.93	89.00	30.60	24.11	2.40	0.70
安顺市	2703.00	163.00	75.00	73.54	0.74	0.56
毕节市	3412.00	170.08	51.50	50.17	0.76	0.32
黔西市	2554.10	24.50	22.50	20.52	0.06	0.06
铜仁市	1849.81	69.00	55.00	51.46	1.14	0.58
兴义市	2908.24	104.00	65.50	64.65	3.95	1.89
兴仁市	1778.39	40.40	21.06	15.02	—	—
凯里市	1570.00	182.62	75.71	68.37	0.19	0.07
都匀市	2285.31	360.00	62.80	18.42	—	—
福泉市	1692.38	20.45	19.98	17.74	0.12	—
云南	**91678.06**	**3303.98**	**1252.31**	**1283.60**	**54.76**	**19.48**
昆明市	6242.23	1782.60	456.15	490.78	21.80	3.87
安宁市	1301.81	240.76	37.39	36.50	6.20	1.49
曲靖市	5954.82	124.28	103.45	100.97	3.93	1.93
宣威市	6053.50	50.00	38.84	38.83	0.00	0.00
玉溪市	1824.68	94.94	38.42	37.59	1.35	1.03
澄江市	756.24	10.50	3.97	3.97	0.01	0.01
保山市	5011.00	68.00	38.15	38.02	—	—
腾冲市	5845.00	47.40	29.50	27.80	5.71	2.12
昭通市	2240.00	61.00	47.02	42.89	1.06	1.06
水富市	439.80	17.00	12.70	8.15	1.44	0.92
丽江市	1262.78	28.08	24.86	24.85	0.50	—
普洱市	3876.01	50.00	26.50	26.49	3.03	0.38
临沧市	2557.00	35.18	23.24	22.42	2.90	0.91
禄丰市	3536.00	35.00	9.23	9.23	3.14	2.78
楚雄市	4433.00	52.42	51.80	51.80	0.28	0.18
个旧市	1587.00	95.61	13.16	20.39	—	—
开远市	1950.00	45.00	26.90	26.89	0.27	0.00
蒙自市	2228.00	38.85	34.60	30.11	0.28	0.25
弥勒市	4004.00	36.70	30.70	22.63	1.90	1.70

续表

地 区	市区面积	城区面积	建成区面积	城市建设用地面积	本年征用土地面积	耕地
文山市	2977.19	45.50	41.40	41.33	0.23	0.23
景洪市	6959.00	83.63	37.77	37.77	—	—
大理市	1815.00	87.20	54.85	53.11	0.04	0.01
瑞丽市	1020.00	55.00	26.94	26.94	0.04	0.00
芒市	2987.00	50.00	21.66	41.87	0.47	0.46
泸水市	3204.00	9.33	6.82	5.99	0.18	0.15
香格里拉市	11613.00	60.00	16.29	16.28	0.00	0.00
西藏	**48658.42**	**632.58**	**170.30**	**159.72**	**12.96**	**8.31**
拉萨市	5541.72	505.53	91.16	81.65	0.70	0.70
日喀则市	3664.80	42.00	28.60	27.95	—	—
昌都市	10808.90	18.20	8.90	8.79	0.27	0.16
林芝市	10237.00	12.80	12.80	12.80	0.08	0.00
山南市	2211.00	34.00	10.80	10.80	11.49	7.45
那曲市	16195.00	20.05	18.04	17.73	0.42	0.00
陕西	**56687.11**	**2618.60**	**1526.97**	**1385.32**	**13.24**	**5.51**
西安市	5806.67	942.53	805.60	688.89	2.31	0.94
铜川市	2373.20	55.00	48.85	48.85	1.90	0.93
宝鸡市	4854.20	177.79	113.75	111.47	0.00	0.00
咸阳市	138.00	138.00	76.22	75.18	3.70	1.13
彬州市	1183.60	25.00	9.53	9.52	—	—
兴平市	454.93	67.30	23.00	23.00	—	—
渭南市	2390.00	267.00	68.31	65.92	2.66	0.96
韩城市	1595.90	77.20	18.20	18.20	—	—
华阴市	675.20	65.00	18.00	17.41	—	—
延安市	6507.30	212.86	70.40	70.38	0.83	0.74
子长市	2395.00	15.00	11.00	11.00	—	—
汉中市	3353.10	131.64	60.42	59.60	1.77	0.81
榆林市	11095.60	179.00	78.38	67.23	0.07	0.00
神木市	7480.70	30.00	29.81	29.67	—	—
安康市	3645.91	160.00	45.00	45.00	0.00	0.00
商洛市	2644.60	40.00	26.00	19.70	—	—
杨凌区	93.20	35.28	24.50	24.30	—	—
甘肃	**89281.63**	**2021.65**	**927.57**	**941.73**	**34.82**	**10.51**

续表

地 区	市区面积	城区面积	建成区面积	城市建设用地面积	本年征用土地面积	耕地
兰州市	2450.60	359.27	346.53	349.57	21.03	2.83
嘉峪关市	1224.00	342.00	70.40	109.61	—	—
金昌市	3060.24	52.30	46.51	46.51	2.20	0.03
白银市	3478.00	114.00	68.25	66.26	2.31	0.55
天水市	5861.00	73.00	60.00	60.00	—	—
武威市	5081.15	177.77	34.04	34.04	2.02	1.48
张掖市	4240.00	200.00	45.10	44.98	1.78	1.34
平凉市	1936.00	255.00	42.00	41.71	0.00	0.00
华亭市	1182.00	17.90	15.42	14.83	0.02	0.02
酒泉市	3386.00	235.00	61.87	46.85	—	—
玉门市	13500.00	15.00	12.42	12.05	0.10	0.04
敦煌市	31200.00	19.86	15.58	15.39	0.00	—
庆阳市	999.31	31.00	30.00	26.59	2.87	2.87
定西市	4226.00	35.90	26.00	24.95	1.14	0.00
陇南市	4683.00	40.00	15.70	13.10	—	—
临夏市	88.60	38.05	24.00	22.81	1.35	1.35
合作市	2685.73	15.60	13.75	12.48	—	—
青海	**203423.45**	**738.91**	**249.44**	**227.02**	**2.45**	**0.05**
西宁市	3117.85	396.65	108.38	102.46	1.29	—
海东市	3571.00	147.00	41.54	27.12	0.50	0.05
同仁市	3275.00	21.34	7.50	7.50	0.00	0.00
玉树市	15413.00	15.50	14.26	14.04	—	—
茫崖市	31173.10	9.85	9.85	9.85	0.00	0.00
格尔木市	119173.50	75.67	41.91	41.91	0.00	0.00
德令哈市	27700.00	72.90	26.00	24.14	0.66	0.00
宁夏	**21889.03**	**955.76**	**495.30**	**453.78**	**7.60**	**2.95**
银川市	2305.86	562.49	194.69	194.69	0.04	0.01
灵武市	4010.00	21.10	20.28	20.28	—	—
宁东能源化工基地	766.00	40.00	12.00	8.40	0.00	—
石嘴山市	2380.80	118.20	102.80	82.50	2.25	0.26
吴忠市	1106.68	64.49	57.32	47.04	2.04	1.21
青铜峡市	2438.26	32.45	32.45	31.68	0.40	0.10
固原市	3501.00	52.33	45.06	40.64	2.60	1.10
中卫市	5380.43	64.70	30.70	28.55	0.27	0.27

续表

地　区	市区面积	城区面积	建成区面积	城市建设用地面积	本年征用土地面积	耕地
新疆	**245426.07**	**1997.86**	**1329.54**	**1250.53**	**27.49**	**6.44**
乌鲁木齐市	13787.00	842.09	536.20	456.24	—	—
克拉玛依市	7735.20	79.59	79.42	74.50	1.20	—
吐鲁番市	15729.20	24.23	24.23	24.23	0.00	—
哈密市	85035.00	71.17	52.25	52.25	—	—
昌吉市	7971.00	96.63	67.95	67.89	2.42	2.10
阜康市	8231.85	38.00	22.62	22.50	0.11	0.11
博乐市	5947.02	31.58	30.00	28.28	—	—
阿拉山口市	1204.00	27.00	11.89	11.89	0.02	0.00
库尔勒市	7256.32	125.00	98.90	98.83	6.30	—
阿克苏市	13580.00	67.00	67.00	63.59	13.12	1.96
库车市	15007.00	35.50	32.40	32.25	—	—
阿图什市	16151.00	20.30	15.00	14.86	1.08	—
喀什市	1056.80	98.50	98.50	98.50	3.11	2.14
和田市	688.33	80.21	38.50	38.50	0.00	0.00
伊宁市	646.00	153.20	42.83	42.82	—	—
奎屯市	909.60	68.84	30.18	30.17	—	—
霍尔果斯市	1908.55	20.00	6.84	6.76	—	—
塔城市	4356.60	27.60	17.20	28.20	0.13	0.13
乌苏市	14290.00	24.95	23.35	23.35	—	—
沙湾市	13109.60	41.88	16.28	17.02	0.00	0.00
阿勒泰市	10826.00	24.59	18.00	17.90	—	—
新疆兵团	**20925.74**	**716.79**	**226.07**	**214.55**	**21.83**	**6.65**
石河子市	460.00	150.00	57.57	57.57	0.11	0.10
阿拉尔市	5897.17	119.70	31.58	31.58	1.33	1.33
图木舒克市	3624.35	101.22	21.18	21.18	4.72	0.87
五家渠市	740.44	109.64	26.73	26.73	2.97	2.97
北屯市	271.00	21.42	21.42	17.46	—	—
铁门关市	590.27	55.20	11.83	6.89	—	—
双河市	742.18	15.10	15.10	15.09	1.44	—
可克达拉市	26.04	26.04	22.40	22.40	0.00	0.00
昆玉市	334.34	64.39	11.09	8.89	—	—
胡杨河市	678.00	18.00	4.02	3.61	—	—
新星市	7561.95	36.08	3.15	3.15	11.26	1.38

数据来源：住房和城乡建设部。

表3-114　2021年全国按城市分城市建设用地面积

单位：平方千米

地区	居住用地	公共管理与公共服务用地	商业服务业设施用地	工业用地	物流仓储用地	道路交通设施用地	公用设施用地	绿地与广场用地
全国	18617.91	5248.92	4264.06	11336.75	1575.87	10060.61	1551.02	6769.45
北京	—	—	—	—	—	—	—	—
天津	302.25	86.52	93.27	256.54	51.90	167.64	19.61	101.52
河北	678.12	167.27	150.64	241.12	67.55	411.92	58.03	455.32
石家庄市	127.64	33.94	37.04	27.38	18.57	62.34	5.90	19.12
晋州市	4.44	0.83	0.80	1.62	0.40	3.18	0.10	3.46
新乐市	4.12	0.97	0.92	0.74	0.35	2.77	0.92	3.47
唐山市	54.88	11.79	18.00	37.24	7.89	42.22	7.72	61.22
滦州市	10.04	3.21	2.92	0.25	0.74	4.67	0.47	7.95
遵化市	7.41	1.10	0.28	2.10	0.40	5.35	1.48	7.99
迁安市	11.66	4.35	4.63	5.83	0.22	7.29	0.38	10.74
秦皇岛市	40.09	10.23	12.35	15.60	4.92	24.80	5.02	30.44
邯郸市	47.33	13.78	8.13	11.47	8.51	42.66	6.29	52.08
武安市	10.71	3.06	1.71	6.28	0.88	6.92	1.14	7.90
邢台市	51.27	9.26	8.11	17.92	2.60	25.70	2.49	33.73
南宫市	4.94	1.05	1.34	1.30	0.14	3.49	0.25	3.52
沙河市	7.96	1.56	1.37	0.57	0.06	3.17	0.07	2.96
保定市	57.62	15.50	9.25	38.83	4.01	32.23	5.47	36.81
涿州市	11.81	3.91	2.44	5.42	0.31	6.93	0.65	6.09
安国市	5.24	0.71	0.83	0.71	0.20	3.86	0.11	2.97
高碑店市	5.10	1.86	1.14	1.70	0.27	4.69	1.01	5.31
张家口市	23.39	6.56	4.05	3.71	1.68	24.86	3.53	30.18
承德市	19.87	8.20	4.73	10.75	1.98	12.41	1.47	17.92
平泉市	4.94	1.17	0.64	0.84	0.54	3.68	1.14	4.45
沧州市	30.81	6.31	4.75	8.13	2.12	15.05	1.34	16.93
泊头市	6.75	1.30	1.02	3.63	0.18	3.15	0.24	3.67
任丘市	17.35	4.86	3.53	4.81	1.87	7.75	2.36	8.86
黄骅市	6.31	2.74	3.72	6.23	0.95	7.26	0.61	7.56
河间市	7.01	0.80	0.62	1.19	0.40	3.97	0.63	5.76
廊坊市	25.21	4.02	3.52	7.63	3.24	14.80	2.65	18.32
霸州市	6.25	0.79	1.18	1.32	0.30	2.70	0.80	4.17
三河市	2.49	3.64	2.29	0.40	0.30	4.89	0.70	4.60
衡水市	26.82	4.81	3.95	6.33	1.64	12.16	1.38	19.13

续表

地区	居住用地	公共管理与公共服务用地	商业服务业设施用地	工业用地	物流仓储用地	道路交通设施用地	公用设施用地	绿地与广场用地
深州市	4.55	1.45	2.10	1.90	1.10	4.17	0.38	5.15
辛集市	12.00	1.58	2.02	4.28	0.63	6.03	0.45	6.77
定州市	22.11	1.93	1.26	5.01	0.15	6.77	0.88	6.09
山西	421.94	157.78	113.00	181.96	53.58	234.16	32.33	130.39
太原市	97.10	36.45	33.65	65.50	19.37	55.23	5.19	26.14
古交市	5.20	3.43	0.49	4.91	0.03	2.70	0.08	0.10
大同市	51.74	33.70	30.56	19.27	11.29	39.00	2.73	8.45
阳泉市	28.66	5.20	3.11	16.91	1.92	8.69	3.33	6.64
长治市	27.15	14.88	1.98	15.05	2.74	13.59	3.78	4.41
晋城市	17.20	7.62	5.48	4.05	1.28	9.82	0.75	3.62
高平市	7.00	1.50	1.80	0.85	1.32	2.48	0.40	1.95
朔州市	12.40	4.00	5.35	0.98	1.85	10.02	1.90	12.51
怀仁市	6.65	2.02	2.04	0.48	0.34	5.47	1.94	8.55
晋中市	45.62	16.35	7.56	19.33	4.59	27.39	0.56	1.90
介休市	10.97	1.89	2.27	3.37	1.13	4.46	0.18	0.73
运城市	13.94	1.52	1.34	3.89	1.20	10.77	2.54	10.27
永济市	4.13	2.30	0.33	3.06	0.36	3.15	2.30	9.80
河津市	8.87	2.14	1.84	7.04	1.09	3.67	0.26	1.69
忻州市	11.45	3.62	3.53	1.32	0.83	7.06	0.59	8.43
原平市	6.86	1.97	0.97	3.72	0.30	3.20	0.41	2.74
临汾市	21.98	4.71	4.12	1.30	1.53	7.09	2.73	10.52
侯马市	8.03	1.97	1.59	1.94	0.87	3.62	0.31	3.01
霍州市	6.40	1.97	0.70	0.44	0.43	2.11	0.34	2.72
吕梁市	11.44	4.00	1.80	5.35	0.02	5.31	0.33	4.08
孝义市	10.44	4.65	0.98	1.76	0.62	6.48	1.49	1.90
汾阳市	8.71	1.89	1.51	1.44	0.47	2.85	0.19	0.23
内蒙古	365.59	104.27	97.26	123.66	34.58	221.57	34.16	177.88
呼和浩特市	78.21	28.70	26.24	19.34	8.50	43.11	5.43	33.22
包头市	58.60	15.82	9.83	52.50	7.50	24.40	3.49	23.65
乌海市	20.16	5.51	3.58	2.75	1.02	10.27	0.47	11.35
赤峰市	29.45	5.38	4.04	6.96	2.66	23.67	6.86	29.28
通辽市	14.39	6.17	3.00	5.00	3.35	12.49	3.35	14.75
霍林郭勒市	3.00	1.81	1.78	1.22	1.15	4.25	1.10	2.79
鄂尔多斯市	26.65	9.30	15.45	3.57	0.05	34.31	0.95	13.59

续表

地区	居住用地	公共管理与公共服务用地	商业服务业设施用地	工业用地	物流仓储用地	道路交通设施用地	公用设施用地	绿地与广场用地
呼伦贝尔市	18.50	2.00	2.00	2.00	1.00	1.00	2.00	3.00
满洲里市	8.00	3.00	1.00	2.00	1.00	8.00	2.00	2.00
牙克石市	7.03	1.65	1.57	3.44	1.12	5.30	0.25	5.45
扎兰屯市	8.71	0.60	0.50	0.30	0.30	4.06	0.40	3.43
额尔古纳市	6.25	0.75	0.88	0.68	0.20	1.02	0.28	0.42
根河市	5.18	0.40	0.03	0.80	0.20	1.28	0.10	0.71
巴彦淖尔市	21.76	3.44	3.62	1.24	0.34	6.95	0.36	2.71
乌兰察布市	19.13	5.47	5.49	5.42	1.31	14.68	0.76	9.23
丰镇市	6.47	1.75	2.96	3.08	0.98	4.14	0.38	5.24
乌兰浩特市	15.80	3.76	2.82	5.16	0.29	7.55	0.78	3.19
阿尔山市	4.30	0.43	0.90	0.27	0.34	1.50	1.77	1.89
二连浩特市	3.35	2.88	7.37	1.53	2.84	6.24	1.43	1.00
锡林浩特市	10.65	5.45	4.20	6.40	0.43	7.35	2.00	10.98
辽宁	914.08	166.93	182.27	687.54	86.37	444.30	68.65	249.81
沈阳市	217.28	24.84	37.08	142.37	23.47	112.69	23.71	70.92
新民市	—	—	—	—	—	—	—	—
大连市	142.13	33.91	31.92	129.88	16.57	61.72	8.36	18.39
瓦房店市	13.32	3.00	4.82	9.76	1.56	1.05	0.85	4.10
庄河市	16.81	3.82	2.17	11.75	0.24	5.26	0.55	1.40
鞍山市	60.11	7.88	9.12	55.45	3.97	28.31	4.00	8.49
海城市	18.33	3.25	2.48	4.68	1.15	4.29	0.48	1.74
抚顺市	29.51	9.33	6.37	41.13	4.57	6.64	5.59	19.41
本溪市	27.96	6.80	12.72	21.90	0.93	13.76	1.88	6.45
丹东市	32.97	4.51	3.82	19.73	1.67	43.46	1.58	2.43
东港市	7.86	1.94	1.04	5.28	0.24	4.93	0.39	0.73
凤城市	11.66	1.24	0.44	3.15	0.61	3.42	0.25	0.23
锦州市	42.33	6.65	6.52	24.23	4.70	9.10	1.69	11.38
凌海市	9.60	1.30	4.50	0.57	0.36	2.50	0.30	0.42
北镇市	5.48	1.95	1.58	1.72	0.12	1.40	0.38	2.27
营口市	37.90	8.57	7.71	50.31	6.67	35.86	2.58	28.82
盖州市	9.72	0.88	0.77	2.02	0.05	5.38	0.08	4.95
大石桥市	13.07	3.21	4.75	13.25	0.44	4.61	0.99	4.75
阜新市	20.73	3.90	6.42	18.97	3.20	12.47	0.69	10.12
辽阳市	38.66	3.03	8.09	22.52	6.02	15.62	2.53	4.57

续表

地区	居住用地	公共管理与公共服务用地	商业服务业设施用地	工业用地	物流仓储用地	道路交通设施用地	公用设施用地	绿地与广场用地
灯塔市	5.19	1.49	0.08	3.72	0.31	2.43	0.33	0.71
盘锦市	40.67	7.99	6.10	24.81	2.00	18.97	1.98	6.47
铁岭市	27.39	6.24	6.08	3.51	1.20	14.84	2.91	6.40
调兵山市	5.10	0.50	0.70	4.11	0.10	2.14	0.20	6.10
开原市	6.84	1.21	1.34	8.21	0.37	3.01	0.46	5.93
朝阳市	19.09	4.80	3.46	18.52	0.59	9.48	1.64	3.98
北票市	9.61	1.01	1.14	4.87	0.31	4.28	0.59	2.46
凌源市	8.49	2.40	1.71	9.13	1.02	3.00	0.46	0.59
葫芦岛市	19.37	5.52	5.86	28.98	3.17	12.59	2.82	13.18
兴城市	16.90	5.76	3.48	3.01	0.76	1.09	0.38	2.42
吉林	**517.46**	**116.60**	**84.04**	**314.26**	**48.85**	**226.08**	**53.88**	**148.55**
长春市	161.16	51.98	29.48	133.47	18.62	91.36	31.33	39.85
榆树市	10.31	1.24	1.47	1.52	0.92	2.56	0.40	1.90
德惠市	19.70	0.75	2.04	0.71	1.84	2.90	0.95	3.40
公主岭市	10.50	3.41	1.74	7.00	2.01	6.85	3.00	1.24
吉林市	60.58	11.66	12.76	58.65	5.35	26.44	3.42	17.06
蛟河市	7.54	1.68	4.26	1.66	0.70	1.58	0.47	0.61
桦甸市	9.34	1.22	0.81	3.00	0.32	2.97	1.17	0.67
舒兰市	4.42	1.01	0.77	1.32	0.30	1.28	0.10	0.28
磐石市	6.90	0.80	1.40	2.00	0.30	3.25	0.58	8.50
四平市	23.31	5.23	2.75	17.21	2.20	8.88	1.55	3.36
双辽市	8.41	1.52	1.46	6.93	1.02	2.30	0.52	1.74
辽源市	19.36	4.00	2.38	12.42	1.45	7.69	1.88	1.05
通化市	20.86	2.65	2.74	10.76	0.71	3.79	0.42	3.08
集安市	2.90	0.66	0.37	1.11	0.10	0.96	0.32	1.69
白山市	14.23	2.78	2.13	4.85	0.55	6.60	0.54	5.63
临江市	3.97	0.37	0.10	0.65	0.17	1.13	0.12	2.79
松原市	17.17	4.20	1.70	7.01	1.32	9.83	1.21	8.92
扶余市	5.79	1.53	1.03	1.34	1.04	1.97	0.60	2.72
白城市	12.17	4.65	2.87	11.71	3.49	8.00	0.74	3.10
洮南市	15.00	1.27	1.65	3.61	0.96	2.48	0.30	1.28
大安市	4.29	0.94	0.31	1.32	0.37	4.95	0.09	6.24
延吉市	26.22	5.38	2.17	9.86	1.47	6.28	1.19	0.96
图们市	3.69	0.60	0.30	1.71	0.39	2.40	0.32	1.60

续表

地区	居住用地	公共管理与公共服务用地	商业服务业设施用地	工业用地	物流仓储用地	道路交通设施用地	公用设施用地	绿地与广场用地
敦化市	8.51	2.29	3.46	5.73	1.02	3.56	1.31	8.46
珲春市	7.39	0.82	1.26	4.31	0.71	5.09	0.21	4.53
龙井市	4.02	0.80	0.21	1.04	0.10	0.82	0.05	0.22
和龙市	5.72	0.38	0.21	1.66	0.45	2.12	0.21	1.47
梅河口市	15.03	1.53	1.08	1.18	0.70	6.15	0.54	2.06
长白山保护开发区管理委员会	8.97	1.25	1.13	0.52	0.27	1.89	0.34	14.14
黑龙江	605.37	143.45	98.12	381.91	56.52	216.90	37.97	166.05
哈尔滨市	149.32	54.51	28.83	103.27	11.55	57.54	11.53	42.29
尚志市	5.14	1.44	0.50	7.74	0.60	2.26	0.74	2.90
五常市	12.24	1.21	0.73	1.84	0.37	1.58	0.15	1.95
齐齐哈尔市	43.07	11.09	8.60	36.02	4.59	20.16	2.86	4.57
讷河市	6.10	0.94	0.57	2.21	1.65	1.63	0.14	0.62
鸡西市	47.49	3.24	1.50	9.71	2.05	7.43	1.60	7.09
虎林市	4.14	0.78	0.48	2.02	0.96	2.12	0.16	0.48
密山市	8.95	0.62	0.47	2.34	1.42	1.89	0.29	1.91
鹤岗市	17.04	2.74	1.83	11.12	1.31	7.07	0.96	6.56
双鸭山市	15.84	3.35	2.78	9.35	2.77	9.87	1.96	12.17
大庆市	61.62	23.40	19.36	88.85	5.46	20.56	3.51	15.71
伊春市	34.89	5.02	6.11	10.03	2.84	14.72	4.24	18.59
铁力市	8.56	0.20	0.02	1.67	0.92	1.99	0.02	2.30
佳木斯市	24.67	5.16	3.75	17.18	2.17	7.33	0.50	12.89
同江市	2.10	0.95	0.98	1.65	0.78	2.02	0.16	2.05
抚远市	2.50	1.03	0.45	0.28	0.01	0.43	0.19	0.14
富锦市	7.57	0.94	0.52	1.72	0.65	2.59	0.25	1.94
七台河市	40.70	1.60	1.00	9.23	0.97	10.70	0.70	2.70
牡丹江市	23.61	5.72	3.08	17.21	1.52	7.08	0.75	2.44
海林市	5.80	0.25	2.06	0.80	0.87	2.82	0.60	4.50
宁安市	4.90	0.63	0.18	2.45	0.32	0.69	1.74	0.31
穆棱市	3.39	0.86	0.87	0.92	0.35	1.59	0.15	1.93
绥芬河市	4.76	1.68	1.14	6.14	1.29	4.01	1.04	1.92
东宁市	6.83	1.15	0.85	3.07	0.23	1.80	0.13	0.53
黑河市	5.50	3.94	1.36	2.13	1.15	2.12	0.89	2.91
北安市	4.51	1.11	1.61	6.14	2.73	3.99	0.42	2.48

续表

地区	居住用地	公共管理与公共服务用地	商业服务业设施用地	工业用地	物流仓储用地	道路交通设施用地	公用设施用地	绿地与广场用地
五大连池市	1.36	0.30	0.39	1.04	0.68	0.95	0.15	0.75
嫩江市	7.98	1.00	2.80	1.70	0.20	2.73	0.06	3.00
绥化市	12.46	3.79	2.46	10.34	1.91	5.18	0.32	1.00
安达市	10.45	1.57	0.75	5.13	1.35	1.83	0.39	0.35
肇东市	12.45	1.37	1.27	5.28	2.12	4.62	0.88	4.80
海伦市	7.09	1.18	0.52	2.14	0.52	4.66	0.42	0.40
漠河市	2.34	0.68	0.30	1.19	0.21	0.94	0.07	1.87
上海	**373.49**	**99.84**	**106.79**	**179.68**	**43.07**	**187.64**	**14.31**	**78.50**
江苏	**1668.74**	**473.36**	**393.31**	**1214.55**	**132.28**	**1009.19**	**209.37**	**690.86**
南京市	556.52	184.96	98.25	303.91	51.66	359.71	121.64	198.25
无锡市	94.90	23.70	24.50	71.11	6.32	53.57	4.34	33.82
江阴市	46.68	2.85	7.93	26.04	3.00	16.72	5.93	15.83
宜兴市	26.21	5.52	6.29	29.96	0.81	12.51	1.87	7.90
徐州市	87.01	19.11	22.73	49.97	4.58	48.54	12.44	43.20
新沂市	14.14	4.24	2.25	8.85	0.83	2.79	0.13	5.82
邳州市	21.04	4.39	1.70	10.43	0.32	6.12	1.63	5.27
常州市	64.54	19.09	20.88	90.42	2.71	39.47	2.37	38.80
溧阳市	10.39	2.83	2.28	7.17	0.69	6.24	1.17	3.57
苏州市	140.61	28.83	37.55	124.50	8.47	72.32	9.19	58.58
常熟市	36.59	3.92	12.80	13.13	1.34	15.16	1.72	14.80
张家港市	20.86	4.90	4.10	2.44	0.26	10.13	0.61	11.12
昆山市	22.65	5.08	2.54	14.61	1.35	7.81	4.45	9.15
太仓市	18.74	2.79	4.45	23.49	0.69	7.68	1.47	5.14
南通市	87.26	18.53	19.58	72.27	7.99	45.71	5.48	30.91
海安市	8.25	3.56	2.01	2.11	1.28	7.55	2.00	4.71
启东市	9.44	2.93	4.33	6.15	0.65	6.10	1.34	4.80
如皋市	10.84	2.70	3.09	8.24	0.15	7.98	0.60	6.01
连云港市	49.81	16.59	19.13	62.46	12.29	40.05	2.37	20.18
淮安市	46.50	24.00	20.10	34.80	4.70	42.20	2.70	35.70
盐城市	43.38	12.06	9.32	24.52	3.27	38.17	3.46	30.92
东台市	9.51	2.71	5.80	2.18	2.10	7.43	1.00	8.24
扬州市	52.54	12.99	14.06	40.44	2.36	33.68	3.02	32.67
仪征市	8.43	2.01	1.62	6.76	1.98	6.39	0.45	7.80
高邮市	7.60	2.57	2.69	4.64	0.33	4.46	0.66	4.45

续表

地区	居住用地	公共管理与公共服务用地	商业服务业设施用地	工业用地	物流仓储用地	道路交通设施用地	公用设施用地	绿地与广场用地
镇江市	42.30	14.41	7.96	53.20	4.15	30.95	3.41	13.83
丹阳市	8.15	6.01	7.25	9.37	0.80	1.98	4.27	1.00
扬中市	4.33	1.00	0.97	3.72	0.43	2.63	0.64	2.20
句容市	11.78	3.06	2.08	6.39	0.07	6.23	0.45	3.71
泰州市	41.07	16.93	12.13	34.26	4.37	31.44	5.69	7.02
兴化市	14.09	2.93	2.56	12.42	0.05	6.51	0.63	0.84
靖江市	11.58	0.68	0.56	3.05	0.19	4.50	0.16	12.92
泰兴市	14.54	3.90	1.67	17.44	0.00	3.86	0.07	1.41
宿迁市	26.46	11.58	8.15	34.10	2.09	22.60	2.01	10.29
浙江	**1078.41**	**322.73**	**242.71**	**782.59**	**57.50**	**613.86**	**68.80**	**287.58**
杭州市	262.46	121.81	68.54	169.48	5.33	177.25	16.32	51.66
建德市	12.02	1.84	1.06	4.68	0.02	6.09	0.45	0.61
宁波市	97.58	33.22	25.09	134.30	21.21	76.72	6.94	32.49
余姚市	21.02	3.12	2.47	12.95	0.15	8.22	0.34	1.27
慈溪市	21.76	3.55	3.14	11.63	0.16	5.52	0.45	3.63
温州市	56.63	16.99	38.44	7.95	7.56	40.18	11.42	25.22
瑞安市	41.20	5.75	3.10	29.93	0.44	24.53	1.85	1.12
乐清市	23.74	3.91	1.94	12.21	0.07	18.38	0.54	5.81
龙港市	9.63	0.52	0.75	6.86	0.10	4.51	0.54	0.61
嘉兴市	41.37	13.31	11.15	34.94	5.20	22.37	1.00	20.53
海宁市	17.82	4.26	4.19	12.44	0.14	7.12	0.37	7.86
平湖市	14.51	3.72	2.77	16.29	0.27	6.70	0.32	5.92
桐乡市	18.18	3.58	4.04	14.26	0.62	7.34	0.46	5.63
湖州市	45.94	12.25	7.18	26.74	1.53	21.22	1.39	10.18
绍兴市	91.78	15.73	19.45	65.38	2.32	34.26	3.09	18.62
诸暨市	27.00	6.25	5.50	26.20	1.20	12.80	0.85	3.02
嵊州市	9.74	1.62	1.45	6.52	0.11	1.77	0.13	0.28
金华市	36.07	11.21	5.49	25.75	0.90	19.37	1.14	13.07
兰溪市	11.58	2.62	1.34	13.51	0.22	3.78	0.37	2.58
义乌市	32.04	9.71	7.17	14.93	3.03	24.75	0.86	18.62
东阳市	14.50	3.01	2.24	8.38	0.07	8.05	0.25	8.55
永康市	9.58	2.78	0.68	15.44	0.84	6.91	1.68	1.74
衢州市	20.17	6.84	4.55	30.68	2.37	15.54	2.96	8.37
江山市	5.40	1.44	1.88	1.51	0.83	4.42	0.54	2.88

续表

地区	居住用地	公共管理与公共服务用地	商业服务业设施用地	工业用地	物流仓储用地	道路交通设施用地	公用设施用地	绿地与广场用地
舟山市	22.57	8.06	3.82	6.29	0.48	8.66	1.36	7.68
台州市	47.42	10.17	6.97	31.79	0.94	22.79	4.80	16.73
玉环市	11.09	1.63	0.63	10.59	0.12	3.64	1.00	0.52
温岭市	16.00	1.59	2.97	8.48	0.53	6.02	1.64	3.84
临海市	21.73	4.10	1.78	13.92	0.21	6.93	0.24	1.38
丽水市	14.28	6.79	2.51	4.36	0.35	4.80	5.31	5.08
龙泉市	3.60	1.35	0.42	4.20	0.18	3.22	0.19	2.08
安徽	**717.00**	**171.62**	**156.64**	**477.19**	**41.63**	**461.83**	**66.31**	**314.89**
合肥市	135.52	53.89	35.64	87.86	3.33	106.55	7.09	23.98
巢湖市	18.20	2.20	3.80	1.20	0.20	9.91	3.00	9.49
芜湖市	55.63	8.47	21.33	23.08	4.45	50.19	17.51	60.58
无为市	7.01	2.05	3.20	1.20	0.56	3.22	0.45	7.39
蚌埠市	50.41	11.07	7.08	26.35	10.06	26.54	11.26	12.20
淮南市	43.16	9.51	7.77	18.65	1.00	22.25	1.16	24.19
马鞍山市	38.24	8.35	6.94	60.29	0.66	22.49	5.45	3.77
淮北市	35.60	7.44	9.12	20.74	2.99	11.62	1.75	9.75
铜陵市	24.21	7.21	4.90	29.83	0.46	12.81	1.41	5.62
安庆市	45.09	9.93	11.55	32.74	3.61	27.36	3.40	21.56
潜山市	7.55	1.35	0.92	4.16	0.14	3.01	0.44	2.48
桐城市	10.29	1.76	0.81	8.28	0.38	3.58	0.24	0.46
黄山市	20.85	3.75	3.71	10.03	0.42	11.88	0.62	8.93
滁州市	28.62	6.09	6.61	30.87	1.14	24.34	0.88	12.04
天长市	7.51	1.09	0.80	1.63	0.21	7.65	0.36	6.67
明光市	8.33	1.80	1.33	6.11	0.35	7.46	0.35	3.18
阜阳市	48.77	9.44	7.08	20.96	1.86	24.02	0.61	32.80
界首市	6.03	1.58	1.02	4.73	0.17	4.77	0.18	8.29
宿州市	28.24	3.93	3.83	16.18	3.20	19.48	2.73	12.34
六安市	26.45	5.68	4.97	13.50	1.86	12.49	3.14	13.29
亳州市	20.66	3.74	4.00	12.15	1.00	16.97	0.70	15.78
池州市	16.06	2.34	2.86	4.90	1.38	8.42	0.98	7.14
宣城市	17.34	5.35	4.21	18.55	1.38	14.05	1.35	7.25
广德市	8.07	2.02	1.65	9.88	0.69	6.30	0.32	4.40

续表

地区	居住用地	公共管理与公共服务用地	商业服务业设施用地	工业用地	物流仓储用地	道路交通设施用地	公用设施用地	绿地与广场用地
宁国市	9.16	1.58	1.51	13.32	0.13	4.47	0.93	1.31
福建	**459.50**	**132.54**	**99.09**	**270.70**	**31.53**	**244.89**	**40.63**	**175.14**
福州市	10.91	4.36	3.77	12.06	0.74	14.01	0.34	1.47
福清市	15.63	5.15	2.06	10.92	0.72	13.89	0.47	5.84
厦门市	106.16	36.07	26.93	92.52	9.74	82.32	10.52	45.50
莆田市	52.10	8.65	3.57	16.50	1.78	17.70	0.98	4.65
三明市	18.32	3.60	3.51	14.28	3.95	9.21	2.21	11.06
永安市	8.60	1.75	0.97	3.02	0.83	3.53	0.43	5.97
泉州市	80.00	25.00	28.56	20.80	5.64	23.35	3.65	43.00
石狮市	8.52	8.52	2.59	4.73	1.26	6.89	2.59	4.56
晋江市	11.00	3.25	1.85	3.81	0.20	9.00	5.00	3.90
南安市	10.14	1.32	3.78	2.90	0.66	5.19	5.71	5.38
漳州市	34.58	9.90	4.86	21.66	1.30	16.83	2.42	18.46
南平市	16.64	4.93	2.40	12.13	0.93	4.77	1.08	6.58
邵武市	6.91	1.81	0.49	8.34	0.94	3.55	1.32	3.94
武夷山市	4.14	1.40	1.66	1.04	0.01	2.40	0.10	2.75
建瓯市	6.10	1.12	0.81	2.94	0.17	2.20	0.13	1.47
龙岩市	27.22	7.94	6.30	11.52	1.46	16.26	0.82	3.74
漳平市	3.52	0.97	0.94	5.05	0.02	2.83	0.92	3.43
宁德市	23.56	3.58	1.89	14.37	0.53	2.93	0.61	1.29
福安市	7.66	1.65	0.46	9.08	0.07	4.76	0.15	0.40
福鼎市	7.79	1.57	1.69	3.03	0.58	3.27	1.18	1.75
江西	**500.72**	**168.39**	**104.16**	**320.81**	**27.76**	**258.49**	**28.77**	**178.60**
南昌市	106.42	51.63	30.11	65.50	5.87	61.60	4.32	39.49
景德镇市	44.22	12.25	8.63	25.54	1.64	7.29	0.03	0.07
乐平市	6.40	3.28	3.37	5.64	1.01	2.37	1.03	2.99
萍乡市	18.65	5.55	2.07	8.70	0.96	10.36	0.66	5.25
九江市	44.41	9.98	9.33	33.21	2.47	21.47	5.93	15.32
瑞昌市	10.02	2.34	0.91	3.48	0.69	2.12	1.57	1.75
共青城市	5.46	1.32	0.90	1.80	0.20	2.20	0.90	4.50
庐山市	3.52	1.61	0.21	2.36	0.01	2.94	0.25	0.12
新余市	21.31	7.78	3.03	15.12	0.41	14.26	0.59	21.50
鹰潭市	15.49	4.57	3.29	9.87	1.67	9.27	0.80	9.07
贵溪市	10.17	2.38	0.94	14.38	0.15	4.29	0.32	4.18

续表

地区	居住用地	公共管理与公共服务用地	商业服务业设施用地	工业用地	物流仓储用地	道路交通设施用地	公用设施用地	绿地与广场用地
赣州市	44.66	10.32	7.92	16.71	2.52	18.20	0.47	8.01
瑞金市	10.73	2.60	1.48	5.73	0.08	7.48	0.19	0.55
龙南市	5.42	1.03	0.91	6.32	0.14	4.54	0.32	5.04
吉安市	14.95	9.75	3.10	16.00	1.60	12.90	0.80	7.54
井冈山市	2.29	0.99	1.65	0.94	0.18	1.20	0.10	1.05
宜春市	32.58	7.46	3.47	24.34	0.57	16.34	0.47	4.17
丰城市	11.44	4.03	3.35	22.28	1.25	7.11	1.82	4.87
樟树市	9.40	4.30	4.85	3.94	1.46	6.78	1.01	3.03
高安市	7.56	5.21	1.45	6.36	0.73	7.24	1.09	6.70
抚州市	34.84	9.23	5.97	23.82	2.01	15.58	2.03	12.13
上饶市	36.07	9.43	5.91	7.35	1.79	21.32	3.63	18.60
德兴市	4.71	1.35	1.31	1.42	0.35	1.63	0.44	2.67
山东	**1708.96**	**454.96**	**418.80**	**1137.45**	**149.24**	**757.98**	**117.47**	**526.87**
济南市	233.44	69.89	62.90	128.78	17.70	76.55	4.84	17.02
青岛市	172.09	54.61	50.49	208.43	36.24	104.08	9.46	65.73
胶州市	21.70	7.68	3.88	25.52	5.49	14.08	4.89	6.33
平度市	27.16	4.91	5.45	19.00	0.87	10.31	0.20	1.61
莱西市	14.44	4.20	1.35	10.69	2.37	3.70	0.93	3.25
淄博市	99.77	21.31	17.97	80.93	7.10	35.67	5.85	18.78
枣庄市	62.35	14.23	12.25	27.71	2.27	17.05	2.34	10.20
滕州市	26.94	5.24	5.24	10.78	1.41	8.79	0.11	3.54
东营市	60.56	15.71	14.56	8.57	1.46	20.76	0.86	18.45
烟台市	115.25	27.44	30.62	89.61	9.68	52.12	10.53	36.47
龙口市	12.31	5.17	5.98	2.64	2.36	8.61	2.15	6.57
莱阳市	19.76	7.35	7.52	1.75	0.38	2.50	1.30	2.85
莱州市	18.75	3.94	3.32	11.33	1.01	6.53	0.41	4.06
招远市	13.11	2.04	3.27	6.11	0.47	4.12	0.09	4.93
栖霞市	4.86	1.12	1.86	3.41	0.67	2.72	0.12	1.96
海阳市	11.24	2.47	2.39	6.30	0.51	2.48	1.93	7.10
潍坊市	57.12	12.91	12.02	33.10	5.67	25.25	6.00	20.40
青州市	14.80	4.20	4.50	6.90	0.80	11.04	1.50	9.70
诸城市	17.70	4.65	4.18	10.32	3.48	5.60	1.64	6.90
寿光市	15.83	5.55	3.07	3.74	1.09	7.24	0.09	10.41
安丘市	16.27	4.94	3.20	18.45	1.72	9.47	3.23	6.69

续表

地区	居住用地	公共管理与公共服务用地	商业服务业设施用地	工业用地	物流仓储用地	道路交通设施用地	公用设施用地	绿地与广场用地
高密市	16.37	3.31	4.00	10.26	0.53	8.13	0.31	10.15
昌邑市	12.37	2.47	1.97	6.62	0.23	3.08	0.36	0.44
济宁市	84.52	19.06	22.31	65.13	7.30	49.48	8.79	6.95
曲阜市	7.00	3.00	2.00	4.90	0.60	2.50	3.00	4.00
邹城市	14.35	7.63	2.75	7.65	2.00	5.95	1.75	6.62
泰安市	53.89	16.74	15.29	39.53	1.75	23.70	2.42	10.30
新泰市	16.30	4.80	12.18	1.57	2.61	7.98	4.44	20.00
肥城市	22.97	2.89	3.62	6.40	0.66	6.34	1.14	5.87
威海市	57.13	11.38	14.26	38.34	2.41	32.08	2.20	18.96
荣成市	15.15	4.35	5.84	8.28	1.05	9.56	0.25	14.52
乳山市	8.28	2.43	1.88	6.89	0.17	6.68	0.45	9.53
日照市	44.95	10.50	10.14	6.95	2.31	20.98	5.74	14.73
临沂市	60.14	24.82	11.41	31.42	8.32	30.83	10.83	49.19
德州市	46.76	11.09	8.59	56.00	3.75	12.87	3.20	13.20
乐陵市	5.76	2.06	2.24	7.78	0.29	3.39	2.06	7.84
禹城市	11.55	1.76	2.16	15.78	0.92	3.83	0.26	1.19
聊城市	62.07	14.07	15.85	34.53	5.14	33.69	4.68	22.54
临清市	10.00	4.06	0.91	5.20	1.15	4.59	0.63	4.86
滨州市	55.02	12.85	10.38	37.78	2.52	18.88	2.54	6.79
邹平市	12.50	1.90	2.74	16.05	1.06	10.56	3.30	10.79
菏泽市	56.43	14.23	12.26	16.32	1.72	34.21	0.65	25.45
河南	**947.78**	**316.78**	**162.78**	**380.56**	**84.19**	**510.64**	**102.53**	**572.40**
郑州市	165.54	92.71	23.52	53.33	25.03	118.70	25.25	149.26
巩义市	9.49	3.83	1.55	5.98	0.93	4.90	0.58	8.18
荥阳市	10.00	2.70	1.05	6.30	1.02	5.40	0.72	2.65
新密市	8.90	1.30	2.10	3.36	1.20	4.60	4.80	4.20
新郑市	9.62	4.30	3.58	3.09	0.86	4.53	0.76	7.56
登封市	12.61	3.51	1.31	0.51	0.24	4.34	0.09	4.83
开封市	42.72	16.41	7.68	24.96	2.83	22.73	5.05	17.69
洛阳市	100.51	22.04	14.43	40.65	7.05	44.22	5.54	54.38
平顶山市	28.50	2.89	2.50	5.54	1.27	13.89	1.35	17.36
舞钢市	3.35	1.84	0.18	3.76	0.10	2.51	0.93	3.92
汝州市	13.00	2.50	3.00	4.73	1.18	6.30	0.42	8.98
安阳市	28.54	9.65	6.54	9.63	2.42	16.51	0.35	16.92

续表

地区	居住用地	公共管理与公共服务用地	商业服务业设施用地	工业用地	物流仓储用地	道路交通设施用地	公用设施用地	绿地与广场用地
林州市	10.38	2.58	0.95	1.10	0.35	3.90	0.28	6.04
鹤壁市	15.41	4.34	4.17	14.79	0.50	10.94	0.90	14.39
新乡市	43.17	12.25	7.12	11.92	2.11	14.10	2.91	27.57
长垣市	11.56	3.18	2.12	7.91	0.38	7.18	0.59	8.17
卫辉市	7.27	2.09	1.52	3.83	0.50	2.58	1.01	3.28
辉县市	11.01	1.39	0.35	1.36	0.50	3.35	0.57	3.60
焦作市	35.85	13.00	5.00	20.57	1.02	18.31	1.56	18.45
沁阳市	7.09	1.40	1.32	0.58	1.19	4.00	1.44	3.30
孟州市	5.53	1.02	0.96	1.24	0.25	4.03	0.61	3.33
濮阳市	23.17	3.20	4.90	4.17	1.35	11.58	2.22	13.96
许昌市	24.27	8.12	5.36	10.71	2.17	16.98	7.47	16.42
禹州市	12.60	5.00	2.08	7.91	1.87	6.71	0.70	8.54
长葛市	4.58	2.70	0.95	4.00	0.90	5.45	0.24	6.50
漯河市	17.03	4.41	2.31	5.92	2.34	12.39	7.83	16.26
三门峡市	22.59	5.59	4.21	12.20	1.29	7.71	0.94	3.18
义马市	3.91	2.05	0.81	3.11	0.33	3.14	0.43	4.88
灵宝市	5.30	3.30	0.91	4.39	0.55	3.26	1.10	3.98
南阳市	48.82	23.20	9.06	24.22	4.63	27.97	6.14	20.63
邓州市	8.56	0.54	3.25	5.96	1.20	7.24	0.84	6.67
商丘市	60.50	11.92	9.75	24.32	3.54	25.53	1.80	12.70
永城市	12.56	5.00	4.66	3.82	0.50	9.10	2.35	9.99
信阳市	35.00	11.76	3.84	17.40	2.84	9.50	1.29	22.77
周口市	33.77	8.73	9.27	9.11	5.17	17.30	5.07	16.15
项城市	10.38	3.97	1.70	2.19	2.14	5.35	1.78	5.83
驻马店市	28.23	8.58	6.41	7.08	1.32	16.58	4.73	13.75
济源示范区	16.46	3.78	2.36	8.91	1.12	7.83	1.89	6.13
湖北	580.11	157.71	114.36	431.42	53.54	310.53	61.23	165.31
武汉市	—	—	—	—	—	—	—	—
黄石市	24.59	5.80	2.35	24.37	0.80	17.97	1.51	8.03
大冶市	8.42	2.50	1.39	5.07		5.31	1.25	8.51
十堰市	34.73	13.43	4.40	33.95	3.68	12.62	4.23	9.78
丹江口市	7.67	2.40	1.65	7.17	0.12	4.52	0.68	0.72
宜昌市	52.58	13.41	11.64	40.30	10.96	32.25	12.13	17.68
宜都市	8.66	1.91	1.11	6.97	0.18	3.50	0.11	0.85

续表

地区	居住用地	公共管理与公共服务用地	商业服务业设施用地	工业用地	物流仓储用地	道路交通设施用地	公用设施用地	绿地与广场用地
当阳市	4.35	0.48	0.65	8.82	0.50	3.88	1.37	3.89
枝江市	6.03	2.24	1.49	7.92	0.32	6.07	0.31	4.20
襄阳市	55.66	12.82	12.24	50.99	3.05	39.87	1.47	7.00
老河口市	10.74	1.95	1.34	10.16	0.11	5.66	1.14	0.66
枣阳市	14.34	3.53	5.07	18.97	0.77	6.78	0.57	0.57
宜城市	8.89	2.05	1.40	5.31	0.68	4.82	0.60	4.00
鄂州市	10.30	3.45	2.72	3.90	1.12	5.80	1.91	8.12
荆门市	14.73	5.97	4.23	13.35	1.74	12.66	4.75	12.02
京山市	8.47	2.73	1.32	7.36	0.69	7.25	0.65	3.20
钟祥市	6.33	1.65	0.78	4.86	1.87	5.59	0.35	5.94
孝感市	31.80	8.90	3.07	18.38	0.42	11.88	0.54	3.24
应城市	6.35	2.24	1.43	4.66	0.11	2.85	1.11	1.76
安陆市	7.95	0.59	0.67	2.76	0.76	4.82	0.96	1.63
汉川市	8.61	3.70	6.64	2.67	1.34	3.89	0.51	0.54
荆州市	25.46	10.81	5.65	23.60	2.42	16.78	3.00	11.78
监利市	5.90	3.05	2.75	8.50	7.83	4.40	0.31	1.67
石首市	6.31	1.15	5.36	1.64	1.02	3.29	0.69	1.68
洪湖市	4.79	0.42	1.50	3.67	0.31	4.34	2.38	3.77
松滋市	6.81	2.31	1.43	4.58	0.26	3.15	0.25	2.44
黄冈市	11.37	5.38	2.63	6.27	0.42	0.44	3.90	2.61
麻城市	13.50	3.27	4.15	8.02	1.21	8.75	0.61	1.27
武穴市	9.40	4.00	1.20	2.00	1.60	6.03	2.10	3.95
咸宁市	32.78	4.53	2.55	15.85	0.26	16.58	0.23	1.82
赤壁市	10.70	1.45	1.99	5.91	1.25	5.18	1.95	3.10
随州市	32.10	5.85	4.00	23.18	1.36	10.37	1.92	4.90
广水市	13.45	3.23	2.71	5.10	0.76	6.57	0.81	0.49
恩施市	11.90	5.80	4.50	6.10	2.10	3.90	1.80	7.25
利川市	5.20	1.20	1.40	1.60	0.90	2.05	1.58	5.25
仙桃市	27.64	4.63	2.28	12.75	1.30	10.29	2.31	3.28
潜江市	18.65	4.82	1.70	12.17	0.67	3.49	0.35	1.45
天门市	12.95	4.06	2.97	12.54	0.65	6.93	0.89	6.26
湖南	722.89	215.53	138.84	295.89	43.29	246.55	71.90	173.65
长沙市	154.11	41.77	29.39	23.18	7.07	55.45	2.85	18.22
宁乡市	22.33	5.16	3.28	20.51	0.62	5.84	0.69	8.94

续表

地区	居住用地	公共管理与公共服务用地	商业服务业设施用地	工业用地	物流仓储用地	道路交通设施用地	公用设施用地	绿地与广场用地
浏阳市	8.60	2.80	2.10	2.10	0.90	1.20	1.35	10.50
株洲市	60.95	20.17	10.17	37.49	2.01	17.66	0.51	0.32
醴陵市	11.92	5.23	2.35	5.71	1.05	1.76	0.04	2.32
湘潭市	48.53	12.92	7.02	31.69	2.35	16.67	1.05	5.85
湘乡市	8.41	1.83	1.81	5.58	0.76	3.87	0.52	1.10
韶山市	1.20	0.56	0.78	0.91	—	0.62	0.26	0.79
衡阳市	49.92	14.62	7.85	30.65	3.14	22.98	3.94	11.90
耒阳市	11.70	6.50	1.70	5.10	1.50	2.20	1.38	3.30
常宁市	19.06	3.19	1.03	5.48	0.21	6.78	0.24	2.83
邵阳市	29.24	9.52	5.23	4.85	3.21	6.35	5.38	13.53
武冈市	8.82	2.32	3.25	1.50	1.05	2.38	1.70	2.22
邵东市	7.39	6.45	2.46	0.15	1.86	2.69	0.20	2.75
岳阳市	32.86	11.63	6.95	20.88	4.22	8.95	12.17	15.23
汨罗市	6.83	1.57	0.95	0.86	0.11	4.60	0.17	3.10
临湘市	6.09	0.98	0.87	3.17	0.08	2.02	0.19	2.74
常德市	38.81	11.55	9.61	25.01	1.85	20.36	1.31	6.19
津市市	5.56	1.24	0.51	6.02	0.18	1.33	0.32	1.22
张家界市	16.19	2.00	4.78	2.98	0.61	5.07	0.61	5.85
益阳市	31.45	11.99	4.51	10.83	—	5.90	16.97	5.90
沅江市	9.42	1.43	0.33	0.59	—	0.56	2.58	2.33
郴州市	29.30	7.50	4.96	8.60	2.28	14.26	0.60	13.45
资兴市	6.52	1.58	0.87	6.74	0.56	1.74	0.29	2.12
永州市	16.47	5.59	7.65	8.77	2.34	10.60	8.38	9.22
祁阳市	11.12	1.16	1.56	4.60	0.52	5.51	1.12	5.28
怀化市	19.60	8.01	8.69	2.21	2.08	8.73	0.62	4.36
洪江市	4.13	0.88	0.16	2.14	0.14	1.43	0.53	3.14
娄底市	16.80	5.99	5.15	12.02	1.28	3.76	4.07	4.88
冷水江市	5.06	1.19	0.47	2.17	0.21	2.38	0.28	2.29
涟源市	4.50	2.70	2.10	2.40	0.40	1.40	0.68	0.88
吉首市	20.00	5.50	0.30	1.00	0.70	1.50	0.90	0.90
广东	1874.67	455.01	402.28	1590.32	97.49	1171.73	95.51	349.30
广州市	223.18	111.70	58.42	194.34	21.07	79.20	7.17	26.96
韶关市	44.10	11.91	6.42	32.90	2.38	13.70	1.46	10.63
乐昌市	7.21	1.19	0.50	3.41	0.05	2.87	0.33	0.17

续表

地区	居住用地	公共管理与公共服务用地	商业服务业设施用地	工业用地	物流仓储用地	道路交通设施用地	公用设施用地	绿地与广场用地
南雄市	4.07	1.26	0.53	3.01	0.06	1.16	0.08	0.18
深圳市	228.21	37.72	60.65	273.42	20.24	237.88	24.00	72.67
珠海市	105.82	31.88	36.64	103.02	4.00	109.94	5.07	14.39
汕头市	162.31	18.37	15.77	66.64	2.57	36.81	2.83	5.02
佛山市	60.55	15.99	17.50	44.05	2.97	33.54	4.30	10.31
江门市	30.97	8.99	6.91	64.37	0.63	28.73	2.27	15.14
台山市	12.01	2.60	1.92	5.19	0.10	6.31	0.20	3.97
开平市	10.93	1.85	1.51	2.95	0.20	4.17	0.23	0.53
鹤山市	12.16	3.76	0.72	4.49	0.96	5.01	0.73	3.83
恩平市	14.18	2.44	1.25	12.81	0.13	3.93	0.80	1.52
湛江市	31.37	7.78	7.57	10.53	1.96	21.18	0.53	3.61
廉江市	15.38	3.43	2.01	4.90	1.18	8.66	0.31	3.63
雷州市	9.69	2.91	6.60	3.10	0.75	2.18	3.34	2.73
吴川市	11.54	1.78	1.65	1.79	0.40	3.39	1.42	5.77
茂名市	37.66	7.43	3.98	25.14	2.08	17.10	2.90	8.48
高州市	14.83	3.90	1.91	6.78	1.04	4.58	0.68	5.07
化州市	11.85	1.56	1.36	3.39	0.88	8.00	0.92	8.76
信宜市	7.82	2.04	0.66	0.85	0.04	1.81	0.52	0.04
肇庆市	39.89	13.32	8.33	36.23	2.54	24.42	1.39	9.20
四会市	9.80	1.65	2.66	7.86	0.86	4.77	1.10	0.32
惠州市	103.86	17.74	13.00	58.59	2.41	50.64	6.54	44.87
梅州市	30.16	6.27	6.74	5.81	0.00	19.26	1.10	6.22
兴宁市	9.66	2.17	2.61	0.70	1.35	3.42	0.70	8.09
汕尾市	9.95	2.99	1.80	4.54	0.32	3.81	0.90	1.95
陆丰市	6.95	1.35	0.89	3.32	0.03	3.50	0.25	1.55
河源市	—	—	—	—	—	—	—	—
阳江市	34.90	6.29	9.18	22.07	0.21	17.68	1.09	12.38
阳春市	16.11	1.09	2.00	4.81	0.39	4.75	0.61	0.10
清远市	30.32	12.28	2.60	8.71	0.15	14.71	0.56	2.27
英德市	8.30	6.08	2.22	2.68	0.43	4.26	2.34	4.70
连州市	5.91	0.05	0.06	2.18	—	4.85	0.54	4.30
东莞市	312.06	66.69	79.87	422.53	18.58	271.49	13.22	12.42
中山市	57.90	9.87	12.84	38.54	2.27	26.42	0.81	4.79
潮州市	29.89	4.66	5.16	28.48	0.80	17.44	0.91	19.58

— 271 —

续表

地区	居住用地	公共管理与公共服务用地	商业服务业设施用地	工业用地	物流仓储用地	道路交通设施用地	公用设施用地	绿地与广场用地
揭阳市	47.95	12.08	7.15	56.06	2.09	53.63	1.51	1.71
普宁市	37.12	3.02	4.06	7.87	0.55	8.25	0.89	7.01
云浮市	13.21	3.48	4.88	5.93	0.47	4.46	0.59	0.75
罗定市	14.89	3.44	1.75	6.33	0.35	3.82	0.37	3.68
广西	**464.80**	**142.31**	**96.78**	**231.42**	**51.79**	**303.87**	**56.75**	**285.74**
南宁市	100.06	36.92	23.41	19.23	7.74	56.04	18.78	58.95
横州市	7.47	1.42	1.03	7.90	0.93	6.16	0.12	11.06
柳州市	65.45	22.70	14.74	57.69	10.17	53.80	4.73	28.62
桂林市	43.48	15.21	10.46	15.89	3.38	22.06	1.70	20.62
荔浦市	3.16	0.71	0.68	0.21	0.19	3.18	0.20	3.49
梧州市	20.73	6.29	3.93	10.60	2.39	11.62	2.78	10.52
岑溪市	9.66	1.40	0.70	1.95	0.12	4.24	0.12	4.25
北海市	28.65	7.60	6.11	7.95	1.12	18.00	1.08	14.45
防城港市	11.55	2.99	4.12	9.05	4.61	9.08	1.29	7.69
东兴市	2.72	1.47	1.36	1.17	0.43	2.83	0.60	2.38
钦州市	18.14	6.75	5.39	21.68	4.50	14.63	1.18	17.89
贵港市	24.38	7.02	3.16	15.53	2.60	15.58	3.12	12.75
桂平市	7.68	2.70	2.16	6.85	1.16	6.31	0.46	10.06
玉林市	28.30	3.69	5.78	6.16	2.44	13.69	1.00	12.51
北流市	8.30	0.42	0.75	2.69	0.28	5.90	0.83	9.81
百色市	21.40	6.17	1.90	8.79	2.68	11.32	3.30	9.45
靖西市	7.00	0.65	0.20	2.90	0.10	3.84	0.35	3.22
平果市	7.30	2.02	1.56	7.00	1.12	5.44	1.13	7.19
贺州市	13.66	6.63	3.50	9.66	0.70	9.71	2.02	10.84
河池市	9.62	2.79	1.17	5.67	1.17	9.32	3.04	10.34
来宾市	12.83	2.76	2.61	8.38	1.96	11.49	6.27	7.06
合山市	3.25	0.11	0.06	0.94	0.01	1.01	0.18	1.83
崇左市	7.22	2.33	1.11	3.11	0.72	6.85	1.81	8.64
凭祥市	2.79	1.56	0.89	0.42	1.27	1.77	0.66	2.12
海南	**152.09**	**55.80**	**55.32**	**20.91**	**7.19**	**73.34**	**7.37**	**36.26**
海口市	67.24	24.75	18.11	10.11	3.58	37.89	1.39	15.23
三亚市	31.06	19.07	29.37	5.29	2.24	13.78	3.49	7.86
儋州市	13.71	3.31	1.67	2.35	0.48	5.38	0.93	5.58
五指山市	3.00	1.50	0.05	0.01	—	3.00	0.80	2.43

续表

地区	居住用地	公共管理与公共服务用地	商业服务业设施用地	工业用地	物流仓储用地	道路交通设施用地	公用设施用地	绿地与广场用地
琼海市	12.36	1.93	1.60	0.69	0.23	3.26	0.09	0.10
文昌市	6.77	1.90	1.83	0.63	0.12	3.58	0.29	1.66
万宁市	5.81	1.22	1.40	0.30	0.11	2.16	0.17	1.89
东方市	12.14	2.12	1.29	1.53	0.43	4.29	0.21	1.51
重庆	**441.95**	**147.12**	**86.34**	**321.39**	**36.62**	**300.12**	**32.27**	**127.39**
四川	**1018.63**	**287.29**	**247.02**	**530.58**	**85.97**	**529.12**	**72.79**	**410.36**
成都市	342.22	88.88	81.36	159.00	25.00	180.19	11.72	106.28
简阳市	9.68	5.27	3.22	2.87	2.31	5.15	2.19	9.83
都江堰市	20.30	2.36	4.30	0.35	0.00	7.31	0.28	4.12
彭州市	7.46	2.24	6.57	2.22	0.90	4.26	1.28	3.94
邛崃市	11.30	1.71	2.05	7.69	0.05	2.62	0.15	0.82
崇州市	7.27	3.09	2.53	0.01	0.00	4.56	0.28	5.39
自贡市	42.45	6.94	6.68	29.45	2.21	14.63	3.31	22.83
攀枝花市	22.51	4.66	6.70	24.26	3.44	7.30	4.05	10.06
泸州市	40.41	13.62	7.89	28.03	1.99	37.61	2.97	41.61
德阳市	29.96	9.12	7.69	25.41	1.23	18.15	1.91	4.68
广汉市	10.30	3.10	2.22	12.51	1.33	6.46	0.50	4.28
什邡市	4.73	0.65	1.39	2.96	0.51	3.10	2.42	1.88
绵竹市	5.57	1.76	1.10	1.96	0.31	2.13	0.05	0.54
绵阳市	56.35	21.05	13.09	33.07	3.70	31.01	3.30	20.31
江油市	10.20	3.10	1.42	6.37	0.60	6.25	0.37	6.23
广元市	16.69	6.79	4.47	11.76	1.66	10.92	3.34	11.65
遂宁市	29.93	5.05	6.58	14.78	1.41	15.17	3.22	10.85
射洪市	6.00	2.49	1.80	3.01	1.01	5.07	0.58	10.90
内江市	35.35	9.96	6.88	18.02	3.98	18.05	2.96	8.02
隆昌市	7.40	4.07	1.14	4.06	1.20	4.82	0.45	2.86
乐山市	27.70	8.79	8.50	10.14	1.08	12.34	2.03	5.24
峨眉山市	10.78	3.36	3.15	1.81	0.19	2.48	0.37	2.54
南充市	62.44	17.10	10.82	24.56	8.03	24.71	7.36	12.12
阆中市	11.50	3.15	3.00	6.00	1.60	5.20	1.40	6.16
眉山市	28.53	6.69	10.12	13.75	1.71	11.87	4.07	6.17
宜宾市	34.16	16.66	7.98	35.21	8.18	32.72	2.20	23.14

续表

地区	居住用地	公共管理与公共服务用地	商业服务业设施用地	工业用地	物流仓储用地	道路交通设施用地	公用设施用地	绿地与广场用地
广安市	25.15	3.99	3.27	12.12	4.19	7.53	1.72	7.03
华蓥市	4.60	1.27	0.50	2.68	0.12	2.09	1.36	3.38
达州市	28.56	7.52	8.82	6.58	2.29	10.56	1.31	24.71
万源市	7.90	1.63	1.02	0.34	0.79	2.69	0.23	1.66
雅安市	10.22	4.45	3.19	10.13	0.48	9.14	1.30	4.12
巴中市	13.52	2.80	2.46	6.20	1.26	5.76	1.50	4.90
资阳市	10.20	5.30	7.66	3.27	1.03	5.68	0.56	18.80
马尔康市	1.73	0.85	0.23	0.09	0.02	0.73	0.07	0.71
康定市	1.55	0.92	0.82	0.06	0.16	0.91	0.25	0.35
会理市	5.79	1.25	1.30	0.24	0.14	2.08	1.34	1.51
西昌市	18.22	5.65	5.10	9.61	1.86	7.87	0.39	0.74
贵州	**344.44**	**119.61**	**93.96**	**152.90**	**30.57**	**167.60**	**23.58**	**103.25**
贵阳市	95.41	41.58	34.59	49.01	13.76	39.28	5.86	46.63
清镇市	12.79	6.68	3.06	4.68	0.71	6.83	0.46	0.33
六盘水市	22.69	9.27	6.80	8.33	2.21	24.31	1.26	0.94
盘州市	9.90	1.84	2.72	3.20	0.99	4.63	0.49	3.14
遵义市	41.36	14.86	11.40	22.96	1.93	37.98	4.30	13.69
赤水市	3.40	1.53	1.06	3.14	0.07	1.22	0.13	8.50
仁怀市	9.00	2.00	1.00	3.81	2.00	1.50	1.30	3.50
安顺市	27.15	6.03	5.81	11.63	2.87	11.93	2.40	5.72
毕节市	15.93	9.51	3.49	12.06	0.37	4.94	1.27	2.60
黔西市	7.58	1.71	1.71	1.31	0.71	3.50	1.50	2.50
铜仁市	19.81	3.04	4.90	7.61	1.19	7.89	1.28	5.74
兴义市	22.13	8.14	8.02	8.40	1.50	9.11	1.18	6.17
兴仁市	4.99	1.68	1.77	1.08	0.25	2.83	0.15	2.27
凯里市	37.12	7.18	4.84	11.13	1.29	5.01	1.28	0.52
都匀市	9.61	2.99	1.92	0.73	0.57	1.72	0.19	0.69
福泉市	5.57	1.57	0.87	3.82	0.15	4.92	0.53	0.31
云南	**415.55**	**162.16**	**143.63**	**128.88**	**41.44**	**209.44**	**29.07**	**153.43**
昆明市	168.86	73.03	78.34	53.98	18.50	72.51	4.51	21.05
安宁市	7.34	9.97	1.41	7.98	0.27	4.94	0.32	4.27
曲靖市	37.82	9.57	7.43	9.68	2.05	18.00	1.11	15.31

续表

地区	居住用地	公共管理与公共服务用地	商业服务业设施用地	工业用地	物流仓储用地	道路交通设施用地	公用设施用地	绿地与广场用地
宣威市	10.63	5.33	1.65	4.60	1.80	5.34	4.68	4.80
玉溪市	8.82	2.22	1.66	5.04	3.12	10.88	0.44	5.41
澄江市	1.72	0.01	0.01	0.01	0.01	0.86	0.01	1.34
保山市	10.52	2.92	2.56	1.90	0.80	8.51	0.70	10.11
腾冲市	14.32	1.69	6.39	0.33	0.16	3.47	0.19	1.25
昭通市	12.86	4.49	2.47	5.21	1.23	8.52	1.49	6.62
水富市	2.20	0.85	1.03	1.18	0.19	1.50	0.12	1.08
丽江市	4.97	2.43	2.60	2.15	3.00	3.70	1.80	4.20
普洱市	5.38	5.05	2.64	0.49	2.30	4.47	0.51	5.65
临沧市	8.00	1.10	3.20	1.80	0.55	4.17	1.25	2.35
禄丰市	2.64	0.70	0.61	0.47	0.46	1.68	0.68	1.99
楚雄市	19.28	6.14	2.93	6.22	0.47	7.62	0.25	8.89
个旧市	5.11	1.62	0.78	3.10	0.29	1.84	0.19	7.46
开远市	8.90	2.53	2.56	4.05	0.63	3.30	0.38	4.54
蒙自市	7.47	2.17	2.52	2.32	0.19	7.15	2.68	5.61
弥勒市	6.01	2.79	0.29	1.50	0.51	3.70	2.66	5.17
文山市	10.31	6.28	6.36	4.26	1.91	6.41	0.86	4.94
景洪市	12.02	3.15	2.03	0.01	0.65	6.48	1.35	12.08
大理市	16.22	7.50	3.60	4.98	1.31	8.54	1.68	9.28
瑞丽市	8.84	1.50	5.01	1.80	0.30	5.42	0.17	3.90
芒市	15.15	6.51	3.68	5.58	0.59	8.06	0.74	1.56
泸水市	2.56	1.31	0.57	0.14	0.05	1.17	0.10	0.09
香格里拉市	7.60	1.30	1.30	0.10	0.10	1.20	0.20	4.48
西藏	35.50	24.68	15.88	15.56	4.35	23.56	9.60	30.59
拉萨市	17.65	8.64	8.70	11.38	1.69	16.11	5.90	11.58
日喀则市	7.50	5.80	2.00	2.00	1.30	2.75	1.50	5.10
昌都市	0.60	5.10	0.38	0.63	0.01	0.55	0.20	1.32
林芝市	1.28	1.10	1.80	0.40	0.30	0.90	1.30	5.72
山南市	2.10	1.36	0.80	0.40	0.32	1.13	0.19	4.50
那曲市	6.37	2.68	2.20	0.75	0.73	2.12	0.51	2.37
陕西	436.93	129.27	114.57	169.87	32.33	260.17	30.27	211.91
西安市	245.99	79.02	62.18	99.83	18.78	139.46	11.61	32.02
铜川市	12.21	4.47	3.04	9.45	0.36	8.66	0.69	9.97

续表

地区	居住用地	公共管理与公共服务用地	商业服务业设施用地	工业用地	物流仓储用地	道路交通设施用地	公用设施用地	绿地与广场用地
宝鸡市	26.55	5.87	12.77	13.79	2.75	17.00	3.52	29.22
咸阳市	21.78	5.90	3.40	15.60	0.80	15.30	0.30	12.10
彬州市	3.50	0.75	0.26	0.28	0.15	1.96	0.54	2.08
兴平市	6.65	1.10	0.50	4.28	0.20	3.42	0.21	6.64
渭南市	24.20	5.75	3.36	5.55	1.58	8.92	1.54	15.02
韩城市	6.57	0.75	1.10	0.85	0.80	3.15	0.80	4.18
华阴市	5.00	1.42	1.96	2.25	0.43	1.74	0.75	3.86
延安市	22.75	5.59	5.84	4.23	0.55	13.26	1.18	16.98
子长市	4.16	1.23	0.06	0.02	0.03	1.48	0.03	3.99
汉中市	13.55	4.35	7.06	6.41	1.55	9.59	2.97	14.12
榆林市	16.91	2.45	4.61	3.57	0.91	17.00	1.32	20.46
神木市	7.11	3.20	1.65	1.06	0.36	5.78	0.61	9.90
安康市	13.20	1.65	1.17	0.79	0.15	5.75	2.60	19.69
商洛市	3.10	2.30	2.60	0.60	2.00	2.80	0.60	5.70
杨凌区	3.70	3.47	3.01	1.31	0.93	4.90	1.00	5.98
甘肃	**244.12**	**75.52**	**77.35**	**203.28**	**41.99**	**151.71**	**30.71**	**117.05**
兰州市	92.62	27.60	34.43	75.79	18.90	72.08	6.11	22.04
嘉峪关市	12.65	5.62	6.61	54.43	3.82	16.86	0.72	8.90
金昌市	8.23	3.05	1.67	19.14	1.46	5.78	1.49	5.69
白银市	16.71	6.58	6.10	21.23	1.75	5.90	2.36	5.63
天水市	11.20	3.24	4.00	10.33	5.79	6.07	4.17	15.20
武威市	14.13	2.22	2.75	0.29	0.30	6.34	0.40	7.61
张掖市	18.65	3.19	3.18	2.01	2.57	3.87	4.25	7.26
平凉市	14.48	3.63	2.42	3.21	2.01	7.13	1.10	7.73
华亭市	4.97	2.35	0.05	0.48	0.52	2.64	0.82	3.00
酒泉市	11.55	4.60	5.26	3.70	1.35	5.43	1.29	13.67
玉门市	1.83	1.52	0.81	3.34	0.37	2.51	0.30	1.37
敦煌市	2.36	0.87	2.15	0.50	0.22	2.76	0.37	6.16
庆阳市	9.71	3.85	4.23	3.14	0.39	3.81	0.26	1.20
定西市	5.73	2.00	0.05	2.90	1.52	3.02	5.55	4.18
陇南市	6.64	0.86	0.40	0.16	0.02	2.23	0.70	2.09
临夏市	9.17	3.14	2.24	1.53	0.00	3.42	0.32	2.99
合作市	3.49	1.20	1.00	1.10	1.00	1.86	0.50	2.33

续表

地区	居住用地	公共管理与公共服务用地	商业服务业设施用地	工业用地	物流仓储用地	道路交通设施用地	公用设施用地	绿地与广场用地
青海	**60.56**	**17.61**	**15.70**	**23.14**	**13.47**	**41.00**	**11.29**	**44.25**
西宁市	28.90	6.85	3.07	4.60	6.83	19.02	6.36	26.83
海东市	7.42	1.97	1.29	0.99	1.61	6.97	1.16	5.71
同仁市	3.15	1.17	0.05	0.38	0.07	1.49	0.40	0.79
玉树市	5.16	0.34	0.42	0.05	0.47	2.24	0.52	4.84
茫崖市	1.68	0.60	3.58	2.06	0.56	0.95	0.28	0.14
格尔木市	9.96	2.75	4.73	10.95	3.00	6.89	1.04	2.59
德令哈市	4.29	3.93	2.56	4.11	0.93	3.44	1.53	3.35
宁夏	**134.83**	**42.79**	**35.22**	**48.78**	**10.05**	**82.25**	**8.05**	**91.81**
银川市	62.64	21.41	18.33	19.69	4.02	29.36	3.27	35.97
灵武市	5.30	1.78	1.41	3.92	0.07	2.76	0.22	4.82
宁东能源化工基地	0.50	1.00	0.50	0.10	0.00	2.04	1.00	3.26
石嘴山市	21.86	2.94	3.82	12.16	0.20	20.38	1.00	20.14
吴忠市	15.12	3.74	4.26	7.79	0.82	8.16	0.95	6.20
青铜峡市	9.84	5.62	2.50	2.90	2.37	4.30	0.87	3.28
固原市	10.56	3.56	2.15	1.51	2.40	8.90	0.52	11.04
中卫市	9.01	2.74	2.25	0.71	0.17	6.35	0.22	7.10
新疆	**372.98**	**110.98**	**104.95**	**187.77**	**55.83**	**189.31**	**50.53**	**178.18**
乌鲁木齐市	128.29	39.93	32.31	101.13	30.58	71.34	11.10	41.56
克拉玛依市	24.44	10.58	6.65	4.50	0.62	13.76	2.99	10.96
吐鲁番市	9.56	1.65	1.27	1.15	0.80	5.25	0.79	3.76
哈密市	20.17	4.65	4.44	2.25	1.57	6.79	4.18	8.20
昌吉市	21.78	4.85	6.53	10.24	1.69	15.31	0.97	6.52
阜康市	4.74	1.38	1.22	0.40	1.14	3.03	1.24	9.35
博乐市	11.02	1.93	3.21	4.04	1.28	2.59	1.09	3.12
阿拉山口市	0.13	0.74	0.46	2.39	0.09	1.50	0.91	5.67
库尔勒市	24.10	7.90	9.45	20.57	3.21	13.00	11.10	9.50
阿克苏市	23.05	5.52	3.36	4.22	1.52	6.44	2.04	17.44
库车市	7.37	1.07	4.63	1.22	2.05	5.56	1.06	9.29
阿图什市	4.54	3.39	2.05	0.45	0.26	2.04	0.54	1.59
喀什市	26.42	5.04	9.44	19.26	6.61	14.82	3.03	13.88

续表

地区	居住用地	公共管理与公共服务用地	商业服务业设施用地	工业用地	物流仓储用地	道路交通设施用地	公用设施用地	绿地与广场用地
和田市	11.85	3.87	4.10	1.55	0.29	3.94	0.77	12.13
伊宁市	16.15	3.93	3.35	3.23	0.58	8.65	2.36	4.57
奎屯市	5.38	3.30	4.90	1.78	0.31	3.90	4.40	6.20
霍尔果斯市	2.87	0.60	0.10	1.11	0.20	1.38	0.20	0.30
塔城市	12.47	4.97	2.52	4.03	1.27	1.62	1.02	0.30
乌苏市	7.57	1.90	1.46	3.51	1.20	2.47	0.70	4.54
沙湾市	5.90	1.50	1.05	0.62	0.30	2.52	0.03	5.10
阿勒泰市	5.18	2.28	2.45	0.12	0.26	3.40	0.01	4.20
新疆兵团	**58.45**	**22.49**	**18.98**	**34.12**	**3.40**	**33.22**	**7.28**	**36.61**
石河子市	20.67	5.48	3.86	9.13	2.00	8.75	1.13	6.55
阿拉尔市	6.28	4.09	2.29	8.40	0.68	3.04	2.92	3.88
图木舒克市	4.01	1.55	1.46	2.88	0.20	2.40	0.20	8.48
五家渠市	6.82	3.98	3.68	2.27	0.25	4.37	1.28	4.08
北屯市	5.47	1.78	3.14	2.29	0.20	2.70	0.80	1.08
铁门关市	1.22	1.87	0.17	0.25	0.05	1.80	0.08	1.45
双河市	5.96	0.72	2.63	1.34	0.00	2.77	0.06	1.61
可克达拉市	3.16	1.74	1.10	3.67	0.00	4.59	0.63	7.51
昆玉市	1.09	0.73	0.24	3.36	0.01	1.63	0.10	1.73
胡杨河市	1.88	0.15	0.20	0.30	—	0.94	0.05	0.09
新星市	1.89	0.40	0.21	0.23	0.01	0.23	0.03	0.15

数据来源：住房和城乡建设部。

（二）城市市政公用设施投资及建设情况

表3-115 2017—2021年全国城市市政公用设施建设固定资产投资

年　份	投资完成额（亿元）	增长率（%）	占同期全社会固定资产投资比重（%）	占同期国内生产总值的比重（%）
2017	19327.6	10.70	3.01	2.34
2018	20123.2	4.12	3.12	2.24
2019	20126.3	0.02	3.59	2.03
2020	22283.9	10.72	4.23	2.19
2021	23371.7	4.88	4.23	2.04

数据来源：住房和城乡建设部。

表3-116　2021年全国及各地区城市市政公用设施建设固定资产投资（1）

单位：万元

地区	2021年完成投资	供水	燃气	集中供热	轨道交通	道路桥梁	地下综合管廊
全　国	233716850	7705636	2295797	3972963	63390117	86445177	5389397
北　京	13102005	199918	132161	294232	3873512	3498026	50715
天　津	4609025	88230	14575	26666	3486515	420345	116157
河　北	5489770	295664	83110	499334	116103	2030919	728394
上　海	4620910	166505	115946	0	1448600	1446083	44258
江　苏	19445342	1014194	162987	9245	6773631	7022117	221259
浙　江	20776746	240100	119178	1800	7823666	7983304	372732
福　建	6910093	230700	125650	0	2254576	2283963	210727
山　东	15087678	530708	134417	996006	2156007	6863000	151253
广　东	22007836	742272	304641	0	8922917	6241744	1004261
海　南	914411	24738	858	0	0	610551	485
山　西	3023454	30840	15349	484074	380102	1331774	55102
安　徽	8983442	455726	159873	41484	1859003	3974005	176901
江　西	8779752	216432	54060	0	2020604	3421997	104736
河　南	9981039	249995	57794	244127	3004985	2857677	76185
湖　北	13932804	305687	41462	20315	3582984	5174323	534766
湖　南	9578140	268652	166552	1000	1887624	4202552	172936
内蒙古	1516947	92486	14884	314656	18814	345071	11435
广　西	4906878	297926	69374	0	484793	2504769	147559
重　庆	11884033	244623	35241	0	3147403	5941188	60990
四　川	16360486	397629	41986	8302	3088425	8572606	264346
贵　州	5332979	120789	35627	2180	1031769	1845928	56432
云　南	1929268	81440	38457	0	3360	443922	154945
西　藏	225919	69623	23837	0	0	59779	9911
陕　西	10090627	321242	81522	167858	2937237	3024885	355030
甘　肃	1763699	124160	11699	57752	223259	733856	18426
青　海	318872	11261	6544	12158	995	141002	52401
宁　夏	446119	85839	12883	55214	0	100032	849
新　疆	1930199	109447	9084	257849	134596	595270	73880
辽　宁	3299117	209287	134297	132174	1197321	687891	0
吉　林	2987404	108840	77979	78520	1048127	824605	142181
黑龙江	2867522	328702	13770	250081	483189	958593	9159

数据来源：住房和城乡建设部。

表 3-117 2021年全国及各地区城市市政公用设施建设固定资产投资（2）

单位：万元

地 区	排水	污水处理	污泥处置	再生水利用	园林绿化	市容环境卫生	垃圾处理	其他	2021年新增固定资产
全 国	20787619	8553097	291243	384448	16386032	7271429	5358529	20072683	99399829
北 京	572900	85024	18479	21853	1016026	180544	16672	3283971	4475706
天 津	161886	66086	0	210	104959	98863	98322	90829	150039
河 北	682137	125072	0	6215	732775	272217	211549	49117	2181881
上 海	717799	348801	17205	0	192461	233132	216632	256126	1690648
江 苏	1490404	811696	24622	4612	1812251	413731	270819	525523	8984187
浙 江	1103298	632420	16766	410	1632684	287860	155749	1212124	9061351
福 建	834760	526859	1240	2122	377805	256718	221976	335194	2026854
山 东	1134332	321021	13390	33385	1283013	392911	324552	1446031	9342580
广 东	2475332	1496247	1646	18545	366302	1070654	924598	879713	11651563
海 南	81156	58169	52	4173	56593	64117	58830	75913	31732
山 西	201734	125609	0	0	116461	116933	109218	291085	801972
安 徽	968814	274298	12999	23091	631299	338780	127532	377557	2346436
江 西	1162697	469737	15574	1520	762833	108183	22686	928210	3264373
河 南	901686	270778	7435	105734	1914414	606787	480573	67389	7030825
湖 北	1177414	300757	10826	0	1218206	234726	195129	1642921	3382477
湖 南	1005179	442491	57056	24498	296139	158981	128895	1418525	2106800
内蒙古	199136	60342	16946	11945	101065	64698	32499	354702	329723
广 西	609193	138618	7660	0	244695	260807	227042	287762	2709559
重 庆	819277	126194	2211	757	504644	369899	325370	760768	4935854
四 川	1902502	725468	1410	23610	1291360	582397	283752	210933	10831973
贵 州	234379	113378	1020	1000	60002	132596	116882	1813277	1349980
云 南	541288	141406	4700	2451	129662	84315	74662	451879	2342709
西 藏	7913	207	0	0	44367	6199	6199	4290	92405
陕 西	588998	290225	53061	6498	776631	189435	50511	1647789	2397787
甘 肃	176587	137873	2279	14369	86303	58571	57864	273086	1251855
青 海	53249	28236	0	0	16772	5302	3619	19188	107619
宁 夏	105783	20479	1500	59268	14071	49593	47791	21855	100645
新 疆	91250	44903	718	12002	156332	94424	80335	408067	753773
辽 宁	304869	155977	684	7	130195	213865	206008	289218	793011
吉 林	190874	78181	320	2430	147379	49265	35262	319634	1764443
黑龙江	245406	117080	1194	0	142603	245154	233034	190865	679195

数据来源：住房和城乡建设部。

表 3-118　2021 年全国及各地区城市设施水平

地 区	城市用水普及率（%）	城市燃气普及率（%）	每万人拥有公共汽电车辆（标台）	人均城市道路面积（平方米）	人均公园绿地面积（平方米）	每万人拥有公共厕所（座）
全 国	**99.38**	**98.04**	**11.25**	**18.84**	**14.87**	**3.29**
北 京	98.80	100.00	16.45	7.72	16.62	3.31
天 津	100.00	100.00	12.51	15.44	9.74	3.73
河 北	100.00	99.79	11.34	20.99	15.14	3.71
上 海	100.00	100.00	8.98	4.81	9.02	2.53
江 苏	100.00	99.92	14.67	25.62	15.60	4.21
浙 江	100.00	100.00	13.22	18.03	12.87	2.98
福 建	99.92	99.34	11.54	20.97	15.01	4.65
山 东	99.88	99.33	14.41	26.50	17.94	2.23
广 东	100.00	98.26	10.88	15.40	17.74	2.08
海 南	95.73	99.42	13.13	25.96	12.96	2.85
山 西	99.53	97.90	10.32	18.29	13.66	3.38
安 徽	99.81	99.48	11.23	23.74	14.49	3.44
江 西	99.17	98.76	8.29	23.85	16.22	4.33
河 南	99.32	97.65	9.67	16.37	15.08	4.48
湖 北	99.87	98.86	9.85	18.74	14.63	2.61
湖 南	98.99	97.45	11.97	20.15	12.61	2.61
内蒙古	99.58	97.86	9.87	25.52	19.96	7.58
广 西	99.81	99.47	8.41	23.92	13.80	1.48
重 庆	96.26	98.19	9.38	15.95	16.67	2.98
四 川	98.66	98.12	9.03	17.89	13.73	3.05
贵 州	98.44	90.19	8.43	22.10	16.01	4.38
云 南	99.02	78.53	10.28	18.10	12.94	5.72
西 藏	98.90	68.09	5.63	21.48	13.33	9.00
陕 西	98.16	98.77	11.35	17.60	12.90	4.64
甘 肃	99.46	96.87	10.63	22.20	14.88	4.40
青 海	98.83	94.48	12.78	18.93	12.81	3.54
宁 夏	99.66	97.75	10.75	26.23	20.48	3.04
新 疆	99.43	98.80	10.33	21.73	15.40	2.91
辽 宁	99.66	97.86	11.95	19.80	13.44	2.40
吉 林	95.91	94.85	9.57	16.19	13.55	3.88
黑龙江	99.17	92.23	13.11	16.54	13.60	4.31

数据来源：国家统计局。

注：2021年起，每万人拥有公共汽电车辆统计范围为城市和县城。

表 3-119　2021 年全国及各地区城市供水情况

地　区	年末供水综合生产能力（万米³/日）	年末供水管道长度（千米）	全年供水总量（万立方米）		用水人口（万人）	人均日生活用水量（升）
				生活用水	生产用水	
全　国	**31737.7**	**1059901**	**6733442**	**3753783**	**1704363**	**55580.9**	**185.0**
北　京	699.3	19796	150136	112818	11370	1893.1	163.3
天　津	480.6	22197	102889	52200	33384	1165.4	122.7
河　北	794.7	23306	165016	93568	46259	1999.9	128.2
上　海	1221.0	39690	300783	192188	42927	2489.4	211.5
江　苏	3608.2	124514	637702	299511	209128	3628.5	226.2
浙　江	2109.3	98152	467102	250446	157686	3233.4	212.2
福　建	966.5	34476	208093	124758	43751	1479.1	231.1
山　东	1957.2	62839	398912	187855	159236	4080.7	126.1
广　东	4231.7	143148	1044667	597130	258616	6530.4	250.5
海　南	195.9	7730	51960	36122	2695	314.1	315.1
山　西	411.9	14071	90166	62307	17370	1234.7	138.3
安　徽	1122.4	34120	255083	134808	78933	1941.6	190.2
江　西	692.0	30520	154459	90858	33423	1243.3	200.2
河　南	1255.4	30620	231305	140307	52865	2721.1	141.3
湖　北	1652.6	53636	323371	171268	80062	2466.2	190.3
湖　南	1086.3	38519	240099	146257	41301	1904.2	210.4
内蒙古	394.1	12420	81109	36013	26095	899.8	109.7
广　西	750.6	26162	196368	128294	39335	1339.7	262.4
重　庆	769.8	25393	177845	103500	39302	1588.4	178.5
四　川	1521.3	56655	340080	220062	49258	3107.3	194.0
贵　州	454.0	21777	96747	56125	20339	892.1	172.4
云　南	484.7	18970	113810	64560	26244	1014.0	174.4
西　藏	56.3	1880	15966	8993	2590	96.2	256.1
陕　西	645.9	12535	136333	80634	35129	1369.5	161.3
甘　肃	363.9	6888	61274	34998	15929	675.4	142.0
青　海	139.7	3551	32113	11269	15930	215.8	143.1
宁　夏	273.5	3000	38031	19103	8254	311.3	168.2
新　疆	627.2	14427	117657	56647	28500	949.7	163.4
辽　宁	1329.5	37068	269055	127110	70489	2250.7	154.7
吉　林	654.8	17271	104524	53380	23921	1166.7	125.4
黑龙江	787.4	24573	130786	60694	34041	1379.4	120.6

数据来源：国家统计局。

表3-120 2021年全国及各地区城市天燃气情况

地 区	管道长度（千米）			全年供气总量			用气人口（万人）		
	人工煤气	天然气	液化石油气	人工煤气（万立方米）	天然气（万立方米）	液化石油气（吨）	人工煤气	天然气	液化石油气
全 国	9165	929088	2910	187234	17210612	8606841	4558	441955	101805
北 京	—	30303	206	—	1906214	428603	—	1475.4	440.7
天 津	—	51722	—	—	676481	88464	—	1114.7	50.7
河 北	755	42194	108	44627	643803	85597	0.1	1821.2	174.3
上 海	—	33222	263	—	952305	276367	—	1930.3	559.1
江 苏	—	109014	120	—	1588946	569194	—	3305.5	320.1
浙 江	—	58806	281	—	991958	886555	—	2168.2	1065.1
福 建	—	15931	188	—	318907	307295	—	931.9	538.6
山 东	10	80060	1	12001	1304043	268776	—	3762.7	295.4
广 东	—	46128	810	—	1466360	2510196	—	3840.1	2576.5
海 南	—	5640	—	—	37629	80884	—	261.9	64.3
山 西	810	25809	4	51957	322327	64652	22.1	1156.4	36.1
安 徽	—	34565	208	—	451842	160115	—	1799.9	135.4
江 西	381	20714	—	13823	234841	202237	3.2	924.7	310.3
河 南	235	28420	4	2440	673385	156278	0.0	2337.2	338.4
湖 北	589	48407	119	—	612816	268728	—	2062.6	378.7
湖 南	—	26256	—	—	320921	253838	—	1477.1	397.4
内蒙古	285	11891	0	3305	226858	67866	14.7	660.1	209.5
广 西	492	12985	2	5359	191610	312278	37.5	770.7	526.9
重 庆	—	24266	—	—	579515	64141	—	1567.9	52.4
四 川	834	75350	171	14581	971628	216456	45.0	2923.0	122.5
贵 州	—	9938	—	—	160265	111357	—	548.9	268.5
云 南	—	9760	16	—	60919	168999	—	522.6	281.6
西 藏	—	6166	1	—	4559	8579	—	38.1	28.1
陕 西	—	28700	0	—	589725	82073	—	1285.0	93.0
甘 肃	276	4625	—	2085	265957	45209	14.0	572.4	71.4
青 海	—	4666	—	—	179738	17041	—	181.8	24.5
宁 夏	—	7566	0	—	130274	17514	—	287.3	18.0
新 疆	61	18957	4	805	598025	58820	6.7	889.6	47.3
辽 宁	3881	30834	263	30895	349878	521734	239.2	1695.8	274.9
吉 林	345	13745	30	3480	224297	138236	42.0	895.8	216.0
黑龙江	211	12448	110	1877	174588	168760	31.2	986.8	264.8

数据来源：国家统计局。

表 3-121 2021年全国及各地区城市市政设施情况

地区	年末道路长度（千米）	年末道路面积（万平方米）	城市桥梁数（座）	城市排水管道长度（千米）	城市污水日处理能力（万立方米）	城市道路照明灯（千盏）
全 国	532476	1053655	83673	872283	21745.7	32459.3
北 京	8432	14800	2401	18926	727.8	312.8
天 津	9387	18000	1247	23402	345.9	419.1
河 北	19358	41978	2483	22470	690.6	1103.7
上 海	5844	11977	3045	23696	857.3	686.0
江 苏	53304	92965	14330	92127	1815.7	3849.3
浙 江	30781	58313	14110	60698	1338.8	1890.0
福 建	16064	31039	2494	22880	568.2	948.7
山 东	53058	108259	5956	72793	1449.7	2199.0
广 东	57664	100564	9826	134422	2929.7	3655.8
海 南	5337	8517	248	7275	125.9	184.0
山 西	9796	22696	600	12671	357.1	536.4
安 徽	19433	46184	2281	36505	809.7	1206.0
江 西	14103	29896	1192	21577	446.6	974.8
河 南	17956	44850	1775	31369	1010.8	1142.8
湖 北	23522	46273	2496	36069	1001.4	1019.8
湖 南	18070	38758	1445	25364	804.4	918.1
内蒙古	11348	23057	528	14806	247.6	622.3
广 西	15637	32100	1472	20468	875.0	831.1
重 庆	12246	26320	2506	24604	451.8	899.1
四 川	28269	56342	3859	46437	970.7	2166.5
贵 州	10417	20027	962	12605	358.9	820.6
云 南	9032	18536	1399	18953	374.3	761.7
西 藏	1048	2089	63	866	30.7	32.4
陕 西	10495	24556	861	13946	535.8	852.9
甘 肃	7036	15074	712	8499	178.4	434.9
青 海	1659	4133	239	3601	62.4	152.6
宁 夏	2981	8193	225	2427	120.6	248.1
新 疆	10691	20757	734	10774	292.6	876.4
辽 宁	24052	44707	1940	24142	1041.0	1350.1
吉 林	11014	19691	1002	14114	457.4	612.3
黑龙江	14441	23003	1242	13797	469.2	752.1

数据来源：国家统计局。

表 3-122 2021年全国及各地区城市绿地和园林情况

地 区	城市绿地面积（公顷）	公园绿地	公园（个）	公园面积（公顷）	建成区绿化覆盖率（%）
全 国	3479788	835659	22062	647962	42.4
北 京	93127	36397	360	36397	49.3
天 津	46072	11353	166	3310	38.3
河 北	101483	30274	893	22118	42.9
上 海	171215	22463	434	3651	37.7
江 苏	314448	56620	1243	34943	43.7
浙 江	183218	41603	1699	23619	41.5
福 建	80850	22219	776	16955	44.3
山 东	272462	73314	1420	50067	43.0
广 东	532886	115853	4657	164065	42.9
海 南	18443	4251	132	2590	40.8
山 西	56597	16951	395	13404	43.7
安 徽	127602	28190	619	20547	44.1
江 西	79564	20338	782	16059	46.9
河 南	128190	41318	633	19939	41.6
湖 北	113284	36124	651	21092	42.8
湖 南	97624	24263	656	17507	42.2
内蒙古	70793	18032	400	15248	42.0
广 西	76105	18529	414	15937	40.2
重 庆	73383	27504	536	16192	42.6
四 川	139518	43252	879	26629	43.1
贵 州	99356	14509	401	14977	41.8
云 南	53238	13250	1031	11005	42.5
西 藏	6372	1296	156	1061	38.2
陕 西	76176	17998	410	11798	41.8
甘 肃	31168	10102	206	6819	36.3
青 海	8721	2797	65	1773	34.8
宁 夏	27111	6397	113	3649	42.0
新 疆	85614	14709	394	9143	41.0
辽 宁	147670	30356	674	22136	41.8
吉 林	94452	16481	423	12702	41.1
黑龙江	73045	18914	444	12631	37.4

数据来源：国家统计局。

表 3-123 2021年全国及各地区城市公共交通情况

地 区	公共汽电车			轨道交通			出租汽车（辆）
	运营车数（辆）	运营线路总长度（千米）	客运总量（万人次）	配属车辆数（辆）	运营里程（千米）	客运总量（万人次）	
全 国	709443	1593829	4891570	57286	8736	2372692	1391315
北 京	23079	28580	229634	7098	783	306621	79600
天 津	13258	27713	67323	1448	272	46379	31779
河 北	31888	82017	110051	486	74	9202	71265
上 海	17637	25180	146693	7227	831	356997	35317
江 苏	53365	113079	307542	4627	947	155748	54504
浙 江	45683	149165	238410	3615	649	117476	43838
福 建	20633	43403	159501	1080	157	28862	22015
山 东	67125	187331	308625	1629	377	30389	70263
广 东	67683	131583	410330	7311	1138	508358	58031
海 南	4949	12838	19737	14	8	107	6333
山 西	16963	48766	117448	144	23	3919	42041
安 徽	28301	73315	148263	1290	200	27371	55298
江 西	15604	51781	94061	816	129	25602	17482
河 南	36929	57246	172793	1638	249	44949	63511
湖 北	24910	38513	217860	3124	479	101270	43589
湖 南	32903	52634	227396	894	162	58790	35043
内蒙古	12233	47334	72412	312	49	5377	67967
广 西	14322	36351	76692	876	128	28876	20665
重 庆	15023	29159	221052	2248	370	109709	24478
四 川	33468	57156	310246	4622	558	180098	45976
贵 州	11586	27611	163917	498	74	8974	45310
云 南	16797	55040	110337	792	153	21906	31163
西 藏	874	3253	8482	—	—	—	2357
陕 西	18617	27747	161773	2094	253	102303	38592
甘 肃	10298	21828	123341	173	38	6500	39281
青 海	3969	15041	38320	—	—	—	14092
宁 夏	3837	10341	29072	—	—	—	16653
新 疆	11441	19593	111675	162	27	3062	54599
辽 宁	24112	41253	238302	1653	407	56058	92706
吉 林	11979	31657	114855	893	124	20553	68569
黑龙江	19977	47324	135430	522	78	7239	98998

数据来源：国家统计局。

注：2021年起，城市公共交通数据统计范围为城市和县城。

表3-124　2017—2021年全国城市轨道交通情况

年　份	建成轨道交通的城市个数（个）	建成轨道交通线路长度（千米）	正在建设轨道交通的城市个数（个）	正在建设轨道交通线路长度（千米）
2017	32	4594.26	50	4913.56
2018	34	5141.05	50	5400.25
2019	41	6058.90	49	5594.08
2020	42	7597.94	45	5093.55
2021	50	8571.43	48	5172.30

数据来源：住房和城乡建设部。

表3-125　2021年城市轨道交通（建成）（1）

地　区	线路长度（千米）										
	合计	按轨道类型							按敷设方式		
		地铁	轻轨	单轨	有轨	磁浮	快轨	APM	地面线	地下线	高架线
全国	8571.43	7742.43	199.06	124.77	353.01	59.65	88.61	3.90	676.36	6192.96	1702.11
北京	825.73	793.53	—	—	21.00	11.20	—	—	74.00	589.53	162.20
天津	272.64	212.53	52.25	—	7.86	—	—	—	16.82	195.76	60.06
河北	79.40	79.40	—	—	—	—	—	—	—	79.40	—
石家庄市	79.40	79.40	—	—	—	—	—	—	—	79.40	—
山西	23.65	23.65	—	—	—	—	—	—	—	23.65	—
太原市	23.65	23.65	—	—	—	—	—	—	—	23.65	—
内蒙古	49.03	49.03	—	—	—	—	—	—	0.34	45.84	2.85
呼和浩特市	49.03	49.03	—	—	—	—	—	—	0.34	45.84	2.85
辽宁	379.57	292.31	23.48	—	63.78	—	—	—	138.31	154.75	86.51
沈阳市	180.84	117.06	—	—	63.78	—	—	—	63.78	117.06	0.00
大连市	198.73	175.25	23.48	—	—	—	—	—	74.53	37.69	86.51
吉林	108.71	43.00	65.71	—	—	—	—	—	19.44	52.78	36.49
长春市	108.71	43.00	65.71	—	—	—	—	—	19.44	52.78	36.49
黑龙江	60.53	60.53	—	—	—	—	—	—	—	60.53	—
哈尔滨市	60.53	60.53	—	—	—	—	—	—	—	60.53	—
上海	832.00	795.81	—	—	6.29	29.90	—	—	16.40	550.79	264.81
江苏	972.62	856.68	—	—	80.84	—	35.10	—	120.57	632.29	219.76
南京市	425.85	409.30	—	—	16.55	—	—	—	29.53	214.70	181.62
无锡市	113.95	113.95	—	—	—	—	—	—	0.10	99.96	13.89
徐州市	64.09	64.09	—	—	—	—	—	—	0.09	63.44	0.56
常州市	53.30	53.30	—	—	—	—	—	—	—	49.87	3.43
苏州市	254.26	210.04	—	—	44.22	—	—	—	35.68	204.32	14.26
昆山市	6.00	6.00	—	—	—	—	—	—	—	—	6.00

续表

地　　区	线路长度（千米）										
	合计	按轨道类型							按敷设方式		
		地铁	轻轨	单轨	有轨	磁浮	快轨	APM	地面线	地下线	高架线
连云港市	35.10	—	—	—	—	—	35.10	—	35.10	—	—
淮安市	20.07	—	—	—	20.07	—	—	—	20.07	0.00	0.00
浙江	**606.86**	**545.09**	**8.26**	**—**	**—**	**—**	**53.51**	**—**	**6.32**	**479.81**	**120.73**
杭州市	348.06	348.06	—	—	—	—	—	—	0.20	340.26	7.60
宁波市	176.73	176.73	—	—	—	—	—	—	—	110.05	66.68
温州市	53.51	—	—	—	—	—	53.51	—	3.03	11.37	39.11
海宁市	8.26	—	8.26	—	—	—	—	—	—	8.26	—
绍兴市	20.30	20.30	—	—	—	—	—	—	3.09	9.87	7.34
安徽	**199.85**	**153.60**	**—**	**46.25**	**—**	**—**	**—**	**—**	**0.00**	**150.94**	**48.91**
合肥市	153.60	153.60	—	—	—	—	—	—	0.00	149.37	4.23
芜湖市	46.25	—	—	46.25	—	—	—	—	—	1.57	44.68
福建	**131.86**	**131.86**	**—**	**—**	**—**	**—**	**—**	**—**	**67.50**	**61.56**	**2.80**
福州市	59.96	59.96	—	—	—	—	—	—	—	59.96	—
厦门市	71.90	71.90	—	—	—	—	—	—	67.50	1.60	2.80
江西	**128.31**	**128.31**	**—**	**—**	**—**	**—**	**—**	**—**	**0.20**	**122.62**	**5.49**
南昌市	128.31	128.31	—	—	—	—	—	—	0.20	122.62	5.49
山东	**338.99**	**330.22**	**—**	**—**	**8.77**	**—**	**—**	**—**	**11.44**	**206.24**	**121.31**
济南市	84.02	84.02	—	—	—	—	—	—	0.55	65.78	17.69
青岛市	254.97	246.20	—	—	8.77	—	—	—	10.89	140.46	103.62
河南	**206.40**	**206.40**	**—**	**—**	**—**	**—**	**—**	**—**	**1.27**	**189.10**	**16.03**
郑州市	206.40	206.40	—	—	—	—	—	—	1.27	189.10	16.03
湖北	**482.12**	**432.97**	**—**	**—**	**49.15**	**—**	**—**	**—**	**46.27**	**328.81**	**107.04**
武汉市	482.12	432.97	—	—	49.15	—	—	—	46.27	328.81	107.04
湖南	**190.82**	**142.63**	**29.64**	**—**	**—**	**18.55**	**—**	**—**	**2.52**	**141.28**	**47.02**
长沙市	161.18	142.63	—	—	—	18.55	—	—	0.22	141.28	19.68
湘潭市	29.64	—	29.64	—	—	—	—	—	2.30	—	27.34
广东	**1081.28**	**1051.46**	**—**	**—**	**25.92**	**—**	**—**	**3.90**	**47.82**	**915.95**	**117.51**
广州市	555.08	543.48	—	—	7.70	—	—	3.90	22.11	503.71	29.26
深圳市	428.04	416.32	—	—	11.72	—	—	—	18.80	331.73	77.51
佛山市	60.38	53.88	—	—	6.50	—	—	—	6.50	46.78	7.10
东莞市	37.78	37.78	—	—	—	—	—	—	0.41	33.73	3.64
广西	**128.44**	**128.44**	**—**	**—**	**—**	**—**	**—**	**—**	**0.00**	**128.44**	**0.00**
南宁市	128.44	128.44	—	—	—	—	—	—	0.00	128.44	0.00

续表

地区	线路长度（千米）										
	合计	按轨道类型							按敷设方式		
		地铁	轻轨	单轨	有轨	磁浮	快轨	APM	地面线	地下线	高架线
海南	8.37	—	—	—	8.37	—	—	—	8.37	0.00	0.00
三亚市	8.37	—	—	—	8.37	—	—	—	8.37	0.00	0.00
重庆	334.08	220.44	19.72	78.52	15.40	—	—	—	21.64	179.12	133.32
四川	582.90	543.60	—	—	39.30	—	—	—	42.99	464.43	75.48
成都市	582.90	543.60	—	—	39.30	—	—	—	42.99	464.43	75.48
贵州	75.71	75.71	—	—	—	—	—	—	3.31	66.43	5.97
贵阳市	75.71	75.71	—	—	—	—	—	—	3.31	66.43	5.97
云南	152.86	139.46	—	—	13.40	—	—	—	15.70	115.15	22.01
昆明市	139.46	139.46	—	—	—	—	—	—	2.30	115.15	22.01
蒙自市	13.40	—	—	—	13.40	—	—	—	13.40	—	—
陕西	252.24	252.24	—	—	—	—	—	—	2.20	204.23	45.81
西安市	252.24	252.24	—	—	—	—	—	—	2.20	204.23	45.81
甘肃	38.84	25.91	—	—	12.93	—	—	—	12.93	25.91	0.00
兰州市	25.91	25.91	—	—	—	—	—	—	0.00	25.91	0.00
天水市	12.93	—	—	—	12.93	—	—	—	12.93	0.00	0.00
新疆	27.62	27.62	—	—	—	—	—	—	0.00	27.62	0.00
乌鲁木齐市	27.62	27.62	—	—	—	—	—	—	0.00	27.62	0.00

数据来源：住房和城乡建设部。

表 3-126　2021 年城市轨道交通（建成）（2）

地　区	车站数（个）				换乘站数（个）	配置车辆数（辆）							
	合计	地面站	地下站	高架站		合计	地铁	轻轨	单轨	有轨	磁浮	快轨	APM
全国	5665	558	4329	778	1506	46506	44544	423	732	607	158	35	7
北京	483	41	371	71	166	8236	8066	—	—	50	120	—	—
天津	204	20	153	31	50	1398	1238	152	—	8	—	—	—
河北	65	—	65	—	5	486	486	—	—	—	—	—	—
石家庄市	65	—	65	—	5	486	486	—	—	—	—	—	—
山西	23	—	23	—	7	144	144	—	—	—	—	—	—
太原市	23	—	23	—	7	144	144	—	—	—	—	—	—
内蒙古	44	1	40	3	10	312	312	—	—	—	—	—	—
呼和浩特市	44	1	40	3	10	312	312	—	—	—	—	—	—
辽宁	270	126	115	29	55	906	802	71	—	33	—	—	—
沈阳市	172	80	92	0	43	753	720	—	—	33	—	—	—

续表

地　区	车站数（个）				换乘站数（个）	配置车辆数（辆）							
	合计	地面站	地下站	高架站		合计	地铁	轻轨	单轨	有轨	磁浮	快轨	APM
大连市	98	46	23	29	12	153	82	71	—	—	—	—	—
吉林	**102**	**21**	**44**	**37**	**22**	**—**	**—**	**—**	**—**	**—**	**—**	**—**	**—**
长春市	102	21	44	37	22	—	—	—	—	—	—	—	—
黑龙江	**47**	**—**	**47**	**—**	**6**	**498**	**498**						
哈尔滨市	47	—	47	—	6	498	498						
上海	**508**	**12**	**385**	**111**	**188**	**7230**	**7172**	**—**	**—**	**44**	**14**	**—**	**—**
江苏	**630**	**84**	**465**	**81**	**125**	**4247**	**4153**	**—**	**—**	**91**	**—**	**3**	**—**
南京市	217	30	129	58	33	1872	1852	—	—	20	—	—	—
无锡市	88	0	79	9	21	750	750						
徐州市	54	—	53	1	17	67	67						
常州市	44	—	41	3	6	342	342						
苏州市	196	26	163	7	46	1181	1136	—	—	45			
昆山市	3	—	—	3	—	6	6						
连云港市	5	5	—	—	2	3	—	—	—	—	—	3	—
淮安市	23	23	0	0	0	26	—	—	—	26	—	—	—
浙江	**361**	**11**	**290**	**60**	**76**	**3289**	**3189**	**68**	**—**	**—**	**—**	**32**	**—**
杭州市	208	9	189	10	37	2241	2241	—	—	—	—	—	—
宁波市	122	—	89	33	35	930	930						
温州市	18	2	3	13	2	32	—	—	—	—	—	32	—
海宁市	3	—	3	—	—	68	—	68	—	—	—	—	—
绍兴市	10	—	6	4	2	18	18						
安徽	**167**	**0**	**128**	**39**	**39**	**1326**	**1086**	**—**	**240**	**—**	**—**	**—**	**—**
合肥市	131	0	127	4	37	1086	1086	—	—	—	—	—	—
芜湖市	36	—	1	35	2	240	—	—	240	—	—	—	—
福建	**103**	**—**	**102**	**1**	**27**	**605**	**605**	**—**	**—**	**—**	**—**	**—**	**—**
福州市	47	—	47	—	12	59	59						
厦门市	56	—	55	1	15	546	546						
江西	**103**	**0**	**99**	**4**	**24**	**906**	**906**						
南昌市	103	0	99	4	24	906	906						
山东	**172**	**12**	**115**	**45**	**41**	**1109**	**1102**	**—**	**—**	**7**	**—**	**—**	**—**
济南市	43	0	35	8	4	76	76						
青岛市	129	12	80	37	37	1033	1026	—	—	7	—	—	—

续表

地 区	车站数（个）				换乘站数（个）	配置车辆数（辆）							
	合计	地面站	地下站	高架站		合计	地铁	轻轨	单轨	有轨	磁浮	快轨	APM
河南	**152**	**7**	**145**	**0**	**58**	**234**	**234**	—	—	—	—	—	—
郑州市	152	7	145	0	58	234	234	—	—	—	—	—	—
湖北	**347**	**60**	**225**	**62**	**103**	**2860**	**2802**	—	—	**58**	—	—	—
武汉市	347	60	225	62	103	2860	2802	—	—	58	—	—	—
湖南	**118**	**1**	**110**	**7**	**46**	**1118**	**1062**	**32**	—	**24**	—	—	—
长沙市	114	—	110	4	45	1086	1062	—	—	24	—	—	—
湘潭市	4	1	—	3	1	32	—	32	—	—	—	—	—
广东	**664**	**62**	**549**	**53**	**180**	**3889**	**3810**	—	—	**72**	—	—	**7**
广州市	299	31	268	0	76	574	560	—	—	7	—	—	7
深圳市	308	21	238	49	89	3124	3064	—	—	60	—	—	—
佛山市	42	10	29	3	11	71	66	—	—	5	—	—	—
东莞市	15	0	14	1	4	120	120	—	—	—	—	—	—
广西	**104**	**0**	**104**	**0**	**20**	**135**	**135**	—	—	—	—	—	—
南宁市	104	0	104	0	20	135	135	—	—	—	—	—	—
海南	**15**	**15**	**0**	**0**	**0**	**14**	—	—	—	**14**	—	—	—
三亚市	15	15	0	0	0	14	—	—	—	14	—	—	—
重庆	**217**	**19**	**110**	**88**	**61**	**1701**	**1094**	**100**	**492**	**15**	—	—	—
四川	**375**	**36**	**316**	**23**	**103**	**4478**	**4298**	—	—	**180**	—	—	—
成都市	375	36	316	23	103	4478	4298	—	—	180	—	—	—
贵州	**57**	**2**	**50**	**5**	**22**	**498**	**498**	—	—	—	—	—	—
贵阳市	57	2	50	5	22	498	498	—	—	—	—	—	—
云南	**107**	**15**	**85**	**7**	**31**	**323**	**305**	—	—	**18**	—	—	—
昆明市	92	0	85	7	31	305	305	—	—	—	—	—	—
蒙自市	15	15	—	—	—	18	—	—	—	18	—	—	—
陕西	**174**	**1**	**152**	**21**	**31**	**359**	**359**	—	—	—	—	—	—
西安市	174	1	152	21	31	359	359	—	—	—	—	—	—
甘肃	**32**	**12**	**20**	**0**	**5**	**43**	**26**	—	—	**17**	—	—	—
兰州市	20	0	20	0	5	26	26	—	—	—	—	—	—
天水市	12	12	0	0	0	17	—	—	—	17	—	—	—
新疆	**21**	**0**	**21**	**0**	**5**	**162**	**162**	—	—	—	—	—	—
乌鲁木齐市	21	0	21	0	5	162	162	—	—	—	—	—	—

数据来源：住房和城乡建设部。

表 3-127 2021 年城市轨道交通（在建）（1）

地 区	线路长度（千米）								
	合计	按轨道类型					按敷设方式		
		地铁	轻轨	有轨	磁浮	快轨	地面线	地下线	高架线
全国	5172.30	4603.24	145.09	101.32	4.46	318.19	207.91	4243.22	721.17
北京	288.48	288.48	—	—	—	—	—	226.88	61.60
天津	231.96	231.96	—	—	—	—	0.00	183.04	48.92
山西	28.74	28.74	—	—	—	—	—	28.74	—
太原市	28.74	28.74	—	—	—	—	—	28.74	—
辽宁	225.39	225.39	—	—	—	—	0.49	199.64	25.26
沈阳市	140.40	140.40	—	—	—	—	0.49	115.65	24.26
大连市	84.99	84.99	—	—	—	—	—	83.99	1.00
吉林	117.78	113.29	4.49	—	—	—	—	113.29	4.49
长春市	117.78	113.29	4.49	—	—	—	—	113.29	4.49
黑龙江	32.18	32.18	—	—	—	—	—	32.18	—
哈尔滨市	32.18	32.18	—	—	—	—	—	32.18	—
上海	104.76	104.76	—	—	—	—	0.00	98.17	6.59
江苏	522.21	522.21	—	—	—	—	5.08	455.20	61.93
南京市	242.50	242.50	—	—	—	—	4.88	207.74	29.88
无锡市	30.40	30.40	—	—	—	—	0.20	10.50	19.70
徐州市	29.42	29.42	—	—	—	—	—	29.42	—
苏州市	142.47	142.47	—	—	—	—	—	142.47	—
南通市	60.09	60.09	—	—	—	—	—	60.09	—
句容市	17.33	17.33	—	—	—	—	—	4.98	12.35
浙江	553.11	316.13	107.17	13.78	—	116.03	26.64	352.68	173.79
杭州市	185.94	185.94	—	—	—	—	—	173.89	12.05
宁波市	85.29	85.29	—	—	—	—	—	79.39	5.90
温州市	63.63	—	—	—	—	63.63	1.51	9.60	52.52
嘉兴市	13.78	—	—	13.78	—	—	12.90	0.88	—
绍兴市	44.90	44.90	—	—	—	—	—	44.90	—
金华市	107.17	—	107.17	—	—	—	6.83	26.22	74.12
台州市	52.40	—	—	—	—	52.40	5.40	17.80	29.20
安徽	177.96	177.96	—	—	—	—	0.31	146.14	31.51
合肥市	177.96	177.96	—	—	—	—	0.31	146.14	31.51
福建	280.14	217.74	—	—	—	62.40	71.08	157.86	51.20
福州市	170.24	107.84	—	—	—	62.40	0.67	145.93	23.64
厦门市	100.10	100.10	—	—	—	—	70.41	2.13	27.56
漳州市	9.80	9.80	—	—	—	—	—	9.80	—
江西	31.75	31.75	—	—	—	—	0.00	28.30	3.45
南昌市	31.75	31.75	—	—	—	—	0.00	28.30	3.45

续表

地　区	线路长度（千米）								
	合计	按轨道类型					按敷设方式		
		地铁	轻轨	有轨	磁浮	快轨	地面线	地下线	高架线
山东	**267.91**	**267.91**	—	—	—	—	**0.23**	**267.44**	**0.24**
济南市	93.41	93.41	—	—	—	—	0.00	93.41	0.00
青岛市	174.50	174.50	—	—	—	—	0.23	174.03	0.24
河南	**256.31**	**222.88**	**33.43**	—	—	—	**3.82**	**243.83**	**8.66**
郑州市	215.12	181.69	33.43	—	—	—	3.32	204.04	7.76
洛阳市	41.19	41.19	—	—	—	—	0.50	39.79	0.90
湖北	**183.42**	**156.42**	—	**27.00**	—	—	**25.90**	**128.27**	**29.25**
武汉市	156.42	156.42	—	—	—	—	0.90	128.27	27.25
黄石市	27.00	—	—	27.00	—	—	25.00	—	2.00
湖南	**127.65**	**123.19**	—	—	**4.46**	—	**0.92**	**103.59**	**23.14**
长沙市	110.36	105.90	—	—	4.46	—	0.46	96.23	13.67
湘潭市	17.29	17.29	—	—	—	—	0.46	7.36	9.47
广东	**765.19**	**724.73**	—	**40.46**	—	—	**41.29**	**697.64**	**26.26**
广州市	291.70	291.70	—	—	—	—	0.00	291.70	0.00
深圳市	237.40	237.40	—	—	—	—	0.51	234.42	2.47
佛山市	138.16	138.16	—	—	—	—	—	122.08	16.08
东莞市	57.47	57.47	—	—	—	—	0.32	49.44	7.71
普宁市	40.46	—	—	40.46	—	—	40.46	—	—
广西	**3.90**	**3.90**	—	—	—	—	**0.00**	**3.90**	**0.00**
南宁市	3.90	3.90	—	—	—	—	0.00	3.90	0.00
重庆	**392.29**	**252.53**	—	—	—	139.76	**9.98**	**282.37**	**99.94**
四川	**237.00**	**216.92**	—	**20.08**	—	—	**22.17**	**181.13**	**33.70**
成都市	216.92	216.92	—	—	—	—	4.81	181.13	30.98
都江堰市	20.08	—	—	20.08	—	—	17.36	0.00	2.72
贵州	**73.35**	**73.35**	—	—	—	—	—	**64.31**	**9.04**
贵阳市	73.35	73.35	—	—	—	—	—	64.31	9.04
云南	**46.79**	**46.79**	—	—	—	—	**0.00**	**46.79**	**0.00**
昆明市	46.79	46.79	—	—	—	—	0.00	46.79	0.00
陕西	**155.63**	**155.63**	—	—	—	—	—	**133.43**	**22.20**
西安市	155.63	155.63	—	—	—	—	—	133.43	22.20
甘肃	**9.06**	**9.06**	—	—	—	—	**0.00**	**9.06**	**0.00**
兰州市	9.06	9.06	—	—	—	—	0.00	9.06	0.00
新疆	**59.34**	**59.34**	—	—	—	—	**0.00**	**59.34**	**0.00**
乌鲁木齐市	59.34	59.34	—	—	—	—	0.00	59.34	0.00

数据来源：住房和城乡建设部。

表 3-128 2021 年城市轨道交通（在建）（2）

地 区	车站数（个）				换乘站数（个）	配置车辆数（辆）					
	合计	地面站	地下站	高架站		合计	地铁	轻轨	有轨	磁浮	快轨
全国	3082	95	2740	247	1064	22924	21914	332	71	9	598
北京	140	—	121	19	75	3172	3172	—	—	—	—
天津	164	1	143	20	67	1242	1242	—	—	—	—
山西	24	—	24		7	162	162	—	—	—	—
太原市	24	—	24	—	7	162	162	—	—	—	—
辽宁	164	0	148	16	51	1221	1221	—	—	—	—
沈阳市	100	0	84	16	36	1182	1182	—	—	—	—
大连市	64		64		15	39	39	—	—	—	—
吉林	78	—	72	6	25	—	—	—	—	—	—
长春市	78		72	6	25	—	—	—	—	—	—
黑龙江	31	—	31	—	8	324	324	—	—	—	—
哈尔滨市	31		31	—	8	324	324	—	—	—	—
上海	58	0	57	1	22	570	570	—	—	—	—
江苏	348	2	330	16	129	3207	3207	—	—	—	—
南京市	155	1	145	9	69	1647	1647	—	—	—	—
无锡市	9	—	5	4	—	192	192	—	—	—	—
徐州市	22	1	21		8	36	36	—	—	—	—
苏州市	112	0	112	—	40	996	996	—	—	—	—
南通市	45	—	45	—	12	336	336	—	—	—	—
句容市	5	—	2	3	—	—	—	—	—	—	—
浙江	275	21	203	51	67	2381	1916	300	17	—	148
杭州市	100	—	96	4	38	1176	1176	—	—	—	—
宁波市	56	—	54	2	22	534	534	—	—	—	—
温州市	20	0	1	19	3	24		—	—	—	24
嘉兴市	21	20	1		1	17		—	17	—	—
绍兴市	32	1	31	—	—	206	206	—	—	—	—
金华市	31	—	13	18	2	300	—	300	—	—	—
台州市	15	—	7	8	1	124		—	—	—	124
安徽	102	0	93	9	30	936	936	—	—	—	—
合肥市	102	0	93	9	30	936	936	—	—	—	—
福建	146	7	127	12	57	693	663	—	—	—	30
福州市	88	—	84	4	35	143	113	—	—	—	30
厦门市	51	—	43	8	22	510	510	—	—	—	—
漳州市	7	7	—			40	40	—	—	—	—
江西	19	0	17	2	3	336	336	—	—	—	—
南昌市	19	0	17	2	3	336	336	—	—	—	—

续表

地区	车站数（个）				换乘站数（个）	配置车辆数（辆）					
	合计	地面站	地下站	高架站		合计	地铁	轻轨	有轨	磁浮	快轨
山东	**204**	**1**	**202**	**1**	**81**	**1905**	**1905**	—	—	—	—
济南市	72	0	72	0	32	117	117	—	—	—	—
青岛市	132	1	130	1	49	1788	1788	—	—	—	—
河南	**158**	**0**	**156**	**2**	**60**	**494**	**462**	**32**	—	—	—
郑州市	124	0	123	1	54	248	216	32	—	—	—
洛阳市	34	0	33	1	6	246	246	—	—	—	—
湖北	**105**	**28**	**66**	**11**	**36**	**946**	**914**	—	**32**	—	—
武汉市	75	—	66	9	36	914	914	—	—	—	—
黄石市	30	28	—	2	—	32	—	—	32	—	—
湖南	**79**	—	**71**	**8**	**29**	**883**	**874**	—	—	**9**	—
长沙市	76	—	70	6	29	867	858	—	—	9	—
湘潭市	3	—	1	2	—	16	16	—	—	—	—
广东	**400**	**3**	**385**	**12**	**86**	**13**	**13**	—	—	—	—
广州市	147	0	147	0	0	0	0	—	—	—	—
深圳市	148	0	146	2	63	—	—	—	—	—	—
佛山市	77	—	70	7	15	13	13	—	—	—	—
东莞市	25	0	22	3	8	—	—	—	—	—	—
普宁市	3	3	—	—	—	—	—	—	—	—	—
广西	**3**	**0**	**3**	**0**	**0**	**0**	**0**	—	—	—	—
南宁市	3	0	3	0	0	0	0	—	—	—	—
重庆	**193**	**6**	**150**	**37**	**84**	**1888**	**1468**	—	—	—	**420**
四川	**152**	**26**	**114**	**12**	**73**	**1540**	**1518**	—	**22**	—	—
成都市	124	—	114	10	73	1518	1518	—	—	—	—
都江堰市	28	26	0	2	0	22	—	—	22	—	—
贵州	**42**	—	**40**	**2**	**11**	**384**	**384**	—	—	—	—
贵阳市	42	—	40	2	11	384	384	—	—	—	—
云南	**39**	**0**	**39**	**0**	**14**	**189**	**189**	—	—	—	—
昆明市	39	0	39	0	14	189	189	—	—	—	—
陕西	**103**	—	**93**	**10**	**25**	**2**	**2**	—	—	—	—
西安市	103	—	93	10	25	2	2	—	—	—	—
甘肃	**9**	**0**	**9**	**0**	**5**	**10**	**10**	—	—	—	—
兰州市	9	0	9	0	5	10	10	—	—	—	—
新疆	**46**	**0**	**46**	**0**	**19**	**426**	**426**	—	—	—	—
乌鲁木齐市	46	0	46	0	19	426	426	—	—	—	—

数据来源：住房和城乡建设部。

(三) 农村住户固定资产投资和建房数据

表3-129　2017—2021年全国农村住户固定资产投资和建房情况

年份	投资总额（亿元）	竣工房屋投资	住宅	房屋施工面积（万平方米）	房屋竣工面积（万平方米）	住宅	竣工房屋造价（元/米²）	住宅
2017	9554.4	6446.3	5899.3	84395.0	72727.0	66870.0	886.4	882.2
2018	10039.2	6369.0	5885.0	79898.2	67861.3	62189.8	938.5	946.3
2019	9396.2	5732.2	5256.3	69488.9	60049.9	55571.7	954.6	945.9
2020	8363.3	4667.9	4244.5	58072.3	48839.9	43392.5	955.8	978.2
2021	8337.1	4365.2	3900.0	48768.4	41407.0	37248.0	1054.2	1047.0

数据来源：国家统计局。

表3-130　2021年各地区农村住户固定资产投资和建房情况

地区	投资总额（亿元）	竣工房屋投资	住宅	房屋施工面积（万平方米）	房屋竣工面积（万平方米）	住宅	竣工房屋造价（元/米²）	住宅
北京	133.0	110.9	110.2	954.5	846.4	840.9	1311.2	1310.4
天津	15.3	4.9	4.4	43.1	40.6	37.1	1201.4	1187.2
河北	277.3	150.6	145.6	1245.9	1058.5	1037.0	1422.5	1403.8
上海	9.0	5.7	5.7	66.7	38.4	37.5	1511.8	1537.9
江苏	184.8	27.3	23.6	400.4	253.4	240.8	1080.5	980.1
浙江	600.1	392.4	270.3	3146.3	2288.4	1925.0	1715.0	1404.3
福建	221.7	122.7	121.5	1412.3	1676.9	1667.8	731.6	728.4
山东	602.8	312.0	255.2	5710.1	5047.1	4473.5	618.3	570.5
广东	384.7	215.5	201.0	2333.6	1401.7	1254.9	1536.9	1601.6
海南	49.4	33.4	31.1	338.9	212.2	207.9	1577.3	1493.6
山西	131.2	53.9	50.6	939.0	837.0	764.0	644.1	662.5
安徽	411.8	164.8	154.6	2414.1	1812.7	1712.0	909.0	903.2
江西	344.6	189.6	181.9	2139.1	1845.7	1802.8	1026.7	1008.7
河南	461.7	274.3	262.8	3651.0	3181.0	3025.0	862.3	868.6
湖北	276.5	212.3	197.3	1711.6	1576.2	1468.7	1347.4	1343.2
湖南	636.6	410.5	388.9	3557.0	2722.8	2428.2	1507.6	1601.0
内蒙古	146.8	25.0	20.8	271.3	261.3	185.3	958.4	1122.7
广西	645.9	403.5	393.4	6030.2	5556.2	5306.6	726.3	741.3
重庆	87.8	46.9	43.7	609.6	516.4	471.5	909.5	926.0
四川	633.5	424.5	375.0	3761.4	2658.5	2331.0	1596.4	1608.6
贵州	211.2	31.3	31.3	655.6	517.4	515.2	606.2	608.6
云南	560.4	490.5	413.2	4561.7	4350.4	3454.1	1127.6	1196.1

续表

地 区	投资总额（亿元）	竣工房屋投资	住宅	房屋施工面积（万平方米）	房屋竣工面积（万平方米）	住宅	竣工房屋造价（元/米²）	住宅
西 藏	237.9	64.0	60.9	797.4	743.3	716.9	861.6	849.3
甘 肃	125.2	71.0	67.2	649.1	663.4	547.6	1071.5	1225.8
青 海	37.3	18.2	14.3	175.0	165.8	112.6	1095.6	1264.0
宁 夏	92.8	17.1	13.8	196.0	194.0	110.0	880.6	1256.8
新 疆	184.8	23.7	18.7	244.0	234.0	194.0	1012.5	964.8
辽 宁	230.3	45.2	22.7	461.6	432.2	189.7	1045.4	1196.5
吉 林	140.5	13.2	12.6	173.4	158.3	120.5	835.4	1051.8
黑龙江	262.1	10.0	7.7	118.3	116.9	69.2	854.9	1121.6

数据来源：国家统计局。

表3-131　2017—2021年全国建制镇及住宅基本情况

年 份	建制镇统计个数（万个）	建成区面积（万公顷）	本年住宅竣工建筑面积（亿平方米）	年末实有住宅建筑面积（亿平方米）	人均住宅建筑面积（平方米）
2017	1.81	392.6	3.00	53.9	34.8
2018	1.83	405.3	3.32	57.9	36.1
2019	1.87	422.9	2.75	60.4	36.5
2020	1.88	433.9	2.79	61.4	37.0
2021	1.91	433.6	2.45	63.2	38.1

数据来源：住房和城乡建设部。

表3-132　2017—2021年全国乡及住宅基本情况

年 份	乡统计个数（万个）	建成区面积（万公顷）	本年住宅竣工建筑面积（亿平方米）	年末实有住宅建筑面积（亿平方米）	人均住宅建筑面积（平方米）
2017	1.03	63.38	0.56	7.9	31.5
2018	1.02	65.39	0.39	8.4	33.2
2019	0.95	62.95	0.44	8.3	33.9
2020	0.89	61.70	0.44	8.4	35.4
2021	0.82	58.78	0.33	8.1	37.0

数据来源：住房和城乡建设部。

2023
中国房地产年鉴

Ⅳ. 市场篇

导 读

　　本篇包括全国房地产市场、存量住房市场、住房租赁市场及城市住房价格指数四部分内容。文章来自房地产相关研究机构和国家统计局。

一、全国房地产市场

2022年，房地产市场延续2021年下半年以来的持续调整态势，受新冠疫情反复、经济下行压力加大等影响，居民购房意愿下降，房地产开发企业资金压力继续加大，房地产市场供求指标大幅度减少，房地产市场呈现量价齐降的局面，房屋库存水平持续上升。2022年房地产开发投资和商品房施工面积出现近20年以来的首次下降，结合城镇住房需求中长期发展趋势判断，2021年是中长期商品房屋建设数量的峰值拐点。

（一）房地产开发企业购置土地意愿降至历史最低

1.100座大中城市土地成交面积与上年基本持平，住宅用地成交面积大幅减少，工业用地成交面积增加

2022年，100座大中城市土地供应面积12.7万公顷，同比减少3%，降幅比上年收窄11个百分点；100座大中城市成交土地面积10.3万公顷，同比增长0.3%，与上年基本持平。其中，住宅类用地和商服用地成交面积分别同比减少25.3%和3.8%，工业用地和其他用地成交面积分别同比增长17%和0.4%（见表4-1-1）。分区域看，2022年一线、二线城市土地成交面积均同比减少，降幅分别为24.3%、8.8%，三线城市土地成交面积同比增长10.1%。

表4-1-1　2018—2022年100座大中城市土地成交面积和增幅（1）

年份	成交土地面积（公顷）					同比增长（%）				
	100座大中城市成交土地	住宅类用地	商服用地	工业用地	其他用地	100座大中城市成交土地	住宅类用地	商服用地	工业用地	其他用地
2018	118062.4	40375.7	13223.8	59670.7	4792.2	10.9	12.4	8.2	11.0	5.6
2019	122109.4	44691.9	13188.7	59013.0	5215.8	3.4	10.7	-0.3	-1.1	8.8
2020	114675.8	43771.1	11854.0	53799.9	5250.8	-6.1	-2.1	-10.1	-8.8	0.7
2021	103065.2	33734.1	10147.4	54065.9	5117.9	-10.1	-22.9	-14.4	0.5	-2.5
2022	103335.8	25200.3	9758.1	63238.9	5138.5	0.3	-25.3	-3.8	17.0	0.4

数据来源：wind数据库。

2.房地产开发企业购置土地面积大幅减少

2022年，房地产开发企业购置土地面积10052万平方米，同比减少53.4%，降幅比上年大幅增加38个百分点，房地产开发企业购置土地面积连续4年负增长，降至1998年水平（见表4-2-2）。2022年，房企购置土地成交价款0.92万亿元，同比减少48.4%，降幅大幅增加50个百分点，为历史最大降幅。

从房地产用地的购地主体看，房地产开发企业占比减少，地方平台公司参与度增加。2022年100座城市房地产用地成交面积34958.4万平方米，房地产开发企业购置土地面积占比28.8%，比2015—2021年的均值50.3%降低约22个百分点（见表4-1-2）。2022年百强购地企业中，国企88家、民企12家。

表 4-1-2　2018—2022 年 100 座大中城市土地成交面积和增幅（2）

年　份	房企当年购置土地面积（万平方米）	房企购置土地面积同比增长（%）	100 座大中城市房地产用地成交面积（万平方米）	100 座大中城市房地产用地成交面积同比增长（%）	房企购置土地面积/100 座大中城市房地产用地成交面积（%）
2018	29320.6	14.9	53599.4	11.4	54.7
2019	25822.3	-11.9	57880.6	8.0	44.6
2020	25536.3	-1.1	55625.1	-3.9	45.9
2021	21589.9	-15.5	43881.4	-21.1	49.2
2022	10052.0	-53.4	34958.4	-20.3	28.8

数据来源：国家统计局，wind 数据库。

3. 第二季度开始房企购地热情持续下降

2021 年 3 月，22 个重点城市试行实施住宅用地供应"两集中"新规，全年分 3 批次集中实施住宅用地招拍挂出让活动。2022 年从各地实践情况看，住宅用地集中出让的次数由 3 次增加为 5 次，年初企业拿地态度相对积极，之后受预期转弱、经济下行、房屋销售下降等因素影响，企业购地意愿下降，底价成交的地块超过 80%。

从月度数据看，2022 年各月房企购置土地面积和土地成交价款均为负增长，其中，购置土地面积降幅由年初的 42.3% 增加为年末的 53.4%，土地成交价款降幅由第一季度的 16.9% 持续增加为年末的 48.4%（见图 4-1-1）。

2022 年，国有土地出让收入 6.7 万亿元，比上年减少约 2 万亿元，同比减少 23.3%，降幅增加 27 个百分点。

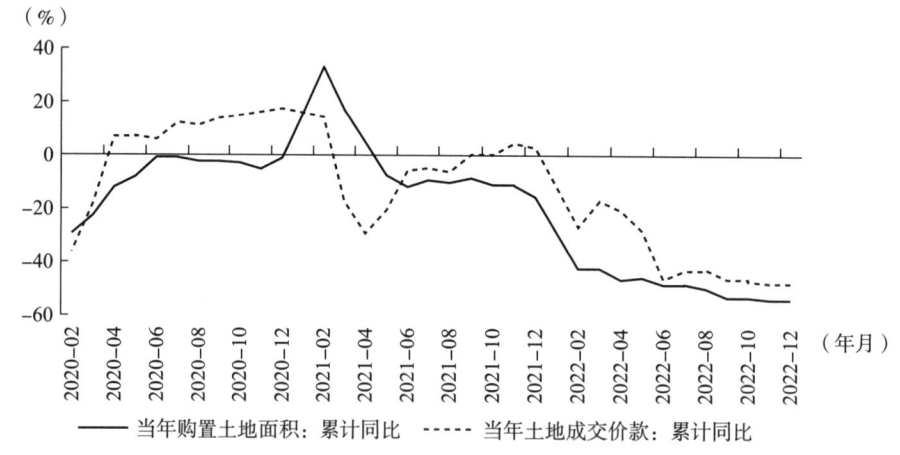

图 4-1-1　2020—2022 年各月房地产开发企业购置土地面积和价款增幅变化

数据来源：国家统计局，wind 数据库。

4. 土地购置成本占比上升

2020—2022 年，住宅类楼面地价/商品住宅销售均价连续三年持续增加，显示房地产开发项目的利润率持续下降。2022 年，100 座大中城市住宅类用地成交楼面地价为 5591.8 元/米^2，商品住宅销售均价为 8594.6 元/米^2，住宅类楼面地价/商品住宅销售均价增加至 65%（见图 4-1-2）。2022 年，商品住宅销售均价、住宅类用地成交的楼面地价均较 2021 年有所下降。

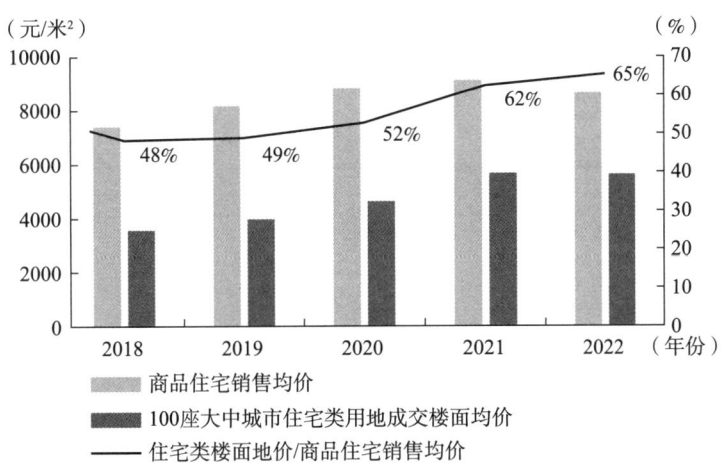

图 4-1-2　2018—2022 年房企住宅类用地楼面地价与商品住房销售均价比较

数据来源：国家统计局，Wind 数据库。

(二) 房地产市场量价齐跌

1. 房地产投资出现历史上首次下降

2022 年，全国房地产开发投资 132895.4 亿元，同比减少 10%，房地产开发投资出现历史上首次下降。各类型物业投资均为负增长，其中住宅投资出现首次减少，商业用房投资自 2017 年以来连续六年负增长。2022 年，住宅投资同比减少 9.5%，办公楼投资同比减少 11.4%，商业用房投资同比减少 14.4%，其他物业投资同比减少 9.4%（见表 4-1-3）。

从月度数据看，2022 年房地产开发投资增速逐月下降，4 月开始负增长，受商品房销售下降影响，房地产开发投资负增长幅度逐月加大。

表 4-1-3　2018—2022 年各类房地产投资额及增幅变化

年　份	各类房地产投资额（亿元）					同比增长（%）				
	房地产开发投资	住宅投资	办公楼投资	商业营业用房投资	其他物业投资	房地产开发投资	住宅投资	办公楼投资	商业营业用房投资	其他物业投资
2018	120263.5	85124.0	5997.3	14167.3	14876.2	9.5	13.4	-11.3	-9.4	21.6
2019	132194.3	97070.7	6162.6	13225.9	15735.1	9.9	13.9	2.8	-6.7	5.6
2020	141443.0	104445.7	6494.1	13076.1	17427.1	7.0	7.6	5.4	-1.1	10.8
2021	147602.0	111173.0	5974.0	12445.0	18010.0	4.4	6.4	-8.0	-4.8	3.3
2022	132895.4	100646.4	5290.8	10647.4	16310.9	-10.0	-9.5	-11.4	-14.4	-9.4

数据来源：国家统计局。

2. 商品房各项建设指标均为负增长

2022 年，商品房各项建设指标均为负增长，其中商品房施工面积出现历史上的首次负增长，商品房施工面积 90.5 亿平方米，同比减少 7.2%；商品房新开工面积 12.1 亿平方米，同比大幅减少 39.4%，2020—2022 年商品房新开工面积连续三年下降，2022 年比 2019 年下降 47%；商品房竣工面积 8.6 亿平方米，同比减少 15%（见表 4-1-4）。历史比较看，商品房新开工面积、竣工面积回落至 2009 年水平，商品房施工面积回落至 2019 年水平。

从各月数据看，商品房施工面积、新开工面积、竣工面积降幅均逐月加大，全年房地产企业投资意愿持续低迷。

表 4-1-4　2018—2022 年商品房建设指标变化

年　份	施工面积（万平方米）	新开工面积（万平方米）	竣工面积（万平方米）	施工面积增长（%）	新开工面积增长（%）	竣工面积增长（%）
2018	822300.0	209342.0	93550.0	5.2	17.2	-7.8
2019	893820.9	227153.6	95941.5	8.7	8.5	2.6
2020	926759.2	224433.1	91218.2	3.7	-1.2	-4.9
2021	975386.5	198895.0	101411.9	5.2	-11.4	11.2
2022	904999.3	120587.1	86222.2	-7.2	-39.4	-15.0

数据来源：国家统计局。

3. 居民购房意愿下降，房屋销售大幅减少

2022年，受经济下行、疫情反复等因素影响，居民购房意愿快速回落，居民加杠杆热情下降。2022年，个人住房贷款余额38.8万亿元，同比增长1.3%，比前5年增幅降低10个百分点以上（见表4-1-5）。

表 4-1-5　2018—2022 年个人住房贷款余额及增幅变化

年　份	个人住房贷款余额（亿元）	同比增长（%）
2018	258000	17.8
2019	302000	17.1
2020	345000	14.2
2021	383000	11.0
2022	388000	1.3

数据来源：人民银行。

2022年，相比前5年商品房销售面积年均17亿平方米、商品住宅销售面积年均15亿平方米的平台期，商品房销售面积出现"下台阶"，回落至2015年时的水平。其中，商品房销售面积13.6亿平方米，同比减少24.3%；商品住宅销售面积11.5亿平方米，同比减少26.8%；商品房销售额13.3万亿元，同比下降26.7%。

2022年，各类型物业销售面积均减少，商品住宅销售面积降幅最高，办公楼、商业用房和其他用房的销售面积分别同比减少3.3%、8.9%和7.4%，其中，商业用房销售面积连续5年下降，办公楼销售面积5年时间里4年同比减少（见表4-1-6）。

表 4-1-6　2018—2022 年各类商品房屋销售面积和增幅变化

年　份	销售面积（万平方米）					同比增长（%）				
	商品房	商品住宅	办公楼	商业营业用房	其他用房	商品房	商品住宅	办公楼	商业营业用房	其他用房
2018	171654.4	147929.4	4363.3	11971.3	7390.3	1.3	2.2	-8.3	-6.8	5.2
2019	171557.9	150144.3	3722.8	10172.9	7517.9	-0.1	1.5	-14.7	-15.0	1.7
2020	176086.2	154878.5	3334.3	9288.5	8585.0	2.6	3.2	-10.4	-8.7	14.2
2021	179433.0	156532.0	3375.0	9046.0	10480.0	1.9	1.1	1.2	-2.6	22.1
2022	135837.0	114630.7	3263.5	8239.7	9703.3	-24.3	-26.8	-3.3	-8.9	-7.4

数据来源：国家统计局。

4. 商品房库存水平上升

2022年，各类物业商品房待售面积增加。商品房待售面积5.6亿平方米，同比增长10.5%。其中，商品住宅待售面积2.7亿平方米，同比增长18.4%；办公楼待售面积同比增长7.3%；商业用房待售面积同比减少1.6%；其他用房待售面积同比增长9.3%（见表4-1-7）。

受商品房屋销售大幅减少影响，2022年商品房库存水平快速上升。以商品房待售面积/竣工面积代表商品房竣工库存水平，以商品房施工面积/销售面积代表商品房在建库存水平，二者均较快增加，反映商品房库存水平上升。其中，2022年，商品房和商品住宅待售面积/竣工面积的数值分别为0.65和0.43，均为近5年以来的最高值；商品房和商品住宅施工面积/销售面积的数值分别为6.66和5.58，相比上年快速增加。

表4-1-7　2018—2022年各类商品房屋待售面积和增幅变化

年份	待售面积（万平方米）					同比增长（%）				
	商品房	商品住宅	办公楼	商业营业用房	其他用房	商品房	商品住宅	办公楼	商业营业用房	其他用房
2018	52414	25091	3649	13793	9881	-11.1	-16.8	-0.4	-9.3	-0.1
2019	49821	22473	3800	13282	10266	-4.9	-10.4	4.1	-3.7	3.9
2020	49850	22379	3796	12934	10741	0.06	-0.4	-0.1	-2.6	4.6
2021	51023	22761	3795	12767	11700	2.4	1.7	-0.03	-1.3	8.9
2022	56366	26947	4073	12558	12778	10.5	18.4	7.3	-1.6	9.3

数据来源：国家统计局。

5. 房价持续下降

2022年，70座大中城市商品住宅价格、二手住宅价格持续下降。全年70座大中城市商品住宅价格同比下降1.2%（70座大中城市住宅价格指数中位数，下同），二手住宅价格同比下降2.5%。分月度数据看，在2021年9月开始房价连续下降16个月，2022年下半年房价降幅有所加大（见图4-1-3）。

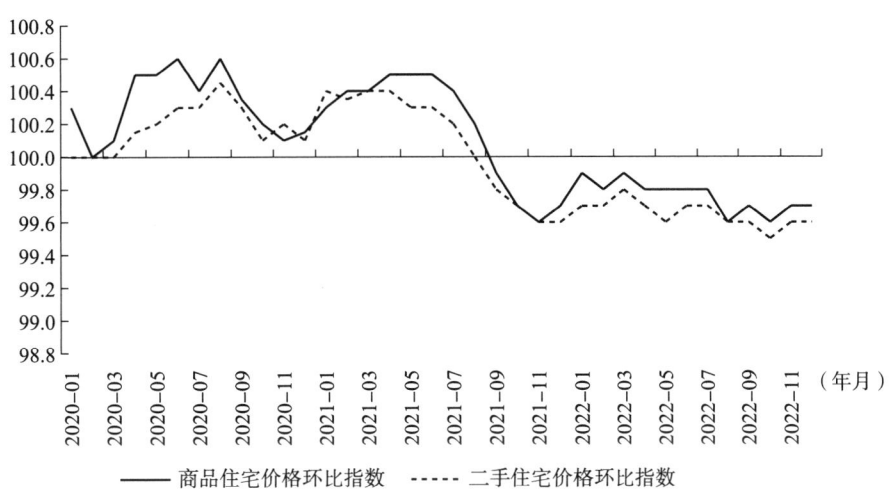

图4-1-3　2020—2022年70座大中城市商品住宅和二手住宅价格环比变化

数据来源：国家统计局。

分区域看,2022年,一线城市下半年商品住宅、二手住宅价格环比下降,二线城市、三线城市全年商品住宅、二手住宅价格环比下降。长三角、珠三角、京津冀、长江中游、成渝城市群中,仅成渝城市群商品住宅、二手住宅价格保持稳中有升,长三角城市群年初和6—8月商品住宅价格企稳以外,其他城市群房屋价格持续下降。

2022年,房价两次企稳过程受疫情反复被打断。一次是2021年11月至2022年2月,在房地产融资政策纠偏之后,长三角、成渝地区大中城市房价企稳回升,但受年初疫情反复和经济下行影响,房价回升态势从3月份开始被打断;第二次是2022年5—7月,受稳经济一揽子政策刺激,房价出现企稳回升态势,但又被8月开始的疫情散发打断,并受疫情影响房价持续下降至年底(见图4-1-4)。

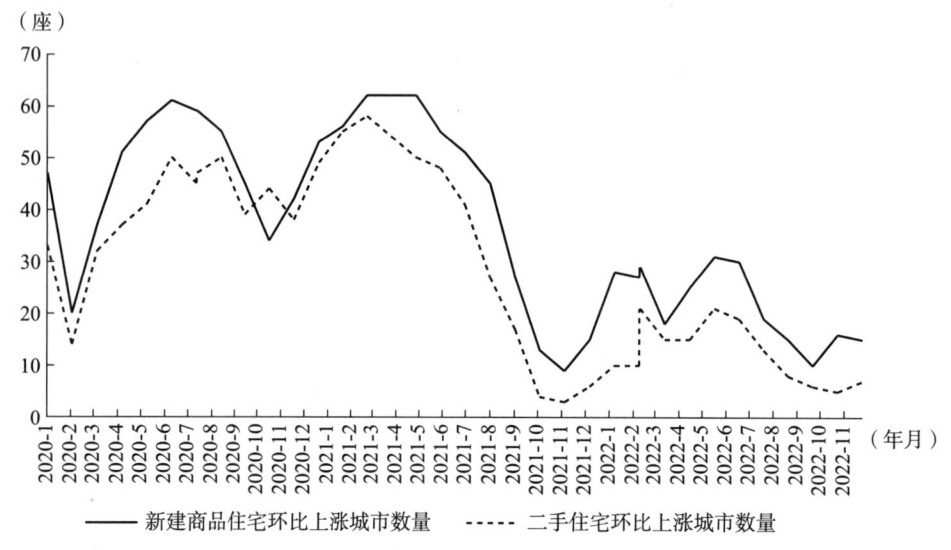

图4-1-4　70座大中城市房价上涨城市数量变化

数据来源:国家统计局。

(三)政策应对房地产风险上升

2022年,房地产市场量价齐跌,房企暴雷事件不断,法拍房数量增加,房地产风险上升。房地产对经济增长、就业、财税收入、居民财富、金融稳定都具有重大影响,为防范房地产业引发系统性风险,稳市场政策接连出台。

1. 房地产开发企业资金压力大幅增加

2022年,房地产开发资金压力大幅增加。一方面,房地产开发资金充裕度(房地产开发资金来源/房地产开发投资)大幅下降。2022年,房地产开发资金来源148979.2亿元,同比减少25.9%,为历史最大降幅,房企资金充裕度降至1.12,大幅低于2003年以来的均值水平(见图4-1-5)。另一方面,房企各项应付款占比迅速上升。2022年,房地产开发企业各项应付款46652.9亿元,同比减少9.8%,房企各项应付款/房地产开发资金来源的比例快速增长为31%,为历史最高值(见图4-1-6)。

房地产开发资金来源由四部分构成,包括国内贷款、利用外资、自筹资金和以销售回款为主的其他资金。2022年,房地产开发资金来源的四个构成均为负增长,分别为国内贷款-25.4%、利用外资-27.4%、自筹资金-19.1%、其他资金-30%(见表4-1-8)。其他资金占房地产开发资金来源的50%,主要为房屋销售回款,其中定金和预收款同比减少33.3%,个人按揭贷款同比减少26.5%,房屋销售的下降大幅增加房地产开发企业的资金压力。

表 4-1-8　2018—2022 年房地产开发资金来源结构变化

年　份	房地产开发资金来源（亿元）				同比增长（%）			
	国内贷款	利用外资	自筹资金	其他资金	国内贷款	利用外资	自筹资金	其他资金
2018	24132.1	114.0	55754.8	86406.2	-4.9	-35.8	9.7	8.3
2019	25228.8	175.7	58157.8	95046.3	5.1	62.7	4.2	10.5
2020	26675.9	192.0	63376.7	102870.3	5.7	9.3	9.0	8.2
2021	23296.0	107.0	65428.0	112301.0	-12.7	-44.1	3.2	9.2
2022	17387.6	78.0	52940.2	78573.5	-25.4	-27.4	-19.1	-30.0

数据来源：国家统计局。

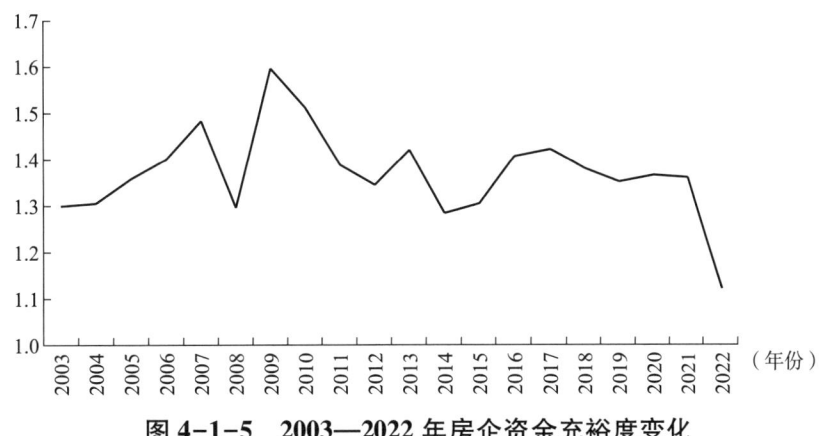

图 4-1-5　2003—2022 年房企资金充裕度变化

数据来源：国家统计局。

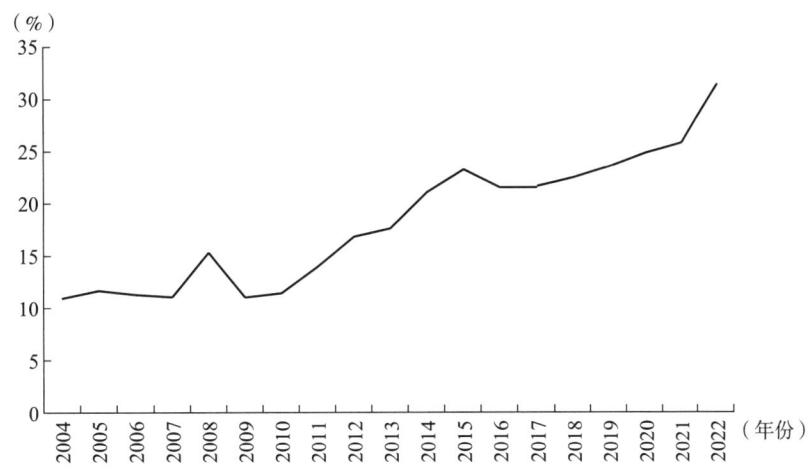

图 4-1-6　2004—2022 年房企各项应付款/房地产开发资金来源变化

数据来源：国家统计局。

2. 推进"保交楼"应对项目停工断贷

由于房地产开发企业资金压力持续增加，停工项目亦逐步增多，2022 年 7 月部分停工项目的购房者强制停止偿还按揭贷款，停贷风波迅速蔓延。7 月 14 日，银保监会回应停工断贷，提出个别房企楼盘延期交付的关键在于"保交楼",下一步工作中,将引导金融机构市场化参与风险处置,加强与住建部门、中国人民银行工作协同,支持地方政府积极推进"保交楼、保民生、保稳定"工作。7月28日,中央政治局召开会议,指出要压实地方政府责任,保交楼、稳民生。8月19日,住房和城乡建设部、财政部、人民银行等有关部门出台措施,完善政策工具箱,通过政策性银行专项借款方式支持已售逾期难交付住宅项目建设交付。此次专项借款精准聚焦"保交楼、稳民生",严格限定用于已售、逾期、难交付的住宅项目建设交付,实行封闭运行、专款专用。通过专项借款撬动、银行贷款跟进,支持已售逾期难交付住宅项目建设交付,维护购房人合法权益,维护社会稳定大局。11月21日,人民银行、银保监会提出,在前期推出的"保交楼"专项借款的基础上,人民银行面向6家商业银行推出2000亿元"保交楼"贷款支持计划,为商业银行提供零成本资金,以鼓励其支持"保交楼"工作。

2023年,住房城乡工作将用力推进"保交楼、保民生、保稳定"工作,落实城市政府主体责任,做实"一楼一策"方案,确保支持政策精准落实到每个项目、每个购房人,让购房人吃下"定心丸"。

3. 稳市场稳预期政策频出,化解行业风险

2022年4月开始,在经济下行压力不断加大的背景下,中央出台一揽子稳定经济的政策措施,该调控思路一直贯彻至年底,房地产调控政策也从供需两方面同时发力稳市场稳预期。金融政策方面,央行分别在4月25日、11月25日、12月5日进行三次降准,分别在1月20日、5月20日、8月20日进行三次LPR降息,至年底大部分城市首套房贷款利率降至4%左右,为历史低点,在稳定房地产市场需求方面发挥积极作用。

11月开始,以改善优质头部房企资产负债表为重点,房地产支持政策在供给端持续发力,房地产供给端融资政策"三支箭"齐发。11月23日,央行、银保监会发布《关于做好当前金融支持房地产市场平稳健康发展工作的通知》(金融16条)。11月28日,证监会在股权融资方面调整优化5项措施(证监会5条),恢复涉房上市公司并购重组及配套融资,恢复上市房企和涉房上市公司再融资,积极发挥私募股权投资基金作用等。

在房地产需求调控政策方面,2022年5月开始,因城施策,支持刚性和改善性住房需求,大量城市以限购、限贷、限价、限售、限商为主的"五限"政策放松,推出二手房"带押过户"政策。9月30日,财政部发布政策,提出2022年10月1日至2023年12月31日,对出售自有住房并在现住房出售后1年内在市场重新购买住房的纳税人,对其出售现住房已缴纳的个人所得税予以退税优惠。2023年1月5日,人民银行、银保监会发布通知,决定建立首套住房贷款利率政策动态调整机制。新建商品住宅销售价格环比和同比连续3个月均下降的城市,可阶段性维持、下调或取消当地首套住房贷款利率政策下限。

2022年,房地产支持政策逐步深入,从需求端到供给端,从"救项目"到"救企业",目标是稳市场稳预期,以防范房地产风险扩散,守住不发生系统性风险底线。

(刘琳　中国宏观经济研究院)

二、存量住房市场

2022年存量住房交易量同比下降,价格同比下跌,市场预期减弱,房源成交周期拉长。年内市场整体处于低位,上半年有波动回升走势,下半年观望情绪加重导致市场向下。市场下行期改善型房源成交占比提升。存量住房金融方面,贷款利率下降,贷款成数提高,全款比例降低。①

---

① 因资料数据搜集和调查所限,本文涉及存量住房市场的各个方面,分别界定在不同城市数量范围中。

Ⅳ. 市场篇
二、存量住房市场

（一）存量房交易情况

交易量下降。2022年全国存量住房市场交易规模同比下降。根据贝壳研究院测算，2022年全国存量住房成交金额约4.83万亿元，同比下降约31.3%；成交面积约2.64亿平方米，同比下降27.0%；成交均价约1.83万元/米^2，同比下跌约5.9%（见图4-2-1）。

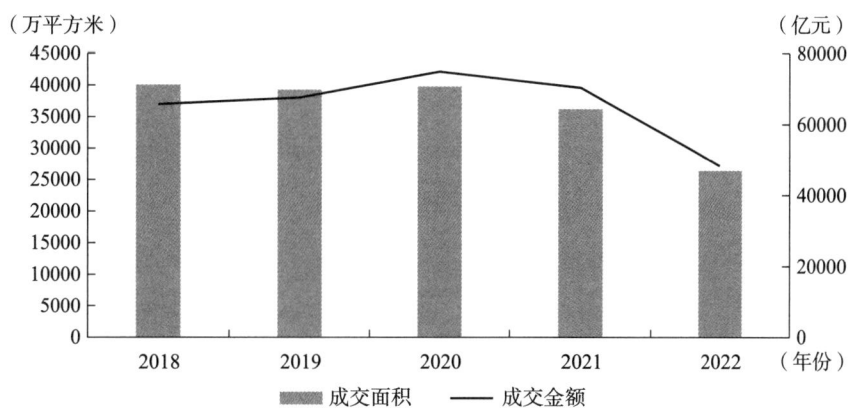

图4-2-1　2018—2022年全国存量住房成交面积与金额走势

数据来源：贝壳研究院。

年内低速运行。从年内走势看，上半年二手房成交量在波动中修复回升，进入下半年市场观望情绪加重，量价走势向下；12月市场预期改善，成交量环比回升，价格跌幅收窄，市场隐现筑底迹象（见图4-2-2、图4-2-3）。

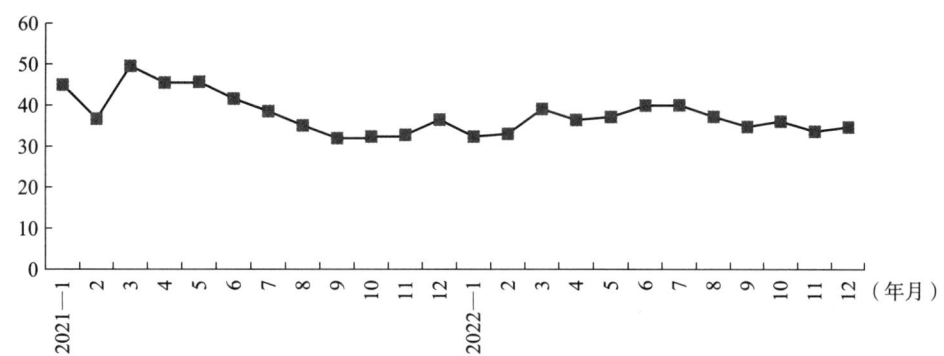

图4-2-2　2021年1月至2022年12月贝壳50座城市①存量住房成交套数指数走势

数据来源：贝壳研究院。
注：存量住房成交套数指数是基于贝壳二手房交易数据编制而成，通过建模对二手住宅市场小区交易密度进行描述，数值高低反映小区整体交易量的高低，能够有效衡量不同城市、不同时期二手房市场交易水平的差别和变化，反映市场交易能量。

---

① 贝壳50座城市包括：北京、上海、深圳、广州、成都、大连、福州、贵阳、哈尔滨、杭州、合肥、呼和浩特、济南、昆明、兰州、南昌、南京、宁波、青岛、厦门、沈阳、石家庄、苏州、太原、天津、温州、武汉、西安、银川、长春、长沙、郑州、重庆、常州、东莞、佛山、绵阳、惠州、嘉兴、廊坊、洛阳、南通、泉州、绍兴、无锡、芜湖、徐州、烟台、中山、珠海。

— 309 —

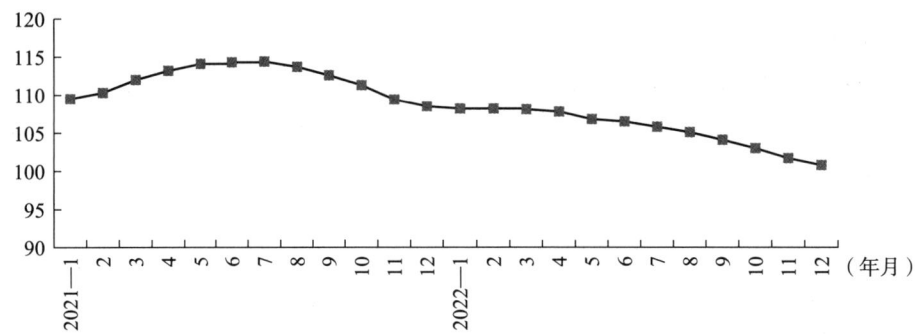

图 4-2-3　2021 年 1 月至 2021 年 12 月贝壳 50 座城市存量住房价格指数走势

数据来源：贝壳研究院。

市场预期较弱。2022 年存量住房市场预期处于低位。2022 年贝壳 50 座城市存量住房景气指数[①]整体保持在 20 及以下的低位区间，12 月有筑底回升的迹象。分城市看，截至 12 月，贝壳 50 座城市中超五成的城市存量住房景气指数均在 20 以下（见图 4-2-4、表 4-2-1）。

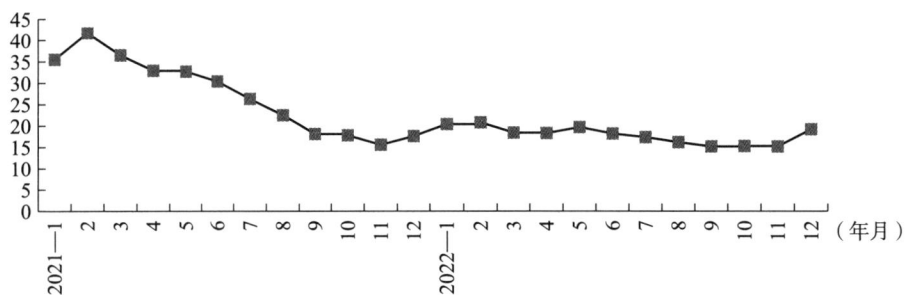

图 4-2-4　2021 年 1 月—2022 年 12 月贝壳 50 座城市存量住房景气指数走势

数据来源：贝壳研究院。

表 4-2-1　2022 年 12 月重点城市存量住房景气指数及变化

城　市	2021 年 12 月	2022 年 12 月	较 2021 年 12 月变化
上　海	24	13	-11
北　京	15	9	-6
绍　兴	16	11	-5
无　锡	20	16	-4
常　州	15	11	-4
温　州	27	24	-3
宁　波	23	20	-3
杭　州	27	25	-2
呼和浩特	13	11	-2
广　州	22	20	-2
嘉　兴	15	14	-1

---

① 存量住房市场景气指数是基于贝壳平台上业主挂牌和调价行为数据，计算挂牌房源调价中调升的次数比例来反映当前市场预期，能够预测未来短期房价走势，景气指数＝调涨次数/调价次数×100。景气指数在 40 以上为市场预期景气，涨价预期强，20 至 40 之间预期相对平稳，20 以下为市场预期低迷。

续表

城　市	2021年12月	2022年12月	较2021年12月变化
长　春	9	9	0
兰　州	9	9	0
泉　州	28	28	0
南　昌	20	21	1
烟　台	13	14	1
东　莞	19	20	1
惠　州	17	18	1
西　安	12	14	2
哈尔滨	7	9	2
合　肥	24	25	1
成　都	19	20	1
芜　湖	16	18	2
石家庄	9	11	2
银　川	11	13	2
徐　州	13	16	3
深　圳	22	25	3
苏　州	19	23	4
济　南	12	16	4
青　岛	12	16	4
郑　州	14	18	4
大　连	23	27	4
厦　门	24	28	4
长　沙	17	21	4
南　京	15	19	4
绵　阳	13	17	4
贵　阳	11	15	4
昆　明	12	17	5
洛　阳	10	16	6
沈　阳	19	26	7
福　州	23	29	6
太　原	10	16	6
南　通	14	22	8
天　津	11	20	9
廊　坊	11	21	10
重　庆	14	24	10
武　汉	14	25	11
佛　山	18	31	13
中　山	14	32	18

数据来源：贝壳研究院。

房源成交周期[①]**延长。**2022年贝壳50座城市存量住房房源平均成交周期为176天，较2021年延长41天。其中，南通、宁波、长春等城市存量住房房源成交周期延长60天以上（见表4-2-2）。

表4-2-2 2022年重点城市存量住房房源成交周期较2021年变化

单位：天

城　市	房源成交周期变化	城　市	房源成交周期变化
南　通	94	嘉　兴	41
宁　波	79	武　汉	40
长　春	77	珠　海	40
呼和浩特	71	西　安	39
沈　阳	63	广　州	38
哈尔滨	60	绵　阳	38
兰　州	59	青　岛	37
绍　兴	58	大　连	35
南　昌	56	常　州	34
温　州	54	泉　州	33
银　川	54	福　州	31
南　京	53	上　海	28
惠　州	53	洛　阳	28
苏　州	52	天　津	28
东　莞	50	长　沙	26
深　圳	50	杭　州	25
佛　山	48	石家庄	24
烟　台	47	合　肥	24
廊　坊	46	太　原	23
中　山	44	成　都	21
昆　明	44	厦　门	19
无　锡	44	重　庆	18
芜　湖	43	济　南	14
徐　州	43	郑　州	9
贵　阳	42	北　京	-13

数据来源：贝壳研究院。

（二）成交结构特征

改善型房源成交占比提高。分户型看，2022年三居室户型房源成交占比为37.7%，较2021年提高3.8个百分点；四居室及以上大户型房源成交占比为8.6%，较2021年提高1.8个百分点；一居室和二居室房源成交

---

① 房源成交周期=所有房源成交总天数/房源成交套数。

占比分别降低1.9个和3.7个百分点（见表4-2-3）。

表4-2-3　2021—2022年贝壳50座城市不同居室房源成交占比（%）

年　份	一居室	二居室	三居室	四居室及以上
2021	14.5	44.8	33.9	6.8
2022	12.6	41.1	37.7	8.6

数据来源：贝壳研究院。

（三）存量住房交易金融环境

房贷利率下降。截至2022年12月，贝壳103座城市①存量住房首套主流利率②为4.09%、二套主流利率为4.91%，较2021年12月分别累计降低155个、100个基点（见图4-2-5）。

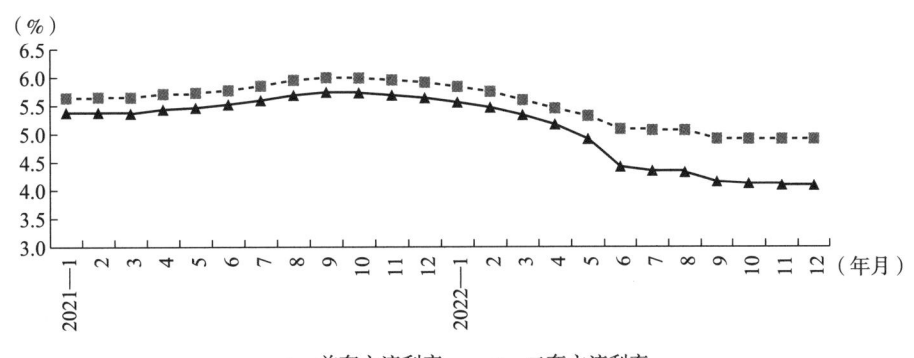

图4-2-5　2021年1月至2022年12月贝壳103座城市存量住房主流房贷利率走势

数据来源：贝壳研究院。

根据贝壳103座城市平均房贷放款周期③数据，2022年103座城市平均放款周期整体呈缩短走势，12月平均放款周期为28天，较2021年12月延长29天（见图4-2-6）。

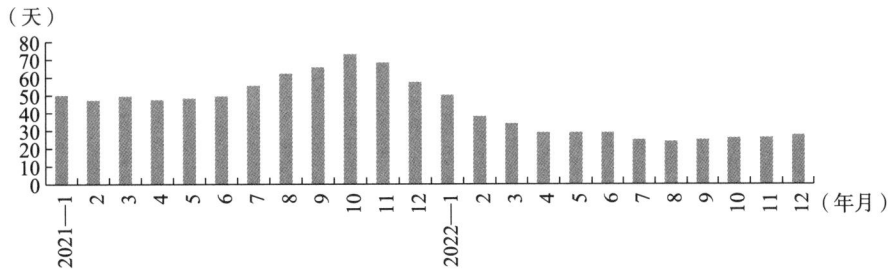

图4-2-6　2021年1月至2022年12月103座城市存量住房平均房贷放款周期

数据来源：贝壳研究院。

---

①　贝壳103座城市包括：安庆、包头、宝鸡、北海、北京、常州、成都、达州、大理、大连、丹东、东莞、佛山、福州、赣州、广州、贵阳、桂林、哈尔滨、海口、杭州、合肥、呼和浩特、湖州、淮安、黄石、惠州、吉林、济南、济宁、嘉兴、江门、金华、九江、开封、昆明、兰州、廊坊、临沂、柳州、洛阳、鞍山、绵阳、南昌、南充、南京、南宁、南通、宁波、青岛、泉州、厦门、上海、上饶、绍兴、深圳、沈阳、石家庄、苏州、太原、泰安、唐山、天津、潍坊、温州、无锡、芜湖、武汉、西安、咸阳、襄阳、新乡、徐州、许昌、烟台、盐城、宜昌、银川、漳州、长春、长沙、镇江、郑州、中山、重庆、珠海、株洲、淄博、眉山、德州、常德、邯郸、晋中、汉中、景德镇、清远、衢州、台州、威海、乌鲁木齐、宜春、驻马店、遵义。

②　主流房贷利率指统计期内存量住房房贷成交最集中的利率点。

③　房贷放款周期指签订存量住房贷款合同到最终放款的自然日数。

表 4-2-4 2022 年 12 月重点城市主流房贷利率（%）

城　市	首套利率	二套利率	城　市	首套利率	二套利率
北　京	4.85	5.35	青　岛	4.10	4.90
常　州	4.10	4.90	泉　州	3.80	4.90
成　都	4.30	4.90	厦　门	4.10	5.10
大　连	3.95	4.90	上　海	4.65	5.35
东　莞	4.10	4.90	绍　兴	4.10	4.90
佛　山	4.10	4.90	深　圳	4.60	4.90
福　州	4.10	4.90	沈　阳	4.10	4.90
广　州	4.30	4.90	石家庄	3.80	4.90
贵　阳	3.90	4.90	苏　州	4.10	4.90
哈尔滨	4.10	4.90	太　原	4.10	4.90
杭　州	4.10	4.90	天　津	3.90	4.90
合　肥	4.10	4.90	温　州	3.80	4.90
呼和浩特	4.10	4.90	无　锡	4.10	4.90
绵　阳	4.10	4.90	芜　湖	4.10	4.90
惠　州	4.10	4.90	武　汉	3.90	4.90
济　南	4.10	4.90	西　安	4.10	5.00
嘉　兴	4.10	4.90	徐　州	4.10	4.90
昆　明	3.95	4.90	烟　台	4.10	4.90
兰　州	4.30	4.90	银　川	4.10	4.90
廊　坊	4.10	4.90	长　春	4.10	4.90
洛　阳	4.10	4.90	长　沙	4.10	4.90
南　昌	4.10	4.90	郑　州	4.10	4.90
南　京	4.10	4.90	中　山	4.10	4.90
南　通	4.10	4.90	重　庆	4.10	4.90
宁　波	4.10	4.90	珠　海	4.10	4.90

数据来源：贝壳研究院。

购房杠杆率提高。2022 年贝壳 60 座城市[1]存量住房购房自有资金率[2]为 56.5%，较 2021 年降低 3.7 个百分点（见图 4-2-7）。

分城市群[3]看，2022 年成渝城市群存量住房购房自有资金率为 56.7%，较 2021 年降低 6.5 个百分点；粤港澳大湾区城市群为 54.5%，较 2021 年降低 5.2 个百分点；兰西城市群较 2021 年降低 5.0 个百分点。辽中南城市群、京津冀城市群、长江中游城市群、长三角城市群等较 2021 年降低 5 个百分点以内。山东半岛城市群与 2021 年基本持平（见表 4-2-5）。

---

[1] 贝壳 60 座城市包括：安庆、包头、北京、长春、长沙、常州、成都、大连、东莞、佛山、福州、广州、贵阳、哈尔滨、杭州、合肥、呼和浩特、淮安、惠州、济南、嘉兴、开封、昆明、兰州、廊坊、临沂、洛阳、马鞍山、绵阳、南昌、南充、南京、南通、宁波、青岛、泉州、上海、绍兴、深圳、沈阳、石家庄、苏州、太原、天津、潍坊、温州、无锡、芜湖、武汉、西安、厦门、咸阳、襄阳、徐州、烟台、银川、郑州、中山、重庆、珠海。

[2] 自有资金率=1-存量住房客户的房屋贷款金额与房屋总成交金额的比值，自有资金率越高代表杠杆率越低。

[3] 此处城市群统计样本以 60 座城市为基础。

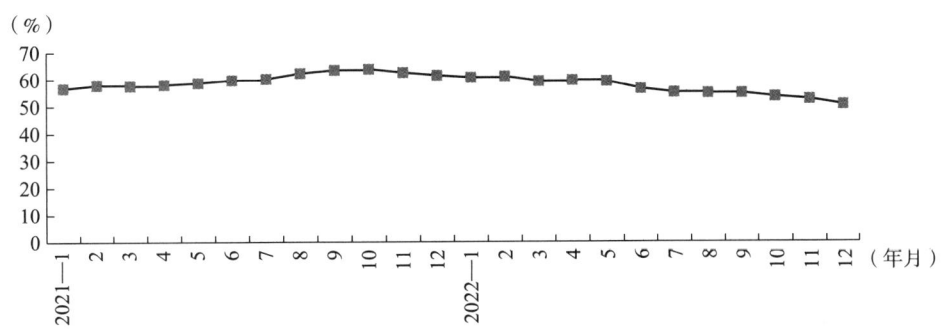

图 4-2-7　2021 年 1 月至 2022 年 12 月贝壳 60 座城市存量住房购房自有资金率

数据来源：贝壳研究院。

表 4-2-5　2022 年不同城市群存量住房购房自有资金率及变化

城市群	2021 年（%）	2022 年（%）	较 2021 年变化（个百分点）
山东半岛城市群	58.1	58.1	0.0
辽中南城市群	56.7	54.8	-1.9
京津冀城市群	63.3	61.0	-2.3
长江中游城市群	58.0	55.7	-2.3
长三角城市群	62.6	58.1	-4.5
兰西城市群	55.1	50.1	-5.0
粤港澳大湾区城市群	59.7	54.5	-5.2
成渝城市群	63.2	56.7	-6.5

数据来源：贝壳研究院。

2022 年贝壳 60 座城市存量住房购房贷款成数①为 58.8%，较 2021 年提高 2.6 个百分点；从年内具体走势看，第一季度相对平稳，第二季度以后提高速度加快（见图 4-2-8）。

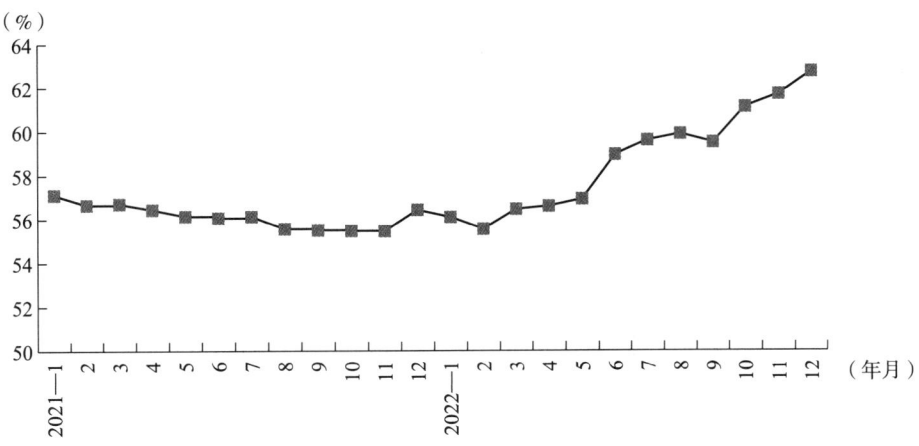

图 4-2-8　2021 年 1 月至 2022 年 12 月贝壳 60 座城市存量住房贷款成数

数据来源：贝壳研究院。

---

① 贷款成数指使用按揭贷款的购房客户贷款额与其房屋成交额的比值。

分城市群看，2022年兰西城市群存量住房贷款成数为63.5%，较2021年提高4.8个百分点，成渝城市群贷款成数为60.9%，较2021年提高4.2个百分点，粤港澳大湾区城市群、长三角城市群、京津冀城市群、长江中游城市群、山东半岛城市群、辽中南城市群存量住房贷款成数均不同程度的提高（见表4-2-6）。

表4-2-6　2022年不同城市群存量住房购房贷款成数及变化

城市群	2021年（%）	2022年（%）	较2021年变化（个百分点）
兰西城市群	58.7	63.5	4.8
成渝城市群	56.7	60.9	4.2
粤港澳大湾区城市群	57.5	60.7	3.2
长三角城市群	53.1	56.2	3.1
京津冀城市群	50.6	53.1	2.5
长江中游城市群	56.2	58.4	2.2
山东半岛城市群	54.7	56.6	1.9
辽中南城市群	56.1	57.6	1.5

数据来源：贝壳研究院。

2022年贝壳60座城市存量住房全款购房占比为26.8%，较2021年降低2.7个百分点（见图4-2-7）。

分城市群看，2022年成渝城市群存量住房全款购房占比为30.2%，较2021年降低5.4个百分点；粤港澳大湾区城市群全款购房占比为23.6%，较2021年降低4.8个百分点；辽中南城市群、兰西城市群、长江中游城市群、长三角城市群等全款购房占比均降低；山东半岛城市群全款购房占比较2021年提高2.3个百分点（见表4-2-7）。

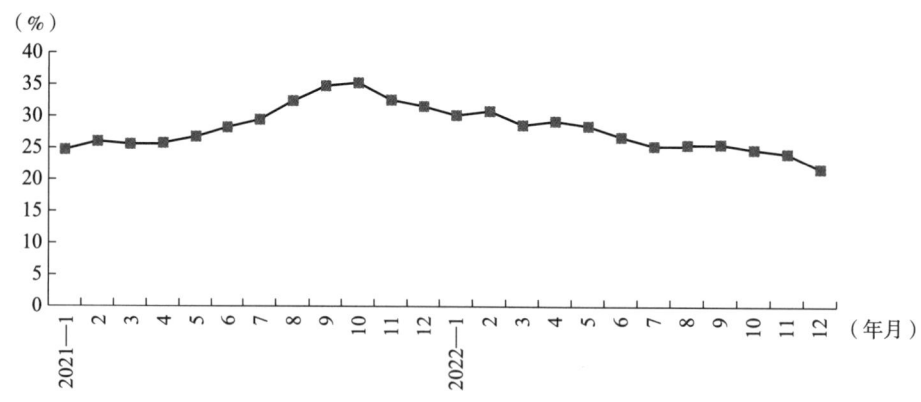

图4-2-9　2021年1月至2022年12月贝壳60座城市存量住房全款购房占比

数据来源：贝壳研究院。

表 4-2-7　2022 年不同城市群存量住房全款购房占比及变化

城市群	2021 年（%）	2022 年（%）	较 2021 年变化（个百分点）
山东半岛城市群	24.0	26.3	2.3
京津冀城市群	28.5	28.9	0.4
辽中南城市群	23.6	22.8	-0.8
兰西城市群	22.6	21.7	-0.9
长江中游城市群	25.7	24.6	-1.1
长三角城市群	31.5	27.4	-4.1
粤港澳大湾区城市群	28.4	23.6	-4.8
成渝城市群	35.6	30.2	-5.4

数据来源：贝壳研究院。

（许小乐　刘丽杰　贝壳研究院）

三、住房租赁市场

2022 年党的二十大报告再次强调加快建立租购并举住房制度，大力推动住房租赁市场发展。与此同时，相关配套政策密集出台，政策"组合拳"叠加效应逐步释放，中国住房租赁行业也得到深入的发展。

（一）政策动向

2022 年住房租赁行业政策端不断发力，"投建管服退"全产业链的支持政策出台落地。政策端从培育市场供应主体、支持承租人享受公共服务、落实公积金支付房租政策、允许商改租、给予税收优惠和提供金融支持以及增加租赁住房用地等多方位进行部署。从中央层面的政策支持到各地落实于具体措施及规划中，2022 年从中央到地方出台政策 263 条，其中 47.15% 跟租赁行业的供应相关，25.86% 跟市场监管相关，权益保障类、金融税收类分别占 14.83%、12.17%，说明中国住房租赁市场的宏图慢慢铺开（见图 4-3-1）。

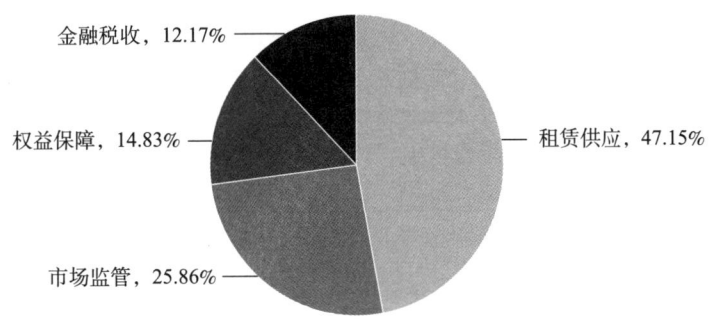

图 4-3-1　2022 年各类型租赁住房政策占比情况

数据来源：根据公开资料整理。

金融支持力度持续加码。与 2021 年相比，2022 年金融扶持住房租赁行业发展力度空前。2022 年以来，财政部、发展改革委、银保监会等多部门均出台金融政策支持保租房发展，鼓励银行等金融机构创新金融服务，加大保租房金融支持力度，稳步推进保租房 REITs 试点落地（见表 4-3-1）。

表 4-3-1　2022 年金融支持重点政策梳理

时　间	文件	主要内容
2022 年 1 月	《关于基础设施领域不动产投资信托基金（REITs）试点税收政策的公告》	针对目前 REITs 项目节税政策尚不成熟的特点，确保 REITs 项目发行成功完成募资后才需要缴纳税费，减轻 REITs 发行前期的税负，促进 REITs 进一步发展
2022 年 2 月	《关于保障性租赁住房有关贷款不纳入房地产贷款集中度管理的通知》	明确保障性租赁住房项目有关贷款不纳入房地产贷款集中度管理，鼓励银行业金融机构按照依法合规、风险可控、商业可持续的原则，加大对保障性租赁住房发展的支持力度
2022 年 2 月	《关于银行保险机构支持保障性租赁住房发展的指导意见》	要求各类银行保险机构发挥机构优势，把握保障性租赁住房融资需求特点，提供针对性金融产品和服务
2022 年 5 月	《关于规范做好保障性租赁住房试点发行基础设施领域不动产投资信托基金（REITs）有关工作的通知》	从保障性租赁住房 REITs 的作用、发起主体、回收资金用途、参与方监督职责等四个方面提出明确要求
2022 年 11 月	《首个住房租赁基金正式成立》	我国首个住房租赁基金在北京正式设立，将通过盘活市场存量房产，向个人租户提供长租房服务。这个住房租赁基金由建设银行负责运作，募集资金规模为 300 亿元

数据来源：根据公开资料整理。

此外，全国首个住房租赁基金——建信住房租赁基金于 2022 年 11 月 18 日正式成立，募集规模为 300 亿元，定位盘活存量房产。建设银行住房租赁基金进入正常运转阶段，截至 2022 年 11 月底，整个基金重点拟推进项目接近 30 个，整体投资资产规模也向 150 亿元迈进。

（二）行业发展

自从 2021 年确立保障性租赁体系，当前租赁住房包括市场化程度较高的长租公寓及享受政策扶持的保障性租赁住房（含人才租赁住房、公租房等）。从两类资产的特征来看，长租公寓市场化程度较高，受政策影响较少，而现阶段的保障性租赁住房从开发到运营均受较多的政策扶持，也是国家从中央到地方"十四五"发展的重点（见表 4-3-2）。

表 4-3-2　市场化长租公寓与保障性租赁住房的主要区别

类　型	市场化长租公寓	保障性租赁住房
产权	产权更为清晰，土地使用权来源多为出让，一般可在市场上整体或分割转让销售	多为协议出让或行政划拨，项目仅可长期经营，资产不可独立或整体销售
主体	多为创业系运营商、民企开发商或酒店系专业运营商	多为国企或政府平台公司
资产价值	多位于城市核心地段或 CBD 辐射片区，享有便利的交通及生活配套，资产保值增值能力强	多位于离核心区域较远的城市外围区域，资产升值能力空间有限
运营情况	多为市场化运营，租金由市场定价，随着片区成熟及资产稀缺性租金往往会持续上涨	政府定价，且租金涨幅受政府调控
租户	以城市白领等企业员工为主	相关政策规定适用之人群

资料来源：根据公开资料整理。

1. 保障性租赁住房的发展

在国家层面明确将住房保障体系建设的重心由公租房转向保租房之前，各地大力发展公共租赁住房以满足城市中等偏下收入家庭基本住房需求。各地对承租对象和收入标准线划定的标准不一，大部分城市的公租房建设实际上也覆盖到"新市民、新青年"群体。《保租房意见》的发布意味着政策性租赁住房的发展重点将从已基本完成的对困难群众的兜底式保障走向对城市发展奋斗的新市民和青年们的住房保障，因此在产品、户型等方面也将更贴近目标群体的需求。保租房以小户型、低租金的基本特征从供应端弥补市场化租赁产品的不足，优化住房租赁市场的供给结构。在套型上，要求保租房户型以建筑面积不超过70平方米为主。

2022年1—10月，全国保障性租赁住房已开工建设和筹集233.6万套（间），占年度计划的98.8%，完成投资1750亿元。截至2022年底，40个重点城市开工建设和筹集270多万套（间），完成"十四五"发展目标的42%，为顺利完成整个"十四五"时期目标任务开好局、起好步。2021年、2022年，全国开工建设和筹集保障性租赁住房约360万套（间），可解决近千万名新市民、青年人的住房困难问题。

多地表示已提前或超额完成2022年筹建目标（见表4-3-3）。比如，浙江省人民政府官网显示，上半年全省筹集建设保障性租赁住房31.9万套（间），提前完成30万套（间）的年度目标任务。上海、杭州、西安、武汉等城市均发布消息表示提前超额完成年度计划。

表4-3-3 各地2022年保租房目标任务完成进度

省/市	2022年预定目标（万套/间）	2022年完成情况（万套/间）	统计节点
浙江省	30	31.9	截至2022年6月底
河北省	4.54	4.6	截至2022年9月底
黑龙江省	—	1.17	2022年12月11日消息
上海市	17.3	18	截至2022年11月底
杭州市	14	14.5	截至2022年11月底
西安市	8.8	12.3	2022年12月22日消息
武汉市	5.5	6.21	截至2022年底
郑州市	5	5.23	截至2022年10月底
嘉兴市	4.6	4.74	2022年8月23日消息
青岛市	4.5	4.58	截至2022年11月底
温州市	4	4.1	截至2022年6月底
长沙市	2.997	2.997	截至2022年底
沈阳市	2.5	2.5074	2022年11月15日消息
南宁市	2.3849	2.4856	截至2022年11月底
溧阳市	0.4	0.6366	2022年7月18日消息
丽水市	0.36	0.3638	截至2022年8月底

数据来源：根据公开资料。

2. 市场化长租公寓的发展

（1）土地：22座城市供应量大幅下滑，各地开始按需更加理性供应租赁用地。

截至2022年底，全国范围内推出涉租赁土地285块，规划建筑面积444万平方米，供地政策上仍然延续"22城集中供地"，三种方式并行供应租赁用地建设保障性租赁住房（见图4-3-2）。

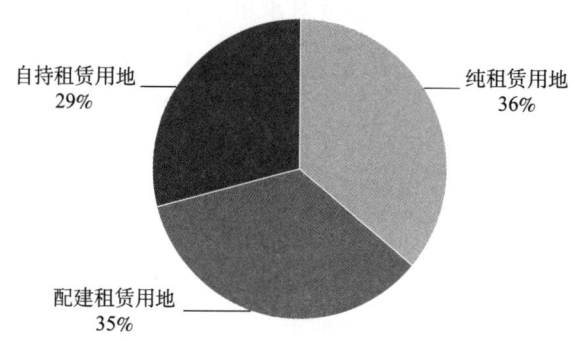

图 4-3-2　2022 年租赁相关用地整体供应成交占比情况

数据来源：公开信息，克而瑞租售整理。

2022 年受疫情及经济影响，土拍市场整体遇冷，各地因城施策对竞拍规则进行放宽和调整，合理按需供应涉租赁用地，新增涉租用地同比下滑 63.01%。从各批次涉租用地成交情况来看，前三批次成交较多涉租用地，各地第四、五、六批次仅以少量地块成交，涉租用地较少。分不同租赁用地供应方式来看，其中纯租赁用地 160 万平方米、拿地配建类的租赁用地 154.84 万平方米、拿地自持的租赁用地 97.56 万平方米、竞自持租赁用地 31.82 万平方米，说明纯租赁用地及拿地配建租赁住房的方式还是部分城市新建保租房的主要供应方式（见图 4-3-3）。

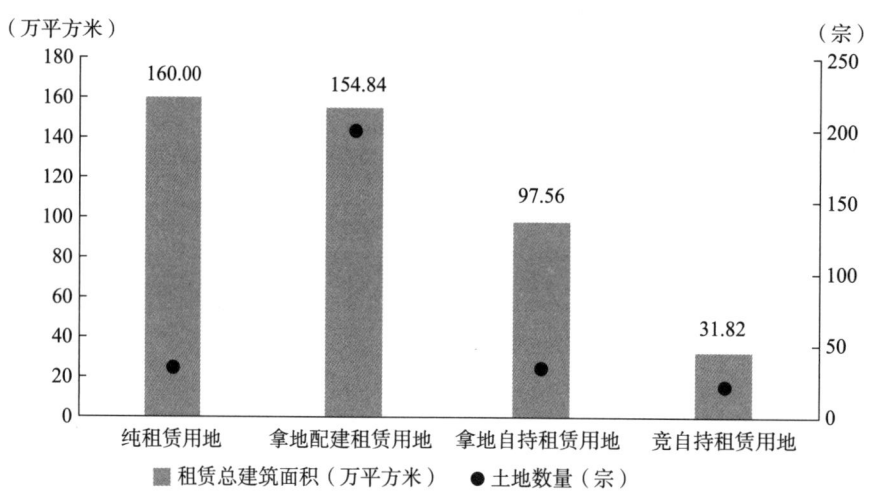

图 4-3-3　2022 年租赁相关用地整体供应情况

数据来源：公开信息，克而瑞租售。

（2）供应规模及产品：散户为市场主体，大型租赁社区开始加快入市。

中国住房租赁行业的供应主体主要包含散户、机构运营和政府，不同主体因其背景和资源能力的不同，市场参与方式也有所不同。散户和机构运营是以市场化操作运营，而政府则担任公共物品提供者以及规则制定者的重要角色。散户仍为中国住房租赁市场的供应主体，但散户主体不参与房源的运营管理，市场上机构运营的租赁住房比重约为 5%。

1）个人租赁房源供应：供应规模不断下降，但仍是市场供应的主力。

从新增供应来看，近五年，全国 55 座城市个人租赁房源新增房源量整体呈现下跌趋势，其中 2022 年个人房源新增供应仅为 2018 年的一半。由于人口流动和疫情的原因，2022 年新增供应房源较 2021 年整体变化不大，2022 年全年个人房源新增供应量为 620.50 万间，同比上涨 2.65%，新增供应量开始小幅回升，后疫情时代，供应的房源有望开启持续上升趋势（见图4-3-4）。

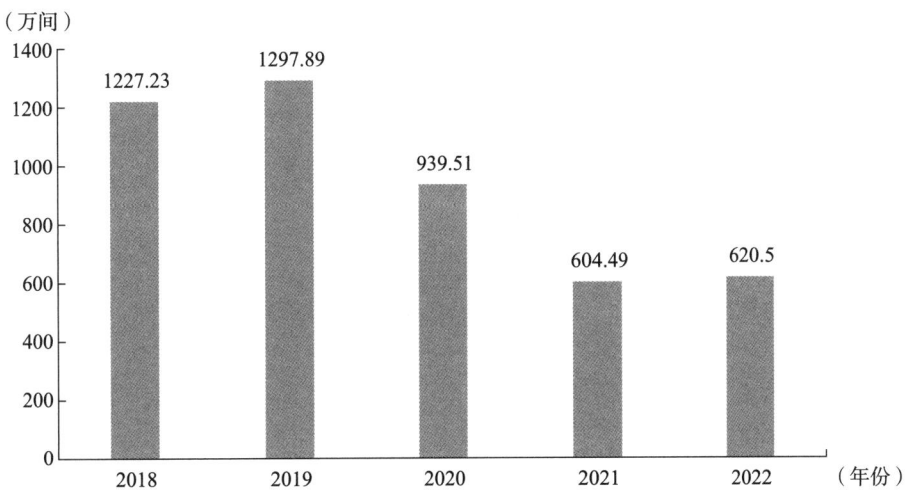

图4-3-4　2018—2022年全国55座城市个人房源租赁挂牌量

数据来源：CRIC城市租售系统。

2）市场化租赁房源供应：分散式产品大幅下降，集中式产品规模初现且稳步推进。

目前，中国租赁市场最大规模的分散式长租公寓——自如，已经发展至以"百万"为规模计数单位。然而分散式公寓近年来因"高收低租""租金贷"等商业模式弊端暴露，遭遇频频暴雷。2019—2020年，蛋壳公寓、青客公寓等下架房源，退出市场，自如和相寓也在逐步控制甚至缩减规模（见表4-3-4）。

表4-3-4　2022年分散式公寓管理规模

公寓品牌	管理规模（万间）
自如	100
蛋壳公寓	43.8（2020年暴雷，下架房源）
相寓	25.7（规模大幅减少）

数据来源：克而瑞租售。

回顾2022年，中国住房租赁行业市场化租赁企业开业规模持续增长，TOP30集中式公寓运营企业累计开业规模92.28万间，同比增长15.88%，环比增长1.60%，同环比增速均有所下降。2022年第一季度以来，租赁企业开业规模持续增长，但受疫情和经济周期影响，增速持续放缓，环比增速从第一季度的7.86%下降至四季度的1.60%，头部企业开店动作明显放缓（见图4-3-5）。

3）市场化租赁房源供应：大型租赁社区持续入市，引领行业发展。

2022年市场上有多个项目以大型租赁社区的形式入市。从项目的分布情况来看，大型租赁社区主要布局在租住需求旺盛的核心一线、二线城市，其中上海布局项目最多。2022年上海有7个大型租赁社区（房源≥1000间）入市，提供超过1.4万间租赁房源。从运营商品牌来看，具有规模化运营能力的住房租赁品牌在市场上占据优势，以华润有巢为代表，通过轻资产托管或重资产持有的模式在多个城市布局大型租赁社区（见表4-3-5）。

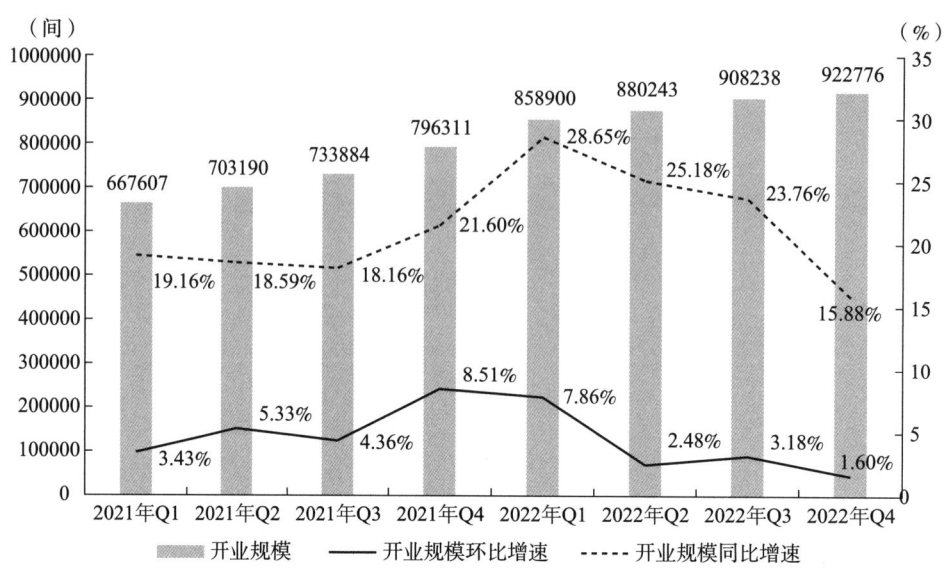

图 4-3-5　2021—2022 年中国 TOP30 集中式长租公寓企业开业规模变化

数据来源：克而瑞租售。

表 4-3-5　2022 年新开业的大型租赁社区

城市	项目名称	开业时间	运营方	项目房间数（间）
成都	有巢公寓西部智谷店	2022 年 2 月	华润有巢	1000
厦门	屿果公寓（后埔店）	2022 年 3 月	象屿商发	1600
北京	有巢国际公寓社区瀛海店	2022 年 3 月	华润有巢	4000
武汉	武汉城建都市丨泊寓·江国路店	2022 年 6 月	泊寓	1416
武汉	CCB 建融家园·毛坦村项目	2022 年 6 月	建信	1120
广州	有巢国际公寓社区设计之都店	2022 年 6 月	华润有巢	1500
南京	瑾家阅江台	2022 年 7 月	瑾家公寓	1200
上海	城开·莘社区	2022 年 8 月	瓴寓国际	2762
上海	微领地浦江中心社区	2022 年 9 月	微领地	3116
上海	华润有巢国际社区马桥 AI 店	2022 年 10 月	华润有巢	1600
上海	屿果公寓·上海松江醉白池店	2022 年 10 月	象屿商发	1872
上海	城开·汇社区 CCB 建融家园	2022 年 11 月	CCB 建融家园	1006
上海	城投宽庭·江湾社区	2022 年 11 月	城投宽庭	1719
上海	新黄浦·筑梦城吴泾租赁社区	2022 年 12 月	新黄浦实业集团	2801

数据来源：克而瑞租售。

（3）市场租金：个人房源租赁租金呈上升趋势，核心城市集中式公寓租金有涨有跌。

2022 年全国 55 座城市个人房源平均租金为 33.11 元/（米²·月），环比上涨 3.82%，同比上涨 1.48%。2022 年以来，随着年初疫情的蔓延，租金波动较大，7—8 月的毕业季带来一波租金的上涨。随后，租赁市场进入传统淡季，租金开始下跌，12 月，北上深等一线城市受疫情反复的影响，且处于年末，租赁市场供需出现一定失衡，租金出现异常上涨情况（见图 4-3-6）。

Ⅳ. 市场篇

三、住房租赁市场

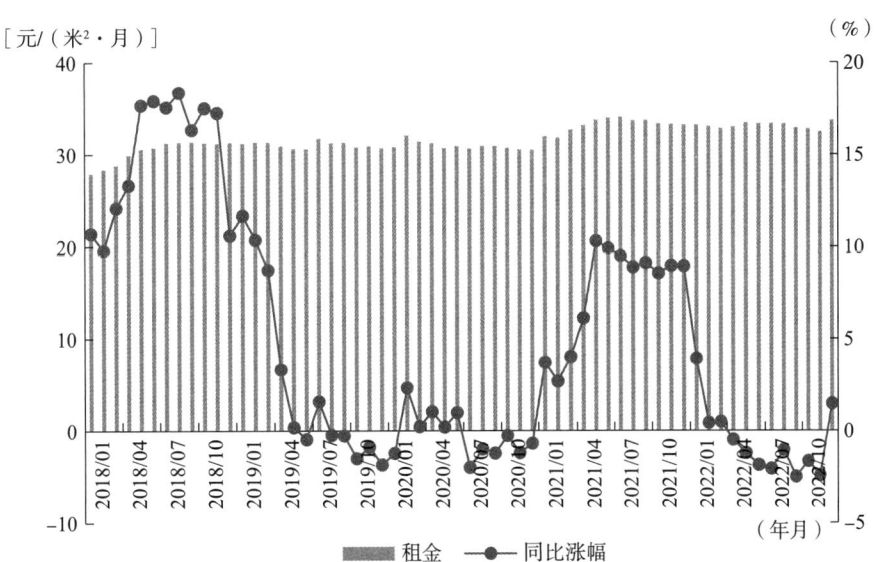

图 4-3-6　2018—2022 年全国 55 城个人租赁房源租金及变动

数据来源：CRIC 城市租售系统。

2022 年全年来看，8 座城市集中式公寓租金涨跌各异，而分散式公寓同比来看出现不同程度下滑，北上广等一线城市个人房源租金依旧维持上涨（见图 4-3-7）。

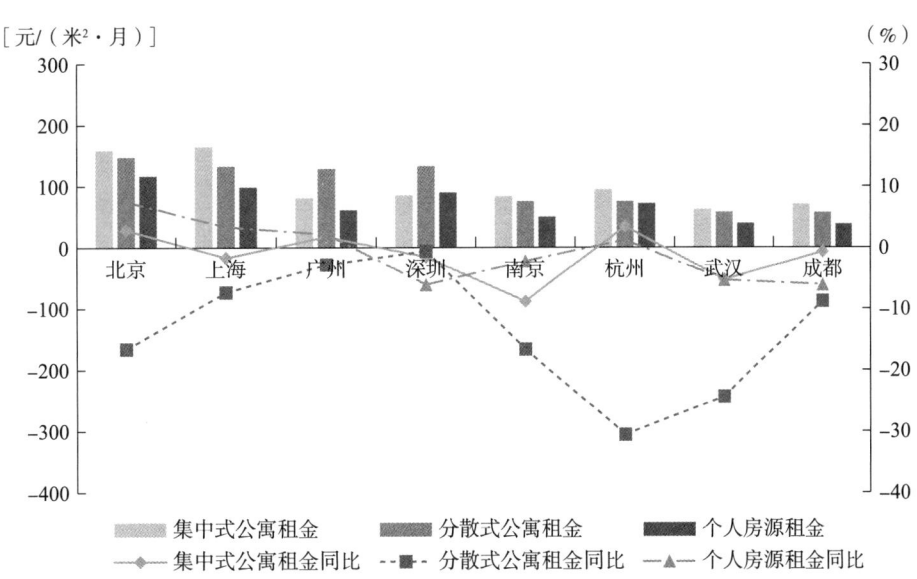

图 4-3-7　2022 年重点城市租赁房源租金及同比

数据来源：CRIC 城市租售系统。

（4）企业主体：头部企业效应显著，房企系运营商规模亮眼。

开业规模榜中，入榜企业开业规模门槛上升至 5526 间，较上年提升 1431 间，入榜门槛持续提升。开业规模榜中，TOP3 头部企业开业规模 36.54 万间，占 TOP30 企业开业规模的 40%。其中，万科泊寓以 17 万间的成绩遥遥领先，位居榜首。

在管理规模榜中，入榜企业管理规模门槛为 10042 间，TOP3 管理规模 41.98 万间，占 TOP30 管理规模的 34%，企业头部效应依然显著。万科泊寓和龙湖冠寓分别以 21.40 万间和 11.82 万间的管理规模持续占据冠军和亚军席位（见表4-3-6）。

表4-3-6　2022年中国住房租赁企业集中式公寓开业及管理规模排行榜（TOP30）

排名	品牌	开业规模（间）	品牌	管理规模（间）
1	万科泊寓	170000	万科泊寓	214000
2	龙湖冠寓	118191	龙湖冠寓	118191
3	魔方生活服务集团	77184	瓴寓国际	87648
4	乐乎公寓集团	71570	魔方生活服务集团	77352
5	珠江租赁	65150	乐乎公寓集团	71734
6	百瑞纪（窝趣）	37730	珠江租赁	65150
7	瓴寓国际	35008	华润有巢	56000
8	朗诗寓	31715	朗诗寓	52000
9	广州城投住房公司	31118	合房承寓	48900
10	招商伊敦公寓	27000	百瑞纪（窝趣）	42267
11	华润有巢	25384	城家公寓	37723
12	城家公寓	24099	招商伊敦公寓	36000
13	乐璟生活社区	19943	上海城方	32759
14	合房承寓	19400	广州城投住房公司	31118
15	自如寓	19255	微领地集团	30522
16	碧家	17621	合景公寓	26846
17	安歆集团	17216	乐璟生活社区	25943
18	上海城方	16002	金地草莓社区	19754
19	己美公寓	11978	自如寓	19255
20	保利公寓	10050	安歆集团	19116
21	宝地友间公寓	9417	保利公寓	19000
22	建方长租	9163	碧家	17621
23	东南青年汇	9159	中海长租公寓（海堂、友里）	15073
24	金地草莓社区	8536	建方长租	13946
25	合景公寓	8475	城投宽庭	13089
26	方隅公寓	8072	东南青年汇	12000
27	中海长租公寓（海堂、友里）	6844	己美公寓	11978
28	德信随寓	6333	银城佳遇	11728
29	屿果公寓	5637	方隅公寓	11068
30	安居瑾家	5526	滨江暖屋	10042

数据来源：CRIC城市租售系统。

（5）融资：金融创新得到空前的发展。

多重利好加持下，资本重新关注住房租赁市场，2022年住房租赁行业融资热度回暖，整体融资规模回升至500亿元。

2022年股权融资再度下降，仅派氪公寓宣布获得千万天使轮融资。此外，瓴寓国际也已启动A轮募资工作，首轮募资预计超过1亿美元。住房租赁专项债的发行规模也同比缩小为上年的51%。

ABS及类REITs的整体发行金额大幅回升，2022年住房租赁资产证券化发行148.06亿元，是2021年22.15亿元的6倍多；2022年还新增保租房公募REITs和住房租赁基金，发行规模分别为50.055亿元和300亿元，公募REITs、类REITs融资热度上升（见图4-3-8）。

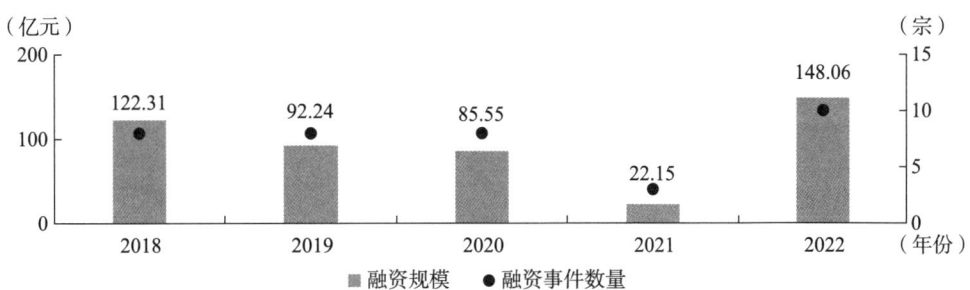

图4-3-8　2018—2022年住房租赁资产证券化发行情况

数据来源：根据公开资料整理。

2022年有4单保租房REITs成功上市，分别为红土深圳安居REIT、中金厦门安居REIT和华夏北京保障房REIT、华夏基金华润有巢租赁住房REIT，募集资金约50亿元（见表4-3-7）。

表4-3-7　2022年四支保租房REITs情况

分类	红土创新深圳人才安居保障性租赁住房封闭式基础设施证券投资基金	中金厦门安居保障性租赁住房封闭式基础设施证券投资基金	华夏北京保障房中心租赁住房封闭式基础设施证券投资基金	华夏基金华润有巢租赁住房封闭式基础设施证券投资基金
基金简称	红土深圳安居REIT	中金厦门安居REIT	华夏北京保障房REIT	华润有巢REIT
预计2023年租金（亿元）	0.5400	0.5200	0.6946	1.0
2023年净现金流分派率（%）	4.25	4.05	3.95	3.95、4.01
募集金额（亿元）	12.42	13.00	12.55	11.2
发行价格（元/份）	2.484	2.600	2.510	2.417
发售总份额（亿份）	5	5	5	5
战略配售份额（亿份）	3	3.12	3	3
网下发售份额（亿份）	1.4	1.31	1.4	1.4
公众发售份额（亿份）	0.6	0.56	0.6	0.6
询价期间拟认购数量（亿份）	186.24	143.12	158.72	298.53
询价期间拟认购倍数（倍）	133	109	113	213
申报到审核通过（天）	45	48	7	54
上市首日涨幅（%）	30	30	30	16.84
底层资产项目名称	安居百泉阁、安居锦园、保利香槟苑、凤凰公馆	园博公寓、珩琦公寓	文龙家园、熙悦尚郡	有巢泗泾项目、有巢东部经开区项目
建筑面积（万平方米）	13.47	19.86	11.28	12.14

续表

分类	红土创新深圳人才安居保障性租赁住房封闭式基础设施证券投资基金	中金厦门安居保障性租赁住房封闭式基础设施证券投资基金	华夏北京保障房中心租赁住房封闭式基础设施证券投资基金	华夏基金华润有巢租赁住房封闭式基础设施证券投资基金
房间数（间）	1830	4665	4221	2293
投入运营时间（年）	0.17、0.33、2.67、2.33	2.33	7.08、3.42	1.5
平均出租率（%）	99	99	94	94

注：其中2023年净现金流分派率（%）华润有巢REIT是与基础资产一一对应的，2个资产项目对应2个派息率；其他三支REIT对应资产包综合派息率。

数据来源：根据公开资料整理。

2022年12月，证监会相关领导在重要论坛也表示研究推动REITs试点范围拓展到市场化的长租房领域，将进一步促进多元主体进入住房租赁行业，激发市场化企业入手重资产项目。此前通过的四单保租房公募REITs的资产主体基本为央企国企，尚未有市场化的民营租赁企业参与保租房公募REITs的发行，REITs试点范围的拓展扫清市场化租赁企业退出路径的障碍，为行业的发展带来新契机。

（三）租赁行业发展小结

2022年住房租赁行业受到各方的重点关注，国家和地方政府也在积极推动租赁住房的发展。保障性租赁住房筹建任务在有序展开，部分保租房已入市；市场化项目在政策的引导下也越发健康有序。

（王 伟 李见林 克而瑞集团）

四、城市住房价格指数

（一）70座大中城市住房价格指数（见表4-4-1至表4-4-6）

表4-4-1　2022年70座大中城市新建商品住宅价格定基指数

城市	1月	2月	3月	4月	5月	6月	7月	8月	9月	10月	11月	12月
北京	107.5	108.2	108.5	109.3	109.7	110.6	111.2	111.7	111.9	112.4	112.5	112.7
天津	102.2	102.3	102.5	102.4	101.9	101.7	101.1	100.7	100.4	100.2	99.6	98.9
石家庄	99.4	99.5	99.8	100.0	99.7	99.5	99.2	98.8	98.4	97.7	97.5	97.0
太原	96.2	95.9	95.7	95.2	94.8	94.9	94.6	94.1	93.5	93.1	92.5	91.9
呼和浩特	101.4	101.2	101.1	100.6	100.7	100.3	100.6	99.6	99.7	99.7	99.7	98.3
沈阳	103.5	102.9	102.5	102.4	102.2	102.3	101.9	101.1	100.8	100.1	99.4	98.8
大连	106.5	106.1	105.3	105.2	104.9	104.6	104.4	104.2	103.6	102.4	101.9	101.5
长春	101.9	101.5	101.5	101.5	101.3	100.6	100.3	100.4	99.8	99.1	98.3	97.2
哈尔滨	96.6	95.7	95.0	94.3	94.0	93.4	93.2	92.8	92.0	91.4	90.6	90.3
上海	106.7	107.2	107.5	107.7	108.0	108.5	109.2	109.4	109.7	110.0	110.4	110.4
南京	106.0	106.8	107.2	106.4	105.8	106.2	106.4	107.0	106.5	106.0	106.3	106.2
杭州	106.8	107.3	108.0	108.7	109.1	110.2	111.0	111.5	112.0	112.3	113.0	113.4
宁波	105.4	106.1	106.2	105.9	105.7	105.8	105.6	105.9	106.1	106.5	106.6	106.8

续表

城市	1月	2月	3月	4月	5月	6月	7月	8月	9月	10月	11月	12月
合肥	106.1	105.3	104.9	104.8	104.8	105.3	106.1	106.4	107.1	107.8	107.9	107.8
福州	106.2	106.5	105.9	105.3	105.1	105.4	105.8	105.2	104.5	103.9	103.6	103.4
厦门	106.2	105.7	105.4	104.9	104.4	104.9	104.4	103.8	103.5	102.8	102.5	102.4
南昌	100.9	101.2	101.7	102.2	102.3	101.7	102.5	102.5	102.8	102.7	102.7	102.4
济南	104.8	104.9	105.2	105.0	105.5	105.8	106.2	106.4	106.7	106.8	106.8	106.7
青岛	105.5	105.5	105.9	105.9	106.1	106.7	106.6	106.8	106.7	106.5	106.2	106.6
郑州	101.2	101.0	100.3	100.0	99.9	99.7	100.0	99.6	99.3	98.8	98.4	97.9
武汉	106.2	105.7	105.3	104.5	103.7	103.3	103.0	101.8	100.9	100.2	100.0	100.0
长沙	109.4	109.6	110.1	110.5	110.6	111.1	111.2	111.5	111.6	111.9	112.4	112.9
广州	109.2	109.9	109.7	109.8	110.3	110.6	111.0	110.7	110.4	110.1	109.5	109.1
深圳	105.3	105.7	106.5	106.4	107.0	107.3	107.1	106.6	106.1	105.4	104.9	104.5
南宁	104.4	103.9	103.8	104.0	104.2	104.4	103.4	102.7	102.1	101.1	100.5	100.3
海口	105.7	105.4	105.9	106.3	106.8	106.7	107.0	107.2	107.4	107.2	107.0	106.8
重庆	111.0	111.7	112.2	111.7	111.5	112.0	112.4	111.2	111.5	110.9	110.6	110.1
成都	105.5	106.2	107.0	107.8	108.7	110.2	111.2	111.6	112.4	112.8	113.4	113.9
贵阳	102.5	102.1	102.3	103.1	102.8	102.6	102.3	102.2	102.2	101.8	101.0	100.8
昆明	102.4	102.9	102.6	102.5	102.0	101.8	101.3	100.9	100.3	99.5	99.7	99.0
西安	109.7	110.8	111.2	111.5	111.8	112.1	112.8	112.9	112.4	112.1	111.7	111.9
兰州	105.0	104.7	104.3	103.6	103.3	102.8	102.2	101.2	100.3	99.9	99.8	99.3
西宁	107.2	106.3	106.0	106.0	104.9	105.3	105.4	105.0	104.7	104.1	104.1	103.7
银川	114.9	114.8	115.2	115.3	115.6	115.7	116.3	116.8	116.7	116.4	115.6	115.7
乌鲁木齐	104.2	104.9	106.0	106.6	107.3	107.1	106.8	106.7	106.4	106.1	106.1	105.8
唐山	102.9	102.9	102.9	103.0	103.2	102.5	102.6	102.1	101.6	101.5	100.7	100.1
秦皇岛	97.1	96.9	96.1	95.8	96.0	95.0	94.4	93.9	93.3	92.6	92.3	91.9
包头	101.3	101.0	100.4	99.7	99.3	98.9	98.8	98.2	97.6	97.6	97.3	96.9
丹东	104.2	103.8	103.0	102.1	102.1	102.1	101.4	101.0	100.4	100.3	100.2	100.0
锦州	105.8	105.2	105.6	104.0	104.4	104.6	104.4	104.1	103.7	102.8	102.6	102.3
吉林	103.2	103.4	103.4	103.4	102.8	102.8	101.8	101.1	100.5	100.2	99.7	99.3
牡丹江	96.8	96.3	95.9	95.9	96.3	96.5	96.7	96.8	96.7	95.6	94.6	94.2
无锡	106.7	107.3	107.5	107.4	107.1	107.3	106.9	107.3	106.9	106.0	105.6	106.1
徐州	108.7	108.6	108.4	108.5	108.1	108.6	108.8	108.4	108.2	107.6	107.1	106.8
扬州	107.0	106.6	106.3	105.2	104.5	104.2	104.9	104.6	104.1	103.7	103.5	104.0

续表

城市	1月	2月	3月	4月	5月	6月	7月	8月	9月	10月	11月	12月
温州	106.7	105.8	105.1	104.3	103.7	103.1	102.4	102.0	101.0	100.3	99.5	99.2
金华	106.6	106.7	107.2	107.5	107.4	107.0	106.7	106.3	105.6	105.0	104.5	104.3
蚌埠	103.5	103.7	103.9	102.6	102.2	102.4	101.9	101.8	101.6	101.5	100.9	100.8
安庆	98.5	98.0	97.4	96.9	96.4	96.0	95.1	94.7	94.2	94.3	94.3	94.0
泉州	106.6	107.0	106.6	106.3	105.6	104.9	104.4	103.4	102.7	102.0	102.5	103.2
九江	102.4	102.0	101.9	101.6	101.4	100.9	101.3	101.1	101.0	100.6	100.2	100.4
赣州	104.7	105.1	105.3	105.4	105.6	106.0	106.1	105.7	105.9	105.3	104.8	104.5
烟台	103.0	103.1	102.9	102.5	101.9	102.1	101.7	101.8	101.5	101.2	101.5	101.3
济宁	109.1	108.4	108.0	108.2	108.3	107.9	107.5	106.7	106.6	105.9	104.8	104.5
洛阳	103.6	103.2	102.7	102.0	101.3	101.0	101.1	100.8	100.4	99.7	99.3	98.9
平顶山	103.3	102.6	102.3	102.1	101.9	101.8	101.9	101.5	101.2	100.9	100.7	100.8
宜昌	103.7	103.3	103.2	102.9	103.0	101.4	101.0	100.8	100.1	99.2	99.0	98.8
襄阳	102.4	102.0	102.1	100.9	100.5	100.2	100.1	99.7	99.5	99.3	98.8	98.6
岳阳	97.9	97.1	96.4	95.1	94.7	93.1	92.6	92.2	91.6	90.8	90.5	89.9
常德	95.7	95.0	95.2	94.2	93.7	93.5	92.7	92.2	91.9	91.4	91.1	90.8
韶关	100.1	99.8	100.4	99.4	99.5	98.9	99.1	99.3	98.9	98.5	97.8	97.3
湛江	99.9	100.3	99.5	98.3	97.1	96.4	95.9	94.7	93.9	93.3	92.9	92.4
惠州	104.0	104.4	103.9	103.5	103.1	103.3	103.5	103.3	103.0	102.2	102.0	101.3
桂林	100.2	99.9	99.4	98.8	98.7	98.7	98.2	97.5	97.2	96.9	96.1	95.6
北海	95.9	93.9	93.5	92.0	91.2	90.4	89.2	88.0	87.5	86.8	86.5	86.2
三亚	109.0	108.8	108.6	108.2	107.9	107.5	107.8	107.8	107.5	107.3	107.5	107.3
泸州	96.5	96.0	95.6	95.0	94.2	93.7	93.5	93.1	93.1	92.8	93.2	92.8
南充	96.4	95.5	95.6	94.9	93.8	93.7	93.8	93.3	92.9	93.8	94.2	94.3
遵义	99.9	100.2	100.7	100.4	99.9	100.5	100.2	99.9	100.1	99.5	99.7	99.2
大理	95.5	95.0	94.5	93.9	93.6	92.7	92.0	91.8	92.2	91.8	91.8	91.6

数据来源：国家统计局。

注：定基指数以2020年价格为100。

表4-4-2　2022年70座大中城市二手住宅价格定基指数

城市	1月	2月	3月	4月	5月	6月	7月	8月	9月	10月	11月	12月
北京	112.1	112.9	114.3	115.0	114.9	115.5	115.8	116.0	116.5	116.7	116.5	116.0
天津	99.2	99.4	99.0	98.6	97.7	97.3	96.6	95.9	95.0	94.4	94.0	93.4
石家庄	94.9	94.6	94.2	94.1	94.2	93.8	93.9	93.5	93.4	92.9	92.2	92.2

续表

城市	1月	2月	3月	4月	5月	6月	7月	8月	9月	10月	11月	12月
太原	94.4	93.9	93.3	91.7	92.3	92.8	92.5	92.2	91.7	91.2	90.9	90.2
呼和浩特	97.7	97.3	97.0	96.8	96.3	95.6	95.1	94.4	94.0	94.0	94.0	92.9
沈阳	104.3	103.2	102.6	102.2	102.1	101.7	101.1	100.2	99.8	99.3	98.6	97.8
大连	106.5	106.3	105.8	104.8	104.3	104.5	104.3	104.0	103.2	102.5	101.9	101.7
长春	97.5	97.0	97.0	97.0	95.4	94.7	94.2	93.9	93.6	93.1	92.6	91.8
哈尔滨	95.0	94.1	93.4	92.4	91.5	90.6	90.2	89.4	88.9	88.2	87.5	87.0
上海	110.5	111.5	111.9	111.9	111.9	112.2	113.0	113.6	114.2	113.7	113.2	112.7
南京	105.4	104.6	104.5	103.9	103.0	102.6	102.7	103.4	103.6	102.9	102.6	102.1
杭州	108.8	109.1	109.4	109.5	109.3	110.0	109.6	109.2	108.6	107.7	107.5	107.4
宁波	107.0	107.5	107.7	107.6	107.2	107.6	107.7	107.1	106.8	106.3	105.8	105.8
合肥	104.7	104.4	104.2	103.3	102.8	103.4	104.0	104.3	104.5	104.4	104.0	103.6
福州	104.2	103.8	103.4	103.7	103.9	103.7	103.5	103.2	102.9	102.3	101.8	101.5
厦门	104.1	103.9	104.1	104.3	104.8	105.2	104.7	104.0	103.4	103.0	102.6	102.1
南昌	99.8	99.7	99.9	99.5	98.8	98.5	99.0	99.2	98.9	98.9	98.4	98.0
济南	99.5	99.3	99.2	98.4	98.0	97.9	97.7	97.3	97.3	96.9	96.5	96.3
青岛	100.1	100.1	100.3	99.6	99.4	99.9	99.6	99.1	98.7	98.1	97.4	96.9
郑州	99.3	98.9	98.7	98.3	98.0	97.4	96.8	96.1	95.7	95.2	94.4	93.8
武汉	102.2	101.4	100.8	100.4	99.9	99.2	99.1	98.5	97.7	97.3	96.6	96.2
长沙	106.3	106.1	106.1	105.6	105.3	105.4	105.7	105.9	106.1	106.0	106.1	106.2
广州	110.3	111.0	111.3	111.9	112.0	112.6	112.8	112.7	112.0	111.2	110.6	109.9
深圳	106.0	105.8	105.5	106.0	106.1	105.1	104.6	104.0	103.6	103.4	103.1	102.6
南宁	99.6	99.3	98.7	98.3	97.7	97.2	96.8	96.0	95.6	94.9	94.4	93.8
海口	109.8	109.8	110.5	110.6	110.4	110.8	110.5	110.3	109.5	108.7	108.5	107.9
重庆	105.5	105.4	105.5	104.9	104.6	105.1	105.4	105.0	104.5	103.7	103.1	102.6
成都	107.5	108.2	108.8	109.6	110.5	112.8	114.2	114.9	115.2	115.7	116.1	116.3
贵阳	95.9	96.0	95.1	94.9	94.2	93.5	93.0	93.4	93.3	92.7	92.3	92.4
昆明	102.7	102.3	102.7	103.3	103.4	103.5	102.8	103.1	103.4	102.8	103.4	103.7
西安	107.3	106.9	107.1	107.0	106.6	106.7	107.0	106.5	106.1	105.8	105.1	104.8
兰州	102.9	102.4	102.1	101.9	100.7	100.4	99.8	99.5	99.0	98.5	98.5	98.0
西宁	105.2	104.5	104.7	105.0	104.8	104.2	104.0	104.2	103.9	103.0	102.7	102.5
银川	106.9	106.5	106.3	105.8	105.3	105.2	104.5	104.7	104.3	104.1	103.6	103.4
乌鲁木齐	101.2	100.8	101.1	101.0	100.9	100.1	99.7	99.6	99.6	99.6	99.6	99.1
唐山	101.7	101.6	101.6	101.2	100.0	99.1	98.3	97.9	97.2	96.8	96.3	95.8
秦皇岛	98.4	98.2	97.8	97.7	97.8	97.3	96.9	96.2	95.7	95.0	94.6	94.3

续表

城市	1月	2月	3月	4月	5月	6月	7月	8月	9月	10月	11月	12月
包头	101.2	100.9	100.5	99.9	99.7	99.4	99.0	98.6	97.8	97.8	97.4	96.8
丹东	102.3	101.3	100.7	100.3	100.3	100.3	99.6	98.9	98.0	97.4	96.9	95.9
锦州	97.1	96.4	96.3	95.6	95.0	94.6	94.5	94.1	93.5	92.5	92.1	91.8
吉林	97.6	97.0	97.0	97.0	95.2	94.2	93.3	92.5	91.9	91.0	90.2	89.6
牡丹江	88.8	87.5	85.7	85.7	84.6	84.2	83.5	83.0	82.0	81.3	80.3	79.5
无锡	107.0	106.8	107.3	107.1	107.9	108.4	108.6	108.7	108.4	107.9	107.6	107.0
徐州	107.1	106.6	105.9	106.3	106.6	106.0	105.5	104.7	104.3	104.4	104.6	104.8
扬州	105.1	104.5	104.9	103.6	103.3	103.2	103.7	103.6	103.2	103.1	102.8	102.4
温州	105.7	105.4	104.9	104.5	103.8	103.1	102.7	102.1	101.9	101.5	100.7	100.6
金华	106.0	105.2	104.5	104.0	103.0	102.5	102.0	101.6	101.1	100.6	100.1	99.8
蚌埠	103.6	103.5	103.2	103.0	102.2	102.1	101.7	101.2	100.8	100.4	100.9	100.7
安庆	94.5	94.0	93.2	93.0	92.5	91.8	91.4	90.9	90.4	90.0	89.2	88.8
泉州	105.9	105.7	105.3	104.7	104.2	103.7	103.1	102.2	101.6	100.9	100.2	99.8
九江	101.9	102.0	101.7	101.1	101.7	101.6	101.4	100.8	100.7	99.7	99.4	99.1
赣州	101.7	101.4	101.6	101.9	102.2	102.4	102.0	101.7	101.4	101.3	101.2	101.0
烟台	102.3	101.7	101.4	100.7	99.9	99.9	100.9	100.7	100.3	100.4	100.0	99.9
济宁	104.2	103.7	103.5	103.0	102.4	101.8	101.6	100.8	100.0	99.0	98.0	97.4
洛阳	102.1	101.3	100.9	100.1	99.3	98.6	98.2	97.6	97.0	96.3	95.6	95.0
平顶山	101.6	101.4	101.0	100.6	100.4	100.1	99.6	99.3	98.7	98.3	97.9	97.5
宜昌	97.1	96.6	96.3	96.1	95.4	94.3	94.0	92.8	92.2	91.6	91.4	90.9
襄阳	98.4	98.1	98.0	97.4	96.5	96.0	95.5	94.8	94.2	93.8	93.4	93.2
岳阳	97.4	97.0	97.1	97.3	96.4	95.3	94.8	94.9	94.1	93.5	93.1	92.7
常德	96.6	96.0	95.7	95.2	94.6	94.3	93.6	93.1	92.9	92.1	91.6	90.9
韶关	99.6	98.9	98.7	98.1	98.2	97.9	97.4	97.2	96.7	96.5	96.0	95.6
湛江	98.8	98.7	98.4	98.1	97.0	96.9	96.6	95.6	94.9	94.5	93.6	93.2
惠州	103.1	103.7	103.4	103.1	102.7	102.3	102.4	102.2	101.9	101.5	101.3	101.0
桂林	99.7	99.3	99.5	99.1	99.4	99.1	98.5	98.1	97.6	97.2	96.5	96.0
北海	95.6	95.1	94.7	94.4	93.5	93.4	92.6	91.7	90.7	89.9	89.5	88.4
三亚	105.0	105.0	105.2	105.2	104.9	104.8	104.6	104.6	104.5	103.9	103.6	103.4
泸州	98.3	98.2	97.7	97.7	97.3	96.9	97.2	97.2	97.4	96.6	95.8	95.9
南充	91.9	92.2	92.1	92.5	93.0	94.0	94.6	94.3	94.0	94.3	93.7	93.3
遵义	98.2	97.9	97.2	96.9	96.1	95.6	96.0	95.8	95.3	94.8	94.7	93.8
大理	98.2	97.5	97.0	96.1	95.5	95.8	95.5	95.8	95.8	95.5	94.7	94.2

数据来源：国家统计局。

注：定基指数以2020年价格为100。

表 4-4-3　2022 年 70 座大中城市新建商品住宅价格环比指数

城市	1月	2月	3月	4月	5月	6月	7月	8月	9月	10月	11月	12月
北京	101.0	100.6	100.4	100.7	100.4	100.8	100.5	100.4	100.2	100.4	100.1	100.2
天津	99.3	100.1	100.2	99.9	99.5	99.8	99.4	99.6	99.8	99.7	99.4	99.3
石家庄	99.6	100.0	100.3	100.2	99.7	99.8	99.7	99.5	99.7	99.3	99.8	99.4
太原	99.9	99.6	99.8	99.4	99.7	100.1	99.6	99.5	99.4	99.6	99.3	99.4
呼和浩特	99.9	99.8	99.9	99.5	100.1	99.6	100.3	99.0	100.1	100.0	100.0	98.6
沈阳	99.4	99.4	99.6	99.8	99.9	100.1	99.6	99.2	99.7	99.4	99.3	99.4
大连	99.8	99.6	99.3	99.9	99.8	99.7	99.9	99.8	99.5	98.8	99.5	99.6
长春	100.2	99.7	100.0	100.0	99.8	99.9	99.7	100.2	99.3	99.3	99.2	98.9
哈尔滨	98.8	99.1	99.3	99.3	99.6	99.4	99.8	99.5	99.2	99.4	99.1	99.6
上海	100.6	100.5	100.3	100.0	100.0	100.5	100.7	100.6	100.2	100.3	100.1	100.4
南京	100.1	100.7	100.2	99.5	99.4	100.4	100.3	100.4	99.6	99.5	100.1	99.9
杭州	100.3	100.4	100.7	100.6	100.4	101.0	100.7	100.4	100.4	100.3	100.7	100.3
宁波	100.4	100.7	100.1	99.7	99.7	100.1	99.8	100.3	100.2	100.4	100.1	100.2
合肥	99.9	99.3	99.6	99.9	100.1	100.5	100.3	100.4	100.7	100.6	100.1	99.9
福州	100.4	100.3	99.4	99.4	99.8	100.3	100.4	99.5	99.3	99.5	99.7	99.8
厦门	99.6	99.5	99.7	99.5	99.6	100.5	99.6	99.4	99.7	99.3	99.8	99.9
南昌	100.3	100.4	100.4	100.1	99.4	100.4	100.1	100.3	99.9	100.1	99.8	99.7
济南	100.1	100.1	100.3	99.8	100.5	100.3	100.4	100.2	100.3	100.1	99.9	99.9
青岛	99.6	100.0	100.4	100.1	100.2	100.6	99.8	100.3	99.9	99.8	99.8	100.3
郑州	99.8	99.8	99.3	99.7	99.9	99.8	100.3	99.6	99.7	99.5	99.6	99.4
武汉	100.3	99.5	99.6	99.2	99.2	99.8	99.8	98.7	99.4	99.8	99.8	99.9
长沙	100.1	100.2	100.4	100.3	100.2	100.4	100.1	100.3	100.1	100.2	100.5	100.5
广州	100.5	100.6	99.9	100.1	100.5	100.3	100.3	99.8	99.7	99.7	99.5	99.6
深圳	100.5	100.4	100.8	99.9	100.2	99.8	99.6	99.5	99.3	99.3	99.5	99.7
南宁	100.4	99.6	99.9	100.2	100.2	100.1	99.0	99.3	99.4	99.0	99.4	99.8
海口	99.9	99.7	100.5	100.4	100.5	99.8	100.3	100.2	100.2	99.9	99.8	99.8
重庆	100.9	100.6	100.5	99.6	99.8	100.4	100.4	98.9	100.3	99.4	99.7	99.5
成都	101.0	100.7	100.8	100.8	100.9	101.3	101.0	100.4	100.7	100.3	100.5	100.5
贵阳	100.3	99.6	100.2	100.8	99.8	99.8	99.7	99.9	100.0	99.6	99.2	99.8
昆明	100.4	100.5	99.7	99.9	99.5	99.8	99.5	99.6	99.4	99.2	100.2	99.3
西安	100.0	101.0	100.4	100.2	100.3	100.5	100.6	100.1	99.5	99.7	99.7	100.1
兰州	99.8	99.7	99.6	99.3	99.7	99.5	99.4	99.0	99.1	99.6	99.9	99.5
西宁	99.7	99.2	99.7	100.0	98.9	100.4	100.1	99.6	99.7	99.9	100.0	99.7
银川	101.5	99.9	100.4	100.1	100.1	100.1	100.5	100.4	100.4	99.8	99.3	100.1
乌鲁木齐	100.2	100.7	101.0	100.6	100.7	99.8	99.8	99.9	99.7	99.8	100.0	99.7

续表

城市	1月	2月	3月	4月	5月	6月	7月	8月	9月	10月	11月	12月
唐山	100.7	100.0	100.0	100.1	100.2	99.3	100.2	99.4	99.6	99.8	99.3	99.4
秦皇岛	99.5	99.8	99.2	99.7	100.2	99.0	99.4	99.5	99.3	99.3	99.7	99.5
包头	99.8	99.7	99.4	99.3	99.5	99.6	99.9	99.4	99.3	100.0	99.7	99.6
丹东	99.3	99.6	99.2	99.1	100.0	100.0	99.2	99.6	99.5	99.9	99.9	99.8
锦州	99.8	99.4	100.4	98.5	100.4	100.2	99.8	99.7	99.7	99.1	99.8	99.6
吉林	100.1	100.2	100.0	100.0	99.4	100.1	99.0	99.3	99.4	99.7	99.5	99.5
牡丹江	99.6	99.4	99.7	100.0	100.3	100.3	100.2	100.1	99.9	98.9	99.0	99.5
无锡	100.3	100.5	100.2	99.9	99.8	100.2	99.6	100.4	99.6	99.2	99.7	100.4
徐州	100.8	99.9	99.8	99.5	100.2	100.5	100.1	99.6	99.9	99.5	99.5	99.7
扬州	99.5	99.6	99.7	99.0	99.3	99.7	100.7	99.7	99.5	99.6	99.8	100.6
温州	100.7	99.2	99.3	99.2	99.5	99.4	99.3	99.6	99.1	99.3	99.2	99.8
金华	100.0	100.1	100.4	100.3	99.9	99.7	99.6	99.6	99.4	99.4	99.5	99.7
蚌埠	100.0	100.1	100.2	98.8	99.6	100.2	99.5	99.9	99.8	99.9	99.4	99.9
安庆	99.7	99.4	99.4	99.5	99.5	99.6	99.0	99.6	99.5	100.1	99.9	99.7
泉州	100.1	100.4	99.6	99.8	99.3	99.4	99.5	99.0	99.3	99.4	100.5	100.7
九江	99.4	99.6	99.9	99.8	99.7	99.6	100.4	99.8	99.9	99.6	99.7	100.2
赣州	100.1	100.3	100.2	100.1	100.2	100.4	100.1	99.6	100.2	99.4	99.6	99.7
烟台	99.6	100.1	99.8	99.6	99.4	100.2	99.6	100.1	99.7	99.8	100.3	99.8
济宁	99.5	99.4	99.6	100.2	100.1	99.6	99.7	99.2	99.9	99.4	98.9	99.7
洛阳	99.7	99.6	99.5	99.3	99.3	99.7	100.1	99.7	99.6	99.3	99.6	99.5
平顶山	99.8	99.3	99.7	99.9	99.8	99.9	100.1	99.6	99.8	99.7	99.8	100.2
宜昌	99.8	99.8	99.9	99.8	100.1	98.5	99.6	99.8	99.3	99.1	99.8	99.8
襄阳	99.2	99.5	100.2	98.8	99.5	99.8	99.9	99.6	99.8	99.9	99.5	99.9
岳阳	99.9	99.2	99.2	98.7	99.5	98.4	99.5	99.5	99.3	99.2	99.6	99.4
常德	99.4	99.3	100.1	99.0	99.4	99.8	99.2	99.4	99.6	99.5	99.7	99.6
韶关	99.3	99.7	100.6	99.0	100.1	99.5	100.2	100.2	99.6	99.7	99.3	99.4
湛江	99.2	100.4	99.1	98.8	98.7	99.3	99.4	98.8	99.1	99.4	99.5	99.5
惠州	99.8	100.4	99.5	99.6	99.7	100.2	100.2	99.8	99.7	99.3	99.8	99.3
桂林	99.9	99.8	99.4	99.5	99.9	99.9	99.5	99.3	99.6	99.7	99.2	99.4
北海	99.8	97.9	99.5	98.4	99.2	99.0	98.7	98.6	99.4	99.3	99.6	99.6
三亚	100.7	99.8	99.9	99.6	99.8	99.6	100.3	100.0	99.7	99.9	100.2	99.8
泸州	99.5	99.5	99.6	99.3	99.2	99.5	99.8	99.5	99.9	99.7	100.4	99.6
南充	99.4	99.1	100.1	99.2	98.8	99.8	100.2	99.4	99.5	101.0	100.5	100.1
遵义	99.4	100.3	100.4	99.8	99.5	100.5	99.7	99.7	100.2	99.4	100.3	99.5
大理	99.5	99.4	99.6	99.3	99.7	99.0	99.2	99.9	100.4	99.5	100.1	99.7

数据来源：国家统计局。

注：环比以上月价格为100。

表 4-4-4　2022 年 70 座大中城市二手住宅价格环比指数

城市	1月	2月	3月	4月	5月	6月	7月	8月	9月	10月	11月	12月
北京	100.5	100.7	101.2	100.6	99.9	100.5	100.2	100.2	100.4	100.1	99.8	99.6
天津	99.3	100.2	99.7	99.5	99.1	99.6	99.2	99.3	99.1	99.4	99.6	99.3
石家庄	99.5	99.7	99.6	99.8	100.1	99.5	100.1	99.6	99.8	99.5	99.3	99.9
太原	99.7	99.5	99.3	98.4	100.6	100.5	99.7	99.6	99.5	99.4	99.7	99.3
呼和浩特	99.9	99.5	99.7	99.8	99.5	99.3	99.5	99.3	99.5	100.0	100.0	98.8
沈阳	99.3	99.0	99.3	99.6	99.9	99.7	99.4	99.2	99.6	99.5	99.2	99.2
大连	99.5	99.8	99.5	99.0	99.5	100.2	99.8	99.7	99.3	99.3	99.4	99.7
长春	99.4	99.4	100.0	100.0	98.4	99.2	99.4	99.7	99.7	99.5	99.5	99.2
哈尔滨	99.3	99.0	99.2	98.9	99.1	99.0	99.6	99.1	99.4	99.2	99.2	99.4
上海	100.6	100.9	100.4	100.0	100.0	100.2	100.8	100.6	100.5	99.6	99.5	99.5
南京	99.4	99.2	99.9	99.4	99.1	99.6	100.2	100.7	100.1	99.4	99.7	99.5
杭州	100.4	100.2	100.3	100.1	99.8	100.6	99.7	99.6	99.4	99.2	99.8	99.9
宁波	99.5	100.5	100.2	99.9	99.6	100.4	100.1	99.4	99.7	99.5	99.6	100.1
合肥	99.6	99.7	99.8	99.2	99.5	100.0	99.7	100.2	99.9	99.5	99.6	99.7
福州	99.5	99.6	99.7	100.3	100.2	99.8	99.9	99.7	99.7	99.4	99.5	99.7
厦门	100.2	99.9	100.1	100.2	100.5	100.3	99.5	99.3	99.5	99.6	99.7	99.5
南昌	100.0	99.9	100.2	99.5	99.3	99.7	100.5	100.1	99.8	99.9	99.6	99.6
济南	99.7	99.8	99.9	99.2	99.6	99.9	99.8	99.6	99.9	99.7	99.5	99.8
青岛	99.8	99.9	100.2	99.3	99.8	100.5	99.7	99.6	99.5	99.4	99.3	99.5
郑州	99.8	99.6	99.8	99.4	99.7	99.3	99.5	99.2	99.6	99.5	99.2	99.4
武汉	99.7	99.3	99.4	99.6	99.5	99.3	99.9	99.4	99.2	99.5	99.5	99.6
长沙	99.9	99.8	100.0	99.5	99.8	100.1	100.3	100.2	100.2	99.9	100.1	100.2
广州	99.8	100.6	100.3	100.5	100.2	100.5	100.1	99.9	99.4	99.3	99.4	99.4
深圳	99.5	99.8	99.7	100.5	100.1	99.0	99.5	99.5	99.5	99.8	99.7	99.5
南宁	99.8	99.7	99.3	99.6	99.4	99.5	99.6	99.2	99.6	99.2	99.5	99.3
海口	100.4	100.0	100.6	100.1	99.9	100.3	99.7	99.8	99.3	99.3	99.7	99.5
重庆	100.6	99.9	100.1	99.9	99.7	99.8	99.9	99.6	99.5	99.3	99.4	99.6
成都	100.8	100.6	100.6	100.7	100.9	102.0	101.3	100.6	100.3	100.4	100.3	100.2
贵阳	99.6	100.1	99.1	99.8	99.2	99.3	99.5	100.3	99.9	99.4	99.6	100.1
昆明	100.8	99.6	100.4	100.2	100.1	99.9	100.4	100.3	99.4	100.5	100.3	
西安	100.0	99.7	100.1	99.9	99.6	100.1	100.3	99.5	99.6	99.8	99.3	99.7
兰州	99.6	99.5	99.8	99.8	98.8	99.6	99.4	99.7	99.6	100.0	99.5	
西宁	99.4	99.3	100.2	100.3	99.8	99.4	99.9	100.1	99.7	99.2	99.7	99.8
银川	99.5	99.7	99.8	99.5	99.6	99.9	99.7	99.8	99.8	99.8	99.5	99.9
乌鲁木齐	99.8	99.6	100.3	99.9	99.9	99.2	99.6	99.9	100.0	100.0	100.0	99.4

续表

城市	1月	2月	3月	4月	5月	6月	7月	8月	9月	10月	11月	12月
唐山	100.0	99.9	100.0	99.6	98.8	99.1	99.2	99.6	99.3	99.5	99.5	99.5
秦皇岛	99.7	99.8	99.5	99.9	100.1	99.5	99.6	99.3	99.5	99.3	99.6	99.7
包头	99.8	99.7	99.5	99.4	99.9	99.7	99.6	99.6	99.2	100.0	99.6	99.4
丹东	99.2	99.1	99.4	99.6	100.0	100.0	99.2	99.3	99.1	99.4	99.5	99.0
锦州	99.8	99.3	99.9	99.2	99.4	99.6	99.9	99.6	99.4	98.9	99.6	99.6
吉林	99.5	99.4	100.0	100.0	98.2	98.9	99.1	99.1	99.3	99.0	99.2	99.3
牡丹江	98.7	98.5	97.9	100.0	98.7	99.5	99.2	99.3	98.9	99.1	98.8	99.0
无锡	100.3	99.8	100.5	99.9	100.8	100.5	100.1	100.2	99.7	99.5	99.7	99.4
徐州	99.8	99.6	99.3	100.4	100.3	99.4	99.6	99.2	99.7	100.1	100.2	100.2
扬州	99.7	99.4	100.4	98.8	99.7	99.9	100.5	99.9	99.6	99.9	99.7	99.7
温州	100.0	99.7	99.5	99.5	99.4	99.3	99.6	99.4	99.8	99.5	99.3	99.9
金华	99.7	99.3	99.3	99.6	99.0	99.5	99.5	99.7	99.5	99.6	99.5	99.8
蚌埠	99.8	99.9	99.7	99.8	99.1	99.9	99.7	99.4	99.7	99.6	100.4	99.8
安庆	99.3	99.5	99.2	99.7	99.4	99.2	99.6	99.5	99.4	99.5	99.1	99.6
泉州	99.5	99.8	99.6	99.4	99.5	99.5	99.4	99.1	99.4	99.4	99.3	99.6
九江	99.8	100.0	99.7	100.1	99.9	99.9	99.8	99.4	99.8	99.1	99.6	99.7
赣州	99.5	99.7	100.2	100.3	100.3	100.2	99.6	99.7	99.7	99.9	99.8	99.9
烟台	99.5	99.4	99.7	99.3	99.2	100.1	100.9	99.8	99.6	100.2	99.6	99.9
济宁	99.4	99.6	99.8	99.5	99.3	99.5	99.8	99.2	99.2	99.1	99.0	99.3
洛阳	99.4	99.2	99.6	99.1	99.2	99.3	99.6	99.4	99.4	99.2	99.3	99.3
平顶山	99.8	99.8	99.6	99.7	99.7	99.8	99.4	99.7	99.5	99.6	99.6	99.7
宜昌	99.6	99.5	99.7	99.9	99.2	98.9	99.7	98.7	99.4	99.3	99.7	99.4
襄阳	99.5	99.7	99.9	99.4	99.1	99.4	99.5	99.3	99.3	99.5	99.6	99.8
岳阳	100.0	99.7	100.1	100.2	99.0	98.9	99.5	100.1	99.2	99.4	99.6	99.5
常德	99.2	99.4	99.6	99.5	99.3	99.7	99.2	99.5	99.8	99.2	99.4	99.3
韶关	99.6	99.4	99.8	99.3	100.2	99.7	99.5	99.8	99.5	99.7	99.5	99.6
湛江	99.1	99.9	99.6	99.8	98.8	99.9	99.7	99.0	99.2	99.5	99.1	99.6
惠州	100.4	100.6	99.7	99.7	99.6	99.6	100.2	99.8	99.7	99.6	99.8	99.7
桂林	99.8	99.6	100.2	99.6	100.3	99.7	99.4	99.6	99.5	99.6	99.3	99.5
北海	98.8	99.5	99.6	99.7	99.0	99.8	99.2	99.0	98.9	99.1	99.5	98.8
三亚	99.6	100.0	100.2	100.0	99.7	99.9	99.8	100.0	99.9	99.4	99.7	99.8
泸州	99.3	99.9	99.5	99.8	99.8	99.6	100.0	99.9	100.0	99.3	99.1	100.1
南充	99.8	100.3	99.9	100.4	100.6	101.0	100.6	99.7	99.7	100.3	99.4	99.6
遵义	99.5	99.7	99.4	99.7	99.2	99.5	100.4	99.7	99.5	99.5	99.8	99.0
大理	99.9	99.3	99.5	99.1	99.4	100.4	99.6	100.3	99.9	99.7	99.2	99.5

数据来源：国家统计局。

注：环比以上月价格为100。

表 4-4-5 2022 年 70 座大中城市新建商品住宅价格同比指数

城市	1月	2月	3月	4月	5月	6月	7月	8月	9月	10月	11月	12月
北京	105.5	105.5	105.7	105.8	105.9	105.8	105.5	105.8	106.1	105.9	105.7	105.8
天津	101.3	101.0	100.5	99.7	98.6	97.6	96.5	95.8	95.7	95.9	96.0	96.0
石家庄	98.0	98.3	98.0	97.8	97.1	96.9	96.4	96.3	95.6	95.9	96.8	97.1
太原	97.4	97.1	97.1	96.3	95.7	96.0	95.7	95.5	95.5	95.3	95.1	95.4
呼和浩特	98.9	98.9	99.1	98.6	98.3	97.7	98.0	96.8	97.3	97.7	98.2	96.9
沈阳	101.2	100.6	100.0	99.2	98.2	97.6	96.8	95.8	95.5	95.2	94.9	94.8
大连	104.3	103.6	102.0	101.2	99.8	98.5	97.8	97.0	96.3	95.4	95.1	95.1
长春	100.9	100.8	100.9	100.6	100.1	99.3	98.8	98.7	97.7	96.9	96.5	95.7
哈尔滨	97.5	96.2	95.2	94.4	93.6	93.2	93.0	92.8	92.5	92.2	92.0	92.4
上海	104.2	104.1	104.1	103.8	103.4	103.4	103.5	103.7	103.8	104.0	104.1	104.1
南京	104.0	104.1	103.6	102.4	101.0	100.6	100.6	100.9	100.3	99.9	100.6	100.3
杭州	105.8	106.0	106.2	106.3	106.1	106.3	106.6	106.5	106.5	106.4	106.6	106.4
宁波	103.3	103.5	102.8	102.0	101.3	100.8	100.3	100.3	100.4	100.9	101.2	101.8
合肥	102.5	101.2	100.1	99.5	99.4	99.7	100.3	100.4	100.7	101.5	101.9	101.6
福州	103.2	103.1	101.6	100.4	99.7	99.6	99.7	99.0	98.2	97.9	98.0	97.7
厦门	103.3	102.3	101.7	101.0	99.7	99.4	98.6	97.6	97.0	96.1	96.4	96.1
南昌	100.5	100.8	100.8	100.7	100.9	100.8	100.9	100.8	101.2	101.5	101.9	101.8
济南	105.0	104.8	104.5	103.5	102.9	101.7	101.4	101.0	100.9	101.5	102.0	101.9
青岛	103.7	103.4	103.3	102.6	102.0	101.9	100.8	100.3	100.1	100.1	100.2	100.6
郑州	101.5	100.8	99.4	98.4	97.5	96.6	96.4	96.2	96.2	96.2	96.4	96.6
武汉	103.2	102.4	101.5	99.7	98.2	97.1	96.3	94.7	93.9	93.6	94.2	94.4
长沙	106.9	106.0	105.9	105.5	104.8	103.9	103.2	103.0	102.7	102.7	103.0	103.2
广州	104.5	104.2	103.0	102.0	101.0	100.3	100.4	100.3	100.1	100.2	100.2	100.4
深圳	103.5	103.8	104.5	103.9	103.9	103.6	103.0	101.6	100.7	100.5	100.0	99.8
南宁	101.8	100.9	100.2	99.9	99.6	99.2	98.0	97.7	97.5	97.0	96.5	96.6
海口	103.7	102.8	103.0	102.3	102.4	101.5	100.8	100.7	100.6	100.5	100.5	101.0
重庆	108.3	108.5	108.1	106.1	103.9	103.4	103.1	101.2	101.4	100.8	100.7	100.0
成都	102.5	102.5	102.7	102.9	103.4	104.5	105.1	105.3	106.2	107.2	108.0	109.0
贵阳	100.3	99.5	99.3	99.2	98.7	98.7	97.9	97.8	98.0	98.0	98.4	98.6
昆明	99.4	99.2	98.1	97.1	96.6	97.1	97.2	97.2	97.3	97.3	97.5	97.0
西安	105.9	106.1	105.6	105.2	104.9	104.2	104.1	103.6	102.5	101.8	101.4	102.0
兰州	101.6	100.6	99.7	98.4	97.7	96.7	95.8	95.0	94.5	94.2	94.5	94.4
西宁	102.7	101.2	100.4	99.8	98.0	97.5	96.9	96.0	95.5	95.3	95.7	96.4
银川	107.7	106.8	106.6	106.2	105.4	104.7	104.2	104.3	103.5	102.7	101.8	102.3
乌鲁木齐	102.6	102.3	102.9	103.2	103.2	102.9	102.3	101.4	101.1	101.2	101.7	101.7

续表

城市	1月	2月	3月	4月	5月	6月	7月	8月	9月	10月	11月	12月
唐山	99.0	99.2	99.0	98.8	98.8	97.7	98.2	98.3	98.6	99.2	98.7	97.9
秦皇岛	96.1	96.0	94.8	94.5	94.7	94.0	93.6	93.6	93.5	93.6	93.7	94.1
包头	99.8	99.8	98.7	97.7	96.6	96.3	96.0	95.3	94.9	95.2	95.3	95.4
丹东	100.8	99.9	99.0	97.9	97.7	97.6	96.5	95.9	95.2	95.0	95.1	95.2
锦州	102.5	101.3	101.7	100.0	99.7	99.4	98.9	98.4	97.6	96.4	96.7	96.5
吉林	102.5	102.0	101.7	100.9	100.1	99.6	98.1	97.2	96.8	96.8	96.7	96.2
牡丹江	98.2	97.8	97.4	97.0	97.0	97.1	97.4	97.1	97.7	97.1	96.7	96.8
无锡	104.5	104.9	104.4	103.6	102.6	101.6	100.4	100.5	99.6	98.8	98.8	99.7
徐州	104.0	102.6	102.1	100.7	100.2	100.0	99.8	99.3	99.5	99.2	98.9	99.0
扬州	102.7	101.7	100.7	98.7	97.2	95.8	96.0	95.7	95.6	95.6	96.1	96.7
温州	104.3	103.3	102.5	101.1	99.8	98.7	97.5	96.9	95.6	94.9	94.2	93.7
金华	103.0	102.7	102.4	102.3	101.7	100.8	100.1	99.4	98.7	98.3	98.1	97.9
蚌埠	100.5	100.4	100.3	99.3	99.2	98.9	98.0	97.5	97.4	97.5	97.2	97.3
安庆	98.2	98.1	97.9	97.7	97.5	97.3	96.4	96.0	95.1	95.3	95.4	95.1
泉州	103.0	102.6	101.4	100.5	99.2	98.1	97.0	95.8	95.0	94.6	95.5	96.9
九江	101.0	99.8	99.3	98.7	98.1	97.3	97.2	96.8	96.9	96.8	96.9	97.5
赣州	101.9	101.6	101.5	101.4	101.1	101.1	101.3	101.0	101.2	100.9	100.6	99.9
烟台	100.8	100.6	99.9	99.0	98.1	97.9	97.0	97.2	97.1	97.3	97.9	98.0
济宁	103.7	102.4	101.2	100.7	99.7	98.6	97.6	96.8	96.3	95.8	95.1	95.3
洛阳	102.3	101.9	101.3	99.9	98.5	97.8	97.4	96.6	96.0	95.2	95.0	95.2
平顶山	101.3	100.3	99.7	99.4	98.9	98.7	98.9	98.1	97.6	97.0	97.1	97.4
宜昌	102.1	101.2	100.5	99.5	99.0	97.0	96.1	95.9	95.5	94.9	94.9	95.0
襄阳	100.1	99.5	99.3	97.4	96.6	96.0	95.5	94.7	94.5	94.6	94.7	95.6
岳阳	97.8	96.7	96.3	95.0	94.1	92.9	93.0	92.9	92.7	92.6	92.0	91.8
常德	96.9	96.0	95.8	94.8	94.6	94.9	94.3	94.0	94.3	94.4	94.3	94.3
韶关	99.7	98.8	98.9	97.4	97.1	95.8	96.4	96.2	96.3	97.0	96.5	96.5
湛江	98.6	98.2	97.1	95.3	93.5	93.0	92.0	91.1	91.2	91.3	91.2	91.7
惠州	100.4	100.6	99.9	99.1	98.1	97.7	97.7	98.0	98.0	97.9	97.6	97.2
桂林	99.9	99.2	98.2	97.3	96.7	96.4	96.2	95.9	96.1	96.5	96.2	95.3
北海	98.5	96.7	96.3	95.0	93.7	92.6	91.2	89.9	89.7	89.3	89.4	89.7
三亚	105.4	105.0	104.1	103.4	102.8	101.8	101.6	101.4	101.0	100.1	99.5	99.2
泸州	96.9	96.8	95.6	95.3	94.0	93.7	93.7	93.4	94.3	94.9	96.0	95.7
南充	97.6	95.9	95.5	94.4	93.5	93.7	94.2	94.2	93.8	95.3	96.4	97.2
遵义	99.4	99.1	99.3	98.8	97.7	98.0	98.3	98.1	98.6	98.5	99.3	98.7
大理	95.5	95.1	94.4	93.9	94.0	93.7	93.4	93.1	94.0	94.3	95.3	95.4

数据来源：国家统计局。

注：同比以上年同月价格为100。

表 4-4-6　2022 年 70 座大中城市二手住宅价格同比指数

城市	1月	2月	3月	4月	5月	6月	7月	8月	9月	10月	11月	12月
北京	108.0	107.4	107.2	106.5	105.3	104.5	104.1	103.9	104.6	105.2	105.2	103.9
天津	100.7	100.8	100.1	99.3	98.0	97.4	96.5	95.8	94.4	93.9	93.8	93.6
石家庄	96.1	95.9	95.5	95.1	95.1	95.0	95.3	95.5	95.6	95.6	95.7	96.6
太原	96.0	95.6	95.1	93.8	94.7	95.2	94.5	94.5	94.5	94.3	94.8	95.3
呼和浩特	98.2	97.6	97.1	97.0	96.6	96.0	96.0	94.9	95.0	95.5	95.9	94.9
沈阳	101.1	99.7	98.5	97.6	97.0	96.3	95.4	94.5	94.1	93.8	93.4	93.1
大连	103.2	102.4	101.3	99.7	98.6	98.2	97.8	97.1	96.2	95.4	95.0	94.9
长春	99.2	99.0	99.2	99.4	97.4	96.3	95.5	94.9	94.5	94.1	94.0	93.6
哈尔滨	97.9	96.6	95.5	94.0	92.8	91.6	91.1	90.5	90.5	90.3	90.5	90.9
上海	105.8	105.3	104.6	103.7	103.0	102.3	102.4	102.8	103.9	103.9	103.5	102.6
南京	102.7	101.3	100.3	99.1	97.6	96.5	96.3	96.6	96.6	96.2	96.4	96.3
杭州	104.8	104.6	103.6	102.7	101.6	101.4	100.6	100.0	99.8	99.5	99.4	99.1
宁波	101.8	101.5	100.9	100.1	99.4	99.2	99.1	98.6	98.5	98.3	98.2	98.4
合肥	101.5	100.5	99.6	98.2	97.3	97.6	98.1	98.4	98.8	98.8	98.5	98.6
福州	101.8	100.8	99.8	99.3	98.9	98.1	97.8	97.7	97.6	97.4	97.0	96.9
厦门	101.0	100.4	100.1	100.0	100.4	100.4	99.6	99.0	98.7	98.6	98.5	98.4
南昌	99.0	99.0	99.2	98.6	98.2	98.0	98.5	98.6	98.4	98.6	98.4	98.3
济南	100.7	100.8	100.5	99.1	98.2	97.6	97.0	96.4	96.7	96.6	96.6	96.5
青岛	101.1	100.8	100.5	99.4	98.7	99.0	98.4	97.9	97.5	97.0	96.8	96.6
郑州	100.5	99.8	99.2	98.2	97.3	96.2	95.4	94.9	94.7	94.7	94.5	94.3
武汉	101.3	100.1	99.1	98.1	97.3	95.9	95.4	94.9	94.4	94.2	93.8	93.9
长沙	104.4	103.7	102.9	101.9	101.4	100.7	99.9	99.6	99.6	99.9	99.9	99.9
广州	104.1	103.8	102.7	102.0	101.3	101.2	100.6	100.0	99.8	99.8	99.7	99.5
深圳	98.5	97.4	96.7	97.2	97.4	96.6	96.5	96.4	96.5	96.5	96.4	96.3
南宁	97.7	97.3	96.8	96.6	96.1	95.4	95.1	94.6	94.5	94.0	94.2	93.9
海口	107.2	106.6	106.6	105.8	105.1	104.7	103.1	102.1	100.8	99.9	99.3	98.7
重庆	104.7	104.4	103.7	101.9	100.5	100.1	100.2	99.8	99.1	98.5	97.9	97.9
成都	103.6	103.3	103.2	103.6	103.8	105.4	106.7	106.8	107.0	107.5	108.5	109.1
贵阳	97.8	97.7	96.6	96.0	95.0	94.6	94.1	95.3	95.0	95.3	96.0	
昆明	100.6	99.4	99.5	99.5	99.5	100.1	99.8	100.8	101.5	101.2	102.1	101.9
西安	104.5	103.2	102.7	101.8	100.4	99.6	99.3	98.5	97.9	97.9	97.7	97.7
兰州	100.4	99.4	98.7	97.9	96.4	96.0	95.7	95.0	94.9	94.8	95.1	94.9
西宁	100.7	99.6	99.4	99.3	98.7	97.5	97.0	96.5	96.5	96.3	96.6	96.8
银川	101.9	101.1	100.2	99.1	97.8	97.3	96.8	96.8	96.5	96.5	96.3	96.4
乌鲁木齐	98.0	97.0	97.4	96.9	97.0	96.5	96.4	96.6	97.1	97.6	98.0	97.7

续表

城市	1月	2月	3月	4月	5月	6月	7月	8月	9月	10月	11月	12月
唐山	98.3	97.7	97.6	97.5	96.9	95.8	95.5	95.4	95.3	95.0	94.3	94.2
秦皇岛	96.8	96.9	96.2	96.3	96.6	96.5	96.6	96.1	95.9	95.5	95.3	95.5
包头	100.0	99.6	98.8	97.7	97.0	96.5	96.4	96.1	95.6	95.7	95.6	95.5
丹东	99.5	98.4	97.6	97.0	96.6	96.5	95.6	95.0	94.0	93.5	93.3	93.0
锦州	97.5	96.7	96.4	96.1	95.7	95.5	95.5	94.9	94.7	94.1	94.4	94.4
吉林	98.8	98.1	97.8	97.6	95.9	94.9	93.9	93.2	92.9	92.3	91.6	91.4
牡丹江	93.4	92.2	90.3	90.4	89.5	89.6	89.5	89.3	89.0	88.9	88.2	88.4
无锡	103.0	102.5	102.1	101.1	101.5	101.0	100.7	100.7	100.3	100.2	100.3	100.4
徐州	102.0	101.2	99.3	98.3	97.5	96.5	96.3	95.8	95.8	96.3	97.0	97.7
扬州	101.7	100.7	100.2	98.1	97.1	96.4	96.6	96.5	96.3	96.6	96.8	97.2
温州	102.5	101.5	100.4	99.1	97.8	96.5	95.9	95.3	95.4	95.5	95.0	95.2
金华	101.5	100.4	99.2	98.4	96.8	95.4	94.6	94.5	94.2	94.1	93.9	93.9
蚌埠	101.2	100.7	99.9	99.4	98.2	97.4	96.8	96.1	95.9	95.9	96.7	96.9
安庆	95.6	95.5	94.8	94.7	94.5	94.0	94.0	93.8	93.6	93.6	93.3	93.3
泉州	102.2	101.2	100.0	98.5	97.3	96.3	95.4	94.3	93.9	93.7	93.7	93.8
九江	100.5	100.0	99.2	99.0	98.7	98.2	97.8	97.4	97.4	96.8	96.9	97.0
赣州	100.4	99.8	100.0	100.4	100.9	100.9	100.7	100.5	100.1	99.5	98.9	98.8
烟台	101.5	100.6	99.8	98.5	97.5	97.2	97.5	97.3	97.0	97.4	97.2	97.2
济宁	100.7	99.7	99.2	98.4	97.1	96.1	96.1	95.5	94.5	93.8	92.9	92.9
洛阳	100.6	99.9	99.1	97.3	96.0	95.0	94.3	93.6	93.0	92.3	92.5	92.4
平顶山	99.8	99.2	98.6	98.1	97.7	97.5	97.1	96.7	96.4	96.1	96.0	95.8
宜昌	97.4	97.1	96.6	96.6	96.0	94.9	94.8	93.8	93.5	93.1	93.3	93.2
襄阳	99.0	98.9	98.5	97.6	96.5	95.7	95.4	94.9	94.4	94.3	94.1	94.3
岳阳	97.0	97.0	97.4	97.8	97.1	96.2	96.2	96.2	95.7	95.4	95.2	95.2
常德	97.1	96.6	96.2	95.7	95.2	94.9	94.6	94.4	94.4	93.8	93.5	93.4
韶关	99.3	98.5	97.9	96.7	96.5	96.5	96.1	95.6	95.3	95.8	95.8	95.7
湛江	99.2	98.8	97.9	97.1	96.0	95.6	95.3	94.6	94.2	93.4	93.5	
惠州	100.3	100.4	99.7	99.2	98.6	97.8	98.1	98.2	98.2	98.3	98.4	98.4
桂林	98.3	97.8	97.9	97.7	97.9	97.4	96.5	96.4	96.2	96.5	96.4	96.1
北海	97.2	96.9	96.7	96.7	95.8	95.1	94.3	93.5	92.7	92.1	91.9	91.4
三亚	103.7	103.0	102.4	101.6	100.5	100.0	99.4	99.2	98.9	97.9	97.6	98.1
泸州	99.1	98.6	98.4	97.8	97.2	96.8	97.0	96.4	96.5	96.5	96.6	96.9
南充	94.8	95.3	95.6	95.7	96.6	98.1	99.4	99.7	99.9	101.1	101.4	101.4
遵义	97.7	97.2	96.3	96.1	95.8	95.3	95.8	95.8	95.6	95.6	95.6	95.0
大理	97.3	96.0	95.3	94.3	93.6	94.0	94.2	94.7	95.0	95.5	95.6	95.9

数据来源：国家统计局。

注：同比以上年同月价格为100。

（二）中国城市住房（一手房）价格288指数（见表4-4-7）

表4-4-7　2022年中国城市住房（一手房）价格288指数

城市	1月	2月	3月	4月	5月	6月	7月	8月	9月	10月	11月	12月
北京	2110.9	2120.8	2165.4	2170.8	2177.6	2195.9	2204.7	2211.9	2216.3	2218.5	2237.9	2242.4
上海	2659.1	2679.2	2689.6	2694.1	2695.5	2696.0	2700.3	2708.6	2716.7	2746.1	2773.8	2784.9
重庆	2079.9	2089.2	2095.5	2165.0	2160.7	2158.5	2159.7	2173.1	2161.0	2171.3	2166.1	2155.2
天津	1858.2	1844.3	1845.2	1846.4	1836.9	1832.3	1823.1	1816.3	1814.3	1808.6	1808.4	1795.7
石家庄	1316.5	1313.9	1307.1	1309.2	1309.3	1302.6	1296.2	1294.3	1288.6	1284.6	1283.2	1275.5
张家口	1372.4	1371.3	1370.1	1357.8	1345.7	1343.1	1341.2	1348.9	1342.6	1342.6	1338.7	1339.7
承德	1136.3	1134.3	1135.0	1126.7	1118.4	1100.0	1101.5	1102.0	1109.7	1109.1	1107.3	1103.8
唐山	1049.0	1047.1	1041.7	1041.2	1046.4	1055.9	1060.7	1062.9	1059.7	1057.9	1051.9	1045.3
秦皇岛	1219.3	1214.9	1211.0	1208.6	1206.1	1207.3	1201.3	1197.6	1194.7	1192.3	1191.5	1185.5
廊坊	1148.3	1150.3	1147.0	1176.1	1171.8	1162.0	1163.7	1154.8	1145.7	1156.3	1156.9	1143.5
保定	971.8	968.1	962.6	967.1	928.0	925.6	921.2	908.9	915.2	914.0	921.2	924.6
沧州	1758.6	1757.6	1763.9	1713.0	1698.3	1692.8	1689.3	1694.2	1713.1	1712.9	1720.8	1720.8
衡水	1188.5	1184.2	1165.0	1160.7	1158.6	1151.0	1144.4	1143.4	1142.6	1141.6	1140.2	1137.1
邢台	1119.4	1117.6	1102.1	1101.9	1101.8	1101.2	1101.5	1104.2	1126.1	1123.4	1124.1	1120.8
邯郸	1364.0	1351.4	1348.6	1357.6	1355.0	1356.8	1353.6	1351.1	1341.0	1351.6	1354.0	1362.7
泰州	1531.1	1542.1	1553.2	1579.5	1575.4	1517.8	1515.6	1500.9	1484.5	1473.5	1487.1	1493.7
扬州	1141.8	1141.5	1139.2	1125.4	1118.4	1114.5	1112.2	1116.7	1115.0	1112.8	1104.0	1110.7
镇江	1174.2	1166.8	1154.3	1167.6	1148.9	1163.1	1142.5	1156.3	1151.7	1144.5	1145.3	1147.6
南通	1482.8	1467.1	1449.2	1457.7	1462.1	1458.8	1462.6	1483.7	1487.1	1473.5	1458.8	1486.9
常州	1640.6	1630.9	1628.2	1632.0	1642.0	1659.2	1654.2	1642.0	1666.4	1659.1	1679.0	1681.5
无锡	1617.0	1608.6	1613.7	1620.2	1622.1	1620.4	1623.6	1632.3	1635.6	1616.1	1615.7	1622.1
苏州	1737.0	1749.6	1739.6	1733.7	1730.1	1741.9	1741.7	1721.2	1731.2	1725.7	1718.9	1721.7
南京	1814.8	1820.8	1828.2	1833.0	1815.9	1804.7	1812.6	1823.9	1825.8	1818.8	1814.3	1812.4
连云港	1187.6	1219.8	1229.6	1216.4	1230.1	1234.5	1242.6	1238.6	1254.7	1252.8	1248.8	1242.0
徐州	1977.3	2003.3	1994.5	1993.0	1992.2	2002.2	2007.2	1998.9	1994.9	1972.3	1960.8	1954.9
宿迁	1419.5	1430.1	1438.3	1439.9	1441.5	1439.0	1431.4	1426.8	1435.5	1451.0	1451.0	1446.3
淮安	1601.4	1601.1	1626.2	1576.4	1612.7	1608.7	1593.1	1585.3	1614.2	1607.0	1605.1	1601.6
盐城	1009.1	1007.1	1020.5	1022.8	1025.9	1017.5	1019.1	1010.7	1009.9	1011.4	1010.2	1007.9
合肥	2256.7	2230.4	2222.6	2210.8	2218.9	2220.0	2231.6	2239.4	2286.0	2300.2	2340.4	2338.0
淮北	875.7	870.9	837.3	837.4	836.6	839.1	834.0	851.5	849.9	844.5	848.3	855.8
亳州	709.8	710.6	700.5	691.9	683.3	684.4	681.7	682.5	682.4	681.9	682.8	683.8
宿州	688.1	693.6	697.5	702.2	707.0	710.6	710.6	711.7	712.4	710.9	710.9	696.5
蚌埠	1418.3	1416.9	1425.4	1426.8	1417.7	1417.1	1421.4	1426.4	1425.1	1418.1	1417.3	1415.9

续表

城市	1月	2月	3月	4月	5月	6月	7月	8月	9月	10月	11月	12月
阜阳	1383.2	1382.9	1379.8	1376.8	1373.8	1364.3	1390.7	1389.6	1389.6	1389.6	1391.0	1397.3
淮南	940.7	940.5	942.8	938.6	937.6	937.9	941.4	948.8	929.5	928.7	927.0	916.7
滁州	1015.3	1016.2	1025.7	1024.8	1024.0	1031.6	1021.8	1020.2	1015.1	1013.2	1007.8	1007.8
六安	752.7	740.0	733.8	740.1	733.4	732.3	726.3	712.5	696.2	700.9	707.0	719.6
马鞍山	1088.1	1099.4	1103.5	1113.4	1107.9	1113.6	1073.7	1060.1	1055.3	1064.3	1064.6	1058.7
芜湖	1215.6	1210.0	1204.4	1192.6	1196.1	1214.5	1216.2	1216.8	1223.5	1210.3	1195.9	1204.2
宣城	1375.6	1373.6	1386.9	1382.9	1378.9	1381.0	1375.9	1375.5	1381.8	1392.2	1384.2	1384.2
铜陵	986.7	983.9	980.7	985.2	990.9	988.4	984.8	986.8	978.4	978.2	979.7	979.7
池州	763.0	769.5	756.1	728.0	727.3	723.0	726.1	712.5	712.5	706.8	694.9	694.9
安庆	1088.5	1087.8	1077.2	1074.8	1067.4	1064.8	1061.9	1063.4	1061.3	1057.4	1058.3	1055.1
黄山	1073.1	1068.3	1079.1	1077.5	1075.9	1077.9	1086.6	1080.3	1051.2	1050.8	1054.9	1053.6
南昌	1514.1	1513.4	1516.4	1515.8	1519.6	1520.7	1520.4	1524.1	1549.9	1558.6	1557.8	1553.1
九江	1269.4	1265.3	1261.2	1260.3	1260.0	1256.1	1255.4	1254.3	1228.8	1228.1	1227.6	1230.0
景德镇	1209.4	1185.4	1182.9	1164.0	1169.5	1217.9	1197.5	1198.2	1191.6	1195.6	1188.8	1181.9
上饶	1096.4	1096.6	1096.0	1093.8	1090.3	1087.6	1085.2	1078.3	1103.3	1105.2	1111.0	1124.6
鹰潭	1160.9	1161.8	1162.0	1160.3	1160.5	1162.3	1159.1	1161.3	1161.3	1161.3	1163.2	1162.1
抚州	1038.1	1045.9	1050.3	1052.9	1055.4	1056.0	1056.0	1059.4	1057.3	1055.6	1053.1	1053.1
新余	1192.0	1192.5	1192.5	1206.4	1220.3	1220.3	1215.0	1215.6	1215.6	1227.0	1225.6	1225.6
宜春	1387.5	1382.2	1375.1	1378.6	1382.1	1365.2	1358.7	1359.9	1359.7	1361.3	1352.6	1351.2
萍乡	1197.7	1207.8	1211.2	1189.9	1169.0	1159.5	1149.1	1150.9	1135.5	1132.9	1135.4	1143.5
吉安	1341.5	1344.1	1331.8	1318.3	1305.0	1301.9	1300.8	1301.6	1311.0	1307.3	1307.3	1307.3
赣州	1150.0	1157.1	1157.1	1162.5	1167.5	1168.7	1171.0	1171.6	1169.3	1172.4	1168.9	1165.4
郑州	1563.2	1553.3	1551.7	1548.7	1536.6	1527.8	1519.6	1531.2	1528.1	1524.1	1520.2	1511.1
安阳	1059.5	1059.7	1062.3	1062.3	1062.3	1062.3	1059.2	1059.2	1064.5	1063.3	1063.7	1068.8
鹤壁	1608.8	1625.1	1633.1	1590.1	1608.3	1612.4	1610.0	1613.9	1609.8	1621.2	1617.3	1619.1
濮阳	1682.3	1683.2	1681.5	1734.8	1683.5	1749.1	1764.6	1760.2	1759.7	1753.2	1742.9	1727.7
新乡	1003.8	1003.8	1002.9	1007.6	1012.2	1010.0	1016.3	1003.5	1003.5	1002.7	995.4	995.4
焦作	1350.7	1350.4	1352.3	1352.6	1352.8	1353.8	1351.3	1352.8	1342.4	1347.7	1347.0	1360.9
三门峡	1642.2	1617.6	1617.6	1617.9	1618.3	1617.0	1621.5	1620.8	1624.7	1624.7	1624.7	1624.7
开封	1112.7	1122.2	1121.0	1121.0	1121.0	1107.2	1107.4	1107.7	1107.4	1107.3	1106.8	1107.1
洛阳	1797.2	1794.5	1790.0	1797.6	1787.5	1775.0	1767.0	1763.2	1758.3	1746.4	1737.3	1728.6
商丘	1578.5	1588.8	1593.6	1595.3	1584.9	1588.0	1584.4	1593.4	1595.1	1596.4	1595.1	1593.5
许昌	1574.3	1573.9	1573.7	1572.0	1569.9	1560.8	1565.8	1569.4	1571.9	1570.2	1559.2	1559.2
平顶山	1184.1	1182.2	1178.8	1178.3	1174.6	1168.0	1164.7	1163.9	1161.6	1159.0	1158.6	1160.9
周口	1473.1	1472.5	1466.2	1471.6	1477.1	1470.5	1473.1	1475.1	1463.7	1465.2	1466.4	1463.3

续表

城市	1月	2月	3月	4月	5月	6月	7月	8月	9月	10月	11月	12月
漯河	1513.3	1506.7	1505.5	1501.3	1497.6	1494.7	1491.9	1493.4	1468.6	1462.3	1463.7	1463.7
南阳	984.6	985.0	986.2	976.4	966.7	959.2	956.8	956.6	946.4	947.0	943.7	941.6
驻马店	1341.8	1340.4	1337.2	1334.8	1333.0	1326.6	1325.6	1323.9	1337.4	1338.7	1339.8	1329.4
信阳	1569.3	1567.8	1569.9	1566.5	1560.7	1576.7	1583.6	1584.1	1578.1	1577.3	1574.3	1577.2
沈阳	1612.7	1607.9	1604.7	1604.3	1595.2	1594.4	1589.6	1581.8	1570.9	1559.3	1550.7	1541.4
铁岭	878.0	872.2	870.0	870.0	870.0	894.3	894.3	888.0	888.0	888.0	888.0	888.0
阜新	1381.8	1381.6	1381.5	1381.3	1408.3	1408.3	1408.3	1408.3	1408.3	1421.0	1413.4	1413.4
抚顺	1020.1	1020.5	1020.5	1017.1	1013.8	1024.2	978.6	995.5	995.5	995.5	995.5	995.5
朝阳	1764.2	1760.0	1728.1	1729.3	1730.6	1747.9	1730.6	1718.2	1718.2	1722.6	1722.6	1722.6
本溪	960.8	960.8	938.8	972.8	1008.1	1015.8	1015.8	1015.8	1015.8	1015.8	1015.8	1015.8
辽阳	1001.1	1001.1	1001.1	1001.1	1001.1	1001.1	991.6	993.3	993.3	993.3	993.3	993.3
鞍山	945.6	942.4	942.4	939.6	936.9	937.8	920.0	919.6	924.7	924.0	924.8	928.0
盘锦	998.2	998.2	1009.2	1005.2	1000.7	1000.7	997.9	997.9	991.0	991.0	991.9	993.2
锦州	785.3	778.5	776.1	776.2	758.8	759.2	760.2	759.2	758.1	756.9	753.5	750.5
葫芦岛	1460.5	1460.5	1465.6	1461.5	1457.3	1449.3	1441.3	1433.4	1420.5	1420.5	1419.4	1419.4
营口	444.2	443.7	440.9	439.2	437.5	433.7	435.0	435.0	435.0	435.0	434.4	434.4
丹东	1049.0	1042.9	1038.8	1030.2	1021.7	1021.7	1015.4	1015.4	1013.3	1010.8	1008.8	1006.8
大连	1312.5	1310.7	1308.1	1306.4	1305.7	1293.6	1283.2	1281.4	1268.6	1267.8	1267.5	1262.4
杭州	1677.9	1703.4	1728.5	1748.3	1753.6	1758.4	1767.2	1760.1	1763.6	1789.6	1818.3	1823.8
湖州	1772.0	1771.8	1770.2	1791.2	1802.7	1789.2	1798.7	1778.7	1735.6	1751.2	1749.2	1741.4
嘉兴	1208.5	1197.7	1203.8	1196.7	1197.9	1195.1	1197.5	1201.5	1212.3	1216.6	1210.3	1211.0
绍兴	1365.8	1367.5	1369.2	1362.1	1386.7	1395.2	1436.7	1465.3	1477.2	1473.9	1469.2	1467.1
舟山	1439.2	1427.2	1423.2	1401.8	1409.0	1408.0	1414.3	1420.4	1406.7	1412.3	1410.0	1406.0
宁波	1808.1	1825.7	1832.6	1836.4	1833.7	1830.9	1831.7	1814.0	1816.7	1822.8	1830.7	1834.4
金华	1714.6	1703.8	1704.6	1708.1	1706.3	1691.8	1677.4	1663.2	1659.8	1655.2	1644.6	1639.6
衢州	1440.7	1413.2	1403.6	1418.5	1422.7	1412.1	1405.8	1408.2	1411.6	1399.0	1395.9	0.0
台州	1365.0	1376.8	1416.7	1473.6	1527.5	1474.4	1483.6	1482.6	1492.0	1483.2	1488.7	1483.8
丽水	964.7	956.7	954.2	945.4	949.1	957.4	960.4	990.8	983.0	984.4	990.4	990.4
温州	1041.7	1034.1	1029.9	1026.0	1021.8	1015.5	1007.8	999.0	995.4	991.0	987.5	985.5
福州	1868.6	1878.5	1881.3	1859.9	1848.8	1849.1	1854.3	1870.7	1866.0	1837.2	1819.6	1816.0
宁德	1216.1	1221.2	1231.3	1221.1	1228.5	1223.1	1220.4	1206.8	1231.7	1218.5	1214.9	1214.0
南平	1142.1	1157.6	1146.1	1147.7	1150.1	1144.3	1147.2	1147.2	1152.1	1170.3	1172.4	1172.4
三明	1067.5	1060.9	1059.7	1036.0	1049.8	1042.1	1062.9	1047.7	1047.7	1060.1	1068.1	1068.8
莆田	860.8	863.3	870.2	874.7	917.8	917.0	925.9	925.5	907.9	909.0	909.6	906.8
龙岩	1308.8	1298.8	1289.1	1272.0	1267.9	1250.0	1256.3	1265.6	1294.5	1285.8	1272.9	1272.9

续表

城市	1月	2月	3月	4月	5月	6月	7月	8月	9月	10月	11月	12月
泉州	1351.9	1356.7	1360.5	1335.7	1321.9	1307.0	1300.2	1292.2	1287.9	1283.4	1279.5	1288.5
漳州	2185.1	2177.7	2163.3	2167.3	2191.7	2190.0	2203.2	2196.4	2181.7	2167.7	2190.7	2179.7
厦门	2169.9	2159.1	2144.8	2132.8	2120.9	2115.9	2121.2	2111.6	2105.3	2102.2	2094.8	2092.7
西安	1712.4	1718.7	1737.6	1745.9	1731.2	1737.8	1743.3	1748.1	1749.0	1735.4	1732.8	1734.5
榆林	930.6	927.2	927.2	902.9	879.2	890.0	889.9	902.9	888.8	888.8	899.9	882.0
延安	970.3	965.1	965.1	963.4	961.7	961.7	958.1	958.1	958.1	958.1	958.1	957.2
铜川	1296.6	1296.6	1298.4	1295.3	1291.1	1292.5	1280.6	1280.6	1261.7	1270.9	1282.3	1261.4
渭南	1224.7	1236.5	1240.3	1239.6	1239.8	1232.6	1237.3	1238.4	1230.7	1230.6	1224.4	1224.4
宝鸡	1282.6	1276.1	1309.9	1301.6	1306.7	1320.9	1322.9	1321.6	1320.2	1338.4	1336.5	1325.7
咸阳	1061.3	1040.4	1041.3	1034.1	1077.4	1071.0	1063.3	1064.5	1092.1	1094.4	1087.9	1092.9
商洛	1113.1	1113.1	1113.1	1113.1	1113.1	1112.6	1129.5	1129.5	1131.8	1131.8	1131.8	1131.8
汉中	1182.4	1182.6	1185.8	1182.6	1180.6	1179.5	1185.6	1186.2	1204.4	1204.6	1206.0	1208.8
安康	1196.4	1197.8	1182.4	1180.2	1178.0	1163.7	1123.1	1122.0	1121.7	1120.5	1117.2	1112.2
广州	2345.2	2355.4	2358.1	2349.6	2334.4	2351.9	2367.2	2369.3	2354.4	2344.6	2341.1	2331.7
韶关	1220.2	1203.1	1198.9	1202.5	1191.6	1180.0	1168.6	1157.3	1146.0	1142.8	1137.7	1130.8
梅州	1435.2	1434.5	1434.8	1423.4	1421.6	1414.7	1416.1	1419.8	1413.7	1409.6	1405.0	1400.7
河源	1233.7	1221.7	1211.7	1196.8	1191.1	1205.2	1195.6	1195.6	1197.4	1178.4	1156.8	1162.7
清远	1175.6	1179.0	1171.2	1151.0	1134.4	1135.9	1133.3	1124.2	1120.8	1117.4	1112.7	1093.2
潮州	1280.4	1271.4	1234.0	1217.0	1200.3	1200.3	1222.6	1227.4	1225.9	1224.6	1220.1	1225.6
揭阳	1603.2	1596.9	1561.1	1555.3	1551.9	1549.4	1546.4	1556.5	1554.3	1554.6	1557.6	1564.6
汕头	1016.5	1013.6	996.0	993.4	994.8	997.6	1022.0	1020.0	1034.5	1036.1	1035.1	1052.0
肇庆	923.9	924.8	917.5	943.9	941.1	941.6	939.6	935.9	954.4	950.8	942.1	942.9
惠州	1657.7	1657.1	1658.0	1652.9	1652.8	1609.8	1628.2	1631.6	1627.2	1626.1	1616.5	1605.2
佛山	2162.9	2167.5	2164.5	2157.9	2141.5	2126.9	2119.5	2100.1	2097.4	2067.0	2051.5	2058.8
东莞	2609.8	2635.7	2687.3	2732.9	2725.2	2742.9	2722.6	2746.1	2728.8	2734.9	2693.7	2683.3
云浮	1356.3	1343.5	1334.0	1364.9	1373.7	1376.1	1369.7	1368.5	1364.9	1359.8	1357.9	1367.7
汕尾	1246.7	1232.0	1227.1	1258.6	1290.9	1292.5	1286.3	1289.1	1286.5	1284.3	1284.3	1278.7
江门	1437.5	1442.8	1452.8	1476.2	1483.8	1484.1	1483.6	1489.2	1486.2	1481.8	1480.3	1491.1
中山	1699.9	1693.9	1691.2	1663.4	1663.3	1661.8	1648.6	1633.7	1638.4	1613.4	1616.0	1616.5
深圳	1803.1	1817.8	1821.5	1817.9	1802.0	1806.6	1813.8	1809.4	1805.7	1799.0	1794.6	1789.2
珠海	1487.5	1482.3	1476.5	1471.2	1460.7	1449.4	1442.9	1448.0	1458.7	1458.1	1453.8	1458.5
阳江	1246.5	1248.0	1246.0	1229.4	1228.2	1225.8	1226.4	1226.7	1226.7	1224.3	1218.9	1222.1
茂名	1277.1	1272.8	1267.1	1254.1	1250.4	1244.5	1237.2	1233.2	1268.8	1268.3	1266.8	1284.0
湛江	1518.3	1512.2	1520.2	1513.4	1486.1	1457.2	1441.9	1428.9	1420.3	1413.9	1409.4	1402.4
昆明	1401.1	1403.9	1410.9	1408.8	1402.8	1392.8	1388.0	1384.1	1374.0	1353.6	1351.4	1342.0

续表

城市	1月	2月	3月	4月	5月	6月	7月	8月	9月	10月	11月	12月
昭通	1807.4	1799.7	1775.2	1778.4	1781.7	1792.2	1792.2	1798.6	1795.9	1795.9	1795.9	1785.1
丽江	1221.3	1264.7	1300.6	1337.1	1381.0	1439.1	1401.0	1410.2	1408.5	1408.5	1408.5	1408.5
曲靖	1942.9	1988.8	1984.0	1982.7	1981.3	2010.7	1987.1	1991.5	1980.2	1962.6	1961.2	1975.4
保山	1647.6	1631.8	1631.8	1634.9	1638.0	1638.0	1638.0	1638.0	1606.1	1599.5	1589.3	1589.3
玉溪	1520.0	1531.9	1522.1	1530.7	1539.4	1539.7	1541.3	1545.9	1543.5	1543.5	1544.2	1544.2
临沧	1687.5	1688.3	1697.4	1697.4	1697.4	1658.2	1616.3	1616.3	1616.3	1616.3	1616.3	1616.3
普洱	1762.7	1762.7	1740.1	1726.6	1713.2	1701.0	1701.0	1701.0	1701.0	1704.7	1704.7	1704.7
呼和浩特	1089.6	1098.0	1099.7	1099.2	1098.9	1101.1	1098.9	1100.5	1095.0	1095.6	1093.2	1077.9
呼伦贝尔	906.0	897.2	897.2	897.2	897.2	897.2	897.2	892.7	892.7	892.7	892.7	892.7
通辽	1041.4	1041.4	1044.5	1044.5	1044.5	1044.5	1044.5	1042.2	1042.2	1043.1	1041.8	1043.4
赤峰	886.2	883.7	881.9	882.4	879.5	888.0	882.5	881.0	881.0	881.6	879.3	879.3
巴彦淖尔	907.0	907.0	907.0	899.9	892.9	892.9	893.4	893.4	893.4	893.4	890.1	890.1
乌兰察布	1047.3	1047.3	1047.3	1047.3	1047.3	1047.3	1050.1	1050.1	1050.1	1050.1	1050.1	1050.1
包头	1112.4	1111.3	1104.7	1098.0	1090.3	1087.6	1085.4	1084.9	1081.6	1077.9	1077.9	1073.5
鄂尔多斯	1098.5	1093.4	1085.6	1083.7	1081.8	1068.9	1057.8	1040.8	1040.8	1041.7	1054.4	1058.0
乌海	979.9	979.9	979.9	979.9	979.9	979.9	979.9	979.9	979.9	979.9	979.9	979.9
长沙	1711.0	1713.4	1720.3	1733.0	1737.6	1736.9	1746.9	1766.0	1768.6	1774.8	1789.3	1798.2
岳阳	1240.2	1237.4	1233.6	1228.8	1225.2	1220.4	1207.4	1195.0	1192.0	1179.5	1171.7	1164.7
张家界	1061.3	1047.0	1050.1	1046.8	1043.5	1044.0	1049.8	1046.2	1041.4	1041.4	1041.4	1041.4
常德	1197.0	1193.4	1183.5	1209.3	1201.3	1196.8	1192.2	1183.1	1177.5	1167.7	1164.8	1160.1
益阳	1353.2	1353.2	1349.9	1346.3	1342.8	1342.8	1335.2	1341.2	1336.6	1336.6	1336.6	1335.6
湘潭	1298.6	1298.6	1285.1	1281.4	1277.8	1276.9	1271.9	1270.6	1268.9	1268.0	1258.0	1278.8
株洲	1341.0	1336.2	1336.6	1330.9	1325.2	1317.1	1315.6	1307.7	1300.5	1300.5	1302.1	1334.3
娄底	1209.0	1203.2	1201.0	1195.6	1190.3	1195.2	1195.2	1195.2	1211.8	1211.8	1211.8	1202.4
怀化	1011.4	1008.1	1005.1	990.1	982.7	981.9	984.1	983.3	982.4	982.1	979.5	979.5
邵阳	1220.7	1230.7	1232.3	1223.0	1213.8	1223.9	1174.5	1175.0	1172.5	1170.1	1170.1	1193.9
衡阳	1246.3	1244.6	1239.0	1234.8	1225.8	1223.6	1220.7	1224.0	1170.8	1156.6	1150.0	1153.6
永州	1080.3	1083.8	1075.1	1065.5	1056.0	1045.4	1046.2	1041.4	1035.4	1035.4	1035.5	1035.7
郴州	1199.6	1198.7	1200.0	1193.4	1186.9	1189.0	1184.5	1174.8	1165.0	1161.5	1164.5	1162.2
乌鲁木齐	1205.8	1207.0	1215.8	1221.9	1225.5	1229.8	1228.6	1227.4	1226.7	1226.4	1225.9	1222.3
克拉玛依	1346.7	1346.7	1346.7	1346.7	1346.7	1346.7	1346.7	1346.7	1346.7	1346.7	1346.7	1346.7
太原	1105.3	1103.0	1097.6	1084.8	1078.5	1076.6	1077.5	1081.5	1079.9	1076.5	1073.2	1066.8
大同	1142.9	1165.7	1164.3	1168.0	1171.7	1163.4	1167.7	1175.0	1168.5	1158.4	1160.9	1160.9
朔州	866.2	832.9	823.4	833.9	844.6	868.1	868.1	868.1	868.1	868.1	868.1	868.1
忻州	1068.2	1072.1	1081.8	1078.8	1075.9	1075.9	1075.9	1075.9	1065.2	1084.6	1084.6	1084.6

续表

城市	1月	2月	3月	4月	5月	6月	7月	8月	9月	10月	11月	12月
阳泉	1007.7	1007.7	1056.4	1055.9	1055.3	1058.7	1058.7	1070.8	1087.4	1087.4	1082.1	1082.1
晋中	1025.0	1011.7	1003.2	984.1	965.4	987.2	971.3	963.3	956.8	945.7	944.7	935.2
吕梁	921.5	921.5	921.5	921.5	921.5	921.5	940.3	940.3	936.0	936.0	936.0	936.0
长治	1324.7	1340.6	1292.0	1315.6	1339.7	1339.7	1339.7	1339.7	1339.7	1333.8	1319.9	1300.9
临汾	1052.8	1058.3	1055.9	1062.7	1069.6	1089.5	1095.1	1090.3	1087.6	1086.3	1082.1	1101.5
晋城	1063.8	1063.8	1058.3	1051.9	1045.5	1047.3	1046.6	1042.8	1040.5	1039.2	1037.2	1041.3
运城	967.3	967.3	965.1	932.7	931.7	926.1	927.3	930.2	933.7	932.4	932.3	928.6
哈尔滨	1120.9	1110.7	1098.4	1091.1	1078.7	1076.5	1073.3	1072.2	1052.9	1046.9	1043.8	1039.6
黑河	1052.0	1052.0	1052.0	1052.0	1052.0	1052.0	1052.0	1052.0	1052.0	1052.0	1052.0	1052.0
伊春	1070.9	1070.9	1070.9	1070.9	1070.9	1070.9	1070.9	1070.9	1070.9	1070.9	1070.9	1070.9
齐齐哈尔	1141.9	1138.5	1168.9	1211.5	1238.5	1185.9	1135.5	1136.4	1151.6	1151.6	1162.9	1153.4
鹤岗	944.8	944.8	944.8	944.8	944.8	944.8	944.8	944.8	944.8	944.8	944.8	944.8
佳木斯	1009.9	1009.9	1009.9	1030.0	1040.2	1040.2	1043.4	1043.4	1043.4	1043.4	1043.4	1043.4
双鸭山	919.4	919.4	919.4	919.4	919.4	919.4	919.4	919.4	919.4	919.4	919.4	919.4
绥化	1101.5	1101.5	1101.5	1101.5	1101.5	1101.5	1145.7	1145.7	1145.7	1145.7	1145.7	1145.7
大庆	890.8	888.6	888.6	844.4	823.4	829.4	835.5	841.6	841.6	841.6	847.9	847.9
七台河	891.1	891.1	891.1	891.1	891.1	891.1	891.1	891.1	891.1	891.1	891.1	891.1
鸡西	995.7	995.7	995.7	995.7	995.7	995.7	995.7	995.7	995.7	995.7	995.7	995.7
牡丹江	1067.6	1065.4	1062.2	1060.6	1060.6	1062.2	1063.8	1064.9	1065.4	1064.9	1058.9	1053.6
淄博	1456.1	1453.0	1455.4	1453.1	1449.2	1448.9	1452.6	1465.0	1467.7	1468.2	1466.2	1482.2
潍坊	1420.9	1424.1	1427.9	1429.9	1431.8	1426.0	1413.3	1416.5	1415.8	1412.1	1411.6	1407.0
聊城	1100.5	1088.9	1091.9	1090.2	1087.9	1092.7	1091.8	1088.0	1078.4	1079.8	1074.1	1073.2
泰安	1407.1	1397.9	1392.4	1366.9	1371.8	1380.6	1393.2	1392.6	1409.9	1376.0	1400.2	1398.4
莱芜	1142.3	1142.3	1142.3	1142.3	1142.3	1142.3	1142.3	1142.3	1142.3	1142.3	1142.3	1142.3
青岛	2165.1	2162.4	2181.3	2185.6	2178.2	2162.3	2173.2	2184.4	2199.3	2198.2	2184.3	2190.9
日照	1406.0	1396.2	1380.8	1373.1	1372.2	1366.2	1366.6	1350.9	1336.2	1330.3	1324.5	1339.9
济宁	1360.4	1357.0	1352.9	1356.3	1367.1	1379.9	1384.1	1383.0	1377.5	1371.4	1366.1	1362.0
菏泽	1138.3	1131.3	1131.4	1131.9	1134.2	1127.1	1126.5	1126.0	1127.7	1127.9	1127.4	1133.5
临沂	1826.7	1818.2	1792.7	1796.9	1801.2	1804.1	1793.0	1794.8	1826.4	1825.1	1816.8	1820.6
枣庄	1414.6	1396.0	1383.5	1389.1	1394.1	1392.2	1392.9	1389.8	1393.3	1393.3	1393.3	1386.5
济南	1818.5	1823.7	1826.0	1822.1	1815.1	1824.2	1836.0	1835.5	1852.0	1855.9	1856.8	1854.9
德州	1033.5	1032.2	1036.6	1035.8	1035.5	1036.1	1035.3	1034.6	1036.6	1040.2	1039.1	1038.5
滨州	1274.8	1274.3	1270.8	1270.9	1270.0	1256.9	1242.6	1234.2	1242.6	1239.7	1239.5	1226.4
东营	962.3	963.1	956.0	953.6	952.6	955.6	961.9	959.4	954.6	957.0	956.5	959.3
烟台	1765.8	1758.7	1742.2	1728.3	1721.4	1716.2	1733.6	1723.8	1724.7	1722.1	1700.7	1697.3

续表

城市	1月	2月	3月	4月	5月	6月	7月	8月	9月	10月	11月	12月
威海	1281.0	1290.7	1290.9	1280.3	1281.2	1279.4	1277.1	1276.9	1270.4	1270.1	1265.8	1283.9
武汉	2701.1	2696.7	2683.4	2667.8	2657.2	2646.5	2641.2	2630.2	2613.4	2594.5	2591.8	2589.2
十堰	1276.6	1276.6	1256.0	1254.6	1253.2	1246.7	1245.6	1245.6	1243.2	1242.8	1242.8	1241.8
襄阳	1776.2	1765.6	1719.0	1750.8	1740.2	1735.9	1731.6	1708.5	1711.4	1709.7	1706.7	1705.0
随州	1471.3	1470.4	1462.8	1453.4	1444.0	1440.6	1442.6	1440.6	1440.6	1440.3	1440.3	1433.7
荆门	1374.7	1373.1	1372.3	1367.6	1362.9	1362.9	1363.5	1363.5	1359.9	1364.6	1343.8	1343.8
孝感	1460.1	1459.6	1455.0	1474.2	1463.1	1461.6	1458.8	1455.6	1455.4	1453.5	1452.8	1441.3
宜昌	1314.3	1313.0	1302.8	1294.6	1286.3	1287.0	1277.3	1273.2	1271.9	1271.6	1265.9	1263.4
黄冈	1335.4	1332.2	1331.7	1327.3	1322.9	1342.9	1339.8	1340.1	1340.2	1340.1	1339.7	1341.8
鄂州	1774.0	1775.4	1767.2	1769.0	1770.9	1770.9	1738.9	1727.4	1725.5	1727.0	1727.0	1727.0
荆州	1394.3	1391.6	1385.5	1386.1	1386.8	1386.8	1388.4	1388.4	1379.1	1370.2	1369.0	1347.9
黄石	1241.4	1240.4	1206.2	1198.9	1188.3	1152.7	1158.3	1156.2	1154.7	1154.6	1157.4	1150.9
咸宁	1332.1	1329.8	1324.5	1320.9	1333.3	1333.1	1335.0	1332.3	1322.1	1329.6	1310.9	1311.4
长春	1684.3	1686.0	1683.2	1666.6	1663.1	1661.8	1652.8	1667.5	1685.0	1677.1	1671.2	1656.9
白城	1499.8	1499.8	1499.8	1499.8	1499.8	1499.8	1499.8	1499.8	1499.8	1499.8	1499.8	1499.8
松原	1346.4	1346.4	1353.3	1353.3	1353.3	1353.3	1353.3	1353.3	1329.2	1329.2	1329.2	1329.2
吉林	1236.3	1236.9	1238.1	1238.1	1238.1	1234.4	1235.0	1228.8	1224.5	1220.9	1220.9	1214.8
四平	1516.9	1516.9	1516.9	1527.2	1537.7	1538.2	1540.2	1540.2	1563.3	1560.8	1554.2	1554.2
辽源	1166.0	1166.0	1157.6	1157.6	1157.6	1153.0	1156.0	1156.0	1156.0	1156.0	1156.0	1156.0
白山	1398.2	1398.2	1349.9	1349.9	1349.9	1349.9	1349.9	1349.9	1349.9	1349.9	1349.9	1349.9
通化	1319.9	1319.9	1319.9	1319.9	1319.9	1319.9	1319.9	1319.9	1286.4	1286.8	1286.8	1286.8
西宁	1367.2	1363.3	1352.4	1337.5	1326.4	1316.7	1320.5	1320.3	1318.8	1314.9	1315.0	1311.0
拉萨	1390.9	1390.9	1367.8	1368.2	1367.2	1348.6	1349.6	1343.3	1343.3	1343.3	1343.3	1341.6
海口	1739.8	1721.2	1719.3	1722.8	1726.7	1731.0	1717.4	1722.9	1730.6	1736.9	1736.3	1732.9
三亚	1053.5	1062.0	1057.6	1057.2	1053.3	1052.3	1050.2	1047.2	1052.5	1051.8	1051.3	1049.2
银川	1474.5	1492.2	1515.7	1521.8	1522.5	1524.1	1524.8	1528.6	1531.7	1531.5	1529.6	1531.3
石嘴山	1235.7	1235.7	1269.4	1269.4	1269.4	1269.4	1269.4	1249.2	1249.2	1246.4	1249.1	1249.1
吴忠	1252.0	1266.4	1266.4	1278.4	1290.6	1312.2	1312.2	1312.2	1316.2	1311.3	1308.8	1308.8
中卫	1118.1	1118.1	1125.1	1125.1	1125.1	1125.1	1125.1	1113.0	1113.0	1110.2	1112.7	1112.7
固原	850.6	833.7	854.1	854.1	854.1	859.3	861.1	861.1	875.6	874.3	874.2	880.9
兰州	1446.2	1459.7	1454.7	1451.8	1442.6	1440.4	1436.8	1435.0	1421.0	1410.3	1399.6	1392.6
嘉峪关	1105.3	1105.3	1105.8	1103.9	1104.1	1129.5	1129.5	1129.5	1123.5	1122.5	1122.0	1122.0
酒泉	1012.0	1012.0	1008.9	1032.3	1056.3	1080.1	1079.7	1076.6	1064.5	1062.4	1062.4	1062.4
张掖	893.8	893.8	897.0	932.6	969.6	965.4	922.0	922.0	922.0	922.0	927.2	927.2
金昌	1018.4	1018.4	1018.4	1018.4	1018.4	1018.4	1018.4	988.9	988.9	988.9	988.9	988.9

续表

城市	1月	2月	3月	4月	5月	6月	7月	8月	9月	10月	11月	12月
武威	851.5	850.1	847.8	841.8	835.9	835.9	831.0	829.6	829.6	829.6	829.5	829.3
白银	811.2	807.9	806.3	805.9	805.5	805.5	782.3	775.3	777.9	777.9	776.2	761.8
庆阳	809.4	808.0	800.5	809.3	812.9	812.9	810.8	815.6	823.7	827.4	826.5	826.5
平凉	922.3	929.6	926.0	926.0	930.3	903.6	905.2	901.6	887.2	884.9	884.3	878.6
定西	1074.7	1082.2	1077.5	1078.1	1078.7	1076.2	1072.2	1070.8	1073.1	1072.7	1070.2	1062.5
天水	984.2	977.7	988.6	983.7	982.7	987.6	981.1	981.2	985.7	983.7	984.3	967.0
陇南	876.3	876.3	876.3	876.3	876.3	876.3	876.3	876.3	876.3	876.3	876.3	876.3
贵阳	1216.3	1214.1	1207.3	1204.0	1200.5	1191.1	1188.1	1187.6	1185.1	1180.3	1177.9	1175.6
遵义	926.6	918.4	919.8	921.7	918.7	909.1	913.4	912.5	912.4	913.3	913.1	908.5
六盘水	1086.4	1086.9	1086.8	1082.5	1077.7	1078.4	1078.2	1075.3	1075.2	1074.7	1072.3	1073.2
安顺	1216.9	1217.1	1212.5	1213.4	1210.2	1210.6	1210.2	1212.6	1203.5	1200.6	1202.7	1206.7
毕节	1023.7	1023.4	1022.7	1022.8	1024.2	1024.0	1023.0	1026.7	1025.8	1026.5	1027.4	1032.5
铜仁	876.2	881.9	881.7	873.2	864.8	868.2	868.2	868.2	855.9	857.1	856.1	854.3
成都	1910.0	1918.7	1925.4	1936.9	1940.3	1959.8	1976.7	1986.4	1990.1	1999.0	2002.0	2012.0
广元	1159.8	1184.7	1196.5	1202.1	1207.8	1202.4	1165.7	1165.7	1164.2	1161.3	1161.3	1161.3
巴中	1119.8	1118.6	1116.7	1115.5	1114.3	1114.3	1114.3	1112.1	1112.0	1112.0	1112.0	1112.0
绵阳	1038.1	1036.2	1038.7	1056.4	1074.4	1075.4	1082.4	1087.3	1085.3	1084.6	1082.4	1070.9
德阳	1061.3	1056.9	1055.8	1065.3	1030.6	1069.8	1071.6	1030.7	1031.6	1020.5	1003.7	1006.1
达州	870.6	867.6	861.8	864.4	867.1	855.2	838.3	830.3	830.1	830.1	836.7	833.6
南充	1185.1	1181.5	1170.1	1172.9	1145.2	1147.7	1150.2	1152.8	1150.2	1150.1	1151.0	1152.2
遂宁	951.0	963.4	963.3	971.0	978.8	978.8	978.8	975.1	963.3	957.3	956.7	956.7
广安	1417.6	1417.2	1408.1	1367.5	1369.3	1365.7	1364.7	1369.0	1371.2	1373.5	1370.4	1368.7
资阳	1355.7	1346.7	1336.2	1353.1	1352.5	1361.1	1352.5	1341.1	1350.4	1339.8	1341.5	1353.1
眉山	1016.0	1013.9	1060.9	1113.8	1132.4	1163.5	1162.3	1164.0	1117.9	1118.5	1116.9	1116.9
雅安	1367.7	1367.7	1344.9	1330.1	1315.5	1315.5	1315.5	1315.5	1315.5	1315.5	1315.5	1315.5
内江	916.3	914.7	892.2	899.7	907.1	903.9	899.1	893.1	891.1	891.3	890.8	886.0
乐山	948.1	948.1	948.1	949.9	950.2	952.8	946.5	953.3	945.5	947.5	947.5	947.5
自贡	791.1	785.9	793.4	798.0	802.7	786.1	778.8	777.6	776.9	776.9	776.9	776.9
泸州	981.5	975.3	973.8	967.7	961.6	951.3	942.0	942.9	939.6	939.1	937.7	934.0
宜宾	1095.2	1097.2	1088.4	1091.8	1095.2	1097.6	1111.9	1113.5	1110.3	1110.2	1103.1	1089.0
攀枝花	1134.9	1134.9	1135.4	1140.0	1144.5	1144.5	1154.9	1154.9	1154.9	1154.9	1154.9	1154.9
南宁	1925.5	1942.3	1944.9	1937.8	1929.5	1931.5	1945.5	1930.7	1923.9	1913.5	1910.7	1906.9
桂林	1101.4	1099.5	1098.4	1094.9	1091.4	1086.8	1086.2	1083.5	1077.1	1071.7	1070.8	1064.4
河池	1052.5	1054.8	1052.5	1041.3	1030.2	1030.2	1031.6	1031.8	1031.8	1019.1	1019.1	1017.6
贺州	1104.6	1119.9	1127.7	1119.3	1124.6	1118.9	1120.3	1115.0	1147.2	1134.0	1136.7	1137.4

续表

城市	1月	2月	3月	4月	5月	6月	7月	8月	9月	10月	11月	12月
柳州	991.4	997.6	990.5	989.1	982.8	974.8	982.4	999.4	992.9	989.6	987.4	976.2
百色	1250.2	1250.3	1250.3	1248.2	1242.1	1237.4	1220.3	1216.9	1223.5	1224.8	1217.6	1227.1
来宾	959.6	951.3	949.2	945.2	933.6	934.2	937.0	931.4	923.8	918.7	920.7	918.9
梧州	889.0	886.8	860.7	865.8	868.0	871.8	873.9	875.2	875.4	873.7	873.0	874.1
贵港	1019.7	1023.6	1025.7	1019.0	1020.2	1021.3	1031.4	1043.7	1061.4	1054.9	1055.1	1064.2
玉林	989.3	990.1	998.3	991.8	985.3	988.9	985.3	984.4	981.2	981.2	981.1	980.2
崇左	1016.5	1024.6	1033.3	1055.8	1047.2	1052.9	1036.7	1033.3	1034.2	1027.6	1020.5	1020.5
钦州	790.0	789.1	788.7	780.8	783.7	778.6	772.1	769.7	761.1	755.7	756.6	743.1
防城港	916.9	916.9	916.9	916.9	916.9	916.9	916.9	916.9	912.5	912.5	912.5	912.5
北海	1305.3	1304.0	1287.8	1280.0	1227.2	1224.2	1218.0	1216.3	1198.4	1189.0	1171.9	1167.2

数据来源：上海易居房地产研究院。

（三）中国城市住房（二手房）价格60指数（见表4-4-8）

表4-4-8 2022年中国城市住房（二手房）价格60指数

城市	1月	2月	3月	4月	5月	6月	7月	8月	9月	10月	11月	12月
北京	2001.5	2018.5	2026.6	2031.2	2041.2	2041.8	2047.5	2060.6	2065.5	2067.4	2070.2	2062.0
天津	1454.3	1457.6	1455.5	1456.9	1456.8	1460.1	1454.1	1443.2	1433.1	1432.0	1420.6	1410.6
上海	1993.2	2009.0	2011.8	2017.8	2023.0	2028.4	2046.8	2061.9	2065.9	2069.6	2065.5	2055.1
重庆	1578.2	1569.5	1570.3	1566.7	1559.7	1558.2	1562.1	1571.4	1563.3	1545.5	1522.4	1516.4
石家庄	1476.7	1470.2	1463.9	1461.0	1459.2	1465.2	1471.4	1464.4	1457.3	1455.4	1451.8	1450.3
唐山	1314.8	1313.7	1329.7	1333.2	1328.6	1325.8	1300.6	1290.9	1281.7	1276.7	1268.8	1262.2
太原	1443.5	1451.5	1445.0	1429.2	1424.1	1425.7	1417.8	1409.3	1400.9	1390.7	1373.6	1364.0
大同	1045.8	1081.6	1075.0	1059.9	1050.3	1047.8	1040.6	1031.6	1022.6	1032.3	1043.0	1043.4
呼和浩特	1287.1	1285.2	1283.2	1273.2	1266.3	1263.1	1252.2	1251.5	1250.7	1237.9	1240.2	1225.4
包头	1104.7	1102.4	1102.0	1102.4	1099.7	1099.2	1096.0	1094.1	1091.8	1089.2	1084.8	1078.3
沈阳	1459.2	1444.6	1438.5	1441.6	1438.3	1438.5	1422.6	1398.4	1373.2	1347.1	1330.5	1319.9
大连	1278.8	1279.7	1274.5	1274.8	1265.5	1261.6	1259.5	1258.0	1256.8	1245.2	1229.6	1225.9
长春	1519.2	1518.1	1520.3	1520.6	1522.5	1509.1	1496.4	1490.7	1486.3	1481.4	1459.4	1447.7
哈尔滨	1173.1	1165.7	1147.1	1147.0	1142.1	1127.0	1112.4	1092.9	1076.3	1062.0	1053.1	1046.8
齐齐哈尔	922.1	916.9	905.0	897.0	896.9	882.9	875.1	871.1	867.1	856.7	846.7	838.0
南京	2048.8	2042.1	2027.8	2027.2	2012.4	2006.3	1992.6	1987.6	1994.6	1995.7	1974.3	1964.4
无锡	1802.2	1800.3	1804.7	1805.7	1809.6	1820.2	1824.4	1828.7	1834.5	1832.5	1819.8	1808.9
扬州	1458.2	1456.3	1459.0	1447.7	1446.5	1442.3	1438.4	1437.2	1436.1	1428.4	1417.5	1413.2
徐州	1581.2	1580.7	1569.6	1570.9	1571.1	1570.7	1567.2	1555.8	1546.6	1543.8	1544.6	1547.7
常州	1678.0	1684.5	1680.2	1682.9	1688.3	1682.7	1683.1	1683.3	1686.3	1689.1	1681.1	1684.5

续表

城市	1月	2月	3月	4月	5月	6月	7月	8月	9月	10月	11月	12月
苏州	2094.7	2091.3	2072.2	2072.5	2068.9	2070.0	2059.6	2057.8	2055.3	2035.7	2034.1	2031.0
泰州	1591.4	1593.5	1594.1	1595.7	1597.8	1594.2	1580.9	1559.2	1542.5	1532.2	1528.4	1530.7
杭州	1488.2	1491.4	1497.3	1501.5	1506.8	1519.5	1523.9	1515.6	1507.5	1484.9	1480.7	1479.3
宁波	1732.3	1717.6	1719.3	1718.8	1717.8	1706.5	1711.9	1712.8	1709.4	1697.7	1692.2	1693.9
合肥	1984.3	1975.4	1973.4	1969.7	1961.8	1962.2	1968.3	1960.9	1961.5	1964.8	1963.8	1957.9
芜湖	1273.0	1293.1	1289.0	1297.4	1294.4	1296.1	1285.0	1276.3	1266.1	1259.4	1243.8	1235.3
福州	1705.5	1702.1	1700.1	1697.7	1699.1	1693.2	1691.4	1681.4	1669.1	1643.0	1632.4	1627.5
厦门	2265.2	2263.2	2268.9	2272.8	2275.1	2284.1	2274.2	2268.5	2251.6	2232.5	2225.4	2214.3
南昌	1455.7	1457.7	1461.6	1463.1	1460.6	1458.0	1453.2	1456.9	1457.6	1443.1	1428.4	1422.7
赣州	1331.7	1327.7	1332.1	1330.2	1323.7	1337.4	1338.7	1341.4	1339.4	1335.2	1331.0	1329.7
济南	1452.8	1457.0	1455.2	1455.1	1449.6	1463.0	1457.9	1443.3	1424.0	1407.7	1403.4	1400.5
青岛	1456.9	1456.1	1452.2	1452.1	1447.1	1454.0	1452.9	1442.8	1431.6	1421.5	1415.4	1408.4
郑州	1375.8	1374.3	1370.0	1369.8	1366.3	1362.9	1351.7	1334.6	1317.0	1301.8	1292.1	1284.4
洛阳	1634.8	1632.2	1619.9	1617.6	1613.8	1611.5	1590.4	1563.5	1537.2	1523.4	1503.9	1493.4
武汉	1718.1	1710.7	1702.8	1700.2	1688.0	1687.5	1673.1	1664.6	1653.7	1629.2	1625.4	1618.9
宜昌	1307.9	1304.6	1295.9	1295.0	1293.1	1284.8	1280.9	1279.0	1277.1	1273.2	1269.5	1261.9
长沙	1383.1	1382.7	1383.5	1383.0	1380.5	1386.0	1385.6	1375.4	1382.8	1384.8	1378.1	1380.8
衡阳	1069.7	1070.2	1061.0	1062.2	1074.0	1074.8	1077.3	1073.5	1071.4	1060.8	1064.0	1076.7
广州	1905.8	1905.2	1919.8	1922.7	1930.8	1945.1	1940.8	1938.9	1925.4	1897.2	1880.7	1869.4
深圳	2186.0	2186.0	2162.1	2176.4	2176.4	2171.3	2165.1	2146.4	2131.0	2131.0	2128.8	2114.0
佛山	1631.0	1642.3	1637.4	1621.1	1622.5	1659.5	1687.1	1678.7	1671.2	1684.0	1678.6	1658.4
东莞	2091.7	2111.4	2140.1	2153.7	2138.3	2154.2	2150.3	2164.4	2181.7	2192.8	2189.2	2205.0
珠海	1706.3	1712.5	1697.6	1695.3	1689.5	1702.3	1685.6	1685.9	1683.1	1688.9	1672.6	1652.9
南宁	1654.3	1651.8	1649.0	1648.5	1641.5	1644.0	1639.9	1636.6	1633.3	1631.7	1608.8	1597.5
柳州	1252.6	1251.0	1248.4	1240.9	1225.4	1220.1	1214.0	1216.5	1220.1	1225.3	1208.9	1199.4
北海	988.7	987.5	982.1	978.1	969.7	964.9	963.9	961.8	958.7	958.6	953.1	941.7
海口	1528.5	1545.4	1536.4	1536.5	1537.3	1543.8	1541.1	1549.3	1547.8	1541.6	1530.6	1523.0
三亚	1345.0	1354.2	1354.9	1354.8	1354.7	1359.1	1349.5	1342.0	1339.1	1328.9	1319.4	1316.8
成都	1771.3	1798.3	1808.9	1816.8	1825.6	1835.7	1870.4	1887.9	1900.7	1915.5	1919.3	1923.2
绵阳	1187.7	1233.8	1234.4	1230.6	1232.8	1234.4	1237.2	1239.9	1241.0	1239.0	1226.3	1233.9
贵阳	1295.0	1303.1	1284.8	1277.3	1275.8	1274.9	1271.8	1267.9	1269.8	1261.3	1252.3	1253.6
昆明	1390.2	1384.4	1387.2	1381.8	1387.3	1390.1	1398.4	1399.9	1402.7	1413.1	1396.7	1400.9
拉萨	1521.6	1519.1	1504.4	1526.3	1530.4	1526.9	1537.6	1525.7	1514.0	1507.3	1497.7	1487.6
西安	1756.2	1753.5	1734.7	1737.0	1740.8	1753.5	1751.2	1743.2	1734.6	1712.2	1697.3	1692.2
咸阳	1462.6	1477.5	1461.2	1459.1	1432.4	1425.6	1446.2	1456.5	1468.0	1455.5	1443.0	1445.5

续表

城市	1月	2月	3月	4月	5月	6月	7月	8月	9月	10月	11月	12月
兰州	1484.5	1477.0	1468.9	1462.9	1462.2	1462.8	1450.7	1441.7	1432.7	1414.1	1397.3	1390.3
天水	1077.4	1074.8	1071.2	1068.8	1063.4	1058.5	1054.6	1046.1	1037.6	1033.3	1029.1	1022.1
西宁	1373.2	1363.6	1363.4	1363.6	1365.6	1359.3	1362.6	1348.9	1349.5	1347.5	1340.4	1337.8
银川	1280.8	1278.4	1261.7	1257.2	1254.5	1261.4	1251.4	1245.9	1240.4	1222.4	1218.3	1217.1
乌鲁木齐	1594.4	1590.9	1595.1	1596.1	1594.4	1590.2	1588.7	1585.6	1582.4	1581.7	1588.0	1578.5

数据来源：上海易居房地产研究院。

（四）35座城市住房租赁价格指数（见表4-4-9）

表4-4-9 2022年35座城市住房租赁价格指数

城市	1月	2月	3月	4月	5月	6月	7月	8月	9月	10月	11月	12月
北京	1179.6	1185.1	1188.4	1189.2	1186.1	1183.8	1184.4	1186.2	1184.9	1174.9	1165.1	1164.8
上海	1183.0	1191.9	1179.5	1172.9	1173.9	1179.4	1187.7	1200.9	1189.7	1191.7	1178.2	1172.9
广州	1101.8	1102.0	1109.0	1101.1	1102.9	1101.8	1103.5	1099.3	1098.4	1090.8	1091.4	1090.0
深圳	1048.9	1057.1	1060.9	1062.1	1058.9	1055.6	1058.7	1059.2	1051.1	1034.1	1030.2	1028.3
重庆	1028.2	1020.4	1023.0	1012.1	1010.7	1009.6	1001.1	1012.4	1010.8	1004.1	996.2	991.5
天津	993.5	997.6	1005.4	990.7	990.2	991.9	989.6	983.2	980.4	968.2	961.1	952.0
南京	1024.5	1023.5	1023.0	1018.2	1014.4	1008.6	1009.4	1014.2	1006.5	1013.6	1013.4	1022.2
杭州	1072.5	1066.0	1073.4	1061.1	1064.7	1061.2	1058.1	1066.2	1060.9	1042.5	1024.8	1021.1
大连	1036.9	1046.2	1053.6	1040.9	1042.5	1040.4	1032.6	1031.1	1025.4	1022.8	1006.6	1002.7
青岛	989.1	981.1	978.1	981.0	980.3	982.9	977.8	977.0	969.3	953.5	953.9	956.0
武汉	974.0	975.7	975.0	979.7	988.7	997.0	999.7	988.7	990.5	986.1	982.5	976.3
成都	1048.8	1054.2	1049.2	1047.1	1034.3	1045.2	1048.9	1044.4	1037.0	1031.8	1026.5	1018.7
合肥	917.0	916.3	914.4	915.3	912.8	912.7	911.2	910.2	907.1	898.8	894.8	890.4
厦门	946.1	947.9	944.0	945.3	939.8	940.9	940.7	943.7	938.6	927.7	918.4	913.8
济南	850.3	849.4	847.3	846.8	846.7	845.2	843.0	841.9	839.5	842.3	842.3	819.5
长沙	922.8	922.0	918.7	915.4	912.9	909.6	908.6	906.9	904.6	907.4	906.0	905.1
宁波	952.6	952.2	949.6	950.6	947.3	946.1	945.2	945.2	943.4	939.4	938.5	934.1
福州	985.8	985.6	985.5	987.7	984.6	984.6	984.7	990.6	987.7	982.5	980.4	977.3
南昌	951.8	947.5	938.9	939.5	940.9	938.6	938.3	938.3	936.6	936.5	929.0	926.0
郑州	896.9	898.5	895.7	895.7	888.0	885.5	880.8	875.5	870.9	871.1	871.1	866.7
南宁	918.2	916.1	914.1	914.2	907.1	902.4	900.2	900.2	897.4	898.0	897.9	895.3
海口	950.1	948.1	947.8	949.1	944.9	945.9	944.5	933.6	931.2	926.5	922.9	917.5
贵阳	912.8	913.1	913.2	914.3	914.3	914.2	914.0	913.9	913.3	912.9	912.9	912.2
昆明	950.8	951.9	950.4	952.2	945.4	948.3	943.7	929.2	926.9	920.7	918.2	915.3
石家庄	977.9	976.4	976.6	978.3	975.6	975.9	976.6	976.6	976.9	972.3	972.5	971.0

— 349 —

续表

城市	1月	2月	3月	4月	5月	6月	7月	8月	9月	10月	11月	12月
沈阳	926.5	926.4	925.8	926.9	924.6	920.9	918.2	916.5	913.5	909.7	906.7	902.6
长春	953.5	953.8	952.2	952.1	953.1	950.6	951.7	951.6	948.4	945.9	939.9	935.9
哈尔滨	950.0	954.7	955.1	954.5	956.3	956.3	956.3	955.7	955.7	955.7	954.4	949.1
太原	905.6	904.9	902.8	903.2	899.8	896.3	894.0	898.1	893.8	886.5	885.7	881.1
西安	965.9	966.3	965.7	965.7	962.1	959.9	959.1	959.0	954.7	953.3	953.3	948.4
兰州	892.1	890.3	888.0	888.4	886.2	886.1	884.9	884.9	878.6	868.9	865.1	863.5
西宁	1032.3	1028.7	1025.7	1029.2	1036.4	1036.4	1036.4	1036.8	1033.3	1030.8	1041.4	1041.4
银川	972.8	972.8	973.1	978.8	976.8	976.8	975.6	975.6	974.9	960.9	960.9	957.2
乌鲁木齐	1047.0	1047.2	1047.7	1046.3	1046.6	1050.5	1048.4	1046.3	1045.9	1045.5	1044.9	1044.9
呼和浩特	994.3	993.9	993.9	995.0	993.0	992.9	992.7	992.8	991.6	1003.1	1007.1	1004.7

数据来源：上海易居房地产研究院。

2023 中国房地产年鉴

V.省市篇

导 读

本篇收录 23 个省（自治区、直辖市）及部分重点城市 2022 年度的房地产市场报告，内容包括当地的开发投资、土地交易、市场销售、房屋价格、存量房交易、住房保障工作等各方面情况。稿件来源于各地住建委（局）、地方统计局、房地产业协会（开发协会）、政府及高校房地产研究机构等。

一、北京市房地产市场

(一) 房地产市场基本情况

1. 房地产开发投资情况

2022年，北京市完成房地产开发投资4178.5亿元，同比增长1%。其中，住宅2667.3亿元，同比增长5.8%；办公224.5亿元，同比下降22.5%；商业237.3亿元，同比增长15.7%（见图5-1-1）。

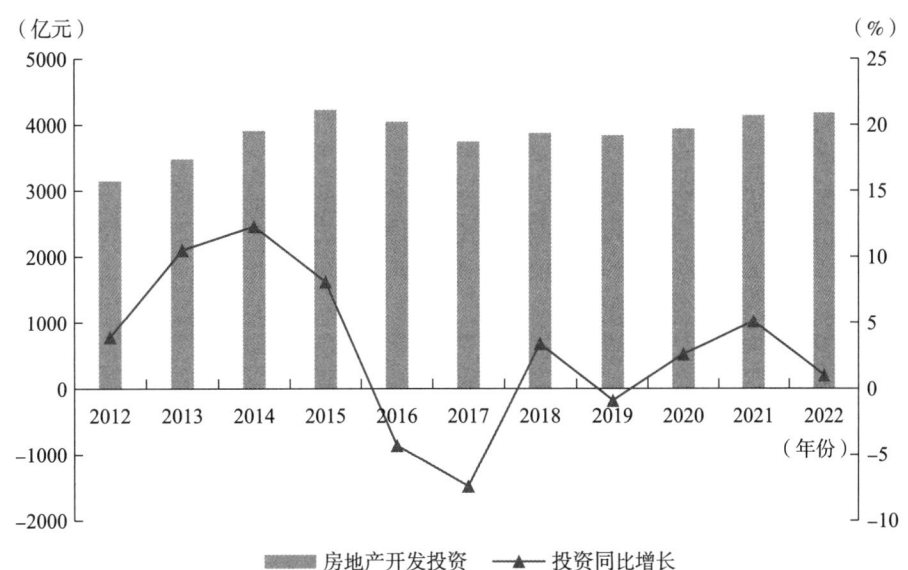

图5-1-1　2012—2022年北京市房地产投资情况

数据来源：北京市统计局。

2. 土地出让情况

2022年，北京市商品住宅用地出让面积244万平方米、规划建筑面积485万平方米，同比分别下降26.6%、28.9%。

3. 房屋建设情况

2022年，北京市房屋新开工面积1774.4万平方米，同比下降6.4%（见图5-1-2）。其中，住宅新开工面积978.4万平方米，同比下降4.6%；办公楼64.5万平方米，同比下降13.6%；商业营业用房71.8万平方米，同比下降33.3%。全市房屋竣工面积1938.5万平方米，同比下降2.3%。其中，住宅竣工面积1096.2万平方米，同比增长11.7%；办公楼177.8万平方米，同比增长24.4%；商业营业用房106.7万平方米，同比下降44.3%。

4. 房地产开发企业到位资金情况

2022年，北京市房地产开发企业到位资金5631.7亿元，同比下降13.7%。其中，定金及预收款2768.7亿元，同比下降11.1%；自筹资金1137.3亿元，同比下降33.7%；国内贷款1045.8亿元，同比增长13.2%。

5. 新房供应和销售情况

据统计部门数据，2022年，北京市新建商品房销售面积1040万平方米，同比下降6.1%。其中，住宅销售面积741.9万平方米，同比下降15.4%；办公楼74.8万平方米，同比增长35.2%；商业营业用房64.5万平方

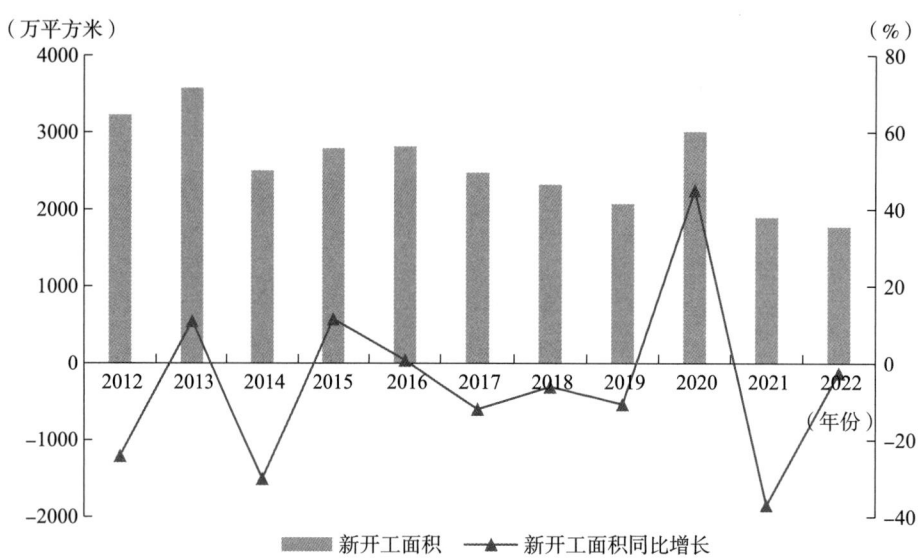

图 5-1-2　2012—2022 年北京市房屋新开工情况

数据来源：北京市统计局。

米，同比增长137.8%。另据主管部门数据，全年新建商品住宅上市6.9万套、成交5.5万套，同比分别下降17.1%、22.5%（见图5-1-3）。

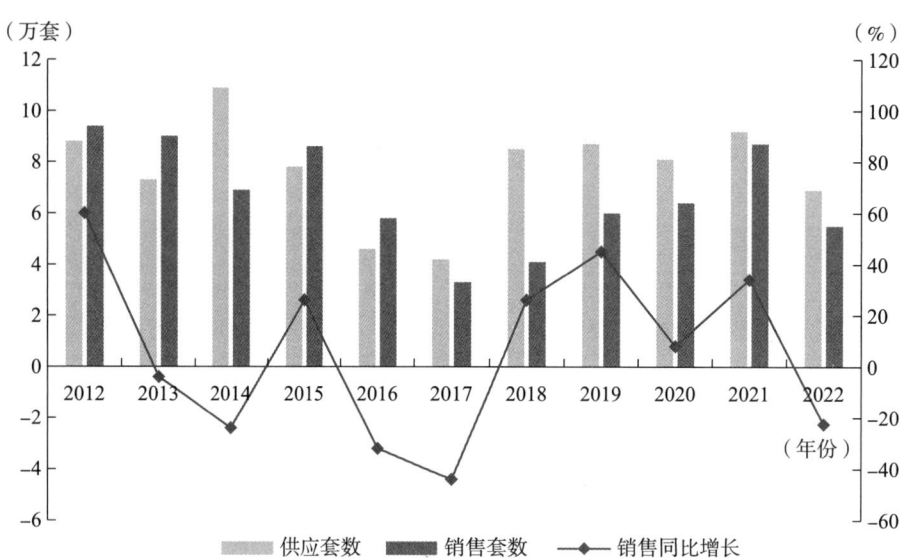

图 5-1-3　2012—2022 年北京市住宅供应与销售情况

数据来源：北京市住房和城乡建设委员会。

6. 二手房销售情况

2022年全市二手房成交1381.3万平方米、15.8万套，同比分别下降25.1%、25.2%。其中，二手住房成交1285万平方米、14.1万套，同比分别下降25.7%、26.2%（见图5-1-4）。

7. 住房销售价格情况

据国家统计局数据，2022年12月新建商品住房、二手住房销售价格指数同比分别增长5.8%、3.9%。

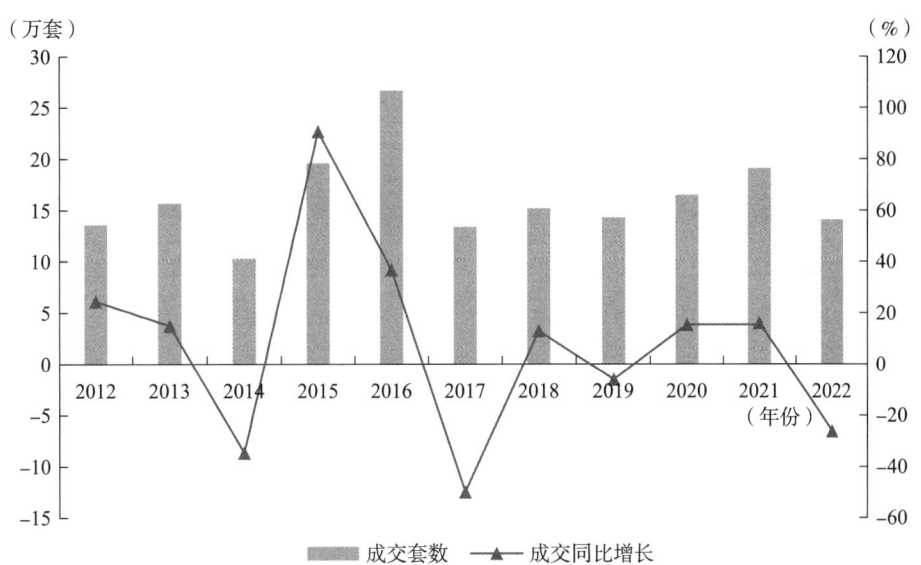

图 5-1-4　2012—2022 年北京市二手住房交易情况

数据来源：北京市住房和城乡建设委员会。

（二）住房保障情况

1. 保障性租赁住房发展情况

北京市人民政府办公厅印发《北京市关于加快发展保障性租赁住房的实施方案》，提出"十四五"期间争取建设筹集保障性租赁住房 40 万套（间），占新增住房供应总量的比例达到 40%，新市民、青年人等群体住房困难问题得到有效缓解，促进实现全市人民住有所居。

2. 城市更新改造推进情况

2022 年，北京市超额完成核心区平房（院落）2200 户申请式退租和 1200 户修缮任务目标，启动危旧房改造（含简易楼腾退）约 20.86 万平方米，实现老旧小区改造新开工 330 个小区、新完工 205 个小区，老楼加装电梯新开工 1326 部、完工 467 部。

（北京市城建研究中心）

二、上海市房地产市场

2022 年，上海全社会固定资产投资比上年下降 1.0%，其中房地产开发投资 4979.54 亿元，下降 1.1%，自 1999 年以来首次出现年度下降。

（一）2022 年房地产市场基本情况

2022 年，上海房地产市场受疫情冲击及行业深度调整双重影响，相关指标出现同比下降，但随着疫情政策调整及多方位对行业支持政策的稳步推进，市场供需逐步恢复，房地产开发投资、房屋新开工面积以及新建商品房销售面积等指标年内降幅均持续收窄。

1. 房地产开发投资降幅收窄，全年同比下降 1.1%

2022 年，在疫情后全力发挥投资关键性作用政策的引导下，上海市房地产开发投资低位回升，投资增速呈"V"形走势。全年房地产开发投资 4979.54 亿元，比上年下降 1.1%。其中，12 月完成投资 630.21 亿元，同比增长 17.6%，环比增长 12.9%，创单月历史最高水平（见图 5-2-1）。

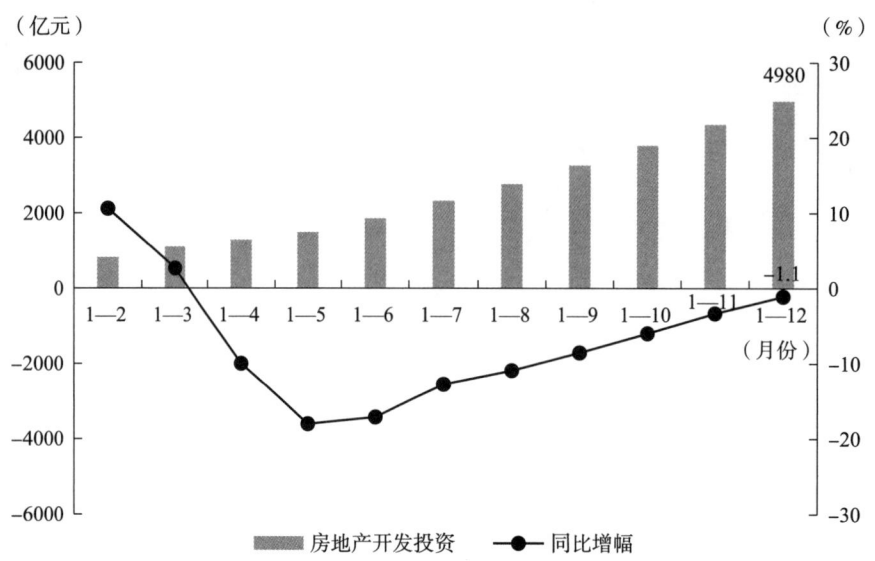

图 5-2-1 2022 年上海市房地产开发投资情况

数据来源：上海市统计局。

从房屋类型看，住宅投资年内"由降转增"，商办投资持续下降。2022年，上海市住宅投资2771.80亿元，比上年增长3.7%，占全部房地产开发投资的55.7%，占比提高2.6个百分点。商办投资则恢复较慢、持续下降，全年商办投资1111.98亿元，下降13.1%。

从投资结构看，土地购置费是支撑房地产开发投资降幅收窄的重要因素。2022年，上海市土地购置费2462.18亿元，比上年增长5.8%，占全部房地产开发投资的49.4%，占比提高3.2个百分点。建安工程投资2044.09亿元，比上年下降10.4%。虽然疫情后建安工作量稳步回升，但由于上半年降幅超两成，全年建安投资恢复较为缓慢。

2. 房屋在建规模总体平稳，开竣工面积大幅减少

2022年，上海市房屋施工面积16678.19万平方米，比上年微增0.3%，房屋建设规模总体平稳。但受疫情及行业深度调整影响，房地产项目开发建设进度明显放缓，当年开、竣工项目数量均明显减少。全年房屋新开工面积2939.74万平方米，比上年下降23.6%；其中住宅新开工面积1602.02万平方米，下降4.8%。2022年，全市房屋竣工面积1676.40万平方米，比上年下降38.8%。其中，住宅竣工面积934.69万平方米，下降34.2%（见表5-2-1）。

表 5-2-1 2022 年上海市房屋新开工、竣工面积情况

指　　标	新开工面积（万平方米）	同比增速（%）	竣工面积（万平方米）	同比增速（%）
全部房屋	2939.74	-23.6	1676.40	-38.8
住宅	1602.02	-4.8	934.69	-34.2
办公楼	314.01	-50.1	197.82	-42.2
商业营业用房	162.29	-53.3	153.26	-47.9

数据来源：上海市统计局。

3. 新房销售同比微降，二手房成交仍处低位

（1）新建房屋销售面积降幅收窄至1.5%。

2022年，在全国楼市下行，并叠加疫情封控等不利因素的情况下，上海新房市场表现出较强韧性，全年房屋销售面积增速呈"V"形态势。疫情后，在供应的推动下市场成交不断释放，带动全部房屋销售面积降幅持续收窄。全市新建房屋销售面积1852.88万平方米，同比下降1.5%，其中住宅销售面积1561.51万平方米，同比增长4.8%（见图5-2-2）。

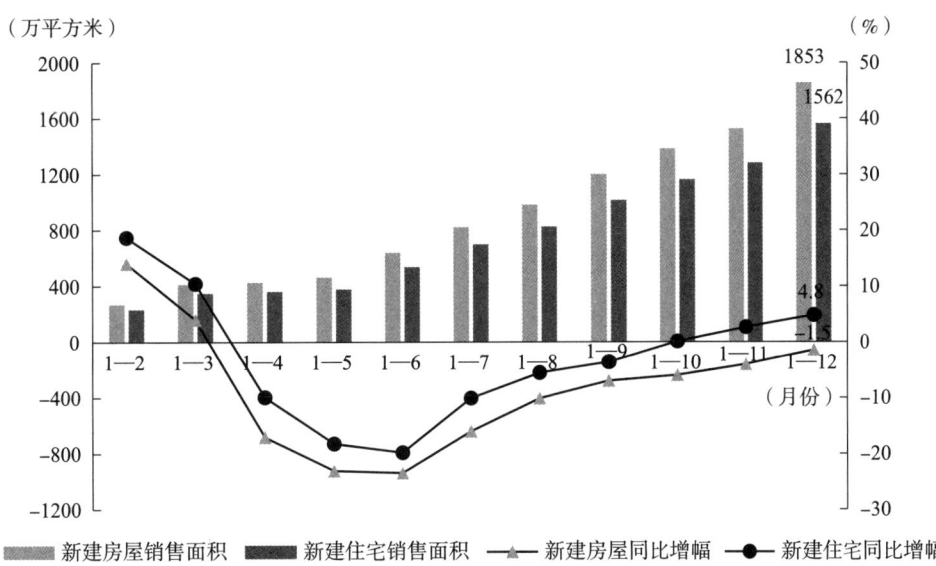

图 5-2-2　2022年上海市新建房屋及住宅销售情况

数据来源：上海市统计局。

从销售结构看，保障性住宅由于上年基数较低，且疫情后签约有序恢复，全年保障性住宅销售面积572.57万平方米，同比增长8.0%。市场化住宅在疫情后连续7个批次集中供应的推动下，成交不断释放，全年月均销售量回升至82万平方米，全年销售面积988.94万平方米，同比增长3.0%。非住宅销售面积则继续保持低位，同比下降25.4%。

（2）存量住宅月成交量低位运行。

2022年，据上海市房地产交易中心统计，全市存量网签面积1426.93万平方米，同比下降44.0%，其中存量住房网签面积1271.82万平方米，下降44.5%。2022年初受2021年出台的"三价就低"等政策持续影响，二手房月度成交处于低位。疫情后，虽然在前期积压需求释放的带动下，全市二手房成交7月迎来短暂高峰；但随着新房供应增加、认筹积分门槛降低，部分原二手房需求转入一手房市场，二手房月度成交量稳步回落，12月成交量降至100万平方米，明显低于近五年月均水平（145.90万平方米）（见图5-2-3）。

4. 全市住宅价格小幅上涨

2022年，上海继续严格执行中央有关精神，坚守"房住不炒"定位要求，稳地价、稳房价、稳预期，因城施策促进房地产业良性循环和健康发展，满足购房者合理住房需求。全年看，各项楼市调控政策维持较严态势，住宅销售价格基本保持平稳。但突如其来的严峻疫情，直接打击住宅市场成交量，尤其是4—5月以来受全域静态管理影响，全市房地产行业基本处于停摆态势。6月随着复工复产，上海房地产成交有序恢复，7—9月持续性好转。10月，市场成交热度有所下降，二手住宅价格首次出现环比下降。11月、12月，新建商品住宅价格仍然保持平稳，二手住宅价格则延续10月以来的下降态势。

（1）上海住宅销售价格变动情况。

2022年，上海新建商品住宅销售价格总体呈平稳中小幅上涨态势，环比累计上涨4.1%。分月来看，除疫情期间的4月和5月外，其余月份均小幅上涨，涨幅在0.2%~0.6%。12月，新建商品住宅价格环比上涨

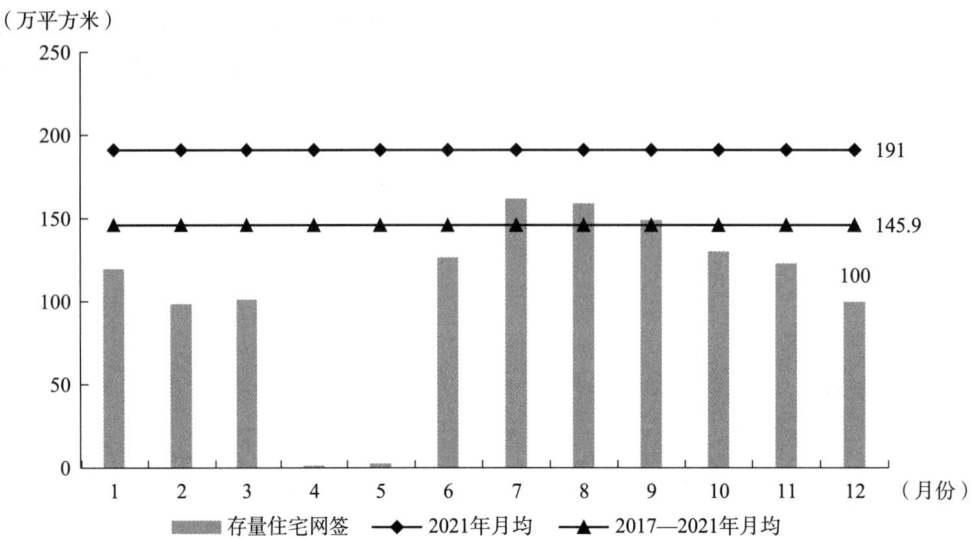

图 5-2-3　2022 年上海市存量住宅网签月度成交量

数据来源：上海市统计局。

0.4%，涨幅比上月略有扩大。2022 年全年，上海新建商品住宅销售价格比上年上涨 3.8%。

2022 年，上海二手住宅销售价格环比累计上涨 2.6%，涨幅低于新建商品住宅 1.5 个百分点。除 4 月和 5 月外，1—9 月涨幅在 0.2%~0.9%。10 月，二手房价格出现当年以来首次环比下降，12 月，二手房价格继续回落，降幅为 0.5%，降幅与上月持平。2022 年全年，上海二手住宅销售价格同比上涨 3.7%（见图 5-2-4）。

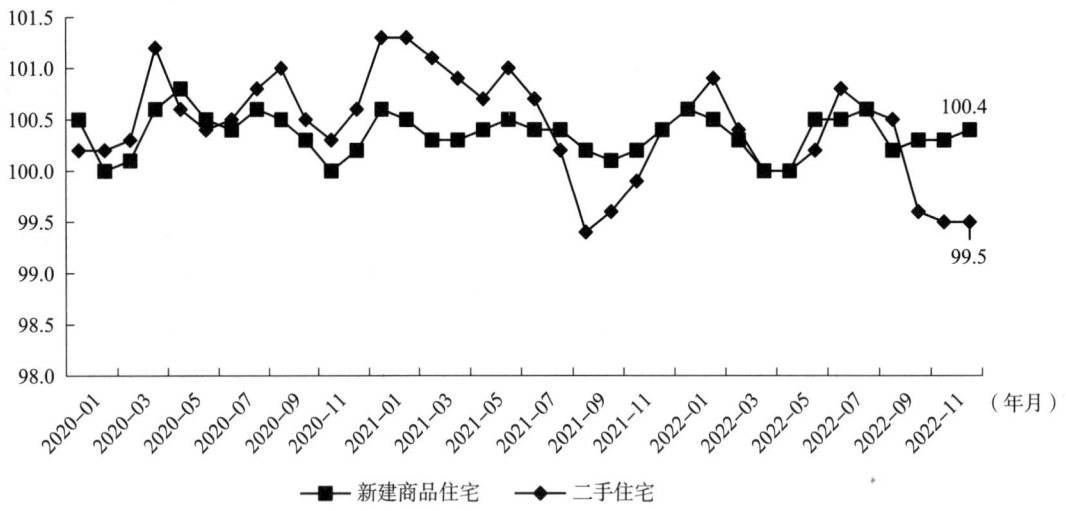

图 5-2-4　2020 年 1 月至 2022 年 12 月上海市住宅销售环比价格指数（上月价格=100）

数据来源：国家统计局。

（2）上海住宅价格与其他城市比较。

70 座大中城市中，上海住宅价格指数靠前。国家统计局发布的 70 座大中城市住宅销售价格变动情况显示，2022 年，全国 70 座大中城市中，有 16 座城市新建商品住宅销售价格环比累计上涨，53 座城市下降，1 座城市持平。在房价上涨的城市中，上海涨幅（4.1%）排第 4 位。从二手住宅看，2022 年有 6 座城市二手住宅销售价格环比累计上涨，64 座城市下降。在房价上涨的城市中，上海涨幅（2.6%）排第 3 位。

一线城市中，上海住宅价格指数仅低于北京。与其他一线城市相比，2022 年，上海新建商品住宅销售价格环比累计涨幅（4.1%）和同比涨幅（3.8%）在北、上、广、深四座城市中均排第2位，高于广州和深圳，但低于北京。2022年上海二手住宅销售价格环比累计涨幅（2.6%）和同比涨幅（3.7%）在4座一线城市中亦排第2位，也是仅次于北京（见表5-2-2）。

表5-2-2　2022年1—12月一线城市住宅销售价格指数及排序

城市	新建商品住宅				二手住宅			
	累计环比（上年12月价格=100）	排序	同比（上年同期价格=100）	排序	累计环比（上年12月价格=100）	排序	同比（上年同期价格=100）	排序
北京	105.8	1	105.8	1	103.9	1	105.5	1
上海	104.1	2	103.8	2	102.6	2	103.7	2
广州	100.4	3	101.4	4	99.5	3	101.2	3
深圳	99.8	4	102.4	3	96.3	4	96.9	4

数据来源：国家统计局。

长三角主要城市中，上海房价指数靠前。2022年，在包括上海、南京、杭州、宁波、合肥在内的5座长三角主要城市中，上海新建商品住宅和二手住宅销售价格环比累计涨幅分别列第2位和第1位，同比涨幅排名亦是如此。从新建商品住宅价格看，仅杭州环比累计涨幅（6.4%）和同比涨幅（6.3%）均高于上海；而从二手住宅价格看，上海涨幅最高，而其余城市房价基本呈下降态势（见表5-2-3）。

表5-2-3　2022年1—12月长三角主要城市住宅销售价格指数及排序

城市	新建商品住宅				二手住宅			
	累计环比（上年12月价格=100）	排序	同比（上年同期价格=100）	排序	累计环比（上年12月价格=100）	排序	同比（上年同期价格=100）	排序
上海	104.1	2	103.8	2	102.6	1	103.7	1
南京	100.3	5	101.5	4	96.3	5	98.0	5
杭州	106.4	1	106.3	1	99.1	2	101.4	2
宁波	101.8	3	101.6	3	98.4	4	99.5	3
合肥	101.6	4	100.7	5	98.6	3	98.8	4

数据来源：国家统计局。

（二）当前上海房地产市场需关注的有关情况

1. 新房市场总体呈稳中趋冷态势，局部冷热不均越发明显

2022年末，上海新房市场热情总体降低，但在购房者心中仍存在追求"价格倒挂"以图利的心态，新房销售仍能保持一定水平，但因区域板块间"价格倒挂"程度不同，市场"冷热不均"的态势越发明显。调研结果显示，下半年市场整体表现不佳，触发积分的楼盘较上年有所减少，即使触发积分，要求也较上年明显降低，但市中心楼盘仍较受市场青睐，与周边二手房存在一定价格差距，部分项目开盘即顺利售罄；而郊区楼盘，因定价高于周边二手房或周边无同质二手房做比较，去化周期显著拉长，部分地处远郊的楼盘项目，开盘去化率不足一成。

2. 二手房成交量持续回落，市场需求明显不足

在疫情防控政策调整后，2022年12月上海出现较高比例的病毒感染，市民中居家隔离和居家办公的比例较高，受此影响，二手房市场活力显著降低，进一步给本身处于低迷态势的市场雪上加霜。7月以来，上海二手房成交逐月递减，市场逐步迈入"冬季"，12月更是在疫情影响下，进入"寒冬"。调研显示，现阶段上海二手房市场在经济增长放缓、未来收入预期不确定性增强等大背景下，有效需求明显减少，一些房源降价幅度较大仍无人问津。虽然楼市政策有促进刚需和改善型客户的利好导向，且信贷政策较上年和上半年更加宽松，但市场在冰冻较深和突发疫情感染的双重因素下，尚未接收到政策传导。

（上海市统计局）

三、广东省房地产市场

（一）房地产市场运行概况

1. 楼市恢复几经波折

2022年第一季度，房地产政策延续2021年末的定向宽松，重点支持刚性和改善性购房需求；3月广东省商品房销售面积同比下降24.7%，比1—2月收窄3.2个百分点，呈降中趋稳走势。4月，疫情多点散发，市场恢复受阻，销售面积创2016年以来单月最低。随着疫情得到有效控制，叠加各市因地制宜完善政策，5月、6月销售量明显回升。7月初部分地区出现延期交付楼盘的业主强制停贷断供事件并持续发酵，再次加重市场观望情绪，7月销售面积同比和环比分别下降28.8%和39.1%。随着保交楼、稳民生等政策力度加大，8月、9月降幅小幅收窄。

10—11月，疫情快速蔓延，对经济活动的冲击日益严重，11月销售面积再创新低。12月，随着防疫政策全面优化及各地疫情稳步下降，生产生活秩序逐步恢复常态，叠加各类支持政策落地实施和房企让利营销，楼市活跃度有所回升。当月商品房和商品住宅销售面积分别为1184.73万平方米和883.03万平方米，环比分别大幅增长55.9%和65.4%（见图5-3-1）。

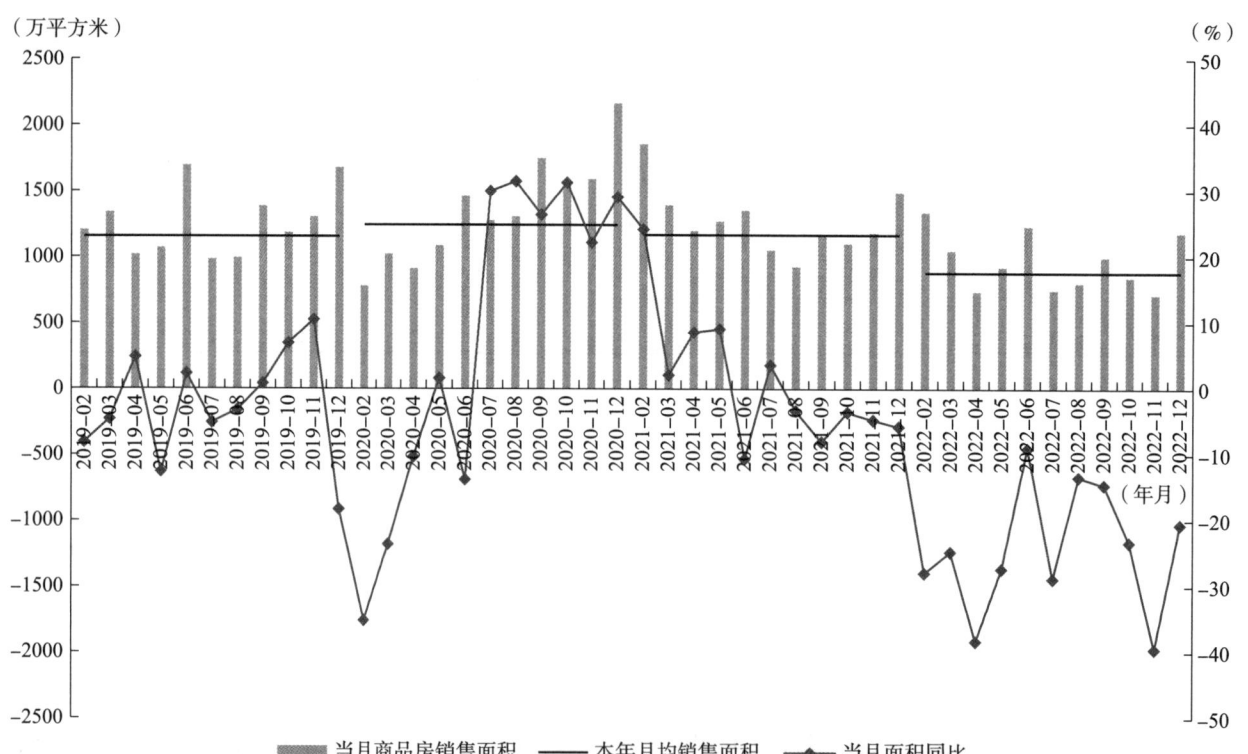

图 5-3-1　2019—2022年各月广东省商品房销售面积走势

数据来源：广东省统计局。

注：2月为1—2月合计数，其他月份为当月数；2021年销售面积同比为2019年和2020年两年的平均增速。

2022 年，广东省商品房销售面积 1.06 亿平方米、销售金额 1.59 万亿元，分别同比下降 24.4%、28.9%，降幅比年初分别收窄 8 个百分点、3.5 个百分点（见图 5-3-2）。其中，商品住宅销售面积 8568.72 万平方米、销售金额 1.34 万亿元，分别同比下降 27.5%、31.0%，降幅比年初收窄 3.5 个、9.2 个百分点。与过去 20 年销售量比较，2022 年全省商品房和商品住宅销售面积均创下 2015 年以来同期最低水平（见图 5-3-3）。

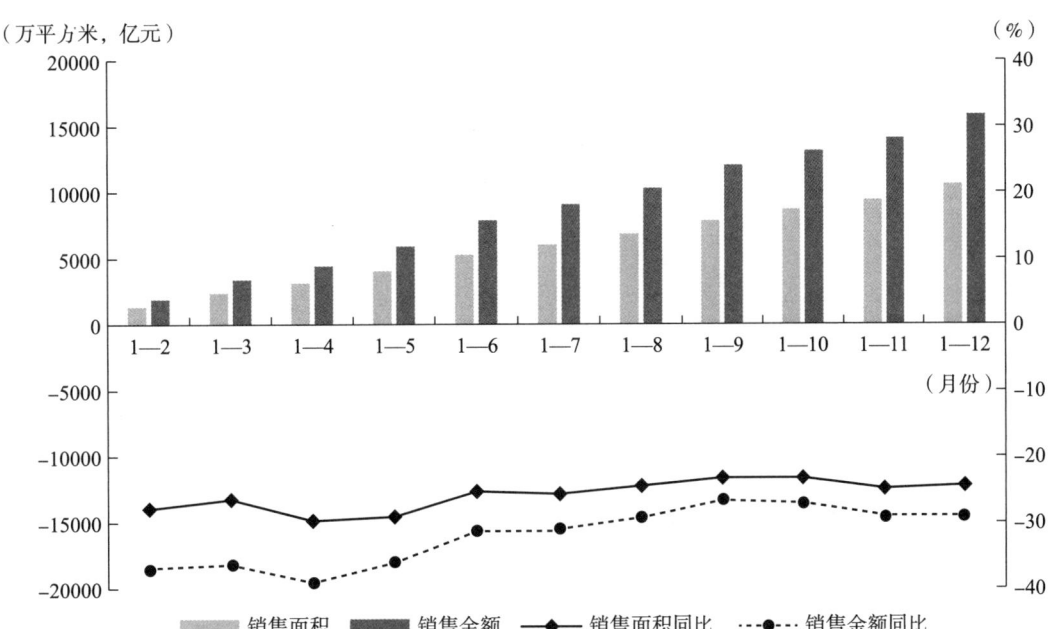

图 5-3-2　2022 年广东省商品房销售面积、销售金额走势

数据来源：广东省统计局。

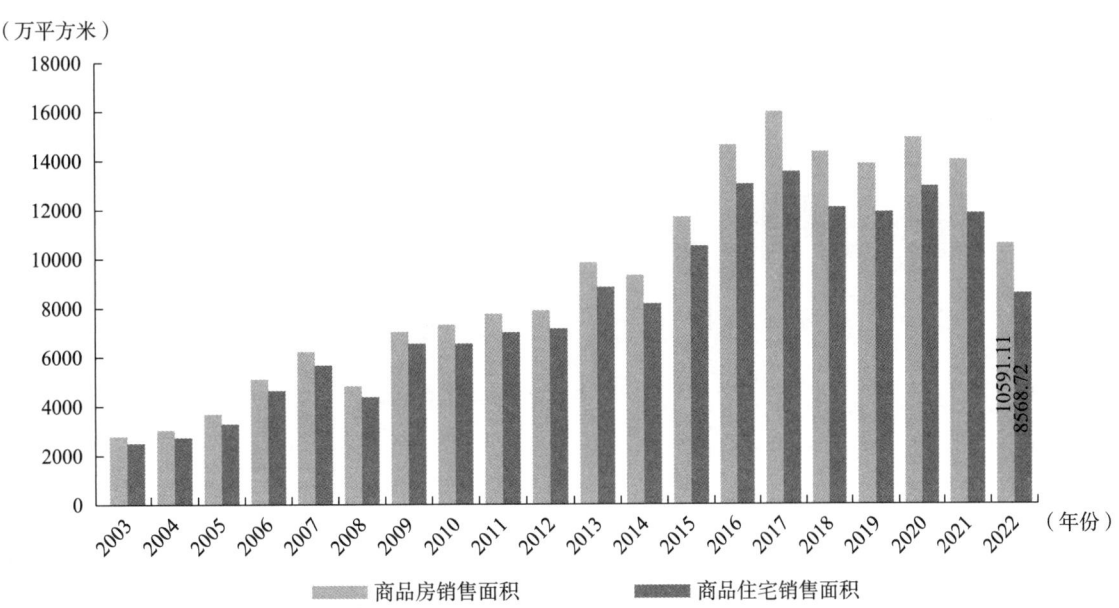

图 5-3-3　2003—2022 年广东省商品房、商品住宅销售面积走势

数据来源：广东省统计局。

从待售面积看，截至 2022 年底，广东省商品房待售面积 8189.07 万平方米，同比增长 22.3%。其中，商品住宅 3657.34 万平方米、非住宅商品房 4531.73 万平方米，同比分别增长 26.4%、19.2%，均创历史最高水平（见图 5-3-4）。

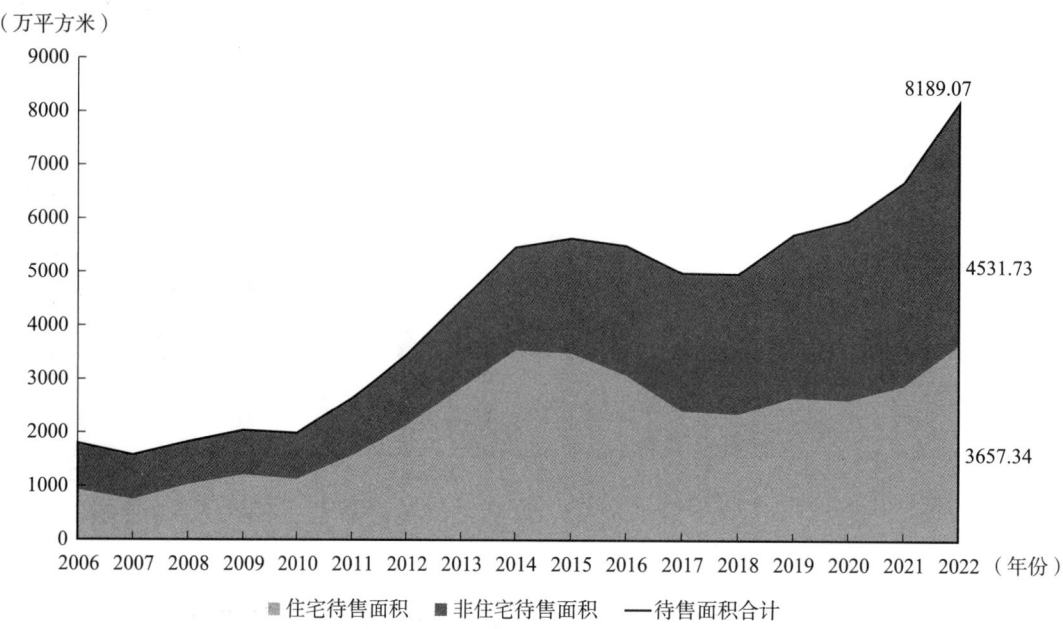

图 5-3-4　2006—2022 年广东省商品房待售面积走势

数据来源：广东省统计局。

2. 各市销量明显下降

从城市层面看，2022 年广东省 21 个地级市的商品房和商品住宅销售面积，除了潮州市同比降幅较小，其他 20 个城市降幅均达到两位数，其中 17 个城市商品住宅销售面积降幅超过 20%（见图 5-3-5）。

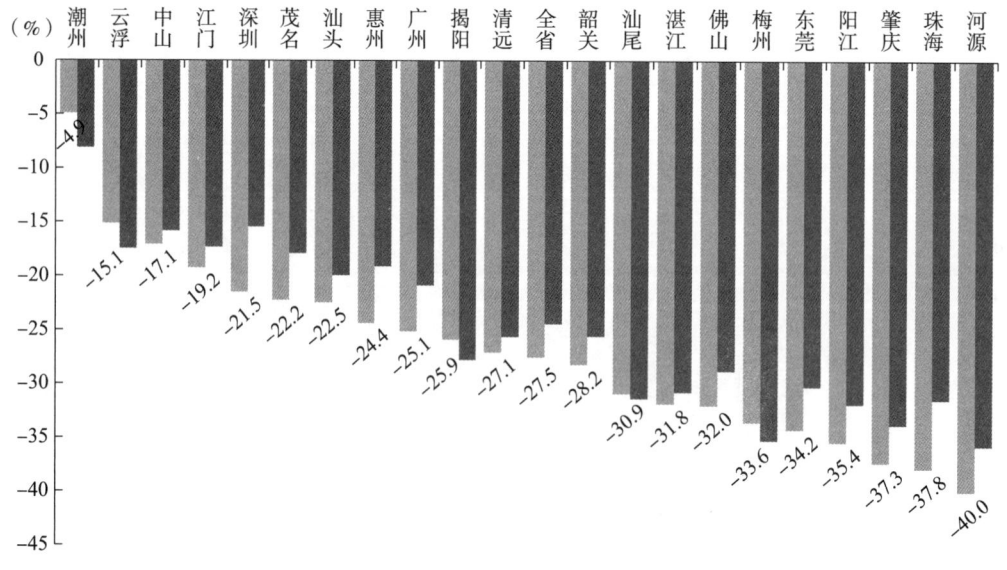

图 5-3-5　2022 年广东省各市商品房、商品住宅销售面积同比增速比较

数据来源：广东省统计局。

与近 10 年同期相比，商品住宅销售面积仅粤东 4 市高于同期平均水平，另有江门、茂名接近同期平均水平；其他15个城市中，惠州、佛山明显低于平均水平，广州、中山、肇庆、清远、东莞、韶关、阳江等7市为同期最低，深圳、河源、云浮、珠海、梅州、湛江等6市接近同期最低水平（见图5-3-6）。

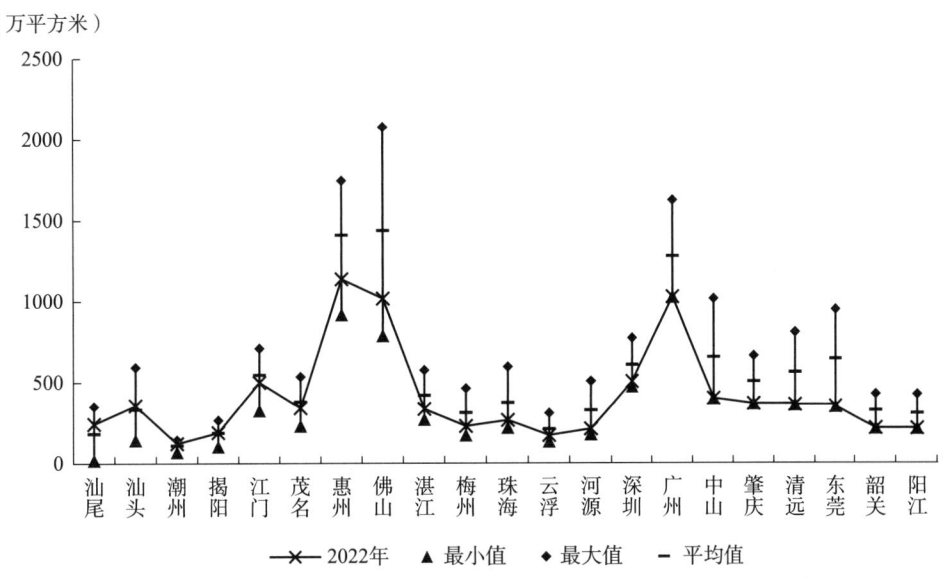

图5-3-6 2022年广东省各市商品住宅销售面积比较

数据来源：广东省统计局。

数据反映，虽然2022年广东各地因城施策优化房地产调控措施，但由于政策优化集中在低能级城市，政策效应较为有限。如惠州和江门于4月底和5月底先后解除限购；中山和珠海于4月和6月缩小限购范围；佛山和东莞于5月底和7月初缩小限购范围，于12月解除限购，但广州和深圳基本未作调整。又如，非限购城市或区域对居民购买首套和第2套普通商品住房的最低首付比例基本降至20%和30%，但其市场需求相对热点城市偏弱，且在总体市场低迷、预期不稳的环境下，购房者观望情绪较浓；而具有风向标意义的广州、深圳对首套房严格执行"认房又认贷"的认定标准，并延续较为严厉的限购、限售等措施，其住房市场也难有起色（见表5-3-1，表5-3-2）。

表5-3-1 2022年广州、深圳、珠海、中山关于居民购买普通商品住房最低首付规定情况 （%）

城市		本市无自有住房			本市拥有1套住房	
		无贷款记录	房贷已结清	有1笔房贷未结清	无贷款记录或房贷已结清	有1笔房贷未结清
广州		30	40	70	50	70
深圳		30	50	50	70	70
珠海	限购区	30	40	50	40	50
	非限购区	20	30	30	30	30
中山	限购区	30		40	30	40
	非限购区	20		30		30

数据来源：根据公开信息整理。

表 5-3-2　2022 年广东省部分城市优化住房限购政策

时间	城市	政策简介
4月30日	惠州	惠阳区、大亚湾不再纳入限购，即全市退出限购政策
	中山	限购区域调整为石岐街道、东区（不含岐江新城规划范围）
5月31日	江门	原限购区域实行限售政策，全市退出限购政策
5月31日	佛山	限购区域调整为禅城区祖庙街道、南海区桂城街道、顺德区大良街道3个街道
12月9日		全面退出限购政策
6月1日	珠海	限购范围调整为香洲区（南屏镇和湾仔街道除外）和横琴粤澳深度合作区
7月4日	东莞	限购区域调整为莞城街道、东城街道、南城街道、万江街道、松山湖高新技术产业开发区
12月26日		全市取消限购，原限购区一二手房同为限售3年，原非限购区二手商品住房暂停实行限售政策

资料来源：根据公开信息整理。

3. 行业资金持续紧张

从银行的房地产贷款情况看，2022年，全省中外资银行机构全年房地产贷款余额增加1178.87亿元，同比少增加4794.59亿元，同比下降80.3%。其中，房地产开发贷款余额增加1047.40亿元，同比下降4.3%；个人住房贷款余额增加514.38亿元，同比大幅下降89.5%（见图5-3-7）；其他房地产贷款余额缩减382.91亿元，同比多减322.92亿元。截至2022年底，房地产贷款余额75055.19亿元，占总贷款余额的30.5%，比上年末回落2.1个百分点（见图5-3-8）。

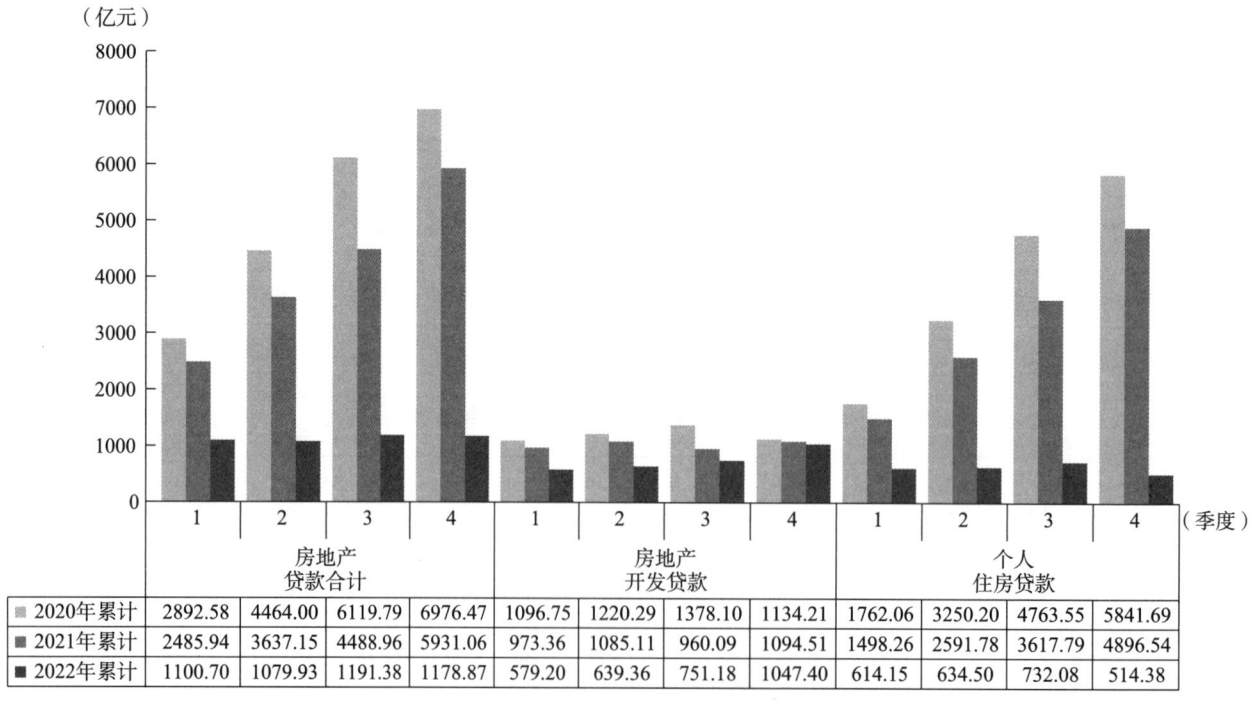

图 5-3-7　2020—2022 年各季度广东省新增房地产贷款情况比较

数据来源：中国人民银行广州分行。

从到位资金看，2022年全省房地产开发企业到位资金1.88万亿元，同比下降33.2%。其中，国内贷款、利用外资、自筹资金、定金及预收款、个人按揭贷款和其他资金分别为2781.86亿元、13.07亿元、7091.42亿

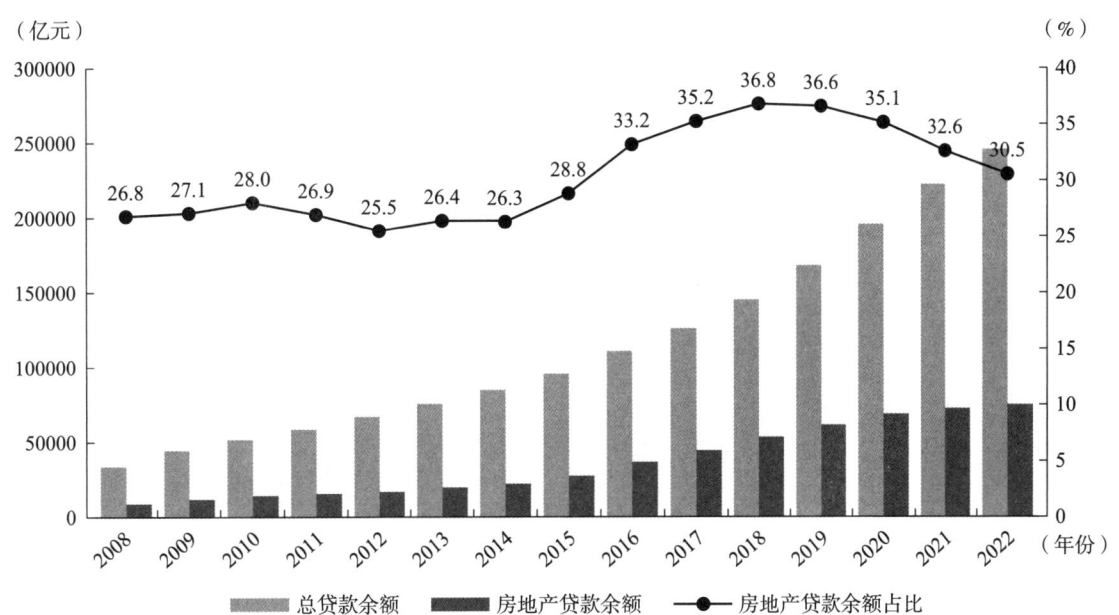

图 5-3-8　2008—2022 年广东省房地产贷款余额及占总贷款余额比重走势

数据来源：中国人民银行广州分行。

元、5799.01 亿元、2677.94 亿元和 435.73 亿元，同比分别下降 36.5%、13.9%、22.8%、39.5%、36.7% 和 42.5%，各类来源资金同比均呈较大降幅（见图 5-3-9）。

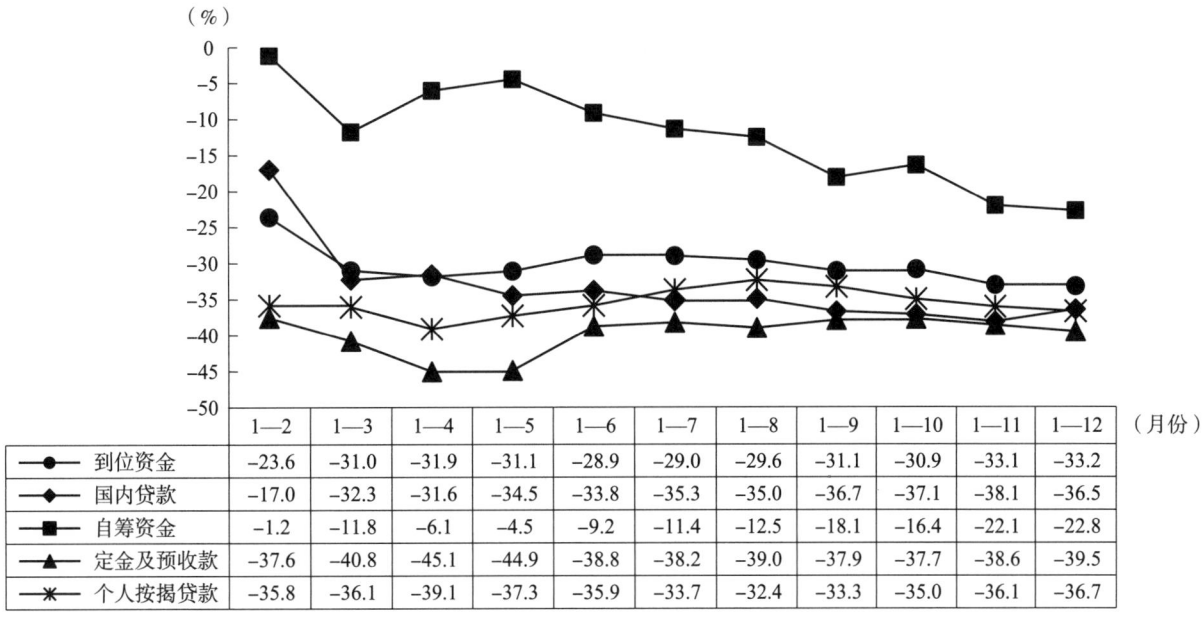

图 5-3-9　2022 年广东省房地产开发到位资金及主要来源资金同比增速走势

数据来源：广东省统计局。

从资金来源结构看，2022 年国内贷款占本年到位资金 14.8%，为 2006 年以来次低；利用外资占 0.1%，维持在低位水平；自筹资金占 37.7%，为有数据以来最高水平；定金及预收款和个人按揭贷款合计占 45.1%，为 2015 年以来最低水平；其他资金占 2.3%，同样为有数据以来最低（见图 5-3-10）。国内贷款、销售回笼资金比重明显下降，自筹资金占比显著上升，意味着行业总体融资成本提高。

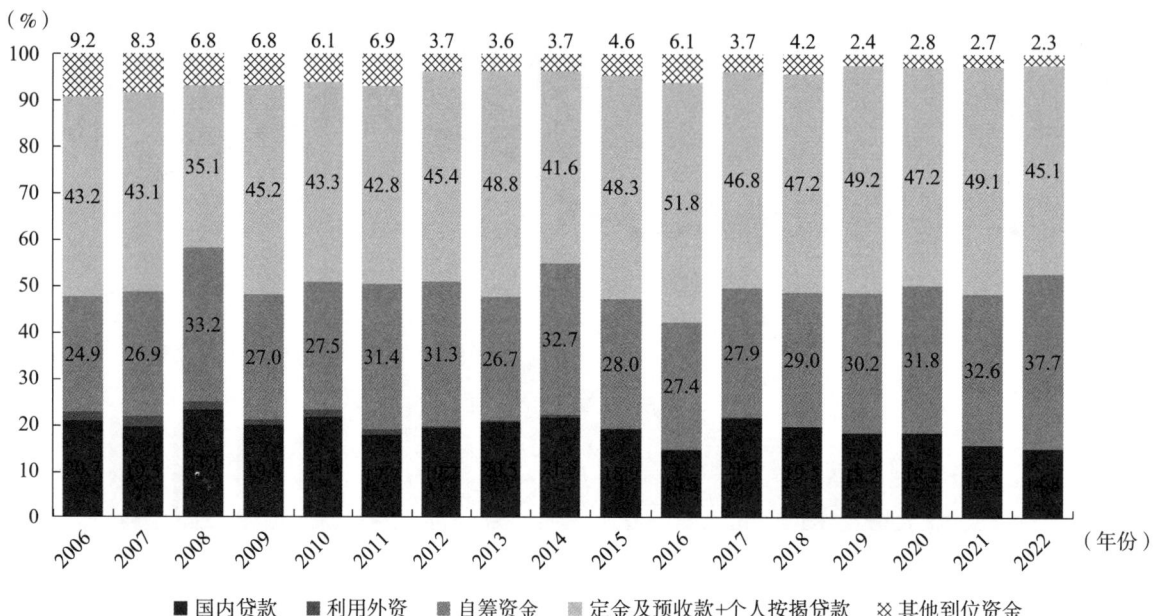

图 5-3-10　2006—2022 年广东省房地产开发企业到位资金结构比较

数据来源：广东省统计局。

数据反映，虽然 2022 年房地产金融政策支持力度不断加大，出台包括信用保护工具发债、政策性银行专项借款纾困、中债增进担保发债等举措，但由于政策支持对象主要是国企央企和头部民企等优质房企，融资支持效果有限。总体而言，房企的融资渠道仍然不畅，行业资金压力持续紧张。

4. 投资建设大幅缩减

2022 年，全省纳入统计的房地产开发企业购置土地面积 738.18 万平方米、土地成交价款 1353.54 亿元，同比分别下降 54.9%、38.5%。其中，土地购置面积创近 20 年最低（见图 5-3-11）。

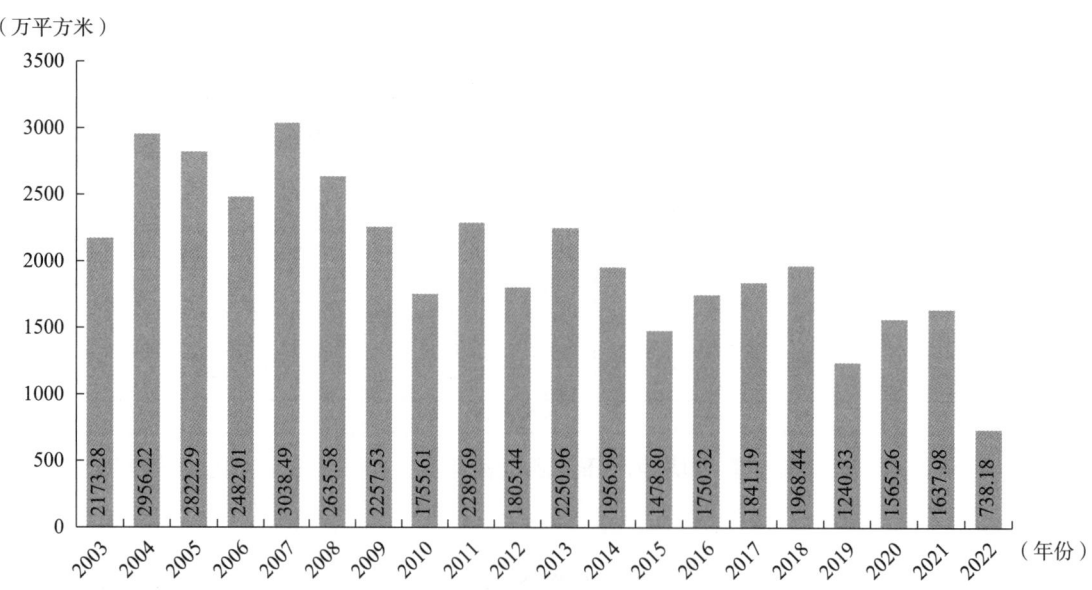

图 5-3-11　2003—2022 年广东省房地产企业购置土地面积走势

数据来源：广东省统计局。

据广东省房协监测，2022年全省经营性用地挂牌面积11900.16万平方米，同比下降18.4%；成交土地面积10069.70万平方米、成交金额4473.50亿元，同比分别下降17.2%、37.1%。其中，居住用地挂牌面积2485.39万平方米，同比下降50.3%；成交面积1789.24万平方米、成交金额3370.92亿元，同比分别下降47.2%、41.6%（见图5-3-12）。数据反映，土地市场供求两端均明显下降，居住用地市场的降幅更为显著。

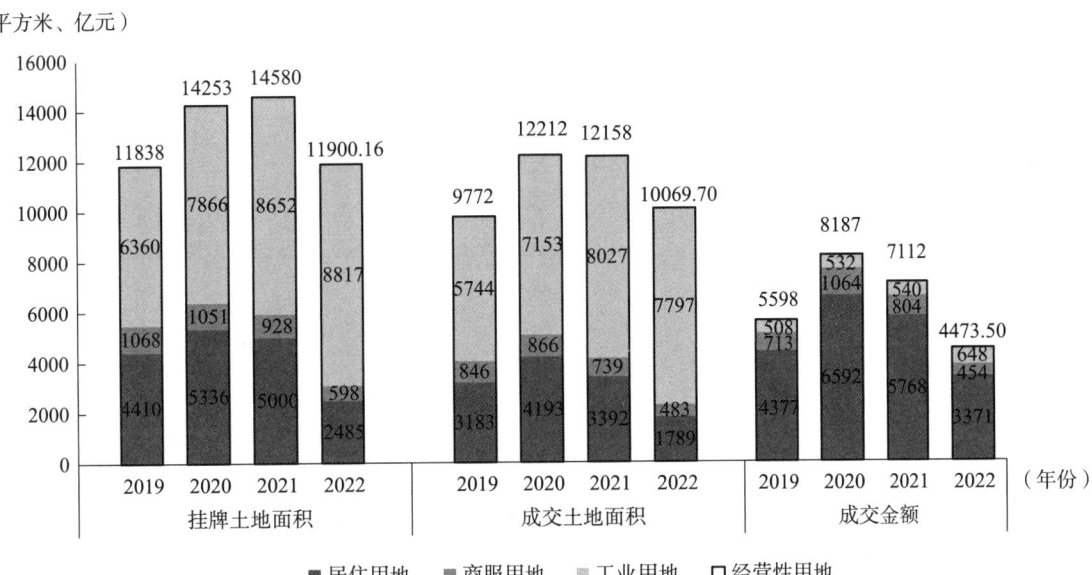

图5-3-12　2019—2022年广东省经营性用地供求比较

数据来源：广东省房协土地与产业研究中心。

从居住用地成交溢价率看，2022年全年平均溢价率为3.0%，显著低于之前3年的总体水平，反映2022年居住用地公开出让市场热度持续走低（见图5-3-13）。

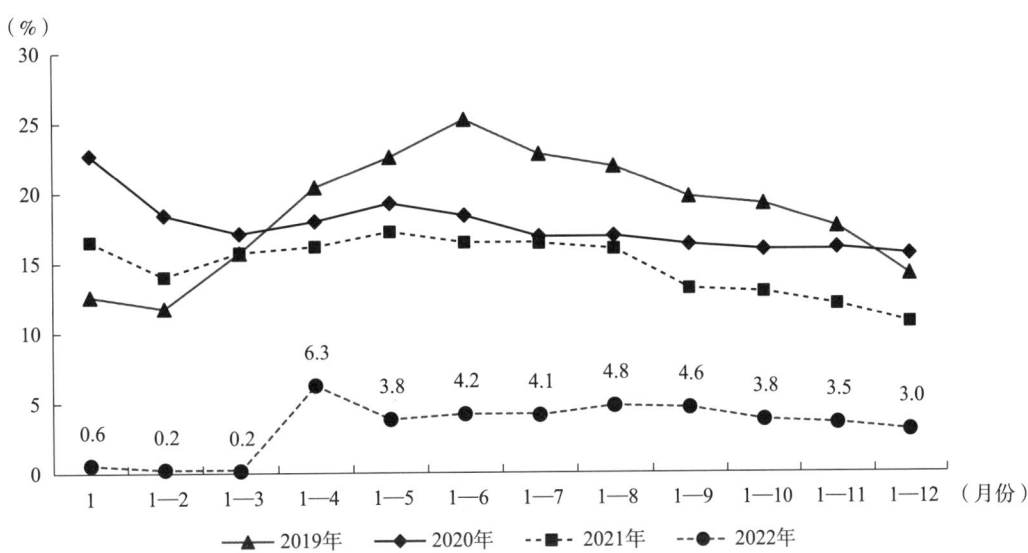

图5-3-13　2019—2022年广东省居住用地成交溢价率月度累计走势

数据来源：广东省房协土地与产业研究中心。

从完成投资情况看，房地产开发投资延续上一年的下行趋势：年初同比小幅下降1.5%，3—5月降幅小幅扩大，6月加速下行，降幅自7月达到两位数并持续扩大至11月。全年全省房地产开发投资1.50万亿元，同比下降14.3%，降幅比上月收窄0.8个百分点，比年初扩大12.8个百分点（见图5-3-14）。

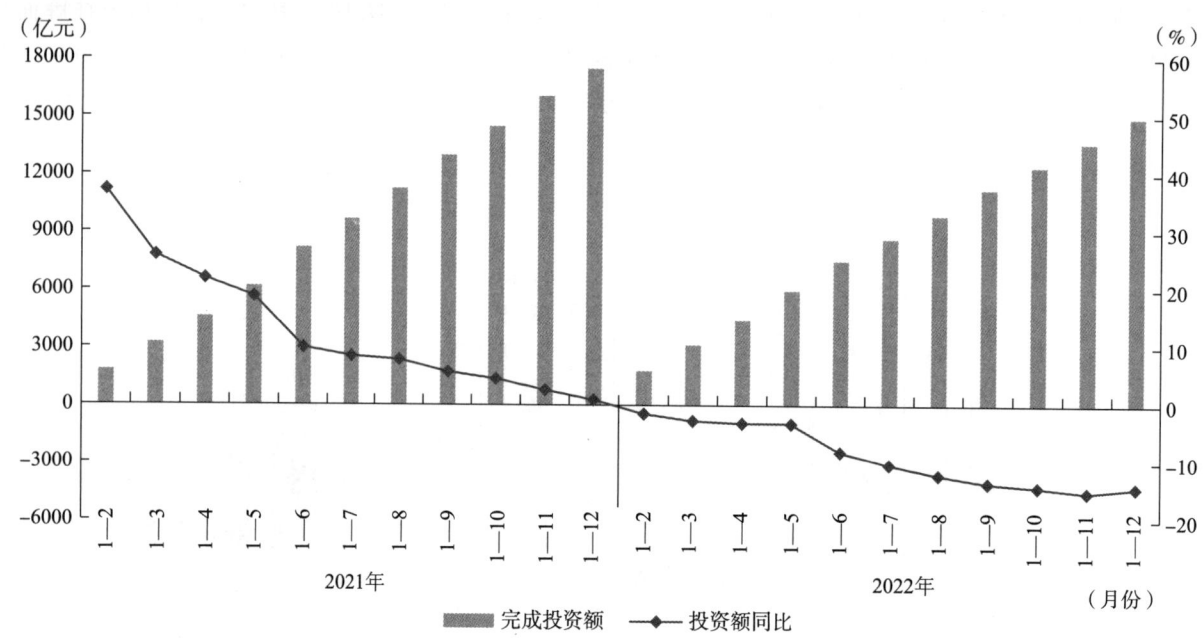

图5-3-14　2021—2022年广东省房地产开发投资额走势

数据来源：广东省统计局。

分区域看，珠三角地区投资下降9.9%，沿海经济带下降29.9%，北部生态区下降39.6%（见图5-3-15）。数据反映，广东房地产投资呈现明显的分化现象，珠三角地区同比降幅相对沿海经济带和北部生态发展区较为平缓，显示其房地产市场韧性更强。

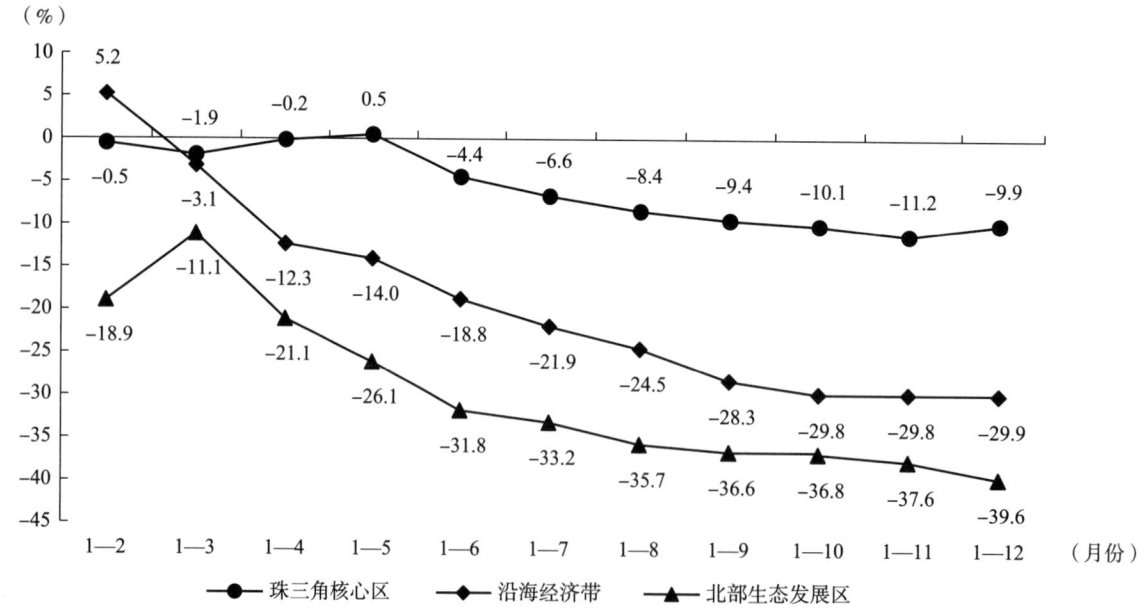

图5-3-15　2022年广东省各区域房地产开发投资同比增速走势

数据来源：广东省统计局。

截至2022年底，全省商品房施工面积约8.87亿平方米，同比下降5.9%。其中，2022年新开工面积8535.40万平方米，同比下降47.0%；全年竣工面积8161.12万平方米，增长1.5%（见图5-3-16）。

Ⅴ. 省市篇

三、广东省房地产市场

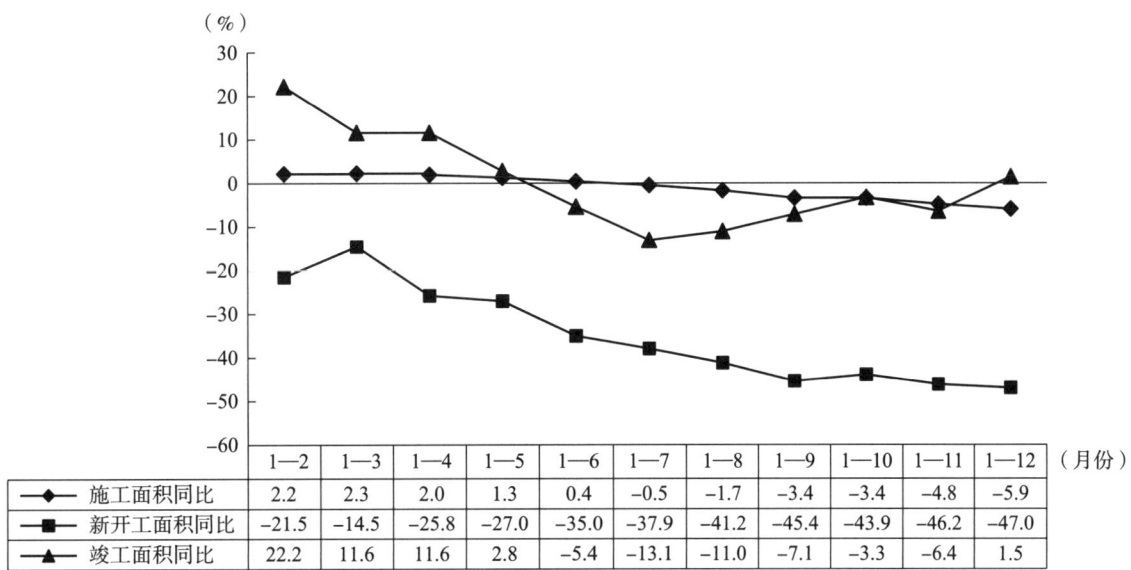

图 5-3-16　2022 年广东省商品房建设指标同比走势

数据来源：广东省统计局。

（二）广东房地产市场主要指标数据

表 5-3-2　2022 年广东省各用途商品房销售情况

类别	销售面积（万平方米）	同比增长（%）	销售金额（亿元）	同比增长（%）	销售均价（元/米²）	同比增长（%）
商品房	10591.11	-24.4	15870.47	-28.9	14985	-5.9
商品住宅	8568.72	-27.5	13428.51	-31.0	15672	-4.7
办公楼	454.02	-0.8	1077.22	0.0	23726	0.8
商业营业用房	656.75	-9.5	848.19	-25.9	12915	-18.1
其他用房	911.62	-9.0	516.55	-19.5	5666	-11.6

数据来源：广东省统计局。

表 5-3-3　2022 年广东省各市商品房销售情况

城市/地区	商品房销售面积（万平方米）	住宅	销售面积同比增长（%）	住宅	商品房销售金额（亿元）	住宅	销售金额同比增长（%）	住宅
广东省	10591.11	8568.72	-24.4	-27.5	15870.47	13428.51	-28.9	-31.0
广州市	1374.07	1026.53	-20.9	-25.1	3621.50	3023.64	-25.6	-27.9
深圳市	694.15	505.02	-15.5	-21.5	3520.01	2749.17	-25.3	-28.9
珠海市	339.63	266.21	-31.5	-37.8	675.98	576.36	-46.6	-47.7
汕头市	402.17	357.46	-19.9	-22.5	389.84	336.02	-24.2	-27.4
佛山市	1397.07	1017.08	-28.8	-32.0	2073.02	1769.86	-28.6	-29.6
韶关市	248.64	216.71	-25.6	-28.2	145.22	123.53	-25.4	-28.6
河源市	256.86	212.21	-35.7	-40.0	144.37	128.64	-45.0	-45.7

续表

城市/地区	商品房销售面积（万平方米）	住宅	销售面积同比增长（%）	住宅	商品房销售金额（亿元）	住宅	销售金额同比增长（%）	住宅
梅州市	248.63	229.54	-35.2	-33.6	137.91	126.58	-38.5	-36.9
惠州市	1310.35	1136.56	-19.1	-24.4	1421.62	1292.17	-26.4	-29.3
汕尾市	250.70	243.58	-31.4	-30.9	170.60	164.68	-32.6	-31.1
东莞市	459.82	350.81	-30.3	-34.2	993.40	856.53	-39.1	-40.6
中山市	506.88	400.42	-15.8	-17.1	562.63	505.02	-23.8	-25.3
江门市	599.21	500.25	-17.3	-19.2	451.87	401.37	-21.8	-23.2
阳江市	241.19	214.53	-31.9	-35.4	131.63	116.67	-36.0	-38.9
湛江市	364.90	335.51	-30.8	-31.8	324.24	294.72	-29.3	-31.5
茂名市	385.51	342.38	-17.9	-22.2	242.38	218.39	-23.1	-25.5
肇庆市	457.79	367.48	-33.8	-37.3	246.05	208.58	-41.8	-42.9
清远市	505.05	361.21	-25.6	-27.1	296.27	243.27	-30.6	-31.5
潮州市	125.22	122.59	-8.1	-4.9	75.98	73.06	-14.8	-13.1
揭阳市	196.99	190.31	-27.8	-25.9	141.69	134.02	-27.2	-24.5
云浮市	226.28	172.33	-17.5	-15.1	104.24	86.23	-21.3	-20.3
按经济区域分								
珠三角	7138.96	5570.36	-23.3	-27.3	13566.09	11382.71	-28.8	-31.0
东翼	975.08	913.93	-23.6	-23.8	778.11	707.78	-26.0	-26.6
西翼	991.60	892.42	-26.6	-29.4	698.25	629.78	-28.7	-31.1
山区	1485.46	1192.01	-28.3	-29.9	828.02	708.25	-33.3	-34.0

数据来源：广东省统计局。

表 5-3-4　2022 年广东省各市商品房施工、新开工情况

城市/地区	商品房施工面积（万平方米）	住宅	施工面积同比增长（%）	住宅	商品房新开工面积（万平方米）	住宅	新开工面积同比增长（%）	住宅
广东省	88662.69	59483.86	-5.9	-6.8	8535.40	5688.99	-47.0	-50.1
广州市	12946.25	7569.42	1.5	2.1	1351.52	821.55	-37.6	-42.1
深圳市	10950.04	5735.52	4.3	7.7	1333.48	871.21	-16.2	-9.6
珠海市	3525.56	1909.59	-12.1	-10.3	380.29	245.73	-33.0	-38.2
汕头市	3285.34	2201.53	-3.9	-1.7	245.39	177.52	-72.3	-71.5
佛山市	8280.32	5490.19	-12.3	-14.2	773.62	484.02	-38.9	-47.1
韶关市	2053.56	1597.76	-13.1	-13.7	215.81	170.85	-44.1	-43.8
河源市	1898.22	1446.62	-8.8	-8.9	215.37	148.95	-64.7	-67.2
梅州市	2312.77	1806.35	-10.1	-9.4	127.08	93.76	-76.9	-76.8

续表

城市/地区	商品房施工面积（万平方米）	住宅	施工面积同比增长（%）	住宅	商品房新开工面积（万平方米）	住宅	新开工面积同比增长（%）	住宅
惠州市	8356.09	6456.82	-10.1	-10.6	655.66	455.55	-71.4	-73.8
汕尾市	1504.35	1140.57	-11.8	-12.1	63.01	57.43	-59.5	-51.8
东莞市	4261.89	2866.91	-4.3	-9.2	649.45	371.44	2.4	-18.6
中山市	3971.91	2642.87	-8.5	-9.8	414.96	271.84	-37.9	-42.6
江门市	4228.73	3200.82	-9.3	-8.3	342.07	265.95	-59.0	-56.6
阳江市	1635.09	1363.67	-15.0	-15.2	143.06	114.08	-55.0	-57.7
湛江市	3793.10	2719.30	-3.8	-3.5	380.84	274.13	-48.2	-50.1
茂名市	3764.05	2757.17	0.3	-1.2	337.34	235.36	-41.9	-40.3
肇庆市	3544.85	2651.39	-16.0	-17.3	179.76	122.81	-68.3	-71.8
清远市	4472.11	3083.62	-4.9	-7.4	335.90	190.59	-52.0	-56.0
潮州市	940.19	671.09	-3.5	-1.9	92.26	70.98	-43.4	-40.7
揭阳市	1422.40	1058.62	-3.1	-4.8	166.03	130.90	-33.0	-31.4
云浮市	1515.88	1114.03	-9.3	-10.4	132.49	114.33	-23.9	-4.7
按经济区域分								
珠三角	60065.64	38523.54	-5.7	-6.7	6080.81	3910.11	-42.6	-47.2
东翼	7152.28	5071.81	-5.5	-4.9	566.69	436.83	-61.0	-58.5
西翼	9192.24	6840.14	-4.4	-5.2	861.23	623.57	-47.3	-48.6
山区	12252.54	9048.38	-8.5	-9.6	1026.66	718.48	-57.6	-58.1

数据来源：广东省统计局。

表5-3-5　2022年广东省经营性用地出让情况

指标	数值				同比增长（%）			
	居住用地	商服用地	工业用地	合计	居住用地	商服用地	工业用地	合计
挂牌宗数（宗）	729	399	2380	3508	-37.0	-8.1	3.3	-10.0
挂牌面积（万平方米）	2485.39	597.56	8817.21	11900.16	-50.3	-35.6	1.9	-18.4
挂牌金额（亿元）	4029.82	509.51	716.83	5256.16	-41.6	-37.2	29.2	-36.5
成交宗数（宗）	470	302	2106	2878	-39.4	-13.2	-0.4	-11.1
出让面积（万平方米）	1789.24	483.37	7797.10	10069.70	-47.2	-34.6	-2.9	-17.2
可建面积（万平方米）	4591.17	1249.10	20384.44	26224.71	-51.6	-33.3	7.8	-13.4
成交金额（亿元）	3370.92	454.43	648.15	4473.50	-41.6	-43.5	20.1	-37.1
起始地价（元/米²）	7126	3580	315	1663	29.8	-15.6	12.9	-22.9
成交地价（元/米²）	7342	3638	318	1706	20.8	-15.3	11.4	-27.4
溢价率（%）	3.0	1.6	0.9	2.6	-7.7个百分点	0.4个百分点	-1.4个百分点	-6.3个百分点
流拍宗数（宗）	151	56	170	377	-57.3	-33.3	13.3	-35.9
流拍面积（万平方米）	613.70	100.06	724.05	1437.81	-58.5	-38.0	29.9	-34.6

续表

指标	数值				同比增长（%）			
	居住用地	商服用地	工业用地	合计	居住用地	商服用地	工业用地	合计
流拍金额（亿元）	707.96	52.19	45.83	805.98	-54.3	-17.5	43.7	-51.0
宗地流拍率（%）	24.3	15.6	7.5	11.6	-7.0个百分点	-3.8个百分点	0.8个百分点	-3.8个百分点

数据来源：广东省房协土地与产业研究中心。

表5-3-6　2022年广东省各市居住用地成交情况

序号	城市	宗数（宗）	城市	用地面积（万平方米）	城市	可建面积（万平方米）	城市	成交金额（亿元）	城市	楼面地价（元/米²）
1	惠州	317	广州	1185.59	佛山	3762.55	广州	1549.83	深圳	5243
2	肇庆	290	佛山	1109.94	广州	3397.81	深圳	896.71	广州	4561
3	广州	226	惠州	1078.58	惠州	2656.32	东莞	485.96	东莞	2979
4	佛山	217	珠海	750.12	珠海	2018.67	佛山	442.69	珠海	1386
5	江门	210	肇庆	688.50	江门	1879.01	珠海	279.84	佛山	1177
6	清远	181	江门	655.77	深圳	1710.21	惠州	201.10	汕头	997
7	韶关	159	深圳	612.18	东莞	1631.50	江门	135.22	中山	938
8	河源	153	东莞	580.37	肇庆	1424.55	肇庆	76.08	湛江	913
9	茂名	133	茂名	418.80	清远	1060.25	中山	68.04	惠州	757
10	珠海	132	韶关	408.84	茂名	1038.79	茂名	61.60	阳江	747
11	东莞	111	清远	377.85	河源	777.09	湛江	57.58	江门	720
12	湛江	106	河源	358.77	中山	725.40	汕头	46.62	茂名	593
13	深圳	92	湛江	330.13	韶关	705.68	清远	35.19	肇庆	534
14	阳江	91	阳江	328.14	湛江	630.52	阳江	30.56	云浮	485
15	梅州	89	梅州	251.88	汕尾	570.90	韶关	22.38	揭阳	462
16	中山	76	中山	214.66	汕头	467.82	揭阳	18.98	梅州	397
17	汕尾	75	汕尾	208.52	揭阳	411.23	梅州	16.26	潮州	373
18	汕头	67	云浮	144.02	阳江	409.03	汕尾	15.51	清远	332
19	云浮	65	揭阳	143.95	梅州	409.01	潮州	12.51	韶关	317
20	揭阳	46	汕头	136.49	潮州	335.25	河源	10.99	汕尾	272
21	潮州	42	潮州	86.62	云浮	203.12	云浮	9.84	河源	141
22	全省	2878	全省	10069.70	全省	26224.71	全省	4473.50	全省	1706

数据来源：广东省房协土地与产业研究中心。

（三）总结

2022年，国外局势复杂多变，国内疫情多点散发的频率和影响程度显著提高。全国GDP同比增长3.0%，不及年初定下的5.5%左右的增长目标，经济发展面临更大的下行压力。其中，广东GDP同比增长1.9%，比全国水平低1.1个百分点，稳增长形势更为严峻。

在此背景下，2022年各级政府因城施策加大房地产政策支持力度，全力保交楼、保民生、保稳定。但受内外部诸多因素影响，房地产市场各方主体信心依然不足，消费者购房行为更趋谨慎，商品房交易市场复苏步履蹒跚；房企资金状况持续紧张，房地产供给端呈现同步下行态势，房地产市场整体进入深度调整期。

2022年12月以来，中央多次肯定房地产业在国民经济中的支柱产业地位，多部委接连表态支持房地产平稳健康发展，从供需两端不断加强政策支持力度。广东多地进一步下调首套房首付比例及房贷利率或取消利率下限，个别城市优化对首套房的认定标准。随着首套房首付比例和贷款利率的进一步下降，将释放更多的刚性购房需求。

（广东省房地产行业协会）

四、广州市房地产市场

（一）2022年广州市房地产市场基本情况

2022年，为切实保交楼、保民生、保稳定，国家部委实施积极的房地产金融政策和住房信贷政策，满足房地产企业合理融资需求、支持刚性和改善性住房需求；各地政府因城施策、多措并举支持合理住房消费，多数城市优化限购限贷政策、下调首付比例和贷款利率下限、放宽二套房认定标准等，降低居民购房门槛和成本。但作为四个一线城市之一，广州并未出台实质性放松政策，在住房消费等领域还存在一些妨碍消费需求释放的限制性政策。如广州对首套房的认定标准严格执行"认房又认贷"，需同时满足在本市无自有住房且无住房贷款记录，才能最低首付30%；若广州市无房但有房贷记录的，首付最低40%；若广州市无房但有一套在供房贷的，则首付最低70%。在多重因素影响之下，2022年广州房地产市场呈前高后低走势，商品房新开工面积、销售面积均创近10年新低。

1. 开发投资情况

2022年，广州市完成房地产投资3431.90亿元，同比下降5.4%。按投资构成分，建筑安装工程1160.73亿元，同比下降7.2%；设备工器具购置11.57亿元，同比增长38.1%；土地购置费1910.76亿元，同比下降5.3%。按用途分，商品住宅、办公楼和商业营业用房分别完成投资2433.03亿元、289.37亿元和231.65亿元，同比分别下降4.2%、15.6%和6.8%，分别占总投资的70.9%、8.4%和6.8%；其他用房投资477.85亿元，同比下降3.7%，占总投资的13.9%（见表5-4-1）。

表5-4-1　2022年广州市房地产完成投资结构

项目	当年完成投资	按构成分				按用途分			
		建筑安装工程	设备工器具购置	其他费用	土地购置费	商品住宅	办公楼	商业营业用房	其他
金额（亿元）	3431.90	1160.73	11.57	2259.59	1910.76	2433.03	289.37	231.65	477.85
同比（%）	-5.4	-7.2	38.1	-4.5	-5.3	-4.2	-15.6	-6.8	-3.7
占比（%）	100.0	33.8	0.3	65.8	55.7	70.9	8.4	6.8	13.9

数据来源：广东省统计局。

从完成投资走势看，2022年前5个月保持较高速度增长，同比增速12.7%~20.8%；6月起增速明显回落，自8月进入负增长区间，但降幅总体较为平稳（见图5-4-1）。数据显示，2011年以来，广州房地产投资总体呈现平稳增长，2022年同比首次下降，但投资额仍为次高水平（见图5-4-2）。

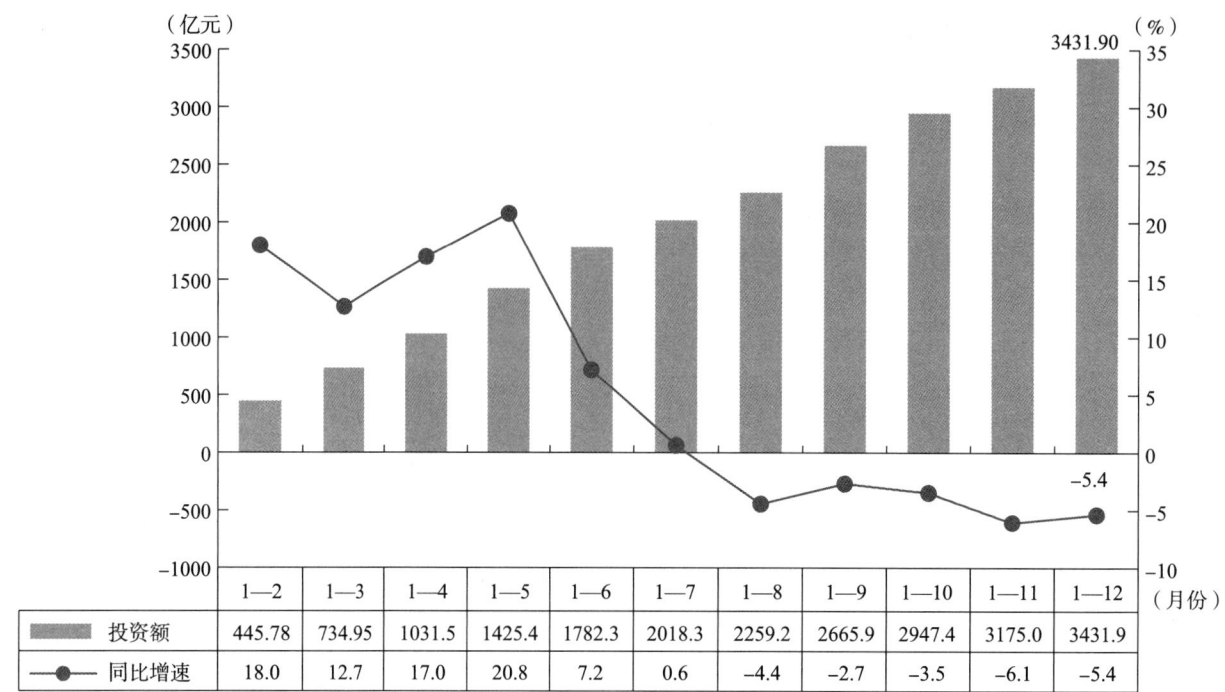

图 5-4-1　2022 年广州市房地产完成投资走势

数据来源：广东省统计局。

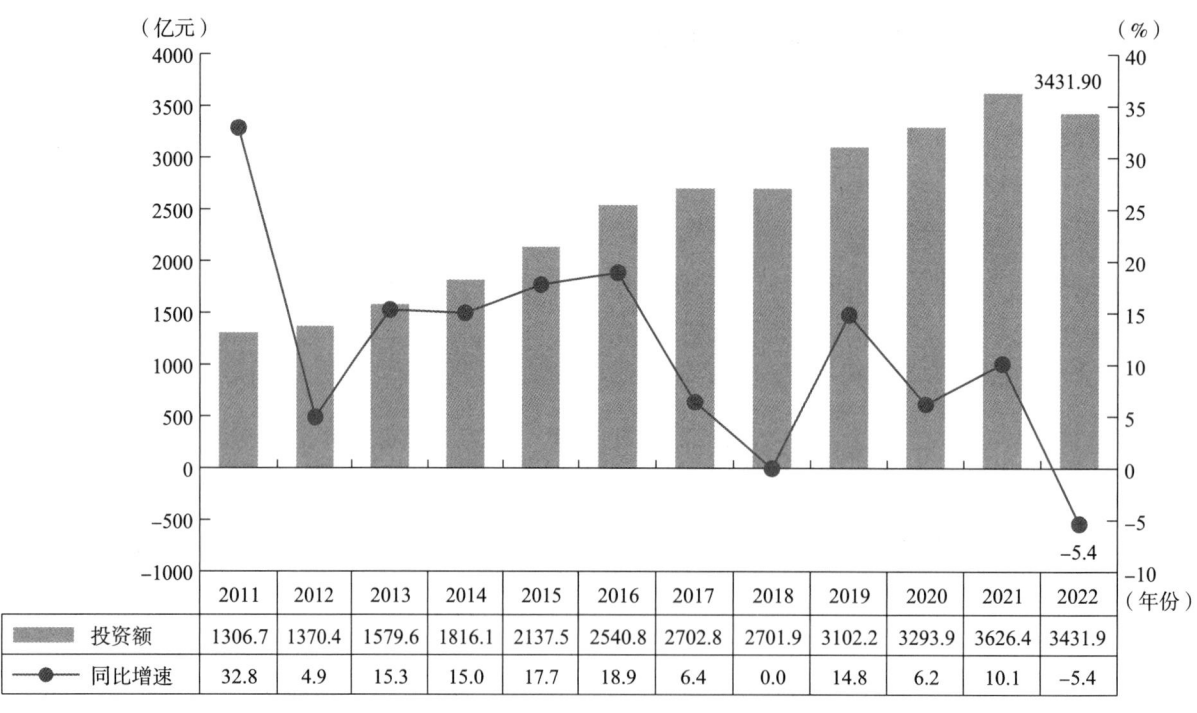

图 5-4-2　2011—2022 年广州市房地产完成投资走势

数据来源：广东省统计局。

2. 房屋建设情况

截至 2022 年底，广州市商品房施工面积 12946.25 万平方米，同比增长 1.5%。其中，2022 年新开工面积 1351.52 万平方米，同比下降 37.6%；竣工面积 1351.74 万平方米，同比增长 23.7%（见表 5-4-2）。2022 年新开工面积按用途分,商品住宅、办公楼和商业营业用房同比均明显下降,分别下降42.1%、55.5%和35.4%,均创过去10年最低水平;其他用房同比下降16.6%,降幅相对较小(见图5-4-3)。

表5-4-2　2022年广州市商品房建设情况

项目	施工面积(万平方米)	同比增长(%)	新开工面积(万平方米)	同比增长(%)	竣工面积(万平方米)	同比增长(%)
商品房	12946.25	1.5	1351.52	-37.6	1351.74	23.7
商品住宅	7569.42	2.1	821.55	-42.1	851.84	29.7
办公楼	1546.27	-3.8	83.24	-55.5	93.05	-19.7
商业营业用房	1059.38	-7.4	70.98	-35.4	129.91	50.3
其他	2771.18	7.3	375.74	-16.6	276.94	18.3

数据来源:广东省统计局。

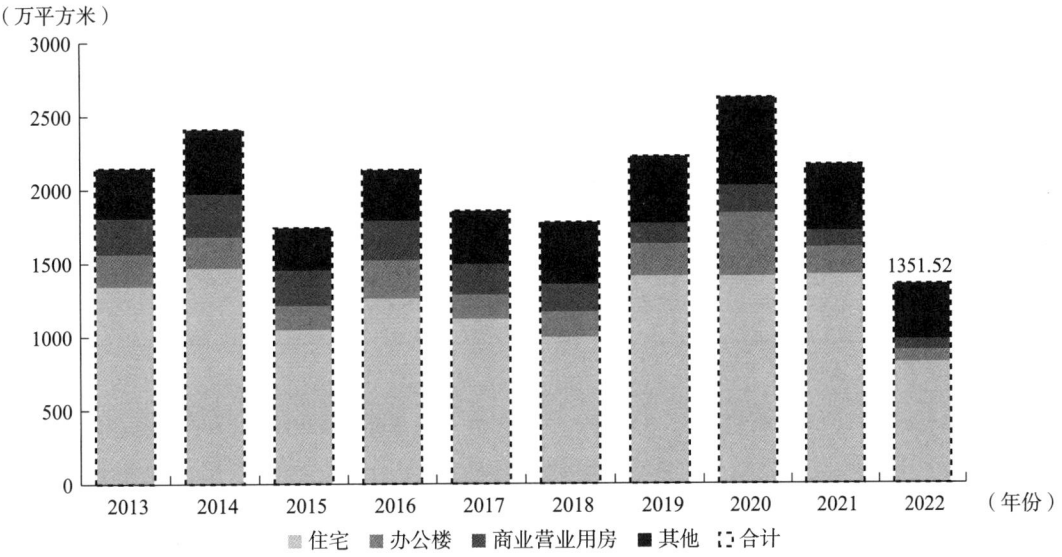

图5-4-3　2013—2022年广州市商品房新开工面积按用途走势

数据来源:广东省统计局。

3. 到位资金情况

2022年,广州市房地产开发企业到位资金4248.00亿元,同比下降30.1%。其中,国内贷款632.96亿元,下降22.3%;自筹资金1670.06亿元,下降26.9%;定金及预收款1377.53亿元、个人按揭贷款538.49亿元,分别下降39.3%、18.7%;其他到位资金28.96亿元,下降35.9%。

从资金来源结构看,国内贷款占14.9%,同比提高1.5个百分点;自筹资金占39.3%,提高1.7个百分点;销售回笼资金中,定金及预收款占32.4%,个人按揭贷款12.7%,合计占45.1%,下降3.1个百分点;其他到位资金占0.7%,同比持平(见表5-4-3)。

表5-4-3　2021年、2022年广州市房地产项目本年到位资金情况

年份	指标	到位资金	国内贷款	自筹资金	定金及预收款	个人按揭贷款	其他到位资金
2021	金额(亿元)	6075.52	814.33	2285.18	2268.46	662.37	45.20
	占比(%)	100	13.4	37.6	37.3	10.9	0.7

续表

年份	指标	到位资金	国内贷款	自筹资金	定金及预收款	个人按揭贷款	其他到位资金
2022	金额（亿元）	4248.00	632.96	1670.06	1377.53	538.49	28.96
	占比（%）	100	14.9	39.3	32.4	12.7	0.7
	同比增长（%）	-30.1	-22.3	-26.9	-39.3	-18.7	-35.9

数据来源：广东省统计局。

数据反映，2022年各来源资金同比均呈现较大幅度下降，其中尤以定金及预收款降幅最大。在融资性现金流不畅的情况下，经营性现金流大幅下降，意味着企业资金压力明显加大。

4. 土地市场情况

根据广东省房协土地与产业研究中心监测，2022年，广州市经营性建设用地挂牌254宗、用地面积1308.90万平方米，同比分别下降15.9%、19.7%。其中，居住用地挂牌58宗、用地面积474.83万平方米，分别同比下降53.6%、46.6%（见表5-4-4）。

表5-4-4　2021年、2022年广州市经营性建设用地挂牌情况

年份	挂牌宗数（宗）	居住用地	商服用地	工业用地	挂牌面积（万平方米）	居住用地	商服用地	工业用地
2021	302	125	47	130	1629.00	888.53	154.74	585.73
2022	254	58	37	159	1308.90	474.83	116.22	717.85
同比增长（%）	-15.9	-53.6	-21.3	22.3	-19.7	-46.6	-24.9	22.6

数据来源：广东省房协土地与产业研究中心。

通过招拍挂出让土地226宗，用地面积1185.59万平方米，可建面积3397.81万平方米，成交金额1549.83亿元，同比分别下降18.7%、13.9%、11.3%和38.6%；楼面地价4561元/米^2，同比下降30.8%；平均溢价率1.3%，同比下降3.8个百分点。其中，居住用地出让48宗，用地面积433.26万平方米、可建面积819.50万平方米、出让金额1221.43亿元，同比分别下降44.2%、29.3%、45.2%、38.3%；楼面地价14904元/米^2，同比上涨12.5%；溢价率1.6%，同比下降5.0个百分点（见表5-4-5）。

表5-4-5　2022年广州市经营性建设用地成交情况

指标	数值				同比增长（%）			
	建设用地	居住用地	商服用地	工业用地	建设用地	居住用地	商服用地	工业用地
成交宗数（宗）	226	48	35	143	-18.7	-44.2	-32.7	2.1
用地面积（万平方米）	1185.59	433.26	118.50	633.84	-13.9	-29.3	-23.0	3.9
可建面积（万平方米）	3397.81	819.50	342.99	2235.31	-11.3	-45.2	-27.4	20.1
成交金额（亿元）	1549.83	1221.43	249.34	79.07	-38.6	-38.3	-46.9	10.3
楼面地价（元/米^2）	4561	14904	7270	354	-30.8	12.5	-26.9	-8.2
溢价率（%）	1.3	1.6	0.0	0.0	-3.8个百分点	-5.0个百分点	0.0个百分点	-0.3个百分点

数据来源：广东省房协土地与产业研究中心。

从居住用地两集中供应情况看，2022年广州完成4批次供地，比上年多供应1批次。下半年成交的3批次，平均溢价率逐批次下行，呈前高后低走势，且土拍地块均以国央企或地方城投公司竞得为主，民企参拍度

低。仅第1批次有2宗地块被民企竞得，第4批次有1宗地由国企与民企联合竞得（见表5-4-6）。

表5-4-6 2022年广州市住宅用地两集中出让情况

项目		第1批次	第2批次	第3批次	第4批次
拍地时间		5月5日	7月18日	10月10日	12月15日
供地	宗数（宗）	18	14	20	6
	面积（万平方米）	129.08	67.96	208.46	69.33
	起拍价（亿元）	367.73	253.06	538.54	244.60
流拍	宗数（宗）	1	3	5	1
	金额（亿元）	30.38	56.38	61.70	53.58
成交宗数（宗）		17	11	15	5
底价成交（宗）		15	8	13	4
底价占比（%）		88.2	72.7	86.7	80.0
国企竞得（宗）		15	11	15	4
国企占比（%）		88.2	100	100	80.0
成交总金额（亿元）		341.40	209.57	479.24	191.22
成交溢价率（%）		1.2	6.6	0.5	0.1
成交总面积（万平方米）		125.84	54.86	190.63	61.93

数据来源：广东省房协土地与产业研究中心。

5. 新房供应与销售情况

2022年广州市新建商品房批准预售面积1100.51万平方米，同比下降26.1%。其中，商品住宅、商业用房和办公物业分别供应937.35万平方米、38.51万平方米和124.65万平方米，同比分别下降24.5%、22.6%和37.0%（见表5-4-7）。

表5-4-7 2022年广州市各行政区新建商品房批准预售面积情况

行政区	住宅（万平方米）	同比增长（%）	商业营业用房（万平方米）	同比增长（%）	办公楼（万平方米）	同比增长（%）	合计（万平方米）	同比增长（%）
越秀区	0.20	-92.7	0.00	-100.0	0.00	-100.0	0.20	-95.2
海珠区	52.62	106.1	4.73	-28.9	13.55	-39.1	70.90	30.3
荔湾区	64.99	19.3	0.30	-69.1	9.65	948.9	74.94	33.0
天河区	47.96	66.5	2.89	-49.7	24.59	-56.8	75.44	-17.5
白云区	70.64	-33.5	2.35	46.9	19.84	89.5	92.83	-21.5
黄埔区	192.38	-0.1	6.00	119.0	17.32	-34.1	215.70	-2.7
花都区	68.55	-34.6	5.44	12.9	0.00	-100.0	73.99	-42.1
番禺区	141.51	-24.5	3.44	-62.4	20.43	-4.7	165.38	-24.2
南沙区	99.97	-28.9	2.31	-79.9	12.54	-43.2	114.82	-34.1
从化区	30.86	-44.0	2.76	236.6	2.00	141.0	35.62	-37.2

续表

行政区	住宅（万平方米）	同比增长（%）	商业营业用房（万平方米）	同比增长（%）	办公楼（万平方米）	同比增长（%）	合计（万平方米）	同比增长（%）
增城区	167.67	−51.1	8.29	43.4	4.73	−72.5	180.69	−50.6
合计	937.35	−24.5	38.51	−22.6	124.65	−37.0	1100.51	−26.1

数据来源：广州市住房和城乡建设局。

从商品房批准预售面积地区分布结构看，黄埔、增城、番禺和南沙位列前四，分别为215.70万平方米、180.69万平方米、165.38万平方米和114.82万平方米，占全市的19.6%、16.4%、15.0%和10.4%，合计占全市的61.4%；白云、天河、荔湾、花都、海珠第5—9位，批准预售面积70万~93万平方米，合计占35.3%；从化和越秀位列末两位，合计占全市的3.3%（见图5-4-4）。

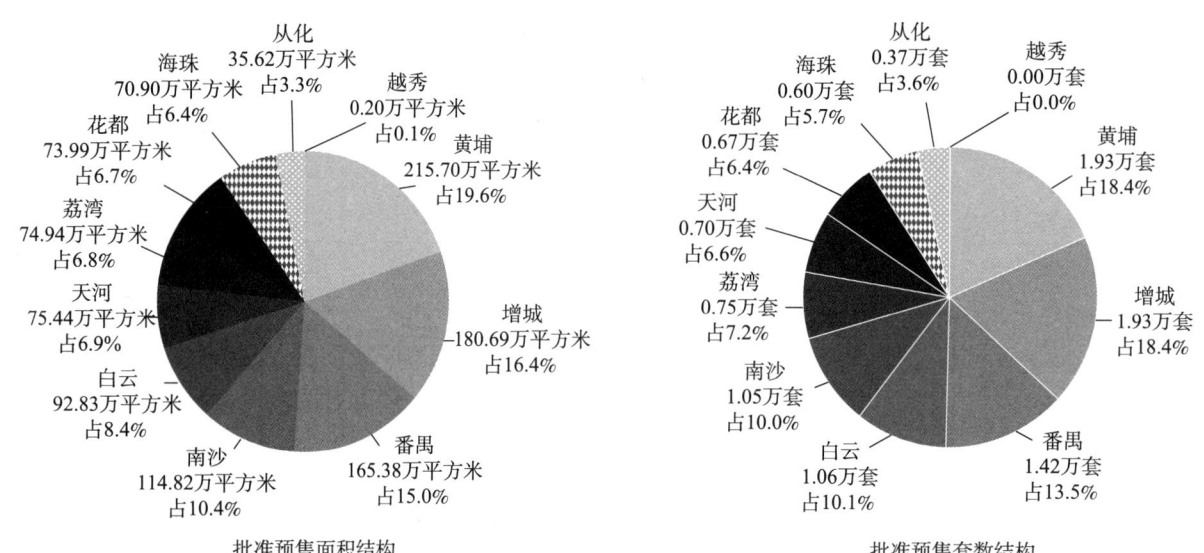

图5-4-4　2022年广州市各行政区商品房批准预售面积、套数结构

数据来源：广州市住房和城乡建设局。

从新房销售情况看，全年新建商品房销售面积1374.07万平方米、销售额3621.50亿元，同比分别下降20.9%、25.6%，销售面积创过去10年同期最低水平（见图5-4-5）。其中，商品住宅销售面积1026.53万平方米、销售额3023.64亿元，同比分别下降25.1%、27.9%；办公楼销售面积127.13万平方米，同比增长3.9%；商业营业用房销售面积98.75万平方米，同比下降32.3%（见表5-4-8）。

表5-4-8　2021年、2022年广州市新建商品房销售面积、销售金额情况

项目		商品房合计	同比增长（%）	商品住宅	同比增长（%）	办公楼	同比增长（%）	商业营业用房	同比增长（%）
销售面积（万平方米）	2021年	1736.31	12.8	1371.01	12.1	122.33	2.2	145.91	32.6
	2022年	1374.07	−20.9	1026.53	−25.1	127.13	3.9	98.75	−32.3
销售金额（亿元）	2021年	4867.54	26.2	4192.57	26.4	281.89	18.9	297.89	37.9
	2022年	3621.50	−25.6	3023.64	−27.9	281.89	14.1	297.89	−39.8

数据来源：广东省统计局。

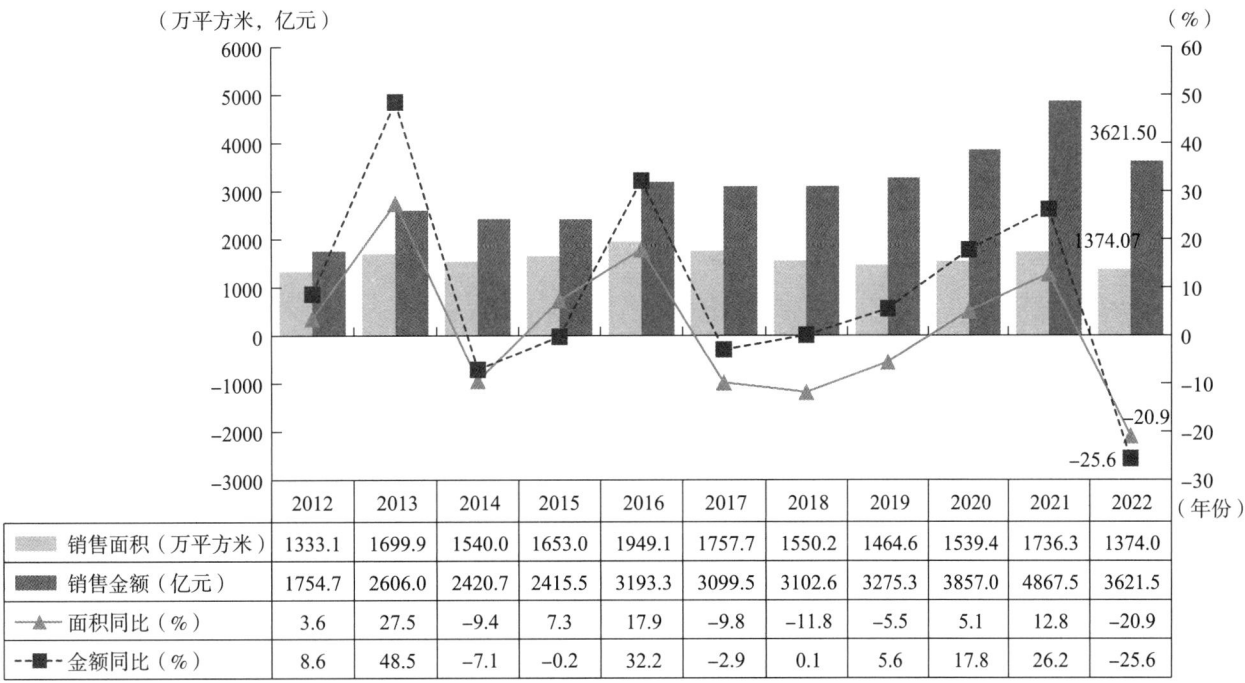

图 5-4-5　2012—2022 年广州市新建商品房销售面积、销售金额走势

数据来源：广东省统计局。

6. 存量房销售情况

2022 年，广州存量商品房成交面积 846.82 万平方米，同比下降 28.0%；其中存量住宅成交 6.69 万套、成交面积 637.05 万平方米，同比分别下降 41.5%、40.6%，均创 2016 年以来同期最低水平（见图 5-4-6）。

走势上，前 8 个月，受政策环境趋于改善的影响，剔除 2 月因春节因素成交量较低之外，其他月份二手住宅成交量总体上稳中趋升，9 月起，受疫情反复影响，成交量明显持续下降（见图 5-4-7）。

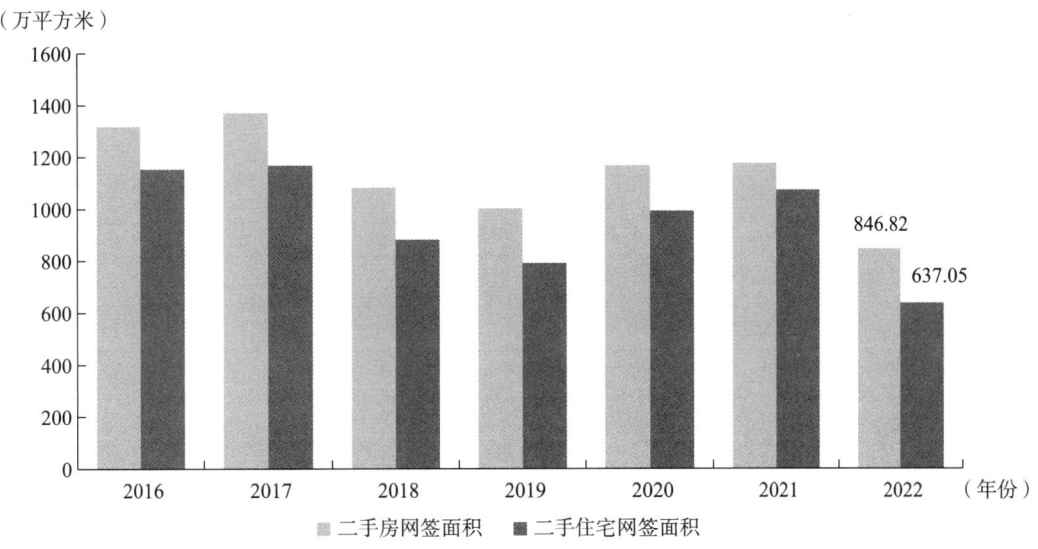

图 5-4-6　2016—2022 年广州市二手商品房、二手住宅交易网签面积走势

数据来源：广州市住房和城乡建设局。

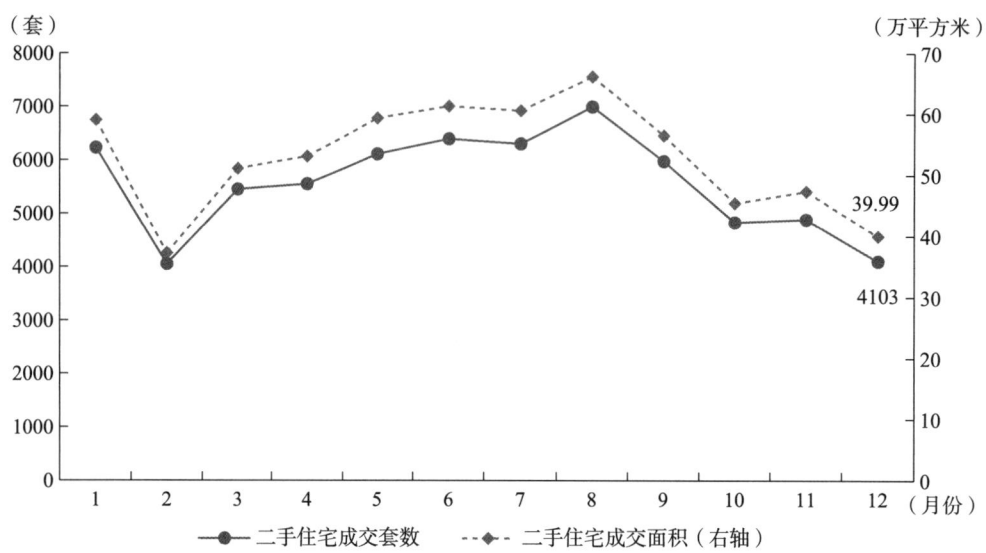

图 5-4-7　2022 年各月广州市二手住宅成交套数、成交面积走势

数据来源：广州市住房和城乡建设局。

从各区存量住宅成交情况看，番禺区和海珠区成交套数最多，分别为 9095 套和 9094 套，各占 13.6%；其次是天河区和花都区，分别成交 7731 套和 7551 套，各占 11.6% 和 11.3%；再次是白云区、越秀区和增城区，分别成交 6987 套、6731 套和 6587 套，各占 10.4%、10.1% 和 9.8%；荔湾区 5124 套，占 7.7%；从化区和黄浦区分别为 3257 套和 2707 套，占 4.9% 和 4.0%；南沙区最少，成交 2025 套，占 3.0%（见表 5-4-9、见表 5-4-10）。

表 5-4-9　2021 年、2022 年广州市各区存量商品房成交情况

行政区		2021 年		2022 年		2022 年同比增长（%）	
		套数（万套）	面积（万平方米）	套数（万套）	面积（万平方米）	套数	面积
主城区	荔湾区	0.82	62.14	0.56	41.43	-31.6	-33.3
	越秀区	1.19	84.28	0.75	54.01	-37.3	-35.9
	海珠区	1.74	131.54	1.06	78.26	-39.1	-40.5
	天河区	1.77	148.37	0.94	80.43	-46.6	-45.8
	白云区	1.30	103.14	0.80	64.11	-38.4	-37.8
	黄埔区	0.75	60.06	0.36	29.82	-52.2	-50.3
非主城区	番禺区	1.87	187.03	1.13	111.61	-39.6	-40.3
	花都区	1.23	127.03	0.91	230.86	-25.8	81.7
	南沙区	0.62	62.05	0.26	27.45	-58.2	-55.8
	从化区	0.48	52.76	0.37	42.27	-23.1	-19.9
	增城区	1.42	157.30	0.77	86.57	-45.7	-45.0
全市合计		13.20	1175.70	7.92	846.82	-40.0	-28.0

数据来源：广州市住房和城乡建设局。

表 5-4-10　2021年、2022年广州市各区存量住宅成交情况

行政区	2021年		2022年		2022年同比增长（%）	
	套数（万套）	面积（万平方米）	套数（万套）	面积（万平方米）	套数	面积
番禺	1.57	168.24	0.91	98.35	-41.9	-41.5
海珠	1.58	125.33	0.91	71.57	-42.3	-42.9
天河	1.52	135.58	0.77	71.10	-49.2	-47.6
花都	1.03	110.91	0.76	83.96	-26.4	-24.3
白云	1.14	98.59	0.70	60.36	-38.5	-38.8
越秀	1.09	78.25	0.67	49.31	-38.1	-37.0
增城	1.26	141.37	0.66	78.16	-47.6	-44.7
荔湾	0.75	58.93	0.51	39.46	-32.0	-33.0
从化	0.41	44.98	0.33	35.93	-20.8	-20.1
黄埔	0.58	52.36	0.27	24.71	-53.4	-52.8
南沙	0.52	58.18	0.20	24.14	-61.4	-58.5
全市合计	11.44	1072.72	6.69	637.05	-41.5	-40.6

数据来源：广州市住房和城乡建设局。

7. 住宅销售价格

2022年广州市新建商品房销售均价26356元/米^2，同比下降6.0%。其中，住宅均价29455元/米^2，同比下降3.7%（见表5-4-11）。

表 5-4-11　2021年、2022年广州市新建商品房销售均价

年份	商品房合计（元/米^2）	同比增长（%）	商品住宅（元/米^2）	同比增长（%）	办公楼（元/米^2）	同比增长（%）	商业营业用房（元/米^2）	同比增长（%）
2021	28034	11.9	30580	12.8	23044	16.4	20417	4.0
2022	26356	-6.0	29455	-3.7	25305	9.8	18154	-11.1

数据来源：广东省统计局。

根据国家统计局发布的70座大中城市商品住宅销售价格变动情况数据，2022年广州新建商品住宅和二手住宅价格指数走势基本一致。从同比走势看，上半年涨幅均逐月回落，下半年新建商品住宅指数基本企稳，至12月同比上涨0.4%；二手住宅下半年延续回落，自9月起进入下降区间，至12月同比下降0.5%（见图5-4-8）。从环比走势看，1—7月新建商品住宅和二手住宅总体均呈小幅上涨态势，8月起由涨转跌；至12月，新建商品住宅和二手住宅环比分别下降0.4%和0.6%；全年新建商品住宅价格环比累计上涨0.5%，二手住宅累计下降0.6%（见图5-4-9）。

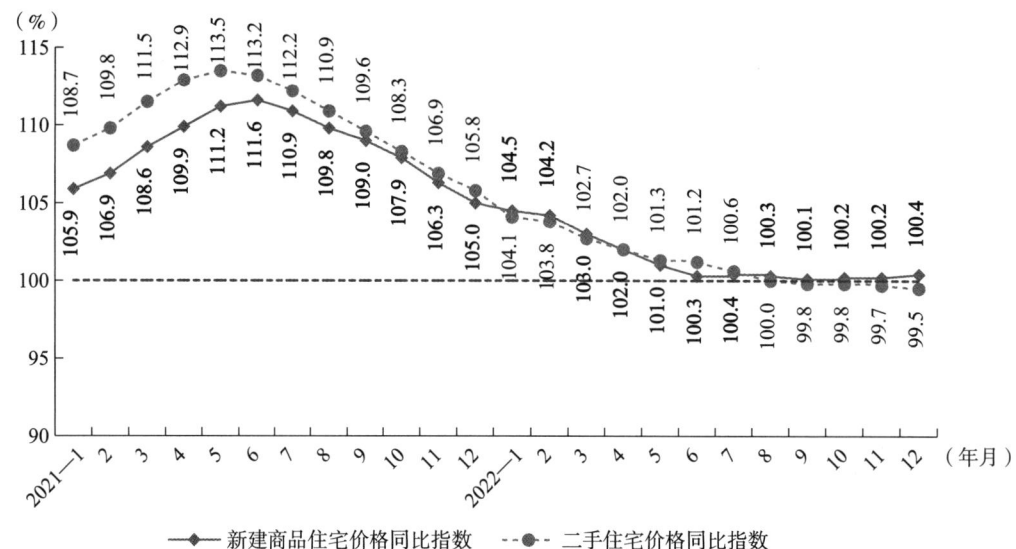

图 5-4-8　2021—2022 年广州市住宅价格同比指数走势

数据来源：国家统计局。

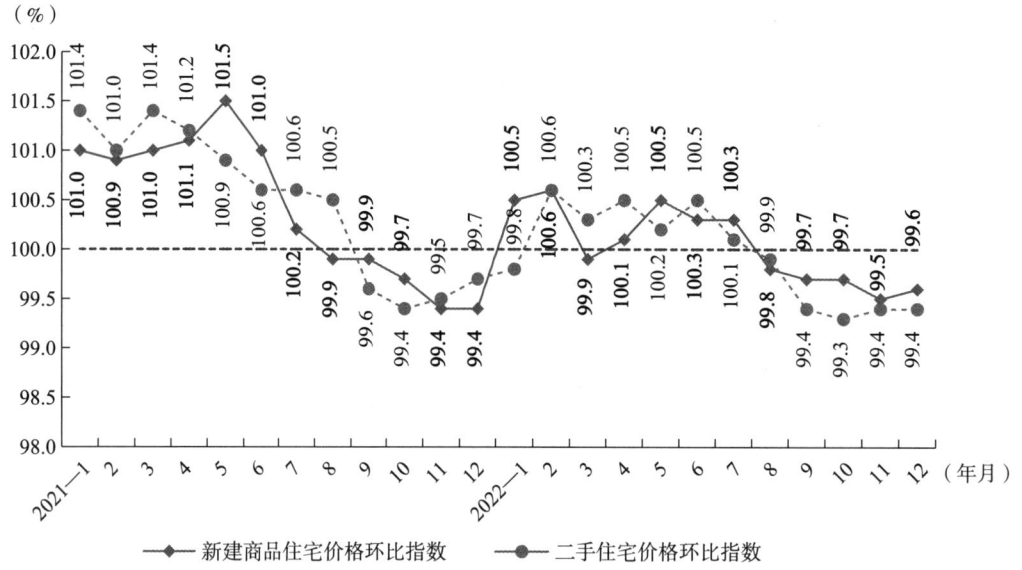

图 5-4-9　2021—2022 年广州市住宅价格环比指数走势

数据来源：国家统计局。

（二）2022 年广州市住房保障工作情况

1. 住房保障工作总体情况

2022 年，广州加速发展住房租赁市场，超额完成中央财政支持住房租赁市场发展试点绩效任务，租赁房源累计达 520 万套/间。优化住房保障政策体系建设，印发实施《广州市商品住宅用地公开出让配建政策性住房管理办法》等政策文件，加快保障性安居工程建设，有序推进共有产权住房配售，持续做好人才住房工作。截至 12 月底，基本建成保障性安居工程 7602 套，发放住房租赁补贴 18003 户，筹集保障性租赁住房 13 万套，市本级推出供应公租房和共有产权住房 8823 套。

2. 城市更新改造工作

一是城市更新政策体系持续优化。全面梳理市层面现行有效的 29 份城市更新政策文件，研究制定《广州市旧城镇旧厂房旧村庄改造实施办法》等政策文件，填补制度空白。修改完善《广州市城市更新专项总体规划（2018—2035 年）》，印发城市更新"十四五"规划，修编城市更新近期建设规划。

二是城市更新项目稳妥推进。按照住房城乡建设部关于在实施城市更新行动中防止大拆大建问题的要求和广州市大规模迁移砍伐城市树木问题专项整改工作部署，对全市 114 个城市更新项目进行评估核查并明确分类处理意见。印发实施城市更新项目年度计划，强化项目实施过程协调监管，谋划罗冲围、环五山策源区等一批重点片区更新改造项目，积极推进旧厂房"工改工"类微改造。2022 年全市城市更新项目完成固定资产投资约 1230 亿元。

三是老旧小区改造提档升级。推进实施老旧小区改造 123 个，改造老旧建筑 951.97 万平方米，整治"三线" 229.8 千米，改造和整治雨污分流管网 86.9 千米，增设无障碍通道 14700 米，完善消防设施 9775 个，新增口袋公园和社区公共空间 175 个，惠及约 8.6 万户、27.6 万人口。编制《广州市以绣花功夫打造老旧小区成片连片改造示范区工作实施方案》，统筹谋划 19 个片区改造项目，完成江南西等 8 个片区的策划方案招标工作。

（广东省房地产行业协会）

五、深圳市房地产市场

（一）2022 年深圳市房地产市场基本情况

聚焦深圳，作为先行示范城市，深圳在这一轮房地产行业深度调整周期中同样经历了楼市的深刻变化，在各城因城施策松绑时，深圳的楼市政策始终较为谨慎，既有严格的调控政策未见松动，仅在贷款利率和贷款速度上有所放松。面对政策预期落空，叠加大环境影响，市场信心不足，国企、央企托底拿地，大多数民企由谨慎拿地转为不拿地。在对未来预期不明朗的情况下，购房者观望情绪浓厚，楼市成交不断筑底，新房供求规模双双下降，二手住宅成交量同比近乎腰斩，市场成交价趋向指导价。城市更新项目、土地整备项目整体推进速度较上年有所放缓。整体而言，2022 年是深圳楼市较为艰难的一年。

1. 开发投资情况

截至 2022 年底，深圳市房地产开发企业 1675 家，同比增长 6.4%。其中一级资质 24 家、二级资质 1099 家、三级资质 243 家、四级资质 303 家、二级资质证明 6 家。

2022 年，新开工住房面积 1503.9 万平方米，圆满完成市政府工作报告提出的新开工住房面积 1500 万平方米工作任务；完成房地产开发投资 3413 亿元，同比增长 13.3%，278 个指挥部重点项目完成投资 2047.1 亿元，20 个示范项目完成投资 307.2 亿元，顺利完成全年投资任务。

2. 土地供应与成交情况

表 5-5-1　2018—2021 年深圳市土地供应成交一览表

类型	第一轮	第二轮	第三轮	第四轮
供地宗数（宗）	8	16	7	7
供地总建筑面积（万平方米）	107	180	122	108
成交总宗数（宗）	8	14	6	6

续表

类型	第一轮	第二轮	第三轮	第四轮
成交建筑面积（万平方米）	107.07	158.02	111.1	96.3
成交总价（亿元）	193.3	339.3	106.4	97.27
平均楼板价（元/米^2）	18054	21473	9577	10101
溢价触顶宗数（宗）	8	9	2	1
整体溢价率（%）	15	9	4	8
流拍（宗）	0	2	1	1
流拍率（%）	0	13	14	14
国央企拿地占比（%）	100	100	100	83

数据来源：深圳市房地产信息平台。

深圳作为2022年土地市场热度最高的城市之一，首轮集中供地以所有地块触及最高限价、整体溢价率高达15%的热度成交。第二轮土地出让则由于供应地块增多，土地市场热度稍有回落。第三轮土拍热度则显现进一步下滑，1宗地块流拍，其余6宗成交地块整体溢价率为3.94%，较第二轮下降5.39个百分点。第四轮土拍成交建筑面积最少，除熟知的大型国央企外，本次参与土拍的民企和外地房企热情较高（见表5-5-1）。

2022年前两轮集中供地中，深圳土地市场热度较高。这主要一方面源于深圳宅地供应持续稀缺，另一方面前两轮土拍推出的多为热点地块，如前海、龙华等区域地块，且溢价率较高。总体来看，2022年度深圳市招拍挂居住用地集中出让任务完成，成功出让34宗131.1万平方米居住用地，实现地价收入736.27亿元（见表5-5-2、表5-5-3、表5-5-4、表5-5-5）。

表5-5-2 2022年第一轮土拍成交情况

宗地号	土地位置	出让面积（平方米）	土地用途	起始价（亿元）	成交价（亿元）	竞自持租赁住房面积（平方米）	竞得人	溢价率（%）
A012-0112	宝安区新安街道	98082	二类居住用地+道路用地	61.32	70.51	26000	万科/深圳人才安居	15
A818-0478	龙华区民治街道	26114	二类居住用地	32.87	37.8	12700	深业/深圳人才安居	15
G12314-8035	坪山区石井街道	76219	二类居住用地+道路用地	22.4	25.76	42360	深圳天健	15
E2021-0001	深汕特别合作区鹅埠镇	55316	二类居住用地	6.02	6.92	35980	深汕投资	15
A607-0888	光明区玉塘街道	19352	二类居住用地	16.56	19.04	5500	华润	15
A503-0095	光明区凤凰街道	17196	二类居住用地	19.37	22.27	19050	华润	15
G12303-8078	坪山区龙田街道	23418	二类居住用地	8.27	9.51	7500	坪山城投	15
G02310-0001	龙岗区宝龙街道	5431	租赁住宅	1.3	1.49	—	龙岗人才安居	15

数据来源：深圳市房地产信息平台。

表 5-5-3　2022年第二轮土拍成交情况

宗地号	土地地址	土地用途	土地面积（平方米）	总建筑面积（平方米）	成交总价（亿元）	溢价率（%）	成交楼板价（元/米²）	竞得人
A806-0401	龙华区民治街道	商住	57044.00	458380	79.69	0	17385	华润置地
A818-0479	龙华区民治街道	纯住宅	8973.71	44860	12.73	15	28377	联发集团
A806-0400	龙华区民治街道	纯住宅	12009.77	72050	22.29	15	30937	中海地产
A104-0147	宝安区西乡街道	纯住宅	16824.41	67297	21.96	15	32631	越秀地产
A301-0586	宝安区沙井街道	纯住宅	37850.08	151400	31.02	15	20489	招商蛇口
A003-0434	宝安区新安街道	纯住宅	9852.89	53440	19.14	15	35816	越秀地产
G02409-0004	龙岗区宝龙街道	纯住宅	7697.03	33020	4.17	8	12629	振业集团
G01009-0006	龙岗区龙城街道	纯住宅	7378.84	32539	5.72	15	17579	华润置地
G01048-0153	龙岗区龙城街道	纯住宅	29360.07	153427	29.37	15	19143	深业集团+深铁置业
G01126-0090	龙岗区龙岗街道	纯住宅	18754.70	95083	14.15	1	14882	保利置业
A503-0096	光明区凤凰街道	纯住宅	18925.78	113560	24.29	15	21390	华润置地+深铁置业
A642-0506	光明区公明街道	纯住宅	21039.24	105190	14.43	0	13718	特发集团
G12341-8038	坪山区石井街道	纯住宅	16447.68	80594	9.07	2	11254	华润置地
T102-0410	前湾片区九单元06街坊	纯住宅	24272.38	119350	51.29	15	42974	招商蛇口
T201-0185	南山区前海板块	商办	12850.98	63960	8.87	0	13868	前海曼哈顿

数据来源：深圳市房地产信息平台。

表 5-5-4　2022年第三轮土拍成交情况

宗地号	土地位置	土地面积（万平方米）	建筑面积（万平方米）	毛坯销售限价（元/米²）	成交总价（亿元）	成交楼面价（元/米²）	溢价率（%）	竞得企业
G14306-8011	坪山区坑梓街道	19.22	42.78	35300	32.92	7695	0	深铁
G14306-8012	坪山区坑梓街道	17.63	28.93	35300	16.46	5689	0	深铁
G13305-0046	坪山区石井街道	3.12	11.45	37500	11	9610	0	深铁
A208-0991	宝安区福海街道	3.09	12.96	47950	27.5	21216	15	华润
A922-0823	龙华区福城街道	2.72	9.52	53600	15.03	15796	0	招商蛇口
A922-0824	龙华区福城街道	1.52	5.45	26800	3.47	6366	14.9	坂腾
A629-1340	光明区马田街道	2.20	11.01	47200	—	—	—	流拍

数据来源：深圳市房地产信息平台。

表 5-5-5　2022年第四轮土拍成交情况

宗地号	土地地址	土地用途	土地面积（平方米）	总建筑面积（万平方米）	成交总价（万元）	溢价率（%）	成交楼板价（元/米²）	竞得人
A806-0403	龙华区民治街道	纯住宅	8720.51	48010	158800	14.99	33076	华润置地
A503-0100	光明区凤凰街道	纯住宅	28564.79	162340	319200	0.95	19662	中海地产
G10203-0499	龙岗区坪地街道	纯住宅	131619.81	523832	396300	0	7565	深铁置业
H2022-0003	深汕鲘门镇	纯住宅	50158	165521	14900	0	900	深圳人才安居
A002-0091	宝安区新安街道	纯住宅	5425.03	32538	60000	14.94	18440	南通亚伦
G01019-0042	龙岗区	纯住宅	5918.41	31010	23500	14.63	7578	华侨城

数据来源：深圳市房地产信息平台。

3. 新房供应与销售情况

供应方面，2022年深圳市取得住宅预售许可证项目109个，预售住宅套数57812套，同比下跌5.8%；住宅预售面积544.0万平方米，同比下降11.6%。第三季度是全年住宅销售高峰期。其中，福田、龙岗、龙华区预售面积和套数同比正增长，其他各区均同比下降（见图5-5-1、见表5-5-6）。

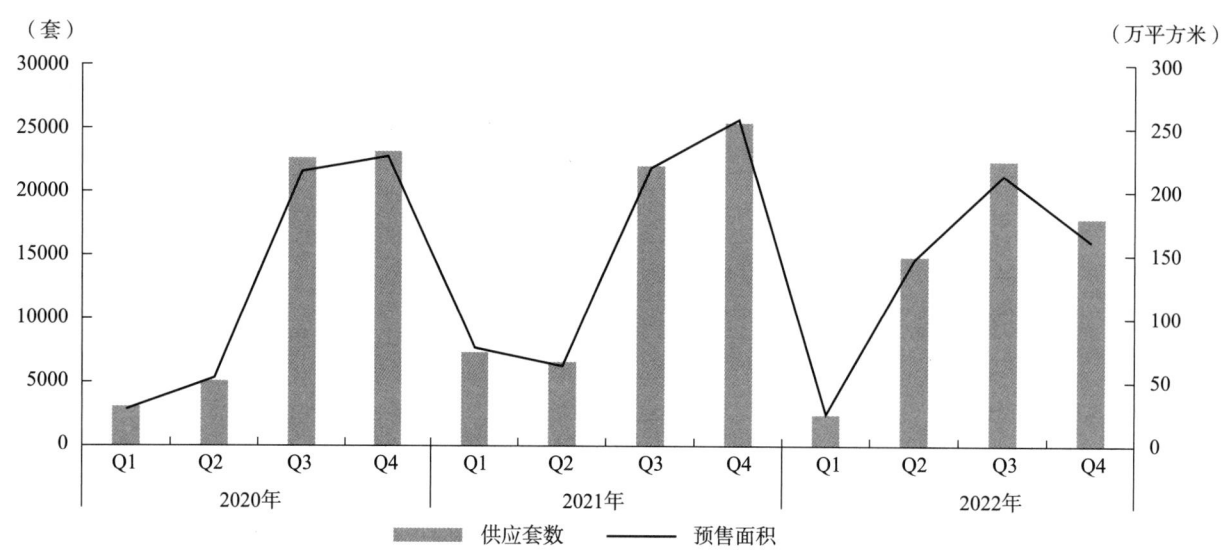

图5-5-1　2020—2022年深圳市商品房季度新增供应（预售）情况

数据来源：深圳市房地产信息平台。

表5-5-6　2022年深圳市各区一手住宅预售情况

区域	预售面积（万平方米）	同比增长（%）	预售套数（套）	同比增长（%）
罗湖	9.8	-79.9	918	-78.4
福田	26.2	233.1	1872	164.4
南山	47.1	-36.6	3690	-38.4
盐田	16.3	-9.2	2049	-7.4
宝安	67.7	-24.7	7438	-14.6
龙岗	138.2	68.2	15995	79.0
大鹏	4.7	-73.1	566	-69.6
龙华	113.5	33.0	12342	36.2
光明	61.4	-35.8	6597	-34.5
坪山	40.1	-20.9	4517	-16.5
深圳市	544.0	-11.6	57812	-5.8

数据来源：深圳市房地产信息平台。

成交方面，2022年深圳市成交一手商品住宅34441套（网签量），同比下跌34.3%，是近5年的第二低点，仅略高于2018年，月均成交2900套；成交面积356万平方米，同比下跌31.9%；成交均价6.1万元/米^2，同比下跌5%。区域方面，宝安、光明均超过6000套，罗湖、福田是唯二成交量上涨的区域。库存方面，年末库存量再破400万平方米，创近7年最高峰，去化压力大（见图5-5-2、见表5-5-7）。

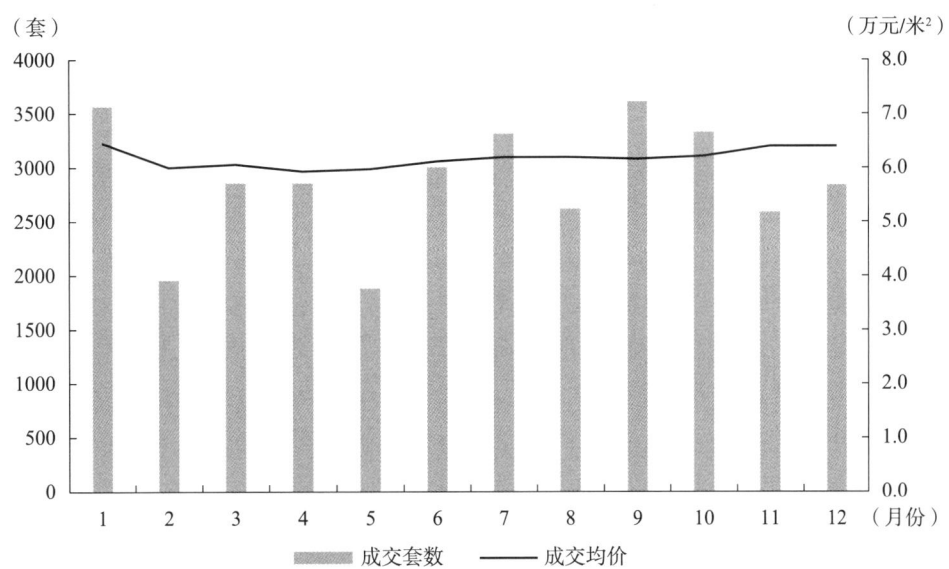

图 5-5-2　2022 年深圳市一手住宅月度成交情况

数据来源：深圳市房地产信息平台。

表 5-5-7　2022 年深圳市各区一手住宅预售情况

区域	套数（套）	同比增长（%）	面积（万平方米）	同比增长（%）	成交均价（万元/米²）	同比增长（%）
罗湖	2348	55.7	28.1	75.2	8.2	-10.0
福田	1340	296.4	17.7	297.9	10.6	51.2
南山	3892	-17.1	46.6	-13.9	10.7	6.6
盐田	472	-51.7	4.5	-51.7	5.5	3.4
宝安	6465	-53.0	67.6	-52.2	6.4	-6.9
龙岗	5042	-40.3	47.3	-40.2	4.6	1.8
龙华	5028	-19.4	48.9	-16.6	6.2	-4.5
坪山	1961	-68.5	17.8	-69.0	4.0	-0.2
光明	6271	-5.0	61.1	-8.5	5.0	-2.0
大鹏	345	-58.4	3.2	-56.9	3.8	23.5
深汕	1277	-54.4	12.8	-53.5	1.2	-12.1
深圳市	34441	-34.3	355.7	-31.9	6.1	4.1

数据来源：深圳市房地产信息平台。

4. 存量房供应与销售情况

截至 2022 年底，深圳存量住宅项目总数 631 个，存量用地总面积 1220.22 万平方米。未动工面积 311.81 万平方米，已动工土地面积 908.41 万平方米，其中未销售土地面积 396 万平方米。具体到各区，福田区存量宅地项目 32 个，罗湖区 28 个，南山区 54 个，盐田区 29 个，宝安区 89 个，龙岗区 127 个，龙华区 87 个，坪山区 51 个，光明区 89 个，大鹏新区 26 个。2022 年完成建设筹集各类租赁住房 32.8 万套，其中，新建改建租赁住房 22.8 万套、盘活存量房源 10 万套。

二手住宅方面，2022 年深圳市成交二手住宅 21373 套（网签量），是 2004 年以来的最低点，但 2022 年跌幅较 2021 年缩窄，市场已触底；价格方面，2022 年深圳市二手住宅成交均价同比下跌 10%，二手房价格与新房价格差距逐渐缩小，套均总价 649 万元，套均面积 95 平方米；区域方面，多区房价同比跌幅超 10%，南山、宝安两区跌幅达到 15%（见图 5-5-3、见表 5-5-8）。

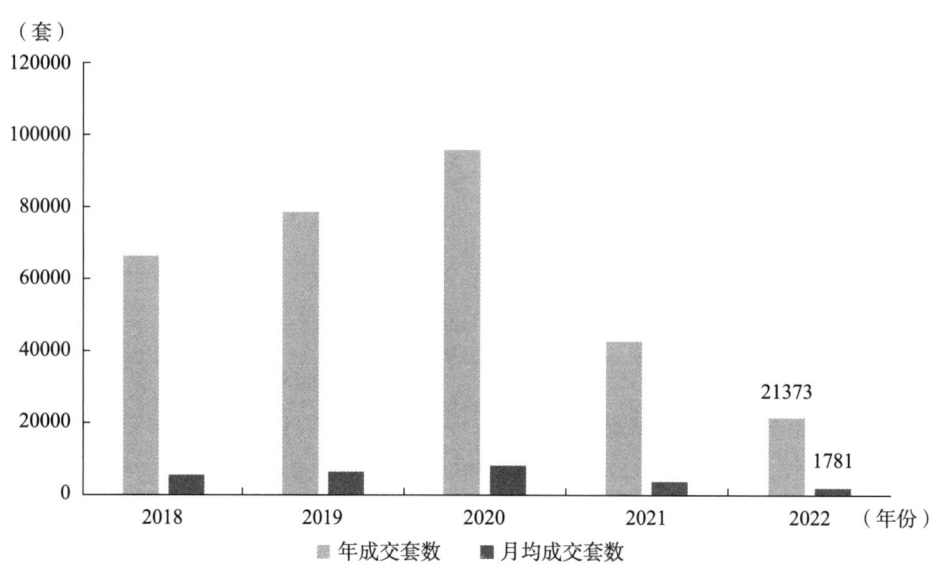

图 5-5-3　2018—2022 年深圳市二手住宅成交情况

数据来源：深圳市房地产信息平台。

表 5-5-8　2022 年深圳市各区二手住宅成交情况

区域	成交套数（套）	成交均价（万元/米²）	成交均价同比增长（%）
罗湖	2860	5.1	-13
福田	4500	7.3	-10
南山	3359	7.9	-15
盐田	559	4.2	-12
宝安	3340	5.8	-15
龙岗	5482	3.9	-11
龙华	1208	5.5	-11
坪山	29	3.5	-7
光明	34	3.5	0
大鹏	2	2.8	20
深汕	0	0.0	0
深圳市	21373	5.9	-10

数据来源：深圳市房地产信息平台。

（二）2022 年深圳市住房保障工作进展

1. 保障房各项指标任务及达成情况

根据 2022 年市政府重点工作安排，保障性住房投资年度目标 390 亿元，2022 年完成投资 482.9 亿元，完成年度目标的 123.8%。全年建设筹集保障性住房 17 万套（间），供应 11.78 万套（间）。从各区投资完成情况看，坪山（172.2%）、罗湖（165.9%）、龙华（151.8%）、南山（142.2%）、龙岗（120.7%）、大鹏

（119.3%）、宝安（118.4%）、光明（117.4%）、盐田（116.8%）、福田（110.4%）、深汕（102.3%）均已超额完成年度任务。

2. 城市更新改造推进情况

2022年深圳市城市更新供应用地任务为250万平方米，实际完成256.4万平方米，完成率102.5%；更新整备居住用地供应任务为120万平方米，实际完成120.6万平方米，完成率100.5%；地价收入任务为228亿元，实际完成230.88亿元，完成率101.3%；村社工业区转型升级任务3平方千米，实际完成3.3平方千米，完成率110.7%；高质量产业空间保留提升任务20平方千米，实际完成20.4平方千米，完成率110.7%。

此外，深圳市2022年度"三旧"改造任务（预下达）为：新增实施改造用地面积不少于400万平方米；完成改造用地面积不少于266.67万平方米。2022年全年新增实施改造任务完成451.59万平方米，完成率112.9%；完成改造任务完成275.52万平方米，完成率103.3%。

（深圳市房地产业协会）

六、重庆市房地产市场

（一）房地产市场基本情况

1. 房地产开发投资情况

2022年，重庆市（含中心城区、主城新区、渝东北三峡库区城镇群和渝东南武陵山区城镇群等38个区县）完成房地产开发投资3467.6亿元，同比下降20.4%。

按照区域分布来看，中心城区完成投资2015.5亿元，同比下降26.1%；主城新区完成投资931.7亿元，同比下降7.4%；渝东北三峡库区城镇群完成投资407.4亿元，同比下降14.5%；渝东南武陵山区城镇群完成投资113.0亿元，同比下降22.3%（见表5-6-1）。

表5-6-1 2022年重庆市各地区房地产开发投资情况

区域	2021年（亿元）	2022年（亿元）	同比增长（%）
中心城区	2727.0	2015.5	-26.1
主城新区	1005.9	931.7	-7.4
渝东北	476.4	407.4	-14.5
渝东南	145.6	113.0	-22.3
合计	4355.0	3467.6	-20.4

数据来源：重庆市统计局。

2022年全市38个区县中只有7个区县（分别为渝中区、涪陵区、大足区、南川区、潼南区、丰都县和奉节县）开发投资实现增长，和2021年全市29个区县开发投资实现增长相比，开发投资保持增长的区县数量明显减少。

各片区2022年房地产开发投资均出现明显回落，但投资回落的原因略有差别。其中，中心城区投资下滑主要原因是土地出让和在建项目减少，中心城区以外区域投资下滑主要原因则是开发企业主动收缩。由于2022年以来的房地产市场持续低迷，开发企业主动求变，积极转变经营策略，适时启动核心区项目的建设，适当放缓非核心区项目的进度，不断优化项目布局，以实现换仓策略，用优质项目更好的抗跌性来应对市场低谷期。由于加快在中心城区以外项目的收尾工作，主城新区、渝东北三峡库区城镇群和渝东南武陵山区城镇群多个区县近一年来都没有新的项目开工建设，使得这些地区的投资出现较大下滑。虽然2022年开发企业更愿意在中心城区进行投资，但中心城区2022年土地出让大幅减少，新建项目普遍规模不大，在原有的大体量项目陆续建设完毕之后，缺少新的重磅项目支撑，加上在前期高基数的参照下，2022年投资有较明显的回落。

按物业类型来看，2022年全市住宅完成投资2609.0亿元，同比下降20.7%；办公楼完成投资61.5亿元，同比下降24.0%；商业营业用房完成投资344.9亿元，同比下降16.5%；其他物业（主要由车库、教育设施等构成）完成投资452.2亿元，同比下降21.1%（见表5-6-2）。住宅投资占比连续两年均保持在75%以上，当前房地产市场住宅与非住宅发展不平衡的现象继续存在，非住宅存量多、盘活难度大，企业对非住宅的投资继续持回避态度，只有个别长时间无项目开发的企业尝试性地启动闲置商业地块的建设。另外为帮助企业渡过难关，2022年重庆市对轨道交通站场附近新出让土地的车位配比标准实施阶段性调低支持政策，部分新项目的车位最低可按0.8个/户的标准进行配建，较之前最低1个/户的标准有所降低，因此，2022年其他物业的投资较上年下降21.1%，略高于总体投资20.4%的降幅。

表5-6-2　2021年、2022年重庆市房地产开发投资构成情况

物业类型	2021年（亿元）	2022年（亿元）	同比增长（%）
住宅	3288.1	2609.0	-20.7
办公楼	80.9	61.5	-24.0
商业营业用房	413.1	344.9	-16.5
其他	572.9	452.2	-21.1
合计	4355.0	3467.6	-20.4

数据来源：重庆市统计局。

从2022年重庆市房地产开发投资月度走势来看，总体上呈现逐步回落的态势，出现下半年投资低于上半年投资的情况，主要是2022年10—12月房地产开发建设受疫情的影响较大，尤其是11月，受疫情的影响较大，建筑材料无法及时进场，现场施工人员不能聚集，使房地产开发建设进入短暂停顿期。未发生疫情的建筑工地，在科学精准做好疫情防控的前提下，充分克服实际困难，通过及时调整施工计划，优先组织实施外部材料需求量少的工序，坚持闭环施工，有力有序推进保交楼任务，但此阶段在建项目的工程进度实质性进展并不快，相应的建筑安装工程投资较少。其中11月全市房地产开发投资只有135.4亿元，是2014年以来唯一单月投资额低于200亿元的情况，因此使得开发投资降幅逐步扩大，全年达到20.4%的历史最大降幅（见图5-6-1）。

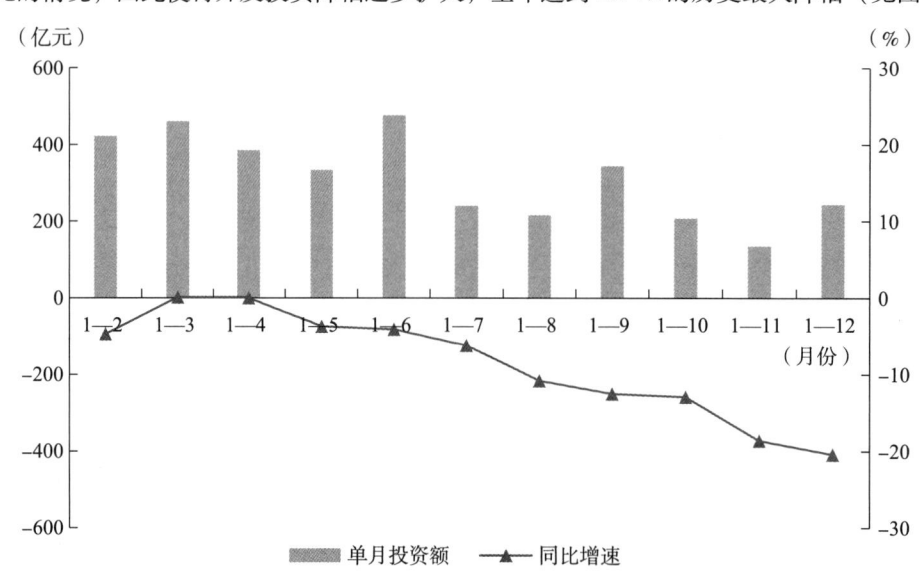

图5-6-1　2022年重庆市房地产开发投资月度走势

数据来源：重庆市统计局。

2. 土地供应与成交情况

2022年，全市房地产类土地出让357宗，同比减少75宗；出让面积1475.2万平方米，同比下降37.6%；可建规模2716.2万平方米，同比下降36.7%；出让金额685.0亿元，同比下降59.4%；出让楼面价2521.8元/米^2，同比下降35.8%（见表5-6-3）。

表5-6-3　2022年重庆市房地产类用地出让情况

区域	宗数（宗）	面积（万平方米）	可建面积（万平方米）	金额（亿元）	楼面价（元/米²）
中心城区	52	342.2	602.5	351.4	5832.3
主城新区	179	738.1	1373.4	240.0	1747.5
渝东北	68	215.5	384.2	56.1	1460.3
渝东南	58	179.4	356.1	37.5	1052.4
合计	357	1475.2	2716.2	685.0	2521.8

数据来源：重庆市统计局。

2022年，为应对销售业绩下滑带来的资金压力，各企业均更加注重去库存，把去库存调整为最紧迫的年度任务，企业投入更多资源用于去库存和促销售，阶段性地采取重销售轻拿地的经营策略。由于销售业绩的下滑，全国性布局的大型企业重庆地区所占全国的市场份额减少、排位下降，公司总部对重庆公司拿地方面的资金支持力度有所减弱。2022年以来，经营遇到困难的企业越来越多，部分出险企业有较多未开工的土地资源，因此，对于有的企业来说，即使不公开参与拍地，也可以通过兼并购、项目纾困等方式来增加土地储备。在此背景下，2022年除少数国企和市区两级平台公司主动为地区经济发展服务，参与土地竞拍以外，民营房企极少参与拿地，使得全年土地成交规模明显走低。

3. 房屋建设情况

2022年，全市房地产新开工面积2242.2万平方米，较2021年下降54.4%，新开工面积大幅走低（见表5-6-4）。从2022年5月起，全市房地产销售金额降幅持续高于30%（全年降幅达到42.5%），这是我市房地产销售业绩下降幅度最大、持续时间最长的低迷期，销售业绩下滑成为当前房地产企业亟待解决的首要问题。而当前越来越多的企业坚持"以销定产"的开发思路，住房供应模式由"投资推动"转为"需求拉动"，企业对新项目的开工建设高度依赖经营现金流，更加注重以当期销售情况为风向标及时调整开发建设节奏和计划，而2022年销售去化速度变慢，企业依靠未销售完毕的尾盘、已开工未达到预售条件的房源即可满足市场需求，对新项目的立项和建设保持谨慎态度，因此新开工项目大幅减少。

表5-6-4　2021年、2022年重庆市各地区房地产新开工面积

区域	2021年（万平方米）	2022年（万平方米）	同比增长（%）
中心城区	1960.6	1221.4	-37.7
主城新区	1888.3	534.8	-71.7
渝东北	600.5	330.3	-45.0
渝东南	423.9	137.7	-67.5
合计	4873.4	2224.2	-54.4

数据来源：重庆市统计局。

从区域分布来看，2022年中心城区新开工1221.4万平方米，同比下降37.7%；主城新区新开工534.8万平方米，同比下降71.7%；渝东北三峡库区城镇群新开工330.3万平方米，同比下降45.0%；渝东南武陵山区城镇群新开工137.7万平方米，同比下降67.5%。2022年全市38个区县中只有4个区县的新开工面积有所增

长，34个区县新开工面积出现下滑。其中中心城区新开工面积下滑幅度相对较小，主要是中心城区得益于成熟的基础配套，住房销售有较多的借力点（如优质的教育资源、便捷的轨道交通等），在市场低迷期更被购房者所看重，因此开发企业更加愿意在中心城区进行开发建设。在中心城区以外，除原有项目的小规模续建以外，极少有开发企业启动新项目的建设，因此主城新区和渝东南武陵山区城镇群新开工面积降幅均超过60%。

从物业类型来看，2022年重庆市住宅新开工1541.0万平方米，同比下降52.3%；办公楼新开工35.1万平方米，同比下降66.4%；商业营业用房新开工167.4万平方米，同比下降64.4%；其他（主要由车库、教育设施等构成）新开工480.7万平方米，同比下降54.9%（见表5-6-5）。其中办公楼和商业新开工面积降幅超过60%，主要受当前办公楼、商业库存过多的制约，开发企业放缓办公楼、商业的开工建设。住宅和其他物业新开工面积降幅相对略小，2022年住房销售去化速度虽然总体上来看呈大幅减慢的态势，但优质的住房项目销售依然有一定的保障，如渝北区的公园大道、北辰悦来壹号，江北区的香港置地启元、香港置地观宸，北碚区的建发云著、建发书香府，沙坪坝区的招商渝天府等住宅项目，或因品质过硬，或因位置优越，或因定价精准，在市场低迷期间也有较好的销售业绩，其在2022年依然加紧开工建设，新开工的住宅房源相对较多。

表5-6-5　2021年、2022年重庆市房地产新开工情况

物业类型	2021年（万平方米）	2022年（万平方米）	同比增长（%）
住宅	3231.2	1541.0	-52.3
办公楼	104.5	35.1	-66.4
商业营业用房	470.8	167.4	-64.4
其他	1066.9	480.7	-54.9
合计	4873.4	2224.2	-54.4

数据来源：重庆市统计局。

2022年，重庆市房地产施工面积22699.3万平方米，同比下降15.6%，并且首次出现连续三年回落的状况，三年累计回落5287.3万平方米，较2019年的阶段性高点下降18.9%。2022年，全市房地产竣工面积2795.7万平方米，同比下降33.4%，竣工面积虽然出现回落，但高于全年新开工面积571.5万平方米。2022年以来，保交楼政策持续显效，前期开发建设遇到困难的项目陆续竣工交付，而由于土地出让减少以及企业开工意愿回落的影响，新建项目大幅减少，因此自1997年以来重庆市房地产竣工面积首次出现高于新开工面积的情况，此前只有个别区县出现过竣工面积超过新开工面积的倒挂现象，全市房地产开发建设呈收缩状态，开发规模进一步走低的趋势或将越来越明显。

4. 新房销售情况

2022年，重庆市房地产销售面积4439.0万平方米，同比下降28.4%。其中，住宅销售面积2969.0万平方米，同比下降40.0%；办公楼销售面积102.8万平方米，同比下降6.9%；商业销售面积356.3万平方米，同比下降4.2%；其他房屋销售面积1010.9万平方米，同比增长31.3%（见表5-6-6）。

表5-6-6　2021年、2022年重庆市房地产销售情况

物业类型	2021年（万平方米）	2022年（万平方米）	同比增长（%）
住宅	4945.4	2969.0	-40.0
办公楼	110.4	102.8	-6.9
商业营业用房	371.9	356.3	-4.2
其他	770.0	1010.9	31.3
合计	6197.7	4439.0	-28.4

数据来源：重庆市统计局。

按片区来看，中心城区销售面积1940.4万平方米，同比下降36.8%；主城新区销售面积1530.4万平方米，同比下降23.9%；渝东北三峡库区城镇群销售面积728.5万平方米，同比下降14.6%；渝东南武陵山区城镇群销售面积239.7万平方米，同比下降8.8%。2022年，在房地产市场降温的背景下，企业延期交房案例增多，多个项目的交房时间晚于计划日期，购房者对企业的信任度下降，加之疫情影响下市民收入减少，储蓄意识增强，消费意愿降低，消费习惯改变，尤其对需要长期持有并大额负债的住房消费更加谨慎和保守，对房地产销售有一定的影响。具体来看，上半年主要受房地产市场降温、部分项目延期交房等负面因素的影响，全市房地产销售面积出现回落；下半年主要受疫情冲击、需求不稳以及新开盘项目减少等因素的制约，销售面积继续走低，使得全年销售面积下降明显。

5. 存量房供应与销售情况

据不完全统计，2022年中心城区二手房成交110481套，占房地产市场销售的份额已达到65%，渝中区、九龙坡区、江北区等多个区域二手房市场份额已超过七成。3—9月是中心城区存量房销售比较活跃的月份（见图5-6-2）。2022年以来，多个区县开始探索二手房带押过户的模式，加上阶段性的出售自有住房并重新购买住房的可享受减免个人所得税政策优惠，一系列政策措施有效地提升二手房的流动性。另外，当前购房者对逾期交房仍存在担忧，而二手住房因其所见即所得和性价比突出的优势，刚需购房者对二手房的接受度明显提高。在此背景下，二手住房市场占比不断提高，除中心城区以外，部分主城新区的二手住房市场份额也已接近50%，基本上形成存量住房承接刚性需求、新建住房主攻改善性需求的新市场格局。

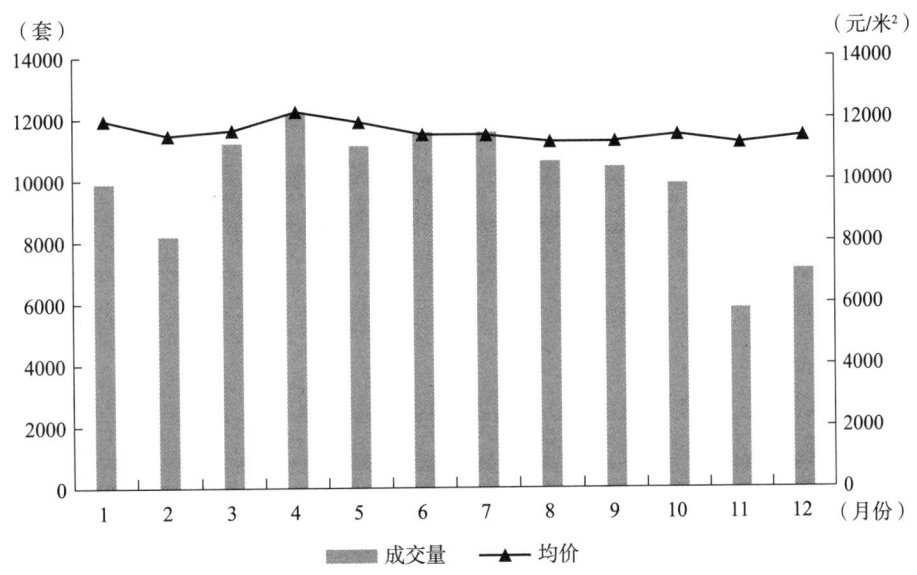

图5-6-2　2022年重庆市中心城区存量房成交走势

数据来源：公开渠道。

6. 商品房销售价格

2022年，全市商品房销售均价6987.2元/米²，同比下降19.7%；其中住宅销售均价8247.8元/米²，同比下降14.8%；办公楼销售均价10936.2元/米²，同比增长31.8%；商业销售均价7768.8元/米²，同比下降5.4%；其他物业销售均价2607.3元/米²，同比下降3.6%（见表5-6-7）。

表 5-6-7　2022 年重庆市房地产销售均价情况

物业类型	2021 年（元/米²）	2022 年（元/米²）	同比增长（％）
住宅	9677.8	8247.8	-14.8
办公楼	8298.5	10936.2	31.8
商业营业用房	8211.5	7768.8	-5.4
其他	2703.7	2607.3	-3.6
合计	8698.8	6987.2	-19.7

数据来源：重庆市统计局。

中心城区销售均价 8920.3 元/米²，同比下降 22.6%；主城新区销售均价 5626.1 元/米²，同比下降 6.0%；渝东北三峡库区城镇群销售均价 5366.9 元/米²，同比下降 7.6%；渝东南武陵山区城镇群销售均价 4951.9 元/米²，同比下降 14.3%。2022 年，由于房地产市场低迷，各企业持续开展丰富多样的营销活动和优惠措施，因此全市房地产销售均价相对 2021 年有明显下跌。

另外，由于车位库存去化难，企业对车位继续采取大力度的促销，均价只有 2600 元/米² 左右的车位销售量明显增多，占全年房地产销售面积的比例为 22.8%，较 2021 年提高 10.3 个百分点，使得销售结构发生明显变动，也在一定程度上拉低销售均价，其中车位配比更高、车位存量更多的中心城区受此影响更大，因此中心城区销售均价降幅略高于其他地区。

(二) 住房保障工作情况

1. 保障政策体制机制建设情况

2022 年 2 月，重庆市人民政府办公厅印发《关于加快发展保障性租赁住房的实施意见》（渝府办发〔2022〕21 号）。从以下五大方面建立完善的保障性租赁住房基础制度。一是明确对象标准，主要面向一定区域内无房的新市民、青年人等群体供应，不设收入限制。二是引导多方参与，充分发挥市场机制作用，支持国有企业、专业化规模化租赁企业等多主体投资。三是坚持供需匹配，以盘活存量为主、适当新建为辅，促进产城融合、职住平衡。四是严格监督管理，建立健全住房租赁管理服务平台，强化工程质量安全监管。五是落实主体责任，市政府对重点发展区域实施监测评价。

为切实推进保障性租赁住房的建设，重庆市在以下方面建立政策支持体系：一是土地支持，单列租赁住房用地计划，新建普通商品住房项目可配建一定比例的保障性租赁住房，加大轨道交通上盖物业及周边项目配建保障性租赁住房的力度，支持利用存量闲置房屋和存量土地发展保障性租赁住房，将产业园区中工业项目配套建设行政办公及生活服务设施的用地面积占项目总用地面积的比例上限由 7% 提高到 15%，提高部分主要用于建设宿舍型保障性租赁住房。二是简化审批流程。优化保障性租赁住房项目审批，市、区、县建立快速审批"绿色通道"，提高项目审批效率。三是资金支持。支持符合条件的项目申报中央预算内投资专项资金，用于新建、改建保障性租赁住房及其配套基础设施建设。四是金融支持。建立健全与金融机构的对接机制，支持银行业金融机构以市场化方式向保障性租赁住房自持主体提供长期低息贷款，在实施房地产信贷管理时予以差别化对待。支持保障性租赁企业发行企业债券、公司债券、非金融企业债券、住房租赁担保债券等，开展保障性租赁住房基础设施 REITs（不动产投资信托基金）试点。五是执行民用水电气价格。建立健全与水电气等单位的联动机制，利用非居住存量土地和非居住存量房屋建设保障性租赁住房，用水、用电、用气价格可按照居民标准执行。六是税费等支持。利用非居住存量土地和非居住存量房屋建设保障性租赁住房，取得保障性租赁住房项目认定书的项目，享受国家规定的增值税、房产税等税收优惠政策。对保障性租赁住房项目免收城市基础设施配套费，项目资本金可以降低 50% 核定监管金额。

2. 保障房各项指标任务及达成情况

截至2022年底,中心城区有保障性租赁住房项目61个,提供租赁房源22472套(见表5-6-8)。其中高新区6162套,主要是金凤佳园公租房项目的存量盘活4400余套。按类型来看,非居住类存量房改造项目38个,10287套房源;居住类存量房盘活项目15个,7331套房源;新建项目8个,4854套房源。

表5-6-8 2022年重庆中心城区在营保障性租赁住房项目情况

区域	项目数量(个)	提供房源数量(套)
渝中区	7	2469
大渡口区	3	1181
江北区	7	956
沙坪坝区	4	922
九龙坡区	11	2898
南岸区	1	48
北碚区	3	1973
渝北区	9	3854
巴南区	6	1526
两江新区	4	483
高新区	6	6162
小计	61	22472

数据来源:重庆市住房和城乡建设委员会。

中心城区利用商业商务用房改造用于保障性租赁住房的38个项目,全部落实民用水电气价格。例如龙湖冠寓解放碑店项目原为商务酒店,2019年1月,经重庆兴冠寓住房租赁服务有限公司改造后作为租赁住房使用,2021年12月认定为保障性租赁住房,项目490套、2.4万平方米,出租率长期保持在90%以上。

2022年,重庆市中心城区21个公租房项目累计84次公开摇号,提供房源38980套,较2021年增长5.6%。其中单间配套19010套,一室户型14469套,两室户型4940套,三室户型561套。累计申请人数47.1万人(见图5-6-3)。

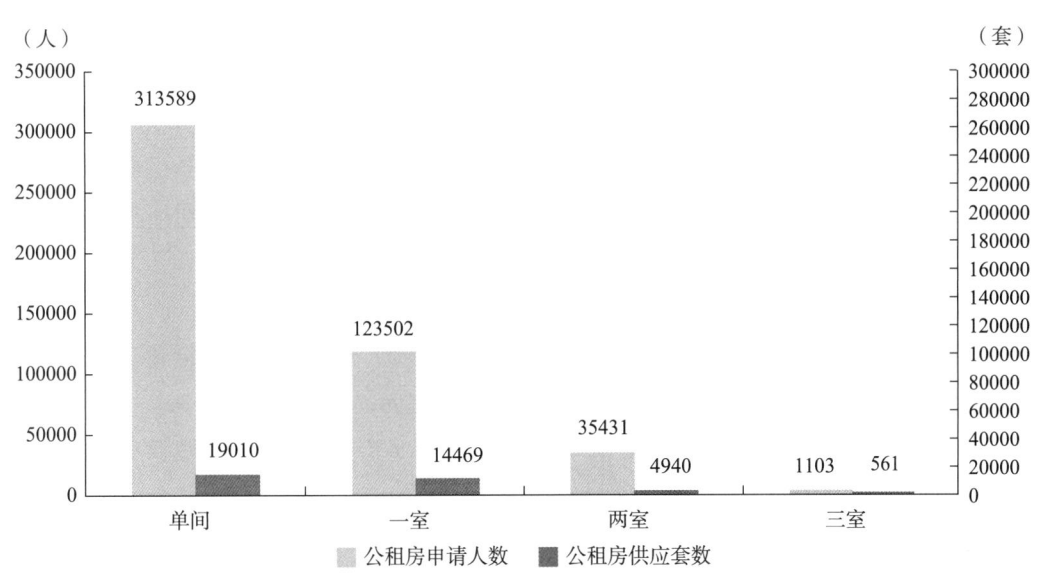

图5-6-3 2022年重庆市公租房申请人数和供应套数对比

数据来源:重庆市住房和城乡建设委员会。

(重庆市房地产开发协会)

七、河北省房地产市场

2022年,河北省房地产形势呈现预期转弱、需求收缩、市场低迷的问题,主要指标中除房屋竣工面积(办公、商业用房)较上年有所上涨外,房地产开发投资、土地供应成交、商品房销售价格、房屋施工面积、房屋新开工面积、房屋竣工面积(住宅)、房地产销售面积、商品房销售额、房地产开发企业到位资金情况均出现下降情况。

(一)2022年河北省房地产市场发展现状及特点

1. 房地产开发投资情况

河北省统计局数据显示2022年河北省生产总值实现42370.4亿元,同比增长3.8%,其中,房地产业生产总值2403.1亿元,同比下降3.3%,占河北省GDP比重5.7%。全社会固定资产投资比上年增长7.6%,但房地产行业同比下降2.6%。河北省居民居住类支出人均4811元,占所有消费类支出23%。

2022年1—12月河北省房地产开发投资完成4983亿元,同比下降0.8%,同比增速较全国高出9.2个百分点,增速全国排名第四。按类别来看,住宅投资完成4116.9亿元,同比增长0.6%;办公楼投资完成89.1亿元,同比下降17.1%;商业营业用房投资完成298.1亿元,同比下降14.8%。

按城市看,2022年石家庄固定资产投资比上年增长9.7%,建设项目投资同比增长19.3%,房地产行业固定资产投资增速同比下降2.2%,房地产开发投资同比下降7.7%。

张家口市房地产业生产总值107.23亿元,同比下降3.6%,占全市GDP比重6.04%,房地产开发投资同比下降17.3%,其中,住宅投资同比下降11.6%,办公楼投资同比下降74.8%,商业营业用房投资同比下降37.3%。

承德市2022年前三季度房地产开发项目累计完成投资155.0亿元,同比增长6.3%,较第二季度提升2.1个百分点,较第一季度提升12.1个百分点,其中,住宅完成投资113.1亿元,同比增长5.4%,较第二季度提升1.2个百分点,较第一季度提升15.3个百分点。

廊坊市固定资产投资同比增长0.1%,建设项目投资增长9.1%,占全市投资的73.9%;房地产开发投资下降19.0%,占全市投资的26.1%,廊坊经济对房地产业的依赖度较高。中长期贷款4138.1亿元,比年初增加13.1亿元,居住价格上涨1.8%。

保定市固定资产投资同比增长8.1%,高于计划目标(8%左右)0.1个百分点,房地产开发投资551亿元,同比下降6.9%。

沧州市全社会固定资产投资同比增长7.8%。全市房地产开发投资完成455.9亿元,同比增长7.0%。其中,建筑工程投资完成327.6亿元,同比增长5.0%;安装工程投资完成7.2亿元,同比下降25.6%;设备工器具购置完成1.6亿元,同比下降26.1%;其他费用完成119.5亿元,同比增长16.9%。

邢台市固定资产投资同比增长7.5%,增速比2021年提高10.1个百分点。其中建设项目投资占全市投资的比重为65.6%,同比增长3.5%,增速比2021年提高14.6个百分点;房地产开发投资占全市投资的比重为34.4%,同比增长16.0%,增速比2021年下降6.4个百分点。

邯郸市固定资产投资增速稳定在8%以上,1—8月房地产开发投资402.9亿元,同比增长12.2%。

从已公布数据的地市来看,石家庄、张家口、廊坊、保定房地产开发投资同比分别下降7.7%、17.3%、19.0%、6.9%,沧州、邢台房地产开发投资同比分别上升7.0%、16.0%。总体上,河北省房地产开发投资同比下降0.8%,河北省房地产市场总体保持平稳发展态势。

2. 土地供应与成交情况

2022年河北省土地累计出让面积17844.03万平方米，同比下降10.3%；土地成交面积13110.41平方米，同比下降10.8%，其中住宅成交面积2885.26万平方米，工业仓储成交面积8248.18万平方米，商服办公成交面积为成交面积847.05万平方米；全部用地成交价款1675.58亿元，同比下降21.5%；2016—2022年河北省全部用地土地成交面积2019年起逐年递减。

从各城市情况来看，唐山市土地出让面积和成交面积为河北省最高，土地出让面积2739.29万平方米，同比增长0.97%，成交面积2315.9万平方米，同比增长12.67%；保定市土地成交价款259.98亿元为河北省最高；承德市土地出让面积369.07万平方米，同比下降31.18%，成交面积244.12万平方米，同比下降42.69%，成交价款37.09亿元，出让面积、成交面积以及成交价款均为河北省最低。2022年省内大部分地市均出现下降趋势，土地市场成交低迷。

根据河北省自然资源厅发布的2022年第四季度城市分用途地价数据，河北省综合地面地价水平为3597.3万元/米^2，环比上升1.4%，同比下降4.4%；其中，廊坊市综合地面地价水平最高，为5719.05万元/米^2，承德市综合地面地价水平最低，为847.95万元/米^2。

3. 商品房销售价格情况

2022年12月，国家统计局公布《2022年12月份70个大中城市住宅销售价格变动情况》数据，河北省3个列入国家重点监控的大中城市：石家庄新建商品住宅价格环比下跌0.6%，同比下降2.9%，二手房住宅销售价格指数环比下跌0.1%，同比下降3.4%；唐山市新建商品住宅销售价格环比下降0.6%，同比下降2.1%，二手住宅销售价格环比下降0.5%，同比下降5.8%；秦皇岛新房价格环比下跌0.5%，同比下降5.9%，二手房价格环比下跌0.30%，同比下跌4.5%。70个大中城市中，新建商品住宅销售价格环比下降城市55个，比上月增加4个；二手住宅销售价格环比下降城市63个，比上月增加1个。河北石家庄、唐山、秦皇岛三市新房、二手房价格均出现继续下降趋势，房地产市场持续不断降温。

4. 房屋施工面积情况

2022年，河北省房屋施工面积33651.8万平方米，同比下降5.7%。其中住宅施工面积26140.8万平方米，同比下降5.4%；办公楼615.8万平方米，同比下降10.1%；商业营业用房2150.6万平方米，同比下降9.5%。

5. 房屋新开工面积情况

2022年，河北省商品房新开工面积5395.3万平方米，同比下降40.5%。其中住宅新开工面积4300.1万平方米，同比下降39.8%；办公楼64.1万平方米，同比下降54.4%；商业营业用房263.4万平方米，同比下降38.5%。

6. 房屋竣工面积情况

2022年，河北省房屋竣工面积2522.6万平方米。其中住宅竣工面积1902.0万平方米，同比下降2.5%；办公楼61.6万平方米，同比增加63.3%；商业营业用房209.5万平方米，同比增加17.2%。

7. 房地产销售面积情况

2022年，河北省房地产销售面积4615.7万平方米，同比下降24.7%。其中住宅销售面积4317.5万平方米，同比下降25.3%；办公楼43.0万平方米，同比上升24.7%；商业营业用房155.4万平方米，同比下降3.2%。

从已公布数据的地市来看，石家庄商品房销售面积529.9万平方米，下降15.7%，其中住宅销售面积下降15.5%；保定商品房销售面积562.4万平方米，同比下降14.1%，其中住宅销售面积546.9万平方米，同比下降12.4%；沧州商品房销售面积423.5万平方米，同比下降28.8%，其中，商品住宅销售面积392.9万平方米，下降31.8%，均呈现下降趋势。

8. 商品房销售额情况

2022年，河北省商品房销售额3702.1亿元，同比下降26.7%。其中住宅销售额3488.8亿元，同比下降

27.5%；办公楼 43.7 亿元，同比上升 75.7%；商业营业用房 135.4 亿元，同比下降 4.9%。

9. 商品房待售面积情况

2022 年，河北省商品房待售面积 1027.1 万平方米，同比增长 33.6%。其中住宅待售面积 717.5 万平方米，同比增长 43.8%；办公楼 33.2 万平方米，同比上升 10.8%；商业营业用房 119.6 万平方米，同比上升 2.1%。

10. 房地产开发企业到位资金情况

2022 年，河北省房地产开发企业到位资金 4712.4 亿元，同比下降 22.1%。其中国内贷款 233.8 亿元，同比下降 35.7%；自筹资金 2232.5 亿元，同比下降 18.2%。

（二）2022 年河北省住房保障工作进展

1. 住房保障各项指标任务及达成情况

根据河北省住房和城乡建设厅网站发布的消息，2022 年河北各地高标准、高质量提前完成住房保障和住房公积金年度目标任务，河北省城镇保障性安居工程建设取得显著成效，推动群众实现住有所居、居有所安。河北省住房保障部门为 999 个服务业小微企业、个体工商户减免租金 1185 万元，有效减轻运营成本。通过棚改、保租房政策，化解存量住房 1.8 万套，促进房地产市场健康平稳发展。

公积金发挥积极保障作用，2022 年河北省住房公积金缴存 745.5 亿元，提取 433.7 亿元，同比分别增长 10%、3%。6 月 1 日以来，河北省发放住房公积金贷款 4 万笔、金额 196.2 亿元。

落实住房公积金阶段性支持政策，有效支持高端人才、"二孩""三孩"等家庭合理住房需求，惠及近 5000 个家庭；为省内 714 家受疫情影响的企业办理缓缴住房公积金 3.9 亿元，涉及缴存职工 8.9 万人；通过提高租房提取额度，支持 5.74 万名职工提取住房公积金 5.4 亿元；支持新购首套和改善型住房的缴存人提取本人及其配偶账户存储余额，该政策惠及 2.8 万人，提取金额 23.96 亿元。

2. 保障性租赁住房进展情况

2022 年，河北省筹集保障性租赁住房 5.4 万套（间），完成年度任务的 118.5%；争取中央财政补助资金 5.5 亿元、中央预算内投资 2.5 亿元，发行保障性租赁住房专项债券 4.5 亿元，推动 2 个项目进入省发改委保障性租赁住房 REITs（不动产投资信托基金）储备库和意向库，获得银行贷款 60 余亿元。

2022 年，河北省通过公租房保障解决 45.2 万户困难家庭住房问题，新建成 44 个公租房智能化管理小区。河北省发放公租房租赁补贴 1.67 万户，完成年度计划的 112.7%。公租房申请全面实行"一证办理"，河北省 3.5 万户家庭实现凭身份证即可在网上办理公租房业务。

3. 城市更新改造推进情况

2022 年，河北省各地如期高质量完成 3698 个城镇老旧小区改造任务，52 万余户居民居住条件得到改善，棚改新开工 11.77 万套，完成年度计划的 100%，新开工总量居全国第四位。棚改建成 10.7 万套，完成年度计划的 102%。河北省棚改完成投资 476 亿元，完成年度计划的 109%。争取中央财政补助资金 10.4 亿元、中央预算内投资 6.7 亿元，安排省级财政补助资金 3 亿元，发行棚改专项债券 268 亿元，有力促进经济社会发展。

（河北省住宅与房地产业协会）

八、济南市房地产市场

（一）新建商品房市场

1. 房地产投资情况

2022 年，济南市新开工商品房面积 1201.85 万平方米，同比下降 31.15%，其中，住宅 772.35 万平方米，同比下降 36.44%。完成房地产开发投资 1830.80 亿元，同比下降 5.04%，其中，住宅 1247.63 亿元，同比下降7.68%。

2. 土地供应情况

2022年，济南市供应商业用地73宗，面积148.21万平方米；住宅用地101宗，面积412.19万平方米。

3. 新建商品房销售情况

2022年，济南市新建商品房销售19.39万套，面积1468.15万平方米，同比下降30.22%；均价12182.92元/米^2，同比增长3.18%；金额1788.64亿元，同比下降28.00%。其中，住宅销售7.31万套，面积977.92万平方米，同比下降31.73%；均价14171.74元/米^2，同比增长5.72%；金额1385.88亿元，同比下降27.82%。

截至12月底，新建商品房可售53.53万套，面积3146.94万平方米，同比下降9.74%，去化周期约25.7个月。其中，住宅可售8.72万套，面积1169.03万平方米，去化周期约14.3个月。

4. 新建商品住宅供求

2022年，济南新建商品住宅新增供应5.1万套、供应面积558.08万平方米，较上年减少3.46万套，供应面积同比降低40.42%；新建商品住宅成交7.31万套、成交面积977.92万平方米，较上年减少3.97万套，供求比0.70（见图5-8-1）。

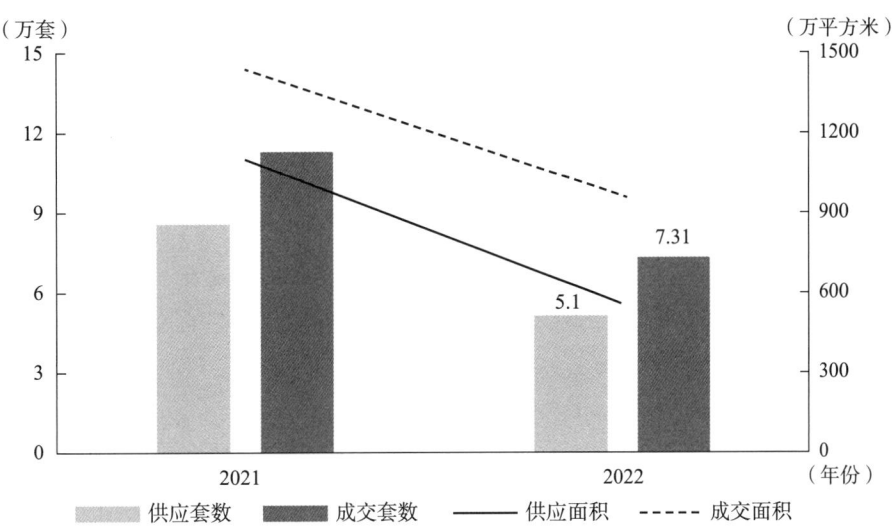

图5-8-1　2021年、2022年济南市新建商品住宅供求走势

数据来源：济南市房地产业协会数据库。

从济南新建商品住宅的供应量和成交量的月度走势来看，房地产供应市场和成交市场均有所减少。2022年，济南新建商品住宅月均供应量4248套，供应面积46.51万平方米，月均成交量6094套，成交面积81.49万平方米。新建商品住宅月度价格走势稳中有升（见表5-8-1）。

表5-8-1　2022年1—12月济南市商品住宅供求情况

月份	供应套数（套）	供应面积（万平方米）	成交套数（套）	成交面积（万平方米）	成交均价（元/米^2）
1	2315	28.98	6601	86.10	12843.92
2	2404	29.25	4385	56.39	12972.67
3	4522	57.74	6215	81.78	13944.08
4	3929	47.07	4726	62.58	13265.36

续表

月份	供应套数（套）	供应面积（万平方米）	成交套数（套）	成交面积（万平方米）	成交均价（元/米²）
5	4284	55.59	4696	64.18	14594.44
6	5512	53.99	8724	116.33	14277.07
7	3686	46.01	6952	92.82	13855.16
8	2866	39.03	5707	76.83	14097.58
9	10266	60.07	6643	92.60	15287.71
10	3997	48.59	7823	105.29	14846.50
11	4137	52.99	5380	72.02	14880.76
12	3056	38.77	5280	71.00	14559.69

数据来源：济南市房地产业协会数据库。

5. 新建商品住宅区域供求结构

2022年，各区新建商品住宅供求不均衡。历城区供应和成交量远高于其他区域，供应17220套，供应面积215.89万平方米；成交20311套，成交面积267.52万平方米，分别占济南市供应面积的38.68%，成交面积的27.36%，住宅销售价格受区域影响明显（见表5-8-2）。

表5-8-2 2022年济南市商品住宅各区县供应情况

区县	供应套数（套）	供应面积（万平方米）	供应面积占比（%）	成交套数（套）	成交面积（万平方米）	成交面积占比（%）	成交均价（元/米²）	供求比
历下区	5843	80.42	14.41	7904	116.23	11.89	23216.29	0.74
市中区	4170	52.79	9.46	3890	51.64	5.28	18415.59	1.07
槐荫区	4427	53.31	9.55	4479	60.97	6.23	16426.20	0.99
天桥区	3846	42.85	7.68	4819	54.99	5.62	13742.82	0.80
历城区	17220	215.89	38.68	20311	267.52	27.36	15072.98	0.85
长清区	2008	24.70	4.43	5096	66.25	6.77	8551.38	0.39
章丘区	384	4.93	0.88	8761	113.40	11.60	8343.32	0.04
济阳区	283	3.40	0.61	3622	44.80	4.58	7397.74	0.08
莱芜区	658	9.28	1.66	3410	47.84	4.89	8026.91	0.19
钢城区	90	1.09	0.19	646	8.83	0.90	5585.55	0.14
高新区	3616	52.69	9.44	5287	84.81	8.67	20593.52	0.68
先行区	178	2.09	0.37	351	4.20	0.43	10523.71	0.51
平阴县	8039	12.09	2.17	1031	13.01	1.33	7238.45	7.80
商河县	212	2.55	0.46	3525	43.43	4.44	5930.82	0.06
合计	50974	558.08	100.00	73132	977.92	100.00	14171.74	0.70

数据来源：济南市房地产业协会数据库。

6. 价格整体平稳

根据2022年以来国家统计局公布的70座大中城市商品住宅销售价格变动情况，济南新建商品住宅销售价格指数累计上涨1.9%，22座重点城市中排名第6位；二手住宅销售价格指数累计下降3.5%，22座重点城市中排名第13位。

（二）存量商品房市场

1. 商品房总体存量

截至2022年底，济南市新建商品房可售存量53.53万套，可售建筑面积3146.94万平方米。其中商品住宅可售存量8.72万套，可售面积1169.03万平方米；办公可售存量4.91万套，可售面积513.78万平方米；商业营业用房可售存量3.89万套，可售面积384.94万平方米（见表5-8-3、图5-8-2）。

表5-8-3 截至2022年底济南市新建商品房存量分布

物业类型	可售套数（套）	可售套数比例（%）	可售面积（万平方米）	可售面积比例（%）
住宅	8.72	49.78	1169.03	56.54
办公	4.91	28.00	513.78	24.85
商业营业用房	3.89	22.22	384.94	18.62
合计	17.52	100.00	2067.75	100.00

数据来源：济南市房地产业协会数据库。

注：不包含车位、储藏室、厂房等。

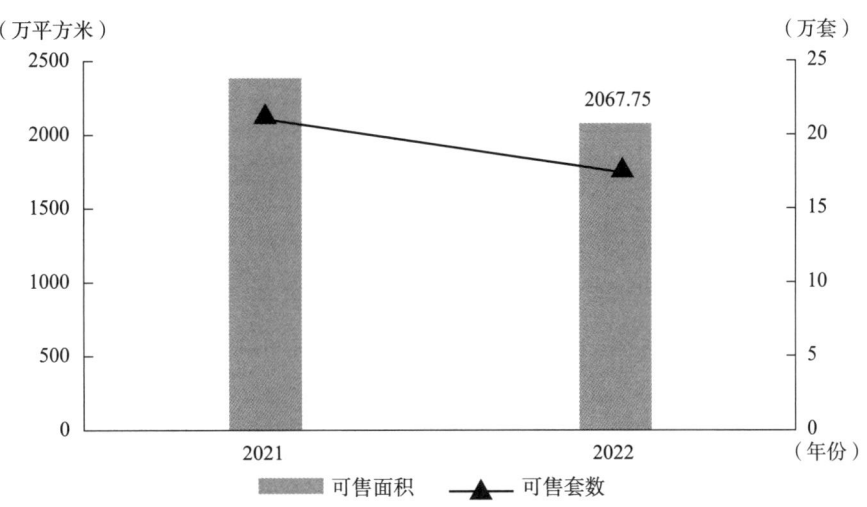

图5-8-2 2021年、2022年济南市商品房可售存量走势

数据来源：济南市房地产业协会数据库。

2. 商品住宅存量

表5-8-4 截至2022年底济南市商品住宅存量区域结构

行政区	可售套数（套）	可售套数比例（%）	可售面积（万平方米）	可售面积比例（%）
历下区	7383	8.46	100.67	8.61
市中区	3507	4.02	45.09	3.86
槐荫区	7898	9.06	113.92	9.74
天桥区	7042	8.07	80.34	6.87

续表

行政区	可售套数（套）	可售套数比例（%）	可售面积（万平方米）	可售面积比例（%）
历城区	15113	17.33	209.83	17.95
长清区	7324	8.40	105.03	8.98
章丘区	11978	13.73	157.14	13.44
济阳区	4352	4.99	51.36	4.39
莱芜区	6953	7.97	93.14	7.97
钢城区	902	1.03	15.13	1.29
高新区	6280	7.20	90.08	7.71
先行区	414	0.47	5.57	0.48
平阴县	1932	2.22	25.51	2.18
商河县	6143	7.04	76.22	6.52
合计	87221	100.00	1169.03	100.00

数据来源：济南市房地产业协会数据库。

截至2022年底，济南市（含莱芜）商品住宅可售套数8.72万套，可售面积1169.03万平方米（见表5-8-4）。按照济南市近半年的月均6298套、85.09万平方米的去化速度计算，可售存量套数去化周期约13.9个月，面积去化周期13.7个月（见表5-8-5）。

表5-8-5 截至2022年底济南市新建商品住宅存量及去化周期

计算维度	月均去化套数（套）	套数去化周期（月）	月均去化面积（万平方米）	面积去化周期（月）
近3个月	6161	14.2	82.77	14.1
近6个月	6298	13.9	85.09	13.7

数据来源：济南市房地产业协会数据库。

3. 办公存量

截至2022年底，济南市（含莱芜）办公可售套数49058套，可售面积513.78万平方米。按照济南市近半年的月均2101套、14.46万平方米的去化速度计算，可售存量套数去化周期23.3个月，面积去化周期35.5个月（见表5-8-6）。

表5-8-6 截至2022年底济南市商务办公存量及去化周期

计算维度	月均去化套数（套）	套数去化周期（月）	月均去化面积（万平方米）	面积去化周期（月）
近3个月	1732	28.3	13.54	38.0
近6个月	2101	23.3	14.46	35.5

数据来源：济南市房地产业协会数据库。

4. 商业营业用房存量

截至2022年底，济南市（莱芜）商业营业用房可售套数38929套，可售面积384.94万平方米。按照济南市近半年的月均1348套、9.15万平方米的去化速度计算，可售存量套数去化周期28.9个月，面积去化周期42.1个月（见表5-8-7）。

表 5-8-7　截至 2022 年底济南市商业营业用房公存量及去化周期

计算维度	月均去化套数（套）	套数去化周期（月）	月均去化面积（万平方米）	面积去化周期（月）
近 3 个月	1451	26.8	9.76	39.4
近 6 个月	1348	28.9	9.15	42.1

数据来源：济南市房地产业协会数据库。

（济南市房地产业协会）

九、青岛市房地产市场

（一）新房市场基本情况

1. 房地产开发投资同比下降

全市房地产完成开发投资 1789 亿元，同比减少 9.7%。从增速看，开发投资自 2022 年 3 月开始同比转负，降幅逐渐扩大，至 12 月同比降至-9.7%。从单月数据看，12 月房地产开发投资额 101.2 亿元，环比下降 27.7%（见图 5-9-1）。整体来看，受到行业环境低迷，市场信心偏弱等影响，行业投资信心仍然不足，房地产基本面持续走弱。

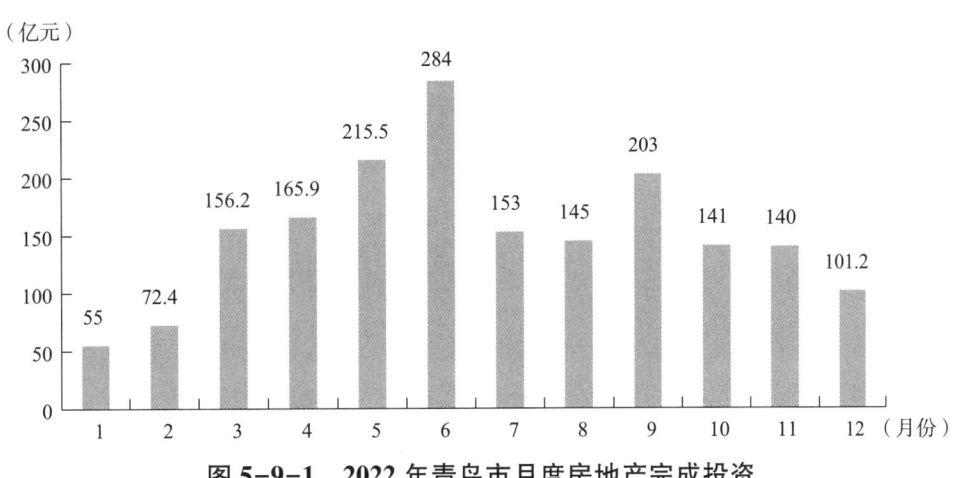

图 5-9-1　2022 年青岛市月度房地产完成投资

数据来源：国家统计局，Wind 数据库。

2. 新开工面积大幅减少

青岛市各类房屋施工面积 12045.7 万平方米、竣工面积 1610 万平方米，同比分别下降 7.4%、2.8%；新开工面积 1499.3 平方米，同比下降 31.2%，其中住宅新开工面积 1065.6 万平方米，占比 71%（见图 5-9-2）。新开工面积已经连续三年负增长，且降幅较大，规模降至 2010 年水平。各类物业的新开工面积均为负增长，住宅、办公楼、商业营业用房、其他物业新开工面积分别减少 24.6%、68.9%、55.3%、33.2%。

图 5-9-2　2022 年青岛市各类房屋新开工面积构成

数据来源：青岛市统计局。

3. 企业资金压力依然较大

受市场低迷影响，各方预期发生转变，房企融资渠道减少，融资性现金流和经营性现金流同时受限，资金流动性紧张持续加剧。全市房地产企业资金来源合计 2237 亿元，同比减少 19.9%，整体规模处于历史较低水平。其中，销售回款（个人按揭款+定金及预付款）同比下降 32.4%；国内贷款（包括开发贷及并购贷、委托及信托贷等）同比下降 8.9%。资金来源构成方面，定金及预收款占比最高，达到 41%（见图 5-9-3）。

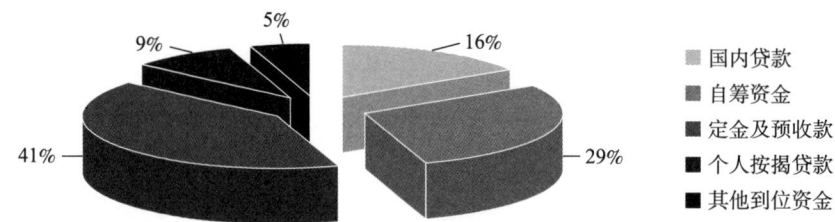

图 5-9-3 2022 年青岛市房地产企业资金来源构成

数据来源：青岛市统计局。

4. 新房销售市场保持平稳

商品房网签数据显示，青岛市新建商品房成交 15.4 万套、面积 1839.07 万平方米，同比分别增长 2.78%、7.05%。其中，住宅成交 11.7 万套，同比下降 8.02%。从单月走势看，全年成交量整体保持在 1 万套以上，与上年同期基本持平，受集中签约影响，6 月商品住宅市场跳涨，进入 9 月，崂山解除限购后集中网签，在房地产政策调整和网上房展的双重带动下，单月销售量同比、环比分别增长 18.4%、30.8%，呈现回升态势，但 10 月后，受疫情反复影响，成交量有所下降（见图 5-9-4）。

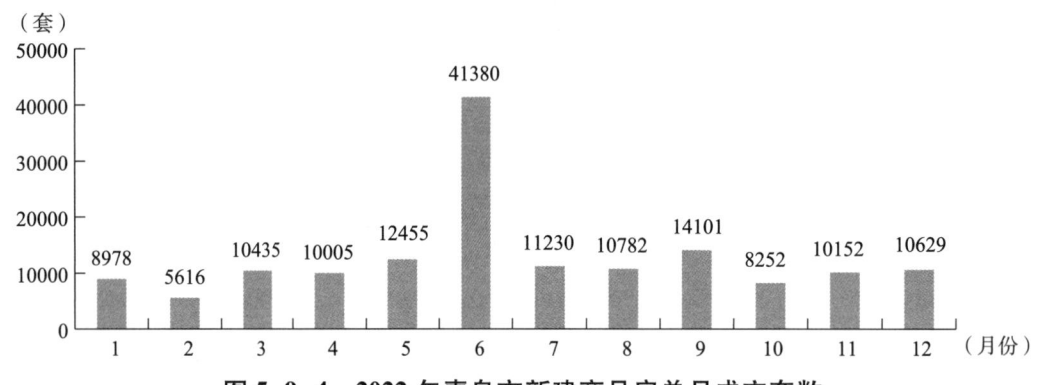

图 5-9-4 2022 年青岛市新建商品房单月成交套数

数据来源：青岛市统计局。

5. 批准预售项目大幅下降

青岛市新建住宅批准预售套数 86140 套，同比下降 42.7%，批售比（批准预售/销售）0.56（见图 5-9-5）。受市场整体低位筑底行情叠加疫情影响，各项目仍以持续去库存为主，加推量较低，自 2016 年以来再次进入去库存与底部修复阶段。

6. 住宅库存去化加快

青岛市新建住宅库存 14.2 万套、面积 1680.3 万平方米，同比分别减少 26.6%、25.6%（见图 5-9-6）。按照当年销售速度计算，当前库存消化周期 14.5 个月，处于合理区间内。在"三条红线""两个集中度"的调控政策影响下，近年来房企开始主动去杠杆，新开工面积和购地面积呈现负增长态势，2022 年供给指标降幅大于商品房销售面积降幅，市场库存水平明显下降。

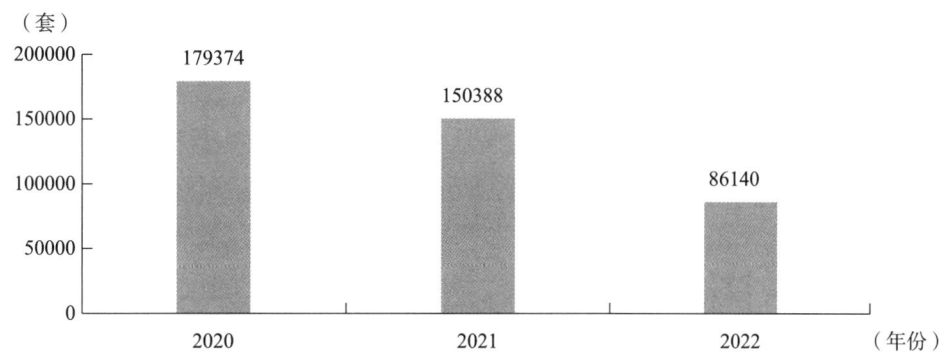

图 5-9-5　2020—2022 年青岛市新建商品住宅批准预售套数

数据来源：青岛市统计局。

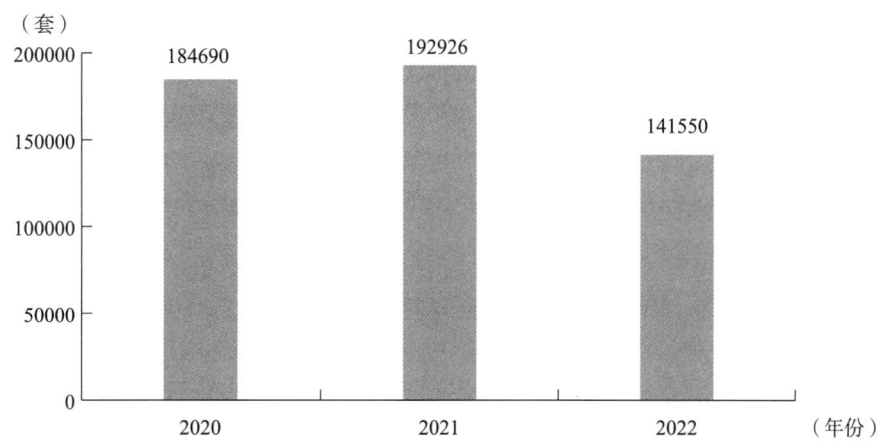

图 5-9-6　2020—2022 年青岛市新建商品住宅库存套数

数据来源：青岛市统计局。

7. 新房价格指数及平均房价情况

根据国家统计局发布数据，12月青岛市新建商品住宅销售价格同比、环比分别上升0.6%、0.3%（见图5-9-7）。据商品房网签数据显示，全市新建商品住房（已扣除政策性住房影响，下同）成交均价13345元/米^2，同比下降1.99%。房价持稳的原因主要是结合实际新房销售情况来看，"以价换量"效用边际收窄，降价营销对销售去化的促进作用已十分有限。同时随着年底房地产贷款发放开始加快、支持自主性需求政策力度加大，市场出现触底迹象，房价下降趋势趋缓。

（二）存量市场整体低迷

1. 市场交易量价齐跌

2017年以来，青岛市存量住房市场的交易规模始终保持增长趋势。2022年交易规模首次同比下降。全市存量房成交55396套、525.5万平方米，同比分别下降18.3%、16.9%。其中住宅成交51796套，同比下降19.6%。

从单月走势看，第二季度受新房市场"停工""断贷"风波影响，部分刚需购房需求短期向存量房市场转移，叠加青岛市动态调整调控政策，二手房限售时间由5年改为2年，带动成交量增加，但受整体房地产市场低迷影响，存量房成交规模最终以负增长收官。从6月峰值到12月谷底用半年时间，累计下降超过三成（见图5-9-8）。

从价格走势看，根据国家统计局发布数据，12月，青岛市二手住宅销售价格同比、环比分别下降3.4%、0.5%。二手住宅价格在6月出现短期回升后持续回落，10月单月环比跌幅最高（-0.6%）（见图5-9-9）。

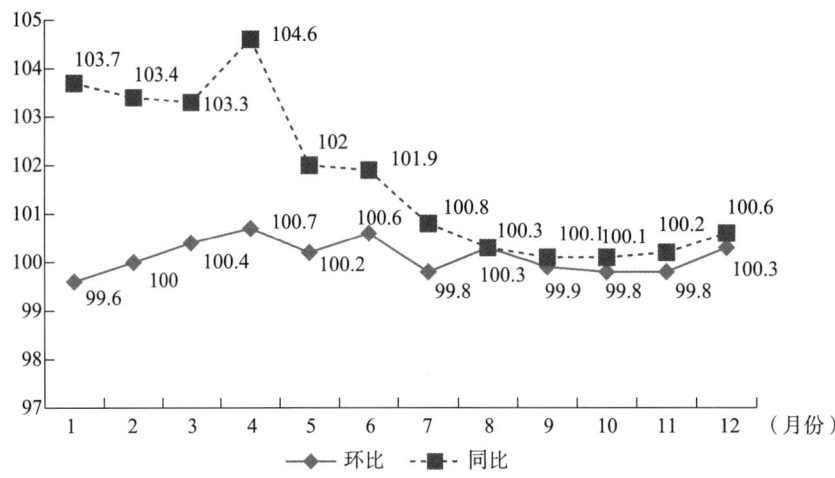

图 5-9-7　2022 年青岛市新建商品住宅销售价格指数变化情况

数据来源：国家统计局。

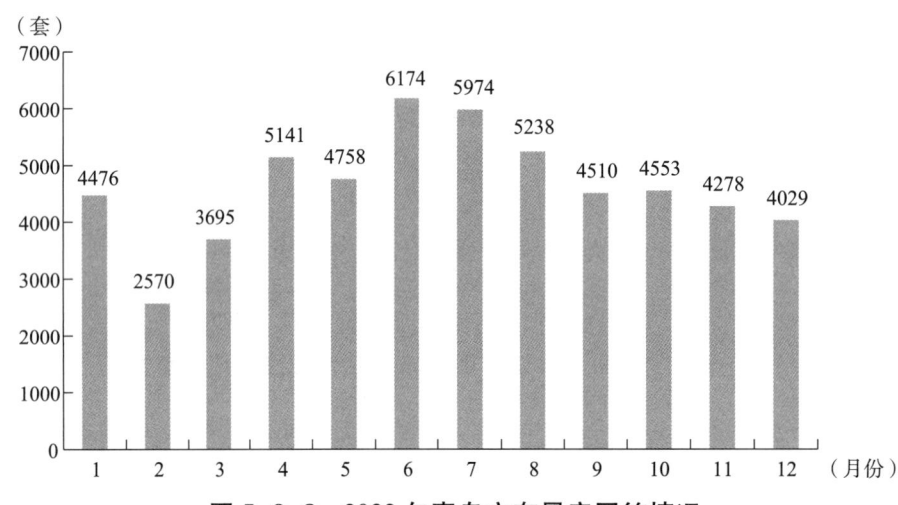

图 5-9-8　2022 年青岛市存量房网签情况

数据来源：青岛市统计局。

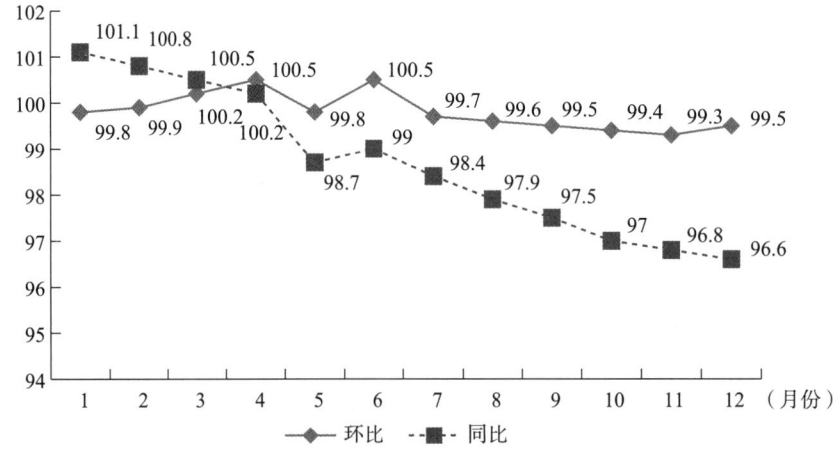

图 5-9-9　2022 年青岛市二手住宅销售价格指数变化情况

数据来源：国家统计局。

2. 市场供应略有下降

存量房在售量整体呈现出下降的趋势，尤其是进入下半年，其下降的趋势更是明显。贝壳找房青岛站有效挂牌房源量98131套，同比下降5%，其中2022年新增客源量为上年同期的44%。

3. 交易环境有所改善

2022年，存量住房按揭贷款利率持续降低，5年期以上LPR年内三降，并建立首套住房贷款利率政策动态调整机制，延续低利率，支持住房消费，当前首套住房主流利率4.1%。根据贝壳找房青岛站数据，11月起银行放款速度加快，12月房贷平均放款周期1.22天，较6月（1.96天）缩短0.74天。

（三）年度土拍收官，央企、国企和政府平台类公司主导，聚焦主城、西城

2022年青岛市土地市场供应1414万平方米，同比减少41%；成交土地226宗、1279万平方米，成交面积同比减少38%；楼面地价4277元/米^2，同比上涨17%；成交额547亿元，同比减少25%，土地平均溢价率1.53%。资金压力下，房企谨慎拿地，供地规模缩减，价格结构上涨。

2022年青岛市第一至四批次集中供地，116宗土地出让，总占地面积359万平方米，总建筑面积806万平方米，起拍总价494亿元。最终成交111宗，总占地面积336万平方米，总建筑面积741万平方米，其中出让面积725万平方米，成交总价440.61亿元，成交楼面均价6075元/米^2，溢价率1.87%。

从成交企业看，此次拍卖中，央企、国企和政府平台类公司的表现较为抢眼，凭借雄厚的资金实力，成为拿地的焦点。成交的111宗地块中，平台公司参与率近七成，其次则以省内地方性民营企业为主，如天一仁和、银丰、和达等，全国性房企如万科、金茂、华润等拿地，扩容土地储备。

从成交价格看，2022年3宗超过限价熔断的地块都出自崂山区，最终分别被银丰地产、海信地产和华润集团竞得，溢价率为上限15%，楼面地价最高达到18975元/米^2。

（四）集中趋势有所下降，品质房企体现优势

根据锐理数据统计，2022年青岛市商品住宅销售金额前十名开发企业合计总销售约596.5亿元，占青岛整个市场34%，同比下降22.3%；前三名企业的总销售金额238亿元，占全市新建商品住宅销售金额的13.6%，同比下降32.1%。前十名入围门槛在为45.08亿元，同比下降10%。

从企业构成看，本土房企与品牌房企形成两极分化的局面，其中，本土房企由于对青岛多年的深耕，对青岛的了解更为透彻，在产品的设计中切实有效地解决客户的实际痛点，在客户间树立良好的口碑，并且持续保持较为强势的发展劲头，在TOP3榜单中，青岛本土房企占据2席，分别是海信集团、和达集团；而品牌房企凭借着全国一线、二线城市的影响力以及成熟的产品线体系，获得中青年客户的青睐。入围前十的房企涵盖万科、金茂、龙湖、融创、绿城5家全国百强的品牌房企。

从企业营销看，2022年受疫情反复的影响，企业自发营销活动较少，营销态度保持较为低迷的态势，案场活动仍以"DIY体验"暖场居多，如绘画体验、甜品制作等暖场活动，部分房企主推"低首付""0首付"等优惠活动，为进一步触达客户，线上营销持续完善，除优化线上自身售楼处平台，房企也在积极探索直播卖房，并积极赋能置业顾问。营销方面长期来看产品力是企业核心竞争力，企业口碑的提升有利于项目销售、加强去化。经过几年的发展，线上渠道包括直播等仍是渠道的重要补充部分，保交付、增信心仍是当下提振去化的主要方向。

（青岛市房地产业协会）

十、郑州市房地产市场

2022年，受整体经济环境和疫情多点散发等因素影响，郑州市房地产市场持续下行，销售大幅下滑，去化周期持续增加，尽管郑州市全面落实国家稳经济一揽子政策，连续出台多项鼓励扶持政策措施，从供需两端综合施策，平衡供求关系，提振市场信心，但市场形势依然异常严峻。

(一) 房地产开发投资情况

据统计部门数据，2022 年，郑州市完成房地产开发投资 2532.82 亿元，占河南省开发完成投资总量的 37.3%，同比下降 18.7%，下降幅度较 2021 年扩大 8.8 个百分点，其中住宅完成投资 2074.43 亿元，同比下降 19.3%，下降幅度较 2021 年扩大 13.5 个百分点。尽管在政府保交楼等一系列政策措施实施后，房地产贷款投资有所增加，但整体投资信心不足，开发企业对市场预期偏弱，观望氛围浓厚。

(二) 商品房上市供应情况

2022 年，郑州市商品房批准预售面积 791.94 万平方米，同比下降 63.86%，其中住宅批准预售面积 679.69 万平方米，同比下降 62.79%。

(三) 商品房建设规模情况

2022 年，郑州市房屋施工面积 1.87 亿平方米，同比下降 9.6%，其中当年新开工面积 1669 万平方米，同比下降 48.7%，房屋竣工面积 1784 万平方米，同比下降 18.7%。

(四) 商品房销售情况

2022 年，郑州市商品房销售 1058.46 万平方米，同比下降 41.34%，下降幅度较 2021 年扩大 9.9 个百分点；其中商品住宅销售 850.87 万平方米，同比下降 46.65%，下降幅度较 2021 年扩大 16.4 个百分点。第二季度受出台政策影响市场呈恢复态势，月度销售最高为 6 月 144 万平方米，其他季度受疫情影响大幅波动，其中 10 月销售 41.96 万平方米、11 月销售 27.07 万平方米。销售量波动、持续低位，反映出疫情对房地产销售影响较大，人员流动性降低，消费能力下降，政策红利释放不足，造成住房消费释放不够。

(五) 商品房价格情况

2022 年，郑州市商品房销售均价 11740 元/米^2，同比下降 3.4%；其中商品住宅销售均价 12236 元/米^2，同比下降 1.39%。除 5 月、6 月因改善性高价位楼盘集中签约出现结构性销售均价波动上涨外，其他月份销售价格整体呈缓慢下降的态势。根据国家统计局发布的新建商品住房销售价格指数显示，郑州市环比指数 7 月上涨，其余 11 个月均下跌，同比指数由 1 月的 101.5 下降到 12 月底的 96.6，延续从 2021 年 8 月开始的下降态势。

(六) 商品房累计可售情况

截至 2022 年底，郑州市商品住宅累计可售面积 2934.17 万平方米（248883 套），较上年底减少 264.15 万平方米，受疫情影响平均销售量降低导致去化周期不断增加，达到 41.4 个月，较 2021 年底增加 17.3 个月。

(七) 二手房交易情况

2022 年，郑州市二手房交易面积 619.82 万平方米，同比下降 7.88%；其中二手住房交易 589.02 万平方米，同比下降 8.46%。全市二手房均价 10530 元/米^2，同比下降 4.9%；其中二手住房均价 10579 元/米^2，同比下降 4.61%。2022 年二手房市场好于新建商品房市场，整体恢复势头较好，特别是下半年以来政策效果逐渐显现，加上新建商品房"停工、烂尾"引起的交房焦虑，部分客户转向二手房市场。

(河南省房地产业协会)

十一、合肥市房地产市场

(一) 2022 年合肥市房地产市场基本情况

1. 房地产开发投资情况

2022 年，合肥市房地产开发投资 1457 亿元，同比下降 0.6%，增速分别高于全国（-10%）、全省

（-6.2%）9.4、5.6个百分点。其中，住宅投资1149亿元，占房地产投资总额的79%，同比下降3.7%。从投资结构看，2022年，合肥市房地产建安投资677亿元，约占房地产开发投资46.4%，同比下降2.6%；土地购置费707亿元，约占房地产开发投资48.5%，同比增长3.2%。

2. 房屋建设规模情况

商品房新开工面积1533.6万平方米，同比下降16.0%，其中，住宅新开工面积1073.1万平方米，同比下降15.6%；商品房竣工面积2333.6万平方米，同比增长23.0%，其中，住宅竣工面积1514.3万平方米，同比增长13.2%。截至12月底，合肥市房屋施工面积8106.4万平方米，同比下降2.2%。

3. 土地供应和成交情况

1—12月，合肥市经营性用地出让907.924万平方米（173宗），同比增长30.89%；土地出让金总额1004.68亿元，同比增长18.28%；总配建保障性租赁住房及配套用地面积33.6万平方米。

市区经营性用地成交面积554.09万平方米（105宗），同比增长8.13%；土地出让金总额687.98亿元，同比增长5.45%；配建保障性租赁住房及配套用地面积33.6万平方米。四县一市经营性用地成交面积353.83万平方米（68宗），同比增长95.28%；成交总价316.70亿元，同比增长60.78%。

4. 商品房销售情况

根据统计部门数据，2022年，合肥市新建商品房销售面积1459万平方米，同比下降20.5%，增速分别高于全国（-24.3%）、全省（-28.6%）3.8个、8.1个百分点。其中，住宅销售1238万平方米，同比下降20.8%；办公楼销售47万平方米，同比下降28.4%；商业营业用房销售50万平方米，同比下降3.6%；车位及其他销售125万平方米，同比下降20.5%。

根据国家统计局发布的价格指数，2022年合肥市新建商品住房价格环比指数1.6%，同比指数0.73%。

5. 存量房交易情况

2022年，合肥市二手房成交面积855.80万平方米，同比下降28.71%，其中住宅751.13万平方米（78017套），同比下降30.80%。

根据国家统计局发布的价格指数，2022年合肥市二手住房价格环比指数-1.3%，同比指数-1.18%。

（二）2022年合肥市住房租赁工作情况

1. 做好住房租赁财政专项资金使用管理工作

一是跟踪监管中央专项资金使用情况。委托第三方机构开展跟踪审计，对获得中央财政专项资金支持的新建类、改建类、备案类项目进行全覆盖审计。

二是对中央专项资金申请的审查复核。会同市财政局完成第五批、第六批中央财政支持住房租赁市场发展专项资金申请审核工作，当年累计拨付中央财政专项奖补资金1.29亿元。

三是审核兑现市级住房租赁奖补资金。聘请第三方会计师事务所完成核查任务，向符合市级住房租赁财政奖补发放条件的企业和个人兑现奖补资金1288万元。

2. 完善出台房地产中介行业信用管理办法

向市直有关单位发出《合肥市房地产中介机构信用信息管理办法（征求意见稿）》；召集多家房地产经纪机构以及估价机构座谈会，对合肥市房地产中介行业信用信息管理办法的内容进行讨论，提出意见建议；收集中介协会、估价协会关于中介行业信用信息管理办法的反馈意见。在此基础上，进一步修改完善《合肥市房地产中介行业信用信息管理办法（征求意见稿）》，合理设定信用考核标准。该办法已通过市司法局合法性审查，印发出台。

3. 推进存量房交易服务监管平台建设

为进一步规范全市存量房交易行为，加强房地产中介行业管理和诚信建设，租赁处会同交易中心、信息中心共同推进"合肥市存量房交易服务与监管平台项目"建设，建成业务管理平台、公共服务平台、数据监测平台三大核心平台。完成虚拟环境业务测试、确定试运行工作方案、组织试运行线上培训会，有序推进"合肥市存量房交易服务监管平台"试运行，检验系统各项功能运行情况，督促软件公司及时解决房地产中介机构提出的问题。

4. 开展"双随机、一公开"专项行动

市房产局会同市市场监管局拟定双随机、一公开专项行动方案，系统内抽取 40 余家房地产经纪机构、住房租赁企业为抽查对象，并在市房产局和市场监管局选取执法人员，11 月开展线下检查工作，赴包河、庐阳、蜀山、瑶海、经开区进行重点检查，并将检查结果公开公示，接受社会监督。

5. 履行房地产估价行业监管职责

一是推进房地产估价机构专项整治。按照《房地产估价机构专项整治行动方案》要求，对抽取的 19 家估价机构进行现场检查，重点检查估价机构经营条件和备案情况、注册估价师等从业人员执业情况、内部制度建设和落实情况、外地分支机构设立情况、估价报告质量规范情况。组织专家进行房地产评估报告研讨会，对评估报告评审分数进行登记，并对评估报告评审结果进行汇总总结，对发现问题的 10 余家房地产估价机构下达整改通知书，要求其在规定期限内完成整改并提交证明材料，并将检查结果公开公示。二是做好房地产评估收储工作。三是根据省厅要求，联合合肥市自然资源和规划局指导估价协会开展 2022 年度房地产估价师职业资格考试现场审核相关工作。

（三）2022 年合肥市住房保障工作情况

1. 推进棚户区改造

一是抓好棚改任务落实。累计新开工建设棚改安置房 13799 套，基本建成棚改安置房 21223 套，提前完成年度新开工和基本建成目标任务。二是抓好棚改政策保障。累计争取中央及省级财政棚户区改造补助资金 1.45 亿元，发行棚改专项债券 55.49 亿元，为棚改项目顺利实施提供资金保障。三是抓好棚改项目推进。列入国家 2019 年度及以前棚改计划的开工项目竣工率 98.76%，超额完成年度竣工目标任务。

2. 完善公租房保障

一是降低公租房准入门槛。印发《关于公布市区 2022 年度公共租赁住房准入条件的通知》，再次调整城镇户籍较低收入和中等偏下收入住房困难家庭准入门槛，家庭人均可支配收入标准分别从每月 2414 元、3219 元提至 2660 元、3547 元，进一步扩大住房保障范围。二是做好做公租房租赁补贴发放。累计发放公租房租赁补贴 2701 户，超额完成年度公租房租赁补贴发放任务；组织开展 2022 年市区户籍低保低收入住房困难家庭公租房选房顺序公开摇号，按照公平公开方式顺利摇出 289 户家庭公租房选房顺序号。

3. 发展保障性租赁住房

一是构建政策体系。先后拟定合肥市保障性租赁住房实施意见、存量非住宅认定办法等政策文件和目标计划分解、监测评价细则等考核办法。二是完善工作机制。协调督促各区（开发区）建立保障性租赁住房领导和推进工作机制，建立与自规、建设、财政、税务部门和水电气等企业单位的联动机制。三是多渠道筹集房源。累计筹集保障性租赁住房 2.4 万套（间），并全部发放项目认定书。

（合肥市房地产业协会）

十二、苏州市房地产市场

2022年，苏州坚持"房住不炒"定位，保持房地产调控定力，房地产投资和销售指标在江苏位次较为靠前，市场表现整体好于全省。主要指标下行压力依然较大，从供给看，房地产开发投资由升转降，施工速度减缓，企业到位建设资金持续收紧；从需求看，销售面积降幅震荡收窄市场预期尚未恢复，观望情绪依旧浓厚。

（一）苏州市房地产开发投资情况

近年来，受新冠疫情、市场环境等多种复杂因素交织影响，苏州房地产开发投资增速放缓。2022年，苏州市完成房地产开发投资2691亿元，比上年下降6.2%，投资总量比2019年增长0.2%；房地产开发投资占固定资产投资的比重为46.9%，占比连续四年下降，从2018年56.1%的高点回落9.2个百分点（见表5-12-1）。

表5-12-1 2011—2022年苏州市房地产开发投资规模、增速及占比

年份	房地产开发投资（亿元）	同比增长（%）	占固定资产投资比重（%）
2011	1199	28.1	26.6
2012	1263	5.4	24.0
2013	1476	16.8	24.6
2014	1764	19.6	28.3
2015	1865	5.7	30.5
2016	2163	16.0	38.3
2017	2306	6.6	41.0
2018	2558	10.9	56.1
2019	2686	5.0	54.5
2020	2674	-0.5	51.2
2021	2870	7.3	50.7
2022	2691	-6.2	46.9

数据来源：苏州市统计局。

1. 房地产开发投资两大构成"一降一升"

从房地产开发投资中土地购置费和建安工程投资两大主体的变化情况看，2022年土地购置费1323亿元，比上年下降2.6%，占房地产开发投资的比重为49.1%，自2017年首次突破30%后快速攀升，成为苏州房地产开发投资的主要力量。建安工程投资占比从2015年68.2%的高点回落至2022年的44.0%；2022年建安工程投资1183亿元，比上年下降8.3%（见图5-12-1）。

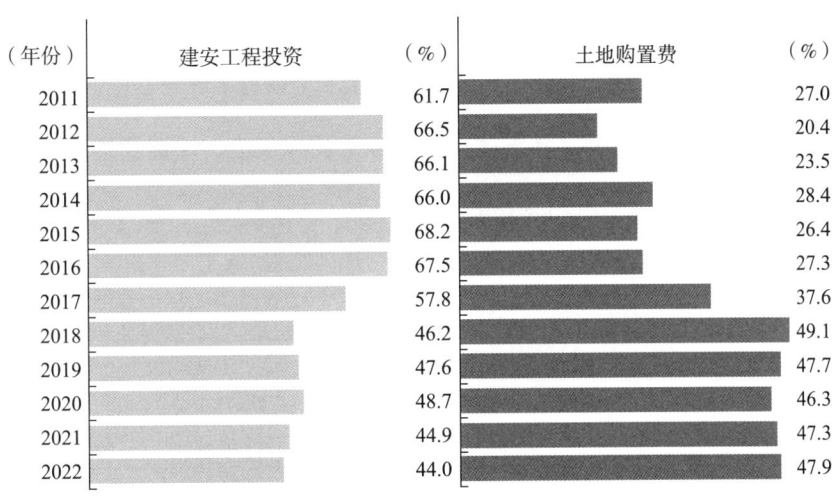

图5-12-1 2011—2022年苏州市房地产开发投资结构情况

数据来源：苏州市统计局。

2. 住宅开发投资占据绝对优势

从投资类型看，住宅投资、商业营业用房及办公楼投资（以下简称商办投资）合计占房地产开发投资的93.1%。其中住宅投资占房地产开发投资的比重从"十二五"的平均72%提升至"十三五"的平均80.5%，占据绝对优势。2022年，住宅投资2331亿元，占房地产开发投资的86.6%，比上年下降2.1%，降幅低于房地产开发投资4.1个百分点。2022年，商办投资176亿元，比上年下降16.8%，占房地产开发投资的比重从2012年20.8%的高点回落至2022年的6.5%（见表5-12-2）。

表5-12-2 2011—2022年苏州市房地产开发投资分投资类型比重（%）

年份	住宅	商办	其中	
			商业营业用房	办公楼
2011	73.6	16.3	12.5	3.8
2012	67.4	20.8	17.2	3.6
2013	69.2	20.0	16.1	3.9
2014	73.9	17.4	13.7	3.7
2015	76.1	16.1	12.8	3.3
2016	76.5	14.2	10.5	3.7
2017	79.8	13.0	8.8	4.2
2018	82.6	9.1	5.9	3.2
2019	82.2	8.7	5.9	2.8
2020	81.2	7.8	5.4	2.4
2021	82.9	7.4	5.1	2.3
2022	86.6	6.5	4.9	1.6

数据来源：苏州市统计局。

（二）房屋建设情况

1. 房屋建设表现低迷，新开工面积降幅过半

从施工规模看，2016—2021年苏州市房屋施工面积在1.2亿平方米上下波动，2022年全市房屋施工面积1.08亿平方米，比上年下降9.3%，为近十年来最大降幅（见表5-12-3）。从构成用途看，住宅施工面积占比始终在七成以上；商办施工面积占比从2015年的25.0%减半至2022年的12.5%。从开工进度看，房屋新开工面积1188万平方米，比上年下降56.5%，其中，住宅新开工面积894万平方米，比上年下降56.3%。

表5-12-3 2011—2022年苏州市房屋施工面积规模、增速及构成情况

年份	房屋施工面积（亿平方米）	比上年增长（%）	住宅占比（%）	商办占比（%）
2011	0.79	-1.2	73.5	23.5
2012	0.84	5.8	72.0	24.1
2013	0.96	14.2	71.4	23.1
2014	1.09	13.7	70.1	24.8
2015	1.13	3.5	70.3	25.0
2016	1.21	7.4	70.6	23.9
2017	1.19	-1.9	70.6	23.5

续表

年份	房屋施工面积（亿平方米）	比上年增长（%）	住宅占比（%）	商办占比（%）
2018	1.17	-2.0	71.5	21.6
2019	1.21	4.2	74.2	17.7
2020	1.24	2.0	73.7	17.5
2021	1.19	-3.7	72.0	17.3
2022	1.08	-9.3	71.7	12.5

数据来源：苏州市统计局。

2. 竣工面积增速回正，市场维稳措施见效

在各项"保交楼、稳民生"政策和措施促进下，2022年苏州房屋竣工面积1361万平方米，比上年增长9.8%，其中住宅竣工面积1016万平方米，比上年增长12.3%（见图5-12-2）。

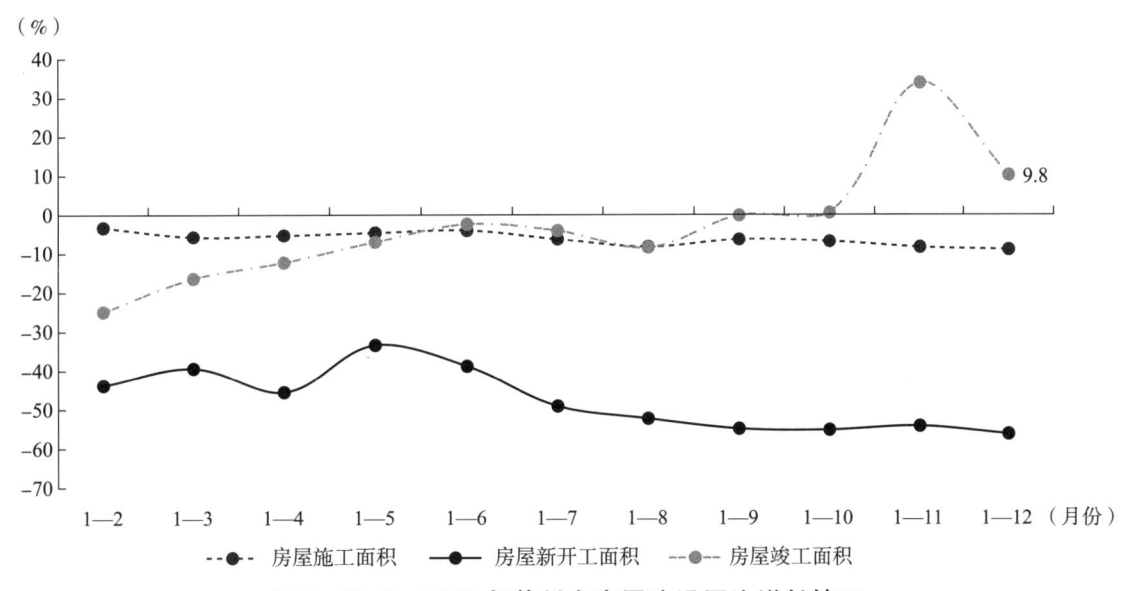

图 5-12-2　2022年苏州市房屋建设同比增长情况

数据来源：苏州市统计局。

（三）苏州市商品房销售情况

2022年上半年，受市场信心不足、同期基数较高及疫情反复冲击的叠加影响，全市销售面积降幅较深，疫情影响最严重的4月，当月完成销售78万平方米，同比下降65.6%；下半年，受益于同期低基数、人才房集中网签，商品房销售面积降幅从年中的19.8%，逐月收窄至1—10月的6.8%。11月、12月，单月销售面积降幅再次扩大，同比分别下降25.3%、20.6%，全年新建商品房销售面积2069万平方米，比上年下降9.1%，降幅较1—10月扩大2.3个百分点（见图5-12-3）。

1. 住宅销售降幅较快，商办销售占比提升

2022年，住宅销售面积1861万平方米，同比下降10.9%，占商品房销售面积的89.9%，同比下降1.8个百分点，仍然维持在2018年以来90%左右的比重。得益于政府纾困房地产企业政策稳步实施，商办销售面积167万平方米，同比增长21.6%，占商品房销售面积的8.1%，回升至2018年水平（见表5-12-4）。尽管上半年受房地产深度调整持续影响，各类商品房销售均受到较大的影响，但6月以来，苏州政府及时出台各类稳经

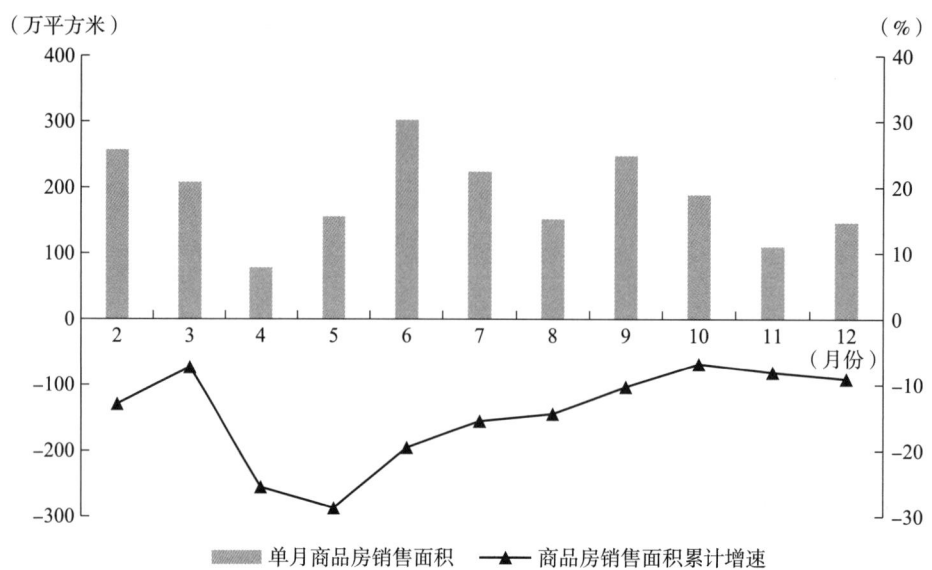

图 5-12-3　2022 年 1—12 月苏州市商品房销售面积及累计增速

数据来源：苏州市统计局。

济运行、稳房地产市场的政策方针，全力加固经济基本盘，加大人才政策吸引力度，加快保障房开发速度，加强房地产企业经营定力，促进销售市场降幅稳定在个位数。

表 5-12-4　2011—2022 年苏州市商品房销售面积规模、增速及构成情况

年份	商品房销售面积（万平方米）	同比增长（%）	住宅占比（%）	商办占比（%）
2011	1211	-20.0	81.2	17.3
2012	1466	21.1	86.1	12.6
2013	1875	27.9	87.1	11.6
2014	1599	-14.7	90.4	8.0
2015	2134	33.4	91.0	8.0
2016	2494	16.9	90.6	8.2
2017	1937	-22.3	87.2	10.4
2018	1994	3.0	89.7	8.4
2019	2178	9.2	91.1	7.5
2020	2192	0.6	91.0	7.4
2021	2275	3.8	91.8	6.0
2022	2069	-9.1	89.9	8.1

数据来源：苏州市统计局。

2. 住宅待售占比过半，商办待售去化困难

2022 年，商品房现房待售面积 862 万平方米，比上年下降 2.3%。其中，住宅待售面积 437 万平方米，比上年下降 1.7%，占商品房待售面积的比重由 2018 年的 40.7% 提高至 50.7%；商办待售面积 314 万平方米，占比 36.5%，为十年来最低水平，但其中过半数（54.4%）待售时间超过 3 年，去化较难（见表 5-12-5）。

表 5-12-5　2011—2022 年苏州市商品房待售面积规模、增速及构成情况

年份	待售面积（万平方米）	同比增长（%）	住宅占比（%）	商办占比（%）
2011	568	20.4	48.3	45.5
2012	686	20.8	51.7	40.9
2013	891	30.0	49.8	42.8
2014	996	11.8	51.9	40.5
2015	1063	6.7	53.9	39.4
2016	940	−11.6	45.0	47.9
2017	885	−5.8	42.8	50.0
2018	789	−10.9	40.7	52.3
2019	805	2.0	44.1	47.2
2020	832	3.5	49.2	41.7
2021	882	6.0	50.4	36.9
2022	862	−2.3	50.7	36.5

数据来源：苏州市统计局。

（四）苏州市房地产开发企业资金和运营情况

1. 到位资金大幅下降，融资压力亟须纾解

2022 年，苏州房地产企业资金来源 4683 亿元，同比下降 19%。其中，定金及预收款 1950 亿元，同比下降 24.9%；国内贷款、利用外资和其他资金来源分别为 692 亿元、1 亿元和 114 亿元，同比分别下降 30.3%、73.6% 和 42.3%，自筹资金 1035 亿元，同比下降 8.5%。苏州融资政策仍然偏紧，房地产企业银行贷款、利用外资规模大幅下降，自有资金筹措也出现困难，加之市场销售未有好转，资金回笼效率减慢，部分房地产企业、特别是中小房企可能面临较大资金压力，土地购置趋于谨慎，房地产开发投资下行态势短期内回升有限。

2. 经营压力持续加大，经营稳健仍属常态

根据 2022 年第四季度苏州市 1165 家房地产开发企业的问卷调查显示，企业经营状况以稳健经营为主。与上年同期相比，开发经营状况有所好转、维持稳定、有所下降的房企占比分别为 0.9%、79.8%、19.2%，有所好转的企业比例从第一季度的 0.9% 降至 0.8%，有所下降的企业从 18.6% 扩大至 19.2%。2022 年虽然房企承压经营，第四季度，保持稳定经营的房地产企业占比较第一季度下降 0.6 个百分点，但仍然有近八成的房企，在苏州减税费、降成本、惠金融、稳就业、优服务等纾困举措出台下，整体经营情况尚可。

（苏州市统计局）

十三、浙江省土地市场

2022 年，中央加强房地产市场预期引导，探索新的发展模式，加快建立多主体供给、多渠道保障、租购并举的住房制度，稳妥实施房地产市场平稳健康发展长效机制，支持居民合理自住需求，坚持稳地价、稳房价、稳预期的政策方针。

（一）2022 年浙江省土地市场出让情况

1. 浙江省土地出让规模

2022 年浙江省 11 个地级市出让 4392 宗土地，宗地数量比 2021 年减少 8.02%；成交土地面积 13627.12 万

平方米，同比下降 2.08%；成交土地规划建筑面积 28263.71 万平方米，同比下降 0.94%，成交总价款 6987.42 亿元，同比下降 28.94%。与 2021 年相比，2022 年浙江省土地市场的土地成交量、成交土地面积、成交土地规划建筑面积和成交总价款均有不同幅度的下跌（见图 5-13-1）。

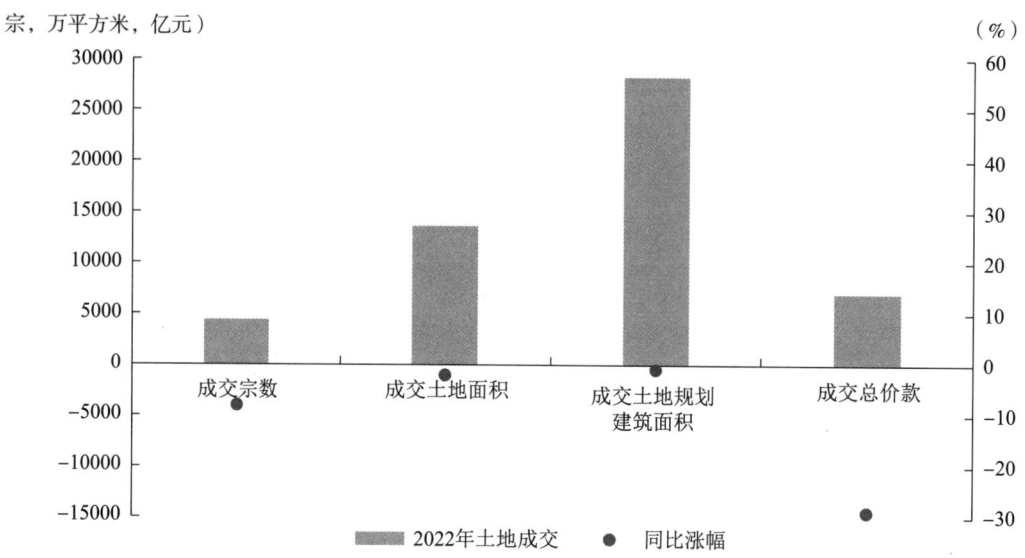

图 5-13-1　2022 年浙江省土地出让情况

数据来源：中国指数研究院数据库。

按用地类型分析，与 2021 年相比，住宅用地成交宗数、成交土地面积和成交可建面积有不同幅度的上涨，分别为 131.80%、107.49% 和 129.76%，而综合用地均有所下降。商办用地的成交可建面积少于 2021 年，同比下降 0.30%，而成交宗地数量和成交土地面积有小幅上涨，涨幅分别为 1.76% 和 8.08%。工业用地成交宗地数量少于 2021 年，同比下降 14.03%，而成交土地面积和成交可建面积有小幅上涨，涨幅分别为 4.73% 和 9.68%（见图 5-13-2、表 5-13-1）。

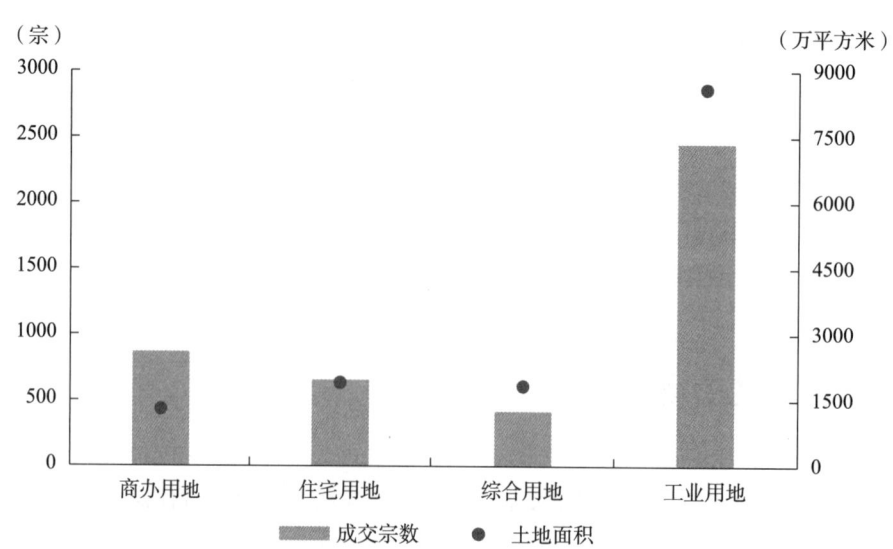

图 5-13-2　2022 年浙江省各类用地类型总成交宗数及面积

数据来源：中国指数研究院数据库。

表 5-13-1 2022 年浙江省各类用地成交宗数、土地面积与可建面积同比涨幅

类型	成交宗数（宗）	同比增长（%）	成交土地面积（万平方米）	同比增长（%）	成交可建面积（万平方米）	同比增长（%）
商办用地	867	1.76	1302.58	8.08	2604.43	-0.30
住宅用地	656	131.80	1903.17	107.49	3918.99	129.76
综合用地	418	-47.02	1827.34	-49.08	3746.17	-52.13
工业用地	2451	-14.03	8594.03	4.73	17994.11	9.68

数据来源：中国指数研究院数据库。

从成交土地宗数上看，下半年整体出让宗数较上半年上涨35.88%，其中下半年商业办公用地、住宅用地、综合用地和工业用地出让宗数均比上半年有不同程度的上涨，分别上涨116.42%、40.29%、9.00%和19.82%。

从成交土地面积来看，下半年较上半年上涨33.55%，其中下半年商办用地、住宅用地、综合用地和工业用地的成交土地面积分别上涨81.83%、6.31%、5.68%和41.30%。整体来看，2021年浙江省土地市场呈现"前冷后热"态势（见表5-13-2）。

表 5-13-2 2022 年浙江省各类用地上下半年土地出让规模情况

用地类型	成交宗数			成交面积		
	上半年（宗）	下半年（宗）	与上半年相比增长（%）	上半年（万平方米）	下半年（万平方米）	与上半年相比增长（%）
商办用地	274	593	116.42	462.19	840.39	81.83
住宅用地	273	383	40.29	922.48	980.69	6.31
综合用地	200	218	9.00	888.46	938.88	5.68
工业用地	1115	1336	19.82	3561.62	5032.41	41.30
合计	1862	2530	35.88	5834.76	7792.36	33.55

数据来源：中国指数研究院数据库。

2. 11 个地级市土地出让规模分析

2022年，浙江省11个地级市土地成交宗数情况各异，整体供应同比下降8.02%。11个城市中金华市土地成交宗数依然达到最高724宗，较上年增加4.93%；湖州土地出让成交宗数跌幅最大，较上年下降23.09%；舟山土地出让成交宗数上涨幅度最大，较上年上涨54.67%（见图5-13-3）。

从11个城市土地成交面积看，宁波土地成交面积最高，为1710.87万平方米；丽水成交土地面积最低，仅651.01万平方米。与2021年相比，金华、丽水、衢州、台州、舟山5个城市土地成交面积增长，其中舟山涨幅最大，为154.17%，杭州、湖州等7个城市有不同程度的下降，其中湖州跌幅最大，为23.16%（见图5-13-4）。

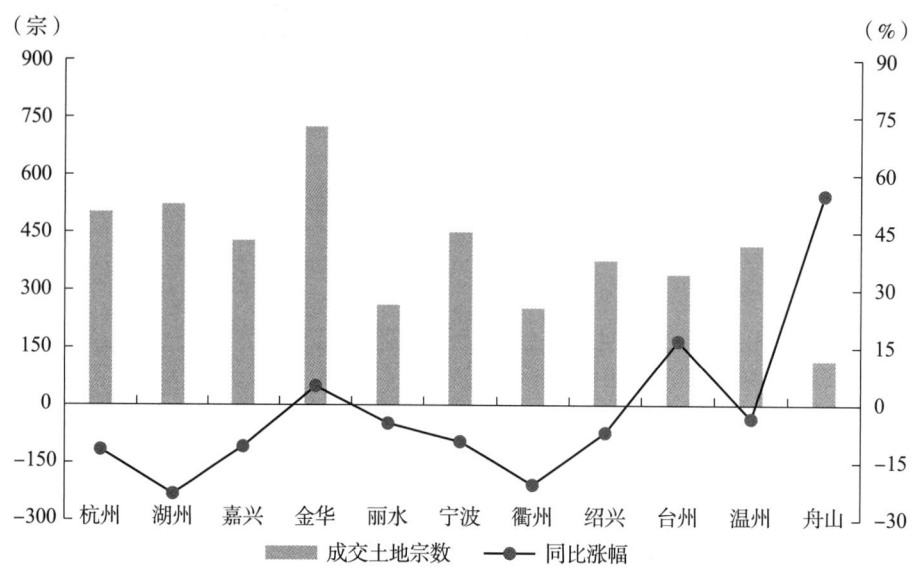

图 5-13-3　2022 年浙江省 11 个地市土地成交宗数及变动情况

数据来源：中国指数研究院数据库。

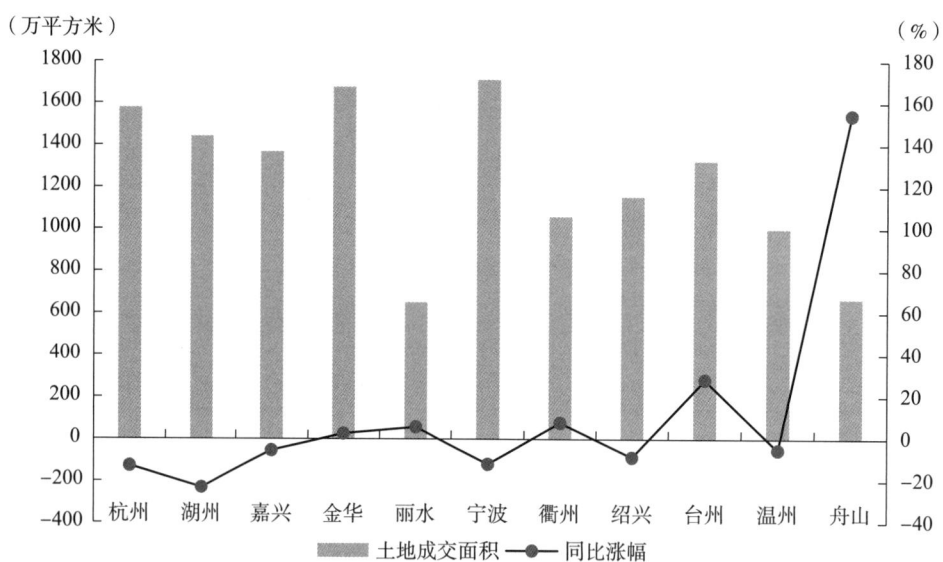

图 5-13-4　2022 年浙江省 11 个地市土地成交面积及变动情况

数据来源：中国指数研究院数据库。

3. 浙江省土地出让金额与城市分布

（1）浙江省土地成交金额情况分析。

2022 年，浙江省 11 个地级市土地成交金额 6987.42 亿元。其中，住宅用地成交金额最大，为 3487.91 亿元，占总成交金额的 49.92%；其次是综合用地，成交金额 2262.07 亿元，占总成交金额的 32.37%；第三是商办用地，成交金额 677.37 亿元，占总成交金额的 9.69%；工业用地的成交金额最少，为 560.07 亿元，占总成交金额的 8.02%（见图 5-13-5）。

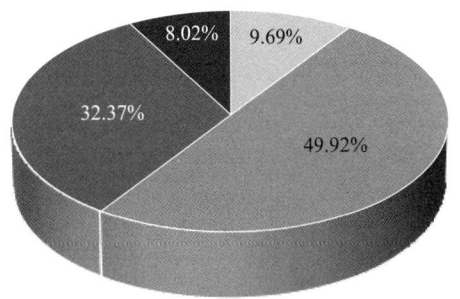

图 5-13-5　2022 年浙江省土地成交金额分布

数据来源：中国指数研究院数据库。

与 2021 年相比，土地成交总金额下降 28.94%，商办用地、住宅用地、综合用地、工业用地成交均有不同变化。其中住宅用地涨幅最大，为 123.34%，其次是工业用地，上涨 9.13%，商办用地成交金额较上年下降 1.05%，综合用地成交金额较上年下降 68.02%（见图 5-13-6）。综合用地不论是成交面积还是成交金额都大幅度下降，住宅用地不论是成交面积还是成交金额都大幅度上涨，表明土地市场供给过度依赖住宅开发与投资，其适应性和有效性有待提高。

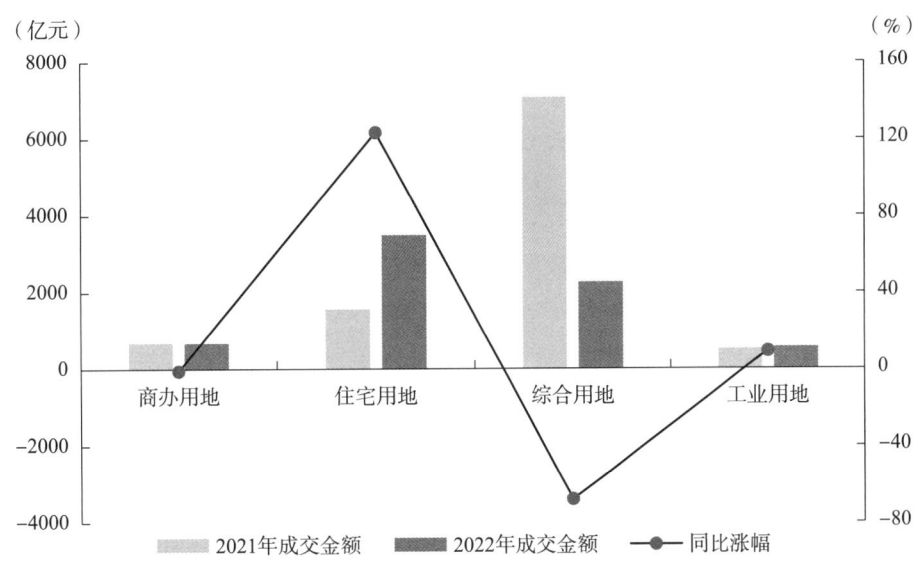

图 5-13-6　2022 年浙江省土地成交金额变动情况

数据来源：中国指数研究院数据库。

与 2022 年上半年相比，下半年土地成交金额减少 10.69%。按土地类型划分，商办用地、综合用地、工业用地下半年土地成交金额均有不同幅度的上涨，涨幅分别为 62.92%、0.21%、46.62%；而住宅用地有所下降，跌幅为 32.02%（见图 5-13-7）。

（2）11 个城市土地成交金额分析。

2022 年浙江省 11 个地级市土地成交金额差距明显，其中杭州成交金额 2229.85 亿元，浙江省内持续领先，舟山成交金额最低，为 67.37 亿元，仅占杭州的 3.02%。与 2021 年相比，浙江省 11 个地级市土地出让金整体呈现负增长状态，其中绍兴的跌幅最大，为 48.58%，台州跌幅最小，为 3.34%。

与 2022 年上半年相比，11 个城市土地成交金额均有所变动。其中杭州、嘉兴、宁波土地成交金额有不同

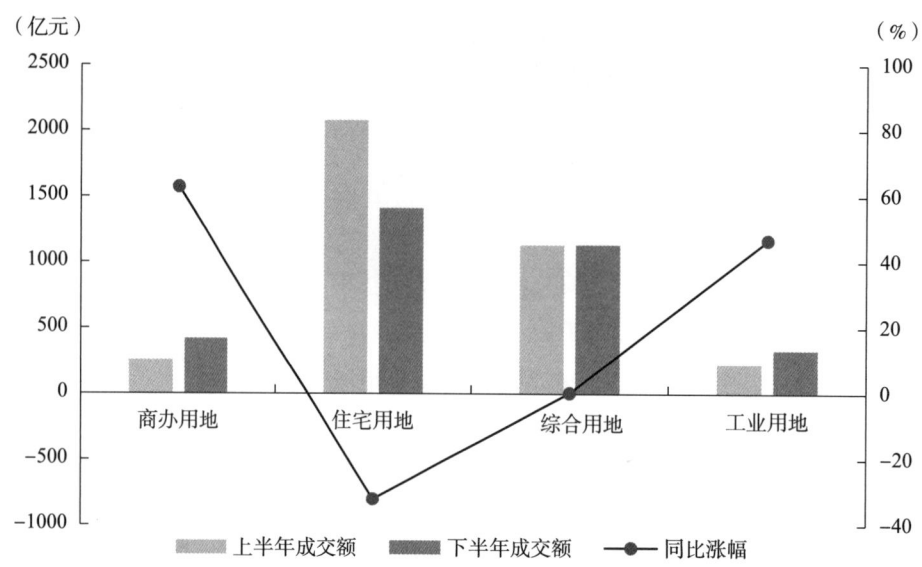

图 5-13-7　2022 年浙江省土地成交金额变动情况

数据来源：中国指数研究院数据库。

幅度的下降，跌幅分别为 56.27%、3.68%、57.50%，其余城市均呈上涨态势，舟山土地成交金额涨幅最大，为 262.07%（见表 5-13-3）。

表 5-13-3　2021 年、2022 年浙江省 11 个地市土地成交金额及变动情况

城市	2021 年（亿元）	2022 年（亿元）	相比 2021 年增长（%）	2022 年上半年（亿元）	2022 年下半年（亿元）	相比上半年增长（%）
杭州	3182.73	2229.85	-29.94	1551.37	678.48	-56.27
湖州	527.69	458.13	-13.18	171.31	286.83	67.44
嘉兴	722.05	462.12	-36.00	235.39	226.73	-3.68
金华	1308.73	750.54	-42.65	199.64	550.91	175.95
丽水	221.90	197.27	-11.10	48.75	148.52	204.67
宁波	1159.53	1074.95	-7.29	754.33	320.63	-57.50
衢州	276.03	183.27	-33.61	55.76	127.51	128.67
绍兴	825.35	424.38	-48.58	145.31	279.06	92.05
台州	528.97	511.31	-3.34	218.14	293.17	34.39
温州	989.84	628.23	-36.53	296.37	331.85	11.97
舟山	90.85	67.37	-25.85	14.58	52.79	262.07

数据来源：中国指数研究院数据库。

浙江省 11 个城市的土地出让总收益大部分来源于住宅用地和综合用地。其中杭州、宁波、绍兴住宅用地的出让金额占总金额的比重超过 50%，其中杭州占比最高，达到 70.46%；丽水、衢州、温州综合用地的土地成交金额占总金额的比重超过 50%，其中丽水占比最高，达到 81.10%。从土地成交金额看，住宅用地贡献最大，其次是综合用地（见图 5-13-8）。

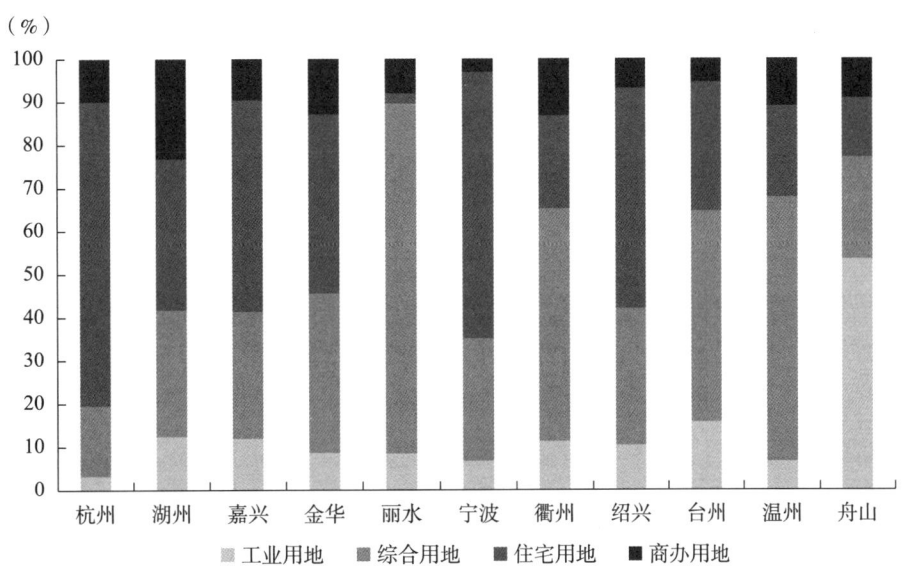

图 5-13-8　浙江省 11 个地市不同用地类型土地成交金额占比

数据来源：中国指数研究院数据库。

4. 浙江省土地成交价格水平与特点分析

（1）总体价格水平。

2022年，浙江省四类出让用地中住宅用地楼面地价最高，为8900.03元/米²；其次是综合用地，为6038.36元/米²；商办用地楼面地价为2600.84元/米²，工业用地楼面地价仅为311.25元/米²。商办用地、住宅用地、综合用地、工业用地楼面地价较上年均有所下降，分别下降1.34%、2.79%、33.21%、0.50%。与2022年上半年相比，2022年下半年综合用地、工业用地楼面地价增长，分别上涨0.17%、4.63%；商办用地、住宅用地楼面地价有所回落，分别下降7.75%、32.51%。

（2）11个城市价格水平分析。

根据四类用地类型分析2022年浙江省11个地级市土地价格变动情况。从商业办公用地楼面地价水平来看，杭州楼面地价最高，为6037.82元/米²，衢州最低，为1492.90元/米²。与2021年相比，除金华、丽水、宁波楼面地价呈现负增长外，其余城市均出现不同程度的上涨。其中舟山涨幅最高，为127.30%，嘉兴涨幅最低，为1.01%；宁波跌幅最大，为20.97%，丽水跌幅最小，为3.10%。

从住宅用地楼面地价水平来看，杭州楼面地价16688.37元/米²，位居浙江省榜首，舟山最低，为2919.05元/米²。与上年相比，杭州、金华、宁波和温州4个城市的楼面地价有不同幅度的上涨，湖州等7个城市的楼面地价均下降。其中宁波涨幅最大，为50.95%；金华涨幅最小，为11.46%。跌幅最大的城市是衢州，为66.41%；跌幅最小的城市是湖州，为7.81%。

从综合用地楼面地价水平来看，杭州楼面地价仍然保持浙江省最高，为13450.74元/米²；宁波次之，为7820.25元/米²；舟山的楼面地价最低，为3682.61元/米²。与2021年比较，11个城市的综合用地楼面地价均有不同幅度的下降，其中金华的跌幅最大，为41.75%；嘉兴的跌幅最小，为8.09%。

从工业用地楼面地价水平来看，整体保持在低位。台州楼面地价在11个城市中最高，为441.34元/米²；嘉兴楼面地价最低，为233.27元/米²。杭州、金华、宁波、衢州、温州、舟山较上年分别下降5.19%、14.64%、11.90%、3.16%、2.03%、6.68%，湖州等5个城市增长，整体价格保持稳定，其中台州涨幅最明显，为25.49%（见表5-13-4）。

表 5-13-4　2022 年浙江省 11 个地市四类用地楼面地价波动情况

用地类型	商业办公用地			住宅用地			综合用地			工业用地		
城市	2021年(元/米²)	2022年(元/米²)	相比2021年增长(%)	2021年(元/米²)	2022年(元/米²)	相比2021年增长(%)	2021年(元/米²)	2022年(元/米²)	相比2021年增长(%)	2021年(元/米²)	2022年(元/米²)	相比2021年增长(%)
杭州	4598.51	6037.82	31.30	12947.52	16688.37	28.89	15599.00	13450.74	-13.77	341.56	323.82	-5.19
湖州	1929.35	2139.42	10.89	5558.89	5124.80	-7.81	6002.88	5483.49	-8.65	301.50	310.92	3.13
嘉兴	1850.14	1868.89	1.01	7893.93	7130.05	-9.68	6420.13	5900.86	-8.09	226.53	233.27	2.97
金华	2340.86	2100.60	-10.26	6502.33	7247.52	11.46	9022.54	5255.90	-41.75	334.94	285.90	-14.64
丽水	1574.41	1525.62	-3.10	9024.86	3996.84	-55.71	5305.89	4578.28	-13.71	261.38	261.69	0.12
宁波	1911.37	1510.55	-20.97	4582.23	6917.03	50.95	9115.28	7820.25	-14.21	356.78	314.31	-11.90
衢州	1231.71	1492.90	21.21	9857.88	3311.00	-66.41	5840.16	4393.19	-24.78	269.52	261.02	-3.16
绍兴	2071.36	2161.30	4.34	13243.53	6047.03	-54.34	6967.63	4231.94	-39.26	307.86	313.93	1.97
台州	1845.02	2310.97	25.25	8510.53	6938.94	-18.47	6016.52	4416.51	-26.59	351.69	441.34	25.49
温州	2011.90	2610.83	29.77	5377.62	6084.53	13.15	7392.89	6653.08	-10.01	276.93	271.30	-2.03
舟山	1050.09	2386.83	127.30	5159.05	2919.05	-43.42	5597.24	3682.61	-34.21	461.98	431.10	-6.68

数据来源：中国指数研究院数据库。

5. 浙江省土地出让的用途结构与特点分析

（1）总体情况。

从土地成交数量来看，2022年浙江省成交土地4392宗。其中，商办用地867宗，占总成交宗地数的19.74%；住宅用地656宗，占比14.94%；综合用地418宗，占比9.52%；工业用地2451宗，占比55.81%。

从土地成交面积来看，2022年浙江省成交土地面积13627.12万平方米。其中，商办用地成交面积1302.58万平方米，占比9.56%；住宅用地成交面积1903.17万平方米，占比13.97%；综合用地成交面积1827.34万平方米，占比13.41%；工业用地8594.03万平方米，占比63.07%。2022年浙江省商办用地和综合用地（经营性公建用地）的投放量为3129.92万平方米，远大于住宅用地的投放量。2022年商办用地和工业用地成交面积同比小幅调整，住宅用地和综合用地成交面积变化较大（见图5-13-9）。

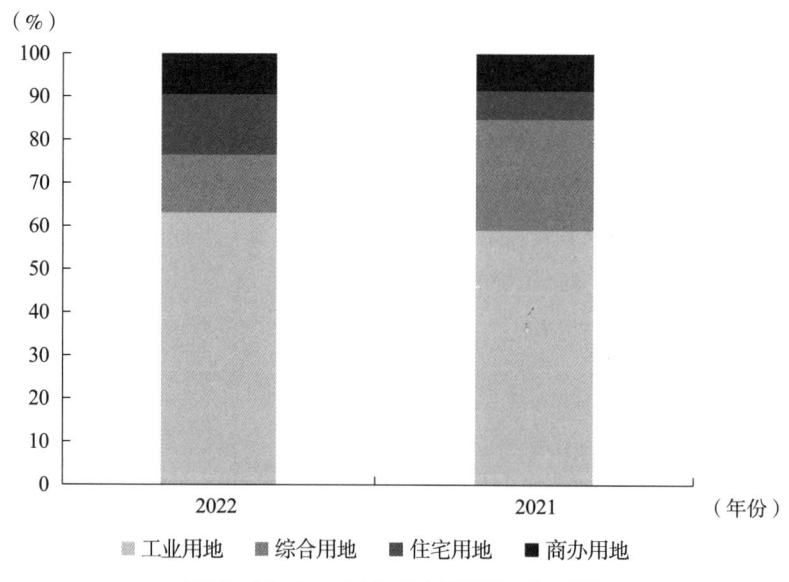

图 5-13-9　土地成交面积结构对比

数据来源：中国指数研究院数据库。

(2) 城市分析。

疫情冲击或市场周期调整下，除嘉兴、丽水、舟山外，其余8个城市住宅用地成交宗数同比上涨，除金华、台州外的其他9个城市的工业用地供应比例仍超过50%。从商办用地成交宗数占总出让宗数来看，金华占比最高，达到40.06%。从综合用地出让宗数占比来看，除绍兴外其余10个地级市成交宗数同比下降（见表5-13-5）。

表5-13-5 2022年浙江省11个地市四类用地成交宗数占比（%）

类型	商办用地		住宅用地		综合用地		工业用地	
城市	2022年	2021年	2022年	2021年	2022年	2021年	2022年	2021年
杭州	17.89	21.27	23.86	4.75	3.98	23.73	54.27	50.26
湖州	24.86	25.88	9.75	3.68	5.74	7.35	59.66	63.09
嘉兴	17.06	19.38	10.05	10.83	5.14	10.21	67.76	59.58
金华	40.06	21.88	16.16	6.23	9.39	18.26	34.39	53.62
丽水	14.18	14.23	7.66	8.76	17.62	19.71	60.54	57.30
宁波	9.11	11.45	27.11	4.65	9.33	19.68	54.44	64.22
衢州	19.37	16.93	7.91	1.88	11.07	13.79	61.66	67.40
绍兴	8.49	13.05	10.61	9.85	11.14	7.88	69.76	69.21
台州	11.73	12.33	21.41	6.51	17.01	23.97	49.85	57.19
温州	17.55	11.37	10.58	3.71	13.70	25.52	58.17	59.40
舟山	10.34	21.33	5.17	6.67	4.31	12.00	80.17	60.00

数据来源：中国指数研究院数据库。

(二) 2022年浙江省土地市场总结与趋势

1. 整体交易量下降，交易规模同比略降

2022年，浙江省出让4392宗土地，成交量同比下降8.02%。成交土地面积13627.12万平方米，同比下降2.08%。受房地产调控政策与行业发展趋势影响，上半年土地市场平淡，下半年土地市场整体表现更为活跃。

2. 土地成交金额有下降，城市间差异更为显著

2022年，浙江省土地成交金额6987.42亿元，同比下降28.94%，其中住宅用地成交金额同比上涨且在四类用地中占比最大，为3487.91亿元；综合用地跌幅最大，为68.02%。从11个地级市土地成交价款数据来看，杭州2229.85亿的成交金额位列浙江省榜首，舟山成交金额最低，67.37亿元，仅占杭州的3.02%。

3. 土地价格全面回落，工业用地相对最低

2022年，浙江省商办用地、住宅用地、综合用地、工业用地楼面地价较上年均有所下降，分别下降1.34%、2.79%、33.21%、0.50%。与上半年相比，2022年下半年综合用地、工业用地楼面地价呈正增长，分别上涨0.17%、4.63%；商办用地、住宅用地楼面地价均有所回落，分别下降7.75%、32.51%。住宅用地和综合用地楼面地价保持在高位，分别为8900.03元/米^{2}和6038.36元/米^2；而工业用地楼面地价仅为311.25元/米^2。

4. 住宅用地比例上升，经营用地有所下降

2022年，商办用地、住宅用地、综合用地、工业用地土地成交面积占比分别为9.56%、13.97%、13.41%、63.07%。从各类用地的配置结构来看，2022年工业用地和商办用地占比同比基本持平。浙江省除金华外的10个地级市整体工业用地占比超过50%，经营性用地供应比例同比下降5.11个百分点。2022年，房地产调控政策"稳"是主基调，土地市场在各类政策调控影响下全面回落。

（浙江省房地产业协会　浙江工业大学房地产研究所）

十四、武汉市房地产市场

（一）2022年武汉市房地产市场发展现状及特点

1. 开发投资情况

2022年，武汉市固定资产投资比上年增长10.8%，继续保持两位数增长，延续平稳快速增长态势。其中，房地产开发投资增长5.5%，低于基础设施投资增长（10.8%）和工业投资增长（19.3%），也低于上年度房地产投资增长速度（17.2%），高于全国房地产开发投资增长（-10%）（见图5-14-1）。

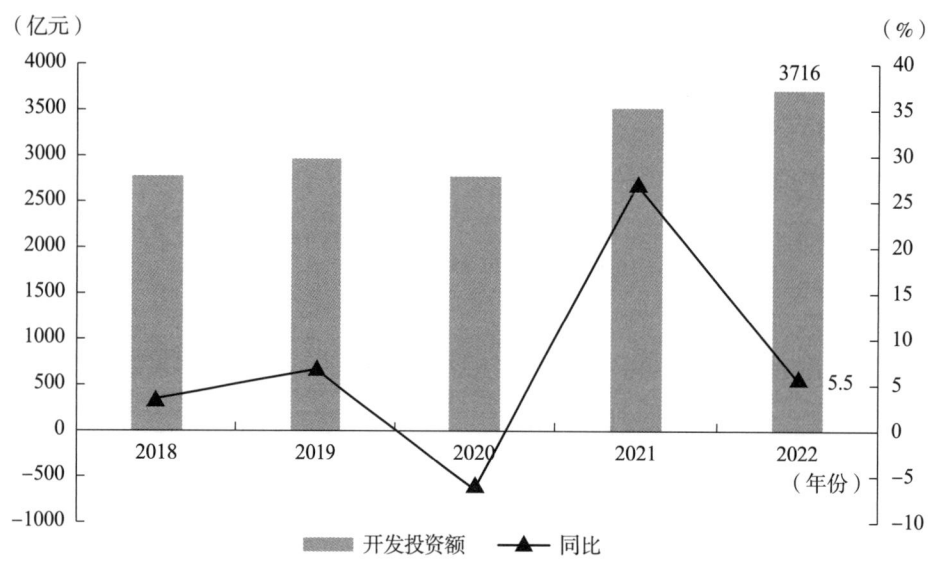

图5-14-1　2018—2021年武汉市房地产开发投资额

数据来源：武汉市住房保障和房屋管理局。

2022年，武汉市完成建筑工程产值12276.85亿元，同比增长12.2%，占建筑业总产值的89.8%；武汉市房屋建筑业和土木工程建筑业两行业共完成建筑业总产值12877.22亿元，占武汉市建筑业总产值的94.2%，拉动武汉市建筑业产值9.8个百分点。其中房屋建筑业完成建筑业产值7538.16亿元，同比增长9.3%，占武汉市建筑业总产值的比重为55.1%，拉动武汉市建筑业产值增长5.2个百分点；土木工程建筑业完成建筑业产值5339.06亿元，同比增长11.7%，占武汉市建筑业总产值的比重为39.0%，拉动武汉市建筑业产值增长4.6个百分点。

2. 土地供应与成交情况

2022年，武汉市土地市场"稳字当头"。上半年，受市场普遍下行等因素影响，武汉市适度放缓供地节奏；进入下半年尤其第四季度，为保质保量完成年度土地供应目标，武汉市又以"少量多次"的形式加快供地节奏，全年发布各类用地公告106个批次。

2022年，武汉市挂牌出让地块333宗，最终成交280宗，供应宗数较2021年减少20宗，成交宗数减少41宗；推出土地面积1462万平方米、建筑面积2573万平方米；成交土地面积1198万平方米、建筑面积2090万平方米；土地出让金总额937亿元，同比下降51.8%；成交楼面均价4482元/米^2，同比下降2.3%；整体平均溢价率1.8%，低于2021年的6.84%（见表5-14-1）。

十四、武汉市房地产市场

表 5-14-1 2018—2021 年武汉市土地供应成交一览

项目	2022 年		2021 年		2020 年		2019 年		2018 年	
	供应	成交	供应	成交	供应	成交	供应	成交	供应	成交
土地宗数（宗）	333	280	353	321	323	295	380	328	378	347
用地面积（万平方米）	1462	1198	2306	2075	2237	2057	2322	1994	2349	2127
建筑面积（万平方米）	2573	2090	4843	4238	4599	4191	5180	4387	5175	4625
楼面地价（元/米²）	—	4482	4605	4588	4262	4526	3859	4025	3226	2986
平均溢价率（%）	—	1.8	—	6.84	—	9.05	—	11.44	—	3.83
土地出让金（亿元）	—	937	—	1944	—	1896	—	1766	—	1381

数据来源：武汉市住房保障和房屋管理局。

住宅用地方面，2022 年武汉推出住宅用地 77 宗，成交 62 宗，出让宗数较 2021 年减少 73 宗，成交宗数减少 71 宗；推出住宅土地面积 317 万平方米、建筑面积 922 万平方米，建筑面积同比下降 68.5%；成交住宅土地面积 247.67 万平方米、建筑面积 686.84 万平方米，建筑面积同比降低 71.72%；土地出让金 616.32 亿元，同比下降 65.66%；成交楼面均价 8973 元/米²，同比上涨 21.42%，整体平均溢价率 0.7%，低于 2021 年的 7.4%。行政区方面，东湖新技术开发区、黄陂区、硚口区和青山区供应数量领先，全年各供应 8 宗住宅用地（不含混合用地），硚口区成交楼面地价最高（14290 元/米²），武昌区成交楼面地价次之（13997 元/米²），新洲区成交楼面地价最低（1966 元/米²），东湖高新区平均溢价率最高（3.75%）（见图 5-14-2）。

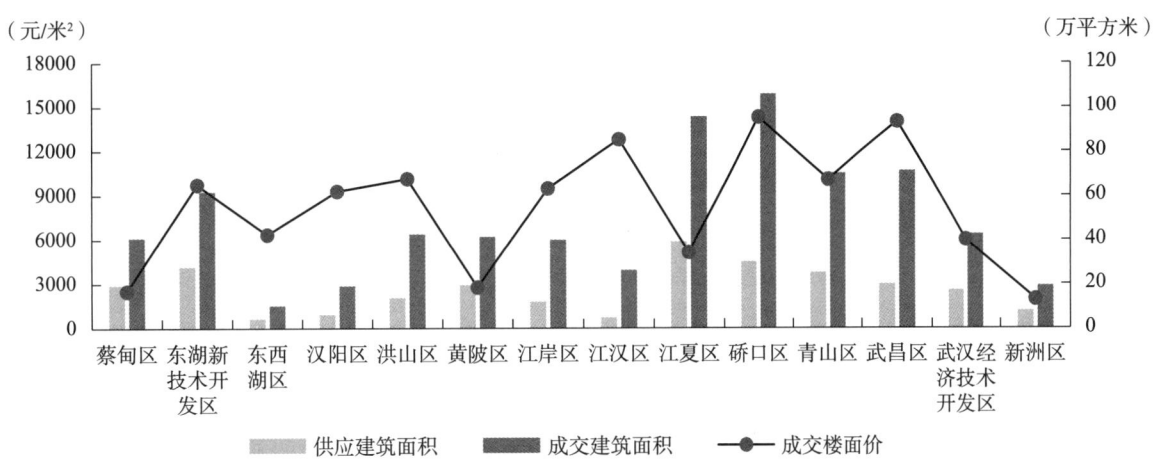

图 5-14-2 2022 年武汉市分区住宅用地土地供求量价（不含混合用地）

数据来源：武汉市住房保障和房屋管理局。

商办用地方面，2022 年武汉推出商业用地 44 宗，其中成交 39 宗，出让宗数较 2021 年增加 6 宗，成交宗数增加 4 宗；推出商业土地面积 111.5 万平方米、建筑面积 176.56 万平方米，建筑面积同比下降 54.26%；成交商办土地面积 105.5 万平方米、建筑面积 163.4 万平方米，建筑面积同比下降 56.43%；商办土地出让金 49.12 亿元，同比下降 51.98%；成交楼面均价 3006 元/米²，同比上涨 66.86%，整体平均溢价率 3.23%，高于 2021 年的 0.5%；行政区方面，远城区商办用地整体供应量大于中心城区商办用地供应量，其中东西湖区供应量最大（见图 5-14-3）。

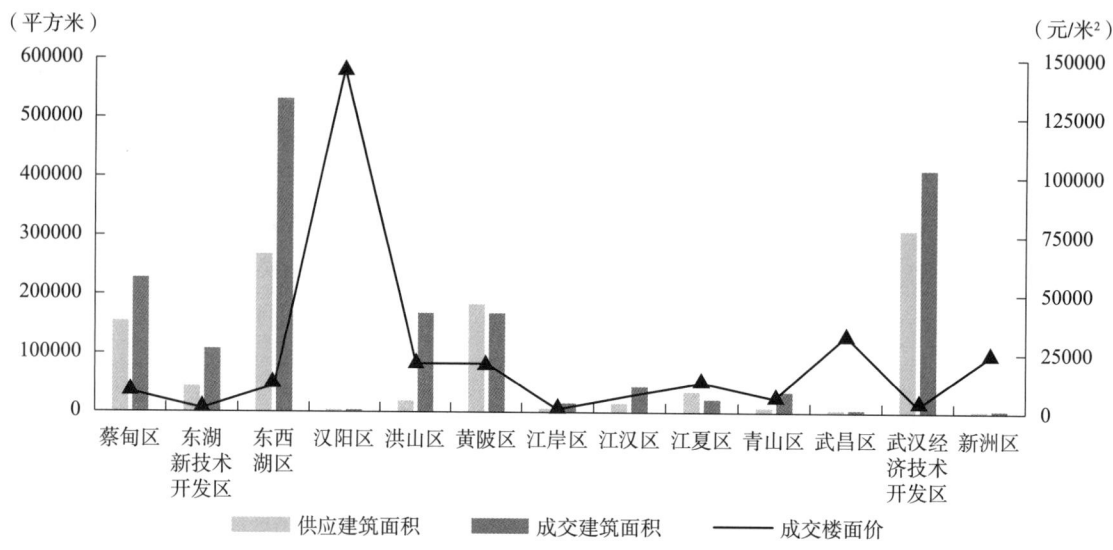

图 5-14-3　2022 年武汉市分区商业用地土地供求量价

数据来源：武汉市住房保障和房屋管理局。

注：2022 年汉阳区商业用地仅成交约 700 平方米，成交楼面价 145429 元/米²，为分区最高。

2022 年，工业用地、其他用地分别成交 163 宗、16 宗，成交土地面积分别为 747.17 万平方米、97.47 万平方米。

3. 新房供应与销售情况

根据武汉市住房保障和房屋管理局网站公布的《2022 年×月武汉市新建住房销（预）售月度监测简报》中的数据显示，武汉市 2022 年全年新建商品房相较于 2021 年均有下降（见表 5-14-2）。

表 5-14-2　2022 年 1—12 月武汉市新建商品房供应与销售情况及同比一览表

月份	新建商品房批准预售（万平方米）	同比增长（%）	新建商品住房批准预售（万平方米）	同比增长（%）	新建商品房销售（含预签约）（万平方米）	同比增长（%）	新建商品住房销售（万平方米）	同比增长（%）
1	81.63	-52.82	53.97	-63.62	182.45	-31.38	142.67	-38.04
2	46.09	-42.70	31.25	-39.51	85.19	-41.34	71.38	-37.66
3	167.72	-51.61	137.7	-53.08	151.13	-44.87	121.93	-49.47
4	158.49	-52.97	106.02	-64.26	142.64	-52.73	106.44	-61.31
5	131.21	-52.40	99.47	-57.57	147.32	-45.31	99.07	-57.56
6	133.04	-37.95	104.35	-46.68	218.37	-21.08	140.25	-43.48
7	134.65	-31.42	86.03	-43.75	177.56	1.48	142.48	-7.08
8	114.34	-52.05	77.29	-60.32	134.92	-17.87	109.33	-22.64
9	186.18	-45.14	143.88	-48.82	132.85	-43.59	96.03	-52.78
10	60.98	-65.55	56.28	-60.22	119.32	-35.83	94.17	-36.24
11	111.38	-53.75	90.17	-55.10	92.01	-55.85	69.17	-59.87
12	122.20	-48.36	86.37	-54.88	235.92	-38.11	197.56	-37.60

数据来源：武汉市住房保障和房屋管理局。

注：《2022 年×月武汉市新建住房销（预）售月度监测简报》整理计算得出。

V. 省市篇

十四、武汉市房地产市场

根据武汉市住房保障和房屋管理网站公开的《新建商品房成交统计情况》，将武汉2022年市各行政区分用途成交数据整理如表5-14-3。

表5-14-3　2022年武汉市各行政区分用途商品房成交面积一览

单位：万平方米

区域	住宅	办公楼	商业营业用房	其他	合计
蔡甸区	61.6	3.29	9.82	8.66	83.37
东湖高新区	119.19	24.03	11.8	25.18	180.19
东西湖区	143.38	10.57	12.36	2.05	168.36
汉南区	27.54	0.23	2.36	3.73	33.86
汉阳区	154.19	7.98	16.85	4.66	183.68
洪山区	115.2	15.84	12.86	5.01	148.91
黄陂区	101.24	0.37	9.04	9.48	120.13
江岸区	110.15	16.36	10.91	0.36	137.79
江汉区	31.07	31.07	9.51	0.04	71.7
江夏区	92.45	8.4	17.74	9.54	128.13
经济开发区	73.11	1.77	3.44	0.01	78.33
硚口区	99.57	5.4	4.5	0.04	109.52
青山区	63.69	22.45	8.93	0.02	95.08
武昌区	50.8	32.84	11.59	0.004	95.23
新洲区	74.17	0.25	7.74	4.37	86.53

数据来源：武汉市住房保障和房屋管理局。

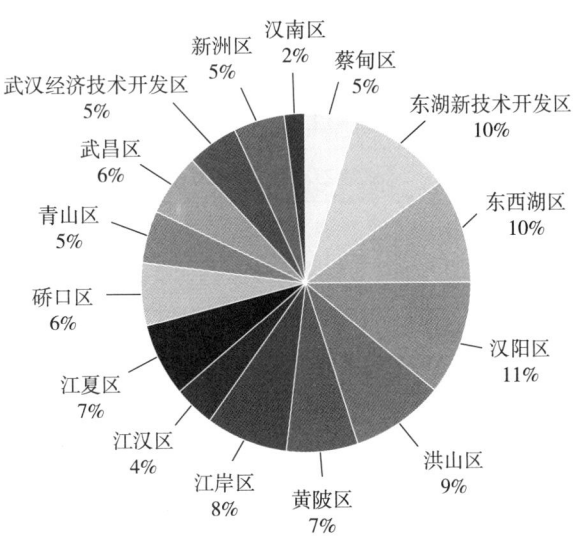

图5-14-4　2022年武汉市各行政区新建商品房成交总量占比

数据来源：武汉市住房保障和房屋管理局。

综合以上图表，武汉市分区域新建商品房成交总量的前三名依次为汉阳区、东湖高新区和东西湖区，成交量依次为183.68万平方米、180.19万平方米和168.36万平方米，成交面积在武汉市成交面积中占比分别为

11%、10%和10%（见表5-14-3、见图5-14-4）。

不同类型商品房成交情况：

（1）住宅前五位：汉阳区154.19万平方米，东西湖区143.38万平方米，东湖高新区119.19万平方米，洪山区115.2平方米，江岸区110.15万平方米。

（2）办公楼前五位：武昌区32.84万平方米，江汉区31.07万平方米，东湖高新区24.03万平方米，青山区22.45万平方米，江岸区16.36万平方米。

（3）商业营业用房前五位：江夏区17.74万平方米，汉阳区16.85万平方米，洪山区12.86万平方米，东西湖区12.36万平方米，东湖高新区11.8万平方米。

4. 存量房供应与销售情况

根据武汉市住房保障和房屋管理局网站公布的《2022年1—10月武汉市房地产市场运行情况》可知，1—10月，存量房成交69804套，成交面积696.01万平方米，同比减少20.05%；其中，存量住房成交65571套，成交面积638.15万平方米，同比减少22.45%。2022年房地产市场整体呈下行趋势。其中，第二季度市场略有恢复（见表5-17-4）。

表5-17-4　2022年1—10月武汉市存量房供应与销售情况

月份	存量房成交			存量住房成交		
	数量（套）	面积（万平方米）	面积同比增长（%）	数量（套）	面积（万平方米）	面积同比增长（%）
1—2	10711	108.45	-25.23	9946	99.48	-27.05
3	6237	61.5	-30.52	5826	57.48	-30.80
4	6564	65.2	-43.13	6168	60.82	-43.66
5	6821	67.19	-36.45	6399	62.81	-38.28
6	7700	77.15	-30.19	7257	71.9	-31.58
7	8093	80.69	-18.14	7711	76.28	-19.14
8	8276	83.54	12.12	7886	79.04	13.37
9	10094	101.07	27.47	9526	82.43	12.59
10	5308	51.22	-4.69	4852	47.91	-6.74
合计	69804	696.01	-20.05	65571	638.15	-22.45

数据来源：武汉市住房保障和房屋管理局。

注：表中数据是根据武汉市住房保障和房屋管理局发布的2022年的《1—10月武汉市房地产市场运行情况》整理计算得出，11—12月数据尚未公布。

5. 商品房销售价格

根据国家统计局公布的2022年12月70座大中城市住房价格指数，70座大中城市商品住宅销售价格环比总体延续下降态势，同比涨幅持平。2022年12月，武汉市新建商品住房价格同比下降5.6%，涨幅较上月减少0.1个百分点，同比涨幅已持续11个月收窄。

2022年，武汉市场供应量小于需求量，并且存量较为充足，供需关系基本平衡。武汉市新房价格持续下降，全年住宅均价16103元/米^2，与2021年相比下降3%。2022年商业项目成交均价15069元/米^2，相比2021年上涨5%。写字楼成交整体均价16073元/米^2，相比2021年上涨31%。

（二）2022年武汉市住房保障工作进展

1. 保障房各项指标任务及达成情况

2022年，武汉市实施棚户区住房改造开工目标19000套，实际开工25782套，完成率135.69%；棚户区住房改造基本建成目标23000套，实际基本建成29026套，完成率126.20%；发放城镇住房保障家庭租赁补贴任务目标8000户，实际发放10218户，完成率127.73%。

2. 保障性租赁住房进展情况

2022年，武汉市住房保障由量向质跃升，全年建设筹集保障性租赁住房6.21万套（间），棚户区改造住房开工2.58万套，筹集房源3.51万套（间），累计配租3.39万人（次）；住房租赁市场稳步发展，完成"中央财政支持住房租赁三年试点"任务，累计新建、改建租赁住房6.19万套，盘活存量租赁住房18.04万套。

3. 城市更新改造推进情况

2022年，武汉完成老旧小区改造428个，推动城市更新改造征收404万平方米。2023年，武汉市大力实施城市更新，开展"城市更新年"行动，制定城市更新三年行动方案，推进三阳设计之都等26个重点单元优化升级，打造汉阳知音东苑等5个老旧小区成片改造示范点，完成260个老旧小区改造。打造完整居住社区，推动有条件的老旧住宅加装电梯，完成居家适老化改造2000户以上、困难残疾人家庭无障碍改造2600户以上。加强汉口历史文化风貌区、武昌古城、汉阳古城保护性利用，加大老建筑、老里弄保护修缮力度，让城市更有历史感、文化味。

（湖北省房地产业协会）

十五、湖南省房地产市场

2022年，在房地产市场下行压力持续加大、行业信心处在低位环境下，湖南省认真贯彻落实党中央、国务院，省委省政府的决策部署，牢牢坚持"房住不炒"定位，不断加强房地产市场供需双向调节，切实稳定房地产市场。根据湖南省统计局相关数据、湖南省住房和城乡建设厅关于湖南省年度房地产市场形势的通报以及克而瑞湖南区域相关数据显示，在需求收缩、预期转弱等诸多下行压力条件下，湖南省房地产市场处于深度调整期，房地产市场持续低位运行，商品房销售、新开工面积、土地供应降幅扩大，房地产开发投资虽有下降，但降幅低于全国平均水平，房价总体平稳。整体市场发展情况呈现以下几个方面：

（一）湖南省房地产市场政策环境

2022年，湖南经济运行总体平稳、稳中向上。湖南省发展动力持续加强，高质量发展成效明显。湖南省实现地区生产总值48670.37亿元，同比增长4.5%，比全国平均水平高1.5个百分点。

湖南省会城市长沙是典型的政策驱动型市场，政策表现为坚持房住不炒，需求端上推出多项创新举措促进市场信心提振，"稳"字当头下，深入精准调控、因城施策，率先出台"盘活存量房为租赁住房的试点方案"，有效打通新房、存量房与租赁住房等市场之间的联系；通过人才新政赋能产业发展，刚需购房群体放宽到"大专及以上学历层次和中级及以上职称人员"；恢复执行第二套住房交易环节契税优惠税率，已恢复至调控前90平方米以下1%、90平方米以上2%的税率优惠政策；将限购区内家庭购买第二套商品住房的间隔时间由"发证满4年或网签满6年"统一调整为"发证满四年或网签满4年"；出台二孩及以上户籍家庭购买第3套商品住房政策。通过一系列政策"组合拳"，使刚性和改善性住房需求购房没有政策阻碍。供应端主要以"保交楼""稳信用"为主要任务，长沙出台多个加强预售资金监管政策，加上全国金融政策的放松，2022年长沙33个防风险项目全面复工，2022年全市实现"保交楼"逾万套。

三、四线城市主要出台引导金融机构下调住房贷款利率、降低住房商业贷款首付比例、提高公积金贷款额度、降低公积金首付比例和支持可提可贷、发放购房契税补贴、增加多孩家庭购房指标、化解非住宅及车位库存、支持人才购房等一系列政策，努力促进房地产市场平稳健康发展。

（二）湖南省房地产市场基本情况

1. 房地产开发投资降幅收窄

2022年，湖南省完成房地产开发投资5180.30亿元，同比下降4.6%，降幅较1—11月收窄0.6个百分点，高于全国平均增速5.4个百分点，总量、增速分别在全国排名第10位、第9位，在中部排名第4位、第2位。从投资结构看，住宅完成开发投资4052.98亿元，同比下降2.7%，占房地产开发投资的比重78.2%；办公楼完成投资113.93亿元，同比下降20.6%；商业营业用房完成投资575.95亿元，同比下降10.0%；其他房屋完成投资437.44亿元，同比减少8.8%。

分城市看，2022年，长沙市完成房地产开发投资2424.93亿元，同比增长8.4%。三、四线城市完成房地产开发投资2755.37亿元，同比下降13.7%。湖南省除长沙市、邵阳市、永州市外其他11个市州房地产开发投资均呈负增长。其中，降幅较大的为张家界市、株洲市、常德市，分别下降40.3%、35.0%、23.4%。

2. 新建商品房销售面积降幅扩大

2022年，湖南省新建商品房销售面积6792.87万平方米，同比下降26.1%，较1—11月扩大2.4个百分点，低于全国平均增速1.8个百分点，总量、增速分别在全国排名第8位、第14位，在中部排名第3位、第4位。其中，住宅销售面积6085.41万平方米，同比下降26.8%；办公楼销售面积62.12万平方米，同比下降38.9%；商业营业用房销售面积436.38万平方米，同比下降16.6%；其他房屋销售面积208.96万平方米，同比下降15.4%。湖南省商品房销售额4312.26亿元，同比下降28.6%。其中，住宅销售额3800.13亿元，同比下降29.5%；办公楼销售额55.87亿元，同比下降47.8%；商业营业用房销售额367.87亿元，同比下降17.2%；其他房屋销售额88.39亿元，同比下降10.4%。

2022年，长沙市新建商品房销售面积1699.36万平方米，占湖南省的25.0%，同比下降34.8%，销售额1789.72亿元，同比增下降31.7%。三、四线城市新建商品房销售面积5093.51万平方米，同比下降22.6%；销售额2522.54亿元，同比下降26.3%。

3. 商品住宅价格总体平稳

2022年，湖南省新建商品住宅均价6245元/米^2，中部排名第5位，全国排名第25位，仅高于黑龙江、河南、广西、贵州、甘肃、新疆。2022年，长沙市新建商品住宅均价10703元/米^2，在30个直辖市、省会城市（除拉萨外）中排名第19位。

4. 新开工面积持续下滑

2022年，湖南省商品房施工面积38367.00万平方米，同比下降10.1%。房屋新开工面积5522.54万平方米，同比减少45.7%，降幅较1—11月扩大0.9个百分点，连续下降15个月，总量、增速在全国排名第8位、第22位，在中部排名第3位、第6位；其中，住宅新开工面积4545.30万平方米，同比下降43.1%。房屋竣工面积3435.71万平方米，同比下降25.4%。

5. 土地供应量同比减少

2022年，湖南省房地产用地供应6358.66万平方米，同比减少20.1%，降幅较上年同期扩大9.5个百分点。其中，住宅用地供应量4604.93万平方米，同比减少20.8%，占房地产用地供应量的72.4%；商服用地供应1753.73万平方米，同比减少18.2%，占房地产用地供应量的27.6%。

6. 待售面积同比增长

2022年12月底，湖南省商品房待售面积1221.28万平方米，同比增长6.5%。其中，住宅待售面积677.96

万平方米，同比增长17.2%；办公楼待售面积37.89万平方米，同比增长13.5%；商业营业用房待售面积354.35万平方米，同比下降2.0%；其他房屋待售面积151.08万平方米，同比减少12.7%。

7. 房地产贷款余额低速增长

截至2022年底，湖南省房地产贷款余额16667.05亿元，占全部贷款余额的26.7%，同比增长2%，低于全部贷款增速9.7个百分点，较上年同期回落6.5个百分点。2022年，湖南省房地产贷款新增325.61亿元，同比少增951.09亿元。从贷款投向来看，12月末房地产开发贷款余额4099.39亿元，同比增长3.6%，增速较上年同期提高3个百分点；12月末个人住房贷款余额11958.5亿元，同比增长2.5%，增速较上年同期回落9.7个百分点。12月，湖南省首套房贷款平均首付比例、利率分别为33.6%、4.22%，分别低于二套房贷款9.07个、0.69个百分点。

8. 房地产税收同比下降

1—12月，湖南省扣除留抵退税因素后房地产税收1180.58亿元，同口径同比下降6.63%；占税收总收入比重25.68%，占比较上年同期同口径下降1.75%。其中，房地产税收地方部分1023.94亿元，占比较上年同期同口径同比下降2.45%；占地方一般公共预算收入比重29.73%，占比较上年同期同口径下降2.07%；占地方税收收入比重43.63%，占比较上年同期同口径下降2.07%。

（湖南省房地产业协会）

十六、江西省房地产市场

（一）政策方面

2022年，江西省各设区市及部分县（市）根据当地实际，因城施策，陆续出台促进房地产市场健康稳定发展的政策措施。

1. 出台购房补贴政策

一是施行阶段性的商品住宅购房补贴政策。萍乡、上饶、景德镇、抚州、宜春、九江等市及南昌县均出台阶段性购房财政补贴，其中南昌县、上饶、宜春、九江属首次购买住房的，由受益财政给予300元/米^{2}补贴；属购买改善型住房的，由受益财政给予200元/米^{2}补贴；景德镇属首次购买的，给予200元/米^{2}补贴；属改善型的，给予100元/米^{2}补贴；萍乡属首次购买的，每套补贴10000元；属改善型购买的，面积在90平方米（含）以下的，每套补贴5000元；面积在90平方米以上的，每套补贴8000元；抚州个人购买市中心城区范围内新建商品住房，由受益财政按购房面积给予200元/米^{2}的购房补贴；在享受上述政策的基础上，2020年10月1日以来户籍由抚州市外迁入市中心城区的人员，购买市中心城区范围内新建商品住房且在2024年9月30日前缴清契税的，由受益财政按购房面积给予100元/米^{2}的购房补贴。宜春对购买非住宅商品房的，由受益财政给予100元/米^{2}补贴。

二是对二孩、三孩政策的家庭新建商品住宅购房补贴。上饶、宜春、九江及南昌县常住居民二孩、三孩家庭群体，且子女未满18周岁分别给予300元/米^2、500元/米^{2}的购房补贴。萍乡，景德镇常住居民二孩、三孩家庭群体，且子女未满18周岁，分别给予200元/米^2、300元/米^{2}的补贴。

三是落实购房契税优惠。萍乡、上饶、景德镇、宜春、赣州、九江及南昌县个人购买新建普通商品住房，契税实行先征收后补贴，由受益财政给予所缴契税50%补贴。

2. 加大人才购房补贴力度

萍乡、上饶、景德镇、抚州、宜春及南昌县均出台人才购房优惠，购房补贴政策。南昌县对在规定区域内内购房的全日制博士研究生、硕士研究生（含高级技师）、本科生（含技师）、大专生（含高级工），在享受南昌"人才10条"分类购房补贴政策外，再分别给予5万元、4万元、3万元、2万元的购房补贴。萍乡对与本市企业或教育、医疗类事业单位签订1年以上劳动合同，并缴纳3个月以上社会保险费的就业人员，办理营业执照，并缴纳3个月以上社会保险费的创业人员，按博士、硕士、本科、专科、中专（技校生），分别给予10万元、5万元、3万元、2万元、1万元的一次性购房补贴。上饶落实好对高层次人才购房分类补贴政策。人才经认定后，可享受20万~100万元的购房补贴。景德镇给予产业人才购房优惠政策。对在该市创新创业或工作的"3+1+X"产业人才，符合条件并购买首套住房的，房屋契税由受益财政按100%给予一次性补贴。抚州对引进到事业单位的高层次人才按照标准（第一类100万元、第二类60万元、第三类20万元）由受益财政分3年平均发放购房补贴；引进到企业的高层次人才，由受益财政和企业分别按标准的50%，分3年进行补贴；引进到企业的高素质、急需紧缺人才按照标准（第一类8万元、第二类6万元、第三类4万元、第四类2万元）由受益财政分5年核发。

3. 完善房地产金融政策

一是完善商业性个人住房贷款政策。下调贷款首付比例，均已按政策下限执行。即首套房首付比例下调至20%，二套房最低可按30%执行。下调贷款利率，首套房利率由5.8%左右降至4.1%。调整"认房认贷"政策，拥有1套住房且已结清贷款的，执行首套房贷款政策。

二是调整公积金贷款政策。各地均不同程度地提高住房公积金个人住房贷款最高额度上限，其中南昌、九江、宜春、鹰潭最高额度调整为80万元，上饶、景德镇贷款额度提升至70万元，赣州、抚州、吉安最高额度60万元。下调首付比例、利率，放宽申请拨付限制。

4. 助力企业纾困解难

一是优化税收征缴政策。落实留抵退税政策，2022年留抵退税112.6亿元；将房地产开发企业所得税计税毛利率调整至国家规定的最低标准。

二是优化土地出让政策。探索建立土地出让预申请制度，建立容缺审批机制，合理下调土地出让竞买保证金比例，景德镇、抚州、九江土地竞拍保证金最低比例下调至挂牌价的20%；宜春商服、住宅用地竞买保证金缴交比例为宗地起始价的30%。适当延长土地出让价款缴交时限。萍乡、景德镇、抚州、九江等市优化土地出让金缴纳期限，延长土地出让金缴纳期限，最长延期至12个月内全额缴清；宜春土地出让金缴纳期限均为6个月。

三是延长相关规费缴纳期限。允许房地产开发企业延期缴纳城市基础设施配套费、城市道路挖掘修复费等规费。

（二）2022年江西省房地产市场发展现状

1. 开发投资情况

根据统计数据，2022年1—12月全省房地产开发完成投资2209.27亿元，同比下降12.6%，其中，房地产住宅投资1763.34亿元，同比下降11.6%，与全国同期平均水平相比，分别低2.6和2.1个百分点。全省11个设区市房地产开发投资均不同程度同比下降，为历年首次。其中，5个城市下降幅度最大且超过10%，分别是萍乡-21.5%、景德镇-21.1%、南昌-19.3%、九江-10.2%、上饶-10%，下降幅度最小的6个城市依次为赣州-3.6%、新余-3.8%、吉安-7.4%、抚州-7.7%、宜春-8.2%、鹰潭-8.7%。

2. 土地供应与成交情况

根据中指数据，2022年1—12月全省住宅用地供应1772宗，供应面积3863万平方米，同比下滑13.6%；成交面积2863万平方米，同比下降17.6%，其中第四季度成交1139万平方米，环比增长156.1%，放量明显，但同比仍下滑20.5%，降幅有收窄的趋势。全年全省住宅用地流拍417宗，流拍率23.5%，整体流拍率较高。其中住宅用地成交最多的为赣州，达到418万平方米，其次是上饶和抚州；排名靠后的分别为新余、鹰潭和吉安；平均楼面价最高的为南昌市，为4020元/米^2，其次是宜春和抚州；平均楼面均价较低的为萍乡、赣州和鹰潭，分别为1259元/米^2、1569元/米^{2}和1779元/米^2。

南昌市（不含新建和南昌县）集中供地四批次，共挂牌住宅用地62宗，成交37宗，流拍25宗，全年流拍率40%，触顶熔断地块14宗，触顶率23%，全年总成交金额170.64亿元。

3. 房屋建设情况

根据统计局数据，2022年1—12月全省房地产施工面积累计值22715万平方米，同比下滑9.9%，低于全国水平（全国同比下滑7.2%）；房地产新开工施工面积累计值3629万平方米，同比下滑31.3%，高于全国水平（全国同比下滑39.4%）；房地产竣工面积累计值1463万平方米，同比下滑41.9%，低于全国水平（全国同比下滑15.0%）。

4. 新房供应与销售情况

根据住建部网签数据，2022年1—12全省商品住宅销售面积3522万平方米，同比下滑24.8%；商品房销售面积4392万平方米，同比下滑20.0%，同比降幅均较有所收窄。从各月来看，4月、5月受疫情影响，成交为年内低位，下半年以来，受各城市出台宽松政策影响，下半年成交明显反弹，其中第四季度住宅和商品房成交分别为942万平方米和1160万平方米，同比双双转正，分别同比增长2.2%和1.3%。其中商品房成交面积最多的是赣州市，达到1045万平方米，其次是南昌733万平方米和上饶596万平方米分别排第二位和第三位；成交面积最少的是鹰潭，为115万平方米；商品房销售同比方面，除上饶市同比正增长3.3%外，其余设区市同比均出现下滑；其中景德镇、吉安和萍乡降幅较大，均超过三成，分别下滑37.6%、35.9%和34.5%。

5. 存量房供应与销售情况

以省会城市南昌为例，根据中指数据，2022年二手房成交17349套，同比下降22.2%，月均成交1446套；较上年月均少成交412套。全年成交面积188.92万平方米、成交金额301.07亿元，分别较上年下降20.09%、17.55%。二手房成交均价15937元/米^2，较上年同比上涨3.17%。套均成交面积108.78平方米，较上年增加2.57平方米，成交套面积呈逐年增加态势。

6. 商品房销售价格情况

根据住建部网签系统统计，2022年1—12月江西省商品住宅价格7199元/米^2，同比下跌2.1%；商品房价格7187元/米^2，同比下跌3.4%，商品房和住宅价格同比均出现下滑，下跌幅度较上半年有所收窄。全省商品房均价最高的为南昌市，达到9552元/米^2；其次是上饶7154元/米^{2}和吉安6912元/米^2；较低的为萍乡5290元/米^2、鹰潭5928元/米^{2}和景德镇5960元/米^2。商品房均价涨幅最大的为鹰潭，同比涨幅达4.0%，其次是上饶3.5%和宜春3.4%；价格同比下降幅度较大的为抚州，同比下跌7.9%；其次是萍乡和赣州，同比分别下跌7.5%和7.1%。

（三）2022年江西省住房保障工作进展

1. 保障房各项指标任务及达成情况

一是抓好保障性租赁住房建设。组织开展住房需求和存量土地、房屋资源情况调查摸底，加快项目开工建设，积极扩大保障性租赁住房供给。全省新建（筹集）保障性租赁住房6.28万套。

二是抓好棚户区改造。通过拓宽融资渠道、推进长效管理、强化激励考核等举措推进城市棚户区改造。开展城市棚户区改造攻坚行动，助力扩内需、稳增长，全年开工改造棚户区7.91万套，开工率100.8%。同时，持续推进安置住房逾期交付等问题排查整改。

三是抓好城镇老旧小区改造。2021年城镇老旧小区改造计划任务全部完工，2022年计划任务的34.34万户全部开工，当年完工40.91万户。加强既有住宅加装电梯与老旧小区改造工作的统筹，切实解决好群众"上下楼难"问题。既有住宅加装电梯新增审批通过1064台，完成加装909台。

四是抓好公租房建设管理。建设公租房2623套，公租房全部开工，发放租赁补贴8.39万户，占目标任务的111.4%。深入开展公租房转租转借等违规行为整治，健全公租房管理长效机制。从提高实物保障比例、提高租赁补贴标准、建立动态监测机制等方面发力，进一步做好城镇困难群众住房保障工作。

五是抓好自建房安全隐患排查整治。全省累计排查自建房1192.67万栋，其中排查经营性自建房54.87万栋，对存在安全隐患的6481栋经营性自建房采取管控措施。制定加快推进城中村和老旧房屋改造的指导意见，进一步改善人民群众居住环境。建立调查系统，高效完成第一次全国自然灾害综合风险普查房屋建筑和市政设施调查工作。

六是抓好住房公积金监管。充分发挥住房公积金的作用，全年归集额突破600亿元，发放贷款290亿元，支持职工购房面积约770万平方米。

2. 保障性租赁住房进展情况

加快发展保障性租赁住房，促进解决好大城市住房突出问题，是党中央、国务院作出的一项重大决策部署。江西省委、省政府高度重视发展保障性租赁住房工作，把发展保障性租赁住房写入省第十五次党代会报告，纳入市、县高质量发展综合考核和全省民生实事工程、"幸福江西"建设内容。2022年1月5日，召开全省保障性租赁住房工作视频会，省住建厅领导对《省政府办公厅关于加快发展保障性租赁住房的实施意见》（赣府厅发〔2021〕46号）进行解读，省政府分管领导进一步部署推进全省发展保障性租赁住房工作。省政府与设区市政府签订《全省2022年住房保障工作目标责任书》，明确发展保障性租赁住房工作目标要求，压实主体责任。全省共有10条经验入选住房和城乡建设部《发展保障性租赁住房可复制可推广经验清单》。

一是明确目标任务。江西省发展保障性租赁住房的重点城市为南昌市、赣州市，城区常住人口100万人以上的大城市或人口净流入的城市以及确有发展需求的城市作为省政府确定的发展城市。江西省有9个设区市和28个县（市）发展保障性租赁住房。除此之外，所有城市（含县城）均可利用闲置和低效利用的商业办公、旅馆、厂房、仓储、科研教育等非居住存量房屋改建保障性租赁住房。指导各地组织开展住房需求和存量土地、房屋资源情况调查摸底。下达2022年全省保障性租赁住房建设工作计划，全省保障性租赁住房新建（筹集）目标任务为6.28万套（间）。

二是强力推进项目建设。为高质量完成全省保障性租赁住房年度开工（筹集）任务，省政府与设区市政府签订目标责任书，压实主体责任。建立月调度、季通报、年度监测评价制度，对建设（筹集）进度低于全省平均水平的设区市下发《工作提示函》。全年开工（筹集）保障性租赁住房6.31万套，开工率100.5%，181个项目全部发放项目认定书。

三是加强资金保障。鼓励和引导金融机构加大对保障性租赁住房建设运营的信贷支持力度，江西省通过金融机构贷款融资74.8亿元，发行债券21.74亿元。争取中央补助资金13.49亿元，省级补助资金0.8亿元。

3. 城市更新改造推进情况

一是指导推进更新试点工作。持续推进江西省城市更新条例立法进程。指导国家城市更新试点的南昌、景德镇成立组织领导机构，制定实施方案，出台城市更新管理办法，南昌市住建局增设城市更新科，景德镇市住建局组建城市高质量发展办公室。加大试点探索力度，遴选新增15个市县开展省级城市更新试点，九江、宜春、吉安、萍乡、修水等分别出台城镇社区配套设施和更新项目审批豁免、弱电管线整治、老旧小区改造、消防审验协同、存量资源统筹协调等政策文件。

V. 省市篇

十七、四川省房地产市场

二是探索创新更新规划编制。积极探索构建适应城市更新的建设规划体系，组织精干技术力量编制《江西省城市更新规划编制指南》，分三个层次完善城市更新规划——城市更新行动计划——城市更新项目实施方案的规划编制要求，充分发挥城市更新规划的统筹引领作用。指导南昌、景德镇编制城市更新规划，九江、吉安、丰城、修水等省级城市更新试点城市因地制宜编制城市更新规划。

三是积极推动更新项目实施。指导南昌聚焦老城区，分区分类施策，开展片区综合更新行动和专项更新行动，谋划实施180个重点更新项目。指导景德镇系统梳理城市更新底账底数，制定专项城市更新行动，明确39项具体任务，加快"以用促保"实施葡萄架历史文化街区和东三宝、老鸦滩等城市更新项目。开展城市体检转化城市更新项目第一批优秀案例评选活动。

（江西省房地产业协会）

十七、四川省房地产市场

2022年1—12月，四川省房地产市场表现基本与全国一致，多数指标同比呈下降态势。具体来看，土地购置费用保持增长，房屋竣工面积和商品房销售面积降幅有所收窄，其余指标则继续下行。与全国相比，开发完成投资、房屋施工面积、新开工面积、竣工面积以及开发企业到位资金同比增速均高于全国平均值；商品房销售面积增速则由上年的高于全国平均增速1.4个百分点转为低于全国平均增速0.2个百分点。

（一）2022年四川省房地产市场基本情况

1. 开发投资情况

1—12月，四川省房地产开发完成投资7500.01亿元，同比下降4.2%；降幅较上年同期扩大11.3个百分点，较1—11月扩大0.6个百分点。其中，住宅完成投资5577.70亿元，同比下降3.3%；降幅较上年同期扩大11.5个百分点，较1—11月扩大0.8个百分点（见图5-17-1）。

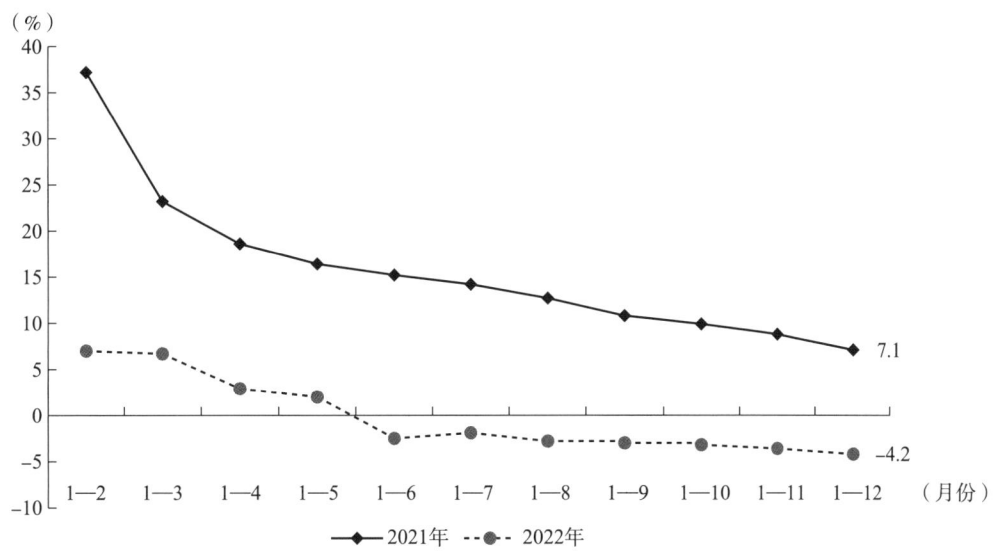

图5-17-1　2021—2022年四川省房地产开发完成投资增速月度累计同比走势

数据来源：四川省统计局。

分区域来看，省会成都市房地产开发投资3360.77亿元，占四川省的44.8%，同比增长7.0%，增速较1—11月上升1.3个百分点；成都以外的其他市（州）房地产开发投资4139.24亿元，同比下降11.7%，降幅较1—11月扩大1.6个百分点。

2. 施工面积情况

1—12月，四川省房屋施工面积52210.78万平方米，同比下降3.8%；降幅较上年同期扩大10.7个百分点，较1—11月扩大0.7个百分点。其中住宅施工面积34778.90万平方米，同比下降3.8%；降幅较上年同期扩大11.1个百分点，较1—11月扩大0.5个百分点（见图5-17-2）。

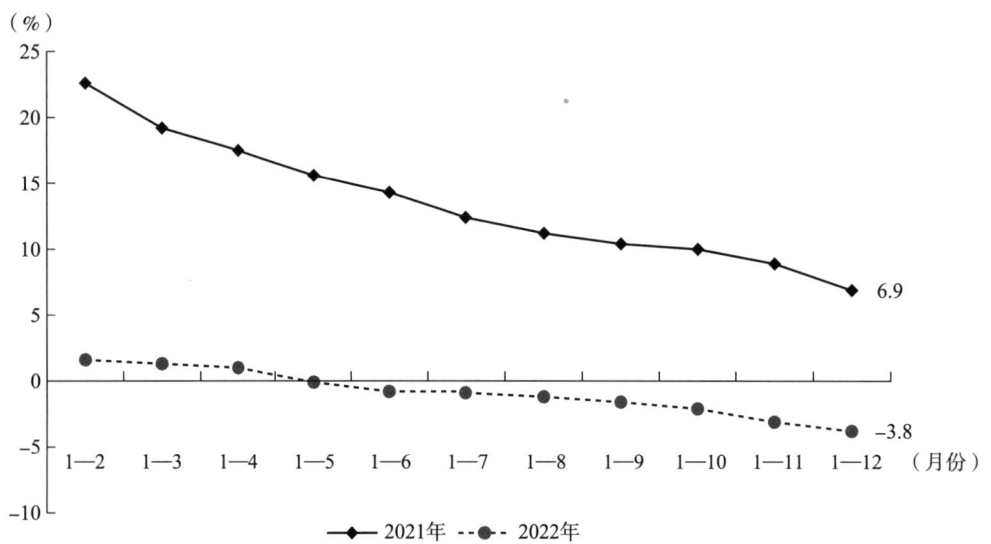

图5-17-2　2021—2022年四川省房屋施工面积增速月度累计同比走势

数据来源：四川省统计局。

分区域来看，成都市房屋施工面积19337.99万平方米，同比下降1.0%，降幅较1—11月收窄1个百分点；其他市（州）房屋施工面积32827.29万平方米，同比下降5.3%，降幅较1—11月扩大1.5个百分点。

3. 新开工面积情况

1—12月，四川省房屋新开工面积8313.94万平方米，同比下降27.7%；降幅较上年同期扩大10.2个百分点，较1—11月扩大2.8个百分点。其中住宅新开工面积5818.96万平方米，同比下降26.9%；降幅较上年同期扩大9.5个百分点，较1—11月扩大2.2个百分点（见图5-17-3）。

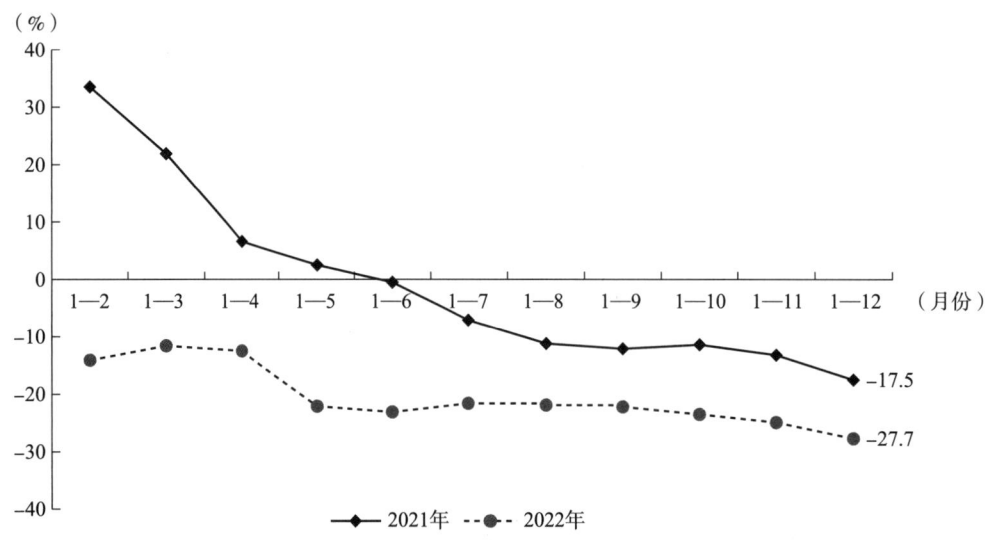

图5-17-3　2021—2022年四川省房屋新开工面积增速月度累计同比走势

数据来源：四川省统计局。

分区域来看，成都市房屋新开工面积2717.44万平方米，同比下降12.4%，降幅较1—11月扩大0.3个百分点；其他市（州）房屋新开工面积5596.51万平方米，同比下降33.3%，降幅较1—11月扩大3.5个百分点。

4. 竣工面积情况

1—12月，四川省房屋竣工面积4071.88万平方米，同比下降7.0%；降幅较上年同期扩大3.3个百分点，但较1—11月收窄8.4个百分点。其中住宅竣工面积2725.07万平方米，同比下降8.1%；降幅较上年同期扩大4.6个百分点，但较1—11月收窄8.7个百分点（见图5-17-4）。

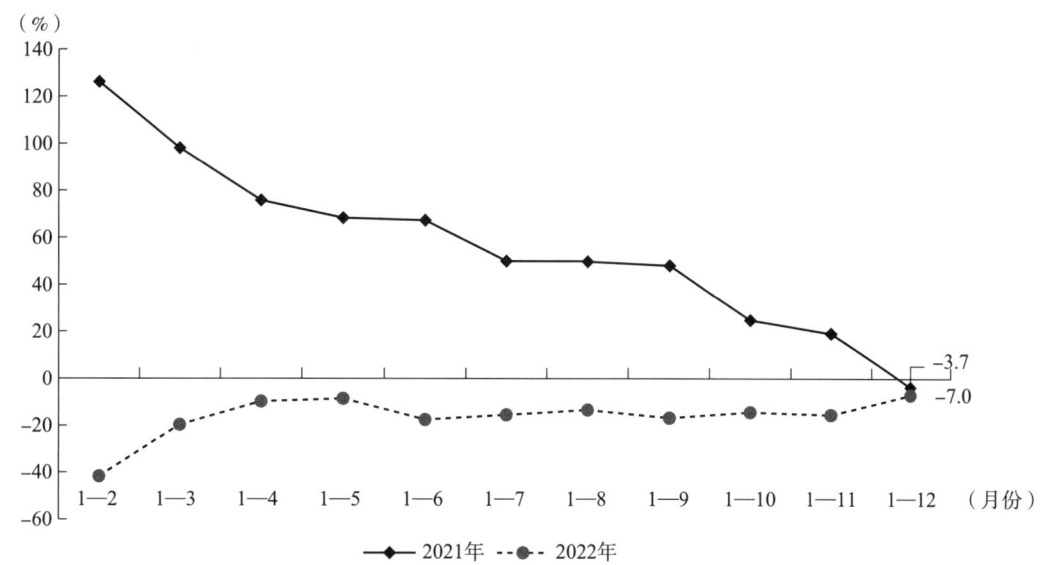

图5-17-4　2021—2022年四川省房屋竣工面积增速月度累计同比走势

数据来源：四川省统计局。

分区域来看，成都市房屋竣工面积1235.10万平方米，同比下降15.4%，降幅较1—11月收窄0.2个百分点；其他市（州）房屋竣工面积2836.78万平方米，同比下降2.8%，降幅较1—11月收窄12.6个百分点。

5. 销售面积情况

1—12月，四川省商品房销售面积10339.54万平方米，同比下降24.5%；降幅较上年同期扩大27.8个百分点，但较1—11月收窄0.7个百分点。其中商品住宅销售面积8060.89万平方米，同比下降26.1%；降幅较上年同期扩大26.2个百分点，但较1—11月收窄0.5个百分点（见图5-17-5）。

分区域来看，成都市商品房销售面积2772.96万平方米，同比下降23.9%，降幅较1—11月收窄2.4个百分点；其他市（州）商品房销售面积7566.58万平方米，同比下降24.7%，降幅较1—11月收窄0.1个百分点。

6. 销售均价情况

1—12月，四川省商品房销售均价7946元/米^2，同比上涨0.8%，较1—11月上涨0.3%；其中商品住宅8643元/米^2，同比上涨4.1%，较1—11月上涨1.1%。

12月，四川省3个列入国家重点监控的大中城市：成都市新建商品住宅价格指数同比上涨9.0%，环比上涨0.5%；泸州市同比下降4.3%，环比下降0.4%；南充市同比下降2.8%，环比上涨0.1%。成都市二手住宅价格指数同比上涨9.1%，环比上涨0.2%；泸州市同比下降3.1%，环比上涨0.1%；南充市同比上涨1.4%，环比下降0.4%。

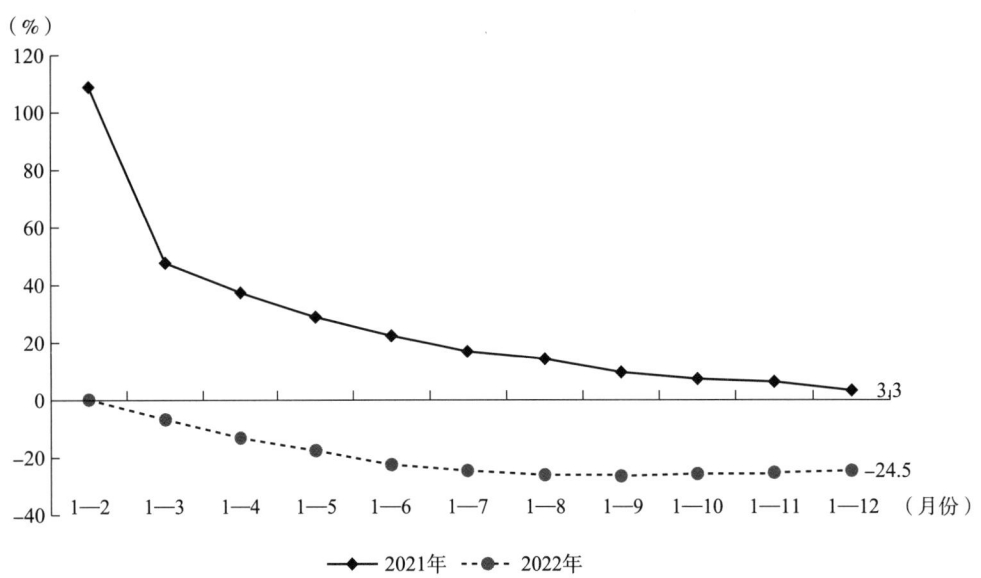

图 5-17-5　2021—2022 年四川省商品房销售面积增速月度累计同比走势

数据来源：四川省统计局。

7. 待售面积情况

截至 12 月底，四川省商品房待售面积 2332.0 万平方米，较 11 月末增加 23.47 万平方米；同比增长 14.4%，增速较 11 月上升 2 个百分点。其中商品住宅待售面积 719.18 万平方米，较 11 月末减少 6.04 万平方米；同比增长 42.6%，增速较 11 月份下降 5.9 个百分点。

8. 到位资金情况

1—12 月，四川省房地产开发企业到位资金 8293.0 亿元，同比下降 18.2%；降幅较上年同期扩大 17.9 个百分点，较 1—11 月扩大 0.8 个百分点（见图 5-17-6）。

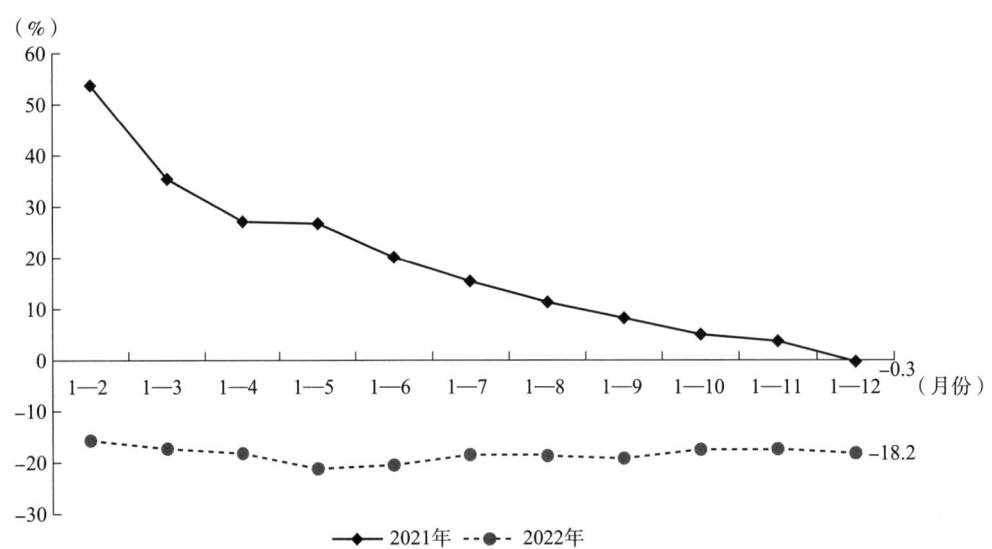

图 5-17-6　2021—2022 年四川省开发企业到位资金增速月度累计同比走势

数据来源：中国银行成都分行。

从资金来源构成看,国内贷款761.65亿元,同比下降20.7%,自筹资金3175.52亿元,同比增长0.04%;定金及预收款2818.42亿元,同比下降32.9%,个人按揭贷款1491.91亿元,同比下降14.7%。

分区域来看,成都市房地产开发企业实际到位资金4302.74亿元,同比下降11.6%,降幅较1—11月扩大0.8个百分点;其他市(州)房地产开发企业实际到位资金3990.26亿元,同比下降24.4%,降幅较1—11月扩大1.0个百分点。

9. 土地供应情况

据自然资源部门统计,2022年,四川省房地产开发用地供应面积7657.49万平方米,同比下降4.6%,降幅较1—11月扩大0.5个百分点。房地产用地供应中,商服用地供应面积2435.54万平方米、占比31.8%,同比增长12.2%;住宅用地供应面积5221.95万平方米、占比68.2%,同比下降10.8%。

分区域来看,成都市房地产开发用地供应面积1849.22万平方米、占四川省的24.1%,同比下降5.8%,降幅较1—11月扩大3.7个百分点;其他市(州)房地产开发用地供应面积5808.27万平方米,同比下降4.2%,降幅较1—11月收窄0.6个百分点。

10. 土地购置费用情况

1—12月,四川省房地产开发企业土地购置费用1721.81亿元,同比增长3.5%;增速较上年同期回落13.1个百分点,较1—11月回落1个百分点(见图5-17-7)。

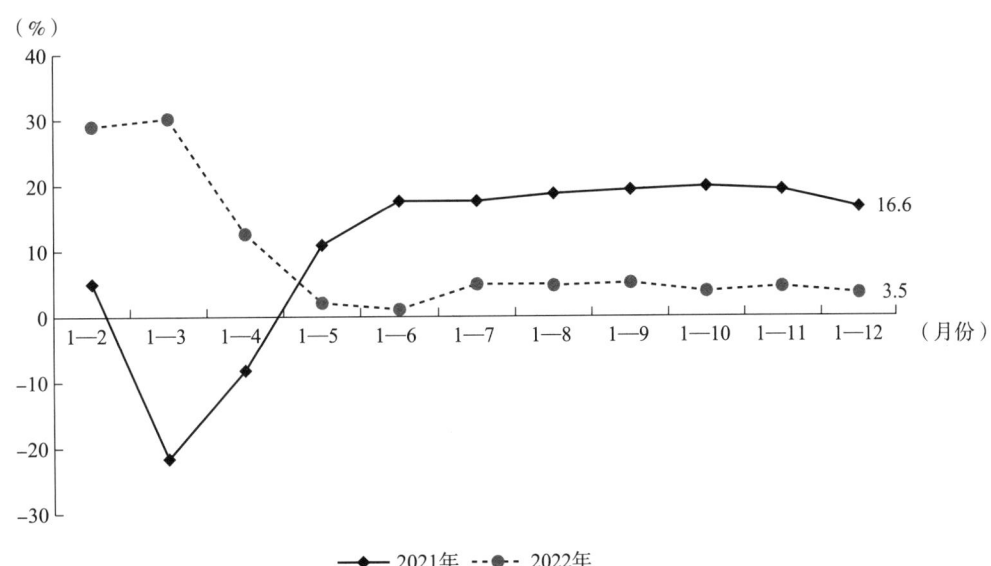

图 5-17-7　2021—2022年四川省开发企业土地购置费用增速月度累计同比走势

数据来源:四川省统计局。

(二)四川省住房保障情况

1. "惠民生"工程持续推进

2022年,四川省新开工改造城镇老旧小区5400个,完成既有住宅增设电梯5800部。新筹集保障性租赁住房7.84万套(间)、发放保障性租赁住房租赁补贴7770人,开工改造棚户区3.57万套。优化"川渝安居·助梦启航"服务平台,实现川渝公租房"互保"4.8万户。四川省提取住房公积金1036.35亿元,发放贷款608.31亿元。

2. "保安全"要求不断落实

2022年，四川省在全国率先建立房地产涉险项目数据库，压紧压实"企业主体、属地管理、省级统筹"三个责任，搭建项目、专班、法律顾问、财务顾问"四个一"机制。申报争取国家两批"保交楼"专项借款，成功推动一批项目全面复工。完成2438万户城乡居民用户、63.2万户商业用户上门排查。排查自建房1806.9万栋，其中经营性自建房89.9万栋，有效管控一批安全隐患。开展"住建安全在行动"，公开曝光和查处违法违规行为。扎实推进房屋市政工程安全生产专项治理，建筑施工安全生产事故起数和死亡人数连续4年双下降。

（四川省房地产业协会）

十八、广西壮族自治区房地产市场

2022年，在行业深度调整的大背景之下，广西房地产市场亦存在一定下行压力。政策端，多个地市在公积金、契税补贴等方面皆有宽松；土地端，房企拿地积极性降低，以本土城投平台、本土国企托底为主；楼市端，房企以去库存、保现金流为主基调，不乏"以价换量"动作出现，但在经济发展承压、就业及收入受挫叠加房企信用危机频频爆发多重因素之下，客户观望情绪加重，全年商品房、商品住宅成交量价低位运行，总体市场仍待时间逐步筑底修复。

（一）房地产开发投资情况

在疫情、经济、行业下行多重因素叠加影响下，2022年广西全区房地产开发投资增速降幅逐月扩大，全年累计增速同比降幅扩大至38.2%，10—12月降幅稍有减缓，但总体仍存在较大下行压力。目前经济环境依然复杂严峻，不稳定不确定因素加剧，但随着疫情解封，宏观政策持续发力，经济运行逐步复苏，将助力房地产市场逐步向好修复，促进行业回归平稳健康发展（见图5-18-1）。

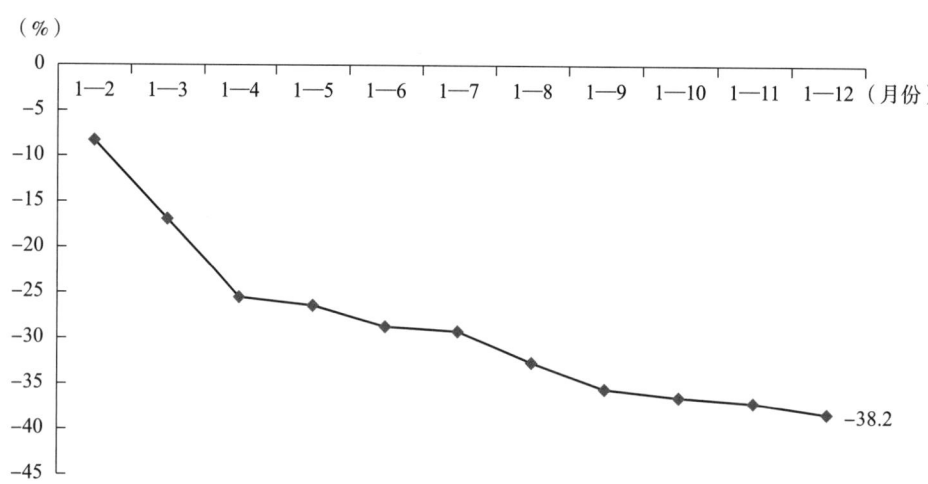

图5-18-1　2022年广西壮族自治区房地产开发投资情况

数据来源：广西统计局。

（二）土地供应与成交情况

2022年，广西经营性建设用地供应1193幅，同比上涨4.83%，用地面积5408.4万平方米，同比上涨4.77%。其中，居住用地供应443幅，同比上涨25.5%，用地面积624.23万平方米，同比下降63.14%（见表5-18-1）。

V. 省市篇

十八、广西壮族自治区房地产市场

表 5-18-1　2021 年、2022 年广西壮族自治区市本级经营性建设用地供应情况

年份	供应幅数（幅）	居住用地	商服用地	工业用地	供应面积（万平方米）	居住用地	商服用地	工业用地
2021	1138	353	234	551	5162.08	1693.51	737.97	2730.59
2022	1193	443	175	575	5408.40	624.23	690.17	4094.00
同比增长（%）	4.83	25.50	−25.21	4.36	4.77	−63.14	−6.48	49.93

数据来源：克而瑞，覆盖广西各地级市市本级；居住用地为纯住宅、商住用地，商服用地为商办、综合用地。

2022 年广西各城市经营性用地供应中，南宁、柳州、钦州、贵港四城供地最多，供地规模超万亩。其中居住用地南宁、柳州供应最高，南宁供地 28 幅、152 万平方米，同比分别下降 36%、51%；柳州供地 32 幅、112.27 万平方米，同比分别下降 36%、55%（见表 5-18-2）。

表 5-18-2　2022 年广西壮族自治区各城市市本级经营性建设用地供应情况

城市	居住用地 供应幅数（幅）	同比增长（%）	供应面积（万平方米）	同比增长（%）	商服用地 供应幅数（幅）	同比增长（%）	供应面积（万平方米）	同比增长（%）	工业用地 供应幅数（幅）	同比增长（%）	供应面积（万平方米）	同比增长（%）	合计 供应幅数（幅）	供应面积（万平方米）
南宁	28	−36	152.00	−51	13	−19	24.40	−78	43	2	503.53	143	84	679.93
柳州	32	−36	112.27	−55	28	75	316.87	446	87	−4	514.60	30	147	943.73
桂林	8	−56	37.13	−60	11	57	20.40	−68	6	−63	37.80	−51	25	95.33
北海	3	−79	26.93	−65	4	−33	2.60	−59	22	144	419.27	681	29	448.80
玉林	29	61	23.67	−72	6	0	24.33	116	11	−8	43.13	−11	46	91.13
梧州	0	−	0.00	−	5	−86	7.67	−93	18	−36	116.07	−22	23	123.73
钦州	7	−79	44.87	−81	16	−47	102.80	−10	45	−34	540.20	20	68	687.87
防城港	4	−67	19.07	−74	6	−54	24.73	−66	18	80	146.80	212	28	190.60
百色	14	−64	53.33	−42	33	−30	24.20	50	29	21	194.87	236	76	272.40
贺州	82	128	58.47	−45	23	−34	54.47	−52	85	−14	353.47	25	190	466.40
来宾	3	−73	9.47	−83	2	−75	7.60	−42	37	−12	299.40	−5	42	316.47
河池	9	200	11.87	501	1	−50	0.47	−40	5	−55	71.73	−43	15	84.07
崇左	1	−86	1.00	−98	9	29	37.60	−14	16	−20	160.07	−28	26	198.67
贵港	223	431	74.27	−50	18	260	42.13	772	153	94	693.07	134	394	809.47

数据来源：克而瑞，覆盖广西各城市市本级；居住用地为纯住宅、商住用地，商服用地为商办、综合用地。

2022 年，广西通过招拍挂出让土地 741 幅、用地面积 4415.09 万平方米、可建面积 7790.4 万平方米、总出让金额 437.84 亿元，分别同比增长 −13.03%、15.32%、7.85%、−38.13%；平均楼面地价 532 元/米^2，同比下降 42.65%；平均溢价率 2.7%，同比减少 108 个百分点。其中，居住用地出让 159 幅、用地面积 398.60 万平方米、可建面积 1002.29 万平方米、出让金额 188.85 亿元，分别同比下降 27.4%、59.81%、62.17%、6.33%；楼面地价 1884 元/米^2，同比下降 6.33%；溢价率 4.53%，同比减少 114 个百分点（见表 5-18-3）。

表 5-18-3　2022 年广西壮族自治区经营性建设用地成交情况

指标	数值				同比增长（%）			
	建设用地	居住用地	商服用地	工业用地	建设用地	居住用地	商服用地	工业用地
成交幅数（幅）	741	159	109	473	-13.03	-27.40	-14.84	-6.34
用地面积（万平方米）	4415.09	398.60	530.26	3486.23	15.32	-59.81	33.47	42.91
可建面积（万平方米）	7790.4	1002.29	1093.82	5694.29	7.85	-62.17	26.87	53.40
成交金额（亿元）	437.84	188.85	148.72	100.27	-38.13	-64.57	52.45	29.99
楼面地价（元/米^2）	562	1884	1360	176	-42.65	-6.33	20.16	-15.38
溢价率（%）	2.70	4.53	2.12	0.24	-108 个百分点	-114 个百分点	-104 个百分点	-93 个百分点

数据来源：克而瑞，覆盖广西各地级市市本级；居住用地为纯住宅、商住用地，商服用地为商办、综合用地。

2022 年各城市经营性用地成交中，柳州、钦州、南宁、贵港成交规模最高，皆在 467 万平方米以上。柳州成交主要为旧改地块，钦州成交主要为中马产业园商办地块，贵港多为私人用地。居住用地中，南宁、柳州两城成交超千亩，多依赖国企及城投平台托底拿地。（见表 5-18-4）

表 5-18-4　2022 年广西壮族自治区各城市经营性建设用地成交情况

城市	居住用地				商服用地				工业用地				合计	
	成交幅数（幅）	同比增长（%）	成交面积（万平方米）	同比增长（%）	成交幅数（幅）	同比增长（%）	成交面积（万平方米）	同比增长（%）	成交幅数（幅）	同比增长（%）	成交面积（万平方米）	同比增长（%）	成交幅数（幅）	成交面积（万平方米）
南宁	20	-36	100.73	-49	11	10	22.47	-58	38	-16	472.40	103	69	595.60
柳州	24	-36	86.07	-56	22	69	249.53	563	73	-20	404.47	3	119	740.07
桂林	5	-56	19.73	18	7	40	20.20	-54	7	-59	33.27	-60	19	73.20
北海	3	-79	24.20	-56	4	-20	2.60	-56	21	163	421.40	818	28	448.20
玉林	6	61	25.13	-35	2	0	4.53	97	5	-58	18.60	-62	13	48.27
梧州	0	0	0.00	0	0	0	0.00	0	13	-28	70.33	-16	13	70.33
钦州	6	-79	41.60	-61	19	-21	111.73	43	50	-18	559.80	67	75	713.13
防城港	4	-67	24.73	-68	6	-50	23.93	-60	14	-18	100.80	13	24	149.47
百色	3	-64	9.27	-88	1	-92	0.00	-100	21	5	148.93	316	25	158.20
贺州	24	128	19.33	-61	18	0	42.73	-7	72	-11	315.33	20	114	377.40
来宾	1	-73	1.13	-98	1	-86	4.00	-69	37	0	305.73	12	39	310.87
河池	3	200	3.47	0	1	0	0.47	132	5	-44	71.73	-38	9	75.67
崇左	0	-86	0.00	0	6	50	20.67	17	13	-28	142.80	-31	19	163.47
贵港	60	431	43.20	-31	11	120	27.33	465	104	46	420.60	78	175	491.13

数据来源：广西统计局。

（三）房屋建设情况

2022年1—12月，全区房地产开发企业房屋施工面积32203.25万平方米，同比下降5.8%。其中，住宅施工面积23818.31万平方米，下降5.6%。房屋新开工面积3033.98万平方米，下降43.1%。其中，住宅新开工面积2347.79万平方米，下降41.5%。房屋竣工面积2345.43万平方米，下降3.6%。其中，住宅竣工面积1847.65万平方米，下降2.1%。

（四）到位资金情况

2022年1—12月，全区房地产开发企业到位资金2618.65亿元，同比下降39.5%。其中，国内贷款270.77亿元，下降48.2%；自筹资金791.72亿元，下降41.8%；定金及预收款753.4亿元，下降43.8%；个人按揭贷款601.7亿元，下降34.3%。

（五）新房供应与销售情况

2022年，疫情多点扩散，经济持续下滑，房地产行业进入深度调整期，市场景气程度持续走弱，房企债务风险明显加剧，与此同时多地出现"停工断贷潮"，也进一步打压市场信心。广西房地产市场总体亦存在下行压力，各城市供求均有一定下调，其中南宁、柳州两大核心城市成交规模依然位于全区前列。

1. 全区商品房销售面积下降三成，均价亦有松动

2022年，广西商品房销售面积4371万平方米，同比下降29%（见图5-18-2）。从近年同期数据看，规模重回2016年前后水平。各月成交规模有所波动，其中3月、6月、9月为成交相对高峰，6月成交746万平方米，下半年调整压力较上半年有所加剧，月度规模多在150万~260万平方米区间徘徊，年底房企促销下亦有翘尾，12月成交427万平方米（见图5-18-3）。

价格方面，2022年广西全区商品房销售额2390亿元，同比下降35%，销售均价约5468元/米^2。

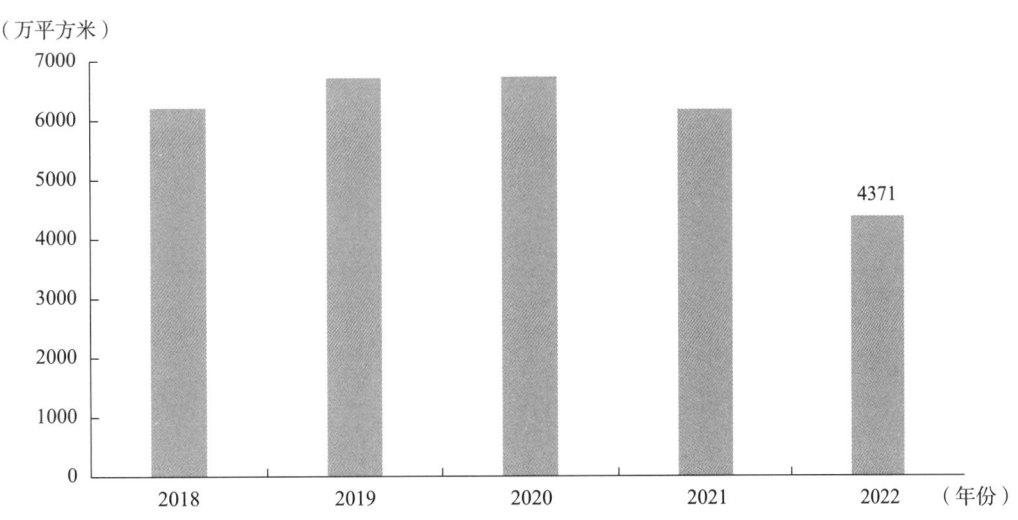

图5-18-2 2018—2022年广西壮族自治区商品房成交面积

数据来源：国家统计局，含全区商品房数据（包括县份）。

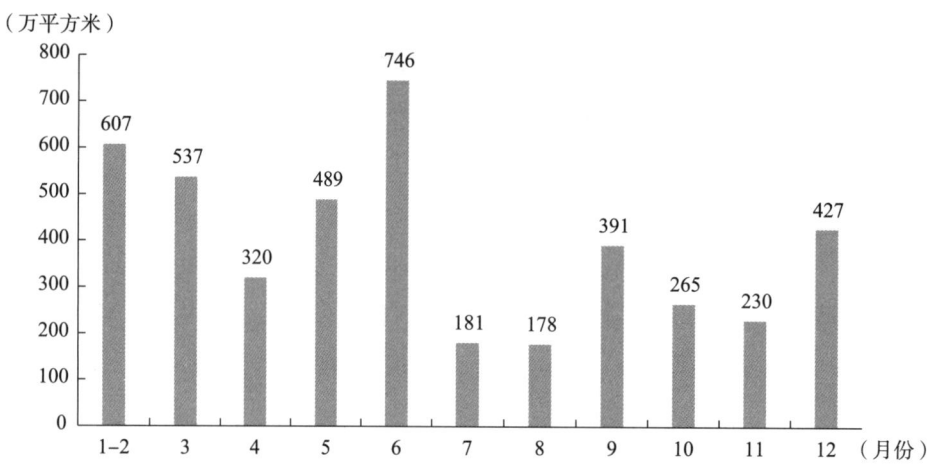

图 5-18-3　2022 年广西壮族自治区商品房成交面积月度走势

数据来源：国家统计局，含全区商品房数据（包括县份）。

2. 各物业量价皆有调整，住宅压力较大

各物业形态中，住宅成交面积 3322.88 万平方米，同比下降 37.1%，仍占据 76% 市场份额。住宅销售额 1907.99 亿元，同比下降 39.7%，折合平均售价约 5742 元/米^2。

办公楼成交 97.02 万平方米，同比上涨 54.7%，占据商品房 2% 市场份额。办公楼销售额 87.16 亿元，同比上涨 61.3%，折合平均售价约 8984 元/米^2。

商业用房成交 241.24 万平方米，同比下降 1.9%，占据商品房 6% 市场份额。商业用房销售额 241.24 亿元，同比下降 17%，折合平均售价约 7580 元/米^2（见表 5-18-5）。

表 5-18-5　2022 年广西壮族自治区各物业销售面积及价格情况

指标	成交面积 （万平方米）	同比增长（%）	成交占比（%）	销售额 （亿元）	同比增长（%）	平均售价 （元/米^2）
住宅	3322.88	-37.1	76	1907.99	-39.7	5742
办公楼	97.02	54.7	2	87.16	61.3	8984
商业营业用房	241.24	-1.9	6	241.24	-17	7580

数据来源：国家统计局，含全区商品房数据（包括县份）。

3. 住宅产品结构以 90~130 平方米为主力

在各面积段产品成交中，110~130 平方米成交套数占全市 33% 份额，其次为 90~110 平方米成交占全市 25% 份额，合计近六成，是市场成交主力。130~150 平方米成交套数占比 16%、70~90 平方米成交占比 15%，其余面积段成交占比均在 4% 以内（见图 5-18-4）。

4. 典型城市住宅规模，南柳贵成交相对领先

广西 12 个典型地级市中，供应降幅多超五成，各城皆以去库存为主基调，新增供应放缓。成交方面，成交量降幅多在四成以内，各城市分化延续，首府南宁成交量相对最高，达 369 万平方米，柳州次之，成交约 154 万平方米。贵港位列第三，成交 129 万平方米。北海、玉林、梧州、钦州、百色五城成交基本集中在 70~95 万平方米（见表 5-18-6）。

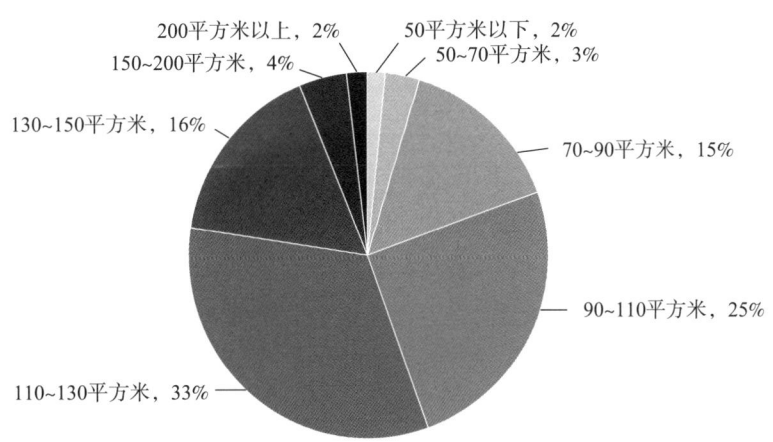

图 5-18-4　2022 年广西壮族自治区住宅各面积段成交套数占比

数据来源：克而瑞，覆盖广西 14 个地市本级，不含河池。

表 5-18-6　2022 年广西壮族自治区典型城市住宅供求面积情况

城市	供应面积（万平方米）	同比增长（%）	成交面积（万平方米）	同比增长（%）
南宁	291.25	-58.52	369.48	-36.56
柳州	143.33	-49.75	153.70	-44.93
北海	42.42	-73.33	70.13	-53.68
玉林	61.27	-52.06	80.76	-33.59
梧州	47.59	-56.87	94.27	-26.30
钦州	77.63	-43.77	85.90	-35.07
防城港	33.07	-61.90	30.73	-66.90
百色	74.06	-45.58	68.70	-44.68
贺州	30.58	-70.02	50.32	-39.75
来宾	21.56	-59.49	44.15	-25.99
崇左	109.34	73.53	37.31	17.31
贵港	83.60	-52.17	129.43	-38.17

数据来源：克而瑞，覆盖各地级市市本级。

5. 典型城市住宅均价，以低位维稳为主

南宁等 5 个城市住宅成交均价同比降幅 5% 以内，经历一定调整之后，以低位维稳为主，其中南宁住宅成交均价 12530 元/米^2，为全区首位。柳州次之，为 8027 元/米^2。北海、防城港为典型外销型城市，房价波动幅度受疫情及旅游市场影响大，仍在调整过程当中（见表 5-18-7）。

表5-18-7　2022年广西壮族自治区典型城市住宅成交价格情况

序号	城市	均价（元/米²）	同比	特征
1	南宁	12530	下降5%以内	基本平稳
2	柳州	8027		
3	贵港	5320		
4	钦州	4902		
5	百色	5318		
6	北海	6495	下降5%以上	房价下滑
7	防城港	5231		

数据来源：克而瑞，覆盖各地级市市本级。

6. 去化周期拉长，去化压力增大

销售缩量之下，广西多城市去化周期有所拉长。以典型城市为例，根据克而瑞数据，南宁2022年末市本级住宅证载库存面积777.5万平方米，去化周期25.3个月，柳州2022年末市本级住宅证载库存面积329万平方米，去化周期25.7个月，均较2021年末住宅去化周期有所拉长。

（六）二手房市场运行情况

国家统计局发布的70个大中城市二手住宅销售价格变动情况显示，广西有3个城市在统计范围中，分别是南宁、桂林和北海，其中2022年12月南宁二手住宅价格同比下降6.1%，桂林二手住宅价格同比下降3.9%，北海二手住宅价格同比下降8.6%，二手房市场总体仍处在调整状态。

以南宁为例，2022年南宁二手房交易19559套，同比下降4%。近一年，二手房挂牌量高峰出现在2022年第三季度，10月二手房挂牌量有所下降，限售放开、置换免个税等政策刺激二手房市场活跃度有所上升。月成交规模由1400~1500套提升至1800~1900套。二手房分流主要集中在优质学区、现房入住等需求客户（见图5-18-5）。

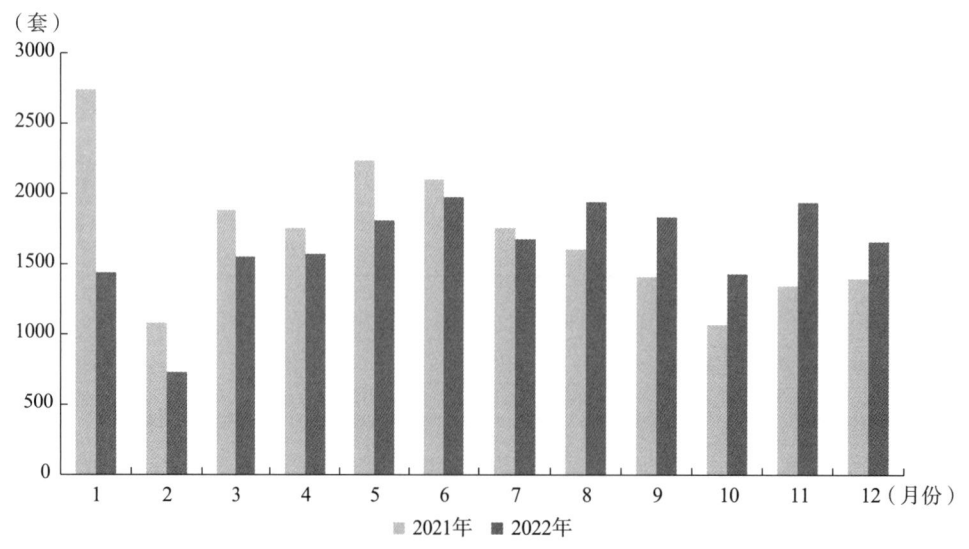

图5-18-5　2021年、2022年南宁市二手房月度交易情况

数据来源：南宁住建局，覆盖南宁市本级六城区。

（七）住房保障建设情况

1. 住房保障工作总体情况

2022年，广西全区新筹集（开工）保障性租赁住房6.13万套，涉及10个设区市122个项目，基本建成1133套；新筹集公租房2894套，涉及13个项目，基本建成1206套，发放公租房租赁补贴23120户；实施棚户区改造新开工10894套，涉及7个设区市，帮助新市民等群体在城市安心安居。

2. 保障性租赁住房进展情况

保障性租赁住房方面，广西以南宁、柳州、桂林等人口净流入的大城市为重点，聚焦产业园区、教育、医疗等企事业单位外来务工人员、新就业无房职工、大中专毕业生等新市民、青年人群体的住房需求，新筹集保障性租赁住房6.1万套，其中南宁、柳州、桂林分别为23849套、16189套、10623套。

公租房建设方面，实行实物保障和货币补贴并举，同时加强小户型公租房供应，对城镇户籍低保低收入困难家庭，依申请应保尽保；对其他保障对象，在合理轮候期内（一般不超过3年）给予保障。2022年新筹集2894套，发放租赁补贴2.31万户。新筹集公租房主要分布在桂林、北海，桂林市7个项目1468套，北海市6个项目1426套。

3. 城市更新改造推进情况

全区新开工棚户区改造1.09万套，涉及7个设区市，其中相对集中于南宁、柳州、玉林，分别是3128套、2506套、2000套，项目类型包括老城区内脏乱差的棚户区、城市危房、中央企业棚户区及全国重点镇棚户区。

（广西房地产业协会）

十九、福建省房地产市场

（一）房地产发展情况

1. 房地产开发投资完成情况

2022年，福建省房地产开发投资5515.45亿元，同比下降11.0%。其中，住宅投资4112.37亿元，同比下降9.8%，占房地产开发投资的比重为74.6%。

2. 房屋建设情况

2022年，房地产开发企业房屋施工面积31734.98万平方米，同比下降8.5%。其中住宅施工面积21402.88万平方米，同比下降8.8%。房屋新开工面积4142.36万平方米，同比下降35.7%。其中住宅新开工面积2822.50万平方米，同比下降38.5%。房屋竣工面积4063.38万平方米，同比增长0.5%。其中住宅竣工面积2848.15万平方米，同比增长5.5%。

3. 商品房销售情况

2022年，商品房销售面积6054.33万平方米，同比下降13.2%。其中住宅销售面积4359.25万平方米，同比下降22.1%。商品房销售额6502.37亿元，同比下降20.9%。其中住宅销售额5284.26亿元，同比下降25.4%。

4. 商品房待售情况

2022年12月末，商品房待售面积2037.43万平方米，同比增长4.0%。其中住宅待售面积739.66万平方米，同比增长30.0%。

5. 房地产开发企业到位资金情况

2022年，房地产开发企业到位资金5964.17亿元，同比下降23.0%。其中，国内贷款587.70亿元，同比下降33.6%；利用外资0.84亿元，同比下降87.1%；自筹资金2870.57亿元，同比下降9.9%；定金及预收款1438.33亿元，同比下降36.1%；个人按揭贷款799.67亿元，同比下降31.9%；其他资金267.06亿元，同比增长8.8%。

（二）住房保障工作开展情况

2022福建棚户区改造计划是计划改造94个项目，5.52万套，涉及福州市17个，漳州市11个，泉州市15个，莆田市36个，三明市4个，南平市11个，基本建成1.97万套，截至12月底福建省开工棚改和公租房项目5.63万套，开工率101.9%，基本建成4.8万套。

（福建省住房和城乡建设厅）

二十、厦门市房地产市场①

（一）2022年厦门市房地产市场基本情况

2022年，厦门市坚持以习近平新时代中国特色社会主义思想为指导，认真学习宣传贯彻党的二十大精神，在市委、市政府的正确领导下，着力"稳主体、稳信心、促服务、促改革"，积极克服各种超预期因素影响，经济社会实现平稳健康发展。在相关主管部门积极作为下，厦门市房地产业持续巩固疫情防控成果，坚持"房住不炒"定位，积极履行行业责任，积极应对房地产市场下行压力和风险，围绕"稳房价、稳地价、稳预期""保交楼、保民生、保稳定"目标，促进房地产市场良性循环和平稳健康发展，房地产市场总体保持健康平稳。

1. 房地产投资情况

2022年，房地产开发完成总投资1064.78亿元，同比下降0.46%。其中，建安投资368.69亿元，同比下降2.49%，占总投资比重34.63%，土地购置费696.09亿元，同比增长0.66%，占总投资比重65.37%。

在房地产开发完成总投资中，住宅投资726.73亿元，同比增长2.37%，占总投资比重68.25%；办公楼投资38.06亿元，同比下降12.65%，占总投资比重3.57%；商业营业用房投资59.60亿元，同比下降25.37%，占总投资比重5.60%；其他用房投资240.39亿元，同比增长1.71%，占总投资比重22.58%。

2. 土地供应与成交情况

2022年，全市经营性用地出让44宗，土地面积135.7万平方米，同比下降3%，总建筑面积399.2万平方米，同比增长3%，其中商住用地成交27宗，总建筑面积255.7万平方米，占比64%。全市经营性用地土地出让金637.35亿元，同比下降22%，其中商住用地出让金611.85亿元。

2022年，商住用地成交27宗，总建筑面积255.7万平方米，占比64%，同比下降13%；办公用地成交7宗，建筑面积面积74.5万平方米，占比19%；商业用地成交1宗，建筑面积3.7万平方米，占比1%；酒店用地成交4宗，建筑面积11.8万平方米，占比3%；综合体用地成交1宗，建筑面积7.1万平方米，占比2%；其他用地成交4宗，建筑面积46.4万平方米，占比12%。

3. 房屋建设情况

2022年，厦门房屋施工面积3514.91万平方米，同比下降3.99%。其中，住宅施工面积1802.02万平方

---

① 本节数据来源：厦门市住房保障和房屋管理局官网、厦门市建设局官网、厦门市统计局官网、中国人民银行厦门市中心支行官网、《厦门市房地产市场》、厦门中原地产研究中心数据库，仅供参考。

米，同比下降2.63%，占施工面积比重51.27%；办公写字楼施工面积502.56万平方米，同比增加0.39%，占施工面积比重14.30%；商业营业用房施工面积211.83万平方米，同比下降23.61%，占施工面积比重6.03%；其他用房施工面积998.50万平方米，同比下降3.29%，占施工面积比重28.41%。

2022年，厦门房屋新开工面积687.82万平方米，同比增加21.45%。其中，住宅新开工面积408.33万平方米，同比增加15.75%，占房屋新开工面积的59.37%；办公写字楼新开工面积65.14万平方米，同比增加65.20%，占房屋新开工面积的9.47%；商业营业用房新开工面积13.46万平方米，同比减少33.56%，占房屋新开工面积的1.96%；其他用房新开工面积200.89万平方米，同比增加30.55%，占房屋新开工面积的29.21%。

2022年，厦门房屋竣工面积269.53万平方米，同比减少30.15%。其中，住宅竣工面积159.92万平方米，同比减少6.93%，占竣工面积比重59.33%；办公写字楼竣工面积12.27万平方米，同比减少82.73%，占竣工面积比重4.55%；商业营业房竣工面积5.39万平方米，同比减少78.74%，占竣工面积比重2%；其他用房竣工面积91.95万平方米，同比减少21.84%，占竣工面积比重34.11%。

4. 新房供应与销售情况

（1）全市新建商品房供销情况。

2022年，全市新建商品住宅批准预售面积为184.9万平方米，同比下降40%。岛内批准预售面积为50.7万平方米，岛外批准预售面积134.2万平方米。

2022年，全市新建商品住宅销售面积194.1万平方米，同比下降46%。其中局内新建商品住宅销售量为49.3万平方米，全市占比25%，岛外新建商品住宅销售量为144.9万平方米，全市占比75%。

（2）分区新建商品房供销情况。

思明区：新建商品住宅批准预售面积13.3万平方米，同比下降29%；销售面积20.9万平方米，同比增长23%。

湖里区：新建商品住宅批准预售面积37.4万平方米，同比增长51%；销售面积28.4万平方米，同比下降26%。

集美区：新建商品住宅批准预售面积20.4万平方米，同比下降39%；销售面积26.2万平方米，同比下降60%。

海沧区：新建商品住宅批准预售面积25.8万平方米，同比下降56%；销售面积25.7万平方米，同比下降57%。

同安区：新建商品住宅批准预售面积57.0万平方米，同比下降10%；销售面积48.9万平方米，同比下降34%。

翔安区：新建商品住宅批准预售面积31.1万平方米，同比下降72%；销售面积44.1万平方米，同比下降59%。

5. 存量房供应与销售情况

截至2022年12月底，商品住宅可售存量面积295.3万平方米，根据2022年月均销售15.3万平方米计算，库存量需19个月可去化完毕。

全市总存量656.4万平方米，按近三年年均257.5万平方米去化速度计算，去化周期约2.5年，六区中存量主要集中在同安区，总存量248.9万平方米，集美区热度较高、区域走量快，且库存低，去化周期为1.1年。岛内思明区和湖里区总体存量153.2万平方米，剔除帝景苑、云顶至尊约52万平方米，总库存100.8万平方米。

6. 商品房销售价格

2022年商品房新增供应308.7万平方米，同比下跌43.1%，成交面积325.2万平方米，同比下跌39.6%，整体供销比0.9，供小于求。2022年商品房成交（含办公、商业等业态）总金额876.4亿元，同比下跌44%，成交均价26952元/米²，同比下跌7%。

（二）2022年厦门市住房保障工作情况

1. 保障房各项指标任务和达成情况

2022年厦门市保障性住房各项建设任务均超额完成，计划竣工各类保障性住房10000套，实际竣工祥平保障房地铁社区二期工程、洋唐居住区三期保障性安居工程、浯家公寓等项目合计11769套。

按照福建省城市建设品质提升方案要求，厦门市新开工安置型商品房10个，实际开工何厝（顶何）安置房、何厝（下何）安置房、古地石安置房、西潘安置型商品房、金林湾花园安置型商品房四期工程09/12/14地块、五显安置房、洪塘安置房、西亭官任安置房A2地块、旗山雅苑、马銮湾新城集美陈井浦边潮瑶安置房（JA-6地块）等10个项目，顺利完成新开工任务。

16个列入省、市重点管理项目的市级保障性住房（及安置房）计划完成投资22.67亿元，实际完成投资34.18亿元，完成全年计划投资的150.77%。

2. 保障政策体制机制建设情况

为加快发展保障性租赁住房，厦门市出台《厦门市保障性租赁住房项目认定和管理操作细则》，按照细则，被认定为保障性租赁住房的项目主体，可以凭认定书按规定申请享受金融、税费、水电价格等优惠政策。例如，利用非居住存量土地和非居住存量房屋建设保障性租赁住房，取得认定书后，住房租赁企业可以享受增值税、房产税的税收优惠政策，且用水、用电、用气价格按照居民标准执行。此外，支持保障性租赁住房建设、改造、运营企业发行不动产投资信托基金（REITs）融资。

3. 保障性租赁住房进展情况

经筹集保障性租赁住房项目95个，筹集房源8.3万套（间）。下一步，厦门市将坚持盘活存量、提升增量，依托新城、新区和产业园区建设，结合轨道、BRT等交通枢纽，利用国有土地划拨或出让、农村集体预留发展用地、企事业单位自有用地、产业园区配套、市政公建或商品房综合配建等5种模式，新建保障性租赁住房，同时通过存量非居住类房屋改建，以及闲置住宅项目房源盘活等方式加大保障性租赁住房筹集供应。

4. 城市更新改造推进情况

2022年，厦门市470个省市重点项目计划投资1533.5亿元，实际完成投资2445.8亿元，完成年度计划159.5%，超计划完成投资目标任务；从开竣工情况来看，2022年81个项目开工，63个项目竣工；从征收交地情况来看，全年计划交地1098.552万平方米，实际交地1434.256万平方米，完成年度计划的130.56%。

（厦门市房地产业协会）

二十一、银川市房地产市场

2022年的银川房地产市场与全国市场发展"同频共振"，甚至温度更低，更为艰难。2021年8月出台"加强版"银八条后，银川楼市明显降温，进入萧条期；2022年，叠加疫情反复的环境影响和居民收入预期下降等因素，房地产市场信心严重失衡，整体销售市场持续低迷。

自2022年3月开始，银川开始陆续出台松绑政策，从需求端出发，支持力度不断加码，但是效果释放有限。年末楼市各项指标跌速放缓，底部横盘，但无明显上行趋势。

1. 开发投资情况

2022年，银川市完成房地产开发投资273.80亿元，同比下降16.0%，降幅比第一季度、第二季度、第三季度分别扩大6.8、4.2、6.3个百分点，比全区平均水平扩大5.9个百分点。

2022年，银川市房地产开发投资同比下降16%，从2018—2022年银川市房地产开发投资增速趋势图来看，近五年的银川房地产投资开发额处于波动下降趋势，有多年处于负增长状态（见图5-21-1）。

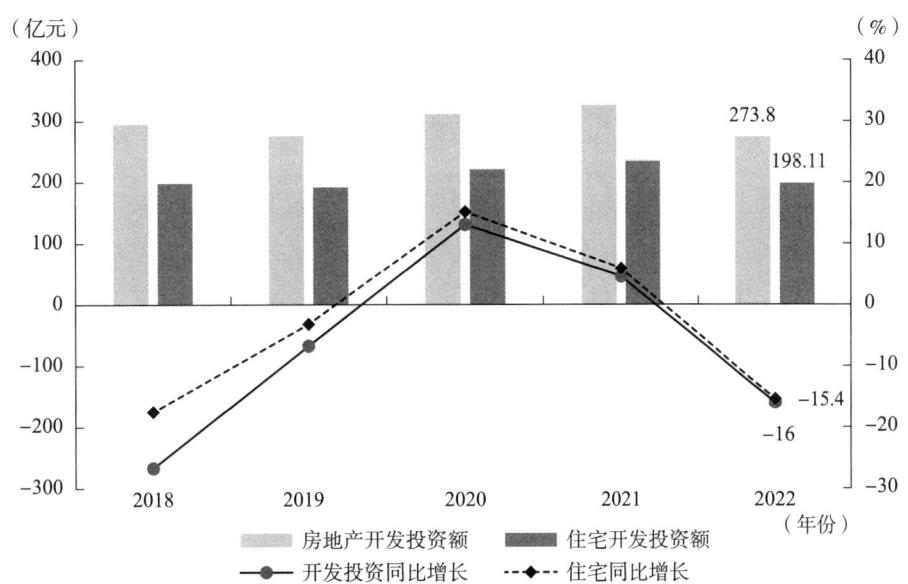

图5-21-1　2018—2022年银川市房地产开发投资情况

数据来源：银川市统计局。

从2021年1—10月至2022年1—12月银川市房地产开发投资增速来看，2022年3月银川房地产开发投资结束延续25个月的正增长态势，开始呈现负增长，从5月起，在一系列利好"救市"政策的加持下，跌势减缓且稍有抬升，但是始终处于负增长状态，横盘企稳，但尚无回升迹象（见图5-21-2）。

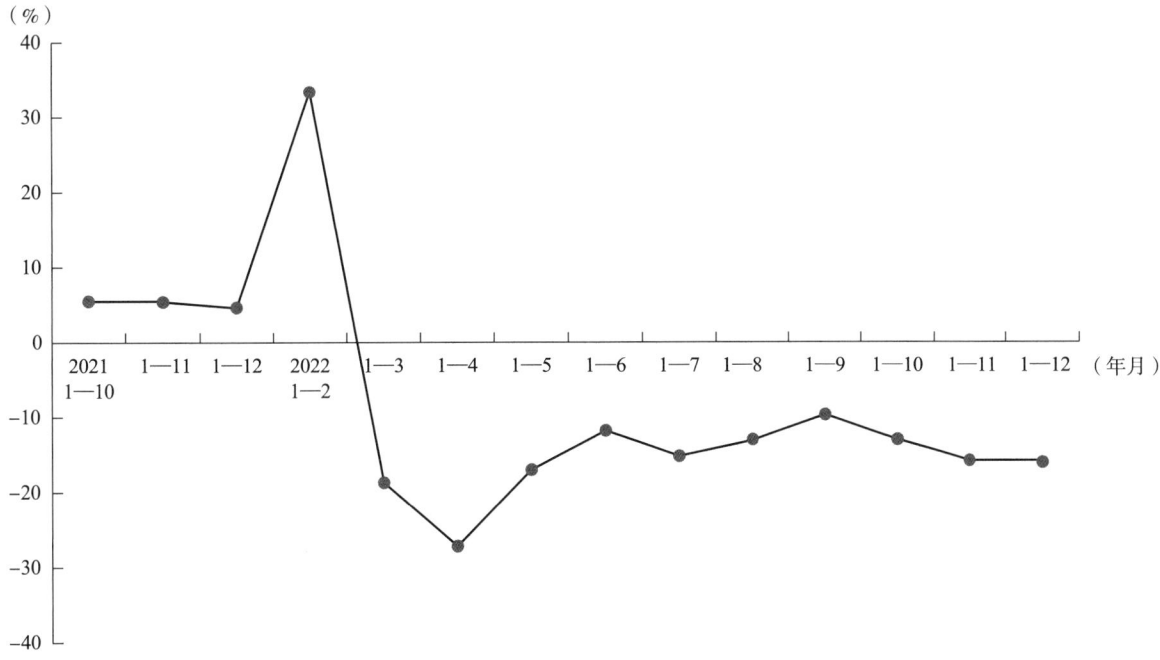

图5-21-2　2021年1—10月至2022年1—12月年银川市房地产开发投资增速情况

数据来源：银川市统计局。

2. 土地供应与成交情况

2022年银川的土拍市场是低温前行的一年。开年以来，银川土拍市场流拍率居高，从3月开始推地伊始，到10月，推地27次，仅成交7宗，流拍率74%；而在11月16日，一天之内拍地12宗，成交7宗，一天之内的成交量与大半年的成交量齐平。

整体来看，银川土拍市场上半年冷，下半年热，全年流拍率相比往年大幅提升。但在萧条的楼市环境下，楼面价却大幅飙升。

2022年，银川供应41次、29宗商住用地，约168.7万平方米；成交16宗，面积约95.5万平方米，总价约67.2亿元，平均楼面价3002元/米^2；流拍13宗，面积约73.2万平方米。成交宗数近乎腰斩，房企信心不足，在实际供应地块中，部分地块多次推出多次流拍。但四季度成交8宗，为沉寂一年的土拍市场掀起一股热潮。

从月度情况来看，银川土拍市场1月、2月持续处于沉寂状态，3月后热度重启，其中推地高峰是9月、供应土地面积83.9万平方米。拍地高峰在11月，成交7宗商住用地，土地成交总面积46万平方米。2022年冷寂一年，11月再燃战火，年末热度翘尾（见图5-21-3）。

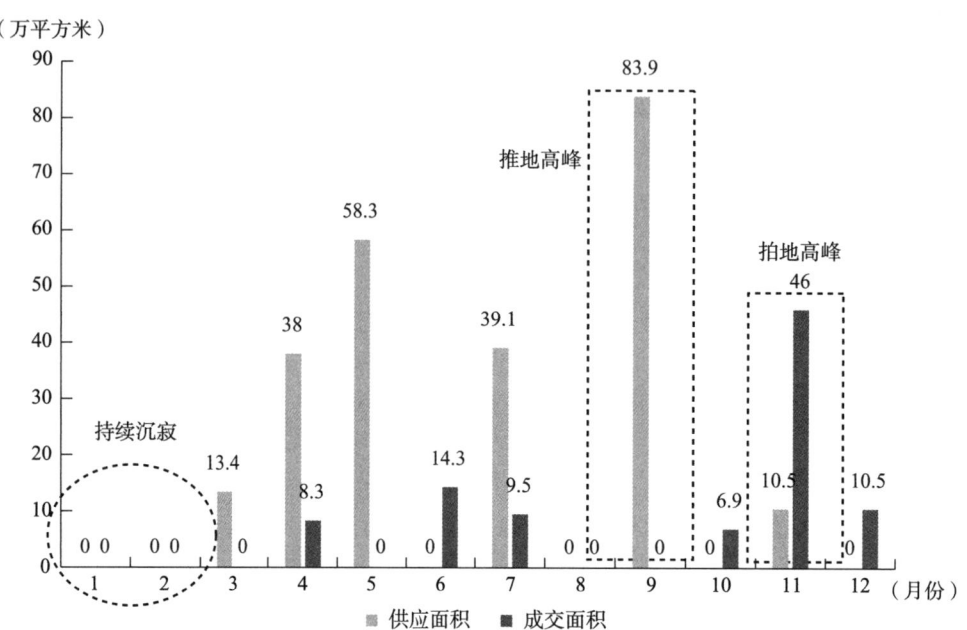

图5-21-3　2022年1—12月银川市月度商住土地供应及成交情况

数据来源：银川市统计局。

注：包含重复推出地块。

从量价趋势来看，2022年银川土地市场同比量跌价升，供应商住土地145万平方米，成交面积136.7万平方米，同比下降30.1%，楼面价高歌猛进，平均楼面价3675元/米^2，同比上升50.5%（见图5-21-4）。三区两县中，金凤区商住用地供应量和成交量均遥遥领先，2019—2022年金凤区成交365.2万平方米，平均楼面价3505元/米^2。

3. 房屋建设情况

2022年，银川市商品房施工面积3320.34万平方米，同比下降10.4%。其中，住宅施工面积2213.88万平方米，同比下降9.0%；办公楼施工面积108.36万平方米，同比下降24.4%；商业营业用房施工面积364.26万平方米，同比下降8.8%；其他房屋施工面积633.84万平方米，同比下降13.0%（见图5-21-5）。

近五年银川施工面积处于线性下降趋势。自2022年3月起，银川市房地产施工面积增速全程处于负增长状态，且跌势明显。

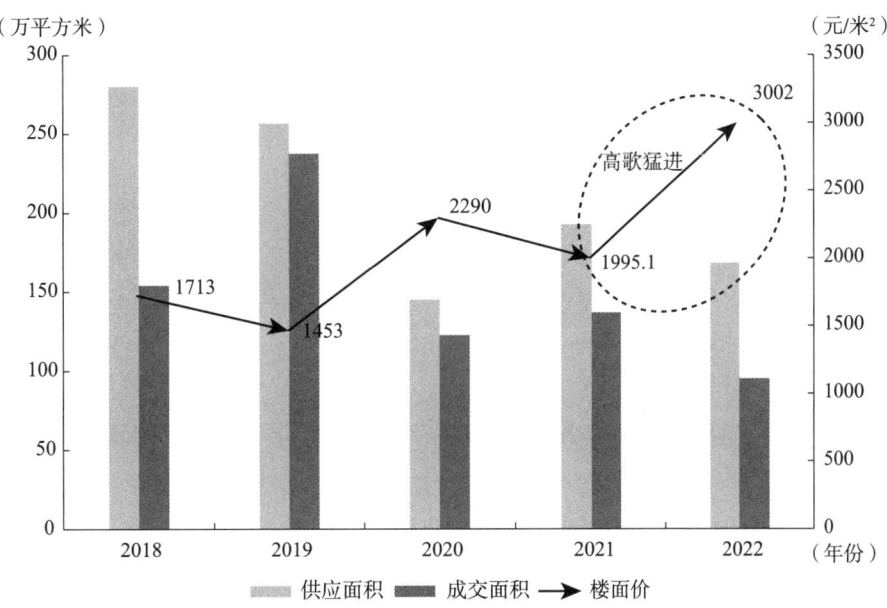

图5-21-4 2018—2022年银川市挂拍商住用地年度供求量价走势

数据来源：银川市统计局。

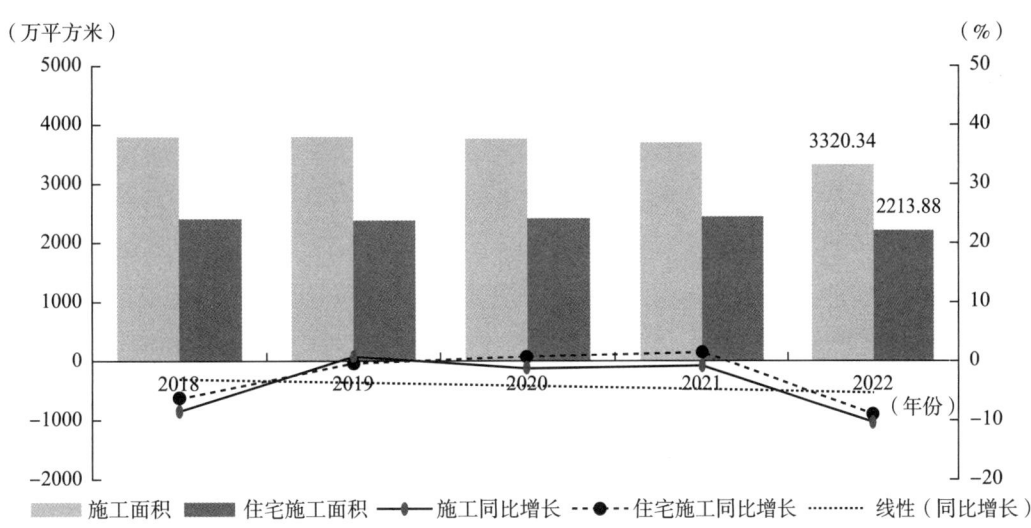

图5-21-5 2018—2022年11月银川市房地产施工面积情况

数据来源：银川市统计局。

2022年6月以后，调控政策的作用开始反映到施工面积阶段，施工面积下跌趋势有所减缓，但是依旧处于负增长且尚无回温态势（见图5-21-6）。

4. 新房销售情况

2022年，银川市商品房销售面积403.71万平方米、实现销售额338.77亿元，同比分别下降37.1%、31.0%。银川房地产市场持续低温，运行指标全线呈负增长趋势。

疫情影响下，银川房地产市场月度表现波动较大。银川市场各项目间冷热不均的情况显著，少量头部企业

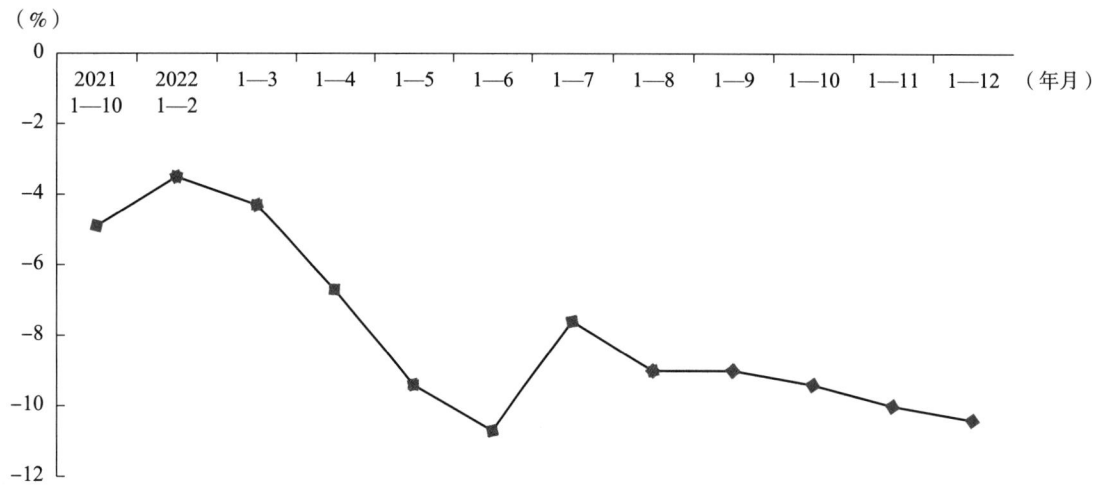

图 5-21-6　2021 年 1—10 月至 2022 年 1—12 月银川市房地产施工面积增速

数据来源：银川统计局。

销售亮眼，但大部分项目销售表现低迷。新房价格呈现先扬后抑的态势，但从同环比增长幅度来看，涨幅趋于收窄，波动趋小，房价趋稳。

2021—2022 年，银川市销售市场整体处于极速降温的状态，其中，2021 年 8 月 23 日银川市出台加强版"银八条"楼市调控政策后，银川市商品房销售面积经过 15 个月增长后首次下降，之后开启负增长模式，截至 2022 年 12 月已 16 个月连降。2022 年"救市"利好政策频出，但对销售市场作用有限，2022 年 4 月后跌势虽有所减缓，但是整体跌势依旧，市场销售持续低迷（见图 5-21-7）。

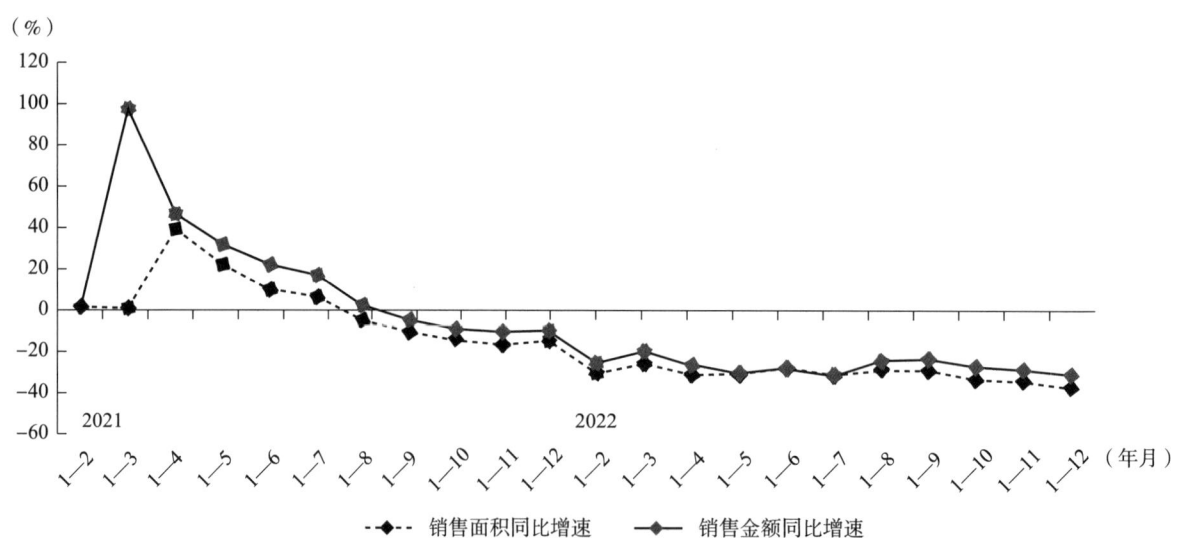

图 5-21-7　2021—2022 年银川市房地产销售增速

数据来源：银川统计局。

从银川市 1—12 月月度销售表现来看，1—4 月销量持降，6 月份迎来全年销售高峰，销售面积 56.57 万平方米，销售额 49.76 亿元；7—10 月则呈波动下降趋势，其中，由于疫情影响，10 月成为全年的销售低谷，销售面积 12.03 万平方米，销售额 11.5 亿元（见图 5-21-8）。

V. 省市篇

二十一、银川市房地产市场

5. 商品房销售价格情况

从 70 座城市房价来看，2022 年银川新建商品住宅销售价格同比涨幅呈持续收窄趋势，环比涨幅围绕 0.1% 上下波动，相比去年涨幅围绕 0.6% 上下波动，涨幅收窄，波动幅度趋小，房价趋稳；2022 年，银川新建商品住宅销售价格同比排名从领跑全国到连续 5 个月排名第 2 位，排名回落，从 9 月开始，持续位居第 5 位之后，涨幅持续收窄，排名持续回落（见图 5-21-9）。

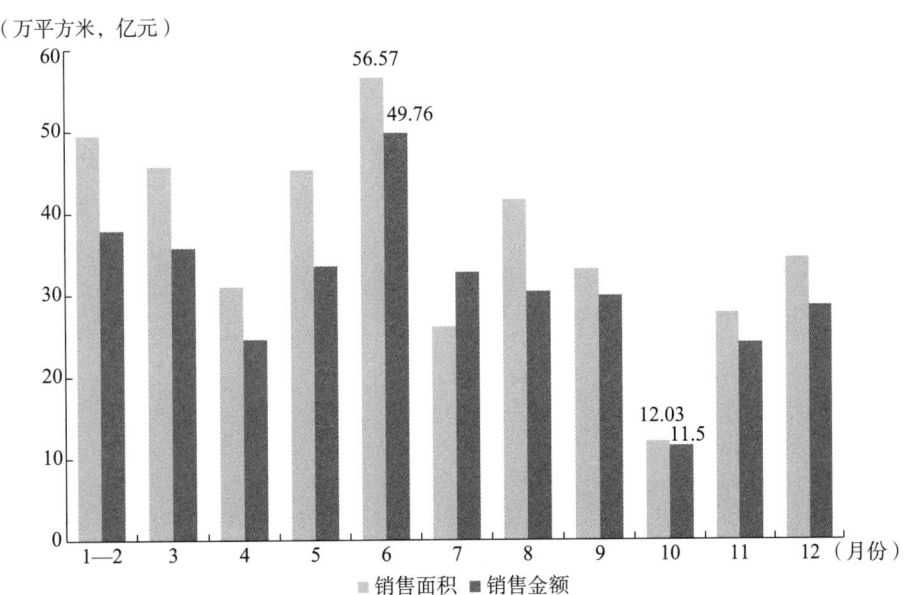

图 5-21-8　2022 年 1—12 月银川市月度商品房销售表现

数据来源：银川统计局。

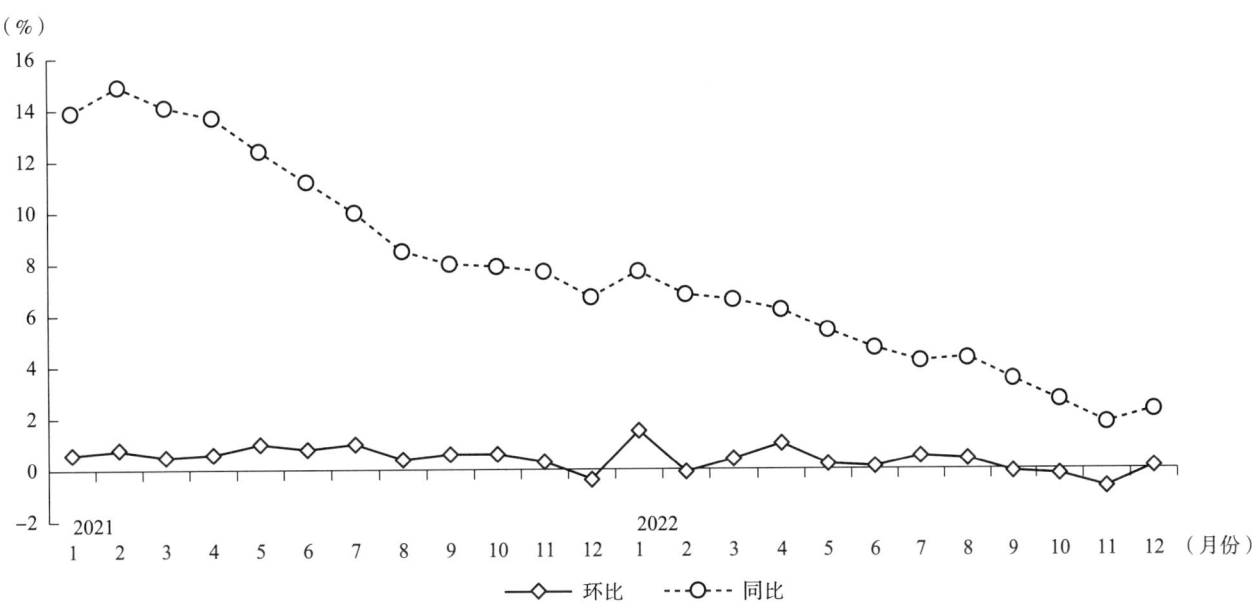

图 5-21-9　2021—2022 年银川市房价同环比涨幅走势

数据来源：国家统计局。

从银川具体房价表现来看，2022 年银川市新房价格呈现先抑后扬的态势，新房价格在经历上半年大环境的震荡上扬后，从 7 月开始下半年整体进入横盘微幅震荡。进入 9 月后，房价实现稳步回升，12 月新房均价 9059 元/米^2，2022 年新房均价 8612.7 元/米^2。三区两县中，金凤区全年处于价格高位，1—12 月均价 10058.2 元/米^2（见图 5-21-10）。

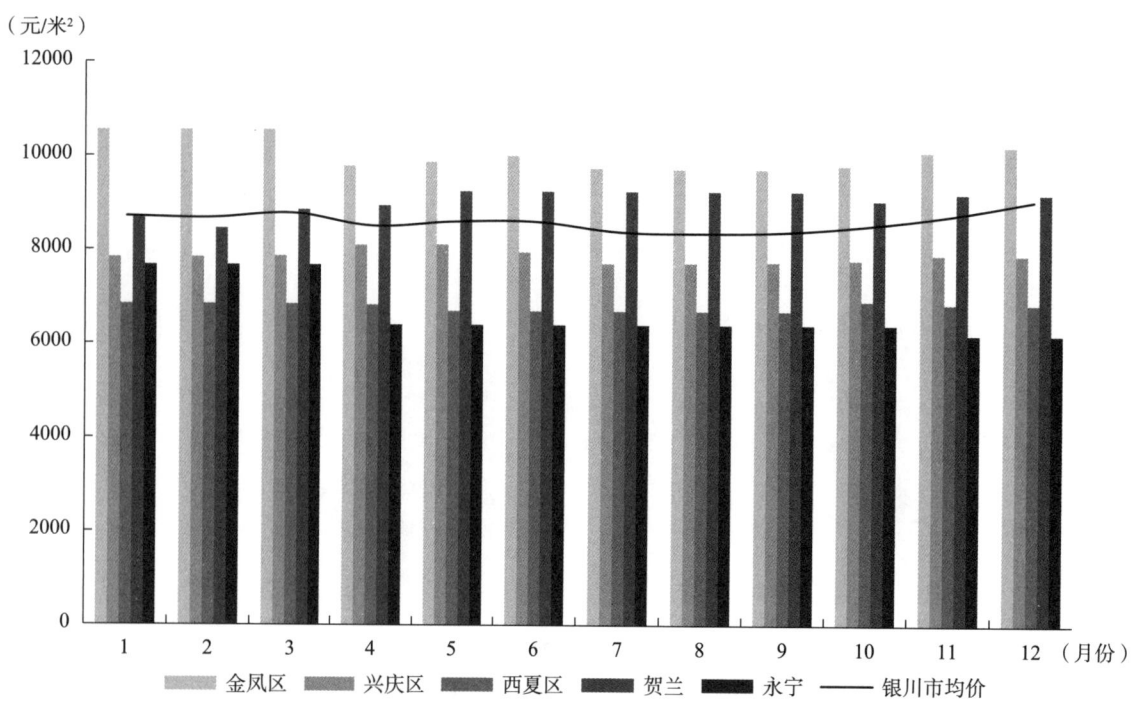

图 5-21-10　2022 年 1—12 月银川三区两县新房房价走势

数据来源：中国房价行情网。

（宁夏房地产业协会）

二十二、辽宁省房地产市场

（一）房地产开发市场情况

1. 房地产投资情况

2022 年，辽宁省房地产投资额 2362 亿元，同比下降 18.6%；与 2020 年峰值相差较大，同比下降 20.7%；开发投资规模回到 2017 年的水平。虽然辽宁省房地产投资下降明显，但在坚持"房住不炒"基调前提下，在疫情严重影响的背景下，辽宁省房地产投资情况基本符合预期（见图 5-22-1）。

2. 房屋施工情况

2022 年，辽宁省房屋施工面积 22974 万平方米，同比下降 9.6%，与 2019 年规模接近，与近 7 年的 2016 年的峰值相差 3390 万平方米，下降幅度较大（见图 5-22-2）。

Ⅴ．省市篇

二十二、辽宁省房地产市场

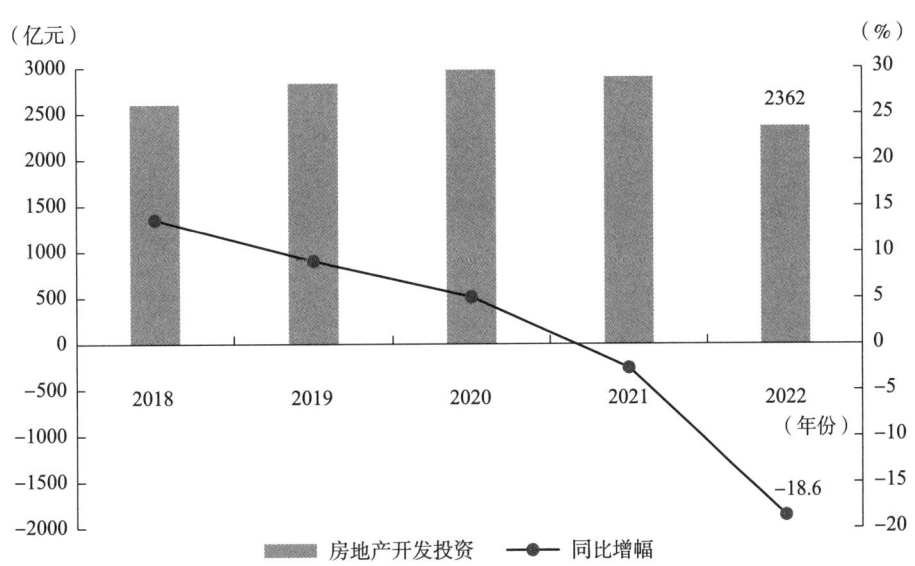

图 5-22-1　2018—2022 年辽宁省房地产投资情况

数据来源：辽宁省统计数据。

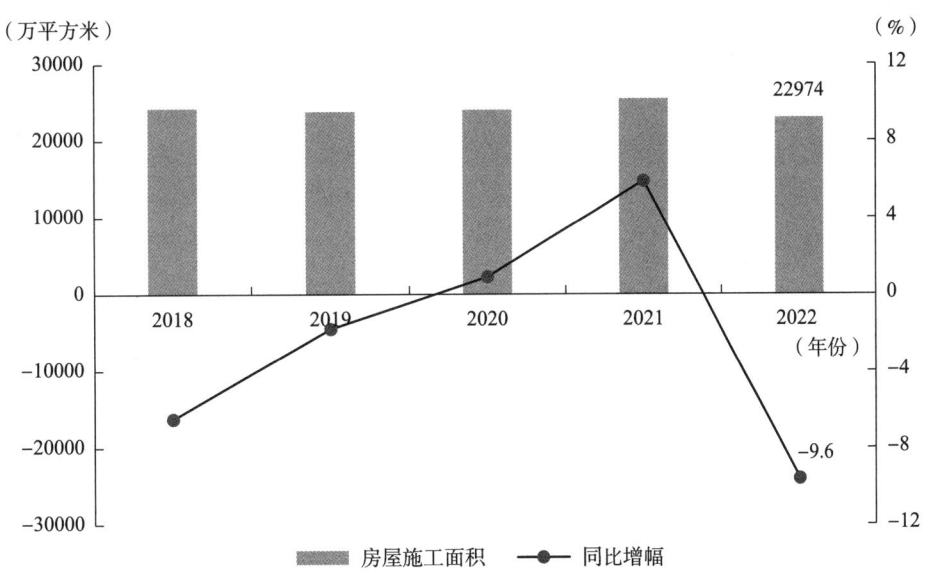

图 5-22-2　2018—2022 年辽宁省房屋施工情况

数据来源：辽宁省统计数据。

3. 房屋新开工情况

2022 年，辽宁省房屋新开工面积 2379 万平方米，同比下降 48.3%，与房地产开发企业近两年土地采购量相对较低有关，更与房地产开发企业的市场预期谨慎有关（见图 5-22-3）。

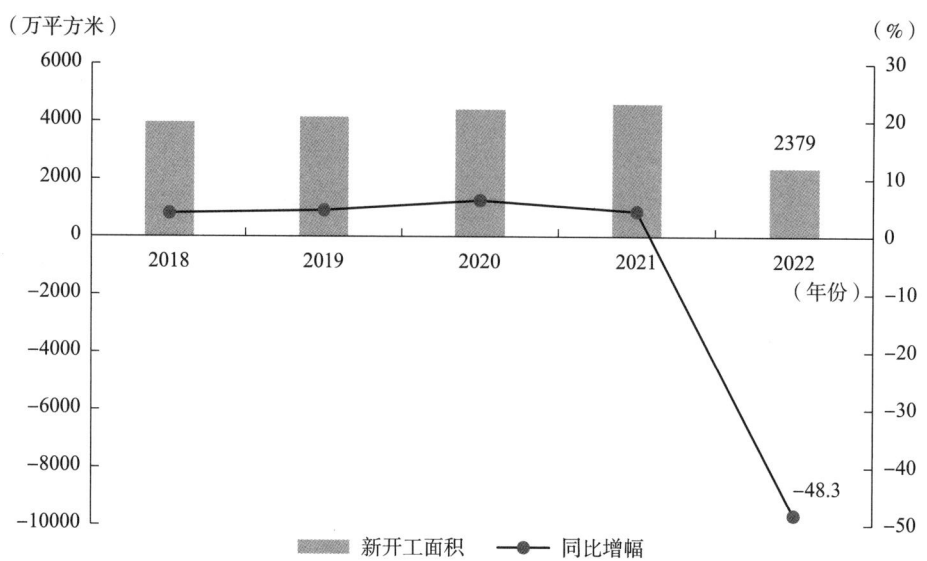

图 5-22-3　2018—2022 年辽宁省房屋新开工情况

数据来源：辽宁省统计数据。

4. 房屋竣工情况

2022 年，辽宁省房屋竣工面积 1946 万平方米，同比下降 16.8%，与近 7 年的 2017 年的峰值相差 842 万平方米，降幅较大。但与 2019 年和 2020 年相比，房屋竣工面积还略有增加。综合判断，2022 年辽宁省房屋竣工面积在合理范围内（见图 5-22-4）。

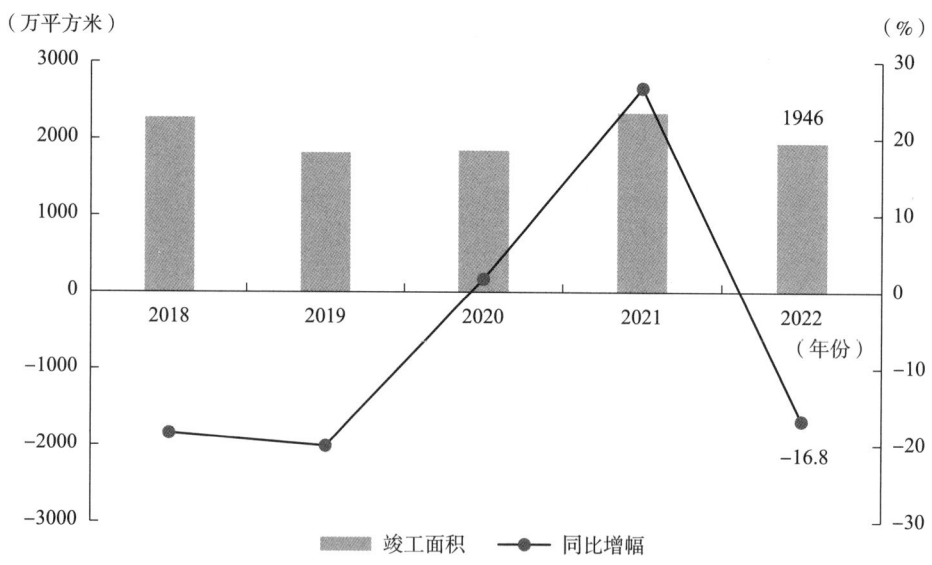

图 5-22-4　2018—2022 年辽宁省房屋竣工情况

数据来源：辽宁省统计数据。

5. 商品房待售面积情况

2022 年，辽宁省商品房待售面积 2726 万平方米，同比下降 1.4%，与近 7 年的 2016 年的峰值相差 1401 万平方米，连续 7 年下降。按照年销售量计算去库存周期，辽宁省待售面积去库存周期不足 1 年，处于合理区间（见图 5-22-5）。

V. 省市篇

二十二、辽宁省房地产市场

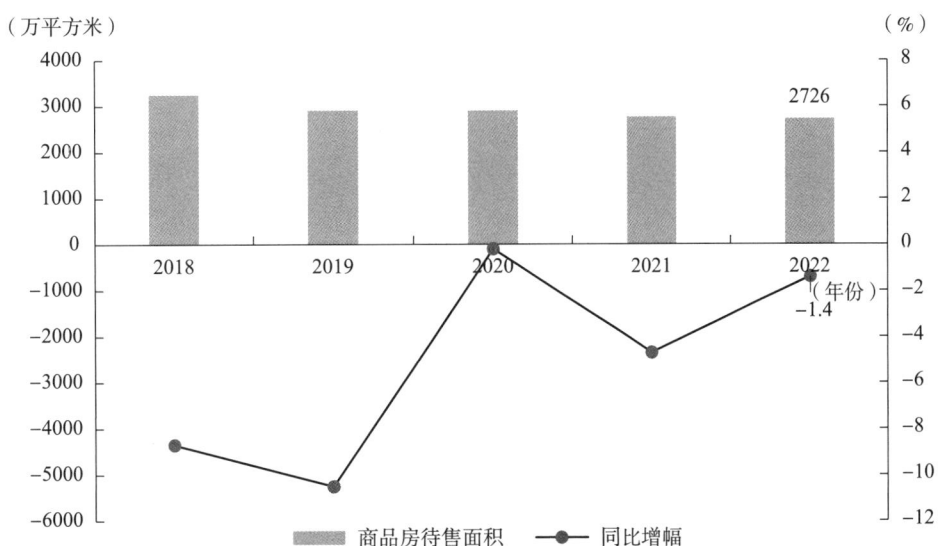

图 5-22-5　2018—2022 年辽宁省房屋待售面积情况

数据来源：辽宁省统计数据。

（二）商品房市场供需情况

1. 新建商品房批准预售情况

2022 年 1—12 月，辽宁省新建商品房批准预售面积 3662.1 万平方米，同比下降 15.4%；其中住宅批准预售面积 3088.8 万平方米，同比下降 17%。

各市情况差异较大，商品房批准预售面积同比增加的城市有 3 个，较 1—11 月减少 1 个。数量及占比方面，沈阳、大连新建商品房批准预售面积较大，沈阳 1326.3 万平方米，占比 36%，大连 582.1 万平方米，占比 16%；辽阳新建商品房批准预售面积最低，为 28.2 万平方米，占比 1%（见图 5-22-6）。

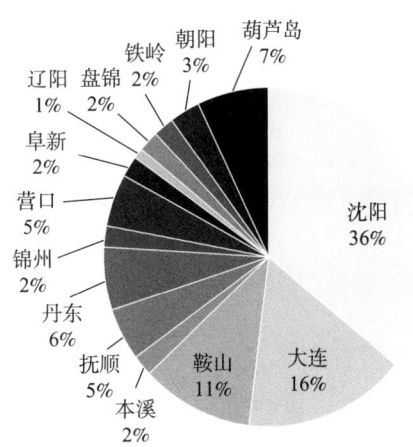

图 5-22-6　2022 年辽宁省各市新建商品房批准预售面积占比情况

数据来源：各市房产交易中心备案数据。

2022 年 1—12 月，辽宁省新建商品房批准预售套数同比下降明显，10 市呈降幅，其中，沈阳降幅最大，为 71.4%；盘锦增幅最大，为 99%（见图 5-22-7）。

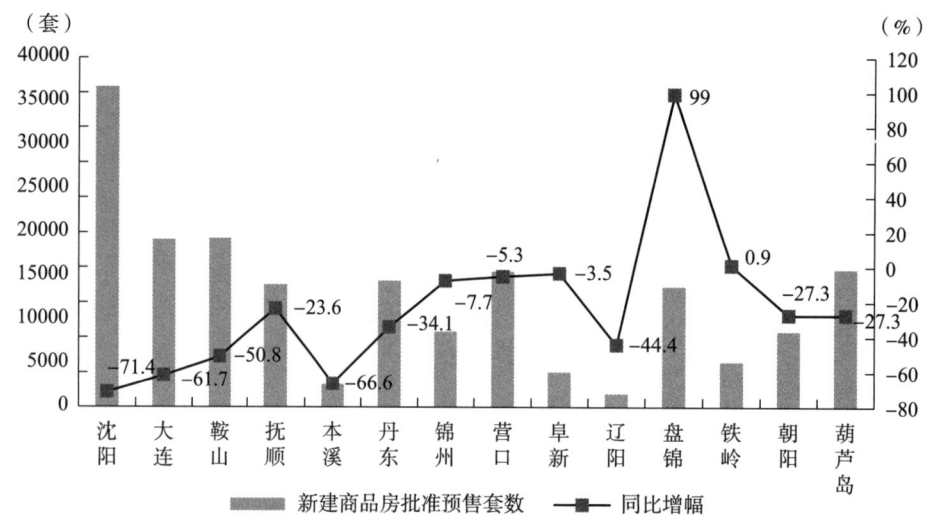

图 5-22-7　2022 年辽宁省各市新建商品房批准预售套数情况

数据来源：各市房产交易中心备案数据。

2. 商品房销售面积及销售额

2022年1—12月，辽宁省商品房交易面积4667.4万平方米，同比增长3.1%；其中住宅交易面积3998.2万平方米，同比增长0.5%。商品房交易额3976亿元，同比增长5.9%；其中住宅交易额3344.8亿元，同比增长3.3%。

从各市情况来看，商品房交易面积同比增长的城市有8个，较1—11月增加1个；商品房交易额同比增长的城市有8个，与1—11月持平。数量方面，沈阳、大连商品房交易规模较大，两市交易面积占比51%，交易额占比71%；鞍山次之，交易面积450.3万平方米，而本溪交易规模最小，交易面积73.6万平方米；同比增幅鞍山最大，为47.1%，同比降幅本溪最大，为27.9%。沈阳交易额超过1700亿元、大连交易额超过1000亿元，其他各市中，鞍山交易额超过200亿元，而阜新交易额最低，为31.5亿元；同比增幅方面，鞍山增幅最大，达到38.2%；而葫芦岛降幅最大，降幅19.2%（见图5-22-8、见图5-22-9）。

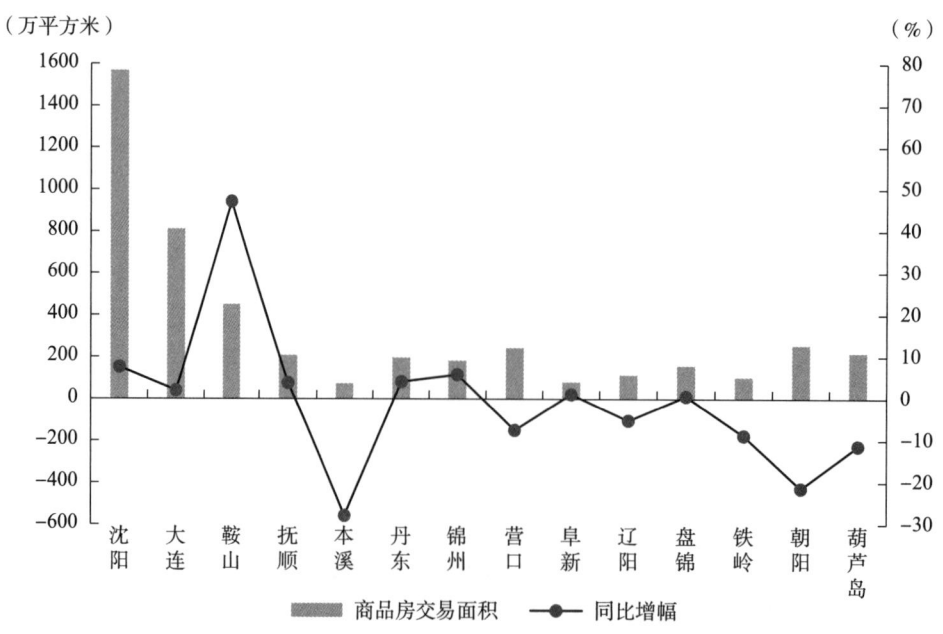

图 5-22-8　2022 年辽宁省各市商品房交易面积情况

数据来源：各市房产交易中心备案数据。

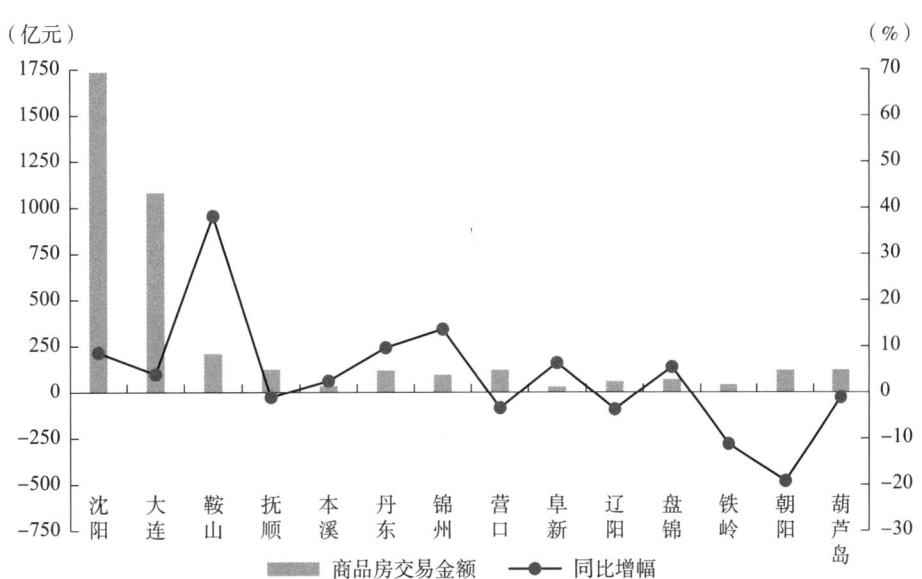

图 5-22-9　2022 年辽宁省各市商品房交易金额情况

数据来源：各市房产交易中心备案数据。

3. 商品房销售套数和套均面积

1—12 月，辽宁省商品房交易 445959 套，同比增长 1.4%；其中住宅交易 386227 套，同比增长 0.1%。

各市情况来看，同比增长的有 7 个城市，较 1—11 月增加 2 个。数量方面，沈阳、大连交易套数较多，沈阳超过 14 万套，大连超过 8 万套；鞍山次之，超过 4 万套；阜新交易套数最少，为 7502 套。同比增幅方面，鞍山增幅最大，为 52.1%；而本溪则降幅最大，为 34.6%（见图 5-22-10）。

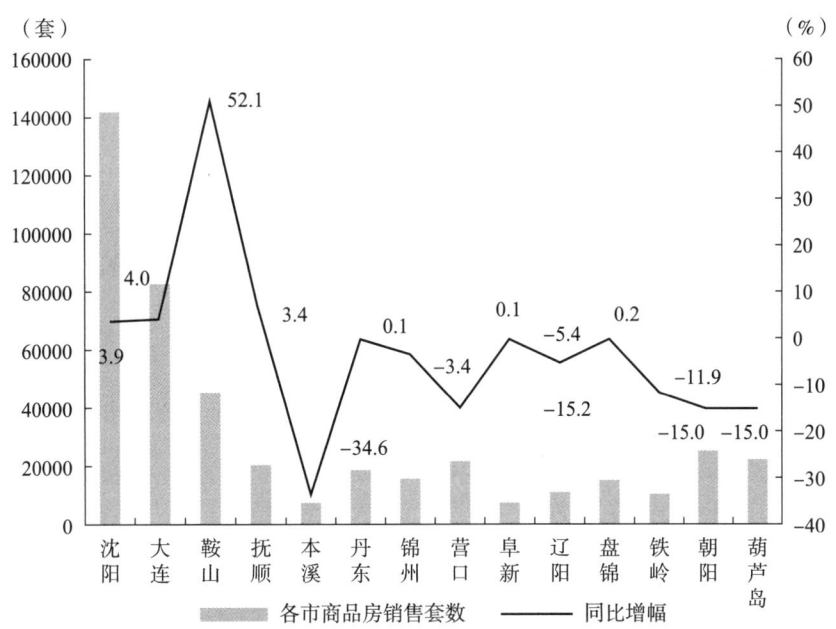

图 5-22-10　2022 年辽宁省各市商品房销售套数情况

数据来源：各市房产交易中心备案数据。

1—12 月，辽宁省商品房交易套均面积 104.7 平方米，较 1—11 月持平；其中住宅交易套均面积 103.6 平方米，较 1—11 月减少 0.5 平方米。

各市商品房交易套均面积差异不大，锦州以116平方米列首位；本溪最低，为96平方米；其余城市均在98~112平方米。1—12月商品房套均面积分布较为集中，各市商品房套均面积较为稳定（见图5-22-11）。

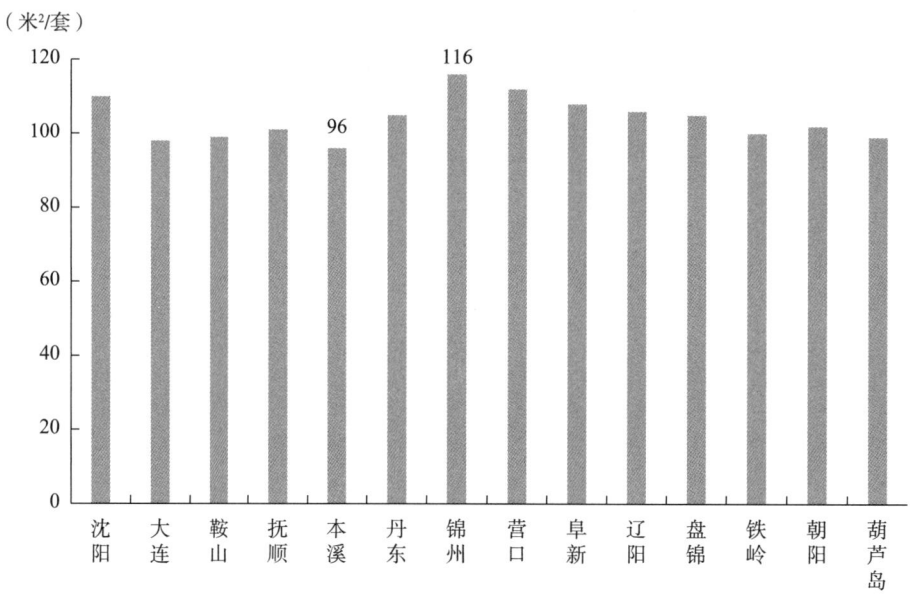

图5-22-11　2022年1—12月辽宁省各市商品房销售套均面积

数据来源：各市房产交易中心备案数据。

1—12月，各市90平方米以上新建商品房（住宅）销量较好，9市90平方米以上商品房（住宅）销售面积均超过90平方米以下；其中90平方米以上销售套数超过90平方米以下销售套数的城市有9个，可见改善性需求增加明显（见图5-22-12）。

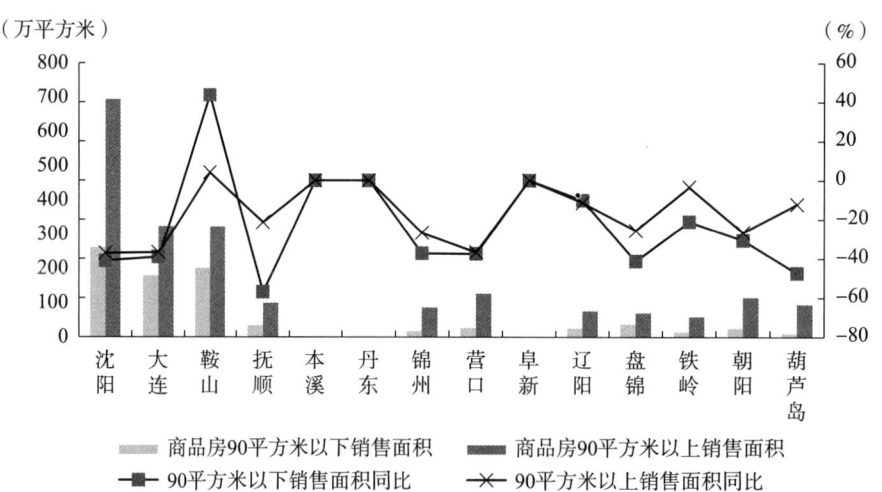

图5-22-12　2022年辽宁省各市商品房成交情况（以90平方米为界）

数据来源：各市房产交易统计数据。

辽宁省期房单套平均面积104平方米，现房单套面积102平方米。期望单套住房面积较大，改善型需求明显（见图5-22-13）。

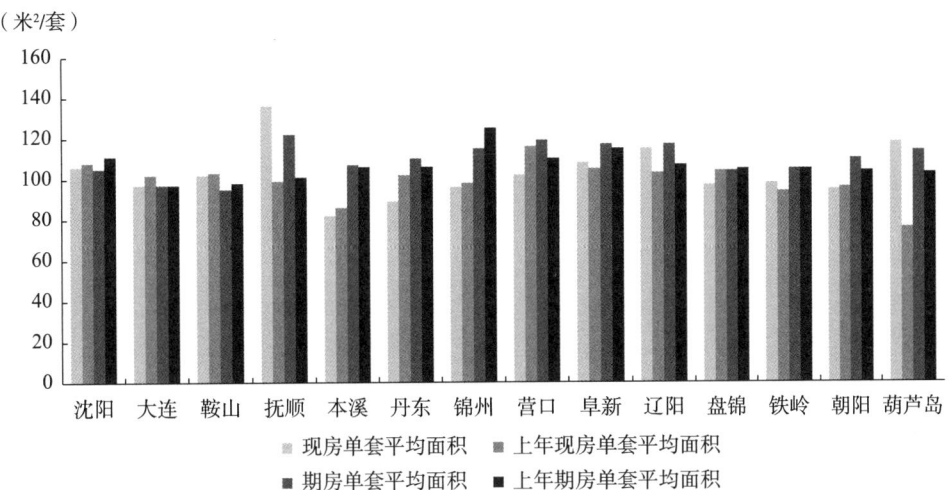

图 5-22-13　2022 年 1—12 月辽宁省各市现房、期房单套平均面积情况

数据来源：各市房产交易统计数据。

4. 商品房交易平均价格

1—12 月，辽宁省商品房交易平均价格 8519 元/米²，同比增长 2.7%；其中住宅 8366 元/米²，同比增长 2.8%。与 1—12 月全国均价以及东、中部地区商品房均价相比，辽宁房价涨幅在可接受范围内。

各市情况来看，房价同比增长的有 11 个城市，较 1—11 月增加 1 个。价格方面，大连、沈阳的商品房平均价格较高，超过辽宁省均值；而阜新交易均价 3883 元/米²，是辽宁省最低。价格变化幅度方面，本溪同比增长 42%；鞍山降幅最大，为 6%。房价变化幅度在 ±10% 之间的城市有 12 个。总体来看，1—12 月辽宁省房价涨幅一般，本溪涨幅明显，带动辽宁省房价涨幅，但总体仍在可接受范围内（见图 5-22-14）。

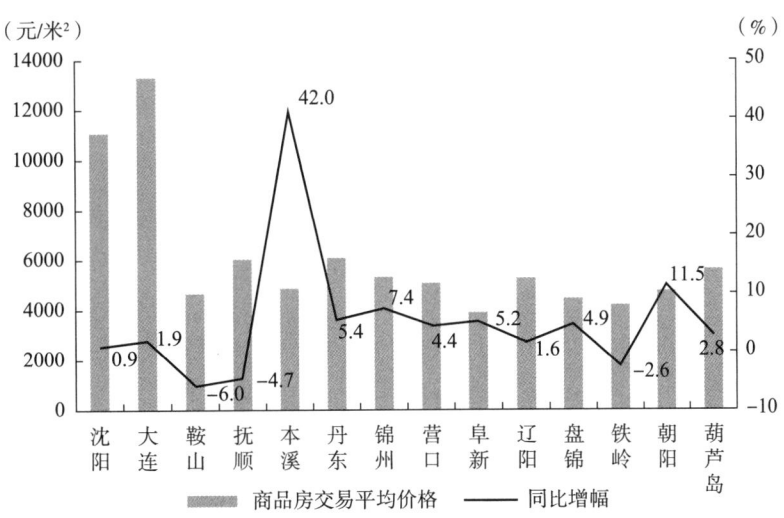

图 5-22-14　2022 年 1—12 月辽宁省各市商品房交易平均价格

数据来源：各市房产交易中心备案数据。

5. 商品房供销比

1—12 月，辽宁省商品房供销比为 0.78，较 1—11 月降低 0.09。数据显示，1—12 月各市供给量同比变化幅度较为明显，辽宁省供销比下降明显。

各市情况差别较大，14市中供销比高于1的城市有3个，4个城市供销比低于0.5。辽宁省来看，市场整体供求较均衡（见图5-22-15）。

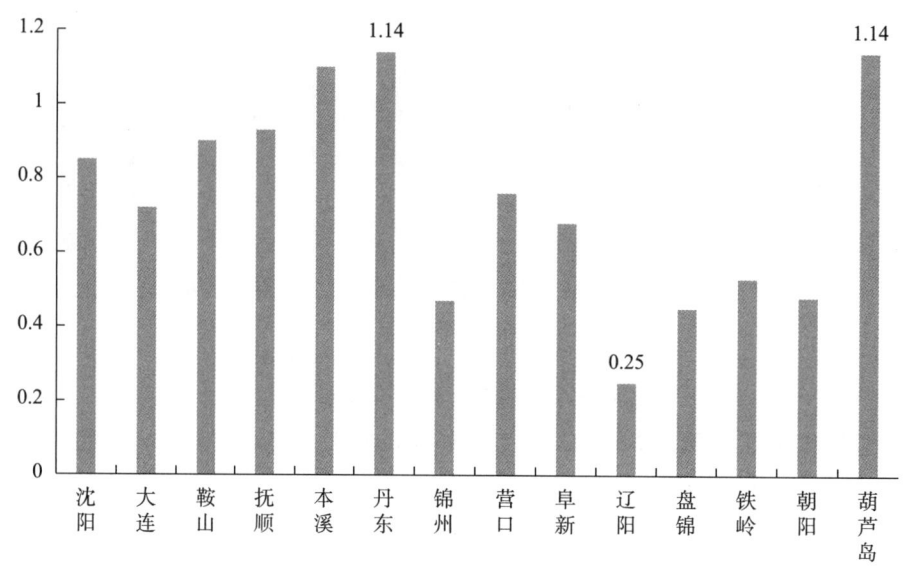

图5-22-15　2022年辽宁省各市商品房面积供销比情况

数据来源：各市房产交易中心备案数据。

6. 现房销售和期房销售的对比

辽宁省商品房现房销售和期房销售相比较，现房销售面积高于期房销售面积的有本溪、阜新、盘锦、铁岭4个城市，现房销售面积同比增长而期房销售面积下降的有锦州、阜新、辽阳、铁岭、葫芦岛5个城市，现房销售面积下降幅度小于期房销售面积下降幅度的有沈阳、大连、本溪、丹东、锦州、营口、阜新、辽阳、盘锦、铁岭、朝阳、葫芦岛12个城市。总体来看，辽宁省现房销售与期房销售相比较呈现上升态势。一方面，今年以来购房者更趋向稳定性好的现房；另一方面，商品房入市量下降，可选择期房较之前减少（见图5-22-16）。

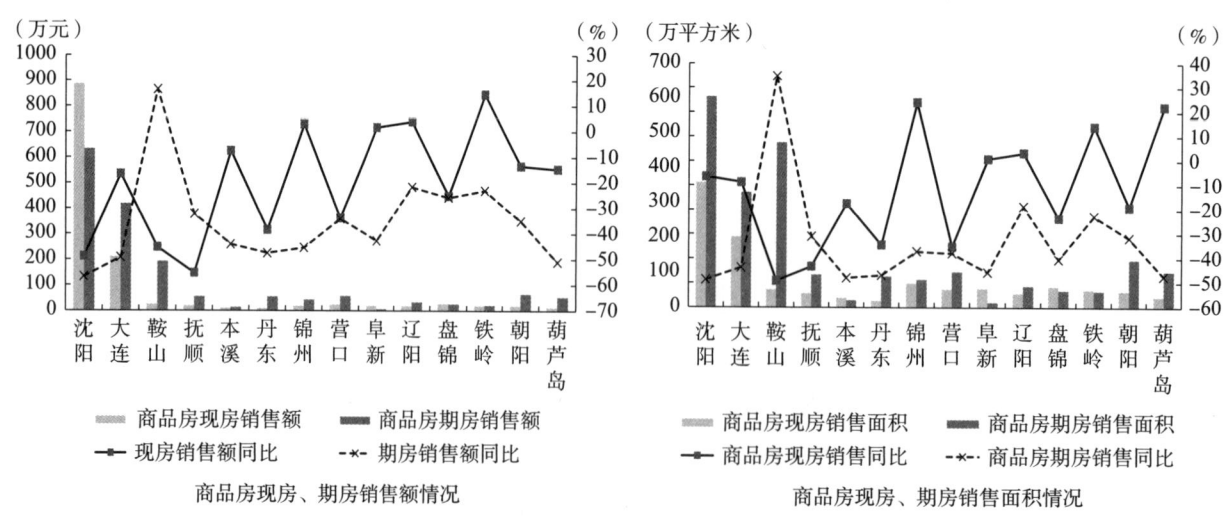

图5-22-16　2022年辽宁省各市现房、期房销售情况

数据来源：各市房产交易中心备案数据。

7. 外地人购房情况

1—12月，外地人购新建商品房占比沈阳居榜首，为28%。外地人购商品住宅占比沈阳最高，为34%；其次是大连，为20.1%；营口第三，为11.9%；再往后依次是辽阳、朝阳和阜新。外地人购房占比增加，一方面说明城市具备投资潜力，另一方面说明城市集聚效应明显，能够吸引外来人口（见图5-22-17）。

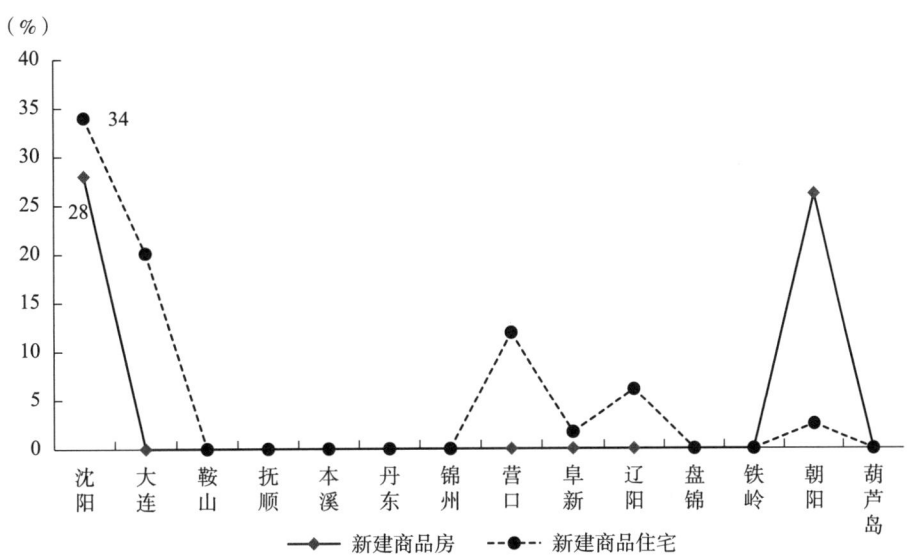

图5-22-17　2022年辽宁省各市外地人购新建商品房（住宅）占比情况

数据来源：各市房产交易统计数据。

（三）存量房市场情况

1. 存量房交易面积和成交额

1—12月，辽宁省存量房交易面积3483.3万平方米，同比降低6.6%，降幅较1—11月持平；其中住宅3163.7万平方米，同比增幅降低8.4%。成交额1715亿元，同比降低8.4%；其中住宅1581.7亿元，同比降低9.4%。数据显示，辽宁省二手房销售市场指标总体基本稳定，交易面积、成交套数、交易额指标下降，交易均价指标微降。

各市情况有所不同，3个城市存量房成交面积、成交额均为上升趋势。数量来看，沈阳、大连存量房成交规模较大；丹东成交面积最低，丹东成交额最低。同比变化方面，鞍山成交面积增幅最大，同比增加45.9%，葫芦岛成交额增幅最大，同比增长45.9%（见图5-22-18）。

2. 存量房成交套数和套均面积

1—12月，辽宁省存量房成交432065套，同比降低7.4%；其中住宅409652套，同比降低8.7%。存量房成交套数各市情况有所不同，4市同比增长，较1—11月减少1个。沈阳、大连存量房成交套数较多；鞍山次之，成交套数超过3.9万套。同比增幅方面，鞍山增幅最大，为38.5%；葫芦岛同比降幅最大，降幅为26.8%（见图5-22-19）。

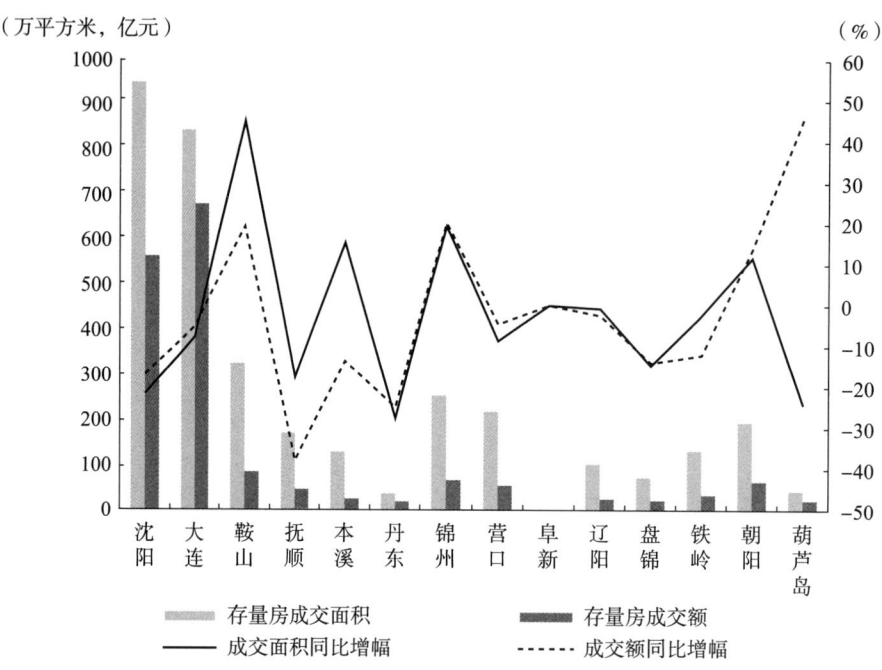

图 5-22-18　2022 年辽宁省各市存量房成交情况

数据来源：各市房产交易中心备案数据。

注：阜新数据由于平台问题，此项数据暂无。

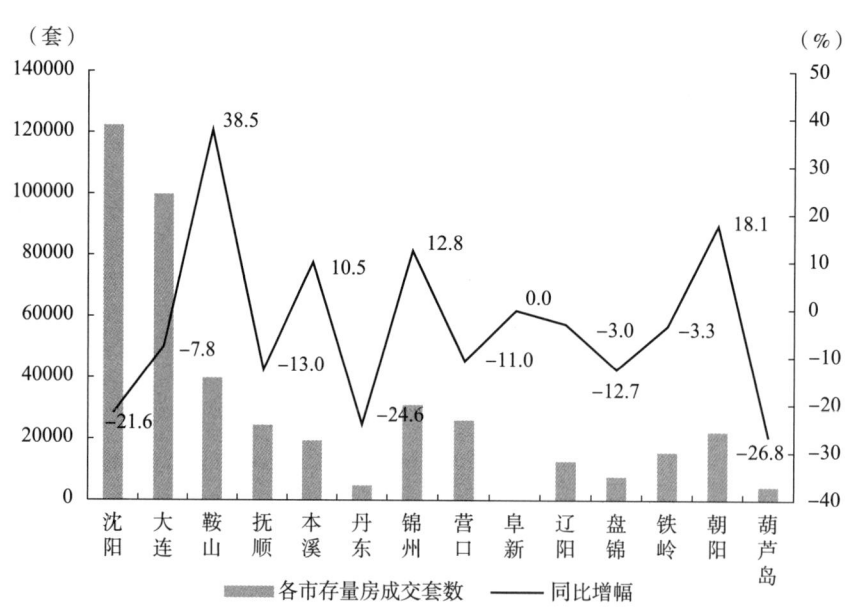

图 5-22-19　2022 年辽宁省各市存量房成交套数情况

数据来源：各市房产交易中心备案数据。

注：阜新数据由于平台问题，此项数据暂无。

1—12 月，辽宁省存量房成交套均面积 80.6 平方米，较 1—11 月增加 0.7 平方米；其中住宅成交套均面积 77.2 平方米，较 1—11 月减少 0.4 平方米。总体来看存量房交易套均面积变化不大，存量住宅套均面积稳定在合理范围内，中小户型在二手房市场仍占主要位置。

各市情况来看，葫芦岛成交套均面积最大，为 98 米²/套；其中本溪套均面积最小，为 67 米²/套；其他城市均处于 69~94 米²/套（见图 5-22-20）。

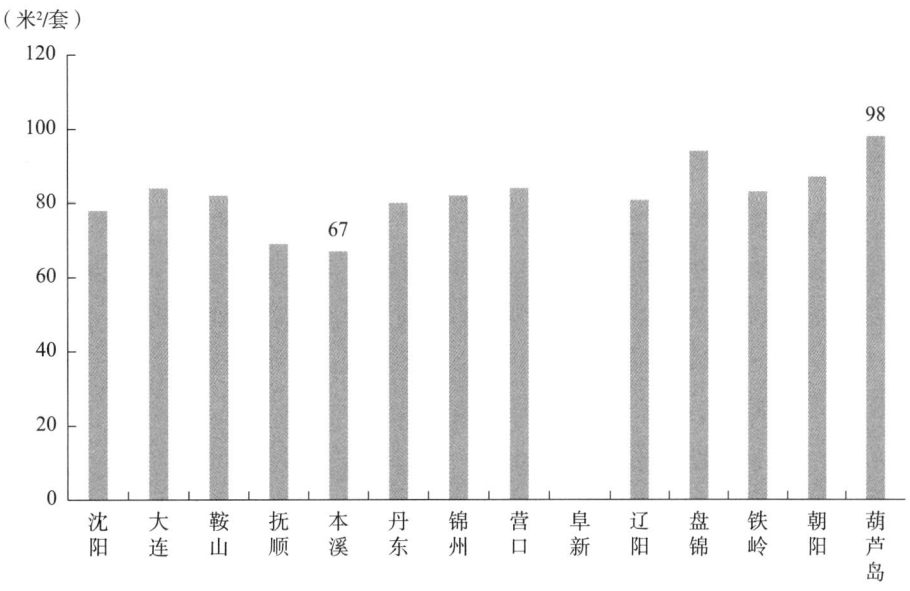

图 5-22-20　2022 年辽宁省各市存量房成交套均面积情况

数据来源：各市房产交易中心备案数据。

注：阜新数据由于平台问题，此项数据暂无。

3. 存量房交易平均价格

1—12 月，辽宁省存量房交易均价 4923 元/米²，同比降低 2%；其中住宅 4999 元/米²，同比降低 1.2%。数据显示，二手房市场交易均价小幅下降，存量住宅价格变化在可接受范围内。根据省房地产研究中心监测数据：存量房交易价格与各市备案价格相比，平均高 1483 元/米²（见图 5-22-21）。

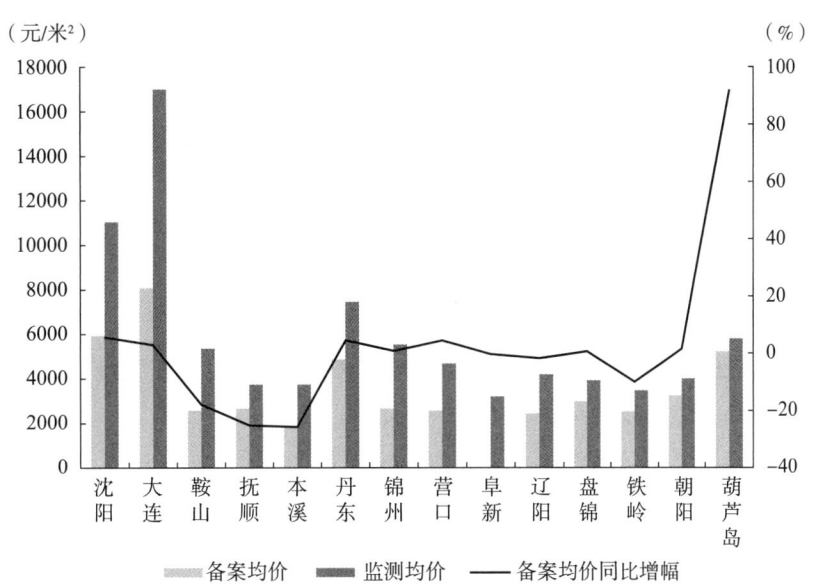

图 5-22-21　2022 年辽宁省各市存量房交易平均价格差异

数据来源：各市房产交易中心备案数据和省房地产研究中心网上跟踪数据。

注：阜新数据由于平台问题，备案数据暂无。

各市二手房价格差异较大，8个城市均价同比增长，较1—11月增加2个。葫芦岛均价涨幅最大，同比增长92.3%，8个城市波动幅度在±10%之间。大连存量房交易平均价格较高，超过辽宁省平均水平，为8081元/米²；而本溪存量房交易均价最低，为1931元/米²。其余各市中本溪降幅最大，下降25.4%。

（辽宁省房地产研究中心）

二十三、长春市房地产市场

2022年，受疫情封控影响，长春市房地产行业遭受重创，经济下行压力激增，房地产业作为长春市经济的重要支柱，"稳地产"对"稳经济"十分重要。长春市秉承中央"稳字当头，稳中求进"的指导方针，坚持"房住不炒"的政策基调，疫情防控与市场调控两手抓，为防范化解房地产风险隐患，促进市场平稳发展和良性循环，适时出台促进房地产市场平稳发展和良性循环20条措施，助力长春市房地产业在全年经济负增长大环境的背景下逐步放缓下行速度。

（一）2022年长春市房地产市场基本情况

1. 房地产开发投资大幅下降

自2022年3月起，长春市受疫情封控、疫情反复影响，市场销售失速，企业停工、停产运营困难，甚至面临破产风险，投资预期，房企投资能力迅速下滑，2022年房地产开发投资额661.92亿元，同比下降37.1%，降幅为近10年内最低（见图5-23-1）。

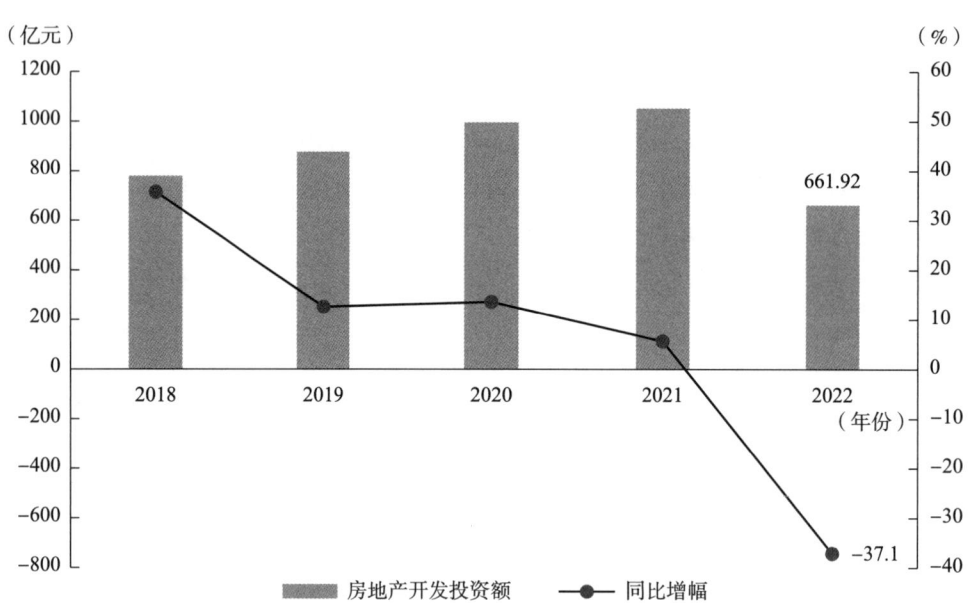

图5-23-1　2018—2022年长春市房地产开发投资情况

数据来源：长春市统计局。

2. 土地市场低位运行

2022年，长春市（市本级）供地交易总面积86.56万平方米，其中商品住房用地面积29.90万平方米；保障性安居工程用地面积0.93万平方米。截至12月31日，招标拍卖挂牌出让面积64.11万平方米；总成交价款31.23亿元。其中，经营类用地19宗，土地面积63.17万平方米，出让成交价款为30.50亿元；成交土地规划建筑面积90.61万平方米，平均楼面地价3366元/米²。2022年长春市出让地面均价相比成交地面均价减少311元/米²，溢价率0.54%。

2022年，长春土地交易中商品经营住房用地居于首位。出让的地块中，104宗地块出让成功率90%；土地成交相对集中在9月和10月（见图5-23-2）。

长春市受疫情影响，2022年土地市场成交面积和成交金额同比暴跌。

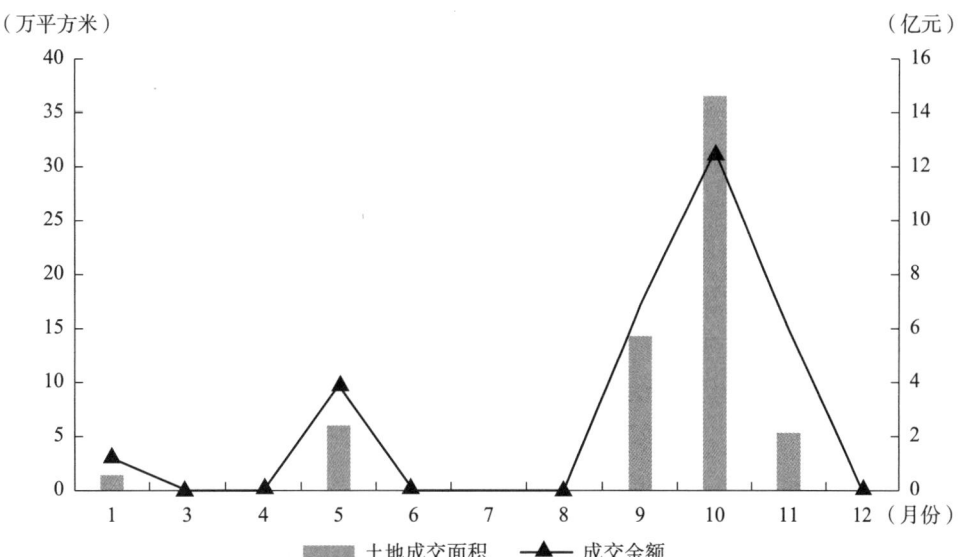

图5-23-2　2022年长春市各月经营类土地成交情况

数据来源：长春市统计局。

从各区域经营类土地成交情况来看，净月区土地成交面积位居榜首，接近40万平方米，占长春市全部经营类土地成交面积的2/3，可以看出长春在逐步向南部发展，长春市各区成交面积和成交金额较为低迷（见图5-23-3）。

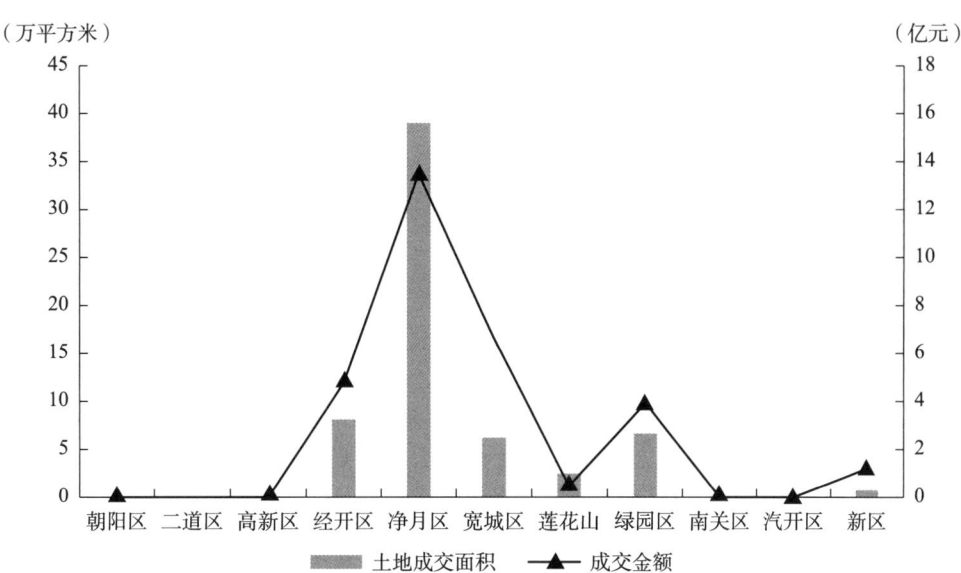

图5-23-3　2022年长春市各区经营类土地成交情况

数据来源：长春市统计局。

3. 房屋未动工面积呈下降态势

2022年，长春市房屋未动工面积3553.99万平方米，同比下降13.79%；已动工未竣工面积7321.34万平方米,同比增加17.11%。由于疫情原因,2022年第一季度未动工面积增加17.76%,同时未竣工面积增加31.51%。长春市政府及时调整措施,在社会面动态清零的过程也兼顾生产需要,在此后的三个季度里,未动工面积开始逐渐减少,未竣工面积也随着政策的调整而下降(见表5-23-1)。

表5-23-1　2022年长春市房屋未动工、已动工未竣工面积情况

季　度	未动工面积 (万平方米)	同比增长 (%)	已动工未竣工面积 (万平方米)	同比增长 (%)
第一季度	1031.78	17.76	1722.35	31.51
第二季度	858.77	-26.41	1855.87	20.70
第三季度	800.07	-23.62	1884.05	12.00
第四季度	863.37	-16.3	1859.07	7.9

数据来源:长春市统计局。

4. 新房销售面积显著下滑

根据国家统计局及长春市房产信息平台公布的数据,2022年,长春市新建商品房上市面积272.96万平方米,商品房销售面积545.24万平方米;商品房供销比0.50。从各区县统计数据看,长春市新建商品房销售面积545.24万平方米,同比下降46.92%(见图5-23-4)。随着房地产行业下行,自2020年以来,商品房销售面积开始以较快的速度下降,2022年随着疫情在长春市蔓延,商品房销售面积跌至10年以来最低点。

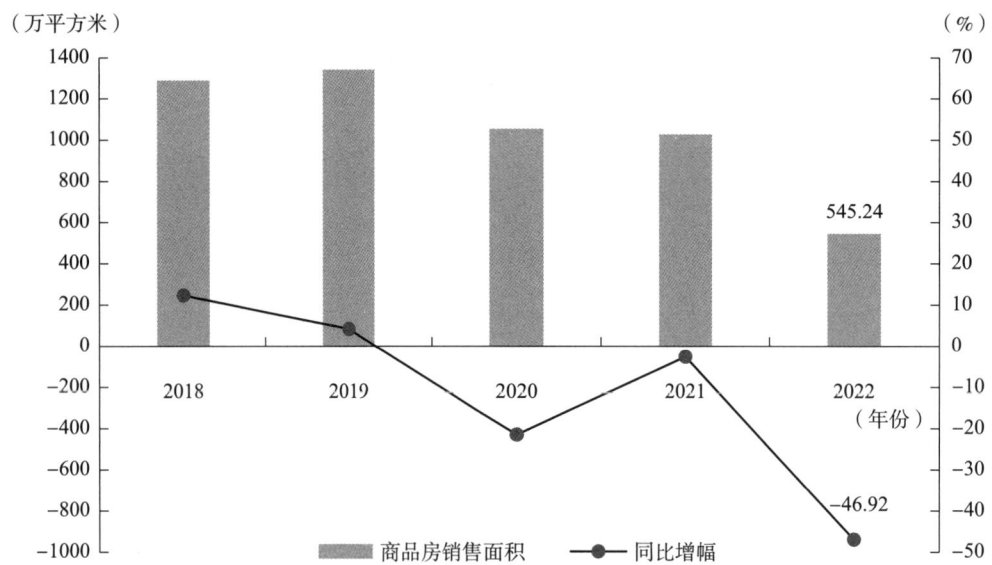

图5-23-4　2018—2022年长春市商品房销售面积

数据来源:长春市统计局。

从各区销售面积看,主城区是销售主力,其中净月区居于首位,占比在18.02%;新区销售仍有待提升,莲花山区、长德新区、九台区占比靠后,分别是1.87%、1.28%、0.05%(见图5-23-5)。

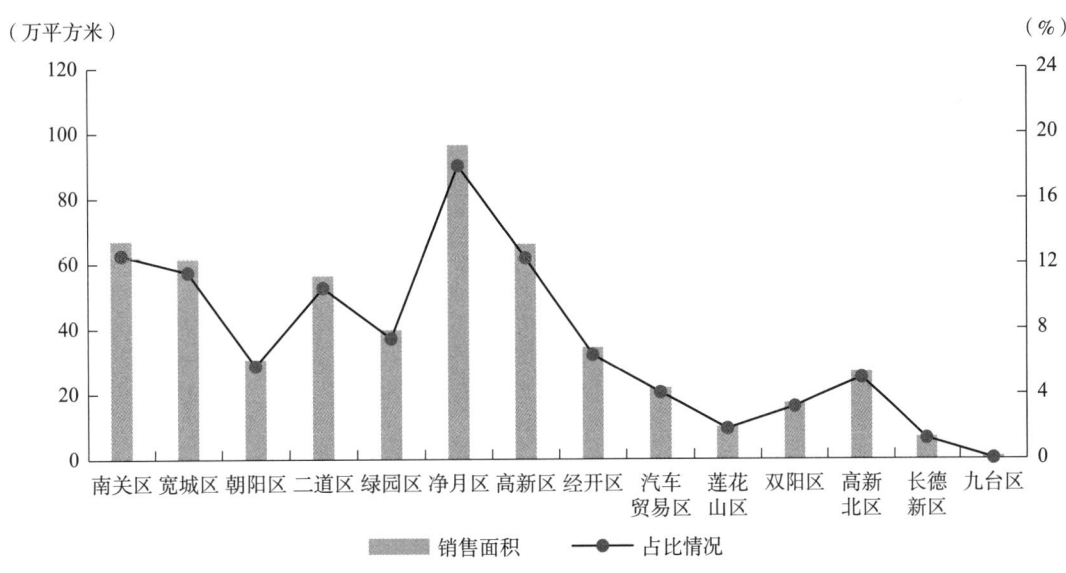

图 5-23-5　2022 年长春市各区销售面积占比情况

数据来源：长春市统计局。

从整体的销售额数据看，除经开区与九台区外，其余各区现房销售额均远高于期房销售额，期房阶段销售冷淡必然放缓开发商资金的恢复速度（见图 5-23-6）。

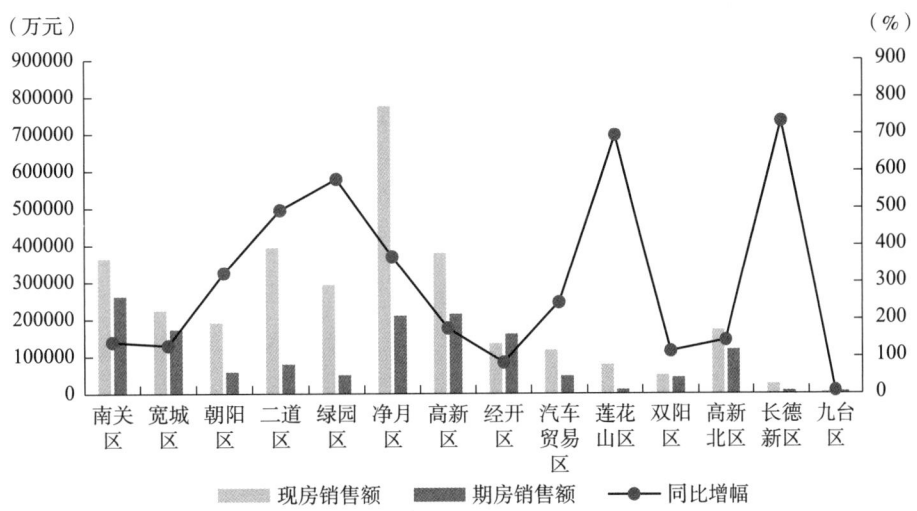

图 5-23-6　2022 年长春市期房现房销售额与期房销售额及同比

数据来源：长春市统计局。

5. 商品房销售均价自 6 月进入下行通道

2022 年，长春市商品房销售均价 9149.17 元/米^2，同比下降 3.74%；其中，商品住宅销售均价 9232.53 元/米^2，同比下降 2.62%。年初，由于疫情对房地产市场的冲击和影响，长春市房价大幅下降，最大降幅 1.27%。在疫情关口，商品房销售均价在疫情时期也两次达到"低点"。随着疫情的放开，复工复产有序推进，房价止跌开始回升，市场在逐渐回温，在 11 月以后销售均价增速稳步提高（见图 5-23-7）。

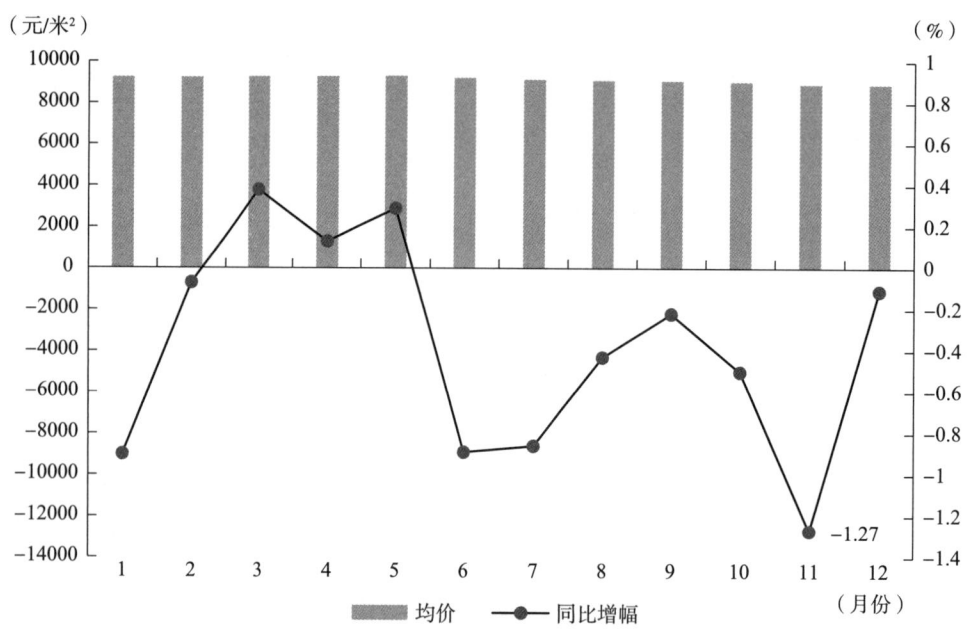

图 5-23-7　2022 年长春市各月商品房销售均价及同比增幅

数据来源：长春市统计局。

6. 老旧小区改造保持快速推进

2022 年，疫情虽来势汹汹，但并未阻挡长春市老旧小区改造的步伐，改造小区数同比增长 13.15%（见图 5-23-8）。近 10 年来，2022 年老旧小区改造完成数量最高。为达到"十四五"期间，计划改造完成老旧小区数，并提升城乡品质，未来较长一段时间内，老旧小区改造项目会以较快的速度增长。

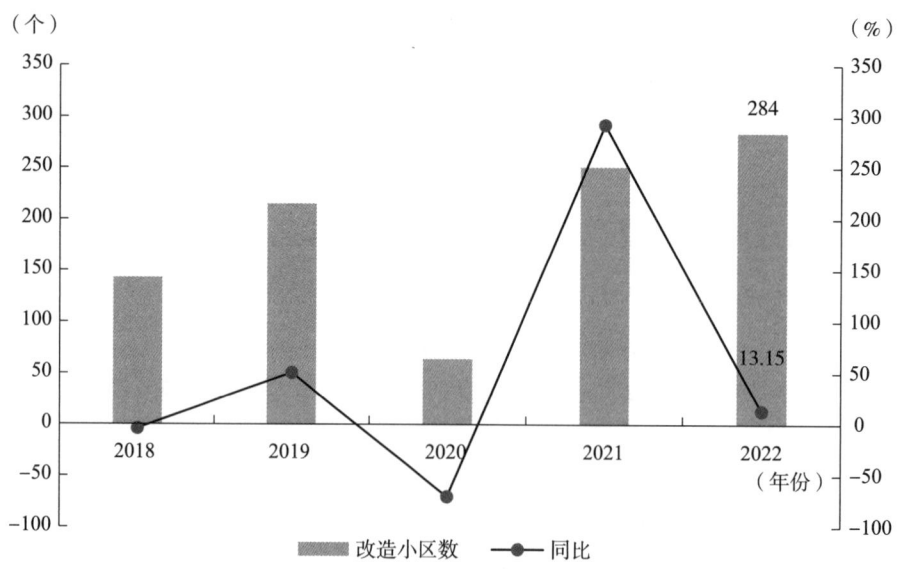

图 5-23-8　2018—2022 年长春市老旧小区改造完成情况

数据来源：长春市统计局。

（二）2022 年长春市住房保障工作情况

1. 平稳推进住房保障

长春市先后举办春秋两季房交会，实施进城农民和人才购房补贴政策，拉动商品房销售 109 万平方米。着力保障基本民生。城镇新增就业10.5万人,农村劳动力转移就业100万人,城乡居民收入增长快于经济增速。

2. 加大棚户区改造力度

截至2022年底,长春市棚户区改造5749户。

3. 住房租赁市场建设初见成效

为贯彻落实《国务院办公厅关于加快发展保障性租赁住房的意见》(国办发〔2021〕22号)精神,大力发展保障性租赁住房,解决新市民、青年人等群体的住房困难问题。"十四五"期间,计划新增保障性租赁住房不低于3万套,2022年计划新增1万套。

坚持房子是用来住的、不是用来炒的定位,增加保障性租赁住房和共有产权住房供给,防止以学区房等名义炒作房价。保障性租赁住房租金不得高于同地段同品质市场租赁住房评估租金的90%,市场评估租金原则上每两年评估一次,并在住房租赁服务平台公布。筹集保障性住房1.15万套。

(长春工程学院 吉林省建设发展研究院)

2023
中国房地产年鉴

Ⅵ.企业篇

导 读

本篇收录了由中国房地产业协会和上海易居房地产研究院联合发布的2022—2023年房地产行业重要测评榜单及分析；第十届"广厦奖"第二批获奖项目名单；中国房地产企业信用白皮书内容节选；中国房地产企业运营数据。

一、2022—2023 年度房地产开发企业测评榜及分析

（一）2023 年房地产开发企业综合实力测评

发布机构：中国房地产业协会　上海易居房地产研究院

发布时间：2023 年 3 月 23 日

发布地点：北京

1. 测评榜单（见表 6-1-1）

表 6-1-1　2023 房地产开发企业综合实力 TOP500

2023 年排名	企业名称	2023 年排名	企业名称
1	中国海外发展有限公司	32	瑞安房地产有限公司
2	万科企业股份有限公司	33	合生创展集团有限公司
3	保利发展控股集团股份有限公司	34	北京首创城市发展集团有限公司
4	华润置地有限公司	35	信达地产股份有限公司
5	碧桂园控股有限公司	36	保利置业集团有限公司
6	龙湖集团控股有限公司	37	北京城建投资发展股份有限公司
7	招商局蛇口工业区控股股份有限公司	38	金辉集团有限公司
8	金地（集团）股份有限公司	39	深圳地铁置业集团有限公司
9	绿城中国控股有限公司	40	香港置地有限公司
10	新城控股集团股份有限公司	41	五矿地产有限公司
11	建发房地产集团有限公司	42	中冶置业集团有限公司
12	中国金茂控股集团有限公司	43	重庆华宇集团有限公司
13	中国铁建房地产集团有限公司	44	卓越置业集团有限公司
14	越秀地产股份有限公司	45	武汉城市建设集团有限公司
15	珠海华发实业股份有限公司	46	杭州市城建开发集团有限公司
16	杭州滨江房产集团股份有限公司	47	厦门国贸地产集团有限公司
17	远洋集团控股有限公司	48	上海建工房产有限公司
18	北京首都开发股份有限公司	49	北京金隅地产开发集团有限公司
19	深圳华侨城股份有限公司	50	深圳控股有限公司
20	美的置业集团有限公司	51	广州市敏捷投资有限公司
21	中国电建地产集团有限公司	52	龙记泰信
22	大悦城控股集团股份有限公司	53	新希望五新实业集团有限公司
23	中交地产股份有限公司	54	龙光集团有限公司
24	雅居乐集团控股有限公司	55	上海城建置业发展有限公司
25	路劲地产集团有限公司	56	佳源创盛控股集团有限公司
26	大连万达商业管理集团股份有限公司	57	上海实业城市开发集团有限公司
27	金融街控股股份有限公司	58	上海城投控股股份有限公司
28	中骏集团控股有限公司	59	中铁置业集团有限公司
29	上海中建东孚投资发展有限公司	60	复地（集团）股份有限公司
30	联发集团有限公司	61	广东珠江投资股份有限公司
31	仁恒置地有限公司	62	海伦堡中国控股有限公司

续表

2023 年排名	企业名称	2023 年排名	企业名称
63	中建智地置业有限公司	103	华远地产股份有限公司
64	光明房地产集团股份有限公司	104	深圳市天健地产集团有限公司
65	中建玖合发展集团有限公司	105	南京颐居建设有限公司
66	合景泰富集团控股有限公司	106	山东银丰投资集团有限公司
67	中能建城市投资发展有限公司	107	北京永同昌房地产开发集团有限公司
68	北京北辰实业股份有限公司	108	天地源股份有限公司
69	大华（集团）有限公司	109	浙江得力房地产开发有限公司
70	青岛君一控股集团有限公司	110	安徽置地投资有限公司
71	安徽伟星置业有限公司	111	中昂地产（集团）有限公司
72	广东星河湾房地产（集团）有限公司	112	深圳市鹏瑞发展控股集团有限公司
73	象屿地产集团有限公司	113	上海弘久实业集团有限公司
74	中华企业股份有限公司	114	天正地产集团有限公司
75	广州市方圆房地产发展有限公司	115	广东珠光集团有限公司
76	青岛海信房地产股份有限公司	116	上海大名城企业股份有限公司
77	深圳市新南山控股（集团）股份有限公司	117	鸿翔房地产有限公司
78	上海陆家嘴金融贸易区开发股份有限公司	118	深圳市鸿荣源企业发展（集团）有限公司
79	云星集团	119	凯德置地（中国）投资有限公司
80	中天美好集团有限公司	120	上海东苑房地产开发（集团）有限公司
81	新世界中国地产有限公司	121	安徽省高速地产集团有限公司
82	重庆新鸥鹏地产（集团）有限公司	122	青岛天一仁和控股集团有限公司
83	荣安地产股份有限公司	123	安徽华安发展控股集团有限公司
84	东原房地产开发集团有限公司	124	中国旅游集团投资运营有限公司
85	上海宝华企业集团有限公司	125	中建七局地产集团有限公司
86	中建信和地产有限公司	126	青岛和达置业有限公司
87	阳光大地置业集团有限公司	127	长江实业集团有限公司
88	星河控股集团有限公司	128	湖北联投集团有限公司
89	四川邦泰置业有限公司	129	粤海置地控股有限公司
90	京基集团有限公司	130	鲁商健康产业发展股份有限公司
91	中建壹品投资发展有限公司	131	苏州工业园区建屋发展集团有限公司
92	华鸿嘉信控股集团有限公司	132	厦门经济特区房地产开发集团有限公司
93	成都兴城人居地产投资集团股份有限公司	133	北京天恒置业集团有限公司
94	南京金基控股（集团）有限公司	134	上海金桥出口加工区开发股份有限公司
95	天安中国投资有限公司	135	深圳市益田集团股份有限公司
96	上海中奥实业有限公司	136	苏州新区高新技术产业股份有限公司
97	新湖中宝股份有限公司	137	江苏华建地产集团有限公司
98	石榴置业集团有限公司	138	永威置业集团有限公司
99	雅戈尔集团股份有限公司	139	祥源控股集团有限责任公司
100	新鸿基地产发展有限公司	140	北京住总集团有限责任公司
101	众安集团有限公司	141	广西北投产城投资集团有限公司
102	九龙仓集团有限公司	142	华地集团有限公司

Ⅵ. 企业篇

一、2022—2023年度房地产开发企业测评榜及分析

续表

2023 年排名	企业名称	2023 年排名	企业名称
143	中信泰富（中国）投资有限公司	183	广西荣和企业集团有限责任公司
144	嘉华国际集团有限公司	184	江苏龙信置业有限公司
145	世纪金源投资集团有限公司	185	长沙房产（集团）有限公司
146	北京泽信控股集团有限公司	186	格力地产股份有限公司
147	广西地产集团有限公司	187	重庆海成实业（集团）有限公司
148	河南信友置业集团有限公司	188	杭州宋都房地产集团有限公司
149	杭州市西站枢纽开发有限公司	189	杭州澳海控股集团有限公司
150	深圳市前海建设投资控股集团有限公司	190	恒基兆业地产有限公司
151	科学城（广州）投资集团有限公司	191	河南正弘置业有限公司
152	深圳市新润园房地产开发有限公司	192	深圳市合正房地产集团有限公司
153	金成房地产集团有限公司	193	星联芒果集团有限公司
154	深圳市特区建设发展集团有限公司	194	河南亚新投资集团
155	北京海开控股（集团）股份有限公司	195	成都万华投资集团有限公司
156	保定市爱情地产集团有限公司	196	深圳市恒裕实业（集团）有限公司
157	天成晟和地产集团有限公司	197	广西大都投资有限公司
158	北京科技园建设（集团）股份有限公司	198	文一地产有限公司
159	上海爱建集团股份有限公司	199	京投发展股份有限公司
160	青岛青特产城集团有限公司	200	昌建控股集团有限公司
161	吉林大众置业集团有限公司	201	上海张江高科技园区开发股份有限公司
162	恒通建设集团有限公司	202	深圳市中洲投资控股股份有限公司
163	北京建工集团有限责任公司	203	福建大东海实业集团有限公司
164	保亿置业集团有限公司	204	杭州兴耀房地产开发集团有限公司
165	广州市番禺祈福新邨房地产有限公司	205	成都天投创新园区建设投资有限公司
166	成都德商置业有限公司	206	上海临港控股股份有限公司
167	合能投资有限公司	207	上海金臣房地产发展有限公司
168	深圳市宏发投资集团有限公司	208	内蒙古巨华房地产开发集团有限公司
169	浙江建杭置业有限公司	209	成都高投置业有限公司
170	坤和建设集团股份有限公司	210	瑞源控股集团有限公司
171	江苏嘉宏投资集团	211	三河雷捷房地产开发有限公司
172	上海港城开发（集团）有限公司	212	浙江万固实业集团有限公司
173	北京未来科学城置业有限公司	213	浙江祥新科技控股集团有限公司
174	武汉市城市建设投资开发集团有限公司	214	湖南运达房地产开发有限公司
175	浙江省交投控股集团有限公司	215	无锡新都房产开发有限公司
176	成都城投城乡发展有限公司	216	杭州西湖房地产集团有限公司
177	深圳市振业（集团）股份有限公司	217	华景川集团有限公司
178	河南东方今典房地产集团有限公司	218	嘉兴市城投置业有限公司
179	福星惠誉控股有限公司	219	北京首钢房地产开发有限公司
180	南京栖霞建设股份有限公司	220	北京北投置业有限公司
181	美好未来企业管理集团有限公司	221	长沙城发恒伟置业有限公司
182	吉宝置业集团	222	北京东亚新华投资集团有限公司

续表

2023年排名	企业名称	2023年排名	企业名称
223	广东联泰地产有限公司	263	福州市建设发展集团有限公司
224	东莞宏远工业区股份有限公司	264	时代大地控股有限公司
225	深圳市城建产业园发展有限公司	265	湖南梦想置业开发有限公司
226	锦艺置业集团有限公司	266	青岛海发国有资本投资运营集团有限公司
227	合肥城建发展股份有限公司	267	厦门信息集团有限公司
228	东莞市光大房地产开发有限公司	268	杭州华元房地产集团有限公司
229	天津泰达建设集团有限公司	269	武汉地铁集团有限公司
230	江苏通银实业集团有限公司	270	江苏吴中地产集团有限公司
231	广州宏祥房地产有限公司	271	中控金融街投资开发（昆山）有限公司
232	厦门安居控股集团有限公司	272	深圳市特发集团有限公司
233	山东鲁信置业有限公司	273	成都置信实业（集团）有限公司
234	浙江国鸿新瑞房地产集团有限公司	274	黑牡丹（集团）股份有限公司
235	九巨龙房地产开发集团有限公司	275	深圳市新世界集团有限公司
236	湖南润和城实业有限公司	276	绿景控股股份有限公司
237	山东众成地产集团有限公司	277	南宁轨道地产集团有限责任公司
238	厦门弘桥集团有限公司	278	正黄集团有限公司
239	河北安联房地产开发有限公司	279	天鸿集团
240	常州新运城市发展集团有限公司	280	京能置业股份有限公司
241	郑州美盛房地产开发有限公司	281	云南子元房地产开发股份有限公司
242	苏州恒泰商用置业有限公司	282	中垠地产有限公司
243	深圳市颐安投资集团有限公司	283	深圳市物业发展（集团）股份有限公司
244	厦门源昌房地产开发有限公司	284	广东骏景湾地产集团有限公司
245	上海外高桥集团股份有限公司	285	漳州城投地产集团有限公司
246	浙江中豪房屋建设开发有限公司	286	上海同济科技实业股份有限公司
247	华盛建设集团有限公司	287	东建集团
248	大汉城镇建设有限公司	288	力旺集团有限公司
249	宸嘉发展集团有限公司	289	合肥滨湖投资控股集团有限公司
250	重庆融汇地产（集团）有限公司	290	海马（郑州）房地产有限公司
251	苏州城投地产发展有限公司	291	宁波江山万里置业有限公司
252	天津城市基础设施建设投资集团有限公司	292	湖州房总地产开发集团有限公司
253	和昌地产集团有限公司	293	湖南麓谷发展集团有限公司
254	厦门海沧投资集团有限公司	294	新鸿隆祥地产集团有限公司
255	天阳地产有限公司	295	珠海九洲控股集团有限公司
256	北京懋源房屋开发有限公司	296	广东筼城置业有限公司
257	苏州安和广悦置业有限公司	297	青岛天泰集团股份有限公司
258	杭州新天地集团有限公司	298	天津天保基建股份有限公司
259	厦门港务地产有限公司	299	中国武夷实业股份有限公司
260	纽宾凯集团有限公司	300	广西兴进实业集团有限责任公司
261	上海新黄浦实业集团股份有限公司	301	中国国际贸易中心股份有限公司
262	大百汇实业集团有限公司	302	江苏水利房地产开发有限公司

VI. 企业篇
一、2022—2023年度房地产开发企业测评榜及分析

续表

2023 年排名	企业名称	2023 年排名	企业名称
303	宝业集团股份有限公司	343	广西盛天投资集团有限公司
304	远创置业集团有限公司	344	上海市北高新股份有限公司
305	经纬置地有限公司	345	东莞市新世纪房地产开发有限公司
306	广西裕达集团有限公司	346	中电光谷联合控股有限公司
307	河南业星置业集团有限公司	347	海蓝控股有限公司
308	湖北恒泰天纵控股集团有限公司	348	侨鑫集团有限公司
309	重庆俊豪实业（集团）有限责任公司	349	西藏城市发展投资股份有限公司
310	华夏阳光地产有限公司	350	长春高新房地产开发有限责任公司
311	深圳香江控股股份有限公司	351	河北三河燕达实业集团有限公司
312	翔顺控股集团有限公司	352	天津生态城投资开发有限公司
313	云南省建设投资控股集团有限公司	353	福建德兴集团房地产开发有限公司
314	云南筑友房地产开发有限公司	354	佛山市凯能房地产开发有限公司
315	南通银洲房地产开发有限公司	355	云南城投置业股份有限公司
316	河北高远企业投资集团有限公司	356	万洋众创城投资集团有限公司
317	深圳市勤诚达集团有限公司	357	九颂山河置业集团有限公司
318	中体产业集团股份有限公司	358	广东华标创业集团有限公司
319	湖南建投地产集团有限公司	359	阳光郡置地集团有限公司
320	惠州大亚湾德鸿房地产开发有限公司	360	广州尚东置业有限公司
321	悦达地产集团有限公司	361	南宁市宾阳城建集团
322	福建新榕房地产开发有限公司	362	南京河西新城建设发展有限公司
323	北京嘉德投资集团有限公司	363	长沙国欣房地产开发有限公司
324	东海地产股份有限公司	364	北京绿宸控股集团有限公司
325	福成投资集团有限公司	365	湖南省中欣房地产开发集团有限公司
326	惠州市丰泰城房地产开发有限公司	366	中山市世光创建集团有限公司
327	湖北华生房地产开发有限公司	367	武汉伟鹏控股集团有限公司
328	信城不动产集团有限公司	368	安徽皖投置业有限责任公司
329	嘉里建设有限公司	369	青岛鑫江置业集团有限公司
330	深圳市建滔投资有限公司	370	辰兴发展控股有限公司
331	苏宁环球股份有限公司	371	首铸（广东）集团有限公司
332	湖南金钟置业投资集团有限公司	372	苏州和恒置地有限公司
333	广西嘉和置业集团有限公司	373	浙江金昌房地产集团有限公司
334	三河兴达控股集团有限公司	374	杭州地上房地产集团有限公司
335	无锡红豆置业有限公司	375	上海永业企业（集团）有限公司
336	昆山文商旅集团有限公司	376	青岛城市建设集团股份有限公司
337	东莞市民盈房地产开发有限公司	377	惠州市隆生房地产有限公司
338	南益地产集团有限公司	378	广西恒力地产有限公司
339	福建百宏房地产开发有限公司	379	湖南嘉宇投资控股有限公司
340	昆山乐建住房开发有限公司	380	保定市民生房地产开发有限公司
341	中锐投资集团	381	四川蓝润实业集团有限公司
342	肇庆新区康耀房地产开发有限公司	382	郑州朗悦置业有限公司

续表

2023年排名	企业名称	2023年排名	企业名称
383	北京兴创房地产开发有限公司	423	宁夏亘元房地产开发有限公司
384	福建中联房地产开发集团有限公司	424	徐州市新盛投资控股集团有限公司
385	西安经发地产有限公司	425	沙河实业股份有限公司
386	广宇集团股份有限公司	426	杭州广大房地产有限公司
387	南宁威宁房地产开发有限公司	427	中核兴业控股有限公司
388	福州滨海房地产有限公司	428	深圳TCL房地产有限公司
389	天津市房地产发展（集团）股份有限公司	429	宁波奥克斯置业有限公司
390	浙江钱江房地产开发集团有限公司	430	河南常绿集团置业有限公司
391	山东瑞东房地产开发有限公司	431	福建金钿投资有限公司
392	山东信华发展有限公司	432	河南省美景集团有限公司
393	冠城大通股份有限公司	433	上海新长宁（集团）有限公司
394	亢龙房地产集团有限公司	434	长春豪邦房地产开发集团有限公司
395	河北永康房地产开发集团有限公司	435	广东世荣兆业股份有限公司
396	浙江方正地产开发有限公司	436	河南振兴房地产（集团）有限公司
397	天津贻成集团有限公司	437	重庆两江新区置业发展有限公司
398	广西悦恒项目管理有限公司	438	广西人和投资有限公司
399	嘉凯城集团股份有限公司	439	江苏铂悦建设有限公司
400	江东控股集团有限责任公司	440	美林基业集团有限公司
401	重庆飞洋控股（集团）有限公司	441	深圳华强新城市投资集团有限公司
402	青岛康大时代房地产开发有限公司	442	汇景控股有限公司
403	浙江省赞成集团有限公司	443	海南高速公路股份有限公司
404	卧龙地产集团股份有限公司	444	吉林宝裕地产开发有限责任公司
405	广汇物流股份有限公司	445	江苏新能源置业集团有限公司
406	南通市中央创新区科创产业发展有限公司	446	长春新星宇地产开发有限责任公司
407	南宁大西洋置业有限公司	447	高州泰源置业有限公司
408	南京金鹰国际集团有限公司	448	衢州市城投置业发展有限公司
409	吉林亚泰地产开发有限公司	449	华联控股股份有限公司
410	上海中环投资开发（集团）有限公司	450	德光集团有限公司
411	烟台飞龙集团有限公司	451	长沙华实领峰企业发展有限公司
412	湖南福天置业有限公司	452	河南裕华置业有限公司
413	广西祥嘉投资有限公司	453	中国宝安集团股份有限公司
414	长春市万龙房地产开发有限责任公司	454	吉林省伟峰实业有限公司
415	重庆渝开发股份有限公司	455	天津住宅建设发展集团有限公司
416	河北中宏置业房地产开发有限公司	456	苏宁置业集团有限公司
417	国锐地产有限公司	457	佛山市恒福兴达投资集团有限公司
418	宁波维科置业有限公司	458	天津津滨发展股份有限公司
419	广西洋浦地产集团有限公司	459	南京高科股份有限公司
420	杭州市房地产开发集团有限公司	460	沈阳市城建房地产开发集团有限公司
421	东莞市三正房地产开发有限公司	461	天润置地集团有限公司
422	江西恒茂房地产开发有限公司	462	江苏亚东建设发展集团有限公司

续表

2023年排名	企业名称	2023年排名	企业名称
463	上海青禾置业有限公司	482	广西汇东投资置业有限公司
464	菲莉（福建）投资有限公司	483	安徽金大地投资控股有限公司
465	福建省凯景投资集团有限公司	484	广东海骏达置业投资集团有限公司
466	吉林省嘉惠实业集团有限公司	485	龙城产业投资控股集团有限公司
467	徐州城置有限公司	486	龙岩城市发展集团有限公司
468	福建汇泉投资有限公司	487	上海鹏欣房地产（集团）有限公司
469	莆田市国投置业有限公司	488	广东建华置地投资集团有限公司
470	河北国域永赫控股集团有限公司	489	泉州城建集团有限公司
471	中赫置地投资控股有限公司	490	甘肃天庆房地产集团有限公司
472	莱蒙国际集团有限公司	491	福建漳龙集团有限公司
473	江苏协鑫房地产有限公司	492	海南机场设施股份有限公司
474	长春国信投资集团有限公司	493	北京市大龙伟业房地产开发股份有限公司
475	三湘印象股份有限公司	494	福建联美建设集团有限公司
476	中国新城市商业发展有限公司	495	江苏常发地产集团有限公司
477	厦门宝嘉集团有限公司	496	甘肃永坤房地产开发有限公司
478	济南城投置业有限公司	497	和泓控股集团有限公司
479	福建省隆盛房地产开发有限公司	498	天津海泰科技发展股份有限公司
480	金林置业徐州有限公司	499	福建三木集团股份有限公司
481	宁德市交投置业房地产开发有限公司	500	金鹏地产集团

2. 测评分析

（1）年度特征分析。

①市场全年低位运行，稳市政策层层推进。

2022年，我国房地产行业遭遇前所未有的挑战，房地产市场持续下行，房企债务违约、"烂尾楼"等风险事件频发。在此情形下，房地产政策逐渐转向。为稳定楼市，中央在坚持"房住不炒"调控定位前提下，不断释放积极信号，从支持刚性和改善性住房需求、到"保交楼、保稳定、保民生"，再到保障房企合理融资需求、优化房企预售资金监管等，宽松性政策覆盖供需两侧，且力度不断加大，为促进房地产市场平稳健康发展持续发力。地方层面，2022年，地方调控经历由区域试探性松绑向维稳政策应出尽出、由保需求向保交付、保主体政策并举的演变。在此过程中，因城施策持续深化，不仅调控主体向三线、四线城市，区，县不断细化，调控工具箱中包括人口、金融、财税、土地等政策也是鱼贯而出。根据克而瑞统计，2022年地方累计出台房地产调控政策895条，再创历史新高，其中，宽松性政策717条，同样属历史高位（见图6-1-1）。

2023年1月，央行、银保监会提出，建立新发放首套住房个人住房贷款利率政策动态调整长效机制，允许地方政府按照因城施策原则、自主决定阶段性维持、下调或取消当地首套住房商业性个人住房贷款利率下限；并实施改善优质房企资产负债表计划，开展"资产激活""负债接续""权益补充""预期提升"四项行动；全国住房和城乡建设工作会议指出，2023年房地产工作要以增信心、防风险、促转型为主线，促进房地产市场平

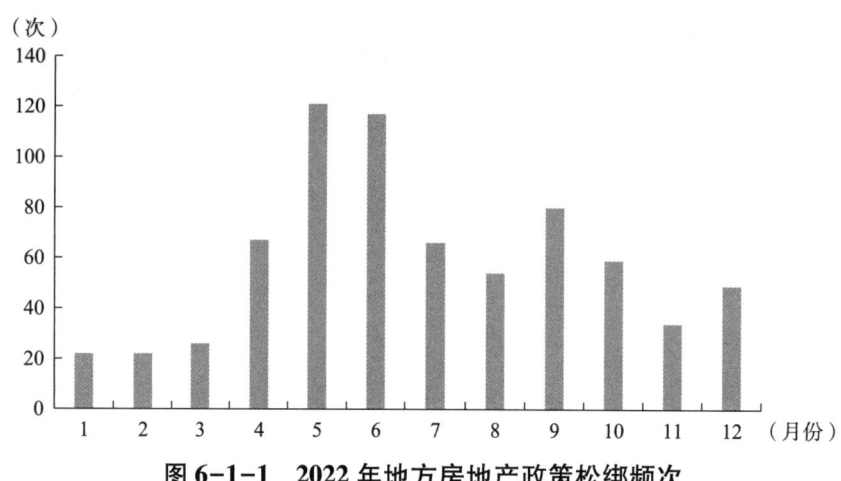

图 6-1-1　2022 年地方房地产政策松绑频次

数据来源：CRIC、上海易居房地产研究院。

稳健康发展，以发展保障性租赁住房为重点，加快解决新市民、青年人等群体住房困难问题，并首次提出"有条件的可以进行现房销售"。2月，自然资源部提出推进土地供应信息公开，建立拟出让地块清单公布制度，给市场主体充足的时间预期限制；证监会启动不动产私募投资基金试点工作，意在进一步发挥私募基金多元化资产配置、专业投资运作优势，满足不动产领域合理融资需求。3月，两会政府工作报告在简述今年工作重点部分提出，有效防范化解优质头部房企风险，改善资产负债状况，防止无序扩张，促进房地产业平稳发展；加强住房保障体系建设，支持刚性和改善性住房需求，解决好新市民、青年人等住房问题。

2022年，全国商品房销售面积和销售金额同比下降均超过20%，全年维持低位走势。前4个月，商品房累计销售面积和累计销售金额同比呈较快下跌态势，随着中央下场救市力度逐渐加大和地方保交楼、稳民生政策应出尽出等利好刺激，同比走势逐渐企稳。商品房累计销售面积同比呈波动下跌态势，12月末24.3%的同比跌幅为全年最大；商品房累计销售金额同比自5月末达到低位后呈波动上升态势，第四季度同比跌幅稳定在26.1%~26.7%（见图6-1-2）。

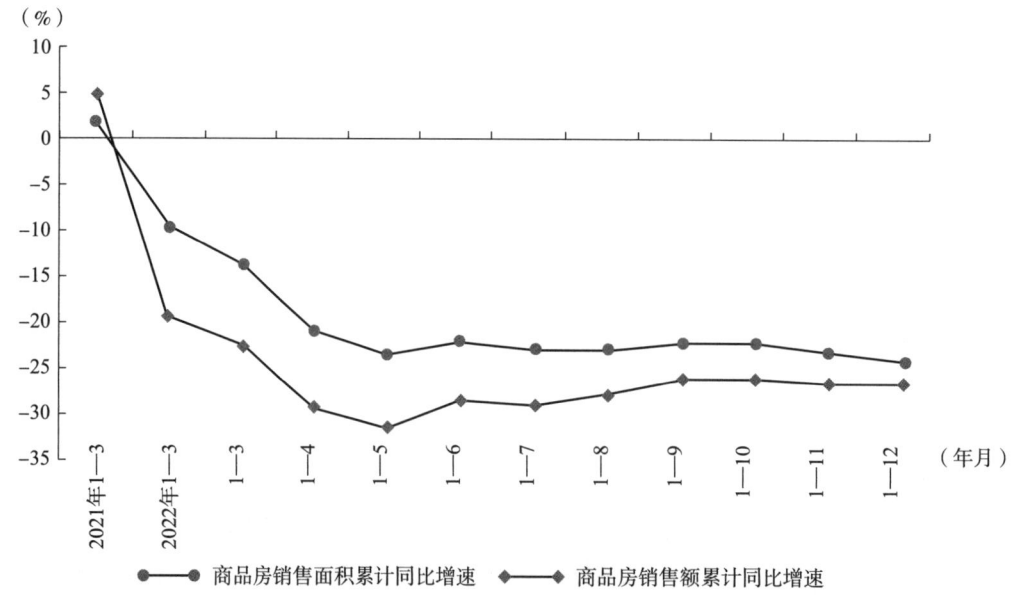

图 6-1-2　2021—2022 年全国商品房销售面积及销售额累计同比增速

数据来源：国家统计局。

综上所述，2022年，是房地产行业延续深度调整的一年，同时也是行业向更高质量、更可持续发展模式转变的蝶变之年。政策方面，在坚持"房住不炒"定位前提下，调控政策转向维稳。上半年，政策主要聚焦在支持刚性和改善性住房需求，如下调5年期以上LPR、下调首套房个人商业性贷款利率下限等。下半年，房企风险事件频发，保交付、保主体类政策应声出台，如设立保交楼政策性银行专项借款、优化房企预售资金监管、房企融资"信贷、股权、债券"三箭齐发、"金融16条"等。销售方面，商品房销售面积和销售金额全年维持低位走势。1—4月由于疫情冲击、稳楼市政策频次较低且政策力度相对较小等因素影响，商品房累计销售面积和累计销售金额同比降幅均呈快速扩大趋势。随着中央定调支持地方因城施策用足用好政策工具箱、支持刚性和改善性住房需求，并频繁下场"救市"且力度不断加大，商品房销售下跌趋势放缓并逐渐形成筑底态势。

②综合实力中海第一，行业排名变化较大。

上海易居房地产研究院经过客观、公正、专业和科学的测评研究，形成2023年房地产开发企业综合实力TOP500测评成果。前三位由中海、万科、保利占据。其中，中海超越万科，升至第一位，保利保持第三位，华润、碧桂园、龙湖、招商蛇口、金地、绿城、新城分列第四至第十位（见表6-1-2）。

表6-1-2　2022—2023年TOP10房企名次变化表

企业名称	2023排名	排名变化	2022排名
中海	1	↑（1）	2
万科	2	↓（1）	1
保利	3	—	3
华润	4	↑（2）	6
碧桂园	5	↓（1）	4
龙湖	6	↑（1）	7
招商蛇口	7	↓（2）	5
金地	8	↑（1）	9
绿城	9	↑（3）	12
新城	10	—	10

数据来源：CRIC、上海易居房地产研究院。

2023年，榜单变动率总体较高，头部房企排名相对稳定。具体来看，相对2022年，TOP10变动率为10%，TOP50变动率为30%，TOP100变动率为21%，TOP500变动率为23%。排名提升的房企普遍经营稳健、资金面广、产品力扎实，其中建发、华发、越秀等国资背景的房企排名提升显著。长线来看，相对2013年，2023年TOP10、TOP50、TOP100变动率分别为50%、62%、60%（见图6-1-3）。由此来看，房企格局在近十年间发生巨大变化，头部房企虽然相对稳定，但依然出现半数变更，中大型房企则经历更大幅度的洗牌。

③华南东北占比提升，中部房企明显缩量。

以TOP500房企总部所在地区域为标准进行划分，其中，华南地区占比24.4%，东北地区占比2.6%，比重较上年有所上升；华东地区占比37.6%，华北地区占比16.0%，中部地区占比12.6%，西部地区占比6.8%，比重较上年有所下降（见图6-1-4）。华东、华南企业数量占比超过六成，较上年进一步提升；中部房企数量占比较上年下降2.02个百分点，降幅最大。

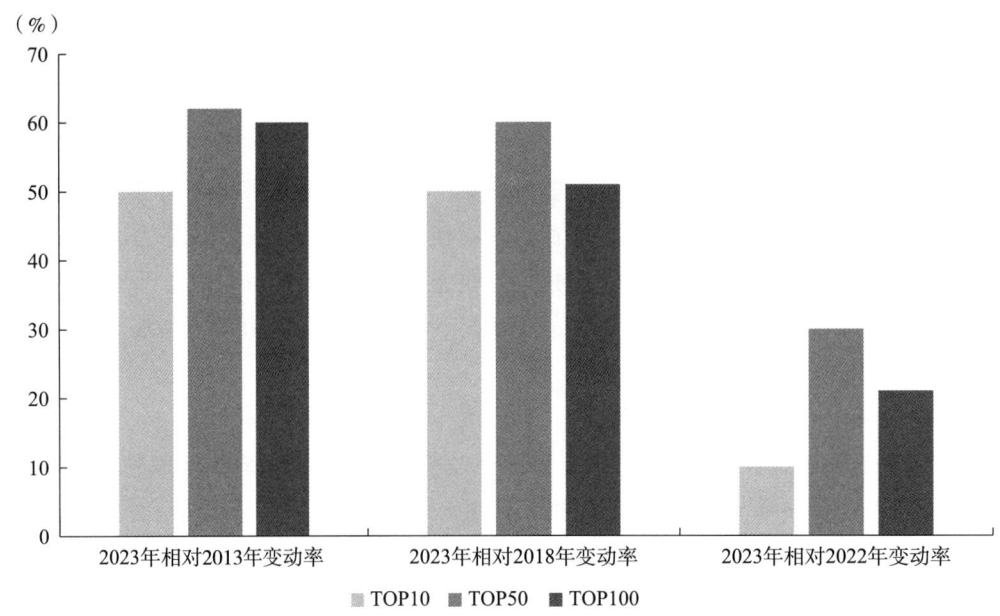

图 6-1-3　2023 年各梯队房企相对 2013 年、2018 年、2022 年变动情况

数据来源：上海易居房地产研究院

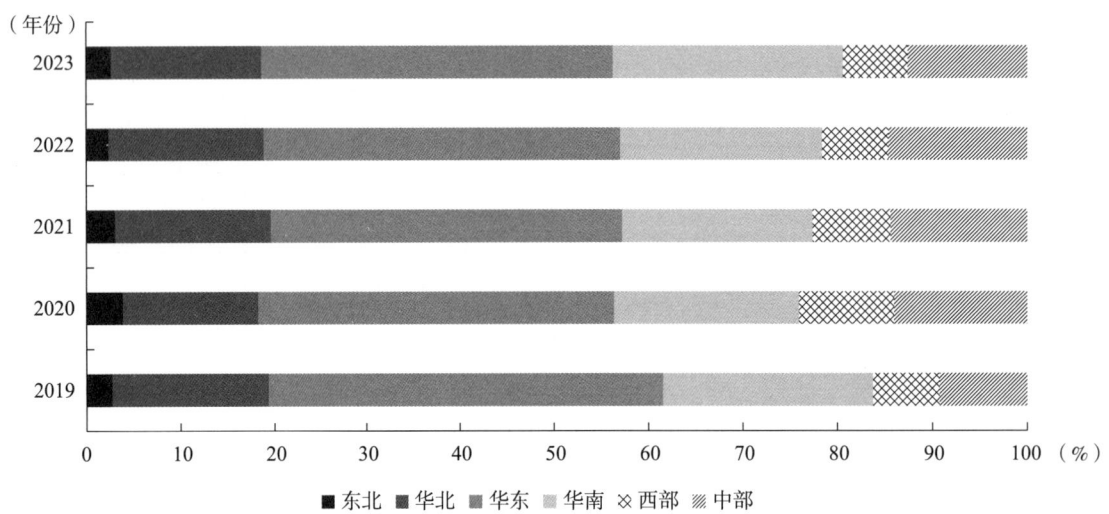

图 6-1-4　2019—2023 年房地产开发企业综合实力 TOP500 区域分布

数据来源：CRIC、上海易居房地产研究院。

（2）企业规模分析。

①资产规模增速转负，优质房企稳中有进。

2022 年，TOP500 房地产开发企业总资产均值为 860.74 亿元，同比下降 6.11%；净资产均值为 189.22 亿元，同比下降 10.72%（见图 6-1-5）。近五年 TOP500 房企总资产规模增速在逐年放缓后首次出现负值，净资产增速相对稳定，2022 年也首次出现负增长。

2022 年商品房销售持续下行，房企业绩大幅下滑，多数房企选择缩表维持稳健经营，拿地投资态度普遍谨慎，存货总额下滑，净利润大幅下降，导致资产规模下行。企业层面，依然有部分优质房企保持资产稳步增长。保利聚焦核心城市经营稳健，资产规模小幅上涨；招商蛇口聚焦区域深耕，精益操盘提质增效，构筑差异

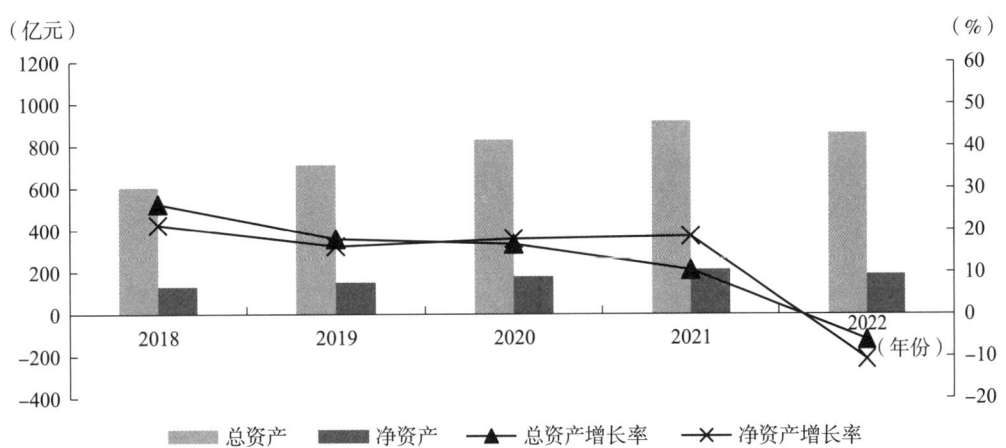

图 6-1-5　2018—2022 年 TOP500 房企平均资产规模水平及其变化情况

数据来源：CRIC、上海易居房地产研究院。

化商业新范式，内生增长能力提升；华发股份积极在核心城市拿地，待结算资源丰富，积极推进股权融资，增强公司资本实力；滨江依托杭州及浙江省活跃的商品房需求以及公司在当地的良好口碑，销售表现逆势上行，实现从产品设计、运营、销售、最终回归投资拿地的良性经营闭环。

②销售规模大幅下滑，房企业绩表现低迷。

2022 年，全国商品房销售面积 135837 万平方米，同比下降 24.3%；商品房销售额 133308 亿元，同比下降 26.7%。其中，住宅销售面积同比下降 26.8%，办公楼销售面积同比下降 3.3%，商业营业用房销售面积同比下降 8.9%；住宅销售额同比下降 26.3%，办公楼销售额同比下降 3.7%，商业营业用房销售额同比下降 16.1%。

2022 年，TOP500 房企全年销售金额同比下降 44.41%，TOP100 房企全年销售金额同比下降 41.77%，TOP10 房企全年销售金额同比下降 30.63%（见表 6-1-3）。整体来看，房企销售同比下滑主要原因在于，2022 年房地产市场整体延续上年以来的下行压力，行业信心处在低位、市场需求和购买力不足，房企销售金额大幅下滑。叠加疫情因素影响，市场供求和成交都没有明显转暖的迹象，同时，部分规模房企因为出现流动性风险等原因，未入榜单。

表 6-1-3　2022 年全国商品房与 TOP500、TOP100、TOP10 房企销售情况对比

项目	全国商品房销售	TOP500 销售	TOP100 销售	TOP10 销售
销售面积（万平方米）	135837	39155	32207	18315
同比增长（%）	-24.30	-50.72	-47.80	-35.52
销售金额（亿元）	133308	55499	44323	20691
同比增长（%）	-26.70	-44.41	-41.77	-30.63

数据来源：国家统计局、CRIC、上海易居房地产研究院。

具体到各梯队，TOP30 房企中，仅有 4 家房企实现规模正增长。TOP10 房企业绩全部同比下降，TOP11~20 中有两家房企实现业绩小幅上涨，TOP21~30 房企业绩表现区别较大，有两家房企实现销售金额大幅正增长，1 家房企销售金额同比腰斩（见图 6-1-6）。

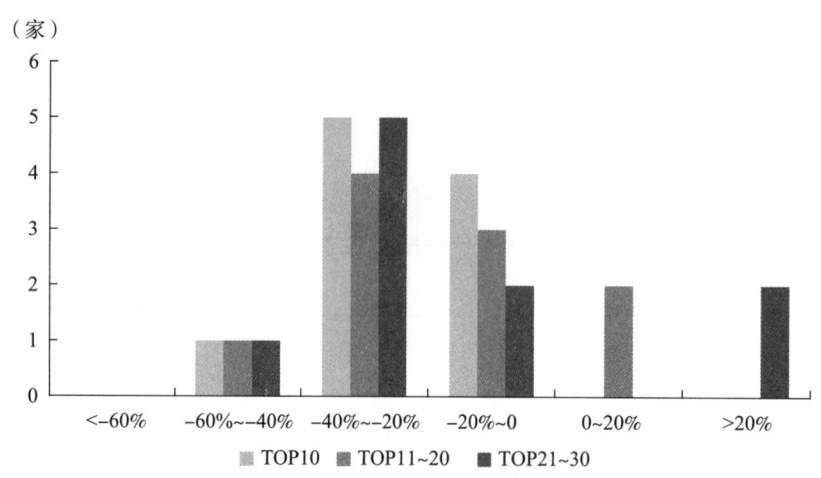

图 6-1-6　各梯队房企 2022 年业绩同比增速分布

数据来源：企业公告、上海易居房地产研究院。

克而瑞数据显示，2022 年内销售规模（全口径）超过 1000 亿元的房企总计 20 家，千亿房企数量较上年减少超过一半（见图 6-1-7）。在过去很长一段时间内，房企有迫切的规模诉求，资金流遵循马太效应向头部集中。随着行业进入调整期，房企发展规则重塑，当前环境下，单纯依靠规模化经营无法规避企业面临的违约风险以及项目面临的交付风险。企业运营改善的核心在于销售端，需要市场预期修复、需求端改善、销售回款得到保障，才能让企业走出困境。

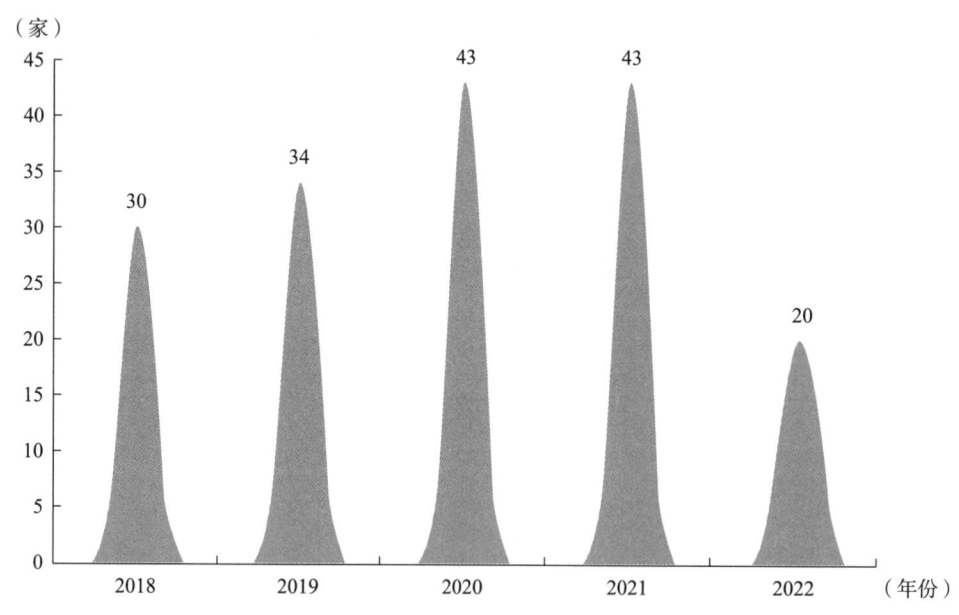

图 6-1-7　2018—2022 年千亿房企数量统计

数据来源：企业公告、CRIC、上海易居房地产研究院。

2022 年，房企目标完成率处于历史低位，公开披露目标的企业数量较往年显著减少，或是已经主动调降全年目标，TOP10 房企中 4 家公开披露全年业绩目标。在公开披露年度目标的规模上市房企中，仅有滨江、越秀两家房企达成全年业绩目标。多数企业截至 12 月末的目标完成率不足 90%，不少房企甚至不足 70%。且绝大多数企业的目标完成度大幅低于上年同期，部分企业目标完成度较上年同期的降幅大于 20 个百分点。

③集中趋势有所提升，头部房企更能抗压。

从本次测评结果来看，2022年TOP10、TOP50、TOP100、TOP200销售金额分别约占TOP500销售金额的37%、67%、80%、91%（见图6-1-8）。相较于2021年的30%、65%、83%、92%，TOP10和TOP50房企集中度有所上升，可见在市场变动之下，头部房企的抗压能力更强，中小房企面临的压力更大。

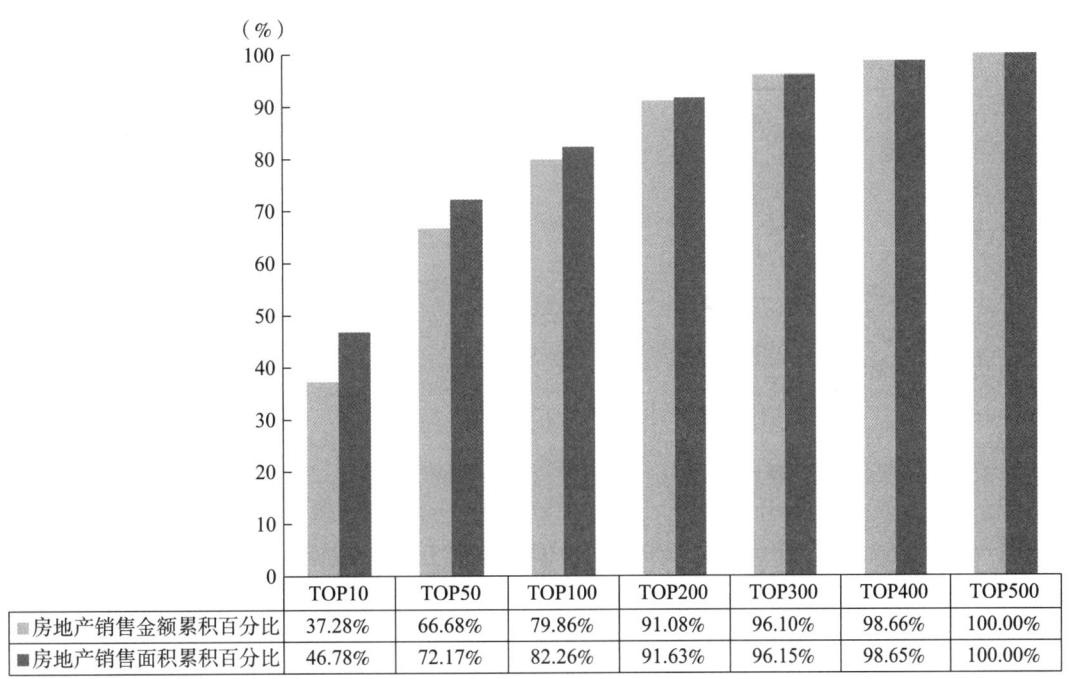

图6-1-8　2022年TOP500房企销售金额和销售面积累计百分比

数据来源：企业公告、CRIC、上海易居房地产研究院。

（3）风险管理分析。

①杠杆规模有所回升，房企偿债压力加大。

2022年，受宏观经济下行、疫情反弹及调控政策影响，房地产行业景气度持续下行。房地产行业融资端政策持续改善，但居民购房及贷款意愿疲弱，企业销售去化受阻，流动性承压，部分房企暴雷违约。同时也有不少企业通过稳健的财务运营、热点城市布局以及积极的推盘去化，表现出较强的抗周期韧性。为防范出现系统性风险，中央多次释放政策宽松信号，重点以支持房企合理融资需求、鼓励优质房企兼并收购出险房企项目以及防范化解房企流动性风险为主，信贷环境边际改善。11月，央行、银保监会、证监会等关于"地产行业三支箭"融资政策陆续落地，供给端政策利好集中释放。需求端部分城市限购限贷、首付比例等政策略有松绑，刺激需求释放。但政策传导及落地效果有待观察，房企实现现金流正常运转的关键仍在于自身造血能力恢复。

长期偿债能力方面，TOP500房企2022年资产负债率均值67.17%，较上年下降0.68个百分点；净负债率均值88.98%，较上年上升19.41个百分点（见图6-1-9），负债维持在高位。净负债率的回升主要由于房企融资环境遇冷，大部分企业再融资受到较大的影响，使得企业现金的降幅大大超过了总有息负债的降幅。短期偿债能力方面，2022年TOP500房企流动比率均值1.77，较上年下降0.11；速动比率均值0.82，较上年下降0.11，二者较上年均有小幅下滑。

从TOP500房企"三道红线"达标率来看，2022年前三季度剔除预收款后的资产负债率达标率为69.17%，达标率较上年提升6.67个百分点，是唯一达标率有所改善的指标。净负债率和现金短债比达标率则分别下降

5.83 和 2.50 个百分点（见图 6-1-10），体现出当前房地产行业流动性不足，在销售疲软、融资受阻下，更多房企偿债压力加大，核心财务指标恶化，从而无奈踩红线。

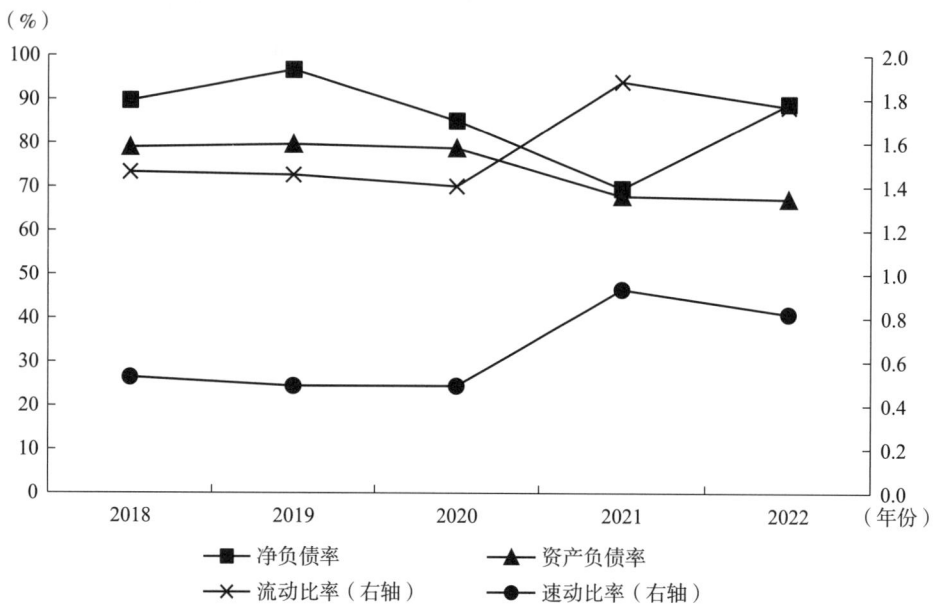

图 6-1-9　2018—2022 年 TOP500 房企偿债能力指标均值对比情况

数据来源：wind、企业年报。

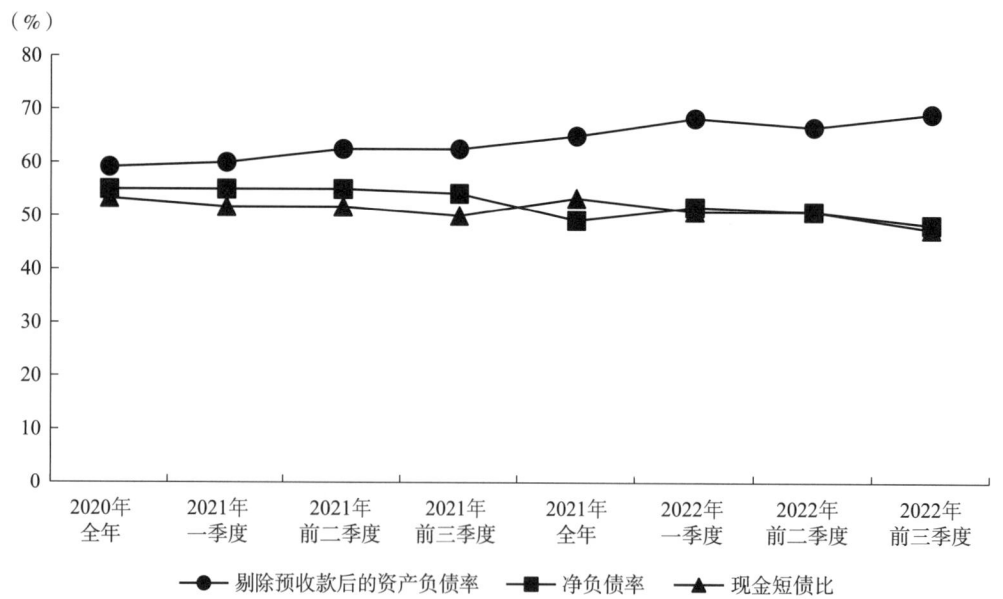

图 6-1-10　2020—2022 年 TOP500 "三道红线" 达标率变动对比

数据来源：wind、企业年报。

②到位资金总额回落，国内贷款占比提升。

国家统计局数据显示，2022 年，房地产开发企业到位资金 148979 亿元，同比下降 25.9%。从资金来源看，国内贷款 17388 亿元，同比下降 25.4%；利用外资 78 亿元，同比下降 27.1%；自筹资金 52940 亿元，同比下降 19.1%；定金及预收款 49289 亿元，同比下降 33.3%；个人按揭贷款 23815 亿元，同比下降

26.5%（见表6-1-4）。

2022年以来，中央各部委密集发声稳定房地产行业融资环境，重点支持房企合理融资需求、鼓励优质房企兼并收购出险房企项目以防范化解房企流动性风险，企业融资环境适度改善。但政策对应标的企业仅为个别优质房企，多数房企自身回血能力不足，企业到位资金压力较大。房地产开发企业到位资金同比大幅回落，反映出行业流动性仍然处于相对紧张的局面。其中，随着融资放松政策逐步取得成效，年内国内贷款和自筹资金占比较上年均有所提升；海外债券发行持续遇冷，利用外资累计同比持续下跌，利用外资金额占比下降；商品房销售金额大幅下滑，以定金及预收款和个人按揭贷款为主的其他资金同比大幅下滑，资金占比下降（见图6-1-11）。

表6-1-4　2021—2022年房地产开发企业资金来源及同比变化

项目	2022年（亿元）	2021年（亿元）	同比（%）
资金来源总额	148979	201132	-25.9
国内贷款	17388	23296	-25.4
利用外资	78	107	-27.1
企业自筹资金	52940	65428	-19.1
其他资金	78573	112301	-30.0
定金及预收款	49289	73946	-33.3
个人按揭贷款	23815	32388	-26.5

数据来源：国家统计局。

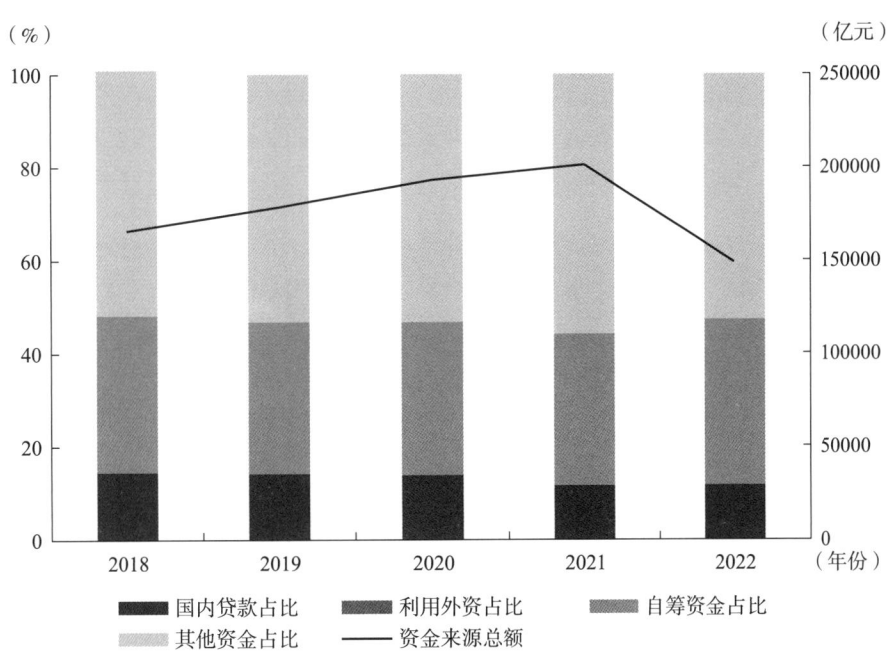

图6-1-11　2018—2022年全国房地产开发企业资金到位情况

数据来源：国家统计局。

③融资环境持续改善，龙头房企成本微降。

2022年房地产行业融资政策有所改善。1—2月，全国房地产政策基本延续2021年的审慎、维稳的态势，强调继续稳妥实施房地产金融审慎管理。3月起各部委频繁发声，重点支持房地产企业合理融资需求，防范化解房地产企业风险等，5月监管层释放重要信号支持民企融资，优质房地产企业的融资环境得到改善。但政策的信号意义仍大于实际拉动作用。叠加疫情影响等原因下销售疲软，市场信心难以回归，房企资金压力仍在加剧。

10月以来，为缓解房企资金压力，进一步提振行业信心，金融管理部门推出多项举措，涉及"保交楼"、预售监管资金、房企并购等多个方面，打出房地产金融"组合拳"，市场称为"三支箭"。"第一支箭"主要表现为管理部门鼓励金融机构增加对房企的信贷投放，并通过货币信贷政策工具为金融机构提供长期、成本适度的信贷资金。11月21日，人民银行在全国性商业银行信贷工作座谈会上表示，在前期推出的"保交楼"专项借款基础上，将面向6家商业银行推出2000亿元"保交楼"贷款支持计划，为商业银行提供零成本资金，以鼓励其支持"保交楼"工作。"第二支箭"主要表现为对房企发行债券提供支持，其中中债增进公司开具发债信用增进函是支持民营房企发债的重要举措，11月8日交易商协会发文表示"继续推进并扩大民营企业债券融资支持工具，支持包括房地产企业在内的民营企业发债融资"。"第三支箭"主要表现为恢复房企及涉房企业的股权融资功能，自11月28日证监会发文调整优化涉房企五项股权融资措施后，房企开始积极进行股权融资，已有保利发展、招商蛇口、华发股份等上市公司公告将进行定增或配股。随着一系列的政策出台，通过金融调控的发力，推动房企解决资金问题，部分国企、央企和少数优质民营房企率先受益，预计2023年房企融资渠道有望重新恢复，行业风险有望进一步缓释。

2022年TOP50房企融资总额7087亿元，较2021年下降32.76%（见图6-1-12）。分季度来看，2022年第一季度融资总额虽同比大幅下滑，但仍为年度融资高峰，主要由于每年年初是企业债券的到期高峰，叠加年初机构额度相对宽松，导致融资量相对较大；第二、第三季度在多家房企连续出现违约事件后，市场信心快速消退，房企融资总额连续下滑，第三季度为年内融资低谷；第四季度以来随着诸多融资利好政策出台和快速落地，政策大力支持优质房企发债融资，多家增信民营房企发债成功，因此年末房企融资总额小幅回升，尤其在12月，多维度的支持政策为行业融资打下发展基调。

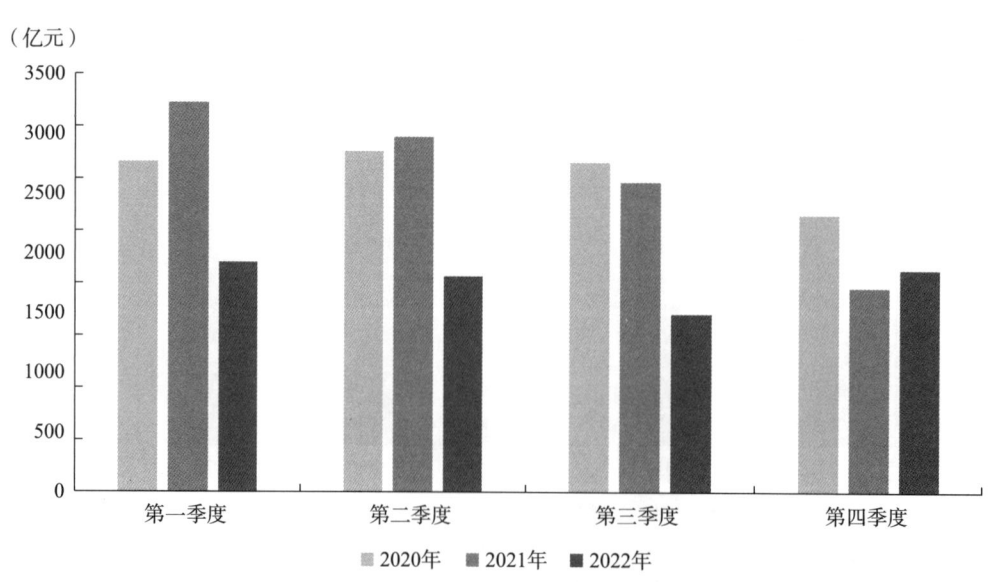

图 6-1-12　2020—2022 年 TOP50 房企季度融资额

数据来源：上海易居房地产研究院。

从融资结构来看，房企的信用危机影响境外资本市场的信心，随着境内融资渠道的回暖，多数房企转向寻求境内融资机会。2022年，TOP50房企境内债权融资5276.13亿元，同比上涨4.65%，融资量占比达到

74.45%，较上年上涨26.62个百分点（见图6-1-13）。境外债权融资总量为567.45亿元，同比下降77.67%，境外债权融资占比为8.01%，较上年下降16.10个百分点。2021年下半年以来，市场遇冷，行业流动性危机爆发，又加上房企美元债到期，资金压力下部分房企美元债开始出现违约，境内房企在境外债券市场信用崩盘，房企境外评级接连被下调，叠加偿债高峰，过去"借新还旧"的方式难以为继。受此影响，境外债券融资成本逐渐走高，且与境内成本之间的"剪刀差"越来越大，融资功能逐渐弱化，房企融资通道的重心转向境内。资产证券化融资额同比下滑62.82%至1042亿元，占比也下降11.89个百分点至14.72%，值得注意的是，自"三道红线"出台后，永续债也纳入负债监管，房企发行永续债热情消退，永续债发行占比持续下降，2022年更是没有新发行。

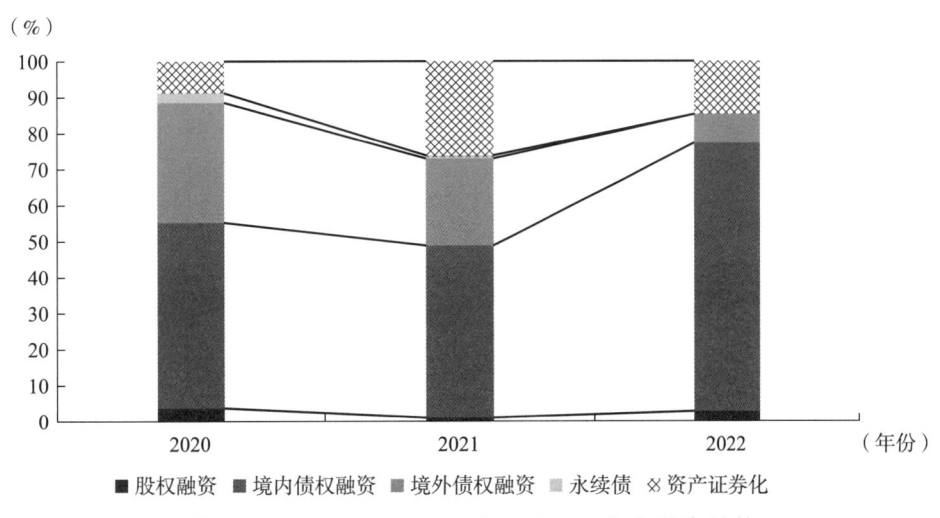

图6-1-13　2020—2022年TOP50房企融资结构

数据来源：上海易居房地产研究院。

从融资成本来看，2022年TOP50房企新增融资成本为3.75%，较2021年的4.23%下降0.48个百分点。除境外债券融资，其他融资成本均有所下降。具体来看，境内债券加权平均融资成本3.48%，较上年下降0.65个百分点；境外债券成本6.73%，较上年上升1.01个百分点；资产证券化成本3.38%，较上年下降0.59个百分点。融资成本的下降，一方面是因为境外融资规模大幅减少，融资成本较低的境内债权融资占比大幅提升；另一方面则是因为国企央企以及优质民企的发债规模占比继续提高，华润置地、万科、首开、招商蛇口、保利、中海等头部企业发行规模排名靠前，融资渠道通畅，从而带来整体融资成本出现结构性下降。

（4）盈利能力分析。

①营收利润增速转负，企业重视管理红利。

2022年，虽然房地产行业政策友好，地方政府"一城一策"支持房地产市场企稳，但房地产市场仍较为低迷，复苏力度较弱，房企盈利能力受到冲击，营业收入与利润规模双双呈现负增长，经营面临着严峻挑战。TOP500房地产开发企业营业收入均值112.85亿元，较上年下降41.43%。营业成本均值90.30亿元，较上年下降41.33%（见图6-1-14）。净利润均值3.31亿元，同比下降69.16%，现金及现金等价物余额均值72.92亿元，同比下降17.54%（见图6-1-15）。

房企利润空间收窄，主要有以下几个方面原因：第一，受结算周期影响，前期高价地结转的影响仍在持续传导，重点一线、二线城市的限价监管依旧严格，较高的地价房价比进一步压缩项目的利润空间，低利润项目结算较为集中；第二，市场下行房企承受较大去化压力，营销端口多采取打折促销的方式加速去化；第三，市场下行所带来投资物业、存货等账面价值缩水，也在冲击企业的盈利能力。

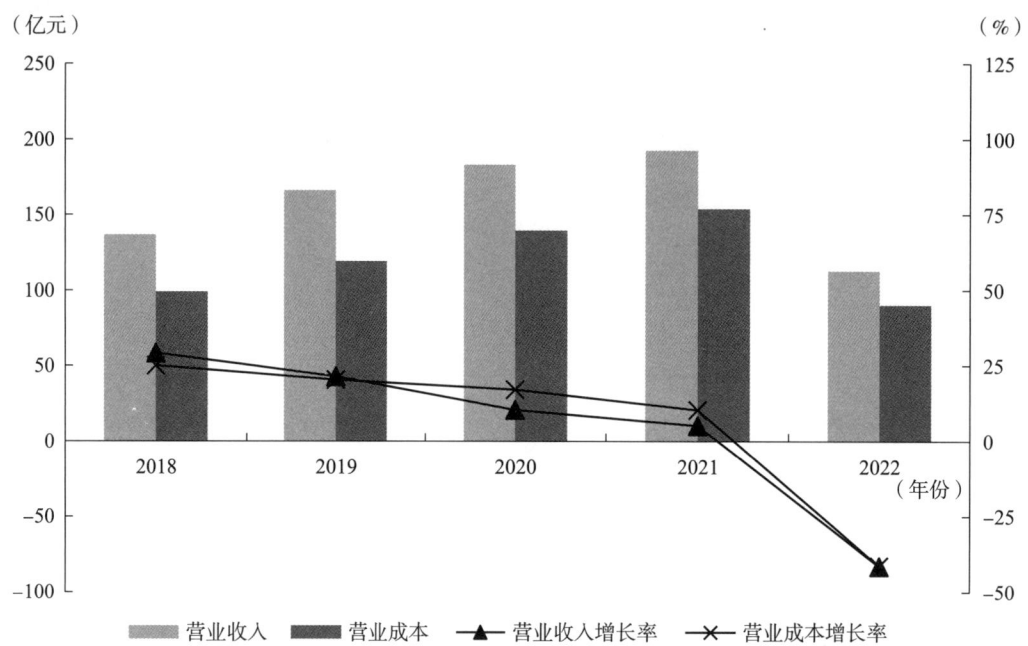

图 6-1-14　2018—2022 年 TOP500 房企营业收入与营业成本情况对比

数据来源：企业公告、wind、上海易居房地产研究院。

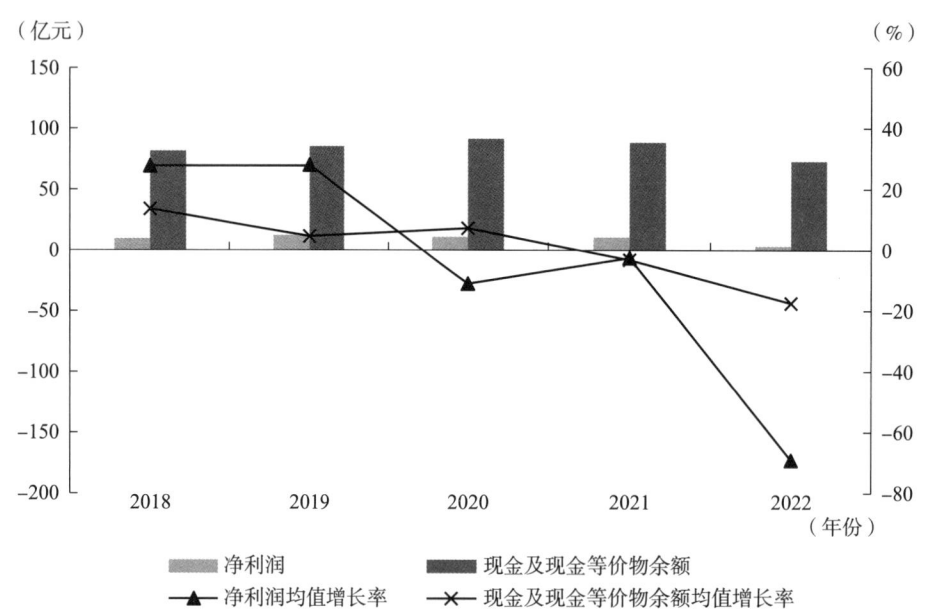

图 6-1-15　2018—2022 年 TOP500 房企绝对盈利能力指标均值变动情况

数据来源：企业公告、wind、上海易居房地产研究院。

2022 年，TOP500 房地产开发企业三费均值 12.78 亿元，其中销售费用均值 3.71 亿元，同比减少 10.17%；管理费用均值 4.28 亿元，同比减少 14.91%；财务费用均值 4.79 亿元，同比增长 9.86%。三费占营业收入的比重 12.78%（见图 6-1-16）。

2022 年房企销售规模大幅下滑，销售费用同步下降；房企对成本管控和内部组织优化管理效果显现，管理费用较上年同期大幅下降；行业下行企业融资难度增加，部分企业货款回笼不及时，资金流动性不足，需要借入资金，财务费用有所上涨。此外，规模优势仍存在，销售规模越高的企业往往三费比率越低。总体来看，房地产行业利润率向社会平均水平回归，提高管理效率，向管理要利润已经不可避免。

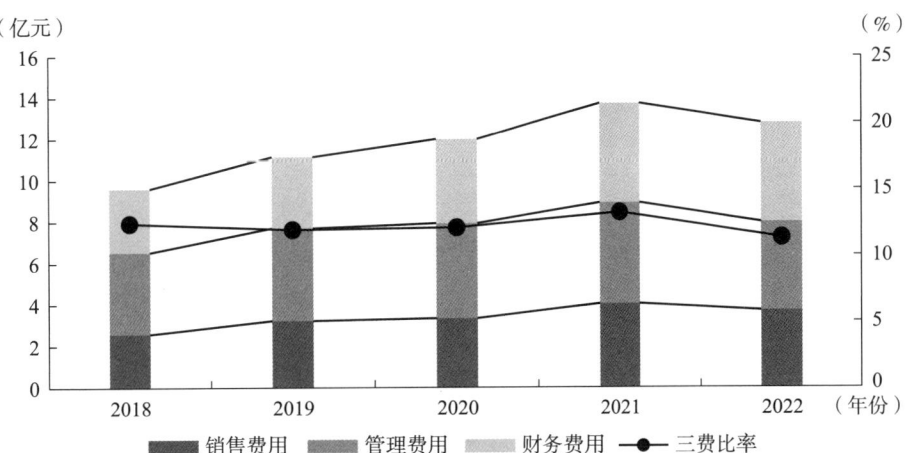

图 6-1-16　2018—2022 年 TOP500 房企三费比率均值变动情况

数据来源：企业公告、wind、上海易居房地产研究院。

②行业利率持续筑底，盈利能力继续下滑。

2022 年，TOP500 房地产开发企业总资产收益率均值 0.76%，较上年下降 0.02 个百分点；净资产收益率均值 3.74%，较上年下降 0.15 个百分点；成本费用利润率均值 5.74%，较上年下降 4.10 个百分点（见图 6-1-17）。

2022 年 TOP500 房企盈利能力相对指标均同比下滑：受供给端房企信用危机、交付危机与需求端购买力下降、预期转弱影响，房企净利润大幅下滑，总资产规模也出现负增长，TOP500 房企总资产收益率大幅下降；从净资产收益率构成来看（见图 6-1-18），受市场情绪持续低迷、资产减值及新冠疫情等因素影响，2022 年度结转的开发项目利润率下降，TOP500 房企的销售净利率下滑，去化遇阻使得总资产周转率下滑，现金回流不畅房企资金压力加大，房企杠杆率回升权益乘数有所增长，三个指标共同作用下，净资产收益率仅有小幅下滑；受利润总额大幅下滑的影响，行业整体成本费用利润率继续下降。

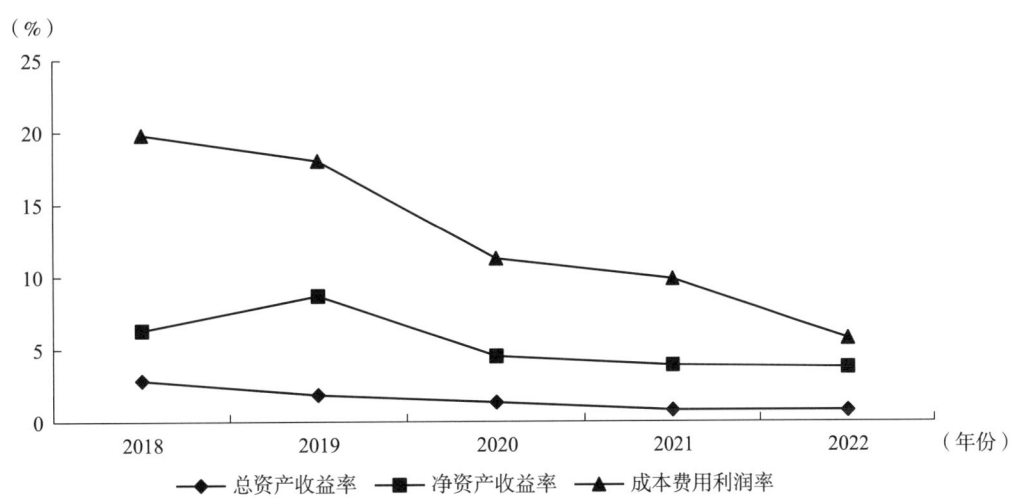

图 6-1-17　2018—2022 年 TOP500 房企相对盈利能力指标均值变动情况

数据来源：企业公告、wind、上海易居房地产研究院。

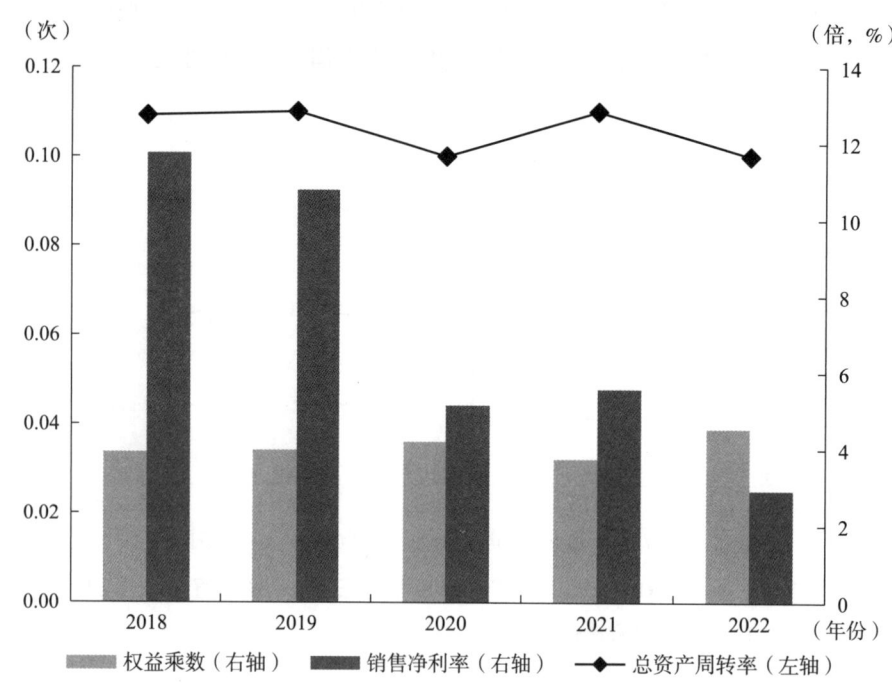

图 6-1-18　2018—2022 年 TOP500 房企净资产收益率影响因素变动情况

数据来源：企业公告、wind、上海易居房地产研究院。

③行业内部有所分化，龙头房企相对稳健。

此次测评将 TOP10、TOP30、TOP50 房企按各类指标进行计算，用以研究不同位次房企在盈利能力方面的特点。

在营业收入方面，TOP10 房企表现强劲。2022 年，TOP10 房企营业收入均值最高，达 2535 亿元，同比下降 8.15%；TOP30 房企，营业收入均值 1403 亿元，同比下降 11.42%；TOP50 房企营业收入均值与上年基本持平。总体看来，TOP30 房企营业收入降幅较大，其中中大型房企上年度营收基数较高，受 2022 年行业下行影响，房地产业务结算遇阻，营业收入降幅明显。

各梯度房企净利润降幅远远大于营业收入降幅。TOP10 房企净利润 185 亿元，净利润均值较 2021 年下降 29.10%；TOP30 房企净利润均值约 94 亿元，较 2021 年下降 27.75%；TOP50 房企净利润均值约 74 亿元，较上年下降 16.25%（见图 6-1-19）。

将 TOP50 房企的绝对盈利能力数据与 TOP500 房企相比较，TOP50 房企各项指标优于 TOP500 房企，表明中小企业业绩疲弱，增长乏力。

2022 年房地产市场持续调整，房企相对盈利能力指标较上年明显下滑。TOP10 房企在各指标上均占据优势，规模效应显现。净资产收益率方面，TOP10 房企均值最高，约 4.15%，TOP30 房企略低于 TOP10 房企，TOP50 房企最低，约 3.15%。总资产收益率方面，各位次房企均值相差较小。成本费用利润率方面，TOP10 房企表现最优，TOP50 房企均值最低，各位次房企均值较上年均有明显下降（见图 6-1-20）。

将 TOP50 房企与 TOP500 房企进行对比，头部企业在相对盈利能力方面更具优势，行业内部分化趋势明显。

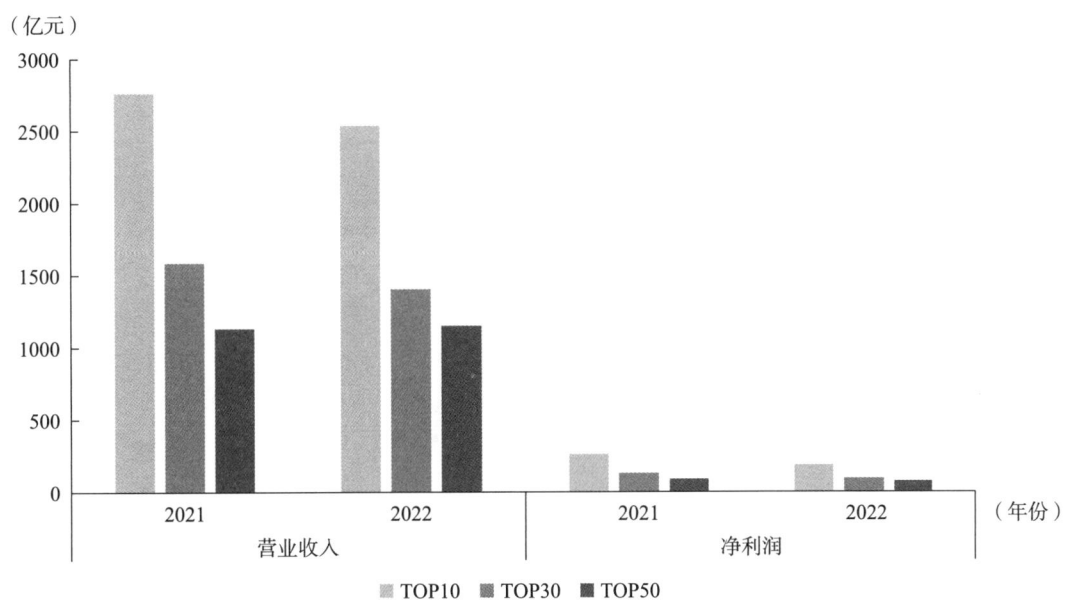

图 6-1-19　2021—2022 年头部房企绝对盈利能力指标均值情况对比

数据来源：企业公告、wind、上海易居房地产研究院。

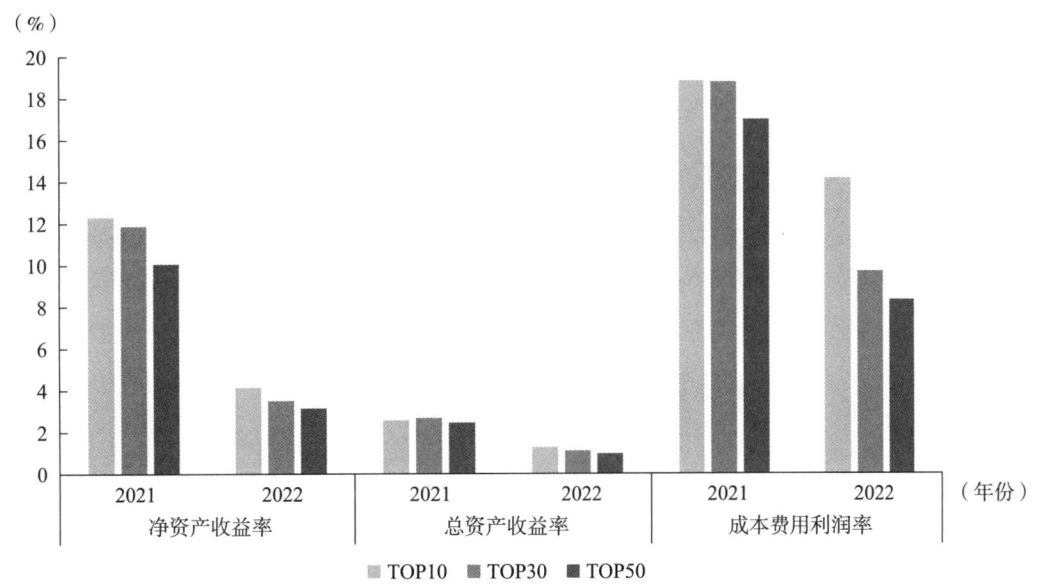

图 6-1-20　2021—2022 年头部房企相对盈利能力指标均值情况对比

数据来源：企业公告、wind、上海易居房地产研究院。

（5）成长潜力分析。

①销售同比大幅下滑，企业分化格局延续。

2022 年，TOP500 房地产企业销售面积同比下降 50.72%，首次出现负增长；销售金额同比下降 44.41%，连续两年增长率为负，营业利润同比下降 43.61%，连续三年增长率为负。净资产同比下降 0.08%，首次出现负增长（见图 6-1-21）。2022 年行业销售大幅回落，房企利润快速下滑，业绩增长阻力较大。

从龙头企业表现来看，TOP10 房企销售同比均有所下滑，多数规模房企深陷负增长困局。其中民企销售额降幅高于央国企，碧桂园、龙湖销售额降幅均高于 30%，相比之下保利、招商蛇口、华润、绿城等央国企销售

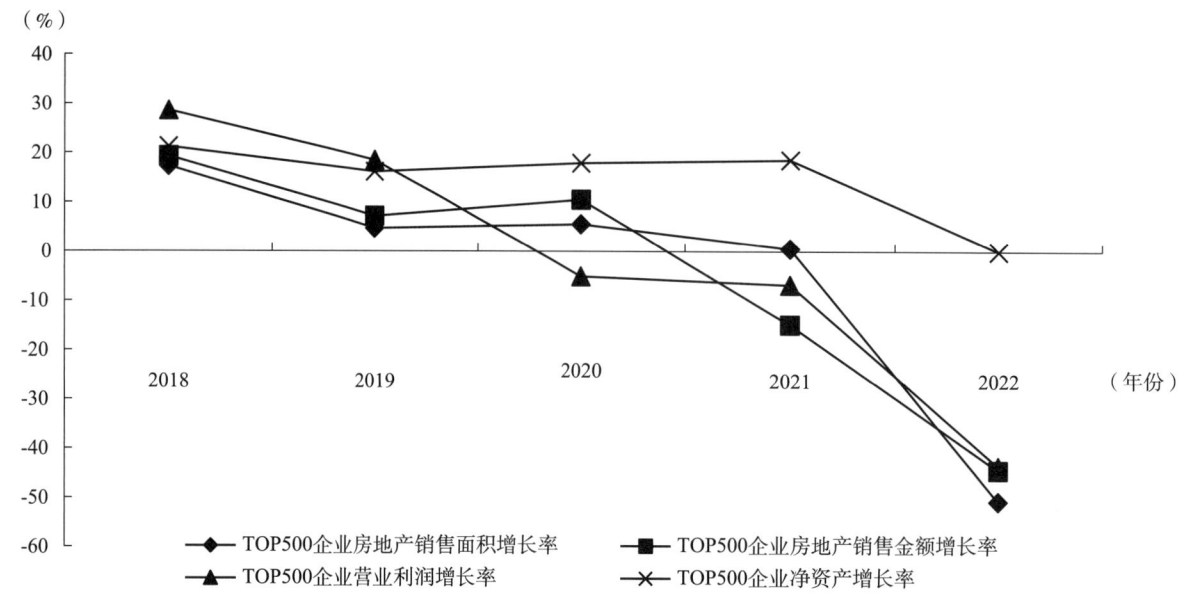

图 6-1-21　2018—2022 年 TOP500 房企业绩增长性指标变化情况

数据来源：CRIC、wind。

金额同比降幅均在 15% 以内，华润同比降幅最小，仅为 4.58%（见图 6-1-22）。部分央国企凭借其自身资金、布局和运营优势，同时强化产品力和保交付，在本轮行业下行调整周期中表现相对稳健。

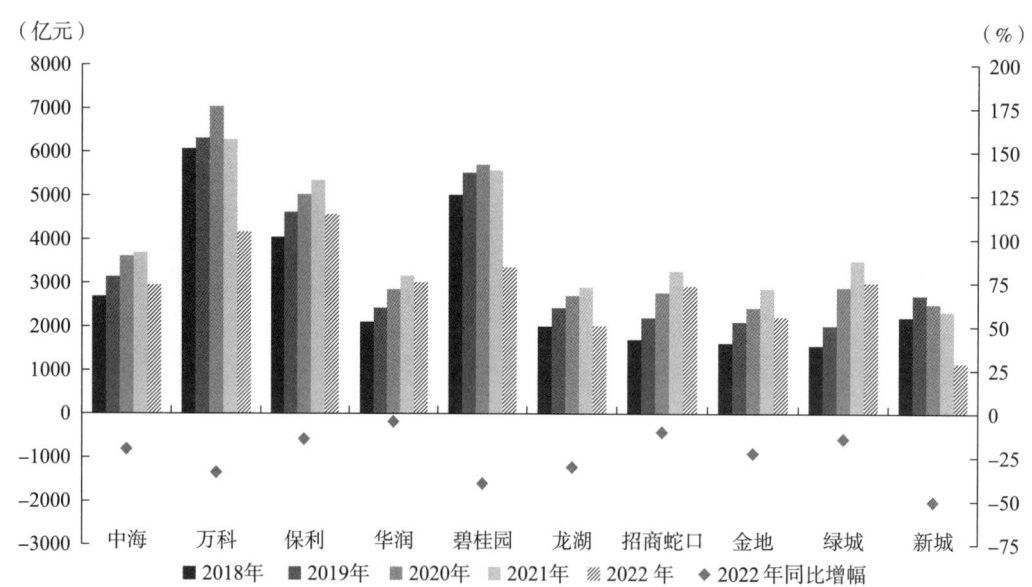

图 6-1-22　2018—2022 年 TOP10 房企销售金额

数据来源：公开资料。

为了更加细致地了解各个企业的发展状况，本次测评将 TOP500 开发企业按成长类型分成 4 类：销售金额大且增速较快的企业归类为快速成长型，销售金额大但增速较为缓慢或出现销售下滑的企业归类为平稳发展型，销售金额小而增速较快的企业归类为追赶成长型，销售金额小且增速较低或增速为负的企业归类为滞后发展型。

数据显示，滞后发展型的房企的比例最大，达到 82.56%，较上年增长 21.53 个百分点。追赶成长型房企占比 2.49%，较上年下降 13.32 个百分点。2022 年房地产市场深度调整，市场信心偏弱，房企成长空间受到普遍限制；平稳发展型房企占比 14.59%，较上年上涨 2.09 个百分点；快速成长型房企占比 0.36%，较上年下降

10.03个百分点（见图6-1-23）。平稳发展型主要以国企央企为主，该类型房企在融资成本和项目回款方面具有优势，投资风格偏向于稳健。

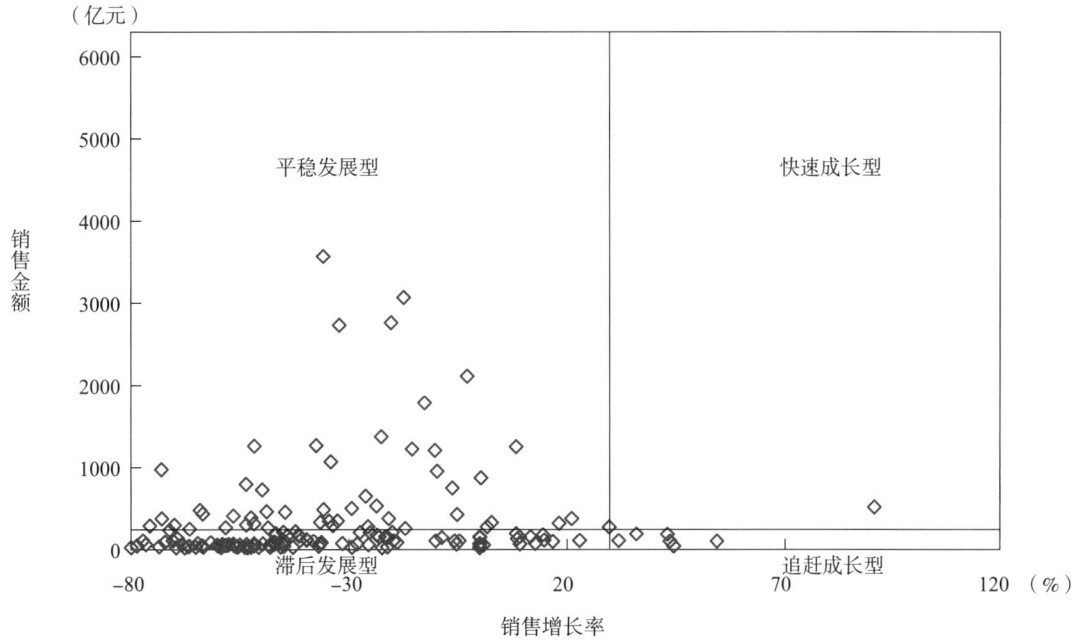

图6-1-23　2022年TOP500房企成长分类

数据来源：CRIC。

②拿地金额收缩显著，国资托底态势明显。

2022年，全国400个市县土地成交金额46294亿元，同比下降32.13%，连续两年下跌（见图6-1-24）。分能级来看，受市场大环境遇冷，各能级城市土地成交面积均不及上年同期水平，一线城市成交金额同比下降18.76%，降幅相对较小，二线和三、四、五线城市成交金额分别同比下降35.39%和33.26%。从土地成交各能级城市分布情况看，2022年房企拿地更加偏好高能级城市，一线城市占比提升3%；二线和三、四、五线城市拿地金额占比有所下降（见图6-1-25）。

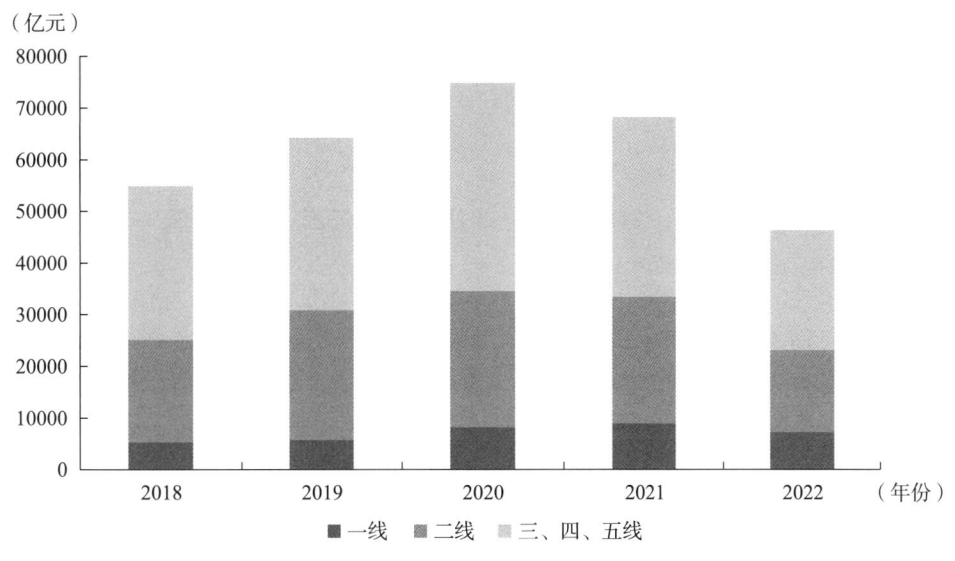

图6-1-24　2018—2022年全国400个市县土地成交金额

数据来源：CRIC。

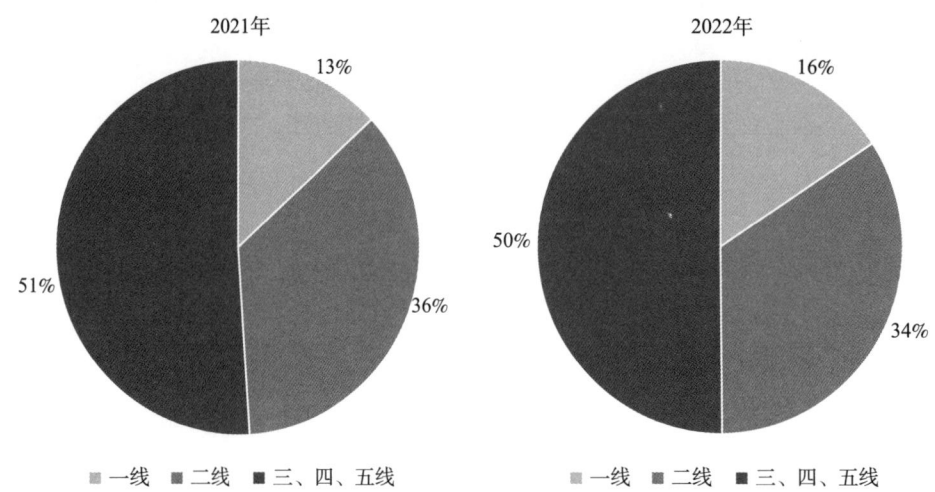

图 6-1-25　2021 年、2022 年全国土地成交各能级城市分布情况（按金额）

数据来源：CRIC。

2022 年，房企整体投资弥漫在无序、谨慎、收敛的氛围当中，拿地金额大幅收缩。TOP30 房企新增拿地金额 9516 亿元，同比下降 58.73%，处于 5 年来最低水平（见图 6-1-26），有超过四成的房企暂停拿地。从不同类型的房企表现来看，保利、华润、招商蛇口等大型国企拿地金额靠前，地方国企中，建发、华发等房企在深耕城市保持较为积极的拿地态度，民企虽然集体隐身，但滨江、龙湖等优质房企表现突出，滨江 2022 年拿地金额 785.2 亿元，同比增加 22%，布局几乎全部位于杭州。

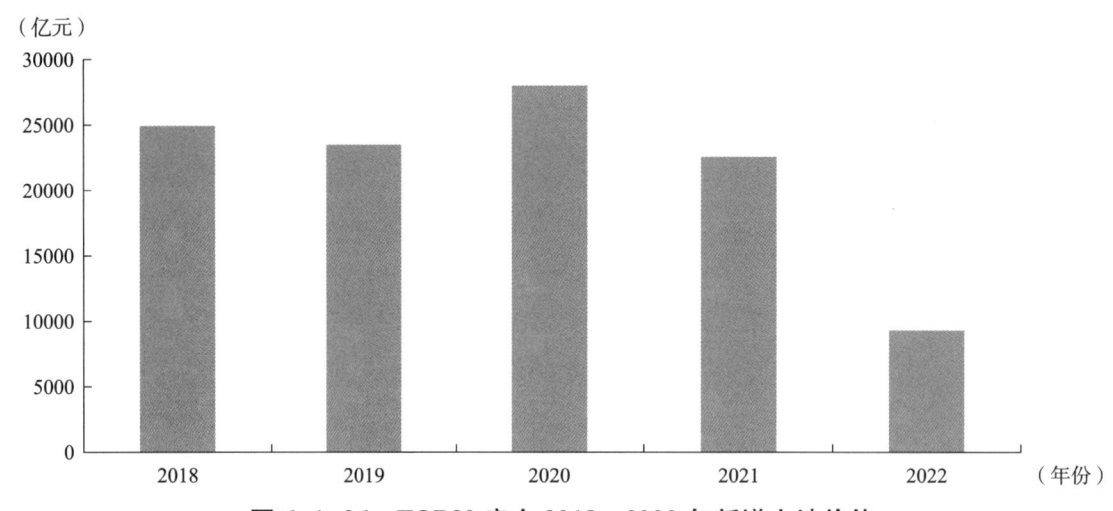

图 6-1-26　TOP30 房企 2018—2022 年新增土地价值

数据来源：CRIC、上海易居房地产研究院。

2022 年，房企资金依旧承压、楼市依然下行等多重因素影响，房企参拍热情持续下行，民企投资保持低位，国企央企投资意愿相对更强，城投公司"托底"现象明显。具体到房企，保利、华润、招商蛇口全国拿地金额排名前三位，且均为央企。拿地最多的 10 家房企中，7 家为国企央企，国企央企占据较大优势（见图 6-1-27）。民企中拿地较多的龙湖、绿城、滨江等都是口碑出众的品质型房企。

VI. 企业篇

一、2022—2023年度房地产开发企业测评榜及分析

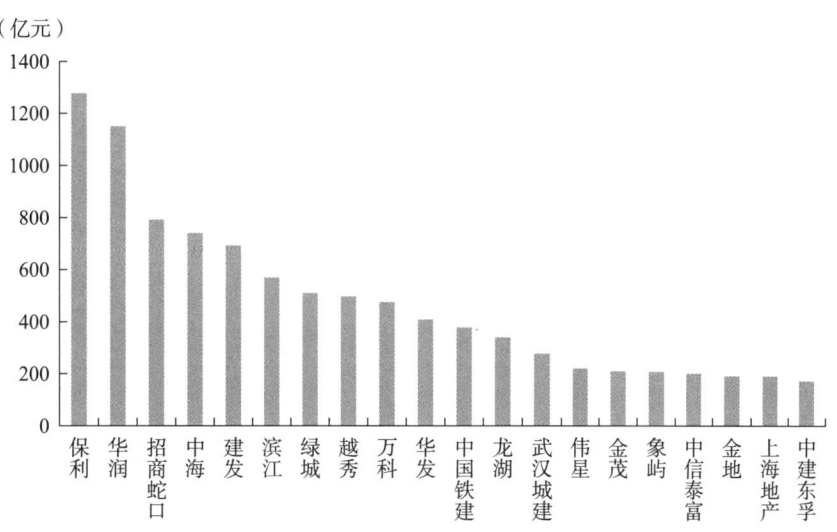

图 6-1-27　2022 年拿地金额前 20 房企

数据来源：CRIC。

2022 年，投资低迷情绪贯穿全年，重点城市集中供地虽在延续，但热度逐轮走低，除部分特别优质的地块以外，底价成交、城投托底成为常态，房企投资意愿降至 5 年以来最低点。虽然 2022 年整体投资态度非常谨慎，拿地积极性较低，但仍有部分房企在土地小年中表现相对积极：一方面是大型央企，如保利、华润、招商和中海等，投销比都在 0.3 以上；另一方面，民企虽然集体隐身，但滨江、伟星等区域型房企表现突出，滨江 2022 年投销比达到 0.59；地方国企中，建发、越秀、华发、国贸等房企在深耕城市保持较为积极的拿地态度。

具体到 TOP30 房企的投销比情况，2022 年，投销比平均值为 0.25，较 2021 年下降 0.05（见图 6-1-28）。其中，投销比超过 0.4 的房企有 8 家，占比约为 26.67%。

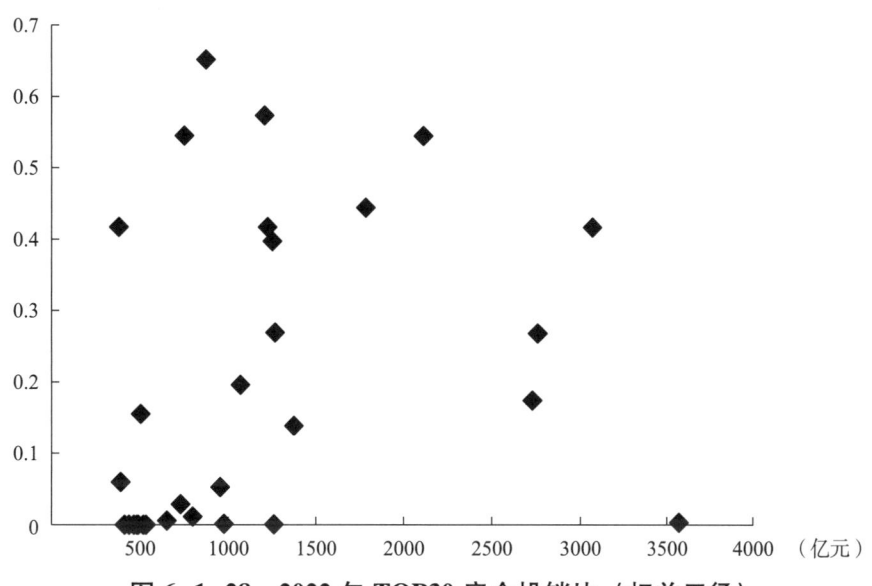

图 6-1-28　2022 年 TOP30 房企投销比（权益口径）

数据来源：CRIC、上海易居房地产研究院。

③政策推动项目并购，央企国企渐成主力。

2022年房企销售端显著下行，叠加偿债高峰的来临，部分房企信用风险加速暴露，出售资产意愿增强，监管层也希望房企通过市场化并购方式来缓解流动性风险，这既能推动行业风险出清、促进良性循环，又能维护住房消费者的合法权益。为营造良好的并购融资环境，2022年监管层密集发声支持房企合理的并购重组融资需求。上半年，政策层面明确金融支持出险房企项目"收并购"，鼓励金融机构稳妥有序开展并购贷款业务，对房企收并购起到正面推动作用，下半年，主要以AMC机构为优质项目提供纾困基金等方式推进保交楼，化解房地产行业金融风险（见表6-1-5）。

表6-1-5　2022年监管层防范房地产市场风险政策汇总

时间	监管部门	主要内容
2022年3月	银保监会	鼓励机构稳妥有序开展并购贷款，重点支持优质房企兼并收购困难房企优质项目，促进房地产业良性循环和健康发展
2022年4月	央行、银保监会	金融机构要按照市场化、法治化原则，做好重点房地产企业风险处置项目并购的金融服务
2022年6月	发展改革委	支持民营企业通过产权交易、并购重组等方式盘活自身资产，鼓励回收资金用于新的项目建设
2022年7月	发展改革委	印发《关于进一步完善政策环境加大力度支持民间投资发展的意见》，通知提到，可通过产权规范交易、并购重组、不良资产收购处置、混合所有制改革、市场化债转股等方式盘活存量资产，加强存量资产优化整合
2022年8月	住房和城乡建设部、财政部	完善政策工具箱，通过政策性银行专项借款方式支持已售逾期难交付住宅项目建设交付
2022年9月	银保监会	房地产金融化泡沫化势头得到实质性扭转，坚持"房住不炒"定位，围绕"稳地价、稳房价、稳预期"目标，持续完善房地产金融管理长效机制。合理满足房地产市场融资需求，稳妥处置恒大等部分头部房企风险
2022年10月	央行、外汇局	人民银行党委、外汇局党组召开扩大会议，强调要更好满足居民的刚性和改善性住房需求，加大力度助推"保交楼、稳民生"工作
2022年10月	国务院	国务院关于金融工作情况的报告28日提请十三届全国人大常委会第三十七次会议审议，提出妥善化解房地产金融风险，要推动房地产企业风险处置，做好金融支持保交楼工作。引导金融机构支持房地产业合理投资需求，校正过度避险行为，推动个人住房贷款利率下行，更好满足刚性和改善性住房需求
2022年11月	央行、银保监会	出台十六条措施支持房地产市场平稳健康发展
2022年11月	央行	至2023年3月31日前，央行将向商业银行提供2000亿元免息再贷款
2022年11月	银保监会	银保监会要求六大行靠前对接专项借款安排，着力推动"保交楼"项目配套融资
2022年12月	央行	引导金融机构支持房地产行业重组并购，推动防范化解优质头部房企风险，改善头部房企资产负债状况

数据来源：wind、上海易居房地产研究院。

上半年行业收并购规模相对较大，参与市场收购的主力以国企、央企为主，优质民营房企在并购市场获得更多金融端支持和信贷额度之后，收购活动也愈加频繁，外资及部分港资也在积极寻找内地房地产市场机会，收购土地和资产。wind数据显示，2022年第二季度，房企并购金额及数量出现大幅反弹，并购金额达到年内最高，超上年同期水平。下半年，多数房企并购态度偏谨慎，尽管并购金融政策暖风频出，市场也存在较多项目收并购机会，但在资金面尚未回暖的状态下，收并购的规模有限（见图6-1-29）。

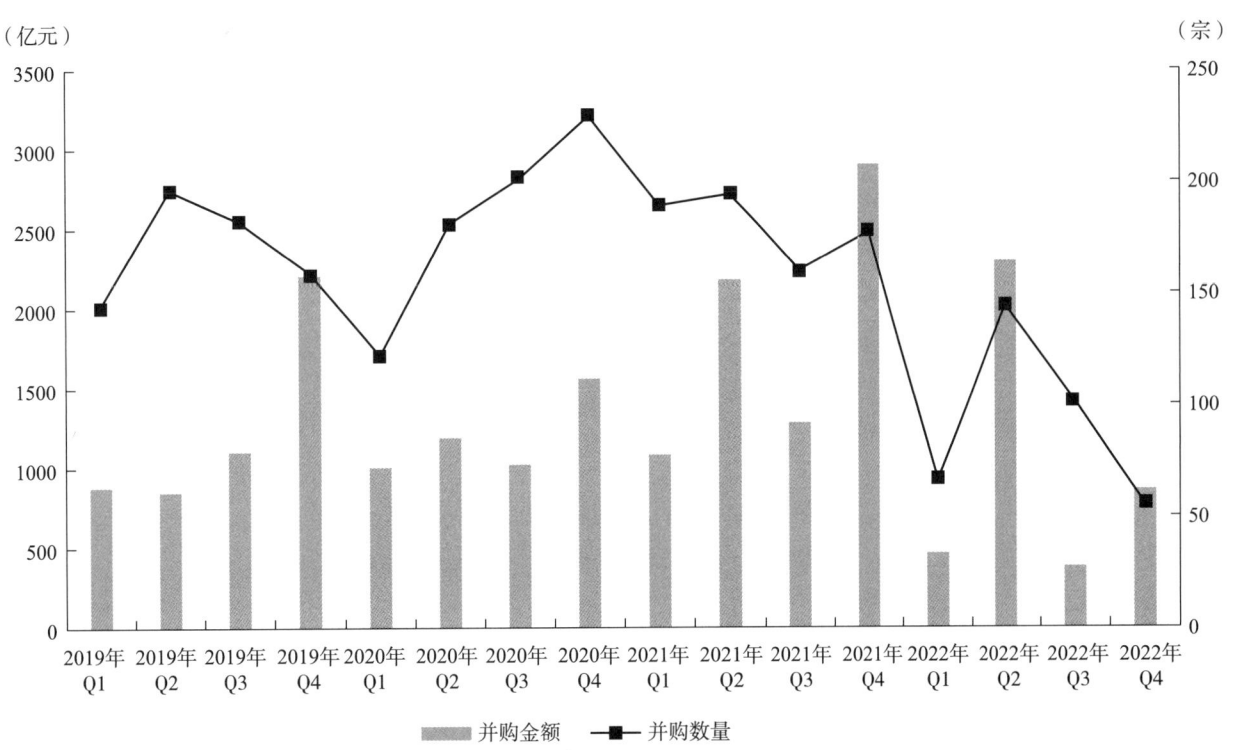

图6-1-29　2019—2022年各季度房企并购变动情况

数据来源：wind。

自监管层鼓励优质企业加大对出险房企的项目收并购后，收并购合作方的项目成为2022年并购主线之一，例如美的置业收购武汉美的雅居乐云筑、中国海外发展收购雅居乐和世茂广州亚运城股权、龙光出售广州项目给中铁建等均是接盘合作方的案例。优质房企并购合作方房企项目，一方面，由于项目的合作方迫于环境形势不得不退出，这也造成剩下的企业被动接盘项目；另一方面，收购方对于此前有合作的企业更加熟悉，可以获取更加准确的项目数据，如表外负债、未来去化预估等，在降低风险的同时，也能缩短尽职调查周期。2023年自"第三支箭"落地以来，出险房企积极利用定增红利筹资自救，稳健型房企着力并购优质资产，房地产行业并购重组或将进一步加速。

（6）运营绩效分析。

①运营指标整体微降，国企走出独立行情。

2022年TOP500房地产开发企业存货周转率均值0.12，较2021年减少0.01；流动资产周转率均值0.14，较2021年减少0.01；总资产周转率均值0.10，较2021年减少0.01（见图6-1-30）。从三大运营指标均值看，总体数据有所下降。

2019—2022年房地产企业周转效率整体呈现先下降再上升，后又下降的趋势。2020年受疫情影响房企销售额下降，出于对市场的积极预判，房企仍保持着较高的拿地热情，但是营收已经出现下滑，最终使得2020年存货周转率和总资产周转率指标均出现下滑。进入2021年，房企减少拿地投资，加大项目的建设和推盘力度，使得周转率指标均出现上涨。2022年由于上半年疫情多点散发，房企销售受阻操盘销售金额同比下滑，项目的建设进度延迟，最终使得周转率指标均同比转跌。2022年，典型房企中有62.75%的企业存货周转率同比下滑，部分房企存货周转速度较慢，29.41%的企业存货周转率不足0.1次/年。

2022年，万科、保利、金地、绿城、金茂、中海、华发、远洋等国资背景的房地产公司存货周转率表现好于上年同期，主要原因在于2021年以来，房企债务违约事件多次发生，国资背景房企在融资和销售上信誉较

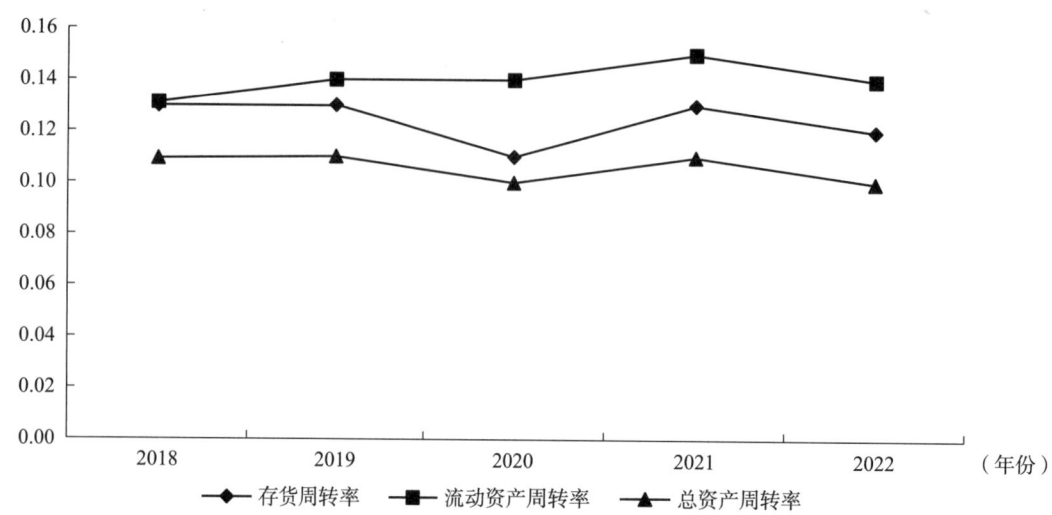

图 6-1-30　2018—2022 年 TOP500 房企运营效率指标变动情况

数据来源：CRIC、企业公告。

好，使得房屋交付和房屋建设方面正常运行，最终走出独立行情。

分梯队来看，2022 年，TOP11~30 梯度的房企存货周转率、流动资产周转率和总资产周转率均值均为最高，原因在于 TOP11~30 在销售下滑和融资受阻双重压力之下，更需要提高周转速度，促进销售，提升回款的能力，以保证稳定的现金流。排名靠前的头部房企，多有国资背景或为优秀民营房企，资金端承压相对较小，2022 年在土地市场积极拿地，增加优质存货，周转率相对较低。TOP31~50 梯度的房企周转率均值最低，主要原因为去化速度的大幅下降（见图 6-1-31）。

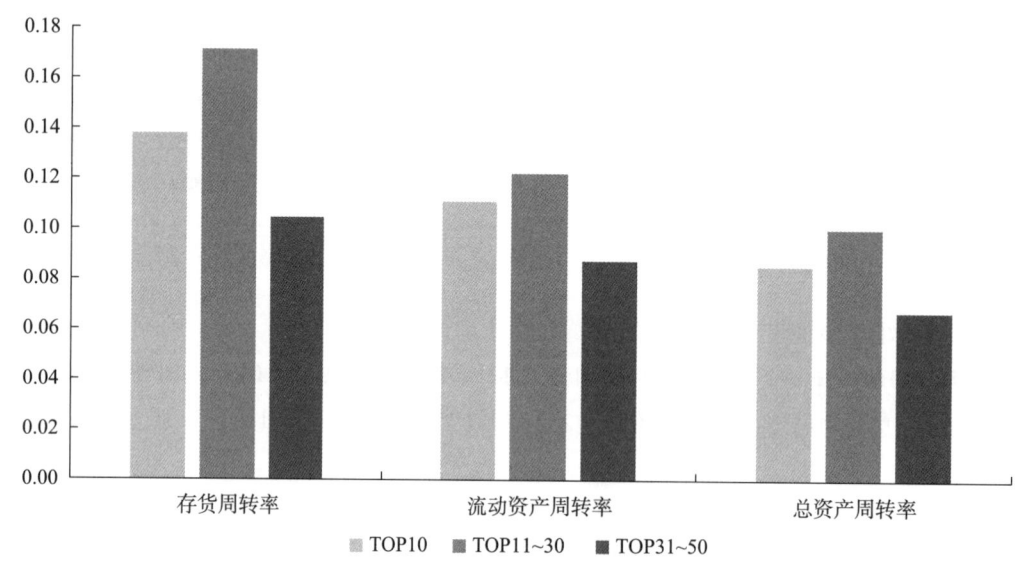

图 6-1-31　2022 年各梯队房企三大运营指标均值对比情况图

数据来源：CRIC。

②库存规模小幅减少，开工竣工十年新低。

2022 年，TOP500 房企平均存货货值 483.69 亿元，同比减少 4.93%，TOP500 房企整体存货货值均值规模近五年首次负增长（见图 6-1-32）。在严控负债的大环境之下，房企拿地十分谨慎，部分房企甚至零新增，多数企业选择开源节流，加速销售去化和项目结转，房企平均存货规模有所收缩。

VI. 企业篇

一、2022—2023年度房地产开发企业测评榜及分析

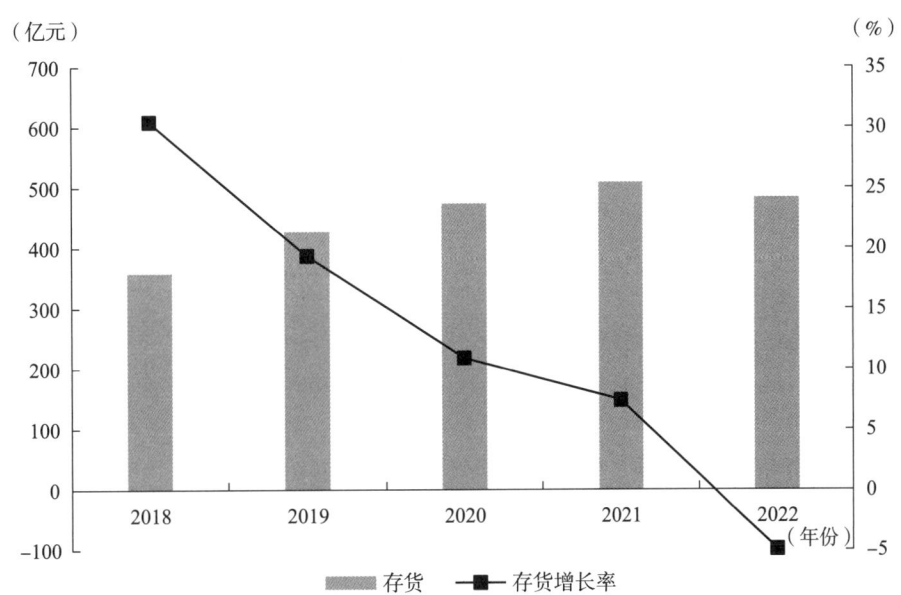

图 6-1-32　2018—2022 年 TOP500 房企存货均值变动情况图

数据来源：CRIC，wind。

2022年，全国房屋新开工面积12.06亿平方米，同比下降39.4%，房屋竣工面积8.62亿平方米，同比下降15.0%，全年新开工及竣工量创十年来最低值。新开工面积下降主要原因是房企受到资金端的压力影响，拿地谨慎、减少投资。竣工数据下降一方面由于部分房企根据项目销售和现金流投资节奏，主动对部分项目采取停缓工的策略，另一方面，疫情使得部分项目实质性停工，因此竣工节奏明显放缓。在"保交楼"资金推动下，2022年年末房屋竣工数据有小幅改善，12月单月竣工面积同比降幅大幅收窄（见图6-1-33）。

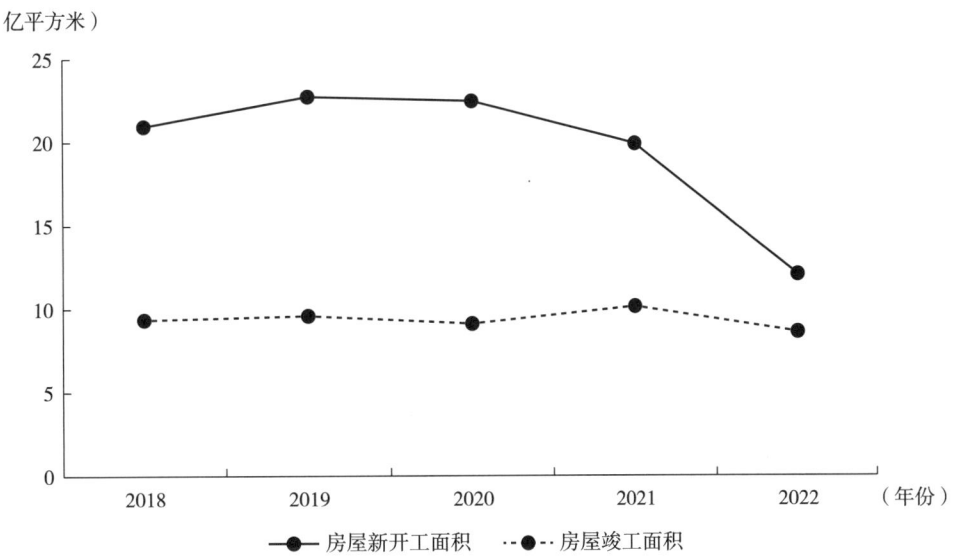

图 6-1-33　2018—2022 年全国房屋新开工面积与房屋竣工面积走势图

数据来源：国家统计局。

③调整架构精细管理，组织合并减员增效。

随着房地产行业进入管理红利时代，房地产市场发展逻辑发生了根本性变化。房地产市场高速增长阶段已经结束，消费属性与民生属性将进一步加强。虽高毛利红利不再，但市场的基本需求和合理的利润空间依然存

在,稳健经营的企业被推到了舞台中央。未来能够与时俱进、根据市场转变自身经营的房企,将获得下一阶段的良好发展。2022年,为适应新环境、布局新战略、提高执行效率,多家房企进行企业组织架构调整,通过区域整合和人事换防,以适应组织和市场的发展(见表6-1-6)。

表6-1-6 2022年典型房企组织架构调整主要内容

房企简称	调整方向
建发	五大区域整合为三大集群
建业	五级管理变三级管理
融创	两次组织架构的调整,七大区域调整为九大区域,新成立三个中心
中海	区域合并,华北区域整合北方区域,西方区域吞并华北区域和华南区域旗下多家城市公司,成立新的中西方区域公司
金地	注重对于城市公司的调整,强化对区域的深耕,加强城市的竞争力
世茂	以项目为中心整合区域公司资源,精细管理、提高效能
新城	集团及各事业部总部的组织升级

数据来源:公开资料。

房地产行业面临全新的发展模式,企业关注的重点也从追求规模发展速度转移到更高效、更有质量的满足产品需求上来。这也对所有房地产组织和房地产从业人员提出挑战,未来行业的良性循环将建立在信用重建、效率提升、组织价值重塑上。人员管理方面,wind数据显示,2022年TOP100房企中有半数企业员工总数同比减少,其中既有碧桂园、美的置业这类优质民营房企,同时也有正荣、禹洲等经营出现困难的企业。相比民营房企,具有央企国企背景的上市房企资金承压相对较小,部分实力较强的房企2022年员工总数在持续扩大,例如招商蛇口、华润、建发等。

在销售金额大幅下滑的行业大背景下,房企纷纷调整运营战略和组织机构,进行组织合并、减员增效。华宇集团认为,提升组织效率,组织一体化是未来的发展趋势,通过一人多岗、岗位合并,组织效率提升,员工也有机会学习到更多东西;卓越集团表示,精简的前提是要适配目前业务状态,要保证人员和架构精简对业务造成的干扰最小,人员需求下降,对经验要求比以前更强,对人才的复合能力要求更高。

(7)产品品质分析。

①保证交付严控质量,市场改善需求释放。

2022年,受宏观经济下行、新一轮疫情反弹以及前期调控政策对市场传导作用的滞后显现等因素影响,国内房地产市场景气度继续下行,市场各方信心疲软,行业进入转型阵痛阶段,不少房企面临生存压力。承压之下,各规模房企潜心修炼产品力内功,并将"保交付、保民生、保稳定"工作推至第一要务。"保交付"政策是面向全国市场的目标,也是挽救消费者信心的最有效方式之一。首先,"保交付"成为房企存活的命脉,是企业调整过渡阶段的重中之重;其次,房地产行业回归居住属性,在"保交付"的基础上,房企回归制造业,交付是房企产品从顶层设计到落地成果展现过程中的重要一环,是房企对项目设计的兑现、对施工质量落实把控、对业主服务的跟进。

房企在保证按时交付的同时,品质交付成为破局的关键,包括部分出险房企在内的典型房企已形成较为完善的交付体系,从风险管控、品质标准、过程管控、服务跟进等多个维度,形成一套覆盖交付前、中、后全周期的标准化动作流程。2022年,美的置业"橙意家"品牌从产品、工程、服务三大板块全面升级,强调"建造过程看得见,交付品质有保障",持续向客户传递看得见的美好生活。2022年5月,龙湖发布全新交付主张,提出"新居所""新家园""新生活"三大价值维度的龙湖智善交付体系。为保障项目的完美兑现,部分房企除将保交付的原则贯穿项目全开发周期,还将品质把控、风险管理与客户互通相结合。碧桂园项目自拿地开始即启动全周期质量管控体系,建设过程中全面细致的巡检体系,包括交叉巡检、专项检查、第三方抽检等,从不同角度、多个层面对项目质量把关。交付管控方面更为严格，项目首先要通过政府相关部门的验收，在交付前3个月，区域需按要求联合运营、客户关系等部门共同验收即将交付项目，最后还需通过集团聘请的第三方验收机构评估，在层层验收合格后，一个项目才能达到交付的标准（见表6-1-7）。

表6-1-7 典型房企全周期交付体系

房企名称	主要内容
美的置业	橙意交付体系：以4重精工标准，6大周期全维度服务体系，严控品质标准化，同时聚焦过程管控，研发了一系列工艺工法标准，从技术上有效提升工程内在品质和施工效率
龙湖	智善交付体系：以科技为驱动，把场景与生活高效串联、融合，以"新居所""新家园""新生活"3大价值维度，为业主提供全生命周期的服务
碧桂园	一整套以客户为中心从前端到后端全覆盖的闭环服务管理，以客户满意度为准绳，贯穿客户看房、购房、候房、收楼、入住每个阶段
融创中国	归心交付体系2.0：品质精工体系化、客户服务全维化、空间营造场景化、社区运营精细化、社群活动IF化、生活体验多元化
旭辉集团	悦心交付体系：注重品质主义、绿色主义、惊喜主义、完美主义，同时不断服务创新，交房交证、聆听行动、云交付，打造硬核交付力
远洋集团	远洋在线交付系统2.0：以数字化、智能化服务为业主提供省时、高效、智能、完善的交付体验；线下交付+云交付，场景多重选择，打破时间与空间的壁垒
世茂集团	世茂标准交付流程体系贯穿交付前、中、后全阶段。交付前"强预控、保品质"，涵盖工程、设计、客服、营销、物业多条线严格评估；交付中"强服务、重体验"，以一站式精心服务让用户住得安心；交付后"长运营、塑生态"，通过社群运营及大数据反哺产品迭代、延展情感链接
金科集团	制定"心悦交付白皮书"，制定一系列标准化服务，将交付周期拆解为交付前、交付中、交付后3个部分，共计123项标准化服务动作，并打造"9631"四个交付管控节点，保证交付前至交付后，业主都能有赏心悦目的体验和感知
中南置地	打造"美好立方"服务体系，打通"中南服务品牌文化墙—景观示范区—入户大堂—样板间—工艺工法展示区—地库"等场景，实现从产品建造流程、材质选择、规范管理、服务落地、到社区全触点展示
海伦堡	打造"3+2"悦享交付体系，主要由风控十步法、四大品质查验、两个交付活动三个抓手，以及客服经营系统、精工智建APF线上工程管理平台两大管理工具构成
禹洲集团	制订了全周期客户服务体系、客户关系专项计划、"美好交付"计划。如在施工阶段，将施工流程透明化，设立专门的工程工地开放日；在交付前，提前6个月进行1~3轮一户一验，从质量到观感，从装饰装修到隐蔽工程，以业主视角全程替业主把关房屋质量，并提供禹洲会线上预约交付办理、一站式交付办理流程。迭代"3+1"工程建设体系管控，持续提升安全管理水平

数据来源：企业公告、公开资料。

户型设计方面，克而瑞数据显示，2022年全国三房产品以55.2%的成交占比占据绝对主力，但相较于上年下滑近2.3个百分点；四房产品成交占比则加速攀升，较上年提升3.4个百分点至23.1%；五房及以上产品的成交占比持续小幅增长。成交面积段上，刚需类产品成交比重全线收缩，尤其是80~100平方米面积段的刚需产品，占比较2021年合计下降约2.7个百分点。改善类产品成交占比则全面上扬，其中140~160平方米面积段占比同比增长1.4个百分点，160~180平方米面积段占比同比增长0.7个百分点。改善型产品占比的加速扩大主要有三个方面原因：一是由于刚需客群的收入、消费受疫情的负面影响更大；二是疫情居家隔离、三胎放开等因素使得购房者对人居品质、功能方面提出更高要求，四房及以上产品对多孩家庭和办公、健身娱乐等功能需求都具有更好的适配性；三是由于购房资格限制、房屋置换成本和周期攀升等原因，一房、两房此类刚需房型功能性相对欠缺，缺乏"一步到位"的便利性。

小区规划方面，随着居住理念的不断更迭，人们越发重视与城市、自然的连接，在此背景下，越来越多的房企在住宅产品设计中融入"无界"理念，打破传统社区与城市、建筑与自然的界限，增强空间的流动性与连接性。例如通过打造人行天桥等立体步行系统，将商业外街、生活内街、轨道枢纽与社区联通，做到内外界资源共享。在建筑设计上，一些房企在立面设计上采用大面积玻璃，建筑外部视觉上与自然环境更加融合，实现景观资源最大化利用，同时还能增大住宅的采光面提升居住体验。此外，部分室内户型设计也采用无界理念，例如通过打造开放式厨房、开放式 X 空间等方式，消除空间界限，将不同功能区合理串联，提升居住高效性与舒适性。

物业服务方面，在产品同质化趋势及各地疫情不确定性的影响下，客户逐渐认识到物业服务的重要性。虽然地段、学位和配套的附加值仍然存在，但在住房回归居住属性的政策基调下，物业服务品质与产品品质绑定，房企努力提升产品力、服务和运营水平，提升老业主居住体验，立足长期主义打造口碑。当前物业管理服务已从最初的基础服务，逐渐延伸至为业主提供各类增值服务，围绕人的日常生活需求和全生命周期需求，探索出多样化的社区增值服务，挖掘巨大的多元生活服务潜能。在国家"十四五"规划有序开展之际，战略层面所关注的"美好生活""社会治理""共同富裕""双碳国策"等都与物业行业发展密切相关。为实现人们对"美好生活"的期待，绿城、仁恒、金茂等房企的高端产品均重视对从产品到社区的理念升级，以满足人民群众日益增长的美好生活需要，推动房地产行业高质量发展。

②建筑品质要求提升，绿色科技渗透产品。

建立健全绿色低碳循环发展经济体系，促进经济社会发展全面绿色转型，是解决资源环境生态问题的基础之策。2022 年，国家发展改革委、工业和信息化部、住房和城乡建设部等多部门印发支持绿色建筑行业的发展政策和指导意见。根据历史数据，建筑运行阶段的能耗占全国能源消费总量比重超过 20%，双碳背景下建筑物的节能减排势在必行。在国家"双碳"目标推动下，产品向绿色低碳化转型也已经成为未来最重要的发展趋势（见表 6-1-8）。

表 6-1-8 2022 年绿色建筑相关政策

颁布时间	颁布主体	政策名称	政策主要内容
2022 年 2 月	国家发展改革委、工业和信息化部、生态环境部、能源局	《高耗能行业重点领域节能降碳改造升级实施指南（2022 年版）》	提出要推动建筑行业能源消费结构逐步转向使用天然气等清洁能源，加大绿色能源使用比例，到 2025 年，建筑行业能效标杆水平以上的产能比例均达 30%，能效基准水平以下产能基本清零，行业节能降碳效果显著，绿色低碳发展能力大幅增强
2022 年 3 月	住房和城乡建设部	《"十四五"建筑节能与绿色建筑发展规划》	目标到 2025 年，城镇新建建筑全面执行绿色建筑标准，完成既有建筑节能改造面积 3.5 亿平方米以上，建设超低能耗、近零能耗建筑 0.5 亿平方米以上，装配式建筑占当年城镇新建建筑的比例达到 30%，全国新增建筑太阳能光伏装机容量 0.5 亿千瓦以上，地热能建筑应用面积 1 亿平方米以上，城镇建筑可再生能源替代率达到 8%，建筑能耗中电力消费比例超过 55%
2022 年 6 月	国家发展改革委、住房和城乡建设部	《城乡建设领域碳达峰实施方案》	持续开展绿色建筑创建行动，到 2025 年，城镇新建建筑全面执行绿色建筑标准，星级绿色建筑占比 30% 以上，新建政府投资公益性公共建筑和大型公共建筑全部达到一星级以上。制定完善绿色建筑、零碳建筑、绿色建造等标准。完善绿色建筑和绿色建材政府采购需求标准，在政府采购领域推广绿色建筑和绿色建材应用
2022 年 7 月	住房和城乡建设部	《建筑与市政工程施工质量控制通用规范》	明确项目的性能要求，规定建设工程项目建设水平的高低程度，明确项目质量、安全、节能、环保、宜居环境和可持续发展等方面应达到的基本水平，落实城乡建设安全、绿色、智慧、宜居等发展目标

数据来源：公开资料。

为指导"十四五"期间绿色建筑高质量发展，全国各地都在部署绿色建筑的发展规划，尤其在新建建筑和政府投资的建设项目中更加强调绿色建筑的占比。为提高建设绿色建筑的积极性，各地出台一系列绿色建筑激励政策，包括财政补贴、优先评奖、信贷金融支持、减免城市配套费用等。政策引导下"竞品质"成为多城土拍规则重点调整方向，"竞品质"土拍规则进一步提振绿建、装配式建筑、超低能耗建筑等细分领域需求。以北京的高标准商品住宅建设方案评审内容和评分标准为例，建筑品质评价总分100分，其中绿色建筑18分、装配式建筑20分、超低能耗建筑20分、健康建筑6分、宜居技术应用16分、管理模式20分。

具体到房企，保利发展在设计与建设过程中积极应用绿色节能、超低能耗技术等，更好解决建筑物能耗高、碳排放量大等问题，并积极将其应用于各类新建住宅产品，推动绿色建筑技术落地，各类绿色建筑认证项目数与面积数逐年增加。保利发展2022年上半年开工面积100%达到绿色建筑标准，其中绿色建筑一星及以上设计标准271万平方米，2016年至2022年6月末，公司完成认证的绿色建筑项目355个，认证面积6463万平方米。万科2022年上半年，新增满足绿色建筑一星及以上等级标准的房地产开发项目25个，新增绿色仓库三星认证项目16个，新增LEED铂金级认证2个。金地集团2022年上半年正式发布"G-WISE绿色健康住宅体系"，已在公司体系内全面开展应用，着力推进各区域、各项目采取绿色建筑设计并进行绿色建筑的申报。金地集团表示，未来公司将在客户价值、产品性能、新技术新材料、节能减排运维等方面，全方位引入绿色、健康理念，为客户提供具备国家绿色建筑星级评定及国际绿色健康体系认证的更优产品。

从当前房地产的新发展模式和高质量发展的角度来看，如何做出更好的绿色建筑产品，真正让住房产品满足当前的人居需求，是房企需要思考的内容，这样做既有较好的经济价值，也有较好的社会效益，是房企在新一轮竞争和改革中所要把握的重点内容。

③科技助力建造革新，体系升级强化保障。

在进行产品升级的房企中，科技化、数字化在产品端的赋能进一步深化，已覆盖房企决策、设计、创新、技术、管理、运营、服务等全业务条线。房地产行业竞争进入新时代，数字化、智能化升级，提升科技赋能、加快建造方式转变是对房地产行业高质量发展的新要求。房企的升级革新借助BIM、5G、大数据、人工智能、物联网、VR、机器人等技术的不断升级，助力工程建造智慧化和工业化升级，保障交付产品既高效又安全。

工程质量是住宅安全性、舒适性的最根本保障，极大程度地影响着购房者的居住体验。随着"保交付"成为房企的经营重点，保障产品交付质量成为整个房地产开发环节的重中之重，优秀的工程质量不仅彰显着房企的建造硬实力，更是解除购房者忧虑，重塑市场信心的一剂"定心丸"。随着高质量发展理念的深入，科技日益成为房地产企业转型升级的主要驱动力，"智慧建造"成为房企建造体系革新的亮点。多家房企加快布局，例如华润置地智能建造体系的整体规划，是以BIM体系为基础，打造覆盖整个价值链全周期的平台，从设计到生产施工交付到后期的运维，以实现整个智慧建造的转型升级，最大化提高生产效率；碧桂园全力推进机器人建房的试点工程，佛山市顺德区碧桂园凤凰台项目是碧桂园智慧建造体系全面应用的首个试点，截至2022年10月底，项目中已有近40款博智林建筑机器人开展实际施工；美的置业公开六大工程智造新法，包含智能工厂预配一次成型施工、智能实测机器人、智能爬架、无人机全自动巡逻系统、工匠家大数据管控、智能供地指挥中心。

2022年，国家及相关部委先后颁发多个指导性文件，通过推动建筑工业化、数字化、智能化升级，提升建筑行业核心竞争力。未来在科技建造方面，房企将采用更多的BIM、装配式、智造机器人等高科技在产品设计、建造等重要环节，助力工程建造智慧化和工业化升级，保障交付产品既高效又安全。科技管理方面，房企将充分利用移动互联网、大数据等数字化技术，借助信息化工具，全面推行"工程数智化"。借助数字化技术和工具推动产品、服务的智能化，能够有效提升房企产品品质和运作效率，强化核心竞争优势，进而推动房地产行业实现智能化高质量发展。

（8）创新能力和社会责任分析。

①产品面向年轻群体，数字转型稳步推进。

房企在考虑产品创新的过程中，一方面，需要突出企业基因下的产品理念，求同存异的同时展现产品实力；另一方面，也希望通过持续的创新，匹配不断变化的客户需求。典型房企创新方向主要包括三个方面：一是塑造一个差异化 IP 标签；二是围绕产品核心概念，打造体系化的功能模块；三是基于对品质的理解，从交付到运营贯彻产品和服务理念。

产品创新方面，近年来重点城市纷纷出台政策为吸引优质人才落户，"新市民、新青年"逐步成为主力购房人群。面对这样一个想法独立、接触过多种类型产品、对新事物充满兴趣，同时又逐步成为社会消费主力军的群体，让产品更加年轻化、更能契合他们的购房需求，成为房企必须应对的课题，品牌、产品年轻化个性化已经是大势所趋。如绿城中国从生命状态、文化价值观、生活空间三个维度进行分析，形成超过 600 个室内功能模块，通过模块间的搭配组合为客户构建切合不同生活场景需求的"如意宅"。置业者可以根据自身对空间不同的功能需求，搭载不同模块，营造自己理想生活场景和氛围。当前客户对于品质的理解已不再是狭义上的居住功能，未来，随着"人民对美好生活的向往"不断增强，房企在产品品质方面的钻研与创新将不断加快，竞争维度也将从创新理念向功能营造、科技应用、细节处理等方面不断深化。

营销创新方面，2022 年最有效的营销手段是打折，此外还有变相让利，例如首付分期，30% 首付只要付 10%，剩下的 20% 可以分期支付，很多时候这 20% 的首付不需支付，变成给客户的一种让利。还有不少楼盘使用"卖旧买新"策略，协助购房者一起把旧房卖掉，然后形成"卖一买一"的置换模式，这个过程需要做很多的资源整合。

在营销要"出圈"的理念之下，房企跨界营销越发频繁，尝试与互联网平台、动漫 IP、奢侈品等的跨界合作，来扩展企业客群。比如疫情期间房企与医疗机构合作，中国铁建与平安好医生、金辉集团与春雨医生，传达出企业重视、呵护业主安全的健康理念。中海地产与科大讯飞、海伦堡与海康威视等房企与科技企业的合作则传递企业对于科技住宅、智慧住宅的品牌追求。与明星网红、电竞产业公司以及动漫 IP 形象合作则可以通过明星、网红、IP 形象、电竞俱乐部等的影响力和粉丝基础，吸引年轻群体关注，帮助企业进入新的圈层。例如碧桂园已经成功举办两届"5·5售房节"，分别邀请知名艺人加盟合作，世茂与蓝精灵，融创与阿狸，结合动漫 IP 文创宣传抓住青年人眼球。与奢侈品品牌合作，如星河湾与 LV、保利发展与百达翡丽，对于企业塑造高端形象具有显著作用。

管控体系创新方面，房企通过推进改革创新，加强体系建设，持续升级管控体系。如越秀加强对项目开发实行全生命周期管理，项目中涉及的混凝土、涂料、防水材料等建筑材料，均通过前端严控入库、中端过程控制、后端优胜劣汰，将品质落到具体实处，加快项目的周转和提高开发效率；华发股份不断完善各业务条线制度流程建设，借助数字化、智能化等手段，通过分级授权机制和审批流程权限的优化调整，进一步理顺"总部—区域—城市"权责关系，夯实"三级管控"架构基础，持续提高公司治理水平。

智能建造方面，房企纷纷加快数字化转型。如美的置业推出智能精装 BIM 平台，直接贯通设计、成本、招采、营销、工程等精装业务全链条，提升精装设计和输出图纸的效率；碧桂园完成 BIM+FMS+WMS+建筑机器人多机施工系统的验收，建筑机器人集群效应初步显现；新城控股通过科技应用，提高运营效率，构建全渠道经营模式，以面向未来的"芯智造"等先进工艺工法提升产品品质，以智慧工地等信息化手段提高现场管理质量，以线上线下融合的幸福商业打造行业标杆的智慧商场。智能建造体系在生产安全、低碳环保、质量、效率、经济效益等方面有着明显优势，有助于推动房地产行业实现高质量发展。

②税收贡献有所下降，全面履行社会责任。

由于行业规模较大、涉及金额较高，房产行业中各企业的纳税情况一直广受关注。作为国民经济的支柱行业，各大房企经过多年快速发展后，逐渐承担起企业公民的责任，关注自身发展的同时不忘反哺社会。随着近年来房地产调控政策收紧、行业逐渐进入下行周期，房企的平均利润率出现了一定的下滑，所得税额也有所下降。2022 年，TOP500 房企所得税均值为 2.91 亿元，同比下降 17.10%；税金及附加均值为 4.37 亿元，同比下降19.81%（见图6-1-34）。

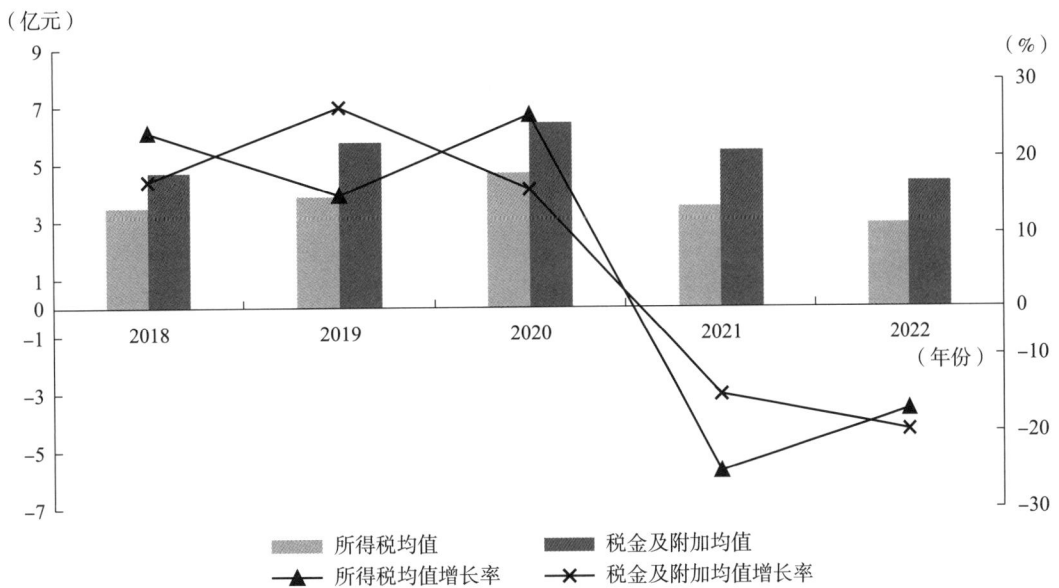

图6-1-34　2018—2022年TOP500房企税金及附加均值及所得税均值及增幅变化

数据来源：CRIC、上海易居房地产研究院。

随着中国经济由高速增长转向高质量发展，房地产行业也开始积极"探索新的发展模式"，从提倡绿色发展到关注民生领域，关注企业环境、社会责任和公司治理的可持续发展模式。梳理各家企业的动态，公益行动成为房企文化及品牌建设中不可缺少的一环。在众多公益行动领域，教育事业备受关注，雅居乐为支持海南教育事业发展，2022年10月向海南热带海洋学院捐赠1亿元，用于学校基础建设、学生奖助学和教师队伍建设项目。龙湖公益基金会发起公益助学兴教项目"湖光计划"，根据学校及学生实际需求，通过学校管理团队赋能培训、学校发展基金支持、中华英才培养三大板块展开帮扶。"湖光计划"落地重庆、凉山、贵州、南昌等省市，为216名教师提供生活保障及专业发展体系，帮助3422名乡村学生提升核心素养能力。

在有较大社会影响的突发事件上，房企也纷纷捐资出力。2022年夏天，四川经历地震、高温等特殊考验，在四川甘孜藏族自治州泸定县6.8级地震发生之后，房地产行业率先伸出援手，践行社会责任，彰显使命担当。国企央企在这场救灾行动中，发挥主力军国家队的重要作用。华润集团第一时间通过华润慈善基金会，向四川省慈善联合总会捐款5000万元，华侨城、保利集团分别向灾区捐款1000万元，全力支援灾区抗震救灾和灾后重建等工作，截至2022年9月7日，涉及房地产业务的中央企业累计捐款约2.8亿元。民企也在抗震救灾中贡献自己的力量，龙湖公益基金会紧急通过中国光彩事业基金会，向甘孜藏族自治州慈善总会、雅安市慈善总会各捐赠50万元现金，驰援甘孜州泸定县及雅安石棉县地震灾区。除捐款外，多家企业还组织抗灾力量直达一线，及时捐赠救灾物资，全力支持抗震救灾，帮助灾区尽快恢复生产生活秩序。招商局慈善基金会与中国外运联合启动招商局"灾急送"应急备勤，将550件救灾箱、折叠床等应急物资连夜送出，华润怡宝川云大区组织志愿者将筹集的100顶帐篷、100把大伞和2000箱纯净水火速送往泸定地震灾区。

③ESG报告日益重要，健康发展重塑目标。

近年来，由于品牌价值、战略规划、企业文化、可持续能力等信息的重要性日益凸显，仅以财务报表为主的公开资料逐渐难以满足管理层和投资者了解公司的需要，由此，结合环境、社会和公司治理三大价值评估要素的ESG报告应运而生。在国际组织和各类机构对ESG概念的不断深化下，ESG理念体系逐渐完整，尽管还未形成统一的定义，但已基本将ESG三个维度细化，环境（E）主要涉及环保和可持续发展等议题；社会（S）主要涉及员工权益保障、供应链管理、消费者保护政策以及和其他利益相关方的关系；公司治理（G）主要涉及管理架构、薪酬、内部控制、审计独立性、风险管理、技术创新等议题。

2022年5月，国务院国资委印发《提高央企控股上市公司质量工作方案》，ESG管理真正成为央企上市公司的重点关注内容之一。8月，国资委专门举办中央企业上市公司ESG培训会，对中央企业在复杂多变的环境中进一步践行ESG理念、加强ESG治理能力建设。研究和推广ESG对于贯彻新发展理念、深入推进供给侧结构性改革、切实提高金融服务实体经济效率和支持经济转型能力具有重要意义。

2022年，全球经济复苏延续放缓态势，各经济体都在寻求经济复苏的最佳策略，由此萌生出"绿色复苏"概念。在我国，"双碳"目标和"高质量发展"成为第一关键词。随着中国投资市场的开放，国际投资者对企业"ESG"的关注度越来越高，国内投资者也在通过观察企业"ESG"的变化来规避相关风险，与大趋势同频，房企也积极贯彻"ESG"相关条件。

环境资源方面，中海地产在绿色建筑的创新研发方面保持战略定力，2022年第三季度，中海地产与中国建筑科学研究院共同主编《健康建筑人居环境评价标准》，在健康人居场景打造和地产企业落地应用方面的补充升级，囊括居家、出行、社交、健身、康养、服务、应急七大场景，且每个场景做进一步细分，完善我国的健康建筑评价体系，引领我国房企健康人居建筑的进步。光伏新能源赛道上，2022年万科开始有项目落地，万科商业集团中粮万科半岛广场1兆瓦楼顶分布式光伏并网发电和储能电站项目启动，这是万科集团推进绿色节能建筑战略以来在北京地区成功实施的首个光伏+储能绿色节能示范项目，未来万科计划到2025年至少18个商场实现光伏发电。2022年年底，万达第一座光伏项目——山东淄博张店万达光伏项目也已顺利并网，预计项目全周期可产生绿色电力7.5亿千瓦时，减少二氧化碳排放50万吨。

在社会层面，房企关注企业产品质量安全，中国金茂以"品质筑就更美生活"为使命，推行覆盖建筑全周期的全面质量管理体系，将精益求精的态度贯穿于产品设计、施工、交付、运营的每个阶段。2022年7月，中国金茂工程及HSE中心举办以中国金茂"磐石行动"大比武系列活动之精装工程推演比赛。比赛围绕项目整体工程推演内容，梳理和预判精装施工全过程中各阶段的施工组织、技术质量管理、工期进度管理、HSE管理、关键工序及风险控制等一系列影响因素，以实现对精装工程管理思路清晰、方向明确、难点预知、风险可控、目标达成的推演目的。创新管理方面，基于"延期赔首付"的前提，美的置业则做到了工程进度实时观看监工，让购房者对项目进展有全面、直观的了解，消除购房者的忧虑和不安全感，也传达着公司保交楼的决心。

公司治理方面，招商蛇口把绿色生态理念与公司战略、企业文化紧密结合，积极推进碳中和行动纲领，创新绿色健康技术，加强绿色智慧城市建设，有效减少生态环境影响，努力追求经济、环境、社会三位一体的可持续发展，2022年9月招商蛇口官网"可持续发展"板块正式上线。在绿色投资方面，2020年保利资本与碧桂园创投发起设立"保利碧桂园产业链赋能基金"，2022年6月，该基金孵化出综合能源管理服务商"保碧新能源"，2023年2月保碧新能源完成5亿元的A轮融资，保碧新能源的目标是成为中国最大的园区和社区综合能源管理服务商。

员工培养方面，越来越多的房企正在重用内部成长起来的人才，如金茂以"多梯队培训"形式分级统筹，提供覆盖新员工、后备人才、管理人才等多种类型，针对性地提升员工能力。保利构建全方位的员工培养体系，通过开发线上学习平台和学分制等方式充分激发员工的学习热情，提升员工培训效率。

新时代下，越来越多的房企将社会责任建设纳入企业管理体系，ESG作为企业社会责任的衍生概念，也成为企业社会价值输出的重要路径。从当前房企的社会责任实践表现来看，服务对象和服务方式正趋于专业化和规范化。对社会，在抗灾、教育、社区等公益领域承担社会责任，对消费者，通过全方位"保交付、保品质、保服务"，保障消费者的合法权益。对员工，完善培养体系，畅通员工成长发展通道。未来，在可持续发展理念继续深入下，房企社会责任将进一步丰富，利己的同时利他，与社会和谐共生，利益共享。

（二）2022年房地产上市公司综合实力百强测评

发布机构：中国房地产业协会　上海易居房地产研究院

发布时间：2022年5月26日

发布地点：上海

VI. 企业篇

一、2022—2023年度房地产开发企业测评榜及分析

1. 测评榜单（见表6-1-9）

表6-1-9　2022年中国房地产上市公司综合实力榜

排名	证券代码	证券简称	排名	证券代码	证券简称
1	000002.SZ	万科A	35	03301.HK	融信中国
2	600048.SH	保利发展	36	Z25.SI	仁恒置地集团
3	00688.HK	中国海外发展	37	000736.SZ	中交地产
4	02007.HK	碧桂园	38	600657.SH	信达地产
5	01109.HK	华润置地	39	600708.SH	光明地产
6	00960.HK	龙湖集团	40	601588.SH	北辰实业
7	001979.SZ	招商蛇口	41	01813.HK	合景泰富集团
8	601155.SH	新城控股	42	00119.HK	保利置业集团
9	600383.SH	金地集团	43	600663.SH	陆家嘴
10	00884.HK	旭辉控股集团	44	00106.HK	朗诗地产
11	03900.HK	绿城中国	45	00604.HK	深圳控股
12	00817.HK	中国金茂	46	00832.HK	建业地产
13	600606.SH	绿地控股	47	600565.SH	迪马股份
14	600153.SH	建发股份	48	600266.SH	城建发展
15	600376.SH	首开股份	49	00563.HK	上实城开
16	002244.SZ	滨江集团	50	00230.HK	五矿地产
17	000069.SZ	华侨城A	51	01622.HK	力高集团
18	600325.SH	华发股份	52	000090.SZ	天健集团
19	03990.HK	美的置业	53	01996.HK	弘阳地产
20	03377.HK	远洋集团	54	002314.SZ	南山控股
21	00123.HK	越秀地产	55	600675.SH	中华企业
22	000656.SZ	金科股份	56	00846.HK	明发集团
23	03383.HK	雅居乐集团	57	600736.SH	苏州高新
24	01238.HK	宝龙地产	58	000517.SZ	荣安地产
25	01098.HK	路劲	59	06968.HK	港龙中国地产
26	02772.HK	中梁控股	60	600177.SH	雅戈尔
27	00754.HK	合生创展集团	61	002208.SZ	合肥城建
28	01233.HK	时代中国控股	62	600649.SH	城投控股
29	1966.HK	中骏集团控股	63	600208.SH	新湖中宝
30	09993.HK	金辉控股	64	00272.HK	瑞安房地产
31	002146.SZ	荣盛发展	65	02019.HK	德信中国
32	000031.SZ	大悦城	66	600094.SH	大名城
33	601992.SH	金隅集团	67	02117.HK	大唐集团控股
34	000402.SZ	金融街	68	600223.SH	鲁商发展

续表

排名	证券代码	证券简称	排名	证券代码	证券简称
69	600683.SH	京投发展	85	002016.SZ	世荣兆业
70	600743.SH	华远地产	86	600622.SH	光大嘉宝
71	600639.SH	浦东金桥	87	000036.SZ	华联控股
72	000863.SZ	三湘印象	88	600077.SH	宋都股份
73	000667.SZ	美好置业	89	00672.HK	众安集团
74	600064.SH	南京高科	90	000897.SZ	津滨发展
75	000011.SZ	深物业A	91	600603.SH	广汇物流
76	09968.HK	汇景控股	92	600173.SH	卧龙地产
77	600665.SH	天地源	93	06999.HK	领地控股
78	000042.SZ	中洲控股	94	000006.SZ	深振业A
79	600185.SH	格力地产	95	000926.SZ	福星股份
80	600162.SH	香江控股	96	600848.SH	上海临港
81	600846.SH	同济科技	97	600007.SH	中国国贸
82	000537.SZ	广宇发展	98	600246.SH	万通发展
83	600895.SH	张江高科	99	000573.SZ	粤宏远A
84	000797.SZ	中国武夷	100	000631.SZ	顺发恒业

2. 测评分析

（1）入榜企业分析。

①万科蝉联榜单榜首，上市排名变化较大。

2022年中国房地产上市公司测评的研究对象155家上市房企，相比上年净减少40家。新增3家，其中1家为2021年新上市房企。剔除43家，剔除原因包括企业经营风险较大、逐步退出房地产行业等。从核心测评指标来看，2021年，上市房企总资产规模均值1549.12亿元，较上年有所下降，房地产开发业务收入均值294.79亿元，较上年略有上升；盈利能力方面，绝对指标净利润均值25.19亿元，相对指标净资产收益率均值3.04%，均较上年有较大幅度下降；偿债指标方面，净负债率均值较上年下降7.39个百分点至87.68%；经营效率稳中有升，总资产周转率、存货周转率均值较上年有微升（见表6-1-10）。

表6-1-10　2017—2021年上市房企部分核心测评指标均值比较

指标	2017年均值	2018年均值	2019年均值	2020年均值	2021年均值
总资产（亿元）	873.43	1121.51	1409.37	1577.89	1549.12
房地产开发业务收入（亿元）	150.02	200.91	270.00	274.96	294.79
净利润（亿元）	22.51	25.62	28.68	32.17	25.19
净资产收益率（%）	9.29	9.80	9.50	8.78	3.04
净负债率（%）	89.87	92.52	95.77	95.07	87.68
总资产周转率（次）	0.21	0.21	0.20	0.20	0.21
存货周转率（次）	0.39	0.38	0.33	0.38	0.40

数据来源：企业年报、CRIC、上海易居房地产研究院。

VI. 企业篇

一、2022—2023年度房地产开发企业测评榜及分析

榜单显示，10强上市房企排名出现变化，榜单变动率20%。其中，万科蝉联榜首；保利发展、中国海外发展位列第二、三名，排名较上年均有提升；碧桂园位列第四名；华润置地、龙湖集团、招商蛇口、新城控股分列第五、六、七、八名，排名较上年均有提升；金地集团、旭辉控股集团位列第九、十名，为2022年新晋10强（见表6-1-11）。

表6-1-11 2018—2022年入榜企业名次变化

证券代码	证券简称	2018排名	2019排名	2020排名	2021排名	2022排名
000002.SZ	万科A	2	2	1	1	1
600048.SH	保利发展	5	4	6	5	2
00688.HK	中国海外发展	4	5	5	6	3
02007.HK	碧桂园	3	3	3	2	4
01109.HK	华润置地	11	9	7	7	5
00960.HK	龙湖集团	10	7	8	8	6
001979.SZ	招商蛇口	12	13	12	9	7
601155.SH	新城控股	13	8	9	10	8
600383.SH	金地集团	15	17	16	15	9
00884.HK	旭辉控股集团	16	14	15	13	10

数据来源：CRIC、上海易居房地产研究院。

2021年，万科实现销售面积3807.8万平方米，销售金额6277.8亿元，同比分别下降18.4%和10.8%。保利发展实现销售金额5349.29亿元，同比增长6.38%；实现销售面积3333.02万平方米，同比下降2.23%。中国海外发展销售金额同比增长2.4%至3695.0亿元，销售面积1890万平方米，同比下跌1.4%。

2022年，50强上市房企变动相对较大，榜单变动率30%，较上年增加22个百分点。15家新进榜企业，如滨江集团、金隅集团、保利置业集团、金融街、中交地产等，主要以国有企业为主。51～100强上市房企变动同样较大，榜单变动率56%，28家新进榜企业。

（2）资本市场表现。

①年度表现震荡下行，政策缓解悲观预期。

以2021年12月31日收盘价计算，沪深300指数全年累计下跌5.20%，申万房地产行业指数全年累计下跌12.94%，跑输沪深300指数7.74个百分点，在申万28个一级行业内排名靠后。恒生中国（香港上市）100指数全年累计下跌21.13%，恒生中国内地地产指数全年累计下跌30.61%，跑输大盘9.48个百分点。总体来看，两地房地产板块走势均较大幅度弱于大盘。房地产板块政策敏感度较高，在调控政策放松的预期下，板块能够出现上涨。但长期来看，如果业绩无法真实增长，板块很难保持长期稳定上涨。

2021年，房地产上市公司的每股收益平均值出现大幅下滑。受到市场趋冷和成本增加因素影响，房企盈利空间出现收缩。同时，合作方出现暴雷，房企出于谨慎大幅计提资产减值准备等因素，也导致房企收益出现下降，从而影响每股平均收益。从具体数据看，2021年末，沪深上市房企每股收益平均值为0.52元，较上年下降1.11元，较沪深全市场每股收益平均值低约15%；在港上市房企每股收益平均值为0.78元，较上年下降1.48元，较港股全市场每股收益平均值高约56%（见图6-1-35）。

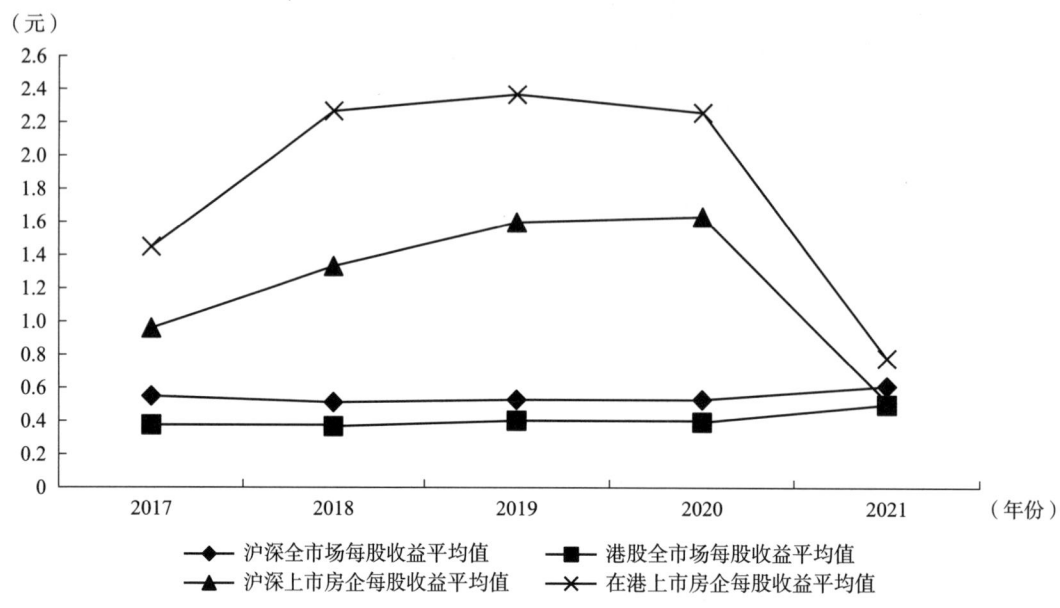

图 6-1-35　2017—2021 年上市房企每股收益与全市场比较

数据来源：wind、上海易居房地产研究院。

2021 年，上市房企估值水平延续近年来的走低趋势，市盈率和市净率指标显著低于全市场平均水平，体现市场对于行业前景的预期较为悲观。具体来看，2021 年末，沪深上市房企平均市盈率为 7.17，较沪深全市场平均市盈率低约 65%；在港上市房企平均市盈率为 5.40，较港股全市场平均市盈率低约 56%（见图 6-1-36）；市净率方面，沪深上市房企平均市净率为 0.58，较沪深全市场平均市净率低约 60%；在港上市房企平均市净率为 0.38，较港股全市场平均市净率低约 51%（见图 6-1-37）。

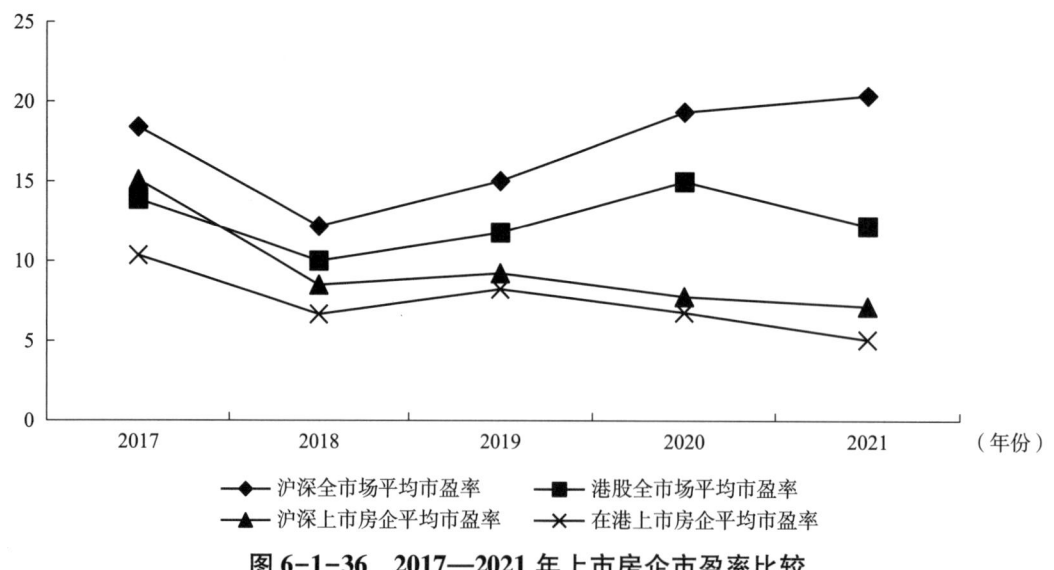

图 6-1-36　2017—2021 年上市房企市盈率比较

数据来源：wind、上海易居房地产研究院。

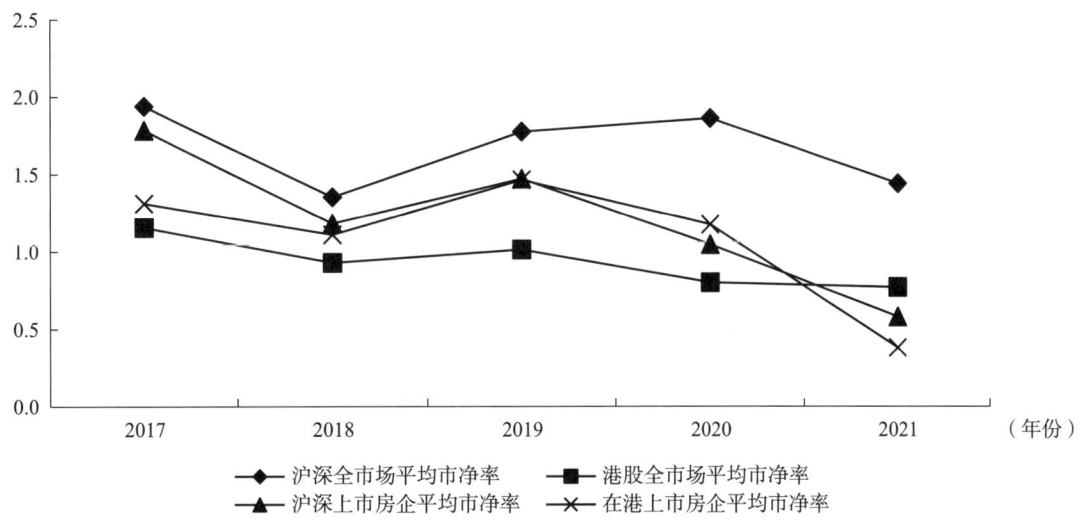

图 6-1-37　2017—2021 年上市房企市净率比较

数据来源：wind、上海易居房地产研究院。

2021年，上市房企盈利能力大幅下滑，同时流动性危机集中爆发，导致房企分红出现较大幅度下降。从具体数据看，2021年，上市房企分红总额约449.73亿元，较2020年大幅下滑约75%；股息率1.61%，较2020年下降2.57个百分点（见图6-1-38）。

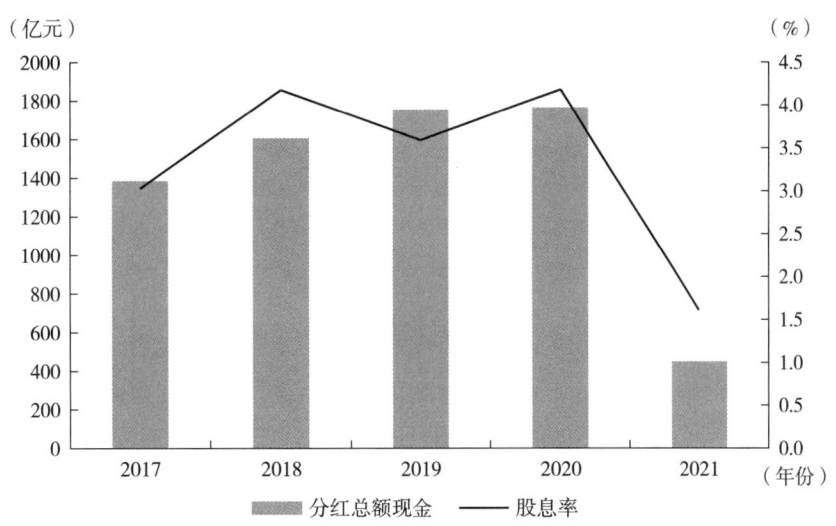

图 6-1-38　上市房企历年分红及股息率情况

数据来源：wind、上海易居房地产研究院。

从市值情况看，以2021年12月31日的收盘价计算，上市房企中市值过1000亿元的有7家，较2020年减少2家，分别是万科、华润置地、保利发展、龙湖集团、中国海外发展、碧桂园和招商蛇口。市值在50亿元以下的房企占比最多，为41%，较2020年增加5个百分点（见图6-1-39）。总体来看，上市房企市值2021年缩水情况普遍存在。

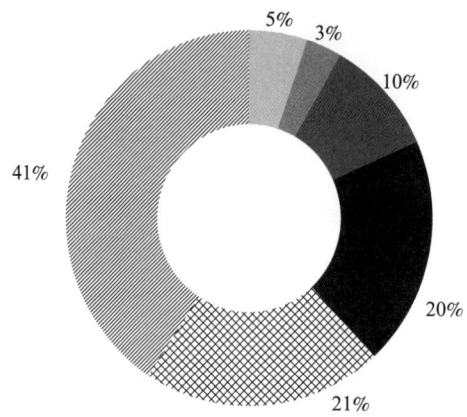

■ >1000亿元 ■ 500亿~1000亿元 ■ 200亿~500亿元 ■ 100亿~200亿元 ⊗ 50亿~100亿元 ▓ 0~50亿元

图 6-1-39　2021 年上市房企市值分布（2021 年 12 月 31 日当日）

数据来源：wind、上海易居房地产研究院。

从股价表现看，2021 年有 36% 的上市房企股价上涨，其中 5% 涨幅超过 50%。64% 的房企出现下跌。其中，41% 的房企跌幅处于 -20% ~ 0（见图 6-1-40）。2021 年全年股价涨幅前十的个股均为沪深上市的房企。全年跌幅前十的个股中，在港上市房企占 9 席（见图 6-1-41）。

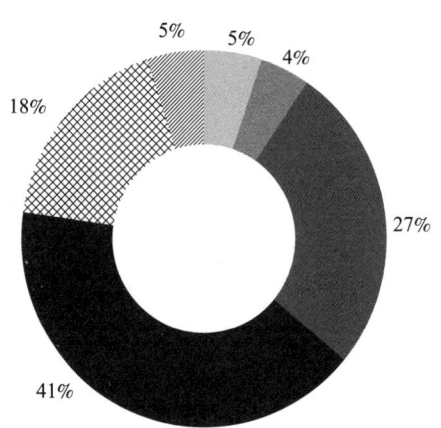

■ >50% ■ 20%~50% ■ 0~20% ■ -20%~0 ⊗ -50%~-20% ▓ <-50%

图 6-1-40　2021 年上市房企股价涨跌幅

数据来源：wind、上海易居房地产研究院。

(3) 运营规模分析。

①规模增速持续放缓，行业内部分化明显。

2021 年，行业发展转型，单纯依靠规模发展的模式不再适用，产品、服务、品牌以及管理等都是影响房企未来持续发展的重要因素。国家统计局数据显示，2021 年，我国商品房销售面积 17.9 亿平方米，同比增长 1.9%，商品房销售金额 18.2 万亿元，同比增长 4.8%。总体看来，在"房住不炒"和"三稳"政策的影响下，行业整体规模虽小幅上涨，但增速持续放缓。

2021 年，上市房企总资产均值为 1549.12 亿元，同比下跌 1.82%；净资产均值为 365.14 亿元，同比上涨 8.38%；房地产开发业务收入均值为 294.79 亿元，同比上涨 7.21%；营业利润均值为 42.81 亿元，同比下跌 18.41%（见图 6-1-42）。增速方面，除房地产开发业务收入的增速仍保持上涨外，净资产均值增速较 2020 年有所下降，而总资产、营业利润均值为负增长，其中，总资产均值增速近五年来首次为负。

VI. 企业篇

一、2022—2023年度房地产开发企业测评榜及分析

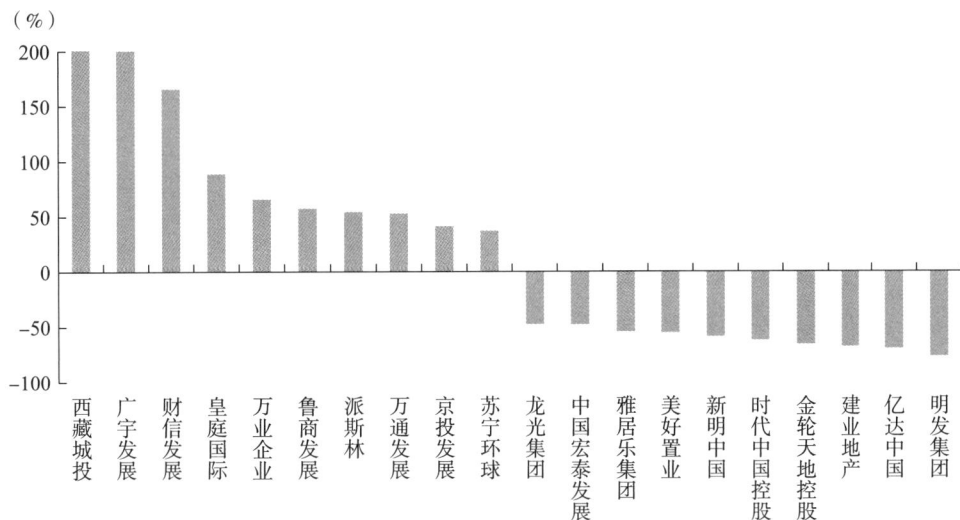

图 6-1-41　2021 年上市房企股价涨跌幅靠前个股

数据来源：wind、上海易居房地产研究院。

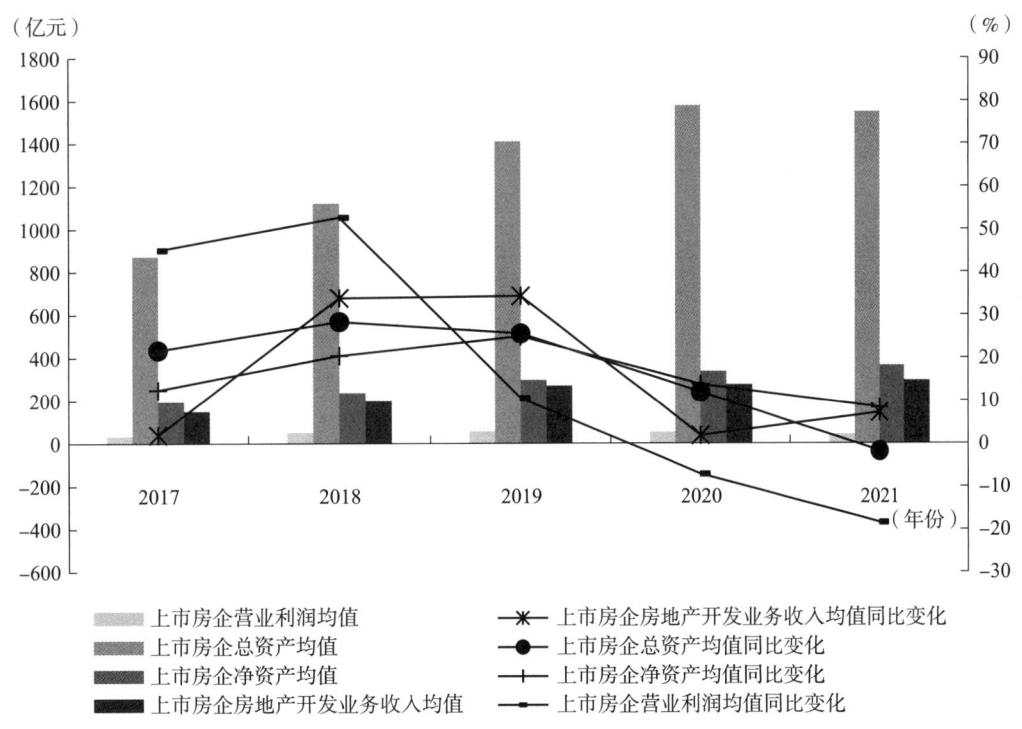

图 6-1-42　2017—2021 年上市房企规模指标

数据来源：企业年报、上海易居房地产研究院。

此次测评根据企业总资产、净资产、房地产开发业务收入、营业利润等规模指标，将上市房企划分为四种类型。

规模优势型：该类企业运营规模明显超过行业平均水平，具有较强的规模优势。

规模稳健型：该类企业规模大致处于行业平均水平之上，且规模增长速度较平稳，具有一定的规模优势。

规模追赶型：该类企业规模低于行业平均水平，但增长速度较快，规模持续增长能力较强。

规模滞后型：该类企业规模远低于行业平均水平，且规模增长速度波动较大，缺乏成长后劲。

2021年，上市房企中，规模优势型、规模滞后型企业仍然占比较高，均约32%，两类企业占比均较上年有所下降。规模稳健型、规模追赶型企业均占比约18%，两类企业占比较上年有所上升（见图6-1-43）。

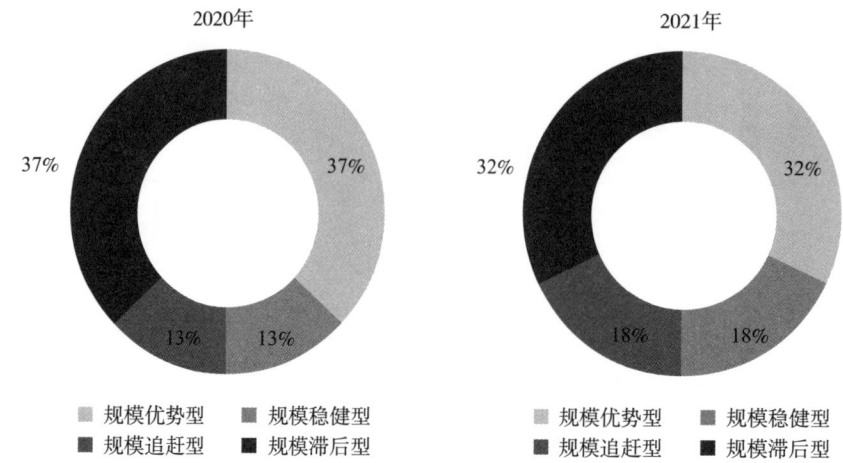

图6-1-43 上市房企运营规模类型分布

数据来源：企业年报、上海易居房地产研究院。

四类企业中，规模优势型企业的均值均在行业均值之上，规模稳健型企业除营业利润均值低于行业均值外，其余三项指标均高于行业均值。规模追赶型和规模滞后型企业的均值指标与行业平均值仍有较大差异，行业内部分化明显（见图6-1-44）。

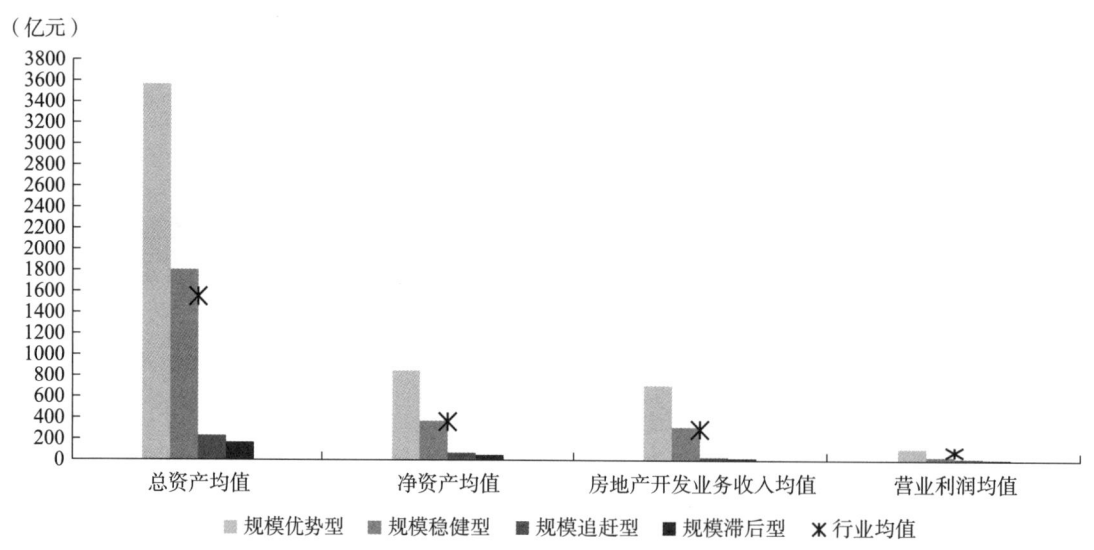

图6-1-44 2021年上市房企规模指标均值分布

数据来源：企业年报、上海易居房地产研究院。

将不同位次上市房企进行比较，结果显示，10强、11~30强、31~50强、51~100强上市房企中，绝大多数为规模优势型，10强上市房企均为规模优势型企业。51~100强上市房企中，各类型企业占比较为均匀，规模优势型和规模追赶型企业占比之和优于其他两种类型（见图6-1-45）。总体看来，100强上市房企中，规模优势型企业占据优势地位。

从上市房企总资产规模来看，截至2021年底，总资产超过1000亿元的上市房企48家，约占上市房企总量的30%，其中超过3000亿元的上市房企20家，约占上市房企总量的13%。超过1万亿元的上市房企4家，分

Ⅵ. 企业篇

一、2022—2023年度房地产开发企业测评榜及分析

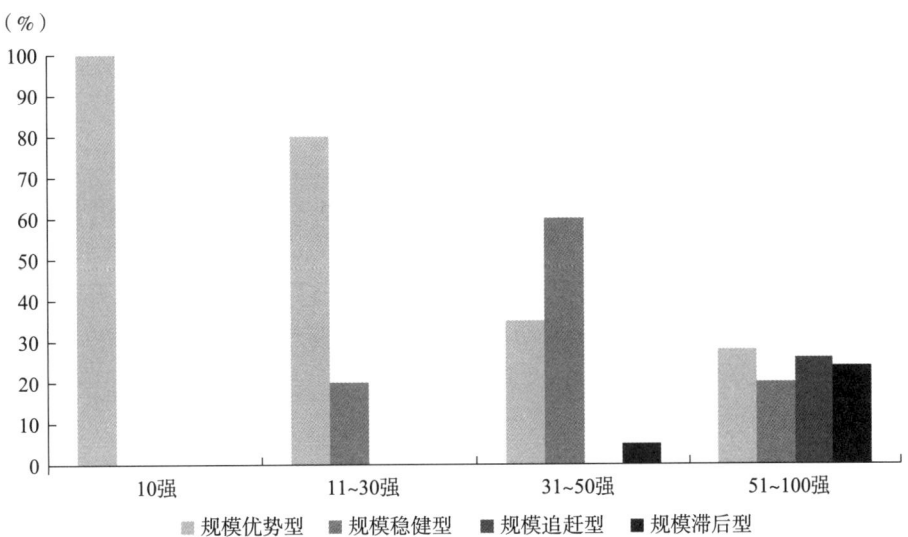

图 6-1-45 各位次上市房企各规模类型占比情况

数据来源：企业年报、上海易居房地产研究院。

别是万科、保利、碧桂园、绿地。从总资产累积百分比来看，10强上市房企的总资产累积百分比约为42%，50强累积百分比近85%，100强累积百分比超过95%，集中度较上年略有上升。

从销售规模来看，权益销售金额方面，2021年，10强上市房企均值约为2799.04亿元，同比下降21.05%；11~30强上市房企均值约1029.52亿元，同比下跌23.55%；31~50强上市房企均值约411.55亿元，同比下降38.73%（见图6-1-46）。上市房企50强的销售规模均值整体降幅较大，其中，10强上市房企的权益销售金额均值降幅相对最小，31~50强上市房企的降幅最大。

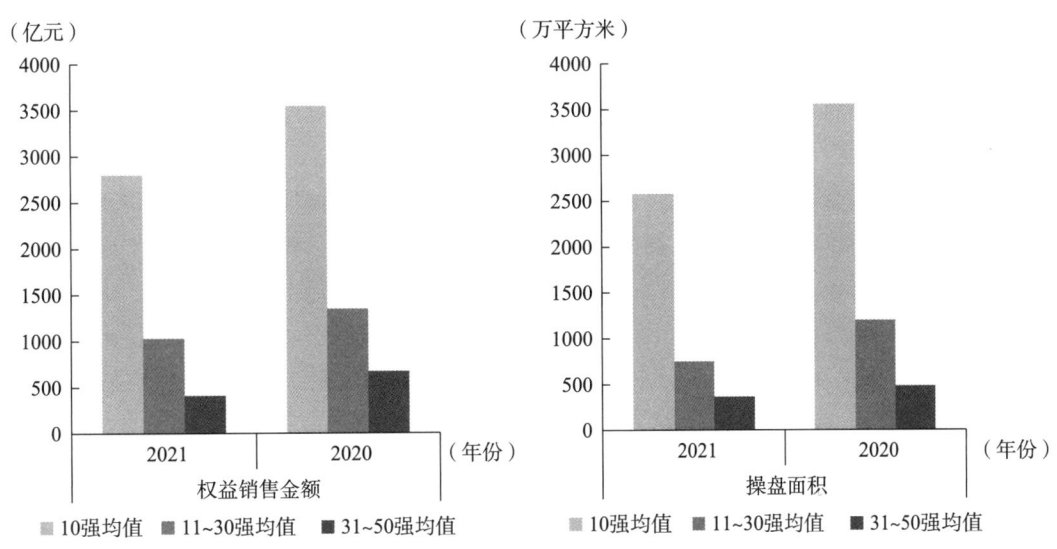

图 6-1-46 2020—2021年50强上市房企销售规模对比情况

数据来源：CRIC、上海易居房地产研究院。

操盘面积方面，2021年，10强上市房企均值近2579.36万平方米，同比下降27.47%；11~30强上市房企均值约751.88万平方米，同比下跌37.2%；31~50强上市房企均值近363.05万平方米，同比下跌24.91%。11~30强上市房企的操盘面积均值降幅最大，31~50强的降幅最小。

在50强上市房企中，31~50强上市房企的权益销售金额降幅最大，但操盘面积却降幅最小。这与房企的

投资布局和去化能力息息相关，较多布局一、二线重点城市以及各重点发展城市的优势区域的房企在此轮市场下行的行情中，更能够促进销售、稳健回笼资金。除此之外，线上售楼处、购房App等数字化销售模式的发展深度也是在疫情常态化及市场下行背景下考验房企去化的重要因素。

从业务占比情况看，房地产开发依然是房企的核心业务，2021年房地产企业发展较为艰难，多数企业面临是继续夯实主业，稳健发展，还是拓展多元渠道，增加销售的抉择。2021年，百强上市房企中，54%房企的房地产开发业务占营业收入比重超过九成，较2020年下降13个百分点；30%的房企占比在七成到九成，比重在五成到七成的房企占比为8%，较上年上升7个百分点（见图6-1-47）。总体来看，房地产开发收入比重较大的企业数量有所减少，一方面可能是企业在资金端承压，出售优质项目以缓解现金压力；另一方面则是企业面对地产行业发展困境，拓展多元化业务，增加企业收入及利润。

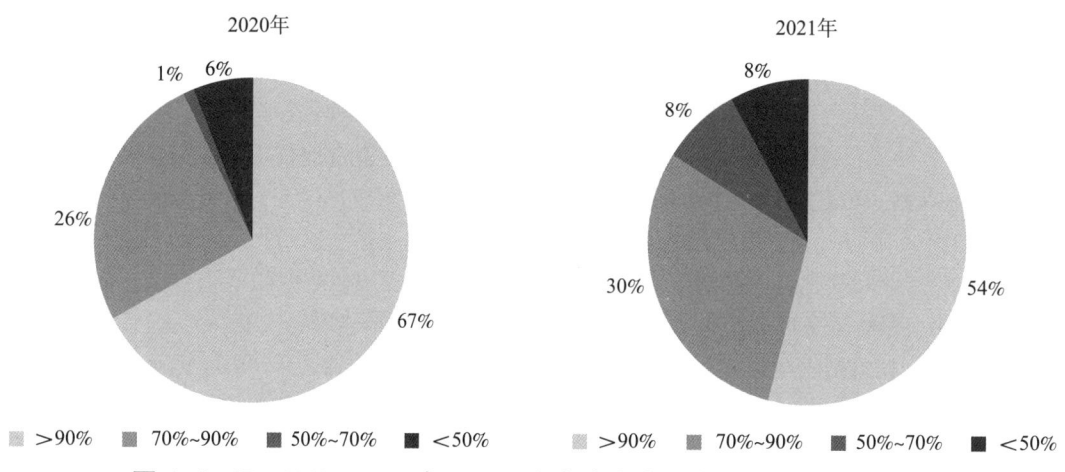

图 6-1-47　2020—2021年100强上市房企房地产开发业务占比情况

数据来源：企业年报、上海易居房地产研究院。

（4）偿债能力分析。

①调控杠杆初见成效，更加重视现金管理。

2021年，在"三道红线"、房地产贷款集中度等多项政策出台的背景下，全年融资环境趋紧。2021年第三季度政策持续收紧，部分房企引发债务问题，遭到国内外评级机构多次下调评级，融资环境更加艰难，而第四季度以来，多部门密集发声以维护房地产市场的健康发展，促进良性循环，防范化解房地产行业风险。50强上市房企2021年融资总额9096.15亿元，同比下降30.86%。2021年融资总额上半年表现优于下半年，且呈现逐个季度递减的趋势。从融资结构来看，2021年50强上市房企境内债权融资4594.53亿元，同比下降39.28%，且融资量占比50.51%，较上年下降7个百分点。2021年境外债权融资总量1876.52亿元，同比下降48.79%，境外债权融资占比20.63%，较上年下降7.22个百分点（见图6-1-48）。

从融资成本来看，50强上市房企2021年新增债券类融资成本4.08%，较上年下降1.93个百分点。其中，境内债券加权平均融资成本3.70%，较上年下降0.74个百分点；境外债券成本为4.97%，较上年下降2.6个百分点。债券类融资成本的下降，主要在于年内受融资政策收紧及部分房企违约事件影响，发债持续分化，债券发行主体集中在现金流管理良好、账上优质资产较多等优势房企，这也从一定程度上降低整体融资成本。

长期偿债能力方面，2021年，上市房企剔除预收账款后的资产负债率均值61.62%，同比下降2.09%；净负债率均值87.68%，较上年下降7.39个百分点。2021年，在政策监管压力下，行业积极去杠杆，长期偿债指标较上年均获得改善。

短期偿债能力方面，2021年，上市房企流动比率均值1.66，速动比率均值0.65，两者与上年相比，基本保持稳定。现金短债比中位数1.33，较上年提升2.31个百分点，短期偿债能力有所提升（见图6-1-49）。

VI. 企业篇

一、2022—2023年度房地产开发企业测评榜及分析

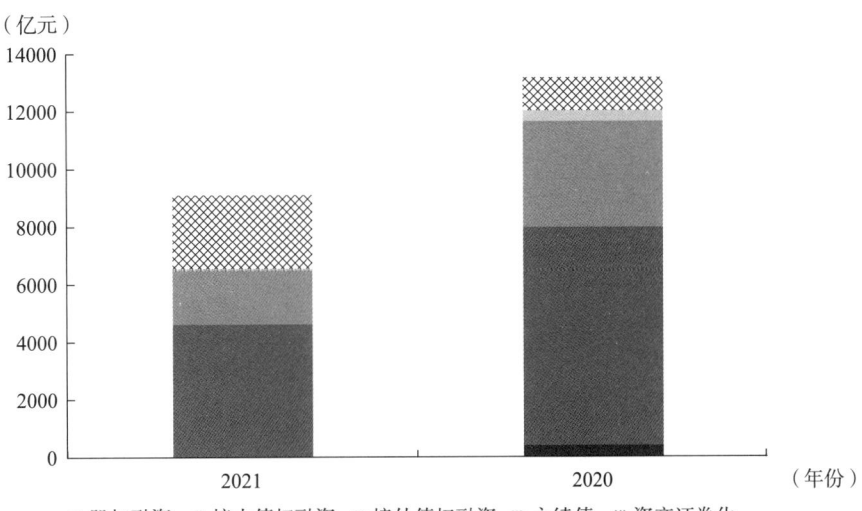

图6-1-48　50强上市房企2020—2021年融资结构

数据来源：CRIC、上海易居房地产研究院。

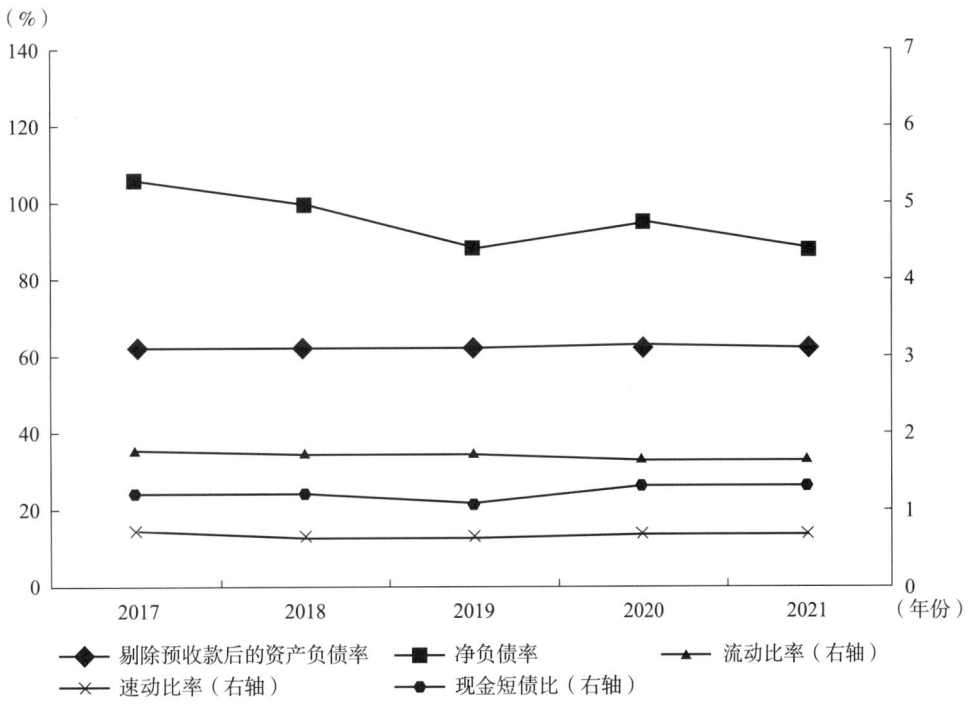

图6-1-49　2017—2021年上市房企偿债能力指标

数据来源：企业年报、上海易居房地产研究院。

此次测评根据行业特征，将上市房企划分为四个抗风险层级。

强抗风险层级：此类企业拥有较强的适应市场波动的能力，能够规避较强风险，并保持业务的相对稳定性。

中抗风险层级：此类企业具备一定适应市场波动的能力，能够规避一定的风险。

低抗风险层级：此类企业适应市场波动能力一般，风险规避能力一般。

弱抗风险层级：此类企业适应市场波动能力较弱，难以规避市场风险。

2021年，综合剔除预收账款后的资产负债率、净负债率、现金短债比、流动比率、速动比率等指标分析得出，强抗风险层级和中抗风险层级的企业分别约占上市房企总量的17%和22%，合计占39%；低抗风险层级和弱抗风险层级企业分别占比约26%和35%，合计占61%。与上年相比，强抗风险层级企业占比下降，低抗风险层级企业占比保持不变，中抗风险和弱抗风险层级企业占比上升。总体来说，企业的抗风险能力分化加剧（见图6-1-50）。

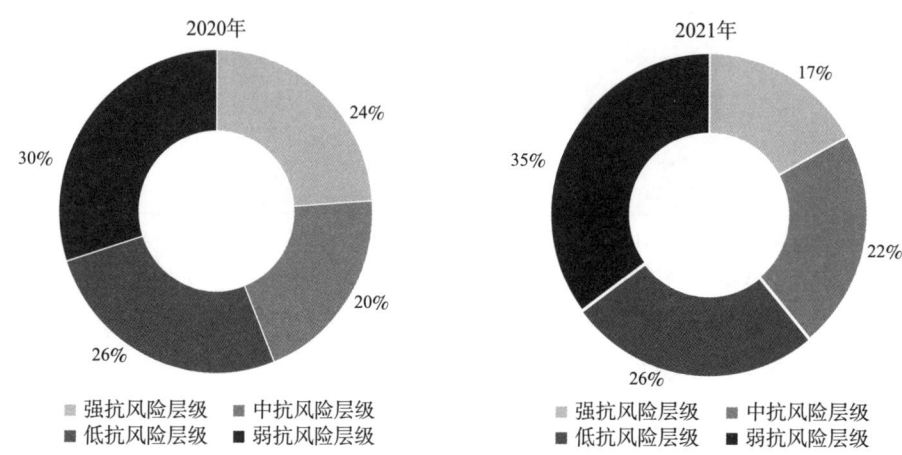

图6-1-50　上市房企抗风险能力类型分布

数据来源：企业年报、上海易居房地产研究院。

从净负债率看，除弱抗风险层级企业外，其他均低于上市房企均值，其中强抗风险层级企业的净负债率均值首次为负；从剔除预收款后的资产负债率看，强抗风险层级企业均值39.60%，低于行业上市房企均值；从现金短债比来看，除弱抗风险层级企业外，其他层级企业均高于行业上市房企均值，强抗风险层级企业的现金较充裕，2021年企业注重现金流管理，分化趋缓；从流动比率和速动比率来看，强抗风险层级企业均值分别为2.59和1.36，明显优于上市房企均值（见图6-1-51）。

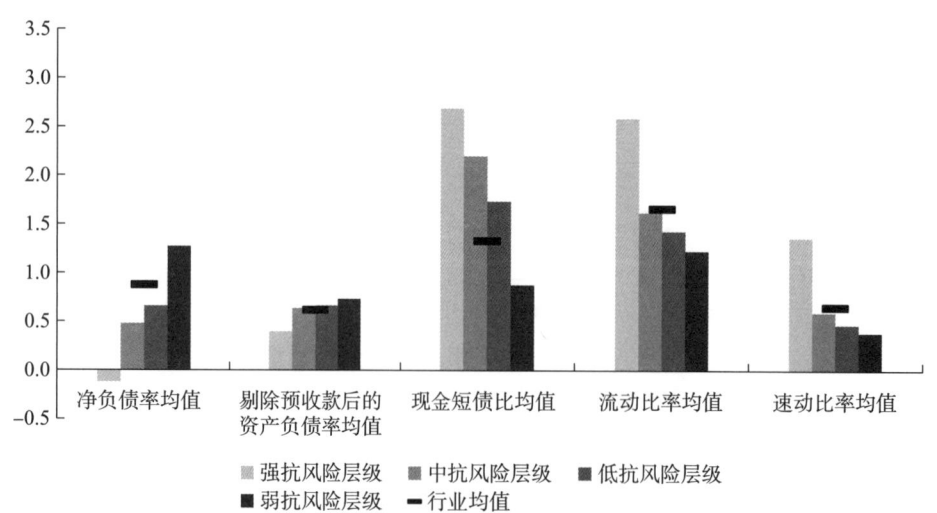

图6-1-51　2021年上市房企偿债能力指标均值比较

数据来源：企业年报、上海易居房地产研究院。

2021年，行业整体控负债，去杠杆压力较大。即使头部房企也要稳健笃行，注意负债规模、还款期限及现金流管理。部分房企受到严苛的融资及销售政策监管限制，引发债务问题，多家房企面临债务违约、商票逾期、理财逾期等（见表6-1-12）；还有部分企业虽未发生实质性违约，但面临违约债券需要展期等潜在风险。在2022年的展望中，秉持长期主义，注重现金流管理仍是房企稳健发展的重点。

表6-1-12　部分债务问题房企汇总

日期	企业名称	具体问题
2020年7月	泰禾集团	债务违约
2021年2月	华夏幸福	债务违约
2021年7月	蓝光发展	债务违约
2021年7月	协信远创	债务违约
2021年8月	宝能集团	债务违约、理财逾期
2021年9月	中国恒大	债务违约、理财逾期
2021年9月	花样年	美元债违约
2021年10月	新力控股	债务违约
2021年10月	当代置业	债务违约
2021年11月	佳兆业	理财逾期
2021年12月	荣盛发展	商票逾期
2021年12月	阳光100	优先票据违约
2021年12月	中国奥园	美元债违约、理财逾期
2021年12月	富力地产	债务展期、股权冻结
2021年12月	阳光城	债务违约
2021年12月	三盛集团	理财逾期
2021年12月	实地地产	商票逾期
2021年12月	金轮天地	债务违约
2022年1月	世茂集团	债务逾期
2022年1月	祥生	美元债违约
2022年1月	融创	商票逾期
2022年2月	正荣地产	债务违约
2022年3月	大发	美元债违约
2022年3月	中南	商票逾期
2022年3月	禹洲	债务违约
2022年3月	国瑞置业	债务违约
2022年4月	新华联	债务违约
2022年5月	融创	美元债违约

数据来源：公开资料、上海易居房地产研究院。

从上市房企"三道红线"达标率来看，剔除预收账款后的资产负债率的达标率达到66%，净负债率达标率最低，约为61%，但整体达标率均高于2020年。分梯队来看，10强上市房企剔除预收账款后的资产负债率、净负债率、现金短债比的达标率分别为80%、100%、100%，均为梯队中最高，且10强上市房企中，具有央企、国企背景的企业接近一半，该类企业凭借优势资源，发展较为稳健；碧桂园、龙湖等企业凭借优秀的现金管控能力和风险管控能力，积极主动降低负债规模，维护企业长期健康稳定发展。11~30强上市房企"三道红线"达标率分别为75%、90%和85%，稍逊于10强表现，但均优于31~50强。（见图6-1-52）。

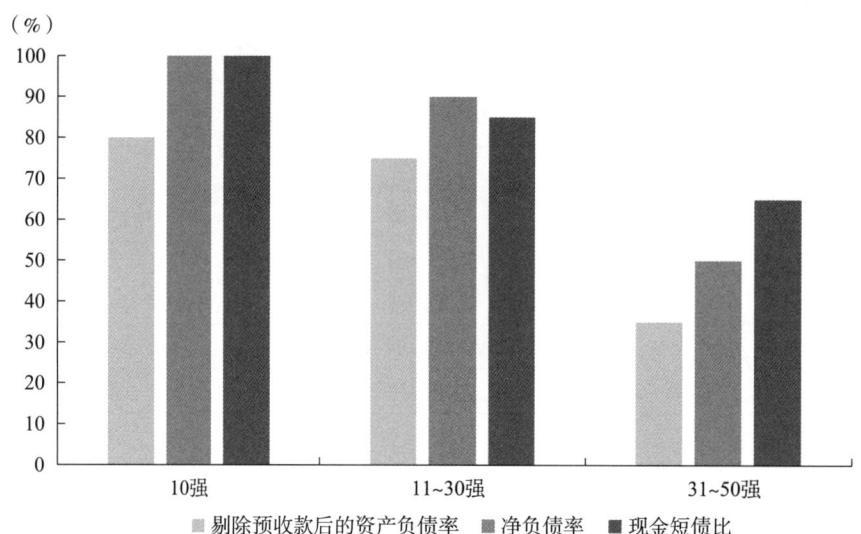

图 6-1-52　2021 年 50 强上市房企"三道红线"指标达标率比较

数据来源：wind、上海易居房地产研究院。

房企在开发过程中需要大量的资金，从上市房企经营活动净现金流合计数据来看，2021 年经营活动现金流仍保持净流入状态，得益于企业促进销售、加快周转以及数字化销售的转型。企业收并购的增加、多元化业务的开展是 2021 年投资活动现金净流量为负，且程度进一步加剧的原因。进入 2022 年，收并购事件更加频繁，企业的投资活动现金流在未来可能继续下滑。企业经营和投资活动引起的现金流变动，能够反映企业在不通过外部融资，单靠企业自身的运营管理带来的资金缺口。2020 年，资金缺口首次为正，说明企业经营活动的现金流能够覆盖投资活动的差额。2021 年，资金缺口继续正向增长，这与房企促进销售，减少投资，保持审慎不无关系（见图 6-1-53）。

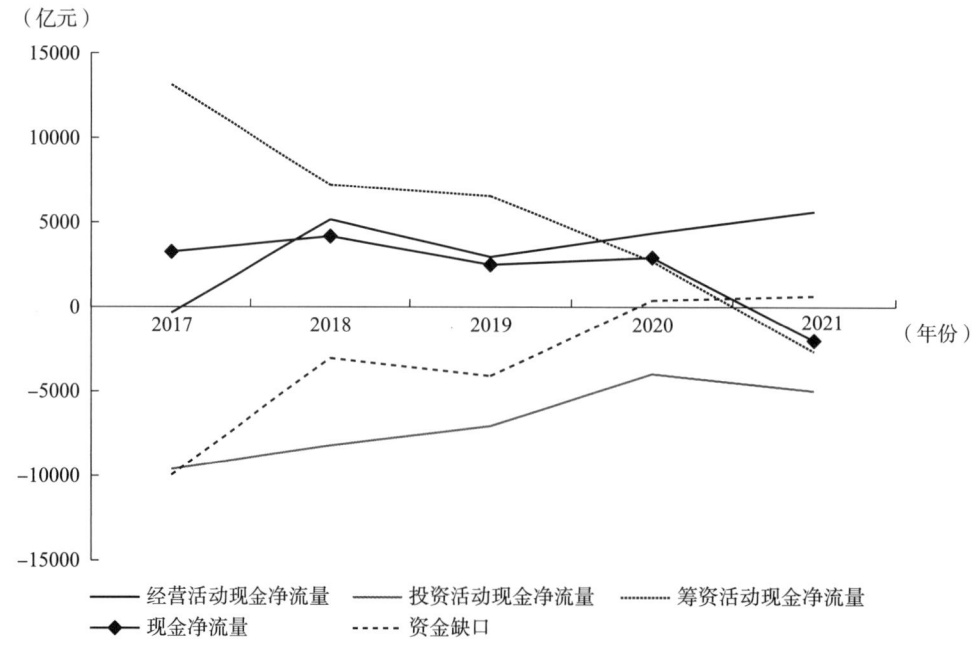

图 6-1-53　2017—2021 年上市房企现金流量

数据来源：企业年报、上海易居房地产研究院。

VI. 企业篇

一、2022—2023年度房地产开发企业测评榜及分析

房企的资金缺口一般是由筹资活动现金流来填补，筹资活动获得的资金主要用于补充投资、开发和销售等经营所需、偿还债务及支付利息或股利。自2017年以来，筹资活动产生的现金流量金额呈现持续下降的趋势，一方面受到房地产调控政策影响，融资环境趋严，另一方面则是2018—2021年期间，房企偿债压力逐步增加。2021年房企违约事件不断，市场担忧增加，海内外评级机构纷纷下调问题房企的评级，这进一步加大房企的融资难度。

从投资角度来看，由于2021年"三道红线"试点范围不断扩大，房企被要求拿地金额不得超过年度销售额的40%，加上融资环境趋紧，市场下行等影响，房企在资金层面承压相对较大，部分房企选择"以销定投"，谨慎投资。作为有效降杠杆的手段，拿地销售比能够从侧面说明企业的经营能力和未来对抗风险的能力。从上市房企10强的拿地销售比来看，2021年拿地销售比均值为0.47，较2020年下降0.1。另外，各房企的拿地销售比均较上年有大幅改善，其中金地集团较上年改善幅度最大，约下降0.25。

（5）盈利能力分析。

①盈利空间有所收窄，各项指标均有下降。

2021年，房地产行业整体利润持续下行。一方面，在房住不炒、限价政策的背景下，房企的销售增速逐渐放缓；另一方面，在地价高企等因素的推动下，房企的营业成本持续上升。

2021年，上市房企营业利润均值42.81亿元，同比下降18.41%；净利润均值25.19亿元，同比下降21.70%；净资产收益率均值3.04%，较上年下降5.74个百分点；总资产报酬率均值2.65%，较上年下降0.97个百分点。总体来看，各项盈利能力指标均较上年有不同程度的下滑（见图6-1-54）。

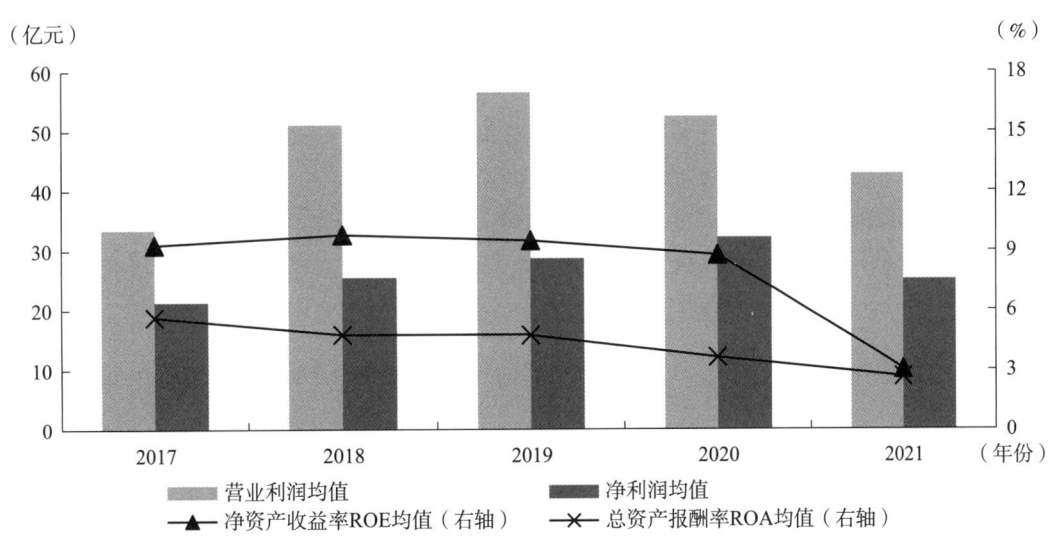

图6-1-54　2017—2021年上市房企盈利能力指标

数据来源：企业年报、上海易居房地产研究院。

除市场下行和地价高企外，2021年，房企利润同样受到合作方暴雷、计提减值准备等因素影响。

在融资趋紧的大环境下，合作开发成为趋势。合作开发的初衷是想通过牺牲部分利润，争取一些规模和稳定性。但是在行业下行的情况下，合作方出现暴雷，对企业利润进一步侵蚀。如宋都股份2021年5月份放弃竞得的土地，之前缴纳的5000万元保证金不退回。旭辉2021年有21个项目的合作伙伴出现风险，但是其中有14个项目是无融资需求的尾盘，只有7个还在开发过程当中。

同时，2021年，部分房企出于谨慎考虑，较大幅度计提资产减值准备，一定程度上也影响上市房企的利润。如万科2021年因股权投资和购买资产包等因素，计提较大份额减值准备，对当年利润影响较大。

净资产收益率由销售净利率、总资产周转率、权益乘数三项指标构成。2021年，上市房企权益乘数和总资

产周转率基本保持稳定，而销售净利率出现较大下滑，从而导致资产收益率出现下滑（见图6-1-55）。

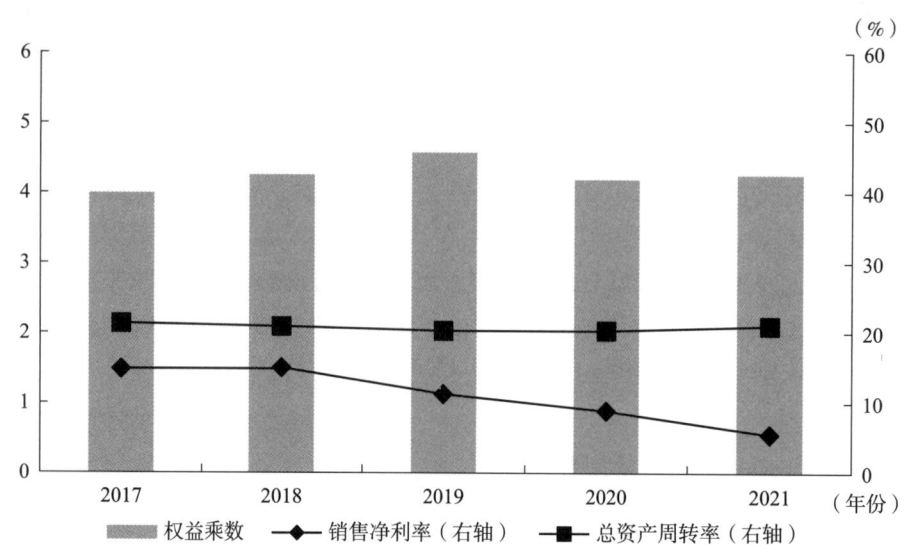

图6-1-55　2017—2021年上市房企净资产收益率影响因素变动情况

数据来源：企业年报、上海易居房地产研究院。

2021年，受到息税前利润下降和平均总资产的上升双重影响（见图6-1-56），上市房企总资产报酬率均值同比下降18%，降幅较大。

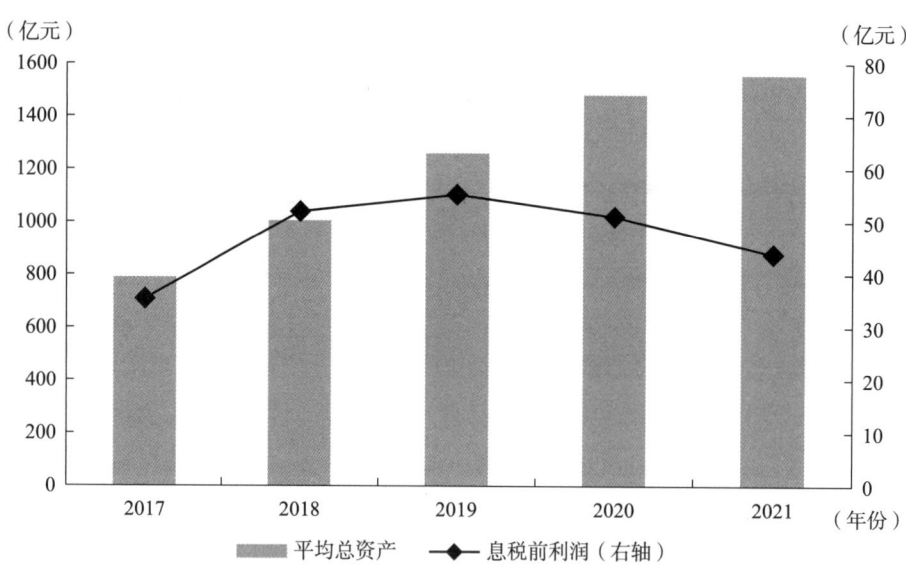

图6-1-56　2017—2021年上市房企总资产报酬率影响因素变动情况

数据来源：企业年报、上海易居房地产研究院。

从绝对盈利能力来看，11家上市房企净利润超过100亿元，占比6.96%；25家上市房企出现亏损，占比15.82%。从相对盈利能力来看，仅3家上市房企总资产报酬率高于10%，占比1.90%。相比2020年，总资产报酬率超过10%的上市房企占比下降，5%~10%的上市房企占比略有提升，0~5%的上市房企占比略有下降，小于0的上市房企占比连续两年明显提升（见图6-1-57）。总体来看，上市房企回报率主要集中在0~5%，整体盈利水平较2020年有所下降。

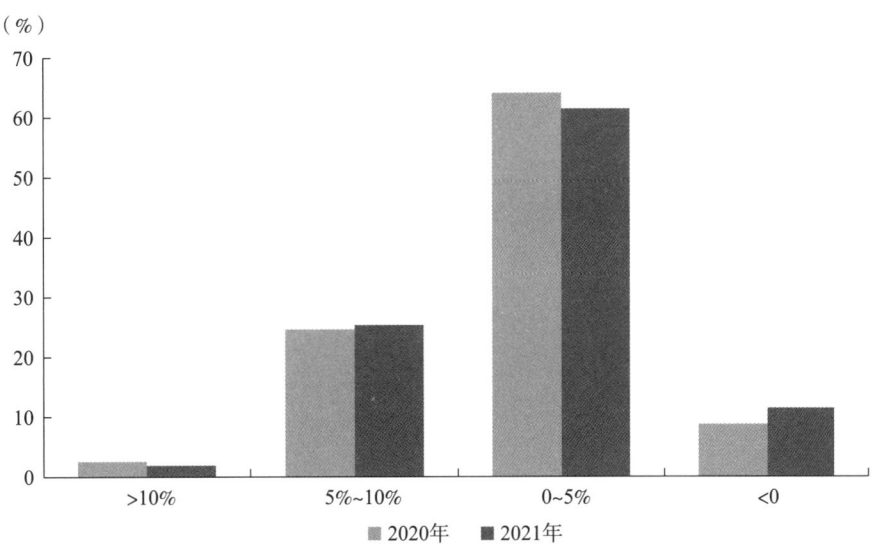

图 6-1-57　2020—2021 年上市房企总资产报酬率情况分布

数据来源：企业年报、上海易居房地产研究院。

> 此次测评根据房地产行业特点及盈利特征，将上市房企划分为四种类型。
> 盈利突出型企业：利润率水平超过行业平均水平，且近几年保持持续增长或低于行业波动幅度，盈利前景可观。
> 盈利稳健型企业：利润率水平处于行业平均水平上下，且近几年波动幅度较小，能够维持现有盈利水平。
> 盈利追赶型企业：利润率水平低于行业平均水平，但增速靠前，短期内盈利可能实现突破。
> 盈利乏力型企业：利润率水平远低于行业平均水平，缺乏盈利增长点，近几年净利润持续下滑甚至亏损，中长期盈利状况存在较大的不确定性。

从上市房企盈利能力类型分布来看，盈利突出型、盈利稳健型企业占比减少，盈利追赶型和盈利乏力型企业占比增加。2021 年，仅 11% 的上市房企盈利能力表现突出，部分房企如滨江、建发等凭借合适的战略、稳健的运营以及深耕区域市场的良好表现，依然保持较好的增长。55% 的房企属于盈利乏力型企业，占比较 2020 年增加 2 个百分点；23% 的房企属于盈利追赶型，占比较 2020 年增加 9 个百分点。2021 年房地产市场趋冷，房企盈利能力明显下滑（见图 6-1-58）。

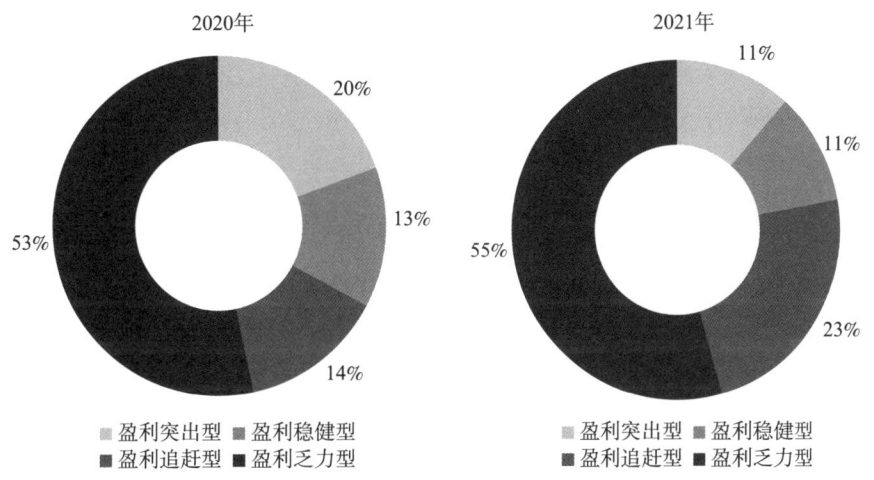

图 6-1-58　上市房企盈利能力类型分布

数据来源：企业年报、上海易居房地产研究院。

从各类型企业盈利能力指标具体表现来看,盈利突出型上市房企的净利润均值、营业利润均值分别为123.17亿元、186.99亿元,均远大于其他三类企业。净资产收益率和总资产报酬率方面,盈利稳健型上市房企以14.64%和5.60%的均值水平高于其他三类企业(见图6-1-59)。盈利乏力型房企净资产收益率为负,净利润均值和营业利润均值表现均不佳。

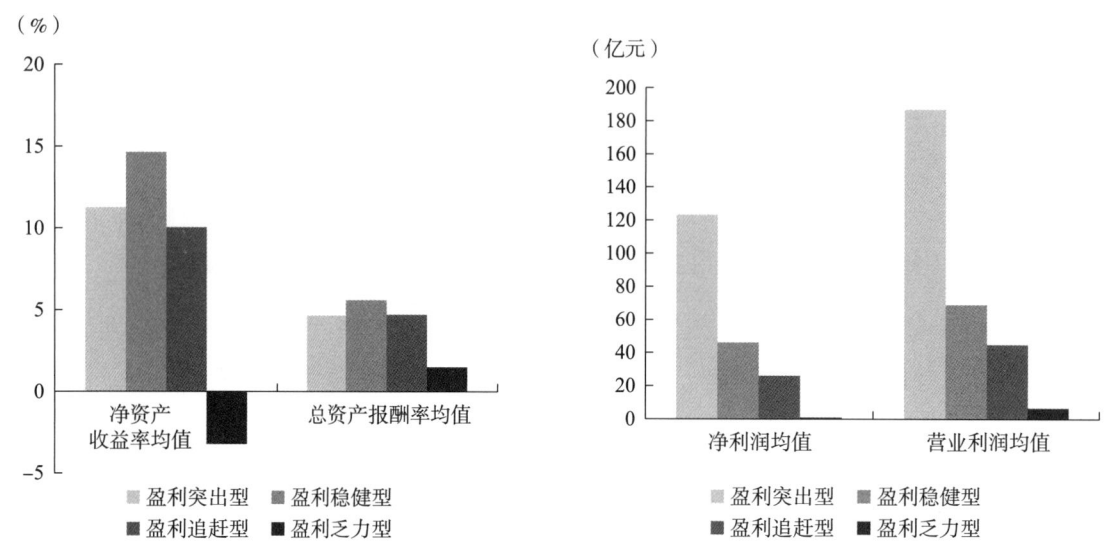

图6-1-59　2021年各类型上市房企盈利指标均值比较

数据来源:企业年报、上海易居房地产研究院。

(6)成长能力分析。

①收入规模略有增长,房企拿地更为谨慎。

2021年,上市房企的房地产开发业务收入、营业收入和净资产规模均实现增长,净利润规模出现下滑(见图6-1-60)。具体来看,房地产开发业务收入均值同比增长7.21%,增速较上年上升5.37个百分点;营业收入均值同比增长10.81%,增速较上年下降4.59个百分点;净利润均值同比下跌21.69%;净资产规模均值同比增长8.38%,增速较上年下降5.38个百分点。总体来看,虽然收入规模略有增长,但净利润出现较大程度下降。

> 此次测评根据主营业务收入增长率、主营业务利润增长率、净资产增长率等业绩成长能力指标,将上市房企的成长能力划分为四个层级。
> 高成长性:具备较快的收入和利润增长速度,净资产持续高速增长,为企业未来持续发展奠定了坚实的基础。
> 中成长性:具备中等业绩成长能力,增速略高于行业平均成长水平,能够为企业未来发展提供一定的基础。
> 低成长性:具有一定业绩成长能力,增速略低于行业平均水平,企业未来发展受到一定限制。
> 弱成长性:业绩成长能力远低于行业平均水平,增速与行业平均水平差距显著,企业未来发展受阻。

从成长能力类型来看,2021年,高成长性和中成长性企业占比分别为18%和19%,低成长性和弱成长性企业占比分别为25%和38%(见图6-1-61)。整体来看,2021年,房企在盈利空间、周转速度和杠杆水平均受到限制的情况下,成长速度进一步下滑。

Ⅵ. 企业篇

一、2022—2023年度房地产开发企业测评榜及分析

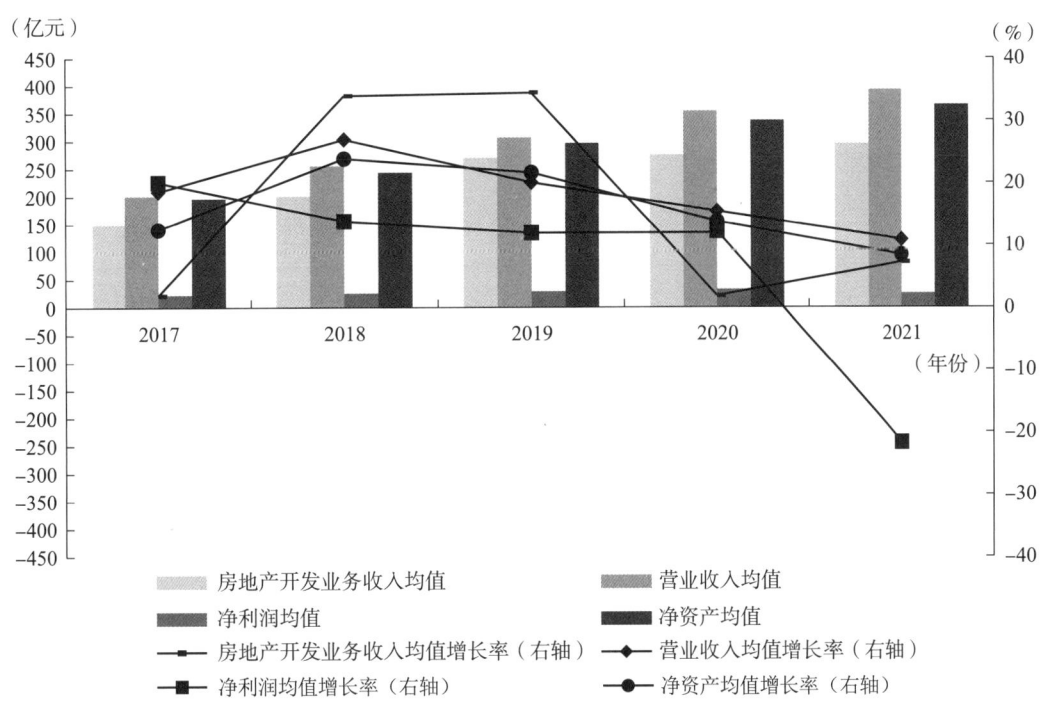

图 6-1-60　2017—2021 年上市房企成长能力指标

数据来源：企业年报、上海易居房地产研究院。

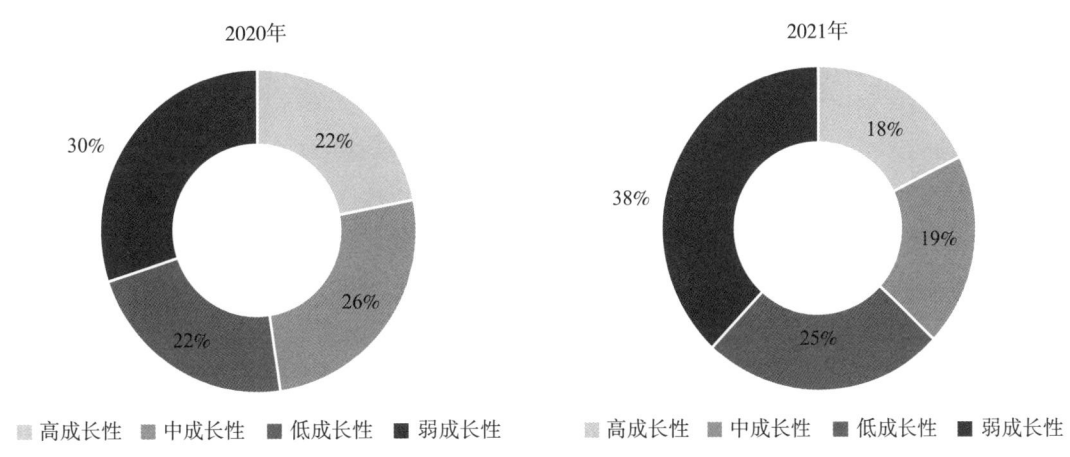

图 6-1-61　上市房企成长能力类型分布

数据来源：企业年报、上海易居房地产研究院。

其中，高成长性企业全年营业收入增长率均值 72.71%，净利润增长率均值 26.13%，净资产增长率均值 17.99%；而弱成长性企业营业收入增长率均值、净利润增长率均值均是负数，行业分化较为严重（见图 6-1-62）。

从营业收入各档同比变化情况看，2021 年，更多的房企营收同比集中在 -20%~20% 区间（见图 6-1-63）。同比超过 80% 的房企占比出现下降，在营业收入整体增速下滑的大背景下，房企很难实现高速发展。同比小于 -20% 的房企占比同样出现下降，在近年来去杠杆和各种监管政策的调控下，房企营收的变动幅度逐渐收缩。

从净利润同比变化情况看，2021 年，房企盈利情况普遍不佳。其中，同比处于 -80%~-20% 区间的房企占

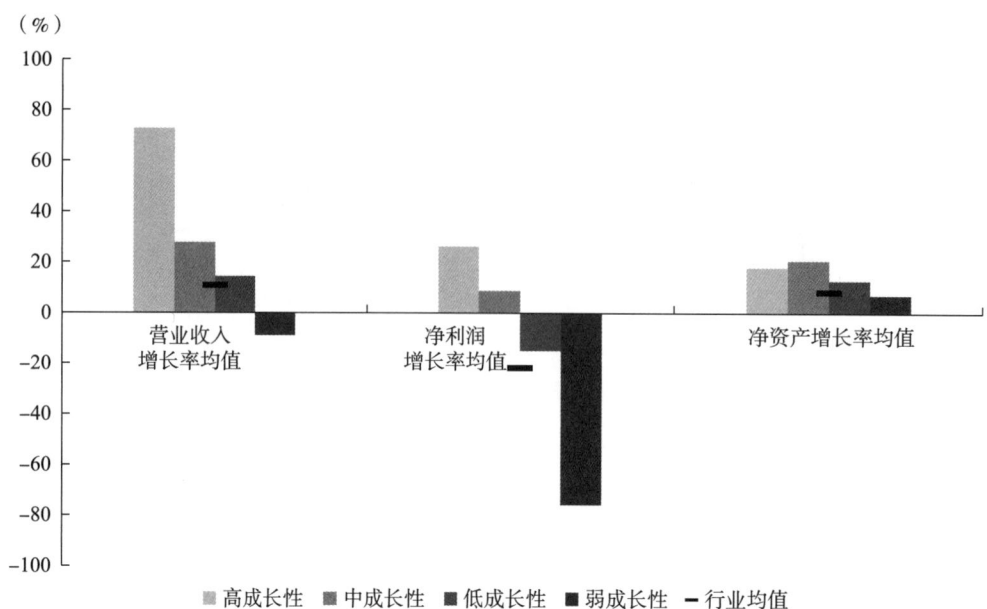

图 6-1-62　2021 年上市房企成长能力指标均值比较

数据来源：企业年报、上海易居房地产研究院。

比明显提升，说明在下游市场萎靡，上游原材料等成本大幅提升的背景下，房企盈利空间狭窄（见图 6-1-64）。从同比为正的各档占比情况看，除同比 20%～40% 区间房企占比较上年有所提升，其余各档房企占比均有所下降。

从净资产同比变化情况看，2021 年，同比超过 20% 的房企占比出现下降，同比处于 0~10% 的房企占比最多。约 60% 的房企净资产同比在 0~20% 的区间（见图 6-1-65）。

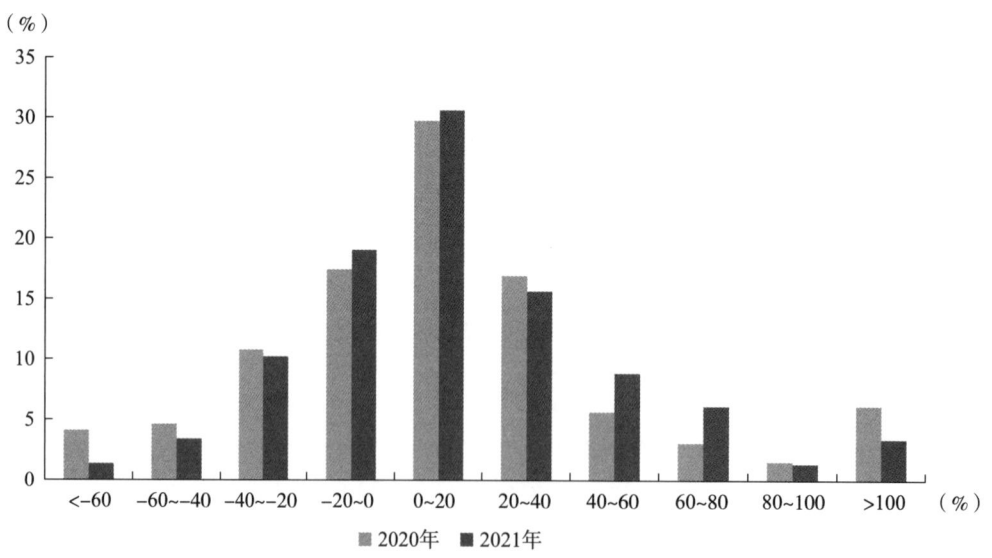

图 6-1-63　2020—2021 年上市房企营业收入同比变化情况分布图

数据来源：企业年报、上海易居房地产研究院。

VI. 企业篇

一、2022—2023年度房地产开发企业测评榜及分析

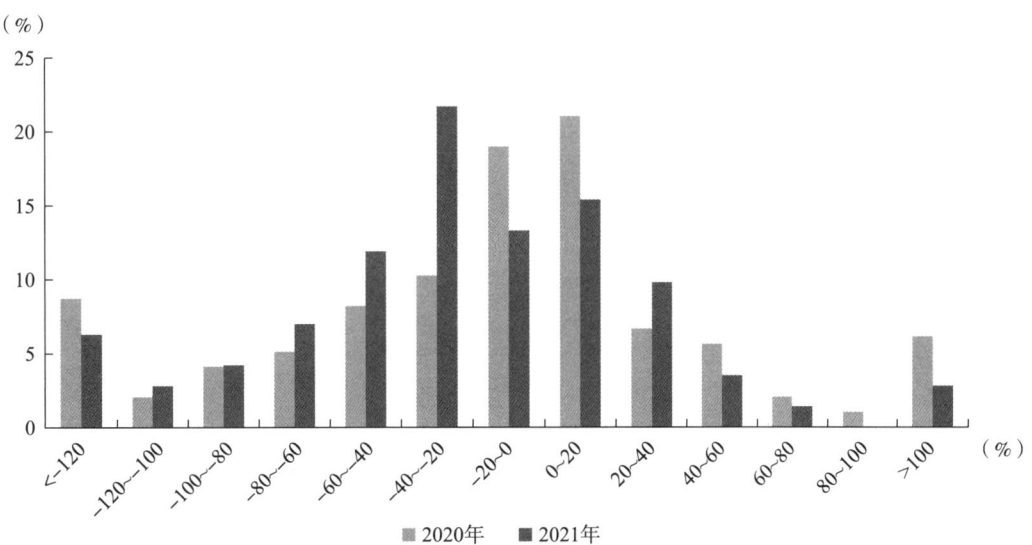

图 6-1-64　2020—2021 年上市房企净利润同比变化情况分布图

数据来源：企业年报、上海易居房地产研究院。

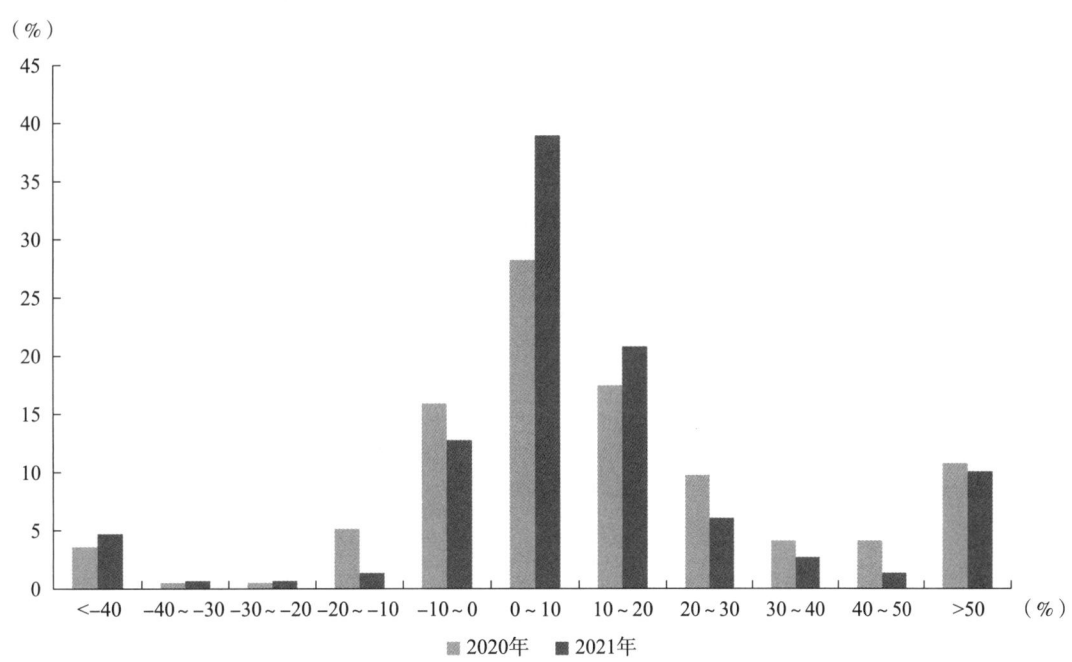

图 6-1-65　2020—2021 年上市房企净资产同比变化情况分布图

数据来源：企业年报、上海易居房地产研究院。

根据统计，2021 年，25%的上市房企处于增收又增利区域，同比下降 11 个百分点；29%的上市房企处于增收不增利区间，同比下降 1 个百分点；4%的上市房企处于增利不增收区间，同比下降 3 个百分点；42%的上市房企处于不增收不增利的低速发展区，同比上升 15 个百分点，占比最大（见图 6-1-66），行业发展遇到较大困难。

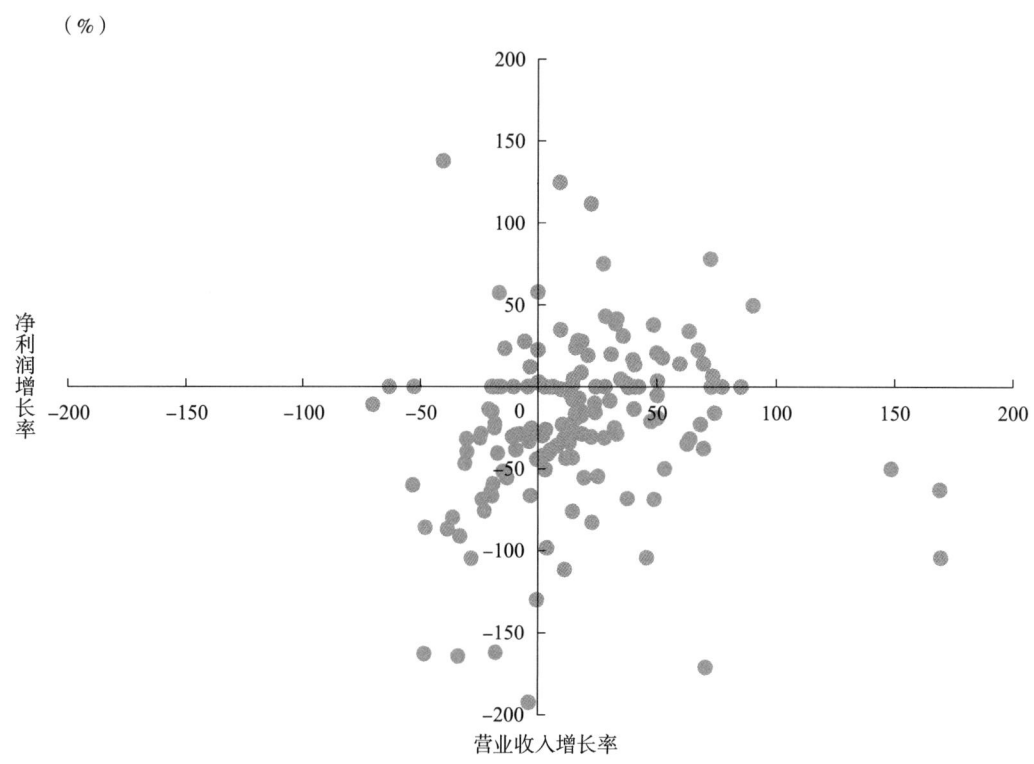

图 6-1-66　2021 年入榜企业成长能力指标分布

数据来源：企业年报、上海易居房地产研究院。

从土地储备情况看，截至 2021 年底，30 强上市房企总土储建面 156504.6 万平方米，同比下降 2.27%。分梯队看，10 强上市房企土地储备建面同比减少 5.98%，这源于融资"三道红线"，投销比管控等政策，导致龙头房企拿地受到一定限制。由于绿城、建发、首开、远洋等房企的较好表现，11~30 强上市房企 2021 年总土储建面同比增加 2.40%（见图 6-1-67）。

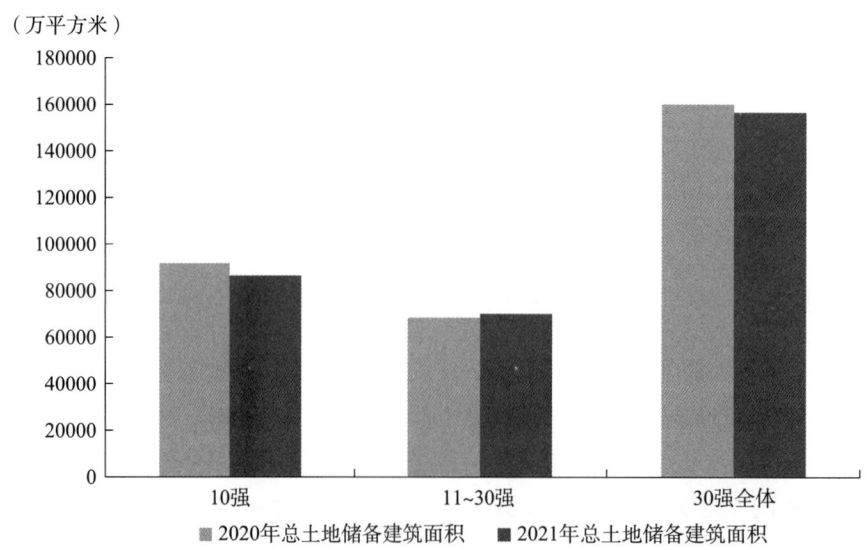

图 6-1-67　2020—2021 年 30 强上市房企总土地储备建筑面积变化情况

数据来源：企业年报、CRIC、上海易居房地产研究院。

市场预期对房地产的投资行为等产生较大的影响。虽然 2021 年第四季度以来，政策调控出现宽松迹象，但更多房企依然选择主动降速，将更多精力放在改善盈利质量上，从而实现从高速发展向高质量发展的转型。直接或者间接披露 2022 年销售目标的公司数量有所减少，已表态的公司销售目标设置也趋于谨慎（见表 6-1-13）。如招商蛇口将公司全年销售目标设定为 3300 亿元，与 2021 年销售目标基本持平；绿城中国将 2022 年销售目标下调 5.9%；旭辉的目标是保持权益销售额稳定，未来几年将大幅度开始提高权益销售额比重，关注权益销售额背后的业绩含金量而不是表面销售额的大小。

表 6-1-13　典型房企 2022 年销售目标情况

企业名称	2022 年销售目标（亿元）	2021 年销售目标（亿元）	同比增长（%）
越秀	1235	1122	10.07
龙湖	3000	3100	-3.23
远洋	1400	1500	-6.67
美的置业	1400	1500	-6.67
金茂	2400	2500	-4.00
招商蛇口	3300	3300	0.00
绿城	3300	3100	6.45
首开股份	1080	1100	-1.82
建业地产	530	700	-24.29
大悦城	800	1000	-20.00

数据来源：企业年报、CRIC、上海易居房地产研究院。

具体到 2022 年的拿地策略，"以销定投""量入为出"成为不少房企的共同选择。如华侨城坚持"以收定投"原则，在严控投资风险的前提下，积极稳妥地推进项目获取。美的置业 2021 年进一步优化投资策略、坚定投资方向、保持投资定力，扎实深耕，提升市场占有率。招商蛇口 2022 年的短期目标，则是以销定投、量入为出，根据手中现金的情况来投入。旭辉则明确，"不拿贵地、不拿错地、不做激进收并购，增加权益，减少合作拿地，加快土储周转"。

从 2022 年的拿地实际情况看，全国 300 城经营性土地 4 月总成交建筑面积 6537 万平方米，同比降幅近六成，成交规模仍处于历史低位水平。30 强房企中，部分房企并没有拿地。具体到企业层面，5 家房企 1—4 月新增货值超 500 亿元，分别为万科、华润、绿城、滨江和中海。从房企性质划分，2022 年，依然是国企、央企在拿地方面更占优势。如南京土拍，热门地块多被国企拿下。广州首轮集中供地拍卖，总揽金 341.4 亿元。成交的 17 宗地，国企、央企和地方城投平台合计拿下 14 宗。主要拿地房企为合肥城建、中海等。当前环境下，规模化国企如华润、中海、保利、中交、建发等在核心城市拿地优势较大；民企中，受益于集中供地，一些区域深耕的房企表现较为突出。如滨江在杭州收获颇丰，滨江 1—4 月新增拿地金额 233.8 亿元，同比增长 86%。

（7）经营效率分析。

① 运营效率稳中有升，存货增速继续下降。

2021 年，上市房企经营效率指标继续保持稳中有升，存货周转率、流动资产周转率和总资产周转率均值分别为 0.40，0.30 和 0.21（见图 6-1-68）。三项周转指标均较 2020 年有小幅提升。

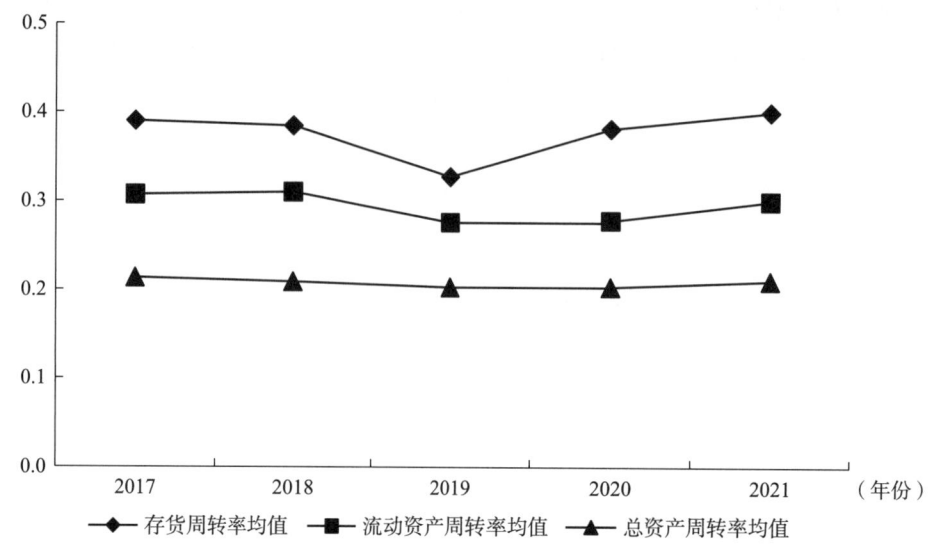

图 6-1-68　2017—2021 年上市房企经营效率指标

数据来源：企业年报、上海易居房地产研究院。

此次测评使用总资产周转率、流动资产周转率和存货周转率等指标来衡量房地产上市公司的经营效率，将上市房企划分为四种类型。

高速周转型：资产经营效率超过行业平均水平，企业内部资源得到高效的利用，具有很强的经营效率优势。

平稳经营型：资产经营效率大致处于行业平均水平，企业能有效利用内部资源，具有较强的经营效率。

低速周转型：资产经营效率低于行业平均水平，企业利用内部资源的能力一般，具备一定的经营效率。

落后经营型：资产经营效率远低于行业平均水平，企业利用内部资源的能力相当有限，经营效率相对较低。

2021 年，房地产市场注重稳健发展，促进行业良性循环。从经营效率类型看，2021 年仅有落后经营型企业占比提升，较 2020 年提升 10 个百分点（见图 6-1-69）。企业在行业艰难发展的背景下，保持较为审慎的原则，虽然行业均值小幅提升，但多数企业主动或被动降低周转速率，维持企业正常发展。

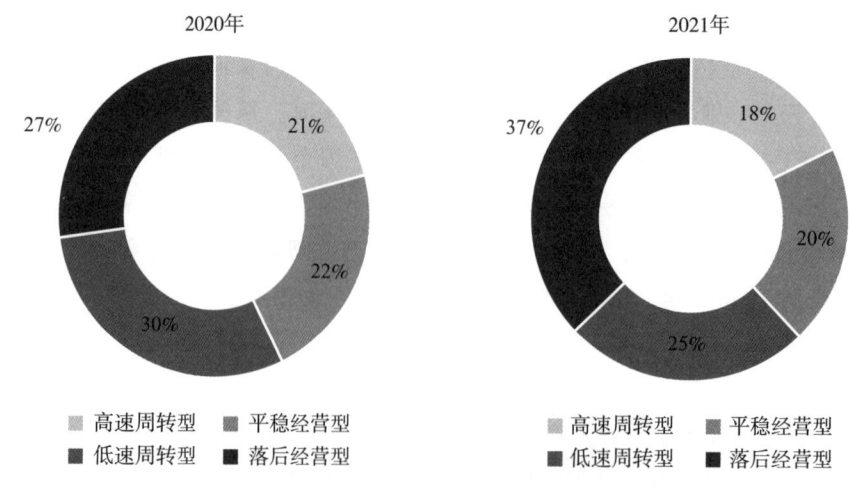

图 6-1-69　上市房企经营效率类型分布

数据来源：企业年报、上海易居房地产研究院。

从各类型上市房企表现看，高速周转型房企的存货周转率明显高于其他类型房企，优势较为明显（见图6-1-70）。2021年，融资和销售端受到政策限制，多数房企在资金端承压的背景下，选择提高周转，促进销售，提高企业经营效率。少数房企在三、四线城市降价促销、老带新等多种活动，加大销售力度，加速资金回笼。

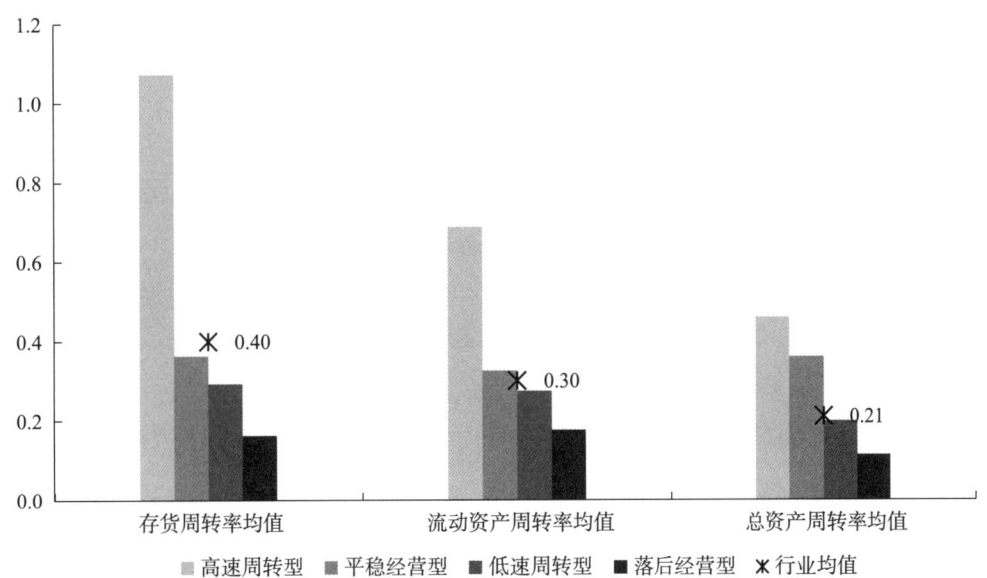

图6-1-70　2020年各类上市房企经营效率指标均值比较

数据来源：企业年报、上海易居房地产研究院。

随着房地产行业金融属性的减弱，加上集中供地、"三道红线"等政策不断升级的背景下，资金回笼和去化压力较大，上市房企存货规模增速变缓。2021年，上市房企的存货均值同比上涨5.57%，增速下降9.23个百分点。2021年在"四限"政策影响下，房企去化承受一定压力。从存货集中度情况看，10强上市房企总存货占比约43%，30强房企占比约74%，50强房企占比约86%（见图6-1-71）。相较2020年，集中度趋势加强。

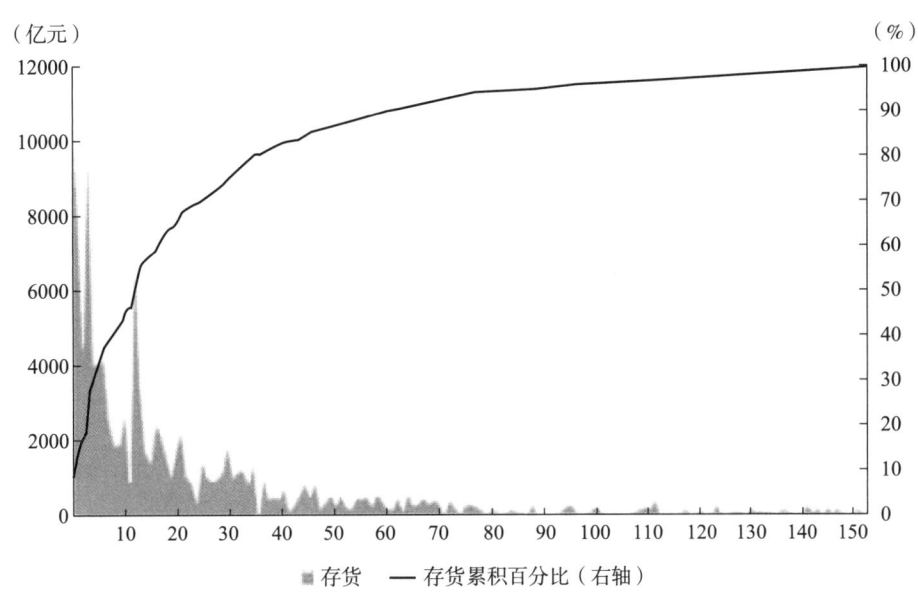

图6-1-71　2021年上市房企存货分布情况

数据来源：企业年报、CRIC、上海易居房地产研究院。

(8) 社会责任分析。

①纳税金额有所下降，企业践行社会责任。

2021年，房地产行业进入调整期，由注重规模转向注重品质。全年呈现前热后冷的态势。随着政策不断收紧，部分房企出现流动性困难，投资者对行业信心减弱。在此背景下，房企更需重视承担社会责任，一方面提振市场信心，另一方面促进企业良性、健康发展。

截至2022年5月19日，10强上市房企中发布2021年社会责任相关报告的有4家，50强有25家，100强中有49家。2021年，中梁正式成立ESG委员会；龙湖首次独立发布可持续发展报告，ESG体系构建更趋完善。

上市房企披露的社会责任相关报告有三种类型：ESG报告、可持续发展报告、社会责任报告。其中，ESG报告仍是关注社会责任的主流报告，ESG报告导向长期健康可持续发展，更符合房企"长期主义"理念的发展需求。从已发布的ESG报告内容来看，环境方面关注能源节约、排放物处理、绿色建筑等，社会方面关注信息披露、合规经营、员工发展、产品质量等，公司治理方面关注以人为本、薪酬制度等。不少企业还会关注企业的文化理念、战略规划、风险控制等方向。

本次测评根据ESG评价体系的关注范围，重点分析上市房企在公司治理、环境责任、社会责任三个方面的发展情况。

公司治理方面，上市房企不断完善风险管理体系，做好风险识别、风险控制、风险评估和风险管理。各房企在廉洁建设方面，做好廉洁教育，创造诚信廉洁、公平竞争的良好氛围。各房企积极开展反腐倡廉建设，对舞弊行为持"零容忍"态度，以"不假、不贪、不贿"为底线。

2021年，上市房企纳税额均值18.36亿元，同比下降约15%。近两年疫情反复，国家实施减税降费的政策，助力企业抵御疫情冲击。2021年国家鼓励发展绿色建筑和装配式建筑，提供现金补贴，对节水节能的项目实施税费补贴等。除此之外，行业整体利润空间下调也是纳税额减少的可能原因之一。

> 此次测评以企业纳税额、参与保障房建设情况及企业捐款等为主要指标，将上市房企划分为四个层级。
>
> 高贡献度型：主动纳税，积极投身社会公益事业，参建保障房的领军企业，获得多方社会认同。
>
> 中贡献度型：与行业平均相近的纳税额度，比较重视参加公益活动和保障房项目的建设，积极拓展企业的社会认知度。
>
> 低贡献度型：纳税额较低，有一定的积极性投身于公益活动和保障房建设。
>
> 弱贡献度型：与行业平均水平有一定距离，亟待企业加强重视程度。

从上市房企社会责任类型分布来看，2021年，约16%的上市房企属于高贡献度型，较上年增加1个百分点。弱贡献度型上市房企数量最多，约占73%，较上年减少2个百分点；中贡献度型企业占比下降，低贡献度型企业占比上升。整体来看，社会责任类型分布变化不大（见图6-1-72）。

其中，高贡献度型上市房企纳税额均值较2020年降幅较大，仅83.84亿元（见图6-1-73）。相较2020年，高贡献度型企业和弱贡献度型企业纳税额同比降幅较大，均超20%；中贡献度型上市房企纳税额和低贡献度型企业降幅较小，约为10%。

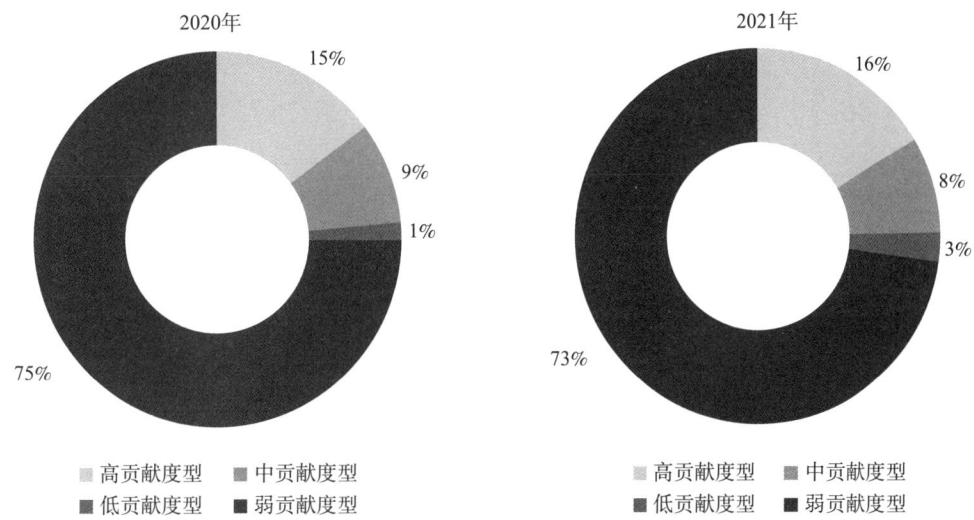

图 6-1-72　上市房企社会责任类型分布

数据来源：企业年报、上海易居房地产研究院。

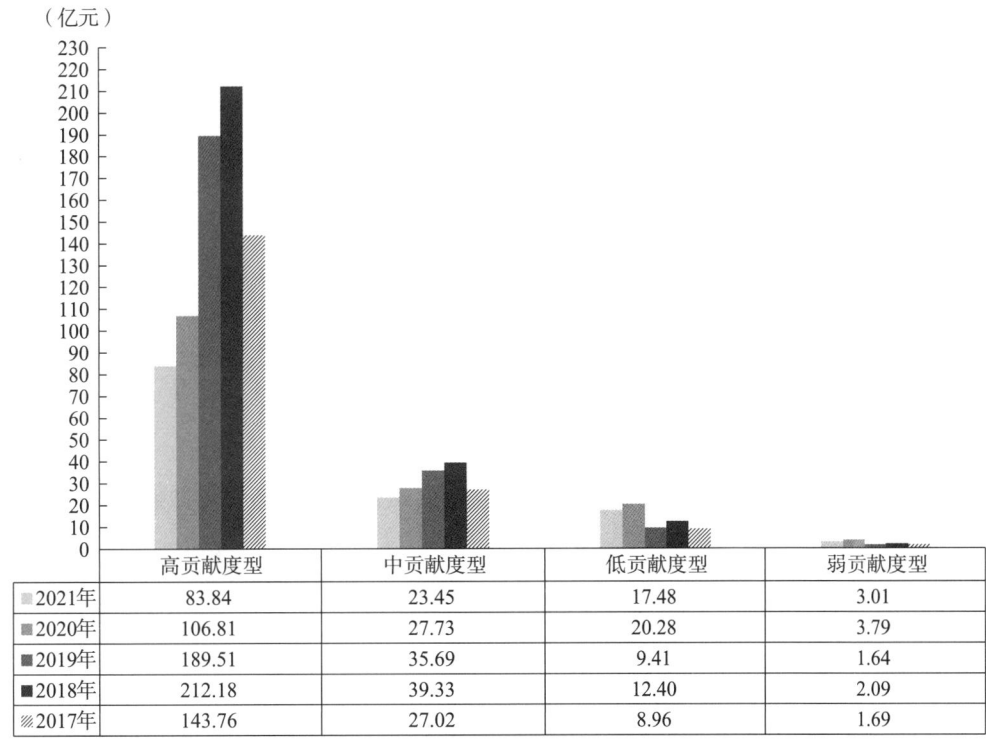

图 6-1-73　2017—2021 年上市房企纳税额均值比较

数据来源：企业年报、上海易居房地产研究院。

社会责任方面，股东层面，加强信息披露，包括但不限于定期发布相关公告、定期披露经营数据等。如保利运用多元立体的资本市场沟通体系，股东大会、投资者大会、证券信箱、投资者热线和 e 互动平台等多种方式加强与投资者的沟通，提高经营透明度的同时，为投资者参与公司治理创造条件。

员工层面，房企在保障员工薪酬福利、用工安全的基础上，为员工提供畅通、公平的晋升环境、促进员工发展的职业培训等都越发重要。在向管理要红利的时代背景下，人才的数量和质量影响企业的核心竞争力。新城控股设立"新城合伙人"跟投制度及"共创、共担、共享"计划等激励机制，将个人发展和公司发展融为一体。另外，2021年上线"有诚议"系统模块，对员工进行民主管理。

客户层面，上市房企依旧重点关注保障客户的信息安全，注重客户的隐私管理。2021年，万科启动"龙抬头计划"成立数据安全与个人信息安全合规小组，志在保障集团数据安全与个人信息安全合规管理工作。除此之外，万科还设立"信息安全体验日"，帮助员工了解信息安全风险。各房企加强客户沟通与客户研究，强化客户拓展。不少房企设立"工地开放日"，旭辉设置"透明工厂"等有利于加强客户对企业的认知，提高满意度和忠诚度。

合作伙伴层面，不少房企建立战略合作关系，合作拿地、合作运营。2021年，央企、国企优势体现，逐渐成为房企合作伙伴的重要选择。例如龙湖在TOD项目上与地方政府的国属平台合作，招商蛇口与长城资产、佳兆业签署战略合作协议，拟在城市更新、房地产开发、商业综合体经营等领域开展合作，实现优势互补、互利共赢、共同发展的战略目标。华侨城采用央地合作和与行业优质企业合作两种方式。

面向社会公众层面，各大房企积极践行社会责任，在乡村振兴、精准扶贫、文化体育、抗疫救灾、文物保护等多个领域开展公益活动。新城、中海通过直播义卖农产品的方式是助力乡村振兴。在防疫常态化影响下，所有30强上市房企均参与抗疫救灾，26家企业参与精准扶贫乡村振兴、24家企业积极参与教育助学活动（见图6-1-74）。

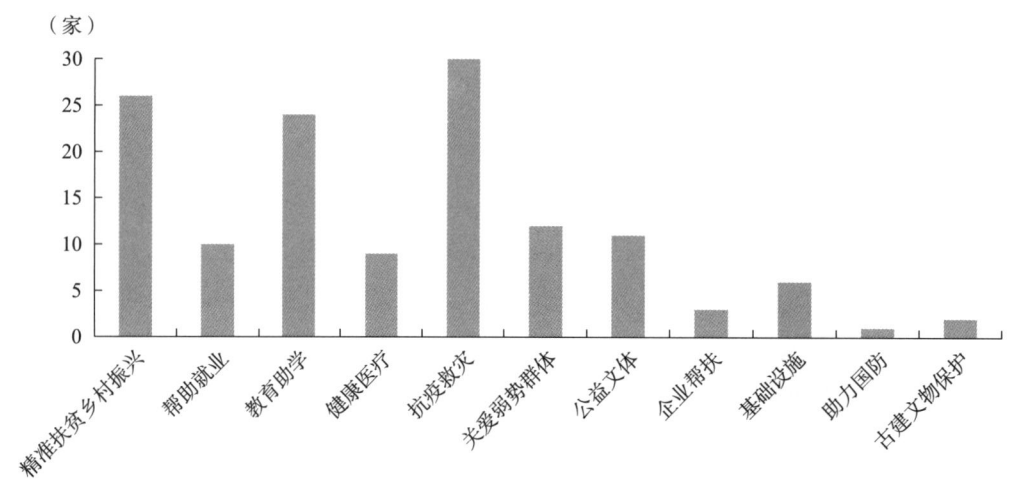

图6-1-74　30强上市房企中各项社会责任活动参与企业数量
数据来源：企业社会责任报告、企业官网。

环境责任方面，房企在"双碳"背景下加快绿色技术创新和升级，从上市公司报告中看主要体现在绿色建筑的覆盖面积不断提升，可再生能源的利用率的提高，生态环境的保护，绿色租赁、绿色办公、绿色施工等多方向推进绿色理念，实现可持续发展。2021年12月，港交所刊发《企业管治守则》的修订版，增加环境层面对气候变化应对的披露。万科在可持续发展报告中首次开展气候变化风险分析，提高气候风险管理效率。

各大房企积极构建绿色建筑体系，推动装配式建筑、超低能耗建筑、净零能耗建筑的发展。万科在2021年的社会责任报告中称，按照《绿色建筑评价标准》设计的新建建筑，2025年将实现二星、三星级项目100%获得认证，2030年将实现一星级项目100%获得认证。重庆中海寰宇天下专案为中海获得的首个国家三星绿色建筑标识。

从绿色设计层面来看，中海助力《零碳建筑技术标准》的编制，新城制定《海绵城市设计标准与实用手册》（2021版），保利制定并执行《能源节约与环境保护管理办法》。关注绿色建筑的房企在项目开发过程中，多采用下凹绿地、雨水花园等技术，在减碳减排的同时保证建筑的宜居性。除此之外，热回收系统、节能系统的运用，绿色材料的使用，绿色采购的实施等都从源头保障绿色建筑的有效推进。

从绿色施工层面来看，"十四五"规划下，国家鼓励装配式建筑，其在减少污染的同时能够结合BIM等新技术，提高建造质量和建造效率。各房企积极探索装配式建筑的新技术，推进施工现场的绿色化程度，有效减轻扬尘、噪声等污染，同时关注施工过程中的污染物排放等问题。碧桂园通过"建筑机器人+BIM+装配式"的模式，提升施工安全工程质量，实现建造全过程绿色降耗。大悦城以《2021年度安全环保责任书》为抓手，将开展污染物监督检测、环保提标改造等纳入年度环保目标，降低超标排放的风险。

从绿色运营层面来看，上市房企重点关注水资源管理、废弃物管理和能源节约，部分企业在开发运营项目的过程中更考虑保护生物多样性，关注"人与自然"的和谐关系。万科自2005年开始探索"零废弃"管理，在"零废弃办公""零废弃社区""零废区酒店""零废弃校园"完成试点。招商蛇口组建能效提升小组，制定《能耗能效管理系统设计与实施指引》《节能降耗管理规定》等多项规定，对项目的全周期实施能效管理。除企业自身的运营管理外，绿色理念的倡导、宣传也是房企积极践行绿色运营的方式之一。

（9）创新能力分析。

①数字科技提升赋能，企业寻求第二曲线。

2021年，行业发展模式转变。回归产品居住本质、注重多元业务发展、向管理要红利逐渐成为房企在艰难时期的发力点和突破点。

产品方面，越来越多房企在年报中强调加强客研，从客户需求出发，进行产品的迭代升级。其中，健康、绿色的人居环境和智能化、科技化、数字化的赋能是企业在产品方面进行创新的两大方向。一方面，疫情常态化，环保建材知识普及等使消费者越发关注健康、绿色；另一方面，"十四五"时期国家鼓励倡导绿色低碳的生产生活方式，大力发展数字化建设，加快数字家庭的发展，以提高居住品质。健康宜居的住宅关注采光、通风、噪声、空气质量等与健康相关的要素。除此之外，合理的建筑密度和布局，适合全龄的景观设计、游乐场及其他公共配套等也会影响住户的入住体验和感受。

具体到房企，健康方面如保利将产品体系升级到"全生命周期居住系统2.0——Well集合社区"，以十大健康新技术构造健康人居；大悦城升级"3H健康居住体系"至2.0版本，并在落地实施时根据不同区域特点，研发"3H健康概念户型"，以功能玄关、社交餐厨、双进主卫、体系收纳等八大生活场景构建舒适、愉悦的居住产品。

产品服务力层面，推动服务力的升级，加强客户满意度管理。万科在集团范围内开启2021年"5+3+2"共10项好服务行动，新增交付服务升级、设置交付标准样本间、交房及交证、线上签约四项新行动，提升万科产品和服务质量。同时万科物业首倡电梯广告收益全透明，发布"电梯困人关怀金"等呵护客户的乘梯安全。注重产品交付后的维修保养逐渐成为房企服务力升级的体现。如美的置业发布全新用户交付品牌"橙意家"、旭辉推出"悦心保养+"，提高交付能力的基础上，提供交付后的维修保障。

产品的工程质量监督方面，越来越多房企在社会责任报告中强调工程质量的监管，对在建项目进行自查评估、突击检查、第三方质量评估等多重方式，保障产品的交付质量。万科升级工地开放行动为"与业主共建家园"，邀请部分专业的准业主参与到项目建造过程中，定期与项目人员进入工地现场参观，并对结构施工、隐蔽工程等关键节点进行抽检。保利将内部质量审查与外部第三方质量评估相结合，形成全过程质量监督、评估、考核体系，确保建筑产品的高质量交付。荣盛发展编制《住宅产品全周期设计管理白皮书》，对上百个管控节点进行精细化管理。

智慧社区的发展逐渐成为房企发展的新常态，从全屋智能到无感通行、智能安保、智慧停车、社区服务机器人等，智慧社区的辐射范围正逐步增加。2021年4月，住房和城乡建设部等16部门联合发布《关于加快发展数字家庭提高居住品质的指导意见》，明确指出要加快发展数字家庭，提高居住品质。如"万科智造"以人工智能、移动互联、新能源三个核心技术为原点，"以AI+物业"为核心设计方向，重点关注无感通行、陌生人管理、高空抛物、智慧家居等场景的智造社区解决方案。合生创展将科技化与数位化融入企业经营管理，打造智慧社区服务平台App——"合生活"。该平台将传统物业服务线上化，增加社区商场、在线问诊、旅游服务和疫情公告等社区新模块。招商蛇口落地首个智慧社区全景样本，升级智慧社区建设模式，提升客户感知的同时赋能物业板块。

数字化的创新发展不仅体现在智慧社区，还有数字化施工、数字化运营，数字化营销等。尤其 2021 年房企资金端承压，部分房企遭遇流动性危机，加强营销力度，促进销售回款也是多数房企 2021 年的重大举措。在后疫情时代，数字化营销重要性凸显。龙头房企仍然不断探索线上营销模式，在看房小程序、线上购房 App 等平台基础上，进一步开展购房抢券、老带新等购房活动，甚至可以线上完成验资、选房、签约等全流程交易。除此之外，小程序和 App 可以发布社区信息，完成社群活动等。万科打造数字化车位空间"翼车位"，利用 VR 还原真实车库，将销售场景线上化，打造空间运营的新模式。绿城推出"绿城云"线上销售平台和"绿城智"智慧案场系统等数字化工具，促进线上线下多渠道成交。

在管理创新方面，科技赋能和数字化应用仍在不断推陈出新。数字信息化的管理，利用人工智能、大数据、CRM、ERP 等技术和系统应用，提高房企的精细化管理和运营管理效率。万科利用 AI 审图加强设计质量管控，通过 PRA、OCR、NLP 等技术的创新应用，建设基于"空间数字化"的产品生产、销售和运营模式，提高资金、资产的管控效率和精度。面对行业风险增加，新城控股携手数澜科技打造"智慧风控"，构建以风险控制为导向，业务赋能为目标的新型数智化审计风控平台，从而提高审计率，降低审计管理风险。华侨城打造"华侨城物业智慧管理平台、三维物联网平台、超级管家平台"三大平台，实现智能化空间服务场景。数字化平台能够为企业从业务决策到管理层决策提供数据服务和支持，为高质量发展提供新动能。具体从管理费用的情况看，2021 年，10 强上市房企的管理费用同比上升，且增速由负转正（见图 6-1-75），在房企利润收窄、去化承压下，房地产需要"向管理要红利"，加强内部管理水平和效率能够帮助房企提高利润水平。

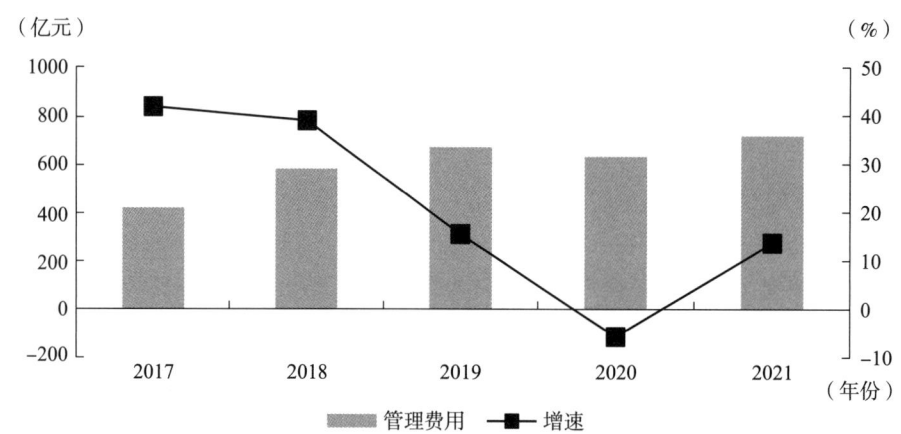

图 6-1-75　2017—2021 年 10 强上市房企合计管理费用情况

数据来源：企业年报、上海易居房地产研究院。

2021 年，房地产行业信贷受到严格管控，由于"四限"政策，销售端也略显疲乏。房企的现金流管理是否健康，遭受严峻考验。为拓展收入，寻找多种盈利渠道，多元化的业务发展、努力寻找第二增长曲线可能成为众多房企 2022 年的重要选择。随着国家对保障性住房、租赁住房、城市更新项目提供政策和资金支持，越来越多的房企试图通过长租公寓、保障性住房获取新的增长点。除老牌的万科、中骏等企业外，珠江实业等房企正式进入长租公寓行业。另外，商业地产、物业商管、养老、文旅、会展、教育、产城等也为房企发现和拓展盈利空间。新城打造"社区商业"新业务，从组织模式、管理体系、运营机制等方面建立全流程管理体系，开创一条新的业务线。招商蛇口在大健康产品与服务方面，构筑全新的"地产+健康"智慧康养赋能综合发展商业模式。

多元化布局方面，物业管理板块依旧是多数房企的优先选择，现金流稳定、集中度低、成长空间大的物业板块已经获得资本市场的广泛认可。据克而瑞物管统计，截至 2021 年 12 月 31 日，上市物业管理公司 55 家，物企上市进程放缓。年内有 14 家物管企业登陆资本市场，较上年 18 家减少 4 家。从 10 强上市房企物业板块的上市情况看，10 强中有 7 家物业板块已上市，万科的万物云与龙湖的龙湖智创正在 IPO 中，金地的物业板块暂无上市计划（见表6-1-14）。

表6-1-14　10强上市房企物业板块的上市情况

证券代码	证券简称	上市状态
H01782.HK	万物云	IPO中
6049.HK	保利物业	已上市
2669.HK	中海物业	已上市
6098.HK	碧桂园服务	已上市
1209.HK	华润万象生活	已上市
H01730.HK	龙湖智创	IPO中
001914.SZ	招商积余	已上市
1755.HK	新城悦服务	已上市
1995.HK	旭辉永升服务	已上市

数据来源：公开资料、上海易居房地产研究院。

从多元化业务的发展情况看，2017年至2021年，除2019年明显下降外，上市房企多元化业务收入均值整体呈现稳步增长的态势。2021年多元化业务同比增长约20%，增速有所下降，一方面原因是2019年多元化业务收入均值下降明显，引发2020年增速较大，最终使得2021年的增速相较2020年降幅稍大；另一方面是2021年房企现金流受限，少部分房企通过出售多元化业务为企业经营纾困（见图6-1-76）。

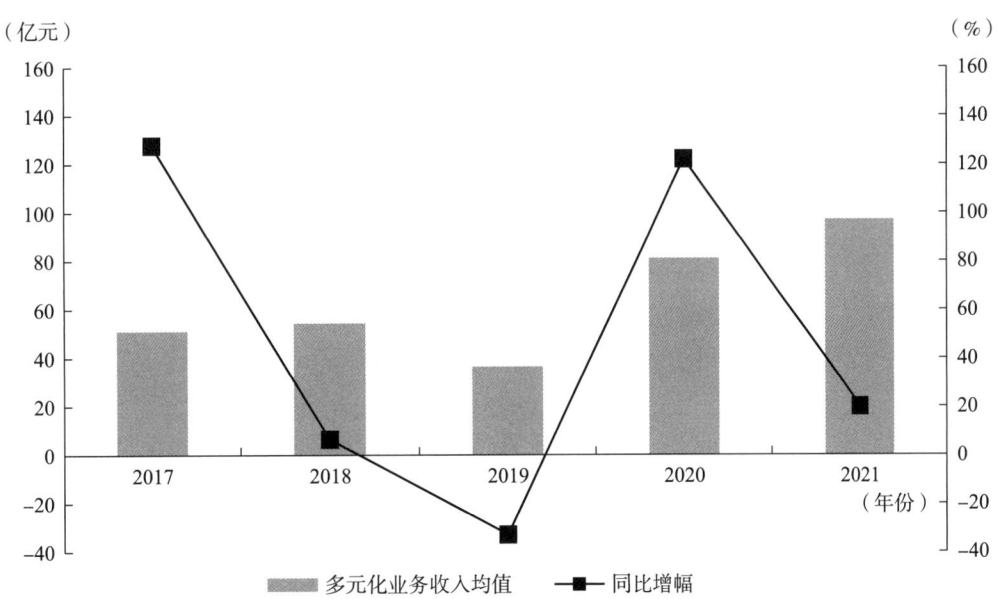

图6-1-76　2017—2021年上市房企多元化业务均值变化情况

数据来源：企业公告、上海易居房地产研究院。
注：上市房企多元化业务收入均值=上市房企营业收入均值-上市房企房地产开发业务收入均值。

（三）2022年房地产企业品牌价值测评

发布机构：中国房地产业协会　上海易居房地产研究院

发布时间：2022年10月27日

发布地点：上海

1. 测评榜单（见表6-1-15）

表6-1-15　2022年房地产开发企业品牌价值50强

排名	企业名称	品牌价值（亿元）	排名	企业名称	品牌价值（亿元）
1	中海企业发展集团有限公司	807	26	金辉集团股份有限公司	171
2	万科企业股份有限公司	758	27	合生创展集团有限公司	164
3	保利发展控股集团股份有限公司	546	28	深圳华侨城股份有限公司	157
4	华润置地有限公司	533	29	仁恒置地有限公司	152
5	碧桂园控股有限公司	492	30	中骏集团控股有限公司	150
6	招商局蛇口工业区控股股份有限公司	457	31	金融街控股股份有限公司	146
7	龙湖集团控股有限公司	413	32	大悦城控股集团股份有限公司	145
8	金地（集团）股份有限公司	316	33	卓越置业集团有限公司	143
9	中国金茂控股集团有限公司	294	34	联发集团有限公司	141
10	新城控股集团股份有限公司	288	35	上海陆家嘴金融贸易区开发股份有限公司	140
11	绿城中国控股有限公司	280	36	重庆华宇集团有限公司	139
12	杭州滨江房产集团股份有限公司	255	37	北京金隅地产开发集团有限公司	138
13	建发房地产集团有限公司	253	38	中冶置业集团有限公司	133
14	中国铁建房地产集团有限公司	251	39	五矿地产有限公司	132
15	远洋集团控股有限公司	249	40	海伦堡中国控股有限公司	130
16	越秀地产	242	41	四川新希望房地产开发有限公司	127
17	珠海华发实业股份有限公司	240	42	信达地产股份有限公司	125
18	雅居乐集团控股有限公司	239	43	武汉城市建设集团有限公司	122
19	北京首都开发股份有限公司	238	44	合景泰富集团控股有限公司	119
20	上海中建东孚投资发展有限公司	236	45	北京城建投资发展股份有限公司	114
21	美的置业集团有限公司	220	46	杭州市城建开发集团有限公司	111
22	路劲地产集团有限公司	213	47	上海建工房产有限公司	105
23	中交地产股份有限公司	207	48	上海实业城市开发集团有限公司	103
24	大连万达商业管理集团股份有限公司	200	49	光明房地产集团股份有限公司	100
25	旭辉集团股份有限公司	176	50	中华企业股份有限公司	98

2. 测评分析

（1）入榜企业分析。

①50强排名变动明显，中海榜单第一位置不变。

2022年，50强品牌房企位次变动较大，其中，50强榜单变动率为50%，较上年大幅上升36个百分点；20强榜单变动率为40%，较上年上升30个百分点；10强榜单变动率为20%，与上年持平（见图6-1-77）。新晋10强的品牌房企为中国金茂和新城，中国金茂以"释放城市未来生命力"为己任，始终坚持高端定位和精品路线，在以品质领先为核心的"双轮两翼"战略基础上，聚焦"两驱动、两升级"的城市运营模式，致力于成为中国领先的城市运营商，公司排名从2021年的第16位上升到第9位。"让幸福变得简单"是新城不变的使命，公司不断探索行业的可持续发展空间，坚定信心，积极谋变，持续深化"住宅+商业"双轮驱动战略的内涵，排名从2021年的第12位上升到2022年的第10位（见表6-1-16）。

表6-1-16　2022年品牌10强房企名次变化

企业名称	2022年排名	2021年排名	2020年排名
中海	1	1	1
万科	2	2	2
保利	3	4	7
华润	4	5	5
碧桂园	5	3	4
招商蛇口	6	8	11
龙湖	7	6	6
金地	8	10	13
中国金茂	9	16	34
新城	10	12	—

数据来源：CRIC、上海易居房地产研究院。

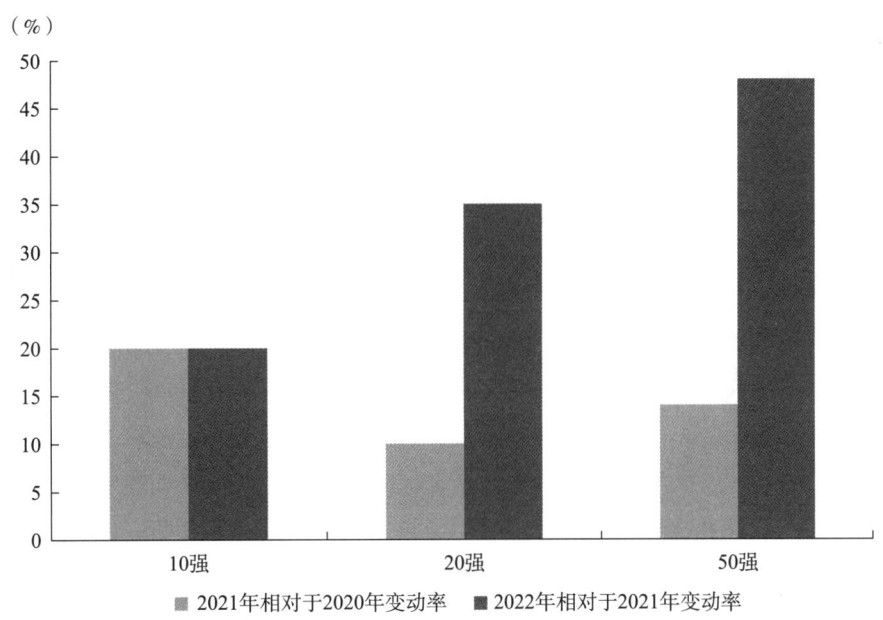

图6-1-77　2021年、2022年10强、20强及50强品牌房企变动率对比情况图

数据来源：上海易居房地产研究院。

②华南房企占据主流，国资背景房企优势较大。

从50强品牌房企总部所在区域来看，华南、华东房企占比分别为40%和32%。华北房企占比为22%，西南和华中房企占比未超5%，西北房企未入榜。相较于2021年，华南、华北房企占比有所增加；华东、西南房企占比有所减少；华中房企占比保持不变（见图6-1-78）。10强品牌房企中，华南区域依旧占据最高份额，总计7家，华东区域房企1家，华北区域房企2家。

2022年，50强品牌房企中，上市房企占比为80%，与上年持平（见图6-1-79）。当前环境下房地产开发企业上市较为困难，2021年，仅三巽控股一家企业成功上市，年内递交招股说明书的房企7家，房企上市数量

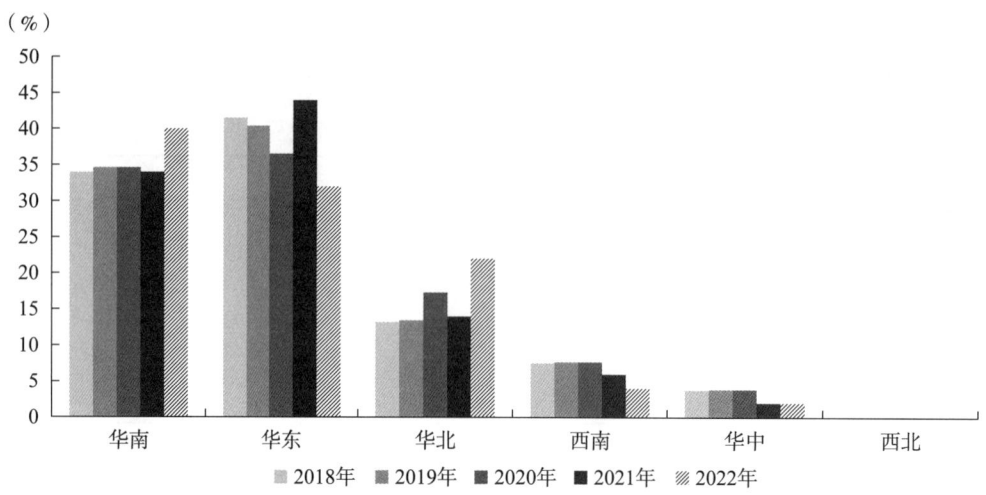

图 6-1-78　2018—2022 年 50 强品牌房企区域占比

数据来源：上海易居房地产研究院。

和递交招股说明书数量均有所下降。

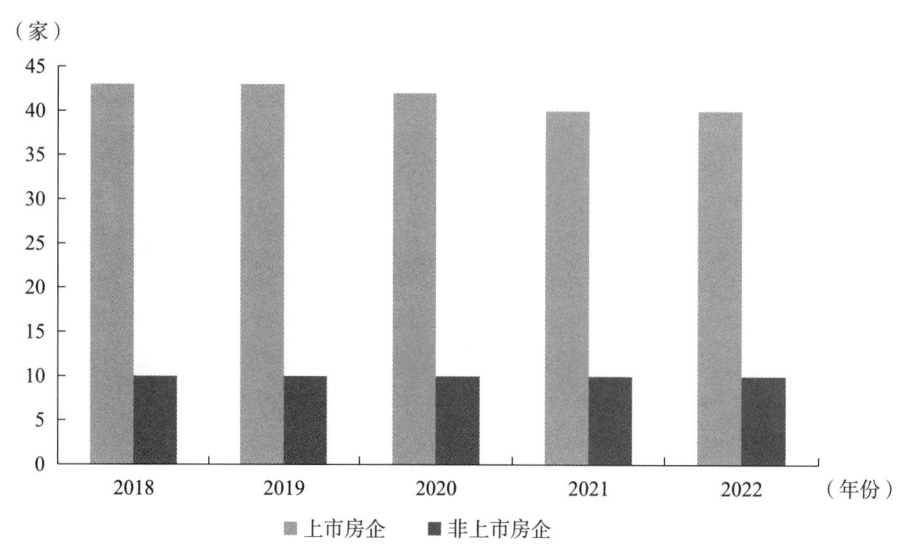

图 6-1-79　2018—2022 年 50 强品牌房企上市情况

数据来源：上海易居房地产研究院。

从企业性质来看，50 强品牌房企中，有国资背景的占比 62%，较 2021 年上升 40 个百分点；民企占比 38%，较 2021 年下降 40 个百分点。其中，10 强房企中有国资背景的房企 6 家，民营房企 4 家。2021 年，行业营商环境整体下行的背景下，国资背景房企优势较为明显。融资方面，国资背景房企财务情况较为稳健，受"三道红线"等政策影响较小；拿地方面，国资背景房企在 2021 年土拍市场中拿地占比较高，为未来业务发展打下坚实基础。随着行业逐步出清，国资背景房企有望占据更多市场份额。

③重大工程提升影响，绿色科技赋能品牌价值。

受外部环境及产业结构调整影响，房地产市场长期筑底，存量去化承压。房企经营由粗放型增长模式向低杠杆、精细化的内生型模式全面过渡，立足长期主义、提升产品力已成为行业共识。品牌供应链企业一方面加强工程业务现金流管理，谨慎选择合作伙伴，另一方面匹配未来建筑升级方向，满足消费者宜居、舒适、健康的需求，加紧技术创新转化，占据赛道头部。

房建产业升级的必然趋势，从住房和城乡建设部《印发"十四五"建筑节能与绿色建筑发展规划的通知》清晰可见，总体目标要求到2025年，城镇新建建筑全面建成绿色建筑，建筑能源利用效率稳步提升，建筑用能结构逐步优化，建筑能耗和碳排放增长趋势得到有效控制，基本形成绿色、低碳、循环的建设发展方式，为城乡建设领域2030年前碳达峰奠定坚实基础。全国多个省市如北京、上海、天津、重庆、山西、山东、江苏等地起草绿色建筑发展相关政策和条例，鼓励建筑、家居建材供应链的"绿色化""数智化"和"低碳化"。

企业在技术创新、渠道建设、节能环保、营销增值四个维度方面对综合产值的贡献，形成有效的品牌生产力。

在技术创新方面，以东方雨虹为例。作为国内建筑防水行业首家上市公司，东方雨虹承担大量国家重点建设项目的防水工程，"东方雨虹"品牌还涉及"雨虹防水""德爱威""建筑修缮""卧牛山节能"等，通过新材料、新技术、新工艺等的应用，提升产品服务质量效率、降低能耗、减少碳排放，截至2022年6月30日，公司累计拥有有效专利1337件，其中发明专利397件、实用新型专利805件、外观设计135件，国外有效专利9件。蒙娜丽莎集团股份有限公司则与中科院广州化学有限公司联合研发推出陶瓷砖应用辅料，与定制、石材等行业进行跨界合作，进军岩板家居领域，拥有专利1087件，其中发明专利216件（含国外发明专利8件）、实用新型专利158件、外观设计713件。

在渠道管理方面，以东鹏陶瓷为例，作为建筑陶瓷行业头部品牌之一，东鹏多次支持国家重点工程和重大活动。依托强大的渠道优势，其产品不仅应用于北京奥运会场馆、北京国家大剧院、港珠澳大桥、北京大兴国际机场、雄安高铁等多个重点工程、高端项目和地标建筑，而且多次支持国家重大活动，如成为北京2022年冬奥会和冬残奥会官方瓷砖供应商，东鹏整装卫浴成为中国航天事业支持商。东鹏深耕品牌建设，产品用户900多万人，拥有良好的口碑和美誉度。

在节能环保方面，北新建材从绿色原料、绿色生产、绿色建造、绿色应用、绿色回收等环节打造全生命周期的绿色建筑产业链。2022年上半年，该企业积极开展低碳技术研究，研发清洁能源替代技术并在公司推广应用，太仓、武汉工厂完成天然气替代燃煤技术改造，镇江工厂完成电厂低压余热蒸汽替代燃煤技术改造；开展生物质燃料应用技术、屋顶集热技术等研究；新建生产线基本采用清洁燃料为热源的生产工艺。在清洁燃煤技术方面，完成公司第二代近零排放技术开发，进一步降低烟尘、二氧化硫、氮氧化物排放。截至2022年6月，38家企业通过能源管理体系认证，21家企业通过国家级绿色工厂认证，18家企业通过省级绿色工厂认证。

在营销增值力方面，品牌企业依托立体营销网络，形成强大的消费流量，与工程市场形成呼应。以王力安防为例，作为安全门锁行业首家上市公司，该企业是最早进入安全门和智能锁市场的企业之一，通过线上+线下多元化、媒体矩阵进行传播，结合电商、终端活动将事件影响在消费端品牌形象逐步深化，反向促进精装配套合作；奥普家居则从大量铺货铺店铺商到更注重品质动销、门店触达和更多元化产生实质销售、更注重客单值的渠道盈利模式。工程渠道顺势而为，通过多签战略、多招商、尝试新渠道、突破薄弱区域的策略扩大流量入口拉升规模和市场占有率。

总的来说，品牌价值对企业运营的贡献力直接体现在营业收入端。诚信、守法、可靠、专业、价值、经济、高效的品牌形象，创建良好的供应链合作伙伴生态，也是企业在市场竞争中取得溢价的关键。

（2）品牌成长分析。

①行业出清利润减少，品牌房企超额收益受限。

2021年，我国经济持续恢复发展，全年国内生产总值114.4万亿元，同比增长8.1%。具体到房地产市场，2021年全国商品房销售额18.2万亿元，同比增长4.8%；商品房销售面积17.9亿平方米，同比增长1.9%。行业政策方面，行业全面去杠杆，从控风险到风险暴露后定调良性循环，集中供地政策调整，地方政策调控呈现高频化、精准化。总的来看，上、下半年反转较大，上半年调控政策层层加码，三季度后政策以稳为主。调控政策加码传导至行业内企业，造成企业融资困难，销售滞缓，不断有企业在行业发展模式转变的背景下，未能适应"去杠杆、降负债"下的资金压力，从而违约。

2022年上半年，出险企业数量持续增加，多地爆发停贷潮、断供潮，市场信心持续下降，成交减少。从统计局70个大中城市价格环比情况来看,多地新房价格连续下跌,房企在资金端承压的情况下,销售价格和销售数量均呈现下滑趋势,销售回款力度减弱。2021年初至2022年底,全国多地疫情反复,各地配合疫情封控政策,开工项目进度滞缓,影响毛利结算。另外,市场调整阶段,多数房企促销资产以获得稳定现金流,进而影响利润结算。从品牌房企的营业利润看,2021年各梯队营业利润均值均有下降。10强、20强和50强的营业利润均值分别为363.10亿元、238.09亿元和144.58亿元。从2022年上半年营业利润来看,预计2022年营业利润均值仍呈现下降趋势(见图6-1-80)。

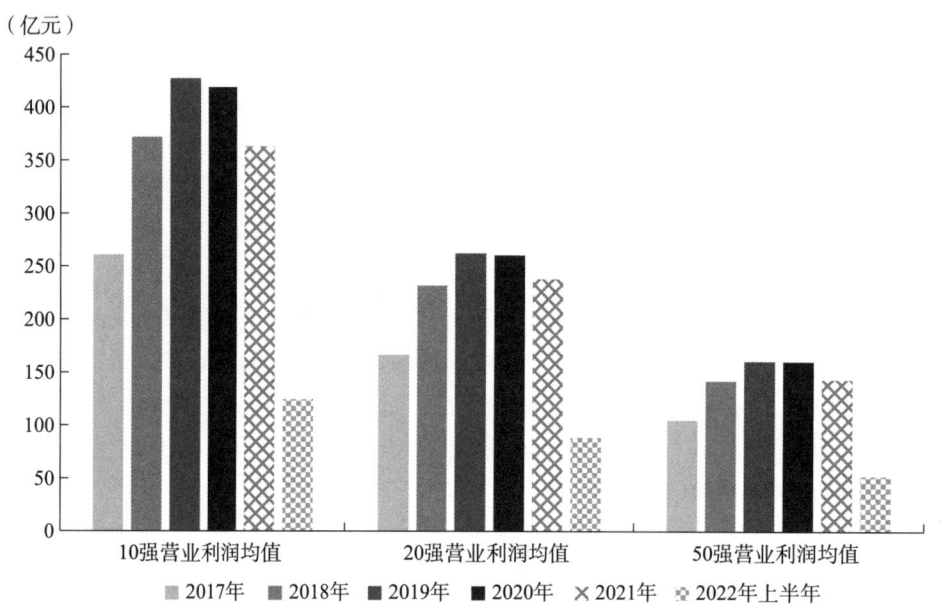

图6-1-80　2017—2022年上半年品牌房企营业利润均值情况

数据来源:wind、上海易居房地产研究院。

从超额收益情况看,2021年,10强、20强和50强品牌房企超额收益均值分别为93.98亿元、56.13亿元和26.57亿元(见图6-1-81)。各梯队超额收益整体下降,但龙头房企依然相对稳健。

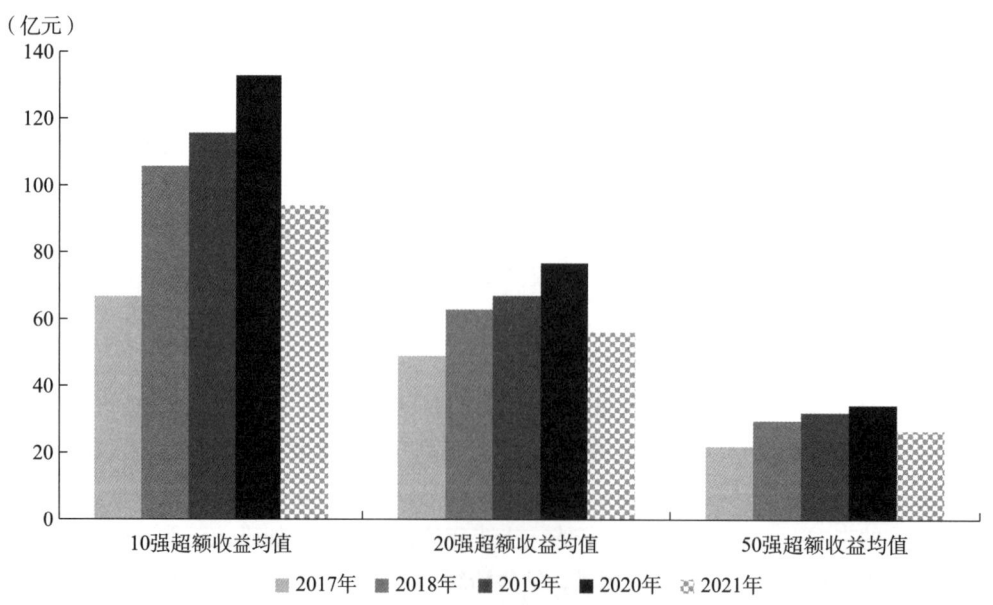

图6-1-81　2017—2021年品牌房企超额收益均值情况

数据来源:CRIC、上海易居房地产研究院。

②品牌价值稍有回落，中海万科依旧保持增长。

从2018—2022年房地产企业品牌价值测评结果看，企业品牌价值总体稍有回落。主要在于2021年房地产企业境内外债券违约频发、暴雷不断，消费者对房地产企业的信心减少，从而影响房企品牌形象下降。

数据显示，2022年，10强、20强和50强的品牌价值均稍有回落，增长率近五年来首次为负值（见图6-1-82）。其中，50强的品牌价值均值由上年的251亿元回落至234亿元，同比下降6.77%，2018—2022年的年均复合增长率约为7.03%；20强的品牌价值均值由上年的383亿元回落至369亿元，同比下降3.66%，2018—2022年的年均复合增长率约为6.59%；10强的品牌价值均值由上年的493亿元回落至490亿元，同比下降0.45%，2018—2022年年均复合增长率约为8.05%。

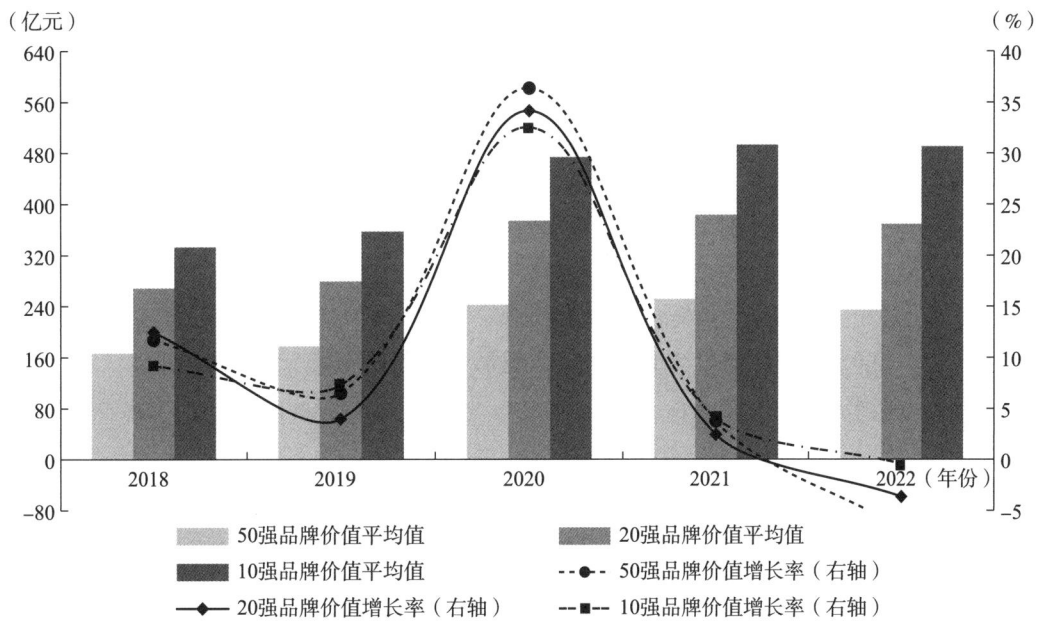

图6-1-82　2018—2022年房企品牌价值平均值及增长情况

数据来源：CRIC、上海易居房地产研究院。

从2018—2022年连续入榜企业的品牌价值测评结果来看，品牌价值趋向分化，部分稳健经营的企业在市场较为悲观、行业发展受限的背景下仍能不断提升品牌价值。数据显示，2021—2022年连续入榜的企业中，企业品牌价值实现正增长的房企占比约为54%，如中海、万科、保利、华润继续保持领先。此外，46%的企业由于融资杠杆过高、现金流吃紧、投资较为激进等问题，品牌价值出现负增长（见图6-1-83）。

③50强门槛向下调整，第二梯队继续小幅扩容。

从近五年的情况看，品牌10强和50强的进入门槛均在2021年达到顶峰后，于2022年首次下降。其中，品牌价值50强的门槛由2021年的113亿元下降至98亿元；品牌价值10强的门槛由327亿元下降至288亿元。

2022年，虽然品牌价值总体稍有回落，但98%的入榜企业均进入第一、第二梯队。其中，品牌价值在200亿元以上的第一梯队房企数量23家，占比46%，较上年下降4个百分点（见图6-1-84）。第一梯队房企品牌价值均值为348亿元，同比下降0.85%（见图6-1-85）；品牌价值在100亿~200亿元的第二梯队房企数量26家，占比52%，较上年增加2个百分点。第二梯队品牌价值均值138亿元，同比下降8.61%。总体来看，企业品牌价值格局基本稳定。

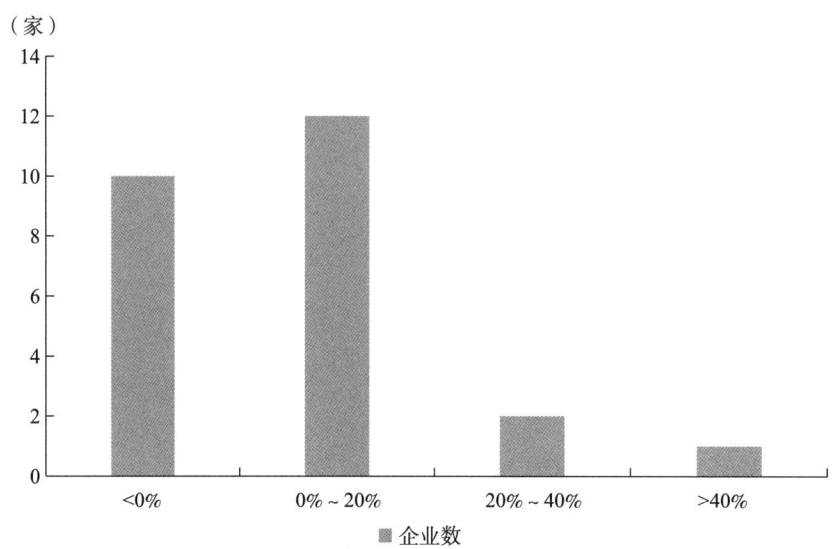

图 6-1-83　2022 年连续两年入榜房企品牌价值增长率分布情况

数据来源：CRIC、上海易居房地产研究院。

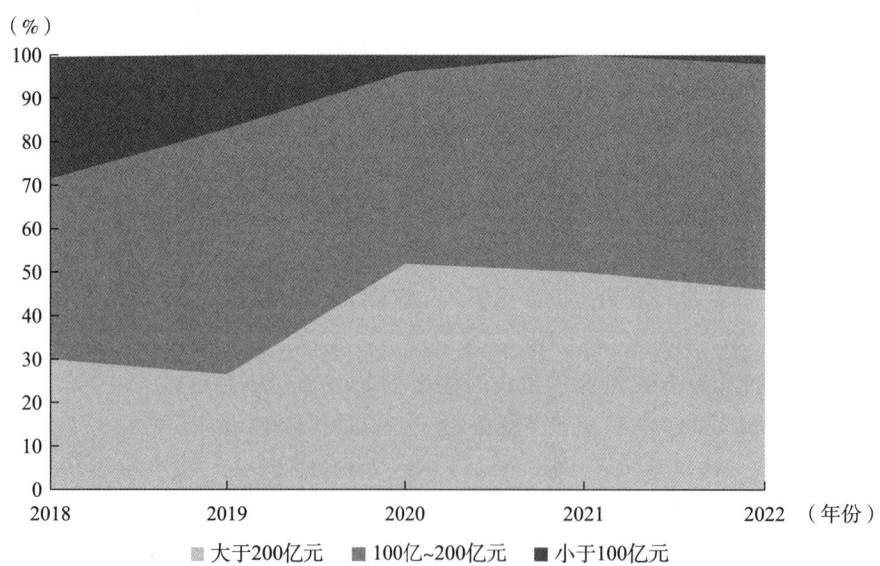

图 6-1-84　2018—2022 年 50 强品牌价值区间房企数量占比变化

数据来源：CRIC、上海易居房地产研究院。

VI. 企业篇

一、2022—2023年度房地产开发企业测评榜及分析

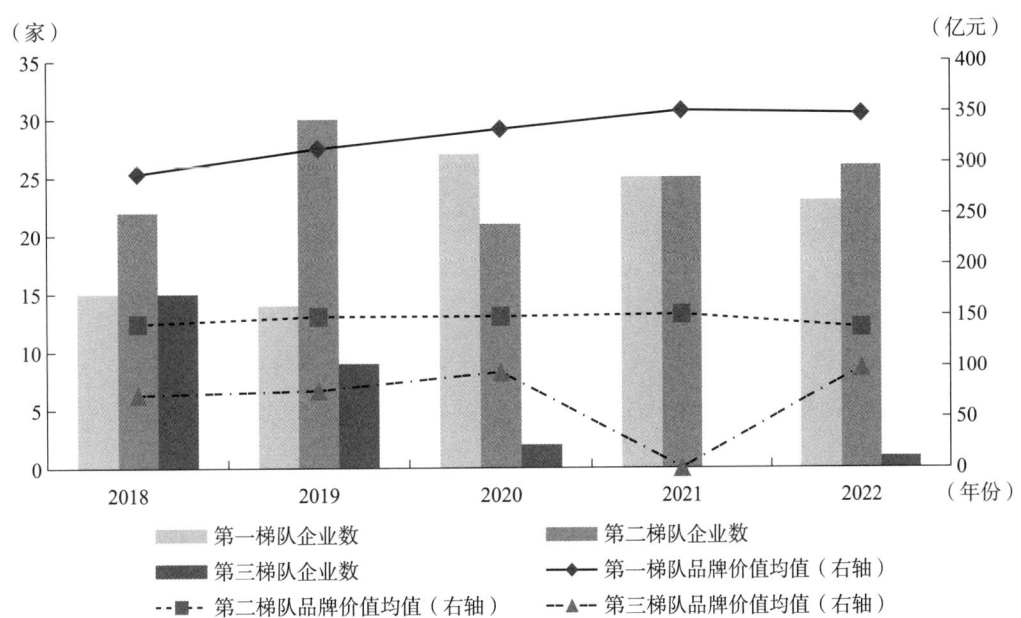

图 6-1-85 2018—2022 年 50 强房企品牌价值区间数量及均值情况

数据来源：CRIC、上海易居房地产研究院。

（3）品牌特征分析。

①认知度提升较明显，美誉度忠诚度持续分化。

上海易居房地产研究院连续三年通过消费者调研，从认知度、美誉度和忠诚度三个维度分析房企的品牌特征。总体来看，2022年，50强品牌房企的认知度有所提升，美誉度和忠诚度则出现不同程度的下降。其中，平均认知度为45.26%，较上年上升1.77个百分点，各梯队认知度均较上年有所提升；平均美誉度为29.43%，较上年下降5.07个百分点；平均忠诚度为5.07%，较上年下降2.86个百分点。从分化程度看，各梯队品牌房企认知度分化程度较小，方差较上年有所缩小，为1.01%；美誉度和忠诚度方面分化加大，方差分别为4.83%、0.45%。尤其是10强和50强之间在美誉度和忠诚度方面差距继续扩大，其中美誉度均值相差3.43个百分点，忠诚度均值相差7.28个百分点（见图6-1-86）。

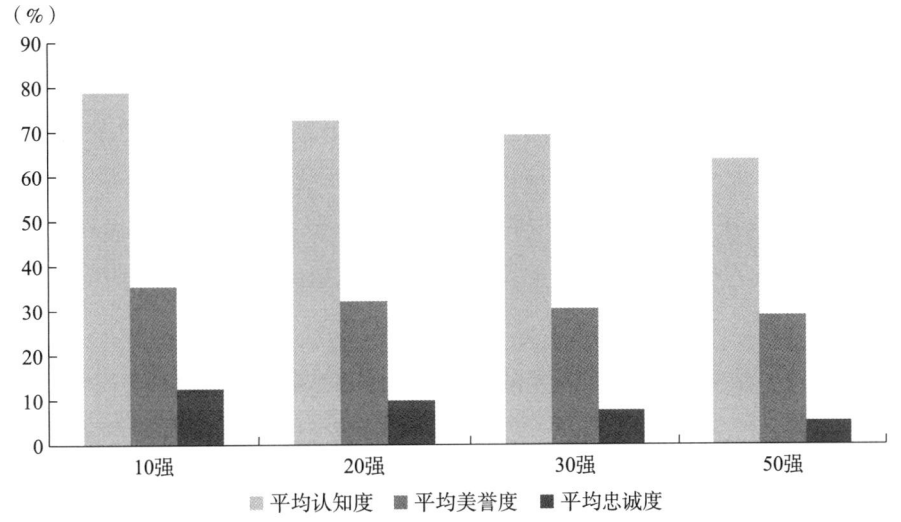

图 6-1-86 2022 年各梯队品牌房企平均认知度、平均美誉度、平均忠诚度对比情况

数据来源：上海易居房地产研究院房企品牌调研。

调研结果显示，50强品牌房企的认知度多数集中在50%~75%（见图6-1-87）。其中，10强品牌房企平均认知度为78.85%，较50强平均水平高出15.14个百分点，两者差距较2021年有所收窄。具体到房企，万科以88.67%的认知度排名第一，碧桂园、保利、龙湖、新城分列第二到第五位（见表6-1-17）。

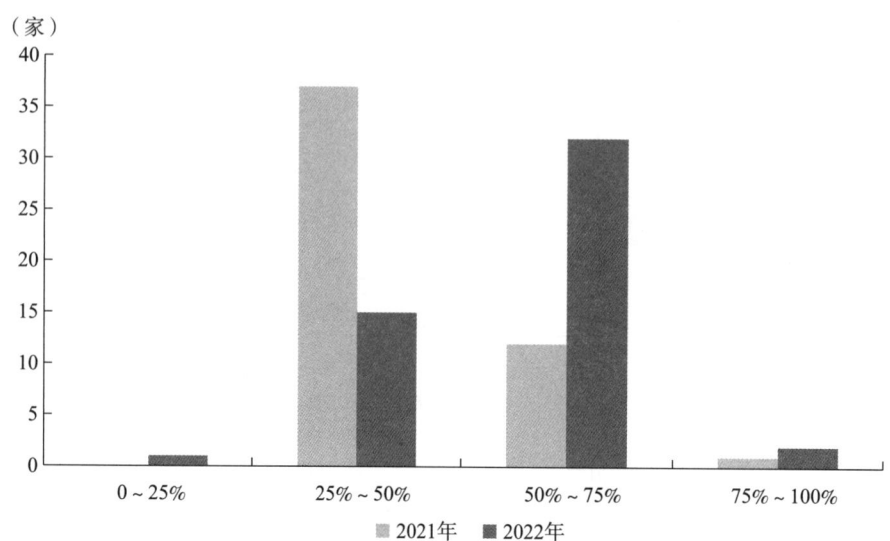

图6-1-87　2021—2022年50强品牌房企认知度分布情况

数据来源：上海易居房地产研究院房企品牌调研。

表6-1-17　2022年品牌认知度调查排名前10房企

企业名称	认知度（%）	企业名称	认知度（%）
万科	89.67	华润	77.38
碧桂园	85.95	绿城	76.11
保利	81.05	招商蛇口	75.28
龙湖	80.38	金茂	70.59
新城	79.52	旭辉	68.58

数据来源：上海易居房地产研究院房企品牌调研。

品牌美誉度方面，客户在产品本身和社区服务等更多方面要求越来越高，房企获得美誉度评价难度提升。同时，2021年以来，不断出现的交付问题也降低客户对于整体房企的美誉度评价。2022年，64%的50强品牌房企美誉度在20%~40%，其中，美誉度高于40%的房企占比较上年均有下降（见图6-1-88）。10强品牌房企平均美誉度为35.41%，比50强平均水平高出5.98个百分点，差距较上年有所加大。其中，在认知的基础上65.33%的受访者为龙湖做出"非常喜欢"和"喜欢"的评价，排名第一（见表6-1-18）。万科和中海分列第二和第三位。

表6-1-18　2022年品牌美誉度调查排名前10房企

企业名称	美誉度（%）	企业名称	美誉度（%）
龙湖	65.33	招商蛇口	51.45
万科	63.28	越秀	48.28
中海	62.02	仁恒	44.41

续表

企业名称	美誉度（%）	企业名称	美誉度（%）
绿城	59.41	金茂	41.58
华润	55.23	路劲	39.27

数据来源：上海易居房地产研究院房企品牌调研。

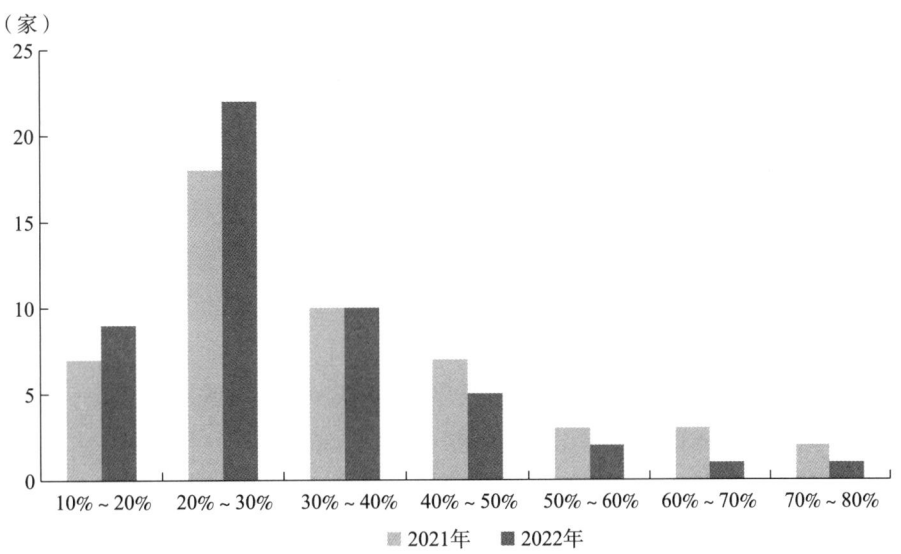

图 6-1-88　2021—2022 年 50 强品牌房企美誉度分布情况

数据来源：上海易居房地产研究院房企品牌调研。

2022年，由于部分房企出现业绩下滑、债务偿付困难甚至违约、交付存在风险等问题，50强品牌房企的平均忠诚度持续下降，76%的品牌房企忠诚度处于0~10%，24%的品牌房企忠诚度处于10%~20%（见图6-1-89）。其中，10强品牌房企平均忠诚度为12.28%，较50强平均水平高7.21个百分点。万科以19.89%的忠诚度排名第一（见表6-1-19）。其次是保利，忠诚度为18.24%。龙湖、仁恒、中海分列第三到第五位。

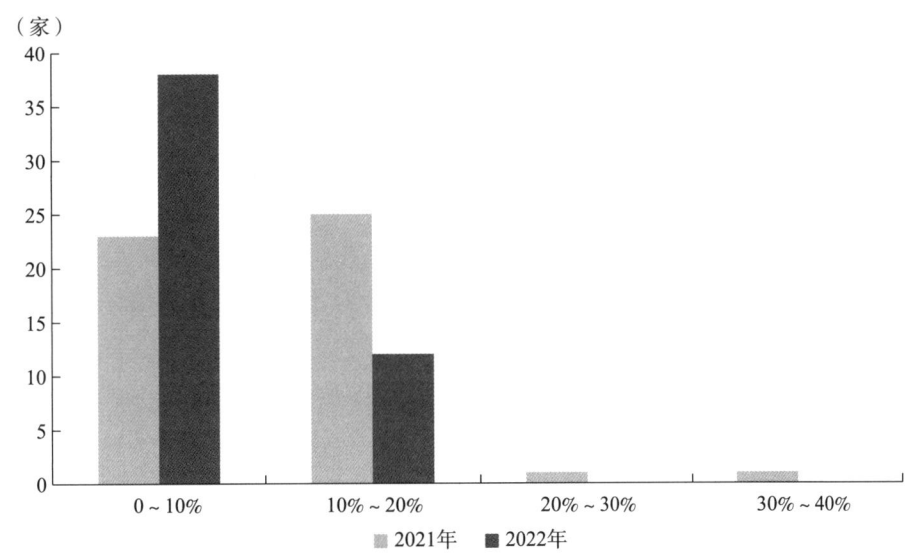

图 6-1-89　2021—2022 年 50 强品牌房企忠诚度分布情况

数据来源：上海易居房地产研究院房企品牌调研。

表 6-1-19 2022 年品牌忠诚度调查排名前 10 房企

企业名称	忠诚度（%）	企业名称	忠诚度（%）
万科	19.89	招商蛇口	13.11
保利	18.24	华润	11.88
龙湖	16.53	绿城	10.32
仁恒	15.72	越秀	9.85
中海	13.89	金茂	8.42

数据来源：上海易居房地产研究院房企品牌调研。

②ESG 受到普遍重视，房企积极履行社会责任。

近年来，ESG 报告普遍受到重视，房企披露 ESG 报告比例不断提升，且越来越多房企单独披露 ESG 报告、可持续发展报告或社会责任报告。从发布内容看，ESG 报告发布涵盖范围越来越全面、精准。如碧桂园搭建 ESG 数据管理平台，实行数据收集精准化。从内容侧重情况看，房企在绿色建筑和环境数据披露方面较为详细，在社会责任披露方面以捐赠救灾等内容为主，在社会数据方面，如员工职业健康内容等方面则略显不足。

随着碳中和、碳达峰目标的提出，房地产行业的经营模式和发展道路都需要做出重大改变。政策方面，住房和城乡建设部《建筑节能与可再生能源利用通用规范》于 2022 年 4 月起执行，主要内容包括，建筑碳排放计算做出强制性要求、可再生能源利用和建筑节能研究细化、新建建筑节能设计水平进一步提升、暖通空调系统效率和照明要求全面提高等。在房企开发业务方面，房企首先着力于绿色建材的应用。如保利在建设工程主体中采用高精砌块、ALC 墙板、保温砂浆及保温板等绿色材料，严格控制材料的有害物质。其次，房企不断发展绿色节能建造技术。如中国金茂积极推进光伏建筑一体化（BIPV）技术开发和应用，研发光伏顶、光伏墙等系列产品，提高光伏绿色电力应用比例。保利积极应用绿色节能、超低能耗技术，深入研究近零能耗建筑等方法。从绿色建筑普及情况看，2021 年，全国新建绿色建筑面积约 20 亿平方米，占新建建筑比例超过八成。10 强房企 2021 年绿色建筑二星、三星级面积也约 4600 万平方米，呈现较快增长态势（见图 6-1-90）。而从绿色星级认证情况看，二星、三星级面积占比依然较低，且二星、三星级绿色建筑中运行标识项目占比极低，绿色理念更多停留在设计环节，将绿色理念应用到实际运行的环节依然存在较多困难。

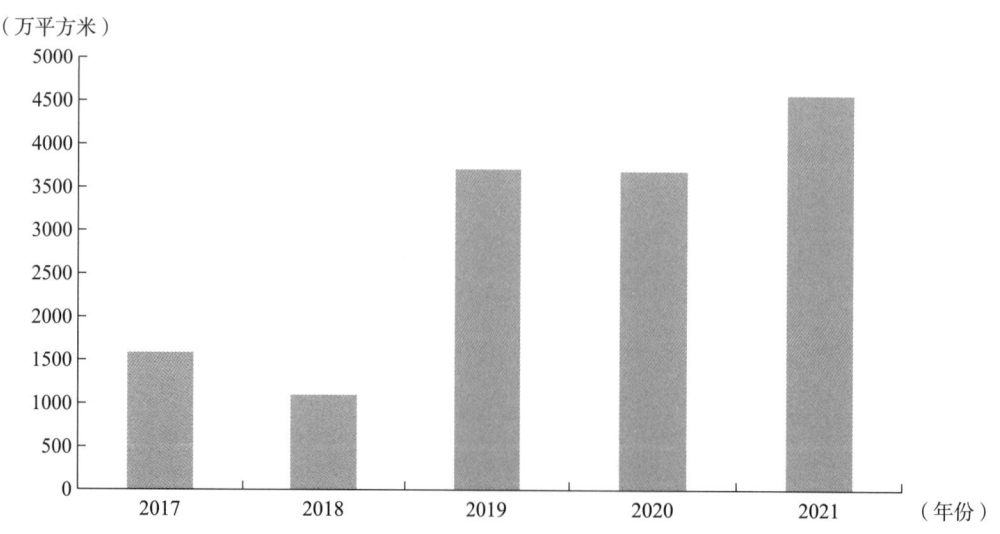

图 6-1-90 2017—2021 年 10 强品牌房企绿色建筑二星、三星级面积

数据来源：企业年报、企业可持续报告、企业环境、社会及管治报告。

在商业地产、租赁、物业等领域，降低能耗同样是房企重要的课题。房企绿色运营主要步骤大致为制定节能环保管理制度，运用节能技术，最后科学评估成果。如龙湖集团在物业板块制定《龙湖智慧服务集团能源管理制度》，养老业务制定《集团椿山万树运营手册综合部分指引》等能源管理制度，明确能耗优化方案。商业地产实现关键设备技术指标、日常运营管理指标、IBMS综合指标、消防报警管理指标以及能源&环境品质的KPI考核线上化，提高过程管理的精细度。另外，龙湖通过专家经验建立冷站智慧控制模型，指导一线员工科学合理地运营冷站，降低制冷站的运行能耗。万科则积极运用节能技术，在酒店和度假业务中，在途建设项目有条件的中央空调系统均采用高效机房，中央冷站的COP值不低于5.0；新建项目的集中热水系统选用空调热回收系统及空气能热泵作为辅助热源。租赁业务中，泊寓新开自持项目100%采用变频一级能耗空调、热水器。物业管理中，对于在管服务范围包括能源管理的商业项目，收集单位建筑面积耗电量/耗水量、万元营业额耗电量/耗水量等运营能效指标，并建立按照项目业态划分的能耗基准值信息。

员工方面，多数房企认为人才是企业发展的重要生产力，公司应该充分尊重和保护员工的权益，建立多元、包容的用工环境。如绿城打造"所有成员发现、提升、实现自我价值的公共平台"的企业定位，坚持践行"把企业还原为学校，带动员工和企业共同成长"。中国金茂坚持"共创、共享、共成长"的人才发展战略，持续完善人才雇佣、管理、培养体系及保障机制，为员工职业发展创造广阔的平台，发挥企业与员工的共享价值，实现企业与员工的共同成长。同时，为了实现企业稳健经营，员工的合规培训、风险管控培训日益重要。如万科开展数据安全与个人信息保护合规培训和信息安全及个人信息保护合规赋能培训大会等，推动各一线业务单位落实全员信息安全培训，并将培训工作落实情况纳入稽核检查。

履行社会责任方面，房企除积极捐款外，更多开展"造血式"帮扶，将自身业务体系与当地产业、资源结合，优势互补，共同发展。在教育助学方面，房企秉持长期原则，持续运营各类课堂学校，使越来越多的困难地区学生能够得到所需的教育资源（见表6-1-20）。在救灾、社区公益等方面，房企充分发挥自身优势，捐款捐物，不遗余力。

表6-1-20　2021年典型房企社会公益履行情况

房企名称	社会公益情况
弘阳	捐赠914.38万元用于公益项目，志愿者服务4128小时
祥生	公益项目10个，捐款累计超过1525万元
中海	投入超350万元捐建中海集团第15所希望小学
中骏	公益事业投入逾4000万元
中梁	2021年，捐款总额2160万元
华润	2021年，在公益慈善领域捐赠4598.73万元
新城	2021年，公益助农平台订单超过16000份，助力超过51万元
万科	2021年，公益基金总支出约1.2亿元，发起3个志愿者项目及16场公益志愿者活动
绿城	爱心基金会捐赠100万元
龙湖	2021年，向社会捐款4.16亿元，历史累计捐赠17亿元
保利	在全国26个省市持续运营43间艺术课堂学校，直接受益学生群体12000人；投入254万元用于"培训+就业"帮扶工作

数据来源：企业公众号、企业公告。

③土拍规模趋势下行，国资企业拿地优势明显。

近年来，随着房地产行业规模逐渐见顶，土拍市场规模总体呈现增速下降的趋势。财政部数据显示，2021年，国有土地使用权出让收入约8.7万亿元，同比增长3.46%，增速较2017年下降37.23个百分点（见图6-1-91）。2022年，房地产市场持续下行、疫情反复不断，房企对市场未来预期不明，拿地热情明显下滑。即使房地产政策出现宽松，2022年上半年，国有土地使用权出让收入约2.4万亿元，同比下降31.40%。

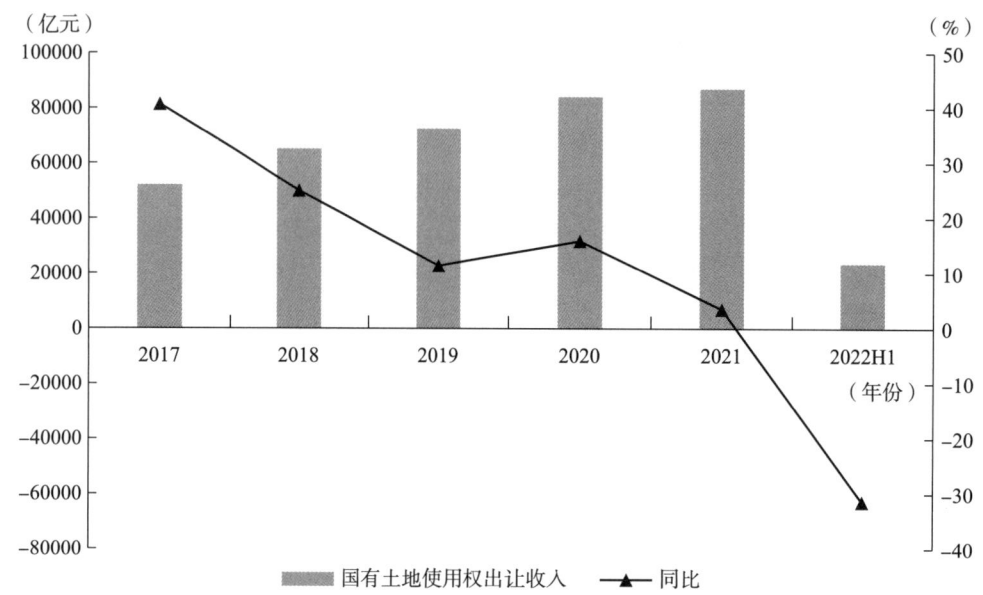

图6-1-91　2017—2022年上半年国有土地使用权出让收入情况

数据来源：国家统计局。

从各线城市看，一线城市土地成交金额占比上升，二线城市占比保持稳定，其他城市占比出现下降。根据克而瑞数据统计，2021年，一线城市土地成交金额占比为11.21%，较上年增长1.60个百分点；二线城市占比36.52%，较上年增长1.39个百分点；其他城市占比52.27%，较上年出现下降（见图6-1-92）。

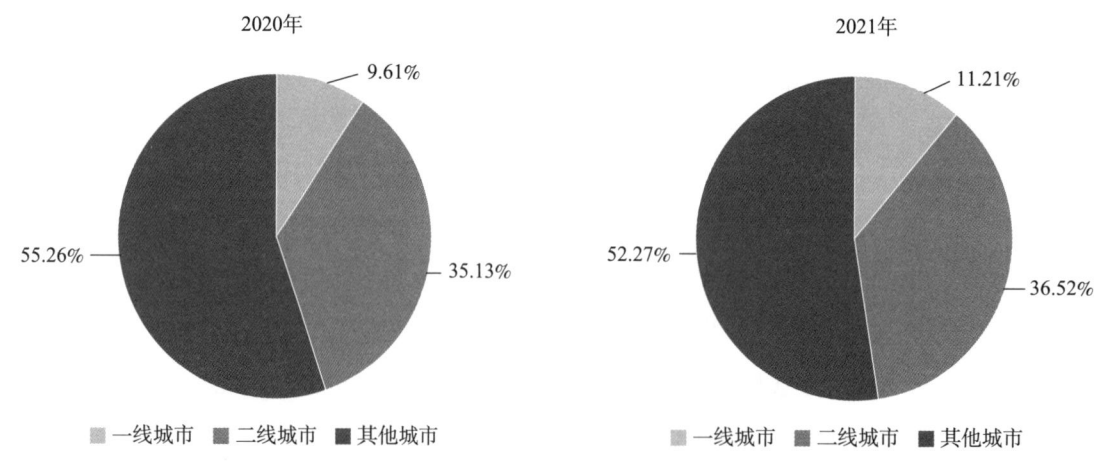

图6-1-92　2020年、2021年各线城市土地成交金额占比情况

数据来源：CRIC。

具体到土地集中供应的22城，央企、国企和地方平台房企优势明显，且兼顾维护土拍市场热度的任务，较为积极，2022年1—8月，拿地金额约占74%（见图6-1-93）。民企态度谨慎，多为区域深耕企业对热点区

域去化有保障的地块感兴趣，拿地仅占26%。如广州二轮集中供地成交的11宗地块，除去进入摇号地块未确定竞得人以外，另外10宗地块均被国央企与地方平台公司竞得。成都二轮土拍中国央企和地方平台公司拿地金额各占47%和42%，民企只占11%。

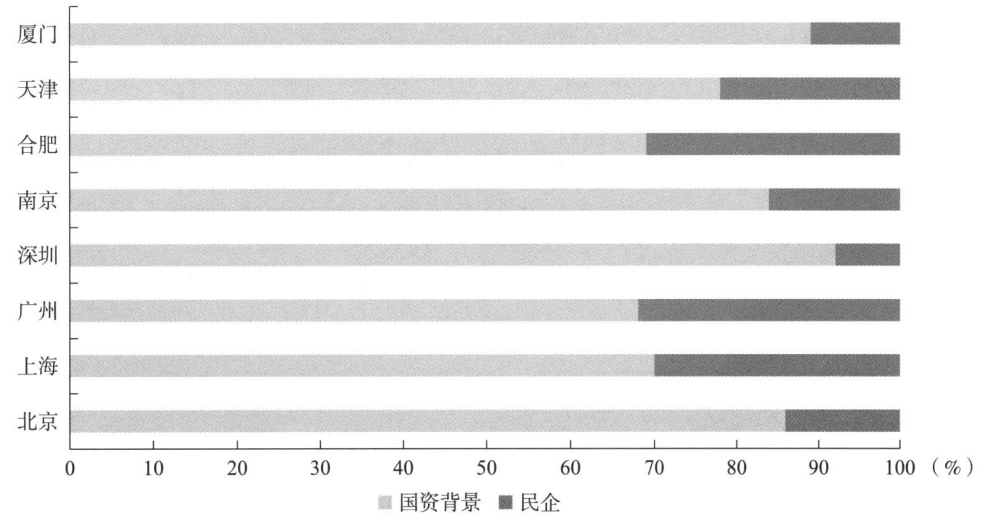

图6-1-93　2022年典型城市土拍市场国资背景房企和民企占比情况（截至8月中旬数据）

数据来源：CRIC、上海易居房地产研究院。

从城市拓展情况看，2021年，50强品牌房企中，仅22%的房企在城市布局方面处于扩张状态，较2020年下降48个百分点（见图6-1-94）。约60%的房企布局城市数量与上年相同，态度较为谨慎。同时，约18%的房企选择收缩城市布局。

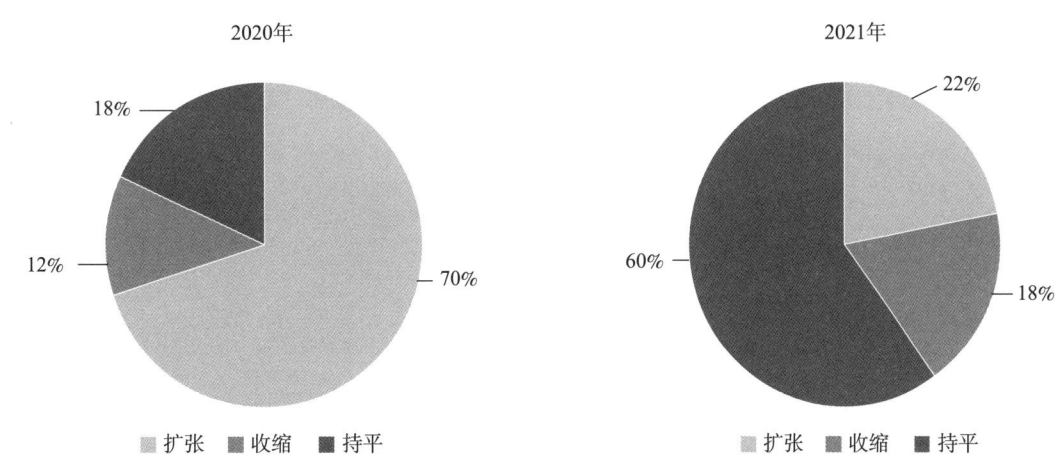

图6-1-94　2020年、2021年50强品牌房企城市拓展情况

数据来源：企业官网、企业公告、上海易居房地产研究院。

从各梯队情况看，2021年，各梯队平均进入城市数量均出现下降（见表6-1-21）。其中，21~30强品牌房企平均进入城市数量下降幅度较大，较上年减少27个。1~10强和41~50强品牌房企平均进入城市较上年分别减少7个和5个，变动幅度较小。11~20强和31~40强品牌房企平均进入城市同样出现下降，梯队内进入城市数量也出现较大分化。

表 6-1-21　2021 年各梯队品牌房企城市进入情况

单位：个

排名	平均进入城市	均值变化	中位数	最小	最大
1—10 强	113	↓（-7）	89	60	299
11—20 强	59	↓（-15）	51	11	161
21—30 强	45	↓（-27）	34	11	108
31—40 强	38	↓（-14）	28	17	118
41—50 强	25	↓（-5）	19	14	50

数据来源：企业官网、企业公告、上海易居房地产研究院。

2021 年，50 强品牌房企进入城市数量与权益金额关系较为密切，两者的相关系数为 0.82（见图 6-1-95）。龙头房企中，碧桂园布局城市依然超过 200 个，贯彻全国布局策略。保利、绿城、金茂等国资背景房企依托雄厚资金优势，积极布局新市场，业绩表现较为良好。

（4）品牌效应分析。

①品牌溢价效应弱化，消费者置业意愿偏谨慎。

此次测评选取中海、万科、保利等 10 强品牌房企在代表性重点城市的销售均价与城市平均销售价格进行对比（见图 6-1-96），计算得到各大品牌房企在各城市的销售溢价率。数据显示，10 强品牌房企近三年在重点城市销售溢价率多分布于-10%~10%区间内，其中 2021 年的平均数据为 1.21%，均值比上年下降 2.03 个百分点。近年来在"房住不炒"的政策背景下，房地产行业增速持续放缓，利润空间收缩。2021 年全面去杠杆政策贯穿全年，部分房企风险暴露，行业信心受挫，品牌房企销售均价有所下滑，销售溢价率整体呈下降趋势。

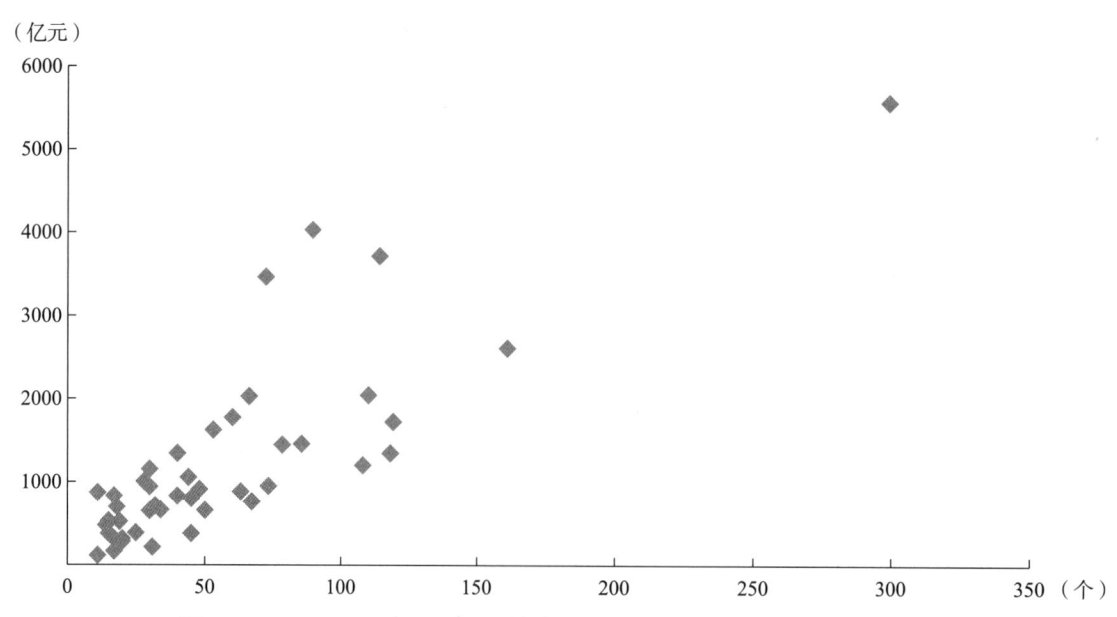

图 6-1-95　2021 年 50 强品牌房企进入城市数量与权益金额关系

数据来源：企业官网、企业公告、上海易居房地产研究院。

Ⅵ. 企业篇

一、2022—2023年度房地产开发企业测评榜及分析

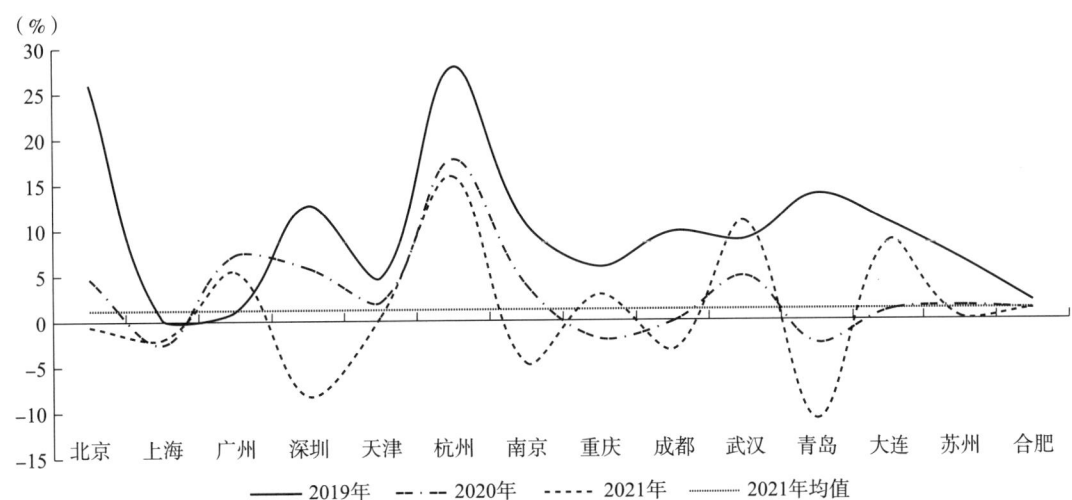

图 6-1-96　2019—2021 年 10 强品牌房企重点城市商品住宅销售溢价情况

数据来源：上海易居房地产研究院。

2022年消费端调研结果显示，品牌在消费者购房行为中起着重大的影响。2022年，在消费者对房企品牌重视程度方面，选择非常重要的占62.34%，较2021年上升2.51个百分点。选择重要的占35.89%，较2021年上升1.11个百分点。选择一般的占1.24%，不太重要的占0.42%，很不重要的占0.11%，这几项均小于2021年的占比（见图6-1-97）。总体看来，房企品牌成为消费者购房行为中越来越重要的考量因素。2022年以来，在多地疫情反复、部分企业出现债务违约、项目停工现象频出的背景下，市场面临持续调整的压力，房企需要通过保竣工、保交付来保障开发业务的良性循环。而品牌房企资金实力相对强劲、施工质量更有保证、产品配套更加完善，用品牌建立产品、企业与消费者之间的联系，用良性循环塑造购房者对房企的信任机制，树立积极的企业品牌形象。

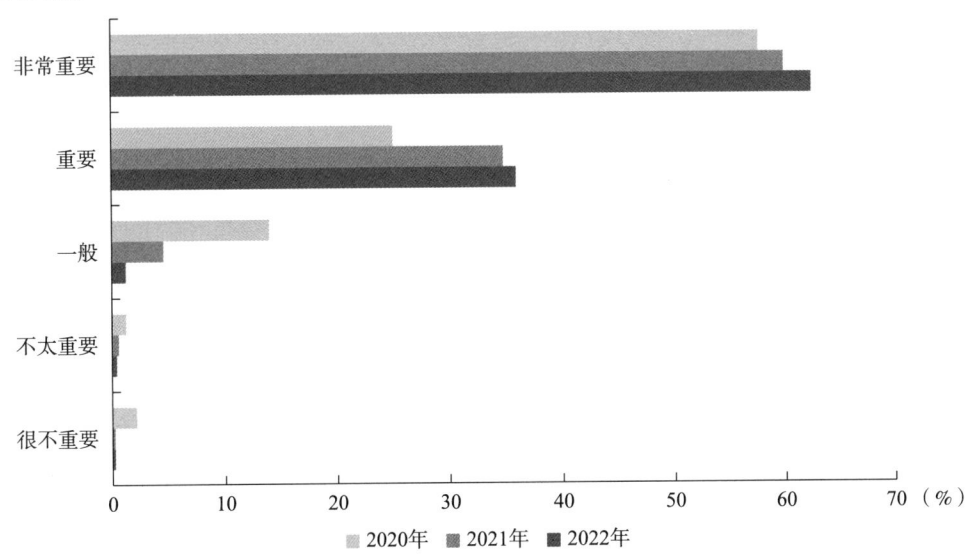

图 6-1-97　2020—2022 年品牌在消费者购房考虑中的重要程度

数据来源：上海易居房地产研究院房企品牌调研。

从消费者是否愿意支付溢价的调研结果来看，对于品牌房企，消费者可接受的品牌溢价空间也和房企的品牌竞争力相契合，多数消费者愿意为具有良好品牌的房企付出溢价。愿意付出0～10%溢价的消费者占比最高，

达47.34%，较上年略有上升。但不愿意、20%~30%溢价、10%~20%溢价级别的消费者占比均较去年有所下降（见图6-1-98）。总体表明，消费者消费意愿更加理性。其中有71.26%的消费者愿意为10强品牌房企的项目支付0~20%的溢价，高于平均占比，其中愿意为中海、华润等国资背景房企的项目支付0~20%溢价的消费者占比较高，可见消费者更愿意为具有良好品牌效应的房企支付溢价。在行业下行压力下，房企之间的竞争更加激烈，品牌房企有望依托自身品牌、产品、资源等优势，在市场修复过程中占得先机，实现稳健经营穿越周期。

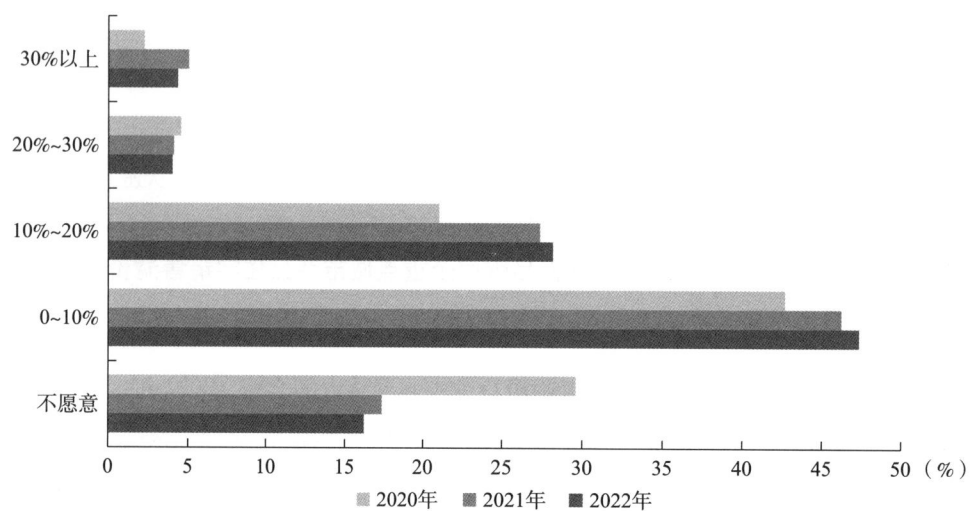

图6-1-98　2020—2022年消费者愿意为品牌房企支付溢价情况

数据来源：上海易居房地产研究院房企品牌调研。

②融资总量大幅减少，资产证券化融资较活跃。

2021年房地产行业整体融资走向呈现"高开低走"的态势。2021年上半年房企融资状况良好，房地产融资合规审查方面的政策监管持续加强，房企融资进入稳定期，下半年部分房企陆续发生了债务违约事件，调控政策逐步转向"支持合理住房需求"和"促进房地产业健康发展和良性循环"，监管部门围绕稳定市场信心推出系列政策举措，维护房地产企业融资渠道稳定畅通。

2021年，50强品牌房企融资总额9450.25亿元，较2020年下降17.31%。分季度来看，第一季度房企偿债需求较大，且政策定调并未较2020年底有较大变化，机构融资额度充足，融资总额较上年微涨，达到全年最高水平。第二季度上交所深交所强调防范房企债券违约风险，严控城投公司、弱资质企业发行公司债，金融机构加强对经营贷、通道类业务的监管，房企融资环境收紧，品牌房企融资总额同比下降9.15%。第三季度受部分企业违约事件影响，50强品牌房企融资额继续下降。第四季度虽融资端释放多重政策利好，品牌房企融资总额仍大幅下滑，不足第一季度的五成（见图6-1-99）。

从融资结构来看，2021年，50强品牌房企境内债权融资4015.02亿元，同比上升37.97%，融资量占比42.49%，较上年下降13.42个百分点。境外债权融资总量为2712.33亿元，同比下降21.38%，融资量占比为28.70%，较上年下降1.10个百分点。资产证券化募集资金大幅上涨至2578.59亿元，占比提升至27.29%，成为品牌房企重要融资来源。2021年房企资产证券化融资保持活跃，品牌房企发行各类ABS、ABN产品盘活存量资产，提高资产流动性。股权融资和永续债分别募集101.77亿元和42.55亿元，同比下降75.00%和85.05%，降幅明显，在"三道红线"监管政策出台后，永续债也纳入负债监管，房企永续债发债持续下降（见图6-1-100）。

VI. 企业篇
一、2022—2023年度房地产开发企业测评榜及分析

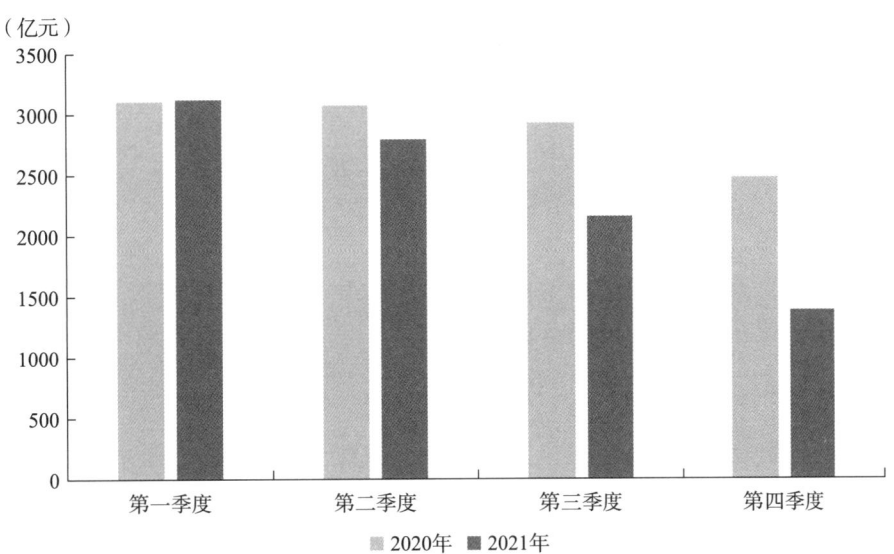

图 6-1-99　2020 年、2021 年 50 强品牌房企季度融资额

数据来源：上海易居房地产研究院。

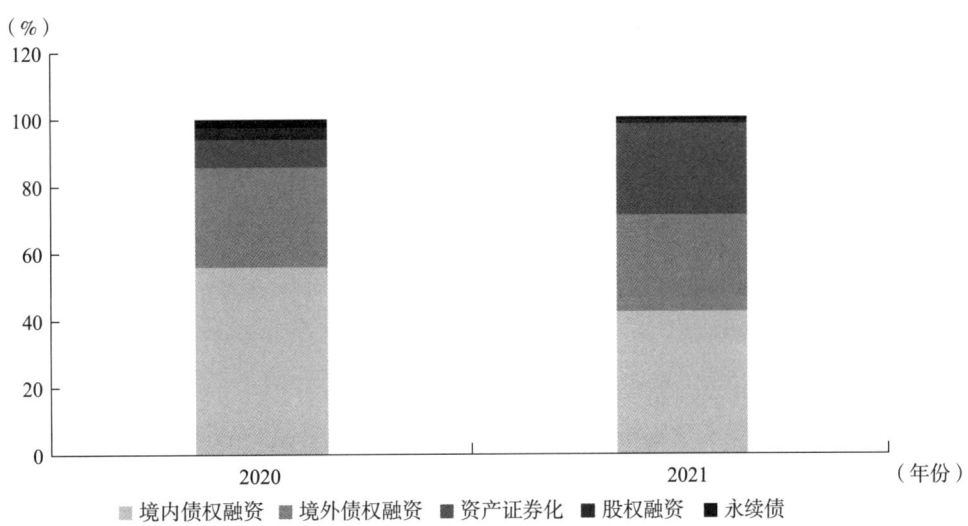

图 6-1-100　2020 年、2021 年 50 强品牌房企融资结构

数据来源：上海易居房地产研究院。

从融资成本来看，2021 年，50 强品牌房企的新增债权类加权平均融资成本为 4.76%，较上年下降 1.33 个百分点。其中，境内债权融资成本为 4.15%，较上年下降 0.43 个百分点；境外债权融资成本为 4.76%，较上年下降 2.93 个百分点（见图 6-1-101）。融资整体成本下降的主要原因在于年内融资环境收紧，企业发债持续分化，债券发行向优秀房企集中，拉低企业发债成本。

2021 年融资环境不断收紧，房企面临流动性紧张的困境。但企业间表现也有明显分化，一方面是高杠杆房企风险暴露事件频发，另一方面则是安全系数较高、经营稳健的品牌房企得到政策支持，获得融资窗口。2021 年 5 月 16 日，碧桂园、龙湖、美的置业 3 家民营企业被监管机构选定为示范房企。随后新城、旭辉也加入优质民企名单中，获准通过信用保护工具的方式发行人民币债券。2021 年 8 月 16 日，监管机构计划通过指定国有企业担保和承销示范性房企的人民币债券，为这些房企提供流动性支持。2021 年底诸多机构和银行建立优质企

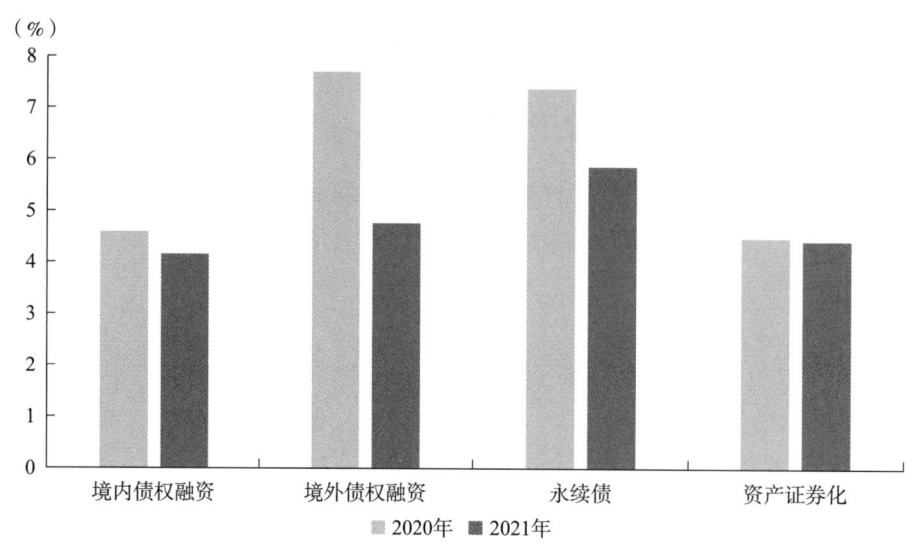

图 6-1-101 2020 年、2021 年 50 强品牌房企新增融资成本

数据来源：上海易居房地产研究院。

业融资发放的白名单，支持优质房地产企业发行债券，资金可用于出险企业项目的兼并收购，保利、招商等央企国企和龙湖等优质民企率先进行债券发行。2022 年 8 月中旬，监管部门指示中债信用增进对房企发行的中期票据开展"全额无条件不可撤销连带责任担保"，8 月末龙湖完成发行的一笔 15 亿元中期票据，这是首单中债信用为民营房企"全额担保"的中票，这也为示范房企后续发债提供可参考样本。

从房企融资情况来看，融资政策以支持企业合理融资需求为基调，政策的信号意义大于实际拉动作用，当前融资难的问题仍然突出，预计未来房企融资环境将会进一步改善，尤其是对个别优质房企而言，政策利好更为明显。房企内部的继续分化难以避免，稳健经营的品牌房企能得到更多的资源支持，部分高杠杆房企难以避免被淘汰出局。长远来看，融资分化现象将加快企业间的优胜劣汰，加速行业的资源整合，推动行业重塑。

③销售额集中度下降，品牌房企利润空间收缩。

销售规模方面，2021 年房地产行业销售额再创新高，但增速明显放缓。2021 年 10 强和 50 强品牌房企销售额同比分别下降 14.02% 和 18.82%（见图 6-1-102）。出现罕见的负增长，一方面是由于部分前期高杠杆大规模扩张的房企出现一定风险，被剔除出榜单；另一方面是房企主动降速的意愿明显。在 2021 年下半年以来房地产市场大幅降温的背景下，房企追求规模快速扩张的时代已经落幕，品牌房企也正在转变发展战略，谋求行稳致远的高质量发展之路。

随着品牌房企销售额下滑，集中度也有所下降，打破前期"房地产行业销售额集中度持续提升"的趋势。具体来看，2021 年 10 强品牌房企销售金额集中度为 21.93%，同比下降 4.80 个百分点；20 强品牌房企销售金额集中度为 31.81%，同比下降 7.31 个百分点；50 强品牌房企销售金额集中度为 45.19%，同比下降 13.15 个百分点。2022 年 1—8 月，品牌房企开发业务持续谨慎，销售金额集中度继续下降（见图 6-1-103）。在本轮房地产市场调控中，房企销售业绩分化明显，行业竞争加剧，部分大中型房企加速暴露出了前期存在的经营风险，10 强、20 强品牌房企集中度下滑幅度相对较小，50 强品牌房企集中度降幅最大，处于近三年最低水平。

VI. 企业篇

一、2022—2023年度房地产开发企业测评榜及分析

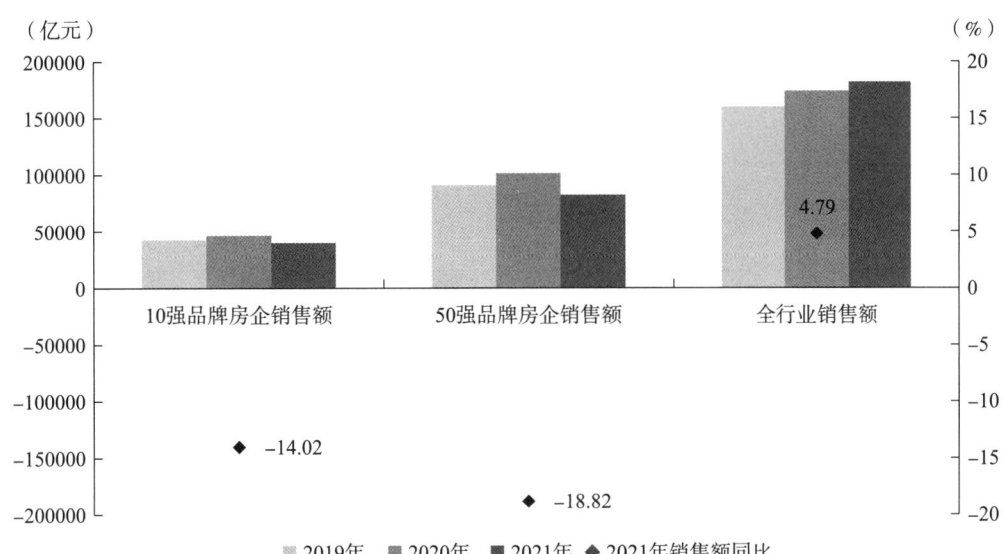

图 6-1-102　2019—2021 年 10 强、50 强品牌房企和全行业销售额情况

数据来源：上海易居房地产研究院。

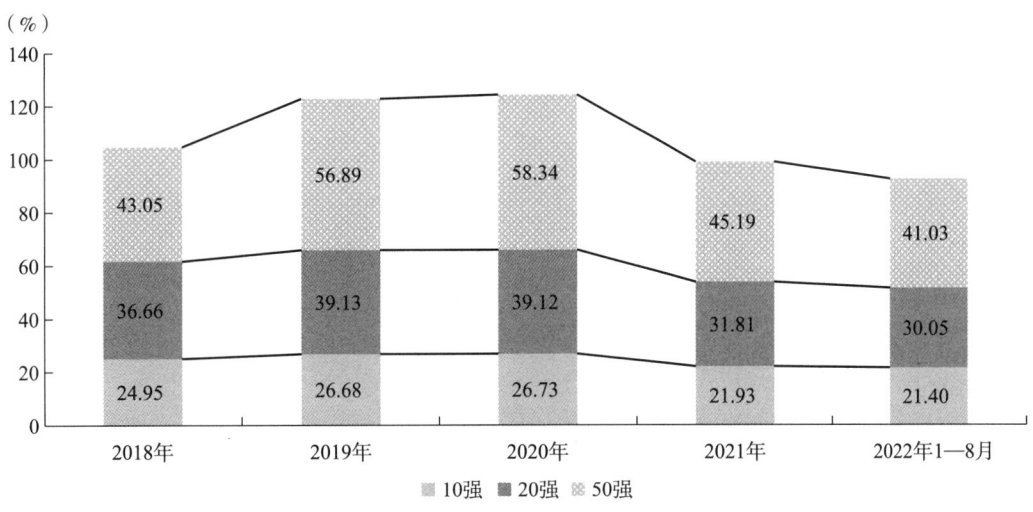

图 6-1-103　2018 年—2022 年 1—8 月 10 强、20 强、50 强品牌房企集中度

数据来源：上海易居房地产研究院。

具体到 10 强品牌房企，2021 年房地产市场调控趋于常态化，企业规模增长放缓，10 强品牌房企规模增速大多保持在 20% 以内，招商蛇口和金地业绩表现明显优于同行，销售金额分别同比增长 17.73% 和 18.14%，万科、碧桂园和新城销售金额则出现负增长（见图 6-1-104）。2021 年头部房企整体战略以谨慎经营、防范风险为主，并积极适应新的政策与市场环境。

盈利能力方面，2021 年 10 强品牌房企平均净利率为 12.30%、平均毛利率为 21.34%，同比分别下滑 5.44、3.36 个百分点，降幅较上年度明显增大（见图 6-1-105）。2022 年中报显示，10 强品牌房企平均净利率、毛利率分别为 10.36%、19.77%，较上年末分别下滑 1.94、1.57 个百分点，其中 6 家房企毛利率净利率双双下滑。短期来看，房企前期高价拿地的项目逐步进入结算期，较高的拿地成本压缩毛利率。且在当前行业正经历深度调整，部分房企通过降价促销、以价换量来回笼资金，拉低毛利率水平。长期来看，房地产行业经过快速发展

— 563 —

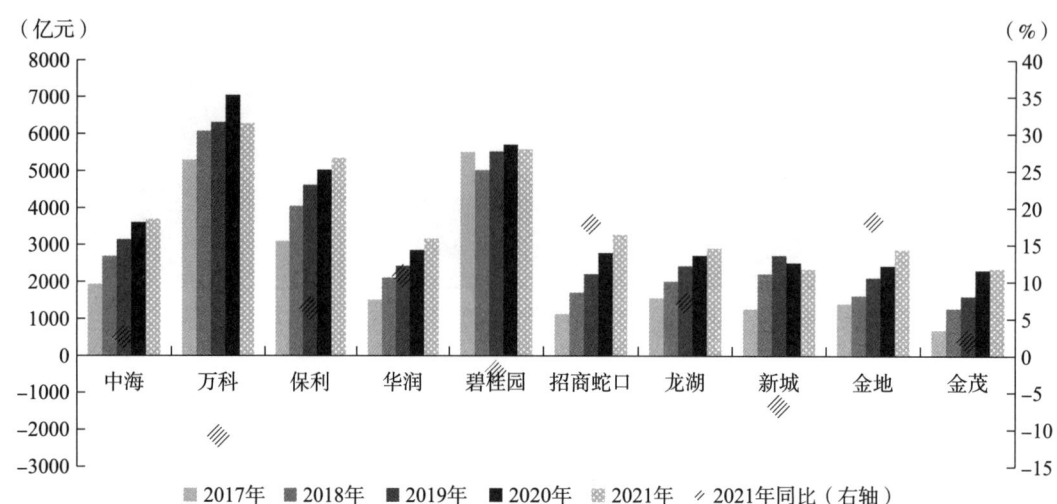

图 6-1-104　2017—2021 年 10 强品牌房企销售金额

数据来源：上海易居房地产研究院。

期，当前行业增速放缓，行业利润率向社会平均利润水平趋近属于正常现象。预计未来品牌房企将更加关注口碑建设，维护企业稳健经营的正面形象，继续推动企业的销售和融资，维持合理收益水平。

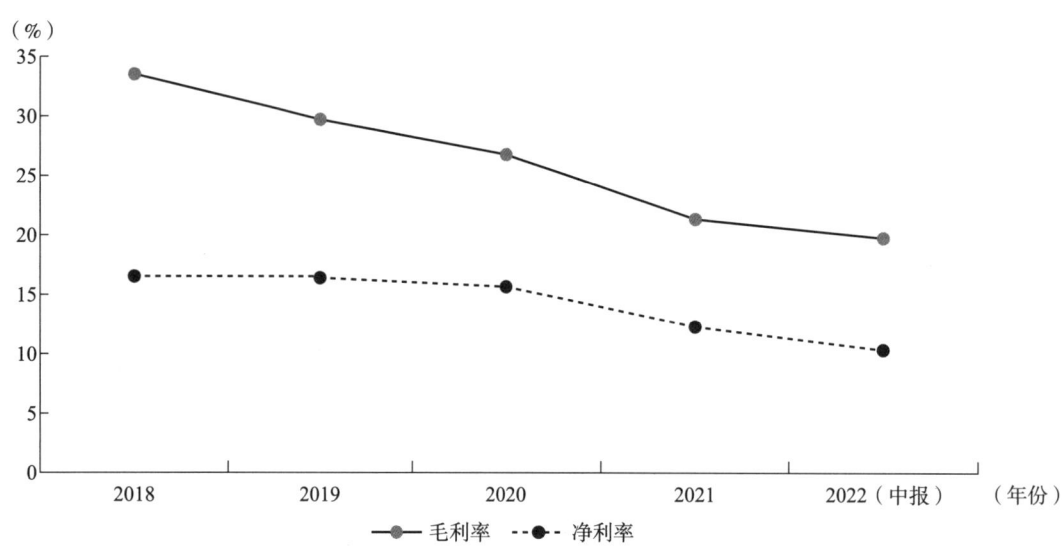

图 6-1-105　2018—2022 年中报 10 强品牌房企盈利能力变化

数据来源：wind、上海易居房地产研究院。

（5）品牌策略分析。

①策略聚焦降本增效，房企多维度改革促发展。

在房地产行业整体处于调整期，销售市场偏冷，融资条件不利的背景下，房企对于企业战略纷纷做出及时调整。从龙头房企的战略表述看，降本增效是企业首要任务（见表 6-1-22）。如万科提出"节衣缩食、战时氛围"的口号，在组织方面，面对业务的此消彼长，组织结构相应做出精简；当前行业处于低谷，薪资体系相应做出调整；行业利润率下降的情况下，业务流程重新构造，减少成本支出。龙湖进行组织架构的调整升级、合并区域或城市公司，围绕"空间即服务"战略，推行平台和端，实现组织的扁平化和敏捷化，系统赋能前线，减少中间夹层，网格化决策提升管理效率。

Ⅵ. 企业篇
一、2022—2023年度房地产开发企业测评榜及分析

表 6-1-22　典型房企降本增效情况汇总

企业名称	降本增效战略
万科	提出"节衣缩食、战时氛围"的口号，精简组织、调整薪酬、业务流程重构
龙湖	组织架构的调整升级、合并区域或城市公司，围绕"空间即服务"战略，推行"平台和端"，实现组织的扁平化和敏捷化，系统赋能前线，减少中间夹层，网格化决策提升管理效率
碧桂园	在市场上行期是用销售规模考核，平稳期是考核回款，下行期是可动用金额作为考核指引；保现金流、保三条红线，上行期做有利润的现金流、下行期做有现金流的利润
华润置地	按照"总部做专、大区做精、城市做实"的模式。总部层面，强化总部专业管控水平；大区层面，强化跨专业的协同，增强大区的业绩管理能力；城市公司层面，聚焦深耕，城市公司数量由2020年的47个调整为2021年的28个
绿城	聚焦发展，从扩张的三级架构，到聚焦的两级架构进行管理。以前是"集团—区域—项目群"三级架构，下一步将弱化区域公司，强化项目群/城市公司，变成"集团—城市公司"的两级架构
旭辉	秉承四点：一是长期战略、经营和财务保持稳健；二是收紧资本开支，保证现金流安全；三是提高债券久期，提早用长债替换短债；四是保障销售和回款
美的置业	认为现金流管理高于一切，不仅仅重视每个项目的经营性现金流，也重视集团流动性。这两年一直让财务部门做现金流滚动测算，使集团处于安全线以内

数据来源：CRIC、上海易居房地产研究院。

在房企定位上，越来越多房企将自身定义为运营商和服务商，追求业务的长期化和稳定化（见表6-1-23）。如中国金茂以"释放城市未来生命力"为己任，始终坚持高端定位和精品路线，在以质量领先为核心的"双轮两翼"战略基础上，聚焦"两驱动、两升级"的城市运营模式，致力于成为中国领先的城市运营商。旭辉将发展理念从"成为全球化世界500强企业"，变成"成为受人信赖的城市综合运营商"。

表 6-1-23　典型房企发展愿景

企业名称	发展愿景
旭辉	成为受人信赖的城市综合运营商
万科	由"三好住宅供应商"延展为"城市配套服务商"，希望用十年左右时间，做好其他业务的探索和布局，为未来发展奠定基础
碧桂园	碧桂园是为社会创造幸福生活的高科技综合性企业。积极投身机器人产业，打造好房子、好小区，积极参与农业现代化和乡村振兴，希望社会因其存在而变得更加美好
绿城	坚持混合所有制的创新与实践，以精诚之道、精深之术、精湛之为，努力打造中国"理想生活综合服务商"第一品牌
中海	成为卓越的国际化不动产开发运营集团
金茂	发展理念从"成为全球化世界500强企业"，变成"成为受人信赖的城市综合运营商"
保利发展	打造具有卓越竞争力的不动产生态平台，通过人才、资本、科技、信息的链接，加强交互、提升价值，最终形成在全球范围内，最具卓越竞争力的共生共荣的不动产生态有机系统

数据来源：上海易居房地产研究院。

从长期品牌战略看，房企依然坚信房地产行业是国民经济的支柱产业。如绿城认为，未来5年至10年内预计还能保持15万亿元的规模，房地产行业依然是大有可为的行业。绿城品牌发展重点着力于产品品质，企业2025年战略规划以"品质为先、稳中求进、均衡协调、全面发展"为战略思想，将"认清形势、应对考验、

精准发力、全面起跑"作为工作思路,着力强化"品相、品格、品质、品行、品牌、品位",走"全品质、高质量"的可持续发展路线。

②产品内涵不断丰富,需求重点回归产品本位。

消费者对于住房的需求近年来也发生较大的转变。总体上来看,消费者从买房只看地段和配套的刚需时代,逐步开始关心物业、小区环境等多种因素。

房企品牌调研结果显示,2022年,影响消费者购房决策因素中,最重要的因素是交房保障,其次是物业服务、小区环境和工程质量,占比分别为89.59%、84.37%、73.54%和51.23%(本项目为多选),与2021年调研数据相比,受到部分房企项目交付困难的影响,交付是否有保障受到消费者最多关注(见图6-1-106)。物业服务、小区环境同样是消费者重要考虑因素,说明除产品属性外,房地产的服务属性越来越与消费者的居住体验相关。

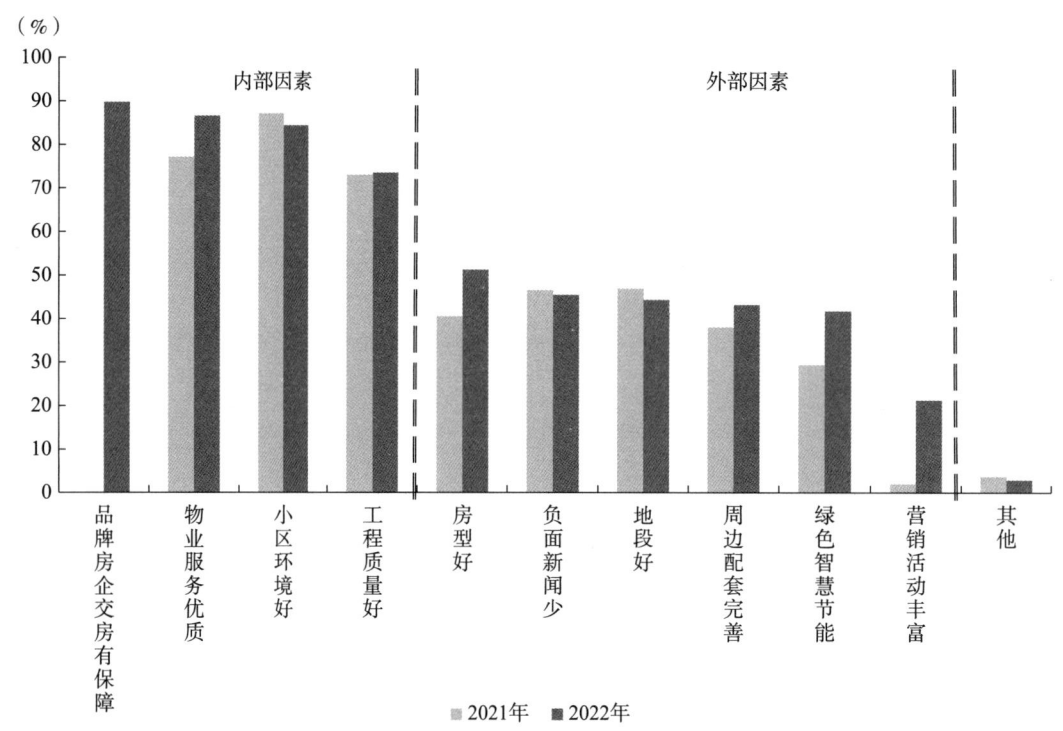

图6-1-106　2021年、2022年影响消费者购房决策因素占比

数据来源:上海易居房地产研究院房企品牌调研。

消费者重细节、重品质、重服务的需求也推动房地产企业更加关注产品力和服务力。首先,受疫情影响,物业服务水平成为消费者考量的重要因素。在功能层面,社区不仅要满足消费者散步活动的刚性需求,而且要满足消杀快递等"防疫"服务。其次,宜居成为消费者关心的重点。住宅的温度、湿度、空气、水质,这些对体感影响强烈但又隐形的东西,对消费者保持舒适甚至愉悦状态至关重要。噪声、污水、光污染等则成为需要避免的缺陷。最后,空间方面,对三房需求明显增加,在总价压力之下,部分改善人群优先追求小三房。户型内,精细化储物的需求,南北双阳台休闲功能的开发,玄关强收纳功能、清洁功能的设置,都是消费者关心的地方。

随着房子回归居住属性,针对客户需求新趋势,越来越多的房地产企业意识到产品系的战略意义,纷纷打造和升级产品系(见表6-1-24)。产品力的内涵不断丰富,除原有基于项目细节点的产品创新外,客研能力、交付质量问题以及未来服务能力和水平,包括以设计为前置形成的一整条链条,建立在数字化运营之上的运营能力,均变成产品力的内涵和外延延伸。

表 6-1-24　2022 年典型房企品牌相关发布会

企业名称	时间	品牌发布会
越秀	2022 年 4 月	以"越美好,向未来"为主题在线上打造 2022 年度品牌主张暨新品云发布会,提出"四好企业"战略,并倡导以客户为中心,回归做好产品、好服务的行业本质,提振地产行业整体信心
鑫苑集团	2022 年 5 月	TOP 级产品系御品·湾系专为终极改善、高端置业客群精心研制,建筑设计以一方院落、星空露台、阳光景庭为产品核心价值点,打造城市滨海度假墅区典范
招商蛇口	2022 年 5 月	"为时代青年而来"璀璨系云端发布会,五大璀璨系新品首发亮相,包括虹桥璀璨公馆、蟠龙府、招商璀璨公馆、璀璨城市、虹桥璀璨领峯五个项目
美的置业	2022 年 5 月	交付 IP 橙意家登场,美的置业以橙意家·灵感计划为主题,推出 M+创新样板产品,揭秘多项技术内核
旭辉	2022 年 6 月	2022 年新产品发布会推出"自然·回归"的旭辉铂森产品线,包括亲近自然的物理空间、森林社区和"自在·跨界"的虚拟空间元社区
保利	2022 年 6 月	上海疫情后发布的市中心项目天汇世纪玺以创新的云端发布会形式亮相,超过 17 万人在线观看,获得点赞量 12 万次
建发	2022 年 7 月	在成都发布全新新中式产品类型"山水唐风",揭开了盛世唐风的神秘面纱。愿景为"在最开放创新的城市,落地创新的产品"
华宇	2022 年 9 月	以幸福人居产品、幸福生活服务内容的升级,发布核心内容——幸福家计划

数据来源:CRIC、上海易居房地产研究院。

③消费需求备受重视,品牌传播方式日趋多样。

房企品牌调研结果显示,获取购房信息方面,2022 年,通过实地考察获取信息的方式依然占比最高,为 68.54%;专业房地产网站、家人朋友推荐、微信公众号同样是消费者信息来源的重要途径,占比分别为 62.38%、58.20%、39.91%(本项目为多选)(见图 6-1-107)。

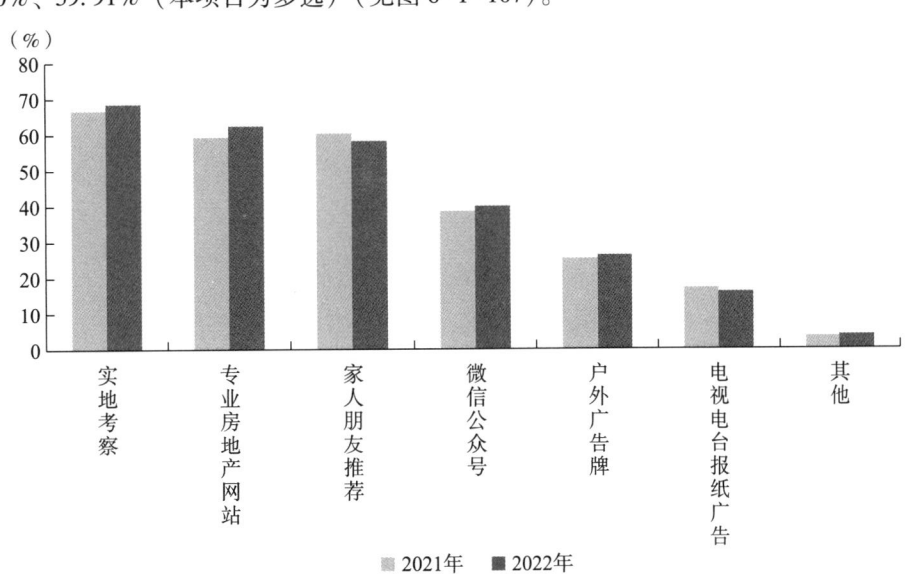

图 6-1-107　2021 年、2022 年消费者获取购房信息来源

数据来源:上海易居房地产研究院房企品牌调研。

品牌传播受到客群规模、客群偏好、项目销售方式等方面影响。具体来说,房企通过打造高质量示范区,内容策划等方式形成一定的价值输出方针。在项目案名、logo 等方面，力求简单具体，便于理解和记忆，项目的口号直白有力，贴近生活，感情色彩浓烈，容易让消费者产生共鸣。社群营销也是房企提升口碑、增加客户黏性的重要方式，社群营销规模较小，销售项目以精准维护为主。含多种业态的项目在推售节奏的把控上也有侧重，一般而言，首开批次会将本项目中最利于品牌价值输出且最大限度体现项目品质的标杆产品作为主力产品，一方面，通过打造"天花板"概念提高购房者对项目的期待值；另一方面，这种方式更易精确本项目目标客群范围。

房企品牌的传播方式也呈现多样化，尤其是线上传播。新品发布方面，开云端发布会成为首选。如保利上海天汇世纪玺以云端发布会形式亮相，超 17 万人在线观看，获得点赞量 12 万次，公司以"产品主义迭新范本"对项目进行定义。旭辉推出"自然·回归"的旭辉铂森产品线，重点聚焦作为亲近自然的物理空间、森林社区和"自在·跨界"的虚拟空间元社区，迎合刚刚经历疫情之后普遍关注健康的大众心理，同时在线直播的各平台合计观看近 300 万人次。

在房企发力线上营销之后，越发重视线上流量，因此打造新媒体矩阵已经成为不二之选（见图 6-1-108）。媒体矩阵之所以能形成互补，是因为他们很大程度上在沿着用户对于品牌的熟悉程度或忠实程度进行对应的延展。在整个营销闭环，客户触达、品牌推广、业务服务三个环节，这三个环节中，既有共同点也有不同点，需要根据自身偏重，有的放矢地搭建新媒体矩阵。销售推广方面，微信、抖音等流量平台的线上投放被广泛应用。其主要优势为成本较低，获客效率较高。因为各大流量平台针对不同类型的人群，房企可以根据自身目标客户的情况，进行精准投放，提高效率。同时，由于线上投放数据可量化、可监测，房企对于广告效果能够及时监控，广告策略也可以及时调整。比如，电商类如淘宝是房企的营销展示平台，不少企业开设旗舰店，同时也在淘宝直播平台进行直播，用发放小礼品、优惠券等方式锁定客群。

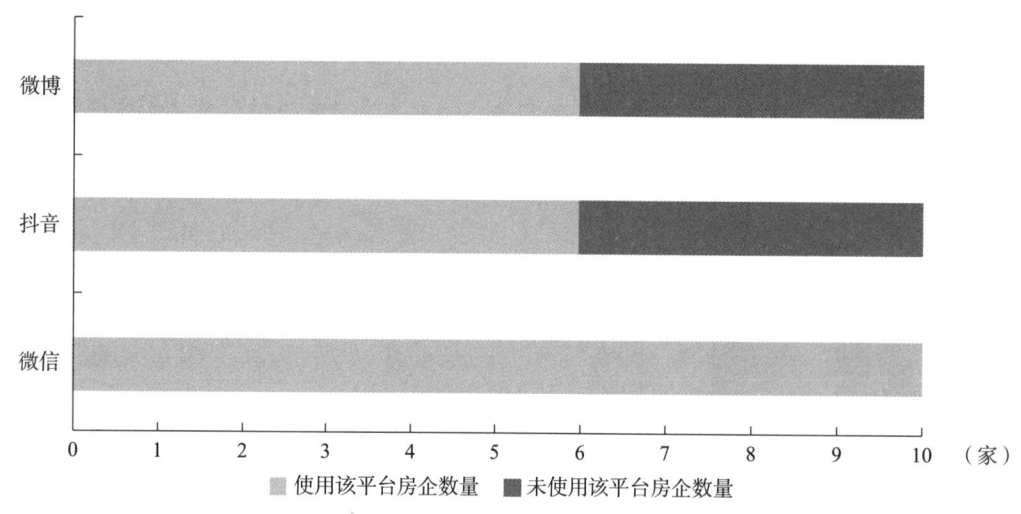

图 6-1-108　10 强房企微信、抖音、微博平台使用情况

数据来源：上海易居房地产研究院。

（6）品牌趋势分析。

①市场整体信心不足，房企加强品牌形象维护。

近两年，房地产企业违约事件频发，投资者对房地产行业的市场信心下降，对负面新闻极其敏感。2022 年 7 月 27 日，碧桂园发布公告拟配售 8.7 亿只新股用于境外债务再融资计划、一般营运资金和未来发展。公告遭到市场的错误解读，认为碧桂园还债遇到困难，碧桂园当日股价跌幅达 15.05%。除此之外，2022 年 8 月 10 日，在港上市的龙湖集团因一则商票逾期的传闻股价暴跌 16.40%。龙湖、碧桂园均为民营房企中表现较好的企业，且被监管机构列为示范民营房企。但市场在对行业信心不足的背景下，任一房企的真假负面消息都会产生反应过激的系统性效应。从典型品牌房企 8 月 10 日的股价表现来看（见表 6-1-25），受龙湖影响，弘阳地产、碧桂园、旭辉、中海、绿城等多家房企当日股价均受挫，其中不乏现金流稳健的房企。

表 6-1-25　2022 年 8 月 10 日典型品牌房企股价表现

证券代码	证券简称	开盘价（元）	收盘价（元）	日涨跌幅（%）
0960.HK	龙湖集团	25.00	20.90	-16.40
2007.HK	碧桂园	2.51	2.33	-7.17
0884.HK	旭辉控股集团	2.04	1.93	-4.93
0817.HK	中国金茂	1.68	1.62	-3.57
0688.HK	中国海外发展	20.60	20.15	-2.89
3900.HK	绿城中国	14.76	14.40	-2.44
600383.SH	金地集团	10.10	9.94	-2.26
601155.SH	新城控股	19.30	19.04	-1.86
002244.SZ	滨江集团	8.43	8.39	-1.41
600048.SH	保利发展	15.10	14.92	-1.39
000002.SZ	万科 A	16.15	16.10	-0.80

数据来源：wind、上海易居房地产研究院。

为维护品牌形象，龙湖 8 月 10 日发布自愿性公告，阐明公司经自查后并未发现任何会引起股价异常波动、需要披露的行为和问题。同时表示，公司现金流充足，并未有任何的逾期支付。8 月 10 日晚间，公司管理层召开电话会议，首先确认商票传闻为谣言，然后阐述企业针对投资与现金流管理的战略规划，向市场传递信心。同时，上海票据交易所以官方口径发布龙湖不存在商票逾期的公告，瑞银也对下调评级做出回应。自 8 月 10 日起至 9 月 15 日，龙湖股价已逐步修复，收盘价区间涨幅约为 34.4%。

行业违约增加，市场信心下降，投资者对追加资金、消费者对购买产品均持观望态度，从而加重房企资金压力，市场担忧进一步加剧。虽然 2022 年 5 月以来，政策对融资端和销售端释放出宽松信号，但政策的传导及市场信心恢复仍需一定时间。因此重塑房企的品牌形象、重建市场信心在现阶段显得尤为重要，这点从 2022 年以来房企的高管层发言中可以窥见。

建业地产董事长在 2022 年 8 月召开的投资人沟通会上提到，企业不仅要反思对扩张节奏的控制，更要在这个所谓的至暗时刻给自己、给市场、给客户、给政府传递信心。通过维护好品牌，盖好房子和勤劳拼搏的精神生存和发展下去。旭辉董事局主席林中在旭辉集团 22 周年之际写给全体旭辉人的信中提到：未来民营房企主要依靠三点，一是民营房企十几年积累下的品牌口碑，二是手艺、产品与服务，三是勤奋。这三点与建业董事长提出的三点不谋而合。路劲董事长单伟彪指出，路劲促进回款、稳定现金流。同时，收敛投资、减少合作。在未来的发展中强化投前的风控意识及投后的精细化管理意识，通过提升产品力及服务力寻求利润的最大化。

此外，各房企根据自身状态，依托企业优势积极维护品牌形象、重建市场信心，并采取不同举措。针对市场对房企在资金端的质疑，部分房企通过债券的成功兑付及摘牌向市场传递信心。如万科成功兑付且摘牌"17 万科 01"与"19 万科 01"；招商成功兑付且摘牌"19 蛇口 04"；华侨城回售摘牌"19 侨城 01"。还有部分上市房企通过积极回馈股东权益，彰显企业运营稳健。如万科、中海、龙湖、华润 2021 年度分红总额超过 100 亿元，现金流实力凸显（见表 6-1-26）。除债券兑付、股票分红外，在行业下行、房企融资受限、资金端承压的背景下,积极拿地也是房企对外呈现运营良好,资金链运转正常的正向信号。

表6-1-26 2021年典型品牌房企年度累计分红总额

单位:亿元

证券代码	证券简称	年度累计分红总额
000002.SZ	万科A	112.7662
0688.HK	中国海外发展	111.8001
0960.HK	龙湖集团	103.1197
1109.HK	华润置地	102.8233
2007.HK	碧桂园	70.4628
600048.SH	保利发展	69.4276
001979.SZ	招商蛇口	41.7911
600383.SH	金地集团	28.4419
600663.SH	陆家嘴	21.5830
600153.SH	建发股份	18.0389
0123.HK	越秀地产	16.9723
3990.HK	美的置业	16.9371
3383.HK	雅居乐集团	16.2769
0884.HK	旭辉控股集团	13.8189

数据来源:wind、上海易居房地产研究院。

从维护品牌形象的举措来看,房企虽然在资金实力和交付能力上给予市场一定证明,但这些措施并非系统性的,而是点状地、零散地分布在各个企业中。未来房企针对谣言、危机事件的舆情处理,既要加强前期舆情的监测管理,更要强化舆情出现后的化解与管理。

②行业不良信息增加,保交付保稳定渐成重心。

根据中国房地产信用平台监控数据,2021年收录全国房地产开发企业各类不良信用信息约6.89万条,较2020年的4.37万条同比上涨57.67%。2022年上半年收录全国房地产开发企业各类不良信用信息约5.73万条,同比增长20.44%。

分类型看,2021年欠税的开发企业案例同比增长33.55%,失信被执行人、严重违法失信和行政处罚的案例也成增长趋势,分别增长23.33%、11.21%和3.14%。欠税企业中税种多以土地增值税为主,失信被执行人企业中多数是有能力执行而拒不执行。总体来说,2021年在政府调控政策组合拳下,房企发展艰难,企业违约事件频发,少部分企业在境外债或者商票违约后,选择"躺平"。

从不良信用信息类型的比例来看,2021年失信被执行人类型的案例最多,占比约为40.75%,较2020年增加11.4%;其次是欠税案例,占比为34.34%,较2020年增加20.85%;2020年以35.37%的占比居首位的行政处罚案例,2021年下降至18.04%。除此之外,经营异常、严重违法失信、重大税收违法案例占比均呈现不同程度的下降(见图6-1-109)。

从2022年的消费者调研来看,由于部分房企出现交付困难等负面信息,房企的信用情况受到消费者越来越多的关注。在被问及如果开发商有债务违约等信用及财务风险情况,是否会影响购房决策时,85.78%的消

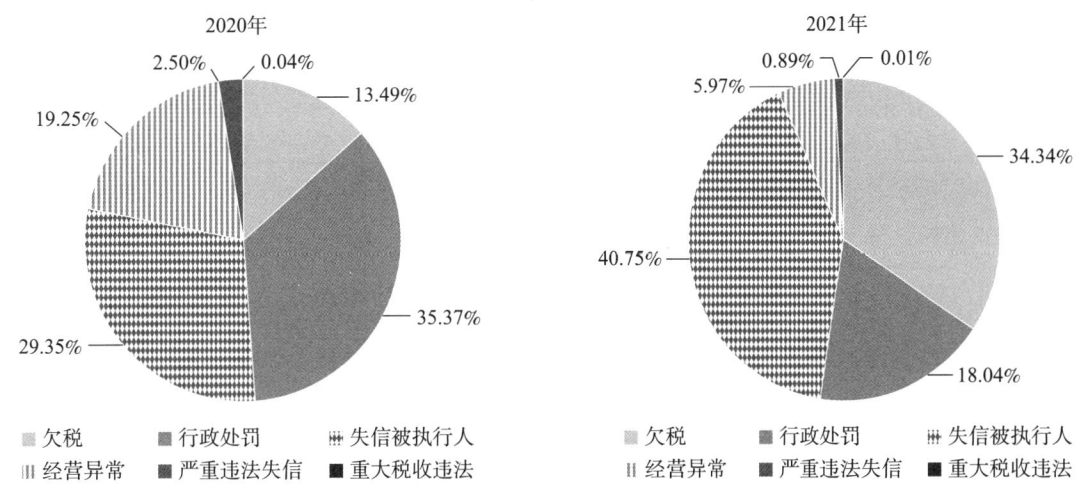

图6-1-109　2020年、2021年全国开发企业不良信用信息各类型占比情况对比

数据来源：中国房地产开发企业信用信息平台。

费者认为非常影响，不影响和不太影响的占比仅为1.23%和3.02%（见图6-1-110）。

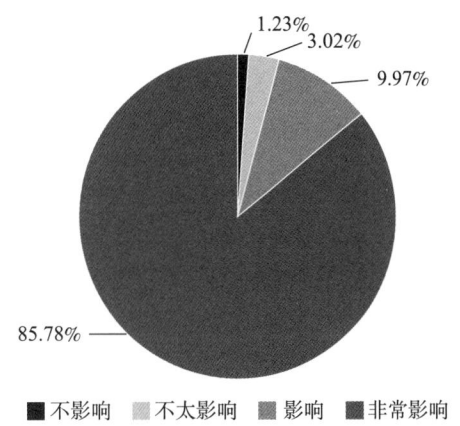

图6-1-110　2022年房企信用情况对消费者购房决策影响

数据来源：上海易居房地产研究院房企品牌调研。

随着房企违约事件增多，各地停工项目增加，个别城市出现烂尾楼后导致住户断供停贷。在行业下行叠加房企遭遇流动性及信用危机的背景下，保交楼、保民生、保稳定成为行业现阶段的发展重点。从政府层面来看，2022年2月，住房和城乡建设部副部长表示以"保交楼、保民生、保稳定"为首要目标，维护购房群众合法权益；7月，中共中央政治局首次将"保交楼、稳民生"写入政治局会议文件，并强调稳定房地产市场，压实地方政府责任。各地积极落实保交楼、稳民生的政策，解决企业在流动性上的困难，为企业保交楼创造条件。如郑州、武汉设立纾困基金，用于问题项目的纾困。对于之前拿地过多、拿地成本过高的房企，政府通过回收土地返还土地款，帮助企业纾困。如赣州收购绿地未动工地块，返还4亿元土地出让金用于项目施工建设。苏州、天津对符合要求的项目提前拨付预售监管资金，并区分项目风险与集团风险。在中国人民银行、国家外汇管理局印发的《关于做好疫情防控和经济社会发展金融服务的通知》中提到，金融机构要区分项目风险与企业集团风险，加大对优质项目的支持力度，保持房地产开发贷款平稳有序投放。

除此之外，为提高交付质量，河南省2022年8月印发《关于全面推行新建商品房"交房即交证"的实施意见》，要求自2023年1月1日起，全面实施城镇规划范围内新取得国有建设用地使用权的预售商品房项目

"交房即交证",并实现常态化运行。

从企业层面来看,房企也在积极开展"自救",多举措并行保证交付。如房企通过引入资产管理公司、企业间收并购、拍卖债权及资金方接管等方式积极纾困。尤其是被央行纳入纾困名单的民营房企,积极引入AMC公司展开自救(见表6-1-27)。如恒大陆续与光大信托、五矿信托等多家公司签署协议,剥离部分城市项目,信托公司投入资金以保障后续开发建设,从而完成保交楼。收并购方面,建业地产引入河南铁建,通过对重点项目监测发现,铁建的投资入股对建业地产的业绩提升效果显著。

表6-1-27　部分房企引入AMC的纾困方式

企业名称	主要内容
阳光城	中国华融与阳光城母公司阳光集团签署《纾困重组框架协议》,并召开战略合作会
佳兆业	中国信达通过提供增量资金与代建服务,成功盘活佳兆业广州悦伴湾项目;中信集团收购佳兆业深圳的4个项目,保障出险企业优质项目能够如期交房
中南	中南控股与江苏资产管理有限公司签署合作框架协议,拟共同设立规模为20亿元、存续期3年的基金,用于中南及关联方投资的项目合作、现有项目续建等
招商蛇口	招商蛇口与深圳市招商平安资产管理有限责任公司签署《战略合作协议》,双方拟在优化资源配置、盘活存量资产、困境房企纾困等方面建立战略合作关系
12家重点受困房企项目	中国长城与12家重点受困房企项目展开对接,通过引入央企、国企进行并购重组等,推动保交房

数据来源:公开资料、上海易居房地产研究院。

现阶段,交付力成为房企积极承担社会责任、展现企业实力、树立品牌形象的关键凭证。在"保交付、保交楼"的背景下,房企是否能够提前或按时、保质保量完成项目交付直接影响企业的品牌形象。从品牌房企官微发布的宣传文案来看,交付力的证明聚焦两种方式:一种是发布2022年上半年交付成绩单,如碧桂园发布2022年上半年1070个批次、25万户房屋如期交付,165个项目实现交付即办证(见表6-1-28)。另一种是一些房企虽未发布详细的交付成绩,但文案中在销售数据或单个项目中均能看到交付字样。如金茂和远洋在每月销售数据中强调交付数量及质量,中交强调各地积极促生产,保交付;路劲强调各地各个项目的盛大交付、圆满交付等。

表6-1-28　2022年上半年典型品牌房企发布交付成绩单

企业名称	主要内容
碧桂园	2022年上半年碧桂园在214个城市累计1070个批次,超过25万套房屋已预约交付
龙湖	截至2022年7月,龙湖年度累计如期交付76个项目,超过52500套房源
建发	截至2022年7月,交付21个项目,其中近80%提前交付
美的置业	2022年上半年如期交付31623套,提前交付3640套,交付即交证2816套,下半年坚持兑现60000多套
绿城	2022年上半年交付78个项目,其中快速完成39个项目交付,平均提前36天;代建板块完成39个项目交付,总交付面积约448.5万平方米

数据来源:房企官微、上海易居房地产研究院。

房企除重点关注纾困与保交付外,同时重视提升交付质量。在保交付层面聚焦交付体系的升级与焕新,逐渐实现从"交付房子"到"交付生活"。交付体系的升级可以促进交付力提升,通过与品牌IP相结合的方式,加深品牌影响力,成为提升美誉度和忠诚度的重要举措。如龙湖2022年6月升级全新交付体系——"龙湖智善交付体系",新体系贯穿从购房到交房的全周期。同时,洞察数字化、线上化的需求,充分利用龙湖数字化管理平台 U 享家，解锁云端交付（见表 6-1-29）。海伦堡认为全链条、全业务周期的交付体系，是企业综合管理能力的体现，也是企业的核心竞争力之一。

表 6-1-29 典型品牌房企交付体系升级举措

企业名称	主要内容
海伦堡	构建"3+2"悦享交付体系，即"3 个助手"+"2 个工具"，通过提升风控、品质查验等保障交付品质和管理水平
远洋	升级在线交付系统 2.0，提供一站式线上交付体验；线下打造"健康未来工厂"，缓解购房者"品质焦虑"
华润	发布"美好交付体系"，以五大模块全新升级交付力时代的行业标准和探索实践，从理念、内容、流程、工具、服务等方面提升交付力
美的置业	打造"橙意交付体系"，形成全新用户交付 IP"橙意家"，为用户提供全场景、全周期的生活场景
龙湖	全新升级交付体系"龙湖智善交付体系"，提升全周期的交付力，打造"一个龙湖"的多维场景
越秀	在原有"YES 健康人居体系"基础上补充"YES 美好+"，为客户提供从购房到交付后入住的全流程服务

数据来源：公开资料、上海易居房地产研究院。

③打造 IP 提升服务力，轻重并举转型跨越周期。

2020 年起，各地疫情的反复频发让人们认识到物业服务的重要性。从业主来讲，优质的物业服务提供更安心的消杀环境，更便捷的生活用品购买，整体生活更有保障；从房企来看，房地产开发业务的收缩，资金端的压力需要稳定的物业服务收入辅助分散。龙头房企中，万物云成功上市；龙湖智创生活更新招股书后，继续推进上市进程；金茂服务于 2022 年 3 月赴港上市。路劲集团表示优质的物业服务能够有力保障房企的美誉度、忠诚度，增加客户黏性，对购房者的品牌选择具有更深刻的影响。据中物研协统计，过去三年物业管理在一、二线城市基本完成全覆盖，且服务品质化趋势明显。物业服务是项目交付后，陪伴用户时间最长的服务阶段，其质量直接影响客户满意度。优质的物业服务水平有利于品牌建设和提升，而打造符合用户需求的品牌 IP 能够增强用户的归属感，进一步提升品牌形象与品牌价值。

在物业服务力提升方面，越秀发布服务体系——"越秀美好家"YES 健康人居体系，该体系以"健康+智能"为特色，满足客户对城市、社区、住宅、服务、人文等多维度的要求，YESocial 成长悦是服务和社区增值的升级与主张。绿城持续迭代升级服务模式，全域复制"幸福里"社区服务模式，持续提升绿城的物业服务水平。金茂在"MOCO"优质服务体系基础上，推动"客户体验官"计划、"工地天天见"等高质量 IP 活动落地，在客户接触点提升方面不断精进；保利物业首提服务从"现浇式"走向"装配式"，进行物业服务模式升级。2022 年 7 月保利上线"和院生活体验官"平台，邀请业主参与到服务设计的最前端环节，通过定期调研与意见反馈，成为自己小区生活的"设计师"。

从服务力升级上能够看到，物业服务趋向关注和强化对"人"的管理和服务。房企通过形式多样的品牌 IP 活动、社群运营、构建品牌 IP 形象等优化社区的运营及管理，提升社区温度，以此打造具有凝聚力、归属感的美好社区。近年来，品牌 IP 的打造备受房企关注，品牌房企通过 IP 提升品牌亲和力，增强与客户的双向沟通，在不同应用场景中做好品牌宣传。同时，品牌 IP 能够延伸出新的商业模式，迎合新的消费趋势。不少品牌房企拥有自己的品牌 IP 形象（见表 6-1-30）。具象化的 IP 形象被赋予不同的性格特征，能够与用户产生情感共鸣，更长久地陪伴用户，从而提升品牌的辨识度，有效传递品牌形象和品牌文化。如路劲 2022 年推出品牌 IP 形象"劲宝"，未来更是围绕劲宝推出劲宝乐园，为 IP 的线下落地营造物理载体、空间及场景。IP 形象不仅在集团层面受到欢迎，更下沉到城市，甚至是具体的项目中。如万科在包头有"包小鹿"，银川有"万小宝";碧桂园在沧州迎宾府项目中有"吖咪",在深圳有"碧小专"等。

表 6-1-30 典型品牌房企 IP 形象

企业名称	IP 形象	企业名称	IP 形象
万科	乐豆	雅居乐	乐活狗、雅叔
碧桂园	凤凰 P 仔	金地	大眼金
中海	小海	越秀	越越和秀秀
旭辉	旭小熊	绿城	绿小城
龙湖	龙小湖	中骏	小骏骏

数据来源:CRIC、公开资料、上海易居房地产研究院。

除品牌 IP 形象外,房企在社区的运营和管理中,打造和升级社区 IP,推动社群活动及运营。2022 年,朗诗"有温度的社区"理念再一次升级,诗友公社作为该理念的产品载体,已成立 11 个全国或城市级别的兴趣社团,联合上百个社区社团,开展各类活动,影响力覆盖 17 万名客户。碧桂园打造本地生活业务线品牌"楼下",丰富社区 15 分钟便民生活圈,为业主提供方便快捷的好物。美的置业打造"玩 MEI 圈"客户经营品牌,以多个业主社群为载体,进行橙意家 IP 的服务板块升级。绿城在社区文化建设中关注到女性群体,并运营"她时代"女性业主社群,重新定位社区管家。

儿童作为每个家庭重要的一员,在社区活动的运营和规划中也占据着重要位置。品牌房企越发关注从儿童的角度建立配套设施,打造"儿童友好型"社区,并通过亲子活动、暑期夏令营的 IP 打造,提升品牌影响力。如远洋 2022 年在南京落地首个儿童友好社区,未来还有 8 座城市将全面落地知心家庭学校及小公民成长实践空间,提升远洋"幸福聚场"社区文化品牌的影响力。保利发展"和乐中国 festival"已经连续举办 14 年,助力青少年艺术梦想,逐渐成为艺术类较为经典的 IP。万科"甜蜜课堂"已经连续举办 4 年,龙湖在"龙小湖"的 IP 形象基础上延伸出的"小龙人计划"已连续五年,2022 年已经覆盖超过 40 座城市,近 30 万人次在线参与,全网话题热度超过 2000 万次(见表 6-1-31)。克而瑞研究中心表示,那些以长期品牌战略为目标,并连续多年举办夏令营活动的房企,其品牌效应和市场口碑更胜一筹。部分品牌房企虽未形成长期的品牌 IP 活动,但也长期致力于暑期活动的开展。如旭辉暑期夏令营活动也开展多年。

表 6-1-31 典型品牌房企暑期夏令营活动 IP

企业名称	IP 名称	具体内容
保利	和乐中国	通过音乐、绘画、舞台剧等多种方式提升青少年的艺术审美,促进青少年艺术文化的发展
万科	甜蜜课堂	开展轮滑、游泳、制陶、绘画、亲近自然等陪伴小业主的暑期生活
美的置业	智乐益厦	围绕户外拓展、自然科学、艺术熏陶、亲子活动等方面关注孩子们的成长,丰富暑期生活
华润置地	万象少年	通过多平台的合作协同,开展运动、合唱、绘画、阅读等系列活动,帮助孩子们开发潜能,提升综合素质
中建东孚	孚小将	开展军容军姿等基础训练,并进行"精准打击""战地物资"等亲子团建项目
龙湖	小龙人计划	是龙湖集团打造的专属亲子活动。通过调动多业务航道资源,以多种活动形式激发小龙人的创造力,寓教于乐

数据来源:公开资料、CRIC、上海易居房地产研究院。

2022 年上半年,行业持续下行。全国商品房销售面积 68923 万平方米,同比下降 22.2%;商品房销售金额 66072 亿元,同比下降 28.9%。2022 年中期业绩报发布上,虽然市场处于低位,但多数房企认为行业企稳恢复仍需时间,并对市场中长期发展抱有信心。万科董事会主席郁亮在 8 月底的业绩会上重申:市场从短期来看已经筑底，但恢复过程是缓慢温和的。他还认为，优质的产品与服务能够抵抗短期市场压力，对市场回升抱有信心。中海董事长颜建国表示，市场形势短期业绩承压，但长期仍是乐观的。另外，对销售目标是否能完成，越秀、绿城有信心完成下半年的销售目标，龙湖则基于现金流安全不预设销售目标。

在对下半年的工作计划展望中，中骏把"保交楼、保销售"列为下半年的重心，中骏在大运营层面仍以保交付为核心，精细化供销节奏；碧桂园总裁莫斌表示，作为头部房企，需要担当，碧桂园有能力亦有实力保证交付、保证债权刚兑。

行业在分化洗牌的过程中存在较多的收并购机会，中海下半年将继续积极寻求收并购发展，筛选"主流城市、主流地段、主流产品"进行收并购。同时认为在企业分化的过程中，精准管理能力强、产品与口碑好的企业才能胜出。碧桂园表示在收并购方面不排除与AMC合作，虽然洽谈的项目较多，但落地项目有限。

合作项目方面，路劲、旭辉、碧桂园逐步减少合作项目占比，提升项目权益比例，以规避交易对手的风险暴露。如旭辉表示，合作项目上不做超额担保和兜底，以此规避合作风险。

现金流安全方面，碧桂园、华润置地、路劲都强调保障现金流安全，在投拓方面保持谨慎。如路劲表示要拿出较大精力应对两年内到期债务的偿还，要在还债关口活下去，更加重视现金流安全。华润置地表示公司在投资方面保持稳健，坚持量入为出，现金流第一的原则。碧桂园在对后市的判断中表示，要对现金流做好极致版的压力测试，通过"销售回款、可动用现金的管理、审慎投资"维持收支平衡的整体状态。

多元化业务方面，在行业深度调整下，第二曲线的探索仍需继续。多数房企围绕产业链上下游，寻找新的业务发展方向，运用轻资产穿越周期。总体来看，代建、商管、长租公寓、物管、文旅、养老等产业形态依旧是房企探索的主要方向。如中骏坚持"一体两翼"的发展战略，不断提升购物中心、长租公寓等多业态的复合开发能力。路劲尝试不同业态的发展，做居家养老产业，既符合国家的发展战略要求，同时有利于品牌长期建设和品牌口碑的树立。碧桂园在地产主业的基础上开拓智慧建造体系，并将新业务拓展至产业链上下游。旗下博智林机器人科技建造体系的赋能反向增强主业竞争力，同时其在现代农业方面的发展，使碧桂园向"高科技综合性企业"迈进。美的置业也逐步加大科技产业链的投入，加大旗下睿住智能在产品终端和软件系统的布局。朗诗地产近年逐渐向轻资产模式方面转型，并于2022年8月9日更名为朗诗绿色管理有限公司，未来集团将专注开发代建及小股操盘的房地产业务。绿城依托强品牌输出以及多年的代建经验，致力于从项目的不同阶段探索代建发展的新模式，积极为纾困类等项目提供代建服务。旭辉、华润2022年纷纷增加代建项目，旭辉更是提出下半年要再扩展50个代建项目，未来发展模式向"轻重结合"进行战略转型，大力发展轻资产业务，瓴寓长租业务向托管和资管轻资产转型，商业也逐步探索投、融、建、管、退的模式。龙湖在2021年采取"轻重并举"的发展模式，商业、长租公寓、物管业务占比增加，为龙湖穿越周期提供增长引擎。

（四）第十届（2021—2022年度）"广厦奖"第二批评奖

表6-1-32 第十届"广厦奖"第二批获奖项目

序号	地区	编号	获奖项目	开发单位
1	北京市	GSJ 0921-01-(3/3-1)	泊寓成寿寺社区	北京金城万源置业有限公司
2	北京市	GSJ 0928-01-(3/3-2)	山屿·西山著	北京锐达置业有限公司
3	北京市	GSJ 0929-01-(3/3-3)	梧桐湾	北京景盛诚泰置业有限公司

续表

序号	地区	编号	获奖项目	开发单位
4	天津市	GSJ 0924-02-(2/2-1)	滨旅·景熙园	天津滨海旅游区建设开发有限公司
5	天津市	GSJ 0927-02-(2/2-2)	香邑花苑三期	中交一航局城市投资发展（天津）有限公司
6	河北石家庄市	GSJ 0880-03-(5/5-1)	润德万科翡翠公园一期	石家庄万科润德翡翠房地产开发有限公司
7	河北石家庄市	GSJ 0881-03-(5/5-2)	荣盛华府二期	河北荣商房地产开发有限公司
8	河北秦皇岛市	GSJ 0882-03-(5/5-3)	紫金湾·景澜小区	秦皇岛市信发房地产开发有限公司
9	河北保定市	GSJ 0883-03-(5/5-4)	天保绿城住宅小区	天保房地产集团有限公司
10	河北保定市	GSJ 0884-03-(5/5-5)	天保凌云城住宅小区	天保房地产集团有限公司
11	内蒙古呼和浩特市	GSJ 0942-05-(3/3-1)	华润幸福里	呼和浩特华润房地产开发有限公司
12	内蒙古呼和浩特市	GSJ 0943-05-(3/3-2)	兴泰·东河湾北区二期	内蒙古兴泰房地产开发集团有限公司
13	内蒙古呼和浩特市	GSJ 0980-05-(3/3-3)	金地·江山风华一期	内蒙古华耀房地产开发有限公司
14	黑龙江哈尔滨市	GSJ 0982-08-(9/9-1)	桐楠格·领誉	黑龙江桐楠格房地产开发集团有限责任公司
15	上海市	GSJ 0935-09-(3/3-1)	闵都雅苑	上海孚闵置业有限公司
16	上海市	GSJ 0936-09-(3/3-2)	南翔秀城·孚锦雅苑	上海孚嘉置业有限公司
17	浙江杭州市	GSJ 0953-11-(9/9-1)	臻奥院	杭州信达奥体置业有限公司
18	浙江台州市	GSJ 0954-11-(9/9-2)	朗成·江南墅一期	台州市朗成景隆房地产有限公司
19	浙江杭州市	GSJ 0955-11-(9/9-3)	和家园G1组团	杭州振兴置业投资有限公司
20	浙江宁波市	GSJ 0956-11-(9/9-4)	雅戈尔·江上花园一期	雅戈尔置业控股有限公司
21	浙江嘉兴市	GSJ 0957-11-(9/9-5)	中国铁建·嘉兴花语江南	嘉兴京禾房地产开发有限公司
22	浙江温州市	GSJ 0958-11-(9/9-6)	德信·观澜苑	德信地产集团有限公司
23	浙江舟山市	GSJ 0959-11-(9/9-7)	德信·舟山东宸府	德信地产集团有限公司
24	浙江嘉兴市	GSJ 0960-11-(9/9-8)	荣安·荣和花园	荣安地产股份有限公司
25	浙江嘉兴市	GSJ 0961-11-(9/9-9)	桃花源公馆一期	鸿翔房地产有限公司
26	安徽天长市	GSJ 0914-12-(9/9-1)	通和·易居天玺一期	安徽省通和房地产集团有限公司
27	安徽六安市	GSJ 0915-12-(9/9-2)	远大·中央公园一、二期	六安远大投资集团
28	安徽亳州市	GSJ 0916-12-(9/9-3)	古井悦湖城	安徽古井房地产集团有限责任公司
29	安徽蚌埠市	GSJ 0917-12-(9/9-4)	蚌埠和顺静天府北苑	安徽水利淮上和顺地产有限公司
30	安徽蚌埠市	GSJ 0918-12-(9/9-5)	蚌埠荣盛玖珑院	蚌埠荣盛祥云房地产开发有限公司

续表

序号	地区	编号	获奖项目	开发单位
31	山东济宁市	GSJ 1028-15-(17/17-14)	邹城东海院子	山东东海房地产开发集团有限公司
32	山东德州市	GSJ 1029-15-(17/17-15)	临邑东海院子	山东东海房地产开发集团有限公司
33	广西桂林市	GSJ 0890-20-(9/9-1)	兴进·漓江郡府金桂府	广西兴进实业集团有限责任公司
34	广西贺州市	GSJ 0891-20-(9/9-2)	贺州碧桂园中央公园	贺州市松木岭碧桂园房地产开发有限公司
35	广西柳州市	GSJ 0892-20-(9/9-3)	鹿寨碧桂园翡翠湾一期	鹿寨县碧桂园房地产开发有限公司
36	广西北流市	GSJ 0893-20-(9/9-4)	北流新世纪豪园一期	北流市新世纪豪园房地产开发有限公司
37	广西南宁市	GSJ 0944-20-(9/9-5)	南宁万科公园里一期	广西万科企业管理有限公司
38	广西南宁市	GSJ 0945-20-(9/9-6)	大唐臻观一期	广西唐桂投资有限公司
39	广西南宁市	GSJ 0946-20-(9/9-7)	荣和·公园里	南宁荣和华府房地产开发有限公司
40	广西南宁市	GSJ 0947-20-(9/9-8)	广西华润大厦	华润置地(南宁)有限公司
41	广西南宁市	GSJ 0948-20-(9/9-9)	南宁万科星都荟二期	广西万科企业管理有限公司
42	海南三亚市	GSJ 0922-21-(4/4-1)	海棠花开	三亚中业南田投资有限公司
43	海南海口市	GSJ 0923-21-(4/4-2)	海口椰风水韵北区	海口市城市建设投资有限公司
44	海南海口市	GSJ 1014-21-(4/4-3)	海口华润中心二期东悦府	华润置地开发(海南)有限公司
45	海南万宁市	GSJ 1015-21-(4/4-4)	石梅山庄三、四期	海南嘉地置业有限公司
46	四川成都市	GSJ 0920-23-(12/12-1)	华润置地万象城二期	华润置地(成都)发展有限公司
47	四川成都市	GSJ 0930-23-(12/12-2)	百郦锦城	甘肃建总置业发展有限公司
48	四川成都市	GSJ 0940-23-(12/12-3)	成都大悦城	卓远地产(成都)有限公司
49	四川成都市	GSJ 0941-23-(12/12-4)	凤凰山体育公园(场馆)	成都城投置地(集团)有限公司
50	四川成都市	GSJ 0962-23-(12/12-5)	梧桐集	成都城投置地(集团)有限公司
51	四川成都市	GSJ 0963-23-(12/12-6)	武侯金茂府一期	成都隆中策置业有限公司
52	四川成都市	GSJ 0964-23-(12/12-7)	东盟艺术学院	成都开元锦澜置业有限公司
53	四川成都市	GSJ 0965-23-(12/12-8)	首开·龙湖成都西宸天街	成都旭泰置业有限公司
54	四川成都市	GSJ 0966-23-(12/12-9)	中国铁建·西派浣花府	成都中铁瑞兴房地产开发有限公司
55	四川成都市	GSJ 0967-23-(12/12-10)	中国铁建·西派国樾二期	成都中铁华府置业有限公司
56	四川成都市	GSJ 0968-23-(12/12-11)	万科天荟城(商业)	成都传媒文化置业有限公司
57	四川成都市	GSJ 0969-23-(12/12-12)	万科·公园都会	成都万吉房地产开发有限公司
58	西藏拉萨市	GSJ 0905-26-(3/3-1)	世邦·书山郡	西藏世邦投资集团有限责任公司
59	西藏拉萨市	GSJ 0906-26-(3/3-2)	拉萨碧桂园	拉萨卓康房地产有限公司
60	西藏拉萨市	GSJ 0949-26-(3/3-3)	天峰祥和芸谷	西藏天峰房地产开发集团有限公司
61	陕西西安市	GSJ 0931-27-(3/3-1)	碧桂园·锦唐	西安陆通科技发展有限公司
62	陕西西安市	GSJ 0932-27-(3/3-2)	碧桂园·凤凰城豪园二标段	陕西建秦房地产开发有限公司

续表

序号	地区	编号	获奖项目	开发单位
63	陕西西安市	GSJ 0933-27-(3/3-3)	金地·曲江中心风华	西安朔坤房地产开发有限公司
64	宁夏银川市	GSJ 0859-30-(6/6-1)	宁夏中房东方悦小区	宁夏中房实业集团有限公司
65	宁夏银川市	GSJ 0919-30-(6/6-2)	福泽上豪苑	宁夏众一发展集团有限公司
66	宁夏银川市	GSJ 0934-30-(6/6-3)	碧桂园嘉誉里	宁夏碧桂园房地产开发有限公司
67	宁夏银川市	GSJ 0950-30-(6/6-4)	碧桂园翡翠湾一至三期	银川碧桂园房地产开发有限公司
68	宁夏银川市	GSJ 0951-30-(6/6-5)	吉泰·泰安世家	宁夏吉泰房地产开发有限公司
69	宁夏银川市	GSJ 0952-30-(6/6-6)	燕赵大厦	宁夏住宅建设发展（集团）有限公司
70	新疆乌鲁木齐市	GSJ 0925-31-(1/1-1)	华源·尚源贝阁	新疆华源实业（集团）有限公司

二、2022年中国房地产开发企业信用状况白皮书

（一）房地产开发企业总体情况

截至2022年12月31日，中国房地产业协会房地产开发企业信用信息平台收录房地产开发企业12.72万家。

收录的房地产开发企业是指具有房地产开发资质等级信息，或拥有商品房预售许可证、建设用地规划许可证等信息可以证明其实际从事房地产开发经营活动的企业。

以下所做统计分析均以这一数字为基准。

1. 区域分布

从房地产开发企业的分布来看，按省级行政区域来划分（包括省、自治区、直辖市，以下简称"各省"），广东、江苏、山东和河南四个省份的开发企业数量领先，均8000家以上（见图6-2-1）。

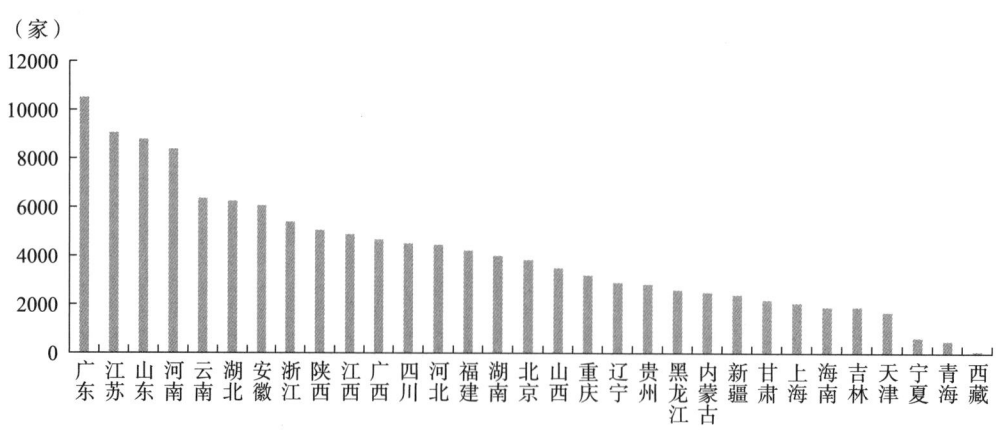

图6-2-1 各省房地产开发企业数量情况

数据来源：中国房地产开发企业信用信息平台。

2. 注册资本

从注册资本来看，注册资本在1000万~5000万元（不含）的房地产开发企业数量最多，超过6.23万家，占比49.84%；其次是1亿~10亿元（不含）注册资本的企业，占比17.17%，约2.14万家；小于100万元注

册资本的企业约407家，占比约0.33%。

3. 增长情况

从近3年新增和注销的企业总量来看，新增开发企业呈持续下降趋势，注销企业数量近两年有所增长，2022年全国新增开发企业数量1434家，注销企业数量819家。

从各省的新增情况来看，2022年山东、陕西和安徽新增房地产开发企业的数量较多。从增幅来看，2022年全年，除宁夏正增长外，27个省份同比均呈现负增长，吉林、重庆和湖南同比降幅最大（见图6-2-2）。

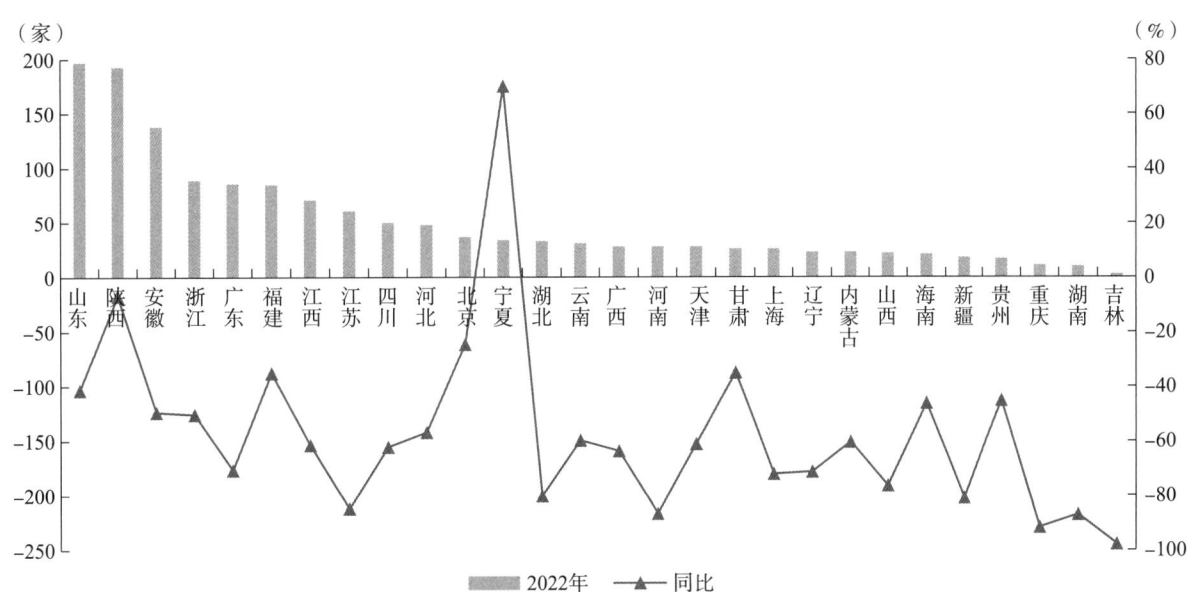

图6-2-2　2022年全国各地区新增开发企业情况

数据来源：中国房地产开发企业信用信息平台。

（二）行业不良信用信息情况

根据中国房地产信用平台监控数据显示，2022年收录全国房地产开发企业各类不良信用信息14余万条，同比修正后的2021年增加24.49%。

从2022年开发企业的不良信用信息总体情况来看，主要分为6种情形。其中，欠税类型占比最高，案例87026条，占62.15%；其次是失信被执行人案例37391条，占26.70%；行政处罚、经营异常、严重违法失信和重大税收违法，占比分别为7.18%、2.98%、0.99%和0.01%。

从2022年开发企业不良信用信息类型的变动情况来看，发生欠税行为的开发企业案例同比增长39.54%，失信被执行人的案例也呈增长趋势，同比增长25.03%；行政处罚、严重违法失信和经营异常案例数有所下降，同比分别减少28.21%、27.07%和3.04%，2022年重大税收违法案例数8条。

从区域分布来看，广东、江苏和河南这些开发企业数量较多的地区，开发企业发生不良信用信息的数量也相对较多（见图6-2-3）。

1. 行政处罚

根据中国房地产信用平台统计，2022年全国被行政处罚的开发企业7803家，同比减少22.31%，约占全部开发企业的6.13%，案例10057条，分布在全国31个省份。

从分布上看，山东、广东、河南、江苏和浙江被行政处罚的开发企业数量最较多，分别为756、686、639、537和502家，这也基本与全国开发企业的总体分布接近；宁夏被行政处罚的开发企业数量相对该省开发企业总数的比例最多，占比约9.98%，其次是山西和浙江，占比分别为9.43%和9.30%（见图6-2-4）。

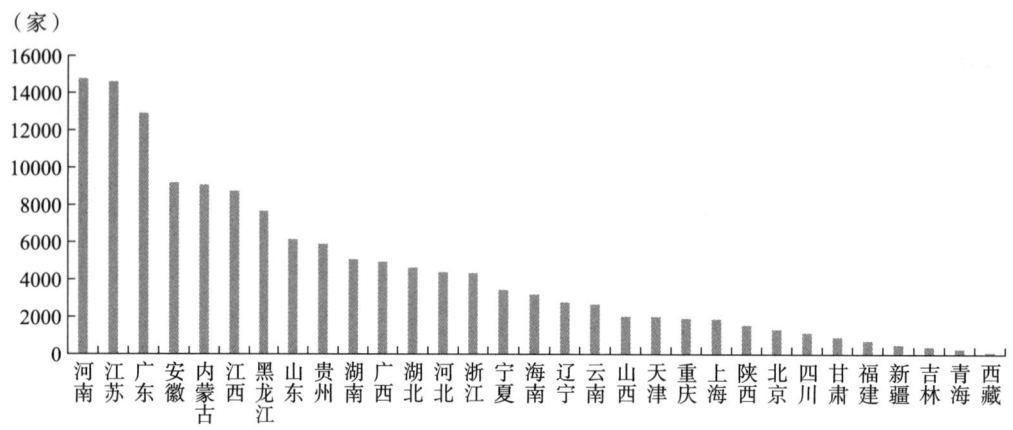

图 6-2-3　2022 年全国各省开发企业不良信用信息情况

数据来源：中国房地产开发企业信用信息平台。

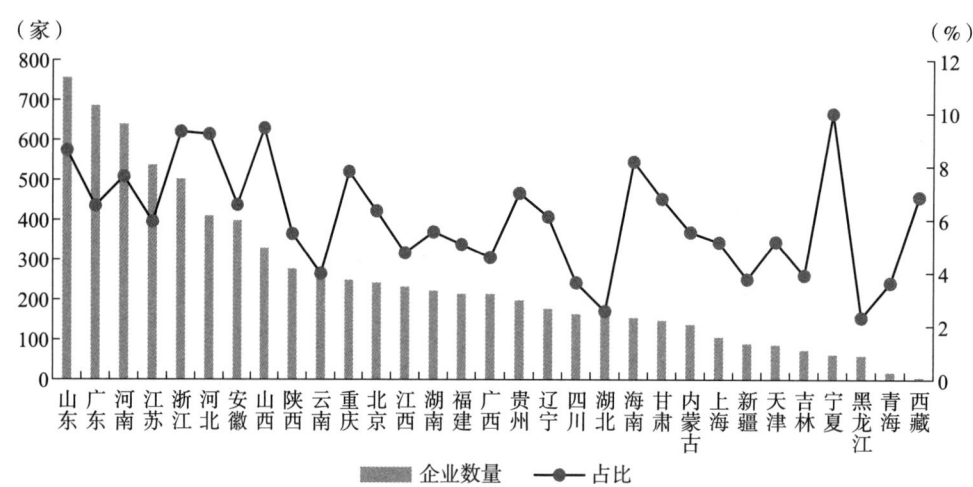

图 6-2-4　2021 年各省行政处罚开发企业数量及占比情况

数据来源：中国房地产开发企业信用信息平台。

从被行政处罚开发企业的注册资本情况来看，注册资本在 1000 万~5000 万元（不含）的占比约 45.91%，约 3390 家；其次是 1 亿~10 亿元（不含）注册资本的开发企业，占比 25.56%，约 1888 家；占比最少的是小于 100 万元注册资本的开发企业，仅 7 家。

从行政处罚的实施机关来看，市场监督、城管、税务部门是主要的处罚机关。在所有行政处罚信息中，市场监督部门处罚的数量占比 20.52%，约 1974 条，城管部门处罚的数量占比约 19.50%，约 1876 条，税务部门占比 7.39%，约 711 条。

2. 失信被执行人

根据中国房地产信用平台的统计，2022 年全国 7921 家开发企业出现失信被执行人情况，同比增长 26.25%，约占全部开发企业的 6.22%，案例 37391 条，分布在全国 31 个省份。

从分布区域看，河南、贵州、广东、安徽和广西 5 个省份被列为失信被执行人的开发企业数量居前，分别为 1387、478、460、448 和 404 家。宁夏被列为失信被执行人的企业数量相对该省开发企业总数的比例比较靠前，占比为 16.96%，其次是贵州和河南，分别占比 16.89% 和 16.56%。（见图 6-2-5）。

从被列为失信被执行人开发企业的注册资本情况来看，注册资本在 1000 万~5000 万元（不含）的占比约 49.57%，约 3900 家；其次是 1 亿~10 亿元（不含）注册资本的开发企业，占比 18.06%，约 1420 家；小于

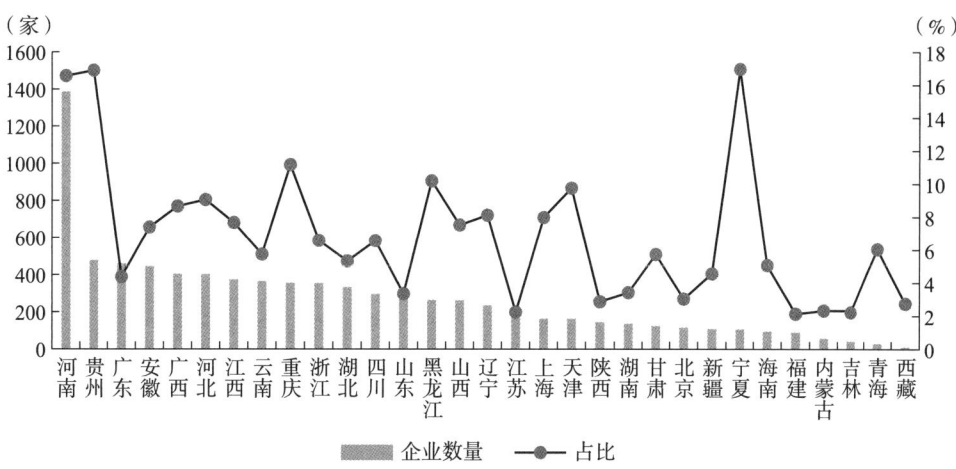

图 6-2-5　2022 年各省失信被执行人开发企业数量及占比情况

数据来源：中国房地产开发企业信用信息平台。

100 万元注册资本的开发企业占比最少，仅 7 家。

从被列为失信被执行人的原因来看，"有履行能力而拒不履行生效法律文书确定义务"的失信被执行人最多，占比约 70%；其次是"违反财产报告制度"的失信被执行人，占比 18.26%；此外，"被执行人无正当理由拒不履行执行和解协议"和"其他规避执行"等也是被列为失信被执行人的常见类型。

同时，根据中国房地产信用平台的统计，2022 年中国房地产信用平台收录中国裁判文书网有关房地产开发企业的判决文书约 27.69 万例，其中，合同纠纷占比超过 74.22%；而在合同纠纷中，有关房屋买卖、预售、销售等涉及房屋交易的纠纷占比超过 62.47%。

3. 经营异常

根据中国房地产信用平台的统计，2022 年全国房地产开发企业中有经营异常情况的企业 4027 家，同比减少 2.26%，约占全部开发企业的 3.16%，案例 4173 条，分布在全国 31 个省份。

从区域分布看，河南、云南、广东、山东和安徽有经营异常情况的开发企业最多，分别为 352、316、251、235 和 208 家；从占比来看，剔除西藏本身开发企业基数较少影响，黑龙江有经营异常情况的开发企业数量相对该省开发企业总数的比例最高，占比 7.91%，其次是青海和云南，占比分别为 5.23% 和 4.97%（见图 6-2-6）。

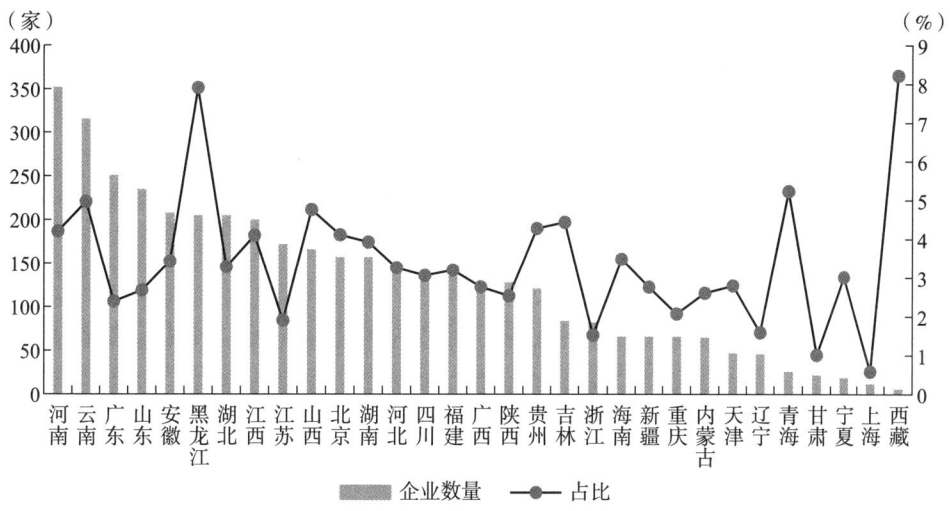

图 6-2-6　2022 年各省经营异常开发企业数量及占比情况

数据来源：中国房地产开发企业信用信息平台。

从有经营异常情况的开发企业的注册资本情况来看，注册资本在 1000 万～5000 万元（不含）的占比约 52.24%，约 2050 家；其次是 100 万～1000 万元（不含）注册资本的开发企业，占比 16.87%，约 662 家；占比最小的是小于 100 万元注册资本的开发企业，仅 18 家。

从被列入经营异常情况的具体原因来看，"未在规定的期限公示年度报告"的占比 63.53%，"通过登记的住所或者经营场所无法取得联系"的占比 26.19%，"公示企业信息隐瞒真实情况、弄虚作假"的占比 4.12%，这三种是出现经营异常的主要原因。

4. 欠税

根据中国房地产信用平台的统计，2022 年全国发生欠税行为的房地产开发企业 8314 家，约占全部开发企业的 6.53%，同比增长 43.89%，案例 87026 条，分布在全国 26 个省份。

从区域分布来看，广东、江苏、河南、湖北和安徽有欠税开发企业数量最多，分别为 1270、981、729、679 和 664 家。从欠税企业与本省开发企业总数的占比来看，宁夏、内蒙古和海南位居前列，分别占比 23.45%、16.47% 和 14.29%（见图 6-2-7）。

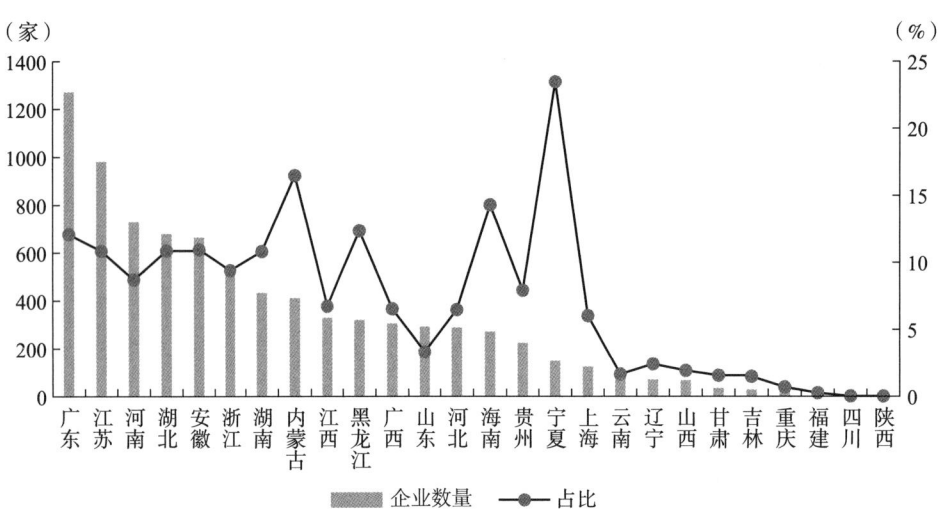

图 6-2-7　2022 年各省欠税开发企业数量及占比情况

数据来源：中国房地产开发企业信用信息平台。

从欠税开发企业的注册资本情况来看，1000 万～5000 万元（不含）注册资本的欠税企业数量最多，占比 48.57%，约 3990 家；其次是 5000 万～1 亿元（不含）注册资本的开发企业，占比 18.60%，约 1529 家；占比最小的是小于 100 万元注册资本的开发企业，仅 9 家。

从欠税总金额来看，2022 年开发企业欠税的总金额 1713.67 亿元。从欠税类型来看，土地增值税、城市维护建设税、增值税、城镇土地使用税和印花税是主要的欠税类型。此外，广东、江苏和浙江 3 个省份的企业欠税金额最多，分别为 445.38 亿元、299.26 亿元和 171.62 亿元。

5. 严重违法失信

根据中国房地产信用平台的统计，2022 年全国发生严重违法失信行为的开发企业 620 家，同比基本持平，约占全部开发企业的 0.49%，案例 1382 条，分布在全国 20 个省份。

从区域分布来看，陕西、云南和河南严重违法失信的开发企业数量居前，分别为 133、118 和 69 家。从严重违法失信企业与本省开发企业总数的占比来看，陕西、云南和湖南位居前列，分别占比 2.63%、1.85% 和 1.30%（见图 6-2-8）。

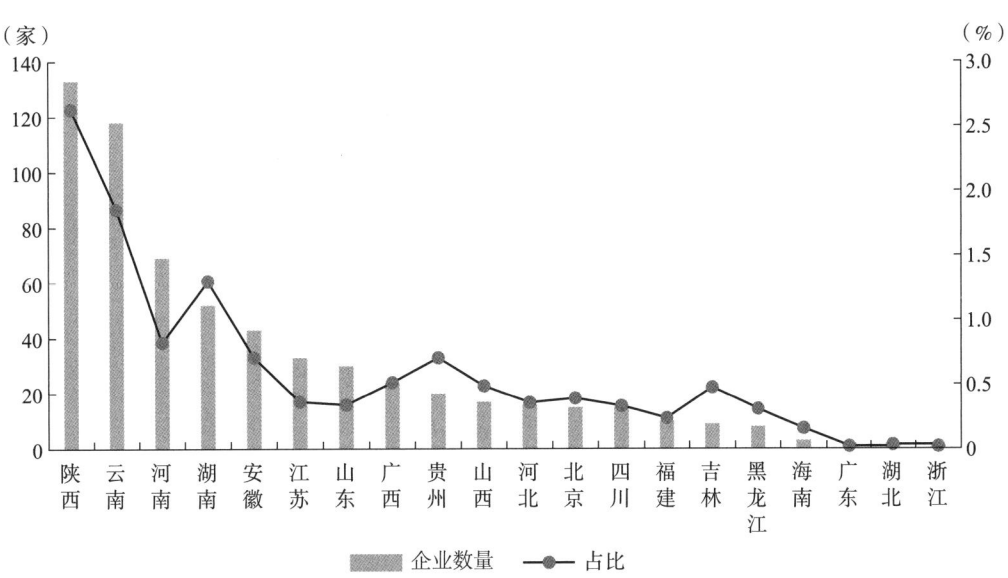

图 6-2-8　2022 年各省严重违法失信开发企业占比情况

数据来源：中国房地产开发企业信用信息平台。

从严重违法失信开发企业的注册资本情况来看，1000 万~5000 万元（不含）注册资本的开发企业占比最大，达到 56.27%，有 332 家；其次是 100 万~1000 万元（不含）注册资本的开发企业，占比 23.05%，有 136 家；小于 100 万元注册资本的开发企业占比最少，仅有 1 家。

从严重违法失信的列入原因来看，被列入经营异常名录届满 3 年仍未履行相关义务案例是主要类型，占比 49.78%，约 688 条；其次是有履行能力而拒不履行生效法律文书确定义务，占比 28.79%，约 398 条；此外，还有被执行人无正当理由拒不履行执行和解协议、其他规避执行和违反财产报告制度等情形被列入严重违法失信名单的开发企业。

6. 重大税收违法

根据中国房地产信用平台的收录，2022 年全国重大税收违法开发企业 8 家，分布在江苏、福建、广西、新疆和青海（见表 6-2-1）。

其中，涉案金额最大的是新疆天华置业有限责任公司，经国家税务总局乌鲁木齐市税务局稽查局检查，发现其在 2008—2010 年主要存在以下问题：采取偷税手段，造成少缴 2010 年土地增值税 3184.94 万元；2008 年企业所得税 1313.31 万元、2009 年企业所得税 1924.46 万元。

表 6-2-1　2022 年全国严重违法税收开发企业案例

企业名称	省份	案件性质	检察机关
徐州旭润置业有限公司	江苏	虚开普通发票	国家税务总局徐州市税务局稽查局
新疆天华置业有限责任公司	新疆	逃避缴纳税款	国家税务总局乌鲁木齐市税务局稽查局
徐州旭鑫置业有限公司	江苏	虚开普通发票	国家税务总局徐州市税务局稽查局
乌恰县阿柯伟房地产投资有限责任公司	新疆	逃避缴纳税款	国家税务总局克州税务局稽查局
桂林风景房地产开发有限公司	广西	逃避缴纳税款	国家税务总局桂林市税务局第二稽查局
青海新田房地产开发有限公司	青海	偷税	国家税务总局西宁经济技术开发区税务局稽查局
新疆巴州万方房地产开发有限公司	新疆	虚开普通发票	国家税务总局巴音郭楞蒙古自治州税务局稽查局
福建顺昌融圣置业有限公司	福建	虚开普通发票	国家税务总局南平市税务局第一稽查局

数据来源：中国房地产开发企业信用信息平台。

（三）涉及不良信用信息的开发企业情况

根据中国房地产信用平台的统计，2022年全国涉及不良信用信息①的房地产开发企业24052家，同比增长4.59%，约占全国房地产开发企业总量的18.91%，案例140037条。

其中，2022年发生不良信用信息的中国房地产开发企业综合实力TOP500的企业数量10家，而上年该值是2家，尽管企业数量有所增加，但这一数据大大低于行业平均水平，也反映行业综合实力领先的企业群体在信用建设方面同样相对出色。

1. 区域分布

从2022年发生不良信用信息行为的开发企业区域分布来看，分布在全国31个省份，其中河南、广东和江苏涉及的开发企业最多，分别为2476、2131和1627家。从发生不良信用信息占各省房地产开发企业总数的比例来看，宁夏、河南和贵州涉及不良信用信息开发企业占比最高，分别为36.29%、29.55%和29.40%（见图6-2-9）。

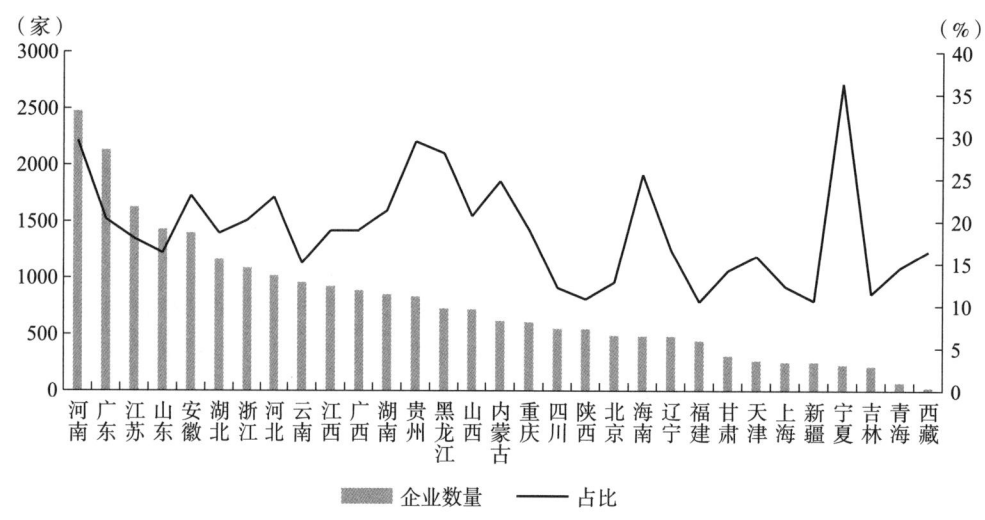

图6-2-9　2022年不良信用开发企业占比所在地开发企业情况

数据来源：中国房地产开发企业信用信息平台。

2. 注册时间分析

在2022年发生不良信用信息的开发企业中，从注册的年份来看，主要是集中在2006—2015年注册的企业，占比55.83%，约16020家；其次是2016—2020年和2001—2005年注册的开发企业，分别占比22.48%和12.49%，分别约6451家和3583家。

3. 注册资本分析

从注册资本来看，2022年发生不良信用信息的开发企业，其注册资本主要集中在1000万~5000万元（不含），占比48.84%，约13670家；其次是注册资本1亿~10亿元（不含）以内的企业，占比19.17%，约5364家；占比最小的是注册资本小于100万元的开发企业，约42家。

从不良信用信息的类型来看，在行政处罚、失信被执行人、经营异常和欠税等不良信用行为里，注册资本为1000万~5000万元（不含）的开发企业都明显高于其他注册资本水平的企业（见图6-2-10）。

---

① 注：不良信用信息与前文定义一致，包括行政处罚、失信被执行、经营异常、欠税、严重违法失信和重大税收违法等6种行为。

VI. 企业篇

二、2022年中国房地产开发企业信用状况白皮书

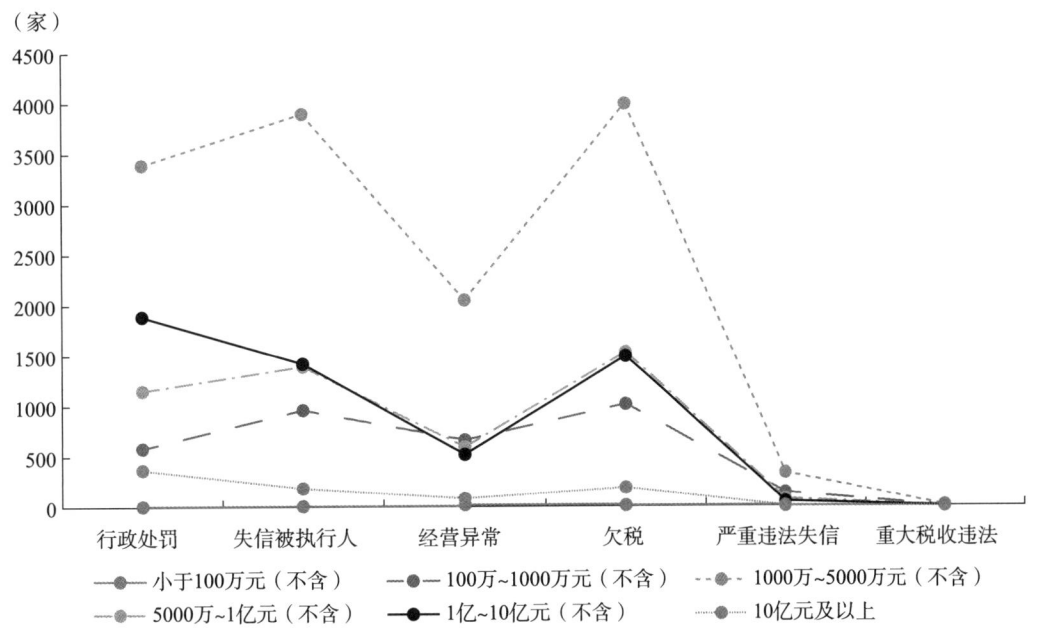

图 6-2-10　2022 年各类型不良信用开发企业注册资本情况

数据来源：中国房地产开发企业信用信息平台。

（四）房地产开发企业债务违约情况

1. 境内信用债券违约情况

根据中国房地产信用平台的统计，截至 2022 年 12 月 31 日，2022 年全国 32 家房地产债券发行人确认境内信用债券实质违约或触发交叉条款（不包括展期情形），涉及债券 92 只，比 2021 年增长 109.09%，违约涉及债券余额 521.05 亿元，比 2021 年增长 15.10%（见表 6-2-2）。

其中，阳光城信用债券违约涉及余额最大，2022 年违约涉及债券余额 122.55 亿元，其次是华夏幸福和融创中国，分别是 73.80 亿元和 39.26 亿元。

表 6-2-2　房地产开发企业 2022 年境内信用债违约统计（不包括展期情形）

债券简称	违约日期	发行人	违约类型	最新状态	发行规模（亿元）	违约日债券余额（亿元）
金科股份 6.85% N20240528	2022-12-28	金科地产集团股份有限公司	未按时兑付利息	实质违约	3.25	3.25
德信中国 9.95% N20221203	2022-12-5	德信中国控股有限公司	未按时兑付本息	实质违约	3.50	3.48
19 鸿坤 01	2022-6-20	北京鸿坤伟业房地产开发有限公司	未按时兑付回售款和利息	实质违约	3.44	3.44
三盛控股 12.5% N20221110	2022-11-10	三盛控股（集团）有限公司	未按时兑付本息	实质违约	0.70	0.70
20 万通 03	2022-10-31	广西万通房地产有限公司	未按时兑付本息	实质违约	1.20	1.20
15 华夏 05	2021-10-22	华夏幸福基业股份有限公司	未按时兑付本息	实质违约	40.00	40.00

续表

债券简称	违约日期	发行人	违约类型	最新状态	发行规模（亿元）	违约日债券余额（亿元）
H0阳城04	2022-10-14	阳光城集团股份有限公司	未按时兑付回售款和利息	实质违约	8.00	8.00
旭辉控股集团6.95%CB20250408	2022-10-8	旭辉控股（集团）有限公司	未按时兑付利息	实质违约	25.45	25.45
鑫苑置业14.5%N20230917	2022-10-7	鑫苑置业有限公司	未按时兑付利息	实质违约	3.00	2.61
鑫苑置业14%N20240125	2022-10-7	鑫苑置业有限公司	未按时兑付利息	实质违约	2.70	2.70
20万通01	2022-9-22	广西万通房地产有限公司	未按时兑付本息	实质违约	5.82	5.82
20幸福01	2021-9-22	华夏幸福基业控股股份公司	未按时兑付回售款和利息	实质违约	12.50	12.50
佳兆业集团10.5%N20220907	2022-9-7	佳兆业集团控股有限公司	未按时兑付本金	实质违约	3.00	3.00
中梁控股9.5%N20220729	2022-8-28	中梁控股集团有限公司	未按时兑付本息	实质违约	4.50	0.13
上坤地产12.25%N20220721	2022-8-21	上坤地产集团有限公司	未按时兑付本金	实质违约	2.10	0.00
19三盛05	2021-8-9	上海三盛宏业投资（集团）有限责任公司	未按时兑付本息	实质违约	5.30	5.30
融创中国7.950%N20220808	2022-8-8	融创中国控股有限公司	未按时兑付本金	实质违约	6.00	6.00
天誉置业13%N20220708	2022-8-7	天誉置业（控股）有限公司	未按时兑付本金	实质违约	2.74	2.49
正荣地产7.125%N20220630	2022-7-30	正荣地产集团有限公司	未按时兑付本金	实质违约	16.00	0.10
大发地产12.375%N20220730	2022-7-30	大发地产集团有限公司	未按时兑付本金	实质违约	3.60	3.60
宝龙地产4%N20220725	2022-7-25	宝龙地产控股有限公司	未按时兑付本息	实质违约	2.00	0.21
佳兆业集团8.65%N20220722	2022-7-22	佳兆业集团控股有限公司	未按时兑付本金	实质违约	2.00	2.00
融信中国7.35%N20231215	2022-7-15	融信中国控股有限公司	未按时兑付利息	实质违约	4.10	4.10
融信中国8.10%N20230609	2022-7-10	融信中国控股有限公司	未按时兑付利息	实质违约	3.24	3.16
21万通02	2022-7-8	广西万通房地产有限公司	未按时兑付利息	实质违约	3.40	0.31
三盛控股13%N20220705	2022-7-5	三盛控股（集团）有限公司	未按时兑付本息	实质违约	1.00	1.00
花样年控股7.95%N20220705	2022-7-5	花样年控股集团有限公司	未按时兑付本金	实质违约	5.00	4.99

续表

债券简称	违约日期	发行人	违约类型	最新状态	发行规模（亿元）	违约日债券余额（亿元）
世茂集团4.75% N20220703	2022-7-3	世茂集团控股有限公司	未按时兑付本息	实质违约	10.00	10.00
19三盛03	2022-7-1	上海三盛宏业投资（集团）有限责任公司	未按时兑付本息	实质违约	7.00	7.00
佳兆业集团8.5% N20220630	2022-6-30	佳兆业集团控股有限公司	未按时兑付本金	实质违约	12.55	11.47
大发地产12.5% N20220630	2022-6-30	大发地产集团有限公司	未按时兑付本金	实质违约	1.38	1.38
鑫苑置业12% N20220629	2022-6-29	鑫苑置业有限公司	未按时兑付本息	实质违约	1.60	—
阳光100中国13% N20220629	2022-6-29	阳光100中国控股有限公司	未按时兑付本息	实质违约	2.20	2.20
领地控股12% N20220627	2022-6-27	领地控股集团有限公司	未按时兑付本息	实质违约	1.50	0.03
21福建阳光SCP004	2022-6-27	福建阳光集团有限公司	未按时兑付本息	实质违约	6.50	6.50
18鸿坤01	2022-6-20	北京鸿坤伟业房地产开发有限公司	提前到期未兑付	实质违约	1.00	1.00
19阳集03	2022-6-20	福建阳光集团有限公司	未按时兑付本息	实质违约	3.39	3.39
18鸿坤03	2022-6-20	北京鸿坤伟业房地产开发有限公司	提前到期未兑付	实质违约	5.50	4.76
18华夏03	2022-6-20	华夏幸福基业股份有限公司	未按时兑付本息	实质违约	20.00	20.00
19鸿坤01	2022-6-20	北京鸿坤伟业房地产开发有限公司	提前到期未兑付	实质违约	3.44	3.44
21福建阳光SCP003	2022-6-20	福建阳光集团有限公司	未按时兑付本息	实质违约	2.50	2.50
中梁控股8.5% N20220519	2022-6-19	中梁控股集团有限公司	未按时兑付本金	实质违约	3.00	0.28
新力控股集团10.5% N20220618	2022-6-18	新力控股（集团）有限公司	未按时兑付本金	实质违约	2.10	2.08
景瑞控股12% N20220926	2022-6-17	景瑞控股有限公司	未按时兑付利息	实质违约	1.50	1.50
景瑞控股12% N20240128	2022-6-17	景瑞控股有限公司	未按时兑付利息	实质违约	1.68	1.65
景瑞控股12.5% N20231026	2022-6-17	景瑞控股有限公司	未按时兑付利息	实质违约	2.40	2.40
景瑞控股14.5% N20230219	2022-6-17	景瑞控股有限公司	未按时兑付利息	实质违约	3.50	3.50
融创中国7.25% N20220614	2022-6-14	融创中国控股有限公司	未按时兑付本金	实质违约	6.00	6.00

续表

债券简称	违约日期	发行人	违约类型	最新状态	发行规模（亿元）	违约日债券余额（亿元）
20华EB02	2021-6-15	华夏幸福基业控股股份公司	未按时兑付利息	实质违约	7.00	1.30
祥生控股集团10.5% N20220607	2022-6-7	祥生控股（集团）有限公司	未按时兑付本息	实质违约	2.00	2.00
大唐集团控股12.5% N20220606	2022-6-6	大唐集团控股有限公司	未按时兑付本金	实质违约	3.00	0.16
正荣地产9.15% N20230506	2022-6-5	正荣地产集团有限公司	未按时兑付利息	实质违约	3.00	3.00
禹洲地产6% N20231025	2022-5-31	禹洲集团控股有限公司	未按时兑付本息	实质违约	6.50	6.50
禹洲集团8.375% N20241030	2022-5-31	禹洲集团控股有限公司	未按时兑付本息	实质违约	5.00	5.00
融创中国5.95% N20240426	2022-5-26	融创中国控股有限公司	未按时兑付利息	实质违约	9.42	9.42
H0阳城03	2022-5-25	阳光城集团股份有限公司	未按时兑付本息	实质违约	10.00	10.00
H1阳城02	2022-5-25	阳光城集团股份有限公司	未按时兑付本息	实质违约	10.00	10.00
H0阳城02	2022-4-25	阳光城集团股份有限公司	未按时兑付本息	实质违约	8.00	8.00
21福建阳光SCP002	2022-5-24	福建阳光集团有限公司	未按时兑付本息	实质违约	1.00	1.00
融创中国6.8% N20241020	2022-5-20	融创中国控股有限公司	未按时兑付利息	实质违约	4.00	4.00
融创中国8.35% N20230419	2022-5-19	融创中国控股有限公司	未按时兑付利息	实质违约	6.50	6.43
正荣地产7.875% N20240414	2022-5-14	正荣地产集团有限公司	未按时兑付利息	实质违约	2.90	2.90
融创中国7.95% N20231011	2022-5-12	融创中国控股有限公司	未按时兑付本息	实质违约	7.50	7.42
佳源投资11.375% N20220502	2022-5-2	佳源国际控股有限公司	未按时兑付本金	实质违约	2.25	0.05
H0阳城02	2022-4-25	阳光城集团股份有限公司	未按时兑付利息	实质违约	8.00	8.00
H0阳城01	2022-4-25	阳光城集团股份有限公司	未按时兑付回售款和利息	实质违约	12.00	12.00
21阳光城MTN001	2022-4-19	阳光城集团股份有限公司	未按时兑付本息	实质违约	5.80	5.80
花样年控股11.75% N20220417	2022-4-17	花样年控股集团有限公司	未按时兑付本金	实质违约	3.00	2.96
正荣地产8.30% N20230915	2022-4-14	正荣地产集团有限公司	未按时兑付利息	实质违约	2.00	2.00

续表

债券简称	违约日期	发行人	违约类型	最新状态	发行规模（亿元）	违约日债券余额（亿元）
中国恒大9.5% N20220411	2022-4-11	中国恒大集团	未按时兑付本金	实质违约	14.50	14.50
正荣地产7.35% N20250205	2022-4-10	正荣地产集团有限公司	未按时兑付利息	实质违约	3.50	3.49
佳兆业集团11.25% N20220409	2022-4-9	佳兆业集团控股有限公司	未按时兑付本金	实质违约	5.50	5.50
20阳光城MTN002	2022-4-8	阳光城集团股份有限公司	未按时兑付本息	实质违约	7.50	7.50
19福建阳光MTN001	2022-4-7	福建阳光集团有限公司	未按时兑付本息	实质违约	1.00	1.00
21万通01	2022-3-31	广西万通房地产有限公司	未按时兑付利息	实质违约	5.60	5.60
17颐和04	2019-9-9	颐和地产集团有限公司	未按时兑付本金	实质违约	7.60	7.60
17颐和01	2019-8-5	颐和地产集团有限公司	未按时兑付本金	实质违约	3.04	3.04
19阳集02	2022-3-29	福建阳光集团有限公司	未按时兑付本息	实质违约	5.00	5.00
18福建阳光MTN001	2022-3-9	福建阳光集团有限公司	触发交叉违约	触发交叉条款	4.00	4.00
中国恒大8.25% N20220323	2022-3-23	中国恒大集团	未按时兑付本金	实质违约	20.25	20.25
21福建阳光SCP001	2022-3-22	福建阳光集团有限公司	未按时兑付本息	实质违约	5.00	5.00
19阳光城PPN001	2022-3-22	阳光城集团股份有限公司	未按时兑付本息	实质违约	5.00	5.00
禹洲集团8.5% N20240226	2022-3-21	禹洲集团控股有限公司	未按时兑付利息	实质违约	5.00	5.00
禹洲集团9.95% N20230608	2022-3-21	禹洲集团控股有限公司	未按时兑付利息	实质违约	2.00	1.79
禹洲集团7.85% N20260812	2022-3-21	禹洲集团控股有限公司	未按时兑付利息	实质违约	3.00	2.95
禹洲地产7.70% N20250220	2022-3-21	禹洲集团控股有限公司	未按时兑付利息	实质违约	4.00	4.00
19三盛02	2021-3-15	上海三盛宏业投资（集团）有限责任公司	未按时兑付利息	实质违约	21.50	21.50
20阳光城MTN001	2022-3-15	阳光城集团股份有限公司	未按时兑付本息	实质违约	6.00	6.00
20阳光城MTN003	2022-3-15	阳光城集团股份有限公司	未按时兑付本息	实质违约	16.50	16.50
17阳光城MTN004	2022-3-15	阳光城集团股份有限公司	未按时兑付本息	实质违约	12.00	11.05

续表

债券简称	违约日期	发行人	违约类型	最新状态	发行规模（亿元）	违约日债券余额（亿元）
17阳光城MTN001	2022-3-15	阳光城集团股份有限公司	未按时兑付本息	实质违约	20.00	14.70
景瑞控股12.75% N20220311	2022-3-11	景瑞控股有限公司	未按时兑付本金	实质违约	1.90	0.15
正荣地产7.1% N20240910	2022-3-10	正荣地产集团有限公司	未按时兑付利息	实质违约	3.40	3.40
正荣地产8.35% N20240310	2022-3-10	正荣地产集团有限公司	未按时兑付利息	实质违约	2.00	2.00

来源：wind数据、企业公告，中国房地产开发企业信用信息平台整理。

2. 境外债违约情况

在境外债方面，2022年39家房地产开发企业出现境外债实质性违约（不包括展期情形），涉及债券166只，比2021年的12家企业74只债券违约增加124.32%；涉及违约金额约116.23亿美元，比2021年的37亿美元增长214.13%；涉及债务余额495.31亿美元，比2021年的451.97亿美元增长约9.6%。

其中，境外债券违约涉及债券余额最大的是融创中国，有12只债券违约，涉及债券余额77.03亿美元；其次是禹洲集团的15只债券违约，涉及债券余额约60.10亿美元（见表6-2-3）。

表6-2-3　房地产开发企业2022年境外债违约统计（不包括展期情形）

债券	债券简称	违约日期	信用主体	违约类型	涉及金额（百万美元）	债券余额（百万美元）
XS2497722244	JIAZHO 12 06/05/23	2022-12-6	江苏中南建设集团股份有限公司	未按时兑付利息	1.59	26.48
XS2348280962	TPHL 5.55 06/04/24	2022-12-4	时代中国控股有限公司	未按时兑付利息	13.88	500
XS2262084374	DEXICN 9.95 12/03/22	2022-12-3	德信中国控股有限公司	未按时兑付本息	365.63	348.30
XS1725308859	TPHL 6.6 03/02/23	2022-11-30	时代中国控股有限公司	未按时兑付利息	9.90	300
XS2338347003	JINKE 6.85 05/28/24	2022-11-28	金科地产集团股份有限公司	未按时兑付利息	11.13	325
XS1618597535	LOGPH 5.25 02/23/23	2022-11-23	龙光集团有限公司	未按时兑付利息	11.81	450
XS2251822727	CIFIHG 5.25 05/13/26	2022-11-13	旭辉控股（集团）有限公司	未按时兑付利息	9.19	350
XS2407394530	SSHGHK 12.5 11/10/22	2022-11-10	三盛控股（集团）有限公司	未按时兑付本息	74.38	70
XS2078556342	PWRLNG 7.125 11/08/22	2022-11-8	宝龙地产控股有限公司	未按时兑付本息	38.59	37.26
XS2075784103	CIFIHG 6.45 11/07/24	2022-11-7	旭辉控股（集团）有限公司	未按时兑付利息	16.13	500

续表

债券	债券简称	违约日期	信用主体	违约类型	涉及金额（百万美元）	债券余额（百万美元）
XS2247215283	JIAYUA 12 10/30/22	2022-10-31	佳源国际控股有限公司	未按时兑付本息	212	200
XS1976760782	RONXIN 8.75 10/25/22	2022-10-25	融信中国控股有限公司	未按时兑付本息	718.10	688
XS2095992017	LSEAGN 10.75 10/21/22	2022-10-21	朗诗绿色管理有限公司	未按时兑付本息	39.18	37.18
XS2205316941	CIFIHG 5.95 10/20/25	2022-10-20	旭辉控股（集团）有限公司	未按时兑付利息	14.88	500
XS2066357034	JIAYUA 13.75 02/18/23	2022-10-18	佳源国际控股有限公司	未按时兑付利息	10.87	158.14
XS2502819274	SUNKWP 12.25 07/17/23	2022-10-18	上坤地产集团有限公司	未按时兑付利息	13.62	222.36
XS2417707374	SUNKWP 13.5 01/02/23	2022-10-18	上坤地产集团有限公司	未按时兑付本息	171.01	160.20
XS2386495100	ZHLGHD 12 04/17/23	2022-10-17	中梁控股集团有限公司	未按时兑付利息	12	200
XS2476291062	ZHLGHD 8.75 04/15/23	2022-10-15	中梁控股集团有限公司	未按时兑付利息	9.81	224.22
XS2394748706	XIN 14.2 10/15/23	2022-10-15	鑫苑置业有限公司	未按时兑付利息	9.41	132.60
XS2280431763	CIFIHG 4.375 04/12/27	2022-10-12	旭辉控股（集团）有限公司	未按时兑付利息	9.17	419
XS2468379297	GWTH 10 04/11/25	2022-10-11	金轮天地控股有限公司	未按时兑付利息	23.50	469.93
XS2376908344	HLBCNH 11 10/08/23	2022-10-8	海伦堡中国控股有限公司	未按时兑付利息	0.11	2.00
XS2466214629	CIFIHG 6.95 04/08/25	2022-10-8	旭辉控股（集团）有限公司	未按时兑付利息	8.40	241.56
XS2233091359	JIAYUA 12.5 04/08/23	2022-10-8	佳源国际控股有限公司	未按时兑付利息	18.75	300
XS2288886216	JIAZHO 11.5 04/07/24	2022-10-7	江苏中南建设集团股份有限公司	未按时兑付利息	14.38	250
XS2384273475	REDSUN 9.5 09/20/23	2022-10-3	弘阳地产集团有限公司	触发交叉违约	—	200
XS2328508846	REDSUN 7.3 05/21/24	2022-10-3	弘阳地产集团有限公司	触发交叉违约	—	210
XS2009857884	REDSUN 10.5 10/03/22	2022-10-3	弘阳地产集团有限公司	未按时兑付本息	263.13	250

续表

债券	债券简称	违约日期	信用主体	违约类型	涉及金额（百万美元）	债券余额（百万美元）
XS2130508000	YIDCHL 6 04/30/25	2022-9-30	亿达中国控股有限公司	未按时兑付利息	5.06	168.65
XS2449193320	ZHPRHK 8 03/06/23	2022-9-28	正荣地产集团有限公司	未按时兑付利息	29.14	728.62
XS2013512608	ZHPRHK 14.724 PERP	2022-9-28	正荣地产集团有限公司	未按时兑付利息	14.72	200
XS2449193320	ZHPRHK 8 03/06/23	2022-9-28	正荣地产集团有限公司	未按时兑付利息	9.24	230.00
XS2319014697	RMKS 8.2 09/27/22	2022-9-27	中国奥园集团股份有限公司	未按时兑付本息	156.15	150
XS2459381104	REDPRO 8 03/23/23	2022-9-25	力高地产集团有限公司	未按时兑付利息	7.03	175.70
XS2297841962	HLBCNH 11 03/24/23	2022-9-24	海伦堡中国控股有限公司	未按时兑付利息	3.00	54.60
XS2231089546	REDPRO 9.9 02/17/24	2022-9-21	力高地产集团有限公司	未按时兑付利息	12.46	251.76
XS2176792658	XIN 14.5 09/17/23	2022-9-17	鑫苑置业有限公司	未按时兑付利息	18.89	260.5
XS2445037646	JINGRU 12.75 09/09/23	2022-9-9	景瑞控股有限公司	未按时兑付利息	12.18	191.01
XS2125118971	HONGSL 9.875 08/27/22	2022-8-27	弘阳集团有限公司	未按时兑付本息	288.58	275
XS1954961295	LOGPH 7.5 08/25/22	2022-8-25	龙光集团有限公司	未按时兑付本息	289.46	279
XS2333154867	JIAYUA 11 02/17/24	2022-8-17	佳源国际控股有限公司	未按时兑付利息	12.65	230
XS1594400449	SUNAC 7.95 08/08/22	2022-8-8	融创中国控股有限公司	未按时兑付本息	623.85	600
XS2204388644	REDPRO 11 08/06/22	2022-8-6	力高地产集团有限公司	未按时兑付本息	10.45	9.90
XS2459381369	REDPRO 11 08/06/23	2022-8-6	力高地产集团有限公司	未按时兑付利息	16.40	298.26
XS2211514885	RONXIN 6.75 08/05/24	2022-8-5	融信中国控股有限公司	未按时兑付利息	5.60	166
XS2440273691	LOGPH 6.95 08/04/26	2022-8-4	龙光集团有限公司	未按时兑付利息	8.64	248.50
XS2293750670	ZHPRHK 6.7 08/04/26	2022-8-4	正荣地产集团有限公司	未按时兑付利息	9.75	291

续表

债券	债券简称	违约日期	信用主体	违约类型	涉及金额（百万美元）	债券余额（百万美元）
XS2212116854	SUNAC 6.65 08/03/24	2022-8-3	融创中国控股有限公司	未按时兑付利息	20.62	620
XS2050860308	ZHPRHK 8.7 08/03/22	2022-8-3	正荣地产集团有限公司	未按时兑付本息	31.07	29.78
XS2075937297	SUNAC 7.5 02/01/24	2022-8-1	融创中国控股有限公司	未按时兑付利息	23.12	616.4
XS2247412518	ZHLGHD 9.5 07/29/22	2022-7-29	中梁控股集团有限公司	未按时兑付本息	13.17	12.57
XS2368463779	JIAYUA 7 01/27/25	2022-7-27	佳源国际控股有限公司	未按时兑付利息	3.5	100
XS2280435673	GZFYRE 13.6 07/27/23	2022-7-27	广州市方圆房地产发展有限公司	未按时兑付利息	23.12	340
XS2287889963	SUNAC 6.5 01/26/26	2022-7-26	融创中国控股有限公司	未按时兑付利息	19.5	600
XS2290806954	XIN 14 01/25/24	2022-7-25	鑫苑置业有限公司	未按时兑付利息	18.9	270
XS2290308845	RONXIN 7.1 01/25/25	2022-7-25	融信中国控股有限公司	未按时兑付利息	8.90	250.50
XS2016006699	JINGRU 12 07/25/22	2022-7-25	景瑞控股有限公司	未按时兑付本息	275.6	260
XS2368100033	PWRLNG 4 07/25/22	2022-7-25	宝龙地产控股有限公司	未按时兑付本息	21.72	21.29
XS2031469732	RONXIN 8.95 01/22/23	2022-7-22	融信中国控股有限公司	未按时兑付利息	18.48	413
XS2279822683	JIAYUA 12.5 07/21/23	2022-7-21	佳源国际控股有限公司	未按时兑付利息	18.75	300
XS2363837258	SUNKWP 12.25 07/21/22	2022-7-21	上坤地产集团有限公司	未按时兑付本息	0.21	0.2
XS2429784809	YUZHOU 7.8125 01/21/23	2022-7-20	禹洲集团控股有限公司	未按时兑付利息	20.62	527.90
XS2187406934	XIN 12 06/29/22	2022-7-19	鑫苑置业有限公司	未按时兑付本息	545.37	514.5
XS2434191156	SHNSUN 13 01/17/23	2022-7-18	祥生控股（集团）有限公司	未按时兑付利息	5.60	86.2
XS2103199050	REDSUN 9.7 04/16/23	2022-7-16	弘阳地产集团有限公司	未按时兑付利息	22.07	455
XS2027337786	LOGPH 6.5 07/16/23	2022-7-16	龙光集团有限公司	未按时兑付利息	13	400

续表

债券	债券简称	违约日期	信用主体	违约类型	涉及金额（百万美元）	债券余额（百万美元）
XS2099677747	LOGPH 5.75 01/14/25	2022-7-14	龙光集团有限公司	未按时兑付利息	8.63	300
XS2244315110	REDSUN 7.3 01/13/25	2022-7-13	弘阳地产集团有限公司	未按时兑付利息	12.78	350
XS2281303896	LOGPH 4.5 01/13/28	2022-7-13	龙光集团有限公司	未按时兑付利息	6.75	300
XS2100444772	SUNAC 6.5 01/10/25	2022-7-10	融创中国控股有限公司	触发交叉违约	—	740.9
XS2201937211	SUNAC 6.5 07/09/23	2022-7-9	融创中国控股有限公司	触发交叉违约	—	600
XS2202754938	SUNAC 7 07/09/25	2022-7-9	融创中国控股有限公司	触发交叉违约	—	600
XS2279711779	ZHPRHK 6.63 01/07/26	2022-7-7	正荣地产集团有限公司	未按时兑付利息	13.03	393
XS2342970402	LOGPH 4.7 07/06/26	2022-7-6	龙光集团有限公司	未按时兑付利息	7.05	300
XS2351081943	SSHGHK 13 07/05/22	2022-7-5	三盛控股（集团）有限公司	未按时兑付本息	106.5	100
XS2272702338	SKYFAM 13 12/16/23	2022-7-5	天誉置业（控股）有限公司	触发交叉违约	—	292
XS2022224047	SKYFAM 13 07/08/22	2022-7-5	天誉置业（控股）有限公司	未按时兑付本息	263.06	247
XS1637274124	SHIMAO 4.75 07/03/22	2022-7-3	世茂集团控股有限公司	未按时兑付本息	1022.21	998.5
XS2358480155	ZHPRHK 7.125 06/30/22	2022-6-30	正荣地产集团有限公司	未按时兑付本息	10.38	10.02
XS1304503268	SKYFAM 0.1 11/14/31	2022-6-27	天誉置业（控股）有限公司	触发交叉违约	—	12.74
XS1558627342	SKYFAM 0.1 11/14/33	2022-6-27	天誉置业（控股）有限公司	触发交叉违约	—	121.02
XS1323898707	SKYFAM 0.1 09/12/24	2022-6-27	天誉置业（控股）有限公司	触发交叉违约	—	1.27
XS1525845985	SKYFAM 0.1 09/12/26	2022-6-27	天誉置业（控股）有限公司	触发交叉违约	—	3.82
XS2341204688	LEAHOL 12 06/27/22	2022-6-27	领地控股集团有限公司	未按时兑付本息	3.50	3.3
XS1397876258	SKYFAM 0.1 09/12/25	2022-6-27	天誉置业（控股）有限公司	触发交叉违约	—	10.19

续表

债券	债券简称	违约日期	信用主体	违约类型	涉及金额（百万美元）	债券余额（百万美元）
XS1558627771	SKYFAM 0.1 09/12/26	2022-6-27	天誉置业（控股）有限公司	触发交叉违约	—	8.92
XS1142114278	SKYFAM 0.1 11/14/31	2022-6-27	天誉置业（控股）有限公司	触发交叉违约	—	59.88
XS1341411822	SKYFAM 0.1 11/14/32	2022-6-27	天誉置业（控股）有限公司	触发交叉违约	—	122.30
XS1130150391	SKYFAM 0.1 09/12/24	2022-6-27	天誉置业（控股）有限公司	触发交叉违约	—	34.40
XS1525848575	SKYFAM 0.1 11/14/33	2022-6-27	天誉置业（控股）有限公司	触发交叉违约	—	40.77
XS2256858197	HKJFPC 11 12/24/22	2022-6-24	香港俊发地产有限公司	未按时兑付本息	250.04	237
XS2008677341	JIAZHO 10.875 06/18/22	2022-6-18	江苏中南建设集团股份有限公司	未按时兑付本息	0.99	18.09
XS2189303873	RONXIN 7.35 12/15/23	2022-6-15	融信中国控股有限公司	未按时兑付利息	15.07	410
XS2276735326	SHIMAO 3.45 01/11/31	2022-6-14	世茂集团控股有限公司	触发交叉违约	—	872
XS2025575114	SHIMAO 5.6 07/15/26	2022-6-14	世茂集团控股有限公司	触发交叉违约	—	1000
XS2012954835	SUNAC 7.25 06/14/22	2022-6-14	融创中国控股有限公司	未按时兑付本息	621.75	600
XS2198427085	SHIMAO 4.6 07/13/30	2022-6-14	世茂集团控股有限公司	触发交叉违约	—	300
XS2385392779	SHIMAO 3.975 09/16/23	2022-6-14	世茂集团控股有限公司	触发交叉违约	—	300
XS1759179002	SHIMAO 5.2 01/30/25	2022-6-14	世茂集团控股有限公司	触发交叉违约	—	500
XS1953029284	SHIMAO 6.125 02/21/24	2022-6-14	世茂集团控股有限公司	触发交叉违约	—	1000
XS2385392936	SHIMAO 5.2 01/16/27	2022-6-11	世茂集团控股有限公司	触发交叉违约	—	748
XS2090949160	RONXIN 8.1 06/09/23	2022-6-9	融信中国控股有限公司	未按时兑付利息	12.80	316
XS2349744594	JIAZHO 12 06/08/22	2022-6-9	江苏中南建设集团股份有限公司	未按时兑付本息	2.37	39.48
XS2347497906	SHNSUN 10.5 06/07/22	2022-6-7	祥生控股（集团）有限公司	未按时兑付本息	210.5	200

续表

债券	债券简称	违约日期	信用主体	违约类型	涉及金额（百万美元）	债券余额（百万美元）
XS2339781325	DTGRHD 12.5 06/06/22	2022-6-6	大唐集团控股有限公司	未按时兑付本息	17.05	16.05
XS2347769833	SUNSHI 7.875 09/04/24	2022-6-4	阳光城集团股份有限公司	未按时兑付利息	11.03	280
XS1508493498	YUZHOU 6 10/25/23	2022-5-25	禹洲集团控股有限公司	未按时兑付利息	19.5	650
XS2406881669	SUNSHI 10.25 09/15/22	2022-5-23	阳光城集团股份有限公司	未按时兑付本息	704.19	669.86
XS2341214059	ZHLGHD 8.5 05/19/22	2022-5-19	中梁控股集团有限公司	未按时兑付本息	19.45	18.65
XS2242906597	JINGRU 14.5 02/19/23	2022-5-19	景瑞控股有限公司	未按时兑付利息	25.38	350
XS2342499592	CIFIHG 4.8 05/17/28	2022-5-17	旭辉控股（集团）有限公司	未按时兑付利息	3.6	150
XS2248032653	SUNSHI 7.5 02/17/25	2022-5-17	阳光城集团股份有限公司	未按时兑付利息	9.9	264
XS2076026983	ZHPRHK 9.15 05/06/23	2022-5-6	正荣地产集团有限公司	未按时兑付利息	13.73	300
XS1984146388	JIAYUA 11.375 05/02/22	2022-5-2	佳源国际控股有限公司	未按时兑付本息	7.40	7
XS2073593274	YUZHOU 8.375 10/30/24	2022-4-30	禹洲集团控股有限公司	未按时兑付利息	20.81	497
XS2400512146	DAFAPG 13.5 04/28/23	2022-4-28	大发地产集团有限公司	未按时兑付利息	6.75	100
XS2287889708	SUNAC 5.95 04/26/24	2022-4-26	融创中国控股有限公司	未按时兑付利息	28.02	942
XS2336348326	JINGRU 12.5 10/26/23	2022-4-26	景瑞控股有限公司	未按时兑付利息	15	240
XS2366526619	SUNAC 6.8 10/20/24	2022-4-20	融创中国控股有限公司	未按时兑付利息	13.6	400
XS1810024338	SUNAC 8.35 04/19/23	2022-4-19	融创中国控股有限公司	未按时兑付利息	26.85	643
XS2099413093	ZHPRHK 7.875 04/14/24	2022-4-14	正荣地产集团有限公司	未按时兑付利息	11.42	290
XS2329241447	ZHPRHK 5.98 04/13/22	2022-4-13	正荣地产集团有限公司	未按时兑付本息	22.40	21.75
XS2309743578	LOGPH 4.25 07/12/25	2022-4-12	龙光集团有限公司	未按时兑付利息	6.38	300

续表

债券	债券简称	违约日期	信用主体	违约类型	涉及金额（百万美元）	债券余额（百万美元）
XS1981089284	SUNAC 7.95 10/11/23	2022-4-11	融创中国控股有限公司	未按时兑付利息	29.48	741.6
XS2226898216	ZHPRHK 7.35 02/05/25	2022-4-10	正荣地产集团有限公司	未按时兑付利息	12.83	349
XS2226676158	JSNTCO 10 10/09/22	2022-4-9	江苏南通三建集团股份有限公司	未按时兑付本息	196.10	186.76
XS2059534342	BJHKWY 14.75 10/08/22	2022-4-8	北京鸿坤伟业房地产开发有限公司	未按时兑付本息	207.23	193
XS2430926712	DAFAPG 12.5 06/30/22	2022-4-1	大发地产集团有限公司	未按时兑付本息	147.03	138.38
XS2085045503	YUZHOU 8.3 05/27/25	2022-3-31	禹洲集团控股有限公司	未按时兑付利息	20.15	485.6
XS2386506310	JINGRU 12 01/28/24	2022-3-28	景瑞控股有限公司	未按时兑付利息	9.9	165
XS2190379961	JINGRU 12 09/26/22	2022-3-26	景瑞控股有限公司	未按时兑付本息	159	150
XS1692346395	YUZHOU 5.375 PERP	2022-3-25	禹洲集团控股有限公司	未按时兑付利息	8.06	300
XS2388913290	YUZHOU 8.5 09/22/22	2022-3-23	禹洲集团控股有限公司	未按时兑付本息	125.1	120
XS2008157856	SUNSHI 10.25 03/18/22	2022-3-18	阳光城集团股份有限公司	未按时兑付本息	23.92	22.76
XS2231188108	YANGOG 12 09/15/23	2022-3-15	福建阳光集团有限公司	未按时兑付利息	6	100
XS2185842924	ZHPRHK 8.3 09/15/23	2022-3-15	正荣地产集团有限公司	未按时兑付利息	8.3	200
XS2126415293	JINGRU 12.75 03/11/22	2022-3-11	景瑞控股有限公司	未按时兑付本息	15.61	14.67
XS2346158822	ZHPRHK 7.1 09/10/24	2022-3-10	正荣地产集团有限公司	未按时兑付利息	12.07	340
XS2152219973	ZHPRHK 8.35 03/10/24	2022-3-10	正荣地产集团有限公司	未按时兑付利息	8.35	200
XS2379568004	YUZHOU 9.95 06/08/23	2022-3-8	禹洲集团控股有限公司	未按时兑付利息	8.91	179
XS2308085112	ZHPRHK 5.95 03/06/22	2022-3-6	正荣地产集团有限公司	未按时兑付本息	7.21	7
XS2383329237	ZHPRHK 6.5 09/01/22	2022-3-3	正荣地产集团有限公司	未按时兑付本息	258.13	250

续表

债券	债券简称	违约日期	信用主体	违约类型	涉及金额（百万美元）	债券余额（百万美元）
XS1932655613	GUOPRO 13.5 02/27/22	2022-2-27	国瑞健康产业有限公司	未按时兑付本息	5.23	4.9
XS1954963580	YUZHOU 8.5 02/26/24	2022-2-26	禹洲集团控股有限公司	未按时兑付利息	21.25	500
XS2122380822	SUNSHI 8.25 11/25/23	2022-2-25	阳光城集团股份有限公司	未按时兑付利息	12.21	296
XS2121187962	YUZHOU 7.7 02/20/25	2022-2-20	禹洲集团控股有限公司	未按时兑付利息	15.4	400
XS2369849745	SHNSUN 12 08/18/23	2022-2-18	祥生控股（集团）有限公司	未按时兑付利息	12	200
XS2215399317	YUZHOU 7.85 08/12/26	2022-2-12	禹洲集团控股有限公司	未按时兑付利息	11.59	295
XS1945941786	YUZHOU 8.5 02/04/23	2022-2-4	禹洲集团控股有限公司	未按时兑付利息	21.25	500
XS2182881388	DAFAPG 12.375 07/30/22	2022-1-30	大发地产集团有限公司	未按时兑付本息	381.21	359
XS1923457664	CHOCHD 6 12/27/23	2022-1-27	中泛控股有限公司	未按时兑付利息	16.92	563.9
XS2281324389	SINHLD 8.5 01/24/22	2022-1-24	新力控股（集团）有限公司	未按时兑付本息	252.29	242
XS1555300497	YUZHOU 6 01/25/22	2022-1-24	禹洲集团控股有限公司	未按时兑付本息	360.5	350
XS1938265474	YUZHOU 8.625 01/23/22	2022-1-23	禹洲集团控股有限公司	未按时兑付本息	15.06	14.44
XS2069303811	SHXREG 12.5 01/23/22	2022-1-23	祥生地产集团有限公司	未按时兑付本息	20.69	19.47
XS2014471432	CAPG 7.35 06/21/23	2022-1-21	中国奥园集团股份有限公司	未按时兑付利息	7.35	200
XS2351242461	CAPG 7.95 06/21/24	2022-1-21	中国奥园集团股份有限公司	未按时兑付利息	7.95	200
XS2196807833	CAPG 6.35 02/08/24	2022-1-20	中国奥园集团股份有限公司	触发交叉违约	—	460
XS2258822233	CAPG 5.98 08/18/25	2022-1-20	中国奥园集团股份有限公司	触发交叉违约	—	227
XS1611005957	CAPG 5.375 09/13/22	2022-1-20	中国奥园集团股份有限公司	未按时兑付本息	255.69	249
XS2307633565	CAPG 5.88 03/01/27	2022-1-20	中国奥园集团股份有限公司	触发交叉违约	—	345

续表

债券	债券简称	违约日期	信用主体	违约类型	涉及金额（百万美元）	债券余额（百万美元）
XS1952585112	CAPG 7.95 02/19/23	2022-1-20	中国奥园集团股份有限公司	触发交叉违约	—	475
XS1937690128	CAPG 8.5 01/23/22	2022-1-20	中国奥园集团股份有限公司	未按时兑付本息	520.21	499
XS2233109409	CAPG 6.2 03/24/26	2022-1-20	中国奥园集团股份有限公司	触发交叉违约	—	346
XS2286017640	DAFAPG 9.95 01/18/22	2022-1-18	大发地产集团有限公司	未按时兑付本息	42.37	40.36
XS2203986927	SUNSHI 7.5 04/15/24	2022-1-15	阳光城集团股份有限公司	未按时兑付利息	13.39	357
XS2100664544	SUNSHI 9.25 04/15/23	2022-1-15	阳光城集团股份有限公司	未按时兑付利息	13.88	300
XS2100653778	YUZHOU 7.375 01/13/26	2022-1-13	禹洲集团控股有限公司	未按时兑付利息	23.45	635.9
XS2277549155	YUZHOU 6.35 01/13/27	2022-1-13	禹洲集团控股有限公司	未按时兑付利息	17.64	555.68
XS2281349618	SUNSHI 5.3 01/11/22	2022-1-11	阳光城集团股份有限公司	未按时兑付本息	25.34	24.69

数据来源：wind数据库、企业公告、中国房地产开发企业信用信息平台整理。

（五）社会责任

整体来看，2022年守信房地产开发企业数量为103161家，占全部开发企业的比例约为81.09%。同时，作为国民经济的支柱行业，房地产开发企业经历多年的快速发展，带动城市、区域经济发展，改善居民生活住房条件，在发展中不忘反哺社会，积极履行企业社会责任。

1. 纳税情况

由于行业规模较大、涉及金额较高，房产行业中各企业的纳税情况一直广受关注。随着近年来房地产调控政策收紧、行业逐渐进入下行周期，房企的平均利润率出现一定的下滑，所得税额也有所下降。2022年，TOP500房企所得税均值为2.91亿元，同比下降17.10%；税金及附加均值为4.37亿元，同比下降19.81%。

2. 公益情况

随着中国经济由高速增长转向高质量发展，房地产行业也开始积极"探索新的发展模式"，从提倡绿色发展到关注民生领域，关注企业环境、社会责任和公司治理的可持续发展模式。梳理各家企业的动态，公益行动成为房企文化及品牌建设中不可缺少的一环。在众多公益行动领域，教育事业备受关注，雅居乐为支持海南教育事业发展，2022年10月向海南热带海洋学院捐赠1亿元，用于学校基础建设、学生奖助学和教师队伍建设项目。龙湖公益基金会发起公益助学兴教项目"湖光计划"，并已落地重庆、凉山、贵州、南昌等省市。

在有较大社会影响的突发事件上，房企也纷纷捐资出力。2022年四川甘孜藏族自治州泸定县6.8级地震发生之后，房地产行业率先伸出援手，践行社会责任，彰显使命担当。国企央企在这场救灾行动中，发挥主力军国家队的重要作用。截至2022年9月7日，涉及房地产业务的华润、华侨城、保利等中央企业累计捐款约2.8亿元。

3. 信用评价 A 级以上企业情况

2022年，中国房地产业协会按照《中国房地产业协会房地产开发企业信用评价管理办法》，在房地产开发企业中开展信用评价工作。

经企业申报、第三方机构评价、信用建设专家委员会审议、信用建设管理委员会审定，确定43家房地产开发企业信用等级（见表6-2-4）。

同时，按照《中国房地产业协会房地产开发企业信用评价管理办法》《中国房地产业协会房地产开发企业信用评价标准》（T/CREA 011—2022），委托东方金诚信用管理（北京）有限公司等5家第三方机构对信用等级有效期内的房地产开发企业信用状况进行动态监测。经第三方机构监测建议、信用建设专家委员会审议、信用建设管理委员会审定，对138家企业监测结果予以公布（见表6-2-5）。

表6-2-4 2022年房地产开发企业信用评价等级结果名单（排序不分先后）

序号	单位名称	英文名名称	信用等级	证书编号
1	天津赛达伟业有限公司	TIANJIN XEDA GROUP CO.，LTD.	AA	202211301100001
2	通辽泽信希望房地产开发有限公司	Tongliao Zexin Hope Real Estate Development Co.，Ltd.	AAA	202211311100002
3	内蒙古蒙西房地产开发有限公司	Inner Mongolia Mengxi Real Estate Development Co.，Ltd	AA	202211301100003
4	内蒙古兴泰房地产开发集团有限公司	Inner Mongolia Xingtai Real Estate Development Group Co. LTD	AAA	202211311100004
5	上海中建八局投资发展有限公司	SHANGHAI CSCEC EIGHTH DIVISION INVESTMENT DEVELOPMENT Co.，LTD	AAA	202211311100005
6	上海中建东孚投资发展有限公司	SHANGHAI CSCEC DONGFU INVESTMENT DEVELOPMENT CO.，LTD.	AAA	202211311100006
7	上海中建申拓投资发展有限公司	ShanghaiCscec Shentuo Investment Development Co.，Ltd	AAA	202211311100007
8	张家港市金厦房地产开发有限公司	JINSHA REAL ESTATE	AA	202211301100008
9	方远房地产集团有限公司	Fangyuan Real Estate Group Co.，Ltd	AAA	202211311100009
10	绿城房地产集团有限公司	Greentown Real Estate Group Co.，Ltd	AAA	202211311100010
11	安徽邦泰置业有限公司	AnhuiBontai Holding	AAA	202211311100011
12	吉安浩城房地产开发有限公司	HAO CHENG	AA	202211301100012
13	山东寰宇地产有限公司	Shandong Huanyu Real Estate Co.，Ltd	AA	202211301100013
14	山东鲁房置业有限公司	Shandong Lufang Real Estate Co.，Ltd.	AAA	202211311100014
15	山东三箭房地产开发有限公司	ShandongSanjianRealEstate Development Co.，Ltd	AAA	202211311100015
16	山东永锋置业有限公司	Shan dong Yongfeng Real Estate Co.，Ltd	AAA	202211311100016
17	德州奥特莱斯置业有限公司	DezhouAotelaisi Real Estate Co.，Ltd	AAA	202211311100017
18	德州大业房地产开发有限公司	DeZhou Daye Real Estate Development Co. Ltd	AAA	202211311100018
19	德州绿地新里置业有限公司	Dezhou GreenlandXinli Real Estate Co.，LTD	AAA	202211311100019
20	德州双企平治置业有限公司	DezhouShuangqi Pingzhi Real Estate Co.，Ltd	AAA	202211311100020

续表

序号	单位名称	英文名名称	信用等级	证书编号
21	山东信华发展有限公司	SHAN DONG XINHUA DEVELOPMENT Co. LTD	AA	202211301100021
22	德州绿地绿州置业有限公司	Dezhou GreenlandLvzhou Real Estate Co.，Ltd	AAA	202211311100022
23	德州城投房地产开发有限公司	DEZHOU CHENGTOU REAL ESTATE DEVELOPMENT CO，．LTD	AAA	202211311100023
24	德州嘉泰置业有限公司	Dezhou Jiatai Real Estate Co.，Ltd	AAA	202211311100024
25	山东黑马集团德州房地产开发有限公司	Shandong Heima Group Dezhou Real Estate Development Co.，Ltd.	AAA	202211311100025
26	德州金辰房地产开发有限公司	DezhouJinchen Real Estate	AAA	202211311100026
27	山东宏程建设有限公司	Shandong Hongcheng Construction Co.，Ltd.	AAA	202211311100027
28	潍坊天润房地产开发有限公司	WeifangTianrun Real Estate Development Co.，Ltd.	AAA	202211311100028
29	潍坊泰和置业有限公司	Weifang Taihe Real Estate Co.，Ltd.	AAA	202211311100029
30	株洲市云龙发展投资控股集团置业有限公司	Zhuzhou Yunlong Development Investment Holding Group Real Estate Company	AAA	202211311100030
31	重庆渝开发股份有限公司	CHONGQING YUKAIFA CO.，LTD.	AAA	202211311100031
32	重庆新鸥鹏地产（集团）有限公司	ChongQingNewopenGroup Co.，Ltd	AAA	202211311100032
33	东原房地产开发集团有限公司	Dongyuan Real Estate Development Group Co.，Ltd	AAA	202211311100033
34	重庆鲁能开发（集团）有限公司	CHONGQING LUNENG DEVELOPMENT（GROUP）CO.LTD.	AAA	202211311100034
35	重庆千山房地产开发有限责任公司	Chongqing Qianshan Real Estate Development Co.，Ltd.	AAA	202211311100035
36	陕西金泰恒业房地产有限公司	SHANN'XI JINTAIHENGYE REAL ESTATE CO.，LTD	AAA	202211311100036
37	西安中建投资开发有限公司	Xi'an Zhongjian Investment Development Co.，Ltd.	AAA	202211311100037
38	咸阳华泰房地产开发有限公司	HUATAI REAL ESTATE	AAA	202211311100038
39	中铁二十一局集团德盛和置业有限公司	China Railway 21st Bureau Group DeShenghe Real Estate Co.，Ltd	AAA	202211311100039
40	甘肃中泰万盛房地产开发集团有限公司	GansuZhongtai Wansheng Real Estate Development Group Co.，Ltd.	AAA	202211311100040
41	宁夏吉泰房地产开发集团有限公司	NingxiaJitai Real Estate Development Group Co.LTD	AAA	202211311100041
42	宁夏民生房地产开发有限公司	Ningxia Minsheng Real Estate Development Co.，Ltd.	AAA	202211311100042
43	宁夏众一发展集团有限公司	NINGXIA ZHOBNGYI DEVELOPMENT GROUP CO.，LTD.	AAA	202211311100043

表 6-2-5　2022 年房地产开发企业信用等级动态监测结果名单（排序不分先后）

序号	地区	企业名称	动态监测结果
1	北京	中国铁建房地产集团有限公司	AAA
2	北京	中铁房地产集团城市运营管理有限公司	AAA
3	北京	中铁房地产集团北方有限公司	AAA
4	天津	中铁房地产集团商业地产开发管理有限公司	AAA
5	河北	河北安联房地产开发有限公司	AAA
6	河北	河北建工房地产有限公司	AAA
7	河北	东胜房地产开发集团有限公司	AAA
8	山西	山西华盛苑房地产开发有限公司	AA
9	山西	晋中华晟地产有限公司	AAA
10	山西	山西宏图永盛房地产开发集团有限公司	AAA
11	山西	山西省光信地产投资集团有限公司	AAA
12	山西	山西翔建房地产开发有限公司	AAA
13	山西	山西名贺房地产开发有限公司	AAA
14	山西	山西万景源房地产开发有限责任公司	AAA
15	山西	山西九昌房地产开发有限公司	AAA
16	内蒙古	赤峰亚兴房地产开发有限责任公司	AAA
17	内蒙古	内蒙古富源房地产开发有限公司	AAA
18	内蒙古	内蒙古兴泰房地产开发有限责任公司	AA
19	辽宁	大连京信置业有限公司	AAA
20	吉林	远创置业集团有限公司	AAA
21	黑龙江	黑龙江宝宇天邑房地产开发有限责任公司	AAA
22	黑龙江	哈尔滨华南城有限公司	AAA
23	黑龙江	黑龙江省同江伟业房地产开发股份有限公司	AAA
24	黑龙江	哈尔滨宝力通市场开发管理有限公司	AAA
25	黑龙江	黑龙江建达房地产综合开发有限公司	AA
26	黑龙江	哈尔滨市和置房地产开发有限公司	AA
27	黑龙江	哈尔滨保悦房地产开发有限公司	AA
28	黑龙江	哈尔滨保联房地产开发有限公司	AA
29	黑龙江	黑龙江省粮食工程建设综合开发公司	A
30	黑龙江	黑龙江宝宇房地产开发有限责任公司	AAA
31	黑龙江	金迈投资有限责任公司	AAA
32	黑龙江	黑龙江省高盛投资发展有限公司	AAA
33	黑龙江	黑龙江省置信房地产开发集团有限公司	AAA
34	黑龙江	黑龙江奥博房地产开发有限公司	AAA
35	黑龙江	黑龙江省滨才房地产开发集团有限公司	AAA

续表

序号	地区	企业名称	动态监测结果
36	黑龙江	黑龙江贵宾房地产开发集团有限公司	AA
37	黑龙江	黑龙江欣汇龙房地产（集团）有限公司	AA
38	黑龙江	哈尔滨润新房地产开发有限公司	AAA
39	黑龙江	哈尔滨润置房地产开发有限公司	A
40	黑龙江	华润置地（哈尔滨）房地产有限公司	AAA
41	黑龙江	哈尔滨润府房地产开发有限公司	AAA
42	上海	中华企业股份有限公司	AAA
43	上海	上海三湘（集团）有限公司	AAA
44	上海	上海绿洲投资控股集团有限公司	AAA
45	江苏	江苏新能源置业集团有限公司	AAA
46	江苏	江苏华建地产集团有限公司	AAA
47	江苏	江苏龙信置业有限公司	AAA
48	浙江	中铁房地产集团华东有限公司	AAA
49	浙江	浙江省省直同人集团有限公司	AAA
50	浙江	鸿翔房地产有限公司	AAA
51	安徽	安徽青山房地产开发集团有限公司	AAA
52	安徽	六安远大房地产开发有限公司	AAA
53	江西	东投地产集团有限公司	AAA
54	江西	江西中兆科技集团有限公司	AAA
55	江西	江西中奥置业有限公司	AAA
56	江西	赣州嘉福投资控股集团有限公司	AAA
57	山东	德州市房屋建设综合开发集团有限公司	AAA
58	山东	裕昌控股集团有限公司	AAA
59	山东	济南四建集团房地产开发有限责任公司	AAA
60	山东	山东中铁诺德房地产开发有限公司	AAA
61	山东	菏泽鲁商置业有限公司	AAA
62	山东	山东鲁班建设集团房地产开发有限公司	AAA
63	山东	山东创业房地产开发有限公司	AAA
64	山东	山东开元置业集团有限公司	AAA
65	山东	山东菏建房地产开发有限公司	AAA
66	山东	山东金城荣基地产有限公司	AAA
67	山东	德州晶实置业有限公司	AAA
68	山东	胜利油田胜宏置业有限公司	AAA
69	山东	山东德兴集团房地产开发有限公司	AAA
70	山东	山东森和房地产开发有限公司	AA

续表

序号	地区	企业名称	动态监测结果
71	山东	山东民生置业有限公司	AAA
72	山东	山东聊城星光房地产开发有限公司	AAA
73	山东	山东东海房地产开发集团有限公司	AAA
74	山东	九巨龙房地产开发集团有限公司	AAA
75	山东	菏泽天华房地产集团有限公司	AAA
76	山东	山东金佰利控股集团有限公司	AAA
77	山东	山东中建地产开发有限公司	AAA
78	河南	许昌恒达地产集团有限公司	AAA
79	河南	许昌市腾飞房地产开发有限公司	AAA
80	湖南	湖南省中欣房地产开发集团有限公司	AAA
81	湖南	湖南中建信和智慧谷置业有限公司	AAA
82	湖南	湖南澳海房地产开发有限公司	AAA
83	湖南	中建信和地产有限公司	AAA
84	广东	中铁房地产集团华南有限公司	AAA
85	广西	广西北投产城投资集团有限公司	AAA
86	广西	桂林临桂金建房地产开发有限责任公司	AA
87	重庆	重庆海怡天地产集团有限公司	AAA
88	重庆	重庆贵博地产集团有限公司	AAA
89	重庆	重庆渝高科技产业（集团）股份有限公司	AAA
90	重庆	重庆蕴丰建设工程有限责任公司	AAA
91	重庆	重庆华宇集团有限公司	AAA
92	重庆	重庆市丽都房地产开发有限公司	AAA
93	重庆	北京城建重庆地产有限公司	AAA
94	重庆	重庆海成实业（集团）有限公司	AAA
95	重庆	重庆昕晖房地产开发（集团）有限公司	AAA
96	重庆	泽科集团有限公司	AAA
97	重庆	重庆泽京房地产开发有限公司	AAA
98	重庆	重庆市来新居房地产开发有限公司	AAA
99	重庆	重庆龙湖企业拓展有限公司	AAA
100	重庆	重庆财信房地产开发集团有限公司	AAA
101	重庆	重庆融创地产有限公司	AAA
102	重庆	金科地产集团股份有限公司	AAA
103	四川	四川邦泰投资有限责任公司	AAA
104	四川	成都城投置地（集团）有限公司	AAA
105	四川	成都深长城地产有限公司	AAA

续表

序号	地区	企业名称	动态监测结果
106	四川	乐山宝尚投资发展有限公司	AAA
107	四川	成都市锦江区统一建设有限公司	AA
108	四川	中国水电建设集团房地产（成都）有限公司	AA
109	四川	乐山新业置地发展有限公司	AA
110	四川	眉山市兰溪房地产开发有限公司	AAA
111	四川	泸州市高新房地产开发有限公司	AA
112	四川	泸州盛世房地产开发有限公司	AA
113	四川	中铁房地产集团西南有限公司	AAA
114	四川	四川仟坤房地产开发有限责任公司	AAA
115	四川	成都碧桂园富高置业有限公司	AAA
116	四川	成都德商置业有限公司	AAA
117	贵州	中铁房地产集团（贵州）有限公司	AAA
118	云南	大理纳思屋业有限公司	AAA
119	云南	大理惠丰房地产开发有限公司	AAA
120	西藏	西藏嘎吉林房地产开发有限公司	AAA
121	西藏	日喀则市藏兴房地产开发有限公司	AA
122	陕西	中铁房地产集团华中有限公司	AAA
123	陕西	陕西兴科房建集团房地产有限公司	AAA
124	甘肃	兰州敦煌房地产开发有限责任公司	AAA
125	青海	宁夏中房集团西宁房地产开发有限责任公司	AAA
126	青海	青海旺宅房地产开发有限公司	AA
127	青海	格尔木世邦投资有限公司	AA
128	青海	青海中惠房地产实业有限公司	AA
129	青海	青海正悦商源投资有限责任公司	AA
130	青海	西宁华盛房地产开发有限公司	AAA
131	青海	青海浙东实业发展有限公司	AA
132	青海	海西昆仑花苑房地产开发有限公司	A
133	宁夏	银川建发集团股份有限公司	AAA
134	宁夏	宁夏住宅建设发展（集团）有限公司	AAA
135	新疆	新疆广汇信邦房地产开发有限公司	AAA
136	新疆	新疆广汇房地产开发有限公司	AAA
137	新疆	新疆万田实业有限公司	AAA
138	新疆	新疆中天博瑞房地产开发有限公司	AAA

（中国房地产开发企业信用信息平台工作组）

三、中国房地产企业整体运营数据

（一）企业及从业人员规模

表 6-3-1　2017—2021 年房地产开发企业个数

单位：个

年　份	企业个数	内资企业	国有	集体	港、澳、台 投资企业	外商投资 企业
2017	95897	91608	943	319	3066	1223
2018	97937	94063	767	280	2719	1155
2019	99544	95691	671	230	2664	1189
2020	103262	99150	1133	227	2759	1353
2021	105434	101374	1209	208	2703	1357

数据来源：国家统计局。

表 6-3-2　2021 年各地区房地产开发企业个数

单位：个

地　区	企业个数	内资企业	国有	集体	港、澳、台 投资企业	外商投资 企业
北　京	1257	1175	1	3	38	44
天　津	1182	1107	37	3	45	30
河　北	4182	4143	11	—	23	16
上　海	2692	2314	91	14	272	106
江　苏	7315	6713	149	12	449	153
浙　江	6942	6648	25	7	152	142
福　建	3571	3252	13	4	197	122
山　东	7768	7456	120	33	214	98
广　东	9885	9011	165	84	618	256
海　南	1188	1141	36	5	35	12
山　西	2690	2679	21	3	7	4
安　徽	4240	4176	22	1	43	21
江　西	3068	2995	33	1	58	15
河　南	8252	8175	48	3	43	34

续表

地 区	企业个数	内资企业	国有	集体	港、澳、台投资企业	外商投资企业
湖 北	4224	4130	89	5	59	35
湖 南	4803	4708	36	3	62	33
内蒙古	1713	1712	2	—	—	1
广 西	3370	3291	13	4	38	41
重 庆	2349	2243	24	—	70	36
四 川	4790	4713	45	2	45	32
贵 州	2842	2818	21	3	16	8
云 南	3035	2997	38	2	23	15
西 藏	131	131	2	—	—	—
陕 西	2953	2912	73	8	16	25
甘 肃	1765	1760	39	5	2	3
青 海	325	324	3	—	—	1
宁 夏	595	588	1	—	3	4
新 疆	2471	2468	9	1	3	—
辽 宁	2859	2649	23	1	153	57
吉 林	1561	1545	10	—	9	7
黑龙江	1416	1400	9	1	10	6

数据来源：国家统计局。

表6-3-3　2017—2021年房地产开发企业从业人员数

单位：人

年 份	平均从业人数	内资企业	国有	集体	港、澳、台投资企业	外商投资企业
2017	2830960	2663954	37904	9092	113221	53785
2018	2889165	2735301	31383	6585	104378	49486
2019	2937379	2784130	25129	5018	103746	49503
2020	2901253	2746467	36517	4953	101924	52862
2021	2801571	2657629	35442	4085	92414	51528

数据来源：国家统计局。

表 6-3-4　2021年各地区房地产开发企业从业人员数

单位：人

地　区	平均从业人数	内资企业	国有	集体	港、澳、台投资企业	外商投资企业
北　京	45044	40104	74	80	2721	2219
天　津	30594	26916	1233	28	2444	1234
河　北	111693	109225	501	—	685	1783
上　海	56792	43264	1613	220	10505	3023
江　苏	175544	156668	3043	170	14025	4851
浙　江	122351	115100	259	70	3635	3616
福　建	100999	91267	1299	47	5682	4050
山　东	201975	192313	3460	687	7300	2362
广　东	257019	224972	4728	1693	19736	12311
海　南	36164	33557	1402	94	1362	1245
山　西	57422	57082	681	248	108	232
安　徽	113895	111402	553	6	1530	963
江　西	97573	95149	1072	27	2048	376
河　南	244968	242557	1040	12	1431	980
湖　北	124649	120392	3031	167	2292	1965
湖　南	147961	143572	1238	42	2542	1847
内蒙古	31973	31891	58	—	—	82
广　西	89965	86724	481	72	1667	1574
重　庆	97070	92608	749	—	3097	1365
四　川	163765	160455	1180	85	1817	1493
贵　州	101141	100313	446	44	632	196
云　南	104242	101646	1497	41	1993	603
西　藏	2876	2876	93	—	—	—
陕　西	74569	73441	3435	168	273	855
甘　肃	42889	42719	1235	71	135	35
青　海	8353	8331	102	—	—	22
宁　夏	13995	13692	3	—	179	124
新　疆	43599	43416	199	3	183	—
辽　宁	48013	42517	385	1	3794	1702
吉　林	30137	29559	189	—	274	304
黑龙江	24341	23901	163	9	324	116

数据来源：国家统计局。

（二）企业整体经营情况

表 6-3-5　2017—2021 年房地产开发企业经营状况

单位：亿元

年　份	主营业务收入	土地转让收入	商品房销售收入	房屋出租收入	其他收入	主营业务税金及附加	营业利润
2017	95896.90	838.42	90609.15	1568.32	2881.01	6307.36	11728.11
2018	112924.68	1207.38	106688.38	1484.30	3544.62	7299.72	18543.71
2019	110239.78	874.14	104126.42	1539.29	3699.94	7420.57	15439.35
2020	118582.08	747.84	112267.54	1504.88	4061.83	6925.34	14022.99
2021	134342.24	769.29	127444.89	1651.80	4476.26	6723.74	11834.02

数据来源：国家统计局。

表 6-3-6　2021 年各地区房地产开发企业经营状况

单位：亿元

地　区	主营业务收入	土地转让收入	商品房销售收入	房屋出租收入	其他收入	主营业务税金及附加	营业利润
北　京	4640.42	57.50	3806.93	167.49	608.50	211.19	226.22
天　津	2680.25	51.81	2547.72	32.94	47.78	132.82	-68.89
河　北	2628.00	14.30	2513.43	10.65	89.62	189.56	-40.60
上　海	5458.05	29.21	4582.83	440.50	405.51	483.30	1074.29
江　苏	16817.55	121.05	16281.09	94.19	321.23	542.60	1684.65
浙　江	13067.90	61.58	12574.80	77.38	354.15	475.68	1154.06
福　建	4421.26	26.39	4099.85	43.24	251.79	222.80	461.79
山　东	10010.66	67.37	9527.27	56.17	359.85	481.67	786.40
广　东	17118.97	28.72	16397.92	317.30	375.03	1467.65	2488.84
海　南	1373.18	0.89	1327.48	4.08	40.73	216.90	135.45
山　西	1846.87	10.64	1782.51	10.31	43.41	67.15	114.46
安　徽	5956.24	12.71	5768.52	19.38	155.63	147.92	372.85
江　西	3305.35	8.61	3185.76	12.53	98.45	103.36	372.84
河　南	5380.82	9.07	5070.20	40.79	260.76	214.82	437.84
湖　北	6127.14	94.02	5793.73	44.91	194.48	356.69	737.18
湖　南	4035.01	32.55	3902.71	23.52	76.23	176.87	92.52
内蒙古	1035.81	1.55	1020.32	5.06	8.88	46.95	18.93
广　西	2815.06	20.90	2713.13	26.17	54.85	98.77	174.92
重　庆	4027.33	17.86	3823.88	54.57	131.01	113.92	439.71
四　川	6872.79	26.47	6691.91	46.26	108.15	312.96	540.30

续表

地区	主营业务收入	土地转让收入	商品房销售收入	房屋出租收入	其他收入	主营业务税金及附加	营业利润
贵 州	1865.26	9.11	1747.97	9.81	98.37	73.13	53.66
云 南	2472.28	22.70	2344.88	35.31	69.38	148.71	93.74
西 藏	115.89		108.53	1.49	5.86	2.54	17.53
陕 西	2719.84	3.12	2526.48	16.69	173.55	120.65	235.96
甘 肃	994.04	5.67	960.17	8.67	19.53	28.43	21.54
青 海	354.88	0.39	349.76	1.88	2.84	9.49	30.11
宁 夏	625.68	1.51	603.70	6.39	14.08	22.49	54.71
新 疆	1031.03	0.99	1004.28	12.55	13.21	39.91	-6.48
辽 宁	2620.73	26.43	2544.63	20.96	28.71	133.80	49.15
吉 林	1129.85	5.60	1094.00	4.14	26.11	35.47	46.23
黑龙江	794.09	0.54	748.51	6.47	38.57	45.51	34.10

数据来源：国家统计局。

表6-3-7　2017—2021年房地产开发企业资产负债

年 份	实收资本合计（亿元）	资产总计（亿元）	累计折旧（亿元）	当年折旧	负债合计（亿元）	所有者权益（亿元）	资产负债率（%）
2017	85649.75	722236.02	3909.38	657.18	571274.85	150961.17	79.1
2018	95324.97	852720.54	4358.86	904.59	674333.36	178382.98	79.1
2019	105248.81	947935.60	4521.18	841.78	762035.19	185900.41	80.4
2020	116652.02	1062327.43	4845.32	842.32	857043.72	205283.71	80.7
2021	127272.18	1133856.73	5216.62	886.40	910483.55	223373.18	80.3

数据来源：国家统计局。

表6-3-8　2021年各地区房地产开发企业资产负债

地 区	实收资本合计（亿元）	资产总计（亿元）	累计折旧（亿元）	当年折旧	负债合计（亿元）	所有者权益（亿元）	资产负债率（%）
北 京	6287.09	58979.98	258.63	29.98	47659.45	11320.53	80.8
天 津	4554.78	31680.67	131.06	20.62	25615.92	6064.74	80.9
河 北	2020.95	32584.39	120.95	25.44	29229.65	3354.74	89.7
上 海	12809.14	74537.37	667.25	84.07	51288.93	23248.44	68.8
江 苏	17333.46	105055.00	413.89	82.51	81482.40	23572.60	77.6
浙 江	11180.96	89311.91	279.15	59.53	72023.88	17288.04	80.6
福 建	5700.93	45129.42	127.89	20.85	34495.59	10633.83	76.4
山 东	7526.75	79374.35	386.95	73.33	66450.27	12924.08	83.7
广 东	16004.90	157979.36	688.74	113.00	124781.69	33197.67	79.0

续表

地区	实收资本合计（亿元）	资产总计（亿元）	累计折旧（亿元）	当年折旧	负债合计（亿元）	所有者权益（亿元）	资产负债率（%）
海 南	1700.78	14004.71	95.46	19.19	11451.71	2553.00	81.8
山 西	1284.77	16708.68	70.48	10.72	15012.88	1695.79	89.9
安 徽	4013.98	36961.47	164.38	28.51	29148.97	7812.50	78.9
江 西	1845.93	20256.36	78.58	17.60	16236.18	4020.17	80.2
河 南	3829.89	47025.53	222.03	39.09	40193.06	6832.47	85.5
湖 北	4507.93	43124.12	173.43	33.26	34109.96	9014.17	79.1
湖 南	2422.09	26058.31	120.47	23.51	21864.40	4193.92	83.9
内蒙古	762.86	9354.25	45.49	8.57	8443.80	910.44	90.3
广 西	2098.29	25692.29	96.93	17.67	20267.60	5424.69	78.9
重 庆	3598.90	32889.80	114.72	19.77	24843.01	8046.79	75.5
四 川	4114.00	46238.03	225.68	36.85	38290.58	7947.45	82.8
贵 州	1631.99	20822.58	62.41	11.11	17275.99	3546.59	83.0
云 南	2400.88	25762.27	138.58	25.93	21783.04	3979.23	84.6
西 藏	138.55	1227.62	3.79	0.98	845.75	381.87	68.9
陕 西	2425.50	26926.38	88.25	15.32	23312.90	3613.47	86.6
甘 肃	644.86	9382.29	50.40	10.53	8186.53	1195.76	87.3
青 海	155.49	2120.58	13.11	2.97	1895.52	225.06	89.4
宁 夏	363.99	3405.88	44.98	6.13	2942.41	463.48	86.4
新 疆	896.77	8972.29	80.75	11.88	7613.77	1358.52	84.9
辽 宁	3187.61	23526.55	159.78	21.71	19213.02	4313.52	81.7
吉 林	909.71	8923.36	42.95	8.53	7719.24	1204.11	86.5
黑龙江	918.46	9840.93	49.47	7.23	6805.41	3035.52	69.2

数据来源：国家统计局。

（三）开发企业销售排行情况

表6-3-9 2022年度中国房地产企业操盘榜TOP200

排名	企业简称	操盘金额（亿元）	排名	公司名称	操盘面积（万平方米）
1	碧桂园	4410.9	1	碧桂园	5236.3
2	万科地产	4143.4	2	万科地产	2551.9
3	保利发展	4116.0	3	保利发展	2472.9
4	绿城中国	3003.2	4	绿城中国	1360.8
5	中海地产	2807.3	5	华润置地	1296.5
6	华润置地	2786.0	6	中海地产	1289.3
7	招商蛇口	2635.0	7	绿地控股	1231.4

续表

排名	企业简称	操盘金额（亿元）	排名	公司名称	操盘面积（万平方米）
8	金地集团	2101.0	8	融创中国	1216.0
9	龙湖集团	1827.9	9	龙湖集团	1134.7
10	建发房产	1673.1	10	招商蛇口	1098.0
11	融创中国	1607.5	11	金地集团	942.0
12	滨江集团	1400.4	12	新城控股	933.0
13	中国金茂	1370.7	13	建发房产	790.6
14	绿地控股	1330.5	14	金科集团	775.0
15	越秀地产	1246.9	15	旭辉集团	741.1
16	华发股份	1137.2	16	中国铁建	733.3
17	中国铁建	1126.7	17	中国金茂	714.6
18	旭辉集团	1088.7	18	万达集团	653.8
19	新城控股	920.6	19	建业集团	564.3
20	远洋集团	803.1	20	瑞安房地产	539.5
21	仁恒置地	712.9	21	美的置业	534.9
22	世茂集团	675.9	22	中南置地	505.7
23	美的置业	675.4	23	中国恒大	498.9
24	中南置地	609.8	24	远洋集团	450.5
25	万达集团	560.1	25	中梁控股	438.9
26	金科集团	536.8	26	越秀地产	424.0
27	首开股份	536.3	27	世茂集团	419.0
28	中骏集团	534.0	28	中骏集团	396.9
29	卓越集团	531.4	29	华发股份	368.0
30	路劲集团	507.2	30	阳光大地	321.8
31	电建地产	463.3	31	雅居乐	315.2
32	中粮大悦城	451.9	32	中粮大悦城	286.9
33	中梁控股	450.8	33	荣盛发展	286.2
34	中国恒大	450.7	34	海伦堡	282.7
35	保利置业	438.7	35	路劲集团	280.2
36	龙光集团	419.2	36	滨江集团	276.5
37	雅居乐	397.6	37	力高集团	271.7
38	阳光城	364.0	38	龙光集团	265.0
39	大华集团	362.2	39	富力地产	240.6
40	金辉集团	358.7	40	金辉集团	238.9
41	建业集团	356.6	41	电建地产	231.6
42	融信集团	339.4	42	卓越集团	229.8

续表

排名	企业简称	操盘金额（亿元）	排名	公司名称	操盘面积（万平方米）
43	合景泰富	336.8	43	阳光城	227.6
44	华侨城	320.9	44	敏捷集团	225.4
45	富力地产	313.4	45	武汉城建	219.2
46	伟星房产	311.4	46	保利置业	211.6
47	武汉城建	309.2	47	时代中国	207.8
48	宝龙地产	303.0	48	宝龙地产	202.0
49	荣盛发展	299.4	49	首开股份	197.7
50	海伦堡	296.8	50	祥生集团	193.6
51	时代中国	291.5	51	合景泰富	175.2
52	联发集团	289.1	52	奥园集团	172.7
53	中交房地产	285.2	53	大华集团	169.0
54	珠江投资	281.5	54	融信集团	167.8
55	正荣集团	273.3	55	正荣集团	165.8
56	新希望地产	270.2	56	新希望地产	155.9
57	敏捷集团	269.1	57	华侨城	150.0
58	瑞安房地产	263.5	58	联发集团	149.9
59	中建东孚	261.7	59	正商集团	147.6
60	德信地产	261.0	60	德信地产	144.2
61	祥生集团	254.2	61	邦泰集团	142.9
62	合生创展	245.1	62	星河地产	140.6
63	金融街	244.9	63	仁恒置地	140.3
64	城建集团	243.3	64	伟星房产	140.1
65	佳兆业	238.3	65	中交房地产	131.5
66	首创城发	235.6	66	禹洲集团	124.3
67	星河地产	235.5	67	中建东孚	118.5
68	力高集团	234.0	68	首创城发	118.3
69	禹洲集团	220.9	69	东原地产	115.5
70	朗诗绿色地产	215.0	70	云星集团	114.1
71	国贸地产	214.3	71	珠江投资	112.4
72	华宇集团	211.3	72	朗诗绿色地产	110.0
73	金隅集团	205.3	73	合生创展	108.7
74	宝华集团	197.9	74	复地集团	105.4
75	象屿集团	192.8	75	龙记泰信	104.0
76	复地集团	192.0	76	佳兆业	103.9
77	信达地产	190.1	77	金融街	102.2

续表

排名	企业简称	操盘金额（亿元）	排名	公司名称	操盘面积（万平方米）
78	荣安地产	187.1	78	华宇集团	101.8
79	葛洲坝	183.7	79	中奥地产	99.7
80	阳光大地	181.5	80	融汇集团	99.5
81	天安投资	175.5	81	嘉和集团	97.7
82	深铁置业	172.3	82	康桥地产	92.0
83	星河湾	167.7	83	大唐地产	90.0
84	新世界中国	165.4	84	国贸地产	89.5
85	金基集团	164.7	85	中丞控股	84.3
86	五矿地产控股	164.2	86	荣安地产	82.3
87	中天美好集团	155.6	87	大家房产	78.7
88	大家房产	154.7	88	香港置地	75.8
89	新湖中宝	153.2	89	信达地产	75.7
90	中冶置业	146.9	90	中冶置业	75.7
91	奥园集团	146.7	91	光明地产	74.6
92	香港置地	142.4	92	弘阳地产	72.6
93	正商集团	140.2	93	俊发地产	71.8
94	颐居建设	130.5	94	天安投资	71.7
95	深业集团	130.0	95	华鸿嘉信	70.9
96	华鸿嘉信	125.8	96	绿都地产	70.1
97	东原地产	123.2	97	城建集团	69.4
98	中建智地	121.9	98	珠光集团	67.5
99	邦泰集团	120.1	99	领地集团	67.4
100	众安集团	116.1	100	鑫苑中国	67.1
101	俊发地产	116.0	101	中天美好集团	67.0
102	安徽置地	112.7	102	金隅集团	66.0
103	银丰投资	112.3	103	象屿集团	65.9
104	京基集团	110.8	104	信友集团	65.4
105	海宁鸿翔	109.2	105	葛洲坝	65.1
106	中奥地产	105.3	106	中旅地产	63.5
107	海信地产	105.2	107	新鸥鹏集团	63.5
108	中信泰富	104.2	108	海宁鸿翔	63.1
109	康桥地产	101.9	109	鸿坤集团	62.4
110	港龙中国	98.8	110	中天城投	62.1
111	弘阳地产	98.6	111	海信地产	62.0
112	陆家嘴	90.8	112	众安集团	61.4

续表

排名	企业简称	操盘金额（亿元）	排名	公司名称	操盘面积（万平方米）
113	鑫苑中国	90.7	113	光大地产	61.4
114	上海地产	89.9	114	中昂集团	60.5
115	兴城人居	89.2	115	中建信和	59.1
116	中天城投	86.6	116	兴城人居	58.5
117	鸿荣源	86.0	117	五矿地产控股	58.2
118	中华企业	85.3	118	金成集团	57.0
119	大唐地产	84.1	119	佳源国际	56.7
120	云星集团	83.3	120	港龙中国	56.2
121	天地源	83.1	121	星河湾	56.2
122	宝能集团	82.6	122	海成集团	54.8
123	金成集团	81.6	123	泛海控股	53.4
124	龙记泰信	81.0	124	大名城	52.7
125	华远地产	78.9	125	天地源	52.6
126	光明地产	78.4	126	华远地产	52.3
127	大名城	75.9	127	安徽置地	51.7
128	佳源国际	75.6	128	上坤集团	51.0
129	天恒置业	75.2	129	新鸿基	49.4
130	嘉华国际	73.3	130	上置集团	49.2
131	合正房产	73.1	131	经纬地产	49.0
132	珠光集团	72.2	132	华地集团	47.5
133	君一控股	70.9	133	中建智地	46.4
134	绿都地产	68.8	134	祈福集团	46.0
135	北辰实业	68.4	135	大众置业	45.8
136	中建信和	68.0	136	北辰实业	45.1
137	万华投资	66.7	137	三盛集团	45.0
138	中丞控股	66.3	138	君一控股	44.5
139	上坤集团	65.3	139	深业集团	44.2
140	上港集团	63.9	140	锦艺置业	43.0
141	天健集团	62.2	141	美好未来	42.7
142	银城国际	61.1	142	方圆地产	40.6
143	中旅地产	60.9	143	深铁置业	40.1
144	深振业	60.8	144	长江实业	40.1
145	中昂集团	60.7	145	银丰投资	39.7
146	新鸿基	58.9	146	北投产城	39.4
147	景瑞地产	58.7	147	花样年	39.0

续表

排名	企业简称	操盘金额（亿元）	排名	公司名称	操盘面积（万平方米）
148	北京建工	58.4	148	新湖中宝	38.9
149	领地集团	57.3	149	金基集团	38.4
150	方圆地产	56.4	150	隆基泰和	38.0
151	九龙仓	53.4	151	东方今典	37.3
152	万固集团	53.3	152	澳海集团	37.2
153	花样年	53.0	153	昌建地产	36.9
154	保亿置业	51.8	154	中华企业	36.8
155	华地集团	48.5	155	国瑞集团	36.5
156	南山控股	48.3	156	景瑞地产	36.2
157	凯德置地	48.0	157	鲁商发展	35.5
158	三盛集团	45.9	158	万固集团	35.0
159	信友集团	45.8	159	祥源地产	34.8
160	鲁商发展	44.5	160	京基集团	34.6
161	国瑞集团	44.0	161	新世界中国	33.9
162	格力地产	41.4	162	世纪金源	33.8
163	和昌集团	41.2	163	正弘置业	33.5
164	隆基泰和	40.9	164	星联集团	33.2
165	中洲控股	40.5	165	陆家嘴	32.8
166	京投发展	39.6	166	宝华集团	31.9
167	永威置业	39.1	167	永威置业	31.8
168	祥源地产	38.7	168	荣和集团	31.4
169	新鸥鹏集团	38.1	169	银城国际	31.2
170	大发地产	37.9	170	颐居建设	30.1
171	世纪金源	37.8	171	深振业	29.9
172	北投产城	37.6	172	凯德置地	29.6
173	宋都集团	37.0	173	中信泰富	29.4
174	海成集团	35.6	174	九龙仓	29.0
175	上海建工	35.1	175	宝能集团	28.2
176	德商置业	34.8	176	浩城控股	27.3
177	天阳地产	34.2	177	联泰地产	27.3
178	光大地产	32.9	178	天誉置业	27.2
179	祈福集团	32.6	179	上海地产	26.8
180	荣和集团	31.6	180	东亚新华	26.7
181	长江实业	31.4	181	和昌集团	25.8
182	联泰地产	30.5	182	合能地产	25.4

续表

排名	企业简称	操盘金额（亿元）	排名	公司名称	操盘面积（万平方米）
183	外高桥集团	30.3	183	置信集团	25.4
184	方直集团	30.0	184	鸿荣源	24.8
185	正弘置业	29.2	185	当代置业	24.7
186	星联集团	29.0	186	中洲控股	24.7
187	澳海集团	28.6	187	大发地产	24.7
188	文一地产	28.1	188	方直集团	24.3
189	合能地产	27.3	189	恒盛地产	24.3
190	大众置业	27.1	190	万华投资	24.2
191	恒盛地产	26.6	191	福星股份	24.0
192	新华联	26.1	192	福星惠誉	22.5
193	昌建地产	25.7	193	格力地产	22.4
194	同济科技	25.5	194	天恒置业	21.5
195	湖北联投	25.2	195	天健集团	21.5
196	深圳颐安集团	25.1	196	大都投资	21.2
197	上实发展	25.0	197	中体产业	20.6
198	东方今典	24.3	198	泰达股份	20.2
199	东亚新华	24.1	199	嘉华国际	20.1
200	吉宝置业	23.9	200	保亿置业	19.8

数据来源：中国房地产决策咨询系统（CRIC）。

表6-3-10　2022年度中国房地产企业销售全口径金额及权益金额排行榜TOP200

单位：亿元

排名	公司名称	全口径金额	排名	公司名称	权益金额
1	碧桂园	4643.0	1	碧桂园	3569.1
2	保利发展	4573.0	2	保利发展	3068.0
3	万科地产	4202.2	3	中海地产	2761.2
4	华润置地	3013.0	4	万科地产	2731.4
5	中海地产	2955.0	5	华润置地	2112.0
6	招商蛇口	2926.3	6	招商蛇口	1785.0
7	金地集团	2218.0	7	金地集团	1374.3
8	绿城中国	2128.1	8	龙湖集团	1267.0
9	龙湖集团	2032.7	9	绿地控股	1260.5
10	建发房产	1703.2	10	越秀地产	1251.6
11	融创中国	1692.1	11	绿城中国	1224.4
12	中国金茂	1550.0	12	建发房产	1207.3
13	滨江集团	1539.3	13	中国金茂	1069.5

续表

排名	公司名称	全口径金额	排名	公司名称	权益金额
14	绿地控股	1400.5	14	融创中国	976.0
15	中国铁建	1281.0	15	中国铁建	954.2
16	越秀地产	1260.0	16	滨江集团	874.0
17	旭辉集团	1237.2	17	新城控股	798.4
18	华发股份	1202.4	18	华发股份	751.1
19	新城控股	1165.3	19	旭辉集团	729.9
20	远洋集团	1003.9	20	远洋集团	652.5
21	首开股份	869.2	21	世茂集团	605.6
22	世茂集团	865.2	22	路劲集团	533.9
23	卓越集团	742.7	23	万达集团	519.2
24	美的置业	742.2	24	首开股份	504.1
25	电建地产	685.1	25	中骏集团	490.1
26	金科集团	671.1	26	金科集团	482.8
27	仁恒置地	651.1	27	美的置业	465.7
28	中交房地产	649.5	28	卓越集团	459.2
29	中南置地	640.2	29	中梁控股	438.3
30	中梁控股	626.1	30	中国恒大	433.0
31	中骏集团	606.3	31	电建地产	429.6
32	路劲集团	580.1	32	雅居乐	413.2
33	万达集团	555.1	33	中南置地	402.8
34	武汉城建	550.3	34	华侨城	391.6
35	华侨城	543.9	35	保利置业	381.2
36	雅居乐	523.2	36	仁恒置地	380.3
37	中粮大悦城	513.5	37	龙光集团	380.2
38	融信集团	512.1	38	大华集团	352.2
39	新希望地产	508.8	39	中交房地产	349.2
40	保利置业	503.0	40	新希望地产	335.8
41	城建集团	486.7	41	武汉城建	332.3
42	中国恒大	455.3	42	伟星房产	323.6
43	联发集团	454.6	43	金辉集团	320.1
44	龙光集团	441.0	44	海伦堡	305.6
45	阳光城	428.3	45	融信集团	302.1
46	合景泰富	422.9	46	联发集团	296.5
47	海伦堡	413.1	47	荣盛发展	293.1
48	宝龙地产	409.5	48	阳光城	291.2

VI. 企业篇

三、中国房地产企业整体运营数据

续表

排名	公司名称	全口径金额	排名	公司名称	权益金额
49	金辉集团	401.8	49	富力地产	283.7
50	时代中国	400.6	50	中粮大悦城	282.4
51	国贸地产	378.5	51	珠江投资	281.0
52	大家房产	377.8	52	中建东孚	279.8
53	大华集团	362.2	53	城建集团	277.4
54	颐居建设	345.7	54	合景泰富	271.9
55	伟星房产	340.2	55	敏捷集团	269.6
56	象屿集团	330.4	56	金融街	260.4
57	正荣集团	325.7	57	宝龙地产	253.9
58	德信地产	324.8	58	时代中国	240.4
59	禹洲集团	323.0	59	合生创展	223.3
60	富力地产	321.5	60	佳兆业	219.4
61	祥生集团	320.0	61	祥生集团	216.7
62	荣盛发展	315.1	62	星河地产	215.9
63	信达地产	313.9	63	颐居建设	213.4
64	中建东孚	311.7	64	首创城发	211.2
65	中天美好集团	299.2	65	国贸地产	210.1
66	华宇集团	287.1	66	禹洲集团	206.6
67	金融街	286.2	67	金隅集团	200.9
68	珠江投资	281.5	68	瑞安房地产	196.2
69	力高集团	275.5	69	深铁置业	191.1
70	合生创展	272.3	70	复地集团	187.0
71	金隅集团	272.0	71	葛洲坝	181.8
72	佳兆业	270.8	72	荣安地产	181.6
73	敏捷集团	270.7	73	正荣集团	180.7
74	弘阳地产	270.5	74	德信地产	178.7
75	瑞安房地产	263.5	75	大家房产	178.0
76	首创城发	260.9	76	阳光大地	174.2
77	星河地产	236.5	77	信达地产	165.2
78	荣安地产	230.5	78	新世界中国	158.5
79	深铁置业	210.2	79	金基集团	157.9
80	复地集团	204.0	80	香港置地	157.2
81	奥园集团	202.2	81	中天美好集团	156.8
82	五矿地产控股	200.5	82	星河湾	155.3
83	宝华集团	197.9	83	华宇集团	154.6

续表

排名	公司名称	全口径金额	排名	公司名称	权益金额
84	中建信和	196.1	84	深业集团	150.6
85	建业集团	194.1	85	宝华集团	148.0
86	葛洲坝	189.3	86	象屿集团	147.0
87	天安投资	188.7	87	奥园集团	143.8
88	香港置地	184.9	88	建业集团	139.1
89	阳光大地	181.5	89	正商集团	138.0
90	新湖中宝	179.7	90	海信地产	131.4
91	金基集团	169.8	91	力高集团	125.3
92	星河湾	167.7	92	中建信和	115.9
93	海信地产	166.4	93	邦泰集团	115.2
94	新世界中国	165.4	94	京基集团	111.1
95	中奥地产	161.8	95	鸿荣源	109.3
96	深业集团	153.2	96	鑫苑中国	108.9
97	南山控股	150.9	97	俊发地产	108.7
98	众安集团	148.6	98	中奥地产	108.5
99	东原地产	141.3	99	弘阳地产	108.1
100	中华企业	141.1	100	中建智地	106.9
101	华鸿嘉信	141.0	101	兴城人居	106.7
102	大唐地产	140.9	102	新湖中宝	106.3
103	正商集团	139.5	103	五矿地产控股	103.3
104	港龙中国	130.0	104	天安投资	101.9
105	银城国际	127.2	105	安徽置地	101.2
106	中信泰富	123.3	106	众安集团	99.3
107	中建智地	122.8	107	银丰投资	99.1
108	北京建工	121.3	108	华鸿嘉信	97.7
109	邦泰集团	121.1	109	东原地产	91.4
110	兴城人居	120.9	110	中华企业	87.5
111	俊发地产	118.9	111	中冶置业	86.5
112	陆家嘴	117.9	112	云星集团	85.9
113	君一控股	114.9	113	北辰实业	82.4
114	安徽置地	114.2	114	宝能集团	81.9
115	方圆地产	114.0	115	中天城投	81.4
116	银丰投资	112.4	116	上海建工	78.7
117	京基集团	110.8	117	光明地产	76.0
118	鑫苑中国	110.0	118	天恒置业	75.2

续表

排名	公司名称	全口径金额	排名	公司名称	权益金额
119	鸿荣源	109.3	119	陆家嘴	74.6
120	海宁鸿翔	109.2	120	嘉华国际	73.3
121	中冶置业	107.1	121	珠光集团	72.2
122	光明地产	103.4	122	大名城	71.7
123	北辰实业	99.5	123	南山控股	70.9
124	云星集团	97.5	124	君一控股	70.7
125	天地源	96.8	125	中信泰富	69.7
126	上海地产	94.5	126	合正房产	69.6
127	宏发集团	91.3	127	华远地产	69.5
128	康桥地产	91.2	128	港龙中国	68.9
129	九龙仓	89.3	129	中旅地产	67.5
130	佳源国际	85.9	130	银城国际	66.5
131	万华投资	85.7	131	天地源	66.4
132	华远地产	84.7	132	大唐地产	66.4
133	宝能集团	82.6	133	中丞控股	66.3
134	上海建工	82.3	134	九龙仓	65.0
135	中天城投	81.4	135	上港集团	63.9
136	上坤集团	80.3	136	方圆地产	63.1
137	上海城投	78.8	137	佳源国际	62.7
138	湖北联投	78.7	138	天健集团	62.2
139	大名城	78.5	139	康桥地产	61.5
140	鲁商发展	78.1	140	海宁鸿翔	58.9
141	绿都地产	77.7	141	北京建工	57.3
142	金成集团	75.9	142	深振业	57.1
143	天恒置业	75.2	143	新鸿基	56.5
144	中旅地产	75.1	144	朗诗绿色地产	55.1
145	德商置业	75.0	145	绿都地产	53.4
146	嘉华国际	73.3	146	万固集团	53.3
147	合正房产	73.1	147	金成集团	51.5
148	天阳地产	72.9	148	保亿置业	50.7
149	珠光集团	72.2	149	上海地产	48.6
150	朗诗绿色地产	71.9	150	凯德置地	48.0
151	中丞控股	66.3	151	万华投资	47.6
152	景瑞地产	64.8	152	上坤集团	47.1
153	花样年	64.4	153	领地集团	46.2

续表

排名	公司名称	全口径金额	排名	公司名称	权益金额
154	上港集团	63.9	154	鲁商发展	46.1
155	领地集团	63.0	155	国瑞集团	45.0
156	宋都集团	62.5	156	花样年	42.9
157	天健集团	62.2	157	景瑞地产	42.9
158	深振业	60.8	158	信友集团	42.9
159	大发地产	60.2	159	海成集团	42.6
160	新鸿基	58.9	160	格力地产	41.2
161	三盛集团	53.7	161	隆基泰和	41.2
162	保亿置业	53.5	162	德商置业	41.0
163	万固集团	53.3	163	宋都集团	40.9
164	海成集团	53.1	164	北投产城	37.6
165	上海城建	53.0	165	长江实业	37.3
166	国瑞集团	50.1	166	祥源地产	36.2
167	华地集团	48.5	167	上海城投	35.8
168	凯德置地	48.0	168	华地集团	35.5
169	昌建地产	47.5	169	三盛集团	35.0
170	龙记泰信	46.2	170	新鸥鹏集团	34.5
171	信友集团	46.0	171	龙记泰信	34.2
172	隆基泰和	43.1	172	祈福集团	32.6
173	世纪金源	42.4	173	湖北联投	32.6
174	格力地产	41.2	174	世纪金源	31.7
175	光大地产	41.2	175	光大地产	31.3
176	恒基兆业	40.8	176	上海城建	31.0
177	祥源地产	40.1	177	荣和集团	30.7
178	京投发展	39.6	178	天阳地产	30.3
179	长江实业	39.2	179	文一地产	30.0
180	深圳颐安集团	38.4	180	深圳颐安集团	29.5
181	和昌集团	38.3	181	永威置业	29.4
182	新鸥鹏集团	38.1	182	中洲控股	29.1
183	华景川集团	37.6	183	正弘置业	28.6
184	北投产城	37.6	184	外高桥集团	28.2
185	中洲控股	36.0	185	联泰地产	28.0
186	祈福集团	32.6	186	澳海集团	27.7
187	联泰地产	32.1	187	大众置业	27.3
188	永威置业	31.9	188	恒盛地产	26.3

续表

排名	公司名称	全口径金额	排名	公司名称	权益金额
189	东亚新华	31.7	189	星联集团	26.1
190	荣和集团	31.6	190	同济科技	25.5
191	文一地产	31.4	191	新华联	24.8
192	外高桥集团	30.5	192	京投发展	24.6
193	方直集团	30.0	193	吉宝置业	23.9
194	星联集团	29.5	194	勤诚达	23.5
195	云南城投	29.3	195	大发地产	23.4
196	正弘置业	29.2	196	和昌集团	23.1
197	澳海集团	29.0	197	上实发展	22.9
198	新力地产	28.3	198	美好未来	22.7
199	合能地产	28.1	199	海沧投资	22.6
200	大众置业	27.3	200	东亚新华	22.1

数据来源：中国房地产决策咨询系统（CRIC）。

（四）上市房地产经营开发和物业服务企业股价情况

表 6-3-11　2022 年沪市房地产经营和开发企业股价（前复权）涨跌幅排行榜

排名	证券代码	证券简称	2021 年收盘价（元）	2022 年收盘价（元）	涨跌幅（%）	最高价（元）	最低价（元）
1	600325.SH	华发股份	5.66	9.06	59.94	11.94	5.23
2	600185.SH	格力地产	6.79	10.43	53.54	13.80	4.52
3	600790.SH	轻纺城	3.16	4.65	47.26	4.66	3.08
4	600657.SH	信达地产	3.69	5.14	39.35	9.13	3.62
5	600533.SH	栖霞建设	2.99	3.83	28.04	5.32	2.94
6	600665.SH	天地源	2.99	3.69	23.56	5.09	2.84
7	600393.SH	粤泰股份	1.42	1.74	22.54	2.20	1.03
8	600791.SH	京能置业	3.97	4.78	20.39	6.82	3.58
9	600007.SH	中国国贸	13.79	15.83	14.78	18.12	11.52
10	600622.SH	光大嘉宝	2.86	3.27	14.15	5.95	2.57
11	600846.SH	同济科技	7.88	8.99	14.09	9.79	6.68
12	600515.SH	海南机场	4.53	5.02	10.82	5.34	2.94
13	600322.SH	天房发展	2.05	2.26	10.24	3.60	1.82
14	600463.SH	空港股份	8.11	8.81	8.63	13.30	6.43
15	900911.SH	金桥 B 股	0.84	0.91	8.18	0.99	0.81
16	600684.SH	珠江股份	3.56	3.81	7.02	5.28	3.00
17	600266.SH	城建发展	4.40	4.65	5.66	5.83	3.29
18	600064.SH	南京高科	6.28	6.61	5.20	7.74	5.74

续表

排名	证券代码	证券简称	2021年收盘价（元）	2022年收盘价（元）	涨跌幅（%）	最高价（元）	最低价（元）
19	600724.SH	宁波富达	3.48	3.65	4.90	6.64	3.29
20	600675.SH	中华企业	2.96	3.08	4.19	4.74	2.38
21	600736.SH	苏州高新	4.53	4.68	3.39	8.28	4.31
22	600708.SH	光明地产	2.38	2.46	3.36	3.66	2.00
23	600376.SH	首开股份	5.55	5.69	2.62	7.55	4.13
24	600692.SH	亚通股份	5.86	5.89	0.51	8.62	5.09
25	600048.SH	保利发展	15.10	15.13	0.22	19.20	12.88
26	600159.SH	大龙地产	3.02	3.02	−0.01	4.29	2.43
27	600649.SH	城投控股	4.00	3.98	−0.40	5.41	3.52
28	600638.SH	新黄浦	5.67	5.65	−0.44	7.14	4.76
29	600077.SH	宋都股份	2.71	2.65	−2.21	7.30	2.47
30	900932.SH	陆家B股	0.83	0.81	−3.12	0.89	0.74
31	600716.SH	凤凰股份	4.07	3.91	−3.93	6.49	3.64
32	600743.SH	华远地产	1.98	1.89	−4.55	2.90	1.61
33	600162.SH	香江控股	1.96	1.87	−4.79	2.61	1.57
34	600658.SH	电子城	4.11	3.90	−5.11	5.53	3.61
35	600663.SH	陆家嘴	10.33	9.74	−5.68	12.10	8.99
36	900940.SH	大名城B	0.34	0.31	−7.67	0.38	0.28
37	600604.SH	市北高新	5.36	4.94	−7.83	6.74	4.40
38	601512.SH	中新集团	8.76	7.99	−8.81	10.84	7.64
39	600510.SH	黑牡丹	7.27	6.60	−9.21	16.72	6.17
40	600639.SH	浦东金桥	12.27	11.10	−9.53	16.14	10.04
41	900902.SH	市北B股	0.29	0.26	−9.75	0.30	0.24
42	900939.SH	汇丽B	0.63	0.56	−10.94	0.70	0.52
43	600683.SH	京投发展	5.20	4.61	−11.32	6.48	3.87
44	600565.SH	迪马股份	2.44	2.16	−11.48	3.06	2.00
45	600094.SH	大名城	3.54	3.13	−11.58	4.68	2.91
46	600748.SH	上实发展	3.94	3.44	−12.75	5.07	2.88
47	600208.SH	新湖中宝	2.98	2.54	−14.77	3.38	2.40
48	600503.SH	华丽家族	3.22	2.72	−15.53	3.55	2.46
49	900928.SH	临港B股	1.09	0.91	−15.82	1.12	0.88
50	600239.SH	ST云城	2.31	1.93	−16.45	2.63	1.52
51	600383.SH	金地集团	12.29	10.23	−16.76	15.01	7.57
52	600807.SH	济南高新	4.10	3.40	−17.07	6.30	3.15

续表

排名	证券代码	证券简称	2021年收盘价（元）	2022年收盘价（元）	涨跌幅（%）	最高价（元）	最低价（元）
53	601588.SH	北辰实业	2.47	2.04	−17.38	3.17	1.80
54	600173.SH	卧龙地产	6.32	5.18	−17.99	7.15	4.62
55	600848.SH	上海临港	14.55	11.92	−18.05	15.39	11.31
56	600223.SH	鲁商发展	13.09	10.59	−19.09	13.18	6.26
57	600067.SH	冠城大通	3.95	3.10	−21.52	5.18	2.88
58	600895.SH	张江高科	14.87	11.34	−23.76	15.29	10.21
59	600606.SH	绿地控股	3.94	2.98	−24.43	5.54	2.55
60	600823.SH	世茂股份	3.28	2.36	−28.05	4.29	2.09
61	601155.SH	新城控股	29.13	20.50	−29.63	37.08	13.00
62	600340.SH	华夏幸福	3.60	2.51	−30.28	4.63	2.14
63	600773.SH	西藏城投	28.23	18.15	−35.71	29.25	11.92
64	600246.SH	万通发展	10.66	6.29	−40.99	11.63	6.13
65	600466.SH	蓝光发展	2.04	1.17	−42.65	3.03	1.11
66	600641.SH	万业企业	33.05	17.73	−46.36	32.86	13.71

数据来源：wind。

表6-3-12 2022年深市房地产经营和开发企业股价（前复权）涨跌幅排行榜

排名	证券代码	证券简称	2021年收盘价（元）	2022年收盘价（元）	涨跌幅（%）	最高价（元）	最低价（元）
1	000736.SZ	中交地产	6.33	17.91	182.73	31.67	6.14
2	002244.SZ	滨江集团	4.54	8.83	94.61	12.96	4.45
3	000620.SZ	新华联	1.98	3.68	85.86	4.61	1.95
4	002188.SZ	中天服务	3.90	7.16	83.59	9.98	3.73
5	000965.SZ	天保基建	2.60	4.71	81.15	11.46	2.55
6	000029.SZ	深深房A	7.77	13.89	78.75	15.59	6.97
7	000014.SZ	沙河股份	6.57	10.19	55.06	12.26	6.37
8	000006.SZ	深振业A	4.34	6.30	45.22	7.45	3.64
9	002305.SZ	南国置业	2.07	2.91	40.58	4.44	1.85
10	000797.SZ	中国武夷	2.60	3.63	39.51	5.68	2.34
11	000573.SZ	粤宏远A	3.08	4.26	38.26	6.00	2.87
12	000609.SZ	中迪投资	4.84	6.50	34.30	7.36	3.87
13	000517.SZ	荣安地产	2.35	2.95	25.77	4.14	2.23
14	000863.SZ	三湘印象	3.42	4.26	24.62	6.42	2.77
15	000886.SZ	海南高速	3.93	4.85	23.51	5.81	3.24
16	002314.SZ	南山控股	3.12	3.82	22.44	7.00	2.97

续表

排名	证券代码	证券简称	2021年收盘价（元）	2022年收盘价（元）	涨跌幅（%）	最高价（元）	最低价（元）
17	200029.SZ	深深房B	2.66	3.23	21.42	3.33	2.44
18	000058.SZ	深赛格	6.72	7.90	17.62	9.32	4.24
19	002016.SZ	世荣兆业	5.41	6.24	15.44	7.89	4.73
20	002133.SZ	广宇集团	3.09	3.51	13.76	4.81	2.94
21	000608.SZ	阳光股份	3.05	3.37	10.49	4.57	2.55
22	000514.SZ	渝开发	3.94	4.29	8.82	8.19	3.31
23	200011.SZ	深物业B	5.43	5.88	8.38	6.38	5.10
24	002818.SZ	富森美	11.36	12.19	7.32	15.59	9.91
25	000011.SZ	深物业A	11.04	11.59	4.95	14.86	8.80
26	000882.SZ	华联股份	1.91	1.95	2.09	2.54	1.56
27	000031.SZ	大悦城	3.73	3.76	0.80	5.40	3.10
28	000926.SZ	福星股份	4.25	4.25	0.00	7.65	3.70
29	000042.SZ	中洲控股	8.03	7.94	-1.14	12.21	6.56
30	200058.SZ	深赛格B	1.99	1.96	-1.42	2.04	1.61
31	001979.SZ	招商蛇口	12.86	12.63	-1.77	17.43	11.08
32	000002.SZ	万科A	18.61	18.20	-2.19	21.74	13.13
33	002344.SZ	海宁皮城	4.87	4.69	-3.65	5.35	3.66
34	000631.SZ	顺发恒业	3.57	3.42	-4.20	6.48	2.95
35	000036.SZ	华联控股	4.26	4.05	-5.01	4.75	3.28
36	000402.SZ	金融街	5.63	5.25	-6.75	7.61	4.56
37	000616.SZ	ST海投	1.98	1.83	-7.58	2.24	1.29
38	002208.SZ	合肥城建	7.66	6.72	-12.31	10.64	6.08
39	000918.SZ	嘉凯城	2.49	2.16	-13.25	3.66	1.88
40	000897.SZ	津滨发展	2.72	2.35	-13.60	3.97	2.10
41	000667.SZ	美好置业	1.74	1.40	-19.54	2.42	1.26
42	000838.SZ	财信发展	7.18	5.37	-25.21	11.10	4.53
43	000718.SZ	苏宁环球	4.61	3.30	-28.39	4.90	2.79
44	000861.SZ	海印股份	3.27	2.25	-31.19	3.78	2.11
45	000671.SZ	阳光城	3.02	1.88	-37.75	4.42	1.61
46	000732.SZ	ST泰禾	2.21	1.36	-38.46	3.70	0.87
47	000540.SZ	中天金融	2.64	1.51	-42.80	2.81	1.35
48	000961.SZ	中南建设	4.14	2.19	-47.10	5.09	1.96
49	002146.SZ	荣盛发展	4.35	2.17	-50.11	5.15	1.94
50	000656.SZ	金科股份	4.48	1.91	-57.37	5.59	1.73

数据来源：wind。

VI. 企业篇

三、中国房地产企业整体运营数据

表 6-3-13　2022 年港市房地产经营和开发企业股价（前复权）涨跌幅排行榜

排名	证券代码	证券简称	2021年收盘价（港元）	2022年收盘价（港元）	涨跌幅（%）	最高价（港元）	最低价（港元）
1	0037.HK	远东酒店实业	0.14	0.69	400.00	1.12	0.13
2	0093.HK	TERMBRAY IND	0.25	0.50	100.00	0.65	0.19
3	0593.HK	梦东方	0.81	1.30	60.49	2.99	0.60
4	0050.HK	香港小轮（集团）	5.29	7.98	50.96	8.06	5.28
5	1908.HK	建发国际集团	15.36	22.75	48.15	23.50	10.74
6	0123.HK	越秀地产	6.40	9.45	47.63	10.84	6.32
7	0674.HK	中国唐商	0.17	0.21	24.55	0.80	0.08
8	0016.HK	新鸿基地产	89.39	106.80	19.48	108.70	79.62
9	1997.HK	九龙仓置业	38.25	45.50	18.96	47.30	30.45
10	0063.HK	中亚烯谷集团	0.07	0.08	17.91	0.12	0.05
11	0688.HK	中国海外发展	17.55	20.60	17.35	26.01	14.40
12	9979.HK	绿城管理控股	5.11	6.00	17.33	7.19	4.19
13	1109.HK	华润置地	31.13	35.75	14.83	38.96	23.95
14	0226.HK	力宝	2.41	2.74	13.91	2.97	2.34
15	1224.HK	中渝置地	1.72	1.95	13.17	2.18	1.68
16	0124.HK	粤海置地	0.69	0.78	12.38	1.08	0.56
17	0014.HK	希慎兴业	21.55	24.14	12.02	25.23	15.95
18	3990.HK	美的置业	10.79	12.04	11.60	15.22	5.11
19	0938.HK	民生国际	1.64	1.80	9.76	2.42	0.87
20	3639.HK	亿达中国	0.66	0.72	9.09	7.01	0.12
21	1638.HK	佳兆业集团	0.78	0.84	7.69	1.03	0.50
22	0083.HK	信和置业	9.13	9.76	6.90	11.80	8.25
23	1972.HK	太古地产	18.60	19.84	6.65	20.85	14.70
24	0089.HK	大生地产	3.75	4.00	6.63	4.20	3.58
25	0272.HK	瑞安房地产	0.93	0.99	5.90	1.10	0.71
26	0613.HK	梧桐国际	0.48	0.50	4.17	0.56	0.37
27	1321.HK	中国新城市	1.02	1.06	3.92	1.20	0.72
28	6090.HK	胜捷企业	1.83	1.90	3.87	2.26	1.83
29	3333.HK	中国恒大	1.59	1.65	3.77	2.03	1.16
30	0565.HK	锦艺集团控股	0.24	0.25	3.70	0.32	0.17
31	0898.HK	万事昌国际	1.01	1.05	3.65	1.12	0.73
32	0798.HK	中电光谷	0.38	0.39	2.74	0.67	0.28
33	0367.HK	庄士机构国际	0.70	0.71	2.06	0.95	0.60
34	1113.HK	长实集团	47.15	48.05	1.92	56.53	42.75

续表

排名	证券代码	证券简称	2021年收盘价（港元）	2022年收盘价（港元）	涨跌幅（%）	最高价（港元）	最低价（港元）
35	0101.HK	恒隆地产	15.24	15.26	0.10	16.40	9.28
36	0194.HK	廖创兴企业	7.27	7.25	-0.27	7.45	6.30
37	1570.HK	伟业控股	4.02	4.00	-0.50	4.18	3.68
38	2292.HK	晋安实业	0.93	0.91	-2.15	0.93	0.91
39	1560.HK	星星集团	0.40	0.39	-2.53	0.57	0.30
40	0004.HK	九龙仓集团	23.60	22.95	-2.74	30.15	19.54
41	0021.HK	大中华控股	0.14	0.13	-2.90	0.23	0.11
42	0120.HK	COSMOPOL INT'L	1.70	1.65	-2.94	1.85	0.96
43	0088.HK	TAI CHEUNG HOLD	4.55	4.41	-2.97	4.83	3.76
44	0173.HK	嘉华国际	2.80	2.71	-3.23	2.98	2.19
45	0028.HK	天安	4.10	3.96	-3.30	4.10	3.30
46	0278.HK	华厦置业	4.47	4.29	-4.08	4.56	2.52
47	0298.HK	庄士中国	0.28	0.27	-4.71	0.37	0.24
48	9993.HK	金辉控股	3.98	3.79	-4.84	4.74	3.01
49	0247.HK	TST PROPERTIES	23.10	21.78	-5.71	23.00	21.39
50	0095.HK	绿景中国地产	1.37	1.29	-5.84	1.62	0.59
51	3900.HK	绿城中国	12.11	11.40	-5.89	18.50	6.79
52	0081.HK	中国海外宏洋集团	3.62	3.39	-6.25	4.65	2.15
53	0108.HK	国锐地产	1.01	0.94	-6.93	1.27	0.86
54	2202.HK	万科企业	17.00	15.80	-7.04	20.47	9.87
55	0563.HK	上实城市开发	0.71	0.66	-7.28	0.73	0.41
56	2183.HK	三盛控股	4.30	3.98	-7.44	4.52	3.42
57	0119.HK	保利置业集团	1.90	1.75	-7.99	2.09	1.20
58	0878.HK	金朝阳集团	7.45	6.85	-8.08	7.76	6.01
59	0010.HK	恒隆集团	15.75	14.34	-8.93	16.98	9.90
60	0846.HK	明发集团	0.44	0.40	-9.09	0.60	0.24
61	0199.HK	德祥地产	1.11	1.00	-9.57	1.14	0.86
62	1036.HK	万科海外	2.24	2.02	-10.00	2.59	1.61
63	0760.HK	新天地产集团	0.02	0.02	-10.00	0.03	0.02
64	0683.HK	嘉里建设	18.96	17.00	-10.33	22.41	12.22
65	0655.HK	香港华人有限公司	0.56	0.50	-10.49	0.65	0.46
66	0369.HK	永泰地产	3.96	3.50	-11.54	4.20	3.35
67	1195.HK	京维集团	0.04	0.04	-11.63	0.05	0.02
68	0127.HK	华人置业	2.86	2.52	-11.89	2.93	1.32

续表

排名	证券代码	证券简称	2021年收盘价（港元）	2022年收盘价（港元）	涨跌幅（%）	最高价（港元）	最低价（港元）
69	2608.HK	阳光100中国	0.42	0.37	-11.90	0.50	0.30
70	0029.HK	达力集团	10.19	8.95	-12.16	10.99	6.30
71	0865.HK	建德国际控股	0.09	0.08	-12.64	0.13	0.06
72	0012.HK	恒基地产	31.26	27.25	-12.83	33.15	19.00
73	2098.HK	卓尔智联	0.46	0.40	-13.04	0.55	0.39
74	0813.HK	世茂集团	5.10	4.42	-13.33	7.18	3.30
75	0131.HK	卓能（集团）	2.46	2.12	-13.87	2.56	1.93
76	0604.HK	深圳控股	1.57	1.34	-14.48	1.81	1.01
77	2329.HK	国瑞健康	0.31	0.26	-14.75	0.38	0.16
78	0535.HK	金地商置	0.75	0.64	-14.84	0.89	0.42
79	0041.HK	鹰君	20.19	17.16	-15.02	20.98	14.28
80	1240.HK	青建国际	0.63	0.53	-15.51	0.69	0.49
81	0519.HK	实力建业	0.10	0.09	-15.69	0.13	0.07
82	0183.HK	宏辉集团	0.28	0.24	-16.07	0.35	0.20
83	0864.HK	永利地产发展	0.47	0.39	-16.13	0.60	0.31
84	3883.HK	中国奥园	1.41	1.18	-16.31	1.90	0.89
85	0225.HK	博富临置业	10.96	9.01	-17.79	10.96	8.67
86	0224.HK	建生国际	1.00	0.82	-17.81	1.08	0.70
87	1243.HK	宏安地产	0.07	0.06	-17.95	0.08	0.04
88	0627.HK	福晟国际	0.02	0.01	-18.75	0.03	0.01
89	0978.HK	招商局置地	0.68	0.55	-19.21	0.80	0.51
90	0480.HK	香港兴业国际	3.04	2.45	-19.46	3.10	1.91
91	0053.HK	国浩集团	82.58	66.50	-19.47	85.98	61.00
92	0266.HK	天德地产	4.36	3.51	-19.47	4.65	3.11
93	0216.HK	建业实业	1.52	1.22	-19.48	1.62	1.00
94	1663.HK	汉港控股	0.13	0.11	-19.66	0.41	0.10
95	0129.HK	泛海集团	0.85	0.68	-20.00	0.92	0.38
96	0207.HK	大悦城地产	0.40	0.32	-20.00	0.42	0.19
97	0410.HK	SOHO中国	1.72	1.37	-20.35	1.82	1.13
98	3688.HK	莱蒙国际	1.02	0.81	-20.52	1.19	0.63
99	0035.HK	远东发展	2.36	1.87	-20.92	2.46	1.64
100	0017.HK	新世界发展	27.90	22.00	-21.16	30.75	14.17
101	0034.HK	九龙建业	9.41	7.39	-21.46	9.68	6.19
102	0672.HK	众安集团	0.32	0.25	-21.88	0.33	0.15

续表

排名	证券代码	证券简称	2021年收盘价（港元）	2022年收盘价（港元）	涨跌幅（%）	最高价（港元）	最低价（港元）
103	1064.HK	中华国际	0.11	0.08	-21.90	0.17	0.07
104	1278.HK	中国新城镇	0.08	0.06	-21.95	0.11	0.05
105	0588.HK	北京北辰实业股份	1.16	0.90	-22.17	1.34	0.71
106	3366.HK	华侨城（亚洲）	1.27	0.98	-22.83	1.49	0.68
107	0258.HK	汤臣集团	2.03	1.56	-23.15	2.14	1.31
108	1668.HK	华南城	0.73	0.56	-23.29	0.84	0.37
109	1168.HK	百仕达控股	0.25	0.19	-23.58	0.25	0.14
110	1218.HK	永义国际	4.80	3.65	-23.96	4.70	3.30
111	0817.HK	中国金茂	2.27	1.68	-26.02	3.05	1.01
112	0158.HK	万邦投资	140.28	103.45	-26.25	140.38	95.57
113	0105.HK	凯联国际酒店	12.23	9.00	-26.42	12.39	8.79
114	0287.HK	永发置业	9.03	6.62	-26.73	9.10	6.33
115	0163.HK	英皇国际	0.90	0.66	-26.80	0.93	0.45
116	0618.HK	北大资源	0.16	0.11	-29.63	0.46	0.10
117	0193.HK	冠中地产	0.28	0.20	-29.64	0.40	0.19
118	0960.HK	龙湖集团	34.58	24.30	-29.72	44.99	7.12
119	0583.HK	长城环亚控股	0.32	0.22	-30.16	0.34	0.20
120	0160.HK	汉国置业	2.81	1.96	-30.33	2.83	1.78
121	1628.HK	禹洲集团	0.64	0.45	-30.47	0.77	0.20
122	2088.HK	西王置业	0.10	0.07	-30.93	0.15	0.05
123	0214.HK	汇汉控股	0.90	0.62	-31.11	0.92	0.37
124	2777.HK	富力地产	2.90	1.90	-34.48	4.20	1.03
125	0171.HK	银建国际	0.50	0.33	-35.00	0.58	0.33
126	0147.HK	国际商业结算	0.11	0.07	-35.09	0.40	0.07
127	0989.HK	华音国际控股	0.63	0.41	-35.71	0.78	0.31
128	2288.HK	宏基资本	0.64	0.41	-35.94	0.67	0.36
129	0499.HK	青岛控股	0.24	0.15	-36.13	0.32	0.14
130	0337.HK	绿地香港	1.19	0.75	-36.73	1.60	0.37
131	0230.HK	五矿地产	0.81	0.51	-36.82	0.89	0.35
132	2330.HK	中国上城	0.50	0.32	-37.00	0.69	0.31
133	0497.HK	资本策略地产	0.20	0.13	-37.22	0.22	0.12
134	0432.HK	盈大地产	0.60	0.38	-37.50	0.62	0.29
135	2892.HK	万城控股	1.04	0.65	-37.50	1.03	0.60
136	1622.HK	力高集团	2.61	1.61	-38.31	2.98	1.52

续表

排名	证券代码	证券简称	2021年收盘价（港元）	2022年收盘价（港元）	涨跌幅（%）	最高价（港元）	最低价（港元）
137	1777.HK	花样年控股	0.33	0.20	-38.46	0.34	0.20
138	3377.HK	远洋集团	1.78	1.09	-38.85	2.20	0.49
139	0009.HK	金奥国际	0.04	0.03	-39.02	0.05	0.02
140	6668.HK	星盛商业	3.50	2.12	-39.39	3.70	0.97
141	1125.HK	丽丰控股	5.12	3.10	-39.45	7.00	3.10
142	1207.HK	上置集团	0.04	0.02	-39.47	0.04	0.01
143	0251.HK	爪哇控股	5.84	3.50	-40.12	6.68	1.45
144	1124.HK	沿海家园	0.05	0.03	-40.43	0.06	0.02
145	0996.HK	嘉年华国际	0.12	0.07	-40.50	0.13	0.07
146	1329.HK	首创钜大	1.00	0.58	-42.00	1.15	0.47
147	0754.HK	合生创展集团	13.28	7.68	-42.18	14.52	5.23
148	0271.HK	亚证地产	0.59	0.34	-42.37	0.80	0.17
149	1098.HK	路劲	6.91	3.98	-42.42	7.98	2.10
150	0262.HK	迪臣发展国际	0.11	0.06	-42.86	0.14	0.04
151	0726.HK	筑友智造科技	0.73	0.41	-44.31	0.89	0.33
152	1176.HK	珠光控股	1.62	0.90	-44.44	1.77	0.55
153	1966.HK	中骏集团控股	1.78	0.98	-44.91	1.91	0.40
154	0508.HK	鼎亿集团投资	0.09	0.05	-44.94	0.12	0.04
155	1030.HK	新城发展	5.27	2.89	-45.16	6.21	1.22
156	2231.HK	景业名邦集团	2.27	1.24	-45.26	2.78	1.14
157	1222.HK	宏安集团	0.08	0.04	-45.33	0.08	0.04
158	3383.HK	雅居乐集团	4.23	2.31	-45.39	4.80	1.46
159	1232.HK	金轮天地控股	0.19	0.10	-45.95	0.19	0.07
160	2286.HK	辰兴发展	1.50	0.80	-46.67	1.79	0.25
161	0755.HK	上海证大	0.03	0.02	-46.88	0.04	0.01
162	0859.HK	中昌国际控股	0.39	0.20	-48.57	0.39	0.09
163	0456.HK	新城市建设发展	3.25	1.61	-50.46	5.30	0.66
164	9909.HK	宝龙商业	13.37	6.46	-51.68	17.52	2.29
165	9982.HK	中原建业	1.33	0.63	-52.45	1.38	0.50
166	0832.HK	建业地产	0.91	0.42	-53.65	0.97	0.19
167	2599.HK	祥生控股集团	0.88	0.41	-53.98	1.52	0.23
168	0191.HK	丽新国际	3.51	1.61	-54.11	4.66	1.54
169	2278.HK	海蓝控股	6.14	2.70	-56.03	6.25	1.22
170	0727.HK	皇冠环球集团	0.12	0.05	-57.85	0.17	0.02

续表

排名	证券代码	证券简称	2021年收盘价（港元）	2022年收盘价（港元）	涨跌幅（%）	最高价（港元）	最低价（港元）
171	0910.HK	中国三迪	0.48	0.20	-58.13	0.50	0.04
172	1233.HK	时代中国控股	3.62	1.51	-58.30	4.35	0.47
173	0115.HK	钧濠集团	0.69	0.29	-58.70	0.70	0.22
174	1238.HK	宝龙地产	3.87	1.57	-59.41	4.48	0.62
175	0106.HK	朗诗绿色管理	0.36	0.14	-60.00	0.40	0.12
176	3616.HK	恒达集团控股	0.95	0.38	-60.04	1.12	0.28
177	3603.HK	信基沙溪	0.63	0.25	-60.32	0.72	0.13
178	2007.HK	碧桂园	6.75	2.67	-60.42	7.28	1.00
179	1918.HK	融创中国	11.78	4.58	-61.12	12.82	2.94
180	0488.HK	丽新发展	4.25	1.64	-61.41	4.65	1.53
181	0075.HK	渝太地产	1.65	0.62	-62.42	1.65	0.58
182	3301.HK	融信中国	3.00	1.12	-62.67	3.52	0.43
183	1813.HK	合景泰富集团	5.10	1.86	-63.53	5.29	0.74
184	0845.HK	恒盛地产	0.24	0.09	-63.64	0.24	0.08
185	0185.HK	正商实业	3.86	1.39	-63.99	5.35	1.09
186	0899.HK	亚洲资源	0.76	0.27	-64.47	1.05	0.18
187	1862.HK	景瑞控股	1.73	0.59	-65.90	2.20	0.32
188	1387.HK	中国地利	1.99	0.66	-66.83	2.49	0.53
189	2349.HK	中国城市基础设施	0.19	0.06	-70.05	0.18	0.05
190	2019.HK	德信中国	2.57	0.76	-70.44	3.17	0.48
191	1107.HK	当代置业	0.38	0.11	-71.84	0.45	0.09
192	2699.HK	新明中国	0.04	0.01	-73.68	0.05	0.01
193	1201.HK	天臣控股	0.47	0.12	-74.26	0.50	0.05
194	0884.HK	旭辉控股集团	4.42	1.10	-75.09	5.93	0.38
195	1996.HK	弘阳地产	2.19	0.50	-77.17	2.85	0.25
196	1396.HK	粤港湾控股	4.50	1.00	-77.78	4.50	0.95
197	3380.HK	龙光集团	5.96	1.25	-79.03	6.90	0.32
198	2772.HK	中梁控股	3.65	0.75	-79.45	4.21	0.33
199	0299.HK	宝新置地	5.20	0.86	-83.46	5.35	0.47
200	6968.HK	港龙中国地产	4.57	0.75	-83.59	5.31	0.40
201	0715.HK	中泛控股	0.15	0.02	-84.00	0.18	0.02
202	2117.HK	大唐集团控股	4.08	0.61	-85.05	5.12	0.57
203	1902.HK	银城国际控股	2.45	0.32	-86.94	4.18	0.16
204	6158.HK	正荣地产	3.71	0.44	-88.14	4.08	0.21

续表

排名	证券代码	证券简称	2021年收盘价（港元）	2022年收盘价（港元）	涨跌幅（%）	最高价（港元）	最低价（港元）
205	6999.HK	领地控股	4.49	0.50	-88.86	5.98	0.22
206	2768.HK	佳源国际控股	2.63	0.26	-90.30	2.94	0.12
207	1427.HK	中国天保集团	3.94	0.32	-92.01	3.95	0.29
208	0059.HK	天誉置业	0.86	0.07	-92.44	0.95	0.03
209	6611.HK	三巽集团	3.16	0.20	-93.83	3.38	0.05
210	0261.HK	GBA集团	1.00	0.05	-95.10	1.00	0.04
211	6900.HK	上坤地产	2.15	0.10	-95.16	2.84	0.03
212	9968.HK	汇景控股	1.92	0.09	-95.32	1.93	0.04
213	6111.HK	大发地产	4.60	0.19	-95.87	4.62	0.05

数据来源：wind。

表6-3-14　2022年海外上市内地房地产企业股价（前复权）涨跌幅排行榜

排名	证券代码	证券简称	2021年收盘价	2022年收盘价	涨跌幅（%）	最高价	最低价
1	GGE.O	汉广厦房地产	1.98	2.88	45.45	3.80	0.66
2	BHD.SG	阳光控股	0.04	0.05	26.19	0.06	0.04
3	H78.SG	香港置地	5.20	4.60	-11.54	5.78	3.80
4	MDJH.O	明大嘉和	1.78	1.51	-15.17	3.59	1.31
5	BCD.SG	元邦地产	0.22	0.19	-15.91	0.45	0.15
6	BEKE.N	贝壳	20.12	13.96	-30.62	24.85	7.31
7	XIN.N	鑫苑置业	6.30	4.01	-36.35	12.30	2.95
8	LEJU.N	乐居	9.05	1.33	-85.30	10.70	1.18
9	DUO.O	房多多	6.98	0.77	-88.97	8.63	0.60
10	UK.O	优客工厂	13.80	1.48	-89.29	19.44	0.90

数据来源：wind。

注：证券代码后缀为.SG的货币单位为新加坡元；后缀为.N和.O的货币单位为美元。

表6-3-15　2022年上市物业管理服务企业股价（前复权）涨跌幅排行榜

排名	证券代码	证券简称	2021年收盘价	2022年收盘价	涨跌幅（%）	最高价	最低价
1	2340.HK	升柏控股	0.16	0.26	56.86	0.29	0.14
2	8426.HK	雅居投资控股	0.12	0.17	39.30	0.17	0.11
3	0733.HK	合富辉煌	1.35	1.70	25.93	1.83	0.89
4	2270.HK	德商产投服务	1.10	1.22	10.91	1.33	0.60
5	1209.HK	华润万象生活	35.54	39.29	10.56	45.85	22.05
6	300917.SZ	特发服务	24.97	27.35	9.55	37.77	16.55
7	2602.HK	万物云	49.35	49.05	6.63	56.05	27.20
8	0982.HK	华发物业服务	0.15	0.16	5.33	0.19	0.10

续表

排名	证券代码	证券简称	2021年收盘价	2022年收盘价	涨跌幅（%）	最高价	最低价
9	2156.HK	建发物业	4.38	4.37	-0.22	4.74	2.40
10	6626.HK	越秀服务	3.32	3.31	-0.43	4.42	2.25
11	2669.HK	中海物业	8.17	8.13	-0.45	10.13	4.76
12	2215.HK	德信服务集团	2.99	2.89	-3.45	3.11	2.45
13	2152.HK	苏新服务	8.60	8.00	-6.87	8.66	5.00
14	9916.HK	兴业物联	0.92	0.85	-7.82	0.97	0.61
15	3699.HK	光大永年	0.48	0.44	-8.65	0.60	0.31
16	6989.HK	卓越商企服务	4.15	3.77	-9.10	5.38	1.96
17	3316.HK	滨江服务	21.47	19.08	-11.13	27.80	12.50
18	6093.HK	和泓服务	4.18	3.68	-11.96	4.40	2.83
19	002968.SZ	新大正	24.93	21.79	-12.58	27.30	19.53
20	6666.HK	恒大物业	2.64	2.30	-12.88	3.12	1.71
21	1502.HK	金融街物业	3.26	2.79	-14.50	3.35	2.04
22	2207.HK	融信服务	4.95	4.20	-15.15	5.42	2.19
23	1538.HK	中奥到家	0.58	0.49	-15.92	0.62	0.26
24	1200.HK	美联集团	0.94	0.79	-15.96	1.05	0.49
25	1755.HK	新城悦服务	10.96	9.20	-16.05	16.53	3.41
26	002285.SZ	世联行	3.92	3.29	-16.07	4.99	2.45
27	002377.SZ	国创高新	3.32	2.72	-18.07	4.35	2.24
28	000560.SZ	我爱我家	3.13	2.50	-20.09	4.04	2.24
29	1922.HK	银城生活服务	3.60	2.85	-20.86	3.85	2.42
30	0459.HK	鋑联控股	0.13	0.10	-21.54	0.15	0.08
31	001914.SZ	招商积余	20.13	15.38	-23.61	20.79	12.54
32	3662.HK	奥园健康	2.44	1.86	-23.77	2.76	1.54
33	6049.HK	保利物业	60.86	46.05	-24.33	65.43	28.40
34	1965.HK	朗诗绿色生活	3.48	2.63	-24.43	3.50	1.80
35	603506.SH	南都物业	16.42	12.37	-24.66	17.39	11.21
36	2869.HK	绿城服务	7.03	5.18	-26.30	9.20	3.22
37	3319.HK	雅生活服务	12.81	9.41	-26.55	16.99	4.29
38	9983.HK	建业新生活	4.29	3.04	-29.13	4.79	2.17
39	0816.HK	金茂服务	8.14	4.09	-29.48	7.40	2.16
40	8181.HK	时时服务	0.11	0.08	-31.25	0.15	0.06
41	1778.HK	彩生活	0.94	0.62	-34.04	1.01	0.49

续表

排名	证券代码	证券简称	2021年收盘价	2022年收盘价	涨跌幅（%）	最高价	最低价
42	2352.HK	东原仁知服务	11.90	7.80	−34.45	12.20	7.80
43	9608.HK	宋都服务	0.13	0.08	−42.31	0.15	0.06
44	3913.HK	合景悠活	3.03	1.73	−42.84	3.83	0.73
45	2231.HK	景业名邦集团	2.27	1.24	−45.26	2.78	1.14
46	1516.HK	融创服务	7.69	4.20	−45.37	9.81	1.31
47	2146.HK	荣万家	4.73	2.53	−46.51	5.30	1.30
48	0606.HK	中骏商管	3.52	1.88	−46.52	3.57	1.48
49	2080.HK	奥克斯国际	0.85	0.45	−47.06	0.87	0.33
50	0873.HK	世茂服务	5.42	2.82	−47.97	7.57	1.25
51	1971.HK	弘阳服务	4.23	2.20	−47.99	4.30	1.10
52	6677.HK	远洋服务	4.35	2.25	−48.32	4.26	1.51
53	2376.HK	鲁商服务	5.92	2.28	−48.53	5.33	1.83
54	0352.HK	富阳	0.46	0.23	−50.00	0.69	0.21
55	3658.HK	新希望服务	2.78	1.34	−51.82	2.69	0.70
56	2107.HK	第一服务控股	1.21	0.56	−53.64	1.21	0.53
57	1895.HK	鑫苑服务	1.88	0.87	−53.72	1.88	0.42
58	2370.HK	力高健康生活	4.10	2.33	−55.02	19.48	2.07
59	9666.HK	金科服务	32.52	13.70	−57.88	42.44	8.33
60	6098.HK	碧桂园服务	46.17	19.44	−57.89	53.98	6.52
61	1941.HK	烨星集团	0.63	0.24	−61.90	0.76	0.19
62	1995.HK	旭辉永升服务	11.72	4.39	−62.53	16.45	1.60
63	2048.HK	易居企业控股	1.71	0.63	−63.16	2.20	0.56
64	9928.HK	时代邻里	2.80	1.03	−63.27	3.26	0.32
65	1417.HK	浦江中国	1.79	0.63	−64.79	3.30	0.54
66	2168.HK	佳兆业美好	11.98	4.09	−65.86	12.98	1.79
67	2205.HK	康桥悦生活	3.58	0.95	−73.49	3.64	0.47
68	9978.HK	方圆生活服务	0.47	0.12	−74.84	0.52	0.08
69	1153.HK	佳源服务	3.42	0.60	−82.46	3.50	0.31
70	2165.HK	领悦服务集团	3.94	0.67	−82.99	4.00	0.40
71	6958.HK	正荣服务	4.56	0.69	−84.87	4.70	0.25

数据来源：wind。

注：证券代码后缀为.SI和.SH的货币单位为元；后缀为.HK的货币单位为港元。

表 6-3-16　2022 年沪深上市房地产投资信托基金（前复权）涨跌幅排行榜

排名	证券代码	证券简称	2021年收盘价（元）	2022年收盘价（元）	涨跌幅（%）	最高价（元）	最低价（元）
1	508056.SH	中金普洛斯 REIT	4.74	5.40	13.93	5.67	4.30
2	180401.SZ	鹏华深圳能源 REIT	5.90	8.16	13.93	8.38	6.50
3	180101.SZ	博时蛇口产园 REIT	2.69	2.98	10.41	3.65	2.70
4	508000.SH	华安张江光大 REIT	3.60	3.89	8.14	4.55	3.33
5	508027.SH	东吴苏园产业 REIT	4.45	4.57	2.82	5.42	4.28
6	180301.SZ	红土创新盐田港 REIT	3.01	3.09	2.57	4.15	2.79
7	508008.SH	国金中国铁建 REIT	9.59	9.80	1.91	10.22	9.55
8	508009.SH	中金安徽交控 REIT	10.88	10.50	1.05	10.73	10.04
9	508066.SH	华泰江苏交控 REIT	7.64	7.71	0.90	7.74	7.30
10	180103.SZ	华夏和达高科 REIT	2.81	3.07	0.33	3.15	3.00
11	508088.SH	国泰君安东久新经济 REIT	3.04	3.85	−0.23	4.15	3.80
12	508021.SH	国泰君安临港创新产业园 REIT	4.12	5.19	−3.10	5.71	4.82
13	180801.SZ	中航首钢绿能 REIT	15.85	15.06	−5.02	18.99	14.70
14	180201.SZ	平安广州广河 REIT	12.56	11.90	−5.23	13.87	10.94
15	508001.SH	浙商沪杭甬 REIT	9.36	8.87	−5.25	10.02	8.39
16	508099.SH	建信中关村 REIT	4.40	4.07	−7.40	5.74	3.97
17	508077.SH	华夏基金华润有巢 REIT	2.42	2.58	−8.71	2.88	2.52
18	508006.SH	富国首创水务 REIT	5.06	4.56	−9.89	7.30	4.55
19	180202.SZ	华夏越秀高速 REIT	8.68	7.78	−10.38	9.59	7.67
20	508018.SH	华夏中国交建 REIT	9.21	8.38	−10.98	9.92	8.04
21	508068.SH	华夏北京保障房 REIT	2.51	2.85	−12.81	3.45	2.81
22	180102.SZ	华夏合肥高新 REIT	2.19	2.45	−14.12	2.90	2.40
23	508058.SH	中金厦门安居 REIT	2.60	2.90	−14.17	3.69	2.70
24	180501.SZ	红土创新深圳安居 REIT	2.48	2.72	−15.79	3.60	2.60

数据来源：wind。

注：鹏华深圳能源 REIT 成立日期为 2022 年 7 月 11 日；国金中国铁建 REIT 成立日期为 2022 年 6 月 27 日；中金安徽交控 REIT 成立日期为 2022 年 11 月 11 日；华泰江苏交控 REITREIT 成立日期为 2022 年 11 月 3 日；华夏和达高科 REIT 成立日期为 2022 年 12 月 16 日；国泰君安东久新经济 REIT 成立日期为 2022 年 9 月 23 日；国泰君安临港创新产业园 REIT 成立日期为 2022 年 9 月 22 日；华夏基金华润有巢 REIT 成立日期为 2022 年 11 月 18 日；华夏中国交建 REIT 成立日期为 2022 年 4 月 13 日；华夏北京保障房 REIT 成立日期为 2022 年 8 月 22 日；华夏合肥高新 REIT 成立日期为 2022 年 9 月 20 日；中金厦门安居 REIT、红土创新深圳安居 REIT 成立日期为 2022 年 8 月 22 日。以上基金 2021 年收盘价均为发行价。

表 6-3-17　2022 年港市上市房地产投资信托股价（前复权）涨跌幅排行榜

排名	证券代码	证券简称	2021 年收盘价（港元）	2022 年收盘价（港元）	涨跌幅（％）	最高价（港元）	最低价（港元）
1	1881.HK	富豪产业信托	1.33	1.40	5.01	1.43	0.85
2	1426.HK	春泉产业信托	2.58	2.40	−6.98	2.93	2.03
3	2191.HK	顺丰房托	3.16	2.91	−7.82	3.39	2.48
4	0823.HK	领展房产基金	63.44	55.68	−12.23	66.54	43.72
5	1503.HK	招商局商业房托	2.34	1.99	−15.04	2.60	1.63
6	0778.HK	置富产业信托	7.52	6.34	−15.66	7.79	4.93
7	0435.HK	阳光房地产基金	3.94	3.27	−17.03	4.00	2.38
8	2778.HK	冠君产业信托	3.74	3.08	−17.71	3.85	2.28
9	87001.HK	汇贤产业信托	1.30	1.05	−18.96	1.30	0.75
10	0808.HK	泓富产业信托	2.88	1.99	−30.95	2.92	1.58

数据来源：wind。

四、中国部分重点房地产企业运营数据

（一）中国海外发展有限公司

表 6-4-1　2022 年商品房销售业绩及同比增幅

类别	2022 年	同比增长（％）
权益销售金额（亿元）	2947.62	−20.23
权益销售面积（万平方米）	1387.02	−26.63
销售均价（元/米²）	21251	8.73

数据来源：企业公告、CRIC。

表 6-4-2　2021—2022 年企业财务指标

财务指标	2022 年	2021 年
净负债率（％）	42.91	38.96
三费费用率（％）	4.20	3.66
总资产周转率（次）	0.20	0.23
长短期债务比	5.87	5.41
现金短债比	2.80	2.98
净利润增长率（％）	−42.97	−19.91
销售毛利率（％）	21.29	23.46
销售净利率（％）	13.62	16.95

数据来源：企业公告、CRIC。

表 6-4-3　2022 年重点新增土地储备

城市	宗地名称	属性	成交时间	建筑面积（万平方米）	成交总价（亿元）	楼板价（元/米²）
北京	大兴区旧宫镇绿化隔离地区建设旧村二期 1 号地 A2-2 地块	住宅	2022-02	8.53	24.80	29068
上海	杨浦区江浦社区 E1-04 地块	住宅	2022-03	17.03	78.02	45811
厦门	泥窑石村 2022P15 地块	住宅	2022-08	13.86	43.50	31382
北京	丰台区大红门一期 A 区棚户区改造项目 FT00-0516-0004 地块	住宅	2022-09	13.97	49.70	35579
北京	海淀区西北旺镇 HD00-0403 街区永丰产业基地地块	住宅	2022-09	16.13	55.78	34588

数据来源：企业公告、CRIC。

表 6-4-4　2022 年重点新开盘项目

项目名称	城市	项目名称	城市
中海京叁号院	北京	中海半山湾畔	济南
中海国贸上城	厦门	中海·天赋嶺	济南
中海滙德里	北京	中海·云著	济南

数据来源：企业公告、CRIC。

(二) 万科企业股份有限公司

表 6-4-5　2022 年商品房销售业绩及同比增幅

类别	2022 年	同比增长（%）
权益销售金额（亿元）	4169.70	-33.58
权益销售面积（万平方米）	2630.00	-30.93
销售均价（元/米²）	15854	-3.84

数据来源：企业公告、CRIC。

表 6-4-6　2021—2022 年企业财务指标

财务指标	2022 年	2021 年
净负债率（%）	43.70	29.69
三费费用率（%）	5.02	6.20
总资产周转率（次）	0.27	0.24
长短期债务比	3.87	3.54
现金短债比	2.13	2.55
净利润增长率（%）	-1.36	-35.80
销售毛利率（%）	19.55	21.82
销售净利率（%）	7.45	8.41

数据来源：企业公告、CRIC。

表 6-4-7 2022年重点新增土地储备

城市	宗地名称	属性	成交时间	建筑面积（万平方米）	成交总价（亿元）	楼板价（元/米²）
杭州	杭政储出〔2022〕74号	住宅	2022-09	6.24	21.77	34894
合肥	包河区包河区BH202221号	住宅	2022-09	17.96	21.02	11707
苏州	苏地2022-WG-62号	住宅	2022-10	5.51	6.94	12600
长沙	073号开福区车站北路	住宅	2022-11	23.05	10.38	4503
深圳	深土交告（2022）68号	商办	2022-11	28.92	75.43	26083

数据来源：企业公告、CRIC。

表 6-4-8 2022年重点新开盘项目

项目名称	城市	项目名称	城市
万科城市之光	广州	东海·闲湖城	杭州
颐和玲珑花园	苏州	颐城瑧湾悦	深圳
雪山万科城	济南	万科森林公园	长沙

数据来源：企业公告、CRIC。

（三）碧桂园控股有限公司

表 6-4-9 2022年商品房销售业绩及同比增幅

类别	2022年	同比增长（%）
权益销售金额（亿元）	3574.70	-35.94
权益销售面积（万平方米）	4450.00	-32.99
销售均价（元/米²）	8033	-4.40

数据来源：企业公告、CRIC。

表 6-4-10 2021—2022年企业财务指标

财务指标	2022年	2021年
净负债率（%）	39.98	45.45
三费费用率（%）	5.70	4.84
总资产周转率（次）	0.23	0.26
长短期债务比	1.90	3.02
现金短债比	1.57	2.29
净利润增长率（%）	-107.23	-24.27
销售毛利率（%）	7.64	17.74
销售净利率（%）	-0.69	7.83

数据来源：企业公告、CRIC。

表 6-4-11　2022 年重点新增土地储备

城市	宗地名称	属性	成交时间	建筑面积（万平方米）	成交总价（亿元）	楼板价（元/米²）
孝感	孝南告字〔2022〕003 号/孝南 G（2021）021 号	住宅	2022-02	0.43	0.07	1565
张家口	蔚公资地字〔2022〕02 号/〔2022〕01	住宅	2022-03	6.33	0.60	942
兰州	兰土登告字〔2022〕6 号/G2124	住宅	2022-06	9.70	1.49	1536
兰州	兰土登告字〔2022〕6 号/G2125	住宅	2022-06	6.18	0.97	1563
郑州	郑政高出〔2022〕1 号（网）	住宅	2022-06	10.20	3.86	3784

数据来源：企业公告、CRIC。

表 6-4-12　2022 年重点新开盘项目

项目名称	城市	项目名称	城市
碧桂园云顶	西安	碧桂园紫阙台	宁波
碧桂园柏悦翔湾	上海	越城天地中心	南京
碧桂园·中央半岛	海口	碧桂园凤凰城	西安

数据来源：企业公告、CRIC。

（四）保利发展控股集团股份有限公司

表 6-4-13　2022 年商品房销售业绩及同比增幅

类别	2022 年	同比增长（%）
权益销售金额（亿元）	4573.01	−14.51
权益销售面积（万平方米）	2747.95	−17.55
销售均价（元/米²）	16642	3.69

数据来源：企业公告、CRIC。

表 6-4-14　2021—2022 年企业财务指标

财务指标	2022 年	2021 年
净负债率（%）	63.57	55.07
三费费用率（%）	5.68	5.69
总资产周转率（次）	0.20	0.22
长短期债务比	3.70	4.23
现金短债比	1.57	1.94
净利润增长率（%）	−27.37	−7.14
销售毛利率（%）	22.01	26.80
销售净利率（%）	9.61	13.05

数据来源：企业公告、CRIC。

表 6-4-15 2022 年重点新增土地储备

城市	宗地名称	属性	成交时间	建筑面积（万平方米）	成交总价（亿元）	楼板价（元/米²）
西安	高新区 GX3-37-1-1 地块	住宅	2022-06	27.88	35.30	12663
南京	栖霞区燕子矶街道燕园路以东、寅春西路以北地块	住宅	2022-07	15.89	33.30	20953
佛山	南海区 TD2022（NH）WG0024	商住	2022-07	41.50	62.17	14979
上海	徐汇区龙华街道 188S-B-3 地块	住宅	2022-09	4.93	36.01	73019
广州	天河区 AT0507033 地块	住宅	2022-12	20.87	95.81	45915

数据来源：企业公告、CRIC。

表 6-4-16 2022 年重点新开盘项目

项目名称	城市	项目名称	城市
和锦华宸·悦境	北京	利国贸天琴	厦门
保利文化广场三期	郑州	保利国贸沁原	厦门
天汇世纪玺	上海	保利越秀嘉悦云上	上海

数据来源：企业公告、CRIC。

（五）绿城中国控股有限公司

表 6-4-17 2022 年商品房销售业绩及同比增幅

类别	2022 年	同比增长（%）
权益销售金额（亿元）	2128.00	-20.18
权益销售面积（万平方米）	793.00	-15.50
销售均价（元/米²）	26835	-5.56

数据来源：企业公告、CRIC。

表 6-4-18 2021—2022 年企业财务指标

财务指标	2022 年	2021 年
净负债率（%）	62.60	52.00
三费费用率（%）	8.67	10.31
总资产周转率（次）	0.24	0.21
长短期债务比	4.21	2.98
现金短债比	2.62	2.23
净利润增长率（%）	15.71	33.39
销售毛利率（%）	17.32	18.12
销售净利率（%）	7.00	7.67

数据来源：企业公告、CRIC。

表 6-4-19　2022 年重点新增土地储备

城市	宗地名称	属性	成交时间	建筑面积（万平方米）	成交总价（亿元）	楼板价（元/米²）
北京	京土储挂（石）〔2022〕007 号	住宅	2022-02	9.35	40.17	42828
杭州	余政储出〔2022〕13 号	住宅	2022-04	15.76	30.53	19377
杭州	余政储出〔2022〕11 号	住宅	2022-04	14.09	27.31	19374
杭州	杭政储出〔2022〕11 号	住宅	2022-04	11.13	27.26	24504
无锡	XDG-2022-89 号	住宅	2022-11	19.39	40.33	20800

数据来源：企业公告、CRIC。

表 6-4-20　2022 年重点新开盘项目

项目名称	城市	项目名称	城市
桂语兰庭	深圳	前滩百合园	上海
外滩兰庭	上海	馥香园	杭州
弘安里	上海	桃李桂香园	杭州

数据来源：企业公告、CRIC。

（六）龙湖集团控股有限公司

表 6-4-21　2022 年商品房销售业绩及同比增幅

类别	2022 年	同比增长（%）
权益销售金额（亿元）	2015.90	-30.51
权益销售面积（万平方米）	1304.70	-23.65
销售均价（元/米²）	15451	-8.98

数据来源：企业公告、CRIC。

表 6-4-22　2021—2022 年企业财务指标

财务指标	2022 年	2021 年
净负债率（%）	58.06	46.66
三费费用率（%）	4.91	7.36
总资产周转率（次）	0.30	0.27
长短期债务比	9.07	12.24
现金短债比	3.52	6.11
净利润增长率（%）	3.25	10.22
销售毛利率（%）	21.17	25.31
销售净利率（%）	13.10	14.23

数据来源：企业公告、CRIC。

表 6-4-23 2022年重点新增土地储备

城市	宗地名称	属性	成交时间	建筑面积（万平方米）	成交总价（亿元）	楼板价（元/米²）
杭州	杭腾未来小区地块	住宅	2022-01	59.13	88.24	14923
北京	东河沿村棚户区改造项目	住宅	2022-05	7.46	24.40	32688
南京	浦口区珠泉路地块	住宅	2022-07	5.60	8.00	14282
上海	松江区广富林街道地块	住宅	2022-09	6.86	15.41	22476
北京	顺义区望泉寺地块	住宅	2022-09	14.62	24.31	16623
天津	河西区陈塘W4地块	住宅	2022-12	7.91	11.40	14406

数据来源：企业公告、CRIC。

表 6-4-24 2022年重点新开盘项目

项目名称	城市	项目名称	城市
龙湖南山虹桥天玺领峯	上海	龙湖北辰揽境	北京
龙湖·云璟	北京	龙湖春江彼岸	武汉
龙湖青云阙	西安	龙湖天玺	合肥

数据来源：企业公告、CRIC。

（七）中国金茂控股集团有限公司

表 6-4-25 2022年商品房销售业绩及同比增幅

类别	2022年	同比增长（%）
权益销售金额（亿元）	1550.00	-34.21
权益销售面积（万平方米）	779.50	-40.97
销售均价（元/米²）	19884	11.44

数据来源：企业公告、CRIC。

表 6-4-26 2021—2022年企业财务指标

财务指标	2022年	2021年
净负债率（%）	69.18	63.00
三费费用率（%）	15.50	10.93
总资产周转率（次）	0.20	0.23
长短期债务比	3.62	3.27
现金短债比	1.68	1.58
净利润增长率（%）	-32.24	24.37
销售毛利率（%）	15.84	18.61
销售净利率（%）	6.29	8.56

数据来源：企业公告、CRIC。

表 6-4-27　2022 年重点新增土地储备

城市	宗地名称	属性	成交时间	建筑面积（万平方米）	成交总价（亿元）	楼板价（元/米²）
天津	东丽区上东金茂智慧科学城览秀城组团（二期）	商住	2022-04	28.42	19.00	6685
北京	朝阳区崔各庄乡奶西村 319、320 地块	住宅	2022-06	9.35	40.00	42781
南京	秦淮区红花机场 NO.2022G27 地块	商住	2022-07	28.32	45.40	16031
上海	普陀区桃浦科技智慧城（W06-1401 单元）026-01 地块	住宅	2022-07	7.36	35.29	47948
北京	丰台区大红门 0008 地块	住宅	2022-09	6.80	38.10	56029

数据来源：企业公告、CRIC。

表 6-4-28　2022 年重点新开盘项目

项目名称	城市	项目名称	城市
永定金茂府	北京	金茂·花漫里	宁波
金茂·莘学里	宁波	悦湖金茂悦	成都

数据来源：企业公告、CRIC。

（八）珠海华发实业股份有限公司

表 6-4-29　2022 年商品房销售业绩及同比增幅

类别	2022 年	同比增长（%）
权益销售金额（亿元）	1202.41	-1.35
权益销售面积（万平方米）	400.90	-14.48
销售均价（元/米²）	29993	15.35

数据来源：企业公告、CRIC。

表 6-4-30　2021—2022 年企业财务指标

财务指标	2022 年	2021 年
净负债率（%）	82.99	86.46
三费费用率（%）	6.57	6.53
总资产周转率（次）	0.16	0.15
长短期债务比	4.53	3.97
现金短债比	2.01	1.82
净利润增长率（%）	1.06	2.56
销售毛利率（%）	20.18	25.80
销售净利率（%）	7.98	9.13

数据来源：企业公告、CRIC。

VI. 企业篇
四、中国部分重点房地产企业运营数据

表 6-4-31　2022 年重点新增土地储备

城市	宗地名称	属性	成交时间	建筑面积（万平方米）	成交总价（亿元）	楼板价（元/米²）
上海	宝山区顾村 N12-1101 单元 08-04 地块	住宅	2022-07	10.38	31.59	30435
上海	闵行区七宝镇古美北社区 S110501 单元 19-01、20-01 地块	住宅	2022-07	5.74	29.06	50653
上海	静安区中兴社区 C070202 单元 321-01、322-09 地块	商住	2022-09	16.70	80.37	48128
珠海	22147/珠自然资储 2022-19	商住	2022-11	11.33	13.34	11773
珠海	22163/珠自然资储 2022-23	住宅	2022-12	34.94	34.65	9918

数据来源：企业公告、CRIC。

表 6-4-32　2022 年重点新开盘项目

项目名称	城市	项目名称	城市
华发·仁恒海上溪云	上海	华发广场二期横琴府	珠海
华发建发·缦云	上海	江华玺云轩	杭州
华发仁恒苏河世纪	上海	华发统建锦江大院	成都

数据来源：企业公告、CRIC。

（九）新城控股集团股份有限公司

表 6-4-33　2022 年商品房销售业绩及同比增幅

类别	2022 年	同比增长（%）
权益销售金额（亿元）	1160.50	-50.36
权益销售面积（万平方米）	1191.50	-49.40
销售均价（元/米²）	9740	-1.90

数据来源：企业公告、CRIC。

表 6-4-34　2021—2022 年企业财务指标

财务指标	2022 年	2021 年
净负债率（%）	44.53	35.67
三费费用率（%）	11.28	6.63
总资产周转率（次）	0.23	0.31
长短期债务比	1.27	2.13
现金短债比	1.00	1.92
净利润增长率（%）	-88.48	-16.43
销售毛利率（%）	20.03	20.45
销售净利率（%）	1.37	8.18

数据来源：企业公告、CRIC。

表 6-4-35　2022 年重点新增土地储备

城市	宗地名称	属性	成交时间	建筑面积（万平方米）	成交总价（亿元）	楼板价（元/米²）
商丘	商土网挂 2020-104 号	商业	2022-04	1.60	0.28	1763
常州	新北区泰山路以西、汉江中路以北地块	商住	2022-10	26.86	27.45	10219

数据来源：企业公告、CRIC。

表 6-4-36　2022 年重点新开盘项目

项目名称	城市	项目名称	城市
新希望悦珑湾	佛山	新城·熙红印	北京
MOC 芯城汇	苏州	燕澜和鸣花园	深圳
云樾观山府	南京	新城桃李郡	武汉

数据来源：企业公告、CRIC。

（十）绿城管理控股有限公司

表 6-4-37　2022 年商品房销售业绩及同比增幅

类别	2022 年	同比增长（%）
权益销售金额（亿元）	875.00	3.80
权益销售面积（万平方米）	587.00	-5.20
销售均价（元/米²）	14906	9.45

数据来源：企业公告、CRIC。

表 6-4-38　2021—2022 年企业财务指标

财务指标	2022 年	2021 年
净负债率（%）	37.14	35.71
三费费用率（%）	23.18	21.25
总资产周转率（次）	0.47	0.45
长短期债务比	—	—
现金短债比	—	—
净利润增长率（%）	28.90	38.40
销售毛利率（%）	52.28	46.39
销售净利率（%）	27.69	25.44

数据来源：企业公告、CRIC。

（十一）美的置业集团有限公司

表 6-4-39　2022 年商品房销售业绩及同比增幅

类别	2022 年	同比增长（%）
权益销售金额（亿元）	792.40	-42.22
权益销售面积（万平方米）	631.60	-46.31
销售均价（元/米²）	12546	7.62

数据来源：企业公告、CRIC。

表 6-4-40　2021—2022 年企业财务指标

财务指标	2022 年	2021 年
净负债率（%）	43.85	44.93
三费费用率（%）	6.19	5.56
总资产周转率（次）	0.27	0.11
长短期债务比	2.54	2.95
现金短债比	1.93	2.27
净利润增长率（%）	-32.55	-13.12
销售毛利率（%）	15.36	17.90
销售净利率（%）	4.86	8.24

数据来源：企业公告、CRIC。

表 6-4-41　2022 年重点新开盘项目

项目名称	城市	项目名称	城市
美的云潮府	义乌	美的云璟	昆明
美的云玺台	泉州	美的云樾	长沙
美的东樾湾	佛山	美的云悦江山	佛山

数据来源：企业公告、CRIC。

（十二）仁恒置地有限公司

表 6-4-42　2022 年商品房销售业绩及同比增幅

类别	2022 年	同比增长（%）
权益销售金额（亿元）	680.91	14.30
权益销售面积（万平方米）	143.40	-23.30
销售均价（元/米²）	47497	48.90

数据来源：企业公告、CRIC。

表 6-4-43　2021—2022 年企业财务指标

财务指标	2022 年	2021 年
净负债率（%）	48.95	47.55
三费费用率（%）	13.30	9.20
总资产周转率（次）	0.17	0.23
长短期债务比	2.04	3.64
现金短债比	1.75	2.37
净利润增长率（%）	-28.90	10.50
销售毛利率（%）	27.00	25.64
销售净利率（%）	10.00	11.59

数据来源：企业公告、CRIC。

表 6-4-44 2022 年重点新增土地储备

城市	宗地名称	属性	成交时间	建筑面积（万平方米）	成交总价（亿元）	楼板价（元/米²）
南京	南京江北新区 G03 地块	商办混合	2022-04	8.90	22.70	25506
苏州	仁恒·叙澜庭，一、二期	住宅	2022-05	64.60	43.54	6740
苏州	苏地 2022-WG-27 号地块	住宅	2022-06	5.20	14.37	27635
南京	南京江北新区 G10 号地块	住宅	2022-07	7.20	11.75	16319
南通	南通如皋 R2022036 号地块	住宅	2022-09	7.90	4.01	5076

数据来源：企业公告、CRIC。

表 6-4-45 2022 年重点新开盘项目

项目名称	城市	项目名称	城市
仁恒海上源	上海	澜庭	苏州
天悦雅园	上海	晋元华庭	上海
荟雅华庭	上海	星湖雅园	无锡

数据来源：企业公告、CRIC。

（十三）中梁控股集团有限公司

表 6-4-46 2022 年商品房销售业绩及同比增幅

类别	2022 年	同比增长（%）
权益销售金额（亿元）	660.50	-61.55
权益销售面积（万平方米）	627.10	-56.08
销售均价（元/米²）	10533	-12.47

数据来源：企业公告、CRIC。

表 6-4-47 2021—2022 年企业财务指标

财务指标	2022 年	2021 年
净负债率（%）	32.35	35.43
三费费用率（%）	9.25	9.30
总资产周转率（次）	0.16	0.28
长短期债务比	0.50	1.06
现金短债比	0.93	1.41
净利润增长率（%）	-134.08	-27.57
销售毛利率（%）	8.90	17.12
销售净利率（%）	-4.12	6.25

数据来源：企业公告、CRIC。

Ⅵ. 企业篇
四、中国部分重点房地产企业运营数据

表 6-4-48　2022 年重点新开盘项目

项目名称	城市	项目名称	城市
中梁·云宸府	常州	中梁明湖云璟	济南
中梁御璟台	成都	中梁观澜云璟	济南
四季印象澜庭	苏州	中梁云山和院	济南

数据来源：企业公告、CRIC。

（十四）雅居乐集团控股有限公司

表 6-4-49　2022 年商品房销售业绩及同比增幅

类别	2022 年	同比（％）
权益销售金额（亿元）	652.30	-53.10
权益销售面积（万平方米）	517.00	-46.81
销售均价（元/米^2）	12595	-11.94

数据来源：企业公告、CRIC。

表 6-4-50　2021—2022 年企业财务指标

财务指标	2022 年	2021 年
净负债率（％）	57.30	50.80
三费费用率（％）	11.60	10.83
总资产周转率（次）	0.18	0.23
长短期债务比	1.50	1.80
现金短债比	0.70	1.30
净利润增长率（％）	-24.70	-26.00
销售毛利率（％）	1.90	26.00
销售净利率（％）	-24.70	12.50

数据来源：企业公告、CRIC。

表 6-4-51　2022 年重点新开盘项目

项目名称	城市	项目名称	城市
雅居乐佘山望	上海	雪松雅居乐 IN 天府	成都
雅居乐湾际壹号	中山	雅居乐·万象郡	中山
雅居乐天际 715	广州	璟园	济南

数据来源：企业公告、CRIC。

（十五）中骏集团控股有限公司

表 6-4-52　2022 年商品房销售业绩及同比增幅

类别	2022 年	同比增长（％）
权益销售金额（亿元）	590.23	-43.54
权益销售面积（万平方米）	491.20	-34.24
销售均价（元/米^2）	12016	-14.14

数据来源：企业公告、CRIC。

表 6-4-53　2021—2022 年企业财务指标

财务指标	2022 年	2021 年
净负债率（%）	79.57	79.84
三费费用率（%）	14.76	9.72
总资产周转率（次）	0.14	0.16
长短期债务比	2.00	2.67
现金短债比	1.02	1.33
净利润增长率（%）	-105.47	-43.08
销售毛利率（%）	16.55	22.22
销售净利率（%）	-0.75	10.03

数据来源：企业公告、CRIC。

表 6-4-54　2022 年重点新开盘项目

项目名称	城市	项目名称	城市
中骏鼎湖未来云城	杭州	中骏世界城	合肥
中骏金辉·未来云城	北京	中骏云禧	泉州
中骏璟荟	上海	中骏璟峰云庭	昆山

数据来源：企业公告、CRIC。

（十六）深圳华侨城股份有限公司

表 6-4-55　2022 年商品房销售业绩及同比增幅

类别	2022 年	同比增长（%）
权益销售金额（亿元）	552.72	-32.98
权益销售面积（万平方米）	266.55	-33.16
销售均价（元/米^2）	20736	0.27

数据来源：企业公告、CRIC。

表 6-4-56　2021—2022 年企业财务指标

财务指标	2022 年	2021 年
净负债率（%）	85.90	59.26
三费费用率（%）	11.48	8.58
总资产周转率（次）	0.18	0.22
长短期债务比	5.02	4.10
现金短债比	1.96	2.48
净利润增长率（%）	-278.52	-54.52
销售毛利率（%）	22.84	26.15
销售净利率（%）	-16.63	6.97

数据来源：企业公告、CRIC。

表 6-4-57　2022 年重点新增土地储备

城市	宗地名称	属性	成交时间	建筑面积（万平方米）	成交总价（亿元）	楼板价（元/米²）
东莞	2022WR012	商住	2022-06	18.25	19.95	10930
重庆	开州规资公〔2022〕240号/KZ-11-52	住宅	2022-10	1.70	0.43	2503
天津	津宝（挂）2022-008号	商办	2022-10	5.07	0.65	1282
深圳	深土交告〔2022〕56号/G01019-0042	住宅	2022-11	3.10	2.35	7578

数据来源：企业公告、CRIC。

表 6-4-58　2022 年重点新开盘项目

项目名称	城市	项目名称	城市
华侨城御龙山	成都	华侨城红坊	武汉
华侨城深圳湾新玺名苑	深圳	华侨城天鹅堡	东莞
华侨城龙湖启元	苏州	保利华侨城云禧园	佛山

数据来源：企业公告、CRIC。

（十七）保利置业集团有限公司

表 6-4-59　2022 年商品房销售业绩及同比增幅

类别	2022 年	同比增长（%）
权益销售金额（亿元）	502.00	-11.31
权益销售面积（万平方米）	239.90	-23.55
销售均价（元/米²）	20925	16.01

数据来源：企业公告、CRIC。

表 6-4-60　2021—2022 年企业财务指标

财务指标	2022 年	2021 年
净负债率（%）	115.89	103.40
三费费用率（%）	9.97	13.46
总资产周转率（次）	0.21	0.17
长短期债务比	3.36	2.66
现金短债比	1.72	1.58
净利润增长率（%）	-53.35	12.13
销售毛利率（%）	26.94	33.86
销售净利率（%）	2.45	7.14

数据来源：企业公告、CRIC。

表 6-4-61　2022 年重点新增土地储备

城市	宗地名称	属性	成交时间	建筑面积（万平方米）	成交总价（亿元）	楼板价（元/米²）
宁波	江北区 JB14-04-10a 地块	住宅	2022-04	13.14	20.30	15453
宁波	鄞州区 JD08-B1、B2 地块	住宅	2022-04	16.40	37.69	22990
昆山	昆地网〔2022〕挂字 7 号开发区同丰路北侧、樾河路东侧	商住	2022-07	25.05	33.30	13293
深圳	深土交告〔2022〕37 号/G01126-0090	住宅	2022-08	9.51	14.15	14882
济南	济自然规划告字〔2022〕12 号 DKJ1129	住宅	2022-12	15.07	14.82	9830

数据来源：企业公告、CRIC。

表 6-4-62　2022 年重点新开盘项目

项目名称	城市	项目名称	城市
保利明玥澜	深圳	保利明玥澜岸	深圳
保利锦上二期	北京	保利招商龙誉	深圳
保利招商雍山郡	深圳	保利珑誉	上海

数据来源：企业公告、CRIC。

（十八）龙光集团有限公司

表 6-4-63　2022 年商品房销售业绩及同比增幅

类别	2022 年	同比增长（%）
权益销售金额（亿元）	441.12	-68.54
权益销售面积（万平方米）	275.19	-65.49
销售均价（元/米²）	15611	-9.11

数据来源：企业公告、CRIC。

表 6-4-64　2021—2022 年企业财务指标

财务指标	2022 年	2021 年
净负债率（%）	164.98	82.10
三费费用率（%）	11.67	6.54
总资产周转率（次）	0.15	0.30
长短期债务比	0.65	1.62
现金短债比	0.23	1.07
净利润增长率（%）	-185.46	-22.40
销售毛利率（%）	-11.49	21.89
销售净利率（%）	-21.31	13.26

数据来源：企业公告、CRIC。

Ⅵ. 企业篇
四、中国部分重点房地产企业运营数据

表 6-4-65　2022 年重点新开盘项目

项目名称	城市	项目名称	城市
越秀龙光悦年华花园	苏州	龙光天宸	佛山
龙光久桦府	宁波	龙光玖誉雅筑	深圳
龙光·玖誉城	南宁	龙光天瀛	成都

数据来源：企业公告、CRIC。

（十九）金辉集团股份有限公司

表 6-4-66　2022 年商品房销售业绩及同比增幅

类别	2022 年	同比增长（%）
权益销售金额（亿元）	401.80	−57.58
权益销售面积（万平方米）	263.10	−54.56
销售均价（元/米²）	15271	−6.65

数据来源：企业公告、CRIC。

表 6-4-67　2021—2022 年企业财务指标

财务指标	2022 年	2021 年
净负债率（%）	71.70	88.00
三费费用率（%）	5.47	7.97
总资产周转率（次）	0.20	0.21
长短期债务比	2.12	2.14
现金短债比	1.00	1.20
净利润增长率（%）	−43.60	−3.28
销售毛利率（%）	14.70	19.40
销售净利率（%）	5.90	9.20

数据来源：企业公告、CRIC。

表 6-4-68　2022 年重点新开盘项目

项目名称	城市	项目名称	城市
观澜云庭	绍兴	天奕铭著	无锡
中骏金辉未来云城	北京	辉逸云庭	佛山
石狮金辉城	泉州	绿岛湖公馆	佛山

数据来源：企业公告、CRIC。

（二十）建业地产股份有限公司

表 6-4-69　2022 年商品房销售业绩及同比增幅

类别	2022 年	同比增长（%）
权益销售金额（亿元）	240.49	−59.99
权益销售面积（万平方米）	344.90	−57.76
销售均价（元/米²）	6973	−5.27

数据来源：企业公告、CRIC。

表 6-4-70　2021—2022 年企业财务指标

财务指标	2022 年	2021 年
净负债率（%）	580.19	94.89
三费费用率（%）	14.27	9.52
总资产周转率（次）	0.17	0.27
长短期债务比	0.84	2.25
现金短债比	0.34	1.46
净利润增长率（%）	-723.99	-40.38
销售毛利率（%）	7.90	16.23
销售净利率（%）	-32.47	2.99

数据来源：企业公告、CRIC。

表 6-4-71　2022 年重点新增土地储备

城市	宗地名称	属性	成交时间	建筑面积（万平方米）	成交总价（亿元）	楼板价（元/米²）
驻马店	西平春天里后续地 XP-2021-26 号	住宅	2022-01	0.87	0.10	1102
商丘	商丘华升路项目商土网挂 2020-97 号	住宅	2022-01	28.01	5.80	2069
驻马店	驻马店世和府三期 ZMDY-2021-16 号	住宅	2022-02	27.34	4.67	1710
郑州	郑政东出〔2022〕1 号	住宅	2022-04	0.75	0.74	9844
商丘	永挂 2018-53-1 号	商住	2022-04	12.44	1.89	1515

数据来源：企业公告、CRIC。

（二十一）朗诗绿色管理有限公司

表 6-4-72　2022 年商品房销售业绩及同比增幅

类别	2022 年	同比增长（%）
权益销售金额（亿元）	223.20	-52.66
权益销售面积（万平方米）	116.22	-55.90
销售均价（元/米²）	5207	-6.84

数据来源：企业公告、CRIC。

表 6-4-73　2021—2022 年企业财务指标

财务指标	2022 年	2021 年
净负债率（%）	223.20	76.48
三费费用率（%）	14.08	24.82
总资产周转率（次）	0.59	0.31
长短期债务比	3.91	1.21
现金短债比	0.88	1.10
净利润增长率（%）	-252.45	-2236.14
销售毛利率（%）	9.66	20.67
销售净利率（%）	-17.50	-8.62

数据来源：企业公告、CRIC。

表 6-4-74　2022 年重点新增土地储备

城市	宗地名称	属性	成交时间	建筑面积（万平方米）	成交总价（亿元）	楼板价（元/米²）
无锡	锡国土（经）2022-36	住宅	2022-08	14.53	18.60	12800
无锡	锡国土（经）2022-34	住宅	2022-08	15.85	15.85	10000
无锡	锡国土（经）2022-35	住宅	2022-08	11.26	12.95	11500
苏州	苏地 2022-WG-53 号	住宅	2022-10	7.02	5.27	7500
南通	皋自然资规挂告字〔2022〕37号/R2022079	商住	2022-12	12.95	5.55	4286

数据来源：企业公告、CRIC。

表 6-4-75　2022 年重点新开盘项目

项目名称	城市	项目名称	城市
川发天府上城	成都	朗诗乐府	张家港
玖峰兰庭	南京	朗诗熙华府	武汉
朗诗璟华府	南京	朗诗·乐府	西安

数据来源：企业公告、CRIC。

（二十二）河南中原建业城市发展有限公司

表 6-4-76　2022 年商品房销售业绩及同比增幅

类别	2022 年	同比增长（%）
权益销售金额（亿元）	213.17	-47.07
权益销售面积（万平方米）	349.84	-44.13
销售均价（元/米²）	6093	-5.27

数据来源：企业公告、CRIC。

表 6-4-77　2021—2022 年企业财务指标

财务指标	2022 年	2021 年
净负债率（%）	—	—
三费费用率（%）	23.46	18.07
总资产周转率（次）	0.22	0.57
长短期债务比	—	—
现金短债比	—	—
净利润增长率（%）	-60.60	13.01
销售毛利率（%）	—	—
销售净利率（%）	50.11	59.18

数据来源：企业公告、CRIC。

（二十三）众安集团有限公司

表 6-4-78　2022 年商品房销售业绩及同比增幅

类别	2022 年	同比增长（%）
权益销售金额（亿元）	142.68	-48.91
权益销售面积（万平方米）	75.10	-36.13
销售均价（元/米²）	19006	-20.00

数据来源：企业公告、CRIC。

表 6-4-79　2021—2022 年企业财务指标

财务指标	2022 年	2021 年
净负债率（%）	65.79	76.26
三费费用率（%）	11.62	28.61
总资产周转率（次）	0.16	0.10
长短期债务比	1.68	3.70
现金短债比	1.20	2.18
净利润增长率（%）	-44.41	-96.53
销售毛利率（%）	26.71	29.71
销售净利率（%）	0.23	0.78

数据来源：企业公告、CRIC。

表 6-4-80　2022 年重点新增土地储备

城市	宗地名称	属性	成交时间	建筑面积（万平方米）	成交总价（亿元）	楼板价（元/米²）
丽水	南城余庄前 A-10-6 地块	住宅	2022-03	10.46	5.50	5258
杭州	未来科技城联荣片区 01 号地块	住宅	2022-04	12.74	14.70	11538
杭州	三墩单元 XH0303-16 地块	住宅	2022-04	4.36	10.04	23028
杭州	蜀山单元 XSCQ2702-02 地块	住宅	2022-04	4.10	6.89	16805
杭州	戴村单元 XSLP0504-R21-13、14 地块	住宅	2022-04	7.20	4.68	6500

数据来源：企业公告、CRIC。

表 6-4-81　2022 年重点新开盘项目

项目名称	城市	项目名称	城市
岚荷芸府	杭州	未来社区	台州
秀湖荷苑	义乌	云之宸里	衢州
棠颂和鸣	绍兴	IOC·潮悦	杭州

数据来源：企业公告、CRIC。

(二十四) 中建信和地产有限公司

表 6-4-82　2022 年商品房销售业绩及同比增幅

类别	2022 年	同比增长（%）
权益销售金额（亿元）	196.10	82
权益销售面积（万平方米）	135.60	39
销售均价（元/米²）	14459	31

数据来源：企业公告、CRIC。

表 6-4-83　2021—2022 年企业财务指标

财务指标	2022 年	2021 年
净负债率（%）	1.02	-12.50
三费费用率（%）	0.55	0.52
总资产周转率（次）	0.26	0.35
长短期债务比	—	—
现金短债比	2.24	2.66
净利润增长率（%）	-61.00	-28.00
销售毛利率（%）	—	—
销售净利率（%）	—	—

数据来源：企业公告、CRIC。

表 6-4-84　2022 年重点新增土地储备

城市	宗地名称	属性	成交时间	建筑面积（万平方米）	成交总价（亿元）	楼板价（元/米²）
重庆	中建启宸	住宅	2022-03	20.3	11.8	7900
长沙	中建钰和城 L 地块	住宅	2022-04	15.8	9.8	7997
长沙	中建钰山湖	住宅	2022-04	26.2	16.6	8050
北京	中建长安麓府二期（暂定）	住宅	2022-11	5.5	7.9	24530
长沙	农大地城（暂未定）	住宅	2022-12	44.4	18.9	5290

数据来源：企业公告、CRIC。

表 6-4-85　2022 年重点新开盘项目

项目名称	城市	项目名称	城市
中建启宸	重庆	中建长安麓府二期（暂定）	北京
农业地块（暂未定）	长沙	—	—

数据来源：企业公告、CRIC。

（二十五）新希望中国地产有限公司

表 6-4-86　2022 年商品房销售业绩及同比增幅

类别	2022 年	同比增长（%）
权益销售金额（亿元）	508.80	-51.96
权益销售面积（万平方米）	293.40	-38.68
销售均价（元/米²）	17342	-21.65

数据来源：企业公告、CRIC。

表 6-4-87　2021—2022 年企业财务指标

财务指标	2022 年	2021 年
净负债率（%）	32.25	40.36
三费费用率（%）	5.97	7.39
总资产周转率（次）	0.30	0.24
长短期债务比	1.95	2.98
现金短债比	1.17	2.09
净利润增长率（%）	-46.27	9.62
销售毛利率（%）	11.85	21.84
销售净利率（%）	3.75	8.23

数据来源：企业公告、CRIC。

表 6-4-88　2022 年重点新增土地储备

城市	宗地名称	属性	成交时间	建筑面积（万平方米）	成交总价（亿元）	楼板价（元/米²）
宁波	宁波市鄞州区下应板块地块	住宅	2022-01	11.55	19.88	17208
佛山	佛山里水草场地块	住宅	2022-03	9.20	12.21	13272
昆明	昆明盘龙地块	住宅	2022-04	26.30	22.53	8565
佛山	佛山南海区里水边带路地块	住宅	2022-06	14.15	23.65	16713

数据来源：企业公告、CRIC。

表 6-4-89　2022 年重点新开盘项目

项目名称	城市	项目名称	城市
中天新希望·未来印	西安	新希望 D-10 天府	成都
新希望·锦麟天玺	西安	新希望万科知园	成都
新希望悦珑湾	佛山	新希望锦官半岛	佛山

数据来源：企业公告、CRIC。

(二十六) 华润置地有限公司

表 6-4-90　2022 年商品房销售业绩及同比增幅

类别	2022 年	同比增长 (%)
权益销售金额（亿元）	3013.30	-4.58
权益销售面积（万平方米）	1425.46	-18.78
销售均价（元/米²）	21139	17.48

数据来源：企业公告、CRIC。

表 6-4-91　2021—2022 年企业财务指标

财务指标	2022 年	2021 年
净负债率（%）	38.80	30.40
三费费用率（%）	6.27	6.30
总资产周转率（次）	0.20	0.23
长短期债务比	2.54	2.30
现金短债比	1.59	1.99
净利润增长率（%）	-13.44	9.70
销售毛利率（%）	26.22	26.97
销售净利率（%）	15.63	17.63

数据来源：企业公告、CRIC。

表 6-4-92　2022 年重点新增土地储备

城市	宗地名称	属性	成交时间	建筑面积（万平方米）	成交总价（亿元）	楼板价（元/米²）
厦门	〔2022〕44 号思明区 2022P12	商住	2022-05	13.02	41.30	40657
北京	京土储挂（丰）〔2022〕029 号	商住	2022-05	20.53	74.70	36394
北京	京土储挂（昌）〔2022〕036 号	住宅	2022-06	12.52	44.16	35276
深圳	深土交告〔2022〕34 号/A806-0401	商住	2022-08	45.84	79.69	17385
东莞	东莞生态产业园区 2022WR017	商住	2022-08	20.93	45.63	21801

数据来源：企业公告、CRIC。

表 6-4-93　2022 年重点新开盘项目

项目名称	城市	项目名称	城市
华润城	深圳	华润置地未来之城	成都
杭玥未来中心	杭州	晓月映翠公寓	杭州
华润置地悦府	义乌	华润郑东万象城幸福里	郑州

数据来源：企业公告、CRIC。

（二十七）招商局蛇口工业区控股股份有限公司

表 6-4-94　2022 年商品房销售业绩及同比增幅

类别	2022 年	同比增长（%）
权益销售金额（亿元）	2926.02	-10.47
权益销售面积（万平方米）	1193.65	-18.49
销售均价（元/米²）	24513	9.84

数据来源：企业公告、CRIC。

表 6-4-95　2021—2022 年企业财务指标

财务指标	2022 年	2021 年
净负债率（%）	41.36	35.88
三费费用率（%）	4.56	5.02
总资产周转率（次）	0.21	0.20
长短期债务比	3.73	2.98
现金短债比	2.00	1.77
净利润增长率（%）	-40.15	-10.12
销售毛利率（%）	19.25	25.47
销售净利率（%）	4.97	9.46

数据来源：企业公告、CRIC。

表 6-4-96　2022 年重点新增土地储备

城市	宗地名称	属性	成交时间	建筑面积（万平方米）	成交总价（亿元）	楼板价（元/米²）
上海	普陀区中山北社区 C060202 单元 B3-16	住宅	2022-06	9.68	62.50	64581
上海	徐汇区斜土街道 xh128D-06	住宅	2022-06	5.49	47.33	86285
上海	闵行区吴泾镇紫竹科学园区 MHPO-1004 单元 09A-11A	住宅	2022-06	13.60	40.43	29734
上海	青浦区徐泾镇双联路北侧 B6-01	住宅	2022-07	13.10	44.84	34225
深圳	深土交告〔2022〕35 号/T102-0410	住宅	2022-08	11.94	51.29	42974

数据来源：企业公告、CRIC。

表 6-4-97　2022 年重点新开盘项目

项目名称	城市	项目名称	城市
招商玺家园	深圳	象屿招商蟠龙府	上海
招商璀璨公馆	上海	铂悦春和万象	苏州
天汇世纪玺	上海	招商奥体公园	合肥

数据来源：企业公告、CRIC。

（二十八）建发房地产集团有限公司

表6-4-98　2022年商品房销售业绩及同比增幅

类别	2022年	同比增长（%）
权益销售金额（亿元）	1691.00	2.55
权益销售面积（万平方米）	810.72	-6.96
销售均价（元/米²）	20858	10.21

数据来源：企业公告、CRIC。

表6-4-99　2021—2022年企业财务指标

财务指标	2022年	2021年
净负债率（%）	52.59	58.36
三费费用率（%）	8.84	7.94
总资产周转率（次）	0.27	0.21
长短期债务比	9.62	6.47
现金短债比	5.85	4.24
净利润增长率（%）	34.05	49.90
销售毛利率（%）	15.28	16.64
销售净利率（%）	5.58	7.60

数据来源：企业公告、CRIC。

表6-4-100　2022年重点新增土地储备

城市	宗地名称	属性	成交时间	建筑面积（万平方米）	成交总价（亿元）	楼板价（元/米²）
厦门	湖里区2022P06	商住	2022-03	8.87	37.60	42204
杭州	四堡七堡单元JG1404-47地块	住宅	2022-04	11.86	42.75	36034
杭州	四堡七堡单元JG1402-22地块	住宅	2022-04	8.48	38.42	45321
上海	闵行区梅陇镇古美北社区S110502单元112b-02、112b-05	住宅	2022-09	8.83	52.00	58875
苏州	苏地2022-WG-34号	住宅	2022-09	12.95	36.43	28121

数据来源：企业公告、CRIC。

表6-4-101　2022年重点新开盘项目

项目名称	城市	项目名称	城市
融创建发苏河望	上海	江华玺云轩	杭州
华发建发·缦云	上海	江月望云	杭州
建发壹里	厦门	建发·珺和府	北京

数据来源：企业公告、CRIC。

（二十九）越秀地产股份有限公司

表 6-4-102　2022 年商品房销售业绩及同比增幅

类别	2022 年	同比增长（%）
权益销售金额（亿元）	1250.30	8.58
权益销售面积（万平方米）	414.00	-0.88
销售均价（元/米²）	30200	9.54

数据来源：企业公告、CRIC。

表 6-4-103　2021—2022 年企业财务指标

财务指标	2022 年	2021 年
净负债率（%）	62.70	47.11
三费费用率（%）	6.53	7.48
总资产周转率（次）	0.22	0.20
长短期债务比	4.61	1.53
现金短债比	2.23	1.36
净利润增长率（%）	16.38	12.61
销售毛利率（%）	20.45	21.75
销售净利率（%）	8.48	9.19

数据来源：企业公告、CRIC。

表 6-4-104　2022 年重点新增土地储备

城市	宗地名称	属性	成交时间	建筑面积（万平方米）	成交总价（亿元）	楼板价（元/米²）
广州	穗南开规划资源出告字〔2022〕08 号	商住	2022-05	30.56	27.36	8952
南京	NO.2022G28	住宅	2022-07	6.62	27.00	40806
广州	穗规划资源挂出告字〔2022〕29 号	住宅	2022-07	16.81	81.19	48300
上海	马陆南社区 JDC1-2301 单元 23-01、29-01	住宅	2022-07	18.38	47.43	25804
广州	穗规划资源挂出告字〔2022〕79 号	住宅	2022-12	22.22	32.96	14836

数据来源：企业公告、CRIC。

表 6-4-105　2022 年重点新开盘项目

项目名称	城市	项目名称	城市
越秀和樾府	广州	越秀仁恒天樾园和	上海
琶洲上品	广州	品秀星樾	广州
天澜海岸	杭州	越秀·星汇城 TOD	广州

数据来源：企业公告、CRIC。

（三十）远洋集团控股有限公司

表6-4-106　2022年商品房销售业绩及同比增幅

类别	2022年	同比增长（%）
权益销售金额（亿元）	1002.90	-26.40
权益销售面积（万平方米）	615.40	-19.80
销售均价（元/米²）	16297	-8.22

数据来源：企业公告、CRIC。

表6-4-107　2021—2022年企业财务指标

财务指标	2022年	2021年
净负债率（%）	183.01	85.22
三费费用率（%）	14.24	9.12
总资产周转率（次）	0.17	0.24
长短期债务比	1.55	3.94
现金短债比	0.25	1.45
净利润增长率（%）	-407.39	8.72
销售毛利率（%）	5.15	17.52
销售净利率（%）	-33.95	7.92

数据来源：企业公告、CRIC。

表6-4-108　2022年重点新增土地储备

城市	宗地名称	属性	成交时间	建筑面积（万平方米）	成交总价（亿元）	楼板价（元/米²）
唐山	唐山高新区卫国路东侧、创新大道北侧 A-01 地块	住宅	2022-02	13.70	3.90	2847
大连	（金石滩北部区 C-46 宗地）大金（2022）-5 号	住宅	2022-03	2.29	0.73	3191
大连	（金石滩片区 5 单元 C-1-1 宗地）大金（2022）-4 号	住宅	2022-03	9.33	2.98	3190
南昌	赣国土资网交地〔2021〕AA018 号 JQ303-E02 地块	住宅	2022-04	6.10	2.90	4779
泉州	洛 2022-1 号地块	住宅	2022-06	3.50	3.15	8814

数据来源：企业公告、CRIC。

表6-4-109　2022年重点新开盘项目

项目名称	城市	项目名称	城市
国誉·万和城	北京	远洋红星临港天铂	上海
远洋东方境世界观	武汉	远洋源山春秋	北京
未来城	天津	远洋万和方山望	南京

数据来源：企业公告、CRIC。

(三十一) 江苏中南建设集团股份有限公司

表 6-4-110　2022 年商品房销售业绩及同比增幅

类别	2022 年	同比增长（%）
权益销售金额（亿元）	649.20	-67.11
权益销售面积（万平方米）	543.20	-63.01
销售均价（元/米²）	11951	-11.07

数据来源：企业公告、CRIC。

表 6-4-111　2021—2022 年企业财务指标

财务指标	2022 年	2021 年
净负债率（%）	107.78	93.16
三费费用率（%）	11.14	8.84
总资产周转率（次）	0.18	0.22
长短期债务比	1.05	1.57
现金短债比	0.60	0.92
净利润增长率（%）	191.32	-142.36
销售毛利率（%）	-0.09	10.03
销售净利率（%）	-16.31	-4.17

数据来源：企业公告、CRIC。

表 6-4-112　2022 年重点新增土地储备

城市	宗地名称	属性	成交时间	建筑面积（万平方米）	成交总价（亿元）	楼板价（元/米²）
平湖	平嘉港告字〔2022〕11 号乍 2022-24 号	住宅	2022-10	7.72	3.57	4618
惠州	惠公易土网（告）字〔2022〕008 号西区荷茶地段 GP2022-009	住宅	2022-06	0.32	0.17	5407
惠州	惠公易土网（告）字〔2022〕009 号西区荷茶地段 GP2022-010	住宅	2022-06	0.42	0.24	5779

数据来源：企业公告、CRIC。

表 6-4-113　2022 年重点新开盘项目

项目名称	城市	项目名称	城市
中南春江云锦	太仓	中南春风南岸	苏州
中南樾府	江阴	中南樾府	徐州
中南林樾	常熟	中南玺樾	晋江

数据来源：企业公告、CRIC。

(三十二）中交地产股份有限公司

表 6-4-114　2022 年商品房销售业绩及同比增幅

类别	2022 年	同比增长（%）
权益销售金额（亿元）	458.82	-18.07
权益销售面积（万平方米）	195.78	-14.32
销售均价（元/米²）	23435	-4.37

数据来源：企业公告、CRIC。

表 6-4-115　2021—2022 年企业财务指标

财务指标	2022 年	2021 年
净负债率（%）	166.57	211.43
三费费用率（%）	4.76	11.41
总资产周转率（次）	0.28	0.12
长短期债务比	1.27	1.87
现金短债比	0.56	0.70
净利润增长率（%）	38.30	2.14
销售毛利率（%）	13.43	22.91
销售净利率（%）	2.66	5.08

数据来源：企业公告、CRIC。

表 6-4-116　2022 年重点新增土地储备

城市	宗地名称	属性	成交时间	建筑面积（万平方米）	成交总价（亿元）	楼板价（元/米²）
台州	台州椒江区开发大道北侧 039 地块	住宅	2022-01	10.89	8.89	8163
武汉	武汉青山区 P（2022）008 号地块	住宅	2022-03	12.20	13.42	11000
厦门	厦门市湖里区 2021P07 号地块	商住	2022-03	25.47	99.60	39105
合肥	合肥滨湖 BK202106 地块	商住	2022-03	12.28	12.50	10179
厦门	厦门湖里区惠灵顿路地块	住宅	2022-12	8.80	39.60	45000

数据来源：企业公告、CRIC。

表 6-4-117　2022 年重点新开盘项目

项目名称	城市	项目名称	城市
海淀幸福里	北京	中交锦方	南京
北清云际	北京	中交春风十里	绍兴
保利中交越秀天珺	合肥	中交蓝色海湾	广州

数据来源：企业公告、CRIC。

(三十三）弘阳地产集团有限公司

表 6-4-118　2022 年商品房销售业绩及同比增幅

类别	2022 年	同比增长（%）
权益销售金额（亿元）	352.00	-59.60
权益销售面积（万平方米）	260.00	-49.70
销售均价（元/米²）	13538	-19.80

数据来源：企业公告、CRIC。

表 6-4-119　2021—2022 年企业财务指标

财务指标	2022 年	2021 年
净负债率（%）	81.70	57.00
三费费用率（%）	16.76	10.73
总资产周转率（次）	0.17	0.21
长短期债务比	0.50	2.00
现金短债比	0.30	1.40
净利润增长率（%）	-311.00	1.00
销售毛利率（%）	8.30	19.10
销售净利率（%）	-19.70	7.00

数据来源：企业公告、CRIC。

表 6-4-120　2022 年重点新开盘项目

项目名称	城市	项目名称	城市
南京越江时代	南京	南京玖樾印象	南京
苏州弘阳天境上辰	苏州	苏州天境澜庭	苏州
佛山海伦堡弘阳悦江一号	佛山	广州中建弘阳德信·湾璟壹号	广州

数据来源：企业公告、CRIC。

(三十四）港龙（中国）地产集团有限公司

表 6-4-121　2022 年商品房销售业绩及同比增幅

类别	2022 年	同比增长（%）
权益销售金额（亿元）	130.00	-56.70
权益销售面积（万平方米）	99.40	-60.30
销售均价（元/米²）	13082	9.00

数据来源：企业公告、CRIC。

表 6-4-122　2021—2022 年企业财务指标

财务指标	2022 年	2021 年
净负债率（%）	23.60	24.40
三费费用率（%）	9.00	13.00
总资产周转率（次）	0.23	0.20
长短期债务比	1.50	2.40
现金短债比	1.50	2.50
净利润增长率（%）	-47.00	72.00
销售毛利率（%）	16.60	23.20
销售净利率（%）	4.90	10.60

数据来源：企业公告、CRIC。

表 6-4-123　2022 年重点新开盘项目

项目名称	城市	项目名称	城市
泰州上河风华	泰州	佛山港龙滨江公园	佛山
上海港龙融创·山水拾间	上海	芜湖港龙湖山映	芜湖
南京揽湾玖筑	南京	义乌港龙驭远玖溪映	义乌

数据来源：企业公告、CRIC。

（三十五）信达地产股份有限公司

表 6-4-124　2022 年商品房销售业绩及同比增幅

类别	2022 年	同比增长（%）
权益销售金额（亿元）	224.18	-31.06
权益销售面积（万平方米）	89.20	-32.98
销售均价（元/米^2）	25132	2.86

数据来源：企业公告、CRIC。

表 6-4-125　2021—2022 年企业财务指标

财务指标	2022 年	2021 年
净负债率（%）	85.78	86.08
三费费用率（%）	13.57	10.90
总资产周转率（次）	0.21	0.24
长短期债务比	1.74	2.65
现金短债比	1.00	1.33
净利润增长率（%）	-31.94	-51.57
销售毛利率（%）	25.20	19.31
销售净利率（%）	3.15	3.82

数据来源：企业公告、CRIC。

表 6-4-126 2022 年重点新增土地储备

城市	宗地名称	属性	成交时间	建筑面积（万平方米）	成交总价（亿元）	楼板价（元/米²）
合肥	合自然资规公告〔2022〕22 号包河区 BH202219 号	住宅	2022-09	7.30	8.65	11848
武汉	信达地产 26A 地块	住宅	2022-09	9.36	15.21	16237
上海	2022 年 089 号公告虹口区北外滩街道 HK217-05 地块	商办	2022-10	1.14	4.80	42120

数据来源：企业公告、CRIC。

表 6-4-127 2022 年重点新开盘项目

项目名称	城市	项目名称	城市
信达泰禾上城院子	上海	合正方洲	深圳
高速信达时代星河	合肥	信达公园郡	马鞍山
宜和东方园	宁波	桃溪澜园	苏州

数据来源：企业公告、CRIC。

（三十六）金地（集团）股份有限公司

表 6-4-128 2022 年商品房销售业绩及同比增幅

类别	2022 年	同比增长（%）
权益销售金额（亿元）	2218.00	-22.64
权益销售面积（万平方米）	1019.80	-25.90
销售均价（元/米²）	21750	4.46

数据来源：企业公告、CRIC。

表 6-4-129 2021—2022 年企业财务指标

财务指标	2022 年	2021 年
净负债率（%）	53.12	56.34
三费费用率（%）	7.26	9.15
总资产周转率（次）	0.27	0.23
长短期债务比	1.74	2.08
现金短债比	1.29	1.58
净利润增长率（%）	-29.22	-15.02
销售毛利率（%）	20.77	21.42
销售净利率（%）	7.63	13.05

数据来源：企业公告、CRIC。

表6-4-130 2022年重点新增土地储备

城市	宗地名称	属性	成交时间	建筑面积（万平方米）	成交总价（亿元）	楼板价（元/米²）
长沙	〔2022〕长沙市019号地块	住宅	2022-04	7.17	2.74	3820
沈阳	2020-014号烟厂宿舍地块	住宅	2022-05	3.82	2.69	7050
上海	青浦区赵巷镇佳迪路西侧B4-01地块	住宅	2022-06	8.38	21.45	25605
上海	嘉定区嘉定新城（马陆镇）马陆社区JD010801单元50-08地块	住宅	2022-07	6.23	16.01	25698
哈尔滨	哈尔滨呼兰区西岗公园北侧NO.2022HT005号地块	住宅	2022-08	17.06	1.48	868

数据来源：企业公告、CRIC。

表6-4-131 2022年重点新开盘项目

项目名称	城市	项目名称	城市
深圳前海润峯府	深圳	深圳宝安润峯云上府	深圳
深圳天元	深圳	北京林秀嘉园	北京
西安西洋公元	西安	上海安亭格林云尚	上海

数据来源：企业公告、CRIC。

（三十七）杭州滨江房产集团股份有限公司

表6-4-132 2022年商品房销售业绩及同比增幅

类别	2022年	同比增长（%）
权益销售金额（亿元）	1539.00	-8.99
权益销售面积（万平方米）	307.74	-13.35
销售均价（元/米²）	50010	5.04

数据来源：企业公告、CRIC。

表6-4-133 2021—2022年企业财务指标

财务指标	2022年	2021年
净负债率（%）	55.42	65.97
三费费用率（%）	5.92	5.30
总资产周转率（次）	0.17	0.20
长短期债务比	2.67	2.27
现金短债比	1.67	1.51
净利润增长率（%）	-20.67	38.70
销售毛利率（%）	17.48	24.83
销售净利率（%）	9.41	12.96

数据来源：企业公告、CRIC。

表 6-4-134　2022 年重点新增土地储备

城市	宗地名称	属性	成交时间	建筑面积（万平方米）	成交总价（亿元）	楼板价（元/米²）
杭州	杭政储出〔2022〕58 号地块	商业	2022-02	7.01	6.93	9883
杭州	杭政储出〔2022〕59 号地块	商业	2022-02	6.12	6.73	11004
杭州	杭政储出〔2022〕66 号	住宅	2022-09	6.54	29.59	45242
杭州	杭政储出〔2022〕61 号	住宅	2022-09	5.83	26.33	45178
杭州	杭政储出〔2022〕70 号	住宅	2022-09	4.64	20.89	45054

数据来源：企业公告、CRIC。

表 6-4-135　2022 年重点新开盘项目

项目名称	城市	项目名称	城市
潮观揽月轩	杭州	天澜美境	杭州
蝶翠迎宾府	杭州	枫汀云邸	杭州
观晖美寓	杭州	江翠轩	杭州

数据来源：企业公告、CRIC。

(三十八) 绿地控股集团股份有限公司

表 6-4-136　2022 年商品房销售业绩及同比增幅

类别	2022 年	同比增长（%）
权益销售金额（亿元）	1323.32	-0.54
权益销售面积（万平方米）	1279.80	-0.45
销售均价（元/米²）	10340	-0.17

数据来源：企业公告、CRIC。

表 6-4-137　2021—2022 年企业财务指标

财务指标	2022 年	2021 年
净负债率（%）	86.1	88.9
三费费用率（%）	6.04	5.97
总资产周转率（次）	0.31	0.38
长短期债务比	0.93	1.29
现金短债比	0.57	0.82
净利润增长率（%）	-51.32	-55.32
销售毛利率（%）	10.50	11.67
销售净利率（%）	1.06	1.73

数据来源：企业公告、CRIC。

表 6-4-138　2022 年重点新开盘项目

项目名称	城市	项目名称	城市
绿地国港城	西安	绿地柏仕公馆	合肥
绿地 IFC 中央公馆	济南	绿地御山台	济南
绿地凤栖澜玥	青岛	绿地海湾	宁波

数据来源：企业公告、CRIC。

（三十九）旭辉集团股份有限公司

表 6-4-139　2022 年商品房销售业绩及同比增幅

类别	2022 年	同比增长（%）
权益销售金额（亿元）	1240.00	-49.86
权益销售面积（万平方米）	839.32	-42.06
销售均价（元/米²）	14778	-13.41

数据来源：企业公告、CRIC。

表 6-4-140　2021—2022 年企业财务指标

财务指标	2022 年	2021 年
净负债率（%）	101.99	62.76
三费费用率（%）	23.03	6.23
总资产周转率（次）	0.12	0.27
长短期债务比	0.50	5.43
现金短债比	0.28	2.63
净利润增长率（%）	—	3.63
销售毛利率（%）	4.90	19.29
销售净利率（%）	-28.58	11.43

数据来源：企业公告、CRIC。

表 6-4-141　2022 年重点新增土地储备

城市	宗地名称	属性	成交时间	建筑面积（万平方米）	成交总价（亿元）	楼板价（元/米²）
北京	京土储挂（顺）〔2022〕012 号 SY00-0005-6046 地块 R2 二类居住用地、SY00-0005-6045 地块 A334 托幼用地	住宅	2022-02	7.54	14.07	18671
长沙	〔2022〕长沙市 012 号雨花区黎托街道花桥村	商住	2022-04	21.36	6.84	3200
昆明	KCPL2019-3-地下空间	商服	2022-11	0.01	0.01	11300
昆明	KCPL2019-3-地上空间	商服	2022-11	0.01	0.06	105380

数据来源：企业公告、CRIC。

表 6-4-142　2022 年重点新开盘项目

项目名称	城市	项目名称	城市
熹樾	南京	恒基旭辉铂悦园著	武汉
万盛 TOD 旭辉中心	成都	都会江来府	南京
旭辉华宇江悦府	武汉	旭辉千山凌云	武汉

数据来源：企业公告、CRIC。

（四十）北京首都开发控股（集团）有限公司

表 6-4-143　2022 年商品房销售业绩及同比增幅

类别	2022 年	同比增长（%）
权益销售金额（亿元）	869.63	-24.32
权益销售面积（万平方米）	317.81	-19.06
销售均价（元/米^2）	27363	-6.50

数据来源：企业公告、CRIC。

表 6-4-144　2021—2022 年企业财务指标

财务指标	2022 年	2021 年
净负债率（%）	147.28	147.45
三费费用率（%）	11.00	8.38
总资产周转率（次）	0.16	0.21
长短期债务比	5.63	4.93
现金短债比	1.03	1.22
净利润增长率（%）	-44.88	-60.16
销售毛利率（%）	16.62	19.81
销售净利率（%）	1.92	2.46

数据来源：企业公告、CRIC。

表 6-4-145　2022 年重点新增土地储备

城市	宗地名称	属性	成交时间	建筑面积（万平方米）	成交总价（亿元）	楼板价（元/米^2）
北京	京土储挂（朝）〔2022〕025 号	住宅	2022-06	9.35	40.00	42774
北京	京土储挂（丰）〔2022〕047 号	住宅	2022-09	5.55	38.30	69000

数据来源：企业公告、CRIC。

表 6-4-146　2022 年重点新开盘项目

项目名称	城市	项目名称	城市
端礼著	北京	熙悦丽博	北京
璀璨平江如苑	苏州	富力首开·金禧璞瑅	北京
首开金茂望京樾	北京	山澜桂语轩	杭州

数据来源：企业公告、CRIC。

（四十一）大悦城控股集团股份有限公司

表 6-4-147　2022 年商品房销售业绩及同比增幅

类别	2022 年	同比增长（%）
权益销售金额（亿元）	568.00	-21.87
权益销售面积（万平方米）	227.00	-20.91
销售均价（元/米²）	25022	-1.22

数据来源：企业公告、CRIC。

表 6-4-148　2021—2022 年企业财务指标

财务指标	2022 年	2021 年
净负债率（%）	79.33	82.97
三费费用率（%）	12.48	10.30
总资产周转率（次）	0.19	0.21
长短期债务比	3.84	2.95
现金短债比	2.38	1.44
净利润增长率（%）	-389.62	-31.65
销售毛利率（%）	24.06	27.44
销售净利率（%）	-5.62	1.80

数据来源：企业公告、CRIC。

表 6-4-149　2022 年重点新增土地储备

城市	宗地名称	属性	成交时间	建筑面积（万平方米）	成交总价（亿元）	楼板价（元/米²）
南京	No.2022G13 地块	住宅	2022-04	3.05	5.20	17049
南京	No.2022G14 地块	住宅	2022-04	5.21	9.10	17466
北京	北京昌平区平坊村地块	住宅	2022-05	9.69	23.00	23736
杭州	萧政储出〔2022〕3 号地块	住宅	2022-06	5.39	15.57	28887
苏州	苏地网挂〔2022〕9 号	住宅	2022-09	3.74	10.52	28128

数据来源：企业公告、CRIC。

表 6-4-150　2022 年重点新开盘项目

项目名称	城市	项目名称	城市
成都天府时区	成都	西安奥体壹号	西安
北京宸悦国际	北京	厦门云玺壹号	厦门
苏州大悦狮山壹号	苏州	南京天悦风华	南京

数据来源：企业公告、CRIC。

（四十二）荣安地产股份有限公司

表 6-4-151　2022 年商品房销售业绩及同比增幅

类别	2022 年	同比增长（%）
权益销售金额（亿元）	230.50	-51.99
权益销售面积（万平方米）	101.50	-46.15
销售均价（元/米^2）	22709	-10.84

数据来源：企业公告、CRIC。

表 6-4-152　2021—2022 年企业财务指标

财务指标	2022 年	2021 年
净负债率（%）	25.08	49.22
三费费用率（%）	6.42	6.27
总资产周转率（次）	0.18	0.24
长短期债务比	2.20	2.00
现金短债比	2.42	1.72
净利润增长率（%）	-29.17	-34.78
销售毛利率（%）	17.96	17.63
销售净利率（%）	5.80	6.38

数据来源：企业公告、CRIC。

表 6-4-153　2022 年重点新开盘项目

项目名称	城市	项目名称	城市
观棠晴雨	宁波	御瓯海	温州
江汇城	宁波	嘉樾庄	嘉兴
荣安华府	金华	中央公园	绍兴

数据来源：企业公告、CRIC。

（四十三）五矿地产控股有限公司

表 6-4-154　2022 年商品房销售业绩及同比增幅

类别	2022 年	同比增长（%）
权益销售金额（亿元）	133.01	-48.86
权益销售面积（万平方米）	55.96	-43.62
销售均价（元/米^2）	23770	-9.30

数据来源：企业公告、CRIC。

表 6-4-155　2021—2022 年企业财务指标

财务指标	2022 年	2021 年
净负债率（%）	94.47	38.86
三费费用率（%）	11.08	10.30
总资产周转率（次）	0.14	0.18
长短期债务比	2.41	2.21
现金短债比	1.18	1.84
净利润增长率（%）	−335.43	40.49
销售毛利率（%）	10.47	18.51
销售净利率（%）	−13.52	4.90

数据来源：企业公告、CRIC。

表 6-4-156　2022 年重点新开盘项目

项目名称	城市	项目名称	城市
长江华府	南京	五矿招商江天际	广州
未来城	天津	江山大境	南京
朝阳壹号	北京	五矿澜悦溪山	南京

数据来源：企业公告、CRIC。

2023 中国房地产年鉴

VII. 发展篇

导 读

本篇收录住房保障、养老地产、房地产金融、房地产估价、不动产数字化、城市轨道交通场站综合开发和物业管理等七篇特约专稿,反映这些领域在2022年度取得的新进展和新经验。

一、住房保障

党中央、国务院高度重视住房保障工作。2022年10月，党的二十大报告指出，十年来，改造棚户区住房四千二百多万套，改造农村危房二千四百多万户，城乡居民条件明显改善。12月，中央经济工作会议指出，应解决好新市民、年轻人等住房问题，鼓励地方政府和金融机构加大保障性租赁住房供给。

党的十八大以来，是我国历史上保障性安居工程建设规模最大、投资最多的时期。这期间，住房保障体系不断完善，保障性住房建设稳步推进，棚户区改造大力实施，住房公积金惠及群体逐步扩大，住房保障能力持续增强。十年来，累计完成投资14.8万亿元，建设各类保障性住房和棚户区改造安置住房5900多万套，低保、低收入住房困难家庭基本实现应保尽保，1.4亿多名群众喜圆安居梦。

（一）加快完善住房保障体系

2021年6月，国务院办公厅印发《关于加快发展保障性租赁住房的意见》（国办发〔2021〕22号），第一次明确国家层面住房保障体系的顶层设计，提出加快完善以公租房、保障性租赁住房、共有产权住房为主体的住房保障体系。保障性租赁住房的提出，进一步强化对新市民、青年人等群体的住房保障，拓展住房保障供给主体和渠道。加快完善以公租房、保障性租赁住房和共有产权住房为主体的住房保障体系，促进住房保障对象从以户籍家庭为主转向覆盖城镇常住人口，住房保障方式从以政府投入为主转向政府政策支持、吸引社会力量投入为主。

（二）扩大保障性租赁住房供给

2022年全国保障性租赁住房开工建设筹集265.5万套（间），超额完成年度计划。

保障性租赁住房制度基本建立，住房和城乡建设部指导督促地方加快发展保障性租赁住房，确定发展目标，建立基础制度，推动多方参与，落实支持政策，多主体、多渠道发展保障性租赁住房的格局已经初步形成。各地加大政策宣传，形成了园区企业、企事业单位、农村集体经济组织、住房租赁企业等各类主体积极发展保障性租赁住房的良好态势。

保障性租赁住房金融政策不断完善，2022年1月，人民银行、银保监会发文明确保障性租赁住房有关贷款不纳入房地产贷款集中度管理，要求银行业金融机构加大对保障性租赁住房的支持力度。2月，银保监会、住房和城乡建设部印发《关于银行保险机构支持保障性租赁住房发展的指导意见》，明确构建多层次、广覆盖、风险可控、业务可持续的保障性租赁住房金融服务体系，加大对保障性租赁住房建设运营的支持力度。发行保障性租赁住房REITs取得重要进展，北京、上海、深圳、厦门4支REITs成功发行并上市交易。

2022年11月25日，保障性租赁住房发展论坛在广西壮族自治区南宁市召开，该论坛是中国—东盟建筑业合作与发展论坛的8个分论坛之一，由住房和城乡建设部、广西壮族自治区人民政府共同主办。本次论坛以"加快发展保障性租赁住房，圆新市民、青年人安居梦"为主题，围绕保障性租赁住房顶层设计、发展方向、智慧管理及社区治理等内容，重点探讨保障性租赁住房领域普遍关注的政策趋势、投资创新、融资创新、运营创新、服务构建等，充分交流各地发展保障性租赁住房经验，加快推动各地发展保障性租赁住房，助力稳定经济增长和扩大有效投资。

（三）进一步规范发展公租房

2022年，全国新筹集公租房开工10.4万套，超额完成年度计划。

公租房运营管理不断加强，实物供给数量显著增加，货币补贴制度不断完善。截至2022年6月底，全国3800多万名困难群众住进公租房，2700多万名困难群众领取租赁补贴。

总结推广杭州、重庆、西安、九江等城市经验，指导各地将公租房小区纳入属地社区管理，积极实施政府购买公租房运营管理服务，提升管理服务专业化、规范化水平，提高群众获得感、幸福感、安全感。

加快信息系统建设。继续推进公租房信息系统建设，指导地方扩大系统联网范围，全国地级以上城市初步实现数据联网。扩大公租房 App 覆盖面，21 个省份、120 个城市部署使用公租房 App，实现"让数据多跑路、让群众少跑腿"。

（四）稳步推进棚户区改造

继续指导地方坚持因地制宜、量力而行，严格把好棚户区改造范围和标准，科学确定年度计划，加强配套基础设施建设和工程质量安全监管，帮助住房困难群众"出棚进楼"。2022 年全国各类棚户区改造开工 134.8 万套，超额完成年度计划。

（五）因地制宜发展共有产权房

截至 2022 年底，北京市累计筹集共有产权住房约 8.3 万套，上海市签约 14 万户。南京、广州、杭州等城市也积极探索发展共有产权住房。共有产权住房帮助部分有一定支付能力的家庭以较低门槛拥有产权住房，增强获得感、幸福感、安全感。

（六）加强保障性住房质量管理

2022 年 2 月，住房和城乡建设部办公厅印发《关于加强保障性住房质量常见问题防治的通知》，进一步加强保障性住房质量管理，细化保障性住房工程质量上的各项规范要求，让住房困难群众"住得进""住得好"。

（王德强　住房和城乡建设部　住房保障司）

二、养老地产

当前市场上对养老地产的概念界定相对模糊，存在狭义与广义之别。在本文中，采用狭义概念，即只有以养老为目的、提供专业养老服务并存在明确为老服务门槛——如购买和入住年龄限制的地产项目，才纳入此次讨论的养老地产的概念范畴，其产品形式主要以养老社区为主。

（一）养老地产供需规模与价格

1. 养老地产全国需求规模

2022 年，我国老龄人口迎来爆发式增长，整体规模突破 2.8 亿人，占总人口的 19.8%，即将达到中度老龄化社会的标准。据发展改革委预计，未来 8 年，老龄人口仍将以年增超过 1000 万人的速度持续增加，到 2035 年左右，我国 60 岁及以上老年人口将突破 4 亿人，在总人口中的占比将超过 30%，进入重度老龄化阶段。（见图 7-2-1）

在此基础上，全社会对于养老问题的关注与认识都在快速成长，在老龄群体中，对养老地产的关注度和购买/入住意愿也在不断发生变化。研究监测显示，老龄群体购买/入住养老地产的意愿度自 2016 年开始逐年显著提升，其中，2022 年的全国调研显示，养老地产的主要客户群体——高收入老年家庭中，约 18.7% 有购买和入住养老地产社区的意愿。

基于老年群体的总体规模、其中相对高收入家庭的比例、高收入家庭的购买/入住意愿度等多项指标，截至 2022 年底，我国养老地产的总体需求人口约 1204 万人，以人均约 45 平方米的行业常规标准判断，总体需求规模约 54180 万平方米。

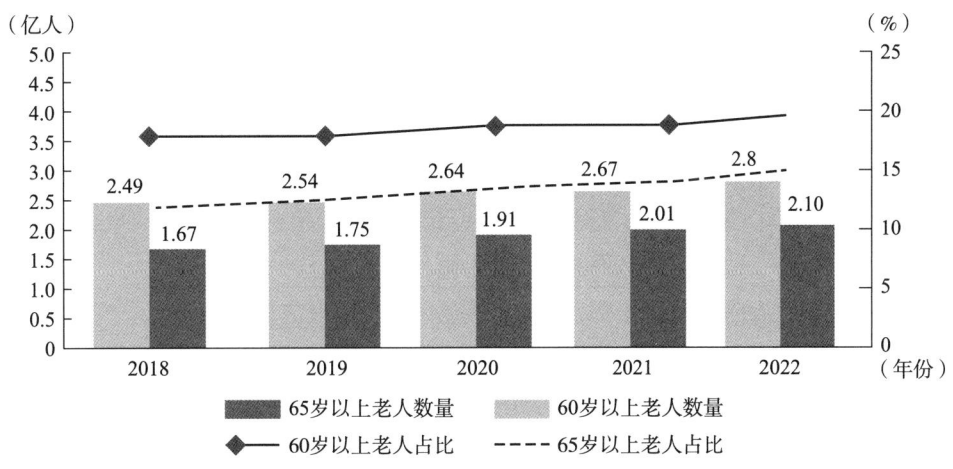

图 7-2-1　我国 2018—2022 年老龄人口规模与增长

数据来源：昱言养老数据库。

注：参照联合国关于老龄化的划分标准，当一个国家 60 岁以上人口占总人口比重超过 10% 或 65 岁以上人口比重超过 7%，表示进入轻度老龄化社会；60 岁以上人口占总人口比重超过 20% 或 65 岁以上人口比重超过 14%，表示进入中度老龄化社会；60 岁以上人口占总人口比重超过 30% 或 65 岁以上人口比重超过 21%，表示进入重度老龄化社会。

2. 养老地产全国供应规模

随着需求的逐步释放与社会认知的逐步发展，我国养老地产的市场供应规模也进一步增加。截至 2022 年底，我国养老地产总体供应规模达到约 1500 万平方米，此外已布局但尚未真正落地面世的潜在供应约 1000 万平方米。

与此同时，市场供应结构也呈现明显的梯级分布。其中，一梯队城市属于基本面突出、养老地产发展较为成熟、供需规模都较大的城市，主要为北京和上海两地。截至 2022 年底，两地的养老地产总体供应规模达到约 400 万平方米，潜在供应约 200 万平方米。

二梯队城市属于基本面较好、养老地产快速发展中、存在一定的市场规模与活跃度的城市，主要包括天津、南京、苏州、杭州、武汉、成都、重庆和广州 8 个城市。截至 2022 年底，二梯队城市的养老地产总体供应规模达到约 300 万平方米，潜在供应约 300 万平方米。

三梯队城市属于养老地产萌芽或开始发展、存在一定典型项目的城市，典型代表为南宁、西安、南昌等。截至 2022 年底，三梯队城市的养老地产总体供应规模达到约 800 万平方米，潜在供应约 500 万平方米。（见图 7-2-2）

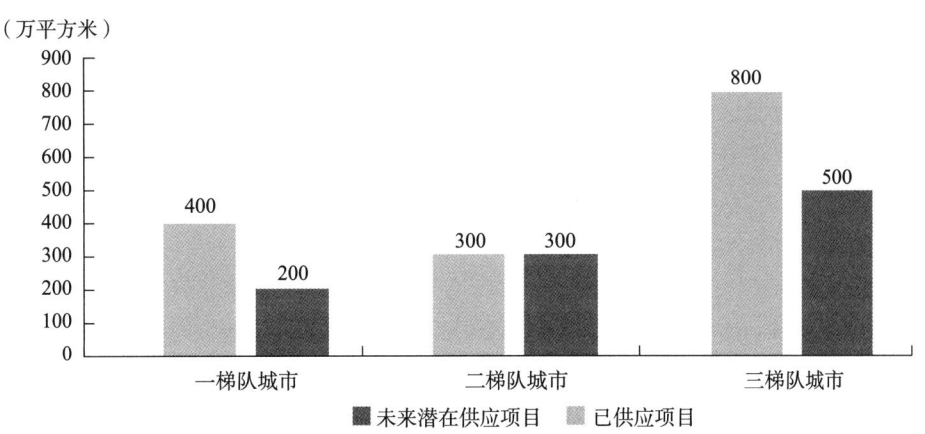

图 7-2-2　2022 年全国各梯队城市养老地产供应规模

数据来源：昱言养老数据库。

3. 养老地产销售模式与价格

养老地产项目受土地属性、市场认知等方面影响，销售模式与定价方式往往比较复杂，一般采用"前端大额门槛费+后端服务月费"的形式进行销售。

其中，在前端大额门槛费方面，采用的形式也较为多元，往往包括产权/部分产权销售、会员卡/会籍销售、大额押金收取、长期租赁、保险链接、信托链接等模式。销售价格跨度也较大，往往与当地住宅销售价格、住宅租赁价格、酒店房价、长租公寓房价等挂钩。

在后端服务月费方面，往往包括月服务费、基础护理费、餐费，及其他基础费用。费用水平一般与当地照护服务费用、家政服务费用等挂钩。

前端大额门槛费与后端服务月费的水平也呈现明显的梯级分布。一梯队城市的大额门槛费成交价格普遍在100万~300万元/套，部分高端项目可达到300万~500万元/套，交纳大额门槛费之后，服务费平均实收价格普遍在5000~8000元/（人·月），部分高端项目可达到8000~15000元/（人·月）；二梯队城市的大额门槛费成交价格普遍在100万~200万元/套，交纳大额门槛费之后，服务费平均实收价格普遍在3000~6000元/（人·月）；三梯队城市的大额门槛费成交价格普遍在100万元/套以下，交纳大额门槛费之后，服务费平均实收价格普遍在5000~8000元/（人·月），部分高端项目可达到4000元/（人·月）以下。

（二）养老地产土地情况与特点

受政策影响，我国养老地产项目用地类型灵活多元，不受单一用地属性限制。从当前市场情况来看，除各地陆续推动过的养老服务设施专项用地外，住宅用地、商业用地、旅游用地、多功能用地（F类）、医疗慈卫用地、社会福利用地甚至农村集体建设用地等，均有用作养老地产的先例。

与此同时，我国养老地产项目的土地来源也丰富多样，公开招拍挂取地之外，大量项目通过股权合作、资产收购甚至集体建设用地流转等形式获得土地，也有大量项目属于企业自有存量用地或存量物业的盘活。

1. 养老地产公开取地情况

2022年，受疫情压力下的行业形势影响，国内养老地产开发企业公开取地较少，全年累计成交仅8宗，总建筑面积约45.8万平方米，成交金额约18.91亿元。

其中，以保险企业最为活跃，仅泰康就成交5宗土地，分别位于杭州、呼和浩特、昆明、佛山和青岛。（见表7-2-1）

表7-2-1　2022年中国养老地产成交情况

日期	城市	地块名称	地块性质	成交建筑面积（平方米）	成交单价（元/米²）	成交金额（亿元）	成交企业
2022年1月	巢湖	CH202028地块、CH202029地块	住宅用地	120000	4830	58	中铁四局
2022年2月	杭州	XH1403-05地块	商业用地	65969	4654	3.07	泰康集团
2022年2月	北京	JG01-07地块	多功能用地	45536	12825	5.8	太平洋保险
2022年4月	呼和浩特	2022001宗地	工业用地	32454	2010	0.65	泰康集团
2022年5月	昆明	KCC2021-12	社会福利用地	95000	1384	1.3	泰康集团
2022年6月	三亚	SY2022-08	旅馆用地	38800	5414	2.1	太平洋保险
2022年11月	佛山	TD2022（CC）WF0010	其他用地	52080	2592	1.35	泰康集团
2022年12月	青岛	QDCYP-2022-13-1地块	其他用地	9011	805	0.07	泰康集团

数据来源：昱言养老数据库。

2. 养老地产用地跨越与创新

在严格意义上的养老地产项目之外，北京在2022年试点一项特殊政策，创新性地进行养老地产与住宅的跨界融合。

2022年，北京市在第二次集中拍地中，选取3宗试点地块进行全龄友好社区试点（见表7-2-2）。一方面，要求试点地块取地后，规划方案需满足挂牌文件提出的全龄友好社区标准要求，其中在社区的适老化及养老服务配套设施、为老服务提供上有重点要求；另一方面，试点地块入市销售时，中心城区老年（60周岁及以上）家庭购买享有额外的贷款比例优惠，首付最高可直降45%，吸引了大批城区家庭。这也是狭义上的养老地产向广义范畴进行跨越与融合的典型表现。

表7-2-2　2022年北京二批次土拍首次试点全龄友好社区建设，增建养老服务设施

日期	地块名称	地块性质	成交建筑面积（万平方米）	成交单价（万元/米²）	成交金额（亿元）
2022年5月	昌平区平西府	住宅用地	12.5	3.53	44.125
2022年5月	顺义区福环	住宅用地	15.8	2.99	47.242
2022年5月	顺义区薛大人庄	住宅用地	4	3.36	13.44

数据来源：昱言养老数据库。

（三）养老地产典型企业与项目

1. 养老地产开发典型企业

在我国，养老地产的开发存在三股典型力量，一股为保险企业，主要为寿险企业，以泰康人寿、太平洋保险、中国人寿等为代表；一股为地产开发商，以万科、远洋、华润等为代表；一股为央国企康养平台，以中康投、北康养、苏康养等为代表。

其中，保险企业是目前养老地产开发领域最大的主体。截至2022年底，全国保险企业落地养老地产总规模超过980万平方米，已布局但尚未真正落地面世的潜在供应规模超200万平方米。其中，以自有规模为标准，排名前3的保险企业分别是泰康人寿、太平洋保险、中国人寿，已落地规模分别为218.2万、93.0万、34.3万平方米，潜在供应规模分别为189.3万、13.4万、24.0万平方米。（见表7-2-3）

表7-2-3　2022年中国保险企业布局养老地产TOP3

排名	企业名称	已落地规模（万平方米）	潜在供应规模（万平方米）
1	泰康人寿	218.2	189.3
2	太平洋保险	93.0	13.4
3	中国人寿	34.3	24.0
总计		345.5	226.7

数据来源：昱言养老数据库。

2022年，受疫情影响，国内养老地产整体走势趋缓，但保险企业仍然保持高强度的投资、开发与经营节奏。以泰康人寿为例，2022年旗下16个项目均有重要节点动态，5个项目拿地，3个项目开业运营或试运营，8个项目开放展示或体验中心；太平洋保险方面，2个项目取地，1个项目开业运营；中国人寿战略投资福寿康，布局社区居家养老领域。此外，太平保险、大家保险积极与养老项目展开战略合作，太平保险布局8地9个项目，大家保险布局5地5个项目，国华人寿、前海人寿也加快项目建设与开业。

地产开发商方面，截至2022年底，介入最早的万科、远洋和华润仍然是布局规模排名前3的头部企业，

布局已落地规模分别为32.6万、16.0万、36.1万平方米，潜在供应规模分别为17.6万、11.9万、18.8万平方米。（见表7-2-4）

表7-2-4　2022年中国地产企业布局养老地产TOP3

排名	企业名称	已落地规模（万平方米）	潜在供应规模（万平方米）
1	万科集团	32.6	17.6
2	远洋集团	16.0	11.9
3	华润置地	36.1	18.8
总计		84.7	48.3

数据来源：昱言养老数据库。

除这三家外，中铁、越秀、旭辉、路劲、富力等地产开发企业也陆续有动态推进，如中铁实现1个项目拿地、1个项目开业，越秀、旭辉和路劲则加速项目布局实现项目的试运营与开业，富力1个项目竣工备案。

在央国企康养平台方面，2022年仍以承接培疗机构转型康养、国有资产存量改造两大任务为主，由于成立周期尚短，项目基本均尚在规划中，预计2023—2025年将有一批集中面世。

2. 养老地产运营典型项目

（1）北京企业2022年典型项目：首厚大家朝阳社区。

首厚大家朝阳社区位于北京市朝阳区，总建筑面积4.03万平方米，前身为首旅旗下永安宾馆，经改造而成。2019年开始销售，2020年大家保险通过股权收购成为全资股东，同期停止销售。受早期销售策略影响，入住率长期低迷，2022年，大家保险启动全新入住营销策略，大力提升入住率。

项目规划自理公寓440套、护理房间114套，户型以46平方米的开间和91~94平方米的套间为主；同时配套医务室、餐厅、文娱空间、商业空间等，配套占比约15%。

先后采用了会员卡销售与保险链接两种大额门槛费形式，在会员卡销售上，价格在210万~560万元，在保险链接上，购买200万以上指定保单，即可获得养老社区的入住权益并可获赠社区租赁模式的9.5折优惠。在后端服务费用上，服务费在6880~7880元/（月·人），包含5080~6080元的服务费和1800元的餐费。

2022年，大家保险启动全新入住营销策略，通过销售团队发力结合灵活的价格策略，组合式地提升入住率，实现从30%到60%的入住率突破。

（2）上海企业养老地产布局典型项目案例：路劲地产——路劲·隽芳华长者社区一期。

路劲·隽芳华长者社区位于上海市松江区小昆山镇，社区总建筑面积11万平方米，其中一期8万平方米。项目为自建自营，由港企路劲集团投资建设、上海隽芳华养老服务有限公司运营，开盘时间为2021年12月，2022年9月正式开园运营。

项目一期规划活力长者公寓364户，护理院可容纳300名长者，户型以50~93平方米的一居为主，少量106平方米的二居；同时配套双层商业会所、商业街、护理院等，配套占比约25%。

项目前端大额门槛费以会员制形式收取，会籍价格在139万~259万元，根据户型不同收取，入住满三年以上会员卡可原价退回，入住不满3年需交纳购买时会员卡押金3%的手续费。在后端服务费用上，服务费在6400元/（月·人），包含4600元的服务费和1800元的餐费。

（张坤昱　潘盼　中原集团昱言养老）

三、房地产估价

2022年，受复杂严峻国内外形势和疫情冲击的影响，房地产估价行业面临一定压力，发展放缓，新增估价机构数量同比减少，业务规模出现普遍性缩减。但面对困难，部分估价机构也抓住业务转型机遇，积极探索新的业务增长点。

（一）2022年房地产估价行业基本情况

1. 房地产估价机构情况

机构规模增长放缓。根据中国房地产估价师与房地产经纪人学会（以下简称中房学）房地产估价行业信息库统计，截至2022年12月31日，全国房地产估价机构5762家，同比增长0.2%。其中，一级房地产估价机构1047家、二级房地产估价机构2408家、三级房地产估价机构1257家、一级房地产估价机构分支机构1050家，增长率分别为1%、-3.6%、1.5%、-1.1%（见图7-3-1、图7-3-2）。

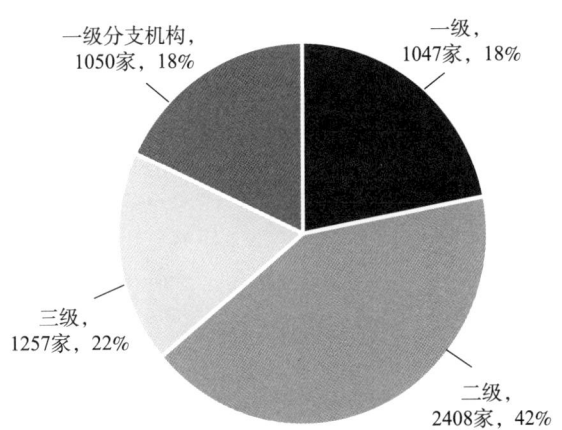

图7-3-1 2022年全国各等级房地产估价机构数量及占比

数据来源：中房学房地产估价行业信息库。

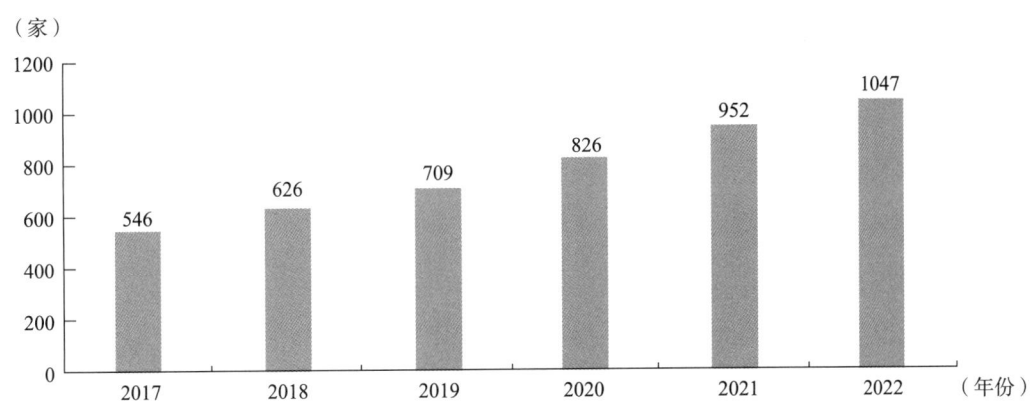

图7-3-2 2017—2022年全国一级房地产估价机构规模情况

数据来源：中房学房地产估价行业信息库。

成熟机构占比超七成。房地产估价行业专业性较强，发展相对稳定，大部分估价机构深耕行业。根据中房学房地产估价行业信息库统计，七成以上估价机构的经营年限在10年以上，经营年限超过15年的占一半以上，超过20年的占比为18.6%（见图7-3-3）。一级房地产估价机构平均经营年限约为19年，经营年限超过10年的占比为95.8%，超过20年的占比为35.2%（见图7-3-4）。

2. 人员情况

考试报名人数及合格人数有所增加。2022年全国报名参加、实际参加房地产估价师职业资格考试的人数分别为1.9万人、1.6万人，同比分别增加46.2%、45.5%。其中，851人考试合格，考试合格率约为5.1%（见图7-

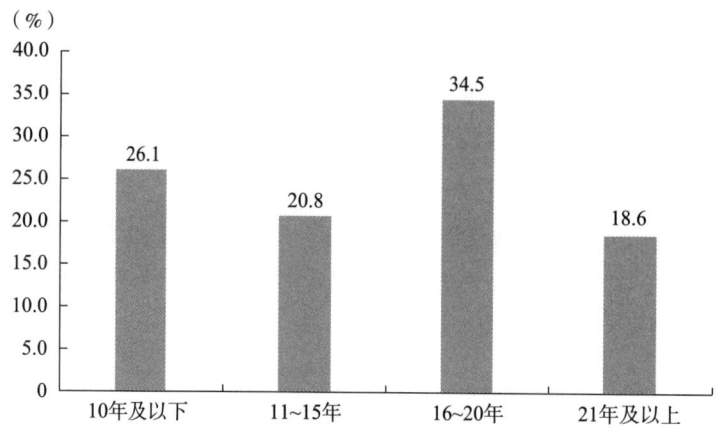

图 7-3-3　2022 年全国房地产估价机构经营年限情况

数据来源：中房学房地产估价行业信息库。

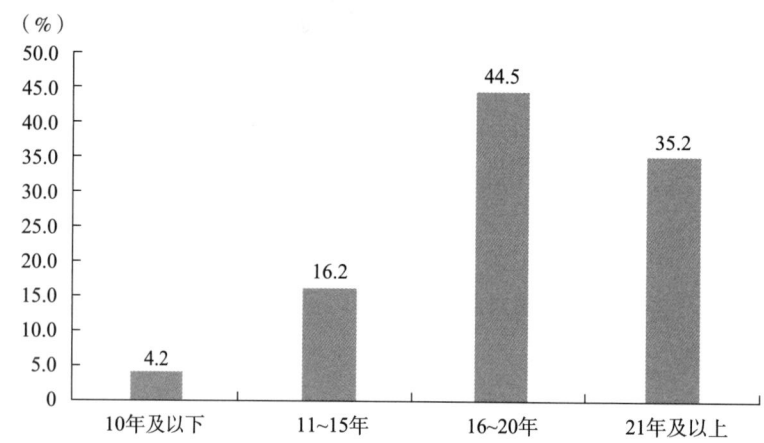

图 7-3-4　2022 年全国一级房地产估价机构经营年限情况

数据来源：中房学房地产估价行业信息库。

3-5）。自 1995 年举办首次房地产估价师职业资格考试以来，累计取得房地产估价师资格证书的人数约 7.3 万人。

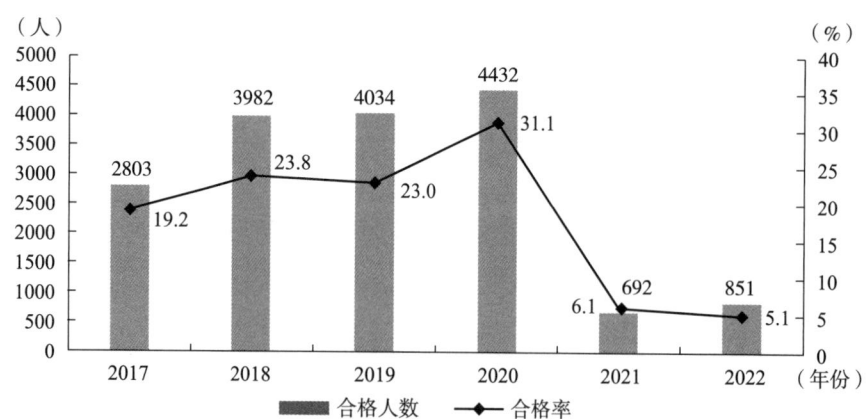

图 7-3-5　2017—2022 年全国房地产估价师资格考试合格人数及合格率

数据来源：中房学房地产估价行业信息库。

注册房地产估价师人数约 7 万人。受上一年度考试通过人数减少影响，2022 年初始注册执业人数也减少至 683 人（见图 7-3-6）。截至 2022 年底，70134 名房地产估价师注册执业。

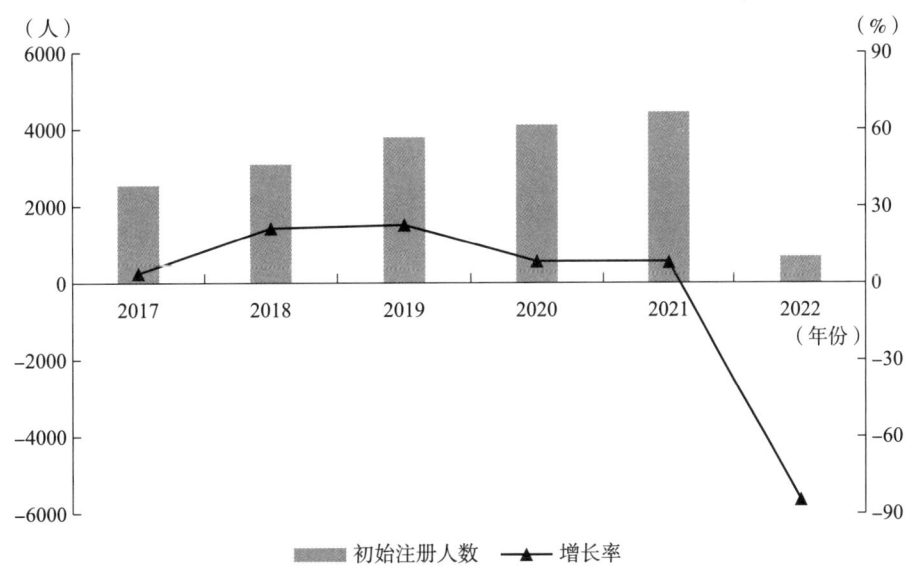

图 7-3-6　2017—2022 年全国房地产估价师初始注册人数及增长率

数据来源：中房学房地产估价行业信息库。

从业人员以 46~55 岁居多。近 40% 的注册房地产估价师年龄在 46~55 岁，但数据同时显示，全国注册房地产估价师队伍继续保持年轻化趋势。其中，35 岁及以下估价师占比从 2020 年的 16.2% 增长为 2022 年的 20.4%（见图 7-3-7）。

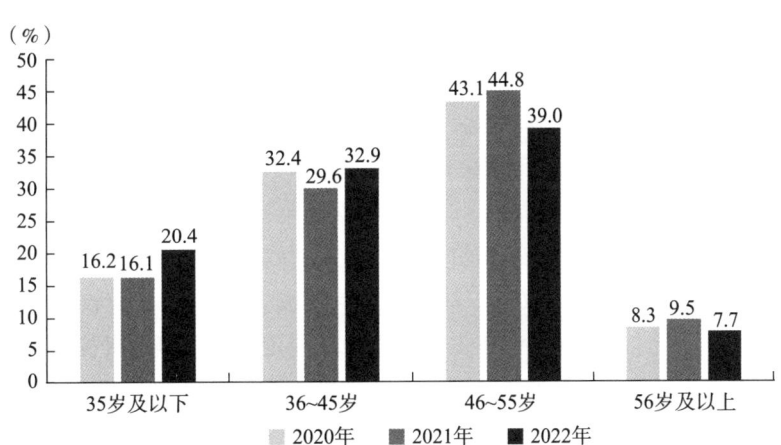

图 7-3-7　2020—2022 年全国注册房地产估价师年龄结构

数据来源：中房学房地产估价行业信息库。

本科及以上估价师占比超六成。从学历情况来看，注册房地产估价师总体学历水平较高。截至 2022 年底，本科及以上学历占比 63.5%。其中，本科占比 57.1%，硕士研究生占比 6.0%，博士研究生占比 0.4%（见图 7-3-8）。

3. 业绩情况

业绩整体情况。根据全国 1047 家一级房地产估价机构填报的业绩数据统计，2022 年全国一级房地产估价机构完成的平均估价项目 1624 个，同比减少 22.3%；平均评估价值 287 亿元，同比减少 21.2%；平均评估建筑面积 296 万平方米，同比减少 18.7%；平均评估土地面积 296 万平方米，同比减少 40.0%（见图 7-3-9）。

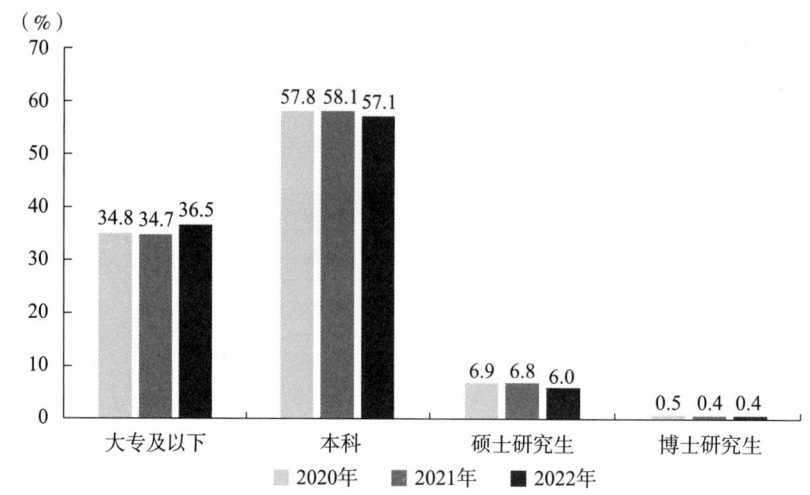

图 7-3-8　2020—2022 年全国注册房地产估价师学历结构

数据来源：中房学房地产估价行业信息库。

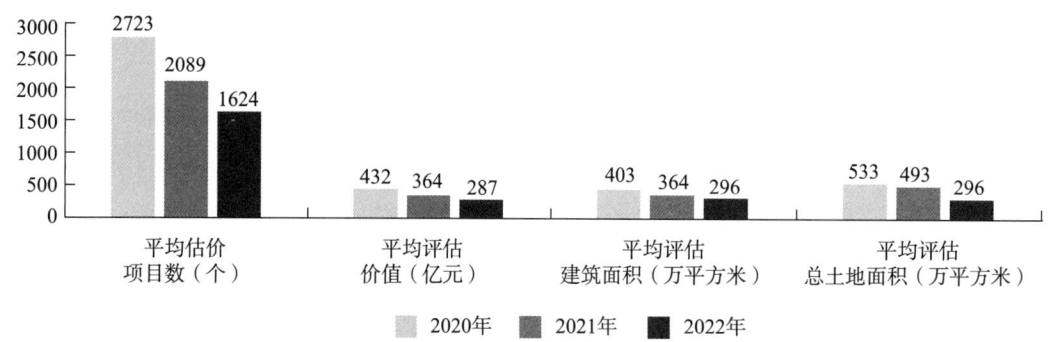

图 7-3-9　2020—2022 年全国一级房地产估价机构业绩完成情况

数据来源：中房学房地产估价行业信息库。

营业收入情况。2022年，全国一级房地产估价机构平均营业收入1626万元，同比减少11.2%；营业收入排名前10的一级房地产估价机构平均营业收入2.26亿元，同比减少1.7%；营业收入排名前100的一级房地产估价机构平均营业收入7524万元，同比减少5.7%。根据2022年度全国各等级机构填报的营业收入情况估算，2022年全国房地产估价机构营业收入总额近308亿元（见图7-3-10、图7-3-11）。

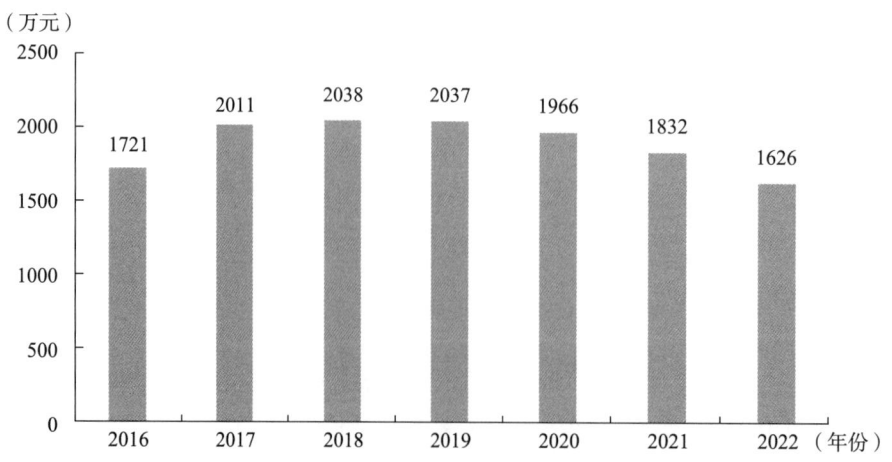

图 7-3-10　2016—2022 年全国一级房地产估价机构年均营业收入情况

数据来源：中房学房地产估价行业信息库。

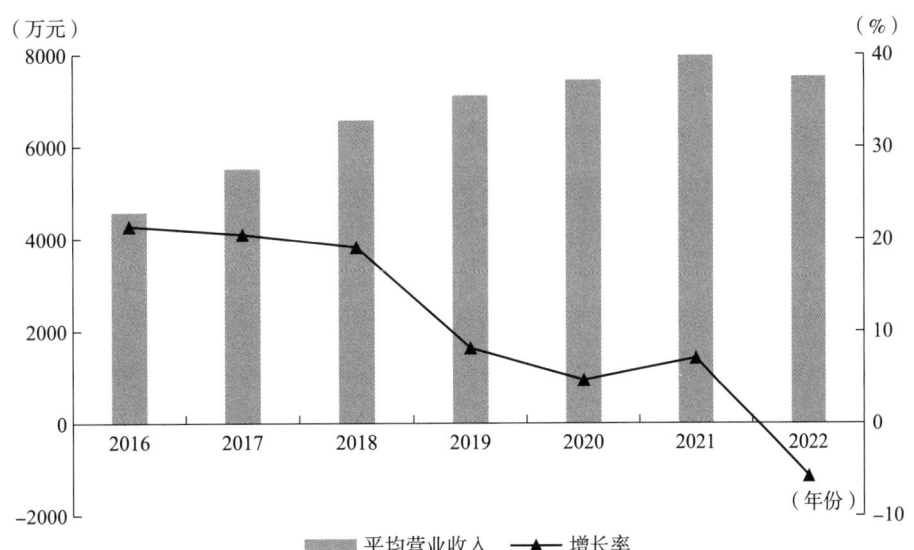

图 7-3-11　2016—2022 年营业收入排名前 100 的一级房地产估价机构平均营业收入及增长率

数据来源：中房学房地产估价行业信息库。

（二）行业发展政策及重要事件

1. 行业政策

3月1日，住房和城乡建设部印发《"十四五"建筑节能与绿色建筑发展规划》，提出在城镇老旧小区改造中，鼓励加强建筑节能改造，形成与小区公共环境整治、适老设施改造、基础设施和建筑使用功能提升改造统筹推进的节能、低碳、宜居综合改造模式。推动开展绿色低碳城区建设，实现高星级绿色建筑规模化发展，推动超低能耗建筑、零碳建筑、既有建筑节能及绿色化改造，可再生能源建筑应用，装配式建筑、区域建筑能效提升等项目落地实施，全面提升建筑节能与绿色建筑发展水平。6月30日，住房和城乡建设部、国家发展改革委联合印发《城乡建设领域碳达峰实施方案》，提出2030年前，城乡建设绿色低碳发展政策体系和体制机制基本建立；城乡建设方式绿色低碳转型取得积极进展，"大量建设、大量消耗、大量排放"基本扭转；城市整体性、系统性、生长性增强，"城市病"问题初步解决；建筑品质和工程质量进一步提高，人居环境质量大幅改善；绿色生活方式普遍形成，绿色低碳运行初步实现。"双碳"目标下建筑行业面临着转型升级，房地产估价机构可通过构建绿色建筑评估体系评估建筑的环境可持续发展性，利用"碳价值"评估体系对建筑物进行"碳价值"评估。

4月25日，国务院办公厅印发《关于进一步释放消费潜力促进消费持续恢复的意见》，在"全面创新提质，着力稳住消费基本盘"方面提出，要大力发展绿色消费，推动绿色建筑规模化发展，大力发展装配式建筑，积极推广绿色建材，加快建筑节能改造。在"强化保障措施，进一步夯实消费高质量发展基础"方面提出，适应乡村旅游、民宿、户外运动营地及相关基础设施建设小规模用地需要，积极探索适宜供地方式，鼓励相关设施融合集聚建设。随着住房建设领域消费高质量发展的深入推进，房地产估价服务需求日益精细化、多样化，对房地产估价机构专业服务能力提出新要求外，也为机构创新、高质量发展提供机遇。

5月6日，中国银保监会发布《关于银行业保险业支持城市建设和治理的指导意见》，在城市建设和治理领域，要求支持基础设施建设，助推城市功能提升。引导银行保险机构依法依规支持城市更新项目，坚持"留改拆"并举，以保留利用提升为主，加强修缮改造，补齐城市短板，注重功能提升。有序推进碳达峰、碳中和工作，推动城市绿色低碳循环发展。该意见的出台，为城市更新提供政策支持，有助于推动城市更新行动有序开展，进一步激发房地产估价服务需求。

2. 重要事件

第五届中韩日房地产估价论坛共话"可持续发展",共享估价服务新机遇。2022年6月9日,中房学携手韩国鉴定评估协会、日本不动产鉴定士协会联合会以线上方式共同举办主题为"可持续发展与估价服务"的第五届中韩日房地产估价论坛。中韩日三国的知名房地产估价专家、学者以及房地产估价机构负责人、房地产估价师围绕房地产估价在应对气候变化中的专业作用、"双碳"背景下价值评估的路径探索、城市更新中评估的机遇实践、生态产品价值评估的技术路径等内容分享研究成果,交流实践经验。该届论坛是住房和城乡建设部所属单位首次牵头举办的相关线上国际会议,确保中韩日三国估价行业持续交流分享,也为引领房地产估价行业树立可持续发展理念、挖掘可持续发展业务对估价的需要提供方向。

《房地产估价对象远程在线查勘指引(试行)》公开征求意见。2022年6月10日,中房学发布《关于征求〈房地产估价对象远程在线查勘指引(试行)〉(征求意见稿)意见的通知》(中房学〔2022〕20号),向社会公开征求意见。该通知的发布,有利于广大房地产估价机构和专业人士集思广益,助力《房地产估价对象远程在线查勘指引(试行)》后期的顺利实施,进而为满足特殊情况下及时开展房地产估价业务的需要,规范远程在线查勘活动,保障房地产估价质量,提供政策依据。

财政部公开征求《资产评估法(修订征求意见稿)》意见。财政部对《中华人民共和国资产评估法》进行修订,形成《中华人民共和国资产评估法(修订征求意见稿)》,并于2022年11月面向社会公开征求意见。《资产评估法》修订内容包括增加坚持党的领导的要求、统一评估师表述、提高评估机构设立要求、压实委托人和被评估单位责任、删除"应当选择两种以上评估方法"内容、明确法定业务执业条件、修改评估档案的保存期限、明确处罚金额等。《资产评估法》自2016年12月1日起施行,此次修改稿为实施以来的首次修订,从修订内容来看,估价机构设立及执业责任更为严格,这也将促进估价机构更加重视人才培养以及风险防范,进而推动行业向更专业、更高质量方向发展。

2022中国房地产估价年会适应估价需求变化,迎接行业未来挑战。2022年12月2日,中房学以线上方式举办主题为"有效适应估价需求变化"的2022中国房地产估价年会,房地产估价机构负责人、地方行业组织负责人及有关专家学者围绕行业重大议题进行深入探讨。估价年会的召开,对于引导广大房地产估价机构更好地适应估价需要和要求的变化,把握房地产市场和房地产业转型升级蕴藏的发展机遇,积极拓展发展新空间,推动行业高质量发展具有重大发展意义。

(三)2022年房地产估价行业发展特点

2022年,在国内复杂严峻的形势影响下,房地产估价行业收缩发展。同时,为应对外部环境带来的冲击,房地产估价机构抓住绿色可持续发展、乡村振兴等国家战略部署契机,不断在新领域挖掘机会,展现行业发展韧性和活力。

1. 行业发展整体放缓,机构业绩普遍下滑

2022年,受经济下行和新冠疫情反复影响,房地产估价机构普遍面临一些困难和调整,发展规模有所萎缩。具体来看,2022年新增估价机构数量为近年来最低,一级房地产估价机构平均营业收入同比下降明显。从各省市一级估价机构平均营业收入来看,除北京市、浙江省、山西省、四川省、云南省、贵州省等六省市外,其余省市的平均营业收入同比均下降。其中,吉林省、上海市、湖北省下降幅度接近30%。从各机构变化来看,54%的一级估价机构营业收入同比下降,其中下降幅度20%以上的占25%,综合排名前10的估价机构有7家同比下降。

2. 北京市、上海市、江苏省、浙江省、广东省行业发展水平居全国前列

北京市、上海市、江苏省、浙江省、广东省估价业务无论在机构和人员数量还是业务规模上,在全国范围内一直都表现突出。2022年,这些省市一级估价机构平均营业收入均在2000万元以上。综合排名前100的企业中，江苏省、广东省、北京市、上海市占比也较高，分别为19%、16%、15%、14%。从竞争力和知名度来看，也尤以广东省机构居多。2022年排名前10的企业中，广东省、北京市、上海市分别为7家、2家、1家。

3. 租金评估标准体系建设加快

随着国家大力支持住房租赁市场政策的推进，房地产租金评估业务正在蓬勃发展。北京房地产估价师和土地估价师与不动产登记代理人协会、上海市房地产估价师协会分别于2021年、2022年发布《北京市公共租赁住房整体价格评估技术指引（试行）》《上海市租赁住房租金评估指引（试行）》，以规范公租房和保障性租赁住房的租金评估行为。同时，为指导并规范房地产估价机构和房地产估价师开展租金评估业务，中房学在2022年委托对"住房租金评估情形及评估技术要点和注意事项研究""非居住房地产租金评估情形及评估技术要点和注意事项研究"两项课题进行研究，进一步促进租金评估标准体系形成。

4. 服务新领域的房地产估价业务探索开展

在我国经济从高速增长阶段转向高质量发展阶段，房地产由房地产开发建设、"大拆大建"阶段进入房地产投资、运营管理和证券化阶段的背景下，部分房地产估价机构敏锐抓住战略机遇，除继续发挥在城市更新、住房租赁中的作用外，还利用专业优势在社会稳定风险、乡村振兴、生态建设、绿色可持续发展等领域提供精准有效估价咨询服务，逐渐形成一定影响力。

（程敏敏　陈胜棋　刘　朵　中国房地产估价师与房地产经纪人学会）

四、房地产金融

（一）货币供需及价格

1. 货币供应总量

2022年底，广义货币供应量M2余额266.4万亿元，同比增长11.8%，增速比上年底高2.8个百分点。基础货币余额36.1万亿元，同比增长9.6%，增速比上年底高9.8个百分点。货币乘数（广义货币/基础货币）7.4，保持扩大趋势（见图7-4-1）。

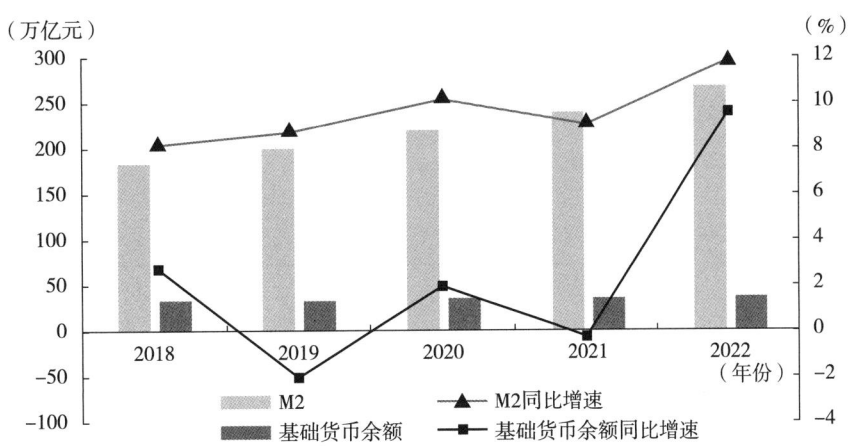

图7-4-1　2018—2022年M2、基础货币及其同比增速

数据来源：中国人民银行。

2. 存款

2022年底，金融机构人民币各项存款余额258.5万亿元，同比增长11.3%，比年初增加26.3万亿元，同

比多增 6.6 万亿元。其中境内存款 256.8 万亿元，同比增长 11.3%，比年初增加 24.3 万亿元，同比多增 6.0 万亿元。从存款部门分布看，住户存款、非金融企业存款增量分别为 17.8 万亿元、5.1 万亿元，分别同比多增 7.9 万亿元、1.3 万亿元；非银行业金融机构存款增量为 1.4 万亿元，同比少增 2.6 万亿元；政府存款增量减少 586 亿元，同比少增 6023 亿元（见表 7-4-1）。

表 7-4-1 2022 年底人民币存款结构

类型	存款余额（万亿元）	同比增速（%）	当年新增额（亿元）	同比多增额（亿元）
人民币各项存款	258.5	11.3	262654	65857
境内存款	256.8	11.3	242514	60197
住户存款	120.3	17.4	178400	79400
非金融企业存款	74.7	7.2	50900	13300
政府存款	38.0	5.0	-586	-6023
非银行业金融机构存款	23.8	6.6	13800	-26300
境外存款	1.7	10.9	20140	5660

数据来源：中国人民银行。

3. 贷款

2022 年底，金融机构人民币贷款余额 214.0 万亿元，同比增长 11.1%，比年初增加 21.3 万亿元，同比多增 1.4 万亿元。从贷款部门分布看，住户贷款余额 74.9 万亿元，同比增长 5.4%，比年初增加 3.8 万亿元，同比少增 4.1 万亿元。其中，个人住房贷款余额 38.8 万亿元，同比增长 1.2%。企（事）业单位贷款余额 137.5 万亿元，同比增长 14.2%，比年初增加 17.1 万亿元，同比少增 5.1 万亿元。非银行业金融机构贷款余额 5529 亿元，同比增长 29.3%，比年初增长 1254 亿元，同比多增 2101 亿元（见表 7-4-2）。

表 7-4-2 2022 年底人民币贷款结构

类型	贷款余额（万亿元）	同比增速（%）	当年新增额（亿元）	同比多增额（亿元）
人民币各项贷款	214.0	11.1	213096	13634
境内贷款	213.0	10.9	210454	11901
住户贷款	74.9	5.4	38300	-40900
企（事）业单位贷款	137.5	14.2	170900	50700
非银行业金融机构贷款	0.6	29.3	1254	2101
境外贷款	1.0	38.9	2642	1733

数据来源：中国人民银行。

4. 社会融资规模

2022 年底，社会融资规模存量为 344.2 万亿元，同比增长 9.6%。其中，人民币贷款余额 212.4 万亿元，同比增长 10.9%；外币贷款余额折合人民币 1.8 万亿元，同比下降 17.4%；委托贷款余额 11.2 万亿元，同比增长 3.4%；信托贷款余额 3.8 万亿元，同比下降 14.0%；未贴现银行承兑汇票余额 2.7 万亿元，同比下降 11.6%；企业债券余额 31.0 万亿元，同比增长 3.6%；政府债券余额 60.2 万亿元，同比增长 13.4%；非金融企业境内股票余额 10.6 万亿元，同比增长 12.4%；存款类金融机构资产支持证券余额 2.0 万亿元，同比下降 8.6%；贷款核销余额 7.3 万亿元，同比增长 16.3%（见表 7-4-3）。

表 7-4-3　2022 年底社会融资结构

类型	余额（万亿元）	同比增速（%）	当年新增额（亿元）	同比多增额（亿元）
社会融资规模	344.2	9.6	320099	6691
人民币贷款	212.4	10.9	209147	9743
外币贷款	1.8	-17.4	-5254	-6968
委托贷款	11.2	3.4	3580	5276
信托贷款	3.8	-14.0	-6003	14070
未贴现银行承兑汇票	2.7	-11.6	-3412	1505
企业债券	31.0	3.6	20509	-12356
政府债券	60.2	13.4	71228	1072
非金融企业境内股票	10.6	12.4	11758	-375
存款类金融机构资产支持证券	2.0	-8.6	-1862	-4644
贷款核销	7.3	16.3	10269	-30

数据来源：中国人民银行。

5. 市场利率

从银行融资看，2022 年受疫情反复影响，货币市场利率持续下降。2022 年 12 月末，3 月期上海银行间同业拆借利率（SHIBOR）2.42%，比上年底的 2.50% 下降 8 个基点；银行间市场存款类机构以利率债为质押的 7 天期回购利率（DR007）2.36%，比上年底的 2.29% 提高 7 个基点。

从非金融机构融资看，国债可代表当前无风险利率水平，企业债代表企业直融成本，这两个指标利率都是衡量金融市场各类融资利率的标尺。2022 年 12 月末，1 年期国债、1 年期 AAA 企业债、1 年期 AA- 企业债到期收益率分别为 2.10%、2.76%、5.70%，较上年底分别下降 15 个基点、提高 1 个基点、提高 29 个基点（见表 7-4-2）。

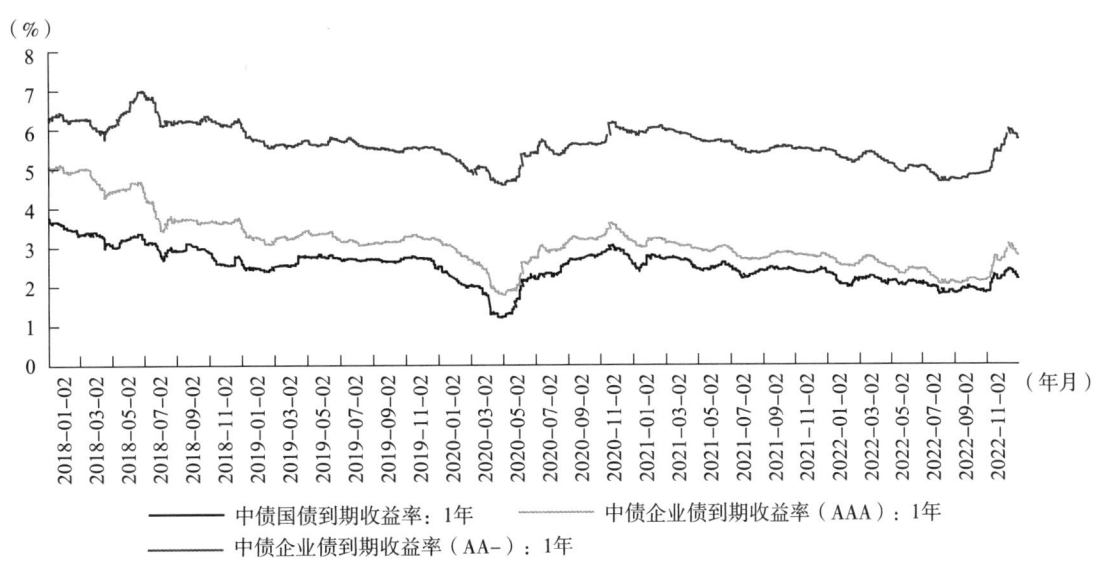

图 7-4-2　2018—2022 年主要融资利率走势

数据来源：中债估值中心。

（二）房地产信贷

1. 房地产信贷总量

2022年底，人民币房地产贷款余额53.2万亿元，同比增长1.5%，增速比上年底低6.4个百分点。全年增加7213亿元，占同期人民币各项贷款增量的3.4%，比上年底低15.7个百分点。其中，个人住房贷款余额38.8万亿元，同比增长1.2%，增速比上年底低10.0个百分点；住房开发贷款余额12.7万亿元，同比增长3.7%，增速较上年底高2.8个百分点（见图7-4-3）。

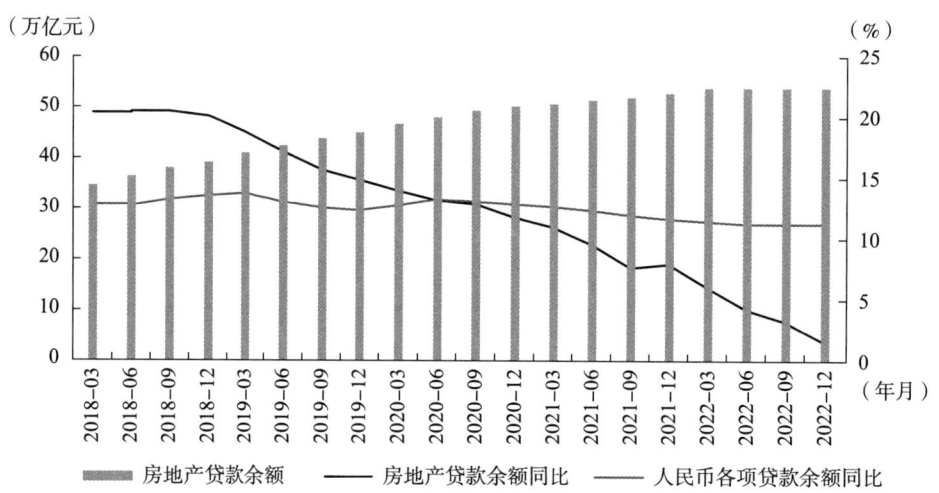

图7-4-3　2018—2022年房地产贷款余额及其同比增速

数据来源：中国人民银行。

2. 与其他行业比较

2022年，房地产贷款增幅自年初持续回落，增速持续低于工业贷款增速26.5%（包括重工业和轻工业），且低于服务业贷款同比增速11.2%（见图7-4-4）。

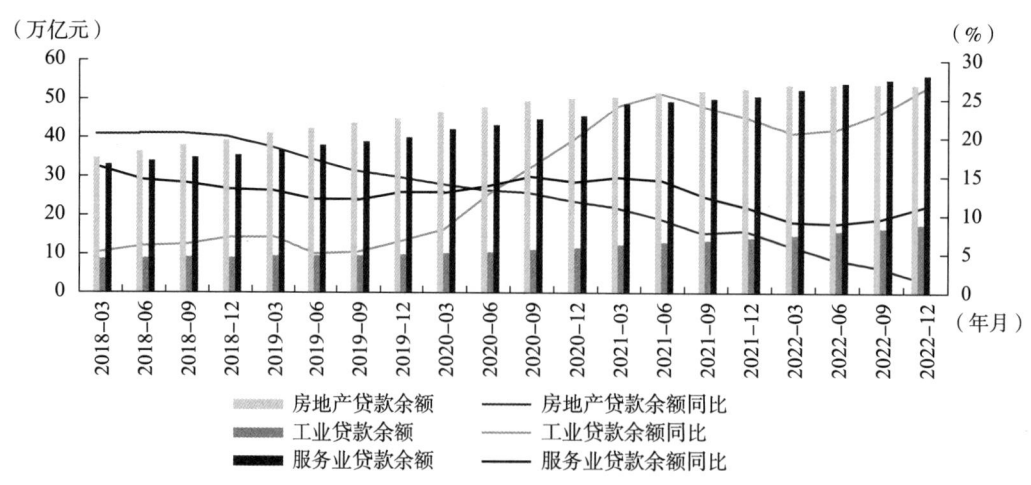

图7-4-4　2018—2022年部分行业贷款余额及其增速

数据来源：中国人民银行。

3. 房地产按揭贷款利率

2022年第四季度末所有贷款加权平均利率为4.14%，较上年底下降62个基点。其中，个人购房贷款加权平均利率为 4.26%，较上年底下降 137 个基点；一般贷款加权平均利率为 4.57%，较上年底下降 62 个基点；企业贷款加权平均利率 3.97%，较上年底下降 60 个基点（见表 7-4-4）。

表 7-4-4　房地产各项贷款利率（%）

时间	个人购房贷款利率	一般贷款利率	企业贷款利率	所有贷款加权平均利率
2018 年第一季度	5.42	6.01	—	5.96
2018 年第二季度	5.60	6.08	—	5.97
2018 年第三季度	5.72	6.19	—	5.94
2018 年第四季度	5.75	5.91	—	5.63
2019 年第一季度	5.68	6.04	—	5.69
2019 年第二季度	5.53	5.94	—	5.66
2019 年第三季度	5.55	5.96	—	5.62
2019 年第四季度	5.62	5.74	—	5.44
2020 年第一季度	5.60	5.48	—	5.08
2020 年第二季度	5.42	5.26	4.64	5.06
2020 年第三季度	5.36	5.31	4.63	5.12
2020 年第四季度	5.34	5.30	4.61	5.03
2021 年第一季度	5.37	5.30	4.63	5.10
2021 年第二季度	5.42	5.20	4.58	4.93
2021 年第三季度	5.54	5.30	4.59	5.00
2021 年第四季度	5.63	5.19	4.57	4.76
2022 年第一季度	5.49	4.98	4.36	4.65
2022 年第二季度	4.62	4.76	4.16	4.41
2022 年第三季度	4.34	4.65	4.00	4.34
2022 年第四季度	4.26	4.57	3.97	4.14

数据来源：中国人民银行。

（三）房地产信托

截至 2022 年底，资金信托余额 15.0 万亿元，同比增长 0.2%，基本保持平稳。证券投资以 4.4 万亿元的余额规模稳居榜首，其次是工商企业、金融机构、基础产业、房地产。投向房地产行业的规模为 1.2 万亿元，同比下降 30.5%。

从资金信托的投向占比看，截至 2022 年底五大投向占比为：证券投资占比 29.0%，工商企业占比 26.0%，金融机构占比 13.4%，基础产业占比 10.6%，房地产业占比 8.1%。房地产业的资金信托余额占比较上年同期下降 3.6 个百分点（见图 7-4-5）。

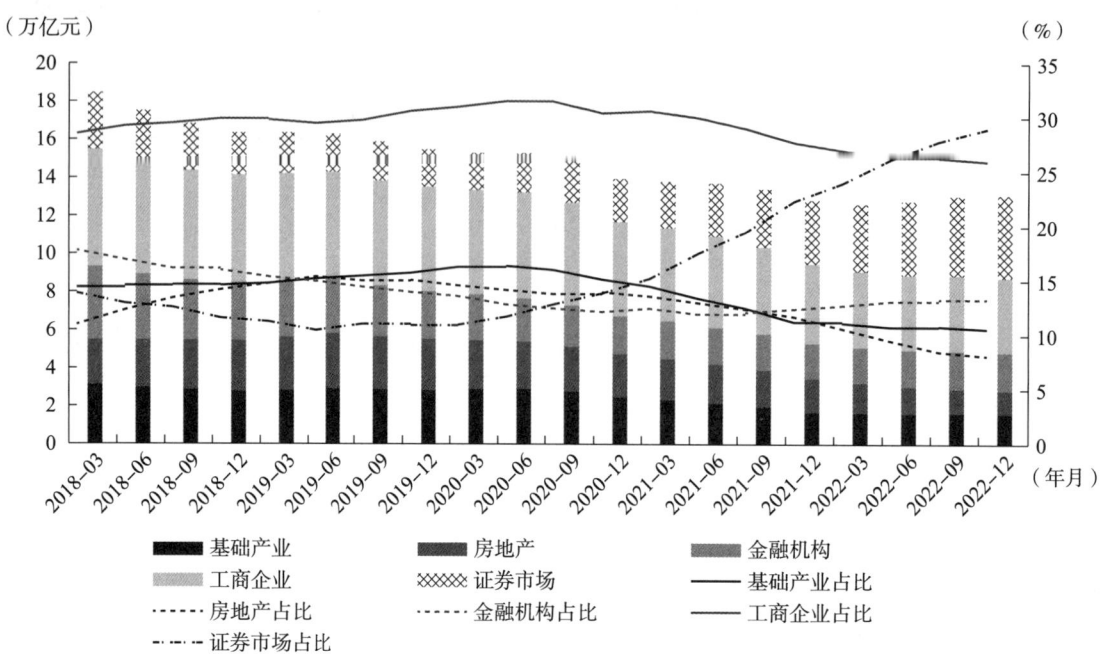

图 7-4-5　2018—2022 年资金信托投向余额及占比

数据来源：中国信托业协会。

（四）房地产公募基金

选取基金市场类中全部基金作为研究对象，统计公募基金对于房地产板块的配置情况。

从持仓市值来看，2022年房地产板块的基金持仓总市值为1001.7亿元，同比下降8.8%。占股票投资市值比重（基金持仓行业市值规模/基金配置A股市值规模）为1.62%，较上年提升0.1个百分点（见图7-4-6）。

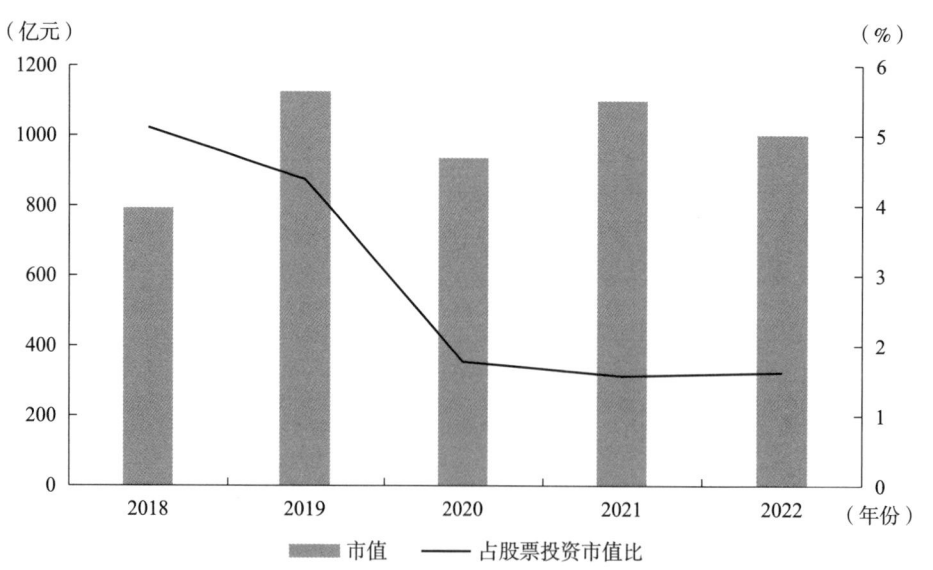

图 7-4-6　2018—2022 年房地产板块的基金持仓市值及占比

数据来源：wind 数据库。

2022年，公募基金对于房地产板块的标准行业配置比例（行业自由流通市值/全A股自由流通市值）为2.18%，较2021年提升0.07个百分点。低配幅度0.57%，与2021年基本持平（见图7-4-7）。

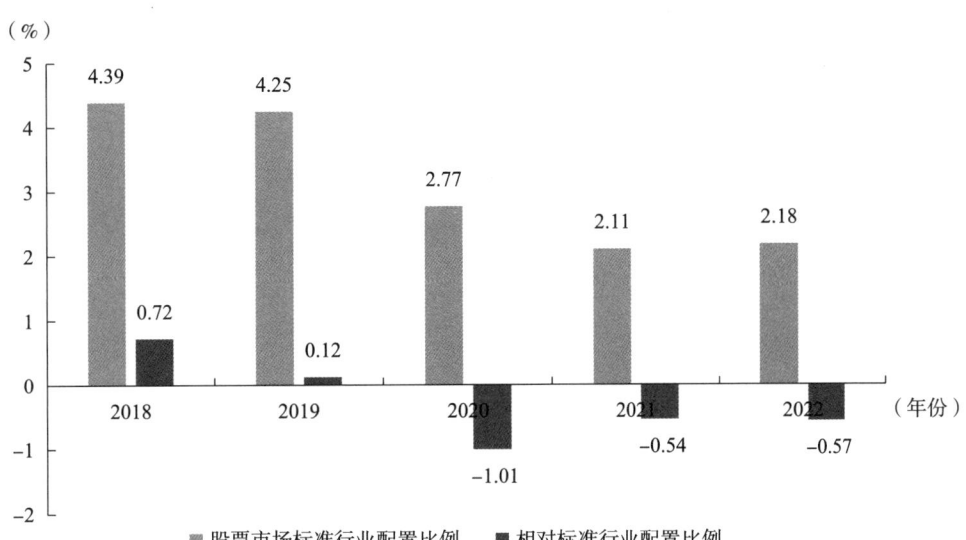

图 7-4-7　2018—2022 年房地产板块标准行业配置比例

数据来源：wind 数据库。

横向对比全行业配置情况，房地产板块标准行业配置比例及相对配置比例分别排名 7/18 和 13/18，与 2021 年相比保持不变（见图 7-4-8）。

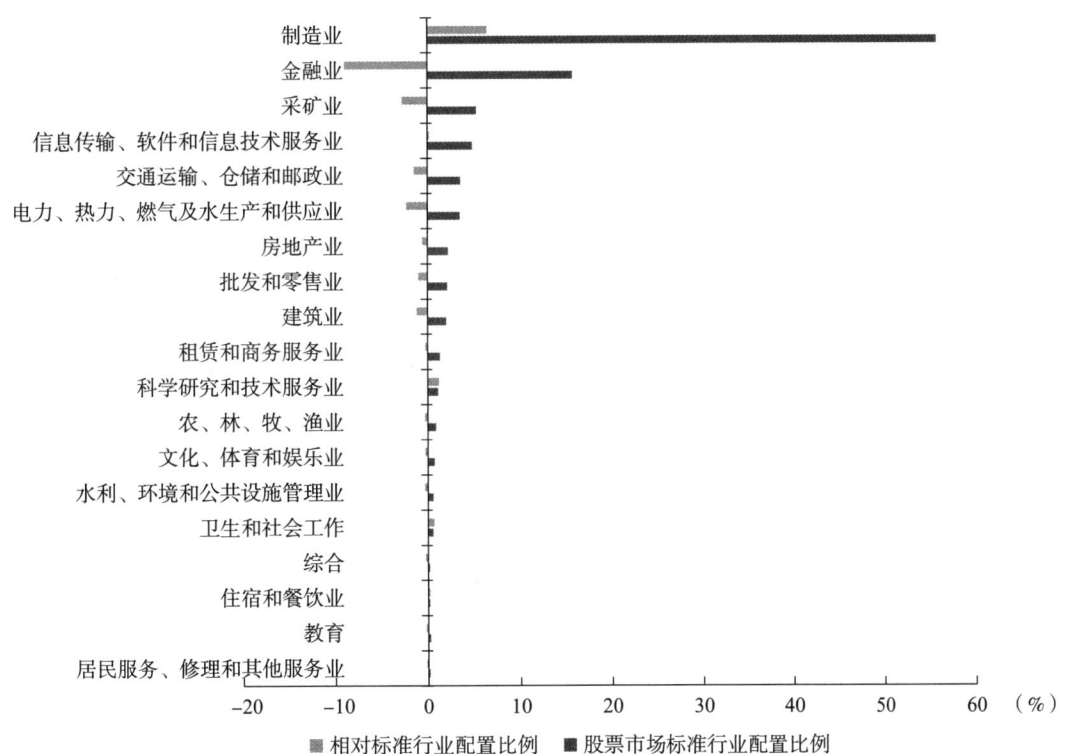

图 7-4-8　2022 年各行业公募基金配置比例

数据来源：wind 数据库。

（五）房地产私募基金

2022 年私募股权基金募集金额 16094.8 亿元，同比下降 2.2%。投资金额 6441.2 亿元，同比下降 37.4%，投资规模下降幅度较大（见图 7-4-9）。

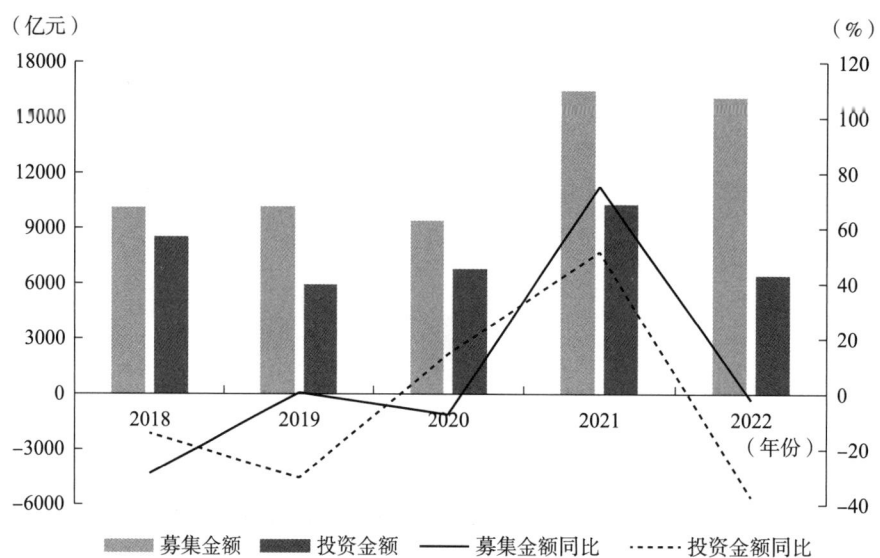

图 7-4-9　2018—2022 年私募股权基金募集与投资金额

数据来源：清科数据库。

从募集情况看，2022 年，房地产基金募集数量 26 只，募集金额为 661.6 亿元，占比为 4.1%（见表 7-4-5）。

表 7-4-5　2022 年新募基金的募集金额及占比

类型	金额（亿元）	占比（%）
成长基金	8653.7	53.8
创业基金	3619.4	22.5
基础设施基金	2146.4	13.3
并购基金	938.2	5.8
房地产基金	661.6	4.1
早期基金	62.1	0.4
夹层基金	13.5	0.1

数据来源：清科数据库。

从投资情况看，2022 年，私募股权基金在房地产领域的投资案例共有 12 起，投资金额为 123.9 亿元，同比下降 74.0%；投资金额名列行业第 11 位，较上年下降 5 位（见图 7-4-10）。

（六）境内证券市场融资与偿还

1. 股票融资

2022 年房地产行业（按照证监会行业划分）股票市场融资规模 324.6 亿元，同比下降 54.0%。其中地产开发类公司融资规模 241.33 亿元，较上年（融资规模为 366.4 亿元）下降 34.1%；物业、服务类公司融资 99.36 亿元，较上年（融资规模为 338.7 亿元）下降 70.7%（见表 7-4-6）。

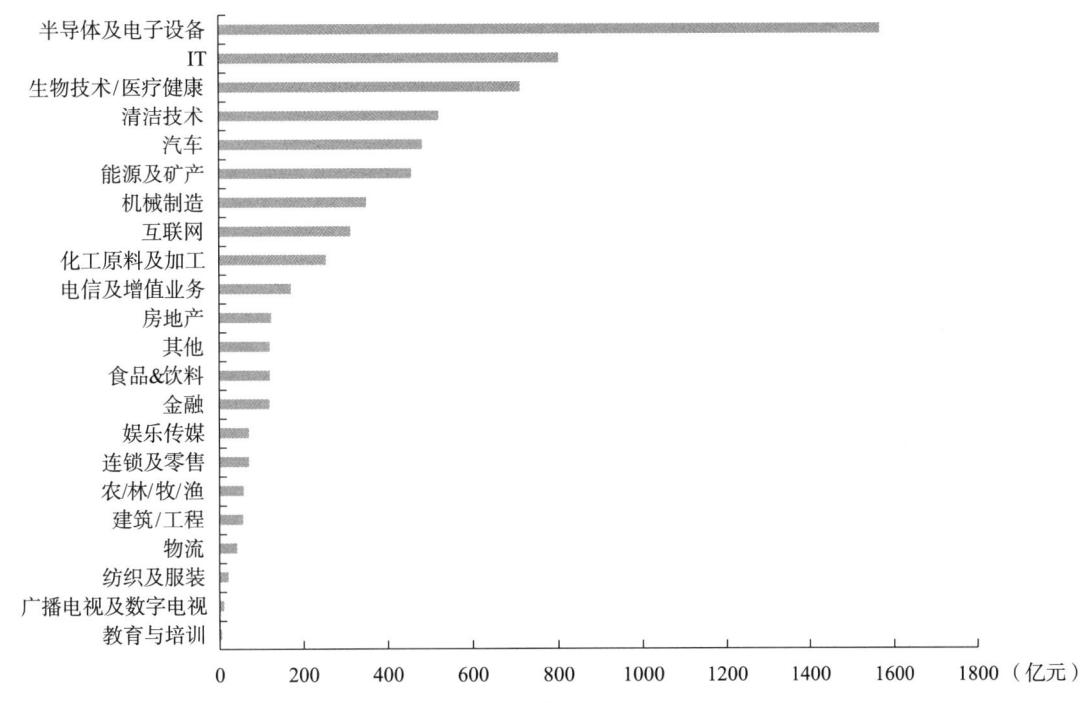

图 7-4-10　2022 年私募股权基金投资行业分布

数据来源：清科数据库。

表 7-4-6　2022 年房地产企业股市融资情况

类别	公司简称	发行方式	上市日期	上市地点	交易币种	发行规模（亿元）
地产开发类	融创中国	配售	01-13	香港	HKD	45.20
	时代中国控股	配售	01-26	香港	HKD	4.00
	建发国际集团	代价发行	03-29	香港	HKD	11.56
	建发国际集团	配售	07-12	香港	HKD	5.10
	碧桂园	配售	07-27	香港	HKD	28.28
	旭辉控股集团	配售	08-31	香港	HKD	6.28
	福晟国际	配售	09-13	香港	HKD	1.68
	GBA 集团	配售	09-20	香港	HKD	0.19
	天臣控股	配售	11-06	香港	HKD	0.11
	碧桂园	配售	11-15	香港	HKD	39.21
	雅居乐集团	配售	11-16	香港	HKD	7.91
	中原建业	配售	11-18	香港	HKD	2.75
	建发国际集团	配售	11-30	香港	HKD	8.09
	碧桂园	配售	12-07	香港	HKD	48.06
	新城发展	配售	12-12	香港	HKD	19.60
	德信中国	配售	12-13	香港	HKD	2.36
	合景泰富集团	配售	12-18	香港	HKD	4.72
	雅居乐集团	配售	12-20	香港	HKD	6.23

续表

类别	公司简称	发行方式	上市日期	上市地点	交易币种	发行规模（亿元）
物业、服务类	碧桂园服务	代价发行	02-14	香港	HKD	21.23
	金茂服务	首发	03-10	香港	HKD	7.82
	高山企业	配售	03-30	香港	HKD	0.19
	力高健康生活	首发	03-31	香港	HKD	1.56
	东原仁知服务	首发	04-29	香港	CNY	1.40
	贝壳-W	介绍	05-11	香港	USD	—
	汇联金融服务	配售	05-23	香港	HKD	0.26
	鲁商服务	首发	07-08	香港	CNY	1.38
	高山企业	配售	07-27	香港	HKD	0.41
	苏新服务	首发	08-24	香港	CNY	1.76
	万物云	首发	09-29	香港	CNY	61.55
	第一服务控股	代价发行	11-21	香港	HKD	1.80
信托、基金	泓富产业信托	代价发行	01-31	香港	HKD	0.12
	置富产业信托	代价发行	01-04	香港	HKD	0.30
	越秀房产信托基金	代价发行	03-22	香港	HKD	0.68
	春泉产业信托	代价发行	03-25	香港	HKD	0.10
	置富产业信托	代价发行	04-08	香港	HKD	0.29
	阳光房地产基金	代价发行	04-28	香港	HKD	0.12
	春泉产业信托	代价发行	04-29	香港	HKD	0.10
	泓富产业信托	代价发行	04-29	香港	HKD	0.12
	汇贤产业信托	代价发行	05-17	香港	HKD	0.45
	置富产业信托	代价发行	07-08	香港	HKD	0.29
	泓富产业信托	代价发行	07-29	香港	HKD	0.12
	春泉产业信托	代价发行	08-11	香港	HKD	0.09
	越秀房产信托基金	代价发行	08-19	香港	HKD	0.95
	冠君产业信托	代价发行	09-05	香港	HKD	0.63
	汇贤产业信托	代价发行	09-27	香港	HKD	0.42
	置富产业信托	代价发行	10-07	香港	HKD	0.30
	阳光房地产基金	代价发行	10-27	香港	HKD	0.11
	春泉产业信托	代价发行	10-28	香港	HKD	0.09
	泓富产业信托	代价发行	10-31	香港	HKD	0.12
	越秀房产信托基金	代价发行	12-31	香港	HKD	2.90

数据来源：wind 数据库。

2. 境内债券融资与偿还

（1）融资。

2022年房地产行业共发行债券589只（不包括资产证券化产品），累计发行金额4855.0亿元，同比下降12.7%；主要产品以超短期融资债券、定向工具、私募债、短期融资券、公司债、企业债和中期票据为主。从发行面额的占比来看：中期票据（40.9%）＞公司债（38.8%）＞超短期融资债券（11.6%）＞定向工具（4.7%）＞私募债（1.8%）＞短期融资券（1.3%）＞企业债（1.0%）。

从2022年各月发行情况看，2、5、7、9、10、12月债券融资金额同比增长，其余月份同比下降，主要受房地产行业风险抬升影响。2022年11月，监管部门出台"金融16条"，支持房企债券融资，12月同比增长26.9%，优质房企债券融资逐步回暖（见图7-4-11）。

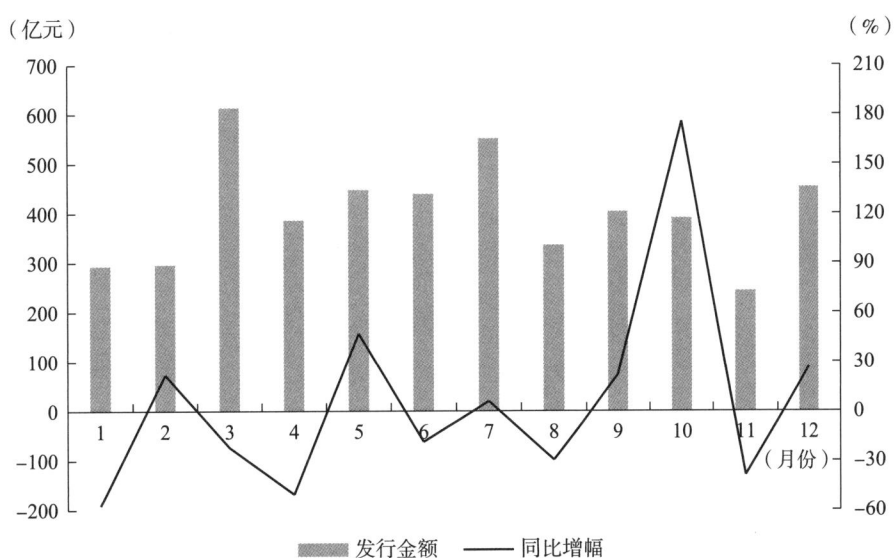

图7-4-11 2022年各月房地产行业境内债券融资情况

数据来源：wind数据库。

根据克而瑞2022年权益销售金额榜单，TOP20的房地产企业发行债券2423.7亿元，占比为49.9%。发行主体主要为央国企及优质民企，包括保利、华润、万科、招商蛇口、中海等企业（见表7-4-7）。

表7-4-7 2022年销售TOP20房企发行境内债券情况

发行人	发行日期	发行面额（亿元）	利率（%）	期限（年）	债券类型
碧桂园	5月20日	5.00	4.50	3	公司债
	9月15日	15.00	3.20	3	中期票据
	12月9日	2.00	4.00	2	公司债
	12月9日	8.00	4.88	2	公司债
	12月22日	10.00	4.30	3	中期票据

续表

发行人	发行日期	发行面额（亿元）	利率（%）	期限（年）	债券类型
保利	2月16日	15.00	2.99	5	公司债
	2月16日	5.00	3.66	7	公司债
	4月11日	15.00	3.35	5	公司债
	4月19日	10.00	3.59	7	公司债
	4月19日	5.00	2.96	5	公司债
	4月26日	5.00	3.51	5	中期票据
	4月26日	15.00	2.95	3	中期票据
	5月24日	30.00	2.80	3	中期票据
	5月30日	15.00	3.40	7	公司债
	5月30日	15.00	2.89	5	公司债
	5月31日	5.00	3.65	7	公司债
	5月31日	10.00	3.20	5	公司债
	6月15日	10.00	3.38	5	中期票据
	6月15日	15.00	2.95	3	中期票据
	6月17日	5.00	3.68	5	中期票据
	6月17日	5.00	3.17	3	中期票据
	6月24日	10.00	3.40	7	公司债
	6月24日	10.00	3.00	5	公司债
	7月11日	20.00	2.90	3	中期票据
	7月20日	5.00	3.28	7	公司债
	7月20日	15.00	2.89	5	公司债
	8月24日	3.00	3.40	7	公司债
	8月24日	10.00	2.80	5	公司债
	8月25日	10.00	3.29	3	中期票据
	8月29日	5.00	2.75	3	中期票据
	10月25日	10.00	1.77	0.4932	超短期融资债券
	10月28日	10.00	3.30	5	公司债
	11月29日	5.00	2.80	5	中期票据
	11月29日	20.00	2.30	3	中期票据
	12月5日	5.00	2.80	5	中期票据
	12月5日	20.00	2.35	3	中期票据
	12月6日	10.00	2.35	0.7342	超短期融资债券
	12月13日	15.00	2.30	5	公司债

续表

发行人	发行日期	发行面额（亿元）	利率（%）	期限（年）	债券类型
中海	1月12日	12.00	3.25	5	中期票据
	1月12日	18.00	2.88	3	中期票据
	2月21日	10.00	3.22	5	中期票据
	4月1日	10.00	3.50	5	公司债
	4月1日	20.00	3.05	3	公司债
	5月6日	15.00	3.48	5	公司债
	5月6日	15.00	2.75	3	公司债
	5月25日	10.00	3.10	5	中期票据
	5月25日	20.00	2.63	3	中期票据
	7月21日	20.00	3.26	5	中期票据
	9月16日	5.00	3.15	5	公司债
	9月16日	10.00	2.40	3	公司债
	10月20日	10.00	3.40	3	公司债
	10月25日	10.00	2.85	5	中期票据
	12月12日	20.00	2.70	5	中期票据
	12月12日	10.00	2.70	5	中期票据
	12月16日	15.00	2.70	5	公司债
	12月16日	15.00	2.25	3	公司债
万科	1月25日	30.00	2.95	3	中期票据
	2月14日	30.00	2.98	3	中期票据
	2月23日	20.00	3.00	3	中期票据
	3月2日	11.00	3.64	5	公司债
	3月2日	8.90	3.14	3	公司债
	6月1日	6.50	3.53	7	公司债
	6月1日	3.50	2.90	5	公司债
	7月6日	5.00	3.70	7	公司债
	7月6日	29.00	3.21	5	公司债
	7月19日	30.00	3.00	3	中期票据
	8月10日	20.00	2.90	3	中期票据
	9月19日	20.00	3.20	3	中期票据
	10月27日	25.00	3.45	5	公司债
	12月13日	20.00	3.00	3	中期票据
	12月26日	37.00	3.00	3	中期票据

续表

发行人	发行日期	发行面额（亿元）	利率（%）	期限（年）	债券类型
华润	3月23日	10.00	3.54	5	中期票据
	3月23日	20.00	3.10	3	中期票据
	4月20日	50.00	3.63	5	公司债
	4月25日	10.00	2.79	3	公司债
	4月25日	20.00	3.05	3	中期票据
	5月31日	10.00	3.30	5	公司债
	5月31日	10.00	2.60	3	公司债
	7月12日	20.00	3.37	5	公司债
	8月26日	12.00	3.20	5	公司债
	8月26日	18.00	2.80	3	公司债
	9月8日	10.00	3.25	5	公司债
	9月8日	10.00	2.88	3	公司债
	9月20日	12.00	3.35	5	中期票据
	9月20日	18.00	2.90	3	中期票据
	11月14日	30.00	2.84	5	中期票据
	11月23日	30.00	2.90	5	公司债
	11月23日	20.00	2.40	3	公司债
招商蛇口	1月24日	6.45	3.30	5	中期票据
	1月24日	6.45	2.89	3	中期票据
	3月3日	7.10	3.55	5	中期票据
	3月3日	10.00	3.20	3	中期票据
	3月16日	12.90	2.40	0.2466	超短期融资债券
	4月21日	10.00	2.40	0.4932	超短期融资债券
	6月2日	40.00	3.50	5	公司债
	6月20日	10.00	3.40	5	公司债
	6月20日	8.00	2.90	3	公司债
	6月30日	12.90	2.00	0.411	超短期融资债券
	7月11日	13.00	2.08	0.4932	超短期融资债券
	9月27日	10.00	3.15	5	中期票据
	9月27日	20.00	2.75	3	中期票据
	10月11日	12.90	1.80	0.4932	超短期融资债券
	10月11日	10.00	1.80	0.4932	超短期融资债券
	10月26日	10.00	3.12	5	公司债
	10月26日	40.00	2.60	3	公司债
	11月14日	13.60	2.75	3	公司债
	12月12日	10.00	2.80	5	公司债
	12月12日	26.40	2.40	3	公司债
	12月27日	5.50	2.75	5	中期票据

续表

发行人	发行日期	发行面额（亿元）	利率（%）	期限（年）	债券类型
金地	2月21日	17.00	3.58	3	中期票据
龙湖	1月12日	8.00	3.95	8	公司债
	1月12日	20.00	3.49	6	公司债
	5月17日	5.00	4.00	6	公司债
	7月1日	17.00	4.10	6	公司债
	8月25日	15.00	3.30	3	中期票据
	11月29日	20.00	3.00	3	中期票据
越秀	5月13日	15.00	3.38	7	公司债
	5月13日	5.00	2.90	5	公司债
	5月20日	11.50	3.35	7	公司债
	5月20日	10.00	2.84	5	公司债
	6月23日	10.00	3.37	7	公司债
	6月23日	10.00	2.85	5	公司债
	7月1日	4.00	2.90	5	公司债
	7月1日	7.00	3.43	7	公司债
	9月21日	10.90	3.09	7	公司债
	9月21日	15.00	2.78	5	公司债
绿城	1月6日	26.00	3.62	3	中期票据
	2月17日	10.00	3.28	5	公司债
	3月24日	20.00	3.70	3	中期票据
	4月26日	15.00	3.55	3	中期票据
	5月24日	15.00	3.20	4	中期票据
	6月17日	20.00	3.80	3	中期票据
	10月26日	15.00	4.80	3	中期票据
建发	1月24日	4.00	4.50	7	中期票据
	1月24日	6.00	3.48	6	中期票据
	2月21日	5.00	4.48	5	中期票据
	2月21日	10.30	3.55	5	中期票据
	3月25日	5.00	4.60	7	中期票据
	3月25日	9.60	3.80	6	中期票据
	4月26日	10.00	4.42	10	企业债
	6月1日	12.00	4.32	7	公司债
	6月1日	6.00	3.40	6	公司债
	6月14日	6.50	3.49	6	中期票据
	6月23日	10.00	4.45	10	企业债
	7月14日	3.70	3.59	6	公司债
	7月15日	10.00	3.60	6	中期票据

续表

发行人	发行日期	发行面额（亿元）	利率（%）	期限（年）	债券类型
金茂	2月15日	18.00	3.20	5	公司债
	3月23日	15.00	3.50	5	公司债
	5月30日	8.00	3.25	3	中期票据
	6月28日	8.00	3.40	3	中期票据
	7月6日	20.00	3.28	5	公司债
	7月25日	20.00	3.29	3	中期票据
	9月27日	20.00	3.60	5	公司债
铁建	1月5日	5.00	3.70	5	定向工具
	3月17日	30.00	3.65	5	公司债
	3月24日	17.00	3.67	5	公司债
	3月25日	3.00	3.70	5	公司债
	3月25日	3.00	3.99	5	定向工具
	5月16日	15.00	3.30	5	公司债
	5月25日	5.00	3.68	5	公司债
	5月25日	10.00	3.20	3	公司债
	6月15日	20.00	3.43	5	中期票据
	7月13日	15.00	3.40	5	中期票据
	8月22日	8.00	3.35	5	中期票据
	10月12日	7.00	3.74	5	中期票据
滨江	1月4日	9.60	4.00	0.5041	超短期融资债券
	1月25日	9.30	3.66	0.5753	超短期融资债券
	2月23日	7.20	3.55	1	短期融资券
	7月1日	9.70	3.90	1	短期融资券
	8月19日	9.40	4.80	2	中期票据
	11月21日	8.00	5.80	2	中期票据
新城	5月26日	10.00	6.50	3	中期票据
	9月8日	10.00	3.28	3	中期票据
	12月9日	20.00	4.30	3	中期票据
华发	4月27日	3.90	4.70	5	公司债
	4月27日	3.00	4.90	5	公司债
	6月30日	18.00	4.79	5	中期票据
	6月30日	12.00	4.94	5	中期票据
	8月4日	10.00	4.70	5	中期票据
	8月4日	6.00	4.85	5	中期票据
	9月8日	5.00	4.80	5	公司债
	10月28日	10.00	4.80	5	中期票据

续表

发行人	发行日期	发行面额（亿元）	利率（%）	期限（年）	债券类型
旭辉	3月11日	10.00	4.75	4	中期票据
	6月24日	5.00	5.50	4	公司债
	9月21日	12.00	3.22	3	中期票据
远洋	3月17日	20.00	5.32	3	定向工具

数据来源：wind 数据库。

(2) 偿还。

2022 年房地产行业共偿还债券 578 只（不包括资产证券化产品），累计偿还金额 4406.9 亿元，同比下降 33.9%。从 2022 年各月偿还情况看，除 7 月、10 月外，其余月份累计偿还金额同比增幅均为负值（见图 7-4-12）。

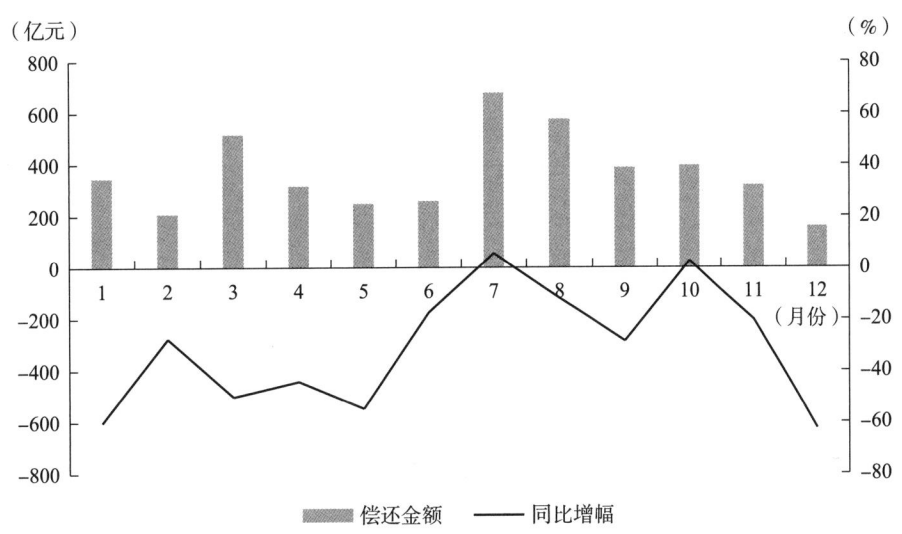

图 7-4-12　2022 年各月房地产行业境内债券偿还情况

数据来源：wind 数据库。

(3) 净融资

2022 年，房地产行业境内债券市场（不包括资产证券化产品）净融资为 448.1 亿元，由负转正，2021 年为 -1105.3 亿元。各月来看，2022 年除 1 月、7 月、8 月、10 月、11 月净融资为负值外，其余各月份净融资均为正值（见图 7-4-13）。

（七）不动产资产证券化

1. 融资

2022 年不动产资产证券化产品发行 393.2 亿元、23 笔。其中，CMBS/CMBN 发行规模 278.7 亿元，占比 70.9%；供应链金融 ABS 发行规模 48.6 亿元，占比 12.4%；类 REITs 发行规模 34.0 亿元，占比 8.6%；物业费 ABS 发行规模 32.0 亿元，占比 8.1%；购房尾款 ABS/ABN 发行规模 30.2 亿元，占比 7.7%（见表 7-4-8）。

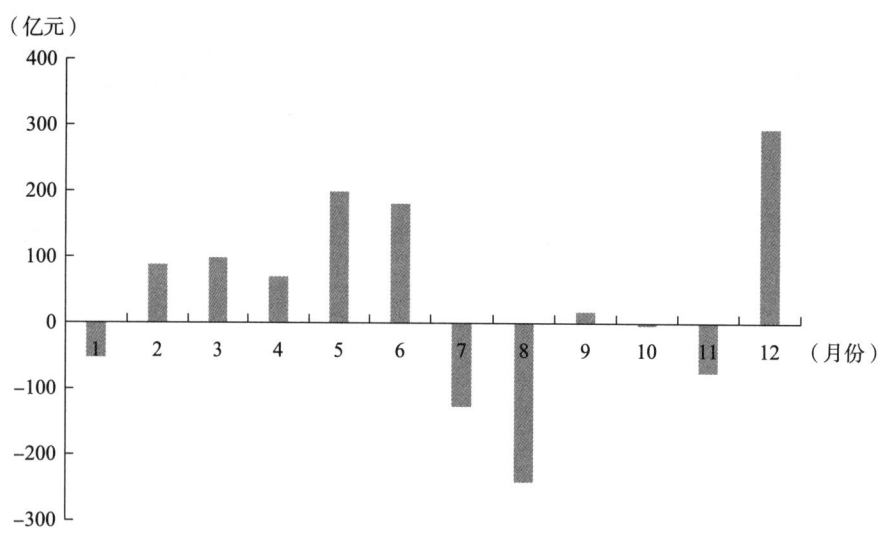

图 7-4-13　2022 年各月房地产行业境内债券净融资情况

数据来源：wind 数据库。

表 7-4-8　2022 年不动产资产证券化产品发行

类型	发行笔数（笔）	占比（%）	发行规模（亿元）	占比（%）
CMBS/CMBN	17	63.0	278.7	65.8
供应链金融 ABS	4	14.8	48.6	12.4
类 REITs	1	3.7	34.0	8.6
物业费 ABS	1	3.7	32.0	8.1
购房尾款 ABS/ABN	4	14.8	30.2	7.7
合计	27	100.0	393.2	100.0

数据来源：wind 数据库。

2. 存续

截至 2022 年底，不动产资产证券化产品的存续规模 3483.4 亿元、221 笔。其中，不动产抵押类资产证券化产品（类 REITs、CMBS/CMBN）发行规模 2434.5 亿元，占发行总额的 69.9%。包括 CMBS/CMBN 发行 95 笔，融资规模 1862.3 亿元；类 REITs 发行 27 笔，融资规模 572.2 亿元。此外，预期收益支持类不动产 ABS 产品（物业费 ABS、购房尾款 ABS/ABN、供应链金融 ABS）发行规模 1048.9 亿元，占据总规模 30.1%。包括购房尾款 ABS/ABN 发行 53 笔，融资规模 571.1 亿元；供应链金融 ABS 发行 29 笔，融资规模 304.3 亿元；物业费 ABS 发行 17 笔，融资规模 173.5 亿元（见表 7-4-9）。

表 7-4-9　截至 2022 年底不动产资产证券化产品累计发行

类型	发行笔数（笔）	占比（%）	发行规模（亿元）	占比（%）
CMBS/CMBN	95	43.0	1862.3	53.5
类 REITs	27	12.2	572.2	16.4
购房尾款 ABS/ABN	53	24.0	571.1	16.4
供应链金融 ABS	29	13.1	304.3	8.7
物业费 ABS	17	7.7	173.5	5.0
合计	221	100.0	3483.4	100.0

数据来源：wind 数据库。

（八）境外证券市场融资

1. 融资

2022年，房企共在境外发债107只，同比下降47.0%；实际募资233.7亿美元，同比下降52.5%。受行业风险抬升影响，发行规模较小（见图7-4-14）。

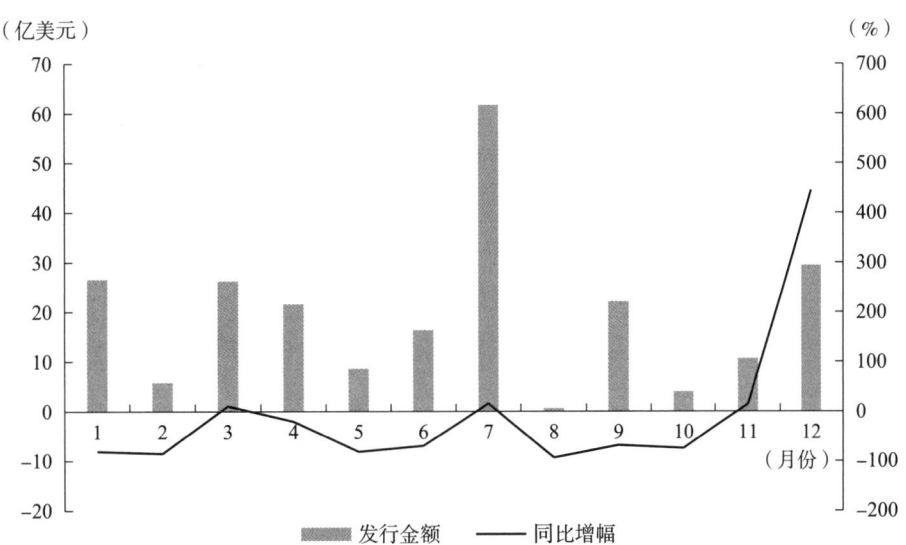

图7-4-14 2022年各月房地产行业境外债券融资情况

数据来源：wind数据库。

TOP20的房地产企业发行境外债券24.31亿美元，占比为10.4%，主要集中在上半年。发行主体主要为碧桂园、万科、绿城、金茂等房企（见表7-4-10）。

表7-4-10 2022年TOP20房地产企业境外债券发行情况

发行人	起息日期	发行规模（亿元）	票面利率（%）	上市地点	交易币种
碧桂园	1月28日	39.00	4.95	新加坡	HKD
万科	6月8日	5.10	3.55	香港	CNY
绿城	1月27日	4.00	2.30	香港	USD
金茂	3月4日	3.50	4.40	香港	USD
新城	6月2日	1.00	7.95	新加坡	USD
华发	1月27日	2.00	4.20	香港	USD
旭辉	4月8日	25.45	6.95	新加坡	HKD
远洋	4月26日	2.00	3.80	香港	USD
远洋	10月25日	2.82	6.00	新加坡	USD

数据来源：wind数据库。

2. 偿还

2022年房地产行业共偿还境外债券277只，累计偿还金额654.5亿美元，同比增长11.9%。2022年各月偿还情况看，除2月、4月、5月、12月外，其余月份偿还金额均同比增长（见图7-4-15）。

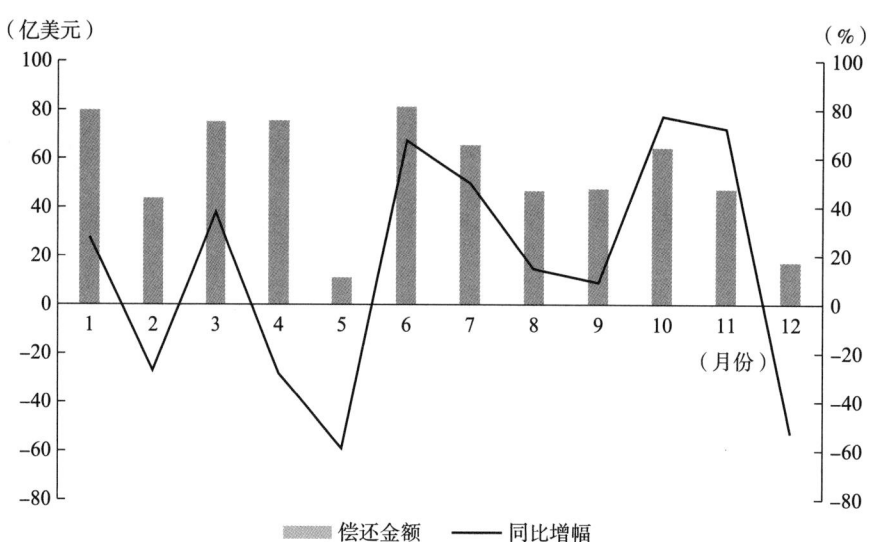

图 7-4-15　2022 年各月房地产行业境外债券偿还情况

数据来源：wind 数据库。

3. 净融资

2022 年房地产行业境外债券市场净融资为 -420.8 亿美元，2020 年为 -137.9 亿美元。各月来看，除 12 月外，其余月份净融资为负值（见图 7-4-16）。

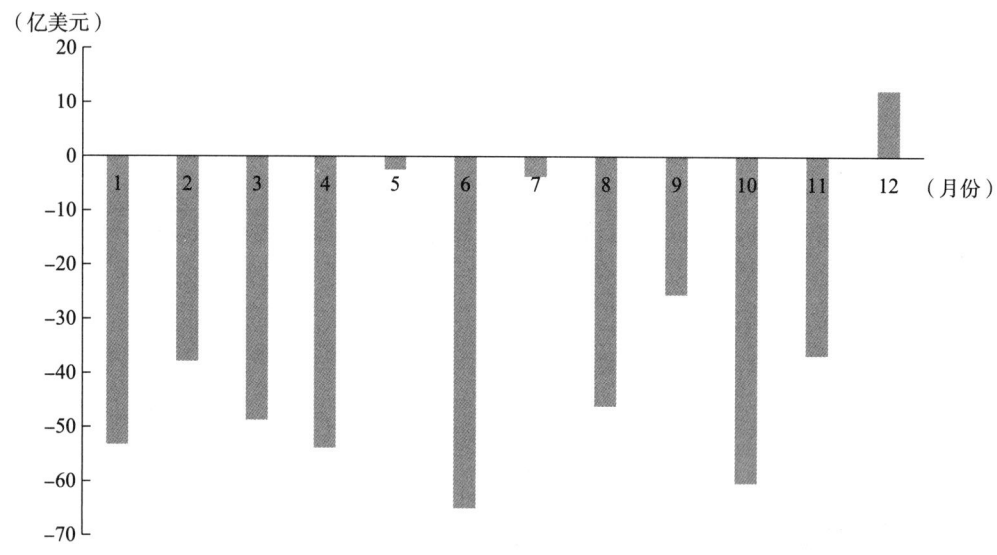

图 7-4-16　2022 年各月房地产行业境外债券净融资情况

数据来源：wind 数据库。

（于璐源　中国民生银行地产金融事业部）

五、城市轨道交通场站综合开发

（一）建设运营情况

2022 年国家发展改革委对城市轨道交通建设规划审批趋严，全年批复苏州城市轨道交通第三期建设规划调整方案和东莞城市轨道交通第二期建设规划调整方案,全年新增获批建设规划线路长度128.58千米,同比下降59.1%;项目总投资额876.92亿元,同比减少60.7%。上海、厦门、福州等城市编制新一轮轨道交通建设规划并上报国家发展改革委,预计未来全国新增获批里程将有小幅回升。(见图7-5-1)

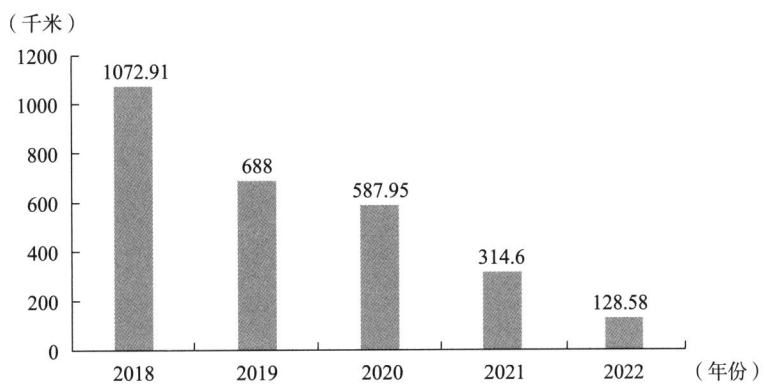

图7-5-1　2018—2022年全国新增获批城市轨道交通建设规划年度里程

数据来源:国家发展改革委、上海易居房地产研究院。

注:2018年数据为8—12月总和,其他为全年总和。

截至2022年12月31日,中国内地55个城市投运城轨交通,线路累计10291.96千米,其中,地铁运营路线8012.85千米,占比77.86%。2022年新增南平、金华、南通、台州和黄石5个城轨交通运营城市;北京、天津、重庆、广州、深圳、武汉、南京、大连、西安、郑州、昆明、杭州、佛山、长沙、宁波、青岛、福州、合肥、绍兴、嘉兴20个城市有城轨交通新线、新段或既有线路延长项目开通运营。其中杭州、深圳两市以174.44千米、136.31千米位列年度新增运营线路长度前两位。2022年新增城轨交通运营线路长度1085.17千米,新增运营线路25条,新开后通段或既有线路的延伸段25段,新开通运营车站622座。(见表7-5-1)

表7-5-1　2022年中国内地已开通城轨交通运营线路长度统计汇总

单位:千米

序号	城市	截至2022年12月31日累计运营线路长度	其中2022年新增运营线路长度
1	上海	936.16	—
2	北京	870.50	14.3
3	成都	652.00	—
4	广州	621.55	31.65
5	深圳	567.34	136.31
6	杭州	516.44	174.44
7	武汉	509.72	25.34
8	重庆	478.17	93.32
9	南京	465.73	22.43
10	青岛	323.80	30.7
11	西安	298.42	45.8
12	天津	293.08	21.22

续表

序号	城市	截至 2022 年 12 月 31 日累计运营线路长度	其中 2022 年新增运营线路长度
13	郑州	274.83	25.98
14	苏州	254.20	—
15	大连	235.94	11.56
16	沈阳	216.71	—
17	长沙	209.66	48.11
18	宁波	185.18	2.9
19	合肥	169.10	15.5
20	昆明	165.85	26.45
21	南昌	128.45	—
22	南宁	128.20	—
23	长春	124.24	—
24	佛山	115.52	45.62
25	福州	112.11	53.7
26	无锡	110.77	—
27	厦门	98.40	—
28	兰州	86.53	—
29	金华	85.20	85.2
30	济南	84.10	—
31	哈尔滨	78.08	—
32	贵阳	74.37	—
33	石家庄	74.28	—
34	徐州	64.09	—
35	嘉兴	60.13	3.21
36	常州	54.03	—
37	温州	53.51	—
38	台州	52.40	52.4
39	呼和浩特	49.00	—
40	绍兴	47.10	26.8
41	芜湖	46.20	—
42	洛阳	42.50	—
43	南通	39.18	39.18
44	东莞	37.79	—

续表

序号	城市	截至2022年12月31日累计运营线路长度	其中2022年新增运营线路长度
45	黄石	26.88	26.88
46	乌鲁木齐	26.80	—
47	南平	26.17	26.17
48	太原	23.28	—
49	淮安	20.10	—
50	宜宾	17.70	—
51	株洲	17.00	—
52	文山州	13.40	—
53	天水	12.90	—
54	珠海	8.80	—
55	三亚	8.37	—
合计		10291.96	1085.17

数据来源：中国城市轨道交通协会、上海易居房地产研究院。

自2013年以来，全国累计轨道交通运营路线长度逐年创新高，至2022年累计运营路线已超过1万千米，10年内涨幅275%。当年新增路线长度整体呈现增长态势，特别是2020年以来，年度新增路线长度均超过1000千米；2022年受防疫封控政策影响，年度新增路线长度较上年小幅减少11%。（见图7-5-2）

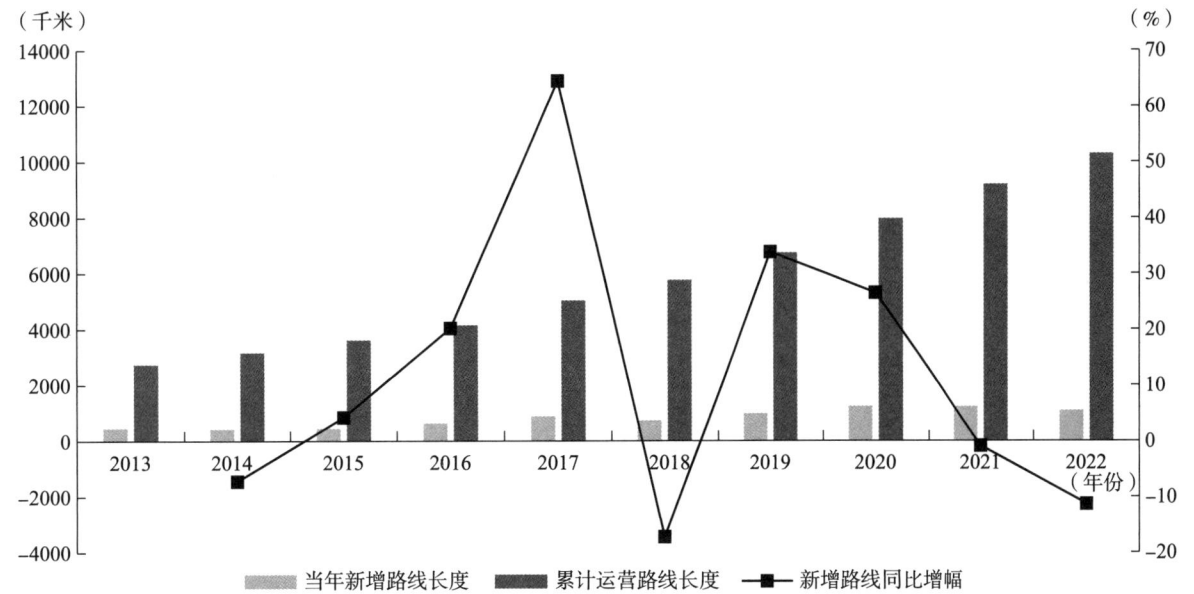

图7-5-2　2013—2022年累计轨道交通运营线路长度、当年新增运营线路长度及同比增幅

数据来源：中国城市轨道交通协会、上海易居房地产研究院。

(二）政策年度新变化

1. 中央层面

（1）在推动新型城镇化的最新文件中，推广 TOD 模式打造站城综合体。

3 月 10 日，国家发展改革委印发《2022 年新型城镇化和城乡融合发展重点任务》，主要从提高农业转移人口市民化质量、持续优化城镇化空间布局和形态、加快推进新型城市建设、提升城市治理水平、促进城乡融合发展和组织实施等六大方面提出 28 项任务，提出支持都市圈科学规划多层次轨道交通，同时轨道交通站点附近也是加强住房供应保障的重要布局区域之一。

7 月 12 日，国家发展改革委发布《"十四五"新型城镇化实施方案》，从发展基础、总体要求、加快农业转移人口市民化、优化城镇化空间布局和形态、推进新型城市建设、提升城市治理水平、推进城乡融合发展和保障措施等八大方面提出 52 点内容。其中关于交通运输网络和土地利用两大方面提出以下内容：一是提高都市圈交通运输连通性便利性。统筹利用既有线与新线因地制宜发展城际铁路和市域（郊）铁路，有序发展城市轨道交通，推动市内市外交通有效衔接和轨道交通"四网融合"；建设城市群一体化交通网，加快推进京津冀、长三角、粤港澳大湾区城际铁路和市域（郊）铁路建设，有序推进成渝地区双城经济圈和其他重点城市群多层次轨道交通建设。二是提高建设用地利用效率。推广以公共交通为导向的开发（TOD）模式，打造站城融合综合体，鼓励轨道交通地上地下空间综合开发利用。

12 月 6 日，中华人民共和国科学技术部联合住房城乡建设部共同发布《"十四五"城镇化与城市发展科学创新专项规划》，主要明确"十四五"时期城镇化与城市发展领域科技创新的总体思路、发展目标和重点任务。提出研究基于公共交通导向（TOD）的多功能综合体的建造技术，以期建设全龄友好城市、活力街区和完整社区。

（2）建设交通强国的背景下，加快培育轨道交通一体化的都市圈。

1 月 30 日，国家发展改革委官网公布，同意《长株潭都市圈发展规划》。该规划提出建设轨道上的长株潭。加快长株潭干线铁路（高铁）、城际铁路、市域（郊）铁路、城市轨道交通四网融合。加快建设长株潭城际轨道交通西环线，规划建设长沙南—株洲大丰站—株洲西、湘潭北—湘潭站—株洲西等城际轨道和长沙—宁乡、株洲—醴陵等城市轨道，推动从"城市"迈向"区域"，从"多网"迈向"融合"，实现互通互联、换乘便捷、多城一网、一票通达。

3 月 21 日，国家发展改革委批复同意《西安都市圈发展规划》，提出打造轨道上的都市圈，统筹干线铁路、城际铁路、市域（郊）铁路、城市轨道交通规划建设，构建一体化、多层次的都市圈内引外联轨道交通运输体系。

12 月 14 日，国务院印发《扩大内需战略规划纲要（2022—2035 年）》，提出我国长远发展的战略决策。内容明确加快交通基础设施建设，支持重点城市群率先建成城际铁路网，推进重点都市圈市域（郊）铁路和城市轨道交通发展，并与干线铁路融合发展。

（3）为推动城市健康持续发展，国家提出提高轨交站点资产综合利用价值。

6 月 19 日，国家发展改革委办公厅发布《关于做好盘活存量资产扩大有效投资有关工作的通知》，提出八方面具体要求，包括建立协调机制、建立盘活存量资产台账、灵活采取多种方式盘活不同类型存量资产、推动落实盘活条件、加快回收资金使用、加大配套政策支持力度、开展试点示范、加强宣传引导和督促激励等。明确提出针对具备盘活存量和改扩建有机结合条件的项目，鼓励推广地铁上盖物业、交通枢纽地上地下空间综合开发等模式，拓宽收入来源，提高资产综合利用价值。

2. 地方层面

（1）地方政府持续落实中央交通强国政策精神，鼓励通过轨道交通建设及提高地铁站点周边存量资产利用率以促进城市高质量发展。（见表 7-5-2）

表7-5-2　2022年主要城市出台关于交通强国的相关政策

省市	时间	政策名称
深圳	2022年5月6日	《深圳建设交通强市行动计划（2021—2025年）》
成都	2022年6月1日	《关于住建行业稳定经济增长的若干措施》
北京	2022年6月7日	《北京市城市更新条例》
成都	2022年7月2日	《成都市优化交通运输结构促进城市绿色低碳发展行动方案》
武汉	2022年7月19日	《武汉市交通强国建设试点实施方案》
北京	2022年9月27日	《关于存量国有建设用地盘活利用的指导意见（试行）》
深圳	2022年10月31日	《深入实施交通强国战略　建设更高质量国家公交都市示范城市三年行动方案（2022—2024年）》

（2）多地出台交通基础设施规划、都市圈规划及TOD专项规划，进一步明确加快推进站城一体化建设及鼓励开展轨道站点TOD综合开发。（见表7-5-3）

表7-5-3　2022年主要城市出台的交通基础设施规划、都市圈规划及TOD专项规划

省市	时间	政策名称
重庆	2022年1月20日	《重庆市城市轨道交通建设"十四五"规划（2021—2025年）》
河南	2022年1月26日	《河南省"十四五"现代综合交通运输体系和枢纽经济发展规划》
北京	2022年2月22日	《北京市"十四五"时期重大基础设施发展规划》
佛山	2022年3月1日	《佛山市轨道交通发展"十四五"规划》
杭州	2022年3月15日	《杭州市轨道交通TOD综合利用专项规划》
武汉	2022年3月21日	《武汉市综合交通运输发展"十四五"规划》
西安	2022年4月28日	《西安都市圈发展规划》
重庆	2022年7月1日	《重庆市城市基础设施建设"十四五"规划（2021—2025年）》
重庆	2022年8月11日	《重庆都市圈发展规划》
上海	2022年9月28日	《上海大都市圈空间协同规划》
北京	2022年12月29日	《北京市域（郊）铁路功能布局规划（2020年—2035年）》

（3）随着轨道交通支撑城市可持续发展成为共识，更多地方政府持续推进关于城市轨道交通场站及周边土地的综合开发实施办法。2022年新增4城出台相关政策，其中南京针对车辆基地上盖综合利用分层表达而制定的相关规定，在国内领先。（见表7-5-4）

表7-5-4　2022年主要城市出台的TOD相关政策

省市	时间	政策名称
嘉兴	2022年2月18日	《促进嘉兴市轨道交通站点及车辆基地综合开发的暂行意见》
无锡	2022年4月6日	《关于推进轨道交通场站及周边土地综合开发的实施意见》
东莞	2022年10月11日	《关于进一步完善轨道交通建设和轨道资源开发双向反哺机制全力推动轨道交通高质量发展的意见》
南京	2022年11月9日	《南京市轨道交通车辆基地上盖综合开发利用规划管理办法》

资料来源：上海易居房地产研究院。

（三）行业年度新进展

1. TOD模式内涵迭代升级持续扩容，更注重以人为本

随着TOD模式的不断本土化，在各类企业的持续努力下，国内TOD发展模式不断迭代升级，包含的内容逐渐丰富。新形势下的TOD模式是高铁+地铁+产+商+城+居+人一体化全盘高阶塑造，拥有高效的综合交通枢纽能力，实现综合开发一体化。这种轨道交通+土地整备+物业开发+城市运营+产业导入的"产城站人一体"发展模式，是将轨道交通站点的站体空间与城市的开发建设以及人的深层次需求融合为一体的开发模式。在空间上，弱化站体内外各种公共空间的物理分割，通过地上、地面、地下的联系，使其形成连续一体、开放的公共空间系统；在功能上，以交通换乘为基础促进商业、办公、休闲、酒店、居住等各类功能的有机组合，高强度复合开发；以人为本，更加关注人的安全需求、健康需求、社交需求、倾诉需求、认同需求、艺术需求等精神需求，使站点交通空间与城市各种功能空间相渗透，打通"最后一公里"。[1]

2. 参与主体已形成可复制经验，促进行业快速发展

行业发展至今，深耕TOD领域的各类企业已逐渐形成可复制的发展经验，可提供经验借鉴，共同促进行业快速发展。对于地铁公司而言，深圳地铁在拓展TOD综合开发业务方面走在全国前列，结合实际发展情况，2022年研究编制《深圳地铁集团绿色发展白皮书（2022）》，总结深圳地铁创立24年以来绿色发展（绿色建筑、绿色建造、绿色运营）取得的积极成效。如在站城一体化方面，创新"轨道+物业"模式，践行TOD发展理念，推进以枢纽为核心的"站城一体化"开发，充分利用地上和地下空间，将轨道和生活、购物、休闲、娱乐等设施相结合，构建立体化、高效能、集约式的城市生态空间。在地铁上盖物业方面，深铁集团规范地铁上盖建筑结构，分别将"运用库"区域建筑可建高度从50米提高至120米，"架修库"区域建筑可建高度从50米提高至80米，"咽喉区"建筑可建高度从50米提高至100米。在地下停车场方面，在满足地铁停放需求和消防安全条件达标的情况下，在停车场上设计修建城市公园，充分利用城市地下空间并完整地保留地面景观，既不破坏城市绿化又节约城市土地。

2022年，房企积极拓展TOD业务成为行业一大趋势，少数龙头企业已逐渐积累自身发展经验并在多城复刻。2022年8月，第三方研究机构发布《龙湖TOD能力报告》，该报告通过对TOD领域领航者的过往实践案例总结，提炼TOD开发的能力谱系，梳理出制度协同能力、底盘改造能力、商业运营能力、产业孵化能力、全品类经验等十大TOD能力，为其他企业提供参考。

3. 在房企投资遇冷的背景下，地铁公司托底土地市场成为关注点

2022年房地产市场形势复杂且严峻，企业生存环境堪忧，特别是民营房企基本不拿地，具有国资背景的地铁公司托底土地市场成为关注焦点。一方面，区域综合开发越发成为城市发展的重点；另一方面，热点城市地铁进入大规模建设阶段，房地产可为后续地铁建设及运营输血。CRIC数据显示，2022年新增土地货值TOP100的企业中，广州地铁、深圳地铁位列前20名，此外其他地铁公司也在积极拿地布局。纵观全年土地市场，地铁公司已崛起，成为拿地新势力。

（四）土地出让情况

2022年作为"十四五"的第二年，更多城市的轨道交通公司落实国家及地方政策，积极推进TOD综合开发工作。据不完全统计，2022年全年有21个城市的轨道交通公司参与拿地，较上年增加七成；成交66幅土地，较上年增加46.7%；累计成交经营土地用地面积362万平方米，较上年小幅减少1.7%；受土地市场降温及拿地城市能级多元化影响，全年成交金额788亿元，环比减少36.6%，超九成的地块均底价成交。（见表7-5-5）

---

[1] 未来社区交通场景：未来TOD发展模式。

表 7-5-5　2022 年全国主要轨道交通公司拿地情况汇总

地铁公司	成交幅数（幅）	用地面积（平方米）	成交总价（万元）
深圳地铁	8	587669	1393620
沈阳地铁	8	446572	429606
广州地铁	5	439731	1741610
杭州地铁	3	339092	508385
苏州地铁	4	317465	519749
厦门地铁	3	236548	1253000
合肥地铁	4	186673	146236
南京地铁	4	149084	388500
宁波地铁	5	148570	272147
南宁地铁	3	121520	107863
郑州地铁	1	96025	115944
昆明地铁	4	92008	122884
西安地铁	1	90300	77900
长沙地铁	1	76847	103820
青岛地铁	4	53954	102519
温州地铁	1	52087	80452
武汉地铁	2	47859	288230
绍兴地铁	1	42778	60000
无锡地铁	2	37382	62030
成都地铁	1	32991	79127
佛山地铁	1	24042	21640
总　计	66	3619197	7875262

数据来源：上海易居房地产研究院。

（崔　霁　夏　文　上海易居房地产研究院）

六、不动产数字化发展

（一）2022 年不动产数字化转型发展总览

我国数字经济发展的内外部环境正在发生深刻变化，互联网、大数据、云计算、人工智能、区块链等数字技术创新活跃，数据作为关键生产要素的价值日益凸显，深入渗透到经济社会各领域全过程，数字化转型深入推进，传统产业加速向智能化、绿色化、融合化方向转型升级，新产业、新业态、新模式蓬勃发展，推动生产方式、生活方式发生深刻变化。

2023 年 2 月，中共中央、国务院印发《数字中国建设整体布局规划》，在此背景下，数字化应用在不动产行业变革当中，扮演着越来越重要的角色。面对不确定的外部环境，数字化将继续为不动产行业的发展和前行提供重要支撑，推动行业创新，提高地产企业核心竞争力，加快建设更完善更全面的不动产数字化生态体系。

整个不动产行业已形成了不动产开发和不动产运营两条并行条线。不动产开发条线以住宅开发为核心，包含投资、建造、营销和整体的大运营。不动产运营条线是开发商在寻找第二曲线以及探索多元化布局的过程中，逐步沉淀形成包含商业办公、产业园区、物业、租赁、康养、文旅六大数字化应用场景的经验（见图 7-6-1）。

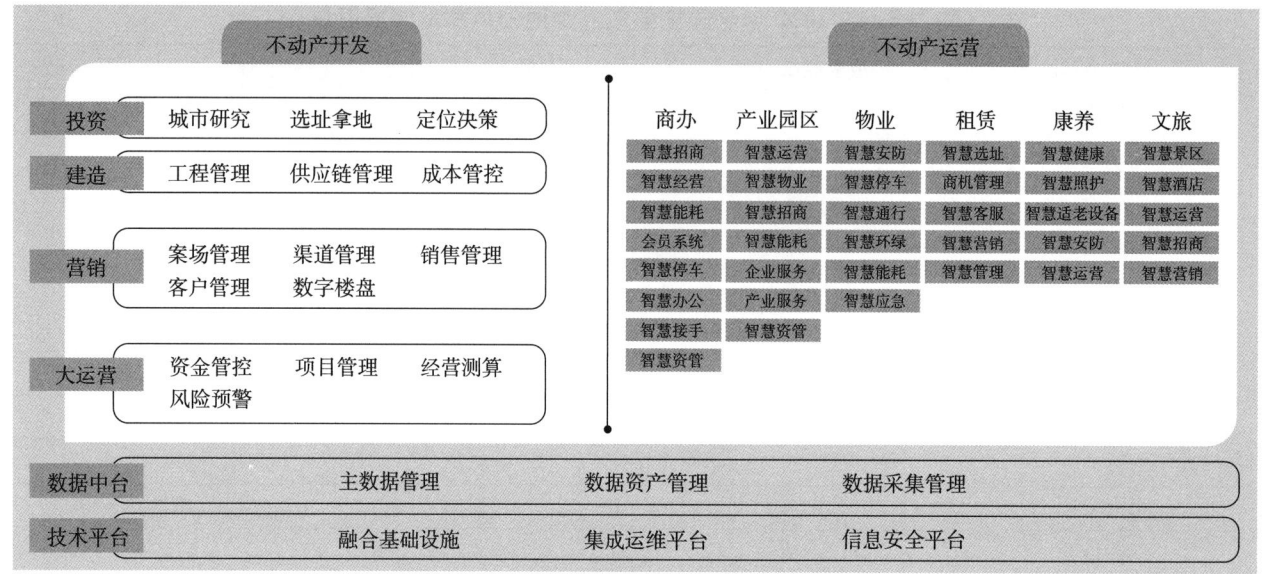

图 7-6-1　2022 年不动产数字化建设重点

数据来源：克而瑞科创。

（二）2022 年不动产开发数字化

1. 不动产开发数字化整体概览

（1）近五成 TOP50 房企[①]内部系统贯通，AI+等智能化技术开始落地应用。克而瑞科创调研数据显示（见图 7-6-2），TOP50 房企几乎完成基础设施和信息化系统建设，2022 年以实现 ERP、财务、人力、OA 等内部系统贯通增长速度最快，意味着近半 TOP50 房企处于从信息化到数字化递进中；而在数字化向智能化递进中，虽然数字化应用和智能化应用覆盖率仅为 26% 和 12%，但增长幅度也不低，在应用方面，智慧建造领域的 AI+审图、智慧营销 AI+模型判客等应用已开始小范围落地并初见成效。

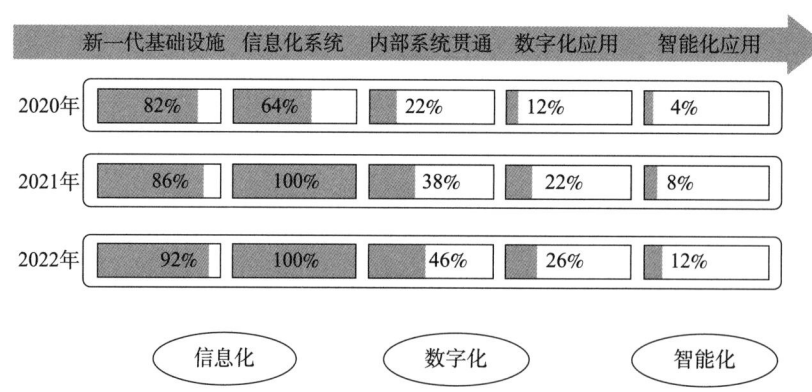

图 7-6-2　2020—2022 年 TOP50 房企数字化转型各阶段覆盖情况

数据来源：克而瑞科创。

---

① 注：TOP50 房企为克而瑞 2022 年 1—10 月中国房地产企业销售百强排行榜中，按照操盘金额排名的前 50 强房企，以下 50 强房企均为此释义。TOP1-10 房企：碧桂园、万科地产、保利发展、绿城中国、中海地产、华润置地、招商蛇口、金地集团、龙湖集团、融创中国。TOP11-20 房企：建发房产、滨江集团、中国金茂、绿地控股、旭辉集团、越秀地产、新城控股、华发股份、中国铁建、远洋集团。TOP21-30 房企：仁恒置地、世茂集团、美的置业、中南置地、金科集团、首开股份、中骏集团、万达集团、路劲集团、中梁控股。TOP31-40 房企：中国恒大、龙光集团、中粮、大悦城、雅居乐、卓越集团、建业集团、阳光城、电建地产、金辉集团、中梁置业。TOP41-50 房企：融信集团、合景泰富、荣盛发展、富力地产、华侨城、海伦堡、时代中国、宝龙地产、瑞安房地产、武汉城建。

（2）TOP50房企2022年整体数字化投入下降近10%。TOP50房企整体数字化投入受整体行业环境影响，在经历了2019年至2021年连续的增长后，2022年首次出现了下降，下降幅度接近10%（见图7-6-3）。其中，分层来看，央企、国企投入保持微增长，头部民营房企投入放缓，中部民营房企投入明显缩减。

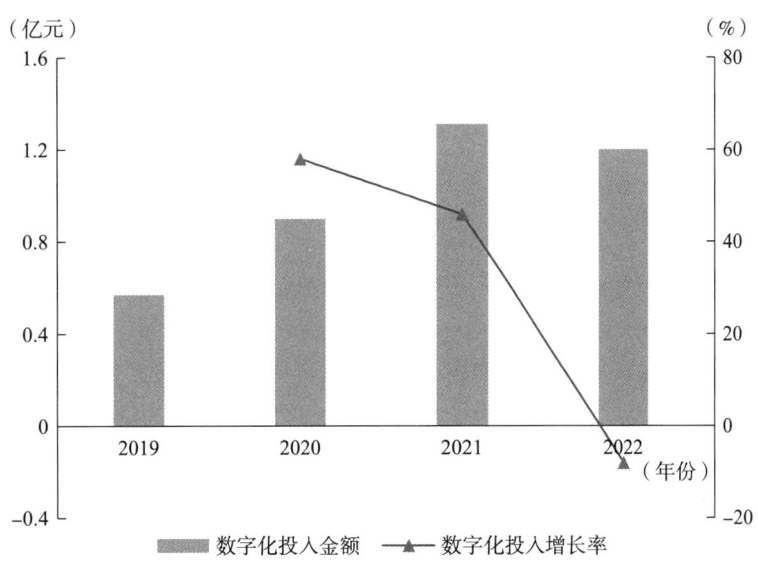

图7-6-3　2019—2022年TOP50房企年均数字化投入金额

数据来源：克而瑞科创。

（3）提升客户服务力成房企数字化建设首要目标。2022年，根据房企战略目标调研的数据显示，"提升客户服务力"超越"降本增效"成房企数字化战略首要目标，房企销售端承受了较大压力，借助数字化落地和运作提高销售能力和客户服务能力。同时，提升内部运营效率，实现降本增效也是房企持续目标（见图7-6-4）。

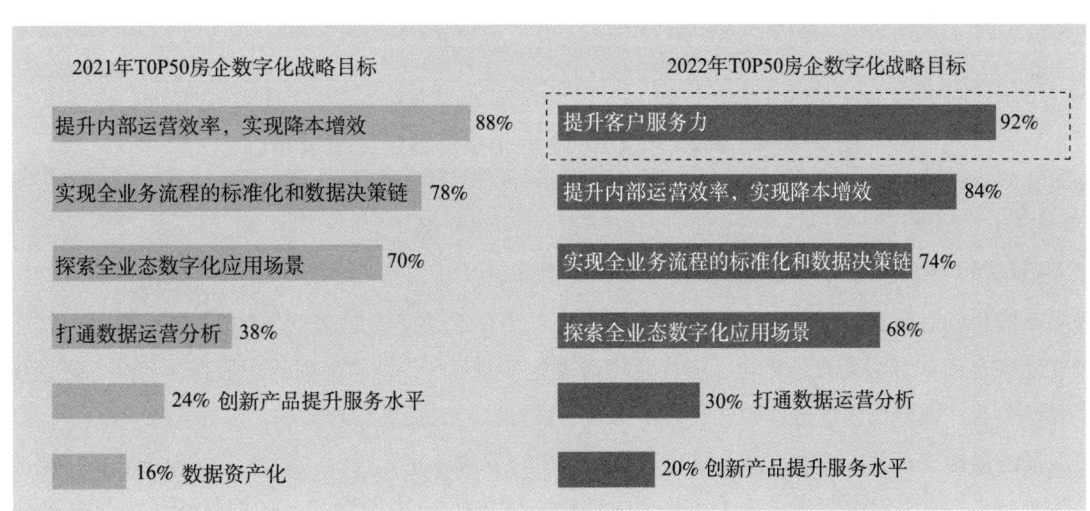

图7-6-4　2021—2022年TOP50房企数字化战略目标变化

数据来源：克而瑞科创。

（4）营销数字化和大运营数字化成标配，数据治理覆盖比例提升16%。在存量时代的新经营环境下，精细化管理和精益化经营能力已经成为房企的核心竞争力之一。2022年，头部房企不动产开发数字化场景主要覆盖营销、大运营、投资、建造、数据治理五大能力，营销数字化和大运营数字化100%覆盖，数据治理覆盖速度最快，相比2021年覆盖率增长16%（见图7-6-5）。

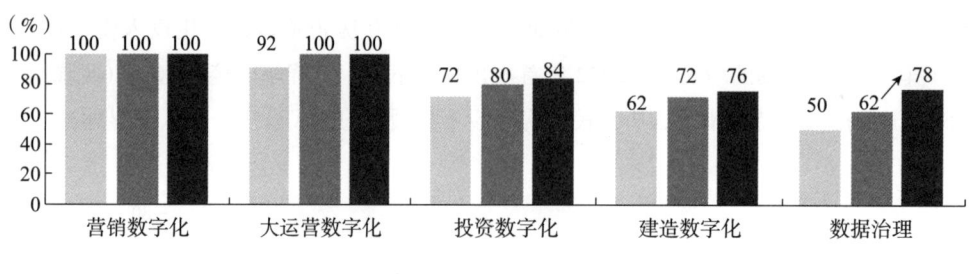

图 7-6-5　2020—2022 年 TOP50 房企开发数字化场景覆盖比例

数据来源：克而瑞科创。

数据治理团队围绕业务和数据高度融合的方式开展，重点围绕加强数据治理、提升数据质量、业务流程创新、科学管理决策、创造数字文化环境，推动商业模式革新。但头部房企数据治理建设整体成熟度较低，在主数据、数据集成、数据开发、标准建设模块初见成效，但是数据质量、数据资产等模块建设依然有大幅的提升空间。

2. 投资数字化建设面临数据瓶颈，投资模型亟待升级优化

2022 年，房企由规模化、扩张化向精细化、深耕化进一步发展，投资项目容错率更低，一方面房企裁撤大量的投拓团队人员，另一方面提升对于投资数字化应用的依赖度。在投资数字化的长期建设过程中缺乏专业、可靠的数据源成核心痛点之一，同时房企的投资模型也亟待根据市场变化做出相应升级与优化（见图 7-6-6）。

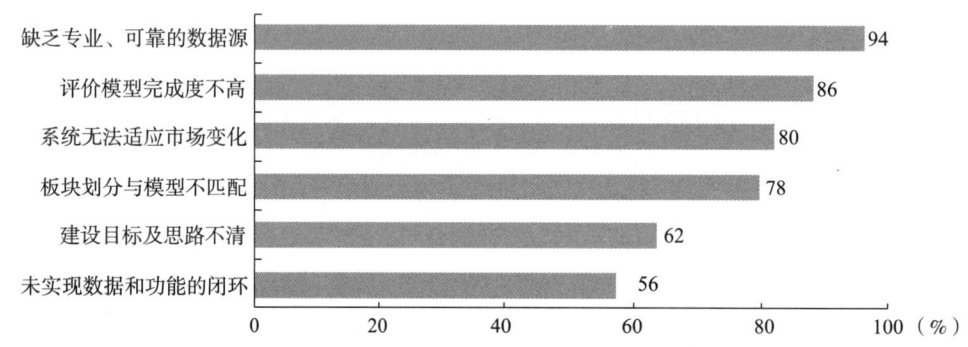

图 7-6-6　2022 年 TOP50 房企投资数字化建设痛点

数据来源：克而瑞科创。

3. 过半 TOP50 房企布局智慧工程管理，实现降本增效

根据克而瑞科创对头部房企的调研数据显示，2022 年房企重点打造智慧工程管理、数字化供应链平台、成本清单级管理平台和 BIM 应用设计平台，但智慧建造覆盖率并不高，智慧工程管理最高为 56%，覆盖项目一般为标杆代表性项目，以降低企业运营和管理成本为核心目标，同时提高管理效率。

从企业端的落地实践情况来看，金茂搭建的智建居工程管理数字化平台，实现工程现场质量智能监测、安全施工、低碳施工、智慧运维管理，覆盖 300 余个项目，年数据量 20 万余条；中海领潮供应链平台注册采购商 2000 多家、供应商 700 多家，上线 190 多个品牌的 13 万余种商品，累计实现销售订单额逾 23 亿元；华润置地生产数字化解决方案实现生产数字化整体线上化率 90%，成本数据统计自动化率提升到 95%；而润材电商人数减少 65% 的同时，业务量较系统上线前增长近 2.45 倍。

4. 客户信息分散、转化率低为短板，营销端聚焦客户运营平台

在销售承压和疫情的影响之下，2022 年营销数字化成房企工作重点，对线上数字化营销平台依赖性提升。超八成 TOP50 房企发力数字化客户运营平台和全渠道获客平台，其中，数字化客户运营平台重点建设客户标签、客户分层运营,客户画像,为业务增长提供支撑(见图7-6-7)。同时,超半数TOP50房企针对案场管理和渠道风险进行数字化管控,搭建智能签约中心,并将多项目的线上看房平台实现统一。

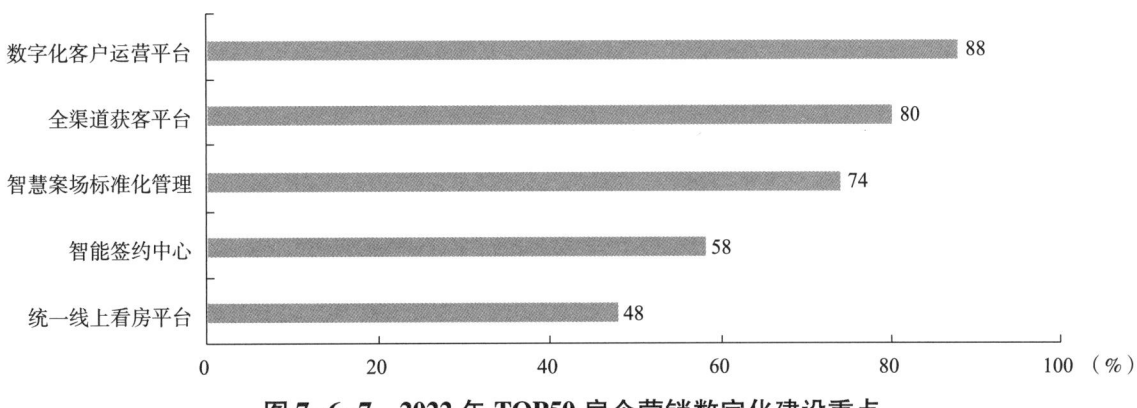

图7-6-7　2022年TOP50房企营销数字化建设重点

数据来源:克而瑞科创。

虽然数字化客户运营在实践过程中面临着诸多困难,主要集中在多系统客户信息分散、线上获客转化率低、数据结构一致性较差、数据质量差、客户活跃度相对较低等,但部分头部房企的智慧营销运营效果显著。例如保利云和+全国直营购房平台2022年线上自然渠道成交近100亿元,节省渠道费用超2亿元;中海的幸福家智慧营销运营平台单项目沉淀私域流量客户160万余人,开展线上活动2600余场,获客56.9万组,节省线下活动费用数千万。建业数智化营销服务平台在疫情期间,数字营销线上成交金额占同期认购金额的25%。

5. 房企借助数字化大运营平台实现全项目、全专业、全周期的统筹经营

根据克而瑞科创对头部房企的运营调研数据显示,2022年,76%的头部房企已经完成如数据标准定义、采集、清洗等数据层管理系统建设;仅30%企业完成业务流程的标准化,实现对房企经营管理全要素、全过程、全专业、全维度数据分析,提供辅助决策信息,达到提升精细化管理能力和经营效率、降低运营成本、提高效益等目的;16%的房企通过数据驱动,利用管理驾驶舱分析整体业务,但受制于多源系统及数据连通仍未完成,所以极少尝试智能预测研判(见图7-6-8)。

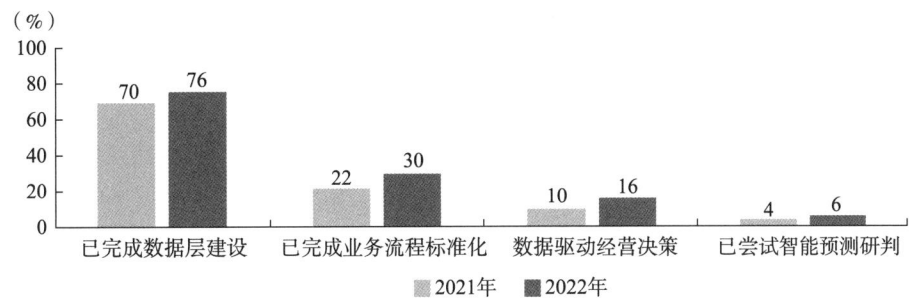

图7-6-8　2021年、2022年TOP50房企数字化大运营发展情况

数据来源:克而瑞科创。

大运营数字化系统,能够高效梳理核心业务数据指标,拉通主数据、预算、成本、销售、工程等系统,实时获取项目土储、供货、销售、库存、回款、结算等数据,七成房企实现成本控制和决策效率的提升。同时,通过实时分析可有效进行节点预警、利润偏差、资金支付等经营预警,优化风险管控能力,62%的TOP50房企数字化大运营系统实现对重大运营风险的管控(见图7-6-9)。

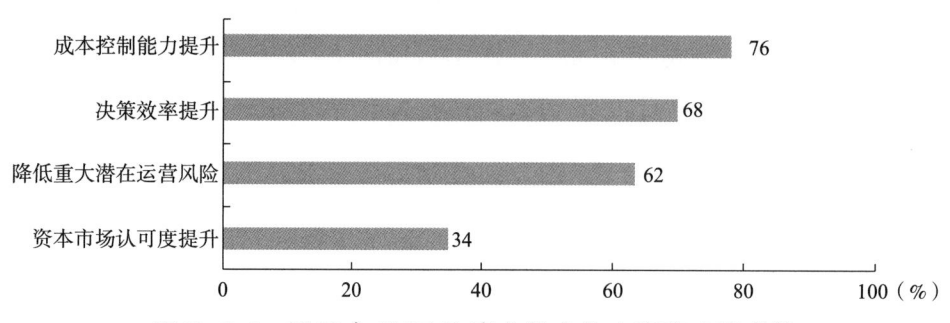

图 7-6-9　2022 年 TOP50 房企数字化大运营建设成效

数据来源：克而瑞科创。

（三）2022 年不动产运营数字化

纵览不动产运营侧数字化场景（见图 7-6-1），下文重点从市场成熟度较高的商办数字化、产业园区数字化、物业数字化方面进行调研和分析。

1. 商办数字化现状

（1）智慧经营系统应用增长显著，社群运营成重点营销模式（见图 7-6-10）。2022 年，除 ERP 和 POS 系统在商业数字化全覆盖外，招商管理、智慧经营和数据中台增长最快，其中智慧经营系统应用增长显著，覆盖率较 2021 年增长 50%，而通过精准客流系统赋能商铺经营，深化会员营销管理效果凸显。

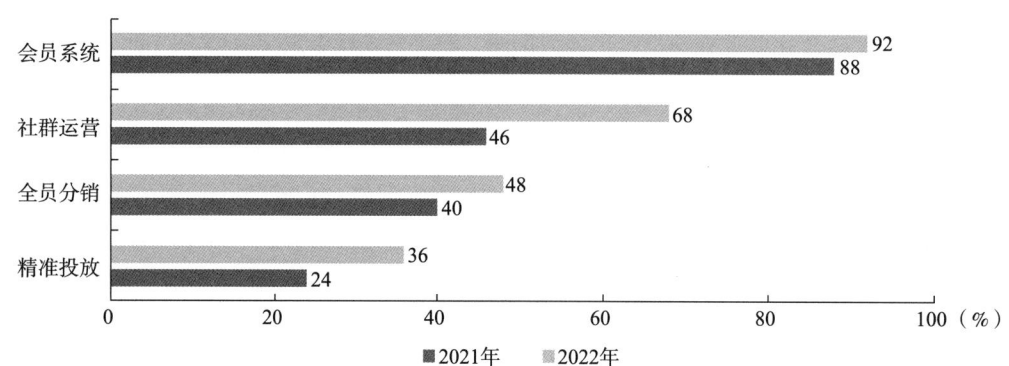

图 7-6-10　2021 年、2022 年 TOP50 房企商业数字化主要营销模式

数据来源：克而瑞科创。

据克而瑞科创研究数据，社群运营模式值得关注，应用率同比增长 48%，会员活跃度和消费黏性获得大幅提升。2022 年上半年中报显示，宝龙商业会员总数上半年较 2021 年底提升约 31%，个别标杆项目会员消费占比超过 25%；印力集团月度活跃会员数量达到 211 万人，同比增长 13%；华润万象生活会员数量 2804 万人，同比增长 15.3%。

（2）仅 10%TOP50 房企大会员体系业态互通，实现终端客户跨业态引流。根据克而瑞科创调研数据，截至 2022 年底，约 10% 的头部房企大会员体系达成业态互通，实现终端客户跨业态引流。在已互通的业态中，商业、长租和酒店等消费频率较高的场景，存在大量活跃存量客户（见图 7-6-11）。

龙湖搭建较为成熟的会员体系，用户拥有统一账户，通过积分实现商场购物、交纳物业费、房产交易等消费抵扣。在 2022 年新房销售承压时，龙湖通过大会员体系互通，为新房的销售反向赋能，成为房企会员引流与激励的经典案例。

（3）智慧能耗、智慧楼宇布局增速最快。2022 年，智慧能耗、智慧楼宇场景覆盖率增速超过 30%（见图

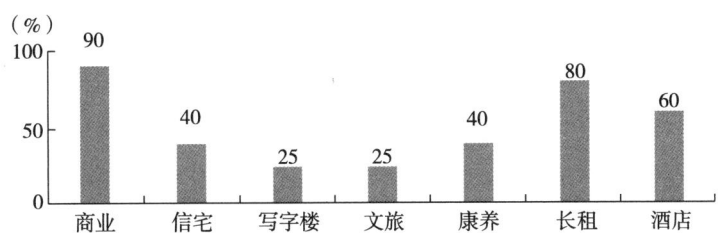

图 7-6-11　2022 年 TOP50 房企大会员业态拉通情况

数据来源：克而瑞科创。

7-6-12）。同时，智慧办公和智慧资管布局增速也达到 25%，打造舒适、高效、智能化的办公空间，以及提升资产管理效率成为办公数字化建设的重点。

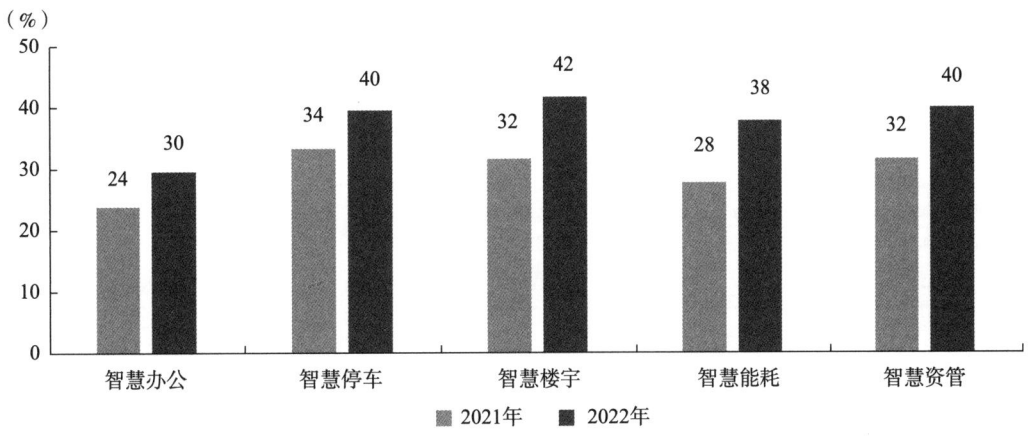

图 7-6-12　2021 年、2022 年 TOP50 房企办公数字化场景覆盖占比

数据来源：克而瑞科创。

（4）智慧能耗、智慧楼宇建设实现能源成本、人力成本节省超过 10%。在办公业态的运营管理成本中，能耗和人力资源分别占总成本的三成和四成，作为精细管控的重点，智慧能耗实现对暖通、照明等设备的用能监测、用能异常提醒、优化节能方案等，实现能源全过程闭环管理，据统计平均节省能耗成本超过 10%。智慧楼宇通过数字化系统和物联设备实时监测机电设备运维状态，对设备异常自动派发工单，减少物业日常巡检频次，平均节省人力成本 20%~30%。

2. 产业园区数字化现状

（1）产业园区智能化渗透率占比 35%，预计 2025 年市场规模超 2000 亿元。相较于 2021 年，2022 年产业园区信息化占比接近 80%，整个产业园区信息化发展稳步向上。但产业园区智能化渗透率占比仅 35%，未来还有较大的发展空间（见图 7-6-13）。

整个智慧园区信息化主要涵盖智慧通行、智慧安防、智慧停车等园区基础物业管理（对应园区管理），覆盖率 96%。智慧招商、生活服务、政务服务、企业服务和产业服务等智能化应用落地覆盖率均在 50% 以上。同时，2022 年智慧资管的需求也在上升，但数字化落地应用覆盖率相对较小，占比不到 40%。而支撑智能化的核心应用数据中台和物联中台覆盖率不到 20%，未来有很大发展空间（见图 7-6-14）。

（2）产业园区管理流程优化是数字化建设首要目标，平均运营成本可降低超过 50%。据克而瑞科创调研数据显示，产业园区数字化建设可划分为八大目标，其中园区管理流程优化、提高能源使用效率、提高园区招商能力、提高运营管理效率以及提高资产价值是产业园区数字化建设的五大核心目标。

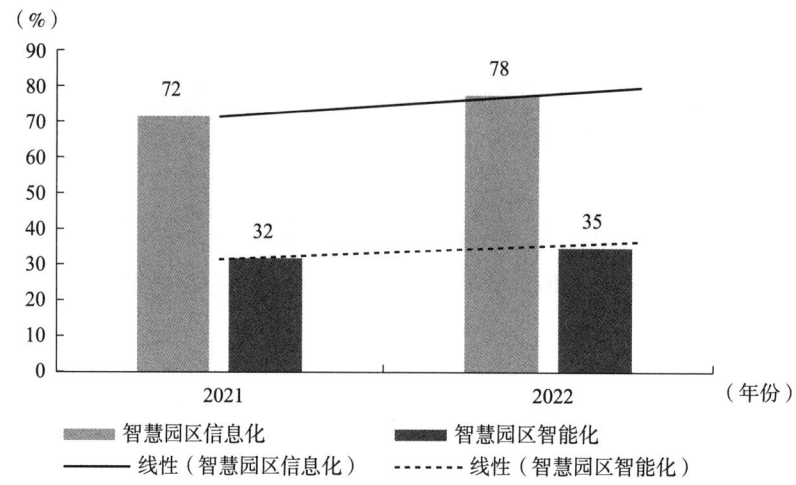

图 7-6-13　2021 年、2022 年产业园区信息化与智能化建设情况

数据来源：中国开发区网/CCID/CICC，克而瑞科创。

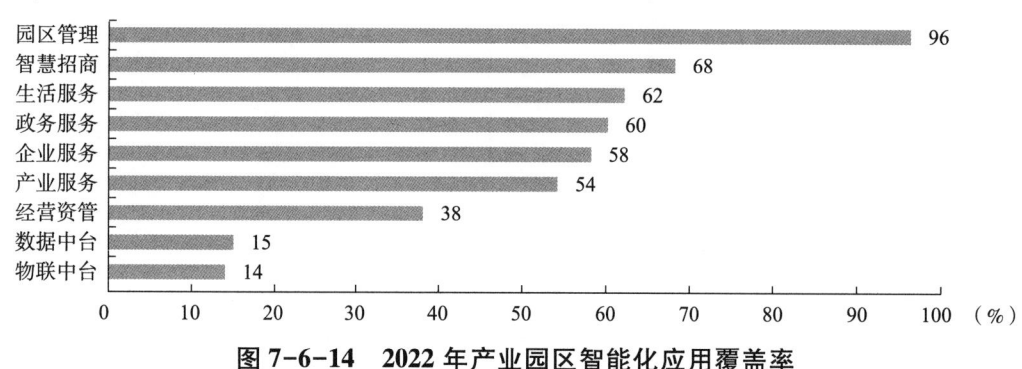

图 7-6-14　2022 年产业园区智能化应用覆盖率

数据来源：克而瑞科创。

90%的园区均看重管理流程优化、能源使用效率的成效。园区管理流程优化作为数字化建设首要目标，与普通园区相比，年均重大灾害性事件发生数量低于 0.5。提高能源使用效率在大型物流园区成效显著，每年通过智慧能源管理平均成本可降低 50%以上。万睿科技的智慧园区解决方案在深圳万科云城项目中，实现每月节省人力成本超过 12 万元，智能照明及能耗监测系统每月实现节能 10%以上。

3. 物业数字化现状

（1）头部物企以数据驱动增长，中部物企核心在赋能一线。物业数字化行业发展相对比较成熟，中后台信息化和硬件数字化基本完成，头部企业和中部企业分化明显。2022 年近七成头部物企实现运营智能化，主要表现在数据驱动增长、物联网、多种经营业务数字化的拓展和商业模式创新，中部企业在降本增效、业财方面继续深化数字化应用，更注重数字化在一线运营中的赋能效果（见图 7-6-15）。

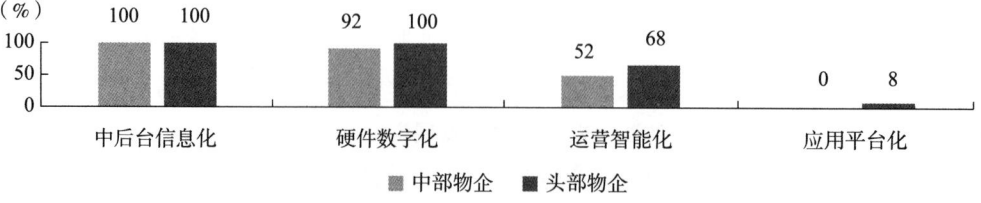

图 7-6-15　2022 年 TOP50 物企数字化发展各阶段完成度

数据来源：物业 CIO 问卷调研，克而瑞科创研究制作。

数字化成为物企增值服务营收提升的有效工具。头部物企借助数字化工具实现本地生活服务、社区传媒服务、家装服务、到家服务、美居服务等多种业务的营收增长，提高用户活跃度与黏性，实现用户精准营销与精细化运营。

（2）数字化投入增速放缓。2022年TOP50物企投入增速有所放缓，其中头部企业的数字化投入保持持平，部分央国企依然保持快速增长，而中部企业数字化投入则大幅减少（见图7-6-16）。

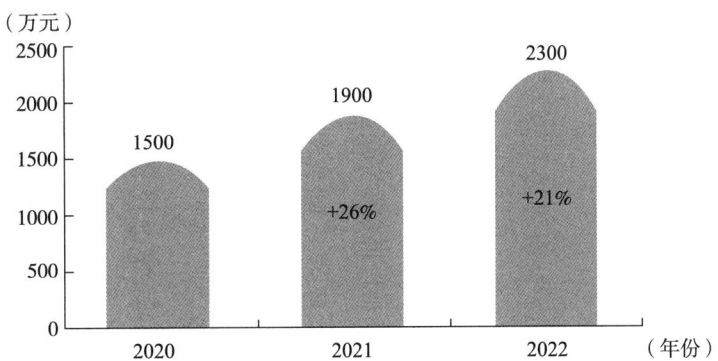

图7-6-16　2020—2022年TOP50物企平均数字化投入情况

数据来源：物业CIO问卷调研，克而瑞科创研究制作。

（3）部分头部物企对外赋能，智慧场景解决方案收入占总营收近7%。物企在数字化应用领域更加丰富，除支撑自身的业务发展之外，也逐渐开始对外赋能，向行业输出智慧场景解决方案。例如，绿城、建业、新城悦、世茂等物企开始探索新的商业模式。年报显示，绿城服务2022年H1智慧场景解决方案收入2亿元，占营收的3%；建业新生活2022年H1智慧场景解决方案收入1.56亿元，占比10%；新城悦服务2022年H1智慧场景解决方案收入1.74亿元，占比7%；世茂服务2022年H1智慧场景解决方案收入2.77亿元，占比6.5%，物企的智慧场景方案已覆盖数字化物业平台、智慧社区、智慧园区、智慧楼宇、政府数治、智慧停车等多个场景。

（李　波　中国房协数字科技分会　张兆娟　李　琛　上海克而瑞信息技术有限公司）

七、物业管理

2022年对物业管理行业而言，是机遇与挑战并存的一年。疫情持续和地产关联风险给行业发展带来挑战，物业服务企业战斗在疫情防控第一线，肩负重任迎接挑战，关键时刻更显行业价值。经历地产债务风险考验，规范公司治理，摆脱路径依赖，物业管理行业所扮演的角色更加独立。市场空间持续扩容，发展模式逐步回归理性。行业重新认识和回归服务本质，践行社会责任担当，更好地服务群众对美好生活的期待，走向高质量发展之路。

（一）行业发展的总体情况

1. 营业收入发展指数达到550.0，行业产值近1.4万亿元

随着物业管理行业规模持续扩大、经营业态不断丰富，业务向社区和居民生活多场景渗透，在基础物业服务收入稳步增长的同时，社区增值服务和多种业态收入日益增加，行业的整体产值持续提升。经测算，2022年物业管理行业营业收入发展指数为550.0（见图7-7-1），营业收入达到1.4万亿元，同比增长5.2%，增速高于服务业增加值增速[①]2.9个百分点。

---

① 2023年1月17日，国家统计局发布《2022年国民经济顶住压力再上新台阶》报告指出，全年服务业增加值同比增长2.3%。

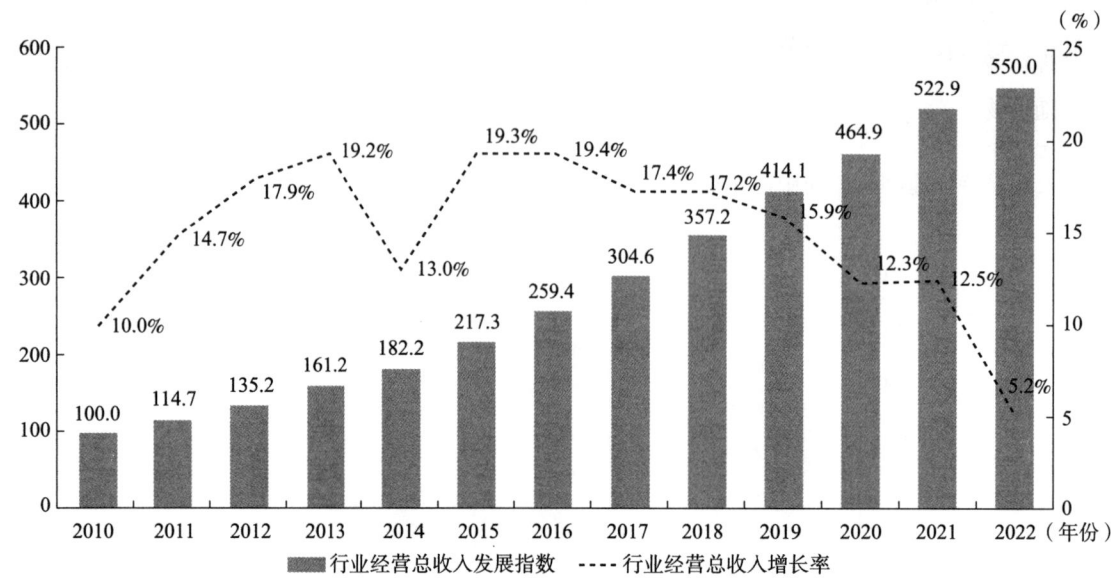

图 7-7-1　2010—2022 年物业管理行业经营总收入发展指数情况

数据来源：中国物业管理协会。

2. 管理面积发展指数达到 272.3，行业在管规模 368.4 亿平方米

随着我国城镇化的推进和老旧小区物业管理全覆盖的实施，以及行业不断在多业态布局、全业态发力拓展，行业的服务范围逐步向城市服务、乡村管理等领域延伸，在增量交付和存量渗透双重因素推动下，行业管理规模持续稳定增长。经测算，2022 年物业管理行业管理面积指数 272.3（见图 7-7-2），较上年增长 4.8%，管理面积 368.4 亿平方米。单位面积营业收入 38.0 元/米^2，人均管理面积 4382 平方米。

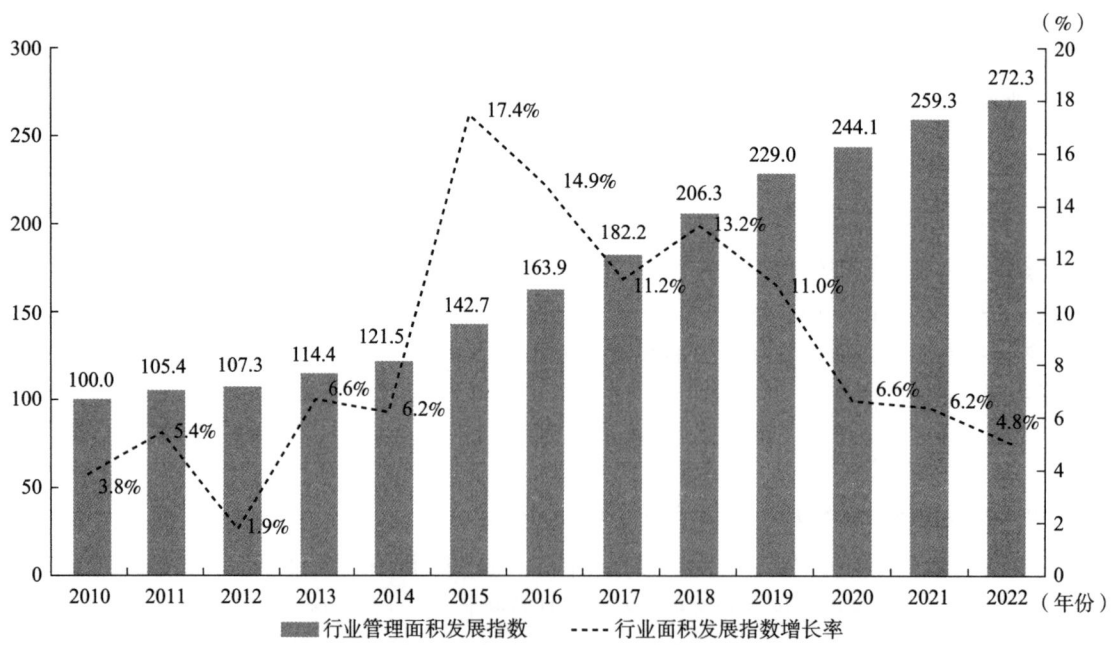

图 7-7-2　2010—2022 年物业管理行业管理面积发展指数情况

数据来源：中国物业管理协会。

3. 从业人员发展指数达到286.8，新增就业岗位61万个

物业管理行业规模大、业务范围广、企业数量多、项目覆盖范围广，成为稳定就业、拉动就业的重要平台。特别是随着物业管理行业社会价值、服务价值和资本价值的显现，行业对人才的虹吸效应增强。经测算，2022年物业管理行业从业人员发展指数280.3（见图7-7-3），从业人员840.7万人（不包含外包人员），同比增长7.8%，新增61.0万人，人均营业收入16.6万元。

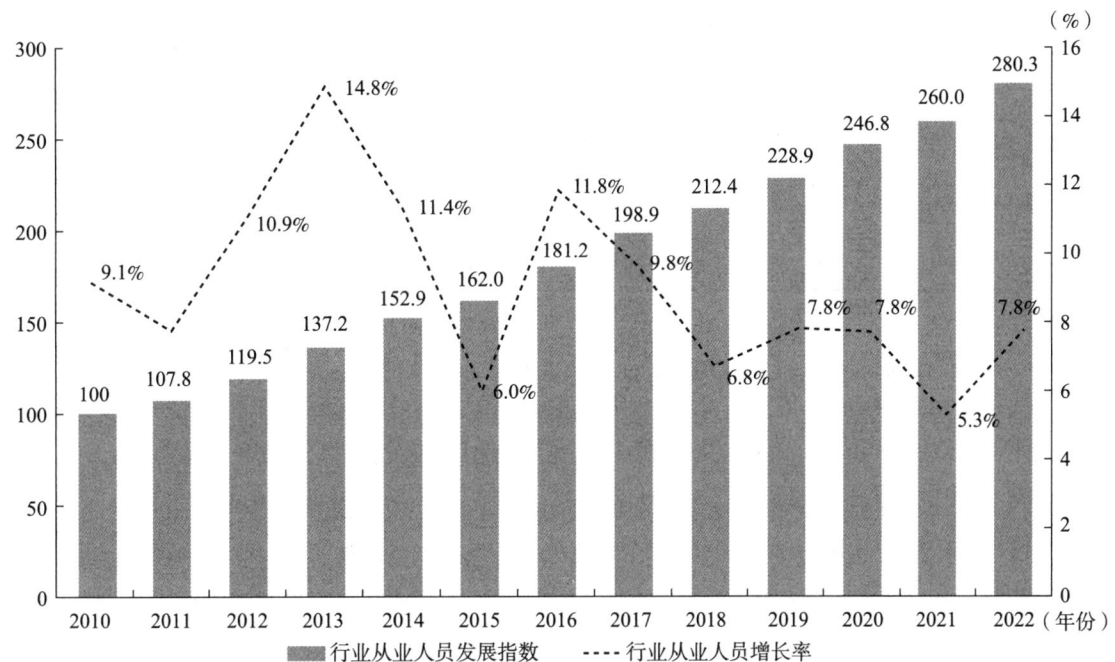

图7-7-3　2010—2022年物业管理行业从业人员发展指数情况

数据来源：中国物业管理协会。

（二）行业发展的新环境

1. 直面疫情防控挑战，凸显物管行业价值

（1）政府发文将物业服务企业纳入疫情防控体系。在疫情防控工作中，物业服务企业不畏挑战、勇担责任，成为对政府号令响应最快、执行力最强的力量之一。克服人工、防疫物资等成本增加的压力，迅速采取防控措施，承担部分公共服务内容，成为社区联防联控主力军。

2022年5月，住房和城乡建设部、国家邮政局联合印发《关于做好疫情防控期间寄递服务保障工作的通知》。要求各级住房和城乡建设部门要配合地方有关部门，将物业服务企业纳入当地疫情防控体系，协助解决物业服务企业在防疫工作中遇到的实际困难，指导物业服务企业做好物业管理区域内的疫情防控工作，切实保障一线物业服务从业人员必要的个人防护物品和消毒物资。政府发文将物业服务企业纳入当地疫情防控体系，体现物业服务在基层治理体系中的价值和地位，健全社会应急机制，体现服务型政府赋权和协同治理初衷。

表 7-7-1 2022 年疫情防控支持政策

文件	主要内容
《关于做好疫情防控期间寄递服务保障工作的通知》	住房和城乡建设部、国家邮政局 5 月份印发《通知》，将物业服务企业纳入当地疫情防控体系
《关于进一步加强住宅物业服务项目疫情防控中从业人员防护的通知》	北京市住建委 5 月份发布《通知》，将北京市住宅物业服务项目疫情防控工作纳入社区防控体系
《上海市加快经济恢复和重振行动方案》	上海市人民政府 5 月份印发《上海市加快经济恢复和重振行动方案》的通知，对物业服务、邮政快递、住宿、文化旅游等行业防疫和消杀支出，给予分档定额补贴
《深圳市物业服务企业疫情防控服务财政补助工作指引》	深圳住建局、财政局 8 月份发布《工作指引》，按在管建筑面积 1 元/米^2 标准一次性发放财政补贴
《浦东新区物业行业抗击疫情助企纾困财政补贴实施细则》	上海浦东新区建设和交通委、发展改革委 8 月发布《细则》，按 0.5 元/（米^2·月）标准，发放最多不超过 3 个月物业管理费补贴

资料来源：政府网站。

（2）大力支持政府购买服务。政策鼓励有条件的地区按照政府向物业服务企业购买公共服务的方式，对于物业服务企业的疫情防控支出，给予一定补偿。通过政府购买服务方式，可以有效组织和发动社会各方，整合抗疫队伍力量，配合当地部门投入紧急抗疫行动中，有力支持各项疫情防控工作开展。例如，深圳市通过政府购买服务，组织 20 多家物业服务企业参与到疫情防控、卡口值守、物资配送等全链条抗疫工作中。

政府购买服务，让物业服务企业在疫情防控中角色和权责界面更加清晰，顺应基层治理全域化、社会保障专业化的发展趋势。有效帮助解决企业疫情防控中的实际困难，让企业专注于提升服务响应能力，及时帮助解决群众封控期间维修、送医、买药、采购生活物资等多元生活需求。

（3）疫情中稳就业展现行业担当。2022 年，在疫情影响下，扎实做好稳就业工作，成为推进经济社会平稳发展的重中之重。物业管理行业在落实稳岗就业工作中贡献突出。根据中国物业管理协会开展的行业就业情况统计数据显示，2022 年前三季度，502 家样本企业 2021 年底从业人员 205.33 万人，2022 年第三季度末从业人员 236.57 万人，第三季度净增长 31.24 万人。其中，新吸纳应届高校毕业生 1.96 万人，部队复转退军人 1.53 万人，下岗、失业人员再就业 2.45 万人，农村劳动力转移就业 23.93 万人，残疾人群体 0.27 万人，其他 1.10 万人。行业稳岗扩岗作用显著，尤其在助力农村务工人员就业、保障低收入人群就业、带动下游产业增加就业机会等方面作用突出。

2. 市场空间持续扩容，增长模式回归理性

（1）营业收入和管理规模保持增长，但增速放缓。2022 年物业服务企业增长势头有所放缓。以上市企业为例，虽然上市企业数量增加，但总市值、平均营业收入增长率、平均管理面积增长率却出现下降，主要原因是受疫情因素和地产关联影响。2022 年末，62 家上市物业服务企业总市值 4205 亿元，反而比 2022 年初的 56 家企业总市值 5016 亿元减少 811 亿元。按 53 家同样本口径上市物业服务企业样本，2022 年平均营业收入 44.79 亿元，同比增速均值 19.1%，而 2021 年平均营业收入 37.60 亿元，同比增速均值 44.7%（见图 7-7-4）；2022 年的平均营业收入增长率同比下降 25.6 个百分点。同样，按 41 家同样本口径上市物业服务企业样本[①]，平均管理面积 1.41 亿平方米，同比增速均值 18.7%，较 2021 年的 1.19 亿平方米、同比增速均值 50.9%均有明显下降。

---

① 部分上市企业未披露规模数据，样本数量有所减少。

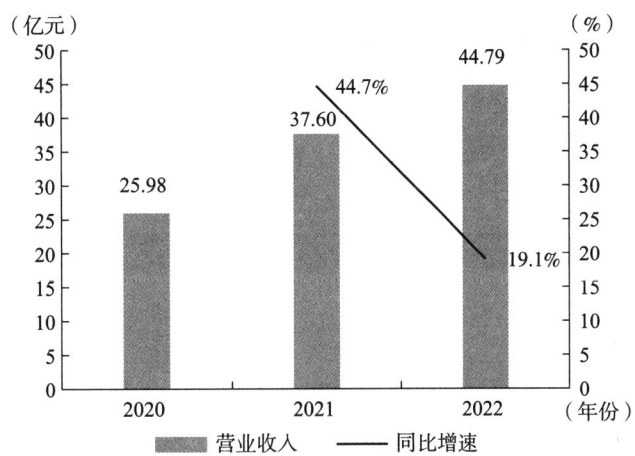

图 7-7-4　2020—2022 年上市物业服务企业平均营业收入及增速

数据来源：企业年报。

注：三年均值按 53 家同样本公司数据计算。

（2）企业收并购步伐放缓，物业服务企业估值理性。2022 年，上市物业服务企业公告收购金额 129.7 亿元，与 2021 年的 355.9 亿元相比下降 63.6%（见图 7-7-5）。从 2018 年开始，物业服务企业掀起上市热潮，在资本力量推动下，收并购快速拓规模成为潮流。物业服务企业并购交易金额成倍增长，并在 2021 年达到顶点。2022 年，受地产行业影响叠加疫情因素，物业并购数量下降，估值回归理性。企业通过收并购扩张趋向谨慎，更加关注收购标的质量和战略协同性。2022 年并购金额与 2020 年相比，仍然上升 37.5%。收并购长期增长趋势未变，仍是实现快速增长的有效手段。而且，随着估值回调，2022 年央企、国企在收并购领域表现更加积极。通过收购的方式，加速规模扩张，增加区域管理浓度，提升细分专业领域能力。

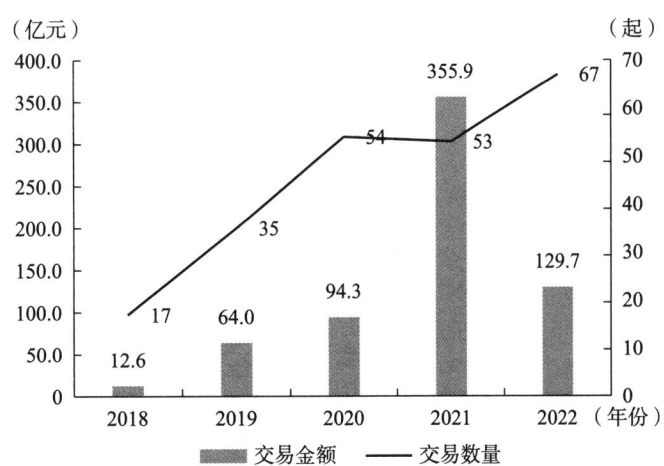

图 7-7-5　2018—2022 年上市物业服务企业并购交易金额

数据来源：企业公告。

（3）利润率下降，行业发展模式回归理性。2022 年，上市物业服务企业利润率下降显著。按 51 家同样本口径，2022 年上市物业服务企业净利率均值 25.0%，同比下降 3.9 个百分点（见图 7-7-6）。与之相比，2020 年和 2021 年的净利润均值分别为 29.1% 和 28.9%。利润率下滑主要源于房地产行业变化和疫情因素。例如房地产关联方交付及非业主增值服务下降，案场、车位、房屋经纪等高毛利业务收缩；

应收账款风险暴露，计提坏账影响物业服务企业利润。疫情使物业服务企业成本支出上升，业主增值服务开展遇阻。规模和营收增长，而利润没有相应提升，促使企业反思快速拓规模的增长模式。继续调整、深化转型，实施科技提效，探索空间服务整合，真正实现从规模增长到效益实现。行业在调整中重塑新的增长逻辑，行业发展模式逐步回归理性。

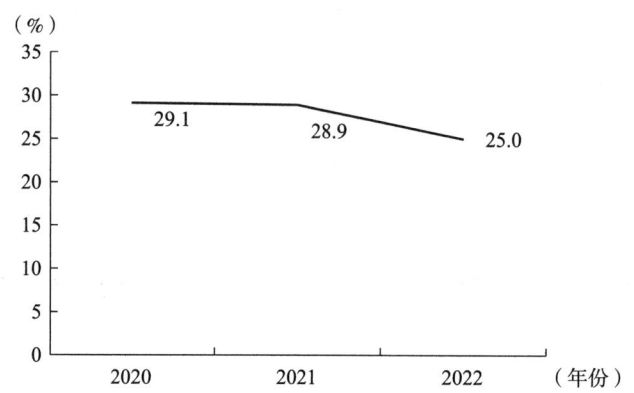

图 7-7-6　2020—2022 年上市物业服务企业净利率均值

数据来源：企业年报。

注：三年均值按 51 家同样本公司数据计算。

3. 降低地产关联风险，提升行业独立地位

2022 年，地产关联行业遇到的困境，也给物业管理行业带来明显影响。在资产市场，房地产开发行业指数和物业管理行业指数变化高度相关（见图 7-7-7）。在增量空间上，地产企业土地储备和销售量减少，将在未来几年影响物业服务企业的新增管理面积规模。在企业经营上，房地产开发企业流动性短缺，对关联物业服务企业的资金划拨调用，影响到后者的经营独立性。

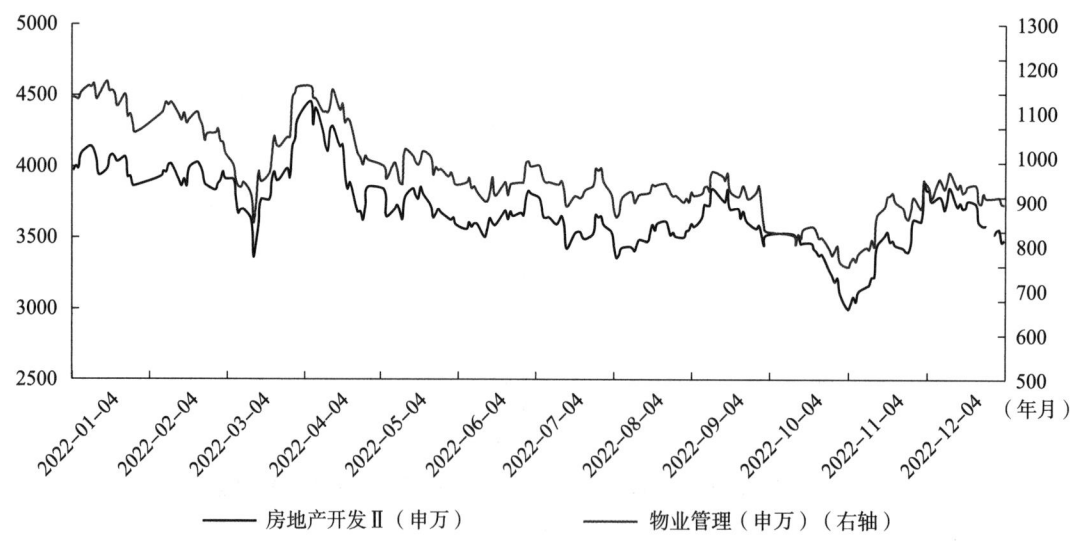

图 7-7-7　2022 年房地产开发和物业管理指数走势

数据来源：Choice。

在此背景下，物业服务企业亟须增强管理规范性、提升经营独立性。物业管理源于地产开发，但与地产制造业属性及高速周转金融属性不同，物业管理本质上是服务性行业，长期增长来自服务覆盖的规

模广度和业务拓展的深度。独立化发展有助于物业服务企业摆脱关联方经营不利因素影响,降低企业自身发展的不确定性。

物业服务企业正从多方面增强发展独立性:一是部分企业引入战略投资者,实现股权结构的多元化,伴随股权结构变化,有望推动内部治理的规范化;二是建立合规体系,规范管理制度、财务制度、风控制度等,推动物业服务企业经营管理上的规范化、独立化;三是增强市场外拓能力,持续提升管理规模中的第三方占比,减少对关联方依赖。在经历风险考验后,物业管理行业的独立属性日益显著。

(刘寅坤　吴一帆　中国物业管理协会)

2023
中国房地产年鉴

Ⅷ.大事记

2022 年中国房地产大事记

1. 要素市场化配置综合改革试点加速推进

1月6日，国务院发布《要素市场化配置综合改革试点总体方案》，提出允许有条件的地区探索城乡建设用地增减挂钩节余指标跨省域调剂使用机制、允许将存量集体建设用地依据规划改变用途入市交易、支持具备条件的试点地区在城市群或都市圈内开展户籍准入年限同城化累计互认、居住证互通互认等。

2. 住房和城乡建设部等3部门联合发文规范商品房预售资金监管

1月29日，住房和城乡建设部、中国人民银行和银保监会联合印发《关于规范商品房预售资金监管的意见》，内容包括预售资金如何确定商业银行、监管账户的设立、如何确定监管额度、资金如何使用、企业违规挪用将被追责、厘清三方监管部门各自权责等9个方面。

3. 保障性租赁住房项目有关贷款不纳入房地产贷款集中度管理

2月8日，中国人民银行、银保监会发布《关于保障性租赁住房有关贷款不纳入房地产贷款集中度管理的通知》，鼓励银行业金融机构按照依法合规、风险可控、商业可持续的原则，加大对保障性租赁住房发展的支持力度。

4. 住房和城乡建设部提出以"保交楼、保民生、保稳定"为2022年首要目标

2月24日，住房和城乡建设部部长王蒙徽在推动住房和城乡建设高质量发展发布会上表示，2022年要以"保交楼、保民生、保稳定"为首要目标，以法治化市场化为原则，坚决有力处置个别房地产企业房地产项目逾期交付风险。

5. 2022中国房地产开发企业综合实力TOP500测评成果发布

3月29日，由中国房地产业协会、上海易居房地产研究院联合主办的"2022中国房地产TOP500测评成果发布会暨房地产高峰论坛"顺利举行。2022中国房地产开发企业综合实力TOP500前三位由万科、中海和保利占据，碧桂园、招商蛇口、华润、龙湖、融创、金地、新城分列四至十位。

6. 碧桂园服务收购中梁百悦智佳

3月29日，碧桂园服务发布公告称，碧桂园服务全资公司碧桂园物业香港同意按现金支付方式收购中梁百悦智佳约93.76%的股权，总代价不高于31.29亿元。截至3月29日，股权已转让予碧桂园物业香港，中梁百悦智佳的董事也变更为碧桂园物业香港的指定董事。

7. "4·29"中央政治局会议定调开启地方"救市"大幕

4月29日，中央政治局会议定调，"支持各地从当地实际出发完善房地产政策，支持刚性和改善性住房需求，优化商品房预售资金监管"，地方"救市"大幕由此开启。5—6月，地方宽松性政策持续"井喷"，单月出台条数均超过100条，主要内容包括优化"四限"、发放购房财税补贴、重启货币化安置、下调房贷利率和首付比例、提高住房公积金最高贷款额度等。

8. 中共中央、国务院推进以县城为重要载体的城镇化建设

5月6日，中共中央、国务院印发《关于推进以县城为重要载体的城镇化建设的意见》，提出全面落实取消县城落户限制政策，加快发展大城市周边县城，引导人口流失县城转型发展，保障县城正常用地需求等。

9. 首套住房商业性个人住房贷款利率下限不低于 LPR 减 20 个基点

5月15日，中国人民银行、银保监会发布《关于调整差别化住房信贷政策有关问题的通知》，提出将首套普通自住房商业性个人住房贷款利率下限调整为不低于相应期限贷款市场报价利率（LPR）减20个基点。

10. 2022 中国房地产上市公司测评研究成果发布

5月26日，由中国房地产业协会指导、上海易居房地产研究院主办的"2022中国房地产及物业上市公司测评成果发布会"顺利举行。经过对上市房地产企业的综合测评，万科、保利及中海位列前三，碧桂园、华润、龙湖、招商蛇口、新城、金地、旭辉分列第四至第十位。

11. 碧桂园、龙湖等 5 家民营房企成为首批启动信用保护工具融资企业

5月27日，上海证券交易所线上组织召开公司债券投融资对接会，碧桂园、龙湖集团、新城控股、旭辉控股集团和美的置业5家民营房企成为首批启动信用保护工具融资的企业，被监管机构选定为示范房企。

12. 国务院批复"十四五"新型城镇化实施方案

6月7日，国务院发布《关于"十四五"新型城镇化实施方案的批复》，提出要以推动城镇化高质量发展为主题，以转变城市发展方式为主线，以体制机制改革创新为根本动力，以满足人民日益增长的美好生活需要为根本目的，深入推进以人为核心的新型城镇化战略。

13. 国务院首次将保障性租赁住房纳入 REITs 试点申报项目

7月2日，国务院印发《关于加快发展保障性租赁住房的意见》和《关于进一步做好基础设施领域不动产投资信托基金（REITs）试点工作的通知》，明确保障性租赁住房基础制度和支持政策，并首次将保障性租赁住房纳入REITs试点申报项目名单中。

14. 恒大、世茂等 8 家地产物管类企业遭恒生指数剔除

7月11日，因停牌时间过长，世茂集团、佳兆业集团、彩生活、融创中国、中国恒大、中国奥园、奥园健康、恒大物业等8家地产物管类企业遭恒生指数剔除。融创中国同时被调出恒生中国企业指数。

15. 全国多地烂尾楼业主集体发布停止偿还房贷告知书

7月以来，全国多地停工、延期交付和烂尾楼盘的业主集体发布停贷告知书，将"强制停止偿还贷款"视作集体维权工具，主要诉求在于项目的复工和交付。持续发酵的"停贷"情况波及包括郑州、长沙、武汉、西安、南昌、太原在内的80多个城市中的200多个项目，引起各层级监管部门的高度重视。

16. "保交楼、稳民生"首次写入中央政治局会议文件

7月28日，中央政治局会议首提"要压实地方政府责任，保交楼、稳民生"。与此同时，郑州、武汉、苏州、天津等地方政府积极落实"保交楼"举措，主要涉及"成立纾困基金盘活项目、派遣工作组跟进项目、返还土地款用于在建项目施工、适度放松预售资金监管"等方面内容。

17. 5 家房企入围 2022 年《财富》世界 500 强

8月3日，2022年《财富》世界500强排行榜发布，中国5家房地产企业上榜，分别为绿地控股（125位）、碧桂园控股（138位）、万科企业（178位）、中国保利（181位）、龙湖集团（412位）。相比2021年，上榜房企数量减少3家，恒大、融创、华润置地落榜。

18. 上海二手房贷款"三价就低"政策松动

8月9日，上海市二手房住房贷款"三价就低"政策出现调整，二手房涉税评估价较此前明显提升。据多家银行和房产中介介绍，不同区域涉税评估提升幅度不同，但基本由此前合同价的五至六成提升至七至九成左右。

19. 首批3只保租房公募REITs发售当日售罄

8月16日，首批3只保障性租赁住房REITs（华夏北京保障房REIT、中金厦门安居REIT、红土深圳安居REIT）正式发售，并于当日全部售罄。其中，红土深圳安居REIT公众投资者认购倍数高达250.68倍。

20. 国家卫健委等17部门发文建议住房政策向多子女家庭倾斜

8月16日，国家卫健委等17部门联合发布《关于进一步完善和落实积极生育支持措施的指导意见》，提出对购买首套自住房的多子女家庭，有条件的城市可给予适当提高住房公积金贷款额度等相关支持政策，各地可结合实际，进一步研究制定根据养育未成年子女负担情况实施差异化租赁和购买房屋的优惠政策。

21. 北京、上海相继出台住房租赁条例

9月1日，《北京市住房租赁条例》正式实施，这是国内首部由地方出台的租赁条例。11月23日，《上海市住房租赁条例》也正式通过。从内容看，两地条例均涉及群租整治、住房租赁企业管理、合同网络备案和保障性租赁住房建设等方面。

22. 建设银行出资设立住房租赁基金

9月23日，建设银行出资设立住房租赁基金。基金募集规模为人民币300亿元，公司认缴人民币299.99亿元，资金来源为自有资金；子公司建信信托下属的全资子公司认缴0.01亿元。基金的目标定位及投向为通过投资房企存量资产，改造为租赁住房，增加市场化长租房和保障性租赁住房供给。

23. 北京试行存量房交易"连环单"业务

9月23日，北京市印发《关于试行存量房交易"连环单"业务并行办理的通知》，将原需按顺序先后办理的房屋卖出、买入业务，调整为并行办理，以提高房屋交易效率，降低购房成本。

24. 符合条件的城市阶段性放宽首套房商业性个人住房贷款利率下限

9月29日，中国人民银行、银保监会发布《关于阶段性调整差别化住房信贷政策的通知》，对于6—8月城市新房价格环比、同比连续下降的城市，阶段性放宽首套房商业性个人住房贷款利率下限。根据国家统计局数据显示，至少有泉州、温州、泸州、岳阳、宜昌、包头、秦皇岛、安庆、济宁等23个城市符合新政要求。

25. 万物云上市

9月29日，万科集团分拆旗下万物云正式在香港交易所主板挂牌上市。作为物管领域头部企业，万物云此次全球发售1.167亿股，占其总发行股本的10%，完成净筹资额约56亿港元，是港股年内最大的IPO（首次公开募股）。

26. 房企融资"三支箭"相继落地

10月9日，监管部门指示工行、建行、中行等多家大行年内对房地产融资每家至少增加1000亿元。11月8日，中国银行间市场交易商协会提出推进并扩大民营企业债券融资支持工具，支持包括房地产企业在内的民营企业发债融资。11月25日，证监会提出恢复涉房上市公司并购重组和配套融资、恢复上市房企和涉房上市公司再融资、调整完善房地产企业境外市场上市政策等。房地产企业银行信贷、发债融资、股权融资"三支箭"相继落地。

27. 财政部严禁地方政府通过举债储备土地

10月14日，财政部印发《关于加强"三公"经费管理严控一般性支出的通知》，提出严禁通过举债储备土地，不得通过国企购地等方式虚增土地出让收入，不得巧立名目虚增财政收入，弥补财政收入缺口。

28. 党的二十大报告定调加快建立多主体供给、多渠道保障、租购并举的住房制度

10月16日，中国共产党第二十次全国代表大会在北京召开。二十大报告提出，"坚持房住不炒定位，加快建立多主体供给、多渠道保障、租购并举的住房制度"，为未来五年房地产行业发展指明方向。

29. 2022房地产企业品牌价值测评成果发布

10月27日，上海易居房地产研究院发布2022房地产企业品牌价值测评成果。2022房地产开发企业品牌价值TOP50前三位由中海、万科和保利占据，华润置地、碧桂园、招商蛇口、龙湖、金地、中国金茂和新城分列第四到第十位。

30. 财政部支持深圳在全国税制改革中先行先试

10月31日，财政部出台《关于支持深圳探索创新财政政策体系与管理体制的实施意见》，提出加大中央财政城镇保障性安居工程补助资金对深圳公租房、保障性租赁住房和老旧小区改造的支持力度，支持深圳在全国税制改革中先行先试。

31. 深圳首批六个人才住房项目启动配售

11月9日，深圳市首批六个人才住房项目启动配售。据悉，此批次住房项目涉及房源4422套，其中两房户型1957套，三房户型2465套，配售均价2万~4.5万元/米^2，仅为周边商品房的60%。

32. 第13届中国房地产科学发展论坛在北京举行

11月10日，由中国房地产业协会主办的"第13届中国房地产科学发展论坛"在北京举行。论坛采用"线上+线下"的方式召开，围绕"新格局新动能"这一主题，就宏观经济形势、房地产平稳健康发展、碳达峰以及企业发展战略等热点问题，展开深入探讨和交流。

33. "金融16条"出台，房地产业金融环境加速改善

11月11日，中国人民银行、银保监会发布《关于做好当前金融支持房地产市场平稳健康发展工作的通知》，内容包括保持房地产融资平稳有序、积极做好"保交楼"金融服务、积极配合做好受困房企风险处置、依法保障住房金融消费者合法权益、阶段性调整部分金融管理政策等六大方面16条具体举措。

34. 华夏基金华润有巢REIT上市

12月9日，华夏基金华润有巢租赁住房REIT正式上市。作为首单市场化机构运营的保租房REITs，华夏基金华润有巢REIT询价阶段受到网下资金青睐，参与询价的网下拟认购份额是网下发售份额的213倍，刷新已有公募REITs网下询价纪录。

35. 国务院副总理刘鹤重申"房地产是国民经济的支柱产业"

12月15日，国务院副总理刘鹤在第五轮中国—欧盟工商领袖和前高管对话上表示，"房地产是国民经济的支柱产业"，"未来一个时期，中国城镇化仍处于较快发展阶段，有足够需求空间为房地产业稳定发展提供支撑"。

36. 房企"借壳"上市之路重启

12月21日，证监会党委会议提出，允许符合条件的房企"借壳"已上市房企，允许房地产和建筑等密切相关行业上市公司实施涉房重组。

37. 房企营销奇招迭出

2022年，在去化压力加大背景下，房企营销奇招迭出。除打折、卖房送车等常规营销动作外，商丘、开封、玉林、连云港等多地房企提出"小麦、大蒜换房""买房推荐工作""买房送土猪""买房免费乘10年地铁"等花式营销活动。

38. 华润万象生活46亿元收购4家物管企业

2022年，华润万象生活接连收购禹洲物业、中南服务、四川九州千城物业及祥生物业4个优质标的，收购金额超过46亿元。

39. LPR三次非对称下调

2022年，LPR分别于1月20日、5月20日、8月22日三次非对称下调。其中，1年期LPR依次下调10个、0个和5个基点，累计下调15个基点；5年期以上LPR依次下调5个、15个、15个基点，累计下调35个基点。

40. 民营房企债务违约频发

2022年，房地产企业信用风险持续暴露。据统计，地产行业新增违约主体28家，基本为民营房企，包括中国奥园、禹洲集团、祥生控股、正荣地产、阳光城、融创、中南建设、中梁控股、融信中国、世茂集团等知名企业。

41. 房企积极"瘦身"自救

面对流动性困境，房企积极开展自救。据不完全统计，仅2—4月，至少有46家房企公告56笔相关资产出售或转让的信息，处置的资产包括项目股权、公司或关联公司的股权、物业资产、酒店资产、银行股权等。除此之外，多数"爆雷"房企均采取债券展期、债务重组、引进战投等自救尝试。

42. 重点22城集中供地批次"3变N"

2022年，重点22城集中供地规则出现较大变化，多地暂停执行"一年内公告、拍地最多不超3次"的政策，适度增加供地批次。其中，北京、上海、广州、深圳、天津等14城完成四批次集中供地，苏州、南京、无锡等3城完成五批次集中供地，武汉完成六批次集中供地。此外，长沙于9月提出，土地供应将由年度批次推介改为常态化持续更新。

43. 土地市场地方城投和央国企托底特征显著

2022年，22城集中供地市场表现低迷，地方城投和央国企托底特征显著。截至12月27日，22城集中供地中，地方国资拿地金额占比高达42%，超过央国企的37%，民企拿地金额占比仅16%。

44. 保障性租赁住房建设和筹集进程加快

据住房和城乡建设部统计数据，2022年1—10月，全国保障性租赁住房已开工建设和筹集233.6万套（间），占年度计划的98.8%，完成投资1750亿元。2021年6月至2022年12月，全国已开工建设和筹集保障性租赁住房约330万套（间），可解决近1000万名新市民、青年人的住房困难问题。

45. 个人住房贷款增速陡降

据中国人民银行统计数据，2022年末金融机构人民币房地产贷款余额53.16万亿元，同比增长1.5%，增速比上年末低6.5个百分点，比同期人民币贷款整体增速低9.6个百分点；个人住房贷款余额38.8万亿元，全年净增约4800亿元，同比增长1.2%，增速比上年末低10个百分点，同时也是2000年以来的最低值。

46. 部分知名房企退出国际信用评级

截至2022年底，2021年销售额排名前50房企中，已有包括碧桂园、恒大、融创、绿地、旭辉、世茂、新城、富力、雅居乐、佳兆业、奥园等过半数企业从标普、穆迪、惠誉三家机构之一或同时撤销评级。其中，碧桂园、华夏幸福、蓝光发展、阳光城等房企为主动申请撤销。

47. 规模房企销售额大幅缩水

据克而瑞统计数据，2022年百强房企各梯队销售门槛较上一年显著降低。其中，TOP10房企销售操盘金额门槛同比下降41.9%至1673.1亿元；TOP30房企销售操盘金额门槛同比下降55.8%至507.2亿元；TOP100和TOP200房企销售操盘金额门槛分别显著降低至116.1亿元和23.9亿元。此外，仅20家房企全口径销售规模超过1000亿元，较上年减少23家。

48. 物管企业上市节奏放缓

2022年，金茂服务、力高健康生活、东原仁知服务、鲁商生活服务、苏新服务、万物云6家物企成功上市，数量较2021年缩水过半。6家物企从初次交表到成功上市平均历时294天，较2021年13家新上市物企平均用时延长89天。

49. 杭州、厦门等近40城出台限购松绑政策

据克而瑞统计数据，2022年，杭州、厦门、南京、苏州、成都、西安等近40个城市出台限购松绑政策。其中，佛山、东莞等城市率先退出"限购"城市行列。

50. 南京等近170城出台财税托市政策

据克而瑞统计数据，2022年，南京、杭州、济南、石家庄等近170个城市出台财税托市政策，内容主要包括减免住房转让税费、发放购房财政补贴等。

51. 超100城下调首套房或二套房贷款首付比例

据克而瑞统计数据，2022年，超过100个城市将公积金或商业性个人住房贷款的首付比例降至20%、二套房首付比例降至30%，其中包括成都、西安、太原、福州、重庆、武汉、兰州、银川等多个二线城市。

52. 超30城出台"一人购房全家帮"公积金新政

自6月珠海市率先出台"一人购房全家帮"公积金新政以来，全国多地跟进。据不完全统计，2022年超30个城市推出类似政策，具体举措包括帮还贷、帮提取公积金支付首付以及提取亲属公积金用于支付购房款等。

53. 部分房企遭遇"被清盘"

2022年，包括佳源国际、融创中国、新力控股、嘉年华国际、大发地产、福晟国际、花样年、泛海控股、新明中国、中国恒大、天誉置业等多家房企被债权人提起清盘呈请。清盘呈请发起人多为极个别的债权人，金额从几十万美元到几亿美元不等。

54. 多地房贷利率步入"3时代"

继9月29日中国人民银行、银保监会放宽部分城市首套住房贷款利率下限后，全国多地房贷利率进入"3时代"。据克而瑞统计数据，截至12月30日，监测范围内已有近30个城市首套房贷利率降至4.0%以下。

55. 近30城推行二手房"带押过户"新模式

2022年，为优化二手房交易流程，广州、苏州、南京、福州、珠海、东莞、惠州、西安、天津、宁波、无锡、常州、济南、青岛、合肥、昆明、中山、石家庄、太原等近30个城市推行二手房"带押过户"新模式，即存在抵押的房产，在未还清贷款的情况下可以交易和过户。

56. 大中型房企继续入局代建领域

2022年，龙湖、中梁、华夏幸福等多家房企进军代建业务。其中，华夏幸福成立旗下代建公司幸福安基，龙湖集团推出智慧营造品牌——龙湖龙智造，中梁控股宣布成立中梁建设管理集团有限公司等。截至2022年底，发展代建业务的品牌房企已经超过 60 家。其中既有全国化大型房企如绿城、华润、金地等，也有地方性大中型房企如建业、众安等。

57. 典型房企融资规模大幅下降，全年低于 1 万亿元

中国房地产决策咨询系统（CRIC）数据显示，2022 年 100 家典型房企的融资总量为 8240 亿元，同比减少 38%，是 2016 年以来首次低于 1 万亿元。

58. 房企现董事长"离职潮"

2022 年，房企出现董事长"离职潮"。据不完全统计，年内有近 60 家房企董事长离职，包括碧桂园、龙湖、迪马股份、深振业 A、信达地产、陆家嘴等企业。据知情人士介绍，除到期退休、国央企的人事调动与调整之外，民营企业的董事长调整一般会由股权变动、公司战略调整、实际控制人新老接替以及阶段性策略需要等因素引发。

59. 房地产业向新发展模式过渡

自 2021 年 12 月中央经济工作会议首次提出"加强预期引导，探索新的发展模式"以来，"房地产新发展模式"相关表述频繁出现在 2022 年的两会、中央政治局会议、中央经济工作会议等重要会议文件中。

60. 房地产业宽松性调控几乎贯穿全年

据中房研协测评研究中心监测统计，2022 年，地方累计出台房地产调控政策 895 条。其中，宽松性政策 717 条，中性政策 106 条，紧缩性政策 72 条。宽松性政策占比超过八成。

61. 商品房销售面积创 2016 年以来新低

据国家统计局数据，2022 年，全国商品房销售面积约 13.58 亿平方米，比上年下降 24.3%，为 2016 年以来最低点；商品房销售额约 13.33 万亿元，比上年下降 26.7%，为 2017 年以来最低点。

机构形象展示

（详见彩页）

中国房地产业协会	江苏华建地产集团有限公司
丁祖昱评楼市	重庆新鸥鹏地产（集团）有限公司
绿城中国控股有限公司	龙湖集团控股有限公司
新城控股集团股份有限公司	大连万达商业管理集团股份有限公司
上海中建东孚投资发展有限公司	龙记泰信
联发集团有限公司	青岛君一控股集团有限公司
杭州市城建开发集团有限公司	中建信和地产有限公司
厦门国贸地产集团有限公司	上海嘉定新城发展有限公司
上海建工房产有限公司	卧牛山建筑节能有限公司
上海城建置业发展有限公司	广东巴德士化工有限公司
佳源创盛控股集团有限公司	杭州老板电器股份有限公司
上海实业城市开发集团有限公司	中国联塑集团控股有限公司
上海城投控股股份有限公司	华景川集团有限公司

中国房地产业协会

中国房地产业协会(简称中国房协)是由房地产行业有关的企事业单位、社会团体和个人自愿结成的全国性、行业性社会团体。中国房协会员以房地产开发企业为主体，目前有2000多家会员。中国房协是世界不动产联盟直属会员，同多个国家和港澳台地区房地产行业协会和房地产企业之间保持友好往来，进行经济、技术、学术等方面的交流合作。中国房协的宗旨是服务行业有推动，服务会员上水平，服务政府有作为。

中国房协秘书处现设5个工作部门：综合部、会员服务部、合作发展部、研究宣传培训部、财务部；22个分支机构，2个基金管理委员会。

中国房协的主要业务包括：

1. 研究探讨房地产业发展和改革的理论、方针、政策，向政府有关部门提出行业发展的经济、技术政策和法规等建议。
2. 制定中国房地产业协会团体标准。
3. 房地产开发企业信用评价工作。
4. 开展"广厦奖"评选活动。
5. 评定年度中国房地产业协会科学技术奖。
6. 中国城乡人居环境体系构建与成果推广。
7. 举办全国性的房地产科学发展论坛。
8. 组织开展各类经验交流和研讨活动。

中国房地产业协会
CHINA REAL ESTATE ASSOCIATION

地址：北京海淀区首体南路9号主语国际中心5号楼4层   电话：010-68286524

中国房地产科学发展论坛

中国房地产科学发展论坛始办于2009年，迄今已举办十三届，是中国房协品牌活动之一，也是国内房地产行业认可度高、影响力大的交流平台。论坛重点关注国际国内经济形势、宏观政策、房地产市场趋势、住房制度和前沿技术等，主要参会嘉宾包括有关部门领导、业界著名专家学者、优秀企业负责人等。从多角度分享实用性案例，交流研究成果和成功经验。

房地产开发企业信用评价

中国房协2011年起开展房地产开发企业信用评价工作，该工作经国家发改委认可，依托各地房协，委托第三方信用评价机构，按照统一的评价标准，对房地产开发企业的开发能力、合同履约、产品质量、合法经营及社会责任等信用状况进行评价。每年公布一次评价结果。

"广厦奖"评选

"广厦奖"评选活动自2007年正式启动，是经全国评比达标表彰工作协调小组批准的房地产行业的综合性奖项。由中国房协、住房和城乡建设部住宅产业化促进中心共同组织实施，已成功举办了十届，共有1002个项目荣获"广厦奖"。评选的目的是：贯彻"创新、协调、绿色、开放、共享"发展理念，满足人民群众对美好居住生活的更高要求，引领房地产行业高质量发展。获奖项目应当是规划设计水平高、环境好、质量优、性能好，人民群众满意的好房子。在推进绿色、健康、产业化发展方面起示范带动作用。

"广厦奖"项目包括住宅与非住宅两大类。评选项目可随时申报，每年评审一批，每两年进行表彰。候选项目可随时申报，定期评审和颁牌。

中国房地产业协会科学技术奖

2020年，中国房协会设立"中国房地产业协会科学技术奖"以表彰和鼓励为技术进步做出突出贡献得公民和组织。科技奖奖励范围包括能够显著提升房地产项目设计水平、建造水平、质量水平、宜居（品质）水平，促进房地产业技术进步和转型升级的科技成果，专业类别分为：规划设计、建筑结构、工程施工、绿色技术与产品、标准规范、智能与信息化、高品质住宅（综合技术奖+专项技术奖）。

2022年度中国房协科学技术奖共32个项目获奖，其中一等奖5项、二等奖6项、三等奖9项、高品质住宅综合技术奖7项、高品质住宅专项技术奖5项。

中国房地产业协会专题讲座

2020年11月以来，中国房协陆续举办房地产市场形势系列报告会、技术公益大讲堂、康养大讲堂和学术报告会等，后统一命名为中国房地产业协会专题讲座。专题讲座旨在帮助企业了解国家宏观经济、房地产市场和相关领域最新政策，增强企业抗风险和持续发展能力，深入实施技术创新驱动发展战略。专题讲座每月一期，业界知名专家主讲，线上直播，会员单位免费收看。

每天一条
独家原创
评论

DING ZUYU.
PING LOU SHI

丁祖昱评楼市

 微信搜一搜　丁祖昱评楼市

欢迎扫一扫，关注"丁祖昱评楼市"

美丽建筑 美好生活

绿城中国简介

绿城中国控股有限公司（股票代码03900.HK），1995年成立于杭州，是中国领先的优质房产品开发及生活综合服务供应商。

绿城中国坚持"品质为先"的理念，先后引入九龙仓集团、中交集团作为战略性股东，以打造"TOP10中的品质标杆"为核心目标，布局三大板块和九大业务。

绿城中国致力于实现全品质、高质量的发展，并将始终以精诚之道、精深之术、精湛之为，不断满足人们对理想生活的追求，营造美丽建筑，创造美好生活。

seazen 新城控股
—— 让幸福变得简单 ——

新城控股（601155.SH）1993年创立于江苏常州，现总部设于上海。经过30年的发展，新城控股已成为跨足住宅地产和商业地产的综合性房地产集团，截至2021年底，公司总资产达5342.93亿元。连续五年跻身"房地产开发企业综合实力10强"，位列"2023房地产开发企业商业地产综合实力10强"第四位，并连续七年蝉联"房地产开发企业商业地产运营榜"TOP2。

围绕"稳中求进、地域深耕、运营优先、科技赋能、风险管控"的战略核心，新城控股坚持"轻重并举"的双轮驱动2.0战略，逐步完成全国中心城市和重点城市群的深耕布局，横跨房地产开发、代建、投资、商业运营管理、康养服务等领域，实现产品协同及战略纵深。

截至2023年2月25日，新城控股集团已进入中国145座大中城市，开发中或已完成项目超700个。其中，商业地产方面，新城控股集团在全国开业、在建及拟建的吾悦广场城市综合体已达到197个，足迹遍布上海、天津、重庆、南京、长沙、长春、西安等国内141座大中城市，已开业及委托管理在营项目达到145个。

拓展幸福空间

中建东孚简介

中建东孚成立于2008年5月,是中建八局全资子公司,注册资本金105.5亿元,拥有房地产开发壹级资质。公司始终坚持"拓展幸福空间"的企业使命,紧跟国家发展战略,以"城市综合开发服务商"为战略定位,整合全产业链资源,着力打造以地产开发为核心,资产运营、综合服务及创新业务协同发展的业务结构,现已布局上海、南京、苏州、杭州、西安、成都、合肥等核心城市,年销售额超500亿元。累计荣获全国文明单位、全国五一劳动奖状、全国绿色建筑创新奖、鲁班奖、广厦奖等国家级荣誉100余项;并获得了国家高新技术企业称号,获取专利170余项,实现了绿色建筑星级认证的全覆盖。

联发集团有限公司
城市美好生活运营商

世界500强建发集团旗下核心企业

40载 40载品质运营	**17**年 连续17年荣膺中国房地产百强企业	**28**城 布局全国28城
48万 为48万业主筑就理想生活	**1000**万 超1000万m² 土地储备	**2100**万 累计开发面积超2100万m²

联发集团有限公司成立于1983年,肩负开发厦门经济特区的使命而生,是拥有房地产开发一级资质的城市美好生活运营商。

联发聚焦房地产开发主业,同时深拓物业服务、代建及城市更新、产业运营等相关领域。联发集团秉承长期主义人文关怀,以客户为中心,专注提升产品力与服务力。全国首创New Amoy Deco产品风格,探索现代人文,赋新生活美学,并针对客户不同居住需求锻造悦系、臻系、嘉和系三大产品系。

未来,联发集团将继续秉持"创造品质生活,服务城市发展"的企业使命,将现代人文精神持续融入产品与服务中,与时代、城市共启人居新篇章。

- 物业服务
- 房地产开发
- 产业运营
- 代建及城市更新

DAJA 大家 | 杭州城建

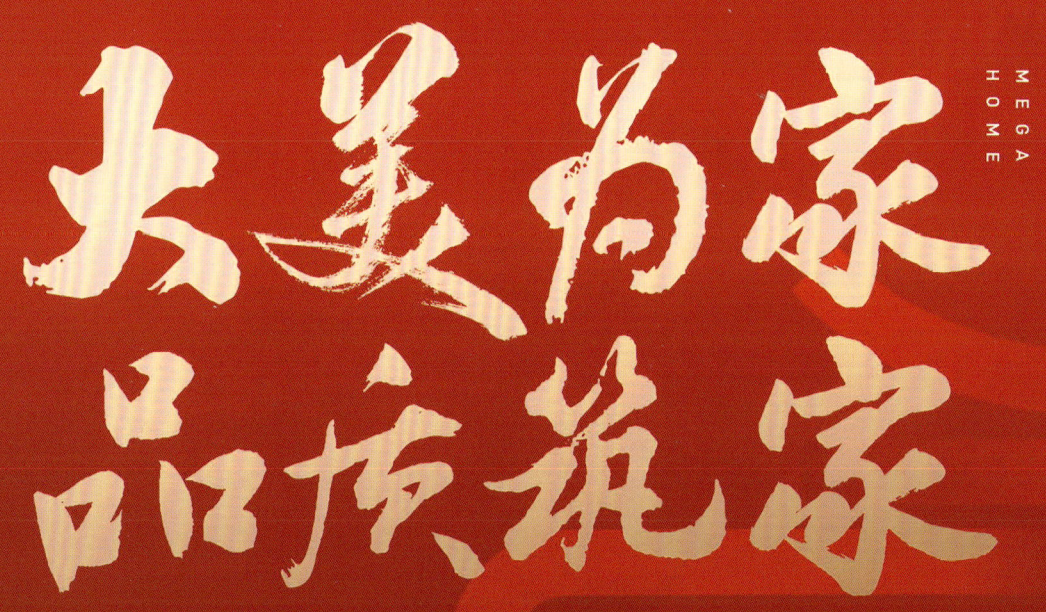

大美为家
品质筑家

MEGA HOME

40余载杭州城建 杭派精工践行者

40 余载开发历程　　**30** 余座城市覆盖　　中国房地产开发企业 **100** 强

近 **240** 个市级以上奖项　　近 **190** 个精品筑作　　服务超 **17万** 户家庭

近 **120** 个市政公建项目　　近 **2700万** 平方米建筑面积

杭州市城建开发集团（大家房产）创建于1982年，1999年注册"大家房产"品牌商标，是浙江省首批国家一级资质开发企业。40余载开发，从市政公建起步，以"房地产"为主业务，涵盖地产金融投资、城市运营服务、物业服务、工程代建、家居装饰、贸易流通、建筑施工等全产业链布局，现已开拓30余座城市，建设近190个精品筑作，建筑面积近2700万方，服务超17万户家庭，承建近120个市政公建项目，荣获奖项近 240 个，并蝉联"中国房地产百强企业"。

从"五比五好"的产品哲学出发，大家房产提出"大美为家"品牌主张，由"美家|好家|爱家"三大体系构建大家房产的产品价值观和营造标准、服务标准，并以"杭派精工"的品质营造"美好社区"，打造杭州武林府、杭州金麟府、杭州传宸府、杭州候潮府、浙江省首批丽水首个未来社区"丽水未来社区"等城市标杆之作，助力城市人居更新迭代。

MEGA HOME

爱筑梦 / 心建家

ITG 国贸地产

与城市共创美好
美好城市运营服务商

国贸地产始创于1987年,系世界500强国贸控股集团核心成员企业,为中国房地产企业50强。公司致力于打造成为房地产开发、城市更新与代建、物业服务、资产运营等业务协同发展的美好城市运营服务商,不断增强综合开发和运营服务能力,实现资源整合与价值协同,深度赋能城市建设与提升发展。

国贸地产36年砥砺前行,始终坚持"与城市共创美好"的品牌使命,不断推进深耕福建、长三角、长江中游、大湾区、成渝城市群五大区域的全国化战略布局。

世界500强核心成员企业

| 开发项目面积超 1500万㎡ | 工程代建面积超 1000万㎡ | 城市更新面积超 1000万㎡ | 物业管理面积超 3500万㎡ |

 房地产开发　 城市更新与代建　 物业服务　 资产运营

专攻建筑经典
成就人居梦想

JOVAN 佳源

品 质 创 见 未 来

美好家园建设者
品质生活革新者

佳源集团1995年始创于中国共产党的诞生地——浙江嘉兴。经过28年的发展，目前已经成长为一家集房地产开发、市政园林、健康养老、物业服务、商业管理、文化旅游等产业为一体的控股集团型企业，业务范围遍及国内20余个省（自治区、直辖市）的180余座城市以及"一带一路"有关国家和地区，旗下拥有境内外上市公司多家，员工达一万余人。

28年来，佳源集团坚持以"品质创见未来"为经营理念，以"创新驱动，品质引领，重构城市生活价值"为使命，以"成为推动城市高质量发展的革新者"为愿景，以"品质为本，服务至上，责任担当，实干奋斗"为核心价值观，在发展过程中树立了自己的地位和影响。

Jiayuan
QUALITY CREATES THE FUTURE

上海实业城市开发集团有限公司（简称"上实城开"）（股票代码：0563.HK）由上海实业集团旗舰企业——上海实业控股有限公司（简称"上实控股"，股票代码：0363.HK）控股，在香港联交所主板上市，以中国房地产开发、运营等综合业务为主要投资方向，是上海实业集团旗下最具发展前景的房地产业务整合平台之一。

VISION
核心都市产城融合发展商

围绕	筑就	聚焦	实现
高标准城市更新	高品质健康生活	中国核心城市群	高质量产业发展

精工品质　精致服务
HUAJIAN

江苏华建地产集团有限公司简介

华建地产，19载城市深耕，28盘耀扬；自2004年成立以来秉承"精工筑城，幸福人居"的开发理念，成功打造扬州区域板块全覆盖的战略布局，以多维度的产品类别，全面引领扬州品质人居。

NEW OPEN
新鸥鹏

新鸥鹏30周年 再出发

科技赋能教育　科技美好生活

龙湖集团
[HK00960]

《财富》世界500强 第412位

《福布斯》全球企业2000强 第242位

1993年创建于重庆，发展于全国，目前已形成开发、运营、服务三大业务板块，涵盖地产开发、商业投资、长租公寓、物业管理、智慧营造等多航道业务，并积极试水医养、产城等创新领域，实现全国一二线高能级城市的全面布局。

善行致远

FOR YOU FOREVER

LONGFOR 龙湖 | 天街 Paradise Walk | 冠寓 Goyoo | LONGFOR 龙湖智创生活 | LONGFOR 龙湖龙智造

RUKEE 龙记泰信 | 中国住宅开发专业领先10强

中国企业500强　中国民营企业200强

龙记泰信实业集团有限公司

龙记泰信实业集团有限公司（龙记泰信），创建于2005年，

是一家以产品为核心竞争力的成长型房企。

龙记泰信坚持以"筑造精彩生活"为使命，

通过人文、品质、科技理念，深耕产业链，标准化体系运营，

持续提升产品和服务助力中国新型城镇化的发展。

WWW.CHINARUKEE.COM

C 海纳云

数字城市物联科技平台

1个星海数字平台+N个数字业务场景，实现数字城市价值再造与价值循环

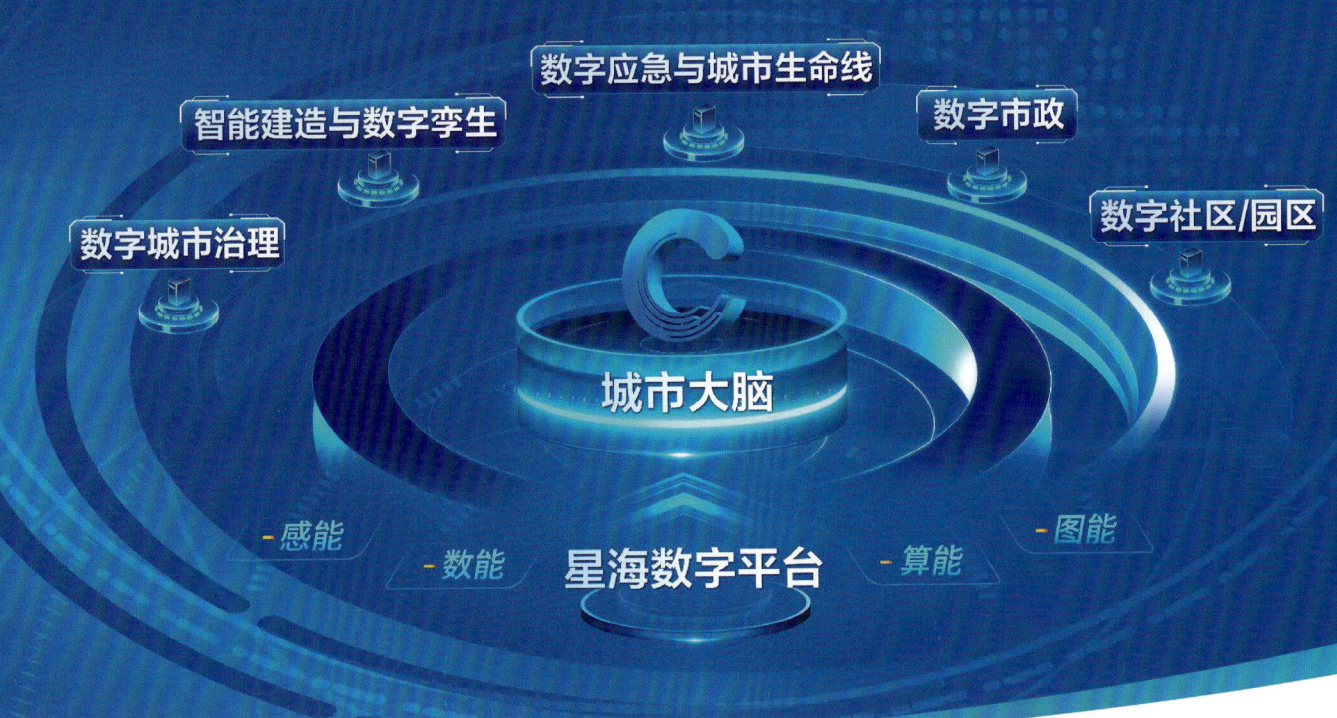

优秀样板

- 青岛市城市安全风险综合监测预警平台试点建设项目
- 青岛胶州湾大桥全天候快速通行项目
- 河南省鹤壁市内涝监测预警平台项目
- 山东高速服务开发集团双预控项目
- 安徽阜阳太和县智慧化工园区项目
- 蒙牛乳业常温事业部和林生产基地智慧消防项目
- 杭州富阳区智慧电梯项目
- 重庆铁山坪森林防火项目

官网：www.hainayun.net　　地址：中国·青岛·崂山区海尔路1号海纳云大厦

中建信和 拓展幸福空间 | 城市运营服务商

拓展幸福空间
运营城市未来

ZHONG JIAN

城市更新　地产开发　商业运营　物业服务　绿色生态

五大板块 共创共建

  上海嘉定新城发展有限公司，成立于2004年，致力于上海五大新城之一"嘉定新城"的开发建设，是一家集开发建设、资产经营、产业招商功能及投融资平台于一体的功能性国有企业。

  19年耕耘，新城公司坚持"高起点规划、高品质建设、高内涵发展"理念，以"打造西上海名片"为愿景，持续激发城市活力，赋能城市发展，实现了嘉定新城空间、功能、效益转型的有机统一。

  "十四五"期间，新城公司将围绕打造"创新活力充沛、融合发展充分、人文魅力充足、人民生活充裕"的现代化新型城市目标，全力推进嘉定新城中央活动区示范样板区建设，打造具有较强辐射带动作用的上海新城样板。

卧牛山节能集团

卧牛山节能集团，属东方雨虹集团(SZ002271)旗下保温业务板块，创立于1995年，公司追求高质量稳健发展，旗下拥有多个节能保温行业领先品牌，为各大基础设施建设、工业建筑和民用建筑提供高品质、完善的系统和解决方案，以主营环保型建筑保温隔热材料为核心延伸上下游及相关产业链，将各种优质的系统解决方案成功应用于包括房屋建筑、高速公路、城市道桥、高铁及机场等众多领域。

01 / 建筑全生命碳排放管理

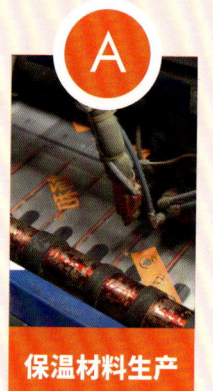
A 保温材料生产

B 系统解决方案

C 建筑能源管理

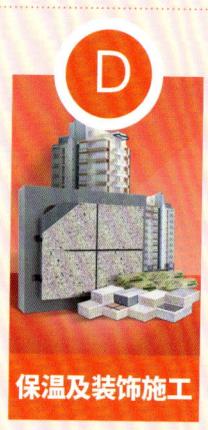
D 保温及装饰施工

E 产品研发能力

02 / 八大产品体系综述

岩棉
岩棉制品作为一种纤维类的材料，应用在建筑保温领域，具备保温隔热、吸音降噪、高机械强度和防火性能

玻璃棉
玻璃棉是一种用离心法将熔融玻璃纤维化，并施加热固性树脂粘制而成的毡状制品

保温装饰一体板
卧牛山保温装饰一体板系统由保温装饰板、专用粘结剂、专用嵌缝密封材料、专用锚固件等构成的外墙外保温系统

装配式内装系统
采用现代化的制造、运输、安装和科学管理的方式建造住宅，是机械化程度不高和粗放式生产的生产方式

模塑聚苯板-EPS
以阻燃级可发性聚苯乙烯颗粒经过预发膨胀、熟化、成型而成。EPS由约98%的空气和2%的聚苯乙烯组成

挤塑聚苯板-XPS
以聚苯乙烯树脂或其共聚物为主要成分，添加少量添加剂，通过加热挤塑成型而制得的具有闭孔结构的硬质泡沫塑料制品

透气膜
隔汽膜提供优异的水汽隔离功能，保护保温隔热层与建筑构造不受来自温暖室内环境中湿气的影响，有效控制热传导，提升建筑节能效率

MS胶
建筑物或构筑物的穿楼板或墙体的洞口周边及管道间缝隙、保温装饰一体化板、室内隔墙板接缝等有阻燃要求的粘结、密封

卧牛山节能集团公众号

卧牛山节能集团小程序

卧牛山节能集团
WONEWSUN ENERGY EFFICIENCY GROUP
北京市通州区科创九街19号院东方雨虹总部基地G栋7F
400-997-2227

WWW.WONEWSUNGROUP.COM

BARDESE®
巴德士漆

专业环保水性外墙漆

2023房建供应链综合实力TOP500首选供应商
中国建筑装饰百强企业推荐品牌

真石漆　岩片漆　砂胶漆　多彩漆

ROBAM 老板

老板数字厨电

AI自动烹饪 想吃的都能做

ROKI 数字厨电

中国联塑
股份代号：2128.HK

中国联塑

管道 / 建材家居 / 环保 / 渠道与服务 / 新能源

百强地产首选供应商品牌

集团旗下品牌

| LESSO联塑 | LESSO领尚 | LESSO联塑班皓 | 永葆环保 YONGBAO ENVIRONMENT | 中油佳汇 |
| EAGO益高 |  | Kinghonor 霍尔新风 | LESSO epco Energy Plan Company | LESSO万嘉 |

中国联塑集团控股有限公司（简称：中国联塑，股份代号：02128.HK）是国内大型建材家居产业集团，业务涵盖管道、建材家居、环保、供应链服务平台、光伏新能源等板块，产品涉及管道、光伏新能源、水暖卫浴、整体厨房、整体门窗、铝模板材及智能爬架、净水设备、防水与密封胶、消防器材、阀门、电线电缆、照明、卫生材料、环境保护、农业设施、海洋养殖网箱等领域。2021年集团营业收入达320.58亿元人民币。

随着国际化、全球化进程步伐的推进，中国联塑已建立超过30个先进的生产基地，分布于全国18个省份及海外国家。中国联塑不断完善战略布局，拓宽销售网络和市场空间，能够及时、高效地为顾客提供产品和服务。

扫一扫了解更多